미시경제이론 강의

Lectures on Microeconomic Theory

김성현 지음

미시경제이론 강의

서문

미시경제이론으로의 초대

앨리스는 아무 할 일 없이 언니 옆에 앉아 있는 것이 지겨워지기 시작했다.
언니가 읽고 있는 책을 슬쩍 엿보기도 했지만 거기에는 그림도 없고 대화도 없었다.
'도대체 그림도 대화도 없는 책이 무슨 소용이람?' 하고 앨리스는 생각했다.
- 루이스 캐럴, 『이상한 나라의 앨리스』[1]

반갑습니다. 여러분은 이상하고도 멋진 세계 미시경제이론으로의 첫 발을 내딛게 되었습니다. 앨리스가 좋아할지는 모르겠지만 이 책에는 그림도 있고 대화도 있습니다. 미시(微視, micro)경제학은 '작게 보는' 경제학입니다. 거창한 시사 경제 이슈를 다루는 거시(巨視, macro)경제학에 비해, 좀 시시해 보일지도 모릅니다. 미시경제학이란 개별 행동 주체에 대한 모형을 사용해서 경제나 사회 현상을 파악하는 학문입니다. 미시적 기초를 강조하는 것은 사회과학으로서 경제학이 가진 독특한 전통이지요. 개인 행동만으로 사회를 모두 설명하는 것은 무리겠지만 미시적 접근은 상당히 흥미로운 안목을 제공합니다.

이 책은 일단 시장을 중심으로 논의를 전개합니다. 시장에 참여하는 주체는 소비자와 생산자입니다. 전반부는 소비자모형과 생산자모형을, 후반부는 소비자와 생산자가 만나는 시장모형들을 다룹니다. 하지만 그 바탕에는 인간의 행동을 어떻게 모형으로 표현하고 분석할지에 대한 고민으로부터, 인간이 모여 사는 사회를 좀 더 바람직한 모습으로 꾸려가기 위한 탐색이 깔려 있습니다. 미시경제학은 보통 생각하는 '경제'적인 주제뿐 아니라 다양한 인간 행동, 사회 현상에 적용될 수 있습니다. 미시경제학은 여러분이 상상할 수 있는 거의 모든 주제에 대해 무언가 할 말이 있답니다.

이 책은 경제학의 주요 개념을 소개하는 경제원론의 다음 단계입니다. 미시경제원론과 구분하기 위해서 중급(intermediate) 미시경제학이라고 부르기도 합니다. 경제학

---

1 Charles Lutwidge Dodgson(필명 Lewis Carroll), *Alice's Adventures in Wonderland*(1865).

의 세부 분야 공부를 하기에 앞서서 경제학자들이 사용하는 기본 언어를 훈련하는 과목입니다. 사실 이미 국내외에 좋은 미시경제학 교재들이 여럿 있습니다. 비슷한 책을 또 내놓는 사회적 낭비와, 완전히 새로운 책을 내는 오만을 피하기 위해 저는 핵심적인 내용은 꼼꼼히 담으면서도, 조금 새로운 방식으로 쓰고자 했습니다.

첫째, '말'이 좀 많습니다. 엄숙한 다른 교과서들보다는 말입니다. 이전에 제가 쓴 『경제수학 강의』(2011, 교보문고)도 그랬지만, 이 책은 말이 더 많습니다. 그러다 보니 범위는 좀 적습니다. 미시경제학 공부의 우선순위는 많은 지식보다는 분석 방법의 훈련이라고 생각합니다. 그래서 다른 교재들이 다루는 주제들을 많이 생략했습니다. 그 대신 미시경제학의 고전적 얼개인 소비자, 생산자, 완전경쟁, 독점을 꼼꼼히 다루면서 전략적 모형들을 추가했습니다. 특히 게임이론의 전략과 불확실성을 엄밀하게 소개합니다.

둘째, 모형을 강조합니다. 미시경제학은 수리적 모형 분석이 주된 내용입니다. 수학 자체보다도, 수학이 어떤 방식으로 경제모형에서 사용되는지를 익히는 것이 매우 중요합니다. 수학적 논의를 회피하지 않고 적극적으로 다루면서 직관적 이해가 따를 수 있게 신경 썼습니다. 필요할 때 가정과 결과를 명확하게 제시하되, 배경을 자세하게 설명했습니다.

셋째, 본문에 상당수의 예제를 넣고, 풀이 과정도 제시했습니다. 모형을 제대로 이해했는지 확인하는 가장 좋은 방법은 문제 풀이입니다. 그런데 학생들은 문제를 받으면 우선 '정답'이 무엇인지를 가장 궁금해합니다. 맞았는지 틀렸는지 확인해보고 싶겠지요. 하지만 정답을 맞추었느냐보다는 어떤 논리를 어떻게 사용하는지를 아는 것이 더 중요합니다. 이 부분을 독자에게 궁금한 영역으로 남겨두지 않고 자세하게 보여드립니다. 미시경제학은 책의 설명을 수동적으로 따라가면서 암기하는 방식으로 공부하면 안 되는 과목입니다. 설명을 읽고 문제들과 씨름한 후에 다시 이론에 대한 이해를 확인하는 단계를 거치시기를 권합니다.

개념들을 소개하는 순서나 방식에서도 참신한 서술이 되도록 노력했습니다. 제가 나름 고안한 부분도 있지만, 오래된 교재나 연구문헌의 설명을 복원한 부분도 있습니다. 기초 강좌의 수준을 넘지만 알아둘 만한 이야기들도 군데군데 넣었고, 고전이나 문학에서 인용구들을 가져온 것 또한 공부를 풍성하게 하는 데에 조금이나마 도움이 되었으면 합니다. 이 책은 애초에 이화여자대학교 2학년 전공 미시경제이론의 강의록에서 출발한 것으로, 많이 참고한 교재는 Nicholson의 *Intermediate Microeconomics* *with Application*과 Varian의 *Intermediate Microeconomics*입니다. 그 외 참고한 문헌들을 인용하려고 노력했지만 미흡한 부분이 있습니다. 특히, 문제에 영감을 준 출처를 일일이 표기하지 못한 것이 많습니다.

수많은 이화의 학생들이 큰 도움이 되었습니다. 강의록에서 오타도 잡아주고, 설명이 이상하면 지적해주고, 잘 읽힌다고 칭찬도 해주어서 감히 책으로 낼 생각을 품게 되었습니다. 일일이 이름을 적지 못해 미안합니다. 강의록을 적당히 손질하면 될 줄 알았는데 결국 다시 쓰게 되었습니다. 언제 나오는지 궁금해하며 기다려주신 학생들과 이화여자대학교출판부 여러분들께 감사드립니다.

미시경제학을 가르쳐주신 스승들, KAIST의 유평일 교수님, 존스홉킨스대학교의 Bruce Hamilton, Ali Khan 교수님, 펜실베이니아대학교의 Joe Harrington 교수님에게 배운 것이 많이 스며 있습니다. 원고 마무리는 『경제수학 강의』처럼 이번에도 영국 옥스퍼드에서 이루어졌습니다. 연구년을 허락해주신 이화여대에 감사하고, 너필드로 초청해주신 Meg Meyer, Peyton Young 교수님에게 감사드립니다. 루이스 캐럴이 처음 앨리스에게 이상한 이야기를 들려주었다던 이시스 강과 포트 메도우를 멀리 바라보며 미시경제학에 대한 이야기를 쓰고 있자니, 앨리스의 이상한 나라에 빠져들던 어린 시절과 미시경제학의 마법에 매료되던 학생 시절의 추억이 겹쳐 행복합니다. 사랑하는 가족들—아내 윤주, 아들 하준이, 딸 예준이, 그리고 자랑스러운 부모님께 이 책을 바칩니다.

2015년 2월

김성현

차례

제1부
서론

제1장 경제모형을 공부하는 우리의 자세

microeconomics

자, 내가 원하는 것은 바로 팩트(Facts)[1] 입니다.

이 아이들에게 팩트 말고는 아무것도 가르치지 마세요. 삶에는 팩트만이 필요합니다.

팩트 아닌 다른 어떤 것도 심지 말고, 팩트 아닌 다른 모든 것은 뽑아버리세요.

- 찰스 디킨스, 『어려운 시절』[2]

팩트 대신 수학?

여러분은 '아이들'로 취급받고 싶으신가요? 팩트만을 강조하는 소설 속 인물을 통해서 디킨스는 당시 경제학과 자본주의 사회 분위기를 풍자하려 했다고 합니다. 그런데 미시경제학을 공부하는 학생들은 이제 놀라게 될 것입니다. '경제'에 대해, 경제의 '팩트'에 대해서 별로 배우지 않기 때문입니다. 소비자모형에서 소비자 심리트렌드를 조사하는 일도 없고, 생산자모형에서 생산현장의 이슈를 다루지도 않으며, 시장모형을 공부하면서 시장동향 분석을 하지도 않습니다. 그 대신 사과와 귤을 몇 개씩 살 것인지 고민하는 시시한 상황을 던지고서는, **한계대체율**, **무차별곡선**, **효용극대화**, **가격탄력성**, **소득효과**, **소비자잉여** 등 낯설고 딱딱한 용어들을 늘어놓기 시작하지요. 게다가 '문과' 계열이라고 알고 있는데 이상하게

1 원문의 Facts를 '사실들'이라고 번역할 수 있지만 의미도 조금 약해지고 요즘 일상 대화에서 팩트라는 단어를 현실적인 정보라는 뜻으로 많이 사용하기 때문에 그대로 살렸습니다.

2 Charles Dickens, *Hard Times* (1854).

수학을 많이 사용합니다. 이 때문에 많은 학생들이 첫 단계에서 좌절하거나 흥미를 잃습니다. (한편 수학적 훈련이 잘 되어 있는 일부 학생은 입문 단계에서 경제학을 얄팍한 수학적 유희로 오해하기도 합니다.) 왜 이렇게 되었는지 여러분에게 충분히 납득시키긴 어렵겠지만 해명을 시도해보겠습니다.

1.1 경제모형의 중요성

모형: 현실의 단순화

모든 학문은 현실을 단순화시킨 **모형**(model)을 사용합니다. 아니 모든 인간은 (자신이 미처 느끼지 못하더라도) 현실을 단순화시켜 보는 나름의 눈을 갖고 있고, 그 눈으로 관찰한 것을 머리에 담고 살아갑니다. 예를 들어, 여러분은 강의실에 앉아서 수업자료가 비춰지는 흰색의 직사각형 화면을 본 적이 있을 것입니다. 그런데 그 화면이 정말 흰색이고 정말 직사각형일까요? 다가가서 자세히 살펴보면 흰색도 아니고 직사각형도 아닌 경우가 있습니다. 하지만 그 화면의 정확한 색깔과 정확한 형태를 아는 것은 화면에 비친 수업자료의 내용을 이해하는 것과는 별 상관이 없습니다. 그래서 우리의 뇌는 그런 사소한 것에 신경쓰지 않도록 알아서 걸러내고 적당히 흰색, 직사각형으로 인식합니다. 이것이 바로 *모형을 사용한 세상 바라보기*의 한 예입니다.

수학과 관계가 적어 보이는 분야에서도 모형은 널리 사용됩니다. 예를 들어 교과서로 역사를 배울 때 우리는 자연스럽게 삼국–통일신라–후삼국–고려–조선 하는 식으로 시대를 구분하고 연도에 따라 주요 사건들을 파악합니다. 역사가 그렇게 칼같이 잘라지고 몇 개의 사건으로 요약되는 것이 타당할까요? 매년 12월 31일 자정, 단지 1초의 시간이 흐르는 순간, 사실 아무것도 달라진 것이 없는데도 우리는 새로운 기분으로 새로운 해를 맞습니다. 시간은 유유히 똑같이 흐르는데 우리는 시간에 칼질을 합니다.

수학이 당연하게 사용되는 자연과학이나 공학 분야는 원래 그런가보다 하고 넘어가기 쉽지만, 단순한 모형들이 많습니다. 둥근 태양과 둥근 지구가 포함된 태양계 행성들의 그림을 책이나 TV에서 보신 적 있죠? 실제 태양이나 지구는 정확하게 둥글지도 않고, 지구가 태양 주위를 공전할 때 우주 공간에 제트기 자국 같은 흔적이 남지도 않습니다. 그나마 태양계는 우주에서 찍은 사진으로 볼 수라도 있죠. 원자핵과 전자 등으로 구성된 원자 구조의 모습을 태양계 비슷한 모습으로 그려놓은 모형이 사용된 적도 있습니다. 이런 것들을 우리는 별 생각없이 과학적인 '팩트'로 받아들이지는 않았나요?

나름의 모형 vs 경제학 모형

그런데 '전문적인' 자연과학과 달리, 경제에 대해서는 많은 학생들이 이미 어렴풋이 어느 정도는 안다고 생각하고 있습니다. 언론에서 접하는 경제나 사회 이슈들에 대해 (꼭 논리정연하지는 않더라도) 받아들이고 생각하는 방식을 이미 갖고 있습니다. 경제학을 공부하기 이전에 이미 나름의 경제모형들을 갖고 있는 것이죠. 사실 우리가 팩트라고 부르는 것들은 독자적으로 존재하는 순수한 정보가 아니라 이미 우리가 가진 시각, 관점이나 편견, 즉 우리 스스로의 모형을 거친 것입니다.

문제는 경제학에서 배우는 경제모형들이 이미 갖고 있던 사고방식과 충돌하면서 불편할 뿐 아니라, 자신 나름의 모형보다 별로 더 좋아보이지도 않는다는 점일 것입니다. 경제모형은 괜히 더 어렵기만 하지, 비현실적이고 쓸모 없어 보입니다. 이런 느낌을 갖는 여러분은 경제를 파악하는 자기만의 매우 단단한 모형을 이미 갖고 계신 것입니다.

경제학자들이 감히 주장하는 것은, 살면서 여러분이 몸으로 느끼고 얻은 다소 엉크러진 자신만의 모형에 비해, 학문으로서 경제학이 제시하는 모형이 제법 나을 수도 있다는 것입니다. 모두들 나름의 경제모형을 갖고서 아는 듯 모르는 듯 살아가지만, 경제학자들은 의식적으로 모형의 장점과 단점을 비교 분석하도록 훈련받습니다. 사실 경제학자는 (적어도 저 같은 미시경제이론가는) 현실 경제보다는 경제모형에 대해서 잘 아는 사람입니다. 현재의 경제학, 경제모형이 완벽하지는 않습니다. 그렇다고 해서 경제학의 모형들에 대해 알아보지도 않고 그저 복잡하고 가정을 많이 쓰는 비현실적인 이론이라고 치부한 채, 검토해보지 않은 자신만의 모형을 계속 갖고 사는 것은 지성인으로서 무책임한 자세일 것입니다.

1.2 모형은 비현실적일수록 좋다!

다음은 널리 알려진 농담입니다. 많은 경제학도들이 공감하실 것 같습니다.

> 물리학자, 화학자와 경제학자가 무인도에 난파되었다.
> 다행히 배에 실었던 음식 통조림들이 파도에 쓸려 해변에 도달했다.
> 그런데 통조림 따개가 없는 것이었다!
> 물리학자가 말했다: "돌 하나를 주워와서 통조림을 부수자."
> 화학자도 말했다: "불을 피워서 통조림을 가열해보는 게 어떨까?"
> 경제학자는 말했다: "우리에게 통조림 따개가 있다고 가정해보자."

돌로 부수거나 가열하는 것이 굳이 물리학자나 화학자의 특성일 필요는 없는 것처럼, 따개가 있다고 가정해보는 것도 굳이 경제학자만의 특징은 아닙니다. 다만 입문자에게 경제학은 하나마나한 비현실적인 이야기로 보인다는 점에 웃음 포인트가 있는 거겠죠. 하지만 경제학을 좀 더 정확하게 묘사하자면 이 농담에는 조금의 뒷이야기가 더 이어져야 합니다.

> 두 사람이 경제학자에게 말했다: "아니 지금 따개가 없는데 가정해보는 것이 무슨 소용이란 말인가?"
> 경제학자가 대답했다: "만약 우리에게 따개가 없다는 것이 확인된다면 그때 가서 자네들 의견대로 해도 괜찮을 걸세. 하지만 만약 혹시라도 따개가 있다면 그것이 어디에 있을까 생각을 해보자는 거지. 따개가 있는데 찾아보지도 않고 통조림을 부수거나 가열해서 폭발시키면 손해가 아니겠는가?"

상황에 따라서 결국은 따개를 못 찾은 채 임시 방편을 써야 하는 경우도 있겠지만, 운이 좋으면 배에 음식 통조림들을 묶어 실을 때 상자 안쪽에 따개를 붙여두었다는 것을 알아낼 수도 있습니다. 혹은 이번에 살아나간다면 다음부터는 반드시 음식 통조림 근처에 따개를 함께 묶어두어야 한다는 소중한 교훈을 얻겠지요.

해결의 실마리를 찾기 위해서 비현실적으로 보이는 가정을 하고 이론적 탐구를 하는 것은 경제학만이 아니라, 모든 학문적 탐구의 특징입니다. 심지어 학문적인 관점에서 모형은 비현실적일수록 더 좋다고 볼 수도 있습니다.

모형은 현실과 다른 장난감

모형은 현실을 단순화시킨 장난감입니다. 아이들에게 장난감을 주는 이유는 여러 가지입니다. 현실을 직접 만져보게 하기에는 곤란한 사정이 있을 수 있습니다. (아이들에게 진짜 칼이나 진짜 자동차나 진짜 아기를 주지 않는 이유입니다.) 현실을 직접 만지는 것이 불가능할 수도 있습니다. (그래서 지구 대신 지구본을 줍니다.) 당사자인 어린 아이가 현실을 빼닮은 장난감을 꼭 제일 좋아하는 것도 아닙니다. (조종사가 펭귄인 비행기, 비현실적으로 예쁜 인형을 좋아하더군요.)

결정적으로 현실과 너무 닮은 모형은 매우 불편할 수 있습니다. 예를 들어, 지도는 현실의 지리에 대한 모형인데 반드시 축소판이어야만 쓸모가 있습니다. 서울시 지도인데 비율이 1:1인 경우, 즉 서울시와 크기가 똑같아서 한번 펼치면 도시 전체를 덮게 될 지도를 한번 상상해보세요. 얼마나 불편하고 쓸모 없을지!

현실이 아닌 모형이라는 점을 강조하기 위해서 일부러 현실과 다르게 만드는 것도 필요합니다. 그림 1.1은 달걀을 적당하게 삶는 것에 도움이 되는 에그 타이머입니다.[3] 달걀과 함께 넣고 삶으면 색깔이 점점 변해서 어느 정도 달걀이 익었는지를 알려줍니다. 굳이 달걀처럼 생길 필요는 없지만 그냥 보기에 좋으라고 모양을 달걀과 비슷하게 만들었습니다. 하지만 색깔은 진짜 달걀과는 다르게 만들었습니다. 만약 달걀과 색깔까지 똑같으면 어땠을까요? 이 모형에게 필요한 성질은 달걀과 비슷한 속도로 색깔이 변하는 것일 뿐, 겉모양까지 너무 똑같은 것은 오히려 곤란합니다. 누군가 진짜 달걀로 착각하고 실수하는 일을 방지할 필요도 있습니다.

앞으로 공부할 경제모형들도 어떤 부분은 일부러, 또 다른 부분은 어쩔 수 없이 현실과 다르게 만들어져 있습니다. 분석의 대상 중 중요한 측면에 집중하게 강조하고, 나머지는 방해가 되지 않게 생략하는 것이죠. 모형은 모형일 뿐, 현실과 차이가 있다는 점을 기억하도록 비튼 곳도 있습니다. 교재의 모형은 실제 현실의 분석보다는 모형 다루는 법을 배우는 것이 목적이므로 특히 단순하고 비현실적입니다.

---

3 과학철학자 와이스버그는 자신의 부엌에 있는 에그 타이머를 훌륭한 모형의 예로 소개했습니다. Weisberg 'Who is a modeler?' *British Journal for the Philosophy of Science* (2007). 그림 1.1은 미국 Norpro사 제품사진입니다.

그림 1.1 에그 타이머

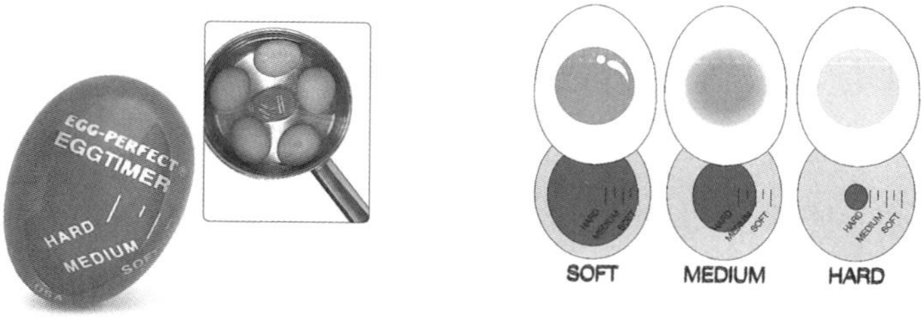

1.3 모형을 잘 갖고 노는 방법들

모형은 즐거운 것!

장난감의 목적은 일차적으로는 어린 아이를 즐겁게 해주는 것이고, 나아가서는 현실 세상에서 사는 법을 간접 경험을 통해 배우도록 해주는 것입니다. 미시경제이론이라는 과목이 존재하는 목적 또한 일차적으로는 여러분을 즐겁게(!) 해주는 것이고, 나아가서는 현실 세상을 보는 법을 간접 경험을 통해 배우도록 해주는 것입니다. '즐겁다'는 것이 좀 새로운 방식이라서 처음에는, 아주 조금은, 즐겁기보다는 괴로울 수도 있습니다. 거창하게 현실 세상의 이해까지 안 가더라도 모든 경제학 공부를 하는 것에 있어서 미시 모형의 공부는 꼭 필요한 훈련이라는 것이 엄연한 사실이므로 이왕 배울 거라면 학문적인 즐거움을 함께 배울 수 있으면 좋겠습니다.

장난감의 의도를 파악해야

장난감을 재미있게 갖고 노는 방법은 장난감의 의도를 잘 파악해서 거기에 맞추어 노는 것입니다. (의도를 벗어난 새로운 놀이법을 알아내는 혁신가들도 필요하긴 합니다.) 달걀 삶는 흉내 놀이를 하는 아이에게는 겉모양이 달걀과 닮은 모형을 주는 게 좋고, 달걀 반숙을 익히려는 예비 요리사에게는 색깔은 달라도 에그 타이머가 좋겠지요. 모형을 만날 때는 그 모형이 무엇을 보여주려는 것이고 따라서 현실의 어떤 부분을 반영하고, 어떤 부분은 생략했는지를 아는 것이 중요합니다. 지하철 노선도를 들고서 지상에서 목적지를 찾으려면 도움이 안 되듯이, A라는 경제현상을 다루는 모형으로 B라는 현실을 이해하려 하면 도움이 안 됩니다.

비현실적으로 보이는 부분이 모형에 있다면 왜 그럴까도 생각해보기 바랍니다. 현실적으로 만들 수가 없어서인지, 할 수 있지만 너무 어려워질까봐 살살 다룬 것인지, 비현실적인 것이 오히려 필요하기 때문인지...... 아니면 더 현실적이면서도 좋은 모형을 만들 수 있는데도 경제학자들이 미처 못 깨닫고 놓친 부분을 여러분이 찾아내실 수도 있습니다. 이런 작업이 진정한 경제학 공부의 시작입니다.

이 책에서는 현실 경제(서울 지리)나 진짜 경제모형(지하철 노선도)을 배우기보다는, 모형을 사용하기 위한 기초 지식(환승역의 개념, 노선도 읽는 방법)을 얻는 것이 목표입니다. 서울 지하철 노선도를 잘 익히면, 런던에 처음 가도 지하철을 이용이 크게 어렵지 않습니다. 그것이 모형을 통한 공부의 놀라운 힘이기도 합니다.

1.4 경제모형 공부의 비법

외생변수와 내생변수

경제모형은 대개 몇 가지 변수들 사이의 관계로 이루어진 함수로 구성됩니다.[4] 함수는 보통 $y = f(x)$와 같이 변수를 나타내는 기호들을 포함하고 있습니다.

함수가 경제모형의 구성에 사용될 때 변수들은 외생변수와 내생변수로 구분됩니다. **외생변수**(外生變數, exogenous variable)는 주어진 모형의 '외부에 사는' 변수, 즉 모형의 바깥에서 값이 결정되어 주어지는 변수를 말하고, **내생변수**(內生變數, endogenous variable)는 모형의 '내부에 사는' 변수, 즉 모형 안에서 값이 결정될 변수를 말합니다. 모형을 푸는 과정은 먼저 외생변수들의 값을 특정한 수준으로 고정시킨 후, 모형을 만족하는 내생변수들의 값을 찾아내는 것입니다.

어떤 수량이 외생변수인지 내생변수인지는 처음부터 정해져 있는 것이 아니고

4 함수와 관련된 수학적 기초 및 수리적 경제모형에 대해서는 김성현, 『경제수학 강의』 (2011) 서론 및 제1장을 참고할 수 있습니다.

그림 1.2 모형의 내부와 외부

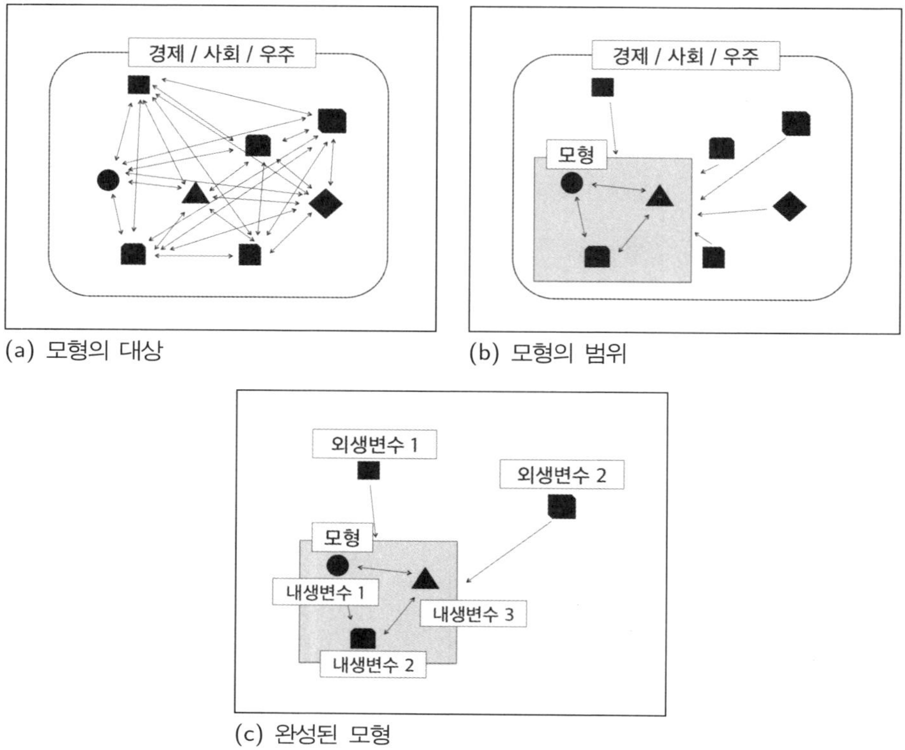

그림 출처: 김성현, 『경제수학 강의』 (2011) 그림 0.5~0.7

그림 1.3 외생변수와 내생변수의 관계

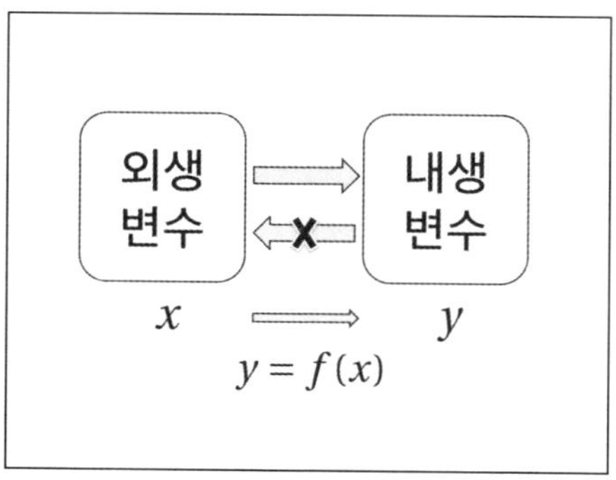

그림 출처: 김성현, 『경제수학 강의』, (2011) 그림 0.8

모형을 만들고 분석하는 사람이 필요에 따라 결정합니다. 변수들은 근본적으로는 모두 서로 영향을 주고 받을 가능성이 있습니다. 그 모든 관계를 그대로 모형에 반영하는 것은 어렵기도 하고 애초에 모형을 작성하는 취지에 어긋납니다. 따라서 모형을 만들 때 변수들 중에서 일부만을 내생변수로 포함하도록 모형의 범위를 정해줍니다. 모형 외부에 있는 변수들 중에서도 일부만을 외생변수로 채택합니다.

그림 1.2(a)를 보면 경제 또는 사회 또는 심지어 우주의 수많은 변수들이 네모, 세모, 동그라미 등으로 그려져 있습니다. 그림 (b)에서 이들 중 왼쪽 아래 구석에 있는 3개의 변수 주변에 경계를 쳐서 모형의 범위를 정했습니다. 이때 모형의 바깥쪽에 있는 변수들은 원래 자기들끼리도 화살표를 주고 받았고 모형 내부 변수로부터 화살표를 받기도 했었지만 그 화살표들이 모두 사라졌습니다. 마지막으로 그림 1.2(c)에는 모형 바깥의 변수들도 상당수를 생략하고 2개만을 외생변수로 남겼습니다. 모든 외생변수를 고려하면 좋겠지만 편의상 가장 중요하다고 생각되는 일부만을 남긴 것입니다. 이런 것이 모형을 작성하는 과정입니다.

한 가지 중요한 가정은 외생변수는 내생변수에 영향을 주지만, 내생변수로부터 영향을 받지는 않는다는 것입니다(그림 1.3). 실제로는 외생변수가 내생변수에게 영향을 받을 수도 있습니다. 하지만 그 부분을 무시합니다. 그렇게 가정하는 것이 현실을 크게 왜곡하는 것이라면 좋은 모형이 아닐 것입니다. (내생변수끼리는 서로 영향을 줄 수 있고, 외생변수끼리는 서로 영향을 주지 않는다고 가정합니다.)

한 가지 의문점은 '모형 외부에 일부 외생변수들을 왜 남겨두어야 하는가?'일 것입니다. 모형의 범위를 둘러쳤으면 그냥 그 내부에 속한 내생변수들만으로 모형을 만들면 안 되는 것일까요? 왜 외생변수가 필요한지를 이해하려면 경제학에서 가장 많이 사용하는 분석 형태인 **비교정학분석**에 대해서 알아보아야 하겠습니다.

비교정학분석

경제모형을 사용한 이론적 질문은 대개 수학 문제의 형태로 주어져서 그 답을 구할 수 있습니다. 한 모형의 답은 모형의 조건을 만족하는 내생변수들의 값입니다. 그 답을 얻기 위해서는 외생변수의 값들을 하나의 특정한 수준으로 고정시켜두어야 합니다. 이렇게 얻어지는 모형의 해는, 비유하자면 어떤 현상의 장면을 그려놓은

‘정물화’와 같습니다. 그런데 주어진 하나의 현상만을 그럴 듯하게 그려내는 모형을 만들어내는 일은 사실 상당히 쉽습니다.

예 1.1

어떤 사람이 지난 달 25일에 고기 4인분을 구입했습니다. 이 사람의 고기 수요량 m과 날짜 d 사이에 $5m = d - 5$이라는 관계가 성립한다고 모형을 세운다면 $5 \times 4 = 25 - 5$가 맞으므로 방금 우리가 본 한 장면을 제대로 그려내고 있습니다. 우리는 25일이 그 사람의 월급날이고 그의 가족이 4명이라는 사실을 알 수도 있고, 모를 수도 있습니다. 하지만 $5m = d - 5$라고 모형을 세우는 순간, 그 사람의 회사나 가족에 대한 정보는 외생변수에 끼지 못하고 단지 날짜 하나가 외생변수로 채택되었습니다. 이 모형이 엉터리라는 것은 바로 다음날인 26일에 그 사람이 $(26 - 5)/5$인분의 고기를 사지 않는다는 사실을 통해 확인할 수 있을 것입니다.

모형이 쓸모있으려면 주어진 한 장면만을 잘 그리는 것만으로는 부족하고, 다양한 장면들을 함께 담을 수 있어야 합니다. 즉, 특정한 외생변수 값 하나가 아니라 서로 다른 여러 외생변수 값들에 대해 각각 내생변수의 값이 무엇인지를 알아보고 이것이 현실과 부합한다는 것을 확인하는 작업이 필요합니다. 이런 작업이 **비교정학분석**(comparative static analysis)입니다. ‘정적’인 장면을 ‘비교’해보는 것, 즉 한 외생조건 하에서 그린 정물화와 또 다른 외생조건 하에서 그린 정물화를 비교하는 것입니다. 만약 모형에 외생변수를 전혀 포함시키지 않는다면 (즉 모형 바깥의 요소들을 모두 고정된 것으로 가정한다면) 하나의 정물화를 그리는 것은 가능하지만 더 이상의 분석은 안 됩니다. 외생변수라는 것이 있어야만 그것의 값이 변화하는 경우들을 고려함으로써 다양한 현상들을 설명할 수 있게 됩니다.

외생변수의 값이 변하면 그에 따라 내생변수의 값이 변할 텐데, 비교정학분석은 변화 이전 상태와 이후 결과를 정적으로 서로 비교하는 방법입니다. 반면 **동학분석**(dynamic analysis)은 변화의 과정 전체를 다 따져보는 것입니다. 그림 1.4(a)는 외생변수 x의 값이 0일 때와 1일 때의 결과(내생변수)를 나란히 놓아 비교하는 비교정학분석을, (b)는 실제로 그 변화가 어떤 과정을 거쳐서 일어났는지를 좀 더 자세히 보여주는 동학분석을 상징합니다. 물론 동학분석이 더 많은 정보를 줄 수 있습니다. 하지만 현실적으로는 비교정학분석에 만족해야 하는 경우가 많습니다.

그림 1.4 비교정학분석과 동학분석

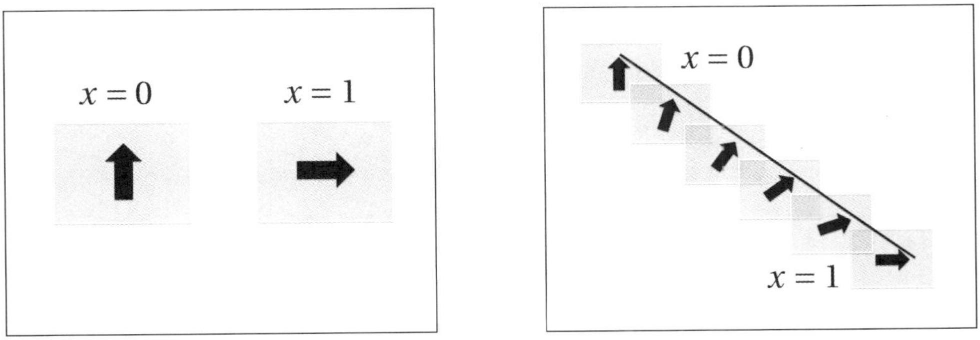

(a) 비교정학분석 (b) 동학분석

모형에 외생변수를 더 많이 포함시키면 좀 더 다양한 분석이 가능해질 것입니다. 하지만 그럴수록 모형이 복잡해지는 단점도 있으므로 적당한 수의 외생변수를 넣어야 합니다. 외생변수는 쉽게 관찰하고 측정할 수 있는 변수이거나, 혹은 정부 정책을 통해 의도적으로 통제할 수 있는 변수가 적당할 것입니다.

앞으로 모형을 공부할 때 무엇이 내생변수이고 무엇이 외생변수인지를 확인하는 것이 매우 중요합니다. 그것을 제대로 파악할 때 비로소 모형의 분석 과정도 제대로 이해할 수 있습니다. 또한 한 모형에서 외생변수이던 개념이 또 다른 모형에서는 내생변수로 바뀔 수도 있다는 점을 기억해야 합니다. 단 하나의 거대한 모형으로 모든 경제 현상을 설명할 수 있는 날이 오기 전까지는, 모든 모형은 현상 중 극히 일부만을 다루는 것입니다.

좋은 모형이란?

앞에서 '모형은 비현실적일수록 좋다!'라고 주장했습니다. 그 주장은 모형의 비현실성이 가진 장점을 강조하기 위한 것이었습니다. 아무렇게나 비현실적으로 만든 모형이 모두 좋은 모형은 아닙니다. 좋은 모형이 갖추어야 할 몇 가지 성질들을 나열해보면 다음과 같습니다.

(1) 가능하면 단순하게(simple): 같은 내용을 전달한다면 복잡한 것보다는 단순한 모형이 더 좋습니다. 현실성이 있지만 오히려 논지를 흐릴수도 있는 측면들은 과감하게 생략하는 것이 좋습니다. 어디까지 생략해도 좋은지를 판단하려면 모형의 목적을 명료하게 할 필요가 있습니다.

(2) 구조를 선명하게(explicit): 단순한 것이 좋다고 해도 모형으로서 갖추어야 할 최소한의 구성요소는 있어야 합니다. 대부분의 경제모형은 외생변수와 내생변수를 지정하고 이들 간의 관계를 표현합니다. 좋은 모형은 외생변수와 내생변수가 무엇인지, 이들 간의 관계는 무엇인지를 선명하게 드러내야 합니다.

(3) 맞을 때 맞고, 틀릴 때 틀리게(testable): 언제나 맞는 모형이 좋을까요? '언제나 맞는' 말이 곧 정확하고 쓸모있는 말은 아닙니다. 예를 들어, "내일 오전 9시에서 10시 사이에 배달하겠습니다"라는 약속은 맞는지, 틀리는지 확인하기 쉬워서 받는 고객의 입장에서 편리합니다. 한편, "언젠가는 꼭 배달되도록 하겠습니다"라는 약속은 언젠가 배달하기만 하면 맞는 말이 되지만 고객의 입장에서 별로 반갑지 않지요. 경제모형도 대충 끼워맞추면 아무 데나 적용되는 이야기는 당장 들어보면 흠잡을 수 없지만 좋은 모형은 아닙니다. 어떤 조건 하에서 맞겠다고 약속했는지 검증 가능하면, 설사 틀리더라도 이를 향후에 개선할 여지가 있습니다.

(4) 이왕이면 재미있게(fun): 역사 속 지혜로운 성인들은 심오하고 어려운 가르침을 독특하고 재미있는 예화를 통해 주신 적이 많지요. 좋은 모형은 그것을 공부하는 학생들에게나, 사용하는 분석가들에게 흥미를 북돋워주고 사고를 자극합니다. 정말 좋은 모형은 배워두면 여러 상황에서 직감적으로 써먹을 수 있는 훌륭한 안목과 직관을 길러줍니다.

모형을 공부할 때 던질 질문들

좀 더 구체적으로 앞으로 모형을 공부할 때 차근차근 확인해볼 만한 단계들, 던져야 할 질문들을 제시하겠습니다. 표 1.1입니다. 모든 모형에 이 단계를 거칠 수 있는 것도 아니고, 이 순서를 꼭 지켜야 하는 것도 아닙니다.

첫 질문은 모형의 적용 대상이나 범위를 파악하는 것이고, 두 번째는 모형의 구성요소들을 검토하는 것입니다. 세 번째는 모형을 분석하여 결과를 얻고 살펴보는 것입니다. 마지막 질문은 선택 사항이긴 하지만 심화된 공부를 위해서, 학문적

표 1.1 모형 공부의 단계들

(i) 모형의 목적:	무엇을 위한 모형인가? 무엇을 위한 모형이 아닌가?
(ii) 모형의 구조:	모형에 주어진 조건(외생변수)은 무엇이고, 모형에서 얻어지는 결과(내생변수)는 무엇을 나타내는가?
(iii) 모형의 분석:	모형의 조건(외생변수 값)이 변할 때 모형의 결과(내생변수 값)는 어떻게 변하는가?
(iv) 모형의 확장:	모형의 주요 가정들은 무엇이며, 그중에서 어느 가정이 심각한가? 모형을 어떤 식으로 변형하여 볼 수 있겠는가?

탐구를 위해서 필수적입니다. 특히 주어진 모형과 그 분석이 절대로 고정된 '정답'이 아니라는 자세에서 비판적으로 질문들을 끊임 없이 던진다면 여러분은 더욱 훌륭한 경제학도가 될 것입니다.

제2장에서 소개하는 첫 모형에 대해서는 이 네 가지 질문들을 차례대로 함께 생각해볼 것입니다. 그 후로는 표의 4단계 구조에 얽매이기보다는 상황에 맞게 검토를 할 것이고, 계속 제가 답을 해줄 수는 없으므로 뒤로 갈수록 독자 여러분이 스스로 검토하도록 맡길 것입니다. 질문들에 대한 답이 꼭 하나뿐이거나 똑 떨어지거나 정해져 있는 것이 아닙니다. 이런 질문들을 골똘히 생각해보고 새로운 아이디어들을 얻는 것이 즐겁다면 여러분은 경제학자가 되어야 할 운명일지도 모릅니다.

여러분이 미시경제학을 진지하게 공부한다면 조만간 일종의 후유증에 시달릴 수 있습니다. 영화「매트릭스(*The Matrix*)」(1999)에서 평범하게 잘 살던 니오(Neo, 키아누 리브스)는 모피어스(Morpheus, 로렌스 피쉬번)를 만나 빨간 알약을 받아먹는 순간부터 더 이상 세상을 예전과 같은 방식으로 볼 수 없게 되었습니다. 알게 된 현실이 암울하고 맘에 안 든다 해도 예전으로 돌아가는 것은 불가능합니다. 경제학도 한번 제대로 공부하고 나면 예전의 사고방식으로 돌아가기 힘들다는 점에서 시작하기 전에 신중한 자세를 요구합니다. 한번 사용법을 배워서 덜컥 걸쳐쓰고 나면 벗어버리기 어려운 색안경, 그 안경으로 바라보는 현실이 맘에 들지 않을 수도 있습니다. 하지만 여러분은 그 유혹을 뿌리치기 힘들 것입니다. 세상을 이 안경으로 바라보고 이왕이면 보다 나은 세상으로 변혁할 꿈을 꾸는 길, **경제학도의 길**에 나선 것을 다시 한번 환영하는 바입니다.

더 생 각 해 보 기

합리적 선택 모형에 대한 오해들

미시경제학의 기본 모형은 합리적 선택 모형(rational choice model)입니다. 합리적 선택 모형을 배우는 학생들, 그리고 경제학에 비판적 시각을 갖고 있는 많은 사람들은 이 모형에 대해 약간의 오해들을 갖고 있습니다. 합리적 선택 모형이 절대 진리는 아니므로 당연히 비판받아 마땅하지만, 오해에 기초한 비판은 곤란하겠지요?

오해 (1) 합리성 = 이기심

첫 번째 오해는 경제학이 인간의 이기심을 가정한다거나, 이기적인 삶을 권장한다는 것입니다. 경제학의 아버지로 불리는 애덤 스미스(Adam Smith)가 인간이 이기적으로 행동하더라도 보이지 않는 손에 의해 모든 것이 다 잘될 거라고 주장했다고 알고 있는 사람도 많은데 이것도 오해입니다. 스미스가 주장한 것은 시장 기능이 제대로 작동한다면, 의도적으로 공공의 이익을 성취하기 위해 시장에 개입하거나 간섭하는 것보다는, 사람들로 하여금 각자 자기 이익(self interest)을 추구하도록 내버려두는 것이 오히려 공공의 이익을 성취하는 것에 도움이 될 수 있다는 것이었습니다. (자기 이익은 이기심[selfishness]과 비슷하지만 다른 말입니다.) 이 주장이 무슨 말인지 정확하게 이해하는 것이 미시경제이론 공부의 중요한 목표 중 하나입니다.

게다가 합리적 선택 모형은 모든 인간이 자기 이익을 추구한다고 가정하는 것도 아닙니다. 경제모형의 합리적 선택이란 주어진 범위 내에서 자신의 '목적'을 일관되게 추구하는 것을 말합니다. '목적'이 무엇인지는 상관 없습니다. 이타적 행동이 목적인 사람은 이타적 행동을 하는 것이 합리적이고, 게으르게 사는 것이 목적인 사람은 게으르게 사는 것이 합리적입니다. 다시 말해서, 합리적 선택 모형은 각 사람의 목적이 무엇인지에 대해서 규정을 하지 않고, 만약 어떤 목적이 있다면 그것을 제대로 추구하는 것이 합리적이라고 봅니다. 현실에서 상당히 많은 사람들이 실제로 이기적입니다. 경제학은 그런 현실에 대해서 인간들더러 이타적이 되라고 설교하거나, 이기적인 것이 악하다고 꾸짖지도 않습니다. 상당수 사람들이 이기적이라면 사회에 어떤 상황이 벌어질까를 연구해볼 수는 있습니다. 사람들이 이기적인 것이 경제학의 탓은 아닌 한, 이기적인 것을 이기적이라고 말하는 것이 문제가 되어서는 안 되겠죠.

오해 (2) 실제 인간은 합리적이지 않다

상당수 학생들은 합리적 선택 모형을 공부하면서 약간의 죄책감 같은 것을 느끼는 듯 합니다. '사실 나는 별로 합리적이지 않은데......', '내가 과연 내 효용을 극대화하면서 살고 있는 걸까?'라는 생각 말입니다. 그래서 합리적인 효용극대화를 말하는 경제학이 비인간적이고 깍쟁이 같이 느껴지나 봅니다. 나아가서 합리적 선택 모형은 (자신을 포함한) 비합리적인 사람들의 행동을 설명하지 못하므로 쓸모 없다고 짐작합니다.

이 생각에는 몇 가지 오류가 있습니다. 우선 내가 비합리적이라고 해서 다른 사람들도 비합리적인지는 알 수 없습니다. 물론 인간이 완벽하진 않으므로 '모든' 사람이 '항상' '100%' 합리적이지는 않을 것입니다. 하지만 그렇다고 모든 사람이 항상 100% 비합리적이라고 할 수도 없습니다. 실제로는 중간 어디쯤이겠죠. 여러 가능성이 있습니다. '모든,' '항상', '100%'라는 세 측면을 하나씩 떼어 살펴보겠습니다. (이 방법 역시 비현실적으로 여겨질 수도 있지만, 학문의 기본인 분석적 접근입니다.)

모든 사람이 합리적?

'모든'은 아니고 '대부분'의 사람이 합리적이라면 어떨까요? 여기서 '합리적'의 의미를 다시 한번 분명히 합시다. 경제학이 말하는 '합리적' 행동이란 주어진 상황에서 본인이 원하는 것을 얻기 위해 노력하는 것입니다. 무조건 완벽한 행동을 의미하지는 않는다는 것입니다. 원하는 것이 무엇이냐는 합리성과 관계가 없습니다. 이렇게 보면 대부분의 사람들이 합리적이라는 가정은 크게 이상하지 않습니다. 대부분의 사람들은 자신이 원하는 것을 얻기 위해서 노력하며 살지 않나요? (실제로 원하는 것을 얻어내는지는 별개의 문제입니다.)

항상 합리적?

사람들이 '항상' 합리적이라는 가정은 굳이 필요하지도 않습니다. 경제모형이 다루고자 하는 상황에서만 합리적이면 됩니다. 쓸 데 없이 사소한 상황에서까지 냉철하고 합리적인 인간이어야 한다는 것이 아니라, '경제학적 문제'에 대해 합리적 경제인이면 됩니다. 예컨대, 길 가다가 심심해서 군것질을 할 때 굳이 기회비용을 따져 효용 극대화를 할 필요 없습니다. (미시경제이론 공부 초기에 이런 증상이 나타납니다.) 하지만 빠듯한 월급을 쪼개어 자동차를 구입하거나 아파트를 장만할 때라면 예산을 생각해서 가능한 한 좋은 선택을 하려고 노력하는 것이 당연하지 않을까요? 교과서가 재미를 위해 다루는 가벼운 상황이 경제학의 전부는 아닙니다.

100% 합리적?

100%는 아니더라도 상당히 높은 수준으로 합리적이라면 어떨까요? 이 같은 접근을 '제한적 합리성'(bounded rationality)이라고 하고 최근 활발하게 연구되는 주제입니다. 100%에서 얼마나 어떤 방식으로 모자라느냐에 따라 다양한 모형이 가능합니다. 문제는 이런 모형을 분석하려면, 먼저 100%인 경우를 잘 이해하고 있어야 한다는 점입니다.

오해 (3) 그래도 어쨌든 현실 인간을 닮은, 인간적인 모형이 좋지 않나?

지금까지의 설명에도 불구하고 미시경제이론의 소비자나 생산자는 도저히 '인간'으로 느껴지지 않는다는 불만이 있을 수 있습니다. 인간은 풍부하고 다양한 존재인데, 미시경제학의 인간은 프로그램에 따라 돌아가는 로봇 같은 존재라서 정이 안 가는 거죠. 미시경제학에 대한 거부감의 큰 이유입니다. 뭔가 반박은 못 하겠는데 내가 생각하는 방식이랑은 다르고......'인간적'이지 않다는. 다시 한번 이것은 오해, 사회과학으로서 경제모형의 성격에 대한 오해입니다.

사회과학, 특정 개인이 아니라 사회가 관심대상

경제학은 인간과학 또는 인문학이 아니라 사회과학입니다. 사회는 인간으로 구성되지만 사회가 곧 인간은 아닙니다. 사회과학으로서 경제학은 개별 인간에 대해 설명하거나 예측하려는 것이 아니고, 사회 현상을 설명하려는 것입니다. 따라서 특정 개인에 비추어 얼마나 인간적인가가 중요하지 않습니다.

모형, 외모가 아니라 행동을 흉내

게다가 모형이란 설명하고자 하는 목표에 맞추어 과감한 생략을 요구합니다. 예를 들어 설거지 기계에게 중요한 것은 이 기계가 설거지하는 사람처럼 생기는 것이 아니라 설거지를 잘 하는 것입니다. 설거지 기계에게 우리가 기대하는 것은 인간적인 면모가 아닙니다. 미시경제이론이 소개하는 '소비자'도 인간의 소비행동을 흉내내는 것이 목적입니다. 외모가 아니라 행동을 흉내내는 것입니다. 게다가 완전한 인간을 흉내내는 게 아니라, 소비하는 인간, 경제행위하는 인간을 흉내냅니다. 경제주체란 인간의 경제행위 부분만을 잡아내어 흉내낸 로봇 같은 존재입니다.

지금까지 제시한 변명들에는 근본적으로 비판받을 부분들이 많습니다. 인간을 전체적으로 묘사하는 것을 포기하고 경제 행위만을 떼어내겠다고 했는데 과연 그래도 되는 것일까요? 인간의 소비 행위는 다른 행위와 분리될 수 있을까요? 겉으로 드러나는 행위에 대한 모형으로부터 진정 내면에 대한 이해가 가능할까요? 이런 질문들은 현대 학문의 기초가 된 분석적, 과학적 접근에 대한 근본적인 질문으로 이 책에서 이런 문제까지 다루는 것은 아무래도 벅찰 것 같습니다.

미시경제이론 공부를 위한 수학 기초

경제모형의 수학적 표현에 가장 중요한 도구는 미분입니다. 특히 알아야 할 개념은 1차함수 그래프(직선)의 기울기와 일반 함수 그래프(곡선)의 접선 기울기인 미분계수입니다. 이 책을 읽을 때 알아두면 좋은 간단한 미분규칙으로 "$ax^n + bx + c$를 미분하면 $nax^{n-1} + b$가 된다"가 있습니다. 예를 들어

$$(x^2)' = 2x$$

$$\left(\frac{1}{x}\right)' = -\frac{1}{x^2}$$

$$(\sqrt{x})' = \frac{1}{2\sqrt{x}}$$

입니다. 위에서 $(\cdots)'$는 괄호 안에 든 함수를 미분한 도함수를 나타내는 기호입니다.

경제학 공부를 위해 필요한 수학적 기초를 다지기 위해서는 경제수학이나 미분적분학을 별도로 공부하시기를 권합니다.

제2부

소비자모형

제2부에서는 미시경제이론의 기본적인 분석틀인 **합리적 선택**의 관점에서 소비자의 행동을 흉내내는 **소비자모형**을 전개합니다. 합리적 소비자모형은 여러 미시경제 모형들의 직관적인 바탕이 됩니다.

하지만 합리적 선택 모형에서 '합리적'이라는 수식어보다는 '선택'이라는 단어가 핵심이라는 점을 깨닫는 것도 중요합니다. 소비자의 합리성이라는 전제가 이론의 전개에서 필수 불가결한 것은 아니라는 점을 보여주기 위해서 제2장과 제3장에서는 합리성을 전제하지 않은 선택 모형을 먼저 살펴보겠습니다.

그 후 제4장부터 합리적 소비자모형인 **효용극대화 모형**의 주요 측면들을 꼼꼼하게 살펴볼 것입니다. 합리성을 모형에 추가할 경우, 큰 틀에서 모형의 결론이 바뀌지는 않지만 구체적인 상황을 분석하는 일이 좀 더 편리해진다는 것을 알게 될 것입니다.

'모형'이라는 관점에 대해 다시 강조합니다. 우리가 만나게 될 모형은 상당히 친숙한 소비 행위에 대한 것이지만 모형이라는 특성상 실제 인간의 모습과는 동떨어진 부분이 있습니다. 이 모형은 소비자에 대한 정밀한 초상화라기보다는, 일종의 캐리커쳐 혹은 소비자의 행동의 특정 면을 흉내내는 로봇 같은 존재라는 점을 기억해주세요.

비합리적인 의사결정 주체들이라 해도 현실을 따라야 한다.
현실이 허용하는 선택의 범위에서 벗어난 선택을 유지할 수는 없다.
선택의 범위는 제멋대로의 변인들에 의해 결정되는 것이 아니라,
경제 변수들에 의해 체계적으로 영향을 받는다.
이 논문에서 가장 중요한 결과는 비합리적인 주체들조차 선택범위가 변화하면
이에 대해 합리적으로 반응하도록 "강요"받을 수밖에 없다는 것이다.
- 게리 베커,[1] "비합리적 행동과 경제 이론"[2]

1 흥미롭게도 이렇게 말한 게리 베커(Gary Becker, 1930-2014)는 합리적 선택모형을 가장 적극적으로 옹호하고 사용하는 소위 시카고 학파의 대표적인 학자입니다. 보통 경제학의 대상이라 여겨지지 않는 다양한 현상에 합리적 선택모형을 적용해 분석한 공로로 1992년 노벨 경제학상을 받았습니다.

2 Gary Becker, "Irrational behavior and economic theory," *Journal of Political Economy* (1962).

microeconomics

제2장 소비범위의 모형: 예산제약

1달러 87센트. 그게 다였다. 그중 60센트는 1센트짜리 동전들이었다. 식료품점, 채소가게, 정육점에서 얼굴을 붉혀가며 한푼 두푼 값을 깎아 모은 돈이었다. 델라는 세 번이나 돈을 다시 세어보았다. 1달러 87센트. 그리고 내일이 크리스마스였다.

- 오 헨리, 「크리스마스 선물」[1]

합리성보다 희소성

오 헨리의 단편소설 중 한 장면입니다. 델라는 사랑하는 남편 짐을 위한 크리스마스 선물을 사고 싶지만 돈이 부족합니다. 결국 자신의 탐스러운 머리카락을 팔아서 백금 시곗줄을 사죠. 그날 저녁 남편 짐은 선물인 시곗줄과 그 대가로 사라진 아내 델라의 머리카락을 바라보며 뭐라 말할 수 없는 표정을 짓습니다.

짐과 델라는 너무도 사랑하는 사이이기 때문에 이 이야기는 아름다운 결말을 맺지만, 금전적인 여유가 좀 더 있었다면 이들은 아마도 다른 선택을 하고 싶었을 것입니다. 소비자모형에서 다루고자 하는 주인공들은 자신이 처한 '금전적인' 상황의 지배를 받습니다. 사랑은 돈을 뛰어넘지만, 소비라는 경제 행위에서 금전적인 상황을 결코 무시할 수는 없습니다. 합리적인 사람이든 합리적이지 않은 사람이든, 희소성이라는 현실을 무시할 수 없는 것입니다.

1 William Sydney Porter (필명 O. Henry), "The Gift of the Magi" (1906).

우리가 공부할 기초 소비자모형은 합리적 선택에 바탕을 둔 효용극대화 모형입니다. 효용극대화 모형은 다시 **효용함수**와 **예산제약**의 두 부분으로 구성되는데, 이 중에서 예산제약에 대해 먼저 공부합니다. 예산제약은 효용극대화 모형뿐 아니라 모든 소비자모형에 포함되어야 할 구성요소입니다. 다시 말해 합리적이지 않은 소비자라 하더라도 예산제약은 따라야 합니다. 따라서 혹시나 경제 행위의 합리성을 인정하지 않더라도 이 장에서 설명하는 내용은 피할 수 없는 현실입니다.

선택 모형의 핵심 요소: "메뉴판"

무언가를 (합리적으로 또는 비합리적으로) '선택'한다는 것은 무슨 의미일까요?

우선 선택이라는 말은 여러 가지 대안 중에 하나를 고르는 상황에 적용됩니다. 애초부터 택할 수 있는 대안이 하나밖에 없는 상황이라면 우리는 (합리적이든, 비합리적이든) 선택이라는 것을 아예 할 수 없습니다. 정통 손맛 칼국수 한 가지만 자랑스럽게 판매하는 식당에는 따로 메뉴판이 필요 없고, 따라서 이 식당에 들어와 자리를 잡은 손님이 굳이 주문을 할 필요가 없는 것과 마찬가지 이치입니다.

그림 2.1 경제학적 선택 문제가 아닌 경우들

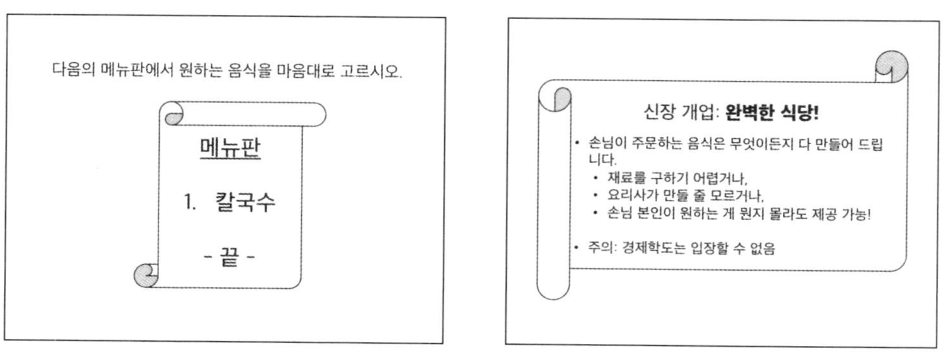

(a) 대안이 하나밖에 없는 경우 (b) 대안의 범위가 주어지지 않는 경우

한편, 만약 메뉴판 없이 뭐든지 손님이 주문하는 대로 다 완벽하게 만들어주는 식당이 있다면 어떨까요? 정말 좋긴 하겠지만, 경제학적으로는 선택의 문제 자체가

존재하지 않습니다. 그냥 원하는 것을 이야기하면 되니까요. 경제학적으로 의미 있는 선택의 문제가 되기 위해서는, 경제원론 교과서에서 말하듯 '인간의 욕구는 무한하나 욕구를 채워줄 수 있는 자원은 희소하다'는 현실을 반영하여, 반드시 메뉴판이 존재해야 합니다. 경제학에서 **선택**(choice)이란 택할 수 있는 대안들이 어느 정도 간추려진 메뉴판으로 제시되었을 때, 그 메뉴판 속에서 최대한 신중하게 고르는 것을 말합니다. 선택하는 사람은 메뉴판에 속한 메뉴들 가운데에서 마음대로 선택할 자유를 가지지만, 메뉴판 자체를 마음대로 만들 수는 없습니다. 메뉴판은 선택하는 사람의 희망이나 의지와는 상관없이 그에게 주어지는 '현실'인 것입니다.

그림 2.2 선택 모형

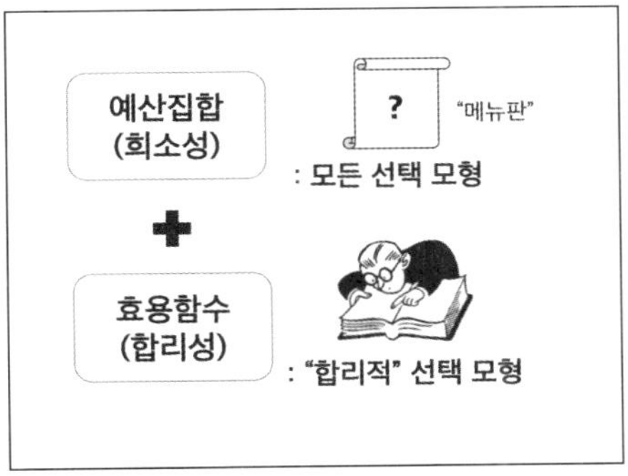

따라서 선택에 대해 논하려면 메뉴판에 대해 먼저 논해야 합니다. 이 메뉴판을 소비자모형에서는 **예산집합**이라고 부릅니다. 예산집합이란 **예산제약**을 만족하는 소비대상들의 집합을 가리킵니다. 예산제약과 예산집합에 대해서 공부하는 것이 이 장의 내용입니다. 이 내용은 합리성과는 직접적인 관계가 없습니다. 합리성을 가정하지 않아도, 예산제약과 예산집합에 대한 논의만으로 소비자의 행동에 대해 상당히 많은 이야기를 할 수 있습니다. 우리가 공부할 소비자모형의 주요 결론은 합리성보다는 예산제약(희소성)에서 나온다고 할 수 있습니다. 다음 장에서는 여기서 공부한 예산제약식으로 소비자의 수요에 대해 어떤 분석을 할 수 있는지 공부할 것입니다.

2.1 모형: 예산제약

예산제약(budget constraint)은 다음의 부등식으로 간단하게 표현됩니다.

(2.1) $$p_1x_1 + p_2x_2 \le m$$ [예산제약]

식에서 p_1과 p_2는 각각 재화 1과 재화 2의 **가격**(price)을 나타내고, x_1과 x_2는 각각 재화 1과 재화 2의 **수량**(quantity)을 나타냅니다. 또한 m은 재화 1과 재화 2를 구입하는 데에 사용할 수 있는 총 금액, 즉 **예산액**(budget)입니다.

예산집합(budget set)은 예산제약을 만족하는 소비량들의 집합을 의미하므로 다음과 같이 쓸 수 있습니다.

(2.2) $$\{(x_1, x_2) \mid p_1x_1 + p_2x_2 \le m\}$$ [예산집합]

소비량이 음수일 수는 없으므로 $x_1 \ge 0$, $x_2 \ge 0$이라는 조건이 추가되어야 하는데, 앞으로 특별하게 언급하지 않는 한 이 조건이 달린 것으로 간주합니다.

한편 식 (2.1)에서 부등식의 형태로 주어진 예산제약이 등식으로 성립하는 경우 이를 **예산선**(budget line) 또는 **예산식**(budget equation)이라고 부릅니다.

(2.3) $$p_1x_1 + p_2x_2 = m$$ [예산선, 예산식]

예산식이라는 용어는 공식 자체를 가리키는 것이고, 예산선은 이 식을 그래프로 표현한 경우를 가리킵니다. 즉 예산식은 예산선의 공식이고, 예산선은 예산식의 그래프입니다. 앞으로 두 용어를 같은 의미로 사용하겠습니다.

수식의 단위와 의미

먼저 예산식을 구성하는 각 변수들의 단위를 확인해보겠습니다. 우변에 있는 예산액 m의 단위는 화폐로 나타낸 수치, 즉 '금액'(예를 들어 원, 달러, 유로, 엔,

위안)입니다. 재화의 가격 p_i는 재화의 '판매단위당 금액'(예를 들어 원/개, 달러/상자, 유로/봉지, 엔/대, 위안/병)입니다. 재화의 수량 x_i는 '판매단위'(개, 상자, 봉지, 대, 병)를 갖습니다. 따라서 좌변에 있는 $p_i x_i$의 단위는

$$\frac{\text{금액}}{\text{판매단위}} \times \text{판매단위} = \text{금액}$$

이 되어 식 (2.1)~(2.3)에서 모두 양변이 같은 단위를 가지는 것이 확인됩니다.[2]

식의 구성요소들을 하나씩 살펴보면,

좌변:

$p_1 x_1 =$ 가격 p_1인 재화 1을 x_1만큼 구입하는 것에 드는 지출액

$p_2 x_2 =$ 가격 p_2인 재화 2를 x_2만큼 구입하는 것에 드는 지출액

$p_1 x_1 + p_2 x_2 =$ 가격 (p_1, p_2)에 (x_1, x_2)를 구입하는 것에 드는 총 지출액

우변:

$m =$ 재화 1과 재화 2를 구입하는 것에 쓸 수 있는 예산액

로 예산제약의 의미는 "총 지출액(좌변)이 예산액(우변)을 초과하지 않는다"가 됩니다.

소비대상이 되는 두 재화의 소비량을 묶어서 나타내는 (x_1, x_2)를 일컬어 **재화 꾸러미(commodity bundle)**라고 합니다. 예컨대 과일 가게에 가서 사과 3개, 귤 2개를 장바구니에 담았다면 이 재화 꾸러미는 (3,2)입니다. 예산집합은 예산제약을 만족하는 재화 꾸러미들의 집합입니다. 예산선은 예산제약을 만족하는 재화 꾸러미들 중에서 총 지출액이 예산액과 정확하게 일치하는 꾸러미들의 모음입니다.

예 2.1

간식으로 커피와 도넛을 즐기는 차도녀 양이 있습니다. 커피의 가격이 한 잔에 1,000원, 도넛의 가격이 한 개에 500원이고 차도녀가 1주일 동안 쓸 수 있는 간식 예산이 10,000원입니다. 그렇다면 차도녀가 1주일간

---

2 좀 더 정확하게 말하자면 소비가 일정한 기간 동안 발생하는 '유량'(flow)이라는 점을 반영하여 단위에 기간이 추가되어야 합니다. 예컨대 분석 기간이 1개월일 경우, m의 단위는 '금액/개월'이고 x_i의 단위는 '판매단위/개월'입니다. 가격의 단위에는 기간이 포함될 필요가 없습니다. 따라서 $p_i x_i$의 단위는 '금액/개월'이 되어 m의 단위와 일치합니다.

구입한 커피의 잔수를 x_1, 도넛의 갯수를 x_2라고 할 때 그녀의 예산집합은

$$\{(x_1, x_2) \mid 1{,}000x_1 + 500x_2 \le 10{,}000\}$$

이고 그녀의 예산식은

$$1{,}000x_1 + 500x_2 = 10{,}000$$

입니다. 예산집합은 10,000원의 예산을 초과하지 않으면서 1주일 동안 구입할 수 있는 커피 및 도넛의 수량을 나타내고, 예산식은 정확하게 10,000원의 예산을 모두 지출하는 경우를 나타냅니다.

(1) $(x_1, x_2) = (0, 0)$은 전혀 간식을 먹지 않는 경우를 나타내며 예산집합에 속하는데 돈이 남았으므로 예산식을 만족하지는 않습니다. (즉, 이 꾸러미는 예산집합에 속하지만 예산선 위에 있지는 않습니다.)

(2) 1주일 동안 매일 커피 1잔과 도넛 1개씩을 구입하면 $(x_1, x_2) = (7, 7)$이고 그 지출액은 $1{,}000 \times 7 + 500 \times 7 = 10{,}500$이 되어 예산을 초과합니다. 즉 $(7, 7)$은 예산집합에 속하지 않는 (주어진 예산으로 소비할 수 없는) 재화 꾸러미입니다.

(3) 만약 도넛은 포기하고 커피만 최대한 많이 소비하려면 최대 $10{,}000 \div 1{,}000 = 10$잔을 구입할 수 있습니다. $(10, 0)$은 예산집합에 포함되며 예산선 상에 있습니다. 마찬가지로 커피는 포기하고 도넛만 최대한 소비하려면 $10{,}000 \div 500 = 20$개를 구입할 수 있습니다. $(0, 20)$ 또한 예산집합에 포함되고 예산선의 일부입니다.

(4) 커피를 1주일에 9잔 소비하는 경우 예산으로 구입할 수 있는 도넛의 갯수는

$$1{,}000 \times 9 + 500x_2 \le 10{,}000 \Longrightarrow x_2 \le 2$$

즉 최대 2개입니다. $(9, 0), (9, 1), (9, 2)$는 모두 예산집합에 포함되며 특히 $(9, 2)$는 예산선 위에 있고 $(9, 3)$은 예산집합에 포함되지 않습니다.

여기서 질문: 차도녀의 예산선을 그래프로 그린다면 어떤 모양일까요? (예 2.2에 답이 있습니다.)

현실에서는 도넛을 1개, 2개, 3개 등으로 판매하므로 예에서 그렇게 설명했지만, 앞으로 모형을 분석함에 있어서 재화의 갯수를 자연수로 제한하지는 않습니다. 즉, 도넛의 갯수가 2.83개라든지 심지어 $\sqrt{2}$개와 같은 값을 가질 수도 있다고 생각하겠습니다. 이는 자연수로 국한시키면 오히려 번거로운 경우가 있기 때문에 사용하는 단순화 가정으로 그다지 심각하지 않은 가정입니다. 이 장의 뒷부분에서 다시 한번 이 문제를 논의하겠습니다.

그림으로 보는 예산선 및 예산집합

수식을 그림으로 표현해보는 것은 직관적 이해를 얻는 것에 많은 도움이 됩니다. 예산제약을 그림으로 나타내어봅시다. 재화 꾸러미 (x_1, x_2)들에 대한 것이므로, 두 개의 축을 x_1과 x_2로 하여 그릴 수 있습니다. 각 변수에 대해 1차식이므로 직선이 됩니다. 1차함수의 직선 그래프를 그리는 일이 익숙하다면 식을 정리해서 절편과 기울기를 이용하면 됩니다. 즉, 세로축인 x_2를 x_1에 대한 식으로 정리해보면

$$x_2 = \frac{m}{p_2} - \frac{p_1}{p_2}x_1 \tag{2.4}$$

이 되어 세로축(x_2축) 절편이 m/p_2이고 기울기는 $-p_1/p_2$인 직선입니다.

그림 2.3 예산선

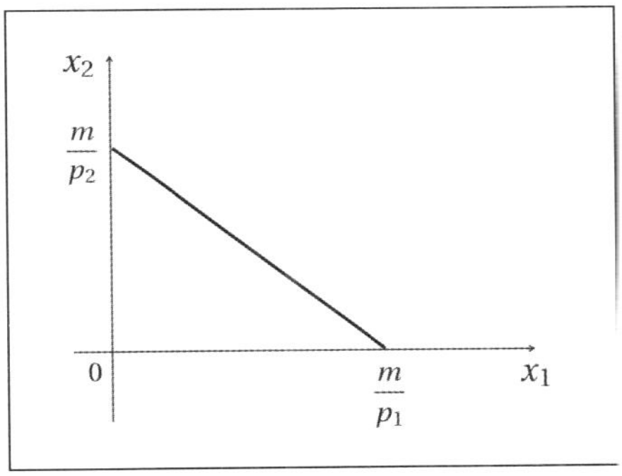

예산선을 쉽게 그리는 다른 방법은 세로축 절편과 가로축 절편을 각각 구하여 축 위에 표시하고 두 절편을 직선으로 연결하는 것입니다. (이 방법이 경제학적으로 어떻게 해석되는지는 곧 설명하겠습니다.) 세로축 절편은 앞에서 구한 것처럼 식을 정리해도 되지만, 예산식에 $x_1 = 0$을 대입해서

(세로축 절편) $$p_1 \times 0 + p_2 x_2 = m \quad \Longrightarrow \quad x_2 = \frac{m}{p_2}$$

로 구할 수 있고, 마찬가지로 가로축 절편은 $x_2 = 0$을 대입해서

(가로축 절편) $$p_1 x_1 + p_2 \times 0 = m \quad \Longrightarrow \quad x_1 = \frac{m}{p_1}$$

로 구할 수 있습니다. 따라서 **그림** 2.3과 같이 예산선을 그릴 수 있습니다.

그림 2.4 예산선의 기울기

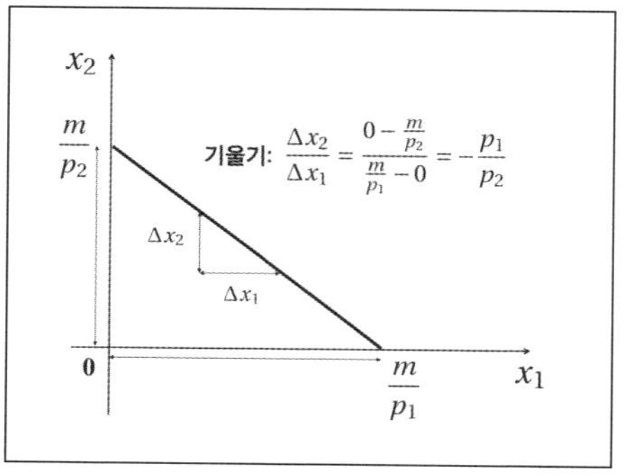

그림 2.3의 예산선 기울기가 앞의 식 (2.4)에서 도출한 것과 같이 $-p_1/p_2$라는 것은 **그림** 2.4에서 두 절편 사이의 변화량 Δx_1, Δx_2를 통해서 확인할 수 있습니다. 세로축 절편 $(0, m/p_2)$과 가로축 절편 $(m/p_1, 0)$을 비교하면 x_1의 값은 0에서 m/p_1으로 변했으므로

$$\Delta x_1 = \frac{m}{p_1} - 0 = \frac{m}{p_1}$$

이고, x_2의 값은 m/p_2에서 0으로 변했으므로

$$\Delta x_2 = 0 - \frac{m}{p_2} = -\frac{m}{p_2}$$

이며, 따라서 기울기는

$$\frac{\Delta x_2}{\Delta x_1} = \frac{-\frac{m}{p_2}}{\frac{m}{p_1}} = -\frac{p_1}{p_2}$$

이 맞습니다.

그림 2.5 예산집합

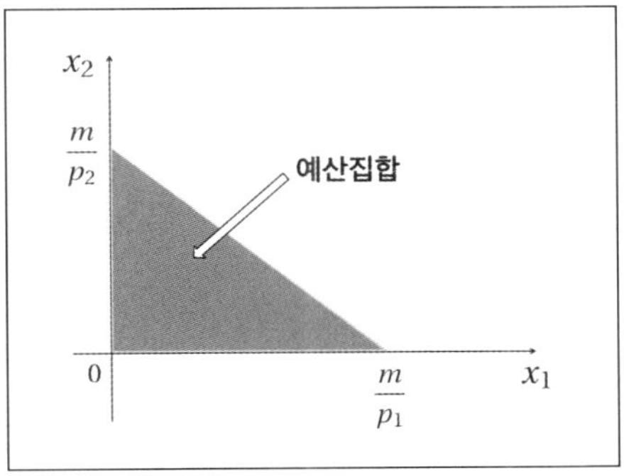

한편, 예산집합 즉 예산선을 포함하여 예산제약을 만족하는 모든 점들의 집합은 예산선의 안쪽 영역에 해당됩니다. 그림 2.5에 색칠해 놓은 삼각형 경역입니다. 소비량이 음수일 수 없다는 조건, 즉 $x_1 \geq 0$, $x_2 \geq 0$에 의해 두 축이 예산집합의 경계가 되고, 한편 예산선이 또 하나의 경계가 됩니다.

예산선의 경제학적 해석

(1) 예산선의 절편: 예산액으로 구입가능한 최대량

예산선을 구성하는 요소들을 경제학적으로 해석해보겠습니다. 먼저 두 절편 m/p_1과 m/p_2은 예산을 두 재화 중 단 하나에만 집중적으로 지출했을 때 최대한 구입할 수 있는 갯수입니다. 다시 말해 $(m/p_1, 0)$은 m의 예산을 재화 2에는 지출하지 않고 오로지 재화 1만 구입할 경우 $x_1 = m/p_1$이라는 의미입니다.

(2.5) $$x_1^{\text{max}} = \frac{m}{p_1}$$ [예산선의 x_1축 절편]

x_1이 가질 수 있는 최대값이라는 점을 강조하여 식 (2.5)에는 max라는 위첨자를 달았습니다. 마찬가지로 재화 1은 구입하지 않고 재화 2만 구입할 경우 최대량은

(2.6) $$x_2^{\text{max}} = \frac{m}{p_2}$$ [예산선의 x_2축 절편]

이며 이 값이 예산선의 세로축 절편입니다.

$x_1^{\max} = m/p_1$이 m으로 살 수 있는 재화 1의 최대량이라는 것은 쉽게 이해할 수 있습니다. 예 2.1에서 차도녀의 예산은 1만 원인데 커피 1잔에 1천 원, 도넛 1개에 500원이라면, 최대로 살 수 있는 커피의 잔수는 $10,000/1,000 = 10$이고, 최대로 살 수 있는 도넛의 갯수는 $10,000/500 = 20$입니다.

식 자체를 해석해보면, 가격 p_1은 재화 1을 1단위 구입할 때 지불해야 하는 화폐 금액이므로, 가격의 역수 $1/p_1$은 돈 1원이 있을 때 구입할 수 있는 재화 1의 수량입니다. 따라서 $m/p_1 = m \times 1/p_1$은 돈 m원이 있을 때 구입할 수 있는 재화 1의 수량이 됩니다.

(2) 예산선의 기울기: 재화 간 교환비율 또는 기회비용

예산선의 기울기는 $-p_1/p_2$입니다. 기울기가 음(−)인 것은 예산액을 다 쓴 상태에서 한 재화의 수량을 추가로 늘리고자 할 경우 필연적으로 다른 재화의 수량은 줄일 수밖에 없기 때문입니다. 하나를 늘리면 다른 하나를 줄여야 한다는 것이 곧 희소성(scarcity)입니다.

재화 1을 1단위 더 소비하고자 한다면 소비자는 p_1만큼의 지출을 추가로 해야 합니다. 하지만 총 지출액이 m으로 고정되어 있으므로 p_1이라는 추가 지출액은 재화 2에 지출하던 금액에서 가져올 수 밖에 없습니다. 그런데 p_1의 금액에 대응되는 재화 2의 갯수는 p_1/p_2입니다. 예 2.1에서 커피는 1천 원, 도넛은 500원이므로 커피 1잔을 더 사려면 도넛 2개를 포기해야 합니다. $1/p_2$은 1원으로 살 수 있는 재화 2의 갯수이므로, $p_1 \times 1/p_2$는 재화 1의 값어치인 p_1원과 바꿀 수 있는 재화 2의 갯수인 것이죠.

다시 말해, p_1/p_2는 '재화 1의 한 단위와 맞바꿀 수 있는 재화 2의 갯수' 즉 **교환비율**이자, 고정된 예산 하에서 '재화 1을 한 단위 더 얻고자 할 때 포기해야 하는 재화 2의 갯수' 즉 재화 1의 **기회비용(opportunity cost)**입니다.[3] 예 2.1에서

3 기회비용은 경제원론에서 충분히 익히고 왔어야 하는 경제학의 기본개념입니다. 보통 일상에서 '비용'이라고 말할 때는 무언가를 얻기 위해 대가로 지불하는 금전적인 액수, 즉 화폐 단위로 표시되는 개념입니다. 하지만 경제학적인 비용 개념, 특히 미시경제학의 비용 개념은 특정 화폐 단위에 의존하지 않고, 화폐가 존재하지 않는 상황에서도 사용할 수 있는 기회비용입니다.

커피 1잔의 기회비용(도넛 갯수로 나타낸 커피 1잔의 가치)은 도넛 2개입니다. 시장가격이 매겨진 두 재화 사이의 기회비용은 그 시장가격 사이의 비율입니다.

예 2.2

예 2.1에 나온 차도녀의 예산선을 그려보면 그림 2.6과 같습니다. 세로축 절편은 최대로 도넛을 살 수 있는 갯수인 $x_2^{\max} = m/p_2 = 10{,}000/500 = 20$이고 가로축 절편은 최대로 살 수 있는 커피의 잔수인 $x_1^{\max} = m/p_1 = 10{,}000/1{,}000 = 10$입니다. 기울기는 절편들의 비율로 계산해도 $-(m/p_2) \div (m/p_1) = -20 \div 10 = -2$이고, 가격들의 비율로 계산해도 $-p_1/p_2 = -1{,}000/500 = -2$입니다.

그림 2.6 차도녀의 예산선

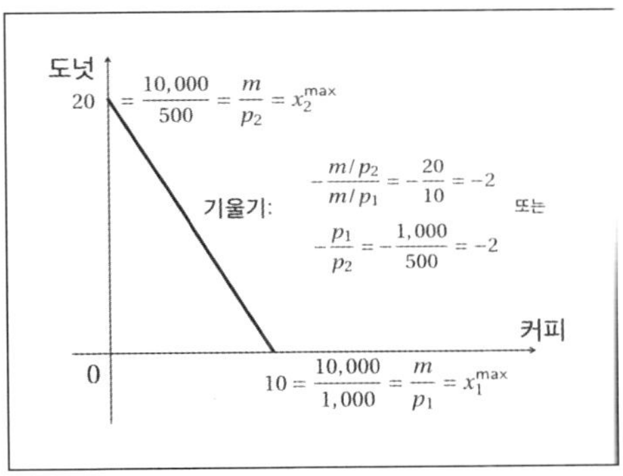

예제와 풀이 예산제약 모형에 대한 기본적인 공부를 마쳤습니다. 이해를 점검하기 위해 예제를 풀어보겠습니다. 이론을 충분히 이해했는지 확인해보는 과정으로서 문제 풀이는 매우 중요합니다. 다음의 예제들은 큰 고민없이 단순 계산으로만 접근해도 풀릴 만한 문제들입니다만, 계산으로 정답을 찾는 것에 만족하지 말고 문제에 깔린 경제학적인 직관을 키우는 일에 신경을 쓰면 좋겠습니다.

예제 2.1

사과의 가격이 개당 1,000원, 귤의 가격이 개당 2,000원이고 사과와 귤을 사는 데 쓸 수 있는 예산액이 10,000원이다. 이 과일 소비 문제의 예산제약을 수식 및 그림으로 나타내시오.

풀이 사과의 갯수를 x_1, 귤의 갯수를 x_2라고 할 때, 예산제약은 $1,000x_1+2,000x_2 \le 10,000$이고 예산식은 $1,000x_1+2,000x_2 = 10,000$입니다. 가로축(사과) 절편은 $x_1^{\text{max}} = 10,000/1,000 = 10$, 세로축(귤) 절편은 $x_2^{\text{max}} = 10,000/2,000 = 5$, 기울기는 $-1,000/2,000 = -1/2$입니다. 예산선 그림은 **그림** 2.7과 같고, 예산집합은 예산선 안쪽의 삼각형입니다. (절편과 기울기의 의미를 다시 확인해보세요.)

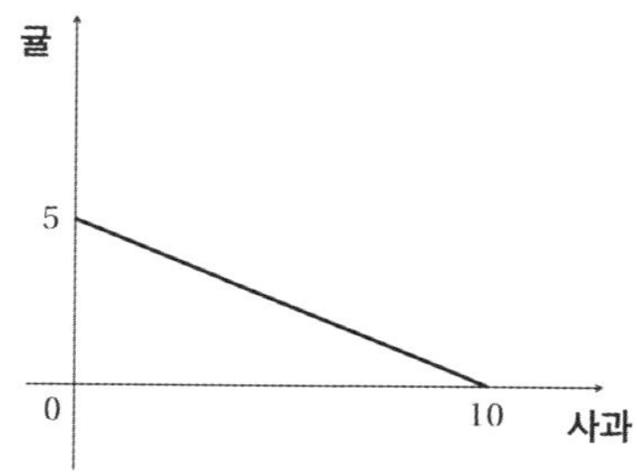

그림 2.7 예제 2.1

예제 2.2

성인 여성의 하루 권장 섭취 열량은 2000 kcal이라고 한다. 사과 1개의 열량이 100 kcal, 귤 1개의 열량이 50 kcal라고 할 때, 권장 열량을 넘기지 않는 한도 내에서 사과와 귤만 먹고 지내고자 한다. 하루 동안 먹을 수 있는 사과와 귤의 양을 예산제약 모형을 사용해 나타내보시오.

풀이 주어진 예산액과 가격 하에서 재화를 구입하는 것과는 다른 상황이지만, 예산선의 논리를 적용할 수 있습니다. 사과의 양을 x_1, 귤의 양을 x_2라고 할 때 사과로부터 섭취하는 열량은 $100x_1$, 귤로부터 섭취하는 열량은 $50x_2$이므로 총 섭취 열량은 $100x_1+50x_2$입니다. 이 양이 하루 권장 열량인 2000을 넘지 않아야 하므로

$$100x_1+50x_2 \le 2,000$$

이라고 쓸 수 있습니다. 소비 문제에서 단위가 화폐 금액이었던 것이 이 문제에서는 열량으로 바뀌었고, 과일 1개당 열량은 곧 가격에 비유할 수 있으며, 권장 섭취 열량은 예산액에 비유할 수 있습니다.

'예산선'에 해당되는 것을 그리면 **그림** 2.8이 됩니다. 이 예산선은 주어진 돈에 맞추어 과일을 구입하는 것이 아니라, 권장 섭취 열량에 맞추어 과일을 먹을 수 있는 가능성을 표현합니다.

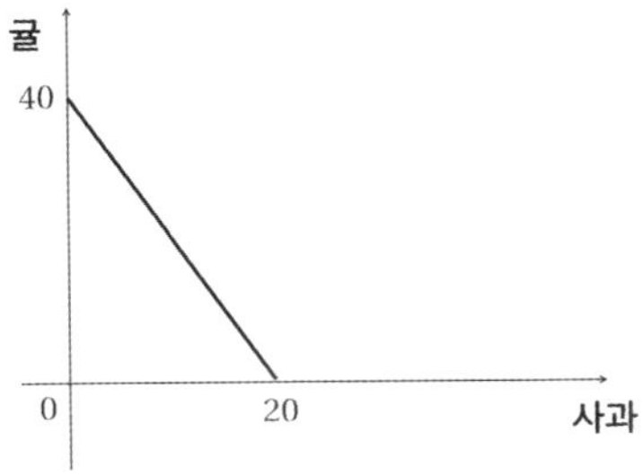

그림 2.8 예제 2.2

예제 2.2가 보여주듯이 예산식에 사용된 개념들을 적절하게 해석할 경우, 시장에서의 소비가 아닌 다양한 경우에도 사용할 수 있습니다.

예제 2.3

가진 예산을 다 쓸 경우 커피를 6잔, 도넛을 14개 살 수도 있고, 커디 8잔과 도넛 10개를 살 수도 있다. 이 예산으로 커피는 사지 않고 도넛만 산다면 최대 몇 개를 살 수 있는가?

풀이 (1) [수학적인 풀이] 주어진 조건에 따라 $(x_1, x_2) = (6, 14)$도 예산선 상에 있고, $(x_1, x_2) = (8, 10)$도 예산선 상에 있습니다. 그림 2.9의 점 A와 B를 보세요. 문제에서 묻고 있는 것은 이 두 점 A와 B를 지나가는 직선의 세로축 절편입니다. (왜 그럴까요? 문제에서 알고자 하는 것은 $x_1 = 0$일 때의 x_2의 값이기 때문입니다.)

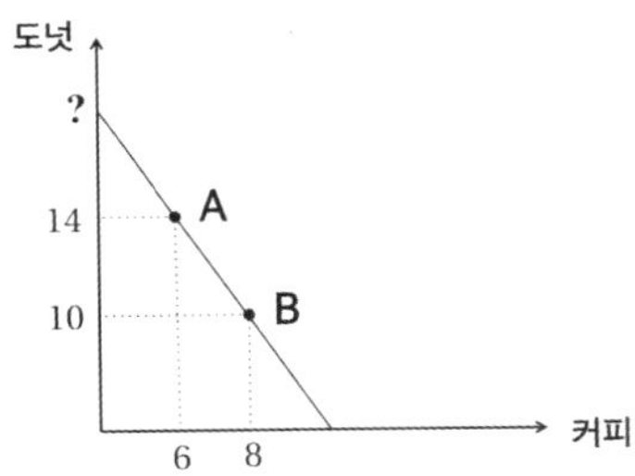

그림 2.9 예제 2.3

점 A, B 사이의 기울기를 계산해보면 $(10-14)/(8-6) = -2$입니다. 즉, 예산선의 공식은 $x_2 = a - 2x_1$의 형태를 가지고, 이때 절편 값인 a를 찾고 있는 것입니다. 이 식에 다시 점 A의 값 $(6, 14)$를 대입해보면 $14 = a - 2 \times 6$에서 $a = 26$이 됩니다. 다시 말해 예산선의 공식 $x_2 = 26 - 2x_1$에 $x_1 = 0$을 대입하면 $x_2 = 26$, 즉 도넛을 최대 26개 살 수 있습니다.

(2) [좀 더 직관적인 풀이] 앞의 풀이로 답을 얻을 수는 있지만 풀이 과정 자체는 단순 계산에 불과하고 이 계산을 통해 경제학적인 상황 파악에 큰 도움을 얻었다고는 할 수 없습니다. 문제를 풀이하는 경험을 통해 보다 더 복잡한 상황 해결에 유용한 경제학적 사고방식을 익히는 것이 목적이므로 위의 풀이를 좀 더 직관적으로 이해해보는 것이 필요합니다.

주어진 두 가지의 커피-도넛 꾸러미를 비교해보면, 점 A의 커피 6잔에서 점 B의 8잔으로 총 2잔이 늘어나는 동안, 도넛은 14개에서 10개로 4개 줄어드는 것을 알 수 있습니다. 즉, 커피 2잔의 가격이 도넛 4개의 가격과 같음을 알 수 있습니다. 다시 말해 커피 1잔의 가격은 도넛 2개와 같습니다. 따라서 커피 6잔을 포기할 경우 도넛 12개를 얻을 수 있습니다. (6, 14)에서 커피 6잔을 포기하고 대신 도넛 12개를 얻는다면 $(0, 14 + 12) = (0, 26)$이 되므로 도넛을 최대 26개 살 수 있습니다.

질문: 도넛은 사지 않고 커피만 산다면 최대 몇 잔을 살 수 있을까요? 그림에서 찾고자 하는 점은 어디인가요?

기본 모형과 예제까지 이번 장의 내용이 모두 끝난 셈입니다. 하지만 우리가 처음 공부한 모형이므로 모형에 대한 질문 네 가지를 자세하게 다루어보겠습니다. 다른 모형들에 대해서는 여기처럼 체계적으로 설명하지 않으므로 다음부터는 여러분 스스로 이런 검토를 해보는 습관을 가지면 좋습니다.

2.2 질문 (1) 모형의 목적

첫 번째 질문은 모형의 목적, 즉 모형이 나타내고자 하는 것이 무엇인지를 확인하는 것입니다. 예산제약은 소비자가 직면한 '메뉴판', 선택할 수 있는 대안들의 범위를 나타내는 것이 목적입니다. 이는 소비자가 직면한 객관적 혹은 외부적 경제 현실을 나타냅니다. 외생변수-내생변수의 구분에 빗대자면, 예산제약은 소비자에게 외생적으로 주어지는 조건, 즉 소비자가 마음대로 영향을 줄 수 없는 조건입니다. 합리적인 소비자이든, 비합리적인 소비자이든 예산제약이라는 경제 현실을 피해갈 수는 없습니다.

그림 2.10 예산제약은 무엇을 나타내는 모형인가?

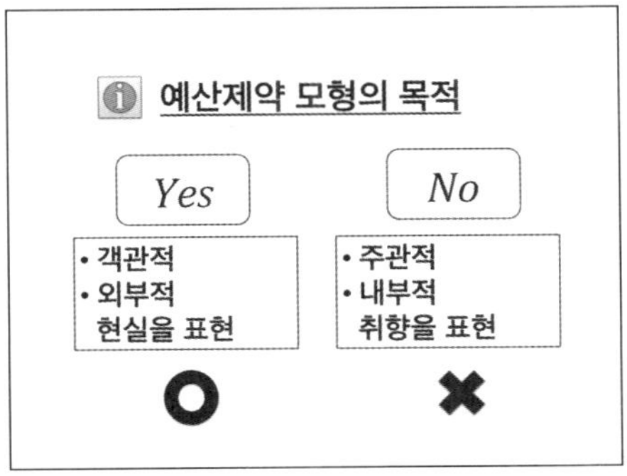

예산제약에는 소비자의 느낌이나 취향 같은 개인적이고 주관적인 측면은 포함되지 않습니다. 이같은 요소들은 나중에 제4장에서 공부할 **효용함수**에 의해 표현될 예정입니다. 예를 들어, 차도녀가 자신의 건강을 생각하여 1주일에 커피를 최대 2잔까지만 마셔야겠다고 결심한다 하더라도 차도녀의 예산선에는 (주어진 예산으로 구입이 가능하다면) 2잔을 초과해서 커피를 소비하는 경우가 여전히 포함되어 있어야 합니다. 예산선은 차도녀 개인의 취향이나 계획과 무관하게, 그녀가 가진 예산으로 구입할 수 있는 모든 '가능성'을 나타내기 때문입니다. 소비자의 예산제약은 그 소비자가 반드시 따라야 하는 제약이고, 소비자의 개인적 취향이나 계획은 경우에 따라 소비자가 지키지 않을 수도 있는 (즉 선택의 결과로 달라질 수 있는) 것입니다. 2잔까지만 소비하겠다고 계획했으나 충동에 못이겨 3잔을 구입하는 일이 생길 수 있습니다. 그런데 만약 예산제약에 커피 소비를 2잔까지만 가능하게 표현해 놓았다면 실제로 일어날 수도 있는 상황이 모형에서 누락된 것입니다. 그런 모형은 현실을 제대로 반영했다고 볼 수 없습니다.

한편, 만약 외부적이고 객관적인 어떤 요인에 의해, 예를 들면 정부의 규제에 따라 각 사람이 1주일에 2잔을 초과해 커피를 구입하는 것이 금지된다면 이 점은 예산제약에 포함될 수도 있습니다. (이것을 어떻게 표현하는지는 잠시 후 알아보겠습니다.) 혹은 차도녀 양이 자신의 커피 소비를 2잔 이하로 두고자 하지만 스스로의 실천 의지를 믿지 못하므로 늘 함께 다니는 친구에게 특별히 부탁을 하여 자신의 의지와 상관없이 최대 소비량이 2잔이 되도록 하는 (즉, 예산제약에 실제로 포함이 되도록 하는) 강제 조치를 취할 수도 있을 것입니다.[4] 3잔을 사는 경우 친구에게 벌금 10만 원을 내겠다는 각서를 쓴다든지 말이죠. (각서를 지킨다는 전제 하에 벌금 10만 원은 간식 예산을 초과하므로 3잔을 사는 것은 불가능합니다.)

예제 2.2에서는 권장 섭취 열량에 대한 제약식을 작성했습니다. 주인공이 원한다면 권장 열량을 넘겨서 소비하는 것이 가능하지만, 그 문제의 모형은 주인공의 선택을 나타낸 것이 아니고 단지 권장 열량을 지키는 식단을 작성해본 것으로, 예제 2.2의 제약식은 과학적인 사실이지 주인공의 취향은 아닙니다.

우리가 고려하고 있는 기본 모형에는 최대 소비량을 특정 값으로 제한한다든지 하는 방식의 제약은 있지 않습니다. 이 같은 좀 더 다양한 제약 형태를 반영하는 가능성은 이 장의 뒷 부분에서 알아볼 것입니다.

2.3 질문 (2) 모형의 구조

모형을 공부할 때는 반드시 **내생변수**와 **외생변수**들을 파악하고 구분해야 합니다. 내생변수는 주어진 모형의 풀이를 통해 값이 결정되는 변수, 혹은 그 모형의 결과로 나오는 산출물(output)이라고 생각할 수 있고, 외생변수는 주어진 모형을 풀기 위해 미리 주어져야 하는 '상수', 모형의 투입물(input), 내생변수 값의 결정요인이라고 생각할 수 있습니다. 간단한 수리적 경제 모형에서 외생변수는 상수의 형태를 가집니다. 상수임에도 불구하고 외생'변수'라고 부르는 이유는, 모형을 한번 풀 때는 상수이지만 모형을 분석할 때는 그 상수의 값을 변화시켜가면서 반복해서 모형을 푸는 방식으로 사용되기 때문입니다.

예산제약이라는 모형은 소비자가 선택할 수 있는 재화들의 양의 범위를 나타냅니다. 예산제약 모형에서 값이 결정되는 변수는 재화들의 양, 재화 꾸러미 (x_1, x_2)입

---

4 고대 그리스 신화에는 트로이 전쟁을 마치고 집에 돌아가던 오디세우스가 바다요정 세이렌들에게 유혹당하지 않기 위해서 부하 선원들에게 자신을 뱃기둥에 묶어놓고 섬 근처를 지나갈 때까지 자신의 명령을 듣지 않도록 하라고 맹세시키는 장면이 있습니다. 이렇게 스스로의 단기적 욕구를 억제하여 좀 더 포괄적인 장기적 욕구를 실현하고자 하는 행동은 최근 경제학 연구에서 중요한 주제이기도 합니다.

니다. 한편, 이 값을 결정하기 위해 미리 상수로 주어져야 하는 값들은 재화 가격과 예산 p_1, p_2, m 입니다. 다시 말해서, (p_1, p_2, m)의 특정한 값을 결정해주면 하나의 예산제약 모형이 완성됩니다. (그림 2.11)

그림 2.11 예산제약 모형의 구조

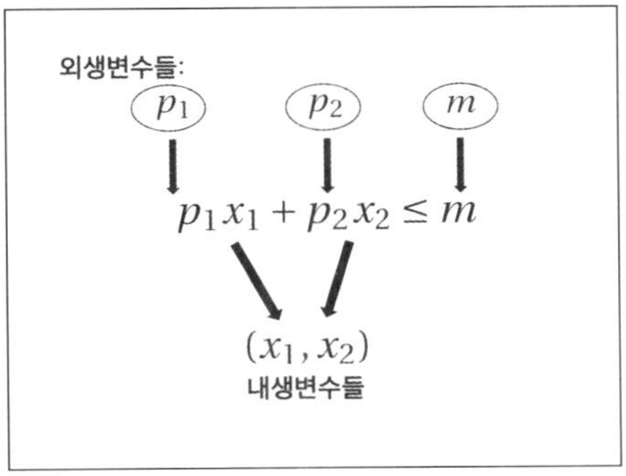

모형을 역할극으로 생각해 각 배역을 고려해보면 이해에 도움이 될것입니다. 주인공 역할인 소비자가 선택하는 (x_1, x_2)는 내생변수입니다. 가격을 결정하는 이는 판매자이고, 예산액을 결정하는 이는 월급을 주는 고용주이거나 용돈을 주는 부모님일 텐데, 소비자모형에서 판매자나 고용주, 부모님은 주변 역할입니다. 주인공이 아닌 주변 역할들인 판매자가 선택하는 (p_1, p_2)와 고용주, 부모님이 선택하는 m은 외생변수입니다.

2.4 질문 (3) 모형의 분석

모형의 분석 과정은 외생변수의 값이 변할 때 모형에 어떤 변화가 생기고 그 결과로 내생변수의 값에 어떤 변화가 생기는지를 살펴보는 것입니다. 예산제약 모형에는 3개의 외생변수 p_1, p_2, m 이 있습니다. 일단 3개의 외생변수 중 차례로 하나씩만을 떼어내어 변화하는 경우를 알아보겠습니다. 이 같은 분석을 **세테리스 파리부스**(*ceteris paribus*) 분석이라고 부릅니다. 라틴어로 ceteris는 '다른 것들'(other things)이라는 뜻이고 paribus는 '동일'(equal)이라는 뜻으로, 'other things equal' 즉 다른 요소들은 동일한 상태로 고정시킨 상태에서 단 하나의 요인만을 변화시켜 본다는 의미입니다. 그림 2.12를 본다면 ①, ②, ③을 각각 따로 측정하는 것이 세테리스 파리부스 분석입니다.

그림 2.12 세테리스 파리부스(ceteris paribus) 분석

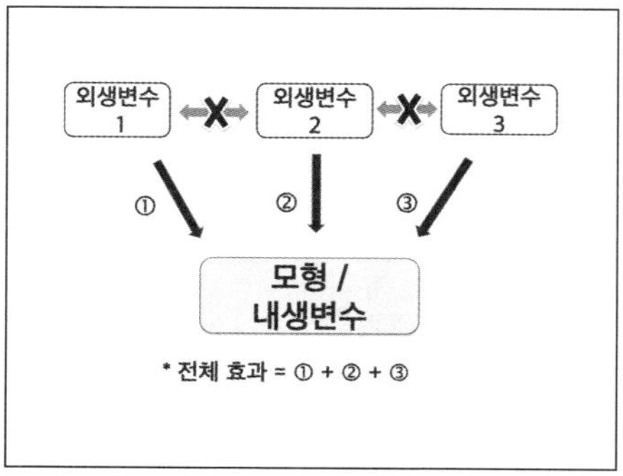

실제로는 한꺼번에 여러 개의 외생변수가 변할 수 있으며, 그렇다면 따로 분석한 결과를 종합해주면 됩니다. 따로 분석한 결과를 합해서 전체 효과를 설명할 수 있는 이유는 외생변수들끼리 상호작용이 없다고 '가정'하기 때문입니다. 외생변수간 상호작용이 없으므로 외생변수 1의 효과, 외생변수 2의 효과, 외생변수 3의 효과를 각각 구해서 합하면 전체 효과입니다. 만약 외생변수들 간에 무시할 수 없는 상호작용이 있다면, 애초에 이들을 외생변수로 정하면 안 될 것입니다.

우리의 예산제약 모형에서 외생변수는 p_1, p_2, m의 세 가지입니다. 따라서 이들이 각각 변화하는 경우 예산제약에 어떤 변화가 생기는지 알아보겠습니다.

(1) 예산액 m이 변화하는 경우

예산액 m이 변화하는 경우, 다음과 같은 변화들이 일어납니다.

가로축(x_1) 절편 :	m과 같은 방향으로 변화
세로축(x_2) 절편 :	m과 같은 방향으로 변화
기울기 :	변화 없음

각 축의 절편은 m/p_1 및 m/p_2이므로 분자에 있는 m이 변화하면 같은 방향으로 변화가 일어나고, 기울기 $-p_1/p_2$에는 m이 들어 있지 않으므로 변화가 없습니다. (재화 가격이 고정된 상태에서) 예산액이 늘어날 경우 두 재화 모두 최대 구입가능량(절편)은 늘어나지만, 두 재화 사이의 교환비율(기울기)은 예산액과 무관하므로 변화가 없습니다.

그림 2.13 예산액 m의 변화시 예산선의 변화

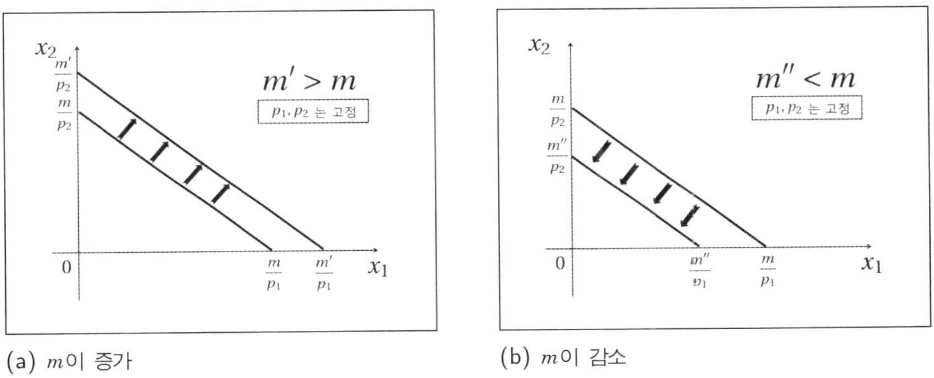

예산선의 움직임은 그림 2.13과 같습니다. 기울기가 유지되므로 예산선들은 서로 평행합니다. 예산액이 증가하면 예산선 전체가 바깥쪽(오른쪽-위쪽)으로 평행이동하고, 예산액이 감소하면 예산선 전체가 안쪽(왼쪽-아래쪽)으로 평행이동합니다. 예산액이 증가하면 예산집합이 넓어지고 예산액이 감소하면 좁아집니다.

(2) 재화 1의 가격 p_1이 변화하는 경우

재화 1의 가격이 인상되면 최대 구입가능한 재화 1의 양(x_1^{max})이 줄어들고 반대로 가격이 인하되면 이 양이 늘어납니다. 한편, 재화 2의 최대 구입가능량(x_2^{max})은 재화 1의 가격과는 무관합니다. 기울기의 변화는 말보다는 그림으로 보는 것이 더 이해하기 쉬울 것입니다.

그림 2.14를 보면 (a)와 같이 재화 1의 가격이 p_1에서 더 높은 p_1'으로 인상되는 경우, x_2축 절편에는 변화가 없고 x_1축 절편은 안쪽으로 이동(최대 구매량 $x_1^{\max}$가 감소)하여 기울기는 전체적으로 더 가팔라집니다. 이는 고정된 재화 2 가격에 비해 재화 1의 가격이 더 비싸졌으므로 두 재화 간의 교환비율이 재화 1 쪽에 더 '우세하게' (재화 1의 상대가치가 높게) 변하기 때문입니다. 예산선은 x_2축 절편을 고정점(pivot)으로 삼고 시계방향으로 회전하게 됩니다. 기울기가 음수이기 때문에 이때 기울기 자체는 감소하고 기울기의 절대값은 증가합니다.

반대로 재화 1의 가격이 p_1에서 더 낮은 p_1''으로 인하된 (b)에서는 기울기의 절대값이 감소하여 예산선이 완만해지고, 세로축 절편을 고정점으로 삼아 바깥쪽, 시계반대방향으로 회전합니다.

그림 2.14 재화 1의 가격 p_1의 변화시 예산선의 변화

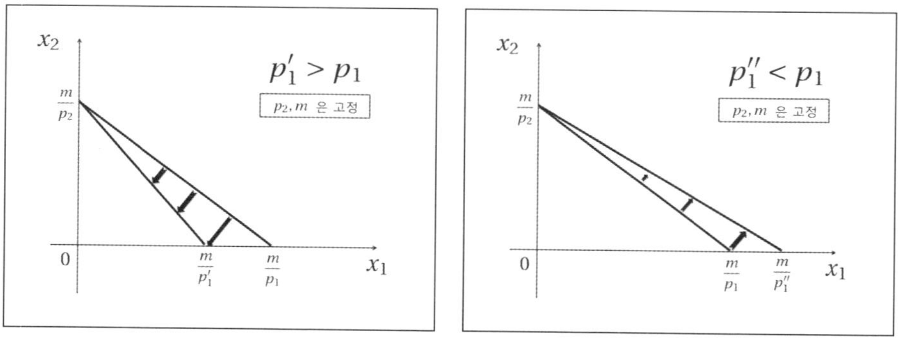

(a) p_1이 인상

(b) p_1이 인하

(재화 2의 가격과 예산액이 고정된 채) 재화 1의 가격이 인상되면 예산집합의 '면적'이 감소합니다. 가격 인상으로 소비자의 선택의 폭이 좁아지는 것입니다. 좁아지는 정도는 일정하지 않습니다. 가격이 변화한 재화 1의 최대량 $x_1^{\max}$ 근처에서 심각하고, 자체 가격은 변하지 않은 재화 2의 최대량 $x_2^{\max}$ 근처에서는 큰 변화가 없습니다. 한편 재화 1의 가격이 인하되면 반대로 예산집합의 면적이 증가하여 선택의 폭이 넓어집니다.

(3) 재화 2의 가격 p_2가 변화하는 경우

재화 2의 가격 p_2가 변화하는 경우는 p_1이 변화하는 경우를 빗대어 보면 쉽게 이해할 수 있습니다. 마찬가지로 그림 2.15는 예산선 변화 형태를 보여줍니다.

그림 2.15 재화 2의 가격 p_2의 변화시 예산선의 변화

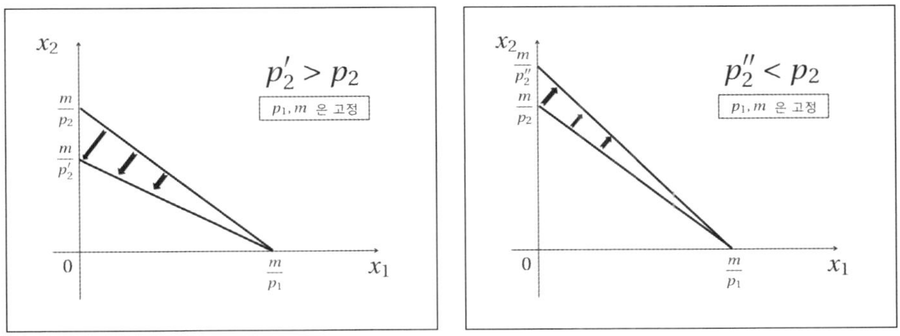

(a) p_2가 인상 (b) p_2가 인하

예 2.3

다시 차도녀를 만나봅시다. 앞의 예에서 $p_1 = 1,000$, $p_2 = 500$, $m = 10,000$이었습니다. 그림 2.16은 외생변수 값들이 변화할 때 예산선들을 그리고 있습니다. (원래 예산선은 점선, 새로운 예산선은 실선입니다.) 각각 어떤 상황인지 따져보는 것이 좋은 연습이 될 것입니다. 여러 개의 외생변수가 한꺼번에 변할 수도 있습니다. 예를 들어 만약 (b)와 (d)가 한꺼번에 일어난다면 (g)가 됩니다.

그림 2.16 예 2.3 차도녀의 여러 예산선들

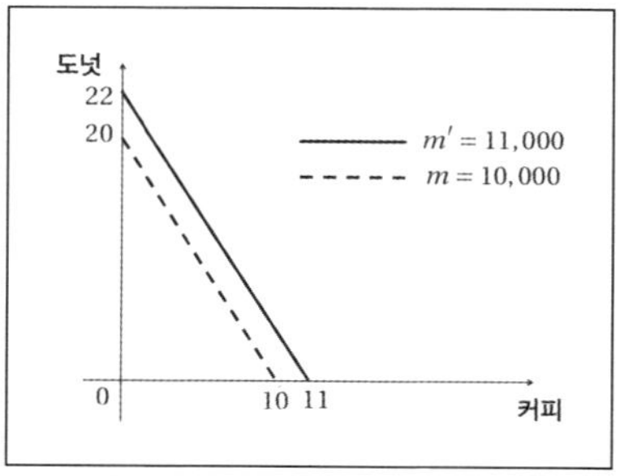

(a) $m' = 11,000$

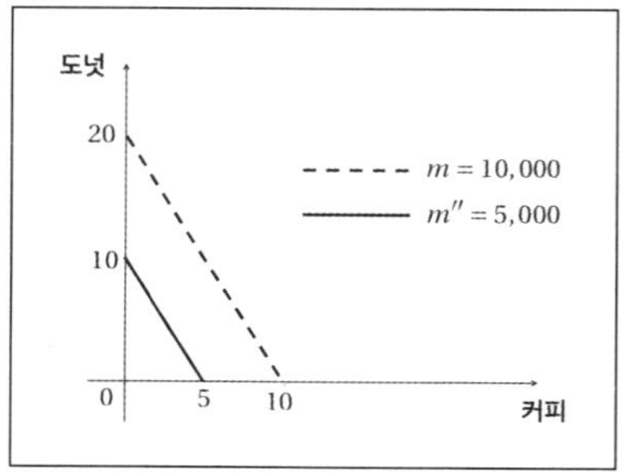

(b) $m'' = 5,000$

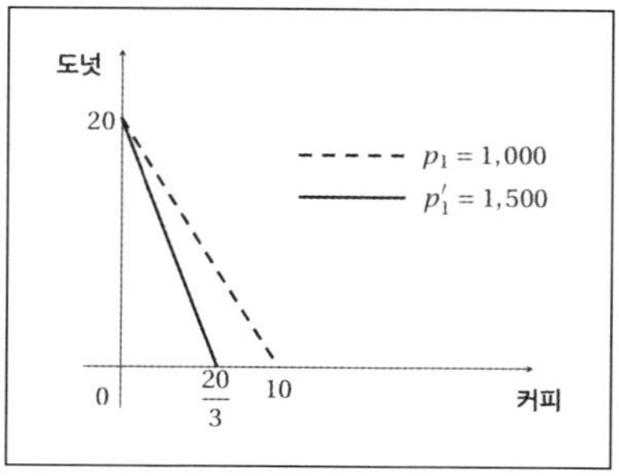

(c) $p_1' = 1,500$

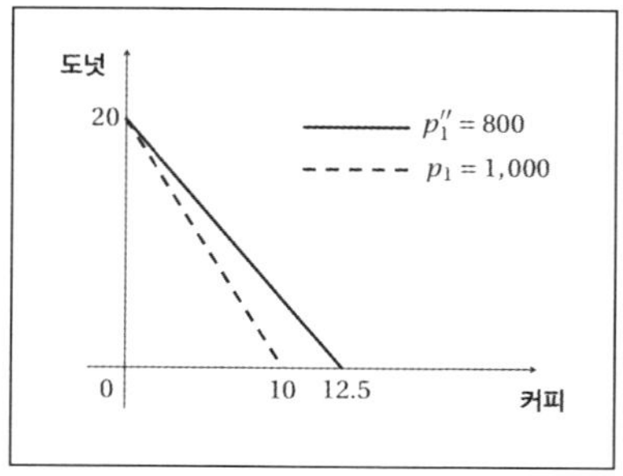

(d) $p_1'' = 800$

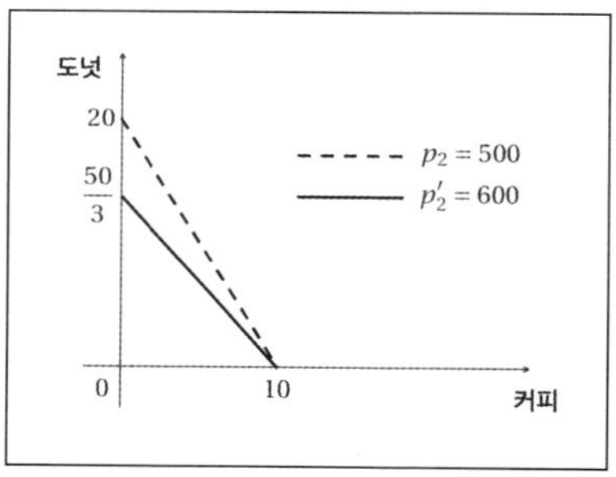

(e) $p_2' = 600$

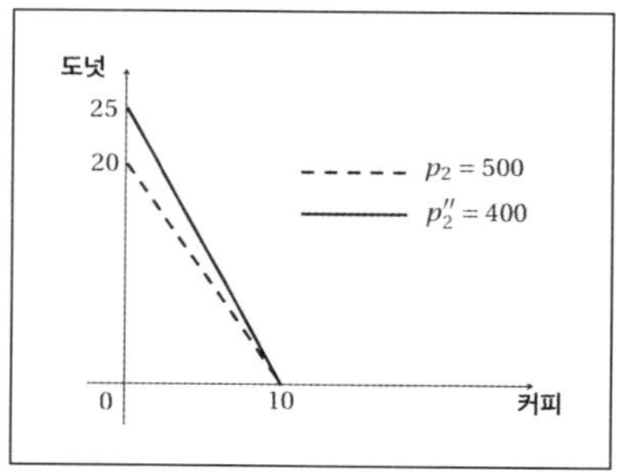

(f) $p_2'' = 400$

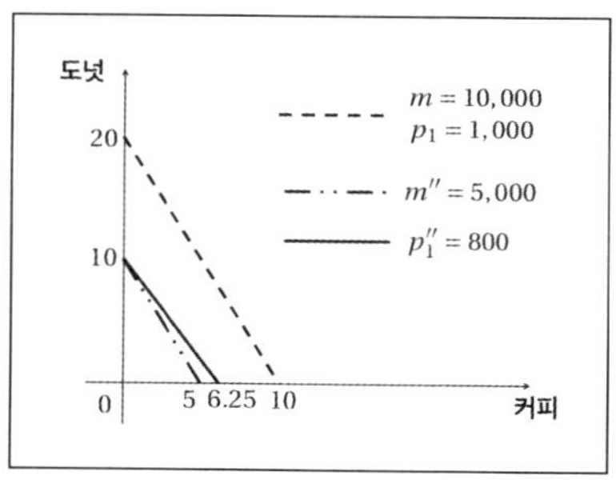

(g) (b)와 (d)가 동시에

2.5 질문 (4) 모형의 확장

학생들이 경제학 공부를 할 때 가장 힘들어하는 부분이 "응용"문제 풀이입니다. 수업 시간에 배운 기초적인 내용들로는 풀 수 없을 것 같은 문제들을 만나게 되는데, 그 이유는 바로 모형을 꼼꼼히 따져보는 훈련을 해보지 않았기 때문이라고 생각합니다. 이 절에서는 이런 작업을 함께 연습해보겠습니다.

중요한 가정들

모형에는 당연히 가정들이 들어 있습니다.[5] 예산제약 모형에서 특히 중요한 가정 두 개를 설명하겠습니다. 이들이 중요하다는 것은 현실에 이 모형을 적용하고자 할 때 한계점으로 작용할 수 있고, 따라서 응용문제를 낼 때 이런 부분을 변형시켜보도록 요구하는 일이 많으리라는 것입니다.

가정 2.1 주어진 예산을 사용해서 단 2개의 재화만을 소비한다.

이것은 상당히 심각해보일 수도 있는 가정으로, 현실과 분명히 동떨어진 것입니다. 현실에서 우리는 수십, 수백 가지의 재화를 소비하면서 삽니다. 겨우 2가지의 재화만을 구입하는 소비자는 현실에 전혀 없을 것입니다.

그런데 2개보다 많은 수의 재화를 구입하는 소비자의 예산제약 모형은 별로 어렵지 않게 쓸 수 있습니다. 예를 들어 재화가 3개이면

$$p_1x_1 + p_2x_2 + p_3x_3 \leq m$$

과 같이 쓰면 되고, 재화의 수가 n개라면

$$p_1x_1 + p_2x_2 + \cdots + p_nx_n \leq m$$

5 "어떤 대상을 나타내는 데 있어 모형의 어떤 부분은 무의미하거나 중요하지 않은 반면 또 다른 부분은 의미있고 본질적이다. 완벽하게 원본에 충실한 모형이란 있을 수 없다; 일부 측면에서 원본에 충실하지 않음으로써 모형은 원본을 잘 나타낼 수 있다." Max Black, "Models and Archetypes" (1960).

라고 쓰면 됩니다.

이렇게 쓸 수 있는데도 재화가 2개인 경우를 사용한 이유는 크게 두 가지입니다. 첫째, 간단하기 때문입니다. 식 자체도 간단할 뿐 아니라, 예산선 및 예산제약을 2차원 평면 상의 그림으로 나타낼 수 있어서 직관적으로 이해하는 것에 큰 도움이 됩니다. 재화가 3개인 경우 그림으로 그리는 것은 가능하지만 번거롭고, 4개 이상이면 그림으로 그리기가 불가능합니다. 일단 2개인 경우의 모형을 잘 이해하여 직관적 안목을 얻게 되면, 더 많은 수의 재화가 있는 경우도 쉽게 이해할 수 있게 됩니다. 커피와 도넛을 소비하는 차도녀의 예를 잘 이해하고 나면, 그녀의 문제에 아이스크림이나 녹차를 추가해서 분석하는 일은 별로 어렵지 않습니다.

둘째, 어떤 경우에는 모형 분석의 관심이 하나의 재화에 있기 때문입니다. 예를 들어 사과와 귤을 소비하는 과일 소비자의 모형에서 사실은 '사과' 수요를 분석하는 것이 목적일 수 있습니다. 이때 또 다른 재화인 '귤'은 '사과 이외의 다른 과일들'로도 볼 수 있습니다. 만약 사과를 분석하고 싶다면, 2개의 재화를 가정하지 말고 그냥 사과 1개만 보면 되지 않느냐고 생각할 수 있습니다. 하지만 사과만을 놓고 하는 분석은 별로 할 일이 없습니다. 예컨대 사과를 사기 위한 예산이 1만 원이 있고, 사과 1개에 1천 원이라면 그냥 사과 10개를 사면 됩니다. 혹시 사과 10개를 사는 게 너무 많다고 생각되면 1만 원 범위 내에서 사고 싶은 갯수의 사과를 사고 돈을 남기면 됩니다. 사과 가격이 인상되면 살 수 있는 갯수가 좀 줄어들고, 예산액이 늘면 살 수 있는 갯수가 늘겠죠. 더 이상 분석의 여지가 별로 없습니다. 같은 예산액을 가지고 사과와 경쟁하는 다른 재화가 등장할 때 비로소 사과 수요에 대해 분석할 거리가 생기는 것이죠.

그런데 2재화 모형을 다루는 이유가 두 재화 중 하나에 집중하기 위한 것이라면 고민해야 할 부분이 있긴 합니다. 사과는 1개 1천 원의 가격을 매길 수 있지만, 재화 2인 '귤'이 실제로 '귤'이 아니라 '사과 이외의 과일'이라고 한다면 그것의 수량은 어떻게 세고 가격은 어떻게 매겨야 할까요? 이 경우 사과 이외의 과일들에 대한 수요나 가격에 대해서 추가 가정이 필요하게 됩니다. 아예 '사과 이외의 과일'을 재화로 보지 말고 '총 예산액 중 사과에 지출하고 남은 돈'이라고 해석하는 것도 한 가지 방법이긴 합니다. 이 경우에는 앞 단락에서 지적한 1만 원 범위 중 사과를 일부만 사고 돈을 남기는 상황을 다소 흥미로운 방식으로 다룰 수 있게 됩니다.

2재화 모형을 사용하는 이유가 무엇이든 간에, 조심해야 할 점이 있습니다. 우리가 **가정** 2.1을 채택하는 한 모형의 예산액 m은 아무 데나 쓸 수 있는 돈이 아니라 모형에 포함된 두 가지 재화 x_1과 x_2에만 사용할 수 있다는 점을 잊지 않아야 할 것입니다.

가정 2.2 (가격수용) 소비자는 재화의 가격(p_1, p_2)에 영향을 주지 못한다. 특히 가격은 소비자가 구입하는 재화의 양(x_1, x_2)에 무관하게 결정되어 있다.

두 번째 가정은 좀 더 심각한 것입니다. 예산식 $p_1x_1 + p_2x_2 = m$에서 가격 p_1, p_2는 '상수'로 주어져 있습니다. 특히 내생변수의 값인 각 재화의 소비량 x_1, x_2와 무관하게 고정되어 있는 것입니다. 이는 내생변수가 외생변수에 영향을 줄 수 없다는 모형 구조 상의 요구 때문이지만, 조금만 생각해보면 현실에서 이런 가정은 성립하지 않는 경우가 많습니다.

예를 들어, 도넛 5개를 사면 6번째 도넛은 반값에 살 수 있다든지, 특별 세일 기간이라 평소 가격보다 낮게 파는 대신 소비자 한 명당 도넛을 10개까지만 살 수 있다든지 하는 상황에서 **가정** 2.2는 성립하지 않습니다. 사는 갯수가 많을 때 가격 할인을 해주는 현실 사례는 매우 많습니다. 반대로 구입량이 늘어나면 가격이 오히려 높아지는 경우도 있습니다. 예를 들어 전력 사용량이 늘어나서 일정 수준을 넘기면 같은 양의 전력에 대해 매겨지는 요금이 누진제에 따라 더 높아집니다. 한편 반드시 구매해야 하는 최소량이 있거나, 그 이상은 구매할 수 없는 최대량 제한이 있는 경우도 있습니다. 이런 경우들은 모두 **가정** 2.2와 위배됩니다.

가정 2.2가 성립하지 않는 상황을 예산제약 모형에 반영시킬 수 있는 간단한 경우들이 있습니다. 이들은 잠시 후에 설명하겠습니다.

가정 2.2를 간단하게 지칭하고자 할 때 **가격수용**(price-taking)이라는 용어를 사용합니다. 즉 소비자는 시장 가격을 주어진 것으로 '수용한다'는 것입니다. 이 용어에는 약간의 오해의 소지가 있는데, 만약 시장에서 갯수에 따른 할인 가격을 제시하고 소비자가 이를 수용한다면 **가정** 2.2가 성립하지 않을 것입니다. 보통 사용되는 **가격수용** 가정의 정확한 의미는 (i) 소비자가 시장 가격을 받아들일 뿐 아니라, (ii) 그 제시되는 가격은 재화의 수량과 무관한 상수라는 것입니다.

가격수용 가정은 제4부에서 공부할 대표적인 시장균형 모형인 **완전경쟁**(perfect competition) 모형의 핵심 가정이기도 합니다. 완전경쟁 모형에서는 소비자와 판매자 모두에게 가격수용 가정이 적용됩니다.

가정 2.2를 포기하는 경우의 다양한 예산제약들

가정 2.2를 포기할 경우 좀 더 다양한 예산제약이 가능해집니다. 이들 중 몇 가지를 살펴보겠습니다.

(1) 살 수 있는 수량의 제한

재화의 가격은 상수이지만, 구입할 수 있는 재화의 수량에 대한 제한이 있는 경우에는 예산집합에서 제한이 걸린 부분만큼만을 제외하면 됩니다. 예를 들어 재화 1의 **최대 구입량(상한)**이 $x_1 = a$로 제한된 경우에는 **그림** 2.17(a)처럼, 재화 2의 **최소 구입량(하한)**이 $x_2 = b$로 제한된 경우에는 (b)처럼 나타내면 됩니다.

구입 가능한 수량에 대한 제한을 **쿼터**(quota)라고 지칭하기도 합니다. 현실에서 쿼터라는 용어가 적용되는 경우는 대개 수요가 아닌 공급 측면이고, 국제 무역과 관련 있는 경우가 많습니다. 예컨대 영화상영관에서 1년 중 일정 비율 이상의 기간 동안 한국영화를 의무적으로 사용하도록 하는 소위 스크린쿼터[6]는 최소 공급량을 제한하는 쿼터입니다. 하지만 이는 소비자 개인의 예산 제약에까지 반영될 필요는 없는 제한입니다. (소비자가 1년 동안 한국영화를 한 편도 안 본다고 해서 처벌하지는 않으니까요.) 그 외에도 수입 물품의 최대량을 제한하는 수입쿼터들이 있는데, 개인 소비자에게 적용되는 경우는 해외 여행 후 입국시 세관에서 통관가능한 물량 제한이 있는 품목 정도이겠지요.

한 사람이 구입 가능한 최대 수량 제한이 있는 경우 이를 **배급** 또는 **할당**(rationing)이라고 부르기도 합니다. 배급 또는 할당은 전쟁과 같이 위급한 시기에 주로 적용되고, 공산주의 경제에서는 일상적인 제도이기도 합니다. 하지만 평상시 자본주의 경제에도 일부 존재합니다. 예를 들어 월드컵 축구 경기와 같이

6 영화진흥법 시행령 제13조 참고.

수요가 매우 높은 특별한 행사의 경우 개인이 구입 가능한 최대 입장권 수에 제한을 둡니다. 대형 할인 매장이나, 일반 매장이 특별 할인 행사를 하는 경우 한 소비자가 살 수 있는 물건 갯수에 상한을 두기도 합니다. 월드컵 경기나 특별 할인 상품의 경우 이렇게 상한을 두는 것은, 일부 소비자들이 싼 가격에 많은 물량을 구입한 후 다른 소비자들에게 더 높은 가격에 재판매할 가능성을 우려해서일 것입니다.

그림 2.17 살 수 있는 수량의 제한이 추가된 예산집합

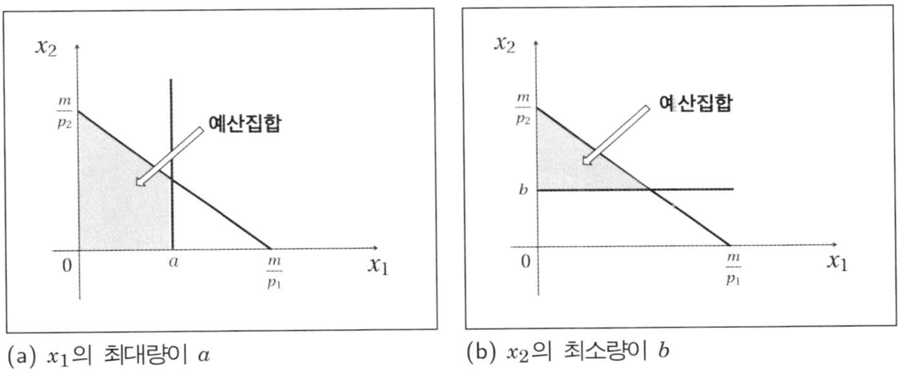

(2) 구입 수량에 따른 가격의 할인 또는 할증

재화의 가격이 상수가 아니라 구입수량에 따라 변하게 된다면, 예산선은 더 이상 직선이 아니게 됩니다. 이런 경우를 통칭하여 **비선형 가격**(nonlinear pricing)이라고 부를 수 있습니다. 가격의 변화는 예산선 기울기의 변화로 반영하면 됩니다.

비선형 가격을 가진 예산제약을 그림으로 정확하게 나타내는 것은 제법 까다롭습니다. 개형만을 살펴보자면 **그림** 2.18(a)는 재화 1의 가격이 $x_1 \le a$일 때는 p_1이다가 $x_1 \ge a$에서는 가격이 인하되는 경우를 보여줍니다. 만약 가격이 인하되지 않았더라면 최대 구입가능량이 m/p_1이었겠지만 인하되었기 때문에 실제 최대 구입가능량이 더 커졌습니다. 반대로 그림 (b)에서는 $x_1 = a$에서 가격이 인상되어 구입가능량이 줄어든 경우를 보여줍니다. 그림만 봐서는 별로 어렵지 않지만 구체적 적용은 제법 까다로울 수 있으므로 예제를 봅시다.

그림 2.18 재화 1의 가격이 재화 1 구입량에 따라 변하는 경우의 예산선

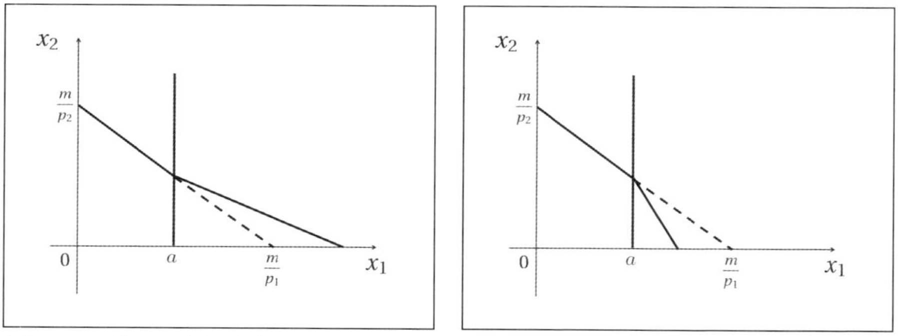

(a) $x_1 \geq a$일 때 가격 인하 (b) $x_1 \geq a$일 때 가격 인상

예제 2.4

예제 2.1에서 사과의 가격이 개당 1,000원, 귤의 가격이 개당 2,000원이고 예산액이 10,000원인 경우의 예산선을 그려보았는데, 이 상황을 변형한 다음 경우들에 대해 각각 예산선을 그려보시오.

(a) 귤의 가격이 2개까지는 개당 2,000원이지만, 2개를 초과하면 개당 1,000원으로 깎아주는 경우
(b) 사과를 10개 사면 1개를 더 공짜로 받을 수 있는 경우
(c) 귤은 2개 초과시 개당 1,000원으로 할인, 사과는 2개 초과시 개당 2,000원으로 할증하는 경우

풀이 (a) 귤을 2개 이하로 구입한 경우, 즉 사과를 6개 이상 구입한 경우는 예제 2.1과 동일합니다. 즉 예산선의 오른쪽 끝부분은 그림 2.7과 동일한 기울기(사과 2개당 귤 1개이므로 $-1/2$)를 갖습니다. 사과 6개, 귤 2개인 지점에서 왼쪽 부분은 기울기가 사과 1개당 귤 1개, 즉 -1로 달라집니다. 귤의 가격이 변화하는 순간 사과 6개, 귤 2개를 갖고 있었는데, 1:1의 비율로 사과 6개를 모두 포기하게 되면 최대로 갖게 되는 귤의 갯수는 $2+6=8$개입니다. 즉, 2개 초과시 귤의 할인 가격을 적용하게 되면 귤을 나타내는 축의 최대량이 8로 바뀝니다. (그림 2.19(a)) 한편, 사과에 가격에는 변화가 없으므로 사과쪽 축의 최대량은 여전히 10입니다.

(b) 원래 최대로 살 수 있는 사과의 갯수는 10개였습니다. 그런데 예산을 모두 써서 10번째 사과를 구입하는 경우 사과 1개가 자동으로 (추가 지출없이) 생기므로 예산선에서 사과를 나타내는 축 절편만 오른쪽으로 1만큼 이동하면 됩니다. 사과 11개를 가진 상태에서 사과 1개를 포기한다 하더라도 귤이

더 생기지는 않습니다. (사과 10개를 살 때 가질 수 있는 귤의 갯수는 0이므로) (그림 2.19(b))

(c) 두 재화에서 한꺼번에 소비량에 따른 가격 변화가 일어나므로 조금 복잡합니다. 차근차근 생각해봅시다. 두 재화의 가격은 다음과 같습니다: 사과는 2개 이하일 때 1,000원, 2개 초과시 2,000원; 귤은 2개 이하일 때 2,000원, 2개 초과시 1,000원.

예산액을 모두 사용하여 사과만을 구입한 최대 갯수를 a라고 한다면 이 값은 분명 2개 초과이므로 총 지출액은 $1,000\times2+2,000\times(a-2)$일 것입니다. 총 지출액이 예산액 10,000원과 같아지는 갯수는 $2,000+2,000a-4,000=10,000$에서 $a=6$입니다. 즉 새로운 예산선의 가로(사과)축 절편은 6입니다. 다시 말해 (사과, 귤) = (6,0)이 예산선 상에 있습니다.

한편, 예산액을 모두 사용하여 귤만을 구입한 최대 갯수를 b라고 한다면 이 값 또한 2개 초과이므로 총 지출액 $2,000\times2+1,000\times(b-2)=10,000$에서 $b=8$입니다. 즉 새로운 예산선의 세로(귤)축 절편은 8이고 (사과, 귤) = (0,8)이 예산선 상에 있습니다.

가로축 절편(귤을 하나도 사지 않은 상태)에서 귤을 1개 구입하려면 2,000원이 필요한데 이를 위해 그 상태에서 갖고 있는 사과 6개 중 1개를 포기하면 됩니다. 따라서 (사과, 귤) = (5,1)이 예산선 상에 있습니다. 또한 2개째 귤을 구입하려면 역시 2,000원이 필요한데 남은 5개의 사과 중 또 1개를 포기하면 됩니다. 따라서 (사과, 귤) = (4,2)도 예산선 상에 있습니다. 여기서 귤을 3개째 구입하려면 가격이 인하되어 1,000원이 필요한데 남아 있는 사과는 4개이므로 1/2개만 포기해도 됩니다. 즉 (3.5,3)이 예산선 상에 있습니다. 귤을 4개째 구입하려면 역시 사과 1/2개를 포기하면 되므로 (3,4)가 예산선 상에 있고, 마찬가지로 (2.5,5)와 (2,6)이 예산선 상에 있습니다.

이제 7개째 귤을 구입하려면 남은 2개의 사과에 대해 개당 1,000원의 가격을 받을 수 있으므로 1:1로 교환해야 합니다. 따라서 (1,7)과 (0,8)이 예산선 상에 있습니다. [물론 (0,8)은 이미 위에서 세로축 절편으로 확인했습니다.]

이상의 얻은 점들을 연결하면 예산선을 얻습니다. 그림 2.19(c)입니다. 상황을 좀 더 보기 좋게 표로 정리해보면 다음과 같습니다. 사과의 가격은 소비량 2개를 중심으로 2가지, 귤의 가격도 소비량 2개를 중심으로 2가지입니다. 그런데 예산액을 모두 소비하는 예산선 상에서 두 재화 모두 2개보다 적게 사는 경우는 있을 수가 없습니다. 따라서 예산선은 모두 세 부분으로 나누어집니다.

	귤 2개 이하 (2,000원)	귤 2개 초과 (1,000원)
사과 2개 이하 (1,000원)	해당 없음	위쪽/왼쪽, 기울기 −1
사과 2개 초과 (2,000원)	아래쪽/오른쪽, 기울기 −1	가운데 부분, 기울기 −2

(3) 정부 정책이 예산집합에 영향을 주는 경우

소비자와 공급자만을 고려하는 모형이 아니라 정부의 역할, 즉 정책의 효과를 검토하는 모형이라면 정부가 결정하는 변수들이 추가 외생변수로 들어오게 됩니다. 그런데, 그 결과는 앞에서 이미 고려했던 경우들과 크게 다르지 않습니다.

정부가 특정 재화를 구입할 수 있는 수량에 상한이나 하한을 두는 경우는 이미 위의 (1)에서 소개한 방식으로 예산집합에 반영할 수 있습니다. 한편, 정부가 소비자에게 소득세를 부과하는 경우, 즉 소득 중에서 일정액을 세금으로 징수하는 경우는 결국 m이 감소하여 예산선이 안쪽으로 평행이동하는 경우가 됩니다. 즉, 앞에서 예산액의 변화를 고려할 때는, 왜 그런 변화가 생기는지를 언급하지 않았는데, 그중 한 가지 가능한 경우가 바로 정부가 소득세를 징수할 때가 되는 것입니다. 거꾸로 정부가 소비자에게 소득 보조금을 지급하는 경우는 예산액 m이 증가하는 경우 중 하나입니다. 정부가 재화의 소비 행위에 대해 부과하는 소비세는 결국 그 재화의 가격에 반영되어 가격의 인상으로 이어지므로 역시 앞에서 살펴보았던 가격 인상에 따른 예산선 기울기 변화로 예산집합에 반영할 수 있습니다.

그림 2.19 예제 2.4

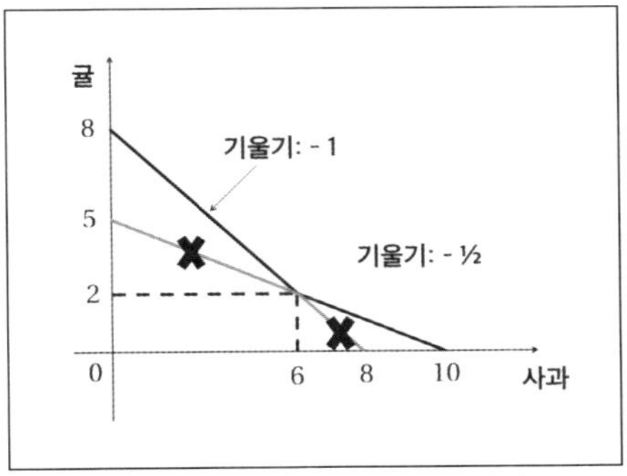

(a) 귤 2개 초과시 1,000원으로 할인

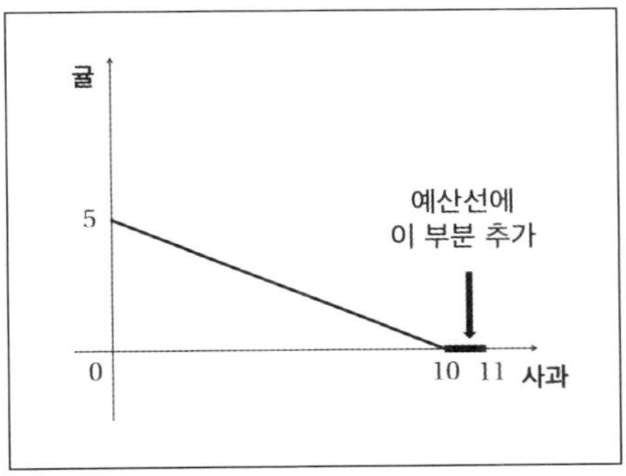

(b) 사과 10개 구입시 1개 무료 획득

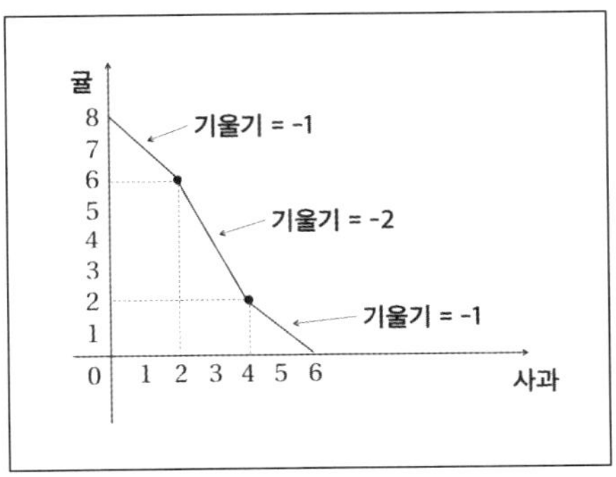

(c) 2개 초과시 귤 할인, 사과 할증

더 생 각 해 보 기

앞에서 지적한 예산제약 모형의 중요한 가정 2가지 이외에 가정들이 더 있습니다.

가정 2.3 소비자는 주어진 예산을 초과하는 금액을 지출할 수 없다.

예산제약의 원래 의미이기도 하므로 너무나 당연한 가정일 것입니다. 하지만 현실에서는 한 사람이 지금 가진 돈보다 더 많은 지출이 가능한 경우도 있습니다. 예컨대 신용카드를 쓸 수도 있고 외상거래를 하거나 은행에서 대출을 받을 수도 있습니다. (2.1) 식을 사용하는 한 우리는 신용카드, 외상거래 또는 대출이 불가능하다고 가정하는 셈입니다. 만약 신용카드나 외상거래, 대출 같은 요소를 모형에서 다루고자 한다면 총 예산액에 그 부분을 더하고 보통의 예산액과 이같은 신용 액수가 어떻게 다른지를 반영시켜야 할 것입니다. 예를 들면, 일정 기간 후에 이자를 붙여서 갚아야 한다는 점을 제약에 포함할 수 있습니다. 그렇게 하려면 소비하는 현재와 갚는 미래를 구분해서 모형에 포함해야 할 것입니다.

가정 2.4 소비량 (x_1, x_2)은 0 또는 양(+)의 실수 값을 가진다.

이 가정 또한 너무 당연해 보이는 부분(소비량이 음수일 수 없다)을 가지고 있고, 한편 좀 이상한 부분(소비량이 3/8 같은 분수이거나 $\sqrt{2}$ 같은 무리수일 수도 있다)도 가지고 있습니다.

소비량이 음수(−)일 수 없다는 가정은 거꾸로 음수인 소비량이 어떤 의미일까를 생각해보면 명확해질 것입니다. 예컨대 도넛을 −2개 소비한다는 것은 무슨 의미일까요? 도넛을 +1개 소비하는 것은 가게에 진열되어 있던 도넛 1개를 (내 장바구니 또는 뱃속으로) 사라지게 하는 것입니다. 그렇다면 도넛을 −2개 소비하는 것은 가게의 진열대에 도넛 2개가 나타나게 만드는 것입니다. 뱃속에 든 도넛을 돌려줄 수는 없으니, 이미 샀던 도넛을 환불받는다든지, 혹은 집에서 만들어온 도넛을 가게 주인에게 판매한다는 의미입니다. 일반적으로 음(−)의 소비는 양(+)의 생산이라고 해석할 수 있습니다. 하지만 기본 모형 (2.1)~(2.3)에서 그같은 생산의 가능성은 무시하고 있습니다.

분수 값의 소비가 허용되는 것은 사실 그럴 듯한 가정입니다. 가게에서 도넛을 판매하는 갯수는 1개, 2개, 3개와 같이 자연수 단위이지만, 우리의 모형에서 소비량이란 주어진 기간 동안의 소비량인 '유량'(flow) 변수입니다. (각주 2 참고) 만약 1주일에 두번 도넛 가게에 가서 한 번에 4개씩 구입하는 소비자가 있다면 그의 소비량은 8개/1주일인데, 기간을 일 단위로 바꿀 경우 (8/7)개/1일입니다. 한 번 구입해서 오랫동안 사용하는 재화(내구재)의 경우도 있습니다. 예를 들어 자동차를 1대 구입해서 10년간 타는 사람이 있는데, 이 사람의 소비를 1년 단위로 분석한다면 그의 자동차 소비량은 0.1대/1년이라고 할 수 있을 것입니다. 물론 $\sqrt{2}$개 같은 무리수 단위는 이해하기가 좀 더 어렵습니다만, 이런 경우가 많지는 않을 것이고 대개는 모형의 계산상 편리함을 추구하는 것으로 보아도 좋겠습니다.

가정 2.5 예산액 m은 재화의 양 (x_1, x_2)에 무관하게 일정한 값으로 고정되어 있다.

가정 2.2와 마찬가지로 예산액 m이 외생변수이기 때문에 내생변수인 재화 구입량에 영향을 받지 않는다는 가정입니다. 재화의 소비만을 다루는 모형에서는 큰 무리가 없는 가정입니다. 예산액을 외생변수로 다루는 모형의 한계는 이 예산액이 어떻게 결정되었는지를 설명하지 않는다는 것입니다. 소비자의 행동과 관계 없이 (유산으로 물려받는 경우처럼) 그냥 주어지는 액수일 뿐입니다. '노동'은 이 가정이 성립하지 않는 대표적인 경우입니다. 노동을 재화로 취급하는 경우, 노동자가 자신의 시간을 노동에 쓰지 않고 스스로의 소비(여가)에 사용하는 양은 그 소비자의 노동소득에 영향을 주어 다른 재화의 소비에 사용할 수 있는 예산액에도 영향을 주게 됩니다. 우리의 기본 모형에서는 이런 측면은 무시하고 있습니다.

가정 2.6 재화 1의 가격 p_1과 재화 2의 가격 p_2는 서로 영향을 주지 않으며, 재화의 가격 (p_1, p_2)과 소비자의 예산액 m도 서로 영향을 주지 않는다.

외생변수들끼리 서로 영향을 주지 않는다는 가정입니다. 하지만 노동 임금이 물가 수준에 연동되어 재화 가격들이 인상될 때 높아진다든지 하면 성립하지 않게 됩니다.

연습문제

문제 풀이는 미시경제이론 공부에서 가장 중요한 단계입니다. 지금까지의 설명만 읽고 그냥 다음 장으로 넘어가는 것은 여러분이 할 수 있는 최악의 선택입니다. 아래에는 본문의 예나 예제의 단순 반복에 가까운 쉬운 문제도 있고, 상당히 고민이 필요한 문제도 있습니다. 응용을 염두에 두고 모형을 확장시키는 아이디어를 제공하는 문제도 있습니다. 어떤 문제이든 정답을 맞추는 것보다 더 중요한 것은 답이 나오는 과정을 이해하는 것과 왜 이런 문제를 냈을까를 생각해보는 것입니다.

문제 2.1 문화 생활로 극장에서 영화(x_1)를 보거나 음원(x_2)을 다운로드 구매하는 사람이 있다. 문화 생활에 책정한 예산은 한 달 7만 원이고, 영화 1편 가격이 7,000원, 음원 다운로드 1건 가격이 1,000원이다. 이 사람의 문화 생활과 관련한 예산제약을 수식 및 그림으로 나타내시오.

문제 2.2 A4 용지 1장으로 종이 비행기(x_1)를 1개 만들 수도 있고, 혹은 종이 학(x_2)을 4개 만들 수도 있다. A4 용지가 100장 있을 때 만들 수 있는 종이 비행기와 종이 학의 수를 예산제약 모형을 사용해 나타내 보시오.

문제 2.3 커피의 가격이 잔당 2,000원이고 도넛의 가격이 상자당 4,000원일 때 정확하게 커피 10잔, 도넛 5상자를 살 수 있는 예산이 있었다. 만약 커피 가격이 잔당 5,000원으로 인상되고 도넛 가격이 상자당 8,000원으로 인상된다면 계속해서 커피 10잔, 도넛 5상자를 사기 위해서 얼마의 예산이 더 필요한가?

문제 2.4 만화책 1권을 읽는데 30분이 걸린다. 하루 동안 읽는 만화책의 권수를 x_1, 만화책을 읽지 않고 보내는 시간을 x_2라고 할 때, 하루 동안 읽을 수 있는 만화책의 권수를 (x_1, x_2) 평면 상에 나타내시오. 만약, 최소한 6시간은 잠을 자야만 생존할 수 있다는 조건을 추가할 경우 이 제약은 어떻게 바뀌는가?

문제 2.5 사과의 가격이 개당 1,000원, 귤의 가격이 개당 500원이다. 사과와 귤을 사는 데 쓸 수 있는 예산 10,000원이 있다.

(1) 예산선을 그리시오.

(2) (1)에 추가하여 사과 1개와 교환할 수 있는 상품권을 받았다. 이 상품권은 현금 계산을 마치고 가게를 떠날 때 사용할 수 있으며, 그 후에 다시 가게에 입장할 수는 없다. 새로운 예산선을 그리시오.

(3) (1)에 추가하여 사과 1개와 교환할 수 있는 상품권을 받았다. 이 상품권은 오늘 동안 자유롭게 사용할 수 있고 계산 후에 다시 가게에 입장하여 산 물건을 환불받는 것도 가능하다. 새로운 예산선을 그리고, 앞의 (2)와는 왜, 어떻게 다른지 설명하시오.

문제 2.6 책을 사는 데 드는 돈을 벌기 위해서 아르바이트를 하는 학생이 있다. 학생이 1주일 동안 구입하는 책의 권수가 x, 책의 권당 가격이 p이다. 모든 책의 가격은 동일하다고 가정하자. 1주일 간 아르바이트로 일한 시간이 L이고 아르바이트의 시간당 보수, 즉 시급은 w이다. 아르바이트에서 학생은 자신이 원하는 만큼의 시간을 일할 수 있으며 시급은 일하는 시간 수와 상관없이 정해져 있다.

(1) 학생이 1주일 동안 구입할 수 있는 책의 권수를 식으로 나타내고, 수식으로 된 이 모형에서 내생변수와 외생변수는 무엇인지 설명하시오.

(2) 가로축을 x, 세로축을 L로 한 평면 상에 앞에서 도출한 수식을 그림으로 나타내시오. 일반적인 예산선과 다른 점은 무엇인가?

(3) 아르바이트로 일할 수 있는 시간에 다른 아무런 제약이 없다 해도, 하루에는 24시간이 존재한다는 점을 인정해야 한다. 이 사실을 반영하여 예산집합을 그림 상에 표시하고, 학생이 1주일 간 살 수 있는 책의 최대 권수를 도출하시오.

문제 2.7 매달 적어도 4장 이상의 DVD를 구입하는 고수집 군이 한 달에 CD와 DVD의 구입에 쓰는 예산이 8만 원이다. CD는 한 장에 8천 원, DVD는 1만 6천 원이다. 단골 가게의 주인이 바뀌어 회원 모집 행사를 하고 있다.

(1) 가입비 없이 일반 회원에 가입하고, 매달 단 한 번에 한해 DVD 1장을 정가에 구입하면 추가 2장을 무료로 받을 수 있다. (즉, 3장을 1장 값에 산 후 추가로 구입할 때는 정가를 지불한다.) 이 회원제에 가입할 때 고수집 군이 직면한 예산선을 그리시오. (DVD를 가로축에)

(2) 가입비 P를 내고 프리미엄 회원에 가입하면, (별도 구입 없이) 매달 3장의 DVD를 무료로 받은 후, 그 이상의 구매부터는 정가로 구입한다. 가입비 P가 얼마 이하일 때 고수집 군은 (일반 회원 대신) 프리미엄 회원에 가입하겠는가?

문제 2.8 CD와 DVD를 수집하는 신나라 양은 한 달에 DVD를 2장 수집하는 것을 원칙으로 하고 있다. (DVD가 2장 초과해 생기면 더 좋을 것도, 더 나쁠 것도 없다.) 앞 문제에서와 마찬가지로 CD 1장에 8천 원, DVD 1장에 1만 6천 원을 받는 가게에서 신 양은 한 달에 8만 원을 쓴다.

(1) 가게 주인은 신 양에게 프리미엄 회원 가입비 P를 최대 얼마까지 받을 수 있겠는가?

(2) 생각보다 프리미엄 회원제가 인기가 없자, 가게 주인은 프리미엄 회원제를 폐지하는 대신, 일반 회원에게 가입비 p를 받기로 했다. 신 양에게 일반 회원 가입비 p는 최대 얼마를 받을 수 있을까?

(3) 만약 프리미엄 회원제를 그대로 두고 대신 일반 회원제를 폐지하는 경우, 주인은 신 양에게 프리미엄 회원 가입비 P를 최대 얼마 받을 수 있는가?

문제 2.9 다음의 조건들이 적혀 있는 3만 원 가치의 카페라떼 상품권을 받았다.

(i) 상품권의 유효 기간은 한 달 동안이다.
(ii) 상품권은 다른 사람에게 양도하거나 판매할 수 없다.
(iii) 유효기간 만료까지 쓰지 않고 남은 금액은 환불받지 못한다.
(iv) 이 상품권은 교내 "학교사랑" 카페와 "별천지" 커피점에서만 사용할 수 있다.

학교사랑 카페에서 카페라떼는 1잔에 1,500원, 별천지 커피점에서는 1잔에 3,000원에 판매하고 있다. 예산선을 위의 상품권 조건들을 반영하여 최대한 정확하게 그리고, 각 조건이 어떻게 반영되는지 설명하시오.

---

microeconomics

제3장 예산제약, 수요, 탄력성

노랗게 물든 숲, 두 갈래 길
두 길을 모두 가볼 수는 없어 아쉬웠다.
- 로버트 프로스트, 「가보지 않은 길」[1]

희소성이 수요에 대해 말해주는 것들

선택된 모든 것의 이면에는 언제나 '가보지 않은 길'이 있기 마련입니다. 시인도 두 길을 모두 가볼 수 없음을 아쉬워했습니다. 다음 번에는 가보지 않은 길을 가볼 수도 있겠지만 그것은 또 다른 시간, 또 다른 사건입니다. 지금 주어진 이 순간에는 한 길밖에 가볼 수 없습니다.

한 번에 두 길을 다 걸어볼 수 있으리라는 생각은 헛된 희망일 텐데, 우리는 정작 그 헛된 희망의 오류에 자주 빠집니다. 하나를 가지고자 할 때 반드시 포기해야 하는 것이 무엇인지 늘 경계할 수만 있다면, 우리가 사회적으로 벌이는 수많은 헛된 논쟁을 접고 비로소 제대로 된 선택을 위한 토론을 가질 수 있을지도 모릅니다.

이 장은 새로운 모형을 소개하는 것이 아니고, 앞 장에서 소개한 예산제약 모형을 이리저리 굴려서 소비자의 수요에 대해 어떤 것을 알아낼 수 있는지를 알아봅니다. 경제모형의 분석이란 주어진 모형의 외생변수 값이 변할 때 내생변수의 값이 어떻게

1 Robert Frost, "The Road Not Taken" (1920).

변하는지를 알아보는 것이라고 할 수 있는데, 앞 장에서는 외생변수의 값이 변할 때 예산선 및 예산집합의 전체 모양(즉, 내생변수인 수요량이 가질 수 있는 값의 범위)이 어떻게 변하는지 알아보았습니다. 내생변수 값, 즉 소비자들의 수요량에 어떤 영향이 나타나는지는 살펴보지 않았습니다.

수요에 대해서 말하려면 예산집합 중에서 소비자가 어떤 '선택'을 할지에 대해서 추가적인 가정이 필요합니다. 다음 장에서 소비자의 '합리적' 선택에 대한 모형을 공부할 것입니다. 하지만 이 장에서는 합리성을 가정하지 않고, 소비자의 행동에 대한 최소한의 가정만을 한 채 수요에 대해 우리가 무엇을 알아낼 수 있는지 살펴봅니다.

이 장 전체에서 다음의 가정을 사용하겠습니다.

가정 3.1 소비자는 주어진 예산을 남기지 않고 모두 지출한다.

가정 3.1은 다시 말해서 예산제약 부등식이 실제로는 등식으로 성립한다, 즉 앞 장의 식 (2.3)이 성립한다는 것입니다. 이를 다시 적어보겠습니다.

$$p_1x_1 + p_2x_2 = m \tag{3.1}$$

[가정 3.1, 식 (2.3)]

이 가정에 따라 우리의 소비자는 예산집합을 나타내는 삼각형 중에서 제일 바깥쪽인 예산선 상에서 어떤 점을 선택합니다. 예산선 위에서 구체적으로 어느 점을 선택하는지에 대해서는 별도의 가정을 하지 않습니다. 다시 한번 강조하지만 우리는 아직 '합리적' 선택이라는 개념을 사용하지 않습니다. 즉, 소비자가 합리적인지 여부와 상관없이 단지 돈을 남기지 않고 다 쓴다고만 가정할 때 그의 수요가 어떤 형태인지에 대해 이야기해보려 합니다. 뭔가 가질 만한 물건이 있는데 돈을 다 쓰지 않고 남기는 것은 비합리적일 것입니다. 따라서 위의 가정은 아주 최소한의 합리성을 가정한다고 생각할 수도 있습니다.

예산제약 모형의 외생변수는 (p_1, p_2, m)입니다. 이 외생변수들의 값이 주어지는 경우 내생변수인 수요량 즉 (x_1, x_2)가 결정됩니다. 앞 장에서는 (p_1, p_2, m)이 변할 때 예산집합 전체가 어떻게 변하는가를 살펴보았는데, 여기서는 (p_1, p_2, m)이 변할 때 (가정 3.1을 만족하는) (x_1, x_2)가 어떻게 변하는지 알아보겠습니다.

3.1 예산식을 만족하는 수요의 특징

재화가 두 개뿐인 모형을 사용할 때 편리한 점은 그림으로 그려볼 수 있다는 것입니다. 먼저 그림을 사용한 검토에 도움이 되는 간단한 틀을 규정하겠습니다. 외생변수의 값이 변화하기 이전, 비교의 기준이 되는 내생변수 값을 (x_1^0, x_2^0)라고 부릅시다. 2차원 평면 상에 이 점을 표시하는 경우, 전체 평면은 이 점을 중심으로 크게 4개의 영역, 즉 사분면(quadrant)으로 나눌 수 있습니다. 그림 3.1에는 수학에서 관행적으로 사용하는 사분면 개념을 적용하여 시계반대방향으로 1, 2, 3, 4를 표시했습니다. 즉, 기준점에 비해 오른쪽/위쪽(혹은 동북쪽)인 경우를 1사분면, 다음으로 왼쪽/위쪽(서북쪽)인 경우 2사분면, 왼쪽/아래쪽(서남쪽)인 경우 3사분면, 마지막으로 오른쪽/아래쪽(동남쪽)인 경우 4사분면입니다.[2]

그림 3.1 기준점을 중심으로 한 사분면

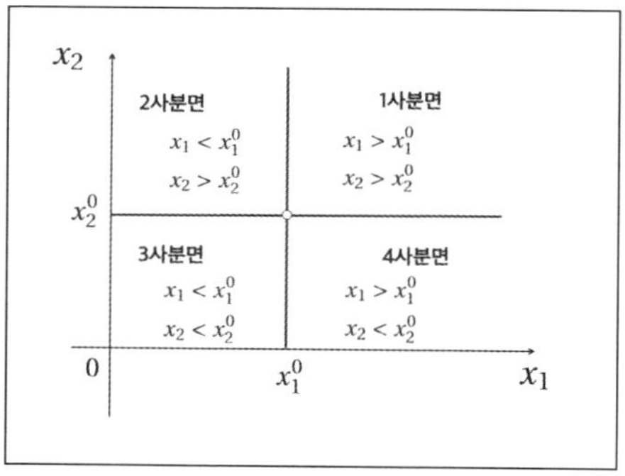

이들의 해석은 다음과 같습니다. 1사분면은 기준점에 비해 재화 1과 재화 2의 양이 모두 더 많습니다 $(x_1 > x_1^0, x_2 > x_2^0)$. 2사분면의 경우 기준점에 비해 재화 1의 양은 적고 $(x_1 < x_1^0)$ 재화 2의 양은 많습니다 $(x_2 > x_2^0)$. 3사분면에서는 재화 1과 재화 2 모두 기준점보다 양이 적습니다. 4사분면에서는 재화 1은 더 많고 재화 2는 더 적습니다. 사분면들 간의 경계선은 한 재화의 양이 기준점과 같은 경우입니다.

2 기준점 (x_1^0, x_2^0)을 원점으로 옮긴다면 수학에서 자주 보았던 사분면 개념과 일치합니다.

예를 들어, 1사분면과 2사분면의 경계선 (즉, 기준점을 통과하는 수직선 중 윗부분)은 기준점에서 재화 1의 양은 고정시킨 채 재화 2의 양을 증가시킨 경우입니다.

만약 (x_1^0, x_2^0)이 예산선 상의 점이라면, 그 예산선은 당연히 (x_1^0, x_2^0)을 지나갑니다. 뿐만 아니라, (x_1^0, x_2^0)을 기준점으로 볼 때 2사분면과 4사분면을 지나갑니다. (그림 3.2) 이는 주어진 예산액을 모두 지출하여 두 재화를 구입한 상황에서, 한 재화의 양을 늘리려면 반드시 다른 재화의 양을 줄여야 하기 때문입니다.

그림 3.2 예산선은 기준점의 2사분면과 4사분면을 지나감

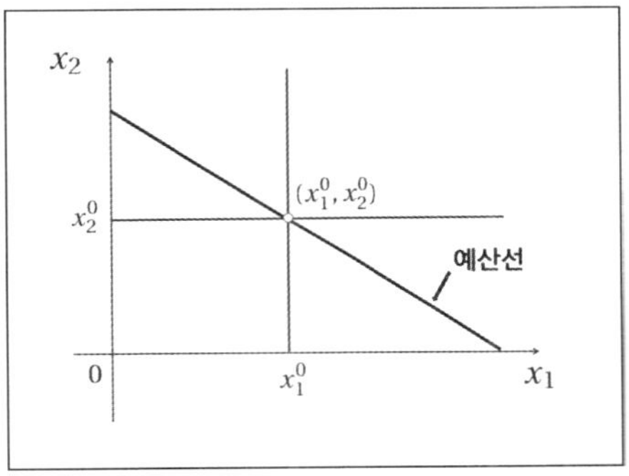

예산액이 변화하는 경우 수요량의 변화

두 재화의 가격은 모두 어떤 값에 고정되어 있다고 하겠습니다. 고정되어 있다는 점을 강조하여 가격을 $\overline{p_1}$과 $\overline{p_2}$로 표시하겠습니다. 즉,

$$\overline{p_1}x_1 + \overline{p_2}x_2 = m \tag{3.2}$$

이때 만약 예산액이 m에서 m'으로 증가한다면 예산선은 기울기를 유지한 채 바깥쪽으로 이동할 것입니다.

새로운 소비점이 정확하게 어디인지를 알 수 없으나, **가정** 3.1이 성립하는 한 반드시 바깥쪽으로 이동한 예산선 상에 있다는 것은 알 수 있습니다. 바깥쪽으로 이동한 새로운 예산선은 원래의 기준점에서 볼 때 절대로 3사분면을 지나지는 않습

니다. 즉, 예산액이 증가할 때 (만약 소비자가 주어진 예산액을 모두 지출한다면) 두 재화의 수요량이 모두 줄어드는 일은 결코 일어날 수 없습니다.

그림 3.3 예산액이 늘어나는 경우

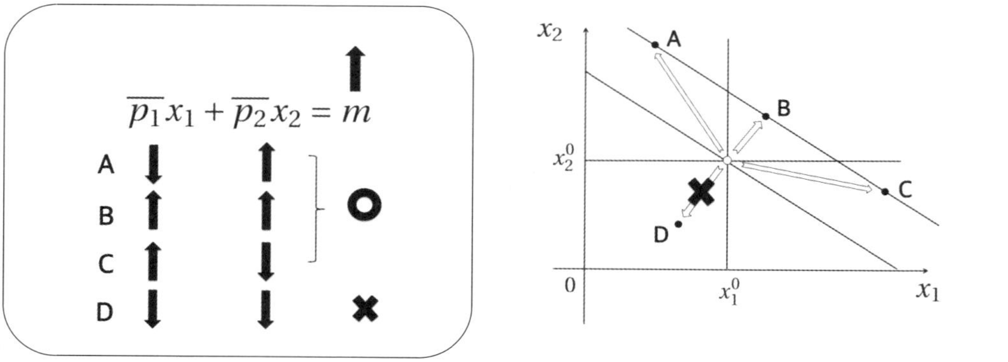

다시 설명하자면, **그림** 3.3에서 보듯이 예산액이 증가할 경우 소비량의 변화는 크게 4가지 방향이 가능한데, 이 중 그림에서 D로 표시된 경우는 불가능하다는 것입니다. 이 사실을 강조하기 위해서 따로 적어놓도록 하겠습니다.

결과 3.1(a) 소비자가 언제나 예산액을 모두 사용한다면 (가정 3.1), 예산액이 증가할 때 모든 재화의 소비량이 동시에 감소하는 것은 불가능하다.

이 발견은 너무 당연해서 시시해보일지도 모르겠습니다. 사실 경제학의 많은 결론들은 제대로 이해하고 나면 당연한 것들입니다. 그럼에도 불구하고 모형에 기초하여 엄밀히 사고하지 않을 경우 이같은 당연한 사실을 놓칠 수 있습니다. 예컨대 우리가 방금 얻은 결과는 (적어도 **가정** 3.1을 받아들이는 경우) 한 소비자에게 '모든 재화가 동시에 열등재일수는 없다'는 사실을 알려줍니다.

경제원론에서 공부했을 '열등재'라는 개념은 소득(혹은 예산)의 변화에 따른 재화 소비의 특성을 나타내는 것입니다. 소득이 증가할 때 소비량이 줄어드는 재화를 가리켜 **열등재**(inferior good)라고 부릅니다. 주의할 점은 열등재의 개념은 어떤 재화 고유의 특성을 나타내는 것이 아니라 소비자가 그 재화에 대해 보이는 소비

행동의 특성을 나타낸다는 점입니다. 엄밀히 말하자면, '라면은 열등재이다'와 같은 문장은 이론적으로 무의미합니다. 동일한 재화인 라면이 이 소비자에게는 열등재일 수 있고 또 다른 소비자에게는 열등재가 아닐 수도 있습니다. 또한, 어떤 소비자에게 라면이 열등재인지를 결정하는 중요한 요소는 라면과 함께 소비되는 다른 재화입니다. 소비의 결정은 한 재화만을 놓고 이루어지는 것이 아니기 때문입니다.[3]

지금까지의 논의는 특정 소비자에게 특정 재화가 열등재인지를 알려줄 수는 없지만, 한 소비자가 소비하는 모든 재화가 동시에 열등재일 수는 없다는 것을 알려줍니다. 강조를 위해 발견한 사실을 다시 적어보면

> **결과 3.1(b)** 소비자가 언제나 예산액을 모두 사용한다면(가정 3.1), 모든 재화가 동시에 열등재인 것은 불가능하다. (즉, 적어도 한 재화는 열등재가 아니어야 한다.)

재화의 갯수가 2개를 넘더라도 결과 3.1(a), (b)는 여전히 성립할 것이라는 것을 쉽게 이해할 수 있을 것입니다. (그림으로 그리기는 어렵겠지만, 논리적으로 결과들을 스스로 증명해볼 수 있나요? 문제 3.7 (1)을 참고하세요.)

재화의 가격이 변화하는 경우 수요량의 변화

이번에는 예산액을 고정시킨 상태에서 재화의 가격 중 하나가 변화하는 경우를 살펴보겠습니다. 편의상 재화 1의 가격이 변한다고 합시다. 즉 p_2와 m은 고정된 것으로 보아 각각 $\overline{p_2}$와 $\overline{m}$으로 표시합니다.

$$p_1x_1 + \overline{p_2}x_2 = \overline{m} \tag{3.3}$$

p_1이 인상되는 경우를 고려해보면 그림 3.4와 같습니다. 이번에는 두 재화 모두의 소비량이 늘어나는 것이 불가능합니다. 예산액이 고정된 상태이므로 재화 가격이

3 이론적인 의미에서가 아니라 실증적인 의미에서 열등재를 논할 수도 있습니다. 실증적이라 함은 현실의 통계 데이터를 놓고 증거를 따져본다는 뜻입니다. 즉 소득이 증가할 때 실제로 라면의 소비량이 늘어나는지 줄어드는지를 살펴보는 것입니다. 이 경우에는 한 소비자에게 라면이 열등재인지, 한 사회 전체에서 라면이 열등재인지를 확인해볼 수 있습니다.

인상되지 않았더라도 두 재화 모두 양을 늘리는 것은 어차피 불가능했을 것입니다. 따라서 이 발견 자체는 그다지 흥미롭지 않습니다.

그림 3.4 재화 1의 가격이 인상되는 경우

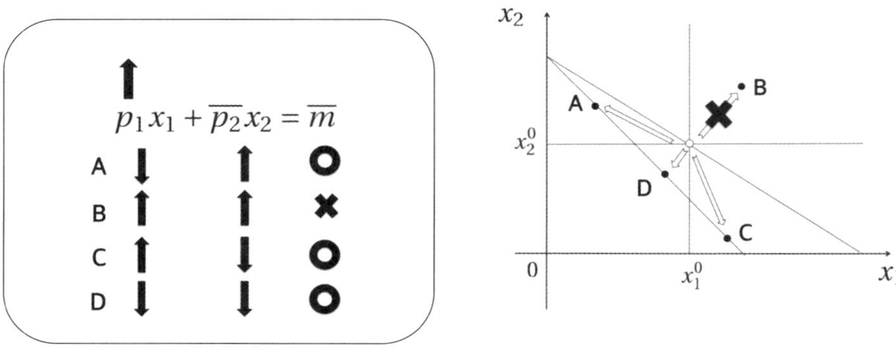

예산액이 고정되어 있지만 가격이 인상된다는 것은 소비자의 입장에서 자신의 구매력이 일정 부분 감소한다는 의미입니다. 즉, '실질적인' 의미에서 예산이 감소한다는 의미입니다. 따라서 소비량이 줄어들 가능성이 높습니다. 그런데 가격 변화에 따른 실질적 예산의 감소는 두 재화에게 똑같은 영향을 주지 않고, 가격이 인상된 재화에 더 큰 타격을 주기 마련입니다. 따라서 두 재화의 소비량이 줄어드는 방식에 차이가 있습니다.

그림 3.4를 보면 기준점에서 2사분면의 점 A로 가는 화살표의 '기울기'는 상대적으로 완만하고 대신 4사분면의 점 C로 가는 화살표의 '기울기'는 상대적으로 가파르다는 것을 알 수 있습니다. 2사분면상에서 A의 위치를 이리 저리 옮겨보더라도 전반적으로 기울기는 완만한 편이고, 4사분면상에서 C의 위치를 옮겨보아도 전반적으로 기울기는 가파른 편입니다.

이 관찰을 말로 풀어보면 다음과 같습니다. 재화 1의 가격이 인상되는 상황에서 재화 1의 소비량이 감소하고 재화 2의 소비량이 증가한다면 (점 A) 이때 재화 1의 감소분에 비해 재화 2의 증가분은 상대적으로 크지 않아야 합니다. 그 이유는 재화 1의 소비량이 감소하더라도 재화 1의 가격이 인상되었기 때문에 재화 1에 대한 지출액이 덜 줄어들기 때문입니다. 한편 재화 1의 가격이 인상될 때 재화 1의 소비량이 늘어났다면 (점 C) 재화 1에 대한 지출액은 더욱 크게 늘어날 것이므로 재화 2에 대한 소비량을 비교적 많이 줄어야만 합니다.

이번에 관찰한 사실은 다소 복잡한 편인데 한번 적어보도록 합시다.

결과 3.2 소비자가 언제나 예산액을 모두 사용한다면(가정 3.1), 재화 1의 가격이 인상될 때

- 두 재화 모두 소비량이 증가할 수는 없다.
- 만약 재화 1의 소비량이 증가한다면 재화 2의 소비량은 비교적 크게 감소해야 한다. (그림 3.4의 점 C)
- 만약 재화 1의 소비량이 감소한다면 재화 2의 소비량은 감소할 수도 있고 (점 D) 증가할 수도 있는데 (점 A), 증가하는 경우 그 증가폭은 비교적 작을 것이다.

결과 3.2의 논리를 다시 설명해보겠습니다. 예산액 m이 고정되어 총 지출액에 변화가 있을 수 없는 상황(즉, $\Delta(\overline{m}) = 0$)에서, 재화 1의 가격 p_1이 인상되면 두 재화의 소비량이 어떻게 변화하든 간에 결국 그 지출액 변화의 합은 0이 되어야 합니다. 다시 말해서

$$\Delta(p_1x_1) + \Delta(\overline{p_2}x_2) = \Delta(\overline{m}) = 0 \tag{3.4}$$

이라는 식이 성립해야 하므로, 한 재화 지출액이 증가하면 다른 재화에 대한 지출액은 반드시 감소해야 합니다.

p_1이 인상되었는데 x_1이 증가하면 재화 1에 대한 지출액은 그 둘을 곱한 p_1x_1이니 더욱 크게 증가합니다. 그만큼 재화 2의 지출액 p_2x_2는 크게 감소해야 합니다. p_2가 고정된 상태에서 그렇게 되려면 x_2가 크게 감소해야 합니다.

반면 p_1이 인상될 때 x_1이 감소한다면 변화 방향이 서로 반대이므로, 재화 1 지출액은 증가할 수도 있고 감소할 수도 있는데, 이에 따라 x_2는 감소할 수도 있고 증가할 수도 있습니다. x_1이 감소하는데도 그 지출액이 증가하는 경우란, x_1의

감소폭에 비해 가격 p_1의 인상폭이 더 큰 경우입니다. 즉 서로 곱해지는 두 양 p_1x_1에서 p_1이 크게 증가하고 x_1은 조금 감소한다면 결과적으로 p_1x_1은 증가할 수 있습니다. 이때 x_2가 감소해주어야 전체 지출액 변화를 0으로 맞출 수 있는데, p_1x_1의 변화폭 자체가 크지 않으므로 x_2의 변화폭도 상대적으로 적게 됩니다.

이런 논리를 처음 접해보는 독자는 혼란스러울 것입니다. 이 혼란스러운 상황을 좀 더 명쾌하게 정리하는 데는 한 개념이 도움이 됩니다. 경제원론에서 자세히 공부했을 '탄력성'입니다. 탄력성을 사용할 경우 수요의 특징을 좀 더 정교하게 정량적으로 묘사할 수 있습니다.

3.2 탄력성

탄력성(elasticity)은 그 자체로 경제학적 개념은 아니지만 경제학에서 매우 자주 사용되는 기본 도구입니다. 경제원론에서 이미 다룬 개념이므로 복습의 의미로 간단히 살펴보면서, 경제원론에서 자칫 깊이 생각하지 않고 넘어갔을 수도 있는 부분을 확인하는 것이 이 절의 목적입니다.

정의와 의미

탄력성의 정의는 다음과 같습니다. 아래 식에서 Δ는 변화량을 나타냅니다.

$$\text{(3.5)} \qquad \text{A의 B탄력성} = \frac{\Delta A/A}{\Delta B/B} = \frac{\Delta A}{\Delta B}\cdot\frac{B}{A} \underbrace{\Longrightarrow}_{\Delta B\to 0} \frac{\partial A}{\partial B}\cdot\frac{B}{A}$$

경우에 따라서 $\Longrightarrow$의 왼쪽에 있는 ΔA와 ΔB를 사용한 정의를 쓰기도 하지만, 엄밀하게는 ΔB가 무한히 작아질 때의 극한값, 즉 도함수를 사용한 ($\Longrightarrow$ 오른쪽의) 정의를 채택합니다. (A에 영향을 주는 변수가 B 이외에 더 있을 경우에는 편도함수가 되므로 편미분 기호 ∂을 사용했습니다.)

식 (3.5)에서 A와 B의 자리에 원하는 변수들을 넣어주면 됩니다. A에는 영향을 받는 변수, B에는 영향을 주는 변수가 들어갑니다. 탄력성이 측정하는 것은 "B가 변했을 때 A가 얼마나 영향을 받느냐"입니다. 얼핏 보면 함수의 '기울기'와 비슷하지만 기울기는 ΔA와 ΔB를 직접 비교(즉, $\Delta A/\Delta B$ 또는 $\partial A/\partial B$만을 계산)하는 반면, 탄력성은 $\Delta A/A$와 $\Delta B/B$을 비교하는 점이 다릅니다. 공식으로 기억하자면, 기울기 공식에다가 원래 변수들의 값을 거꾸로 뒤집어서 곱해준 것입니다.

변수 A의 변화량 ΔA를 그 변수 A로 나누어주게 되면, 변화량의 '단위'가 상쇄되어 사라지고 '비중' 혹은 '비율'이 남게 됩니다. 예를 들어 가격이 1,000원에서 10원만큼 인상될 때는 "10원/1,000원 = 0.01", 사과 100상자에서 99상자로 1상자가 줄어들면 "−1상자/100상자 = −0.01", 거리 25미터에 1미터가 더 추가되면 "1미터/25미터 = 0.04"와 같이 됩니다. 조금 더 친숙한 개념으로 변환하자면 $\Delta A/A$에 숫자 100을 곱해주어 '백분율' 즉 %로 이해할 수 있습니다. 1,000원에서 10원 인상된 것은 1% 인상이고, 100박스에서 1박스 줄어든 것은 1% 감소이고 25미터에서 1미터 늘어난 것은 4% 증가입니다.

기울기 $\Delta A/\Delta B$는 B가 1 단위 변할 때 A가 몇 단위 변하는지를 알려주는 반면에, 탄력성인 $(\Delta A/A)$ 나누기 $(\Delta B/B)$은 B가 1 퍼센트 변할 때 A는 몇 퍼센트 변하는지를 알려줍니다. 기울기와 탄력성 모두 종속변수가 독립변수에게 얼마나 '민감하게' 혹은 '탄력적으로' 반응하는지를 알려주는데, 그중에서 탄력성은 변수들이 가진 고유의 단위와 상관없이 상대적인 비교를 가능하게 해줍니다.

매우 탄력적인 고무줄은 조금만 힘을 주어 당겨도 쑥쑥 늘어납니다. 이 경우 A를 고무줄의 길이, B를 고무줄을 당기는 힘이라고 하면 당기는 힘에 대한 고무줄 길이의 탄력성이 매우 큰 경우가 됩니다.

A를 수요량(Q), B를 가격(P)으로 놓으면, 경제학에서 사용하는 대표적인 탄력성인 **수요의 가격탄력성** 공식을 얻게 됩니다.[4] 수요의 가격 탄력성은 가격이 1% 변화했을 때 수요량이 몇 %나 변화하는지를 알려줍니다. 만약 탄력성 공식으로 계산하지 않고 ΔP와 ΔQ 사이의 비율만을 계산한다면, 이는 수요함수의 기울기에 해당합니다. 예를 들어, 이 기울기가 −0.5라고 해봅시다. −0.5라는 숫자만 가지고서는 이 값의 의미를 가늠하기가 쉽지 않습니다. 사과의 가격이 1개당 1,000원

4 근대 경제학의 이론적 틀을 확립한 알프레드 마셜은 『경제학원론(*Principles of Economics*)』에서 '탄력성'이라는 용어를 수요의 가격탄력성이라는 의미로 사용했습니다.

올랐을 때 500개 덜 팔렸다는 뜻일 수도 있고, 사과 1상자의 가격이 100원 올랐을 때 50상자가 덜 팔렸다는 뜻일 수도 있습니다. 게다가 만약 귤의 가격과 판매개수 변화 비율(귤 수요함수의 기울기)이 −0.7이라고 한다면, 이 값이 사과와 비교해서 큰 것인지 작은 것인지 단위를 정확하게 알지 않고서는 알 수가 없습니다.

하지만, 탄력성으로 계산할 경우 기준을 일치시켰기 때문에 비교가 가능해집니다. 사과 수요의 탄력성이 −0.5라는 것은 사과의 가격이 1% 인상되었을 때, 사과의 수요가 0.5% 감소한다는 의미로, 예컨대 현재 가격이 1,000원이다가 1%인 10원이 오르면, 현재 판매량인 10만 개의 0.5%인 500개가 줄어든다는 의미가 됩니다. 한편 귤 수요의 탄력성이 −0.7이라면, 이는 귤의 가격이 마찬가지로 1% 인상되었을 때 귤 수요량은 사과 수요량의 감소폭보다 더 크게 0.7% 감소하므로 귤의 수요가 가격에 대해서 더 탄력적(더 민감)이라는 뜻이지요. 방금의 수치 예는 1%를 기준으로 대략 설명한 것이고, 도함수를 사용한 탄력성 공식은 좀 더 엄밀하게 해석하자면 가격이 무한히 작은 양만큼 변했을 때 수요량이 그에 비해 얼마나 많이 변하는지를 나타내게 됩니다.

주의할 점

경제원론에서는 기본 개념을 이해시키는 것이 목적이므로 탄력성 공식을 조금 더 풀어서 $\Delta A = A_2 - A_1$, $\Delta B = B_2 - B_1$를 사용하여

(3.6)
$$\frac{\Delta A/A}{\Delta B/B} = \frac{(A_2 - A_1)/A}{(B_2 - B_1)/B} = \frac{A_2 - A_1}{B_2 - B_1} \cdot \frac{B}{A}$$

와 같이 적기도 합니다. 즉, 변화 이전의 독립변수 값 B_1에서의 종속변수 값 A_1과, 변화 이후의 독립변수 값 B_2에서의 새로운 종속변수 값 A_2에 대해 변화폭을 직접 계산하여 공식을 적고 있습니다.

그런데 위 식 (3.6)에서 ΔA와 ΔB는 값이 분명하게 결정되었지만 그 옆에 곱해지는 B/A에는 어떤 값을 넣어야 할지 모호합니다. 변화 이전의 값인 A_1과 B_1을 넣어야 할 것 같기도 하고, 변화 이후의 값인 A_2와 B_2를 넣어도 될 것 같기도 합니다. 문제는 이전 값을 넣느냐, 이후 값을 넣느냐에 따라 계산 결과가 달라진다는

것입니다. 그 이유는 탄력성 계산에 사용되는 '비율'은 그 기준이 무엇이냐에 따라 값이 크게 달라지기 때문입니다.

예를 들어, 1,000원에서 500원으로 떨어졌다면 원래 가격을 기준으로는 50% (= 50/100) 변화한 것이지만, 나중 값을 기준으로는 100% (= 500/500) 변화한 것이 됩니다. 그냥 무조건 원래 값을 넣기로 약속하더라도 문제는 남아 있습니다. 만약 1,000원일 때 수요량이 300개였는데, 500원일 때는 400개로 늘어났다가, 다시 1,000원으로 오르자 도로 300개로 돌아갔다고 해봅시다. 이 수치 예에 대해서 어떤 방식으로 계산하느냐에 따라 탄력성의 값이 여러 가지 나오게 됩니다. 1,000원에서 500원으로 떨어진 것은 50% 인하이고, 수요량이 300개에서 400개로 늘어난 것은 100/300 = 약 33.3% 변화입니다. 따라서 위의 (3.6)식을 적용하면 33.3/50 = 약 0.666이 됩니다. 한편 500원에서 도로 1000원이 된 것은 100% 인상이고, 수요량이 400개에서 300개로 줄어든 것은 100/400 = 25% 변화입니다. 여기에 대해 탄력성 공식을 적용하면 25/100 = 0.25가 됩니다.[5] 똑같은 폭으로 가격이 내렸다가 올랐는데 양쪽 방향의 탄력성 값이 다르게 나옵니다.

이런 혼란을 방지하는 한 가지 방법으로, 중간점(mid-point)을 이용하자는 아이디어도 있습니다. 원래 가격과 나중 가격의 중간 값 $(P_1+P_2)/2$을 기준 가격으로, 원래 수요량과 나중 수요량의 중간 값 $(Q_1+Q_2)/2$을 기준 수량으로 하여 위의 탄력성 공식에서 B와 A의 자리에 각각 넣어주자는 것이지요. 이렇게 하면 가격이 오를 때와 내릴 때 기준이 동일하기 때문에 값이 달라지지 않습니다. 하지만 심각한 문제는 가격이 $(P_1+P_2)/2$일 때 진짜 수요량이 $(Q_1+Q_2)/2$이냐는 것이죠. 수요함수가 선형식이 아니라면 이 관계는 성립하지 않습니다. 즉 기준점으로 잡은 중간점은 사실은 수요함수 상에 존재하지 않는 가짜 점입니다.

이 모든 복잡한 상황은 애초에 탄력성 개념을 단 두 개의 점들 사이의 값을

5 그런데 1,000원이었다가 500원으로 내려갔던 가격이 도로 1,000원이 될 때 수요량도 원래 수요량으로 되돌아 올까요? 수요함수를 현재 가격의 함수로 정의한다면 그러야만 합니다. 하지만 500원이라는 싼 가격을 일단 한번 경험한 소비자는 다시 1,000원으로 되돌아갈 때 화가 나서 수요량을 아주 많이 줄일 수도 있고, 혹은 500원일 때 많이 사서 쓰던 습관을 고치지 못해서 1,000원이 된 후에도 여전히 많이 소비를 할 수도 있습니다. 즉, 현재 가격 뿐 아니라, 과거의 가격이나 과거의 소비 실적이 현재의 수요량에 영향을 줄 수도 있습니다. 그러나 우리 모형에서는 수요가 현재의 가격에만 영향을 받는다고 가정하고 있습니다.

계산하는 공식의 관점에서 접근했기 때문에 생긴 것입니다. 게다가 덧붙여서, 선형 함수가 아닌 일반적인 함수에 대해 변화폭을 계산할 때는 구간을 어떻게 잡느냐에 따라 크게 결과가 달라지는데 지나치게 넓은 폭의 변화를 고려했기 때문이기도 합니다. 대부분의 경제 모형은 현실을 완벽하고 정밀하게 표현하지는 못하기 때문에, 외생변수의 값을 아주 조금만 변화시킬 경우에 대해 예측을 자신 있게 하는 것이지 외생변수의 값이 매우 크게 변하면 그 결과를 쉽사리 예측할 수 없습니다. 앞의 예에서 든 100% 또는 50%의 가격 변화와 같은 시나리오는 기초 경제모형에서 함부로 고려하면 안 되는 경우입니다. 크게 봐야 1%, 2% 정도의 변화, 좀 더 안전하게는 0.01%의 변화 정도를 고려하는 것이 좋습니다. 이렇게 작은 변화의 폭을 고려할 경우, 원래 점을 기준으로 삼든, 나중 점을 기준으로 삼든, 최종 계산 결과에서 나타나는 차이는 미미한 수준이 됩니다.

탄력성 개념을 적용할 때, 임의의 두 점 (A_1, B_1)과 (A_2, B_2)를 비교하면 위험하고, 비교적 작은 크기의 ΔB에 대해서 $(A+\Delta A, B+\Delta B)$와 (A, B)를 비교하는 것이 옳습니다. 수학적으로는 도함수 개념을 사용해서 오류를 방지할 수 있습니다.

수요의 ____탄력성

더 구체적으로 수요의 탄력성 개념을 살펴봅시다. 수요함수는 기본적으로 3가지 변수를 가지므로, 3가지 탄력성 개념이 가능합니다. 즉 재화 1의 수요함수는 $x_1(p_1, p_2, m)$로 자기 가격, 관련된 다른 재화의 가격 및 소득(예산액)의 함수이므로 자기가격탄력성, 교차가격탄력성, 소득탄력성의 3가지 개념을 갖습니다.

(a) 자기가격탄력성

어떤 재화의 가격이 변할 때 그 재화의 수요량이 얼마나 변하는지를 나타내는 개념이 **자기가격탄력성**(own-price elasticity) 또는 줄여서 그냥 **가격탄력성**입니다. 즉, $A \equiv x_i, B \equiv p_i$로 공식을 적어보면

(3.7) $$\varepsilon_i = \frac{\Delta x_i / x_i}{\Delta p_i / p_i} = \frac{\Delta x_i}{\Delta p_i} \cdot \frac{p_i}{x_i} \Longrightarrow \frac{\partial x_i}{\partial p_i} \cdot \frac{p_i}{x_i}$$ [자기가격탄력성]

이 됩니다.[6] 가격 p_i가 아주 조금 변할 때 재화 i의 수요량 x_i가 얼마나 변하는지를 나타냅니다. 이 값은 대개 음수(−)일 것입니다. 가격이 인상되면 수요량이 줄어드는 것이 자연스러우니까요. (하지만 이론적으로 양수를 가질 가능성도 배제할 수는 없습니다.) 그래서 어떤 사람은 수요의 가격탄력성을 말할 때 음수 기호를 떼어버리고 그냥 절대값으로 말하기도 합니다. 이 책에서는 혼란을 방지하기 위해서 그런 경우는 가격탄력성의 절대값이라고 부르겠습니다.

가격탄력성의 절대값 $|\varepsilon_i|$이 1이면, 이를 가격에 대해 **단위탄력적**(unit elastic)이라고 말합니다. 여기서 '단위'란 1이라는 뜻입니다. 한편, $|\varepsilon_i| > 1$이면 이를 **탄력적**(elastic), 반대로 $|\varepsilon_i| < 1$이면 **비탄력적**(inelastic)이라고 말합니다.

단위탄력적이면 가격이 조금 변할 때 수요량이 그와 똑같은 비율로 변한다는 것이고, 탄력적이면 가격 변화폭에 비해 수요량이 더 많이 (더 민감하게) 변하는 것입니다. 가격에 대해 탄력적인 수요를 가진 소비자는 가격에 매우 민감하여, 값이 조금만 올라도 수요량을 많이 줄이고, 가격이 떨어지면 대폭 수요량을 늘리는 사람입니다. 반면 비탄력적인 수요는 가격에 대해 둔감한 소비자를 가리킵니다.

예 3.1

간단한 수요함수들에 대해 가격탄력성을 도출해보겠습니다. 수요량은 소비자의 외생변수들의 값에 따라 달라질 수 있으므로, 수요함수는 외생변수들의 함수이어야 합니다. 따라서 수요함수는 (p_1, p_2, m)을 독립변수로 가지는 함수입니다.

(1) $x_1 = 100 - 4p_1 + 2p_2 + 3m$

자기가격탄력성의 절대값을 계산하면

$$|\varepsilon_1| = \left|\frac{\partial x_1}{\partial p_1}\right| \cdot \frac{p_1}{x_1} = |-4| \times \frac{p_1}{100 - 4p_1 + 2p_2 + 3m} = \frac{4p_1}{100 - 4p_1 + 2p_2 + 3m}$$

입니다. 자기가격탄력성을 계산하는 동안은 p_2와 m이 고정된 상수라고 가정할 것입니다. 위 공식에서 p_2, m을 상수로 취급하고 p_1을 변화시킨다면, $|\varepsilon_1|$은 1보다 크거나 같거나 작을 수 있습니다.

6 이 개념을 나타내는 기호 ε_i는 탄력성을 나타내는 영어의 첫 글자 e에 대응되는 그리스 문자 엡실론(ε)을 가져왔고 아래 첨자로 재화 i를 나타내는 i를 달았습니다. 이런 기호는 편의상 사용한 것이지 절대적으로 정해져 있는 것은 아닙니다.

구체적으로 p_1이 매우 크다면 분모에 비해 분자가 크므로 1보다 클 수 있고, p_1이 매우 작다면 반대로 1보다 작아질 수 있습니다. $|\varepsilon_1| = 1$이 되는 재화가격은

$$p_1 = \frac{100 + 2p_2 + 3m}{8} \equiv \overline{p}$$

입니다. $p_1 > \overline{p}$라면 $|\varepsilon_1| > 1$이고 $p_1 < \overline{p}$라면 $|\varepsilon_1| < 1$입니다.

(2) $x_1 = \alpha \frac{m}{p_1}$

주어진 공식에는 p_2가 없습니다. 즉 이 수요함수에서 재화 1의 수요량은 재화 2의 가격에는 영향을 받지 않습니다. 한편, 위 공식이 제대로 된 수요함수가 되려면 $0 \le \alpha \le 1$이어야 합니다. 이는 식을 다시 정리해서

$$p_1 x_1 = \alpha m \Longleftrightarrow \alpha = \frac{p_1 x_1}{m}$$

이라고 써보면 α가 전체 예산액에서 재화 1에 대한 지출액이 차지하는 비중을 나타내기 때문입니다. 가격탄력성을 계산해보면

$$|\varepsilon_1| = \left|\frac{\partial x_1}{\partial p_1}\right| \cdot \frac{p_1}{x_1} = \left|-\alpha \frac{m}{p_1^2}\right| \cdot \frac{p_1}{\alpha \frac{m}{p_1}} = 1$$

이 되어 이 수요는 자기가격에 대해 단위탄력적입니다.

(b) 교차가격탄력성

재화 j의 가격 p_j가 변할 때 재화 i의 수요량 x_i이 얼마나 반응하는지를 측정하는 탄력성을 재화 i 수요의 재화 j 가격에 대한 **교차가격탄력성**(cross-price elasticity) 혹은 줄여서 **교차탄력성**이라고 합니다. $A \equiv x_i, B \equiv p_j$를 대입하여

$$\text{(3.8)} \qquad \varepsilon_{ij} = \frac{\Delta x_i / x_i}{\Delta p_j / p_j} = \frac{\Delta x_i}{\Delta p_j} \cdot \frac{p_j}{x_i} \Longrightarrow \frac{\partial x_i}{\partial p_j} \cdot \frac{p_j}{x_i} \qquad \text{[교차가격탄력성]}$$

이 됩니다.[7] 교차가격탄력성에 대해서도 그 절대값이 1인지, 큰지, 작은지를 기준으로 단위탄력적, 탄력적, 비탄력적이라는 용어를 사용할 수 있겠습니다.

7 이 기호에서는 역시 그리스문자 엡실론(ε)을 가져왔고 수요량을 보는 재화 i, 가격을 보는 재화 j를 나타내는 아래첨자를 달았습니다. 동일한 기호를 앞의 자기가격탄력성에 적용하면 $\varepsilon_i = \varepsilon_{ii}$라고 쓸 수도 있겠습니다.

하지만 교차가격탄력성에 대해서 더 중요하게 고려할 것은 그 값이 양수(+)인지, 음수(−)인지입니다. 교차가격탄력성이 양수라는 말은, 재화 2의 가격이 인상될 때 재화 1의 수요량이 늘어난다는 뜻으로 이 경우 재화 1과 재화 2는 서로 **대체재**(substitutes)라고 말합니다. 반대로 교차가격탄력성이 음수이면, 재화 2의 가격이 인상될 때 재화 1의 수요량도 덩달아 줄어든다는 말로 이때 재화 1과 재화 2는 서로 **보완재**(complements)라고 합니다.

예 3.2

앞의 예에서 소개한 수요함수들에 대해 교차가격탄력성도 구해보겠습니다.

(1) $x_1 = 100 - 4p_1 + 2p_2 + 3m$

$$\varepsilon_{12} = \frac{\partial x_1}{\partial p_2} \cdot \frac{p_2}{x_1} = 2 \times \frac{p_2}{100 - 4p_1 + 2p_2 + 3m} = \frac{2p_2}{100 - 4p_1 + 2p_2 + 3m} > 0$$

으로 재화 2 가격에 대한 재화 1 수요의 교차가격탄력성은 양수입니다. (분모는 재화 1의 수요량이므로 음수일 수 없습니다.) 따라서 주어진 수요함수에서 두 재화는 대체재 관계라고 할 수 있습니다.

(2) $x_1 = \alpha \frac{m}{p_1}$

이 수요함수에는 p_2가 들어 있지 않습니다. 즉, $\varepsilon_{12} = 0$으로 재화 2의 가격은 재화 1의 수요에 영향을 주지 않습니다. 두 재화는 대체재도 아니고 보완재도 아닙니다. 굳이 이름 붙이자면 독립재(independents)라고 할 수 있습니다.

(c) 소득탄력성

소득 혹은 예산액 m이 변할 때 수요량이 얼마나 변하는지를 보는 것이 **소득탄력성**(income elasticity)입니다. $A \equiv x_i, B \equiv m$을 대입하여

$$\eta_i = \frac{\Delta x_i / x_i}{\Delta m / m} = \frac{\Delta x_i}{\Delta m} \cdot \frac{m}{x_i} \Longrightarrow \frac{\partial x_i}{\partial m} \cdot \frac{m}{x_i} \qquad (3.9) \text{ [소득탄력성]}$$

이 됩니다.[8] $\eta_i = 1$이면 이 수요는 소득에 대해 단위탄력적입니다. 한편 소득에 대해 탄력적인 수요, 즉 $\eta_i > 1$인 경우를 **사치재**(luxury)라고 부르고, $0 < \eta_i < 1$인 경우 **필수재**(necessity), 그리고 두 경우를 합하여 $\eta_i > 0$인 경우 **정상재**(normal good), 마지막으로 $\eta_i < 0$인 경우를 **열등재**(inferior good)라고 부릅니다. 각각의 의미는 소득과 대비시켜 생각하면 이해할 수 있습니다.

지적할 점은 이런 경우들을 모두 '~재'라고 부르기 때문에 이런 성질이 재화 고유의 것이라고 오해할 수 있습니다. 그렇지 않습니다. 수요의 탄력성은 수요함수가 가진 특징이고, 수요함수는 소비자 개인의 특징입니다. 재화 고유의 성질이 물론 관련은 되겠지만 재화 자체가 가진 성질이 아닙니다. 예를 들어, 어떤 사람에게는 자동차나 밥이 사치재일 수 있고, 또 다른 사람에게는 그것이 열등재일 수 있습니다. 또한 한 재화의 소득탄력성의 값은 독자적으로 결정되는 것이 아니라, 여러 재화를 소비하는 과정에서 소비자가 직면한 가격이나 예산, 그리고 개인의 취향에 따라 서로 상호작용하는 가운데 결정됩니다.

예 3.3

예를 이어서 소득탄력성을 구해봅니다.

(1) $x_1 = 100 - 4p_1 + 2p_2 + 3m$

$$\eta_1 = \frac{\partial x_1}{\partial m} \cdot \frac{m}{x_1} = 3 \times \frac{m}{100 - 4p_1 + 2p_2 + 3m} = \frac{3m}{100 - 4p_1 + 2p_2 + 3m} > 0$$

으로 일단 이 재화가 열등재는 아님을 알 수 있습니다. 위 식의 값이 1보다 큰지 작은지, 즉 사치재인지 필수재인지는 (p_1, p_2, m)의 값에 따라 달라질 수 있습니다.

(2) $x_1 = \alpha \frac{m}{p_1}$

$$\eta_1 = \frac{\partial x_1}{\partial m} \cdot \frac{m}{x_1} = \alpha \frac{1}{p_1} \cdot \frac{m}{\alpha \frac{m}{p_1}} = 1$$

로 소득에 대해 단위탄력적입니다. (자기가격에 대해서도 단위탄력적이었습니다.)

---

8 가격탄력성과 구분을 위해 또 다른 그리스문자 에타(η)를 사용했고 어느 재화인지를 나타내는 아래첨자 i를 사용했습니다. 역시 이 기호가 절대적인 것은 아닙니다.

수요의 탄력성과 지출액

탄력성 개념을 정의하는 공식으로만 접근하는 것보다 더 유익한 관점을 소개하려고 합니다. 문제를 직관적으로 이해할 때도 도움이 되고, 현실 사례에 적용하고자 할 때에도 이런 관점이 더 쓸모 있습니다.

가격이 p_1이고 소비량이 x_1일 때 그 재화에 대한 지출액은 p_1x_1입니다. 여기서 소비량 x_1은 (p_1, p_2, m)의 함수입니다. 따라서 외생변수의 값이 변화할 때 x_1이 변화하게 되는데 탄력성은 그 변화 정도가 얼마인지를 알려줍니다.

(1) 가격탄력성과 지출액

$|\varepsilon_1| = 1$이면 p_1x_1은 p_1이 아무리 변하더라도 변하지 않습니다. 그냥 어설프게 공식의 관점에서 생각하면 가격이 1% 인상될 때, 수요량이 1% 줄어드는 것이므로, 원래 p_1x_1에서 $(1+0.01)p_1 \times (1-0.01)x_1 = 1.01 \times 0.99p_1x_1 = 0.9999p_1x_1$이 되어 지출액이 아주 조금 줄어든다고 착각할 수도 있습니다. 그렇지 않습니다.

가격에 대해 **단위탄력적**, $|\varepsilon_1| = 1$이라는 말 자체를 "p_1x_1가 일정하다"라고 기억하는 것이 더 좋습니다. (실제로 $p_1x_1 = k$ 형태의 수요함수, 즉 $x_1 = k/p_1$이라는 수요함수를 미분하여 탄력성 공식에 대입해보면 답이 -1로 나옵니다.)

한편 $|\varepsilon_1| > 1$이라는 탄력적 수요에 대해서는, 가격이 인상될 경우 (수요량이 많이 줄어들므로) 지출액이 줄어들고, 가격이 인하될 경우 지출액이 늘어난다고 기억하면 됩니다. 반대로 비탄력적 수요는 가격 인상시 지출액이 증가, 가격 인하시 지출액이 감소합니다.

다시 말해, 어떤 재화가 탄력적인지, 비탄력적인지 확인해보고 싶다면 가격 변화 전과 후의 총 지출액(판매자의 입장에서는 매출액)을 비교해보면 됩니다. 카페 '학교사랑'이 커피 값을 100원 인상했다고 합시다. 학교사랑 고객들의 커피 수요는 탄력적인가, 비탄력적인가를 알아보려면, 인상 전의 수요량과 인상 후의 수요량을 굳이 찾아보지 않더라도, 인상 전후의 하루 매출액을 비교해보면 됩니다. 매출액이 줄었다면 탄력적 수요, 늘었다면 비탄력적 수요, 혹시 비슷하게 유지되고 있다면 단위탄력적 수요인 것입니다. 이상의 논의를 보기 좋게 정리한 것이 표 3.1입니다.

표 3.1 가격탄력성과 지출액의 관계

	p_1 인상	p_1 인하
$\lvert\varepsilon_1\rvert = 1$	p_1x_1 일정	p_1x_1 일정
$\lvert\varepsilon_1\rvert > 1$	p_1x_1 감소	p_1x_1 증가
$\lvert\varepsilon_1\rvert < 1$	p_1x_1 증가	p_1x_1 감소

(2) 소득탄력성과 예산 중 지출액의 비중

소득탄력성은 지출액이 예산에서 차지하는 비중의 관점에서 보면 좋습니다. 즉

(3.10) $$s_1 = \frac{p_1x_1}{m}$$ [지출액의 예산 비중]

을 살펴봅니다.

만약 소득에 대해 **단위탄력적**($\eta_1 = 1$)이면 소득 증가에 맞추어 수요량도 비례하여 증가하기 때문에 전체 지출에서 이 재화에 대한 지출액이 차지하는 비중이 변함없다는 뜻입니다. $p_1x_1/m = K$여서 수요함수가 $x_1 = Km/p_1$의 형태이면, 이 함수를 m으로 미분하여 소득탄력성을 계산할 경우 답은 1이 나옵니다.

한편 $\eta_1 > 1$이면 이는 소득이 증가시 수요량이 훨씬 더 많이 증가하기 때문에 전체 지출에서 차지하는 비중이 증가한다는 의미입니다. (소득 감소시에는 비중이 줄어들겠지요.) 반대로 $\eta_1 < 1$이면 이는 소득 증가시 지출액 비중이 줄어들고, 소득 감소시 지출액 비중은 늘어난다로 이해하면 됩니다.

이상의 결과를 보기 좋게 정리한 것이 표 3.2입니다.

표 3.2 소득탄력성과 지출액 비중의 관계

	m 증가	m 감소
$\eta_1 = 1$	s_1 일정	s_1 일정
$\eta_1 > 1$	s_1 증가	s_1 감소
$\eta_1 < 1$	s_1 감소	s_1 증가

예 3.4

앞의 예 3.1~3.3의 (2)에서 다루었던 $x_1 = \alpha m/p_1$라는 수요함수를 생각해봅시다. 이 수요함수의 특징은 자기가격탄력성의 절대값과 소득탄력성이 모두 1이라는 것이었습니다. 앞의 예에서는 탄력성의 공식을 적용한 계산을 통해 이 결과를 얻었습니다. 하지만 지출액 또는 지출액 비중을 살펴보면 복잡한 미분 계산 없이도 이 사실을 바로 알 수 있습니다.

즉 주어진 수요함수 식은 $p_1x_1 = \alpha m$이라고 고쳐쓸 수 있는데, 이 식의 의미는 재화 1에 대한 지출액 p_1x_1이 αm이라는 고정된 액수라는 것입니다. 아무리 가격 p_1이 변하더라도 이에 맞추어 수요량 x_1이 조정되고 p_1x_1의 값은 상수인 αm입니다. 이런 수요를 가격에 대해 단위탄력적이라고 합니다.

소득탄력성의 경우에도 수요함수 식을 $p_1x_1/m = \alpha$라고 고쳐쓰면 재화 1에 대한 지출액이 예산에서 차지하는 비중이 바로 α라는 상수입니다. 예산액 m이 일정 비율 늘어나면, 정확하게 동일한 비율로 지출액 p_1x_1도 늘어나서 그 비중은 α에 머무릅니다. 이것이 소득에 대해 단위탄력적인 수요의 특징입니다.

탄력성 개념을 잘 이해했는지 간단한 예제를 하나 풀어봅시다.

예제 3.1

김범생 군은 용돈의 1/3을 항상 연필 구입에 쓴다.

(1) 김 군의 연필 수요의 (자기)가격탄력성은?

(2) 김 군의 연필 수요의 소득탄력성은?

풀이 연필 수량을 x, 연필 가격을 p, 김 군의 용돈을 m이라고 하면, 김 군의 연필 수요함수는

$$x = \frac{1}{3} \cdot \frac{m}{p}$$

입니다. 예 3.4에서 $\alpha = 1/3$인 경우에 해당됩니다. 따라서 (1) 가격탄력성은 -1이고 (2) 소득탄력성은 1입니다. 연필에 대한 지출액이 특정한 액수(용돈의 1/3)로 고정되었기 때문에 가격이 아무리 변해도 그에 맞추어(반비례하여) 수요량이 변하고 연필 지출액은 변하지 않습니다. 또한 연필에 대한 지출액의 비중이 용돈의 1/3로 고정되었기 때문에 용돈이 증가하면 연필 수요량 또한 정확하게 비례하여 증가합니다. 수요함수 $x = \frac{1}{3} \cdot \frac{m}{p}$를 미분하여 탄력성 공식에 대입하여도 같은 결과를 얻습니다.

더 생 각 해 보 기

예제 3.1에 대한 주의: (1)번 가격탄력성 문제는 구체적 수치를 잘못 사용하면 답을 틀리기 쉽습니다. 예컨대 용돈 m이 3만 원, 연필가격 p는 1천 원일 때 $q = 10$으로 연필 10자루를 소비한다고 합시다. 만약 가격이 $p' = 2$천 원이 되면, 수요함수에 따라 새로운 연필 수요량은 $q' = 5$로 바뀝니다. (총 지출액은 여전히 1만 원입니다.)

그런데 경제원론에서 공부하는 호탄력성의 개념을 사용해서 가격변화율과 수요량변화율을 그냥 계산하면, 가격은 1천 원에서 2천 원으로 100% 인상되었고, 수요량은 10에서 5로 50% 감소했으므로 가격탄력성은 $-50\%/100\% = -0.5$인 것처럼 보입니다. 그렇지 않습니다.

가격탄력성은 가격이 매우 미세하게(미분 개념) 변화했을 때 수요량이 얼마나 변화하는지를 나타내는 것으로, 가격의 100% 변화는 탄력성의 정의에서 생각하는 변화 폭에 비해서 엄청나게 큰 것이고, 이런 변화 수치를 적용하면 오차가 크게 발생합니다. 수치 예에서 가격의 변화폭을 아주 작게 만들면, '거의' 단위탄력적인 수요임을 도출할 수 있습니다. 다시 예를 들어, $p' = 1001$원이라고 합시다 (즉 0.1%의 변화). 그럼 새로운 수요량은 9.9900099...단위입니다. 따라서 가격의 변화율은 0.1%이고, 수요량의 변화율은 약 0.1% (10에서 0.01쯤 변화)이므로 탄력성 값이 '거의' 1임을 알 수 있습니다.

결국 가격탄력성을 알아볼 때는 함부로 애매한 수치 예를 사용하지 말고, 엄격한 미분 공식을 사용하거나 아니면 적어도 지출액의 변화를 살펴보는 것이 좋습니다.

(2) 소득탄력성의 경우에는 구체적 수치를 쓰더라도 큰 오류는 없는 경우입니다. 용돈이 3만 원 중 1만 원을 매달 연필 구입에 쓰는데, 용돈이 3백 원(1%) 인상된다면, 늘어난 3백 원 중 1/3인 1백 원을 연필에 쓸 것입니다. 그런데 이 금액은 원래 연필에 쓰던 금액 1만 원에 비해 1%로 소득 증가율과 같은 비율입니다. 용돈이 2배가 되더라도, 그중 정확하게 1/3은 연필을 사니까, 연필에 쓰는 금액(즉 연필 소비량)도 2배가 됩니다. 용돈이 몇 배로 늘어나든, 몇 배로 줄어들든, 언제나 소득의 증가비율과 수요량의 증가비율은 동일합니다. 따라서 소득에 대해 단위탄력적입니다.

3.3 예산식을 만족하는 수요가 가지는 탄력성들 간의 관계

이제 탄력성의 개념을 사용해서 3.1절에서 고민하던 문제로 돌아가 정량적으로 살펴보겠습니다. 그 문제란 예산식을 만족하는 수요 (x_1, x_2)가 외생변수들인 (p_1, p_2, m)의 변화에 어떻게 반응할 것인지입니다.

예산액이 변화하는 경우

먼저 예제를 하나 풀어보겠습니다.

예제 3.2

빵과 책만을 시장에서 거래하는 어떤 나라가 있다. 어느 시점에서 국민들의 빵에 지출하는 금액을 살펴보니 전체 지출액의 50%였다. 이때 만약 국민들의 빵에 대한 수요의 소득탄력성이 0.7이었다면 책의 소득탄력성은 얼마였을까?

풀이 얼핏보면 주어진 정보만으로 답을 알 수 있을까 싶겠지만, 예산식을 사용해서 따져보도록 하지요. 소득이 1% 증가했다고 상상해봅시다. 빵의 소득탄력성이 0.7이므로 빵의 수요량은 0.7% 증가할 것입니다. 현재 빵에 대한 지출비중인 0.5를 유지하려면 늘어난 소득비율과 마찬가지로 빵의 수요량도 1% 늘어나야 하는데, 여기서는 0.7% 밖에 안 늘어났으므로 빵에 대한 지출비중은 0.5 미만으로 감소하게 될 것입니다. 따라서 책에 대한 지출비중은 0.5보다 더 커져야 합니다.

숫자로 말하자면, 1% 늘어났어야 할 빵 소비량이 0.7%밖에 안 늘어났으므로 0.3%에 해당하는 금액이 책의 소비에 추가로 사용되게 됩니다. 즉, 책의 소비는 1.3% 늘어날 것입니다. 따라서 책의 소득탄력성은 1.3임을 알 수 있습니다.

위 설명이 납득이 안 된다면 조금 더 구체적인 숫자를 사용해서 계산을 해봅시다. 예를 들어, 총 100만 원의 소득을 빵에 50만 원, 책에 50만 원 쓰고 있었다고 해보죠. 이때 소득이 1만 원(1%) 늘어나면, 빵에다가 그중 5천 원을 쓸 경우 빵 지출액 비중이 0.5로 유지되지만, 여기서는 빵 지출액이 0.7%밖에 안 늘어나므로 50 × 0.7% = 3,500원만 늘어납니다. 즉, 늘어난 소득 1만 원 중 6,500원이 책의 지출로 사용됩니다. 책은 원래 50만 원 지출액이었다가 6,500원 늘어나므로, 6500/50만 = 1.3% 증가하게 됩니다. (※ 사실 이 예에서는 현재의 빵:책 지출액 비중이 50:50이기 때문에 계산이 간단합니다. 비중이 바뀌면 계산이 조금 더 복잡해질 것입니다.)

예제 3.2를 통해서 한 재화의 소득탄력성을 알면, 다른 재화의 소득탄력성 또한 알 수 있다는 것을 보았습니다. 예제에서 했던 계산을 좀 더 일반화하여 공식으로 만들어보겠습니다. 수식이 많이 나와서 복잡해 보이지만 실제 논리는 복잡하지 않습니다. 차근차근 과정을 따라보시기 바랍니다.

예산식을 조작하여 두 재화의 소득탄력성에 대해 무언가 정교한 사실을 알 수 있는지 살펴봅니다. 예산액이 m에서 $m' = m + \Delta m$으로 변화한다고 해봅시다.

(여기서 Δm은 양수일 수도 있고 음수일 수도 있습니다.) 그 결과 수요량이 어느 정도 변할 것입니다. 그 변화량을 각각 Δx_1, Δx_2라고 부르겠습니다. 즉, 새로운 수요량은 $x_1' = x_1 + \Delta x_1$과 $x_2' = x_2 + \Delta x_2$입니다. 새로운 예산액 $m + \Delta m$에 대해서 예산식을 다시 써보면

$$p_1[x_1 + \Delta x_1] + p_2[x_2 + \Delta x_2] = m + \Delta m \tag{3.11}$$

입니다. 이 식은 새로운 예산식 $p_1 x_1' + p_2 x_2' = m'$을 자세히 풀어쓴 것에 불과합니다. (가격은 변화하지 않고 고정된 상태입니다.)

이제 식 (3.11)에서 원래의 예산식 $p_1 x_1 + p_2 x_2 = m$을 빼어보겠습니다. 먼저 우변은 $(m + \Delta m) - m = \Delta m$이므로 단순히 예산액의 변화분을 나타냅니다. 한편, 좌변은 $p_1[x_1 + \Delta x_1] + p_2[x_2 + \Delta x_2] - (p_1 x_1 + p_2 x_2) = p_1 \Delta x_1 + p_2 \Delta x_2$가 됩니다. 또 다르게 이해하자면 나중의 지출액 $p_1 x_1' + p_2 x_2'$에서 예전의 지출액 $p_1 x_1 + p_2 x_2$을 뺀 것인데 가격은 그대로이므로 $p_1(x_1' - x_1) + p_2(x_2' - x_2) = p_1 \Delta x_1 + p_2 \Delta x_2$입니다. 말로 하면 각 재화의 수요량의 변화분에 가격을 곱한 것들이므로 결국 각 재화에 대한 지출액의 변화분들을 모두 합한 것입니다. 즉, 뺀 결과를 정리해보면

	$p_1[x_1 + \Delta x_1]$	$+$	$p_2[x_2 + \Delta x_2]$	$=$	$m + \Delta m$
$-)$	$p_1 x_1$	$+$	$p_2 x_2$	$=$	m
	$p_1 \Delta x_1$	$+$	$p_2 \Delta x_2$	$=$	Δm
	재화 1 지출액 변화		재화 2 지출액 변화		예산액 변화

이 됩니다. 이 식을 다시 적어두겠습니다.

$$p_1 \Delta x_1 + p_2 \Delta x_2 = \Delta m \tag{3.12}$$

식 (3.12) 전체를 Δm으로 나누면

$$p_1 \frac{\Delta x_1}{\Delta m} + p_2 \frac{\Delta x_2}{\Delta m} = 1 \tag{3.13}$$

입니다. 이 식은 예산액을 '1원'만큼 변화시켰을 경우 총 지출액의 변화 또한 1 원이어야 함을 말하고 있습니다.

이제 여기서 한 가지 독특한 변화를 주겠습니다. 좌변의 각 항에 먼저 m/x_i를 곱해준 후 바로 그 역수인 x_i/m을 또 곱해줍니다. 서로 역수인 수를 곱하면 1 이므로 사실 식에 변화가 없습니다. 하지만 곱해준 두 분수 중 앞 부분을 다음과 같이 묶어보면 식 중간에 소득탄력성 η_i가 나타나게 됩니다.

$$p_1 \underbrace{\frac{\Delta x_1}{\Delta m} \cdot \frac{m}{x_1}}_{=\eta_1} \cdot \frac{x_1}{m} + p_2 \underbrace{\frac{\Delta x_2}{\Delta m} \cdot \frac{m}{x_2}}_{=\eta_2} \cdot \frac{x_2}{m} = 1 \tag{3.14}$$

이 되어

$$p_1 \eta_1 \frac{x_1}{m} + p_2 \eta_2 \frac{x_2}{m} = 1 \tag{3.15}$$

를 얻습니다. 식을 다시 정리하면

$$\frac{p_1 x_1}{m} \eta_1 + \frac{p_2 x_2}{m} \eta_2 = 1 \tag{3.16}$$

입니다. $p_1 x_1$은 재화 1에 지출한 금액이고 m은 총 지출액이므로, $p_1 x_1/m$은 총 지출액(예산액) 중에서 재화 1이 차지하는 비중입니다. 더 간편하게 쓰기 위해

$$s_1 \equiv \frac{p_1 x_1}{m}, \quad s_2 \equiv \frac{p_2 x_2}{m}$$

이라고 하면[9]

$$s_1 \eta_1 + s_2 \eta_2 = 1 \tag{3.17}$$ [★]

이라는 식을 얻습니다. 이 식은 단순하면서도 매우 유용합니다. 두 재화의 소득탄력

9 여기서 s는 비중을 나타내는 영어 share의 첫 글자를 따 왔습니다. 3.2절에서 이미 사용했던 기호입니다.

성 사이의 관계를 엄밀하게 나타내주기 때문입니다.[10]

우선 총 지출액에서 특정 재화가 차지하는 비중은 언제나 0과 1사이의 숫자라는 점을 주목해봅시다. 즉,

(3.18) $$0 \le s_1 \le 1, \quad 0 \le s_2 \le 1$$

이 항상 성립합니다. 게다가 두 비중을 서로 더하면 언제나 1이 되어야 합니다.

(3.19) $$s_1 + s_2 = \frac{p_1 x_1}{m} + \frac{p_2 x_2}{m} = \frac{p_1 x_1 + p_2 x_2}{m} = 1$$

즉 $s_2 = 1 - s_1$이므로

(3.20) $$s_1 \eta_1 + (1 - s_1)\eta_2 = 1$$

이라고 써도 됩니다. 말로 하자면 두 재화의 소득탄력성을 각각 s_1과 $1 - s_1$의 가중치를 주어 가중평균할 경우 그 값이 1이 되어야 한다는 의미입니다.

이 식을 보면 두 재화가 동시에 열등재일 수 없다는 것이 분명하게 드러납니다. 열등재라면 $\eta_i < 0$인 경우인데, 두 개의 음수를 가중평균할 경우 그 값 또한 음수가 나오지, 절대로 1이 될 수 없습니다. 게다가 이 식은 추가적인 정보도 줍니다. 예를 들어, η_1과 η_2가 동시에 1보다 크거나, 동시에 1보다 작은 것 또한 불가능합니다. 1보다 큰 두 수를 평균하여 1이 나올 수 없고, 1보다 작은 두 수를 평균해도 1이 나올 수 없기 때문입니다. 다시 말해, 두 재화가 모두 사치재인 것도 불가능하고, 두 재화가 모두 필수재인 것도 불가능합니다.

두 소득탄력성 값이 가질 수 있는 경우의 수들을 따져보면 표 3.3과 같이 정리됩니다. 각 경우가 성립하는 이유는 가중평균 값이 1이 되기 위해서는 둘 중 하나는 1보다 크고 다른 하나는 1보다 작거나, 아니면 두 수 모두 1이어야 한다는 사실을 이용하면 알 수 있습니다. 표 3.3은 한 재화가 소득에 대해 단위탄력적이면

10 이 식을 엥겔의 집계(Engel aggregation)라고 부르기도 합니다. 엥겔은 소득과 소비의 관계에 대한 연구로 유명한 학자입니다.

다른 재화 또한 단위탄력적이어야 하고, 한 재화가 열등재이거나 필수재라면 다른 재화는 사치재이어야 함을 알려줍니다. 또한 한 재화가 사치재라면, 다른 재화는 열등재이거나 필수재임을 알 수 있습니다.

표 3.3 두 재화의 소득탄력성 간의 관계

	$\eta_2 < 0$	$0 < \eta_2 < 1$	$\eta_2 = 1$	$\eta_2 > 1$
$\eta_1 < 0$	X	X	X	O
$0 < \eta_1 < 1$	X	X	X	O
$\eta_1 = 1$	X	X	O	X
$\eta_1 > 1$	O	O	X	X

한 재화의 소득탄력성으로부터 다른 재화의 소득탄력성을 유추해낼 수 있는 것은 재화가 2개뿐이기 때문입니다. 만약 재화의 갯수가 3개 이상이라면, (3.17)과 유사한 형태의 식이 성립하지만 한 재화가 열등재라고 해서 나머지 재화가 모두 사치재라고 결론내릴 수는 없습니다. (물론 나머지 재화 중 적어도 하나는 사치재일 것입니다.) 따라서 좀 더 일반적인 경우에는 조심스럽게 적용해야 할 결과입니다.

그럼에도 불구하고 여러 재화의 소득탄력성이 서로 밀접하게 특정한 공식에 의해 연관되어 있다는 것은 예산식만으로 우리가 얻을 수 있는 매우 쓸모있는 결론이며 앞에서 얻었던 결과 3.1의 연장선 상에 있습니다.

결과 3.1(c) 가정 3.1이 성립하면 소득탄력성 사이에는 다음의 관계가 성립한다:

$$s_1\eta_1 + s_2\eta_2 = 1 \quad [\star]$$

다시 한번 강조하지만, 이 장의 결과들은 소비자의 합리성을 가정하지 않고 있습니다. 단지 소비자가 예산액을 모두 지출하고 따라서 예산식을 만족한다는 가정만 사용하고 있습니다.

재화의 가격이 변화하는 경우

앞의 분석에 이어서 이번에는 두 재화의 가격 중 하나가 변화하는 경우를 보겠습니다. 앞에서처럼 이번에도 예제를 먼저 보겠습니다.

예제 3.3

아까 그 나라에서 국민들의 빵의 가격탄력성이 -0.4라면 책의 (빵 가격에 대한) 교차가격 탄력성은 얼마일까?

풀이 빵의 가격탄력성의 절대값이 1보다 작으므로 가격 비탄력적이고 따라서 가격이 인상될 때 빵에 대한 지출액이 늘어나 책의 수요량이 줄어들 수밖에 없음을 알 수 있습니다. 즉 기본적으로 교차가격탄력성은 음(−)의 값이 나와야 합니다. (두 재화는 보완재의 관계입니다.)

빵의 가격이 1% 인상되었다고 합시다. 그렇다면 탄력성 값에 따라 빵의 수요량은 0.4% 줄어듭니다. 이는 결국 빵에 대한 지출액이 $1\% - 0.4\% = 0.6\%$ 늘어남을 의미합니다.(변화폭이 작을 때 "지출액의 변화율 = 가격변화율 + 수요량변화율"입니다. 아래에 다시 설명합니다.) 애초에 책과 빵에 반반씩 돈을 쓰고 있었는데, 빵에 대한 지출액이 0.6% 늘어난다면, 이 늘어난 지출액은 책에 지출할 금액에서 보충되어야 하고, 따라서 책에 대한 지출액이 0.6% 줄어들어야 합니다. 그런데 책의 가격은 변하지 않았으므로 책의 수요량이 0.6% 줄어들어야 합니다. 빵의 가격이 1% 변화할 때, 책의 수요량이 (반대 방향으로) 0.6% 변화하므로 교차가격탄력성은 -0.6입니다.

이번에도 예제에서 했던 계산을 일반화해보겠습니다. 재화 1의 가격 p_1이 변하는 경우 3.1절에서 결과 3.2를 얻긴 했지만 다소 복잡한 형태였습니다. 이제 예산식을 탄력성 개념을 이용해 조작하면, 좀 더 명확한 결과를 도출할 수 있습니다.

가격이 p_1으로부터 $p_1' = p_1 + \Delta p_1$으로 변한다고 해봅시다. (이때 변화폭 Δp_1은 양수일 수도 있고 음수일 수도 있습니다.) 그렇다면 역시 수요량도 x_1, x_2에서 $x_1' = x_1 + \Delta x_1$과 $x_2' = x_2 + \Delta x_2$로 Δx_i 만큼씩 변할 것입니다.

가격 변화 이후 예산식은

(3.21) $$[p_1 + \Delta p_1][x_1 + \Delta x_1] + p_2[x_2 + \Delta x_2] = m$$

입니다. (3.11)에서와 다르게 이번에는 우변이 m으로 원래 예산식과 동일하고 (예산액 변화가 없으므로), 대신 좌변의 식이 다소 복잡합니다. 좌변의 식 중 첫

번째 항(재화 1이 관련된 변화)를 좀 더 풀어서 써보면

$$[p_1 + \Delta p_1][x_1 + \Delta x_1] = p_1 x_1 + p_1 \cdot \Delta x_1 + \Delta p_1 \cdot x_1 + \Delta p_1 \cdot \Delta x_1 \tag{3.22}$$

이 됩니다. 간단한 계산이지만 이해를 돕기 위해 **그림** 3.5를 그려보았습니다.

> 그림 3.5에서 주의할 점은 가격 인상으로 수요량이 줄어든다면, $\Delta p_1 > 0$일 때 $\Delta x_1 < 0$이 되어야 하지만, 편의상 두 변화량 모두 양수인 것처럼 그렸습니다. 곱셈 과정의 이해를 위한 그림으로만 봐주세요.

그림 3.5 $[p_1 + \Delta p_1][x_1 + \Delta x_1]$의 이해

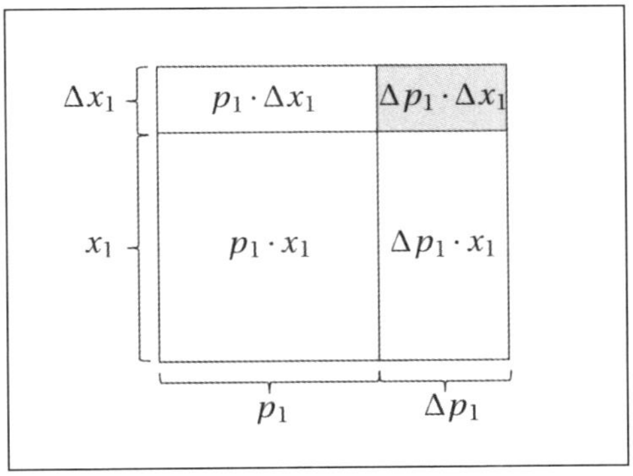

가격을 가로변으로, 수요량을 세로변으로 하는 직사각형을 상상해보면, 직사각형의 면적이 곧 지출액입니다. 가격과 수요량이 변할 때 지출액은 가로와 세로 두 방향으로 변합니다. 변화량 Δp_1과 Δx_1이 모두 매우 작은 양이어서, Δ항이 하나만 든 것은 신경써야 하지만, Δ끼리 서로 곱해지면 너무나 작은, 오차 범위 내에서 무시할만한 수준이 됩니다. 예컨대, $\Delta p_1 = 0.01 = 1\%$이고 $\Delta x_1 = 0.02 = 2\%$라면, 각각이 제법 작은 양인데 둘을 서로 곱하면 $\Delta p_1 \cdot \Delta x_1 = 0.0002 = 0.02\%$로 훨씬 더 작아지는 것입니다. 즉,

$$\Delta p_1 \cdot \Delta x_1 = 0 \tag{3.23}$$

이라고 가정하겠습니다. (즉 **그림** 3.5에서 색칠이 되어 있는 귀퉁이의 작은 사각형

부분은 크기가 상대적으로 작으므로 무시하겠다는 것입니다.) 그렇다면

(3.24)

$$[p_1+\Delta p_1][x_1+\Delta x_1] = p_1x_1+p_1\cdot\Delta x_1+\Delta p_1\cdot x_1+\Delta p_1\cdot\Delta x_1 \approx p_1x_1+p_1\cdot\Delta x_1+\Delta p_1\cdot x_1$$

이 됩니다. 따라서 변화 이후의 예산식에서 변화 이전의 예산식을 빼어보면

$$\begin{array}{rccccc} & p_1x_1+p_1\cdot\Delta x_1+\Delta p_1\cdot x_1 & + & p_2[x_2+\Delta x_2] & = & m \\ -) & p_1x_1 & + & p_2x_2 & = & m \\ \hline & p_1\cdot\Delta x_1+\Delta p_1\cdot x_1 & + & p_2\Delta x_2 & = & 0 \end{array}$$

(3.25) $$p_1\cdot\Delta x_1+\Delta p_1\cdot x_1+p_2\Delta x_2=0$$

을 얻습니다. 이 식은 재화 1의 가격이 조금 변화한 경우에 그 때문에 생긴 재화 1에 대한 지출액의 변화($p_1\cdot\Delta x_1+\Delta p_1\cdot x_1$)와 재화 2에 대한 지출액의 변화($p_2\cdot\Delta x_2$)를 합하면 0이 되어야 한다고 말합니다. 예산액에 변화가 없으므로 지출액에도 변화가 없는 것이지요. 재화 2 지출액의 변화는 단지 가격 곱하기 수요량 변화이지만, 재화 1 지출액의 변화는 두 부분으로 구성되는데 이는 수요량 변화에 따른 변화도 있지만 가격 변화 자체에서 오는 부분도 있기 때문입니다.

예 3.5

가격이 1,000원에서 1원 인상되어 소비량이 50개에서 2개 줄었다고 해봅시다. 원래 지출액은 $1,000\times 50=50,000$, 즉 5만 원이었습니다. 만약 소비량을 줄이지 않고 그대로 50개를 소비하는 상태에서 가격만 1원 인상된다면 지출액은 $1\times 50=50$원 늘어났을 것입니다. 한편 만약 가격은 그대로 1,000원인 상태에서 소비량만 2개 줄었다면 지출액은 $1,000\times(-2)=-2,000$원 줄었을 것입니다. 두 효과를 합하면 $-2,000+50=-1950$원의 지출액이 감소한다는 것이 위 공식의 결과입니다.

실제로 가격 인상 후의 지출액은 $1,001\times 48=48,048$원으로 원래 지출액 50,000원과 비교하면 $48,048-50,000=-1,952$원이 됩니다. 공식이 예측하는 금액과 비교하면 2원의 오차가 발생하는데 이는 $\Delta p_1\times\Delta x_1=1\times(-2)$부분에 해당됩니다. 무시하더라도 '대세에 지장이 없는' 수준입니다.

이제 식 (3.25)를 Δp_1으로 나누어보면

$$p_1 \frac{\Delta x_1}{\Delta p_1} + x_1 + p_2 \frac{\Delta x_2}{\Delta p_1} = 0 \tag{3.26}$$

이고 역시 탄력성 공식이 나와주도록 조금 더 조작을 해보면

$$p_1 \underbrace{\frac{\Delta x_1}{\Delta p_1} \cdot \frac{p_1}{x_1}}_{=\varepsilon_1} \cdot \frac{x_1}{p_1} + x_1 + p_2 \underbrace{\frac{\Delta x_2}{\Delta p_1} \cdot \frac{p_1}{x_2}}_{=\varepsilon_{21}} \cdot \frac{x_2}{p_1} = 0 \tag{3.27}$$

이 되어, 식 전체를 이번에는 x_1으로 한 번 더 나누어주면

$$\varepsilon_1 + 1 + \frac{p_2 x_2}{p_1 x_1} \varepsilon_{21} = 0 \tag{3.28}$$

입니다. 한편

$$\frac{p_2 x_2}{p_1 x_1} = \frac{p_2 x_2 / m}{p_1 x_1 / m} = \frac{s_2}{s_1}$$

이므로

$$\varepsilon_1 + 1 + \frac{s_2}{s_1} \varepsilon_{21} = 0 \tag{3.29}$$ [★★]

라는 식을 얻게 됩니다. 이 식은 앞의 소득탄력성끼리의 공식에 비해서 조금 복잡하긴 하지만, 마찬가지로 가격탄력성들 간의 중요한 관계를 알려줍니다.[11]

즉, 이 식은 재화 1 수요의 자기가격탄력성과 재화 2 수요의 (재화 1 가격에 대한) 교차가격탄력성 간에 특정한 관계가 성립함을 알려줍니다. 교차가격탄력성은 두 재화 간의 대체재 또는 보완재 여부를 나타내므로, 두 재화가 대체재인지, 보완재인지는 한 재화의 자기가격탄력성에 따라 결정된다는 것입니다.

예를 들어, 두 재화가 대체재라면 $\varepsilon_{21} > 0$일 것입니다. 위 식이 성립하려면 ε_1의 값은 매우 음수라야 합니다. 특히 재화 1이 자기가격에 대해 비탄력적이어서

11 소득탄력성 관련 식을 엥겔의 집계라고 부른 것에 비교해서, 이 식은 쿠르노의 집계(Cournot aggregation)라고 부릅니다. 쿠르노는 책의 후반부에서 다시 언급될 것입니다.

$|\varepsilon_1| < 1$이었다면 위 식이 성립할 수가 없습니다. 반대로 두 재화가 보완재라면 $\varepsilon_{21} < 0$이라는 의미이므로 $\varepsilon_1 + 1 > 0$이라야 하고 그러려면 $|\varepsilon_1| < 1$ 즉 재화 1이 자기가격에 대해 비탄력적이어야 합니다.

다시 설명해봅니다. 재화 1의 가격이 상승할 때 재화 1의 수요량은 줄어든다고 해봅시다. 그런데 그 줄어드는 정도에 따라서 재화 1에 대한 지출액은 줄 수도, 늘 수도 있습니다. 만약 재화 1 수요량이 아주 조금 줄어든다면 (혹은 심지어 늘어난다면) 재화 1에 대한 지출액은 늘어날 것입니다. 예산액이 고정된 상태에서 이는 재화 2에 대한 지출액을 줄일 때만 가능합니다. 즉 재화 1이 가격에 대해 비탄력적이라면 재화 2 수요량은 재화 1과 함께 줄어야 합니다. 이는 보완재의 특징입니다. 만약 대체재가 되려면, 즉 가격 1의 인상시 재화 2의 수요량이 늘어나려면 재화 1에 대한 지출액이 감소해야 하고 이는 가격 인상분에 비해 재화 1 수요량의 감소폭이 클 경우에만 (즉 탄력적일 경우에만) 가능합니다. 이 장에서 얻은 결과 또한 앞의 결과 3.2의 확장입니다.

결과 3.2(b) 가정 3.1이 성립하면 가격탄력성과 교차가격탄력성 사이에는 다음 관계가 성립한다: $\varepsilon_1 + (s_2/s_1)\varepsilon_{21} = -1 \quad [\star\star]$

식 [★★]를 보면 한 재화가 가격에 대해 탄력적인지의 여부와 타 재화와의 관계가 대체재 또는 보완재인지 여부 사이에 밀접한 관계가 있음을 알 수 있습니다. 또한 교차탄력성에 대한 영향은 두 재화의 예산 비중 비율에 따라 달라질 수 있습니다.

3.4 모든 탄력성 간의 관계

지금까지 우리는 외생변수 중 하나가 독립적으로 변화하는 경우 수요량의 변화를 살펴보았습니다. 만약 여러 외생변수가 동시에 변한다면 역시 각각의 효과를 계산하고 모두 더해주면 될 것입니다. 하지만 이 절에서는 조금 더 특수한 방식으로 모든 외생변수가 변화하는 경우를 고려해보려고 합니다.

즉 모든 외생변수가 "동일한 비율로" 동시에 변화하는 경우를 보겠습니다. 다시 말해, 모든 가격과 예산액이 동시에 2배가 된다든지, 아니면 동시에 1/2로 줄어든다든지 하는 경우입니다. 만약 모든 가격이 2배가 되는 동시에 예산액도 2배가 된다는 무슨 일이 일어날까요? 원래의 예산식 $p_1x_1 + p_2x_2 = m$에서 가격이 $2p_1$, $2p_2$가 되고 예산액이 $2m$이 되면 새로운 예산식은

$$2p_1x_1 + 2p_2x_2 = 2m \quad \Longrightarrow \quad p_1x_1 + p_2x_2 = m$$

으로 아무런 변화가 없습니다! 가격이 $(2p_1, 2p_2)$이고 예산액이 $2m$인 예산선에 대해서 각 축의 절편을 알아보면

$$x_i^{\text{max}} = \frac{2m}{2p_i} = \frac{m}{p_i}$$

이고 기울기는

$$-\frac{2p_1}{2p_2} = -\frac{p_1}{p_2}$$

라는 것을 보아도 예산선에 아무런 변화가 없음을 알 수 있습니다.

모든 가격과 예산액을 동일한 비율로 변화시키면 예산식에 변화가 없습니다. 각 예산식에 대해 소비자의 선택이 결정되어 있다면 (합리적이든 아니든), 예산식이 변화하지 않을 때 소비자의 수요도 변화하지 않을 것입니다. 즉 모든 가격과 예산액이 동일 비율로 변화할 경우 소비자의 수요는 변화하지 않습니다.

모든 탄력성 간의 관계

자, 이제 가격이 Δp_1, Δp_2만큼씩 변하고 예산액이 Δm만큼 변했는데 사실은 이 변화들이 동일 비율이라고 해봅시다. 즉,

$$\frac{\Delta p_1}{p_1} = \frac{\Delta p_2}{p_2} = \frac{\Delta m}{m} \tag{3.30}$$

인 변화량들을 고려합니다. Δp_1의 변화에 따른 수요량 변화를 $(\Delta x_1)_\alpha$, Δp_2의 변화에 따른 수요량 변화를 $(\Delta x_1)_\beta$, 그리고 Δm의 변화에 따른 수요량 변화를

$(\Delta x_1)_\gamma$이라고 합시다. 이 세 가지의 수요량 변화를 모두 합하면

$$(\Delta x_1)_\alpha + (\Delta x_1)_\beta + (\Delta x_1)_\gamma = 0 \tag{3.31}$$

이어야 합니다. 가격과 예산액이 모두 동일 비율로 변했으므로 결과적으로 수요량이 변하지 않는 것입니다. 이 식 전체를 어떤 상수로 나누어주더라도 그 값은 여전히 0일 것입니다. 따라서 다음의 식이 성립합니다.

$$\frac{(\Delta x_1)_\alpha}{\Delta p_1/p_1} + \frac{(\Delta x_1)_\beta}{\Delta p_2/p_2} + \frac{(\Delta x_1)_\gamma}{\Delta m/m} = 0 \tag{3.32}$$

위 식이 성립하는 이유는 각 항을 나누어준 숫자들이 (3.30)에 의해 사실은 모두 동일한 값이기 때문입니다. 그런데 이 식을 다시 정리하면

$$p_1\frac{\Delta x_1}{\Delta p_1} + p_2\frac{\Delta x_1}{\Delta p_2} + m\frac{\Delta x_1}{\Delta m} = 0 \tag{3.33}$$

이 됩니다. 이제 탄력성 공식이 나오도록 조작을 해볼까요? 잠시 살펴보면 식 전체를 x_1으로 나누면 됩니다.

$$\underbrace{\frac{p_1}{x_1}\cdot\frac{\Delta x_1}{\Delta p_1}}_{=\varepsilon_1} + \underbrace{\frac{p_2}{x_1}\cdot\frac{\Delta x_1}{\Delta p_2}}_{=\varepsilon_{12}} + \underbrace{\frac{m}{x_1}\cdot\frac{\Delta x_1}{\Delta m}}_{=\eta_1} = 0 \tag{3.34}$$

가 되니 결국

$$\varepsilon_1 + \varepsilon_{12} + \eta_1 = 0 \tag{3.35}$$ [★★★]

라는 놀라운 식을 얻습니다! 이 식은 재화 1 수요의 자기가격탄력성과, 재화 2 가격에 대한 교차탄력성[12]과, 소득탄력성을 모두 더한 값이 0이 되어야 함을 알려

12 결과 3.2(b)에도 교차가격탄력성이 등장했었는데 거기서는 ε_{21}이고 여기서는 ε_{12}입니다. 즉 결과 3.2에서는 p_1이 변할 때 다른 재화의 수요량이 변하는 정도를 보는 교차탄력성이고, 여기서는 다른 재화의 가격 p_2가 변할 때 재화 1의 수요량이 변하는 정도를 보는 교차탄력성입니다.

줍니다. 식 자체는 얼른 이해가 안 되더라도 주목해야 할 사실은 세 가지 탄력성 개념이 따로 노는 것이 아니고 모두 연결되어 있다는 것입니다.[13]

결과 3.3: 가정 3.1이 성립하면 가격탄력성, 교차가격탄력성과 소득탄력성 사이에는 다음 관계가 성립한다: $\varepsilon_1 + \varepsilon_{12} + \eta_1 = 0$ [★★★]

더 생 각 해 보 기

절대가격과 상대가격

예산제약 모형, 그리고 그에 기초한 소비자모형은 절대가격이 아닌 상대가격(relative prices)에만 의존합니다. 절대가격이란, 우리가 지금까지 사용해온 재화 1의 가격 p_1, 재화 2의 가격 p_2 즉 해당 재화의 수량 단위당 화폐단위로 표시한 금액입니다. 사과의 가격이 1개 1,000원이라고 말할 때 이것은 원화를 화폐단위로 한 절대가격입니다.

그런데 우리가 화폐단위를 달러로 바꾸어 표기한다면 어떻게 될까요? 계산의 편의상 1달러의 환율이 1,000원이라고 해봅시다. 사과의 가격 1개 1,000원은 1개 1달러가 될 것이고, 귤의 가격이 1개 500원이었다면 이는 1개 0.5달러가 될 것입니다. 만약 과일을 살 예산액이 10,000원이었다면 달러로는 10달러가 됩니다. 이렇게 화폐 단위를 원화에서 달러화로 바꾸더라도 예산식이 나타내는 본질적인 관계에는 아무런 변화가 없습니다. 원화로 표기한 상황에서 사과를 5개, 귤을 10개 구입해서 1만 원을 지출했던 사람이, 상황 표기가 달러화로 바뀐다고 해서 그 행동을 바꿀 이유가 없습니다.

화폐단위가 무엇인지에 상관 없이, 두 재화 간의 상대가격, 즉 두 가격의 비율은 예산선의 기울기를 결정하기 때문에 소비자의 행동에 영향을 줄 수 있습니다. 원화 표기 기준으로 사과의 가격 1,000원은 귤의 가격 500원의 2배이고, 달러화 표기 기준으로도 사과의 가격 1달러는 귤의 가격 0.5달러의 2배입니다. 즉, 사과의 가격은 무슨 화폐를 쓰느냐가 중요한 것이 아니라, 귤에 비해 얼마나 되는지가 중요합니다. 예산선의 기울기 $-p_1/p_2$는 재화 1의 교환가치를 재화 2의 갯수로 나타낸 상대가격입니다. (사과 1개의 가치는 귤 2개)

명목소득과 실질소득

예산식의 위치나 모양을 결정하는 하나의 요소는 예산액 또는 소득 m입니다. 물론 m이 혼자서 변화할 경우 예산선이 이동하여 소비자의 행동도 바뀝니다. 하지만 이 예산액 m을 원화로 표기하여 1만 원이라고 할지, 달러화로 표기하여 10달러라고 할지는 중요하지 않습니다. 화폐단위로 표기한 예산액을 명목소득(nominal income)이라고 한다면, 실제로 예산식과 소비자 행동에 영향을 주는 것은 재화 가격을 반영한 예산액, 즉 실질소득(real income)입니다. 예산선의 위치와 모양을 결정하는 요소는 기울기뿐 아니라 실질적인 구매력을 나타내는 절편의 위치인데, 그 절편은

$$x_1^{\max} = \frac{m}{p_1}, \quad x_2^{\max} = \frac{m}{p_2}$$

13 경제수학을 공부한 독자라면 동차함수와 관련해 등장하는 오일러의 정리와 비교해보시기 바랍니다.

로 실질소득(실질예산액)에 의해 결정됩니다.

우리의 모형에서 절대가격이나 명목소득이 중요하지 않고, 상대가격과 실질소득만이 역할을 가진다는 사실은 결국 '화폐'라는 개념 자체가 중요하지 않다는 뜻입니다. 즉, 우리는 설명의 편의상 원화라든지 달러화 같은 것을 언급하기도 하고 가격을 1천 원, 1달러 식으로 말하지만 사실 화폐의 개념을 사용하지 않더라도 아무런 문제가 없습니다.

이처럼 경제 문제를 논함에 있어서 실질적인 경제 행위와 화폐를 서로 분리시켜 생각할 수 있으며, 화폐와 관련한 변화는 실질 경제에 영향을 주지 않는다는 사실은 고전경제학의 이분법(classical dichotomy) 혹은 화폐 중립성(money neutrality)이라는 개념들과 관련이 있습니다. 현실에서는 화폐와 관련한 변화의 경제 효과는 결코 무시할 수 없고, 거시경제학에서는 화폐와 관련한 논의가 매우 중요한 주제입니다. 여기서 말하고자 하는 것은 개인 소비자를 나타내는 미시 모형에서는 화폐가 중요하지 않다는 것입니다. 미시적으로 개인에게 성립하는 것이, 이들을 총합한 거시적 사회에서도 꼭 성립하리라는 보장은 없습니다.

가치단위재화

사실 우리의 논의는 구체적인 화폐 단위를 사용하는 대신에 고려의 대상이 되는 재화 중 아무것이나 하나를 골라 그것을 '마치 화폐인 것처럼' 사용해도 됩니다. 예컨대, 사과와 귤에서 재화 2인 귤을 화폐로 본다면, 사과의 가격은 귤 2개에 해당되고, 귤의 가격은 물론 귤 1개이며, 1만 원이라는 예산은 귤 20개에 해당됩니다. 즉, 사과 1천 원/개, 귤 500원/개, 예산액 1만 원이라고 말하는 대신에, 귤을 화폐로 사용하고 사과의 상대가격은 귤 2개, 예산액은 귤 20개어치라고만 말해도 충분하다는 뜻입니다. 수학적으로는 예산식을 $p_1x_1 + p_2x_2 = m$이라고 쓰는 대신에 양변을 p_2로 나누어주어서

$$\frac{p_1}{p_2}x_1 + x_2 = \frac{m}{p_2} \tag{3.36}$$

로 써도 됩니다. (재화 2 대신 재화 1을 화폐로 삼을 수도 있습니다.)

화폐의 역할을 하는 재화를 가치단위재화(numéraire good)라고 부릅니다. 우리가 실제 사용하고 있는 원화로 표기된 '지폐'나 '동전'이 가치단위재화입니다. 1만 원 지폐를 생각해봅시다. 이 종이와 어떤 재화 사이의 교환비율이 바로 그 재화의 절대가격입니다.

연 습 문 제

문제 3.1 캠핑을 가는 가족이 '라면'(R)과 '스웨터'(S)를 준비하되, 가격에 상관 없이 예산 중 3/4을 라면에, 나머지 1/4은 스웨터에 쓰려고 한다. 예산 m, 라면가격 P_R, 스웨터가격 P_S라고 하자.

(1) 라면과 스웨터의 수요를 각각 공식으로 제시하시오.

(2) 라면 수요의 가격탄력성과 소득탄력성을 구하고, 그런 값을 갖는 이유를 수요의 특징으로 설명하시오.

(3) 스웨터 가격의 변화에 대한 라면 수요의 교차가격탄력성을 구하고, 그런 값을 갖는 이유를 수요의 특징으로 설명하시오.

문제 3.2 이화인 양은 간식으로 항상 김밥 1줄과 사과 2개를 사 먹는다. 이 양의 사과 수요는

(1) 간식 예산에 대해서: 탄력적인가, 비탄력적인가, 혹은 단위탄력적인가?

(2) 사과 가격에 대해서: 탄력적인가, 비탄력적인가, 혹은 단위탄력적인가?

(3) 김밥 가격에 대해 가지는 교차가격탄력성이: 음수인가, 0인가, 양수인가?

문제 3.3 음악을 좋아하는 고수집 군은 매달 용돈을 받으면 일단 CD 2장을 무조건 구입하고, 그 후에 남는 용돈의 절반을 추가로 CD로 구입하는 데 사용한다. 고 군의 음악 CD에 대한 수요는

(1) CD 가격에 대해서: 탄력적인가, 비탄력적인가, 혹은 단위탄력적인가?

(2) 용돈에 대해서: 탄력적인가, 비탄력적인가, 혹은 단위탄력적인가?

문제 3.4 CD와 DVD를 수집하는 신나라 양은 한 달에 DVD를 딱 2장 수집하는 것을 원칙으로 하고 있다. DVD가 3장 이상 생기면 더 좋을 것도 없고 더 나쁠 것도 없는 반면 CD는 많을수록 좋아한다. CD 1장에 8천 원, DVD 1장에 1만6천 원을 받는 가게에서 신나라 양은 현재 한 달에 8만 원을 쓰고 있다. 신 양의 CD 수요는 소득에 대해서 어떤 탄력성 값을 갖는지 설명하시오.

문제 3.5 본문의 예제 3.2, 3.3에서 다루었던 빵과 책만을 거래하는 나라를 다시 고려한다. 여전히 총 지출액 중 빵이 차지하는 비중이 현재 50%이다.

(1) 이 나라 국민들의 빵 수요의 가격탄력성이 -0.4이고 책 수요의 가격탄력성 또한 -0.4라면, 빵 수요의 책 가격에 대한 교차가격탄력성은 얼마일까?

(2) 앞의 상황에 이어서, 이 나라 국민들의 빵 수요의 소득탄력성은 얼마일까?

문제 3.6 빵과 책만 거래하는 나라에서 총 지출액 중 빵이 차지하는 비중이 현재 75%라고 하자. 예제 3.2, 3.3, 문제 3.5를 다시 풀어보시오.

문제 3.7 3가지 재화를 구입하는 소비자가 예산액을 남기지 않고 모두 지출한다. 즉, 재화 소비량들을 (x_1^*, x_2^*, x_3^*)라고 할 때 이 양들은 다음의 식을 만족한다: $p_1x_1^* + p_2x_2^* + p_3x_3^* = m$

그의 소비에 대한 다음 주장들이 각각 맞는지, 틀리는지 설명하시오.

(1) 세 재화가 모두 열등재일 수는 없다.

(2) 세 재화 중 적어도 하나는 반드시 열등재이다.

(3) 세 재화 중 하나가 소득에 대해 단위탄력적이면, 나머지 두 재화도 모두 소득에 대해 단위탄력적이다.

(4) 세 재화 중 적어도 하나는 사치재이다. [단, 소득에 대해 단위탄력적인 재화는 없다고 가정한다.]

(5) 재화 1이 (자기)가격에 대해 비탄력적이라면, 재화 2와 재화 3 중 적어도 하나는 재화 1과 보완재 관계에 있다.

문제 3.8 다음 글은 18세기 프랑스혁명 직전의 상황을 묘사하고 있다. 당시 프랑스 국민들의 빵 수요의 여러 탄력성에 대해 어떤 추론을 할 수 있는가?

> 왕궁재정이 파산에 이르기 1개월 전, 대규모의 우박 폭풍이 프랑스 북부지방을 휩쓸었고 추수 직전 곡물 대부분을 망쳐놓았다. 빵 가격이 인상되었고, 소비자들이 소득 중 더 많은 부분을 빵에 지출하게 되어 다른 재화들에 대한 수요는 감소했다. (Doyle, The French Revolution: A Very Short Introduction, 2001)

문제 3.9 다음 글은 1980년대 인도 어느 지역의 식료품 소비에 대한 연구 결과를 소개하고 있다. 식료품 수요의 소득탄력성에 대해 어떤 주장을 하고 있는가?

> 가장 가난한 계층 사람들의 경우 전체 지출액이 1% 증가할 경우 식료품에 대한 지출은 약 0.67% 증가하는 경향을 보였다. 이런 경향은 1인당 하루에 50센트 정도를 버는 가장 가난한 계층뿐 아니라, 하루 1인당 3달러 정도를 버는 가장 부유한 계층에서도 비슷하게 나타났다. 이 사례는 세계 어디에서는 소득과 식료품 지출 간에 나타나는 전형적인 경향을 보여준다. 가장 가난한 사람들에서조차 식료품 지출은 소득보다 적은 폭으로 증가한다. (Abhijit Banerjee & Esther Duflo, Poor Economics, 2011)

문제 3.10 매달 용돈을 모두 호떡과 장미꽃에 쓰는 사람의 소비 기록이다.

	호떡 구입에 든 돈	장미꽃 구입에 든 돈	용돈
9월	50	50	100
10월	130	70	200
11월	100	100	200

(1) 이 사람의 호떡 및 장미꽃에 대한 수요의 소득탄력성에 대해 옳은 추측은?

(a) 호떡은 필수재, 장미꽃은 사치재

(b) 호떡은 사치재, 장미꽃은 필수재

(c) 호떡은 열등재, 장미꽃은 정상재

(d) 호떡은 정상재, 장미꽃은 열등재

(e) 호떡과 장미꽃 모두 소득에 대해 단위탄력적

(2) 10월에서 11월 사이에 호떡 가격에 변화가 있었다. 아래에서 맞는 설명은?

(a) 호떡 가격이 인상되었다면, 호떡 수요는 가격에 대해 비탄력적이다.

(b) 호떡 가격이 인상되었다면, 호떡과 장미꽃은 보완재이다.

(c) 호떡 가격이 인하되었다면, 호떡 수요는 가격에 대해 비탄력적이다.

(d) 호떡 가격이 인하되었다면, 호떡과 장미꽃은 보완재이다.

microeconomics

제4장

선택기준의 모형: (1) 무차별곡선

"오라버니 말을 듣고 있자니 마치 모든 양에게는
에드워드와 혼인하던 로버트와 혼인하던 똑같다는 것처럼 들리네요."
"당연히 차이가 없지...... 어차피 두 사람 다 썩 괜찮은 젊은 남자가 아닌가.
어느 쪽이 다른 쪽보다 더 나은지 나는 모르겠는걸."
- 제인 오스틴, 『이성과 감성』[1]

꼭 비교를 해야만 한다면 ······

그 자리에 있지도 않은 사람의 혼인 상대 취향을 논하는 게 우습지요. 게다가 어느 쪽이던 마찬가지라고 함부로 재단해버리는 이야기를 막상 모든 양 본인이 듣는다면 기분이 어떨까요? 우리도 이제 소비자들의 '취향'을 모형으로 나타내어 보려고 합니다. 한 사람이 어떤 것을 더 좋아하는지를 수학적으로, 특히 그림으로 나타내어보려 하는데, 흥미롭게도 이 모형의 출발점은 어느 쪽이던 마찬가지인 경우들을 일단 파악하는 데에 있습니다.

예산제약 모형은 어찌 보면 상식적인 이야기였습니다. 돈은 있는 만큼만 쓸 수 있다는 당연한 사실을 기초로 하여, 그 돈으로 어떤 물건들을 얼마나 살 수 있는지를 조금 정교하게 나타내었을 뿐입니다. 탄력성의 개념을 도입해보니 이런 상식적인

1 Jane Austen, *Sense and Sensibility* (1811).

사실로부터 상당히 복잡해 보이는 공식도 도출할 수 있었습니다. 그 공식들은 예산 제약으로부터 따져보면 당연한 결과이긴 하지만, 예산제약 모형을 처음 봤을 때 쉽사리 척 알아차릴 수 있을 정도로 간단하지는 않습니다.

한편, 이제 제대로 신기한 경제학의 모형을 공부해보려고 합니다. 제2장의 도입부에서 선택을 논하려면 먼저 선택 가능한 '범위'가 주어져야 함을 '메뉴판'이라는 말로 강조하고, 메뉴판을 어떻게 모형으로 만드는지 공부했습니다. 이제 메뉴판 중에서 고르는 행위를 모형으로 만드는 것입니다. 고르기의 행위에는 각 개인의 주관적인 취향이 반영될 수밖에 없는데, 우리는 취향의 고상함이나 윤리적 가치등을 따지는 것이 아니라 있는 그대로 그것을 나타내는 것이 목표입니다.

합리적 선택모형의 핵심요소: "취향"

경제학에서 말하는 선택은 택할 수 있는 대안들이 간추려진 메뉴판이 주어졌을 때 그 안에서 무언가를 고르는 것을 말합니다. 소비자가 한 사람의 주체로서 선택 행위를 한다면, 즉 그가 경제주체로서 행동한다면 우리는 그가 일정한 선택의 기준을 가졌다고 말할 수 있을 것입니다. 별다른 기준 없이 내키는 대로 운명에 맡긴 채 아무 거나 고르는 사람도 물론 있습니다. 그런 경우라 해도 예산제약에 대한 적절한 분석을 통해 어느 정도 수요의 특징을 논할 수 있음을 제3장에서 보았습니다.

한편, 명확한 기준을 가지고 행동하는 사람들도 있습니다. 이런 사람들의 선택은 좀 더 체계적인 모형으로 나타내는 것이 가능합니다. 다만, 사람들의 선택의 기준은 그야말로 '취향'의 문제이고 객관적인 현실이 아니므로 가능한 한 다양한 종류의 취향을 포함하는 모형을 만드는 것이 관건입니다. 따라서 모형 자체는 다양한 취향을 포함할 수 있도록 폭넓게 만들되, 여러 가지 가정을 추가해서 우리가 상상할 수 있는 몇 가지 대표적인 사례들을 잘 나타내도록 하는 것이 이 작업의 목표입니다.

4.1 그림으로 나타내는 선택의 기준: 무차별곡선

선택의 기준을 모형으로 나타내는 방식에는 몇 가지 종류가 있습니다. 그중에서 우리는 직관적으로 이해하기 쉬운 그림을 이용하는 방법을 이 장에서 공부하고,

다음 장에서는 이를 수학공식으로 표현하는 것을 공부하겠습니다.

예산선을 그렸던 배경과 마찬가지로 두 가지 재화로 구성된 꾸러미들인 (x_1, x_2)들을 나타내는 좌표 평면을 그려봅니다. 그중에서 임의로 꾸러미 하나를 골라 기준으로 삼겠습니다. **그림** 4.1에 (x_1^O, x_2^O)로 표시되어 있고 이 점을 기준으로 4분면도 그려져 있습니다.

그림 4.1 **기준 꾸러미와의 비교**

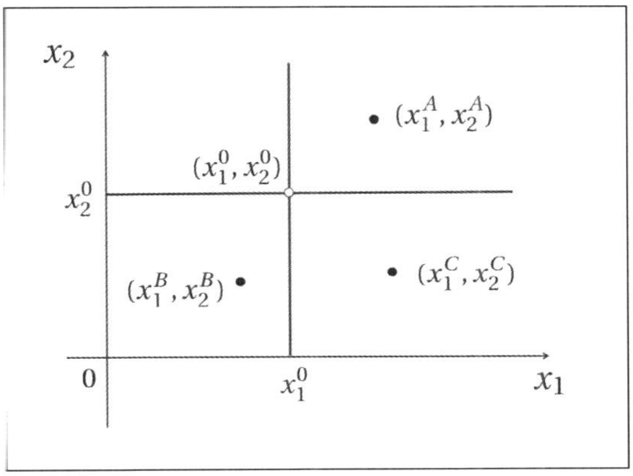

이제 소비자의 취향에 따라 꾸러미 (x_1^O, x_2^O)를 다른 꾸러미들과 비교하려고 합니다. 그렇다면 논리적으로 다음의 3가지 경우가 가능합니다.[2]

(A) (x_1^O, x_2^O)보다 더 좋은 경우

(B) (x_1^O, x_2^O)보다 더 나쁜 경우

(C) (x_1^O, x_2^O)와 마찬가지인 경우

예컨대, 어떤 사람의 경우에 **그림** 4.1에 나와 있는 꾸러미들 중에서 A는 O보다 좋아하고, B는 O보다 싫어하고, C는 O와 마찬가지라고 생각할 수 있을 것입니다.

2 사실은 한 가지 경우가 더 있습니다: (x_1^O, x_2^O)보다 좋은지, 나쁜지, 혹은 마찬가지인지 잘 모르는 경우, 즉 자기 마음을 자신도 잘 모르는 경우말입니다. 이런 경우에는 결국 선택 자체가 불가능할 것이므로 이 가능성은 무시하기로 합니다.

또 다른 어떤 사람은 O나 A나 B나 C가 모두 마찬가지라고 생각할 수도 있고, 혹 다른 사람은 A는 O보다 싫고, C는 좋고, B는 마찬가지라고 생각할지도 모릅니다. 일일이 나열하기 힘들 만큼 가능성이 많이 있습니다.

조금 상황을 정돈하기 위해서 한 가지 가정을 소개하겠습니다. 다음 절에서는 이 가정이 성립하지 않는 경우들도 다룰 것입니다.

가정 4.1 (경제재화) 재화의 양이 조금이라도 더 많은 꾸러미를 선호한다. 즉, 선택의 기회가 주어진다면 비교 대상 꾸러미 중에서 재화의 양이 조금이라도 더 많은 꾸러미를 선택한다.

가정 4.1을 줄여서 각 재화가 모두 **경제재화**(economic good)라고 말합니다. 경제재화란 아무리 많이 가졌더라도 거기서 조금이라도 더 많이 가지고 싶을 만큼 나에게 가치 있는 것을 가리킵니다. 경제 행위를 통해서 갖고 싶은 것, 쉽게 말해서 (가격이 적당하면) 돈을 주고서 사고 싶은 것이라는 의미입니다. 일정한 양에 도달하면 더 이상 갖고 싶지 않다거나, 심지어는 양이 많을 때 오히려 싫어지는 재화가 있다면 그것은 경제재화로서의 성질을 상실한 것입니다.

우리가 구입을 고려하는 재화는 경제재화입니다. 돈을 주고서는 사고 싶지 않다면 경제재화가 아닙니다. 받기 싫은데 억지로 대문에 붙여져 있는 전단지나, 우편함에 쌓여가는 스팸메일 같은 것은 경제재화가 아닌 것들의 예입니다. 상식적으로 소비자에 대한 경제학적인 논의를 함에 있어서 경제재화에 집중해서 보는 것이 당연하지 않을까요?

경제재화의 무차별곡선

가정 4.1을 채택할 경우 그림 4.1의 비교에 대해서 몇 가지 실마리가 생깁니다. 기준점 (x_1^O, x_2^O)를 중심으로 볼 때 1사분면, 즉 점 (x_1^A, x_2^A)가 속한 영역은 두 재화의 양이 모두 기준점보다 많은 경우이므로 가정 4.1에 따르면 기준점보다 더 좋은 꾸러미들로 되어 있습니다. 위의 논리적인 가능성 3가지 중 첫 번째인 (A)에 해당됩니다. 마찬가지로 기준점의 3사분면, 즉 점 (x_1^B, x_2^B)가 속한 영역은 두 재화의 양이 모두 기준점보다 적은 경우이므로 기준점보다 싫은 꾸러미들로 되어 있습니다. 3가지 중 두 번째인 (B)에 해당됩니다.

한편, 꾸러미 (x_1^C, x_2^C)의 경우에는 애매합니다. **가정 4.1**만으로는 결론을 내릴 수가 없습니다. 재화 1의 양은 기준점보다 많지만 재화 2의 양은 적습니다. 즉 한 측면에서는 기준점보다 좋고, 다른 측면에서는 기준점보다 싫습니다.

이상의 비교를 정리해보면 **그림 4.2**와 같습니다. 경제재화들을 고려할 경우, 기준점의 동북쪽 영역은 더 좋은 꾸러미들, 서남쪽 영역은 더 싫은 꾸러미들토 구성되고, ?로 표시되어 있는 두 영역에 대해서는 확실한 결론을 내릴 수가 없습니다.

그림 4.2 경제재화들의 무차별곡선은 ?가 표시된 영역에 위치

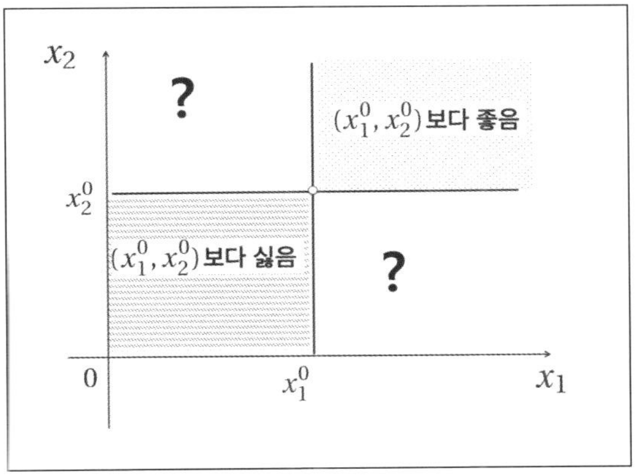

무차별곡선(indifference curve)이란 '무차별한' 느낌을 주는 점들로 구성된 곡선, 즉 기준점과 비교할 때 더 좋아하지도 않고 더 싫어하지도 않는 점들, 기준점과 마찬가지로 좋아해서 동등한 만족을 주는 점들을 연결한 곡선을 말합니다.

조금 전의 비교에서 알게 된 한 가지 중요한 사실은 경제재화들에 대해서 무차별곡선은 우하향한다는 것입니다. 다시 말해서, **그림 4.2**에서 기준점인 (x_1^O, x_2^O)를 지나가는 무차별곡선을 그려본다면, 그 위치는 ?로 표시된 영역에 있어야만 한다는 것입니다. **그림 4.3**은 점 (x_1^0, x_2^0)를 지나가는 무차별곡선의 한 예입니다.

기준점 (x_1^0, x_2^0)는 애초에 임의로 잡았던 것이므로, 그 이외의 다른 점들에서도 적당히 무차별곡선들을 그려줄 수 있습니다. 예를 들면, **그림 4.4**와 같습니다. 이렇게 한 사람의 무차별곡선들을 여러 개 한꺼번에 그려놓은 것을 **무차별지도**

그림 4.3 두 재화가 경제재화일 때 무차별곡선

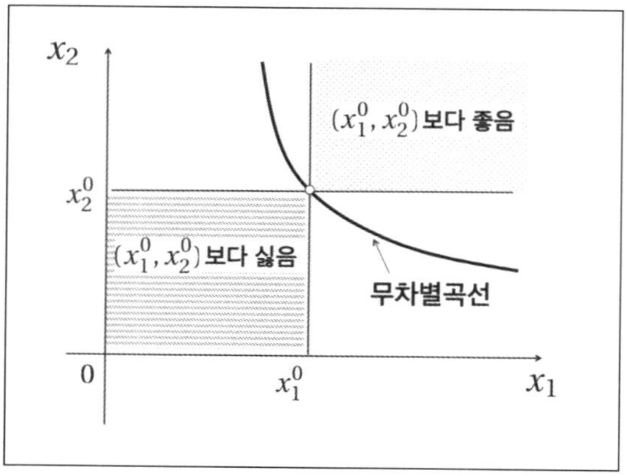

(indifference map)이라고 부릅니다.

그림 4.4에서 두 재화가 모두 경제재화이므로 화살표가 그려진 방향(두 재화 모두 양이 증가하는 방향)은 소비자가 더 좋아하는 방향입니다. 즉 그려져 있는 3개의 무차별곡선 중에서 ①보다 ②가 더 좋고, ②보다 ③이 더 좋은 상태를 나타냅니다. 이 사람은 곡선 ① 상에 있는 점들 사이에는 무차별하지만 그중 어느 점을 뽑더라도 곡선 ② 상의 점들보다는 싫어합니다.

그림 4.4 두 재화가 경제재화일 때 무차별지도

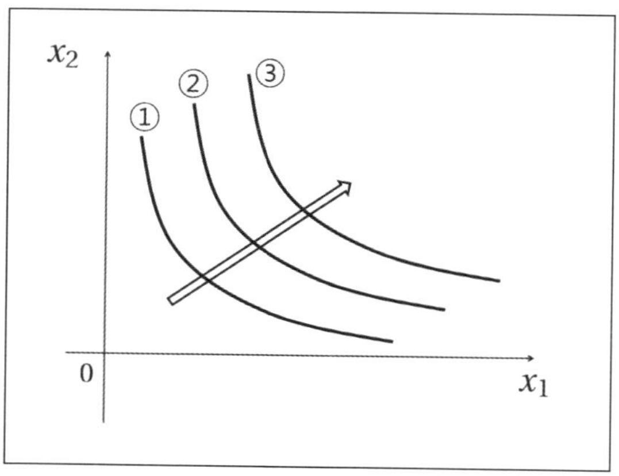

무차별곡선이 우하향하는 것은 예산선이 우하향하는 것과 같은 이치입니다. 예산선의 경우 예산액을 모두 쓴 상태에서 한 재화의 양을 늘리려면 다른 재화의 양을 줄여야만 하고 그 교환비율은 두 재화의 가격의 비율로 이것이 곧 예산선의 기울기가 되었습니다. 이제 무차별곡선에 대해서도 그 기울기를 논할 수 있습니다.

무차별곡선의 기울기와 한계대체율

무차별곡선의 정의상, 하나의 무차별곡선 상에 놓여 있는 두 개의 점(꾸러미)들은 서로 대체가 가능합니다. 즉, 무차별곡선의 주인인 소비자가 하나의 꾸러미 (x_1, x_2)를 현재 들고 있는데, 같은 무차별곡선 상에 놓인 또 다른 꾸러미인 (x_1', x_2')를 누군가가 갖고 와서 서로 바꾸자고 한다면 바꿔줘도 상관 없다는 뜻입니다. (안 바꿔도 상관없지만, 바꿔도 상관없기 때문에 웬만하면 그냥 바꿔준다고 합시다.)

그림 4.5 대체율

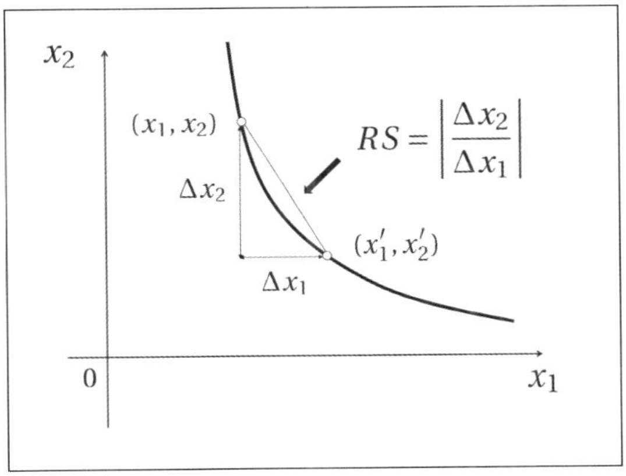

그림 4.5와 같이 $x_1' > x_1$이고 $x_2' < x_2$인 경우를 생각해봅시다. 현재 갖고 있는 (x_1, x_2)에 비해서 대체를 제안받은 새로운 꾸러미 (x_1', x_2')는 재화 1의 양은 더 많고, 재화 2의 양은 적습니다. 두 재화 모두 경제재화일 경우 이런 관계가 반드시 성립합니다. (무차별곡선이 우하향하는 모양입니다.)

그렇다면 x_1에서 $\Delta x_1 = x_1' - x_1 > 0$만큼의 재화 1을 더 얻기 위해서 이 사람은 가지고 있던 재화 2을 일정 부분 포기할 수 있다는 뜻입니다. 그 포기할 수 있는 재화 2의 양이 얼마나 되나요? $\Delta x_2 = x_2' - x_2 < 0$는 음수값으로 재화 2의 양이 줄었다는 것을 보여줍니다. 줄어든 크기는 그 절대값인 $|\Delta x_2|$가 되겠지요. Δx_1을 얻기 위해서, $|\Delta x_2|$만큼 포기할 수 있으므로, 재화 1을 1단위 얻기 위해서는 $|\Delta x_2|/\Delta x_1$만큼 재화 2를 포기할 수 있습니다. 어차피 양수인 분모값은 절대값을 씌우던 안 씌우던 마찬가지이므로 이 대체율은 $|\Delta x_2/\Delta x_1|$이라고 쓸 수도 있습니다.

만약에 반대 방향으로 (x_1', x_2')로부터 (x_1, x_2)로 대체하는 경우라면 $\Delta x_1 < 0$이고 $\Delta x_2 > 0$이라서 재화 1을 포기하는 대신 재화 2를 더 얻는 상황이고, 이번에는 재화 1의 양이 음수이므로 절대값을 취할 경우 $|\Delta x_1|$만큼 재화 1을 포기한다면 그 대가로 재화 2를 Δx_2만큼 대체받아야 합니다. 재화 1의 1단위에 비해 대체되어야 하는 재화 2의 양은 $\Delta x_2/|\Delta x_1|$가 됩니다. 역시 전체에 절대값을 씌워서 $|\Delta x_2/\Delta x_1|$라고 쓸 수 있습니다. 이렇게 우리는 **대체율**(rate of substitution)이라는 것을 정의할 수 있습니다.

(4.1) $$RS = \left|\frac{\Delta x_2}{\Delta x_1}\right| = \left|\frac{x_2' - x_2}{x_1' - x_1}\right|$$ [대체율]

(단, (x_1, x_2)와 (x_1', x_2')는 같은 무차별곡선 상에 있는 점들임)

재화 1을 $|\Delta x_1|$만큼 더 얻기 위해서, 재화 2는 $|\Delta x_2|$만큼 포기할 수 있습니다. 이 두 값을 나누어주었으니, 대체율의 의미는 재화 1을 '1단위' 더 얻기 위해서 재화 2는 얼마나 포기할 수 있는지를 나타냅니다. 혹은 반대로 재화 1을 '1단위' 포기한다면 재화 2를 얼마나 대신 보상받아야 하는지를 나타냅니다. 가정 4.1 하에서 무차별곡선은 우하향하므로 무차별곡선 상에서 두 점을 연결한 선분의 기울기는 $-RS$가 될 것입니다.

여기서 논의하는 '대체'의 개념은 제2장에서 예산제약을 공부하면서 보았던 예산선 기울기와 비슷하게 들릴 수 있습니다. 예산선의 기울기(의 절대값)인 p_1/p_2는 재화 1을 1단위 더 얻기 위해서, 재화 2를 얼마나 포기해야 하는지를 나타내었습니다. 그래서 이를 재화 2의 갯수로 표현한 재화 1의 '기회비용'이라고도 불렀었습니다. 만약 홍차 1잔이 5,000원이고 도넛 1개가 1,000원이라면, 홍차 1잔을 마시는 것의 기회비용은 바로 도넛 5개라는 것입니다.

예산선의 가격비율과 무차별곡선의 대체율의 차이점은 무엇일까요? 예산선 기울기의 절대값인 가격비율은 재화 1을 더 얻기 위해서 반드시 포기해야만 하는 재화 2의 갯수를 나타내고, 무차별곡선의 대체율은 포기할 수 있는 재화 2의 갯수를 나타냅니다. 재화 가격비율은 소비자 자신의 내부가 아니라, 외부에 있는 시장에서 주어지는 객관적인 거래 조건인 반면, 대체율은 소비자 자신의 취향에 따라 결정한 주관적인 조건입니다. 즉 가격비율은 두 재화 사이의 객관적 교환비율이자 재화 1의 객관적 기회비용이고, 대체율은 두 재화 사이의 주관적 교환비율이자 재화 1의 주관적 기회비용입니다.

처음 공부한 개념이었던 예산선의 기울기의 절대값이 객관적 비율이고, 방금 공부한 무차별곡선에서 나온 대체율은 주관적 비율이라는 말이죠. 그럼 대체율은 무차별곡선의 기울기(의 절대값)라고 해도 좋을까요? 아주 틀린 말은 아니지만, 수학적으로 약간의 문제가 있습니다. 그 이유는 바로 무차별곡선이 직선이 아니라 '곡선'이기 때문이죠. 예산선은 애초에 직선이었기 때문에 별 문제가 아니었지만, 무차별곡선은 곡선일 수 있으므로 미분의 도함수 개념을 사용해서 좀 더 엄밀하게 정의해주어야 합니다.[3]

이를 한계대체율(marginal rate of substitution, MRS)이라고 부릅니다. 사실 그냥 두 점 사이의 거리가 무한히 가까운 경우의 대체율을 가리키는 것입니다.

(4.2) $$MRS = \lim_{\Delta x_1 \to 0} RS = \lim_{\Delta x_1 \to 0} \left| \frac{\Delta x_2}{\Delta x_1} \right|$$ [한계대체율]

즉, 어떤 점 (x_1, x_2)에서의 한계대체율(MRS)의 의미는, 현재보다 재화 1의 양을 무한히 조금 더 가지기 위해서 재화 2를 얼마나 많이 포기할 수 있느냐입니다. Δx_1의 양이 무한히 작으므로, Δx_2의 양도 무한히 작을 것입니다. 둘 다 무한히 작은 양이지만, 자기들끼리 비교해보면 Δx_2가 Δx_1의 몇 배인지를 측정할 수 있는

3 예산선도 직선이 아닐 수 있습니다. 이 경우에는 예산선의 도함수인 접선을 사용해야 할 것이고, 이는 재화 자체의 가격보다는 '한계' 가격, 좀 더 정확하게는 '한계지출'로 계산해야 합니다.

그림 4.6 한계대체율

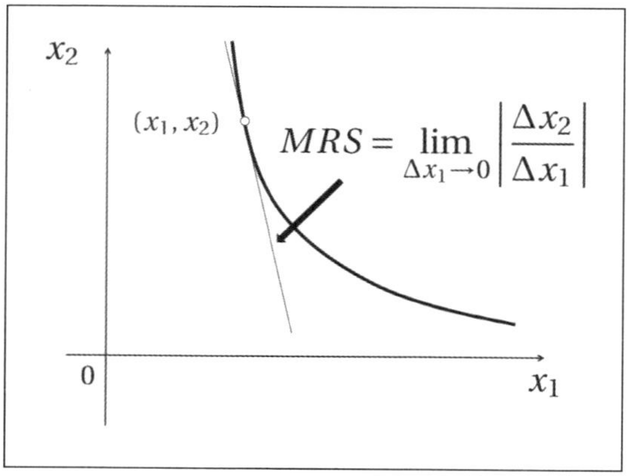

경우 이를 수학적으로는 미분가능하다고 하고, 그 값을 미분계수라고 합니다. 그래프의 접선의 기울기이기도 합니다.

무차별곡선이 그림에서처럼 매끈한 곡선인 경우, 각 점에서 조금씩 움직일 때마다 두 재화 사이의 주관적 교환비율이 계속해서 조금씩 변하고 있다는 의미입니다. MRS는 무차별곡선 상의 각 점마다 정의된다는 사실을 기억할 필요가 있습니다. 무차별곡선의 어떤 부분에서는 곡선의 모양이 충분히 매끈하지 않아서 접선의 기울기가 정의되지 않는 경우, 즉 MRS가 계산되지 않는 경우가 있을 수도 있습니다.

4.2 특수한 선택기준들의 예

무차별곡선, 무차별지도의 개념을 알았으므로 몇 가지 특수한 예들을 살펴보겠습니다. 특히 앞에서 **가정 4.1(경제재화)**을 사용했는데, 그 가정이 성립하지 않는 경우에는 무차별곡선이 어떤 모양인지 주의해서 보기 바랍니다.

(있으나 마나한) 중립재

첫 번째 살펴볼 경우는 **중립재(neutral good)**입니다. 중립재라고 거창하게 이름을 붙였지만 사실 이것은 그저 이론적으로 이름붙인 개념일 뿐입니다. 위 제목에

써놓았듯이, '있으나 마나'한 것을 가리킵니다. 양이 더 많다고 해서 좋은 것도 없고, 양이 더 적다고 해서 싫을 것도 없는 그 무엇입니다.

예컨대 여러분이 자주 방문하는 웹사이트에 로그인을 할 때마다 포인트가 쌓인다고 해보죠. 그런데 그 포인트로 뭔가 선물이라도 주면 좋을 텐데 포인트로 딱히 할 수 있는 것도 아무것도 없고 그냥 숫자뿐이라면 어떨까요? 포인트가 많이 쌓이는 것 때문에 피해를 보는 것도 없고, 그것 때문에 이득이 생기는 것도 없으니 포인트가 있던 없던 별 상관이 없죠. 이 포인트는 중립재라고 할 수 있는 것이죠.

그림 4.7 재화 1이 중립재, 재화 2는 경제재화일 때 무차별지도

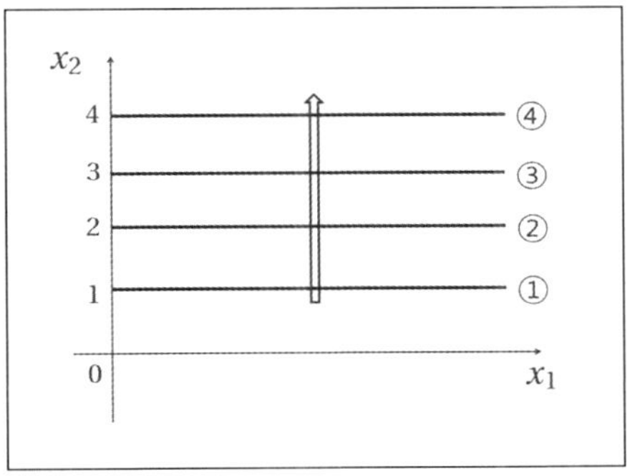

재화 1이 중립재, 재화 2는 보통의 경제재화라고 해보면 그림 4.7과 같은 무차별지도가 그려질 것입니다. 무차별곡선들이 모두 수평선입니다. ①이라는 표시가 붙은 수평선은 경제재화인 재화 2의 양이 1개로 고정된 상태에서 중립재인 재화 1이 많든 적든 다 무차별한 상태인 것이죠. 한편, ②에서는 재화 2의 양이 2개이고 역시 재화 1의 양은 아무리 변해도 서로 다 무차별한 상태입니다. 재화 2가 경제재화이므로 그림에 나온 곡선(사실은 직선)들 중에서 ①이 가장 안 좋은 상태의 무차별곡선이고, 반면 ④는 네 개의 무차별곡선들 중에서는 가장 좋은 상태의 무차별곡선일 것입니다.

만약 반대로 재화 1이 보통의 경제재화이고, 재화 2가 중립재였다면 무차별곡선들은 수평선이 아니라 수직선의 형태로 나타날 것이고, 오른쪽으로 움직일 수록 더 좋아하는 상태를 나타내었을 것입니다.

중립재의 개념을 소개하기 위해 다들 동의할 만한 쓸모 없는 '포인트'를 예로 들었습니다. 또한 용어가 재화의 '재'를 포함하고 있어서 자칫 중립재라는 성질은 어떤 재화가 가진 고유한 특징이라고 오해할 수 있습니다. 하지만 그렇지 않습니다.

지금 우리는 소비자들의 개인적인 취향을 나타내는 방법을 공부하고 있습니다. 어떤 재화가 중립재라는 것은 어느 한 소비자에게 그렇다는 것입니다. 동일한 재화가 다른 소비자에게는 중립재가 아닐 수도 있습니다. 이 점을 강조하기 위해서 다음의 예를 봅시다.[4]

예 4.1

'허기' 조선생과 '갈증' 태여사는 부부입니다. 조선생은 항상 배가 고파서 고기를 매우 좋아하고, 태여사는 항상 목이 말라서 음료수를 찾습니다. 아무리 많이 먹어도 질리지 않는 조선생에게 고기는 많을수록 더 좋은 것이고, 아무리 많이 마셔도 계속 목마른 태여사에게 음료수 또한 그렇습니다.

고기를 좋아하는 조선생이 음료수를 싫어하는 것은 아닙니다. 음료수를 꼭 마셔야 하는 상황이면 얼마든지 마실 수도 있고, 안 마셔도 된다면 안 마셔도 괜찮습니다. 마찬가지로 음료수를 좋아하는 태여사도 고기를 싫어하지는 않습니다. 분위기상 고기를 먹어야 하면 먹을 수 있고, 안 먹어도 상관 없습니다.

조선생에게 고기는 경제재화이고 음료수는 중립재입니다. 또한 태여사에게는 고기가 중립재이고 음료수는 경제재화입니다. 고기와 음료수로 만들어진 메뉴판을 재화평면에 표시한다면, 조선생과 태여사의 무차별지도는 각각 다음 그림 4.8의 (a), (b)와 같습니다. (화살표는 더 선호되는 방향을 나타냅니다.)

(많으면 싫은) 악재

두 번째는 양이 많아지면 더 싫어지는 재화로 악재(bad, 惡財)라고 부릅니다. 경제재화(영어로 economic 'good')와는 정반대의 개념인 셈이지요.

만약 두 재화 중 하나가 악재이고, 또 다른 재화는 경제재화라면 무차별곡선은 우상향하는 모양이 됩니다. 그 이유는 악재의 양이 늘어나면서 무차별한 상태를 유지하려면 경제재화의 양 또한 늘어나야 하기 때문입니다. 경제재화와 악재는 서로 '대체'의 대상이 아닌 것이죠. 오히려 악재가 늘어날 때 경제재화로 '보상'이

4 제가 예전에 교재로 사용했던 Nicholson 교수의 교재(머리말 참조)에 나오는 배고픈 조(hungry Joe)와 목마른 테레사(thirsty Theresa)에 영감을 받은 예입니다.

그림 4.8 예 4.1 취향 다른 부부의 음료수와 고기에 대한 무차별지도

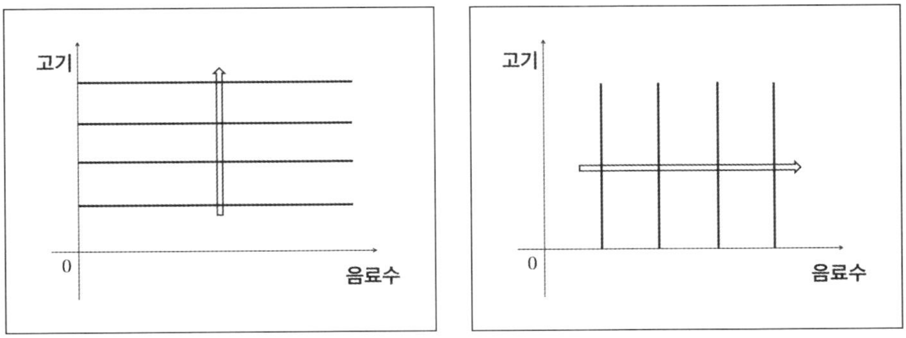

(a) '허기' 조선생의 무차별지도 (b) '갈증' 태여사의 무차별지도

되어야만 무차별한 상태를 유지할 수 있습니다.

예컨대, 동아리 MT를 위해 민박집을 고르려는 상황에서 각 민박집의 특징은 (i) 치우지 않고 쌓여 있어서 여러분이 직접 처리해야 하는 쓰레기의 양(x_1), 그리고 (ii) 기본으로 제공해주는 간식의 양(x_2)으로 나타낼 수 있다고 해봅시다. 민박집 A가 **그림** 4.9(a) 상의 점 A입니다.[5] 이 집이나 마찬가지인 다른 민박집 B는 점 B입니다. 무차별한 두 민박집은 우상향하는 그래프 상에 있습니다. 왜 그럴까요?

민박집 A는 간식도 쓰레기도 조금 밖에 없습니다. 한편, 민박집 B는 쓰레기가 더 많습니다. 쓰레기를 더 많이 받기 위해서, 간식을 포기(대체)하는 사람은 없을 것입니다. 악재인 쓰레기를 더 많이 받는다면, 경제재화인 간식도 더 많이 받아야 무차별한 상태로 머무를 수 있습니다.

그림에서 서로 다른 무차별곡선들끼리는 어떻게 비교가 될까요? ①이라고 표시된 선에 비해서 ②로 표시된 선은 악재의 양은 적고 경제재화의 양은 더 많습니다. 따라서 ①보다는 ②가 더 좋은 상태이고, 마찬가지로 ④가 네 개의 무차별곡선들 중에서는 가장 좋은 상태일 것입니다. 반대로 재화 1이 경제재화이고 재화 2가 악재라면, 무차별곡선들의 모양 자체는 그대로일 수 있지만 이번에는 ④가 가장

5 그림에서 무차별지도가 직선들로 그려진 것은 단지 편의를 위해서입니다. 굳이 직선일 필요는 없습니다. 직선이냐 곡선이냐의 의미에 대해서는 나중에 따로 설명할 것입니다.

그림 4.9 악재와 경제재화의 무차별지도

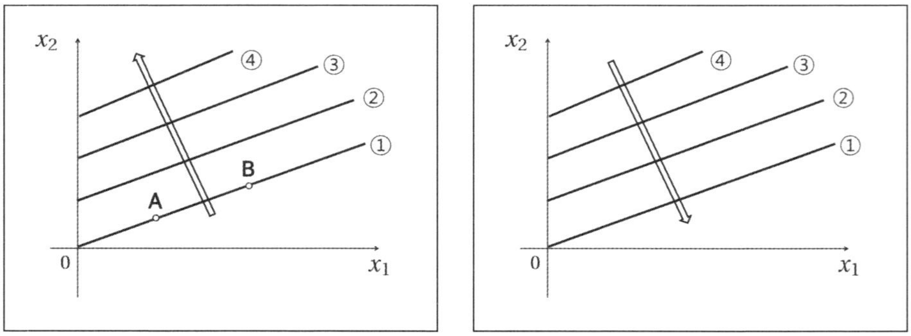

(a) 재화 1이 악재, 재화 2가 경제재화　　(b) 재화 1이 경제재화, 재화 2가 악재

좋지 않은 상태이고 ①이 가장 좋은 상태입니다. (그림 4.9(b))

한편, 만약 두 재화가 모두 악재라면 어떨까요? 둘 다 양이 많을수록 좋지 않은 재화라면, 이제 두 재화 사이에 대체가 가능합니다. (유쾌하지 않은 상황이지만 어쨌든 대체가 가능합니다.) 무차별곡선의 모양은 두 재화 모두 경제재화인 경우처럼 우하향일 것입니다. 대신 이번에는 동북쪽으로 나갈수록 더 좋아지는 것이 아니라 반대로 원점을 향해 서남쪽으로 들어올수록 더 좋아지는 것이 다른 점입니다. 그림 4.10에 그런 경우가 그려져 있습니다.[6] 그림에서 x_1은 쓰레기의 양이고 x_2는 방에 출몰하는 모기의 양이라고 한다면, 쓰레기가 좀 더 많고 모기가 적은 방을 택할지 쓰레기가 적고 모기가 많은 방을 택할지 고민이 될 것입니다. 모두 악재인 쓰레기와 모기는 서로 대체가 가능합니다. 물론 이왕이면 둘 다 적은 쪽이 더 좋을 것이고 이상적으로는 둘 다 전혀 없는 원점이 가장 좋을 것입니다.

우리는 소비자의 취향을 논하고 있으므로, 악재라는 용어는 비록 '재'라는 글자가 들어 있지만 재화 자체의 본성이 아니라 그 재화를 대하는 사람의 취향이라는 점을 다시 한번 기억합시다. 다음 예가 도움이 될 것입니다.

6　이 그림에서도 무차별곡선들이 직선인 것은 편의상 그린 것이고 중요하지 않습니다.

그림 4.10 두 재화 모두 악재일 때 무차별지도

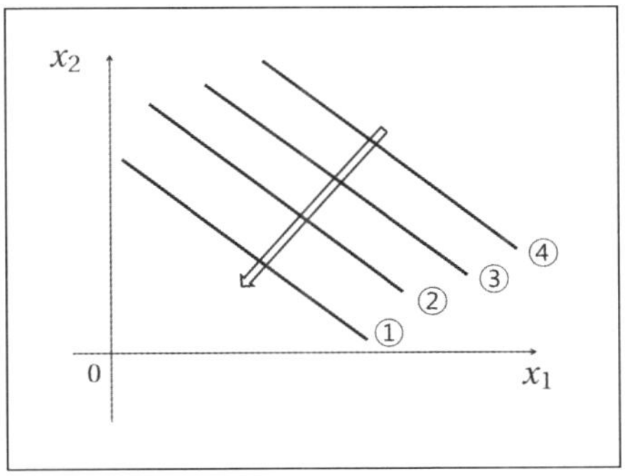

예 4.2

예민한 교수는 불면증이 심합니다. 카페인이 든 음료를 한 잔만 마셔도 밤새도록 잠이 안 와서 몸을 뒤척여야 합니다. 두 잔을 마신 날이면 손이 떨릴 지경이니, 세 잔을 마시면 어떻게 될지는 상상하지 맙시다. 예민한 교수에게 커피나 홍차는 소비할수록 더욱 싫은 악재이고, 한편 편안한 수면에 도움이 되는 허브차는 아무리 마셔도 질리지 않는 경제재화입니다. 따라서 만약 허브차와 커피가 주어지면 그의 무차별지도는 그림 4.11(a)일 것이고, 커피와 홍차가 주어지면 그림 4.11(b)와 같을 것입니다. (우리에게 주어진 정보만 가지고서는 무차별지도가 직선일 수도 있고 곡선일 수도 있는데, 그림에는 곡선으로 그려져 있습니다.)

한편, 왕숙면 박사는 커피와 홍차 매니아입니다. 아무리 많이 마셔도 그날 밤 숙면에 아무 지장이 없을 뿐 아니라, 많이 마실수록 기분도 더 좋아져서 삶에 활력이 됩니다. 대신 왕숙면 박사는 허브차는 싫어합니다. 무슨 맛인지도 모르겠고 많이 마실수록 오히려 기분만 나빠집니다. 왕 박사에게는 커피나 홍차는 경제재화이지만 허브차는 악재입니다. 그의 무차별지도는 그림 4.11(c), (d)와 같을 것입니다.

(대체율이 일정해 사실상 똑같은) 완전대체재

앞 절에서 악재를 다룰 때에 그린 지도들에서 직선은 그냥 그림의 편의상 사용되었을 뿐 곡선이 대신 들어가도 상관이 없습니다. 그래서 일부러 예 4.2에서는 곡선으로 지도를 그렸습니다. (중립재의 경우에는 수평선이 당연히 직선이어야 합니다.) 이 번에는 무차별곡선들이 직선인지, 곡선인지가 어떤 의미인지를 검토해 보겠습니다.

그림 4.11 예 4.2 불면증 환자와 카페인 매니아

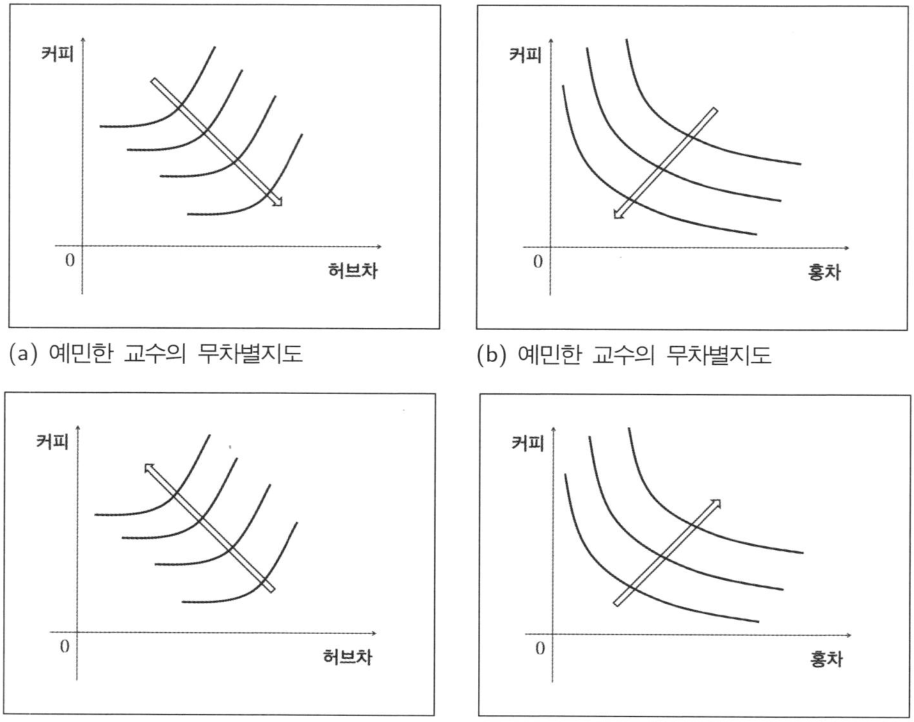

(a) 예민한 교수의 무차별지도

(b) 예민한 교수의 무차별지도

(c) 왕숙면 박사의 무차별지도

(d) 왕숙면 박사의 무차별지도

그림 4.12 한계대체율=1인 완전대체재들에 대한 무차별지도

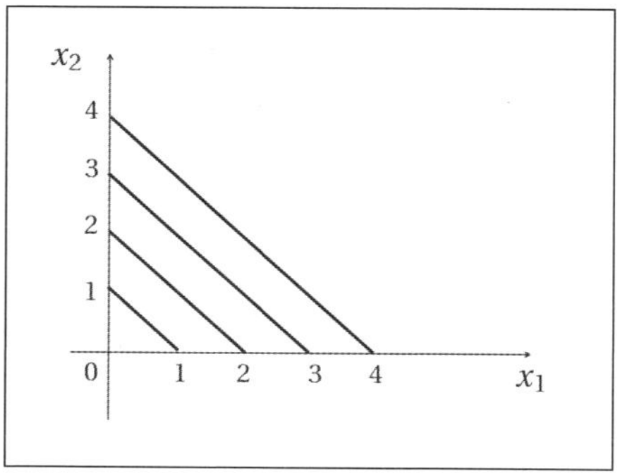

그림 4.12에는 기울기가 −1인 직선들이 무차별곡선으로 그려져 있습니다. 기울기가 음수이므로 재화 1과 재화 2는 서로 대체가 가능합니다. 그뿐 아니라, 이 두 재화들 간의 대체율은 1로 일정합니다. (기울기가 일정하기 때문에, 굳이 대체율과 한계대체율을 구분할 필요도 없습니다.) 이렇게 대체율이 일정한 상수의 값을 갖는 경우를 가리켜 두 재화가 **완전대체재**(perfect substitutes)인 경우라고 말합니다.

가장 간단한 예로는 재화 1과 재화 2가 실제로 동일한 재화인 경우가 있습니다. 즉, 모든 면에서 똑같은 연필들을 단지 표시만 다르게 두 종류로 구분하여 재화 1과 재화 2로 부른다고 해봅시다. 그렇다면 재화 1만 10자루를 가지던지, 재화 2만 10자루를 가지던지, 재화 1과 재화 2를 각각 5자루를 가지던지 아무런 상관이 없이 무차별할 것입니다.

예 4.3

고기동 군은 고기를 아주 좋아합니다. (예 4.1의 허기 조선생과 잘 통하겠군요.) 그런데 기동이에게 고기는 모두 고기일 뿐, 돼지고기이든 쇠고기이든 아무 차이가 없습니다. 즉 돼지고기만 1kg을 먹는 것과, 쇠고기만 1kg을 먹는 것, 그리고 돼지고기 500g, 쇠고기 500g을 섞어 먹는 것 사이에 모두 무차별합니다.고기동 군의 돼지고기와 쇠고기에 대한 무차별지도 또한 그림 4.12처럼 생겼을 것입니다.

몇 가지 주의할 점이 있습니다. 첫째, 방금 고기동 군의 예를 읽으면서 혹시 '돼지고기가 더 값이 쌀 텐데 어떻게 무차별하지?'라고 생각하신 분은 없나요? 지금은 소비자의 취향에 대해서 이야기하고 있는 것이지, 가격에 대해서 (즉 예산에 대해서) 생각하고 있지 않습니다. 따라서 각 재화의 가격은 신경쓰지 않습니다.

둘째, 가격을 신경쓰지 않더라도 '돼지고기와 쇠고기가 맛이 다른데 어떻게 똑같지?'라고 생각하신 분은 없나요? 그런 의문을 품으신 독자에게는 돼지고기와 쇠고기가 완전대체재가 아닌 것입니다. 예 4.3은 고기동 군의 선호이지 여러분의 선호가 아닙니다. 다시 한번 강조해서, 두 재화가 완전대체재라는 것은 그 재화들이 가진 고유한 특징이 아니고, 어떤 소비자가 그 재화들을 향해서 보이는 주관적인 취향입니다. 완전대체재라는 용어 자체가 오해를 살만 하긴 합니다. 좀 더 정확하게는, 두 재화를 완전 대체가 가능한 것으로 취급하는 선호라고 해야 할 것입니다.

셋째, 위의 그림 4.12에는 무차별곡선의 기울기가 −1로 그려져 있습니다. 완전대체재의 한계대체율은 언제나 1일까요? 이 질문에 대한 대답은 '글쎄요'입니다. 예를 들어, 쇠고기와 돼지고기와 1:1로 똑같은 것은 아니고 쇠고기를 2배 더 좋아해서, 쇠고기 1kg과 돼지고기 2kg을 기꺼이 대체하는 사람이 있다고 해봅시다. 뿐만 아니라 이 대체 비율은 고기의 양을 바꾸더라도 그대로 유지된다고 합시다. 즉 쇠고기 100g과 돼지고기 200g이 대체가능하고, 쇠고기 2kg과 돼지고기 4kg이 대체가능합니다. 그렇다면 이 사람에게도 쇠고기와 돼지고기는 완전대체재이고, 대신 한계대체율은 2(쇠고기를 x_1으로 볼 때)가 될 것입니다. 따라서 완전대체재의 한계대체율은 언제나 1일 필요는 없습니다.

하지만 이게 끝이 아닙니다. 애초에 무차별곡선을 그릴 때 어떤 재화를 어느 축에 놓는지, 그리고 각 재화의 단위를 무엇으로 잡을지는 그리는 사람 마음입니다. (일단 기준을 잡으면 그 기준에 따라 일관되게 표시해야 합니다.) 그렇다면 쇠고기와 돼지고기를 1:2의 일정한 비율로 대체하는 사람의 경우에, 가로축의 쇠고기는 1kg 단위로 표시하고, 세로축의 돼지고기는 애초에 2kg 단위를 한 칸으로 표시한다면 이 그림에서는 한계대체율이 1이 됩니다. 이 사람에게는 돼지고기 1kg 짜리 덩어리를 두 개 묶으면 그것이 쇠고기 1kg 덩어리와 같죠. 애초에 두 덩어리 묶은 것을 돼지고기를 세는 단위로 삼는다면 대체율은 1:1이 됩니다.

예 4.4

돼지고기와 쇠고기를 전혀 구분하지 않는 고기동 군과 달리, 예 4.1의 조선생은 쇠고기를 돼지고기보다 2배 더 좋아한다고 해봅시다. 그렇다면 조선생의 고기들에 대한 무차별지도는 그림 4.13(a)처럼 그릴 수도 있고 그림 4.13(b)처럼 그릴 수도 있습니다. 고기 양의 측정 단위를 무엇으로 잡을까의 문제일 뿐입니다.

정리하자면 완전대체재의 한계대체율이 1일 필요는 없지만, 편의상 단위를 적절히 조정하여 1이 되도록 그리더라도 틀린 것은 아닙니다. 따라서 특정 단위를 반드시 써야 하는 이유가 따로 없다면, 그냥 기울기 −1인 직선으로 그리도록 하겠습니다. (이렇게 단위를 조정한다면, 별도로 예산선을 그릴 때 가격 또한 그 단위에 맞게 표시하도록 신경 써야 할 것입니다.)

그림 4.13 예 4.4 '허기' 조선생의 완전대체 고기 취향

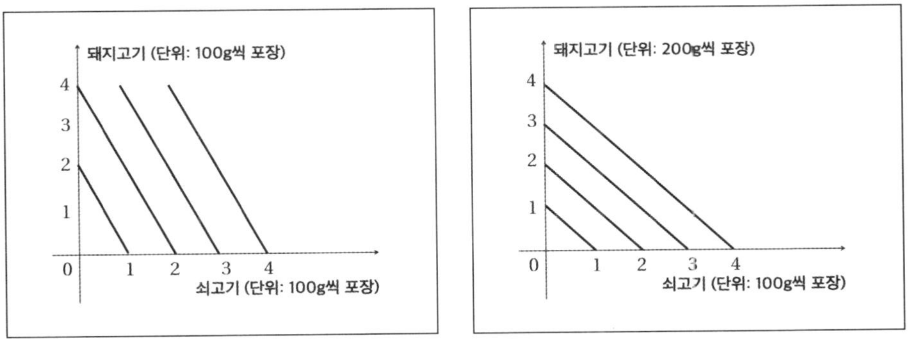

(a) 고기 포장이 모두 100g 단위인 경우

(b) 쇠고기는 100g씩, 돼지고기는 200g씩 포장된 경우

(대체가 안 되어 언제나 함께 하는) 완전보완재

이번에는 완전대체재와 정반대의 경우로, 두 재화 사이에 대체가 아예 불가능한 경우를 보겠습니다. 다음의 그림을 먼저 보도록 하지요. 그림에서 각 무차별곡선은 한글 니은(ㄴ)자 혹은 영어 L자 형태로 꺾어진 모습을 갖고 있습니다. 다시 말해서, 각 무차별곡선은 수직선인 부분과 수평선인 부분을 갖고 있습니다.

그림 4.14 결합비율 1:1인 완전보완재들에 대한 무차별지도

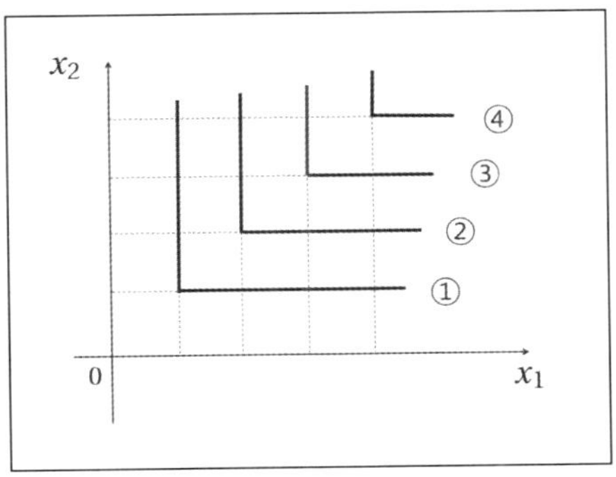

앞에서 중립재를 공부할 때, 재화 1이 중립재라면 무차별곡선이 수평선임을 보았

습니다. 재화 2가 중립재라면 무차별곡선이 수직선이 될 거라고도 지적했습니다. 즉 그림 4.14는 두 재화 중 하나가 중립재가 되는 상황이 합쳐져 있습니다.

예를 들어, 점 (1, 1)에서 꺾어지는 ① 번 곡선을 봅시다. $x_2 = 1$인 상태에서 x_1이 1보다 커지면 수평선으로 재화 1이 중립재임을 알 수 있습니다. 한편, $x_1 = 1$인 상태에서 x_2가 1보다 커지면 수직선으로 이번에는 재화 2가 중립재입니다. 다시 말해서, 두 재화의 양이 모두 1인 상태를 기준으로 하여 두 재화 중 하나가 더 양이 많아지면 그 많아지는 부분은 중립재(소비자의 취향에 아무런 해도 되지 않고 도움도 되지 않음)입니다. 이런 취향을 다르게 표현하면, 두 재화를 반드시 1:1의 비율로 '결합'하여 소비하고자 하는 것입니다. 완전대체재에서는 1:1의 비율로 '대체'가 가능했습니다만, 여기서는 두 재화의 양이 일치하지 않으면 그 양이 많은 재화는 결코 다른 재화로 대체할 수 없습니다.

가장 간단한 예로는 x_1 =왼쪽 신발, x_2 =오른쪽 신발이라고 생각해보면 되겠네요. 물론 실제로는 왼쪽 신발과 오른쪽 신발을 따로 취급하지 않고, 묶어서 한 켤레로 취급합니다. 하지만 가상적으로 왼쪽 신발과 오른쪽 신발이 다른 재화라고 해봅시다. (실제로 이 둘은 비슷하게 생겼지만 모양도 다르고 기능도 다르니까 다른 재화라고 볼 수 있겠죠?) 왼쪽 신발이 1개 있는 상태에서 오른쪽 신발이 1개 주어지면 이제 신발 한 켤레가 완성됩니다. 이 상태에서 왼쪽 신발의 갯수는 그대로 1개로 묶어두고 오른쪽 신발의 갯수를 아무리 늘려본들 소비자는 별로 좋아할 이유가 없습니다. 오른쪽 신발이 의미가 있으려면 왼쪽 신발과 짝을 이루어야만 하니까요. 이렇게 일정한 1:1의 비율로 함께 (보완적으로) 소비되어야만 하는 경우 이 재화들은 **완전보완재**(perfect complements)라고 말합니다.

신발의 경우에는 너무나 당연히 대부분의 사람에게 완전보완재이므로 현실에서 다른 재화로 취급을 하지 않습니다. 그 정도는 아니더라도 완전보완재에 가까운 예들을 들어보자면, 고기 한 점을 먹을 때 반드시 채소 1장으로 쌈을 싸먹어야 하는 사람에게는 고기와 채소가 완전보완재라고 할 수 있겠죠. 햄버거를 먹으려면 음료수가 꼭 필요하고, 도넛은 커피와 어울리니까 보통은 판매점에서 햄버거와 음료수, 도넛과 커피를 함께 묶음으로 판매하기도 합니다.

완전보완재의 경우, 앞에서 완전대체재에 대해 지적했던 것과 비슷한 주의사항이 적용됩니다. 재화 고유의 특성상 당연히 완전보완재인 경우도 있지만 그런 경우는 아예 재화를 구분하지 않는 경우가 많고, 완전보완재란 개념 자체는 소비자 개인의 취향을 반영한 것으로 사람마다 다를 수 있습니다. 한편 두 재화의 결합 비율은 반드시 1:1일 필요는 없지만, 단위를 적절히 조정하면 1:1로 만들어서 그림 4.14를 그냥 사용해도 됩니다.

예 4.5

제2장의 차도녀에게 이모가 있습니다. 이모 차조은 여사는 영국식 티타임의 격식을 즐깁니다. 차 여사에게 티타임이란, 홍차 1 주전자를 마실 때 반드시 컵케익 3개를 함께 먹는 것입니다. 즉, 차 여사의 무차별지도는 그림 4.15(a)입니다. 그런더 어느 날 컵케익 3개가 담긴 스콘 상자를 판매하는 찻집을 알게 된 차여사의 무차별지도는 그림 4.15(b)가 되었습니다. 사실 두 무차별지도는 동일한 선호입니다.

그림 4.15 예 4.5 차조은 여사의 티타임 선호

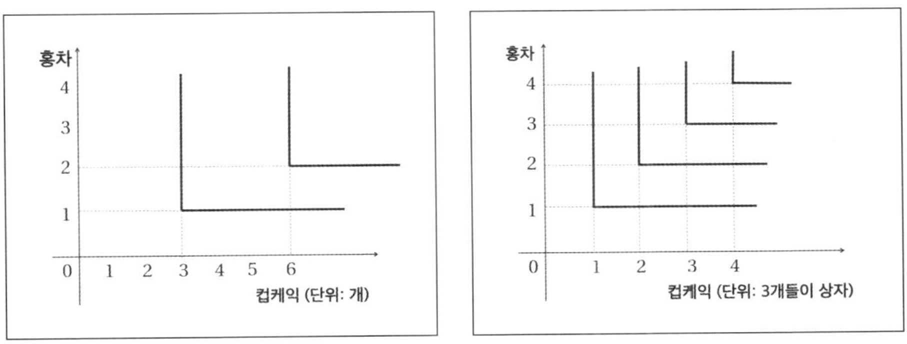

(a) 컵케익의 포장 단위가 낱개 (b) 컵케익의 포장 단위가 3개들이 상자

완전보완재의 '꼭지점'에서 기울기는 무엇일까요? 답은 **정의되지 않는다**입니다. 수학적으로 따져보면, ① 번 곡선에서 점 (1, 1)을 제외한 수평선 부분에서는 기울기가 0이고, 수직선 부분에서는 기울기가 무한대입니다. 즉 수평선 부분에서는 재화 1을 좀 더 얻기 위해서 대체할 수 있는(포기할 수 있는) 재화 2의 양은 0이니 대체가 불가능하다는 뜻입니다. 점 (1, 1)에서는 수학적으로 접선도 정의되지 않고 미분계수도 정의되지 않는데, 이는 어느 방향으로 움직이느냐에 따라서 기울기가

0이 되기도 하고 무한대가 되기도 하는 현상 때문입니다. 수학적으로 기울기가 무엇이냐는 질문보다는, 경제학적으로 두 재화 사이에 일정 비율 결합만 가능하고 대체가 아예 안된다는 사실을 기억하는 것이 더 중요하겠습니다.

(이제 그만! 적당한 양이 좋은) 포만

4.2절에서 지금까지 다루어온 무차별곡선들은 모두 앞으로 공부할 이론에서 사용할 표준적인 경우와는 다른 특이한 경우들입니다. 마지막으로 특이한 경우를 하나 더 다루고 다음 절에서는 표준적인 경우를 소개하겠습니다. 지금 다룰 경우는 현실적으로 충분히 가능하지만 경제학의 분석 대상으로서 적절하지는 않습니다. 그럼에도 불구하고 이 무차별곡선의 모양을 제대로 살펴본다면 한계대체율 및 무차별곡선의 개념을 정리하는 것에 도움이 될 거라고 생각합니다.

먼저 **그림 4.16**를 봅시다. 어디서 많이 본 듯한 그림 아닌가요? 사회과부도 같은 데서 보았던 등고선을 떠올렸다면 정확합니다. 한 점을 중심으로 둥그런 모양(정확하게 원일 필요는 없습니다)이 겹겹이 그려져 있죠. 이 그림이 만약 지도에 나와 있는 등고선이었다면 우리는 중심점인 (3,2)가 바로 산의 정상이고 그 주변을 둘러싸고 있는 둥근 선들은 산 중턱의 둘레들을 나타내는 것이라고 읽을 것입니다.

어떤 선호의 무차별지도로 이 그림을 읽는 방법도 마찬가지입니다. 무차별지도를 '지도'라고 부르는 것도 지도와의 이런 유사성 때문입니다. (3,2)에 위치한 점 H가 정상에 해당되는 부분이고 ①, ②, ③은 차례로 높이가 낮아지는 부분이라고 읽을 수 있습니다. 일단 정상에 해당되는 점 H를 **포만점**(saturation point)이라고 부릅니다.[7] 해당 소비자가 가장 선호하는 상태, 가장 행복한 상태, 가장 이상적인 상태라고 볼 수 있습니다.

이제 포만점 H를 중심으로 왜 무차별곡선들이 대략 원의 모양을 갖는지 따져보도록 합시다. **그림 4.17**은 무차별지도 중에서 하나의 무차별곡선만을 떼어 놓고 몇 가지 영역으로 구분을 해놓았습니다. 그림에서 포만점인 H는 (3,2)인데 이 사람은 재화 1의 양이 3, 재화 2의 양이 2일 때 가장 행복하다는 뜻입니다.

---

7 큰 의미는 없지만 가장 '행복한'(happy) 상태라는 의미에서 H라고 표시했습니다. 영어로는 bliss point라고 부르기도 하고, satiated point라고 부르기도 합니다.

그림 4.16 (3, 2)에 포만점을 가진 선호의 무차별지도

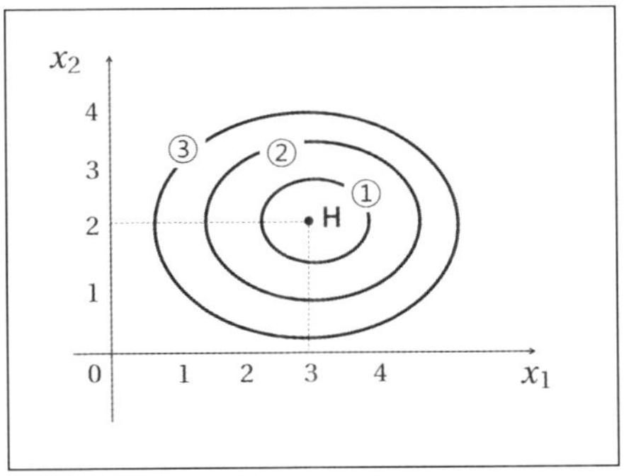

예 4.6

재화 1 = 아이스크림, 재화 2 = 커피이고 수량들이 하루 소비량이라고 해보면, 이 사람은 하루에 아이스크림 딱 3개, 커피 딱 2잔을 마시는 경우 가장 행복합니다. 이 목표 숫자보다 적게 소비해도 덜 행복하고, 이보다 넘치게 과하게 소비해도 좋지 않습니다. 즉 커피 1잔만 마시면 좀 아쉽고, 3잔을 마시면 잠을 못 자는 그런 셈인거지요. 마찬가지로 아이스크림도 1개나 2개는 아쉽고, 4개는 속이 거북해지는 그런 사람입니다.

그림 4.17 포만점을 가진 선호의 무차별곡선의 형태

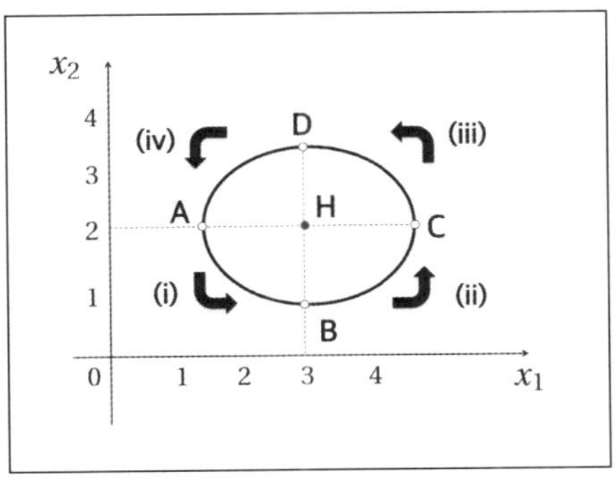

먼저 점 A에서 출발하여 점 B로 이동해가는 (i)의 구간을 고려해봅시다. 이 부분의 무차별곡선만을 떼어놓고 본다면 우하향하는 보통의 경우라고 볼 수 있습니다. 점 A는 커피는 2잔으로 이상적인 소비이지만 아이스크림은 조금 부족합니다. 이때

아이스크림의 소비량을 늘리면 (오른쪽으로 이동하면) 더 행복해질 텐데 무차별곡선 상에 있으려면 완벽한 수준이었던 커피 2잔 중 일부를 포기하는 것이 맞습니다. 구간 (i)에서는 아이스크림도 커피도 모두 이 사람에게는 경제재화인 상태이므로 서로 대체가 됩니다.

점 B에 도달하면 이제 아이스크림은 가장 좋아하는 3개이지만 커피가 좀 아쉬운 상태입니다. 점 B에서 계속해서 점 C로 이동해가는 구간 (ii)에서는 아이스크림은 3개를 넘어섰기 때문에 더 이상 경제재화가 아닌 악재입니다. 한편 커피는 이상적인 2잔보다는 부족한 상태에서 양을 늘려가는 것이므로 경제재화가 맞습니다. 재화 1이 악재이고 재화 2가 경제재화로서 이때 무차별곡선은 우상향하는 형태를 가집니다. 이미 충분히 먹은 아이스크림을 3개가 넘도록 더 먹으려면 불행해지므로 커피의 소비량을 늘려서 보상해주어야 무차별곡선 상에 머무를 수 있는 것이죠.

이제 점 C에서는 다시 커피의 양은 이상적인 2잔이고 아이스크림은 5개로 너무 많이 먹는 상태입니다. 구간 (iii)에서는 아이스크림도 커피도 이상적인 양보다 많아서 악재인 상태입니다. 악재인 아이스크림의 양을 줄이는 대신 역시 악재인 커피의 양을 늘리고 있습니다. 즉 악재끼리 대체가 되면서 무차별곡선 상에 머무르는 경우로 모양은 우하향합니다.

마지막으로 점 D에서 다시 점 A로 돌아가는 구간 (iv)입니다. 점 D에서 아이스크림의 양은 적당한데 구간 (iv)로 들어가면 양에 모자라게 줄어듭니다. 한편 커피는 너무 많았는데 줄이고 있습니다. 구간 (iv) 안에서 아이스크림은 이상적인 양보다 부족하므로 경제재화이고 커피는 이상적인 양보다는 많은 상태로 악재입니다. 따라서 D에서 A로 이동하는 동안 경제재화인 아이스크림과 악재인 커피도 함께 줄어드는 우상향의 모습을 보입니다.

지금까지의 설명은 각 구간에서 무차별곡선의 기울기가 우하향해야 할지(구간 (i)과 구간 (iii)의 경우) 또는 우상향해야 할지(구간 (ii)와 구간 (iv)의 경우)만을 다루었습니다. 이 구간에서 무차별곡선은 직선일 수도 있고 곡선일 수도 있으며 곡선의 모양도 다양할 수도 있겠습니다. 하지만 점 A에서 B, C, D로 차례로 이동을 하면서 기울기 방향의 변화를 하다보면 현재 그림 4.17처럼 제법 부드럽게 원에 가깝게 그려지는 것이 왠지 자연스러워 보입니다.

그렇다면 무차별곡선이 직선인 것과 곡선인 것의 차이, 특히 곡선 중에서도 **그림 4.17**처럼 원(또는 타원)의 일부처럼 생긴 것의 의미는 무엇인지를 살펴보는 것이 다음 우리의 관심사가 되겠습니다. 이미 완전대체재를 공부하면서 무차별곡선이 직선인 경우 한계대체율이 일정한 값을 갖는다는 점을 설명했습니다. 다시 말해 곡선인 경우에는 한계대체율이 일정하지 않고 위치에 따라 달라진다는 것입니다. 이제 다음 절에서는 특정한 규칙을 가지고 한계대체율이 달라지는 것의 의미를 공부하겠습니다.

4.3 한계대체율 체감

표준적인 ('예의바른') 선호

4.2절에서 특수한 성질의 선호들을 알아보았습니다. 이제 경제모형에서 자주 사용하는 표준적인 선호를 알아보겠습니다. 다음의 가정을 소개합니다.

가정 4.2 (한계대체율 체감) 하나의 무차별곡선 상에서 오른쪽으로 이동할 때 한계대체율(접선 기울기의 절대값)이 감소한다.

이 장 초두에서 소개했던 **가정** 4.1(경제재화)과 함께 **가정** 4.2를 만족하는 선호는 미시경제학 기초 소비자이론의 표준적인 선호입니다. 표준적인 성질을 만족해서 우리가 원하는 결과를 가져다주는 '말 잘 듣는' 종류의 선호라는 의미로 **가정** 4.1과 **가정** 4.2를 만족하는 선호를 '예의바른'(well-behaved)[8] 선호라고 부를 수 있겠습니다. 이런 '예의바른' 선호의 무차별곡선을 **그림** 4.18에 그려보았습니다.

가정 4.1 때문에 무차별곡선은 우하향합니다. **가정** 4.2 때문에 무차별곡선은 가운데 부분이 원점을 향해 튀어나온 듯하게 되었습니다. 수학적으로 이런 모양을 '원점을 향해 볼록'(convex to the origin)이라고도 부릅니다. **그림** 4.18이 **가정** 4.2를 만족한다는 사실은 점 A와 점 B에서 각각 한계대체율을 비교해보면 알 수 있습니다. 점 A에 접하게 그려진 직선의 기울기의 절대값이 점 A에서의 한계대체

8 전문적인 문헌에서 well-behaved를 정말 '예의바른'으로 번역하지는 않습니다. 여러분의 주의를 환기시킬 겸 재미삼아 이렇게 이름 붙였으니 착오 없으시기 바랍니다.

그림 4.18 가정 4.1(경제재화)과 가정 4.2(한계대체율 체감)을 만족하는 무차별곡선

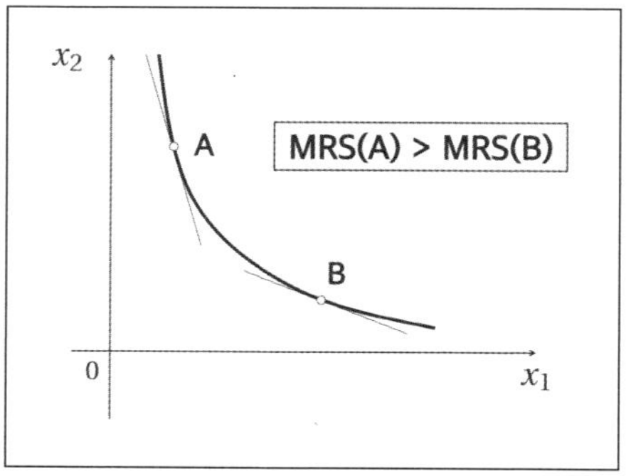

율이고 이 직선은 상당히 가파르게 그려져 있습니다. 한편 점 B에 접하게 그려진 직선은 비교적 완만하게 그려져 있으므로 이때 한계대체율은 작습니다.

기울기가 모두 음수 값이므로 절대값을 논한다는 점에 주의합시다. 점 A에서 무차별곡선이 비교적 가파르다는 것은 재화 1을 조금 더 얻기 위해서 기꺼이 포기할 수 있는 재화 2의 갯수가 상당히 많다는 뜻입니다. 즉 재화 1과 대체되는 재화 2의 양의 비율(이것이 한계대체율)이 상당히 크다는 것이죠. 한편 점 B에서는 반대로 재화 1을 조금 더 얻기 위해서 포기할 수 있는 재화 2의 양은 비교적 적습니다.

이런 선호가 자연스럽다는 것은 다음과 같은 상상을 통해 이해해볼 수 있습니다(하지만 이 상상은 한계대체율 체감을 정확하게 설명하는 것은 아닙니다):

> "재화 1이 사과, 재화 2가 귤입니다. 저는 사과와 귤을 모두 좋아합니다. (가정 4.1) 그래서 이왕이면 둘 다 많이 갖고 싶습니다. 포만점 따위는 없고 많으면 무조건 좋습니다. 점 A에서 저는 사과는 1, 귤은 100개를 갖고 있습니다. 누가 사과 1개를 더 준다면 저는 행복해질 것입니다. 그런데 사과 1개를 더 갖는 대신 귤을 몇 개 내놓으라고 합니다. 저는 귤을 몇 개나 포기할 수 있을까요? 어차피 100개나 가졌으니까 한 20개 주더라도 현재 1개밖에 없는 사과를 1개 더 가질 수 있다면 괜찮다고 생각합니다. 사과 2개와 귤 80개가 된 상태에서 사과 1개를 더 받는다면 이번에는 귤을 아까처럼 20개나 포기할 마음이 선뜻 들지는 않습니다. 한 10개 정도 포기할 수 있습니다. 이런 식으로 진행해서 점 B에 도달하니 저는 이제 사과는 99개를 갖고 있는데 귤은 2개 밖에 안 남았습니다. 누군가 귤 1개를 달라고 한다면 저는 사과를 몇 개 받아야 할까요? 2개 밖에 안 남은 귤 중 1개를 포기하려면 이미 많이 가진 사과는 제법 많이 받아야만 겨우 보상이 될 것입니다."

위의 설명은 한 재화의 양이 적을 때는 그 재화를 소중하게 여기고, 대신 재화의 양이 많을 때는 반대로 다른 재화를 상대적으로 더 소중하게 여긴다는 것이죠. 언제나 모든 사람에게 이렇지는 않겠지만 꽤 그럴듯합니다.[9] 그렇다면 한계대체율 체감은 경제학적으로 어떻게 이해해야 하는 것일까요?

한계대체율 체감의 경제학적 의미

앞에서 한계대체율 체감의 의미를 '상상'으로 살펴보았는데, 좀 더 정확한 의미는 그림 4.19로 설명할 수 있습니다. 그림의 무차별곡선은 가정 4.1과 가정 4.2를 모두 만족합니다. 점 A와 B에서 접선을 그어 한계대체율을 비교했던 것과 달리 이번에는 두 점을 연결한 선분 상에 C라는 점을 표시하여 비교합니다.

그림 4.19 가정 4.2(한계대체율 체감)의 경제학적 의미

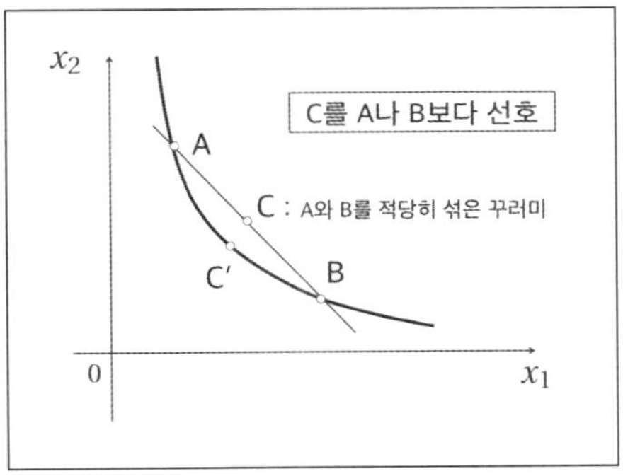

A와 B를 연결한 선분 상에 있는 C는 A와 B를 적당히 섞어놓은 꾸러미입니다. A와 B를 합쳐 놓은 것이 아니라, '가중평균'한 것입니다. 예를 들어, A는 (1, 100), B는 (99, 2)라고 할 때 점 C가 선분의 한 가운데라면 C는 (50, 51)입니다. 만약 A와 B를 4:6의 비율로 섞는다면 C에서 재화 1의 갯수는 $1 \times 0.4 + 99 \times 0.6 = 59.8$이고 재화 2의 갯수는 $100 \times 0.4 + 2 \times 0.6 = 41.2$일 것이고 C의 위치는 선분을 10칸으로

9 다만, 위의 설명을 소위 '한계효용 체감의 법칙'과 연결하여 생각하는 것은 오류입니다. 무엇보다도 이 책에서는 아직 효용이나 한계효용의 개념 자체를 정의하지 않았습니다. 한계대체율은 효용과 무관하게 정의될 수 있는 개념입니다. 다음 장에서 효용함수를 공부하고 한계대체율 체감과 한계효용 체감은 사실 전혀 상관없는 개념이라는 것을 다시 설명하겠습니다.

나누었을 때 A로부터 6칸 떨어진 위치일 것입니다.

그림 4.19에서 두 꾸러미를 섞는 비율과 상관없이 선분 상의 모든 점은 원래의 꾸러미인 A나 B보다 선호됩니다. 점 C와 점 C′을 비교하면 알 수 있습니다. 가정 4.1에 의해 C는 C′보다 더 선호됩니다. 한편 C′는 A, B와 같은 무차별곡선 상에 있으므로 A, B와 무차별합니다. 따라서 C는 A, B보다 선호됩니다.

즉 가정 4.2의 의미는 어떤 두 꾸러미를 적당히 평균하여 섞어 놓은 꾸러미는 원래 꾸러미보다 선호된다라고 해석할 수 있습니다. 좀 더 쉽게 말하자면 이 소비자는 두 재화를 적당히 섞어서 소비하는 것을 더 좋아한다는 것이죠.

가정 4.2를 또 다른 방식으로 표현할 수 있습니다. 그림 4.20에 무차별곡선의 동북쪽, 즉 더 선호되는 쪽의 영역을 칠해 놓았습니다. 칠해진 영역은 점 A보다 더 선호되는 꾸러미들의 집합입니다. 가정 4.2가 성립하면 이 집합은 수학적으로 볼록집합(convex set)이 됩니다. 볼록집합이란 집합에 속하는 임의의 두 점을 선분으로 연결할 때 선분 전체가 그 집합 속에 담기는 경우를 말합니다. 가정 4.2를 한계대체율 체감 대신, 간단하게 '선호의 볼록성'이라고 표현하기도 합니다.

그림 4.20 가정 4.2(한계대체율 체감)의 또 다른 표현

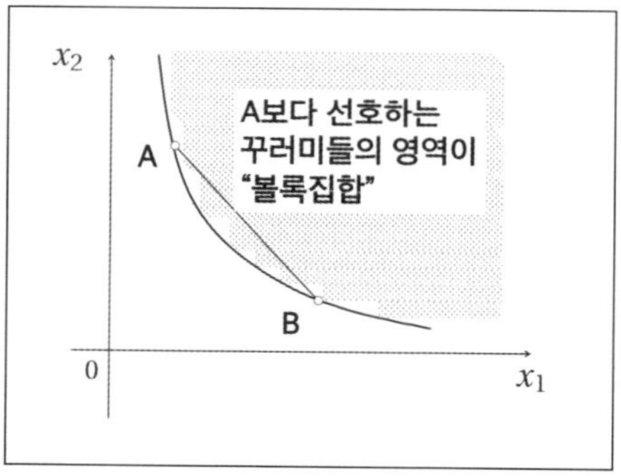

더 생 각 해 보 기

경제재화가 아닌 경우 선호의 볼록성

그림 4.19를 해석할 때 우리는 가정 4.1이 성립하는 것으로, 즉 두 재화 모두 경제재화로 보았습니다. 만약 두 재화 모두 악재라면 어떨까요? 이제 점 C는 점 C′보다 싫어하는 꾸러미입니다. 즉 같은 그림이 이번에는 섞인 것을 싫어하는

것으로 해석됩니다. 무차별곡선 기울기(절대값)는 여전히 체감하는데 의미가 달라진 것이죠.

그림 4.20을 참고하면 악재일 경우 그림 4.19의 선호는 볼록하지는 않습니다. 왜냐하면 두 재화가 모두 악재일 때 그림 4.20에서 칠해진 부분은 A보다 선호되는 영역이 아니기 때문입니다. 두 재화가 모두 악재일 때 A보다 선호되는 영역은 '칠해지지 않은' 부분이고 그곳은 볼록집합이 아닙니다. A와 B를 연결한 선분이 칠해지지 않은 영역을 삐져나와서 칠해진 부분을 침범하죠. 따라서 이 경우 선호는 볼록하지 않습니다.

두 재화 모두 악재이면서 볼록선호인 경우는 포만점을 표현한 그림 4.17의 (iii) 영역이 보여줍니다. 양이 너무 많은 아이스크림과 커피는 악재이고, (iii)의 곡선 상의 두 점을 연결하면 그 선분은 포만점에 좀 더 가까운 (즉 선호되는) 꾸러미이므로 선호되는 영역이 볼록집합입니다. 그림 4.17의 선호는 모든 영역에서 볼록성을 만족합니다.

연습문제

문제 4.1 다음의 경우들에 대해 무차별지도를 그리시오.

(1) 두 재화 간 한계대체율이 1/2로 일정하다. 단, 두 재화 모두 악재이다.

(2) 재화 1과 재화 2를 4:1의 비율을 맞춰 소비하는 것을 가장 선호한다. 단, 두 재화 모두 경제재화이다.

(3) 재화 1은 경제재화, 재화 2는 악재이다. (2, 2)와 (3, 3) 사이에 무차별하다.

문제 4.2 다음 각 경우의 무차별곡선 및 무차별지도의 모양을 설명하시오.

(1) 재화 1이 중립재이고 재화 2는 악재

(2) 재화 1과 재화 2가 모두 악재

(3) 재화 1과 재화 2가 모두 악재이며, 두 재화가 섞이는 것을 싫어함 (예: $(11,1)$보다 $(6,6)$을 싫어함)

문제 4.3 재화 1이 포만점을 가지는 반면, 재화 2는 경제재화인 경우의 무차별지도의 모양을 설명하시오.

문제 4.4 다음의 각 선호들에 대해 무차별지도를 그리시오.

(1) 술을 즐겨 마시는 주정방 씨는 많은 양의 술을 언제나 더 선호하며, 소주 1병과 맥주 3병이 똑같다고 생각한다.

(2) 밀크티를 좋아하는 고상한 여사는 한 잔이라도 더 마실 수 있다면 더 좋아하는데, 밀크티 한 잔에는 반드시 홍차 티백 1개를 우려내고 우유 2 숟가락을 넣어야 한다.

(3) 고시원에서 생활하는 고학생 학생은 방의 실내온도와 먼지농도에 대해 까다로운 취향을 갖고 있다. 실내온도가 22도보다 높거나 낮을수록 싫어한다. 먼지농도는 낮을수록 좋아한다.

(4) 노래방을 운영하는 노 사장은 손님들의 노래 실력을 평가하기 좋아하는데, 음정이 잘 맞는지에는 관심이 없고, 노래 부르는 속도와 목소리 크기를 기준으로 삼는다. 즉 속도가 반주 박자에 가까이 맞을수록 좋아하고, 목소리는 클수록 좋아한다.

문제 4.5 다음은 중간고사와 기말고사의 점수를 바탕으로 학생들에 대한 선호를 결정하는 교수들의 평가 방식이다. 어떤 무차별지도가 그려질지 설명하시오.

(1) 정상인 교수는 두 시험 점수의 합이 높은 학생을 선호한다.

(2) 가중치 교수는 중간고사 30%, 기말고사 70%의 가중치를 부여해 평균한 점수로 선호를 결정한다. 예를 들어, A가 중간 70점, 기말 100점이고 B는 중간 100점, 기말 70점이라면 학생 A를 더 선호한다.

(3) 구제형 교수는 두 시험 점수 중 더 높은 점수로 선호를 결정한다. 예를 들어, A가 중간 10점, 기말 80점이고 B는 중간 60점, 기말 60점이라면 A를 더 선호한다.

(4) 왕대박 교수는 중간고사 점수는 낮을수록, 기말고사 점수는 높을수록 좋아한다.

문제 4.6 재화 1의 소비량이 x_1, 재화 2의 소비량이 x_2일 때 한계대체율이 $MRS = x_2/x_1$이다.

(1) 이 사람의 무차별곡선의 모양에 대해 무엇을 알 수 있는가?

(2) 이 사람의 무차별지도의 모양에 대해 무엇을 알 수 있는가?

문제 4.7 사과와 귤을 담은 갯수에 따라 4가지 종류의 과일바구니를 판매하는 상점이 있다. 4가지 종류란 (사과, 귤) = (3, 2), (3, 5), (5, 2), (5, 6)이다. 어느 소비자에게 한 번에 두 종류씩 바구니를 제시했더니 다음과 같이 취향을 밝혔다. 이 정보를 바탕으로 이 소비자의 선호에 대해서 답하시오.

(i)	(3, 2)와 (5, 6)을 주었을 때 (5, 6)을 선택
(ii)	(5, 6)과 (3, 5)를 주었을 때 (3, 5)를 선택
(iii)	(3, 5)와 (5, 2)를 주었을 때 (5, 2)를 선택

(1) 이 소비자에게 사과와 귤은 경제재화인가?

(2) 만약 (3, 2)와 (5, 2)를 준다면 (5, 2)를 선택할 것인가?

(3) 사과와 귤의 가격이 각각 개당 1,000원이고, 사과와 귤에 쓸 수 있는 예산액이 7,000원이라면 이 소비자는 4가지 종류 중 어느 바구니를 고르겠는가?

(4) 사과와 귤의 가격이 각각 개당 1,000원이고, 사과와 귤에 쓸 수 있는 예산액이 9,000원이라면 어느 바구니를 고르겠는가?

(5) 사과의 가격은 개당 2,000원, 귤의 가격은 개당 500원이고, 사과와 귤에 쓸 수 있는 예산액이 9,000원이라면 어느 바구니를 고르겠는가?

제5장 선택기준의 모형: (2) 효용함수

microeconomics

어른들은 숫자를 사랑한다. 네가 새로운 친구를 사귀었다고 하면,
어른들은 진짜 중요한 것들에 대해서는 물어보지 않는다.
"그 친구 목소리는 어떻니? 어떤 게임을 제일 좋아한다니? 그 아이는 나비를 수집하니?"
같은 질문들은 절대 하지 않는다. 대신 어른들은 이렇게 물어본다:
"그 아이 몇 살이니? 형제는 몇 명이라니?
몸무게는 얼마니? 그 애 아빠가 돈은 얼마나 번다니?"
- 앙투안 드 생텍쥐페리, 『어린 왕자』[1]

숫자로 매긴 당신의 취향

이상한 나라의 앨리스는 그림 없는 책을 싫어했는데, 어린 왕자는 숫자만 따지는 어른들을 지루해했습니다. 삶에서 진정 중요한 것들을 숫자만으로 축소시킬 수는 없겠지만, 숫자를 무시하고서는 어른이 되기 어려운 것도 사실인 듯합니다.

제4장에서는 고르기의 행위에 관련된 개인의 주관적인 취향을 그림으로 나타내는 방법들을 공부했습니다. 자신의 취향으로 볼 때 동등하게 여겨지는 ("무차별한") 점들을 서로 연결한 무차별곡선이라는 도구를 사용하여, 다양한 종류의 취향을 표현하고 분류할 수 있었습니다. 특히 한계대체율이라는 개념이 중요한 역할을 했습니다.

1 Antoine de Saint-Exupéry, *Le Petit Prince* (1943).

무차별곡선들로 구성된 무차별지도를 통해 그림으로 표현한 취향은 앞으로 소비자의 선택을 공부함에 있어서 눈으로 특징을 쉽게 알아볼 수 있는 유용한 도구가 될 것입니다. 하지만 그림이 가진 한계도 있습니다. 재화가 2개인 경우에만 편리하게 사용할 수 있다는 점, 대략적인 그림 모양에 따라서 대략적인 결론은 얻기 쉽지만 좀 더 정교하게 결과를 분석하기 불편하다는 점 등입니다.

이 장에서는 앞에서 그림으로 표현했던 취향을 이제는 '숫자'로 나타내어 보려고 합니다. 과연 이것이 가능할까요? 이런 이야기를 늘어놓는다면 어린 왕자는 아마 눈살을 찌푸리겠지만 이 작업은 경제학에서 중요한 단계입니다. 역사적으로 학자들이 많은 시행착오도 겪었고 까다로운 논의도 등장합니다.

5.1 모형: 효용함수

소비자의 선택의 기준을 숫자로 표현하는 고전적인 방법은 **효용함수**(utility function)입니다.

$$U(x_1, x_2) \tag{5.1}$$

[효용함수]

너무 간단하지요? 아직 이것만 가지고서는 뭔가 해보기 어려운 수준입니다. 어쨌든 주어진 식 (5.1)이 어떤 의미인지를 따져 이해해보도록 합시다.

함수로서 효용함수의 성격

먼저 이것은 이름대로 '함수'입니다. 함수(function)란 독립변수와 종속변수 사이에 성립하는 관계를 말합니다. 수학 책에서 많이 접했던 $y = f(x)$에서 x는 독립변수이고 y는 종속변수로, x의 값이 주어지면 $f(x)$라는 함수 규칙에 따라 y의 값이 결정된다는 뜻입니다. 사실 여기서 x, y는 함수의 요소로 들어가는 변수들의 이름이고 f라는 기호가 함수를 가리킵니다.

그렇다면 경제모형에서 함수가 주어질 때 우리는 무엇이 독립변수이고 무엇이 종속변수인지를 파악해야 할 것입니다. 우선 함수 기호 다음에 나오는 괄호 속에

든 것이 독립변수라고 보면, 위 (5.1) 식에서 독립변수는 (x_1, x_2)임을 알 수 있습니다. $y=f(x)$와 다른 점은 독립변수가 2개라는 것, 즉 효용함수가 2변수함수라는 점입니다.[2] 2개의 독립변수들을 하나로 묶어서 (x_1, x_2)로 보면 사실 이것은 제1장에서 **재화 꾸러미**라고 이름붙였던 것에 해당됩니다. 예산집합과 합쳐져서 선택모형이 만들어질 것이므로 양쪽에 공통되게 (x_1, x_2)가 포함됩니다. 한 가지 주의할 점은 선택은 예산집합 범위 내에서 하더라도, 효용함수는 예산집합 범위뿐 아니라 바깥의 점들에 대해서도 정의되어야 합니다. 가격이나 예산액이 변화될 경우 예산집합도 변화한다는 점을 생각해보면 그 이유를 알 수 있을 것입니다. 효용함수와 예산집합은 서로 별개의 개념으로 따로 따로 모형화된다는 점 기억해주세요.

그림 5.1 효용함수

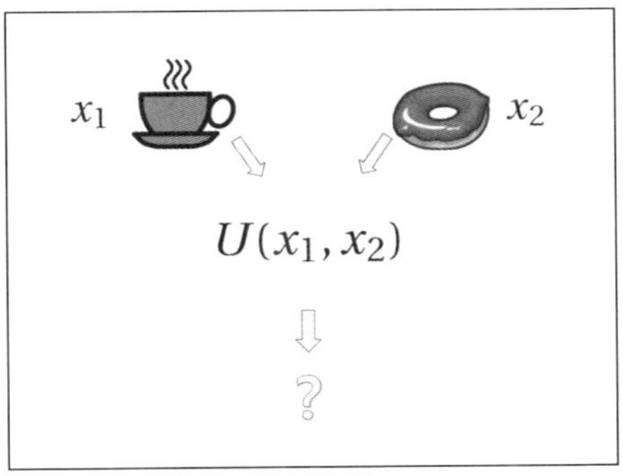

보통 f라고 쓰는 함수 기호를 U라고 한 것은 효용을 뜻하는 영어 단어 utility의 첫 글자를 따온 것으로, 기호는 아무것이나 쓰더라도 상관없습니다. 예를 들어 효용함수를 $v(x_1, x_2)$라고 쓰거나 심지어는 $f(x_1, x_2)$라고 쓰더라도 괜찮습니다.

그렇다면 효용함수의 종속변수는 무엇일까요? 즉 $y=f(x)$와 비교한다면 y에 해당되는 것은 무엇일까요? 여기서 한 가지 팁을 드리자면, 경제학에 등장하는 대부분의 함수들은 그것의 종속변수에 따라 이름이 붙여져 있습니다. (간혹 예외도

2 물론 소비하는 재화가 2개라는 가정 하에서 2개인 것이고, 만약 재화의 갯수를 더 늘리면 독립변수의 수는 더 늘어날 것입니다.

있습니다.) 즉, 효용함수의 종속변수는 바로 **효용**입니다.[3]

근데 도대체 효용이 뭘까요? **효용**(效用, utility)이란 단어와 개념의 기원 및 의미에 대해서는 따지자면 이야기가 무척 깁니다만, 현대 미시경제이론에서 효용은 그냥 '숫자'라고 생각하시면 됩니다. (이 장의 뒷부분에서 효용 개념의 배경과 효용함수 모형의 정확한 사용에 대해 다시 설명하겠습니다.) 효용의 값을 나타내는 변수를 u라는 기호로 나타낸다면 효용함수가 나타내는 함수 관계는 $u = U(x_1, x_2)$라고 쓸 수 있겠습니다. (물론 u라는 기호도 절대적이지 않으므로, $k = U(x_1, x_2)$라고 써도 괜찮고, $y = U(x_1, x_2)$라고 써도 상관없습니다.)

u의 값은 실수(real number)이면 됩니다. 음수여도 되고 양수여도 되고, 정수일 수 있고, 분수일 수 있고, 무리수일 수도 있습니다. 효용을 숫자로 나타낼 때 모형에서 유용하게 사용할 수 있는 성질은, 숫자들 사이에는 언제나 크기를 비교하는 대소 관계가 존재한다는 것입니다. 즉, 효용함수를 통해서 우리는 각각의 재화 꾸러미 (x_1, x_2)에 어떤 숫자를 부여할 수 있고 이 숫자들을 서로 비교하여, 더 높은 효용을 가진 꾸러미와 더 낮은 효용을 가진 꾸러미를 논할 수 있습니다.

예 5.1

자주 사용되는 효용함수의 예들입니다. 자세한 설명은 차차 하게 될 것입니다.

- 선형 효용함수 $U(x_1, x_2) = ax_1 + bx_2$
- 레온티에프 효용함수 $U(x_1, x_2) = \min\{ax_1, bx_2\}$
- 콥-더글라스 효용함수 $U(x_1, x_2) = x_1^{\alpha} x_2^{\beta}$
- CES 효용함수 $U(x_1, x_2) = (x_1^r + x_2^r)^{1/r}$
- 준선형 (quasilinear) 효용함수 $U(x_1, x_2) = \ln(x_1) + x_2$

위 식에서 a, b, α, β, r 등은 주어진 상수 값들입니다. 또한 준선형 효용함수에서 $\ln(x_1)$ 대신에 $\sqrt{x_1}$라든지 다양한 형태의 x_1의 함수가 들어올 수 있습니다.

---

3 마찬가지로 수요함수의 종속변수는 수요이고, 비용함수의 종속변수는 비용, 이윤함수의 종속변수는 이윤 등등입니다.

소비자의 선택 기준과 합리적 소비자모형의 완성

이제 소비자의 선택의 기준은 바로 다음과 같이 쓸 수 있습니다.

> 소비자의 선택의 기준 = [효용극대화]
> "효용의 값이 가장 높은 꾸러미를 선택한다."

다시 말해서, 효용함수는 소비자의 취향을 나타내되 소비자가 선택하고자 하는 대상에 더 높은 효용의 값을 부여하는 규칙입니다. 한편, 앞에서 공부했던 예산집합과 결합하여 합리적 선택 모형은 다음과 같이 구성됩니다.

> 소비자의 합리적 선택모형 = [예산제약 하의 효용극대화]
> "선택 가능한 범위 (예산집합) 내의 다양한 재화 꾸러미들 중에서 효용의 값이 가장 높은 꾸러미를 선택한다."

수식으로 표현하자면 소비자의 합리적 선택모형은

$$(5.2)\qquad \begin{aligned} &\text{maximize } U(x_1, x_2) \\ &\text{subject to } p_1x_1 + p_2x_2 \le m \end{aligned} \qquad \text{[효용극대화 모형]}$$

입니다. 이 모형을 어떻게 풀고, 결과를 해석하고, 분석할지가 제2부의 나머지 부분에서 공부할 내용들입니다. 그 작업은 다음 장에서 시작하기로 하고, 이 장에서는 효용함수 모형 자체에 대해 좀 더 익숙해져보도록 합시다.

5.2 효용함수와 무차별지도: 효용함수의 그래프?

수학적인 모형은 그림으로 나타낼 경우 이해하기 쉬워지는 경우가 많습니다. 종종 함수에 대해서 그래프를 그려서 그 성질을 파악합니다. 그런데, 효용함수는 독립변수가 2개이기 때문에 약간의 문제가 있습니다. 함수의 그래프란 독립변수의 값과 그에 대응하는 종속변수의 값을 묶어서 좌표계 상에 표시하는 것인데, 독립변수가 1개, 종속변수가 1개일 때는 2차원 평면 상에 그릴 수 있지만, 효용함수처럼 독립변수가 2개라면 각 점이 3차원 공간 상에 존재하게 됩니다. 그릴려면 그릴 수 있습니다만 번거롭습니다. 게다가 재화의 갯수를 3개 이상 허용한다면 사실상 그래프 그리기가 불가능해집니다.

이때 한 가지 대안은 등위선을 이용하는 것입니다. 등위선(等位線, level curve)이란 '같은 위치' 혹은 '같은 수준'을 가진 점들을 나타내는 선입니다. 효용함수 $u = U(x_1, x_2)$와 같이 변수 3개를 가진 개체를 2차원 평면 위에 그리려면 이것을 2차원 개체로 변환시켜야 하는데, 그 방법은 3가지 변수 중 하나를 택하여 특정한 수준으로 고정시키는 것입니다. 그릴 수 있는 등위선의 종류는 독립변수 중 하나를 고정시키는 경우와 종속변수를 고정시키는 경우 2가지로 크게 나눌 수 있습니다.

효용함수의 등위선들

(1) 독립변수인 x_1 또는 x_2를 고정

두 재화 중 하나의 양을 어떤 상수 값에 고정시키면, 효용함수는 나머지 재화의 양과 효용 사이의 관계를 알려줍니다. 예를 들어, x_1 = 사과의 양, x_2 = 귤의 양이고 $U(x_1, x_2) = \sqrt{x_1 x_2}$라는 효용함수에서, 귤의 양을 $x_2 = 1$로 고정시켜 놓으면 사과와 효용 사이의 관계는 $u = U(x_1, 1) = \sqrt{x_1}$이라는 공식으로 정리가 됩니다.

두 재화 중 한 재화만의 효용을 논할 때 사용할 수 있는 함수입니다. 다만, 주의할 점은 고정시킨 다른 재화의 값이 무엇이냐에 따라서 관계 전체가 바뀐다는 것입니다. 즉, 앞에서 들었던 예에서 $x_2 = 4$로 바꾸면, $u = U(x_1, 4) = \sqrt{4x_1} = 2\sqrt{x_1}$이라는 함수로 바뀌게 됩니다.

다시 말하자면, 엄밀한 의미에서 '사과 1개의 효용'이라는 개념은 성립하지 않습니다. 대신, '귤이 1개인 상황에서 사과 1개의 효용'이라든지, '귤이 2개인 상황에서 사과 1개의 효용' 등이 성립할 따름입니다. 즉, 효용은 언제나 두 재화의 양을 모두 알아야 계산할 수 있는 것입니다. 하지만, 논의의 편의를 위해서 간혹 두 재화 중 하나를 고정시킨 상태에서 나머지 한 재화의 효용을 논할 수 있고, 이 관계는 쉽게 평면 상의 그림으로 나타낼 수 있습니다. 이 그림은 나중에 한계효용이라는 개념을 논할 때 사용할 수 있습니다. (단, 아래에서 다시 주의를 주겠지만, 현대 미시경제이론에서 한계효용은 조심해서 사용해야 하는 개념입니다.)

예 5.2

위에서 언급한 $U(x_1, x_2) = \sqrt{x_1 x_2}$에 대해서 $x_2 = 1$이라면, $U(x_1, 1) = \sqrt{x_1}$이고 이를 그림으로 그리면 그림 5.2에 나온 곡선 그래프 중 아래쪽의 것이고, $x_2 = 2$라면 $U(x_1, 2) = \sqrt{2x_1}$이 되어 그림에서 위쪽에 있는 곡선 그래프가 됩니다.

한편, 만약 $x_2 = 0$이라면 어떻게 될까요? $U(x_1, 0) = 0$이라는 상수함수가 되어 버립니다. 즉, 한 재화의 수량이 0이라면 다른 재화의 양과 상관없이 효용 값은 상수가 되며, 이 소비자에게 한 재화의 수량이 0일 때 또 다른 재화는 사실상 중립재라는 의미가 됩니다. 그림으로는 그냥 x_1축이 될 것입니다.

그림 5.2 예 5.2

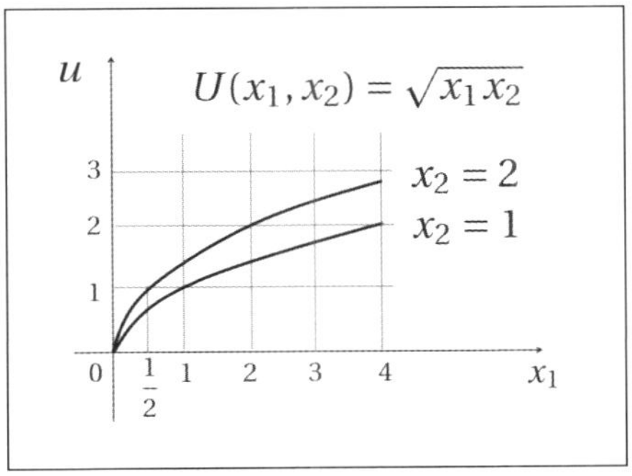

(2) 종속변수인 u를 고정

효용함수의 등위선 중 더 중요한 것은 종속변수인 효용의 값을 고정시킨 그림입니다. 이 개념을 가장 쉽게 이해하는 방법은 지도에 사용되는 등고선(等高線)을 떠올려보는 것입니다. 높낮이가 다른 지형을 평평한 지도 상에 표시하기 위해서 도입된 장치는 등고선은 같은 높이인 지점들을 연결한 것입니다.

그런데 예를 들어 해발 350미터의 산을 지도 상에 표시한다고 할 때, 산이 가지는 높이는 미터 단위로만 보아도 1미터부터 350미터까지 350가지나 다른 수준이 존재하지만 이를 일일이 다 표기하지는 않고 일정한 단위를 주어서, 예컨대 100미터씩 잘라서, 몇 개의 높이만을 표기합니다. 지도를 읽는 것에 익숙해진 사람은 등고선만 보고서도 대략 실제 산의 모양을 입체적으로 떠올려볼 수 있는 것이지요.

그림 5.3 지도의 등고선

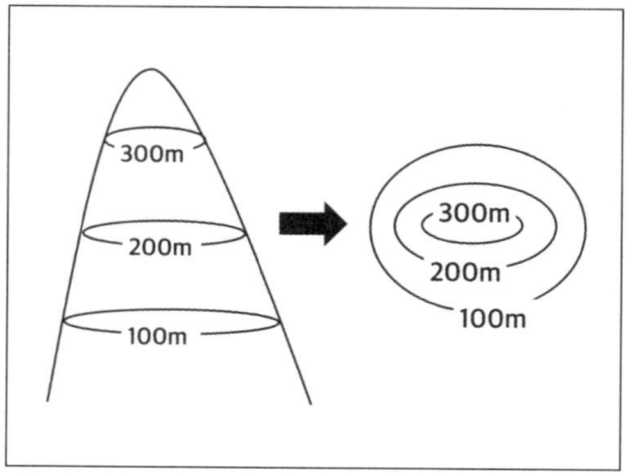

효용함수의 등위선도 마찬가지입니다. 효용함수 $u = U(x_1, x_2)$에 대해서 u의 값을 적당한 숫자로 고정시킵니다. 예를 들어 $u = 100$이라고 해봅시다. 그렇다면 $100 = U(x_1, x_2)$라는 식을 만족하는 (x_1, x_2)의 점들을 그려놓은 것이 효용함수의 등위선으로서, 이들은 모두 100이라는 효용을 가진 등효용선입니다.

예 5.3

앞의 예에서 사용했던 효용함수 예를 가져오면 $U(x_1, x_2) = \sqrt{x_1 x_2}$이고, 효용의 수준을 $u = 100$이라고 놓으면 $100 = \sqrt{x_1 x_2}$ 즉 $x_1 x_2 = 10000$은 하나의 등효용선입니다. 그림 5.4에 그려져 있습니다.

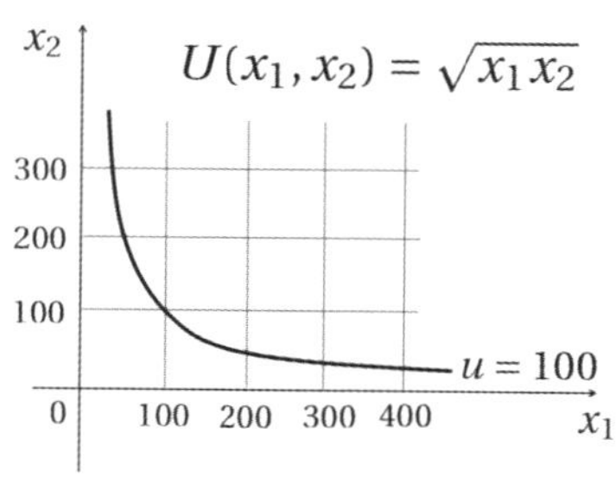

그림 5.4 예 5.3

무차별지도

효용함수의 등위선 중 하나인 등효용선은 바로 앞 장에서 공부했던 **무차별곡선**(indifference curve)입니다. 무차별곡선 위에 있는 모든 점들은 동일한 효용 값을 가지고 있기 때문에 그 모든 점들 사이에 소비자는 무차별한 느낌을 갖는다, 즉 어느 점을 주던지 똑같이 좋아한다라고 해석하는 것입니다. 예를 들어, $100 = U(x_1, x_2)$라는 무차별곡선 상의 (x_1, x_2)들은 모두 동일하게 100이라는 효용을 주는 재화 꾸러미들이고, 소비자는 이 꾸러미들 사이에서 무차별합니다.

무차별곡선은 단 하나의 효용 수준에 대해 그린 하나의 선입니다. 실제 효용함수에는 100이라는 효용 수준 이외에도 수많은 다른 수준이 있을 것입니다. 현실적으로 이들을 다 그려줄 수는 없지만, 지도에서 등고선을 그릴 때와 마찬가지로 서로 다른 효용 수준 몇 개를 골라서 그려주어야 효용함수 전체의 모양이 대략이라도 파악될 것입니다. 이렇게, 몇 개의 무차별곡선을 모아서 효용함수 전체의 므양 개요를 알아볼 수 있게 그려놓은 것이 **무차별지도**(indifference map)입니다. 따라서, 바로 무차별지도가 효용함수의 그래프에 가장 가까운 개념이라고 할 수 있겠습니다.

예 5.4

$U(x_1, x_2) = \sqrt{x_1 x_2}$라는 효용함수에 대해 무차별지도를 나타내기 위해 3개 정도의 무차별곡선들을 그리면 그림 5.5와 같습니다.

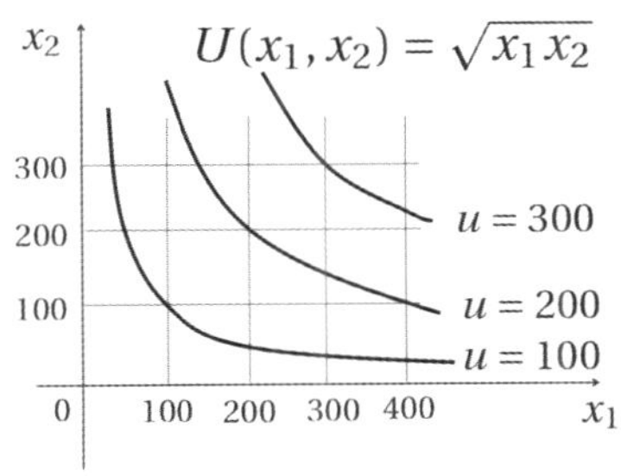

그림 5.5 예 5.4

5.3 특수한 무차별곡선들에 대응되는 효용함수들

중립재

재화 1이 중립재이고, 재화 2는 경제재화일 때 무차별곡선은 수평선입니다. 그림 5.6은 앞 장의 그림 4.7입니다. 이 무차별곡선들을 공식으로 나타내어볼까요?

그림 5.6 재화 1이 중립재, 재화 2는 경제재화일 때 무차별지도 (그림 4.7과 동일)

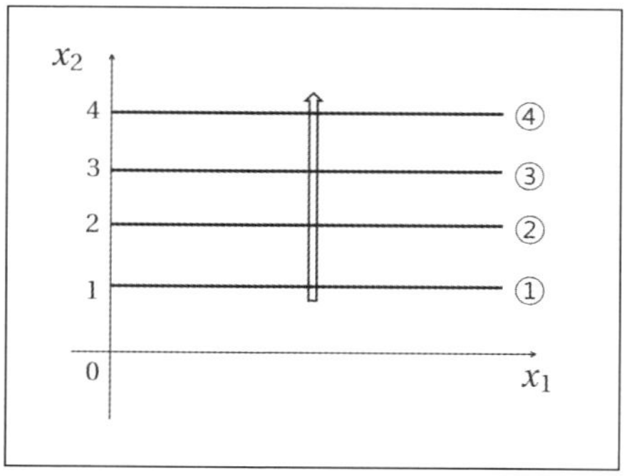

①은 x_2의 값이 1로 고정되어 있는 수평선입니다. 공식으로는 $x_2 = 1$입니다. 마찬가지로 ②는 $x_2 = 2$, ③은 $x_2 = 3$, ④는 $x_2 = 4$입니다. 그런데 이 무차별곡선들은 모두 어떤 효용함수에 대해서 종속변수 값을 상수로 고정한 것의 그래프들입니다. 즉, k가 어떤 상수일 때 $U(x_1, x_2) = k$의 공식인 것이죠. 그렇다면 각 무차별곡선에 대해서 $U(x_1, x_2)$는 같은 식이 적용되고, 각 무차별곡선은 서로 다른 k 값을 가질 것입니다. 알아보기 쉽게 다음과 같이 표 모양으로 정리해보죠.

	$U(x_1, x_2)$	=	k
①	x_2	=	1
②	x_2	=	2
③	x_2	=	3
④	x_2	=	4

각 경우들을 비교해보면 무차별곡선들의 함수 공식에 공통적으로 나타나는 x_2 부분이 바로 효용함수에 대응된다는 것을 알 수 있습니다. 즉,

$$U(x_1, x_2) = x_2 \quad \text{[재화 1이 중립재]} \tag{5.3}$$

가 바로 재화 1이 중립재인 경우의 효용함수입니다. 이 함수 공식에서 독립변수 x_1가 아예 등장하지 않는 것은 중립재는 효용에 영향을 주지 않기 때문입니다.

그림 5.7 $U(\cdot)$와 $V(\cdot)$는 구분이 안 되는 동일한 선호

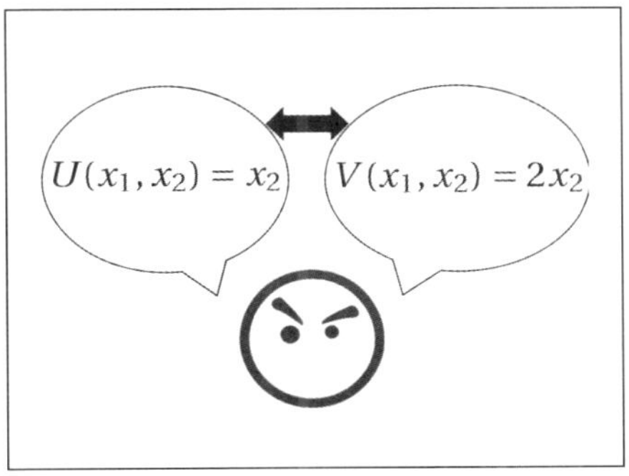

그런데 여기서 한 가지 흥미로운 사실이 있습니다. 만약 $V(x_1, x_2) = 2x_2$라는 효용함수의 무차별지도를 그린다면 어떻게 생겼을까요? 효용함수 V는 위에서 얻은 효용함수 U에다가 2를 곱해놓은 것입니다. 상수 k에 대해서 $V(x_1, x_2) = k$라는 식을 그래프로 그려보면 위의 그림과 동일한 모습의 무차별지도가 그려지게 됩니다. 다른 점은 U 함수에 대해 효용 값이 1, 2, 3, 4이던 것이 V 함수에 대해서는 2, 4, 6, 8로 2배가 된 점뿐입니다.

무차별지도를 그려놓고 효용 값을 알려주지 않은 채 효용함수를 짐작해보라고 한다면 $U(x_1, x_2) = x_2$가 맞는지 $V(x_1, x_2) = 2x_2$가 맞는지 구분하는 것은 불가능합니다. $W(x_1, x_2) = \sqrt{x_2}$도 동일한 무차별지도를 갖습니다. 주어진 효용함수에 2를 곱하거나, 효용함수 전체의 제곱근을 취하는 등의 공식 조작은 선호 자체를 바꾸지는 않습니다. 이 문제에 대해서는 아래에서 다시 더 자세하게 다룰 것입니다.

악재

이번에는 재화 1이 악재인 경우를 보겠습니다. 그림 5.8은 앞 장의 그림 4.9(a)에서 가져 왔습니다. 그림에 수치가 적혀 있지 않기 때문에 정확한 공식을 알아낼 수는 없습니다. 우리의 목적은 대략 이렇게 생긴 무차별지도가 대략 어떤 효용함수의 것인지 알아내는 것이므로 임의로 상황을 설정해보도록 하겠습니다.

그림 5.8 재화 1이 악재, 재화 2가 경제재화 (그림 4.9(a)와 동일)

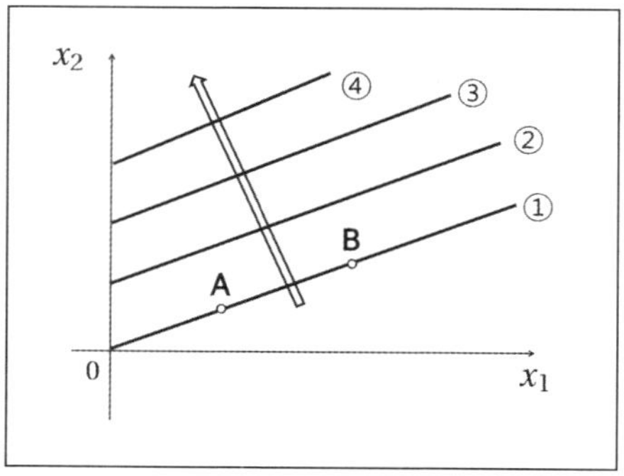

그림에서처럼 무차별곡선이 직선이고, 기울기는 1/2이며 ①, ②, ③, ④의 세로축 절편들이 각각 0, 1, 2, 3이라고 합시다. 그렇다면 직선의 공식은 x_2 = 세로축 절편+기울기x_1이므로 ①은 $x_2 = +\frac{1}{2}x_1$, ②는 $x_2 = 1 + \frac{1}{2}x_1$, ③은 $x_2 = 2 + \frac{1}{2}x_1$, ④는 $x_2 = 3 + \frac{1}{2}x_1$입니다. 이 식들을 다시 한번 표 모양으로 나열해보죠.

	$U(x_1,x_2)$	=	k
①	$-\frac{1}{2}x_1 + x_2$	=	0
②	$-\frac{1}{2}x_1 + x_2$	=	1
③	$-\frac{1}{2}x_1 + x_2$	=	2
④	$-\frac{1}{2}x_1 + x_2$	=	3

따라서 이 무차별지도의 효용함수는

(5.4) $$U(x_1,x_2) = -\frac{1}{2}x_1 + x_2$$ [재화 1이 악재]

라고 짐작할 수 있습니다. 악재인 재화 1의 수량 x_1 앞에 붙은 계수가 음수인 것은 수량 증가가 효용 감소로 이어져야 하기 때문입니다.

중립재의 경우에서 본 것과 마찬가지로 만약 $V(x_1, x_2) = 2U(x_1, x_2) = -x_1 + 2x_2$라는 새로운 효용함수에 대해 무차별지도를 그리더라도 모양은 똑같을 것입니다. (각 무차별곡선이 나타내는 효용 값이 달라질 뿐입니다.) 또한 $W(x_1, x_2) = \sqrt{U(x_1, x_2)} = \sqrt{-\frac{1}{2}x_1 + x_2}$를 그리더라도 마찬가지입니다.

그림 5.9 재화 1이 경제재화, 재화 2가 악재 (그림 4.9(b))

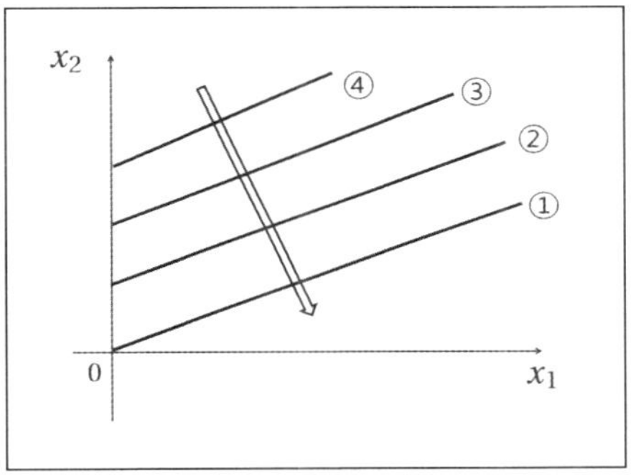

만약 그림 4.9(b)에서 가져온 그림 5.9에 대해서 효용함수를 찾아보려면 어떻게 해야 할까요? 앞 그림과 비교해보면 무차별곡선들 자체는 똑같습니다. 다만 선호되는 방향을 나타내는 화살표가 반대로 그려져 있을 뿐입니다. 즉 관련된 효용함수의 공식 모양은 앞에서와 마찬가지이지만, 각 꾸러미에 부여되는 효용 값, 즉 효용함수의 종속변수 값의 '순서'가 달라져야 합니다. 한 가지 방법은

(5.5) $$\hat{U}(x_1, x_2) = -U(x_1, x_2) = \frac{1}{2}x_1 - x_2$$ [재화 2가 악재]

라고 해보는 것입니다. 즉 마이너스 부호를 곱해줌으로써 재화 1은 수량이 늘어날 때 효용이 증가하는 경제재화가 되고, 재화 2는 이제 수량이 늘어날 때 효용이 감소하는 악재입니다. ①, ②, ③, ④에 대해 $\hat{U}(x_1, x_2)$가 나타내는 효용값들은 이제 $0, -1, -2, -3$이 될 것입니다. 즉 ①의 효용이 가장 높고 ④의 효용이 가장

낮게 설정이 잘 되었습니다. 이제 효용함수의 공식 조작에 대해 새롭게 알게 된 것은 마이너스 부호를 붙일 경우 정반대의 선호를 나타내게 된다는 것입니다.

그림 5.10 마이너스를 붙이면 반대 방향의 선호

완전대체재

이번에는 완전대체재입니다. 그림 4.12를 다시 가져왔습니다. 이번에는 반드시 직선이어야 합니다. 그림에서 기울기는 얼마일까요? 가로축이 1 증가할 때 세로축이 1 감소, 가로축이 2 증가할 때 세로축이 2 감소하는 등의 규칙을 보이고 있습니다. 각 직선은 모두 기울기가 −1입니다. 기울기와 절편을 이용해서 각 직선의 공식을 작성해보면 다음과 같습니다: ①은 $x_2 = 1 - x_1$, ②는 $x_2 = 2 - x_1$, ③은 $x_2 = 3 - x_1$, ④는 $x_2 = 4 - x_1$. 이들을 표 모양으로 정리해보면 다음과 같습니다.

	$U(x_1, x_2)$	=	k
①	$x_1 + x_2$	=	1
②	$x_1 + x_2$	=	2
③	$x_1 + x_2$	=	3
④	$x_1 + x_2$	=	4

그림 5.11 한계대체율=−1인 완전대체재들에 대한 무차별지도 (그림 4.12와 동일)

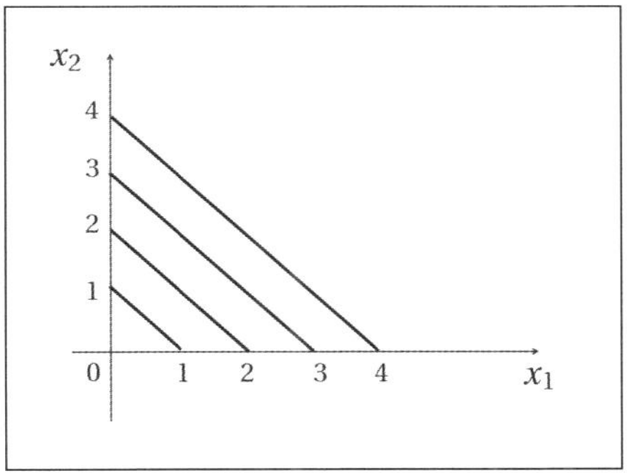

당연히 이때 효용함수는

$$U(x_1, x_2) = x_1 + x_2 \quad (5.6) \quad \text{[대체율 1인 완전대체재]}$$

일 것입니다. 두 재화 모두 경제재화이므로 양수 계수를 가집니다. 또한 기울기가 모두 −1이므로 두 재화의 계수 또한 동일합니다. 특히 −1이라는 기울기는 이 완전대체재 선호가 보이는 상수 한계대체율과도 대응합니다. 재화 1과 재화 2가 정확하게 동등한 역할을 하기 때문에 같은 계수 값을 갖는 것이죠.

앞에서 본 것처럼 전체에 2를 곱해서 $V(x_1, x_2) = 2x_1 + 2x_2$라는 효용함수를 고려해도 무차별지도는 동일합니다. $W(x_1, x_2) = \sqrt{x_1 + x_2}$도 같은 무차별곡선을 가집니다. 혹시 $\hat{U}(x_1, x_2) = -(x_1 + x_2)$라면 이는 완전대체재이고 한계대체율도 1이지만 두 재화 모두 악재인, 전혀 다른 선호입니다.

한계대체율이 1:1이 아니라면 어떻게 될까요? 상수 한계대체율이 2:1, 즉 기울기가 −1/2이라면 무차별지도는 그림 5.12입니다. 위에서처럼 계산을 해보면

$$U(x_1, x_2) = \frac{1}{2}x_1 + x_2 \quad (5.7) \quad \text{[대체율 1/2인 완전대체재]}$$

입니다. 완전대체재이므로 한계대체율이 상수이고 직선입니다. 재화 1은 재화 2의 절반 역할을 하므로 앞에 1/2이라는 계수가 곱해진 것입니다.

그림 5.12 한계대체율=1/2인 완전대체재들에 대한 무차별지도

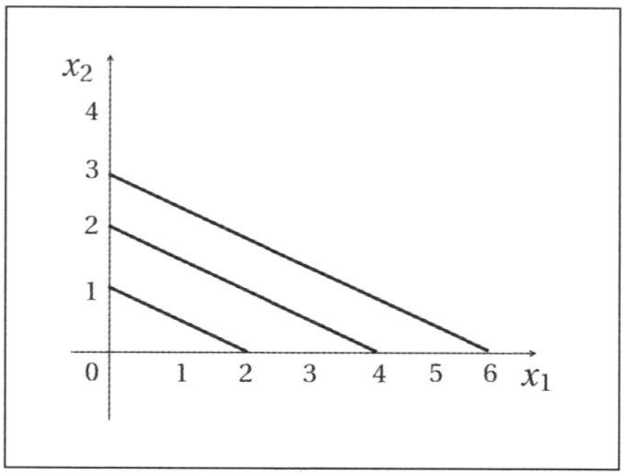

완전보완재

완전보완재 선호는 어떤 효용함수를 가졌을까요? **그림 5.13**은 **그림 4.14**를 다시 가져온 것인데, 이렇게 생긴 그림은 수학적으로 함수의 그래프는 아닙니다. 수학적으로 함수란 x_1에 대해 단 하나의 x_2 값이 대응되어야 하는데 이 그림에서는 무한히 많은 x_2들이 대응되는 부분(수직선 부분)이 있기 때문이죠. 하지만 우리가 원하는 것은 x_1과 x_2 사이의 함수 관계라기보다는 전체 효용함수 $U(x_1, x_2)$입니다.

그림 5.13 결합비율 1:1인 완전보완재들에 대한 무차별지도 (그림 4.14와 동일)

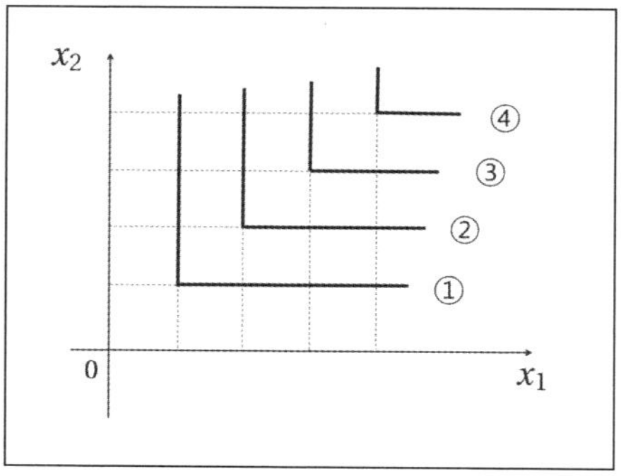

애초에 앞 장에서 완전보완재를 설명할 때 직선이 꺾어지는 꼭지점 부분을 제외하면 두 재화 중 한 재화가 중립재로 변신한다고 한 것을 기억해보세요. 만약 재화

1이 중립재이면 $U(x_1, x_2) = x_2$와 같은 모양임을 이미 알고 있습니다. 반대로 만약 재화 2가 중립재라면 이번에는 $U(x_1, x_2) = x_1$와 같은 모양일 것입니다.

이제 언제 각 재화가 중립재로 변하는지를 생각해보면 됩니다. 왼쪽 신발, 오른쪽 신발을 떠올려보면 한 재화의 양이 더 많아지면 중립재가 됨을 알 수 있습니다. 즉, $x_1 < x_2$이면 재화 2가 중립재가 되어 $U(x_1, x_2) = x_1$이고, 반대로 $x_2 < x_1$이면 재화 1이 중립재로 $U(x_1, x_2) = x_2$입니다. 이 사실들을 묶어서 표현해보면

$$(5.8) \qquad U(x_1, x_2) = \begin{cases} x_1, & (x_1 < x_2 \text{일 때}) \\ x_2, & (x_1 > x_2 \text{일 때}) \end{cases}$$

위 식을 말로 해보면 재화 1의 양이 더 적을 때는 그 양을 효용 값으로 택하고, 재화 2의 양이 더 적을 때는 또 그 양을 효용 값으로 택한다는 것입니다. 간단히 말하자면 두 재화 중 양이 더 적은 쪽의 양을 효용 값으로 택하는 것입니다. (신발로 생각해보면 왼쪽이든, 오른쪽이든 그 수가 적은 쪽이 실제 신발의 켤레 수를 결정하죠.) 따라서 식 (5.8)의 효용함수는

$$(5.9) \qquad U(x_1, x_2) = \min\{x_1, x_2\} \qquad \text{[결합비율 1:1의 완전보완재]}$$

라고 쓰면 됩니다. $\min\{\cdot, \cdot\}$라는 기호의 의미는 괄호 속에 든 양들 중 더 작은 것이 함수의 값이 된다는 것입니다. 만약 $x_1 = x_2$라면 어차피 같은 값이므로 어느 것을 택하든 상관없습니다.

만약 두 재화의 결합비율이 1:1이 아니라 2:1이라면 효용함수는 무엇일까요? 결합비율 2:1, 즉 재화 1의 2 단위와 재화 2의 1단위가 함께 소비되는 것이 선호되는 경우의 무차별지도는 그림 5.14입니다. 직선이 꺾어지는 부분이 (2, 1), (4, 2) 등의 점들입니다. 답부터 알려드리면 이 그림에 대응되는 효용함수는

$$(5.10) \qquad U(x_1, x_2) = \min\left\{\frac{1}{2}x_1, x_2\right\} \qquad \text{[결합비율 2:1의 완전보완재]}$$

입니다. 주의할 점은 재화 1과 재화 2의 결합비율이 2:1인데, 효용함수에서 변수들

그림 5.14 결합비율 2:1인 완전보완재들에 대한 무차별지도

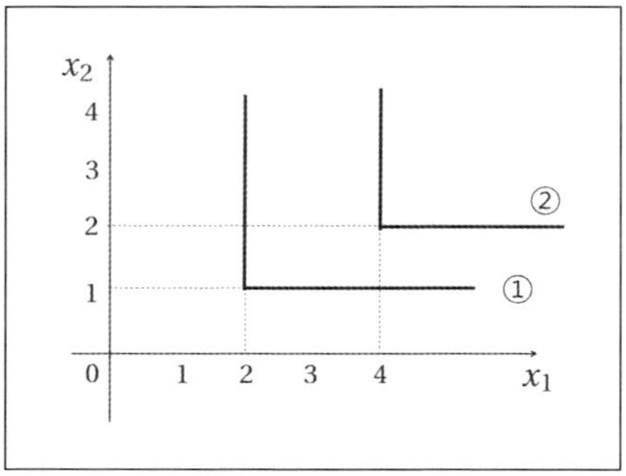

앞에 붙는 계수는 1/2 : 1 즉 1:2라는 것입니다. 수학적으로 왜 그런지는 그림에서 꺾어지는 점을 보면 알 수 있습니다. 직관적으로는 재화 1의 2단위와 재화 2의 1단위가 결합되어야 하므로, 재화 1은 한 쌍(한 켤레)내에서 절반의 역할밖에 못하는 것입니다.

더 생 각 해 보 기

포만점

특수한 선호의 마지막 예로서 포만점이 있는 경우를 보도록 하지요. 앞 장의 그림 4.16을 그림 5.15에 다시 가져왔습니다. (3, 2)가 포만점입니다. 즉 재화 1은 3단위를 소비할 때 가장 많은 효용을 주고, 그보다 많거나 적으면 효용이 감소됩니다. 마찬가지로 재화 2는 2단위를 중심으로 많아도 적어도 효용이 감소합니다.

그림은 정확한 원의 모양은 아니지만 대략적인 모양을 논하기 위해서 무차별곡선이 원인 경우를 생각해보죠. 만약 ①이 점 H를 중심으로 반지름이 1인 원이라면 그 공식은

$$(x_1 - 3)^2 + (x_2 - 2)^2 = 1$$

입니다. 더 바깥쪽의 원들은 같은 중심에서 반지름만 커지는 것이므로 결국 이 식에서 우변의 상수 값만 변할 것입니다. 그렇다면 좌변에 있는 식이 효용함수에 해당될 것으로 짐작할 수 있습니다. 즉, 포만점이 (3, 2)인 경우 효용함수는

$$(x_1 - 3)^2 + (x_2 - 2)^2$$

라고 생각해볼 수 있습니다. 그런데 이렇게 놓으면 포만점 (3, 2)에서 효용의 값은 0이고, 포만점으로부터 멀어질수록

효용함수의 값이 더 커집니다. 즉, 우리가 원하는 효용의 방향과 정반대입니다. 따라서 (3, 2)를 진정한 포만점으로 만들려면

$$U(x_1, x_2) = -(x_1 - 3)^2 - (x_2 - 2)^2 \quad (5.11) \quad [(3,2)\text{가 포만점}]$$

이 오히려 적당할 것입니다. 포만점에서 효용 값은 여전히 0이지만 이제 포만점에서 멀어지면 절대값이 큰 음수가 됩니다.

그림 5.15 (3, 2)에 포만점을 가진 선호의 무차별지도 (그림 4.16과 동일)

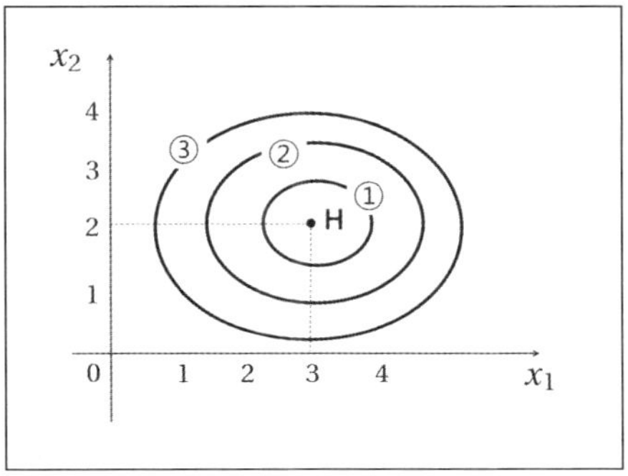

5.4 효용함수와 한계대체율

효용함수의 한계대체율을 공식으로 계산하는 방법에 대해 설명하고자 합니다. 다소 복잡한 계산들이 등장합니다. 이 내용을 완벽하게 이해하지 못하더라도, 앞으로 이 절에서 도출되는 공식 (5.18)만 기억해도 됩니다. 하지만 도출과정을 잘 이해한다면 소비자모형에 대한 이해도가 한층 더 깊어질 것입니다.

한계효용

먼저 한계효용(marginal utility)이라는 개념을 알 필요가 있습니다. 지금까지 몇 번 주의를 주면서 언급했던 개념이자, 아마 경제원론에서 배운 적이 있는 개념일 것입니다.

한계효용은 수학적으로는 주어진 효용함수의 편도함수로 정의됩니다. 즉 $U(x_1, x_2)$라

는 효용함수가 있을 때, 두 가지 한계효용이 있는데 재화 1의 한계효용은

$$(5.12)\quad MU_1 = \lim_{\Delta x_1 \to 0} \frac{\Delta U}{\Delta x_1} = \lim_{\Delta x_1 \to 0} \frac{U(x_1 + \Delta x_1, x_2) - U(x_1, x_2)}{\Delta x_1} = \frac{\partial U(x_1, x_2)}{\partial x_1}$$

이고 마찬가지로 재화 2의 한계효용은

$$(5.13)\quad MU_2 = \lim_{\Delta x_2 \to 0} \frac{\Delta U}{\Delta x_2} = \lim_{\Delta x_2 \to 0} \frac{U(x_1, x_2 + \Delta x_2) - U(x_1, x_2)}{\Delta x_2} = \frac{\partial U(x_1, x_2)}{\partial x_2}$$

입니다.

한계효용의 의미를 말로 써보자면, 다른 재화의 소비량을 고정시킨 상태에서(세테리스 파리부스, ceteris paribus), 단 한 재화의 소비량을 아주 조금 변화시켰을 때 그 결과로 변화하는 효용의 크기를 나타냅니다. 즉, MU_1은 x_2의 값을 어떤 수준으로 고정시킨 상태에서, x_1의 값을 아주 조금 변화시킬 때 효용이 얼마나 변화하는지를 나타냅니다.

여기서 다시 한번 주의할 점은, 현대 소비자이론에서 효용의 값 자체는 '무의미'하다는 것입니다. (다음 절에서 다시 설명할 것입니다.) 예를 들어, $U(1,3) = 100$이고 $U(2,3) = 200$이라고 한다면, 이때 (1,3)의 효용이 100이라는 사실 자체는 중요하지 않습니다. (1,3)의 효용보다 (2,3)의 효용이 더 높다는 사실만이 의미 있습니다. 만약 $V = \frac{U}{100}$라는 새로운 함수를 고안한다면, $V(1,3) = 1$이고 $V(2,3) = 2$일 텐데 여전히 같은 '순서'를 유지하고 있으므로 V와 U는 동일한 취향을 나타내는 효용함수입니다. 따라서 $x_2 = 3$인 상황에서 $x_1 = 1$에서 $x_1 = 2$로 변할 때 변하는 효용의 값은 U의 경우 $\Delta U = 200 - 100 = 100$이고 V의 경우 $\Delta V = 2 - 1 = 1$인데, 이 값들 자체는 우리 모형에서 별 의미가 없는 숫자입니다.

한계대체율과 한계효용

한계대체율이라는 개념이 애초에 소개된 계기는 한계효용 개념을 폐기하기 위한 것이 목적이었다고 할 수 있습니다. 그럼에도 불구하고 실제 주어진 효용함수에 대해 한계대체율을 계산할 때는 한계효용을 사용하는 것이 편리합니다.

동일한 무차별곡선 상의 두 점 (x_1, x_2)와 (x'_1, x'_2)를 생각해봅시다. 이때 두 재화의 변화량은 각각 $\Delta x_1 = x'_1 - x_1$, $\Delta x_2 = x'_2 - x_2$라고 할 수 있고, 이 기호를 사용하면 $(x'_1, x'_2) = (x_1 + \Delta x_1, x_2 + \Delta x_2)$라고도 쓸 수 있습니다.

그림 5.16에 (x_1, x_2)는 점 A, (x'_1, x'_2)는 점 B로 표시되어 있습니다. 두 점을 연결한 선분의 기울기의 절대값은 대체율(RS)입니다. 여기에서 Δx_1과 Δx_2가 무한히 작아서 점 A와 B가 무한히 가까울 때 대체율이 바로 한계대체율(MRS)입니다. 따라서 그림으로 알아보기 쉽게 크게 그려놓았지만 실제로는 $\Delta x_1 \approx 0$, $\Delta x_2 \approx 0$이라고 합시다.

그림 5.16 한계효용을 사용한 한계대체율의 계산

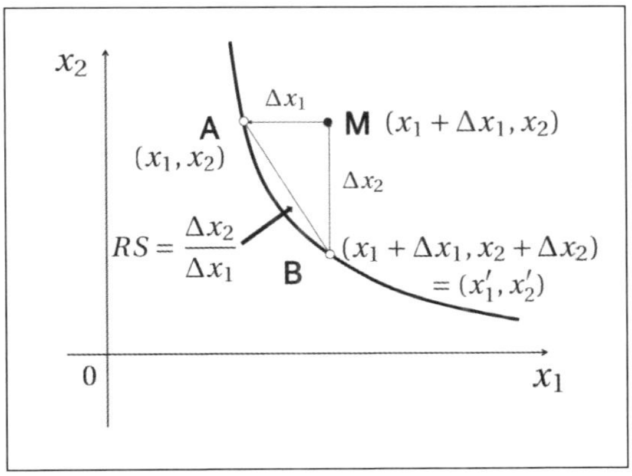

이제 점 A와 B를 직접 바로 비교하지 않고, 점 M이라는 중간 단계를 거쳐서 비교해보도록 하겠습니다. 즉 먼저 점 A에서 M으로 이동해보겠습니다. 수평 이동이므로 x_2의 값은 고정된 상태에서 x_1만 $x_1 + \Delta x_1$으로 늘어났습니다. 그 결과 효용은 늘어났을 것입니다. (두 재화가 모두 경제재화라고 가정합니다.) 그 늘어난 효용의 양을 $(\Delta U)^{A \to M}$라는 (다소 복잡한) 기호로 쓴다면

$$(\Delta U)^{A \to M} = \frac{\partial U}{\partial x_1}(x_1, x_2) \times \Delta x_1 = MU_1(x_1, x_2)\Delta x_1$$

이 됩니다. (x_1, x_2)에서의 한계효용을 나타내는 $MU_1(x_1, x_2)$는 재화 2의 양을

x_2로 고정시킨 상태에서 재화 1을 변화시킬때 효용이 얼마나 변하는지를 나타냅니다. 실제로 A에서 M으로 이동할 때 x_2를 고정시킨 상태에서 x_1이 Δx_1만큼 변했으므로 효용의 변화량은 MU_1 곱하기 Δx_1인 것입니다. 재화 1이 경제재화라면 $(\Delta U)^{A\to M} > 0$일 것입니다.

다음으로 이제 점 M에서 B로 이동한다고 해봅시다. 이번에는 재화 1의 양은 $x_1' = x_1 + \Delta x_1$에 고정시킨 상태에서 재화 2의 양을 Δx_2만큼 변화시킵니다. ($\Delta x_2 < 0$이므로 이 변화는 재화 수량의 감소입니다.) 따라서 이때 변화한 효용을 $(\Delta U)^{M\to B}$라고 표기하면

$$(\Delta U)^{M\to B} = \frac{\partial U}{\partial x_2}(x_1', x_2) \times \Delta x_2 = MU_2(x_1', x_2)\Delta x_2$$

입니다. 재화 2가 경제재화라면 $(\Delta U)^{M\to B} < 0$일 것입니다.

이제 전체 효용의 변화를 $(\Delta U)^{A\to B}$라고 하고 다음과 같이 쓸 수 있습니다.[4]

(5.14)

$$(\Delta U)^{A\to B} = (\Delta U)^{A\to M} + (\Delta U)^{M\to B} = MU_1(x_1, x_2)\cdot \Delta x_1 + MU_2(x_1', x_2)\cdot \Delta x_2$$

그런데 A와 B는 동일한 무차별곡선 상에 있기 때문에 사실은

(5.15) $$(\Delta U)^{A\to B} = 0$$

입니다. A에서 B로 이동하더라도 소비자는 무차별하므로 효용 값이 같아야 합니다. 이제 식 (5.14)와 (5.15)를 합쳐 보면

(5.16) $$MU_1(x_1, x_2)\cdot \Delta x_1 + MU_2(x_1', x_2)\cdot \Delta x_2 = 0$$

(5.17) $$\frac{\Delta x_2}{\Delta x_1} = -\frac{MU_1(x_1, x_2)}{MU_2(x_1', x_2)}$$

4 수학적으로는 $dU = \frac{\partial U}{\partial x_1}dx_1 + \frac{\partial U}{\partial x_2}dx_2$라는 전미분량(total differential)에 해당됩니다.

가 됩니다. 식에서 A와 B 사이의 변화분끼리의 비율인 $\frac{\Delta x_2}{\Delta x_1}\Big|_{A \to B}$의 절대값이 두 점 간의 대체율(RS)입니다. $\Delta x_1 \to 0$이라면 한계대체율(MRS)이므로

$$(5.18) \qquad MRS(x_1, x_2) = \lim_{\Delta x_1 \to 0} \left| \frac{\Delta x_2}{\Delta x_1} \right| = \frac{MU_1(x_1, x_2)}{MU_2(x_1, x_2)}$$

가 됩니다. 식의 마지막 부분에서 MU_2의 값이 (x_1', x_2)가 아닌 (x_1, x_2)로 표시된 것은 $\Delta x_1 \to 0$이라서 $x_1' \to x_1$이기 때문입니다.

참고로 한계대체율은 두 재화 간 대체가 일어나는 경우를 염두에 두고 무차별곡선의 접선 기울기의 절대값으로 정의되었습니다. 접선 기울기 자체는 도출 과정에서 보았듯이 한계효용 비율 앞에 마이너스 부호를 붙인 것입니다. 공식 도출과정에서 Δx_1과 Δx_2의 부호는 역할이 없으므로, 두 재화 간 대체 관계인지 보완 관계인지에 무관하게 언제나 성립합니다.

$$(5.19) \qquad \text{무차별곡선 접선 기울기} = -\frac{MU_1}{MU_2}$$

결론적으로 효용함수가 공식으로 주어질 때 한계대체율은 한계효용 식들의 비율로 계산할 수 있습니다. 이는 주어진 효용함수로부터 무차별곡선을 그리거나, 앞으로 공부할 효용극대화 계산을 할 때 매우 편리한 계산법입니다.

효용함수 $U(x_1, x_2)$로부터 한계대체율을 계산하는 법:

(1) 효용함수를 편미분하여 한계효용함수들을 구한다

$$MU_1 = \frac{\partial U}{\partial x_1}, \quad MU_2 = \frac{\partial U}{\partial x_2}$$

(2) 도출된 한계효용함수들의 비율을 계산한다. (단, MU_2가 분모)

$$MRS = \frac{MU_1}{MU_2}$$

예 5.5

앞 절에서 그림을 보고 유도했던 효용함수 공식들에 대해 MRS 또는 무차별곡선 접선 기울기를 계산해보고 우리가 의도했던 그림들과 맞는지 확인해봅시다.

(a) 재화 1이 중립재인 경우 $U(x_1,x_2)=x_2$: 한계효용을 계산하면 $MU_1=\frac{\partial U}{\partial x_1}=0$, $MU_2=\frac{\partial U}{\partial x_2}=1$. 따라서 한계대체율은 $MRS=\frac{MU_1}{MU_2}=0$으로 수평선인 중립재 무차별곡선을 잘 나타냅니다.

(b) 재화 1이 악재인 경우 $U(x_1,x_2)=-\frac{1}{2}x_1+x_2$: 한계효용은 $MU_1=-\frac{1}{2}$, $MU_2=1$이고 따라서 한계대체율은 $MRS=\frac{MU_1}{MU_2}=\frac{-1/2}{1}=-\frac{1}{2}<0$로 음수가 나옵니다. 두 재화간 '대체' 관계가 아니기 때문에 음수입니다. 무차별곡선의 접선 기울기는 양수인 1/2로 우상향하는 모양입니다.

(c) (1) 재화 1과 재화 2가 1의 한계대체율을 갖는 완전대체재인 경우 $U(x_1,x_2)=x_1+x_2$: $MU_1=1$, $MU_2=1$이므로 $MRS=\frac{1}{1}=1$이 맞습니다.

(2) 재화 1과 재화 2가 2:1로 대체되는 완전대체재라면 $U(x_1,x_2)=\frac{1}{2}x_1+x_2$: $MU_1=\frac{1}{2}$, $MU_2=1$이므로 $MRS=\frac{1}{2}$.

(d) 재화 1과 재화 2가 1:1의 비율로 결합되는 완전보완재인 경우 $U(x_1,x_2)=\min\{x_1,x_2\}$: 이 경우는 미분이 제대로 정의되지 않으므로 위 공식은 불편합니다. $x_1\neq x_2$인 경우 $x_1>x_2$과 $x_1<x_2$을 분리해서 본다면 중립재의 경우를 적용할 수 있을 것입니다.

(e) $(3,2)$가 포만점인 경우 $U(x_1,x_2)=-(x_1-3)^2-(x_2-2)^2$: 공식의 계산을 통해서 앞 장의 그림 4.17(아래 그림 5.17로 다시 그려놓음)을 통해 보았던 영역별 접선 기울기의 부호(무차별곡선이 우상향인지, 우하향인지)를 다시 확인해봅시다.

$$MU_1=-2(x_1-3),\ MU_2=-2(x_2-2)$$

$$\text{기울기}=-\frac{MU_1}{MU_2}=-\frac{-2(x_1-3)}{-2(x_2-2)}=-\frac{x_1-3}{x_2-2}$$

그림에서 (i) 영역에서는 $x_1<3, x_2<2$이므로 분자와 분모 모두 음수이고 따라서 기울기<0입니다. (ii)에서는 $x_1>3, x_2<2$이므로 분자는 양수, 분모는 음수이고 전체 분수 앞의 음수 기호를 감안하면 기울기>0입니다. 마찬가지로 (iii)에서는 분자, 분모 모두 양수이므로 기울기<0이고 (iv)에서는 분자는 음수, 분모는 양수가 되어 기울기>0이 맞습니다.

한계대체율의 단위

한계대체율을 실제로 측정하는 것이 가능할까요? 단위는 무엇일까요? 한계대체율은 정의대로 생각해보면 두 개의 재화를 놓고 서로 맞바꿀 수 있는 비율입니다.

그림 5.17 포만점을 가진 무차별곡선의 영역별 한계대체율 (그림 4.17)

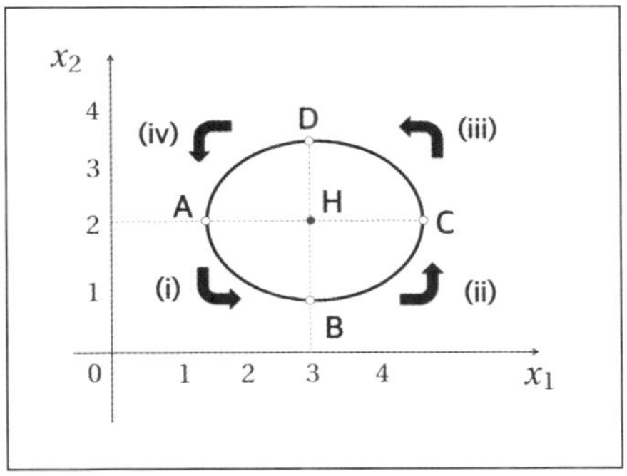

만약 무차별곡선에서 x_1이 커피이고, x_2는 도넛이라면, 한계대체율은 '커피 1잔을 더 얻기 위해서 포기할 수 있는 도넛의 갯수'입니다. 이때 한계대체율의 단위는 도넛갯수/커피잔수입니다.

실제로 한계대체율을 측정하고자 한다면, 좀 어색할 수는 있지만 정말로 커피와 도넛을 갯수를 정해놓고 물어보면 됩니다.

한계대체율의 단위가 재화 2의 단위/재화 1의 단위라는 것은 위의 $MRS = MU_1/MU_2$ 공식에서도 확인됩니다. '효용'의 단위가 무엇인지 명확하지 않은데요 (다음 절에서 잠깐 의논할 예정입니다). 그것이 무엇인지 몰라도 상관없습니다. MU_1의 단위는 '효용의 단위/재화 1의 단위'이고, MU_2의 단위는 '효용의 단위/재화 2의 단위'이므로

$$\text{MRS의 단위} = \frac{\text{효용의 단위/재화 1의 단위}}{\text{효용의 단위/재화 2의 단위}} = \frac{\text{재화 2의 단위}}{\text{재화 1의 단위}}$$

가 맞습니다. 한계효용은 실체가 불분명하지만, 한계대체율은 실체가 있습니다.

한계효용과 한계대체율의 차이점

한계효용과 한계대체율은 이름도 비슷하고, 둘 다 효용함수와 관련된 개념이라는 점도 그렇고, 심지어 한계대체율을 계산할 때 한계효용을 활용하므로 대충 서로

비슷한 개념이라고 생각하기 쉽습니다. 특히, 우리가 이 책에서 강조하는 ‘한계대체율 체감’이라는 성질과 비교해서, 경제원론 교재나 좀 오래된 경제학 서적에 나오는 ‘한계효용 체감’이라는 성질이 서로 밀접한 관계가 있는 것으로 생각하는 경제학도가 많습니다. 이것은 오해입니다.

한계효용과 한계대체율은 엄격하게 구분되어야 하는 서로 다른 개념이고, 특히 한계효용의 체감과 한계대체율은 체감은 서로 아무런 관계가 없는 성질입니다. 다음 예가 보여주듯이 한계효용이 체감하더라도 한계대체율은 체감하지 않는 경우도 있고, 거꾸로 한계대체율이 체감하는데 한계효용이 그렇지 않은 경우도 있습니다.[5]

예 5.6

다음의 예들은 한계효용의 체감과 한계대체율의 체감은 서로 무관함을 보여줍니다.

(1) $U(x_1, x_2) = x_1 + x_2$는 한계대체율이 1로 일정한 완전대체재 선호입니다.

- U 함수에서 재화 1의 한계효용 또한 $MU_1 = 1$로 일정한 상수입니다.
- U 함수 전체를 제곱하면 $V(x_1, x_2) = [U(x_1, x_1)]^2 = (x_1 + x_2)^2$이 되는데 V는 U의 효용 값만 제곱했을 뿐 재화 1과 재화 2 사이의 대체율은 여전히 1입니다. 그런데 제곱의 효과로 인해서 이제 한계효용은 $2(x_1 + x_2)$이 되어 재화 1의 양이 늘어날 때 한계효용 또한 커집니다 (한계효용 체증).
- U 함수 전체에 제곱근을 씌우면 $W(x_1, x_2) = \sqrt{x_1 + x_2}$라는 새로운 효용함수가 되는데, 이 함수 역시 효용 값만 제곱근으로 바꾸었을 뿐 재화 1과 재화 2 사이의 대체율은 역시 1입니다. 한계효용은 재화 소비량이 늘수록 작아져서 한계효용 체감이 성립합니다.
- 다시 말해, U, V, W는 모두 한계대체율이 1인 효용함수로 사실상 같은 선호를 나타냅니다. 그런데 U는 한계효용 일정, V는 한계효용 체증, W는 한계효용 체감을 보입니다. 그림 5.18(a)에 세 경우의 무차별지도와 $x_2 = 1$로 고정한 효용함수 그래프가 나와 있습니다.

(2) $U(x_1, x_2) = \sqrt{x_1 x_2}$는 앞으로 여러 차례 만나게 될 콥-더글라스 효용함수로, 대표적인 한계대체율 체감 효용함수입니다. 그림 5.4와 그림 5.5에서 이미 원점에 대해 볼록한 무차별지도를 본 적이 있습니다.

- U에 대해 한 재화의 한계효용을 구해보면 체감한다는 것을 그림 5.2에서 이미 보았습니다.

---

5 더 자세한 설명은 다음을 참조하세요. 김성현, “한계효용체감과 한계대체율체감 간의 구분: 효용함수 예”, 「경제교육연구」 제15권 2호, 47–74, 한국경제교육학회 (2008).

- U를 제곱하면 $V(x_1,x_2)=[U(x_1,x_2)]^2=x_1x_2$라는 효용함수가 얻어지는데, 이 함수 역시 무차별지도의 모양은 U와 동일하여 한계대체율 체감을 보입니다. 무차별곡선마다 붙는 효용 값만 달라집니다. 한편 V에 대해 재화의 한계효용을 구하면 그 값이 일정한 상수입니다. 즉 한계효용이 불변입니다.
- U를 두 번 제곱, 혹은 V를 제곱한 새로운 함수 $W(x_1,x_2)=(x_1x_2)^2$를 생각해보죠. 이 함수도 여전히 한계대체율은 체감하는 형태입니다. 재화 1의 한계효용은 $2x_1x_2^2$로 재화 1의 양이 늘어날수록 점점 커지는 형태, 즉 한계효용 체증의 성질을 갖습니다.
- 즉, U,V,W는 모두 한계대체율이 체감하지만, 한계효용은 체감, 불변, 체증합니다. 그림 5.18(b)에 세 경우의 무차별지도와 $x_2=1$로 고정한 효용함수 그래프가 나와 있습니다.

(1)은 한계대체율이 불변이면서, 한계효용은 불변, 체감, 체증하는 경우들을, (2)는 한계대체율이 체감하면서, 한계효용은 체감, 불변, 체증하는 경우를 보였습니다. 한편 여기에서는 생략하지만 한계대체율이 체증하면서 한계효용은 체감, 불변, 체증하는 경우의 예도 있습니다.

한계효용은 효용함수의 전체 값을 조절함에 따라 체감하게 만들수도 있고 체증하게 만들 수도 있는 반면, 한계대체율은 함수 내에서 x_1과 x_2가 공식으로 어떻게 연관되어 있는지에 따라 그 성질이 결정되어 있습니다. 다시 말해서, 한계대체율은 소비자의 취향에서 두 재화를 어떻게 비교하는지에 대한 본질적 정보를 담고 있지만, 한계효용은 효용함수의 효용 값을 어떻게 매길 것인지라는 본질적이지 않은 정보를 담고 있습니다.

한계효용 체감과 한계대체율 체감이 밀접한 관계를 갖는 경우

비록 한계효용 체감과 한계대체율 체감이 서로 무관한 성질이지만, 특수한 경우에는 관련이 있을 수도 있습니다. 한 가지 중요한 경우는 다음과 같습니다:

$$U(x_1,x_2)=v(x_1)+w(x_2)$$

식에서 $v(\cdot)$와 $w(\cdot)$는 각각 어떤 함수입니다. 중요한 점은 효용함수가 x_1만의 함수인 $v(x_1)$과 x_2만의 함수인 $w(x_2)$의 합산 형태로 되어 있다는 것입니다. 이런 경우를 좀 어려운 말로 가산분리(additively separable)라고 부릅니다. 간단한 가

그림 5.18 예 5.6 (단, 아래쪽 그림에서는 $x_2 = 1$로 고정)

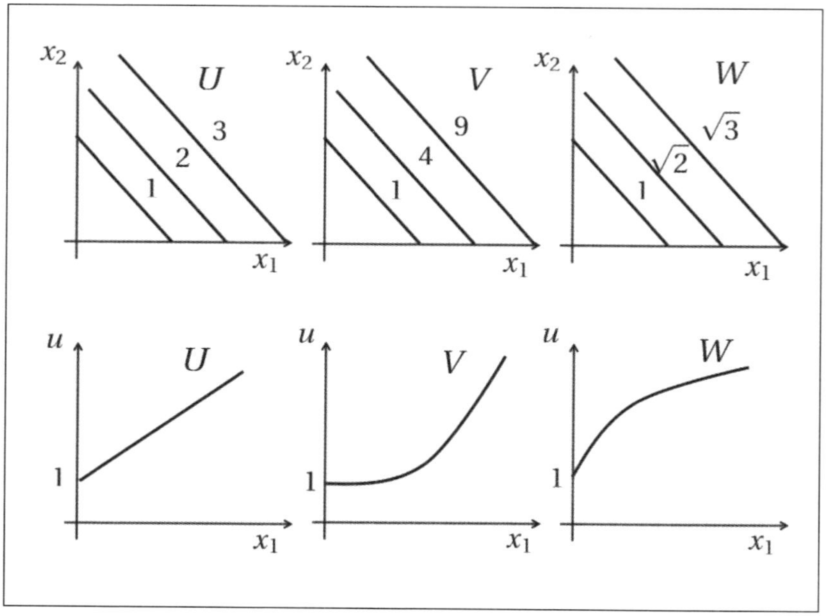

(a) $U = x_1 + x_2$

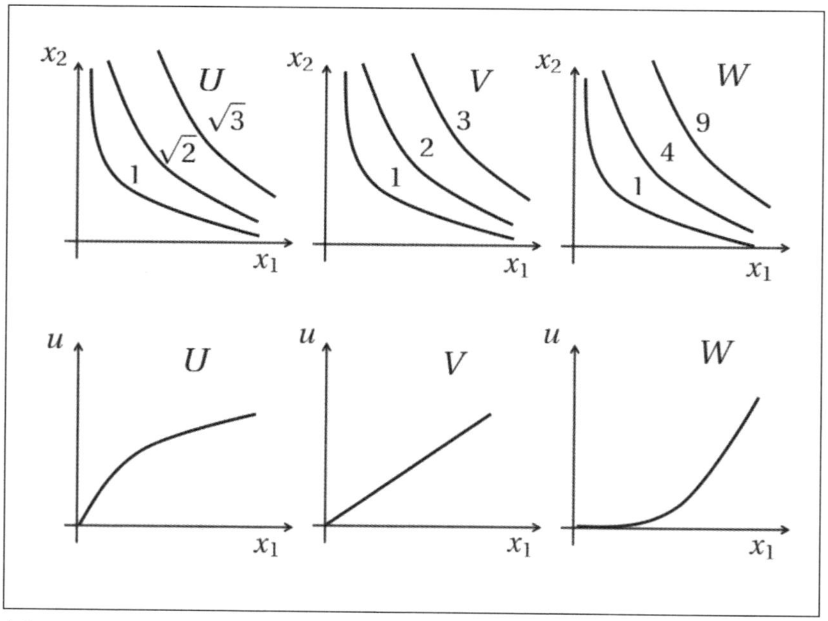

(b) $U = \sqrt{x_1 x_2}$

산분리 효용함수의 예로는 $x_1 + x_2$나 $\sqrt{x_1} + \sqrt{x_2}$ 등이 있겠습니다. 주의할 점은 $\sqrt{x_1 + x_2}$는 효용함수로서 $x_1 + x_2$와 사실상 같은 선호를 나타내지만 앞의 것은 가산분리가 아니고, 뒤의 것은 맞습니다. 효용함수가 가산분리 형태를 가진다면 한계대체율은

$$MRS = \frac{MU_1}{MU_2} = \frac{v'(x_1)}{w'(x_2)}$$

가 됩니다. 즉 한계대체율의 분자는 x_1의 함수이고 분모는 x_2의 함수가 되지요. 만약 두 재화 모두 경제재화이고, 두 재화 모두 한계효용이 체감한다면, 무차별곡선 상에서 오른쪽으로 이동할 때 x_1은 커지고 x_2는 작아집니다. 이때 분자에 있는 $v'(x_1)$은 재화 1의 한계효용 체감에 따라 역시 작아지고, 분모에 있는 $w'(x_2)$는 재화 2의 한계효용 체감에 따라 커집니다 (x_2는 감소하고 있으므로). 즉 분수 전체인 한계대체율은 체감하게 됩니다.

효용함수에 대한 몇 가지 질문들

효용이라는 개념은 매우 모호할 뿐 아니라, 역사적으로 그 의미가 다양하게 사용되었던 것이고 지금도 많이 오해받는 부분이 있습니다. 그냥 효용이라는 게 있고 그것을 종속변수로 갖는 효용함수가 있다는 것을 받아들일 수 있다면 별 문제가 없습니다만, 혹시라도 찜찜할 수 있는 부분을 짚어보고 가겠습니다.

효용의 한 의미는 사람들이 어떤 행동의 결과로 얻는 주관적인 기쁨이나 만족감 같은 것으로, 우리가 모형을 만들 때에는 그것이 숫자로 표현될 수 있다고 생각하는 것입니다. 즉, 그냥 단지 '기분이 상당히 좋다', '만족감이 별로다'라는 식으로 효용을 표현하면 그 이후의 논리 전개가 어렵기 때문에, 정확하게 '내가 사과 1개를 먹을 때 나는 그 행위에서 100이라는 효용을 누린다'라는 식으로 말하는 겁니다.

이런 의미에서 '효용'(utility)이라는 용어는 공리주의(utilitarianism)라고 불렸던 철학의 한 분파에서 즐겨 사용했었습니다. "최대 다수의 최대 행복"이라는 표현으로 유명한 벤덤(Jeremy Bentham, 1748–1832)이 대표적인 공리주의자입니다. 공리주의에서는 인간의 쾌락, 행복이나 만족감을 구체적으로 측정할 수 있다고 생각했고 이를 효용이라고 불렀을 뿐 아니라, 각 사람의 효용을 객관적으로

측정한 다음에는 서로 다른 사람들의 효용 값들을 더하거나 뺄 수도 있고 서로 비교할 수도 있다고 생각했습니다. 그래서 사회 현상을 평가할 때 사람들의 효용의 합이 더 크다면 더 바람직하다고 평가를 한 것이지요. 이런 공리주의적 사고는 현대에 와서도 그 흔적이 남아 있고, 윤리나 도덕에 관한 중요한 한 관점입니다. 경제학에서 효용함수를 사용하는 것을 보아 짐작할 수 있듯이, 경제학 내에서도 여전히 영향력을 갖고 있습니다. 예를 들어, 경제학에서 주된 평가 잣대로 사용하는 **사회 후생**(social welfare)의 개념은 공리주의에 그 뿌리를 둔 것이 사실입니다.

공리주의의 윤리적 입장이나 사고방식은 여전히 남아 있지만, 인간의 효용을 객관적으로 측정할 수 있다는 생각은 그렇지 않습니다. 또한 서로 다른 사람들의 효용 값을 서로 비교하거나 더하는 데는 세심한 주의가 필요하다는 것이 인정되고 있습니다. 소비자모형에서는 효용을 객관적으로 직접 측정할 수 있는 양으로 취급할 필요가 없습니다. 이 장은 바로 효용을 객관적으로 직접 측정할 수 없는 경우에도 어떻게 이를 모형에서 활용할 수 있는가에 대한 탐구의 결과인 것입니다.

효용함수가 주어지면 몇 가지 질문이 떠오를 텐데요, 다음과 같은 것들이 특히 그렇지 않을까 합니다.

효용함수에 대한 질문들

질문 (1) 모든 취향은 효용함수로 나타낼 수 있는가?

질문 (2) 효용의 단위는 무엇인가?

질문 (3) 왜 효용이 높은 것을 선택하는 것이 합리적인가?

질문 (1) 모든 취향은 효용함수로 나타낼 수 있는가?

답은 '아니오, 하지만...'입니다. 인간의 취향을 통일된 규칙에 따라 숫자로 나타내는 것은 얼핏 생각해보아도 보통 일이 아닙니다. 효용함수로 나타낼 수 없는 희한하게 복잡한 취향이 얼마든지 있을 수 있습니다. 하지만, 현대 미시경제이론은 뜻밖에도 상당히 일반적인 조건 하에서 취향을 효용함수로 나타낼 수 있음을 밝혀내었습니다. 인간의 주관적인 취향 내지 선택 기준을 효용함수로 나타낼 수 있는가라는 것은 중요한 학문적 질문이자 수학적으로 다루어지는 내용으로, 고급 미시경제이론의 한 주제입니다. 고급 이론에서는 효용함수로 나타낼 수 없는 경우에도 소비자이론을 어떻게 전개할 것인지에 대해서도 논의가 이루어집니다. 이 내용을 이해하려면 상당한 수준의 수학 지식이 필요하므로 이 책에서는 시도하지 않겠습니다. 취향을 효용함수로 나타내려면 수학적 조건들이 필요하고, 이 조건들은 생각보다는 까다롭지 않다는 정도로 요약해두겠습니다.

질문 (2) 효용의 단위는 무엇인가?

효용이라는 개념 자체가 모호하기 때문에, 효용의 값에는 따로 정해져 있는 단위가 없습니다. 영어 문헌에서는 단위를 언급하는 것이 필요한 경우 효용의 영어 단어 중 앞 부분을 잘라서 util이라는 가상의 단위를 만들어 쓰기도 합니다. 우리도 (거의 필요가 없겠지만) 효용의 단위를 언급할 필요가 있을 때는 '흉'이라는 가상의 단위[6]를 사용하겠습니다. 다시 말해서 효용함수는 각 재화 꾸러미가 몇 흉의 효용을 가지는지 알려주는 함수입니다.

질문 (3) 왜 효용이 높은 것을 선택하는 것이 합리적인가?

가장 중요한 질문이자 많이 오해되는 것입니다. 이 책에서 소비자의 합리적 선택 모형은 효용극대화 모형입니다. 즉, 효용을 극대화하는 소비자를 가리켜서 합리적 선택을 했다고 말할 것입니다. 그런데 이런 표현은 조심해서 해석해야 합니다.

이해를 돕기 위해서 온도계와 날씨 사이의 관계를 생각해볼 수 있습니다. 온도계라고 하는 것은 효용함수와 매우 비슷한 장치입니다. 날씨에는 다양한 측면이 있는데 그것을 분류하고 평가하는 한 가지 차원으로서 '덥고 추운 정도'를 택하고 이를 객관적으로 나타내기 위한 잣대로 온도라는 것을 만들었고 특히 온도계라는 도구까지 만들어 내었습니다. 그런데 다음의 문장들을 한번 보시죠.

문장 (a) 요즘 날씨가 선선해진 것은 온도가 내려갔기 때문이다.

문장 (b) 요즘 날씨가 선선해졌기 때문에 낮은 온도로 표시한다.

문장 (c) 온도가 내려간 것을 보니 날씨가 선선해진 것을 알 수 있다.

이 중에서 문장 (b)와 (c)는 말이 되지만 문장 (a)는 말이 안됩니다. 온도는 날씨의

6 영어 문헌들을 따라 한다면 '효'라고 할 수도 있겠지만, 발음도 다소 약하고 다른 의미로 오해될 소지도 있기 때문에, 발음도 재미있고 절대 다른 의미로 오해될리 없는 단어를 만들었습니다.

덥거나 추운 정도를 나타내는 개념일 뿐, 그것이 실제로 날씨에 영향을 주는 원인은 아닙니다. 즉 온도계의 온도가 떨어진 것이 날씨를 선선하게 만드는 원인이 된 것이 아니라, 날씨가 원인이고 그 결과로 온도가 떨어진 것이 맞습니다. 또한 애초에 온도계를 만든 이유는 그 결과를 보고 원인이 된 날씨를 파악하기 위해서입니다. 효용과 취향/선택 사이의 관계도 마찬가지입니다.

> 설명 (a) B보다 A의 효용이 높기 때문에 A를 선호(선택)한다.
>
> 설명 (b) B보다 A를 선호(선택)하기 때문에 A에 더 높은 효용 값을 부여하면 되겠다.
>
> 설명 (c) B보다 A의 효용이 높다고 하니, 이 사람은 원래 A를 선호(선택)하는 사람이었음을 알 수 있다.

마찬가지로 설명 (b), (c)가 맞고 설명 (a)는 오해입니다. 효용이 높으니까 선택해야 하는 게 아니라, 선택하는 것을 보니 효용 값을 높게 매기는 것입니다. 선호나 선택이 본질이고, 효용은 그것을 나타내는 보조 수단입니다.

설명을 하다 보면 (b), (c)의 방식보다는 (a)가 더 간편할 때가 있기 때문에 (a)처럼 표현을 할 수는 있습니다. 심지어 효용이라는 것이 만족감을 나타내는 객관적 지표인 것처럼 말을 할 수도 있습니다. 우리 모두 해가 동쪽에서 뜨는 것이 아니라 지구가 서쪽으로 자전하는 줄 알고 있지만 여전히 동쪽에서 해가 뜬다고 말하는 것과 마찬가지입니다.

지금까지 설명한 효용 개념을 **서수적 효용**(ordinal utility)이라는 말로 표현합니다. 효용이라는 것이 순서(order)로서의 의미를 가진다는 것입니다. 이에 대비되는 개념으로 **기수적 효용**(cardinal utility)이라는 것도 있습니다. 기수라는 것은 셀 수 있는 수, 혹은 측정할 수 있는 수라는 뜻입니다. 순서만 의미를 가지는 것이 아니라 값 자체에 어떤 의미가 있는 경우를 말합니다.

이미 언급한대로 효용을 100% 객관적이고도 절대적인 방법으로 측정하는 것은 불가능하다고 봅니다. 따라서 100% 완벽한 기수성은 기대할 수 없습니다. 그럼에도 불구하고, 어느 정도의 기수성을 갖춘 효용함수를 논하는 것은 가능하기도 합니다. 만약 우리가 이런 기수적 효용 개념을 사용하고자 한다면 한계효용은 매우

그림 5.19 효용극대화가 합리적선택인 이유

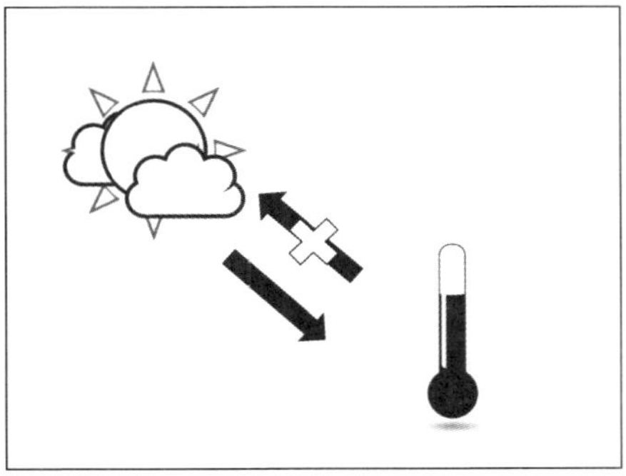

(a) 날씨와 온도계

(b) 선호와 효용함수

중요한 개념이 됩니다. 제2부의 소비자모형, 즉 예산제약 하에서 소비자들의 재화 구매를 설명하는 모형에서는 서수적 효용을 사용하지만, 다른 분야에서는 기수적 효용 개념을 사용하기도 합니다. 다양한 응용경제학 분야에서 기수적 효용 개념을 모형에서 사용하기도 합니다만, 특히 이 책의 마지막 부분에서 소개할 위험 기피 및 불확실성 하에서의 의사결정에 대한 이론에서는 기수적 효용 개념을 일부 사용하며, 그 모형에서는 한계효용이 중요한 부분을 차지합니다.

합리적인 선호와 효용함수

효용함수는 모든 재화 꾸러미들에 대해 어떤 수치를 효용 값으로 부여하는 규칙입니다. 그런데 실제로 중요한 것은 구체적인 효용의 수치 값이 아니라, 그런 효용을 나타나게 하는 사람들의 마음 속 취향 또는 선호(preferences)입니다. 어떤 대안 A와 B에 대해서 소비자가 A를 B보다 더 선호한다면, 우리는 그의 효용함수의 구체적인 값은 모르더라도 적어도 $U(A) > U(B)$인 것은 알 수 있습니다.

그렇다면 이 선호는 어디에서 나오는 것일까요? 경제학에서는 (적어도 아직까지는) 선호의 형성에 대해서 자세히 논하지 않습니다.[7] 단지 어떤 선호가 있고 그

7 심리학과 결합하여 이런 부분에 대한 연구가 이루어지고 있는 것은 사실이지만 아직까지는 뚜렷한 결론을 낼 수 없을 뿐 아니라, 이런 결론을 얻든 못 얻든 이 책에서 앞으로 공부할

선호의 결과로 나오는 행동이 어느 정도의 '일관성'(consistency)을 갖추고 있어서 뒤죽박죽이 아니기를 바랄 뿐입니다.

그 '일관성'이란 것이 바로 선호를 효용함수로 나타낼 수 있게 해주는 성질입니다. 조금 어려운 용어를 쓰자면, 그 첫 번째 성질을 선호의 완비성(completeness, 完備性), 두 번째 성질을 선호의 이행성(transitivity, 移行性)이라고 부릅니다. 앞으로의 내용을 공부할 때 반드시 필요한 것은 아니지만 이론의 완결성을 위해서 적어보겠습니다.

가정 5.1 (선호의 완비성) 어떤 2가지의 대안을 주더라도 소비자는 그 둘을 비교해서 자신의 선호를 표현할 수 있다. 즉, 어떤 2가지의 대안 A, B에 대해서 소비자는 A를 B보다 선호하거나, B를 A보다 선호하거나, A와 B 사이에 무차별하다.

가정 5.2 (선호의 이행성) 3가지의 대안 A, B, C에 대해서 소비자가 A를 B보다 선호하고, B를 C보다 선호한다는 것이 알려져있다고 하자. 그렇다면 소비자는 반드시 A를 C보다 선호한다.

선호의 완비성이 성립하지 않는다면, 이는 소비자가 어떤 두 대안에 대해서는 뭐가 뭔지 몰라서 마음을 정할 수가 없는, 판단할 수 없는 경우가 있다는 뜻입니다. 이런 경우가 현실에는 물론 있겠지만, 분석의 대상으로는 적절하지 않다고 하겠습니다. 완비성이 성립하지 않는다면, 소비자는 선택 자체를 할 수 없는 상황이고 따라서 경제주체로 모형 속에 담을 수 없는 상황이기 때문입니다. 한편, 이행성이 성립하지 않으면 A를 B보다 더 좋아하고 B를 C보다 더 좋아하는데 A는 C보다 좋아하지 않는 이상한 경우가 생길 수 있습니다. 그렇다면 A, B, C 중에서는 도대체 무엇을 좋아하는 것인지 알 수가 없습니다. 우리가 살다보면 이행성을 어기는 일이 충분히 생길 수 있습니다. 하지만 차근차근 따져본다면 뭔가 찜찜하다는 것을 알게 될 것입니다.

완비성과 이행성이 성립하는 선호를 가리켜서 **합리적 선호**(rational preferences)라고 합니다. 여기서 합리성이란 두 개의 대안을 주었을 때 마음의 결정을 할 수 있는 능력과 세 개의 대안을 둘씩 짝지워 보았을 때 왔다갔다 하지 않는 일관성을

내용에는 지장이 없습니다.

의미할 뿐입니다. 그 이상의 어떤 복잡한 개념도 들어 있지 않습니다.

합리적 선호 = 완비적이고 이행적인 선호

효용함수로 나타낼 수 있는 선호는 언제나 합리적입니다. 이것은 아주 간단하게 증명할 수 있습니다. 효용함수 $u(\cdot)$가 3가지 대안 A, B, C에 대해 모두 정확하게 정의된다면, $u(A), u(B), u(C)$는 각각 모두 어떤 숫자일 것입니다. 숫자들끼리는 반드시 어느 하나가 크거나 서로 같기 때문에 완비성이 성립합니다. 또한 숫자들끼리는 둘씩 둘씩 비교할 때 결코 순서가 뒤바뀌는 일은 생기지 않습니다. 따라서 이행성이 성립합니다.

반대로 합리적 선호라면 언제나 효용함수로 나타낼 수 있을까요? 이것은 다소 까다로운 질문으로 고급 미시경제이론에서 공부하는 주제입니다. 하지만 대안의 갯수가 유한하다면 효용함수로 나타내는 일은 매우 쉽습니다.

예를 들어 100개의 대안들이 있다고 해봅시다. 이 중에서 아무 대안이나 두 개를 뽑아서 서로 비교해봅니다. 완비성에 의해 둘 중 하나가 더 좋거나 아니면 무차별할 것입니다. 만약 둘 중 하나가 더 좋다면 좋은 것에 1홍을, 덜 좋은 것에 0홍을 매깁니다. (여기서 효용의 서수성에 의해 0, 1이라는 숫자는 별로 중요하지 않습니다.) 만약 무차별했다면 둘 다 1홍을 매깁니다. 이제 또 하나의 대안을 뽑아와서 1홍인 기존의 대안과 비교해봅니다. 이번에도 더 좋거나, 덜 좋거나, 무차별할 것입니다. 1홍보다 더 좋으면 2홍이라고 하고, 무차별하면 1홍이라고 매깁니다. 만약 1홍보다는 덜 좋다면 기존의 대안 중에서 덜 좋았던 0홍짜리와 비교해봅니다. 0홍보다는 좋다면 0.5홍, 0홍과 무차별하다면 0홍, 만약 0홍보다 못하다면 −1홍을 매깁니다.

잠시만 생각해보면 이런 식으로 해서 100개의 대안들을 모두 검토해서 적당한 숫자를 매기고 이들을 좋아하는 순서대로 늘어놓는 것이 가능할 것입니다. 100개에 그칠 필요 없이 천 개, 만 개라도 괜찮습니다. 다만, 대안의 수가 무한하다면 좀 복잡해집니다. (앞으로 우리가 고려할 소비자 문제는 대안의 수가 무한합니다. 그 대신 우리는 소비자 문제에서 효용함수가 주어졌다고 가정 하에 출발할 것입니다. 이 경우에는 이미 합리적 선호를 당연히 가정하고 있는 것이지요.)

무차별곡선(지도)의 형태와 성질들

다음은 경제원론 교과서 등에서 흔히 제시하는 무차별곡선 및 무차별지도의 성질들입니다. 그런데 이 목록에 일일이 물음표를 달아놓은 것에서 짐작할 수 있다시피 이 성질들은 만고불변의 진리는 아닙니다. 언제 이런 성질들이 성립하는지 살펴보는 것도 우리 모형의 구조를 이해하는 데 도움이 될 것 같습니다.

<u>무차별곡선의 성질들</u>

성질 (1) 모든 점에 대해 무차별곡선을 그릴 수 있다?

성질 (2) 두 개의 무차별곡선은 서로 만나지 않는다?

성질 (3) 모든 무차별곡선은 우하향한다?

성질 (4) 무차별곡선들 중 동북쪽(오른쪽, 위쪽)의 것이 더 높은 효용을 나타낸다?

성질 (5) 원점을 향해 볼록한 모양을 갖는다?

위의 다섯 가지 성질들은 합리적이고 '예의바른' (가정 4.1, 4.2) 선호의 무차별지도에 적용되는 것들입니다. 성질 (1)이 가능하려면 일단 선호가 완비적이어야 합니다. 어떤 두 점을 주든지 서로 비교가 가능해야 한 점과 무차별한 다른 점들을 찾아낼 수 있겠지요. 완비적이지 않은 선호가 있다면 어떤 점에서는 그냥 구멍이 나있을지도 모르겠습니다. 또한, 무차별곡선이 진정한 의미에서 '선(line, curve)'이 되려면 선호가 더 구체적인 성질을 가져야 합니다. 예컨대 포만점이라면 그냥 점만 덜렁 하나 찍혀 있을 뿐 그 점을 지나가는 '선'이 있지는 않습니다. 포만점들이 여러 개 뚝 뚝 떨어져 있는 경우, 그러면서 각 포만점들 간에는 서로 무차별한 경우 무차별곡선은 선으로 그릴 수는 없지만 각각 분리된 점들의 모임일 것입니다.

그림 5.20(a)는 선호가 완비적이지 않으면서 포만점이 여러 개 있는 무차별지도입니다. 그림에 3개의 점과 3개의 원이 나와 있는데 그 외의 점들에 대해서는 소비자가 아무런 의견을 갖고 있지 않은 상태라고 해봅시다. 그렇다면 그 외의 점들에는 무차별곡선을 그릴 수도 있지만 생략한 것이 아니라, 원래부터 없는 것입니다. 한편 A, B, C라는 세 점은 각각 포만점으로 독립적으로 존재합니다. A, B, C끼리 서로 무차별하다면 세 점을 묶어서 하나의 무차별곡선이라고 지칭할 수 있습니다.

그림 5.20 이런 무차별지도는 가능? 불가능?

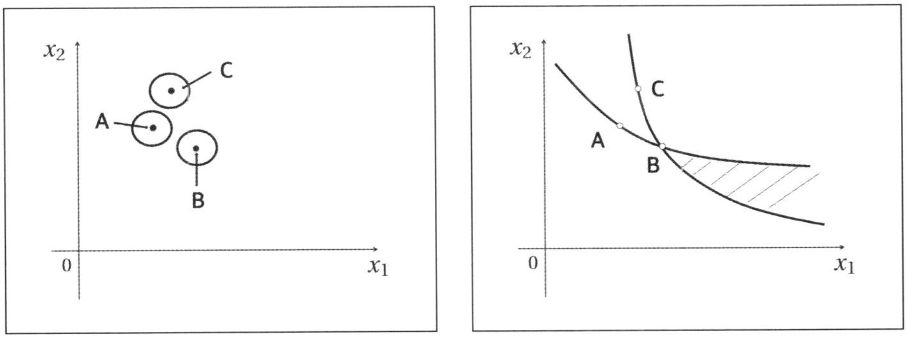

(a) (b)

(2) 두 개의 무차별곡선이 서로 만나지 않는다는 성질도 언제나 무조건 성립하지는 않습니다. **그림 5.20(b)**를 보죠. 그림에서 일단 빗금이 쳐진 부분은 무시하고 보겠습니다. 보통 이 그림과 같은 무차별지도는 불가능하다고 주장할 때 간단한 설명은 다음과 같습니다.

> 설명 (i): A와 B는 같은 무차별곡선 상에 있으므로 서로 무차별하다. 한편 B와 C도 같은 무차별곡선 상에 있으므로 서로 무차별하다. 그런데 A와 C는 서로 다른 무차별곡선 상에 있다. 이것은 불가능하다.

그런데 설명 **(i)**은 정확하지 않습니다. 그려진 두 개의 곡선이 '서로 다른' 무차별곡선이라는 전제가 들어가 있기 때문에, 말하자면 동어반복(**tautology**)일 뿐입니다. 그런 식으로 치자면 이미 저렇게 서로 다른 무차별곡선이 교차하게 그려져 있는데 저게 왜 불가능하죠? 다음이 조금 더 정교한 설명입니다.

> 설명 (ii): A와 B가 같은 무차별곡선, B와 C가 같은 무차별곡선 상에 있으므로 A와 C도 서로 무차별해야 한다. 그런데 C는 A보다 동북쪽에 있으므로 A와 무차별하지 않고 A보다 더 선호된다. 따라서 이 그림은 불가능한 상황이다.

설명 **(ii)**는 틀리지 않습니다. 보통 교차하지 않는다고 보는 이유가 바로 이 논리입니다. 다만 이 설명에는 두 가지 중요한 가정이 깔려 있습니다. 첫 번째는 **A**와

B가 무차별하고 B와 C가 무차별하다면 A와 C도 꼭 무차별해야 한다는 것입니다. 이는 선호의 이행성입니다. 언제나 성립하는 성질이 아닙니다. 두 번째는 C가 A보다 북동쪽에 있다면 A보다 더 선호되거나 적어도 무차별하지는 않다는 부분으로, 이는 경제재화(또는 악재)를 가정한 것입니다.

따라서 이행성이 성립하지 않거나, 경제재화가 아니라면 **그림** 5.20(b)는 충분히 가능한 무차별지도입니다. 좀 이상한 선호이긴 하지만, 무차별한 점들의 배열이 희한하게도 X자로 교차된 두 선으로 나타난 것이죠. 게다가 그림에 빗금친 부분까지 보자면 이 부분 전체가 모두 A, B, C와 무차별한 점들일 수도 있습니다. 경제재화도 아니고 악재도 아니라면 가능합니다. 그냥 빗금쳐진 영역에 들어가면 소비자가 대충 수량에 신경쓰지 않고 다 마찬가지라고 생각한다는 것이죠. 앞에서 무차별곡선이 꼭 '선'일까라는 의문을 던졌는데, 포만점이 없더라도 경제재화나 악재가 아니라면 선이 아닌 두꺼운 영역이 한 무차별곡선에 있을 수 있습니다.

한편 성질 (3), (4), (5)는 우리가 이미 앞에서 살펴본 것들입니다. (3)이 되려면 두 재화 모두 경제재화이거나 두 재화 모두 악재이어야 합니다. (4)가 되려면 두 재화 모두 경제재화이어야 합니다. (5)가 되려면 한계대체율이 체감해야 합니다.

정리해보자면 종종 제시되는 무차별곡선이 가져야 할 성질들은 선호에 대한 몇 가지 (표준적인) 가정들이 전제되어야 하는 것들입니다. (기초 교과목에서는 표준적인 가정들을 당연히 사용하므로 그렇게 설명한 것입니다.)

연습문제

문제 5.1 효용함수 $u(x_1, x_2) = \sqrt{x_1 + x_2}$가 나타내는 한계대체율은?

문제 5.2 커피(C)와 홍차(T)를 즐겨 마시는 차조은 여사의 효용함수가 $U(C, T) = 3C + 4T$이다. 차 여사의 효용이 나타내는 한계대체율을 계산하고, 차 여사의 무차별지도를 그리시오.

문제 5.3 다음의 각 선호들에 대해 적당한 효용함수를 작성해보시오.

(1) 술을 즐겨 마시는 주정방 씨는 많은 양의 술을 더 선호하며, 소주 1병과 맥주 3병이 똑같다고 생각한다.

(2) 밀크티를 좋아하는 고상한 여사는 한 잔이라도 더 마실 수 있다면 더 좋아하는데, 밀크티 한 잔에는 반드시 홍차 티백 1개를 우려내고 우유 2 숟가락을 넣어야 한다.

(3) 고시원에서 생활하는 고학생 학생은 방의 실내 온도와 먼지 농도에 대해 까다로운 취향을 갖고 있다. 온도가 22도보다 높은 것도 싫어하고 그보다 낮은 것도 싫어한다. 한편 방의 먼지 농도는 낮을수록 좋아한다.

(4) 노래방을 운영하는 노 사장은 손님들의 노래 실력을 평가하는데, 음정이 잘 맞는지에는 관심이 없고, 노래 속도와 목소리 크기를 기준으로 삼는다. 속도가 반주 박자에 가까이 맞을수록, 목소리는 클수록 좋아한다.

문제 5.4 다음은 중간고사와 기말고사, 두 번의 시험점수를 바탕으로 수강생들에 대한 선호를 결정하는 교수들의 평가 방식이다. 각 교수의 평가 방식을 중간고사와 기말고사 점수를 변수로 하는 효용함수로 적당히 작성해보시오.

(1) 정상인 교수는 두 시험 점수의 합계로 선호를 결정한다. 즉, 두 점수의 합이 높은 학생을 선호한다.

(2) 가중치 교수는 중간고사 30%, 기말고사 70%의 가중치를 부여해 평균한 점수로 선호를 결정한다. 예를 들어, 학생 A가 중간 70점, 기말 100점이고 학생 B는 중간 100점, 기말 70점이라면 학생 A를 더 선호한다.

(3) 구제형 교수는 두 시험 점수 중 더 높은 점수로 선호를 결정한다. 예를 들어, 학생 A가 중간 10점, 기말 80점이고 학생 B는 중간 60점, 기말 60점이라면 학생 A를 더 선호한다.

(4) 왕대박 교수는 중간고사 점수는 낮을수록 좋아하고 기말고사 점수는 높을수록 좋아한다.

문제 5.5 사과(A)와 바나나(B)를 소비하는 사람들을 고려한다.

(1) 효용함수가 $U(A,B)=AB$이다. 사과 20개와 바나나 100개를 소비하는 점에서 무차별곡선의 기울기는? (단, 사과를 가로축에 놓고 그린다.)

(2) 효용함수가 $U(A,B)=A^2B^2$이다. 사과 20개와 바나나 100개를 소비하는 점에서 무차별곡선의 기울기는? (단, 사과를 가로축에 놓고 그린다.)

문제 5.6 효용함수가 $u(x_1,x_2)=2\ln(x_1)+\ln(x_2)$의 형태일 때 한계대체율을 공식으로 제시하고, 무차별곡선의 모양을 설명하시오. (힌트: $U(x_1,x_2)=x_1^2x_2$와 비교하시오.)

문제 5.7 사과와 귤을 담은 갯수에 따라 4가지 종류의 과일바구니를 판매하는 상점이 있다. 4가지 종류란 (사과, 귤) = (3, 2), (3, 5), (5, 2), (5, 6)이다. 어느 소비자에게 한 번에 두 종류씩 바구니를 제시했더니 다음과 같이 취향을 밝혔다. 이 정보를 바탕으로 효용함수를 작성해보시오.

(i)	(3, 2)와 (5, 6)을 주었을 때 (5, 6)을 선택
(ii)	(5, 6)과 (3, 5)를 주었을 때 (3, 5)를 선택
(iii)	(3, 5)와 (5, 2)를 주었을 때 (5, 2)를 선택

문제 5.8 효용함수가 $u(x_1,x_2)=x_1(x_2-2)$이다. 이 효용함수의 한계대체율을 공식으로 도출하고, 무차별곡선의 모양이 어떤지 설명하시오.

문제 5.9 효용함수가 $u(x_1, x_2) = \min\{x_1 + 2x_2, 2x_1 + x_2\}$이다. 이 효용함수가 나타내는 선호의 특징을 한계대체율을 중심으로 설명하시오. (힌트: 무차별곡선을 정확하게 그리고 한계대체율이 어떻게 달라지는지를 해석하시오.)

문제 5.10 다음 효용함수들이 어떤 취향을 나타내는지를 알아보고자 한다.

(1) $U_1(x_1, x_2) = (x_1 + 2x_2)^2 = x_1^2 + 4x_1x_2 + 4x_2^2$

(2) $U_2(x_1, x_2) = x_1^2 + 2x_2^2$

(3) $U_3(x_1, x_2) = 2x_1^2x_2^2$

아래 표의 빈 칸을 채워 작성하고 그 내용을 설명하시오.

	효용함수	무차별지도	재화 1의 (자기)가격탄력성
(1)	U_1		
(2)	U_2		
(3)	U_3		

microeconomics

제6장

합리적 소비자모형: 예산제약 하의 효용극대화

바라는 것은 목적에 관련되고 선택은 수단에 관련된다.
우리는 건강하기를 바라고, 건강하게 해주는 행동을 선택한다.
우리는 행복하기를 바라고 그렇게 말하지만, 행복하게 되기를 선택한다고 말할 수는 없다.
선택은 능력 범위 안에 있는 것들에 관련되기 때문이다.
- 아리스토텔레스, 『니코마코스 윤리학』[1]

행복한 개인을 위한 첫 걸음

우리가 제2부 소비자모형, 심지어 거창하게 경제학 전체를 통해서 이르고자 하는 것은 무엇일까요? 사회과학으로서 경제학은 궁극적으로 좀 더 인간이 행복해지는 길을 탐구하는 것이 아닐까 합니다. 하지만 아리스토텔레스가 말하듯 우리는 행복하기를 간단하게 선택할 수는 없습니다. 어쩌면 우리가 선택할 수 있는 메뉴판에는 '행복'이라는 항목이 없을지도 모르니까요. 우리가 이 책에서 공부하는 모형들은 단순하기 짝이 없어서 진정한 행복을 논하기 어렵겠지만, 행복함에 가까이갈 수 있는 길을 우리에게 주어진 메뉴판에서 찾아보기 시작해야 하지 않을까요.

드디어 소비자의 합리적 선택 모형을 공부할 차례가 되었습니다. 지금까지 공부한 내용들은 이 모형을 구성하는 부품들이었습니다. 각 부품들을 이해했으니 이들을

1 Aristotle, *Nicomachean Ethics.*

조립하여 모형을 완성하고 이 모형이 어떻게 작동하는지, 이걸로 무얼 할 수 있는지 알아보아야 하겠습니다.

지금까지 공부한 내용을 정리해봅시다. 제2장에서 메뉴판, 즉 선택의 범위를 나타내는 예산집합을 공부했습니다. 제3장에서는 합리적 선택을 가정하지 않더라도 예산집합으로부터 소비의 모습에 대해 어떤 이야기를 할 수 있는지 알아보았습니다. 여기서 공부했던 탄력성이라는 도구는 합리적 모형에서도 사용할 수 있습니다. 제4장에서는 취향, 즉 선택의 기준에 대한 모형을 무차별지도라는 그림으로 제시했고 제5장에서는 같은 내용을 효용함수라는 수식으로 표현했습니다.

합리적 선택 모형은 (a) 선택범위의 모형(제2,3장)과 (b) 선택기준의 모형(제4,5장)을 합치면 얻습니다. 두 모형을 합쳤을 때 그것의 답을 어떻게 찾을 수 있는지를 이 장에서 알아보겠습니다. 다음 장에서는 좀 더 자세하게 소비자 문제와 그 답을 연결하여 분석하는 방식을 공부합니다.

6.1 합리적 소비자모형의 구조

합리적 소비자모형은 개념적으로 예산집합 그림과 무차별지도를 한 곳에 함께 그리면 됩니다. 그림 6.1이 이 과정을 보여줍니다. 상상할 수 있는 재화 꾸러미들 중에서 소비자의 예산과 재화의 시장 가격에 따라 실제로 소비자가 선택할 수 있는 범위인 **예산집합**이 삼각형 모양으로 칠해져 있습니다. 한편 예산집합과는 별도로 소비자는 상상할 수 있는 재화 꾸러미들에 대해 자신의 취향을 **무차별지도**로 그려 나타낼 수 있습니다. 이제 같은 평면으로 이 두 그림을 가져오면, 실제로 선택 가능한 꾸러미들 중에서 가장 선호되는 꾸러미가 어디인지 찾을 수 있습니다.

수식으로는 다음과 같이 적습니다. 수학적으로 제약 하의 최적화문제(constrained optimization problem)라고 부르는 것입니다. 목적함수(objective function)는 소비자의 취향을 나타내는 효용함수이고 제약식(constraint)은 예산제약식입니다.

(6.1) $$\max\ U(x_1, x_2) \quad \text{subject to}\ \ p_1x_1 + p_2x_2 \le m$$ [합리적 소비자모형]

그림 6.1 합리적 소비자모형의 구성

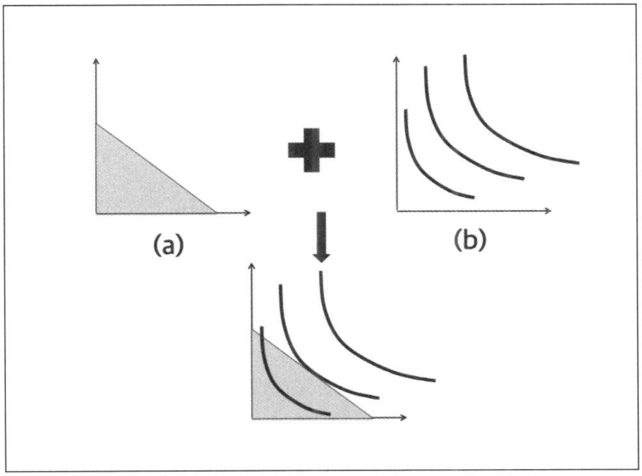

모형이 주어지면 가장 먼저 확인해야 할 것은 외생변수는 무엇, 내생변수는 무엇, 그리고 이 모형에서 얻어야 할 답은 무슨 모양인가입니다. 예산집합과 효용함수를 합해놓은 모형이므로 예산집합의 외생변수와 내생변수가 그대로 이 곳에도 적용됩니다. 효용함수 또는 무차별지도에도 외생변수가 있을 수 있지만 본질적으로 소비자의 개인적 취향을 나타내는 것이므로 객관적으로 변화시켜가면서 분석할 수 있는 대상은 아닙니다. 따라서 예산집합의 모형 구조가 사실상 전체 합리적 선택 모형의 구조가 됩니다. 무엇이었지요?

- 모형의 외생변수: 소비자의 예산(소득) m, 재화의 시장가격 p_1, p_2
- 모형의 내생변수: 소비자의 재화 구입량 x_1, x_2

모형을 받으면 할 일은 주어진 외생변수들의 값에 대해 내생변수의 값을 찾아내는 것입니다. 즉 모형을 풀 경우 다음 형태의 답을 얻을 수 있어야 합니다.

(6.2) $$x_1 = x_1^*(p_1, p_2, m), \quad x_2 = x_2^*(p_1, p_2, m)$$ [수요함수]

각 재화의 수요량 x_1, x_2를 종속변수로 하고, 소비자 선택모형의 외생변수인

가격과 예산 (p_1, p_2, m)을 독립변수로 하는 함수 $x_i^*(\cdot,\cdot,\cdot)$을 **수요함수**(demand function)라고 부릅니다. 즉, 소비자문제의 답은 수요함수입니다.

수요함수는 재화의 가격과 소비자의 예산을 알려줄 때 그 소비자가 각 재화를 얼마나 구입하고자 하는지를 답해줍니다. 이 답을 구하는 과정을 이해하기 위해서, 특수한 취향의 예들에 대해 실제로 수요함수들을 도출해보겠습니다. 수요함수 자체에 대한 자세한 분석은 다음 장에서 계속 이어질 것입니다.

6.2 그림으로 보는 합리적 선택의 원리

먼저 그림을 통해서 합리적 선택의 원리를 알아 보겠습니다. 말로만 적어보자면 단순합니다. 삼각형 모양의 예산 집합을 벗어나지 않으면서 가장 선호되는 무차별곡선까지 도달해보는 겁니다. 만약 두 재화 모두 경제재화라면 가장 동북쪽으로 가보려고 노력하는 거죠. 악재가 있다면 그 양은 가능한 한 줄이는 게 유리할 것입니다. 포만점이 예산집합 속에 들어 있는 경우는 더욱 간단합니다. 그 포만점을 택하면 됩니다. 앞에서 소개했던 특수한 선호들을 하나씩 살펴봅시다.

중립재에 대한 합리적 선택

재화 1이 중립재인 경우를 생각해봅니다. 그림 6.2에 제4장에서 이미 공부했던 무차별지도 그림을 그대로 가져오고 그 위에 임의의 예산선을 겹쳐 그렸습니다. 제2장에서 공부했던 평범한 예산선입니다. 가로축과 세로축의 절편이 각각 총 예산 나누기 재화 가격(m/p_i)으로 총 예산을 모두 한 재화에만 지출할 경우 구입가능한 재화의 최대수량을 나타냅니다. 한 가지 주목할 점은 재화 1이 중립재인데 $p_1 > 0$이 가정되었다는 것입니다. (만약 $p_1 = 0$이었다면 예산선의 가로축 절편이 존재하지 않았을 것입니다.) 다시 말해서 중립재도 현재 양수(+)의 가격에 시장에서 판매된다는 것입니다.

①이라는 번호가 매겨진 아래쪽의 무차별곡선을 봅시다. 만약 ①의 무차별곡선 상에 있는 꾸러미들 중에서 선택을 하겠다고 한다면, '구입 가능한 꾸러미들'이라고 묶인 부분만이 선택의 범위입니다. 그보다 오른쪽에 있는 부분은 이 사람의 예산

그림 6.2 재화 1이 중립재일 때의 합리적 선택

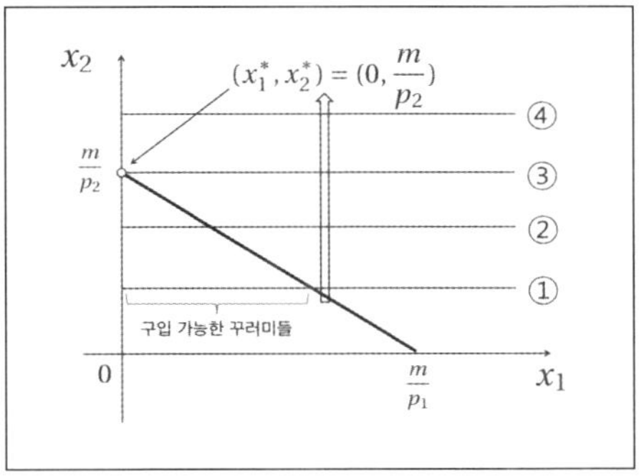

m을 넘어서는 영역입니다. 그런데 ①에서 어떤 꾸러미를 굳이 선택할 필요는 없습니다. 그 위쪽의 다른 무차별곡선들로 이동하는 것이 충분히 가능합니다. 예산집합과 겹치는 부분인 '구입 가능한 꾸러미들'이 다른 무차별곡선들에도 있으니까요.

이 사람에게 재화 2는 경제재화이므로 가능한 한 높이 위치한 무차별곡선으로 이동하는 것이 좋습니다. 그런데 ④에는 구입 가능한 꾸러미가 없습니다. 예산집합을 벗어나 버렸기 때문이죠. ④에 도달할 수만 있다면 물론 좋겠지만 이 사람의 예산 능력으로는 불가능합니다. 따라서 예산 m의 범위에서 이 사람에게 가장 높은 효용을 주는, 가장 선호되는 꾸러미는 ③번 무차별곡선과 예산집합이 서로 만나는 유일한 점, 즉 세로축 절편

(6.3) $$(x_1^*, x_2^*) = (0, \frac{m}{p_2})$$ [재화 1이 중립재일 때 수요함수]

입니다. (두 수요함수를 한꺼번에 표시했습니다.) 이 점보다 조금만 더 위쪽(더 효용이 높은 방향)으로 올라가려면 예산집합을 벗어나야 하고, 이 점이 구입가능한데 굳이 더 아래쪽(효용이 낮은 방향)으로 옮겨갈 이유가 없습니다.

다시 말해서 재화 1이 중립재일 때 합리적 선택점은 세로축 절편, 즉 재화 1을 0개 구입하는 상황입니다. 이것은 아주 상식적인 결론입니다. 재화 1은 이 소비자에게 아무런 효용을 주지 않습니다. 귀중한 예산을 아무 효용 없는 재화에

지출할 이유가 없습니다. 따라서 모든 예산을 털어서 본인에게 효용을 주는 재화 2를 다 구입하는 것이 합리적입니다.

예 6.1

허기 조선생과 갈증 태여사를 기억하시나요? 조선생에게는 음료수가 중립재이고 고기가 경제재화입니다. 한편 태여사에게는 고기가 중립재이고 음료수가 경제재화입니다. 음료수 1병에 3천 원, 고기 1kg에 1만 원하는 가게에 장을 보러 갑니다. 조선생이 3만 원의 예산을 들고 가면 고기만 3kg(=3만 원÷1만 원/kg) 사올 것입니다. 태여사가 같은 3만 원의 예산을 들고 가면 음료수만 10병(3만 원÷3천 원/병) 사올 것입니다.

더 생 각 해 보 기

부부가 같이 가게에 가면 어떻게 되냐구요? 아무리 부부라 해도, 우리의 소비자모형에서는 각자의 취향을 가진 서로 다른 소비자입니다. 따라서 각자 예산을 각자 취향(무차별지도, 효용함수)에 맞추어 산다고 봐야 합니다. 만약 부부가 함께 선택하는 상황을 모형으로 분석하려면, 부부 두 사람에게 공통적으로 적용되는 취향(무차별지도, 효용함수)을 알아내어야 합니다. 만약 아내의 말을 잘 듣는 남편이라면 태여사의 효용함수가 가족 대표 효용함수일 것이고, 만약 남편과 아내의 의견을 정확하게 절반씩 실행하는 민주적인 부부라면 절반씩 예산을 나누어 각자 쓸 수 있습니다. 가계 내에서 서로 다른 효용함수들이 어떻게 합쳐지는지는 여기서는 다루지 않는 주제입니다.

악재에 대한 합리적 선택

그림이 조금 달라지긴 하지만 재화 1이 악재일 경우도 중립재일 때와 비슷합니다. (그림 6.3) 이번에는 가능한 한 서북쪽으로 이동하는 것이 효용을 높이는 방법이고 따라서 예산집합 중 가장 높고 왼쪽인 점, 세로축 절편이 합리적 선택점입니다. 역시 악재인 재화 1은 전혀 구입하지 않고, 모든 예산을 정상적인 경제재화인 재화 2에만 지출합니다. 즉, 재화 1이 중립재인 경우에나 재화 1이 악재인 경우에 (재화 2가 경제재화라면) 수요함수는 동일합니다.

(6.4) $$(x_1^*, x_2^*) = (0, \frac{m}{p_2})$$ [재화 1이 악재일 때 수요함수]

그림 6.3 재화 1이 악재일 때의 합리적 선택

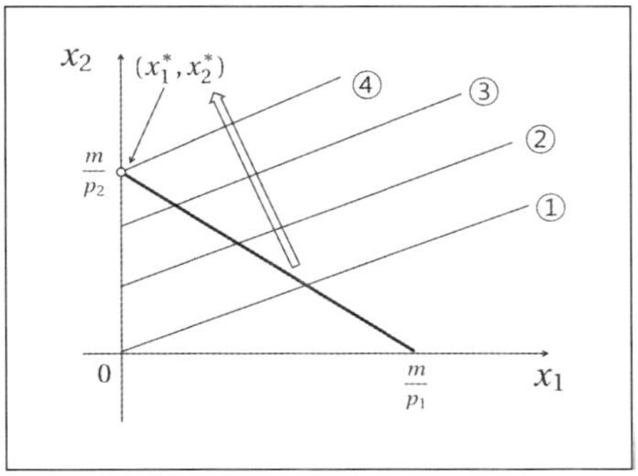

예 6.2

예민한 교수와 왕숙면 박사 기억하시나요? 불면증을 가진 예민한 교수에게는 커피가 악재, 허브차가 경제재화이고, 왕숙면 박사에게는 커피는 경제재화, 허브차는 악재입니다. 커피 1잔에 4천 원, 허브차 1잔에 2천 원이라고 합시다. 각자 예산 8천 원을 찻집에서 사용한다면, 예민한 교수는 허브차만 4잔을 구입할 것이고, 왕숙면 박사는 커피만 2잔 구입할 것입니다.

완전대체재에 대한 합리적 선택

두 재화가 완전대체재일 경우에는 조금 복잡합니다. 무차별지도도 우하향 직선이고 예산선도 우하향 직선이기 때문에 그렇습니다. 그림 6.4에서 ①에서 ④까지 번호가 매겨진 서로 평행한 직선들이 무차별지도입니다. 두 재화간 대체율이 1:1인 경우입니다. 즉, 네 개의 평행한 직선들의 기울기는 모두 −1입니다.

한편, ③번 무차별곡선의 한쪽 끝에서 ④번 무차별곡선의 다른 끝을 연결하는 직선이 예산선입니다. 기울기 −1인 무차별곡선들에 비해 상대적으로 완만한 기울기를 갖고 있습니다. 즉 가로축 절편 $\frac{m}{p_1}$의 값이 세로축 절편 $\frac{m}{p_2}$보다 큽니다. 다시 말하자면

$$\frac{m}{p_1} > \frac{m}{p_2} \iff p_1 < p_2$$

로 재화 2의 가격이 재화 1보다 더 비싼 경우입니다.

중립재와 악재의 경우를 떠올려본다면, 이 그림에서도 축 절편에서 합리적 선택이 일어남을 짐작할 수 있습니다. 그런데 두 개의 절편 중에서 어느 쪽일까요?

그림 6.4 대체율 1:1인 완전대체재들일 때의 합리적 선택

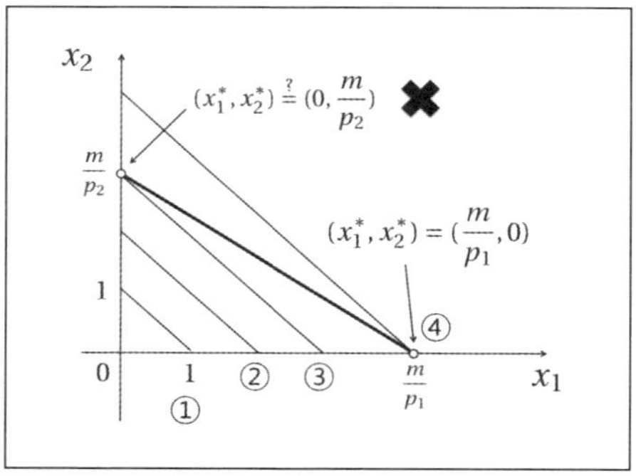

우선 ①이나 ②는 당연히 합리적 선택과는 거리가 먼 무차별곡선들입니다. 예산집합의 내부에 들어와 있고 예산집합 속에서 좀 더 효용이 높은 쪽(둘 다 경제재화이므로 북동쪽)으로 이동이 가능하기 때문입니다. 같은 논리로 보자면 ③번 또한 예산집합의 내부에 들어와 있고, 예산집합 속에서 더 효용이 상승할 여지가 남아 있습니다. ④번이 바로 예산집합 내에서 최대한 북동쪽으로 무차별곡선을 밀어서 효용을 극대화한 상황입니다. 더 이상 북동쪽으로 이동하고자 할 경우 예산집합 바깥으로 빠져 나가게 됩니다.

합리적 선택점은 $(x_1^*, x_2^*) = (\frac{m}{p_1}, 0)$으로 재화 1만 모두 구입하고 재화 2는 구입하지 않는 상황입니다. 그림보다는 상황을 직관적으로 따져보면 더 이해가 쉽습니다. 앞서 설명한대로 주어진 예산선의 기울기는 재화 1이 더 싸고 재화 2가 더 비싼 상황을 나타냅니다. 그런데 이 소비자에게 두 재화는 1:1의 대체율을 가진 완전대체재, 즉 사실상 같은 물건입니다. 같은 물건을 구입하고자 하는데 한쪽이 더 싸다면 더 싼 쪽만 구입하는 것이 합리적입니다. 즉,

(6.5) $(x_1^*, x_2^*) = (\frac{m}{p_1}, 0)$ [1:1 완전대체재이고, $p_1 < p_2$일 때 수요함수]

동일한 무차별지도에 대해서 만약 두 재화의 가격이 바뀌어서 예산선 기울기가 오히려 더 가팔라지는 상황, 즉 재화 1이 상대적으로 더 비싸지는 상황이 된다면 합리적 선택 또한 반대로 재화 2만 구입하는 것이 될 것입니다. 즉,

$$(6.6) \quad (x_1^*, x_2^*) = (0, \frac{m}{p_2}) \qquad [\text{1:1 완전대체재이고, } p_1 > p_2 \text{일 때 수요함수}]$$

입니다. 두 번째 경우에 예산선과 무차별지도의 그림은 어떻게 생겼을지 직접 그려보시기 바랍니다.

위 논리는 대체율이 1:1이 아니더라도 마찬가지입니다. 다만 대체율이 1:1이 아니라면 가격을 단순하게 직접 비교하는 것이 아니라, 대체율을 감안하여 상대적으로 비교해야 합니다. 구체적으로 어떻게 하는지에 대해서는 다음 절에서 수식을 통한 합리적 선택 조건을 다룰 때 좀 더 자세하게 설명하겠습니다만, 아래 예 6.3(b)를 보시면 어느 정도 이해가 될 것입니다.

만약 예산선 기울기와 무차별곡선 기울기가 동일하다면 어떨까요? 그림으로는 무차별곡선과 예산선이 중첩되어 서로 구분하기가 어렵겠지요. 이때는 예산선 상에서 어느 점을 택하든 상관이 없습니다.

예 6.3

돼지고기와 쇠고기를 완전대체재로 취급하는데 대체율은 다른 고기동과 조선생을 비교해봅시다. 우선 돼지고기는 1kg에 1만 원, 쇠고기(아마도 한우?)는 1kg에 3만 원이라고 합시다. 두 사람에게 각각 고기를 살 수 있는 예산으로 10만 원을 주겠습니다.

(a) 고기동이라면, 돼지고기와 쇠고기가 똑같이 1:1의 주관적 가치를 가집니다. 즉 돼지고기 1kg과 쇠고기 1kg은 기동이에게 똑같은 물건입니다. 그런데 가격이 다릅니다. 즉, 같은 돈 10만 원으로 돼지고기만 산다면 10kg을 살 수 있고, 쇠고기만 산다면 10/3=3.33...kg을 살 수 있습니다. 돼지고기와 쇠고기를 섞으면 10kg보다는 적게 살 수밖에 없습니다. 고기를 조금이라도 많이 사고 싶은 기동이는 따라서 가진 돈을 모두 돼지고기를 사는 것에 쓸 것입니다. 주어진 상황에서 기동의 수요는 (돼지고기, 쇠고기) = (10kg, 0kg)입니다.

(b) 허기 조선생은 쇠고기를 '2배' 더 좋아합니다. 즉, 쇠고기 1kg과 돼지그기 2kg이 같은 가치를 가집니다. 가진 돈으로 쇠고기만 사면 3.33...kg이고 돼지고기만 사면 10kg인데, 돼지고기 2kg은 쇠고기 1kg의 주관적 가치를 가진다는 점을 기억한다면 조선생에게 돼지고기 10kg은 쇠고기 5kg이나 마찬가지입니다. 엇? 그렇다면

쇠고기만 살 경우 3.33...kg이고 돼지고기만 산다면 마치 쇠고기 5kg을 산 것과 같습니다. (한편 두 가지를 섞어서 구입한 다음에 쇠고기로 환산해보면 5kg보다는 적습니다.) 따라서 조선생 또한 돼지고기만 삽니다.

두 번째 조선생의 예가 조금 혼란스러우신가요? 간단하게 설명하면 이렇습니다. 조선생은 쇠고기를 '2배' 좋아하는데, 쇠고기의 가격은 돼지고기에 비해서 '3배'입니다. 즉 쇠고기를 좋아하긴 하는데, 그 좋아하는 정도에 비해서 가격이 너무 비쌉니다. 좋아하는 쇠고기이지만 너무 비싸기 때문에 그냥 돼지고기를 사고 마는 것입니다.

완전보완재에 대한 합리적 선택

이번에는 결합비율 1:1인 완전보완재의 경우입니다. 그림 6.5로 본다면 답은 명확합니다. ①의 무차별곡선은 예산집합 내부 영역이 남아 있어서 답이 아니고, ③은 예산집합을 완전히 벗어났으므로 답이 아닙니다. ②에서처럼 무차별곡선이 직각으로 꺾어지는 점에 예산선이 닿는 점이 합리적 선택점입니다.

이 점에서는 두 재화의 소비량이 동일합니다(결합비율 1:1인 경우를 가정하고 있으므로). 왼쪽 신발, 오른쪽 신발을 생각해본다면 한정된 예산으로 신발을 구입하고자 할 때 당연히 켤레를 맞추어서 구입합니다. 그렇다면 실제로 구입하게 되는 수량은 몇 개일까요?

신발의 켤레 단위로 생각하면 쉽습니다. 어차피 왼쪽 신발을 하나 살 때 오른쪽 신발도 반드시 하나 같이 살 것이므로, 한 켤레에 대해 지불하는 총 가격은 $p_1 + p_2$입니다. 총 예산 m으로 최대한 많은 켤레의 신발을 산다고 하면, 살 수 있는 켤레의 수는 $m/(p_1 + p_2)$입니다. 따라서 합리적 선택점에서 두 재화의 수량은

$$(6.7)\quad (x_1^*, x_2^*) = \left(\frac{m}{p_1 + p_2}, \frac{m}{p_1 + p_2}\right) \qquad \text{[결합비율 1:1인 완전보완재의 수요함수]}$$

입니다.

만약 두 재화의 결합비율이 1:1이 아니었다면 어땠을까요? 예컨대 재화 1과 재화 2를 반드시 1:2의 수량 비율로 원하는 사람이 있다면, 이 사람에게 한 '켤레', 즉 재화의 이상적인 모둠은 전체 가격이 $p_1 + 2p_2$일 것입니다. 예산 m으로 살 수

그림 6.5 결합비율 1:1인 완전보완재들일 때의 합리적 선택

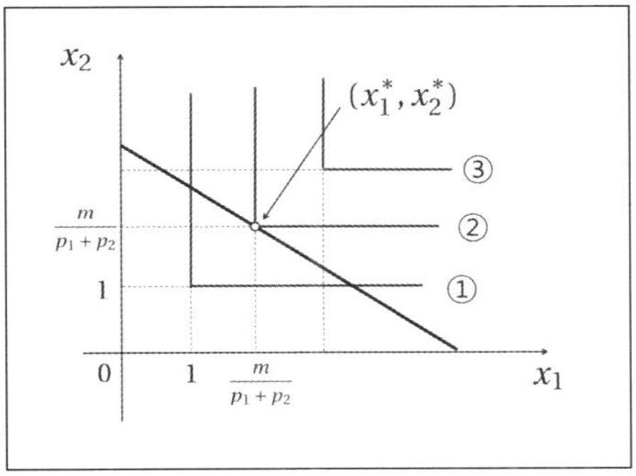

있는 모둠의 갯수는 $\frac{m}{p_1+2p_2}$ 입니다. 한 모둠 속에서는 재화 1이 1개, 재화 2가 2개 들었습니다. 따라서 재화 1의 갯수는 모둠의 수와 같은 $x_1^* = \frac{m}{p_1+2p_2}$ 이고, 재화 2의 갯수는 모둠의 수의 2배인 $x_2^* = \frac{2m}{p_1+2p_2}$ 입니다.

예 6.4

홍차 1잔을 마실 때 반드시 스콘 3개를 먹는 차조은 여사의 티타임 모습을 그려봅시다. 홍차 1잔에 3천5백 원, 스콘 1개 5백 원인 찻집에 매일 갑니다. 차조은 여사가 한 달 동안 찻집에서 지출하고자 하는 예산이 5만 원이라면 그녀는 몇 번의 티타임을 가질 수 있을지 계산해봅시다.

한 번 티타임을 가지려면 드는 금액은 홍차 3천5백 원 + 스콘 3개 1천5백 원 = 5천 원입니다. 따라서 예산 5만 원으로 차여사는 총 10번의 티타임을 가질 수 있습니다. 그렇다면 홍차와 스콘의 수요량은 어떻게 되나요? 한 번의 티타임마다 홍차 1잔과 스콘 3개가 소비됩니다. 따라서 한 달 동안 차여사는 홍차 10잔과 스콘 30개를 소비할 것입니다.

한계대체율 체감과 합리적 선택

특수한 선호들 중 다음 차례는 원래 포만점이었습니다만, 포만점의 경우는 굳이 따질 필요가 없습니다. 만약 예산집합 내에 포만점이 속해 있다면 그것을 택하면 되는 것이고 그렇지 않다면 예산집합에 속한 부분에 대해서 나머지 예들과 같은 논리(가능한 한 포만점에 가까운 예산집합 내의 점을 선택)를 사용하면 됩니다.

이제 기초 경제모형의 표준적인 경우인 '예의바른' 선호, 즉 **경제재화**이면서 **한계대체율이 체감**하는 선호에 대해 합리적 선택의 모습을 살펴볼 차례입니다.

그림 6.6 경제재화이고 한계대체율이 체감하는 선호의 합리적 선택

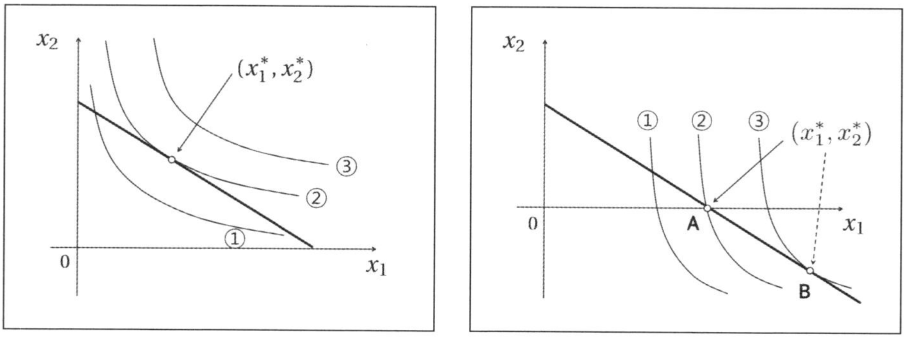

(a) 표준적인 경우 (b) 특수한 경우

그림 6.6(a)가 표준적인 경우입니다. 그림의 의미는 이제 비교적 익숙하리라 생각됩니다. ①의 무차별곡선은 예산집합 내부 영역이 남아 있어서 답이 아니고, ③은 예산집합을 완전히 벗어났으므로 답이 아닙니다. ②에서 무차별곡선이 예산선과 한 점에서 만나 접하는 상황이 바로 예산집합에 머무르면서도 가능한 한 효용이 높은 북동쪽으로 이동한 점입니다.

주의할 점은 **그림** 6.6(b)와 같은 경우도 이론적으로는 가능하다는 것입니다. 평소와 달리 (b)의 그림은 재화 2의 양이 음수인 영역까지 확장해서 그려져 있습니다. (a)의 예산선과 동일한 기울기이지만 오른쪽과 아래쪽으로 (4분면까지) 연장해 놓았습니다. 무차별곡선들의 경우 (a)와 비교할 때 훨씬 가파르게 서 있는 모습입니다. 곡선의 모양 자체만을 놓고 본다면 전체적으로 우하향하면서 한계대체율의 절대값이 체감하는 경우가 맞습니다. 즉, (b)에 그려진 선호는 (a)와 마찬가지로 '예의바른' 선호가 맞습니다.

그런데 (b)의 무차별곡선은 (연장된) 예산선과 점 B에서 접합니다. 즉 점 B를 예산집합의 범위에 포함시켜준다면 B가 합리적 선택점이고 그림 (a)와 원리상 동일한 상황입니다. 그런데 **그림** 6.6(b)의 점 B에서 재화 2의 수량은 음수입니다.

음(−)의 수량을 구입한다는 말은 무슨 뜻일까요? 양(+)의 수량을 구입하는 것과 반대이어야 합니다. 즉, 점 B에서 소비자는 재화 2를 구입하는 것이 아니라 사실은 '판매'하는 것입니다. 판매한 금액만큼 지출할 수 있는 예산이 늘어나기 때문에, 재화 1을 x_1^{max}를 넘어서서 더 많이 구입하는 상황이 점 B입니다.

하지만 우리가 음의 소비(즉 소비자에 의한 재화의 판매)를 허용하지 않는다면, 점 B는 예산집합에 속하지 않고 따라서 합리적 선택점일 수 없습니다. 예산집합 내에서 최대 효용을 주는 점을 찾아야 한다면 그림에서 A로 표시된 점이 답입니다. 이 점에서 소비자는 예산을 털어서 모두 재화 1을 구입합니다. 실제로는 재화 1을 더 많이 갖고 싶지만 예산이 허용하는 한 최대한 구입하는 데서 멈추는 것입니다.

앞으로 우리가 '예의바른' 선호의 합리적 선택점을 논할 때는 그림 6.6(a)의 표준적인 경우를 지칭할 것입니다. 하지만 (b)와 같은 특수한 경우도 가능하다는 사실을 잊어서는 안될 것입니다.

'예의없는(?)' 선호와 합리적 선택

마지막으로 특이한 경우를 하나 더 살펴보겠습니다. 표준적인 경우로서 '예의바른' 선호는 한계대체율이 체감하는 경우입니다. 이번에는 그 반대로 한계대체율이 체증하는 경우를 보겠습니다. 이런 경우라면 무차별곡선의 모양은 가운데 부분이 원점으로부터 더 멀리 튀어나와 있는, 즉 원점을 향해서가 아니라 동북쪽을 향해서 볼록한 모양이 됩니다. 한계대체율이 체감하는 선호를 '볼록' 선호라고 부른다면, 이 선호는 '오목' 선호가 될 것입니다.

이런 선호의 특성 또한 '예의바른' 선호와 정반대일 것입니다. '예의바른' 선호는 두 재화를 골고루 섞어서 소비하는 것을 선호합니다. 한편, 이 절에서 보는 선호는 반대로 두 재화 중 하나를 극단적으로 소비하는 것을 선호합니다. 거리가 먼 두 점을 연결해보면 연결한 선이 무차별곡선보다 아래쪽(서남쪽)이라는 점으로부터 이를 확인할 수 있습니다.

그림 6.7에는 이런 선호의 합리적 선택점 찾기가 표시되어 있습니다. 먼저 주어진 예산선과 무차별곡선이 접하는 경우는 점 A입니다. 하지만 이 점은 효용극대화 점이 아닙니다. 같은 예산선 상에 있는 점 B나 점 C가 더 높은 효용을 나타내기

때문입니다. 실제로 예산선 내에서 가장 무차별곡선을 멀리 밀어보낸 경우는 점 C입니다. 이 그림에서는 오목한 무차별곡선의 모양이 점 C까지 나갈 수 있었고, 만약 오목하면서도 전반적인 모양이 좀 더 평평하게 누워 있는 모양이었더라면 점 B가 합리적 선택점이 되었을 것입니다. (점 B와 점 C가 함께 정확하게 효용극대화를 이루는 경우도 있을 수 있습니다.)

즉, 이런 선호 하에서는 언제나 합리적 선택점은 예산선의 절편인데 그중 어느 것이 답이 될지는 무차별곡선의 구체적인 모양에 따라 달라질 수 있습니다.

그림 6.7 경제재화이고 한계대체율이 체증하는 오목 선호의 합리적 선택

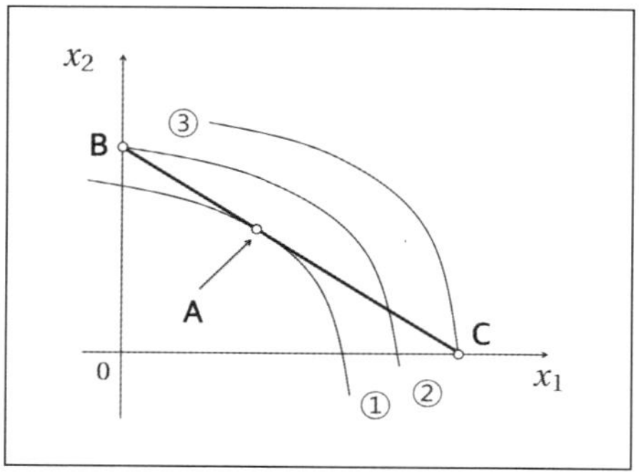

6.3 수식으로 표현한 합리적 선택의 원리

예산선과 무차별지도를 사용하여 그림으로 합리적 선택점을 알아보았습니다. 이 절에서는 효용함수와 예산제약식을 사용하여 수식으로 원리를 공부해보겠습니다.

우선 앞에서 살펴본 경우들 중에서 표준적이라고 할 수 있는 '예의바른' 선호의 경우가 수식으로 나타내기 가장 간편합니다. 이 경우를 먼저 공부하고 '예의바른' 선호가 아닌 경우에는 어떻게 되는지를 알아보겠습니다. '예의바른' 선호는 다음의 두 가지 가정을 만족해야 합니다.

가정 6.1 (경제재화) 재화의 양이 조금이라도 더 많은 것을 선호한다.[2]

2 수학적으로는 $\frac{\partial U}{\partial x_i} > 0$ 즉 각 재화의 한계효용이 항상 양(+)이라고 표현할 수 있습니다.

가정 6.2 (한계대체율 체감) 하나의 무차별곡선 상에서 오른쪽으로 이동할 때 한계대체율의 값이 감소한다.[3]

두 가정은 합리적 선택에 대해 각각 다른 함의를 가집니다. 결론부터 제시하면 다음과 같습니다. 만약 재화꾸러미 (x_1^*, x_2^*)가 주어진 예산 제약 하에서 효용을 극대화하는 합리적 선택점이라면, 그 꾸러미에서 다음의 성질들이 성립합니다.

결과 6.1 합리적 선택점, 즉 예산제약 하의 효용을 극대화하는 재화 꾸러미 (x_1^*, x_2^*)는 다음의 조건들을 만족한다.

(a) 가정 6.1이 성립하는 경우

(조건 a) $$p_1x_1^* + p_2x_2^* = m$$

(b) 가정 6.1 과 가정 6.2가 성립하면서, $x_1^* > 0$, $x_2^* > 0$인 경우

(조건 b) $$MRS(x_1,^*, x_2^*) = \frac{p_1}{p_2}$$

이제 각각의 의미를 자세히 알아보겠습니다.

'예의바른' 선호의 선택 조건 (a) 경제재화라면 예산을 남기지 않는다

(조건 a)로 표현된 첫 번째 원리는 쉽게 이해할 수 있는 것이고 너무나 당연하지만, 자칫 잊기 쉽습니다. 두 재화 중 적어도 하나가 경제재화라면 합리적 선택점에서 예산제약식은 등식으로 성립해야 합니다. 만약 어떤 선택점 (x_1', x_2')에서 (조건 a)가 성립하지 않아서 $p_1x_1' + p_2x_2' < m$이고 재화 1이 경제재화라면, 재화 1의 양을 x_1'보다 조금 더 늘리더라도 예산제약식을 만족시킬 수 있고 경제재화 가정에 따라 소비자의 효용은 증가하게 됩니다. 따라서 (x_1', x_2')는 애초에 합리적 선택점이었을리가 없습니다.

3 수학적으로는 $\frac{d(MRS)}{dx_1} < 0$이라고 쓸 수 있겠습니다. 좀 더 일반적인 수학 표현은 다음과 같습니다. 먼저 임의의 꾸러미 (x_1, x_2)에 대해 '선호집합' $P(x_1, x_2)$라는 것을 다음과 같이 정의합니다: $P(x_1, x_2) = \{(y_1, y_2) : U(y_1, y_2) \geq U(x_1, x_2)\}$. 말로 하자면 선호집합은 기준이 되는 꾸러미와 같거나 그보다 더 높은 효용을 가지는 꾸러미들을 모아놓은 집합입니다. 이제 가정은 이 집합이 볼록이라는 것으로 표현할 수 있습니다.

두 재화가 모두 경제재화일 필요는 없습니다. 만약 한 재화가 경제재화가 아니라더라도, 나머지 재화가 경제재화라면 결국 가능한 한 많은 양을 가지고 싶을 것이므로 예산액을 남길 이유가 없습니다. 만약 재화 1이 중립재이거나 악재라면 재화 2만을 가능한 한 많이 구입할 것입니다. (앞에서 그림을 통해 이 원리를 살펴보았습니다.)

두 재화가 모두 경제재화가 아니라면 (조건 a)는 성립하지 않을 수 있습니다. 만약 두 재화 모두 악재라면 $(x_1, x_2) = (0, 0)$을 택할 것이고 이때 예산제약은 등식으로 성립하지 않습니다. 만약 두 재화 모두 포만점이 있고 그 포만점에서 예산액을 모두 지출할 필요가 없다면 예산제약은 부등식으로 성립할 것입니다.

그림 6.8 '예의바른' 선호의 선택 원리 이해

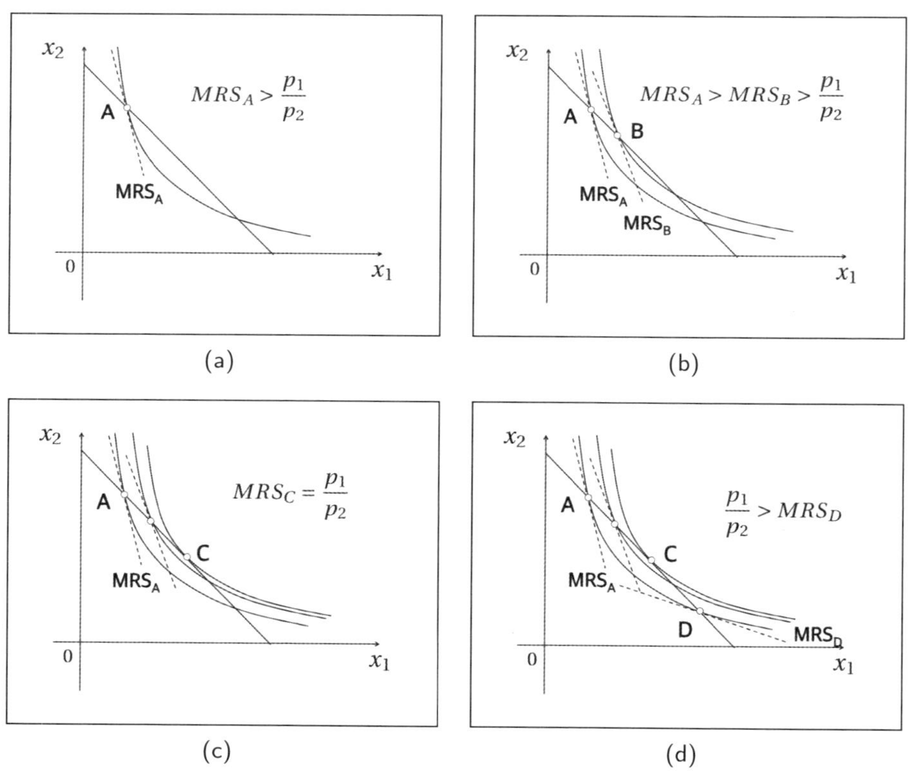

‘예의바른’ 선호의 선택 조건 (b) 경제재화이고 한계대체율이 체감하면 한계대체율과 가격비율을 일치시킨다

두 번째 원리인 (조건 b)는 좀 더 까다롭고 중요합니다. 앞에서 그림 6.6(a)를 통해 이 원리를 보았습니다. 더 자세하게 그림 6.8을 통해 알아보겠습니다.

먼저 그림 6.8(a)에는 (조건 b)가 성립하지 않는 (따라서 합리적 선택점이 아닌) 점 A가 나와 있습니다. 그림의 점 A에서 무차별곡선에 접하는 접선의 기울기의 절대값은 MRS_A로 그림 상에서 예산선의 기울기의 절대값보다 더 가파릅니다. 즉 수치로는 $MRS_A > p_1/p_2$가 성립합니다.

한계대체율의 의미를 되새겨보면, MRS_A는 점 A의 상태에서 재화 1을 조금 더 얻기 위해 (기꺼이) 포기할 수 있는 재화 2의 양을 나타냅니다. 무차별곡선의 정의에 따라 소비자는 무차별곡선 상에서 이동할 때 효용의 변화가 없습니다. 무차별곡선에 접한 직선은 아주 작은 변화에 대해서 무차별곡선과 마찬가지로 취급할 수 있고, 즉 재화 1과 재화 2의 양이 아주 조금 변할 때 이 접선 상에서 이동한다면 소비자는 무차별하다고 해석할 수 있습니다.

예산선 기울기 p_1/p_2는 거래를 통해서 재화 1을 조금 더 얻기 위해서 (어쩔 수 없이) 포기해야만 하는 재화 2의 양을 나타냅니다. 소비자가 점 A의 상태에서 재화 2를 약간 시장에 내다 팔고 그 돈으로 재화 1을 조금 더 구입한다면 소비자는 예산선 상에서 약간 오른쪽으로 이동하게 됩니다. 그런데 소비자는 MRS_A의 기울기를 따라서 재화 2를 제법 많이 포기할 용의가 있었지만, 실제로는 MRS_A보다 더 적은 양 p_1/p_2만큼만 포기해도 괜찮습니다. 원하는 재화 1은 얻었고 포기하고자 했던 것보다 적은 양의 재화 2를 포기했으므로 효용은 증가합니다.

예를 들어 그림 6.8(b)에 나오듯이 점 A에서 점 B로 이동했다고 해봅시다. 점 A보다 점 B는 더 높은 효용 수준의 무차별곡선 위에 있습니다. 즉 점 A보다 더 높은 효용을 주는 점 B가 예산집합 내에 있으므로 점 A는 결코 합리적 선택점이 아니었음을 알 수 있습니다. 게다가 점 B 또한 $MRS_B > p_1/p_2$가 성립하는 상태이므로 점 A와 똑같은 논리에 의해서 포기하고자 하는 재화 2의 양보다 적게 포기하면서 예산선을 타고 오른쪽으로 이동해갈 수 있습니다. 따라서 점 B도 합리적 선택점이 아닙니다. 그런데 점 A와 점 B는 모두 예산선보다 더 가파른 기울기의 한계대체율을 갖고 있지만, $MRS_A > MRS_B$로 점 B에서 한계대체율의 절대값이 조금 작아졌습니다. 이는 바로 **가정** 6.2 '한계대체율의 체감' 덕분입니다.

이런 식으로 이동하다보면 **그림** 6.8(c)에서 점 C를 찾을 수 있게 됩니다. 점 C에서 무차별곡선은 예산선과 접합니다. 예산선이 무차별곡선의 접선 노릇을 하는 셈입니다. 이 상태에서는 소비자가 원하는 재화 1과 재화 2 사이의 교환비율과, 실제 시장이 요구하는 교환비율이 일치합니다. 즉 더 이상 시장조건이 유리하지 않으므로 재화 2를 팔아서 재화 1을 더 산다고 해도 효용을 증가시킬 수 없습니다.

그림 6.8(d)는 욕심을 부려서 더 오른쪽으로 이동해본 경우입니다. 한계대체율 체감에 의해서 이제 점 D에서의 한계대체율은 예산선 기울기보다 값이 작습니다. 앞에서 점 A, B에서와는 반대의 논리가 성립하게 됩니다. 즉 재화 1을 얻기 위해서 포기할 수 있는 재화 2의 양에 비해서 시장은 더 많은 양을 포기할 것을 요구합니다. 따라서 이런 조건에 시장 거래를 할 경우 소비자의 효용은 오히려 감소합니다. 반대로 재화 1을 포기하고 재화 2를 얻는다면 효용을 증가시킬 수 있습니다.

이런 추론을 거쳐서 결국 점 C가 효용극대화점임을 알 수 있습니다.

더 생 각 해 보 기

결과 6.1의 (조건 b)에 "$x_1^* > 0$, $x_2^* > 0$"이라는 조건이 추가되어 있는 것은 그림 6.6(b)와 같은 경우를 배제하기 위해서입니다. 그림 6.6(b)를 보면 알 수 있듯이, 만약 효용극대화점에서 두 재화 중 하나가 0의 값을 갖는다면 결과 6.1 중 (조건 b)를 적용할 수 없습니다. 두 재화 중 어느 것의 값이 0이냐에 따라서 MRS는 가격비율보다 작을 수도 있고 클 수도 있고 심지어는 같을 수도 있습니다. (그림 6.6(b)의 경우에는 재화 2의 양이 0이고 효용극대화점인 A에서 MRS가 가격비율보다 더 큰 값을 가집니다.) 실제 문제를 풀 때는 가능하다면 먼저 효용극대화점에서 재화의 양이 0이 아니라는 것을 미리 확인하면 (조건 b)를 안심하고 적용할 수 있습니다.

결과 6.1로 효용극대화 문제를 푸는 법을 익히기 위해서 예제를 풀어봅니다.

예제 6.1

$U(x_1, x_2) = x_1 x_2$이고 $p_1 = 10$, $p_2 = 5$, $m = 25$일 때 합리적 선택, 즉 수요량을 계산하시오.

풀이 <u>풀이 1단계: 결과 6.1을 적용해도 괜찮은지 확인</u>

주어진 효용함수가 **결과** 6.1의 가정들을 다 만족한다는 것을 확인합니다. 이것이 확인되면 **결과** 6.1의 (조건 a)와 (조건 b)를 사용해서 답을 계산할 수 있습니다.

• 가장 먼저 확인할 것은 합리적 선택점에서 $x_1^* > 0, x_2^* > 0$이라는 것입니다. 주어진 효용함수에서는 만약 두 재화 중 하나라도 소비량이 0이라면 효용이 0입니다. 두 재화 모두 조금이라도 소비하면 효용이 0보다 크게 되므로, 두 재화 중 하나라도 0을 소비하는 것은 효용극대화일리가 없습니다.

• 가정 6.1의 확인: x_1이나 x_2의 양을 늘려주면 효용 값이 증가하므로 두 재화 모두 경제재화가 맞습니다. 수학적으로는 한계효용을 함수로 구해보면 $MU_1 = x_2$이고 $MU_2 = x_1$이므로 상대 재화의 소비량이 양수라면 한 재화의 한계효용은 항상 양수로 경제재화입니다. 그런데 방금 위에서 효용극대화점의 소비량은 양수여야 함을 확인했습니다. 따라서 효용극대화점에서는 경제재화가 확실합니다.

• 가정 6.2 한계대체율 체감을 확인하는 것은 좀 더 까다롭습니다.

(1) MRS의 변화를 직접 계산하는 방법 : 먼저 한계대체율을 도출합니다.

$$MRS = \frac{MU_1}{MU_2} = \frac{x_2}{x_1}$$

이제 x_1을 증가시킬 때 이 값이 어떻게 되는지 살펴봅니다. 주의할 점은 위 식을 x_1에 대해서 '편미분'하면 안 됩니다. 편미분은 x_2를 고정시킨 상태에서 x_1만 변화시키는 것인데, 한계대체율 체감은 무차별곡선 상에서 이동하면서 기울기를 살펴보는 것이므로 x_1이 변할 때 필연적으로 x_2도 변합니다! (그림 6.9)

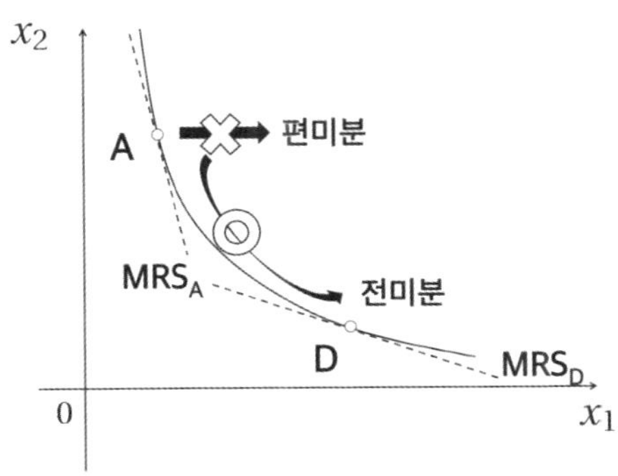

그림 6.9 한계대체율의 체감 확인은 편미분이 아님

즉, 위 식에서 x_2를 고정된 것으로 보고 x_1에 대해서만 편미분해서

(잘못된 논리!) "$\partial MRS/\partial x_1 = -x_2/x_1^2 < 0$이므로 한계대체율 체감"

이라고 하면 잘못된 논리입니다. 마찬가지로

(잘못된 논리!) "$MRS = x_2/x_1$의 분모인 x_1이 증가하면 MRS 감소"

도 잘못된 논리입니다. x_2도 변한다는 사실을 무시했기 때문입니다. 제대로 계산하려면 편미분이 아닌 전미분, 즉 x_1이 변할 때 x_2가 어떻게 변하는지를 반영한 계산을 해야 합니다. 전미분은 하나의 무차별곡선 상에서 $U(x_1, x_2) = x_1x_2 = K$(임의의 상수)라는 식이 성립한다는 점을 이용할 수 있습니다.

$$MRS = \frac{x_2}{x_1} = \frac{K/x_1}{x_1} = \frac{K}{x_1^2}$$

이고 이를 이용하면

(올바른 논리) "$dMRS/dx_1 = \frac{d}{dx_1}(K/x_1^2) = -2K/x_1^3 < 0$이므로 한계대체율 체감"

이라고 하거나 좀 더 간단하게는

(올바른 논리) "$MRS = K/x_1^2$의 분모인 x_1이 증가하면 MRS 감소"

라고 하는 것이 옳습니다. 혹은 아예 한계대체율 공식을 걱정하지 말고, 무차별곡선 하나의 공식이 $x_1x_2 = K$라는 점을 이용하여

$$x_2 = \frac{K}{x_1}$$

의 그래프를 그려보면 이 그래프의 모양이 원점을 향해 볼록하다는 사실을 사용할 수도 있습니다.

(2) 경제학적 논리를 사용하는 방법: 좀 더 권장하는 방법입니다. 앞에서 이미 계산한대로 $MRS = x_2/x_1$를 아는 상태에서 가정 6.1을 활용합니다. 가정 6.1에 의해 우리는 두 재화가 모두 경제재화라는 사실을 알고 있고 그렇다면 무차별곡선이 필연적으로 우하향한다는 것을 알고 있습니다. (좀 더 경제학적으로 말하자면 한 재화의 양을 늘리면서 무차별한 상태로 머무르려면 반드시 다른 재화의 양을 줄이는 대체가 일어나야 합니다.) 다시 말해서 하나의 무차별곡선 상에서 x_1을 증가시키면 반드시 x_2는 감소해야 함을 알고 있습니다.

이 사실을 이용한다면

"$MRS = x_2/x_1$에서 분모인 x_1이 증가할 때 경제재화인 성질에 의해 반드시 분자인 x_2는 감소한다. 분모는 증가하고 분자는 감소하므로 MRS 또한 감소한다."

라고 할 수 있습니다. 가정 6.1을 이용해서 가정 6.2를 확인하는 과정을 다시 점검하기 바랍니다. 가정 6.1은 무차별곡선이 우하향한다고 말하고, 이 예의 MRS 공식에서 마침 분모에 x_1, 분자에 x_2가 나와서 이 두 사실을 합하면 가정 6.2를 이끌어낼 수 있습니다.

이제 결과 6.1을 사용할 준비가 되었습니다. 수요량을 구해봅니다.

풀이 2단계: 결과 6.1을 사용해서 수요량 도출

합리적 선택점을 (x_1^*, x_2^*)이라고 할 때 (조건 a)에 의해

(조건 a) $$10x_1^* + 5x_2^* = 25$$

가 성립해야 합니다. 한편, (조건 b)에 의해 합리적 선택점에서

$$(MRS =)\frac{x_2^*}{x_1^*} = \frac{10}{5}\left(= \frac{p_1}{p_2}\right)$$

가 성립해야 하므로

(조건 b) $$10x_1^* = 5x_2^* \Longrightarrow x_2^* = 2x_1^*$$

임을 알 수 있습니다. 이제 (b)를 (a)에 대입하면

(6.8) $$10x_1^* + 5(2x_1^*) = 20x_1^* = 25 \Longrightarrow x_1^* = \frac{25}{20} = \frac{5}{4}$$

이고 이 결과를 다시 (b)에 대입하면

(6.9) $$x_2^* = 2x_1^* = 2 \times \frac{5}{4} = \frac{5}{2}$$

입니다. 즉 합리적 선택점인 수요량은 $(x_1^*, x_2^*) = \left(\frac{5}{4}, \frac{5}{2}\right)$입니다.

예제와 같이 합리적 선택의 두 가지 조건을 함께 이용하면 2재화 모형의 해를 구할 수 있습니다. 2재화 모형에서 2개의 내생변수 값을 찾아내는 것이므로 2개의 조건(방정식)을 모두 사용해야 풀립니다. 대개 한계대체율과 상대가격을 일치시키는 조건을 통해서 두 재화의 수요량들 사이의 어떤 관계(예제에서는 $x_2^* = 2x_1^*$, 즉 재화 2의 소비량이 재화 1의 두 배라는 사실)를 알아낼 수 있고, 이를 예산식에 대입해서 구체적인 수요량 값을 구할 수 있습니다.

역시 주의해야 할 점은 모든 효용극대화 문제가 $MRS = p_1/p_2$라는 조건을 기계적으로 적용해서 풀리는 것은 아니라는 것입니다.

더 생 각 해 보 기

$MRS = p_1/p_2$가 합리적 선택을 보장하지 않는 경우들

크게 두 종류의 경우들이 있습니다. 효용극대화 문제를 풀 때 혹시 둘 중 하나가 해당되지 않는지 주의해야 합니다.

- 가정 6.2(한계대체율 체감)이 성립하지 않는 경우: 중립재, 악재, 완전대체재, 완전보완재, 한계대체율이 체증하는 '예의없는' 선호의 경우에는 이 식이 아예 성립하지 않습니다. 그림을 그리거나 직관적으로 풉니다.
- 한계대체율이 체감하더라도 효용극대화가 구석에서 발생하는 경우: 그림 6.6(b)에서는 한계대체율이 체감하는 선호가 주어졌지만 효용극대화점에서 예산선과 무차별곡선이 서로 접하지 않았습니다. 합리적 선택점이 예산선의 '구석'(corner)에 있는 경우, 즉 두 재화 중 하나를 전혀 소비하지 않는 경우입니다.

연 습 문 제

문제 6.1 커피(C)와 홍차(T)를 즐겨 마시는 차조은 여사의 효용함수가 $U(C, T) = 3C + 4T$이다. (C와 T는 각각 1주일에 소비한 커피 및 홍차의 잔 수)

(1) 커피 및 홍차의 가격이 1잔당 3,000원으로 같고, 차 여사가 차 마시기에 쓰기로 작정한 예산이 1주일당 12,000원이다. 합리적 소비자인 차 여사는 커피와 홍차를 1주일에 각각 몇 잔 마시겠는가?

(2) 커피 값이 1잔당 2,000원으로 떨어질 경우 커피 소비량은?

(3) 커피 값 인상에 따른 차 여사의 행동의 변화를 한계대체율 및 가격 간의 관계로 설명하시오.

문제 6.2 홍차와 커피를 좋아하여 1주일에 15,000원을 차 마시는 데 쓰는 차조은 여사의 효용함수가 $U(C, T) = 3C + 5T$이다. (C는 커피, T는 홍차) 차 여사가 다니는 찻집에서 커피와 홍차의 판매 가격은 현재 둘 다 1잔에 3,000원이다.

(1) 차 여사는 1주일에 커피 몇 잔, 홍차 몇 잔을 마시는지를 무차별곡선과 예산선 그래프로 나타내고, 선택이 합리적인 이유를 한계대체율로 설명하시오.

(2) 찻집에서 '커피 애호가' 프로그램을 도입했다. 이 프로그램에 가입하면 커피 값을 한 잔 1,500원으로 할인받을 수 있다. 단, 프로그램 가입을 위해 매주 초에 일정액의 회비를 납부해야 한다. 차 여사는 프로그램 회비가 주당 얼마 이하일 때 가입하겠는가?

문제 6.3 하준이가 한 달 간식비로 3천 원을 받는다. 하준이가 즐겨 사먹는 간식은 값이 500원인 초코과자와 1,000원인 우유이다. 가게에 한 번 갈 때마다 반드시 초코과자 한 박스와 우유 한 팩을 함께 산다. 우유 가격의 변화에 따라, 한 달 동안 과자와 우유를 사러 가게에 가는 횟수가 어떻게 변하는지를 그래프로 나타내어보시오. (세로축에는 우유 가격, 가로축에는 가게에 가는 횟수)

문제 6.4 경제재화 가정과 한계대체율 체감 가정을 모두 만족하는 선호에 대해, 주어진 예산과 가격 하에서 효용을 극대화할때, 항상 성립하지는 않는 문장은?

(a) 주어진 예산을 모두 사용한다. (남기는 예산이 없다.)

(b) 소득이 증가할 때 두 재화가 함께 수요량이 감소할 수는 없다.

(c) 한 재화의 가격이 인하될 때, 두 재화가 함께 수요량이 감소할 수는 없다.

(d) 두 재화의 가격이 동시에 인하될 때, 두 재화가 함께 수요량이 감소할 수는 없다.

(e) 모든 재화를 구매한다.

문제 6.5 예준이는 식빵 1조각에 스파게티 소스를 2숟가락 발라서 구운 토스트를 즐겨 먹는다. 예준이에게 합리적 소비 훈련을 시키기 위해, 우리집 쿠폰을 만들어 한 달에 10,000냥의 쿠폰을 지급했다.

(1) 식빵 1조각에 500냥, 스파게티 소스 1숟가락에 250냥을 내야만 토스트를 먹을 수 있을 경우, 예준이는 한 달 동안 몇 개의 토스트를 먹을 수 있는가?

(2) 밥은 안 먹고 토스트만 너무 많이 먹는 것을 막기 위해 예준이 엄마는 식빵 1개 가격을 1,500냥으로 인상했다. 이제 예준이는 한 달 동안 몇 개의 토스트를 먹을 수 있는가?

(3) 예준이가 식빵 가격 인상에 대해 아빠에게 불평을 하자 아빠는 엄마 몰래 쿠폰을 더 주기로 했다. 가격 인상의 효과를 없애기 위해서(가격 인상 이전의 소비를 가능하게 하기 위해서) 추가로 더 주어야할 쿠폰의 액수는 얼마인가?

문제 6.6 $p_1 = 5$, $p_2 = 10$, $m = 200$일 때 다음의 효용함수들에 대해 합리적 선택 수요량을 계산하시오.

(1) $U(x_1, x_2) = x_1 x_2$

(2) $U(x_1, x_2) = x_1 x_2^2$

(3) $U(x_1, x_2) = x_1(x_2 - 2)$

문제 6.7 재화 1은 경제재화인 '음식'이고 재화 2는 악재인 '음식쓰레기'이다. 두 재화에 대한 무차별곡선을 그릴 경우, 그 무차별곡선의 기울기의 절대값이 오른쪽으로 갈수록 체감(점점 감소)한다. 소비자의 예산액은 $m>0$이고, 소비자는 음식을 시장에서 구입하여 소비하며 자신의 집에서 생산한 음식을 시장에 판매할 수는 없다. 즉, $x_1 \geq 0$이다. 한편, 음식쓰레기는 소비자의 집에서 (엄청나게 많이) 생산되며 만약 구매자가 있으면 시장에 판매할 수 있고 소비자가 원한다면 시장에서 구입할 수도 있다. 즉, x_2는 양(+)의 값을 가질 수도 있고, 음(−)의 값을 가질 수도 있다.

(1) 두 재화 모두 양(+)의 가격을 가진 경우 예산선과 무차별지도를 그려서 소비자의 합리적 선택의 특징에 대해 논하시오.

(2) 음식쓰레기만 음(−)의 가격을 가져서 $p_1>0$이고 $p_2<0$인 경우, 예산선과 무차별지도를 그려서 소비자의 합리적 선택을 논하시오. (힌트: 두 가지의 가능성을 나누어 설명하시오.)

(3) 이 문제에서 무차별지도 기울기의 절대값이 체감한다는 가정의 의미를 설명하고, 이 가정을 하지 않을 경우 (1), (2)의 논의가 각각 어떻게 영향을 받는지 설명하시오.

microeconomics

제7장 수요함수

진보는 언제나 아슬아슬하게 위태로운 것이다.
우리가 한 문제를 풀어 답을 얻으면
그 다음 문제를 만나게 된다.
- 마틴 루터 킹, 『사랑의 힘』[1]

합리적 소비자모형의 답

어느새 내용이 꽤 어려운 수준에까지 올라왔지요? 앞 장에서는 그림과 수식을 사용하여, 주어진 예산 내에서 소비자의 효용을 극대화하는 원리를 공부했습니다. 즉 소비자 문제의 답을 찾아내는 원리를 이해했습니다. 예제를 풀어보았지만 아직 문제 해결의 원리와 과정을 심도 있게 이해하기에는 갈 길이 멉니다.

이제 소비자모형의 풀이 과정을 다시 한번 정리하고, 수요분석의 방법들을 체계적으로 살펴보려고 합니다. 경제모형에서 '분석'이란 외생변수 값이 변할 때 모형의 내생변수가 어떻게 반응하는지를 보는 것이라고 설명한 적이 있습니다. 즉 이번 장의 과제는 임의의 소비자 문제가 주어지면 그 답은 어떤 형태를 갖는지를 찾아내고, 외생변수의 값에 변화가 생기면 그 답(내생변수의 값)에 어떤 변화가 나타나는지를 이해하는 것입니다.

1 Martin Luther King, Jr., *Strength to Love* (1963).

7.1 수요함수, 효용극대화 모형의 해

$$\max \; U(x_1, x_2) \quad \text{subject to} \quad p_1x_1 + p_2x_2 \le m \tag{7.1}$$

[효용극대화 모형]

이 모형의 외생변수는 (p_1, p_2, m)으로 모두 제약식에 들어 있습니다. 추가하여, 효용함수 $U(x_1, x_2)$도 문제에 따라 달라질 수 있습니다. 예를 들어, $U(x_1, x_2) = x_1^{\alpha} x_2^{1-\alpha}$라는 (경제학에서 매우 자주 사용되는) 효용함수를 보자면 α라는 상수가 들어 있고, 이 값이 바뀜에 따라서 문제도 바뀝니다. 경우에 따라서는 α처럼 효용함수에 포함된 상수를 외생변수로 취급하여 분석할 수도 있습니다. 하지만 보통 분석되는 외생변수는 예산식을 결정하는 (p_1, p_2, m)입니다.

이는 앞의 제2~3장에서 효용함수를 사용하지 않고서 (즉 합리적 선택을 가정하지 않고서) 수요 분석을 할 수 있었던 점과도 관계가 있습니다. 효용함수는 가상의 개념인 효용을 사용하므로 실제로는 관찰 가능하지 않습니다. 반면 예산식은 (우리가 현실에서 모든 개인의 구체적인 예산식을 일일이 알 수 있는 것은 아니지만) 적어도 원칙적으로는 관찰 가능한 요소들로 구성되어 있습니다.

따라서 관찰 가능한 예산식 관련 외생변수들이 변화할 때 역시 관찰 가능한 내생변수인 수요량들이 어떻게 변하는지를 살펴보는 것이 수요 분석의 중요한 내용이 됩니다. (모형의 연습이라는 관점에서는 다양한 효용함수들을 사용했을 때 수요가 어떻게 변하는지, 효용함수에 들어 있는 상수 값이 변할 때는 수요가 어떻게 변하는지를 살펴보는 것도 유익한 공부거리가 됩니다.)

소비자모형에서 외생변수는 (p_1, p_2, m)이고 내생변수는 (x_1, x_2)이므로 주어진 하나의 문제를 풀면 그 답은 내생변수인 x_1과 x_2로 각각 나오게 되고, 외생변수의 값이 변하면 내생변수의 값도 변하게 되므로 각 내생변수는 외생변수들의 '함수'가 됩니다.[2] 즉, 소비자의 효용극대화 모형의 답은 다음과 같은 형태로 쓸 수 있습니다.

$$x_1 = x_1(p_1, p_2, m), \quad x_2 = x_2(p_1, p_2, m) \tag{7.2}$$

[수요함수]

2 수학적으로 음함수정리 같은 도구의 적용이 필요하지만 이 부분은 무시하겠습니다.

표기가 좀 어색하지만, 문자 기호의 종류가 지나치게 많아지는 것을 방지하기 위해서 경제학에서는 종종 함수의 값과 함수 자체에 대해서 같은 기호를 사용합니다. 즉 $x_1 = f(p_1, p_2, m)$라고 쓰는 것이 더 그럴 듯하겠지만, 함수를 f라고 쓰는 대신에 종속변수인 x_1을 그대로 가져와서 다시 $x_1 = x_1(\cdot)$이라는 형식을 사용했습니다.

소비자 문제의 내생변수인 각 재화의 수요량을 (예산식의) 외생변수인 가격과 예산의 함수로 나타낸 것을 가리켜 **수요함수**(demand function)라고 부릅니다.

정리하자면, 소비자의 효용극대화 모형을 받게 되면 우리가 해야 할 일은 위와 같이 그 답을 외생변수들의 함수로 나타내는 일이고, 다음 작업은 각 외생변수의 값이 변할 때 내생변수가 어떻게 변하는지 알아보는 비교정학분석입니다.

<u>소비자모형의 풀이 및 분석 개관</u>

- 모형의 외생변수: (p_1, p_2, m)
- 모형의 내생변수: (x_1, x_2)
- 모형의 해: (x_1, x_2)의 값을 (p_1, p_2, m)마다 표현, 수요함수 $x_1(p_1, p_2, m)$, $x_2(p_1, p_2, m)$
- 수요함수의 외생변수: 모형의 외생변수와 동일하게 (p_1, p_2, m)
- 수요분석: p_1, p_2, m이 각각 변화할 때 x_1, x_2의 변화를 검토

7.2 수요함수 도출 연습

경제학에서 자주 사용되는 효용함수들에 대해서 문제를 풀어 그 답인 수요함수를 도출하는 연습을 몇 가지 해보겠습니다.

연습 (1): 콥-더글라스 효용함수 $U(x_1, x_2) = x_1 x_2$

이 효용함수는 콥-더글라스(Cobb-Douglas)함수라고 부르는 형태 중의 하나입니다.[3] 앞 장의 예제 6.1에서 가격과 예산이 수치로 주어질 경우에 대해서 수요량을

3 Cobb and Douglas (1928) "A theory of production," *Journal of Political Economy*라는 논문에서 사용되었습니다. 참고로 이 논문에서는 효용함수가 아닌 생산함수로 사용됩니다.

계산한 적이 있습니다. 이제 가격과 예산을 수치로 놓지 않고 기호로 놔둔 채 답을 구해보겠습니다.

먼저 선호의 특징을 확인해봅니다. $U(x_1, x_2) = x_1 x_2$라는 효용함수는 두 재화 모두 양(+)의 값이면, 한 재화의 양이 늘어날 때 효용이 언제나 증가합니다. 즉, $MU_1 = x_2 > 0$이고 $MU_2 = x_1 > 0$이므로, 두 재화 모두 어느 정도 소비가 이루어지는 상황이면 두 재화 모두 경제재화입니다. 만약 두 재화 중 하나라도 소비하지 않으면 효용은 0입니다. 예산이 있을 때 두 재화 모두 조금이라도 소비하면 양(+)의 효용을 얻으므로, 당연히 소비하는 것이 더 좋습니다. 즉 효용극대화 점에서 재화를 소비하지 않는 경우는 없습니다.

두 번째로 한계대체율 체감을 확인해봐야 합니다. 이것은 무차별곡선을 그려 보아도 되고, $MRS = MU_1/MU_2$라는 공식을 이용해서 보아도 쉽게 확인할 수 있습니다.[4] 경제재화와 한계대체율 체감을 만족함을 확인했고, '구석'에서 선택점이 발생하지 않음을 보았습니다. 따라서 안전하게 일반적인 해법을 사용할 수 있습니다. 최적점을 (x_1^*, x_2^*)이라 하면 (조건 a)에서

(7.3) $$p_1 x_1^* + p_2 x_2^* = m$$

가 성립해야 하고

$$MRS = \frac{MU_1}{MU_2} = \frac{x_2}{x_1}$$

이므로 (조건 b)에서

(7.4) $$\frac{x_2^*}{x_1^*} = \frac{p_1}{p_2}$$

가 성립해야 합니다. 두 번째 식 (7.4)에서 $p_1 x_1^* = p_2 x_2^*$를 얻습니다. 이를 (7.3)에

4 또 한 가지 방법은, 한계대체율 체감의 경제학적 의미를 생각해보는 것입니다. 한 재화만 많이 소비하는 극단적인 꾸러미를 생각해봅시다. 예를 들어, $(10000, 1)$과 $(1, 10000)$입니다. 두 경우 모두 효용은 10000입니다. 한편, 두 꾸러미를 평균내면 대략 $(5000, 5000)$입니다. (실제로는 5000보다 조금 큰 숫자이죠.) $(5000, 5000)$을 소비할 경우 효용은 25000000입니다. 극단적 꾸러미의 효용 10000보다 확실히 크지요. 따라서 극단적 꾸러미보다는 잘 섞인 꾸러미를 선호한다는 한계대체율 체감을 만족함을 알 수 있습니다.

대입하면 $p_1x_1^* + p_1x_1^* = 2p_1x_1^* = m$ 이 되어,

$$x_1^* = \frac{m}{2p_1} \tag{7.5}$$

이 재화 1의 수요함수입니다. 이를 다시 식 (7.3)이나 (7.4) 중 하나에 대입하면

$$x_2^* = \frac{m}{2p_2} \tag{7.6}$$

가 재화 2의 수요함수입니다. 두 재화의 수요함수를 한꺼번에 표시하면

$$(x_1^*, x_2^*) = \left(\frac{m}{2p_1}, \frac{m}{2p_2}\right) \qquad \text{[콥-더글라스 효용함수의 수요함수]} \tag{7.7}$$

입니다. 참고로 이 수요함수는 제3장의 3.2절에서 탄력성을 공부할 때 만났던 단위탄력적 수요 중 한 경우이기도 합니다.

연습 (2): 선형 효용함수 $U(x_1, x_2) = 2x_1 + x_2$

이 효용함수는 대체율이 1:2로 고정된[5] 완전대체재입니다. (대체율이 1:1인 경우의 수요함수는 이미 제6장에서 도출했고, 1:1이 아닌 경우에는 수치 예를 살펴보았었습니다.)

두 재화 모두 경제재화이지만, 한계대체율은 체감하지 않습니다. 따라서 예산식은 등식으로 성립하지만, 예산선과 무차별곡선이 접하지 않을 수 있습니다. 무차별곡선은 기울기가 −2로 고정되어 있기 때문에, 우연히 가격의 비율 또한 2:1이라면 무차별곡선과 예산선은 완전히 겹치게 되고, 아니라면 결코 무차별곡선과 예산선은 접할 수 없습니다.

앞 장에서 완전대체재의 경우는 대개 구석 해가 발생함을 보았습니다. 대체율이 1:2임을 알고 있는 이상, 가격만 구체적으로 주어진다면 정확하게 그림을 그려서 답을 찾을 수 있습니다. 하지만 현재 가격이 구체적인 숫자로 주어지지 않았습니다.

---

5 무차별곡선을 그려서 기울기를 확인할 수도 있고, $MRS = \frac{MU_1}{MU_2} = \frac{2}{1}$로 확인할 수도 있습니다.

따라서 모든 경우를 고려해야 합니다. 각각의 경우에도 주의깊게 그림을 그리면 풀이가 가능하지만, 의외로 헷갈리기도 하므로 아래 풀이에서는 그림을 직접 그리지 않고 (다만 그림에서 얻은 직관을 참고해가면서) 말로 답을 찾아보겠습니다.

(i) 우선 예산선 기울기(의 절대값)이 대체율과 마찬가지로 2인 경우를 생각해봅시다. 예산선 기울기가 2라는 것은 세로축 절편의 크기가 가로축 절편보다 2배라는 것으로 세로축인 재화 2의 가격이 상대적으로 싸고, 가로축인 재화 1의 가격이 상대적으로 비싼 경우, 정확하게는 2배(즉 $p_1 = 2p_2$)인 경우입니다.

대체율이 2라는 것은 재화 1 한 단위의 주관적 가치가 재화 2에 비해 2배라는 뜻입니다. 객관적 가치인 가격 또한 재화 1이 정확히 2배라면, 두 재화 사이의 상대가치는 어느 측면으로 보든 동일합니다. 어느 재화를 구입하든 상관이 없습니다.

예산선과 무차별곡선이 같은 기울기를 가지므로, 예산집합 내에서 최대한 동북쪽으로 밀어낼 경우 무차별곡선은 예산선과 정확히 겹치게 됩니다. 예산선 위의 모든 점은 동일한 무차별곡선 상에 있으므로 동일한 효용을 줍니다. 따라서 예산선 상에서 아무 점이나 선택하더라도 다 효용 극대화가 됩니다.

(ii) 앞에서 $p_1 = 2p_2$의 경우를 보았습니다. 이제 $p_1 < 2p_2$인 경우를 고려해봅시다. 재화 1은 주관적으로 보아 재화 2의 2배의 가치를 가집니다. 그런데 재화 1의 객관적 가치인 가격은 재화 2 가격의 2배에 미치지 못합니다. 즉, 재화 1이 싼 편입니다! 따라서 가진 예산을 다 털어 재화 1을 모두 구입하는 것이 합리적입니다. 즉, $(x_1^*, x_2^*) = (m/p_1, 0)$이 답입니다.

(iii) 그렇다면 $p_1 > 2p_2$일 때는 정반대의 논리가 적용되어, 이제 모두 재화 2만을 구입하는 것이 합리적입니다. $(x_1^*, x_2^*) = (0, m/p_2)$이 답입니다.

각 경우를 모아서 수요함수로 합쳐보면 다음과 같습니다.

(7.8)

$$(x_1^*, x_2^*) = \begin{cases} \left(\frac{m}{p_1}, 0\right), & p_1 < 2p_2 \text{일 때} \\ \text{예산선 상의 아무 점}, & p_1 = 2p_2 \text{일 때} \\ \left(0, \frac{m}{p_2}\right), & p_1 > 2p_2 \text{일 때} \end{cases} \quad \text{[선형 효용함수의 수요함수]}$$

연습 (3): 레온티에프 효용함수 $U(x_1, x_2) = \min\{x_1, 2x_2\}$

결합비율이 1:1인 완전보완재의 경우도 앞 장에서 수요함수를 도출해보았으므로, 비율을 바꾼 완전보완재의 경우를 풀어보겠습니다. 이 함수는 레온티에프(Leontief)함수라고도 부릅니다.[6] 완전보완재는 일정한 비율을 맞추어 동시에 소비해야 하므로, 그 비율에 따라서 일종의 '세트'를 구성하는 방식으로 접근하는 것이 편합니다. 신발이라면 켤레 단위로 세는 것이죠. 여기 주어진 완전보완재 효용함수는 재화 1의 2단위와 재화 2의 1단위가 결합되어야 하는 경우입니다. (함수에서 변수 앞에 붙은 계수는 1과 2인데, 그림으로 그려보면 꼭지점은 $(2,1)$입니다.) 따라서 $(2,1)$이 하나의 묶음, 하나의 세트로 구입되어야 합니다.

가격이 각각 p_1, p_2라면, 가격 비율에 신경쓸 필요 없이 한 세트를 구성할 경우 $2p_1 + p_2$가 들게 됩니다. 예산액 m으로 살 수 있는 세트의 수는 $X = \frac{m}{2p_1+p_2}$ 입니다. 그런데 한 세트에 재화 1은 2개 들었으므로, 재화 1의 수요량은

$$x_1^* = 2X = \frac{2m}{2p_1 + p_2}$$

이 되고, 재화 2는 한 세트에 1개 들었으므로

$$x_2^* = X = \frac{m}{2p_1 + p_2}$$

입니다. 역시 두 재화 수요를 함께 묶어보면 다음과 같습니다.

$$(7.9)\quad (x_1^*, x_2^*) = \left(\frac{2m}{2p_1 + p_2}, \frac{m}{2p_1 + p_2}\right) \qquad \text{[레온티에프 효용함수의 수요함수]}$$

7.3 수요함수의 분석: 개관

우리가 정의한 수요함수는 가장 단순하게 보더라도 독립변수가 3개(p_1, p_2, m)인

6 바실리 레온티에프(Wassily Wassilyovich Leontief, 1906-1999)는 1973년 노벨경제학상 수상자로, 요즘도 정책연구에서 사용되는 투입-산출표(input-output table) 분석으로 유명합니다.

함수 2개(x_1, x_2)로 구성되어 있습니다. 개념적으로는 각 독립변수(외생변수)가 변할 때 종속변수(내생변수)를 대응시켜서 보면 되는데, 독립변수의 수가 3개인 다변수함수이다 보니 이를 그림으로 나타낼 때는 몇 가지 서로 다른 (보완적인) 방식이 존재합니다. 한 눈에 이 분석틀을 살펴보자면 다음 표 7.1과 같습니다.

분석 대상인 외생변수 3개가 열에 표시되어 있습니다. 한편, 행에는 조금씩 다른 분석 방법을 나열했습니다. 그 첫 번째는 이미 제3장에서 보았던 탄력성입니다. 세 외생변수 각각에 대해 탄력성을 이미 정의했습니다. 아래에서는 구체적인 수요함수들에 대해 탄력성을 알아보는 연습을 하겠습니다.

두 번째 분석 방법은 **확장경로**(expansion path)라고 부르는 것입니다. 확장경로는 재화평면 상에 그려진 그림입니다. 구체적으로 재화평면 상에 외생변수의 값을 변화시켜가면서 그때그때 합리적 선택점들을 표시하여 곡선으로 연결한 것입니다. 이때 소득 또는 예산액을 변화시킬 때 어떤 일이 벌어지는지를 보는 것은 **소득소비곡선**이라고 부릅니다. 한편 가격이 변화하는 경우에는 p_1이 변하는 것과 p_2가 변하는 것에 본질적인 차이는 없으므로 굳이 구분해서 분석할 필요는 없습니다. 상대가격의 변화가 있을 때 그린 확장경로는 **가격소비곡선**입니다.

세 번째 분석 방법은 여러 개의 외생변수 중에서 분석대상인 변수만을 강조하여 그래프로 표현하는 것입니다. 즉 (p_1, p_2, m)의 세 가지 외생변수 중 두 가지는 고정시키고 한 가지만 변화시키면서 수요량 x_i가 어떻게 바뀌는지를 그림으로 표현합니다. 말하자면 '세테리스 파리부스(ceteris paribus)' 그래프 접근이라고 부를 수도 있겠군요. 소득에 따른 수요량 변화를 나타낸 그림을 **엥겔곡선**이라고 하고, (자기)가격에 따른 수요량 변화를 나타낸 그림을 **수요곡선**이라고 합니다. 교차가격 변화에 대해서도 그림을 그릴 수 있겠지만 많이 사용되지는 않습니다.

표 7.1 수요 함수의 분석

	대상변수		
	(1) 소득 m	(2) 가격 p_1	(3) 교차가격 p_2
(A) 탄력성	(A1) 소득탄력성	(A2) 가격탄력성	(A3) 교차가격탄력성
(B) 확장경로	(B1) 소득소비곡선	(B2) 가격소비곡선	
(C) 대상변수 중심 그래프	(C1) 엥겔곡선	(C2) 수요곡선	

이제 표에 나온 다양한 개념들을 하나씩 알아봅시다. 각 외생변수별로 구분하여 공부하겠습니다. 먼저 소득(예산액)의 변화부터 봅니다.

7.4 수요함수의 분석 (1) 소득과 수요

첫 번째 분석대상 변수는 소득 혹은 예산 m입니다. 예산액이 변화함에 따라 각 재화의 수요량에는 어떤 변화가 있는지를 보려고 합니다. 이 분석을 위해서 재화의 가격들(p_1, p_2)은 어떤 값으로 고정되어 있다고 일단 가정합니다.

(A1) 소득탄력성

소득 탄력성은 이미 제3장에서 정의했습니다. 그 의미 또한 제3장에서 설명했는데, 예산액/소득이 변화할 때 수요량이 얼마나 변화하는지를 비율(%)로 표현한 것입니다. 개념 자체를 다시 설명할 필요는 없으므로 앞에서 수요함수 도출을 연습했던 경우들에 대해 각각 소득탄력성을 계산해보겠습니다.

예 7.1

(1) $U(x_1, x_2) = x_1 x_2$일 때 수요함수는 $(m/2p_1, m/2p_2)$임을 보았습니다. 이 수요함수는 모두 소득에 대해 단위탄력적입니다. 다시 말해서, $x_1 x_2$라는 콥-더글라스 효용함수가 주어지면, 수요함수는 소득을 두 재화 사이에 똑같은 크기로 나누어 각각 지출하는 형태를 가지며, 따라서 한 재화가 소득에서 차지하는 비중은 상수(이 경우 1/2)로 일정합니다. 따라서 $\eta_1 = \eta_2 = 1$입니다.

(2) $U(x_1, x_2) = 2x_1 + x_2$이면 수요함수는 $p_1 > 2p_2$인지 $p_1 < 2p_2$인지에 따라 달라졌습니다. ($p_1 = 2p_2$인 경우에는 예산선 상의 아무 점이나 상관없으므로 고려에서 생략하겠습니다.)

먼저 $p_1 < 2p_2$라면, $(x_1^*, x_2^*) = (m/p_1, 0)$입니다. 재화 1의 수요는 소득 전체를 다 쓰는 형태이므로, 소득이 늘어날 때 그대로 비례하여 수요량도 늘어날 것입니다. $\eta_1 = 1$입니다. 한편, 재화 2는 이 경우 아예 소비하지 않습니다. 소득이 아무리 늘어나도 수요량에 변화가 없습니다. $\eta_2 = 0$라고 하겠습니다.

반대로 $p_1 > 2p_2$인 경우라면, $(x_1^*, x_2^*) = (0, m/p_2)$이고 이번에는 $\eta_1 = 0$이고 $\eta_2 = 1$이 됩니다.

(3) $U(x_1, x_2) = \min\{x_1, 2x_2\}$일 때 수요함수는 $(x_1^*, x_2^*) = (2m/(2p_1 + p_2), m/(2p_1 + p_2))$입니다. 두 재화 모두 소득에 비례하는 형태입니다. (분모에 있는 가격은 어차피 상수이므로 수요함수는 m의 함수로만 본다면 원점을 통과하는 직선입니다.) 따라서 $\eta_1 = \eta_2 = 1$입니다.

각각 살펴보고 나니, 아예 소비하지 않는 경우를 제외하고는 위 세 효용함수에서 얻어지는 수요는 모두 소득에 대해 단위탄력적입니다. 실제로 현실에서 단위탄력적인 수요는 많지 않으므로, 이 효용함수들과 수요함수들은 아주 현실적이지는 않다고 하겠습니다. 현실의 수요 분석에서는 조금 더 복잡한 효용함수와 수요함수가 필요함을 알 수 있습니다.

(B1) 소득소비곡선

소득소비곡선 (income consumption curve, ICC)은 재화평면 상에서 외생변수 값의 변화에 따라 수요량의 변화를 살펴보는 **확장경로** 중 한 가지 종류입니다.

그림으로 소비자문제를 푼다면 예산선을 그려놓고 무차별곡선과 접하는 점을 찾아 효용극대화점을 표시할 텐데, m을 변화시키면서 여러 개의 예산선을 그려놓고 각각에 접하는 무차별곡선을 찾아 선택점을 표시한 후, 예산선과 무차별곡선은 모두 지우고 표시된 선택점들만을 남겨서 그 흔적을 살펴보는 것입니다.

그림 7.1 소득소비곡선 그리기

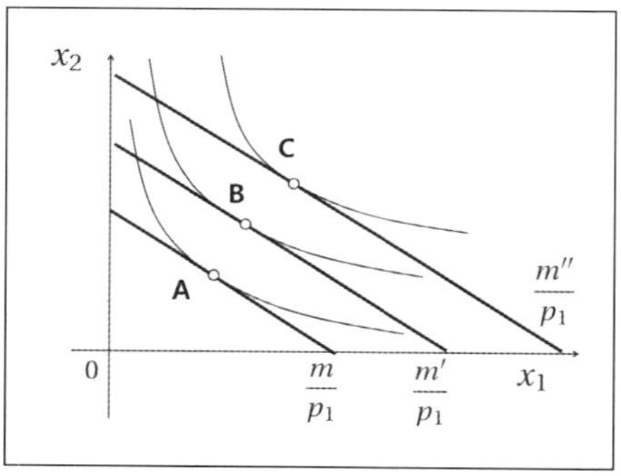

(a) 예산액(소득) m을 변화시키며 합리적 선택점 표시

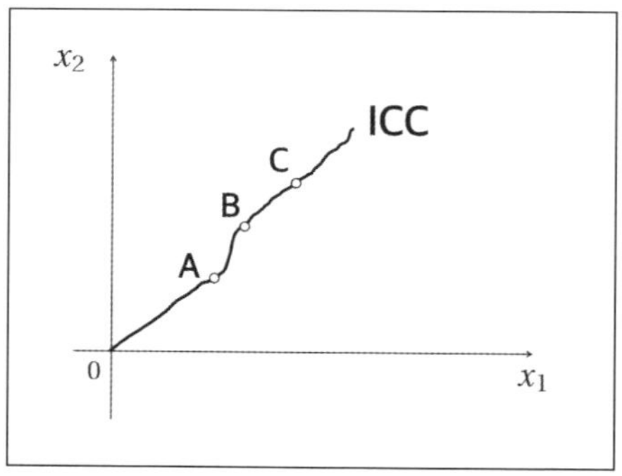

(b) 예산선과 무차별곡선을 삭제하고 선택점들을 연결

그림 7.1은 소득소비곡선(ICC)을 그리는 과정을 가상적으로 보여주고 있습니다. 먼저 (a)는 예산액 또는 소득 m을 변화시켜 가면서 합리적 선택점을 찾아 표시하는 과정입니다. 그림에는 m, m', m''의 세 가지 소득 수준에 대해서만 그려져 있습니다. 가격은 고정시킨 채로 소득만 변화시키므로 각 예산선의 기울기는 동일하여 서로

평행합니다. 각 예산선이 무차별곡선과 접하는 점을 찾아 합리적 선택점을 A, B, C로 표시했습니다.

(b)에서는 예산선과 무차별곡선을 모두 삭제하고 합리적 선택점들만을 남겨두었습니다. 이제 이 점 A, B, C를 연결하는 곡선을 그리면 이것이 바로 소득소비곡선입니다. 소득이 변함에 따라 소비의 형태가 어떻게 '확장'해나가는지를 표시합니다.

그림에는 선택점이 A, B, C의 3개만 표시되어 있고 이들을 대충 연결한 곡선을 그렸습니다만, 실제 효용함수나 수요함수의 형태를 구체적으로 알고 있다면 좀 더 정확하게 ICC를 그릴 수 있습니다.

ICC가 원점에서 출발하도록 그린 것은 자연스러운 가정일 것입니다. $m = 0$이라면 소비 자체가 불가능하므로 원점에서 출발하는 것이 자연스럽습니다.

예 7.2

(1) $U(x_1, x_2) = x_1 x_2$일 때 수요함수는 $(\frac{m}{2p_1}, \frac{m}{2p_2})$입니다. 만약 $m = 1$이라면 선택점은 $(\frac{1}{2p_1}, \frac{1}{2p_2})$이고, $m = 2$이면 $(\frac{2}{2p_1}, \frac{2}{2p_2})$이고, m이 변함에 따라서 $(\frac{1}{2p_1}, \frac{1}{2p_2}) \times m$의 형태를 갖습니다. 즉 이들을 평면 상에 찍어보면 원점에서 출발하여 $(\frac{1}{2p_1}, \frac{1}{2p_2})$을 통과하여 계속 뻗어나가는 직선일 것입니다. 이 직선의 기울기는 아래와 같습니다. (그림 7.2(a))

$$\frac{\frac{1}{2p_2}}{\frac{1}{2p_1}} = \frac{2p_1}{2p_2} = \frac{p_1}{p_2}$$

(2) $U(x_1, x_2) = 2x_1 + x_2$이면 수요함수는 $p_1 > 2p_2$인지 $p_1 < 2p_2$인지에 따라 다릅니다. $p_1 < 2p_2$라면, $(x_1^*, x_2^*) = (m/p_1, 0)$이고 $p_1 > 2p_2$이면, $(x_1^*, x_2^*) = (0, m/p_2)$입니다. 앞의 경우 ICC는 가로축 전체이고, 뒤의 경우에는 세로축 전체입니다. (그림 7.2(b))

(3) $U(x_1, x_2) = \min\{x_1, 2x_2\}$일 때 수요함수는 $(x_1^*, x_2^*) = (2m/(2p_1 + p_2), m/(2p_1 + p_2))$입니다. ICC는 원점에서 출발해 $(2/(2p_1 + p_2), 1/(2p_1 + p_2))$를 통과하는 직선으로 기울기는 (그림 7.2(c))

$$\frac{\frac{1}{2p_1+p_2}}{\frac{2}{2p_1+p_2}} = \frac{1}{2}$$

세 경우 모두 소득소비곡선은 직선이고 원점을 통과합니다. (1)은 기울기가 가격의 비율이고, (2)는 가격의 관계에 따라 가로축 또는 세로축 전체이고, (3)은 기울기가 상수 1/2로 보완재 결합 비율에서 나왔습니다.

그림 7.2 예 7.2 소득소비곡선 (ICC)

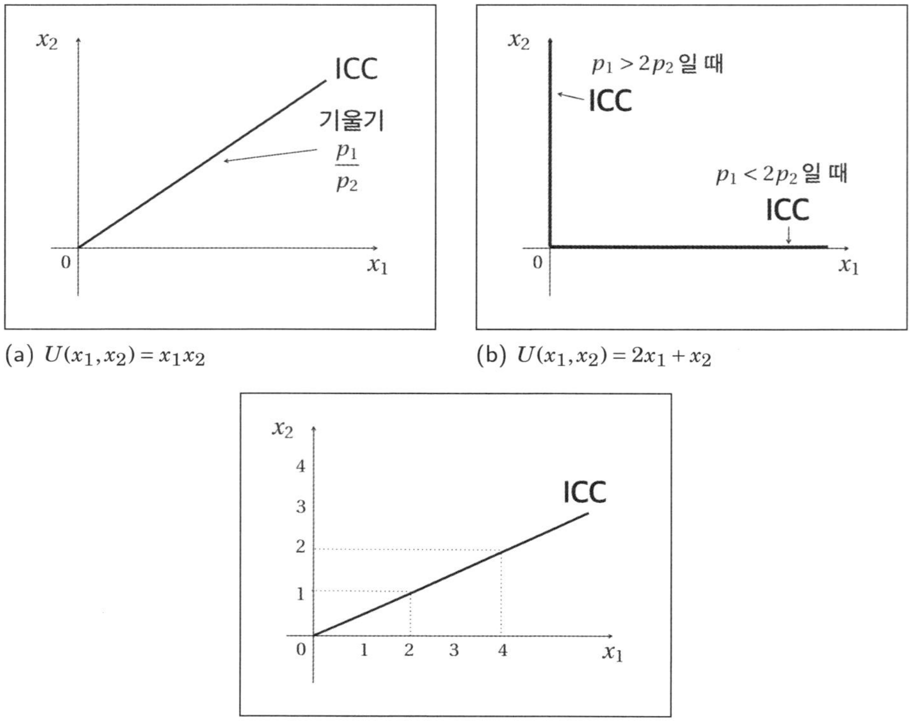

(a) $U(x_1, x_2) = x_1 x_2$

(b) $U(x_1, x_2) = 2x_1 + x_2$

(c) $U(x_1, x_2) = \min\{x_1, 2x_2\}$

탄력성의 검토에서도 보았듯이, 우리가 예에서 검토하고 있는 3가지 효용함수는 매우 특수하고 서로 비슷한 성질의 취향을 나타냅니다. 특히 앞에서 이 세 가지 수요는 모두 소득에 대해 단위탄력적이라는 점을 보았습니다. 실제로 소득탄력성의 크기와 소득소비곡선의 모양 사이에는 깊은 관계가 있습니다.

소득탄력성과 소득소비곡선

소득탄력성이 1인 경우 소득소비곡선은 특별한 형태를 가집니다. 바로 위 예에서 보았듯이, (원점을 통과하는) 직선이 됩니다. (그림 7.3(a)) 다시 말해, 만약 소득탄력성이 1이 아니라면 소득소비곡선의 모양이 더 이상 직선이 아닐 것입니다.

소득탄력성이 1인 경우 소득소비곡선이 직선이 되는 이유는 다음과 같습니다.

소득탄력성이 1이라는 것은 재화에 대한 지출이 총 예산에서 차지하는 비중이 일정하다는 뜻입니다. 즉, 소득이 2배가 되면, 소득탄력성이 1인 재화의 지출액도 2배가 되어 그 비중이 원래 값으로 유지됩니다. 그런데 (가격이 고정된 상태에서) 재화의 지출액이 2배가 된다는 것은 재화의 수요량이 2배가 된다는 말입니다. 즉, 소득이 2배가 될 때 재화의 수요량도 2배가 됩니다. 따라서 m을 점점 늘려 나가면 x_1의 값은 정확하게 비례하여 증가합니다. 게다가 2재화 모형에서 재화 1의 소득탄력성이 1이라면, 재화 2의 소득탄력성도 1이어야 합니다. 제3장에서 도출했던 아래 식으로 알 수 있습니다.

$$(\star) \qquad s_1\eta_1 + s_2\eta_2 = 1$$

재화 1이 필수재($0 < \eta_1 < 1$)라면 소득소비곡선은 어떤 모습을 가질까요? 우선 이때 재화 2는 사치재($\eta_2 > 1$)일 것입니다. 소득이 늘어날 때, 재화 1의 수요는 늘어나긴 하겠지만 소득 증가폭보다는 적게 늘어날 것입니다. 그렇다면 전체 소득 중에서 차지하는 비중은 떨어지겠지요. 그러면 나머지 돈은 재화 2를 구입하는 데에 쓸 것이므로, 재화 2에 대한 지출액이 소득에서 차지하는 비중은 더 커진다는 의미입니다. 이는 재화 2에 대한 수요량의 증가폭이 소득증가폭보다 더 크다는 뜻입니다. 즉 재화 1이 필수재라면, 필연적으로 그 비교대상이 되는 재화 2는 사치재라는 의미입니다. (이 논리를 식으로 정리한 것이 엥겔의 총계공식입니다.)

이때 소득소비곡선(ICC)의 모양은, 소득을 늘려감에 따라서 재화 1은 좀 덜 빠르게 증가하고 재화 2는 더 빠르게 증가하여 단위탄력적일 때의 직선에 비해서는 휘어져 올라가는 모양이 나올 것입니다. (그림 7.3(b))

예제 7.1

두 개의 경제재화 중 적어도 하나가 열등재일 때의 소득소비곡선(ICC) 형태를 설명하시오.

풀이 경제재화라면 두 재화 모두가 열등재인 것은 불가능합니다. 경제재화의 경우 예산을 남기지 않고 소비하게 될 것이므로 예산식이 등식으로 성립해야 하는데, 두 재화가 모두 열등재라면 예산이

그림 7.3 소득탄력성과 소득소비곡선

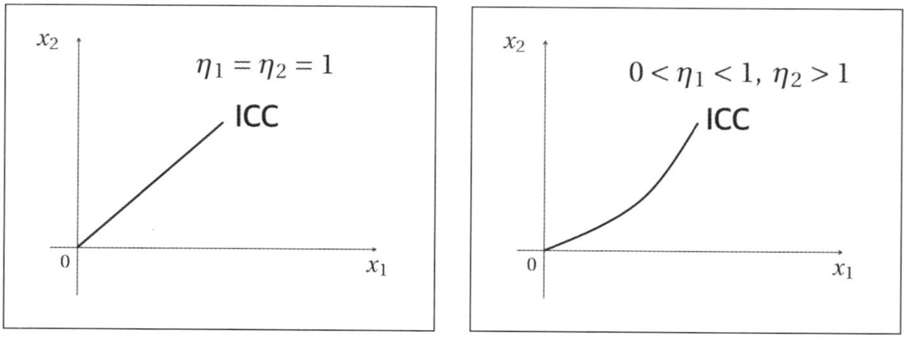

(a) 두 재화 모두 단위탄력적

(b) 재화 1이 필수재

증가할 때 두 재화의 지출액이 모두 감소하여 예산식이 성립할 수 없기 때문입니다. 따라서 적어도 하나의 재화가 열등재라는 것은 둘 중 단 하나의 재화가 열등재라는 의미로 해석해야 할 것입니다.

한편, 소득수준이 매우 낮을 때는 두 재화 중 어느 하나도 열등재일 수 없습니다. 이는 소득이 0일 때는 어차피 전혀 소비할 수 없으므로 소득소비곡선이 원점에서 출발해야 하는데 이 상태에서 소비를 줄이는 것이 불가능하기 때문입니다. 따라서 소득소비곡선 전체에 걸쳐서 열등재인 재화는 없습니다.

두 재화 중 하나가 열등재의 특성을 보이는 소득소비곡선이라면 우하향(좌상향?)하는 구간이 반드시 존재해야 합니다. 소득증가시 열등재가 아닌 재화의 수요량은 증가하고 동시에 열등재인 재화의 수요량은 감소해야 하므로, 두 재화 수요량의 움직임의 방향이 반대이기 때문입니다.

재화 1이 열등재의 특성을 보이는 경우 소득소비곡선의 모양은 원점에서 출발하여 상승하다가 어떤 점에서 왼쪽으로 방향을 틀어서 좌상향하는 방식으로 계속 상승할 것입니다. (그림 7.4(a)) 이때 곡선의 위쪽 부분 (좌상향 또는 우하향하는 부분)에서 재화 1이 열등재($\eta_1 < 0$)입니다. 곡선의 아래쪽 부분에서 재화 1은 정상재($\eta_1 > 0$)의 특성을 보입니다.

재화 2가 열등재의 특성을 보이는 경우 소득소비곡선의 모양은 원점에서 상승하다가 어느 순간 기울기가 음으로 바뀌면서 내려가는 형태를 가지게 됩니다. (그림 7.4(b)) 이때 기울기가 음인 오른쪽 구간에서 재화 2가 열등재입니다. 기울기가 양인 왼쪽 구간에서 재화 2는 정상재입니다.

그림 7.4 예제 7.1 열등재($\eta < 0$)가 있을 때 소득소비곡선

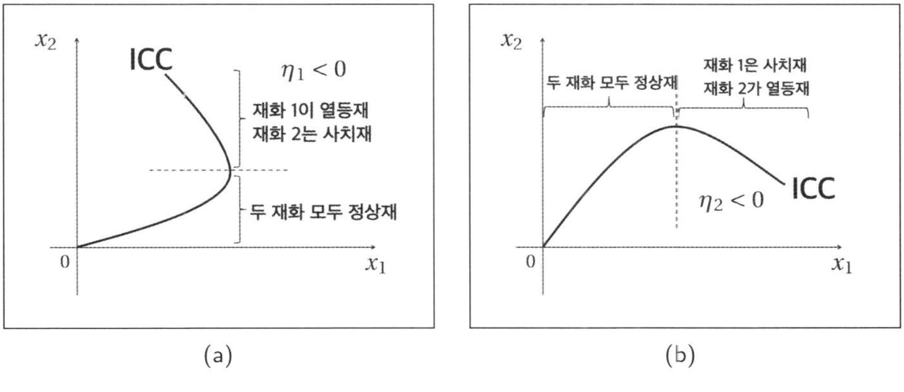

(C1) 엥겔곡선

세 번째 방법은 다변수함수인 수요함수를 특정 변수만의 일변수함수로 취급하여 그림으로 보는 것입니다. 등위선 중의 한 가지입니다. 수요함수는 원래 $x_1(p_1, p_2, m)$이지만 가격 (p_1, p_2)가 어떤 값으로 고정되어 있다고 보고, 소득 m만을 변수로 간주한다면 소득을 한 축에, 수요량을 다른 축에 놓고 그림을 그려볼 수 있습니다. 이를 엥겔곡선(Engel curve)이라고 부릅니다.

수학에서 함수의 그래프를 그릴 때 독립변수를 가로축에 놓는 관행을 따르자면, 가로축에 m을 놓아야 할 것입니다. 하지만 엥겔곡선을 그릴 때는 독립변수에 해당하는 m을 세로축에 놓습니다. m을 세로축에 놓고 재화 1의 수요량 x_1을 가로축에 놓을 경우, 소득소비곡선을 참조해서 비교하기에도 좋고 수요곡선과도 일관된 방식이 됩니다.

예 7.3

(1) $U(x_1, x_2) = x_1 x_2$일 때 수요함수는 $(m/2p_1, m/2p_2)$입니다. 재화 1의 엥겔곡선은

$$x_1 = \frac{m}{2p_1} \Longrightarrow m = 2p_1 x_1$$

을 그림으로 나타내면 됩니다. 이는 원점을 통과하는 직선이고 기울기는 $2p_1$입니다. (그림 7.5(a))

(2) $U(x_1,x_2)=2x_1+x_2$이고 $p_1<2p_2$라면, $(x_1^*,x_2^*)=(m/p_1,0)$입니다. 재화 1의 엥겔곡선은

$$x_1=\frac{m}{p_1}\Longrightarrow m=p_1x_1$$

으로 원점을 통과하는 기울기 p_1의 직선입니다. (그림 7.5(b))

(3) $U(x_1,x_2)=\min\{x_1,2x_2\}$일 때 수요함수는 $(x_1^*,x_2^*)=(2m/(2p_1+p_2),m/(2p_1+p_2))$입니다. 재화 1의 엥겔곡선 공식을 써보면

$$x_1=\frac{2m}{2p_1+p_2}\Longrightarrow m=\frac{2p_1+p_2}{2}x_1$$

으로 원점을 통과하고 기울기가 $(2p_1+p_2)/2$인 직선입니다. (그림 7.5(c))

세 경우 모두 엥겔곡선이 직선으로 나온 것은 모두 소득탄력성이 1이기 때문입니다. (소득소비곡선이 모두 직선이었던 것도 마찬가지 이유입니다.)

예에서 보듯 엥겔곡선의 모양 또한 소득탄력성과 관련이 있습니다. 우선 $\eta>0$이면 (즉 정상재), 엥겔곡선은 우상향하는 형태입니다. 만약 열등재라면 우하향하는 부분이 있었을 것입니다. 한편 $\eta=1$이면 직선입니다. 소득의 증가에 비례하여 지출액이 증가하며, 따라서 그에 비례하여 수요량도 증가합니다. 만약 소득에 대해 단위탄력적이지 않은 수요라면, 엥겔곡선은 진정한 곡선의 형태로 얻어질 것입니다.

7.5 수요함수의 분석 (2) (자기) 가격과 수요

이제 두 번째 변수인 가격을 고려하겠습니다. 즉 $x_1(p_1,p_2,m)$에서 p_1이 변하면 x_1에 어떤 변화가 있는지를 보려고 합니다. (p_2,m)은 고정되어 있다고 가정합니다. 앞 절의 소득에 대한 분석도 매우 흥미롭고 중요하지만, 가격과 수요량 간의 관계 분석은 소비자이론의 핵심이라고 할 것입니다.

(A2) (자기) 가격탄력성

가격탄력성도 제3장에서 이미 공부했습니다. 따라서 정의나 개념 설명을 반복하지 않고 바로 예들을 확인하겠습니다.

그림 7.5 예 7.3 엥겔곡선

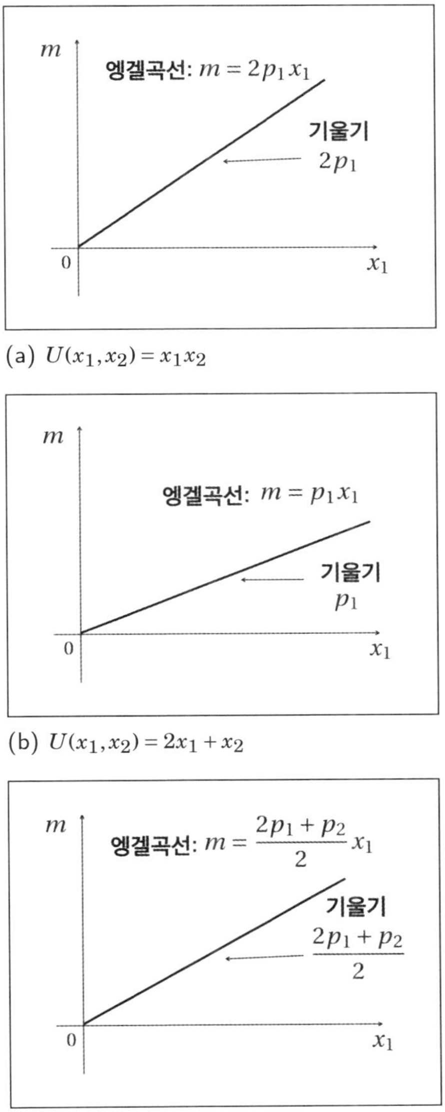

(a) $U(x_1, x_2) = x_1x_2$

(b) $U(x_1, x_2) = 2x_1 + x_2$

(c) $U(x_1, x_2) = \min\{x_1, 2x_2\}$

예 7.4

(1) $U(x_1,x_2)=x_1x_2$, $(x_1^*,x_2^*)=(m/2p_1,m/2p_2)$

앞 장에서 본 바와 같이 두 재화 모두 가격에 대해 단위탄력적입니다. 즉 $\varepsilon_1=\varepsilon_2=-1$입니다.

(2) $U(x_1,x_2)=2x_1+x_2$, $p_1<2p_2$라면, $(x_1^*,x_2^*)=(m/p_1,0)$

가격이 $p_1<2p_2$인 경우 재화 1의 수요함수 역시 가격에 대해 단위탄력적입니다. 예산을 모두 한 재화에만 사용하는 상황이기 때문입니다. 한편 이때 재화 2는 아예 수요량이 없는데, p_2가 아주 조금 변한다면 계속해서 수요량이 0일 것이므로 가격탄력성은 0일 것입니다. 즉, 가격이 조금 변화하는 경우 $\varepsilon_1=-1$, $\varepsilon_2=0$입니다. (만약 애초에 $p_1\approx 2p_2$였고, 가격이 크게 변하여 $p_1<2p_2$에서 $p_1>2p_2$인 상황으로 바뀐다면 수요는 비교적 급격하게 바뀝니다.)

(3) $U(x_1,x_2)=\min\{x_1,2x_2\}$, $(x_1^*,x_2^*)=(2m/(2p_1+p_2),m/(2p_1+p_2))$

이 수요함수는 가격에 대해서 단위탄력적이지 않습니다. 공식으로 직접 탄력성을 계산하기 전에, 먼저 수요의 특징을 사용해서 가격탄력성의 크기를 추리해봅시다. 제3장에서 가격탄력성의 크기는 가격변화에 따른 재화 지출액을 따져보면 짐작할 수 있다는 것을 설명했습니다. 즉, p_1이 인상될 때 p_1x_1이 증가한다면 비탄력적($|\varepsilon_1|<1$)입니다. 위의 수요함수를 사용해 재화 1에 대한 지출액을 공식으로 써보면

$$p_1x_1=\frac{2p_1}{2p_1+p_2}m \tag{7.10}$$

으로, 만약 p_1이 증가한다면 (7.10)의 분자인 $2p_1$은 정확하게 그에 비례하여 증가하는 반면, 분모에는 '$+p_2$'라는 항에는 변화가 없기 때문에 좀 더 적게 증가합니다. (간단한 수치 예를 넣어서 생각해보세요.) 따라서 p_1이 증가할 때 (7.10)식의 값도 증가할 것입니다. 즉, 재화 1의 수요는 가격에 대해 비탄력적일 것입니다. (재화 2에 대해서도 마찬가지 논리를 적용할 수 있습니다.)

직관적으로 설명하자면, 이 소비자는 재화 1과 재화 2를 2:1의 비율로 결합하여 소비하므로 재화 1의 가격인 p_1이 인상될 때 재화 1과 재화 2의 수요가 함께 (소비 비율을 유지하면서) 반응하여 줄어듭니다. 가격 인상의 부담을 재화 1 수요가 혼자 짊어지는 것이 아니라 재화 2가 함께 나누어 받으므로, 재화 1 수요가 가격에 대해 아주 민감하게 반응하지는 않는 것입니다.

수학적으로 증명하자면, 위의 (7.10)식의 우변을 p_1으로 (편)미분하여 그 값이 0보다 크다는 것을 확인할 수도 있고 또는 탄력성 공식을 적용해서 그 절대값의 크기가 1보다 작음을 확인할 수도 있습니다.

소비의 비율을 감안하면 $(x_1,x_2)=(2,1)$가 실제 소비의 단위, 즉 '묶음'이고 이 묶음의 가격은 $\hat{p}=2p_1+p_2$입니다. 예산액 m을 모두 털어서 이 묶음을 사는 데 쓰는 것이므로, 묶음 가격 $\hat{p}$에 대해서 묶음 수요는 단위탄력적일 것입니다.

(B2) 가격소비곡선

가격이 변화할 때의 확장경로를 **가격소비곡선** (price consumption curve, PCC)이 라고 합니다. 다시 말해서, p_1을 변화시켜 가면서 다양한 예산선을 그리고, 각 예산선에 접하는 무차별곡선을 찾아서 효용극대화 점을 표시한 후, 예산선과 무차별곡선들을 모두 지우고 효용극대화 점들만을 남겨서 이들로 곡선을 만든 것이 가격소비곡선입니다. 그림 7.6에 가격소비곡선을 그리는 과정이 제시되어 있습니다.

그림 7.6 가격소비곡선 그리기

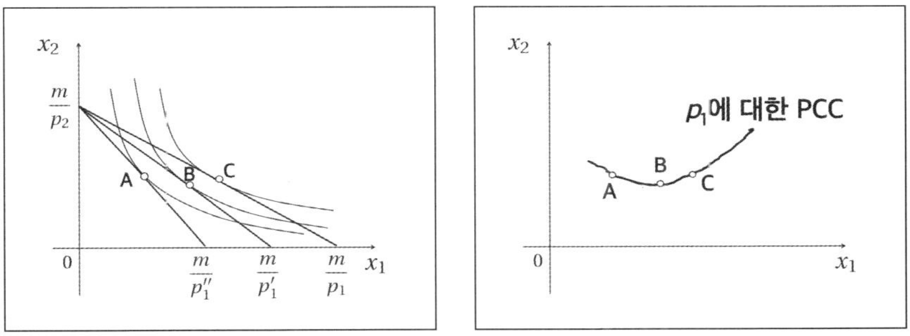

(a) 가격 p_1을 변화시키며 선택점 표시

(b) 예산선과 무차별곡선 삭제, 선택점들을 연결

예 7.5

(1) $U(x_1,x_2)=x_1x_2$, $(x_1^*,x_2^*)=(m/2p_1,m/2p_2)$

가격소비곡선을 그리기 위해서는 p_1을 변화시키며 x_1과 x_2의 변화를 함께 봐야합니다. (한 재화의 가격을 변화시키면서 재화 꾸러미 자체가 어떻게 움직이는지 봅니다.) 우선 x_1은 가격 인상에 따라 감소합니다. 하지만 이 사실만으로는 가격소비곡선의 형태를 알기 어렵습니다.

오히려 가격소비곡선의 특징은 p_1에 변화에 대해 x_2가 어떻게 반응하는지에서 드러납니다. x_2의 공식에는 p_1이 아예 없습니다. 즉, 재화 2의 수요는 재화 1의 가격에 영향을 받지 않습니다. (교차가격탄력성이 0) 이 말은 가격소비곡선을 그리기 위해 p_1을 변화시킬 때, 재화 2의 수요량에는 변화가 없다는 말이고, 즉 가격소비곡선이 수평선이라는 뜻입니다. 이 수평선의 높이는 $x_2=m/2p_2$입니다. (그림 7.7(a))

마찬가지로 p_2를 변화시키면서 가격소비곡선을 그린다면 이번에는 재화 1의 수요량에 아무런 변화가

없으므로 수직선이 될 것입니다. (그림 7.7(b))

(2) $U(x_1,x_2)=2x_1+x_2$, (i) $p_1<2p_2$라면, $(x_1^*,x_2^*)=(m/p_1,0)$, (ii) $p_1>2p_2$라면, $(x_1^*,x_2^*)=(0,m/p_2)$

앞에서 가격탄력성을 고려할 때는 가격 변화의 폭이 매우 작은 것으로 가정할 수 있었으므로, $p_1<2p_2$인 경우를 집중적으로 보았습니다. 한편 PCC를 그리기 위해서는 모든 범위의 가격 변화를 포함해야 하므로, 위의 두 가지 형태의 수요함수를 모두 포함해야 합니다.

p_1이 매우 낮은 경우라면 (i)의 수요함수가 적용될 것이므로 $x_2=0$입니다. 따라서 p_1이 조금씩 인상되는 동안 재화 2의 수요량은 계속 0에 머물러 있으므로 PCC는 이 영역에서 가로축 상에 있습니다.

p_1이 계속 올라서 $p_1=2p_2$가 되는 순간, 예산선과 무차별곡선이 겹치게 되고 소비자는 예산선 위의 어떤 점을 선택하든 무차별합니다. 즉 예산선 전체가 합리적 선택점이 되고, 곧 PCC는 예산선입니다. 한편 p_1이 조금 더 올라서 $p_1>2p_2$가 된다면 이제 $x_1=0$이므로 이제 PCC는 세로축 상에 있습니다. 이 세 가지 경우를 조합하면 그림 7.7(c)가 됩니다.

특히 예산선이 PCC가 되는 경우 $p_1=2p_2$이므로 그림에서 보듯 기울기는 -2입니다. 또한 이 예산선의 세로축 절편은 p_1의 변화와 무관하게 따로 고정된 m/p_2로 결정됩니다.

만약 p_2를 변화시키면서 PCC를 그린다면, 전반적인 모양은 앞의 경우와 일치합니다. 다만 이번에는 p_1이 고정되어 있으므로 예산선의 위치는 m/p_1이 결정합니다. PCC의 모양은 동일하지만 위치가 달라질 수 있다는 점을 강조하기 위해서 그림 7.7(d)에서 예산선 부분은 (c)에서보다 바깥쪽으로 더 이동해 있습니다. 즉 (c)를 그릴 때 사용한 p_2 값에 비해 (d)를 그릴 때 사용한 p_1 값이 상당히 낮습니다.

(3) $U(x_1,x_2)=\min\{x_1,2x_2\}$, $(x_1^*,x_2^*)=(2m/(2p_1+p_2),m/(2p_1+p_2))$

완전보완재의 경우에는 PCC의 모양이 매우 단순합니다. 아무리 가격을 변화시키더라도 언제나 두 재화의 소비 비율은 일정합니다. 무차별곡선이 꺾어지는 부분에서만 선택이 일어납니다. 즉, PCC는 원점에서 출발하는 직선이고 그 기울기는 두 재화의 2:1 결합 비율을 반영하여 1/2입니다. 그림 7.7(e)는 p_1을 변화시켜가면서 PCC를 그리는 과정을 묘사하고, (f)는 실제 완성된 PCC입니다. p_1이 변하든, p_2가 변하든 PCC는 동일합니다.

가격소비곡선의 모양 또한 가격탄력성의 값과 밀접한 관계를 가집니다.

가격탄력성과 가격소비곡선

그림 7.8은 재화 1의 가격 p_1에 대한 가격소비곡선을 가격탄력성에 따라 보여줍니다. 그림 (a)처럼 재화 1이 가격에 대해 단위탄력적이면 아무리 가격이 변해도 재화 1에 대한 지출액이 상수로 유지되므로, 재화 2 지출액도 상수이고 재화 2에 대한 수요량도 상수입니다. 따라서 가격소비곡선은 재화 2의 양이 고정된 수평선이

그림 7.7 예 7.5 가격소비곡선 (PCC)

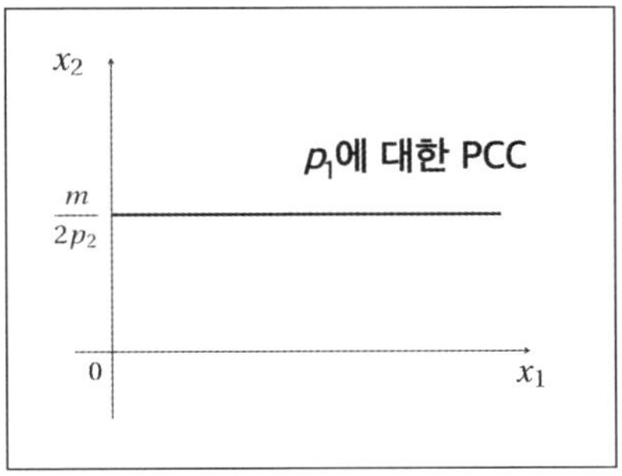

(a) $U(x_1,x_2)=x_1x_2$

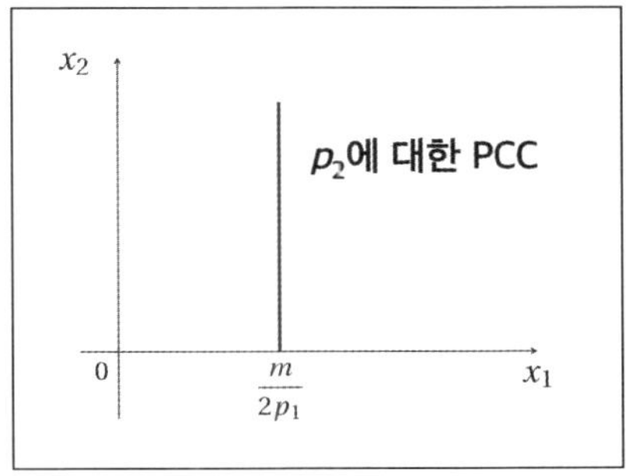

(b) $U(x_1,x_2)=x_1x_2$

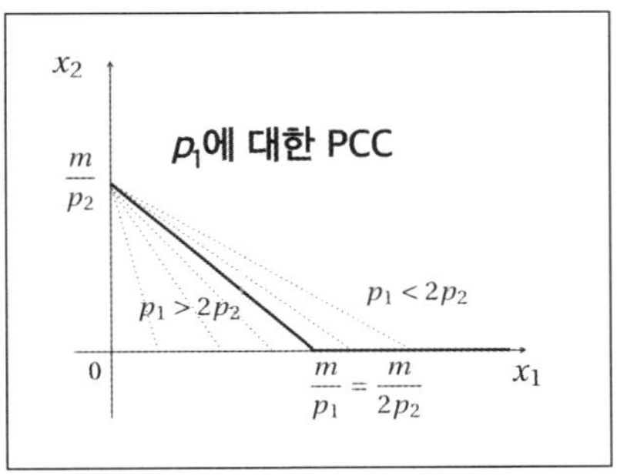

(c) $U(x_1,x_2)=2x_1+x_2$

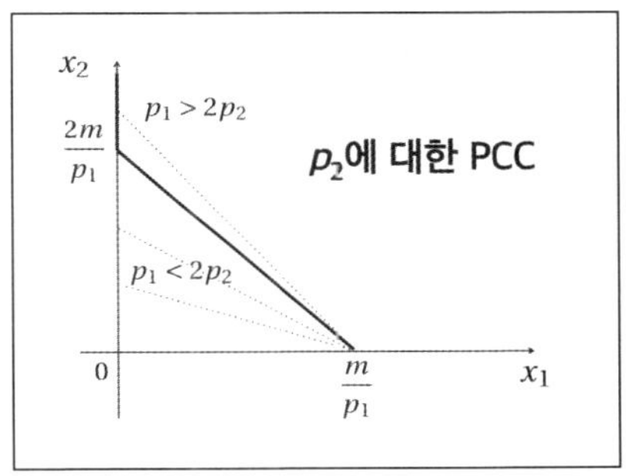

(d) $U(x_1,x_2)=2x_1+x_2$

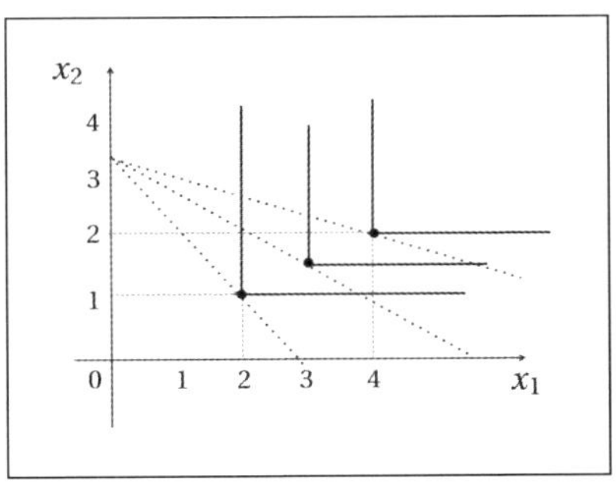

(e) $U(x_1,x_2) = \min\{x_1,2x_2\}$의 PCC를 그리는 과정

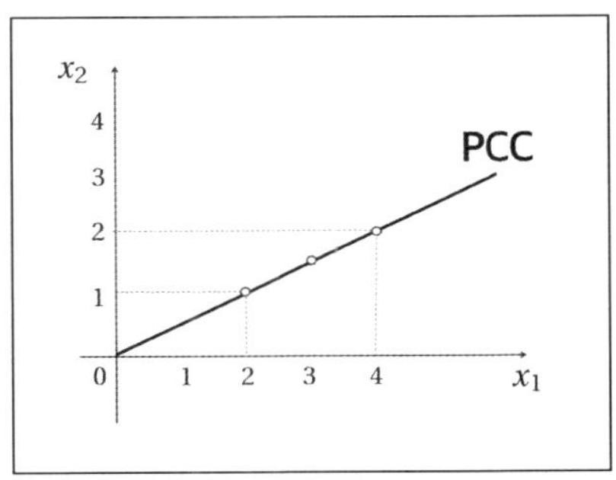

(f) $U(x_1,x_2)=\min\{x_1,2x_2\}$

됩니다.

$$\underbrace{p_1x_1}_{\text{가격이 변해도 상수}} + p_2x_2 = m$$

한편 재화 1에 대한 수요가 가격에 대해 비탄력적이면 어떻게 될까요? 이번에는 재화 1에 대한 지출액이 p_1의 인상과 함께 늘어납니다. 따라서 재화 2에 대한 지출액은 줄고, 재화 2의 수요량도 감소합니다. 반대로 p_1이 인하될 때는 재화 2의 양이 커집니다. 가격소비곡선은 처음 시작한 점을 기준으로 가격이 인상되면 수평선보다 아래에, 가격이 인하되면 위에 위치하도록, 즉 전체적으로 우상향하게 됩니다. (그림 7.8(b)) 마찬가지 논리로 재화 1의 수요가 가격에 대해 탄력적이면 가격소비곡선은 우하향합니다. (그림 7.8(c)) 편의상 직선으로 그려져 있으나 꼭 직선일 필요는 없습니다.

(C2) 수요곡선

나머지 변수들을 무시하고 p_1만을 변수로 취급한다면, 즉 $x_1(p_1, p_2, m)$을 $x_1(p_1)$으로 보는 경우 **수요곡선**(demand curve)을 그릴 수 있습니다. 경제원론에서 공부한 수요곡선입니다. 경제학이라고 하면 모든 사람들이 떠올리는 바로 그 수요곡선입니다.

하지만 수요곡선과 수요함수의 관계는 조금 복잡합니다. 3변수함수인 수요함수에서 다른 변수를 무시하고 가격만을 변수로 가진 1변수함수로 보고 그래프를 그린다면, 독립변수가 가격이므로 가로축에 가격을 표시하는 것이 수학적인 관행과 맞지만, 경제모형에서는 보통 수요곡선에서 가격을 세로축에 표시합니다. 앞에서 엥겔곡선을 그릴 때 독립변수인 m을 세로축에 놓은 것과 마찬가지입니다.[7] 즉, p_2, m을 고정한

(수요함수) $$q = x_1(p_1)$$

7 엥겔곡선과 수요곡선에서 독립변수인 소득 및 가격을 세로축에 놓게 된 것은 (일부에서 의심하듯 경제학자들이 수학 관행에 무지해서라기보다는) 애초에 이런 곡선들이 수요함수라는 개념이 자리잡기 전에 다른 방식으로 개발되었기 때문입니다.

그림 7.8 가격탄력성과 가격소비곡선 (p_1이 변할 때)

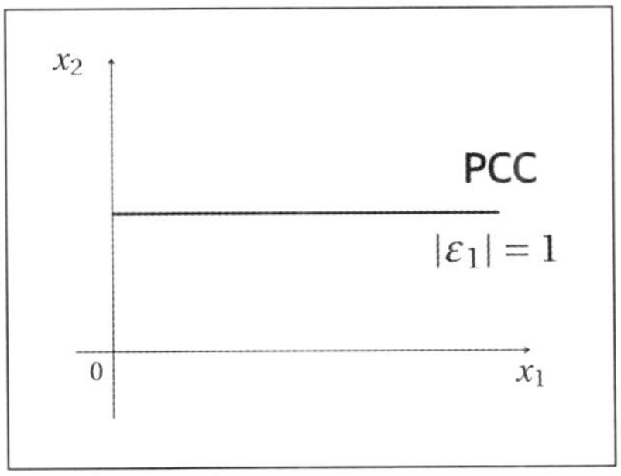

(a) 단위탄력적

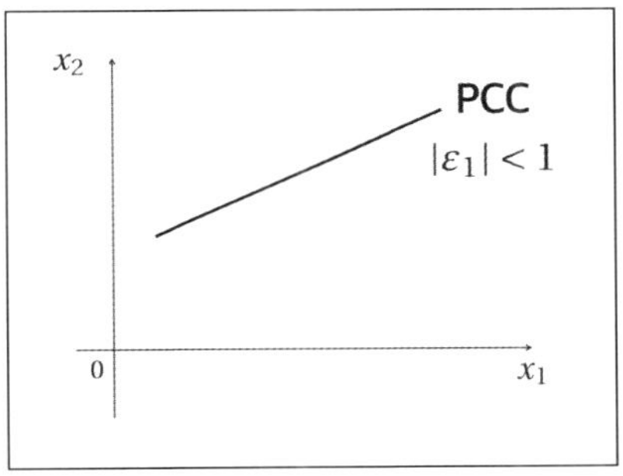

(b) 비탄력적

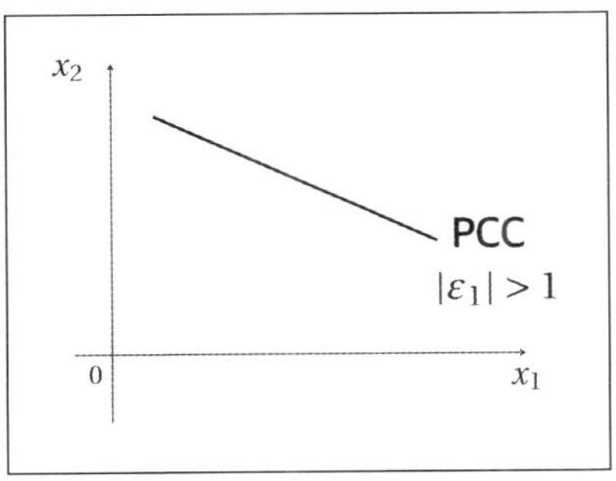

(c) 탄력적

의 역함수가 수요곡선입니다.

(수요곡선) $p_1 = x_1^{-1}(q)$

이 책의 후반부에서 수요 측면을 모형에 포함시킬 때 수요곡선만을 사용하는 경우가 많을 것입니다.

예 7.6

(1) $U(x_1, x_2) = x_1 x_2$, $(x_1^*, x_2^*) = (m/2p_1, m/2p_2)$

각 재화의 수요함수는 가격을 분모에 가지고 있으므로 그림 7.9(a)와 같습니다. 두 재화 모두 비슷한 형태를 가지므로 따로 구분하지 않고 그렸습니다. 즉, 가격을 p, 수요량을 x라고 할 때

$$x = \frac{m}{2p} \Longrightarrow p = \frac{m}{2x}$$

가 되고 이를 그림으로 그린 것입니다.

(2) $U(x_1, x_2) = 2x_1 + x_2$, (i) $p_1 < 2p_2$라면, $(x_1^*, x_2^*) = (m/p_1, 0)$, (ii) $p_1 > 2p_2$라면, $(x_1^*, x_2^*) = (0, m/p_2)$

가격소비곡선을 그렸을 때와 마찬가지로, 가격의 수준에 따라 수요의 형태가 급격하게 바뀝니다. 먼저 세로축의 가장 높은 지점, 즉 p_1이 매우 높을 때는 생각해봅시다. 미리 고정된 어떤 p_2에 비해서 $p_1 > 2p_2$이 성립할 것이므로, $x_1 = 0$입니다. 즉 가격이 매우 높은 구간에서 수요곡선은 수요량이 전혀 없는 상태, 즉 세로축입니다.

가격이 내려오다가 $p_1 = 2p_2$가 되는 순간, 수요량은 최소 0에서 최대 $m/p_1 = m/2p_2$까지 모두 가능합니다. 즉 수요곡선은 수평선입니다.

가격이 더 떨어져서 $p_1 < 2p_2$가 된다면 이제 $x_1 = m/p_1$이므로 이 부분의 모양은 (a)에서와 비슷하게 가격 인하에 따라 점점 급격하게 수요량이 많아지는 형태가 됩니다. 그림 7.9(b)에 그 결과가 그려져 있습니다.

(3) $U(x_1, x_2) = \min\{x_1, 2x_2\}$, $(x_1^*, x_2^*) = (2m/(2p_1 + p_2), m/(2p_1 + p_2))$

재화 1의 수요함수에서 재화 1의 가격은 분모에 들어 있습니다. 즉 전체적으로 가격이 인상되면 수요량이 급격하게 줄어들고, 가격이 인하되면 수요량이 급격하게 늘어나는 모양으로 (a)의 모양, (b)의 마지막 경우 모양과 비슷합니다. 다른 점이 있다면 ($p_2 > 0$이라면) $p_1 = 0$일 때의 수요량이 존재한다는 것입니다. (위의 (a), (b)에서 $p_1 = 0$인 경우 재화 1의 수요량은 무한대가 됩니다.) 이는 재화 1의 가격이 무료이더라도, 재화 2의 가격이 존재한다면 어차피 재화 1과 재화 2를 함께 소비해야 하므로 재화 1의 구입량이 특정한 값으로 정해지기 때문입니다.

수학적인 고려를 조금만 넣으면 이 수요함수를 그림 7.9(c)와 같이 그릴 수 있습니다. 그림에는 가격이 음수인 부분까지 그려져 있는데, 만약 $p_1 = -(1/2)p_2$가 가능했다면 이때 재화 1의 수요량은 무한대가 됩니다. 즉 재화 2의 가격이 존재하더라도, 만약 재화 1의 가격이 음수여서 그 가격을 상쇄할 수 있다면 전체 묶음가격이 무료가 되고 수요량은 무한대입니다.

음수 가격이 가능하지 않다면, 수요곡선은 그림 (c) 중에서 가로축의 윗부분 영역만입니다.

7.6 수요함수의 분석 (3) 교차가격과 수요

마지막으로 분석 대상인 재화의 수요가 다른 재화의 가격에 어떻게 영향을 받는지를 볼 차례입니다. 그런데 탄력성을 제외하면, 나머지 방법들(확장경로, 일변수함수 그래프)은 그다지 논할 거리가 없습니다. 확장경로(가격소비곡선)의 경우 p_1이 변하든 p_2가 변하든 앞에서 이미 검토가 되었습니다. 또한 일변수함수 그래프의 경우 예컨대 x_1의 수요량이 p_2에 어떻게 영향을 받는지를 '교차수요곡선'을 그려서 검토할 수 있겠으나 실제 이런 방식으로 분석하는 경우는 많지 않습니다.

따라서 이 절에서는 그동안 검토해온 예들에 대해 교차가격탄력성을 확인하는 것으로 마무리하겠습니다.

(A3) 교차가격탄력성

예 7.7

(1) $U(x_1, x_2) = x_1x_2$, $(x_1^*, x_2^*) = (m/2p_1, m/2p_2)$

각 재화의 수요는 다른 재화의 가격에 아무런 영향을 받지 않습니다. 즉, $\varepsilon_{12} = \varepsilon_{21} = 0$입니다.

(2) $U(x_1, x_2) = 2x_1 + x_2$, (i) $p_1 < 2p_2$라면, $(x_1^*, x_2^*) = (m/p_1, 0)$, (ii) $p_1 > 2p_2$라면, $(x_1^*, x_2^*) = (0, m/p_2)$

역시 가격이 하필 $p_1 = 2p_2$의 근처에서 급격하게 변하지 않는 한, 각 재화의 수요는 다른 재화의 가격에 영향을 받지 않습니다. $\varepsilon_{12} = \varepsilon_{21} = 0$입니다.

(3) $U(x_1, x_2) = \min\{x_1, 2x_2\}$, $(x_1^*, x_2^*) = (2m/(2p_1 + p_2), m/(2p_1 + p_2))$

각 재화의 수요함수 공식의 분모에 다른 재화 가격이 들어 있습니다. 즉 p_2가 인상되면 x_1이 감소합니다. 다시 말해 $\varepsilon_{12} < 0$이고 두 재화는 보완재 관계입니다. 이는 애초에 선호가 완전보완재 선호였음을 기억한다면 당연한 결과입니다.

그림 7.9 예 7.6 수요곡선

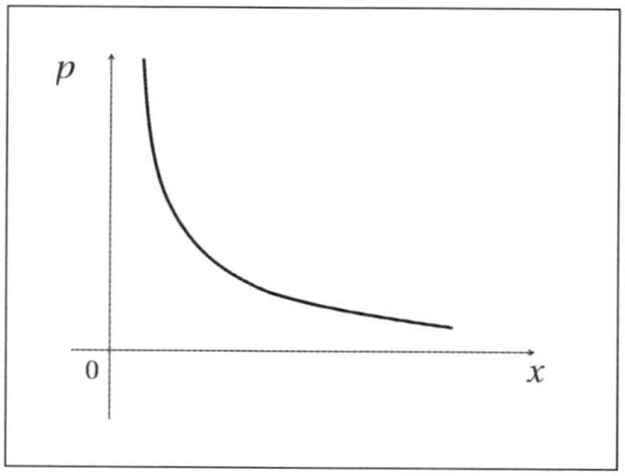

(a) $U(x_1,x_2)=x_1x_2$

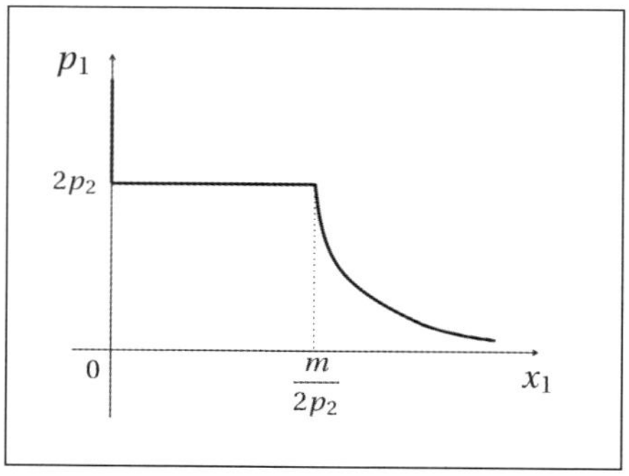

(b) $U(x_1,x_2)=2x_1+x_2$

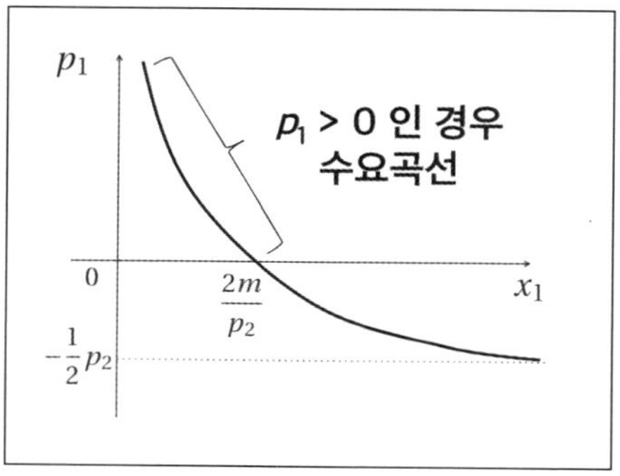

(c) $U(x_1,x_2)=\min\{x_1,2x_2\}$

또한 음수인 교차가격탄력성의 절대값의 크기는, 자기가격탄력성과 마찬가지로 1보다 작을 것입니다. ($|\varepsilon_{12}| < 1$) 앞에서 자기가격탄력성의 절대값이 1보다 작은 이유와 마찬가지입니다. 만약 p_2가 인상된다면 그 인상의 효과는 두 재화가 모두 부담합니다. 가격 인상폭에 비해 수요량 감소폭은 비교적 작습니다.

연습문제

문제 7.1 커피(C)와 홍차(T)를 즐겨 마시는 차조은 여사의 효용함수가 $U(C,T) = 3C + 4T$이다. (C와 T는 각각 1주일에 소비한 커피 및 홍차의 잔 수)

(1) 커피와 홍차의 가격이 모두 잔당 3,000원일 때 소득소비곡선과 커피 수요의 엥겔 곡선을 그리시오.

(2) 예산이 12,000원이고 홍차 가격이 잔당 3,000원일 때 커피 가격에 대한 가격소비곡선과 커피 수요곡선을 그리시오.

문제 7.2 효용함수가 $u(x_1, x_2) = x_1(x_2 - 2)$이고, 두 재화에 쓸 수 있는 예산이 m이다. 재화 1의 가격은 p_1이며, 재화 2의 가격은 1로 고정되어 있다.

(1) 재화 1의 수요함수를 공식으로 도출하시오.

(2) 재화 1의 수요는 소득 및 가격에 대해 어떤 탄력성의 성질을 갖는가?

(3) 재화 1의 엥겔곡선의 모양을 그려 보시오.

(4) p_1의 변화에 따른 가격소비곡선을 그리고, 왜 그런 형태인지 설명하시오.

문제 7.3 효용함수 $u(x_1, x_2) = x_1 x_2$인 소비자가 예산제약 $p_1 x_1 + p_2 x_2 \leq m$을 만족하면서 효용을 극대화한다. 그의 선택에 대해 다음 설명 중 옳지 않은 것은?

(a) 두 재화가 모두 열등재일 수는 없다.

(b) 두 재화 중 하나는 정상재, 또 하나는 열등재일 수 있다.

(c) 두 재화가 모두 정상재인 것은 가능하다.

(d) 가격이 변하더라도 한 재화에 대한 지출액은 동일하다.

(e) 가격이 인상되면 그 재화의 수요량은 반드시 감소한다.

(f) 구석해(두 재화 중 하나를 전혀 소비하지 않는 경우)는 발생할 수 없다.

문제 7.4 이화인 양에게는 소비량에 관계없이 김밥 1줄과 사과 1개가 정확하게 동일한 효용을 주기 때문에, 점심식사로 김밥 또는 사과를 적절하게 사서 먹는다.

(1) 김밥 1줄의 가격이 1,000원, 사과 1개의 가격이 p, 1달간 점심식사로 쓸 용돈이 m일 때, 이 양이 한 달간 사먹는 사과의 갯수를 수요함수의 형태로 써보시오.

(2) 사과 수요의 소득탄력성, 가격탄력성, 김밥가격에 대한 교차가격탄력성을 각각 구하시오.

문제 7.5 효용함수가 $u(x_1, x_2) = \min\{x_1 + 2x_2, 2x_1 + x_2\}$이고, 예산이 m이다. 재화 1의 가격은 p_1이며, 재화 2의 가격은 1로 고정되어 있다.

(1) $p_1 = 1$, $m = 10$일 때 소비자의 합리적 선택점(효용극대화 꾸러미)을 무차별곡선과 예산선의 그림으로 나타내시오.

(2) 재화 1의 엥겔곡선을 그리시오.

(3) $m = 10$일 때 재화 1의 수요곡선, 즉 세로축에는 가격 p_1을, 가로축에는 수요량 x_1을 놓고 가격의 변화에 따라 효용을 극대화하는 수요량을 찾아 그림으로 그리고, 왜 이런 모양이 나오는지 정확하게 설명하시오.

문제 7.6 효용함수가 $u(x_1, x_2) = 2\ln(x_1) + \ln(x_2)$의 형태일 때

(1) 재화 1의 수요함수를 공식으로 제시하시오.

(2) 재화 1의 엥겔 곡선을 그리시오.

(3) 재화 1의 가격 p_1이 변할 때의 가격소비곡선을 그리시오.

---

microeconomics

제8장

수요분석 연습

푸딩 맛은 먹어봐야 안다.

- 미겔 데 세르반테스, 『돈 키호테』[1]

소비자모형의 사용법

이번 장은 아예 연습문제들로 구성되어 있습니다. 많은 학생들이 경제학의 응용 문제들을 두려워합니다. 경제모형의 이론적 구조를 공부하는 것도 어렵지만, 복잡한 상황에 이를 적용하는 것은 누구에게도 쉽지 않은 일입니다. 푸딩 맛은 먹어봐야 아는 것처럼, 문제는 풀어봐야 알 수 있습니다. 문제를 풀어나가는 과정을 통해 이론 자체에 대한 이해도도 깊어질 것입니다.

이 장에 제시된 문제들이 대단히 중요하다거나 이들의 풀이 방법을 암기해야 하는 표준적인 사례들은 아닙니다. 현실의 데이터가 주어질 때 수요의 여러 가지 특징을 관찰하고 따져볼 능력을 쌓기 위한 숙달의 기회일 뿐입니다. 다소 난감해보일 수도 있는 응용문제들을 제시하고 함께 상세한 풀이 과정을 거친 후 이론적 배경을 추가로 설명하도록 하겠습니다.

1 Miguel de Cervantes, *Don Quixote de La Mancha* (1615); Peter Motteux의 영문 번역 (1712) "The proof of pudding is in the eating."에서 가져옴.

8.1 다양한 예산제약과 수요

지금까지 단순한 예산제약을 주로 사용해 왔습니다. 만약 (제2장의 말미에서 소개한 것처럼) 예산제약의 형태가 다양해진다면 수요가 어떻게 되는지 보겠습니다.

예제 8.1

99명의 학생이 한 달간 캠프에 참여한다. 각 학생은 한 달간 쓸 수 있는 식권을 100장씩 받았다. 메뉴는 라면 또는 한정식이다. (식권에는 이름이 적혀 있으며 학생들간 식권 교환이나 판매는 불가능하다.) 한 달간 먹는 라면 횟수를 x_1, 한정식 횟수를 x_2라고 할 때 각 학생의 효용함수가 다음과 같다:

- 1번 학생 $U^1(x_1,x_2)=\sqrt{x_1}+\frac{1}{2}x_2$
- 2번 학생 $U^2(x_1,x_2)=\sqrt{2x_1}+\frac{1}{2}x_2$
- 3번 학생 $U^3(x_1,x_2)=\sqrt{3x_1}+\frac{1}{2}x_2$
- ……
- 99번 학생 $U^{99}(x_1,x_2)=\sqrt{99x_1}+\frac{1}{2}x_2$

(1) 식권 1장으로 라면 1인분 또는 한정식 1인분을 먹을 수 있다고 할 때, 각 학생의 한 달간 라면 및 한정식 소비량을 도출하시오.

(2) 학생들의 지나친 라면 섭취를 방지하고자, 한 달간 먹을 수 있는 라면의 최대 횟수를 50으로 지정했다. 각 학생의 소비 및 캠프 전체(99명) 소비는 (1)과 비교할 때 어떻게 달라지는가?

(3) 라면의 최대 소비량 제한 대신에, 라면 1인분의 가격을 식권 2장으로 올린다면 각 학생의 소비 및 캠프 전체의 소비가 (1)과 비교해 어떻게 달라지는가? (식권 1장이면 라면 0.5인분이 된다. 라면이나 한정식의 판매수량은 정수로 국한되지 않는다고 본다.)

풀이 가상적인 예제이기 때문에 99명의 효용함수가 일정한 규칙에 따라 주어졌습니다. 즉 n번 학생의 효용함수는 $U^n(x_1,x_2)=\sqrt{nx_1}+\frac{1}{2}x_2$입니다. 임의의 n에 대해서 문제를 풀고 $n=1,2,\ldots,99$를 대입하면 각 학생의 소비량을 도출할 수 있습니다.

(1) 먼저 효용함수가 "예의바른" 성질을 만족하는지 확인합니다. 모든 학생에게 라면과 한정식은 모두 경제재화가 맞습니다. 라면과 한정식에 대해 모두 더 많은 양이 더 높은 효용을 주는 형태입니다.

다음은 한계대체율을 확인할 차례입니다. 먼저 연습삼아 1번 학생의 한계대체율을 구해봅시다:

$$MRS^1 = \frac{MU_1}{MU_2} = \frac{\frac{1}{2\sqrt{x_1}}}{\frac{1}{2}} = \frac{1}{\sqrt{x_1}}$$

입니다. 또 한번 연습삼아 2번 학생 것도 구해보지요:

$$MRS^2 = \frac{MU_1}{MU_2} = \frac{\frac{\sqrt{2}}{2\sqrt{x_1}}}{\frac{1}{2}} = \frac{\sqrt{2}}{\sqrt{x_1}}$$

같은 방식으로 임의의 n에 대해서 계산 가능합니다:

$$MRS^n = \frac{MU_1}{MU_2} = \frac{\frac{\sqrt{n}}{2\sqrt{x_1}}}{\frac{1}{2}} = \frac{\sqrt{n}}{\sqrt{x_1}}$$

두 가지 특징을 관찰할 수 있습니다.

- 한계대체율 체감: x_1이 분모에 있어 x_1이 증가할 때 MRS는 모든 학생에 대해 감소합니다.
- 한계대체율은 x_2와 무관: 공식에서 x_2가 사라졌습니다. 즉 한정식 소비량은 한계대체율과 무관하고, 라면 소비량만이 한계대체율에 영향을 줍니다. 다시 말해서 한정식을 몇 번 먹든 라면과 한정식 사이의 대체율에는 변함이 없지만, 라면을 먹는 횟수에 따라 라면과 한정식 사이의 대체율은 달라집니다. 특히 라면의 횟수가 늘어날 수록, 한계대체율(즉 라면을 1번 더 먹기 위해서 포기할 수 있는 한정식의 횟수)은 감소합니다.

두 재화 모두 양의 값으로 소비하는 것이 합리적인지는 아직 확실하지 않습니다. 예산식을 생각해보면 각 학생이 받은 100장의 식권이 예산에 해당되고, 식권 1장이 라면 1인분 또는 한정식 1인분에 해당되므로 $p_1 = p_2 = 1$입니다:

$$x_1 + x_2 \leq 100$$

두 재화 모두 경제재화이므로 일단 예산식은 등식으로 성립합니다.

(조건 a) $$x_1^* + x_2^* = 100$$

한편 $p_1/p_2 = 1$이므로 $MRS = 1$에 의해서 n번 학생에게는

(조건 b) $$\frac{\sqrt{n}}{\sqrt{x_1^*}} = 1 \quad \Longrightarrow \quad x_1^* = n$$

(조건 b)에서 재화 1(라면) 수요량이 이미 얻어졌고, (조건 a)의 예산식을 이용하면 $x_2^* = 100 - x_1^* = 100 - n$임을 알 수 있습니다. 따라서 각 학생의 수요량은 다음과 같습니다:

- 1번 학생 $x_1^* = 1, x_2^* = 99$
- 2번 학생 $x_1^* = 2, x_2^* = 98$
- ……
- 99번 학생 $x_1^* = 99, x_2^* = 1$

각 경우 모두 두 재화의 소비량이 양수이므로 (조건 b)의 적용이 가능할 것입니다. 또한 캠프 전체의 수요량을 계산해보면 x_1은 $1+2+\cdots+99 = 4950$, 그리고 x_2 또한 $99+98+\cdots+1 = 4950$이 됩니다.

(2) 이제 $x_1 \leq 50$이라는 상한을 고려합니다. 상식적으로 1번 학생부터 50번 학생까지는 라면 소비량에 대한 제한이 의미가 없습니다. 어차피 50회 이하로 소비하는 것이 합리적이기 때문입니다.

한편, 51번부터 99번까지의 학생들은 더 이상 자신이 원하는 수량을 소비할 수 없습니다. 수량의 제한이 있을 때 이들이 어떻게 소비하는 것이 효용을 극대화하는 것인지에 대해서도 수학적으로 도출이 가능합니다만 그 수학적 방법론은 다소 까다로우므로 여기에서는 다소 직관적으로 설명하겠습니다.

결론부터 말하자면 51번에서 99번까지의 학생들은 라면 50회, 한정식 50회를 먹는 것이 합리적입니다. 99번 학생의 입장을 생각해보죠. 제한이 없다면 이 학생은 라면 99회, 한정식 1회를 먹습니다. 제한에 따라 (50, 50)을 소비하게 되면 효용은 $\sqrt{99 \times 50} + 25 (\approx 95.36)$입니다. 만약 그가 라면 소비량을 더 줄여서 (49, 51)을 소비한다면 효용은 $\sqrt{99 \times 49} + 25.5 (\approx 95.15)$가 됩니다. 계산해보면 (50, 50)일 때가 효용이 더 크다는 것을 알 수 있습니다. 계산하지 않더라도 (50, 50)일 때의 한계효용이 라면에 대해서는 $MU_1 = \frac{\sqrt{99}}{\sqrt{50}} \approx \sqrt{2} \approx 1.4$이고 한정식에 대해서는 $MU_2 = 0.5$이므로 라면의 한계효용이 훨씬 크기 때문에 라면을 줄이고 한정식을 더 얻는 것은 좋지 않다는 것을 알 수 있습니다. 정도의 차이는 있지만 51번부터 98번까지에게도 마찬가지 논리가 적용됩니다.

제곱근의 계산이 복잡하니까 그림이 좀 더 쉬울지도 모르겠습니다. 그림 8.1에 두 재화의 한계효용함수를 겹쳐서 그려 놓았습니다. 한정식의 한계효용은 1/2로 일정하므로 수평선입니다. 라면의 한계효용은 라면 소비량이 늘어날수록 급격하게 줄어드는 형태입니다. 특히 두 재화의 한계효용이 동일해지는 라면(x_1)의 수량이 있는데 이는 $x_1 = n$입니다. 다시 말해서 n번 학생에게 있어서 라면을 n번째 먹을 때까지는 라면의 한계효용이 한정식에 비해 크거나 같고, 라면을 조금 더 먹으면 라면의 한계효용이 더 낮아집니다. 즉, 할 수 있다면 정확하게 n번의 라면을 먹고 그래도 식권이 남으면 나머지는 한정식을 먹는 것이 좋습니다.

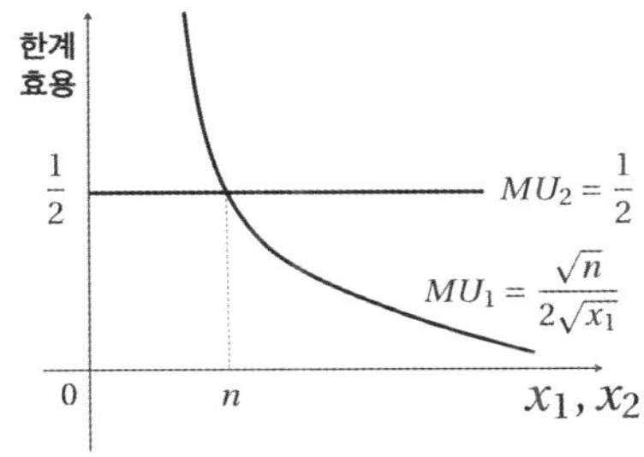

그림 8.1 예제 8.1 두 재화의 한계효용 비교

그런데 문제에서처럼 라면의 최대 소비량이 50으로 제한되면, $n > 50$인 학생들의 경우에는 자신이 원하는 n까지 소비할 수가 없고, 그렇다면 허용된 수량에서 최대한 n에 가깝게 소비하는 것이 좋습니다. n보다 적은 수량의 라면에 대해서는 한계효용이 항상 한정식보다 높기 때문에 라면을 줄여서 한정식을 더 먹을 이유가 없습니다.

따라서 학생들의 수요량은 다음과 같이 됩니다:

- 1번 학생 $x_1^* = 1, x_2^* = 99$
- ……
- 50번 학생 $x_1^* = 50, x_2^* = 50$
- 51번 학생 $x_1^* = 50, x_2^* = 50$
- ……
- 99번 학생 $x_1^* = 50, x_2^* = 50$

캠프 전체의 수요량을 계산해보면 x_1은 $1+2+\cdots 49+50\times 50=1225+2500=3725$이고 x_2는 $99+98+\cdots+51+50\times 50=3675+2500=6175$입니다. 라면의 섭취를 제한한 결과로 전체 라면 소비량은 1225회 (애초 수량의 약 25%) 감소하고 대신 한정식 소비량이 1225회 늘었습니다.

(3) 다시 (1)의 상황으로 돌아가서 이번에는 $p_1/p_2=2$로 변합니다. 즉 이제 효용극대화의 (조건 b)가 $MRS=2$로 바뀝니다. n번 학생에게는

(조건 b) $$\frac{\sqrt{n}}{\sqrt{x_1^*}}=2 \quad \Longrightarrow x_1^*=\frac{n}{4}$$

가 되어 이제 라면 수요량은 예전에 비해 1/4로 줄어듭니다. 모든 학생에게 다 그렇습니다. 즉 각 학생의 수요량은 이제

- 1번 학생 $x_1^*=\frac{1}{4}, x_2^*=99\frac{1}{2}$
- 2번 학생 $x_1^*=\frac{1}{2}, x_2^*=99$
- ……
- 99번 학생 $x_1^*=\frac{99}{4}, x_2^*=50\frac{1}{2}$

가 됩니다. 캠프 전체의 수요량을 계산해보면 라면에 대해서는

$$\frac{1}{4}+\frac{2}{4}+\cdots+\frac{99}{4}=\frac{1+2+\cdots+99}{4}=\frac{4950}{4}$$

로 예전의 1/4로 줄어듭니다. 마찬가지로 한정식은

$$\frac{199+198+\cdots+101}{2}=7425$$

가 되어 예전에 비해 1.5배로 늘어납니다.

라면의 최대 소비량을 1/2로 줄인 것이 25% 감소 효과로 나타난 것에 비해, 가격을 2배로 늘리면 그 효과가 훨씬 강력합니다. (가격을 얼마 정도 올리면 (2)와 비슷한 수준의 효과가 나타날까요?)

더 생 각 해 보 기

구입가능한 양에 제한이 있는 경우 수요의 변화

한 소비자가 구입할 수 있는 재화 1의 양에 상한이 부여된다고 합시다. 이때 수요에 어떤 변화가 생기는지는 그림 8.2를 보면 이해할 수 있습니다. 먼저 그림 8.2(a)는 상한이 부여되기 이전의 평범한 상황을 보여줍니다. 편의상 모든 소비자는 동일한 예산 m을 가진다고 가정하고, 재화들의 가격은 p_1, p_2입니다. 그림에 A와 B라는 두 명의 소비자가 각각 합리적으로 선택한 수요점을 표시했습니다. 각자의 취향에 따라 A는 재화 1을 상대적으로 적은 양(x_1^A)만큼 구입하고 B는 상대적으로 많이 (x_1^B) 구입했습니다. (따라서 당연히 A는 재화 2를 더 많이, B는 재화 2를 더 적게 구입했습니다.)

이제 그림 8.2(b)에서 재화 1을 구입할 수 있는 최대 수량이 K라는 제약이 가해졌습니다. 마침 소비자 A의 예전 구입량은 $x_1^A < K$로 새롭게 부여된 상한이 별다른 효력이 없습니다. 따라서 예전과 같이 그대로 x_1^A를 구입합니다. 한편 소비자 B의 경우에는 $x_1^B > K$이기 때문에 이제 자신이 원하는 수량을 마음껏 구입하는 것이 불가능합니다. 이제 점 B를 거쳐 지나가는 무차별곡선은 더 이상 예산집합과 만나지 않습니다.

새로운 예산선 상에서 가장 높은 효용을 주는 새로운 무차별곡선을 찾아보면 그림에 표시된 바와 같이 예산선이 꺾어지는 점 B*를 지나가게 될 것입니다. 따라서 소비자 B는 정확하게 상한에 해당되는 K만큼을 구입합니다. 더 많이 구입하고 싶지만, 허용된 최대량을 구입하는 것입니다.

만약 소비자들의 선택이 점 A와 점 B 사이에 골고루 분포되어 있던 상황에서 K라는 상한이 도입된다면, 이제 절반의 소비자들은 점 A와 점 B* 사이에 골고루 분포되어 있는 반면, 나머지 절반은 모두 점 B*에 몰려 있게 될 것입니다. (예 8.1에서는 99명의 학생들이 예산선 위에 골고루 분포되어 있던 상황을 다루었습니다.) 생각해보면 당연한 이야기지만, 상한이 부여된 재화의 소비량 데이터를 수집해보면 상당히 많은 수의 데이터가 정확하게 상한 K의 값을 가질 것입니다. 실제 데이터에 나타나는 상한 값의 관측수를 보면 상한의 '효력'이 얼마나 심한지를 짐작할 수 있을 것입니다.

그림 8.2 재화 1 구입량에 상한이 부여되는 경우 수요의 변화

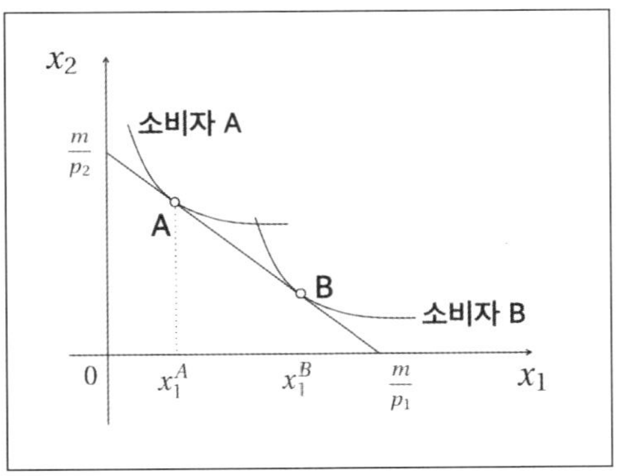

(a) 상한이 부여되기 이전

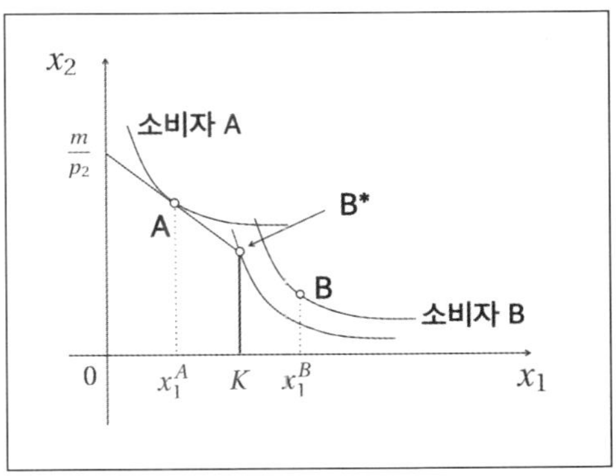

(b) 상한이 부여된 이후

예제 8.2

정다운 양은 가요 음원(MP3)과 전자책(eBook)을 판매하는 어느 웹사이트의 고객이다. 정 양이 이 사이트에서 한 달 간 사용할 수 있는 최대 지출금액은 50,000원이다. 음원의 수량을 x_1, 전자책의 수량을 x_2라고 할 때 정 양의 효용함수는 $U(x_1, x_2) = x_1^3 x_2^2$이다.

(1) 음원 1개의 다운로드 가격이 1,000원, 전자책 1권의 다운로드 가격이 10,000원일 때 정다운 양은 1달에 몇 개의 음원과 몇 권의 전자책을 다운로드 구매하는가?

(2) 9월 한 달 동안 월정액 $P = 25,000$원을 내면 음원 1개당 다운로드 가격을 500원으로 할인해주는 행사가 진행되었다. 전자책의 가격은 여전히 권당 10,000원이다. 정다운 양은 과연 이 기회를 사용할 것인가? 사용한다면 음원과 전자책 구매량을 도출하고, 사용하지 않는다면 그 이유를 설명하시오.

(3) 한편 10월에는 전자책 3권을 구매하면 같은 달 안에 추가로 구매하는 전자책의 가격을 1,000원으로 할인해주는 새로운 행사가 진행되었다. (예를 들어 3.01권을 구매하면 3권에 각각 10,000원/권을 내고, 0.01권에는 1,000원/권을 내어서 총 지불액은 3만 10원이 된다.) 음원의 가격은 개당 1,000원이다. 정다운 양은 10월에 몇 개의 음원과 몇 권의 전자책을 구매하는지 설명하시오.

풀이 (1) 한계효용은 $MU_1 = 3x_1^2 x_2^2$, $MU_2 = 2x_1^3 x_2$로 두 재화 모두 양의 값을 가질 때 양수입니다. 즉, 두 재화 모두 소비한다면 두 재화는 모두 경제재화입니다. (두 재화 중 하나라도 0을 소비하면 효용이 0인데 예산집합 내에는 0보다 큰 효용 값을 가진 꾸러미가 있으므로 효용극대화 선택일 리가 없습니다.) 따라서 이 효용함수의 무차별곡선은 우하향합니다. 한계대체율은

$$MRS = \frac{3x_1^2 x_2^2}{2x_1^3 x_2} = \frac{3x_2}{2x_1}$$

이고 하나의 무차별곡선 상에서 오른쪽으로 이동할 때 x_1은 증가하고 (우하향 성질에 의해) x_2는 감소하므로 MRS의 분자는 감소하고 분모는 증가합니다. 따라서 한계대체율의 절대값은 체감합니다.

앞서 지적한대로 재화 소비량이 0인 경우는 효용극대화 선택일리가 없으므로 효용극대화 선택점에서 $x_1^* > 0$, $x_2^* > 0$이 성립하고, 따라서 $MRS = p_1/p_2$라는 조건을 사용하여 수요함수를 도출할 수 있습니다. 이 조건을 풀어보면 $3x_2^*/2x_1^* = p_1/p_2$이므로 $2p_1x_1^* = 3p_2x_2^*$입니다. 이는 재화 1과 재화 2에 대한 지출액의 비율이 3:2라는 의미로 해석할 수 있습니다. 다시 말해 정다운 양은 총 예산 중 3/5를 음원에, 2/5를 전자책에 지출합니다. 따라서 음원의 수요량은

$$x_1^* = \frac{3}{5} \times \frac{50,000}{1,000} = 30$$

이고 전자책 수요량은

$$x_2^* = \frac{2}{5} \times \frac{50,000}{10,000} = 2$$

입니다. 그림 8.3에 이 상황이 그려져 있습니다.

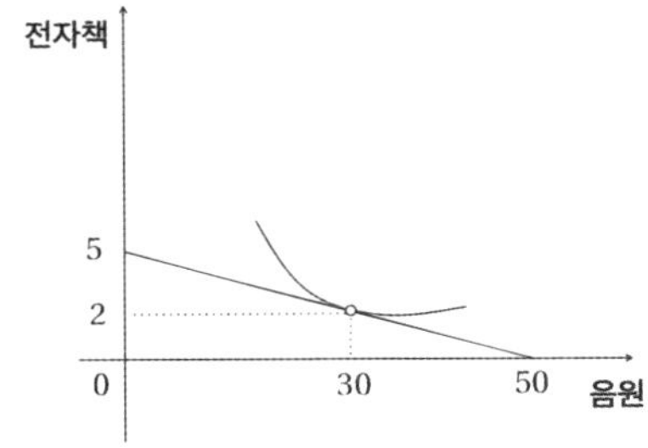

그림 8.3 예 8.2 (1) 행사 없는 원래 상황

(2) $P = 25,000$을 지불한 후 쓸 수 있는 예산액은 $50,000 - P = 25,000$입니다. (1)에서 지출액 비중이 3:2라는 결론은 예산의 크기와는 상관이 없으므로, 여전히 3:2의 비율로 지출하되 음원 가격이 500원이 된 것입니다. 따라서 이때 수요량은

$$x_1^* = \frac{3}{5} \times \frac{25,000}{500} = 30, \quad x_2^* = \frac{2}{5} \times \frac{25,000}{10,000} = 1$$

입니다. (1)의 소비 상황과 비교하면 음원의 수량은 같지만 전자책의 수량이 줄어들었습니다. 그런데 정다운 양에게 두 재화가 모두 (양의 소비량일 때) 경제재화이므로 두 재화 중 하나라도 수량이 줄어든다면 효용이 감소합니다. 따라서 굳이 이 요금제를 이용할 필요가 없습니다.

또 다른 풀이: 행사를 이용하지 않은 경우 예산제약식은

$$1,000x_1 + 10,000x_2 \leq 50,000 \Longrightarrow x_1 + 10x_2 \leq 50$$

입니다. 특히 예산선의 절편은

$$x_1^{\max} = \frac{m}{p_1} = \frac{50,000}{1,000} = 50, \quad x_2^{\max} = \frac{m}{p_2} = \frac{50,000}{10,000} = 5$$

입니다. 한편 행사를 이용하는 경우 예산제약식은

$$500x_1 + 10,000x_2 \leq 50,000 - 25,000 \Longrightarrow x_1 + 20x_2 \leq 50$$

으로 예산선 절편은

$$x_1^{\text{max}} = \frac{25,000}{500} = 50, \quad x_2^{\text{max}} = \frac{25,000}{10,000} = 2.5$$

입니다. 두 예산식을 비교해보면 가로축 절편은 동일한데 세로축 절편은 행사 이용시 절반 수준으로 떨어집니다. 따라서 행사를 이용하면 예산집합의 범위가 줄어듭니다. 행사 이용시 지불하는 정액 요금 인한 명목소득의 감소와 음원 가격 인하를 합해보면 음원의 실질가격은 그대로이고 오히려 전자책의 실질가격은 인상된 것과 마찬가지입니다. 그림 8.4(a)에 나와 있습니다.

경제재화의 경우 예산선 위에서 선택이 이루어지므로 예산선이 안쪽으로 이동하는 경우 효용이 감소할 수밖에 없습니다. 특히 전자책 실질가격의 인상으로 인해 음원 축 절편은 그대로이고 전자책 축 절편은 감소되었는데, 기존에 음원만을 몰아서 소비하고 있었다면 영향을 받지 않겠지만 실제로는 음원과 전자책을 섞어서 소비하고 있었으므로 영향을 받아 효용이 감소할 수밖에 없습니다.

(3) 전자책 3권을 초과해서 구입하는 경우, 3권의 정가인 30,000원을 쓰고 남은 20,000원을 모두 전자책에 지출한다면 할인된 1,000원/권 가격에 20권을 더 살 수 있습니다. 즉, 세로축(전자책 축) 절편은 23입니다. 즉 할인된 전자책 가격 하에서는 명목예산이 23,000원인 것과 마찬가지입니다.

변화된 예산식: 전자책 구입량이 $x_2 > 3$이라고 해봅시다. 그렇다면 3권을 초과하는 양인 $(x_2 - 3)$에 대해 1,000원/권의 가격을 적용받습니다. 한편 3권에 대해서는 이미 30,000원을 지불한 셈이므로 남은 예산은 20,000원입니다. 이를 예산식 공식으로 써보면

$$1,000x_1 + 1,000(x_2 - 3) \leq 20,000 \Longrightarrow 1,000x_1 + 1,000x_2 \leq 23,000$$

이 되어 명목예산 23,000원인 예산식이 됩니다.

명목예산이 23,000원이고 두 재화 모두 가격이 1,000원인 예산식에 대해 효용극대화를 해본다면

$$x_1 = \frac{3}{5} \times \frac{23,000}{1,000} = 13.8, \quad x_2 = \frac{2}{5} \times \frac{23,000}{1,000} = 9.2$$

이 될 것입니다. 이 수요량에서 실제로 $x_2 > 3$이므로 위에서 구한 새로운 예산선 위에 있는 점이

맞습니다. 한편 위의 예산선은 $x_2 = 3$이고 $x_1 = 20$인 점에서 꺾어져서 원래의 예산선으로 바뀝니다. 이 예산선에 대해서는 앞의 (1)에서 푼 것과 같은 해가 적용되므로 $x_1 = 30$, $x_2 = 2$가 수요량입니다.

다시 말해서 꺾어진 형태의 예산선에 효용함수의 무차별곡선이 두 군데에서 접하는 것입니다. (i) $(x_1, x_2) = (30, 2)$, (ii) $(x_1, x_2) = (13.8, 9.2)$ 둘 중 어느 재화 꾸러미가 더 선호되는지는 얼핏 보아서는 알 수 없습니다. 할인행사를 이용하는 것이 더 좋은지 판단하기 위해서는 효용함수에 대입하여 효용 값을 비교해보아야 합니다.

원래 소비점 (i)에서 효용 값은 $U^{old} = 30^3 \times 2^2 = 108,000$이고 새로운 소비점에서 효용 값은 $U^{new} = 13.8^3 \times 9.2^2$입니다. 계산기를 사용하지 않으면 이 값이 U^{old}보다 큰지 작은지 얼른 판단하기 쉽지 않지만, 대략 계산을 해보면

$$\frac{U^{new}}{U^{old}} = \left(\frac{13.8}{30}\right)^3 \left(\frac{9.2}{2}\right)^2 = (0.46)^3(4.6)^2 = \left(\frac{4.6}{10}\right)^3 (4.6)^2 = \frac{(4.6)^5}{10^3}$$

그런데 $4^5 = 1,024$이므로 $(4.6)^5 > (1,024)^5$이고 따라서 이 값은 분모의 10^3보다 분명히 큽니다. 즉 $U^{new} > U^{old}$임이 분명합니다. ($U^{new} = 222,440$입니다.) 따라서 정 양은 할인 기회를 이용해서 음원 13.8개와 전자책 9.2권을 구입할 것입니다. 그림 8.4(b)에 나와 있습니다.

그림 8.4 예제 8.2 (2), (3) 행사 상황

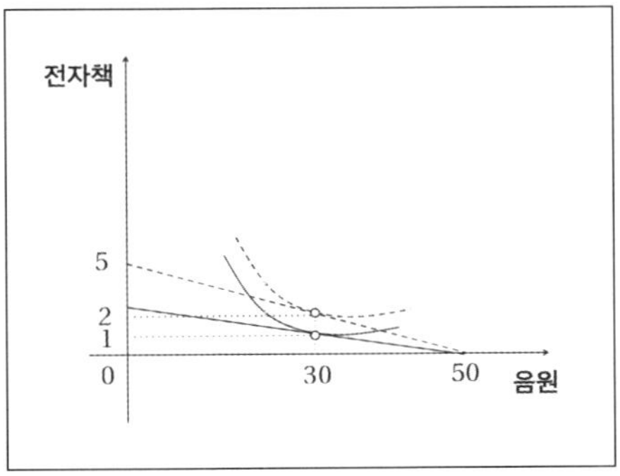

(a) 9월 행사

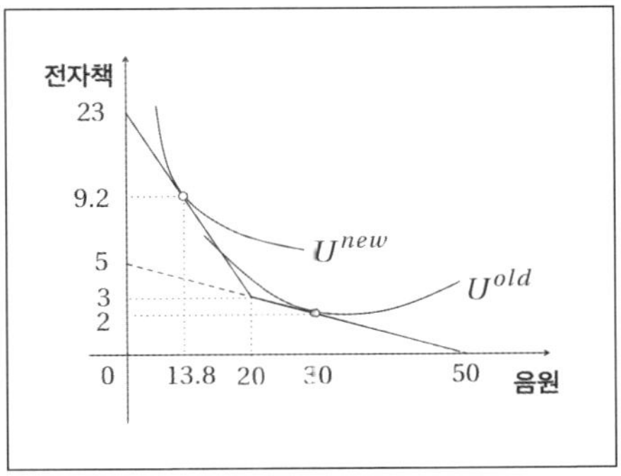

(b) 10월 행사

그림 8.5 구매량에 따라 가격이 달라지는 경우 수요의 변화

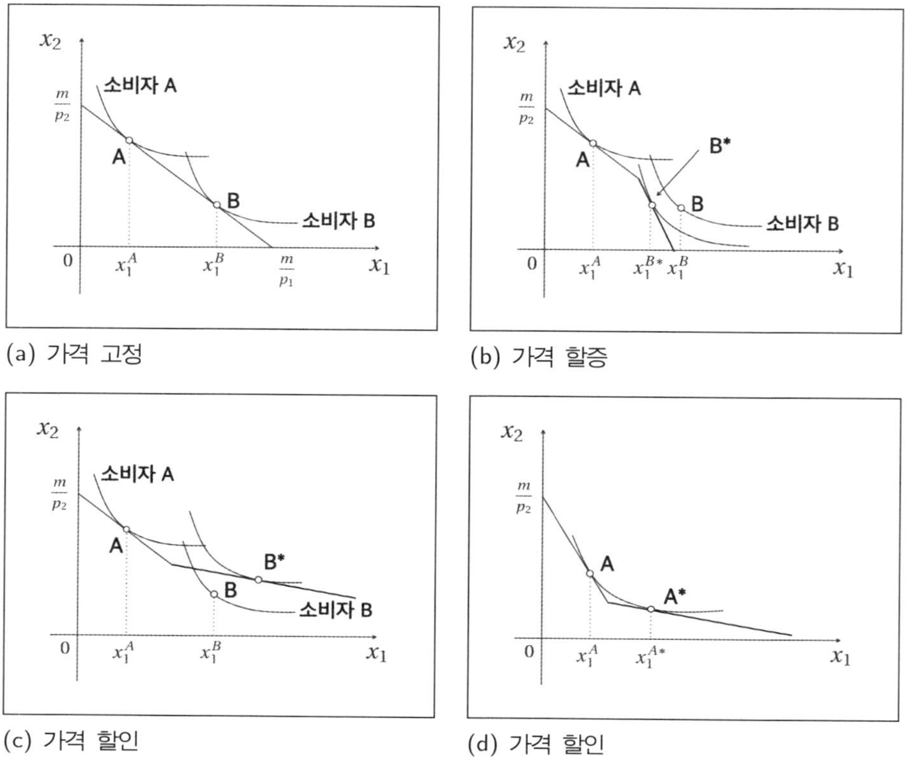

(a) 가격 고정 (b) 가격 할증 (c) 가격 할인 (d) 가격 할인

더 생 각 해 보 기

구입 수량에 따라 가격이 달라지는 경우 수요의 변화

그림 8.5는 구입 수량에 따라 가격이 할증되거나 할인되는 경우를 보여주고 있습니다. 먼저 (a)는 가격이 상수로 고정된 경우, 즉 할인이나 할증이 없는 경우로 그림 8.2(a)와 동일한 그림입니다. 역시 상대적으로 재화 1을 적게 소비하는 A와 많이 소비하는 B가 표시되어 있습니다.

(b)는 재화 1의 구입량이 일정 수준을 초과하면 가격이 할증되는 경우입니다. 가격 할증이 시작되는 수준보다 적은 양을 구입하던 A의 수요에는 변화가 없습니다. 가격 할증의 적용을 받게 되는 B는 예전의 선택점은 더 이상 예산집합에 속하지 않으므로 새로운 점을 찾아야 하고, 이 점에서 예전보다는 재화 1의 구입량을 감소시켜야 합니다.

(c)는 일정량 이상 구입할 경우 재화 1의 가격이 할인되는 경우입니다. 역시 A는 변화가 없고, B는 이제 더 많은 양을 구입하게 됩니다. 하지만 가격 할인의 효과는 그것에 그치지 않을 수도 있습니다. (d) 역시 할인의 경우인데, 경우에 따라서는 할인이 발생하는 수준에 미치지 않게 적게 소비하던 소비자더라도 물량 할인이 적용될 경우 크게 소비량을 늘리는

일이 가능함을 보여줍니다. 할인 혜택을 받기 위해서 평소에 구입하던 양보다 훨씬 많이 과소비(?)를 하게 되는 셈이지요.

그림 8.5(d)에서는 소비자 A의 효용을 극대화하는 점이 A와 A*로 두 군데이고 따라서 둘 중 어디를 택하든 무차별한 상황입니다. 하지만 그림에서보다 할인폭을 조금만 키워준다면 소비자가 완전히 A* 쪽으로 이동하는 것도 가능할 것이라 짐작할 수 있습니다. 현실에서 기업들이 물량 할인을 사용할 때는 아마 (d)처럼 판매가 촉진되기를 바라는 거겠죠?

8.2 자주 사용되는 효용함수들

이 절에서는 제7장의 예보다 좀 더 다양한 효용함수들로부터 수요함수를 도출하여, 어떤 수요와 어떤 효용함수가 대응되는지 알아봅니다. 역시 간단한 형태들만 소개하지만, 제법 광범위한 수요의 특징을 모형으로 나타낼 수 있음을 알게 될 것입니다. 다시 $p_1x_1 + p_2x_2 \leq m$라는 단순한 예산제약을 사용합니다.

예제 8.3

효용함수 $U(x_1, x_2) = x_1^\alpha x_2^\beta$의 수요함수와 그 탄력성을 도출하시오.

풀이 제7장에서 보았던 $U(x_1, x_2) = x_1x_2$라는 효용함수는 콥-더글라스 (Cobb-Douglas) 형태라고 불리는 함수 가족의 한 구성원입니다. 이 함수 가족의 일반 형태는 다음과 같습니다.

(8.1) $$U(x_1, x_2) = x_1^\alpha x_2^\beta \quad (\alpha > 0, \beta > 0)$$ [콥-더글라스 효용함수]

제7장의 예에서 보았던 함수는 $\alpha = \beta = 1$인 경우였습니다. 또한 바로 앞절의 예 8.2에서 다룬 것은 $\alpha = 2$, $\beta = 3$인 경우였습니다. 여기서는 아예 임의의 α, β에 대해 수요를 알아봅니다.

이 효용함수의 한계대체율을 알기 위해, 먼저 한계효용을 공식으로 도출합니다.

$$MU_1 = \frac{\partial U}{\partial x_1} = \alpha x_1^{\alpha-1} x_2^\beta \quad MU_2 = \frac{\partial U}{\partial x_2} = \beta x_1^\alpha x_2^{\beta-1}$$

(8.2) $$MRS = \frac{MU_1}{MU_2} = \frac{\alpha x_2}{\beta x_1}$$ [콥-더글라스 효용함수의 한계대체율]

이 됩니다. 우선 경제재화 가정을 만족한다는 것을 쉽사리 확인할 수 있습니다. 단, 두 재화 중 한 재화의 양을 0으로 잡는다면 나머지 재화를 아무리 많이 갖더라도 효용이 0에 머무르게 됩니다. 따라서 만약 $x_1 = 0$이라면 재화 2는 경제재화 가정을 만족하지 않고, $x_2 = 0$이라면 재화 1이 경제재화 가정을 만족하지 않습니다. 하지만 재화를 아주 조금만 소비하더라도 바로 양(+)의 효용을 얻게 되므로, 합리적인 소비자라면 굳이 한 재화의 구입량을 0으로 잡을 이유가 없습니다.

두 재화 모두 경제재화이므로 ($x_1 > 0, x_2 > 0$일 때) 무차별곡선은 우하향할 것이고, 한 무차별곡선 상에서 오른쪽으로 이동할 때 x_1은 증가하고 x_2는 감소할 것이므로 MRS는 점점 감소하는 것을 확인할 수 있습니다. 즉, 모든 콥-더글라스 효용함수는 한계대체율 체감의 가정을 만족합니다.

따라서 효용극대화를 위해서 (a) $p_1x_1^* + p_2x_2^* = m$이라는 조건과 (b) $MRS(x_1^*, x_2^*) = p_1/p_2$라는 조건을 안전하게 사용할 수 있습니다. (b)에서

(조건 b) $$\frac{\alpha x_2^*}{\beta x_1^*} = \frac{p_1}{p_2}$$

이고 이를 다시 정리하면

(8.3) $$\frac{p_2x_2^*}{p_1x_1^*} = \frac{\beta}{\alpha}$$

가 됩니다. 이 식 (8.3)은 매우 흥미로운 경제학적 의미를 갖습니다. p_1x_1는 재화 1에 대한 지출액이고 p_2x_2는 재화 2에 대한 지출액이므로, 식 (8.3)은 합리적 선택점에서 두 재화의 지출액이 $\alpha : \beta$의 비율을 갖는다고 말합니다. 즉, $p_2x_2^* = \frac{\beta}{\alpha}p_1x_1^*$를 조건 (a)인 예산식에 대입하면

$$p_1x_1^* + \frac{\beta}{\alpha}p_1x_1^* = m \quad \Longrightarrow \quad p_1x_1^* = \frac{\alpha}{\alpha+\beta}m$$

입니다. 이것으로 재화 1에 대한 수요함수를 도출한 셈입니다.

(8.4) $$x_1^* = \frac{\alpha}{\alpha+\beta} \cdot \frac{m}{p_1}$$ [콥-더글라스 효용함수의 수요함수]

가 바로 그것입니다. 식 (8.3)을 이용하면 재화 2에 대한 수요 또한

(8.5) $$x_2^* = \frac{\beta}{\alpha+\beta} \cdot \frac{m}{p_2}$$ [콥-더글라스 효용함수의 수요함수]

입니다. 이 수요의 특징을 탄력성을 중심으로 알아보면 다음과 같습니다.

(1) 가격탄력성: 각 재화에 대한 지출액이 일정 비율($\frac{\alpha}{\alpha+\beta}$ 및 $\frac{\beta}{\alpha+\beta}$)토 고정되었다는 점에 주목하면

$$\varepsilon_1 = \varepsilon_2 = -1$$

임을 알 수 있습니다.

(2) 교차가격탄력성: 각 재화의 수요함수에는 타 재화의 가격이 들어 있지 않습니다.

$$\varepsilon_{12} = \varepsilon_{21} = 0$$

(3) 소득탄력성: 각 수요함수는 m에 대해 1차함수입니다. 즉 소득이 증가할 때 그것에 비례하여 수요량도 증가하고 이는 단위탄력적 수요의 특징입니다.

$$\eta_1 = \eta_2 = 1$$

이상의 값들을 제7장에서 $U(x_1, x_2) = x_1 x_2$에 대해서 도출했던 결과와 비교해보면, 모든 콥-더글라스 효용함수로부터 도출되는 수요함수는 동일하게 자기 가격과 소득에 대해 단위탄력적이고, 교차가격에 대해서는 완전 비탄력적임을 알 수 있습니다.

더 생 각 해 보 기

콥-더글라스 효용함수가 수요 분석에서 가지는 의미

가격과 소득에 대해 단위탄력적이고, 교차가격효과가 전혀 없다는 것은 그다지 현실적인 성질은 아닙니다. 즉, 우리가 현실에서 관찰하는 소비자들 가운데 진짜 콥-더글라스 효용함수를 가진 사람은 많지 않을 것입니다.

그럼에도 불구하고 콥-더글라스 효용함수는 제법 쓸모있는 수요 패턴을 암시합니다. 예를 들어, 어떤 사람의 소비 생활을 오랫 동안 지켜보았더니 이 사람은 대체로 식사 및 간식에 용돈의 60%를 쓰고, 나머지 40%는 영화나 콘서트 등 문화생활비에 사용하고 있다면, x_1을 식사 및 간식, x_2를 문화생활이라고 할 때 이 사람의 효용함수를 $U(x_1, x_2) = x_1^{0.6} x_2^{0.4}$라고 쓰면 됩니다. (그림 8.6) 이 사람이 이런 소비 패턴을 보이는 것은 정말로 이런 효용함수를 극대화하기 때문일 수도 있지만, 이 사람이 가계부를 쓰면서 식사와 문화생활 사이에 6:4로 예산을 배정하기로 계획을 세웠기 때문일 수도 있습니다. 실제

그림 8.6 콥-더글라스 효용함수가 뜻하는 소비 특징

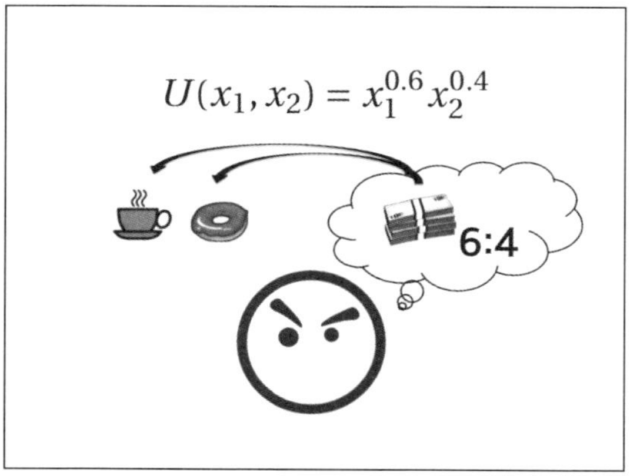

이유야 무엇이든, 우리는 이 사람이 마치 $U(x_1,x_2)=x_1^{0.6}x_2^{0.4}$라는 효용함수를 극대화하는 것처럼 취급해서 모형으로 만들 수 있는 것입니다.

한 사람이 6:4의 비율로 두 재화에 대한 지출액을 현재 유지하고 있다고 해서 앞으로도 계속 그러리라는 보장은 없습니다. 한편 한 나라의 가계 전체의 소비 패턴을 자료로 검토해본다면 크게 구분된 재화 종류들에 대한 지출 비중이 단기간에 급격하게 변하지는 않을 것입니다. 따라서 집단적인 소비 패턴을 마치 한 사람의 소비자인 것처럼 취급한다면 콥-더글라스 효용함수를 활용할 수 있을 것입니다.

예제 8.4

다음 효용함수들의 수요함수를 도출하고 비교하시오.

(1) $U(x_1,x_2)=x_1^6x_2^4$

(2) $\widetilde{U}(x_1,x_2)=[U(x_1,x_2)]^{\frac{1}{6+4}}=x_1^{0.6}x_2^{0.4}$

(3) $\widehat{U}(x_1,x_2)=\ln[U(x_1,x_2)]=6\ln(x_1)+4\ln(x_2)$

풀이 이미 콥-더글라스 효용함수 $U(x_1,x_2)=x_1^{\alpha}x_2^{\beta}$에 대해서 수요함수의 일반형을 식 (8.4), (8.5)로 도출했습니다. 문제에서 (1)과 (2)는 모두 콥-더글라스 형태입니다. (1)의 U에서는 $\alpha=6$, $\beta=4$이므로

$$x_1=\frac{6}{6+4}\cdot\frac{m}{p_1}=\frac{0.6m}{p_1},\quad x_2=\frac{4}{6+4}\cdot\frac{m}{p_2}=\frac{0.4m}{p_2}$$

가 되고, (2)의 $\tilde{U}$에서는 $\alpha = 0.6,\ \beta = 0.4$이므로

$$x_1 = \frac{0.6}{0.6+0.4} \cdot \frac{m}{p_1} = \frac{0.6m}{p_1}, \quad x_2 = \frac{0.4}{0.6+0.4} \cdot \frac{m}{p_2} = \frac{0.4m}{p_2}$$

로 수요함수들이 정확하게 동일합니다. α, β의 상대적 비율이 동일하기 때문에 그렇습니다.

한편 (3)에서는 로그함수가 등장하는데, 이 효용함수의 한계효용 및 한계대체율을 도출하기 위해서는 로그함수의 도함수를 알아야 합니다. 다음의 공식을 활용합니다.

(8.6) $$\frac{d}{dx}(\ln(x)) = \frac{1}{x}$$ [로그함수의 도함수]

이 식을 이용하면 한계효용은

$$MU_1 = \frac{\partial \hat{U}}{\partial x_1} = \frac{6}{x_1}, \quad MU_2 = \frac{\partial \hat{U}}{\partial x_2} = \frac{4}{x_2}$$

이고 따라서 한계대체율은

$$MRS = \frac{MU_1}{MU_2} = \frac{6x_2}{4x_1}$$

입니다. 이 식을 보면 앞에서 콥-더글라스 효용함수에 대해서 도출했던 한계대체율 식 (8.2)에 $\alpha = 6$, $\beta = 4$를 대입한 것과 일치합니다. 즉 이후 과정은 콥-더글라스 효용함수에 대한 풀이와 동일합니다.

함수 $\hat{U}$는 로그함수의 성질에 의해 $x_1 > 0,\ x_2 > 0$에서만 정의되고 증가함수이므로 두 재화 모두 경제재화입니다. 한계대체율도 체감함을 쉽게 확인할 수 있습니다. 따라서 $MRS = p_1/p_2$로부터

$$\frac{6x_2}{4x_1} = \frac{p_1}{p_2} \Longrightarrow \frac{p_1 x_1}{p_2 x_2} = \frac{6}{4}$$

이고 두 재화 지출액의 비율이 6:4가 되게 하는 것이 합리적이므로

$$x_1 = \frac{6}{6+4} \cdot \frac{m}{p_1} = \frac{0.6m}{p_1}, \quad x_2 = \frac{4}{6+4} \cdot \frac{m}{p_2} = \frac{0.4m}{p_2}$$

가 수요함수입니다.

더 생 각 해 보 기

효용함수의 서수성과 콥-더글라스 함수의 변형

우리가 사용하고 있는 효용은 서수적(ordinal)인 개념입니다. 따라서 효용함수의 공식을 조작하여 다른 형태로 바꾸더라도, 재화 꾸러미들 사이의 비교 순서에 변화가 없다면 동일한 취향을 나타냅니다. 효용함수의 조작 후 재화 꾸러미들 간 비교 순서에 변화가 없는지를 확인하는 한 가지 방법은 한계대체율을 확인하는 것입니다.

예를 들어, $U(x_1, x_2)$라는 효용함수 대신에 $2U(x_1, x_2)$라는 효용함수를 고려하더라도, 두 효용함수의 한계대체율은 동일합니다. 한계대체율은 한계효용의 비율로 나타낼 수 있는데, 효용함수에 2를 곱하면 한계효용에도 똑같이 2가 곱해지고 비율을 취할 때 2는 약분되어 사라집니다. 조금 더 복잡한 함수 조작으로는 함수 전체를 어떤 상수 $k > 0$번 제곱하는 것입니다. 즉, $U(\cdot)$와 $[U(\cdot)]^2$은 같은 취향을 나타냅니다.

콥-더글라스 효용함수 $U(x_1, x_2) = x_1^{\alpha} x_2^{\beta}$에서 α와 β는 두 재화 간의 지출액의 상대적인 비율을 나타내는 역할을 합니다. 제7장에서 본 것처럼, $\alpha = \beta = 1$이어서 $U(x_1, x_2) = x_1 x_2$라면 두 재화의 지출액이 1:1, 즉 각각 1/2씩이 됩니다. 그렇다면 $[U(x_1, x_2)]^{0.5} = x_1^{0.5} x_2^{0.5} = \sqrt{x_1 x_2}$라는 효용함수에 대해서 수요함수를 도출하더라도 동일한 결과가 얻어집니다. 마찬가지로 만약 $U(x_1, x_2) = x_1^6 x_2^4$라면 지출액 비율이 6:4일 것이고 $[U(x_1, x_2)]^{0.1} = x_1^{0.6} x_2^{0.4}$도 똑같은 수요 패턴을 보이게 됩니다. 즉 콥-더글라스 효용함수 $U(x_1, x_2) = x_1^{\alpha} x_2^{\beta}$가 주어질 때 이 함수 전체를 $\frac{1}{\alpha+\beta} > 0$번 제곱하더라도 동일한 취향을 나타내고 동일한 수요를 보입니다. 이 변형 함수를 적어보면

(8.7) $$\widehat{U}(x_1, x_2) = [U(x_1, x_2)]^{\frac{1}{\alpha+\beta}} = x_1^{\frac{\alpha}{\alpha+\beta}} x_2^{\frac{\beta}{\alpha+\beta}} = x_1^{a} x_2^{1-a}$$ [콥-더글라스 함수의 변형 (1)]

이 됩니다. 식의 마지막에서 $a = \frac{\alpha}{\alpha+\beta}$로 치환했습니다. 말로 하자면, 콥-더글라스 효용함수는 α, β로 다양한 수를 사용할 수 있지만 실제로는 합이 1이 되는 수를 사용해도 괜찮다는 뜻입니다.

또 한 가지 변형방법은 함수 값의 로그를 취하는 것입니다. 로그함수는 증가함수이기 때문에, 효용 값들에 로그를 취하더라도 재화 꾸러미들 간 효용의 순서에 변화가 생기지 않습니다. 즉,

(8.8) $$\widetilde{U}(x_1, x_2) = \alpha \ln(x_1) + \beta \ln(x_2)$$ [콥-더글라스 함수의 변형 (2)]

라는 형태를 사용해도 됩니다. 로그 형태의 효용함수도 콥-더글라스와 마찬가지라는 사실을 검증하려면, 이 함수에 대해 한계대체율을 도출해보면 됩니다. $MRS = \frac{MU_1}{MU_2}$이고, $MU_1 = \frac{\partial \widetilde{U}}{\partial x_1} = \frac{\alpha}{x_1}$, $MU_2 = \frac{\partial \widetilde{U}}{\partial x_2} = \frac{\beta}{x_2}$이므로

$$MRS = \frac{\alpha / x_1}{\beta / x_2} = \frac{\alpha x_2}{\beta x_1}$$

로 앞에서 도출했던 콥-더글라스 경우와 동일합니다. 또한 로그함수는 독립변수가 양수일 때만 정의되므로, 수학적으로 $x_1 > 0$, $x_2 > 0$라는 가정이 자연스럽게 부여됩니다. 콥-더글라스 일반 형태에서 $x_i = 0$이면 경제재화 가정이 성립하지 않기 때문에 약간 귀찮은 점이 있었는데 로그 형태는 자연스럽게 경제재화 가정이 적용됩니다.

정리를 하자면, 콥-더글라스 효용함수의 일반 형태는 $U(x_1, x_2) = x_1^{\alpha} x_2^{\beta}$이지만, 실제로는 좀 더 간편하게 다음의 두 가지 중 하나의 변형을 사용해도 괜찮습니다.

[요약] 콥-더글라스 함수 $U(x_1, x_2) = x_1^{\alpha} x_2^{\beta}$의 변형:

(1) $\widehat{U}(x_1, x_2) = x_1^{\alpha} x_2^{1-\alpha}$ (지수의 합이 1이 되도록 조정)

(2) $\widetilde{U}(x_1, x_2) = \alpha \ln(x_1) + \beta \ln(x_2)$ (로그 형태)

예제 8.5

효용함수 $U(x_1, x_2) = 0.5\ln(x_1 - 1) + 0.5\ln(x_2 - 2)$에서 수요함수를 도출하고 탄력성 값을 논하시오.

풀이 방금 보았던 로그함수로 변형된 콥-더글라스와 비슷한 형태입니다. 로그함수 속에 상수항들이 들어가서 이 함수의 정의역은

$$x_1 > 1, \quad x_2 > 2$$

가 되어야 합니다. 즉, 이 효용함수를 가진 사람은 반드시 재화 1은 1단위를 초과해서 가져야 하고, 재화 2는 2단위를 초과해서 가져야 합니다. 일단 정의역에 속하기만 한다면 두 재화 모두 이 사람에게 경제재화인 것이 맞고 한계대체율 또한 체감함을 확인할 수 있습니다.

한계대체율을 공식으로 도출해보면, 한계효용이

$$MU_1 = \frac{0.5}{x_1 - 1}, \quad MU_2 = \frac{0.5}{x_2 - 2}$$

이므로

$$MRS = \frac{x_2 - 2}{x_1 - 1}$$

가 됩니다. 이제 효용극대화 조건 $MRS = p_1/p_2$를 적용해보면

$$\frac{x_2 - 2}{x_1 - 1} = \frac{p_1}{p_2} \quad \Longrightarrow p_1(x_1 - 1) = p_2(x_2 - 2)$$

입니다. 식에 대한 해석은 나중에 다시 하기로 하고 일단은 계산으로 풀이를 계속해보겠습니다. 방금

조건식에서 $p_1x_1 = p_1 + p_2(x_2-2)$이고 이를 예산식에 대입하면

$$p_1x_1 + p_2x_2 = p_1 + p_2(x_2-2) + p_2x_2 = 2p_2x_2 + p_1 - 2p_2 = m$$

이므로

$$x_2 = \frac{m - p_1 + 2p_2}{2p_2}$$

가 재화 2의 수요함수입니다. 다시 예산식이나 효용극대화 조건식을 이용하면

$$x_1 = \frac{m + p_1 - 2p_2}{2p_1}$$

이 재화 1의 수요함수입니다.

(1) 우선 소득탄력성을 보겠습니다. 정의에 따르자면

$$\eta_1 = \frac{\partial x_1}{\partial m} \cdot \frac{m}{x_1} = \frac{1}{2p_1} \cdot \frac{2mp_1}{m + p_1 - 2p_2} = \frac{m}{m + p_1 - 2p_2}$$

마찬가지로

$$\eta_2 = \frac{\partial x_2}{\partial m} \cdot \frac{m}{x_2} = \frac{1}{2p_2} \cdot \frac{2mp_2}{m - p_1 + 2p_2} = \frac{m}{m - p_1 + 2p_2}$$

만약 $p_1 = 2p_2$라면 위 공식의 분모들에서 가격 관련 부호들이 사라지고 $\eta_1 = \eta_2 = 1$이 됩니다. 한편 $p_1 > 2p_2$라면 $0 < \eta_1 < 1$이 되고 $\eta_2 > 1$이 됩니다.

각 재화의 지출이 예산에서 차지하는 비중을 통해서 생각해보면 재화 1의 경우

$$s_1 = \frac{p_1x_1}{m} = \frac{m + p_1 - 2p_2}{2m} = \frac{1}{2} + \frac{p_1 - 2p_2}{2m}$$

입니다. 만약 $p_1 = 2p_2$라면 두 번째 항이 0이고 재화 1의 지출비중은 1/2로 유지됩니다. 이 경우 소득탄력성은 1입니다. 한편 $p_1 > 2p_2$라면 두 번째 항이 0보다 큰 수이므로 재화 1의 지출비중은 1/2보다 크지만 m이 증가함에 따라서 두 번째 항이 점점 작아져서 점점 1/2에 가까워집니다. 소득증가에 따라 지출비중이 작아지므로 비탄력적인 (필수재) 성질을 보입니다. 재화 2는 정반대입니다.

(2) 자기 가격에 대한 탄력성도 공식으로 도출할 수 있겠지만 계산결과가 지저분한 편이므로 지출액

을 중심으로 생각해보겠습니다. 재화 1에 대한 지출액을 써보면

$$p_1 x_1 = \frac{m + p_1 - 2p_2}{2}$$

입니다. 이때 재화 1의 가격 p_1이 증가하면 지출액도 증가합니다. 이는 가격에 대해서 비탄력적($|\varepsilon_1| < 1$)인 수요의 특징입니다. 재화 2에 대해서도 마찬가지로

$$p_2 x_2 = \frac{m - p_1 + 2p_2}{2}$$

이므로 가격 p_2가 증가할 때 지출액이 증가하고 따라서 가격에 대해서 비탄력적($|\varepsilon_2| < 1$)입니다.

(3) 한편 교차가격탄력성이 0이었던 콥-더글라스 함수와 달리 일반적으로 교차가격탄력성은 0이 아닙니다. 재화 2의 가격 p_2가 인상되면 재화 1에 대한 수요는 감소하고, 재화 1의 가격 p_1이 인상되면 재화 2에 대한 수요가 감소합니다. (각 수요함수에서 교차가격의 계수가 음수입니다.) 즉 두 재화는 서로 보완재의 성질을 보입니다.

더 생 각 해 보 기

스톤-기어리 효용함수

콥-더글라스 함수를 살짝 변형시킨 이 효용함수는 역시 연구자들의 이름을 따서 스톤-기어리(Stone-Geary) 함수라고도 부릅니다. [로이 기어리(Roy Geary, 1896-1983)가 제안하고 1984년 노벨경제학상 수상자인 리처드 스톤(Richard Stone, 1913-1991)이 통계자료를 사용해 실증분석에 사용했습니다.]

(8.9) $$U(x_1, x_2) = \alpha \ln(x_1 - \bar{x}_1) + \beta \ln(x_2 - \bar{x}_2)$$ [스톤-기어리 효용함수]

식에서 $\bar{x}_1$, $\bar{x}_2$는 어떤 (양의) 상수값들입니다. $\bar{x}_1 = \bar{x}_2 = 0$이면 콥-더글라스 함수의 변형 중 로그 형태와 동일합니다.

로그함수의 성질에 따라 수학적으로 $x_1 > \bar{x}_1$과 $x_2 > \bar{x}_2$가 전제되어야 합니다. 한편, 효용의 서수성에 의해서 $\alpha + \beta = 1$이라고 가정해도 상관없습니다만, 일단은 그렇게 가정하지 않겠습니다. 먼저 한계대체율을 공식으로 도출해보겠습니다.

$$MU_1 = \frac{\partial U}{\partial x_1} = \frac{\alpha}{x_1 - \bar{x}_1}, \quad MU_2 = \frac{\partial U}{\partial x_2} = \frac{\beta}{x_2 - \bar{x}_2}$$

$$MRS = \frac{MU_1}{MU_2} = \frac{\alpha}{\beta} \cdot \frac{x_2 - \bar{x}_2}{x_1 - \bar{x}_1}$$

입니다. $x_1 > \bar{x}_1$과 $x_2 > \bar{x}_2$을 가정할 때 한계대체율의 절대값이 체감함을 쉽게 알 수 있고, 구석해도 발생하지 않으므로,

한계대체율과 예산선 기울기를 일치시키는 것이 최적해 조건입니다.

$$MRS(x_1^*, x_2^*) = \frac{p_1}{p_2} \Longrightarrow \frac{\alpha}{\beta} \cdot \frac{x_2^* - \bar{x}_2}{x_1^* - \bar{x}_1} = \frac{p_1}{p_2}$$

이 식을 다시 정리하면

(8.10)
$$\frac{p_2(x_2^* - \bar{x}_2)}{p_1(x_1^* - \bar{x}_1)} = \frac{\beta}{\alpha}$$

입니다. 식 (8.10)은 $\bar{x}_1, \bar{x}_2$의 존재를 무시한다면 콥-더글라스 효용함수로부터 도출했던 효용 극대화 조건 (8.3)과 동일합니다. 이 식을 말로 해석해보자면, 먼저 $(x_1 - \bar{x}_1)$은 재화 1의 구입량이 $\bar{x}_1$이라는 값을 얼마나 초과하는지를 나타냅니다. 여기에 가격을 곱해주면, 그 초과 구입량에 들어가는 지출액입니다. 즉, 식 (8.10)의 좌변은 각 재화에 대해 주어진 상수 값 $\bar{x}_i$을 초과해서 구입한 양에 들어가는 지출액의 비율이고, 우변은 그 비율이 효용함수에 나오는 상수들인 α와 β의 비율이라고 말해줍니다.

식 (8.10)을 예산식에 대입해 풀면 되는데, 계산 과정을 돕기 위해서 예산식을 다음과 같이 분리해서 써보겠습니다.

(8.11)
$$\begin{aligned} p_1x_1 + p_2x_2 &= p_1(x_1 - \bar{x}_1) + p_2(x_2 - \bar{x}_2) + p_1\bar{x}_1 + p_2\bar{x}_2 = m \\ &\Longrightarrow p_1(x_1 - \bar{x}_1) + p_2(x_2 - \bar{x}_2) = m - p_1\bar{x}_1 - p_2\bar{x}_2 \end{aligned}$$

이제 식 (8.10)을 사용하면 $p_2(x_2^* - \bar{x}_2) = \frac{\beta}{\alpha} p_1(x_1^* - \bar{x}_1)$이므로 식 (8.11)은

$$p_1(x_1^* - \bar{x}_1) + p_2(x_2^* - \bar{x}_2) = \left(1 + \frac{\beta}{\alpha}\right) p_1(x_1^* - \bar{x}_1) = m - (p_1\bar{x}_1 + p_2\bar{x}_2)$$

이 되고, 이 식을 만족하는 x_1^*을 나머지 외생변수들의 공식으로 정리하면

(8.12)
$$x_1^* = \frac{\alpha}{\alpha + \beta} \cdot \frac{m - (p_1\bar{x}_1 + p_2\bar{x}_2)}{p_1} + \bar{x}_1$$ [스톤-기어리 효용함수의 수요함수]

마찬가지로 재화 2에 대한 수요함수도 다음과 같이 도출할 수 있습니다.

(8.13)
$$x_2^* = \frac{\beta}{\alpha + \beta} \cdot \frac{m - (p_1\bar{x}_1 + p_2\bar{x}_2)}{p_2} + \bar{x}_2$$ [스톤-기어리 효용함수의 수요함수]

스톤-기어리 효용함수로부터 도출된 수요함수는 직관적으로 설명 가능합니다. 우선 이 효용함수의 뼈대를 이룬 콥-더글라스 함수는 원래 두 재화 간 지출액의 비율을 $\alpha : \beta$로 나누는 특징을 가집니다. 그런데 각 재화의 구입량이 $\bar{x}_1, \bar{x}_2$을 반드시 초과한다는 전제가 추가되었습니다. 따라서 합리적 소비자에게는 $x_1 < \bar{x}_1$이라는 선택이 아예 불가능합니다. 강제로 구입해야 할 최소량이 $\bar{x}_i$로 주어진 것입니다. 소비자의 선택 문제는 $\bar{x}_i$을 얼마나 초과해서 구입할 것인가입니다.

$\bar{x}_i$에 대해 선택의 자유를 갖지 않는다고 해서, 초과한 부분에만 가격을 지불하는 것은 아닙니다. 실제로는 모든 재화 구입량에 대해 가격을 지불합니다. 즉, 재화 1에 대한 지출액은 $p_1x_1 = p_1(x_1 - \bar{x}_1) + p_1\bar{x}_1$로 선택 가능한 초과 구입량에 대한 지출액과, 반드시 구입해야 하는 최소 구입량에 대한 지출액으로 구성됩니다.

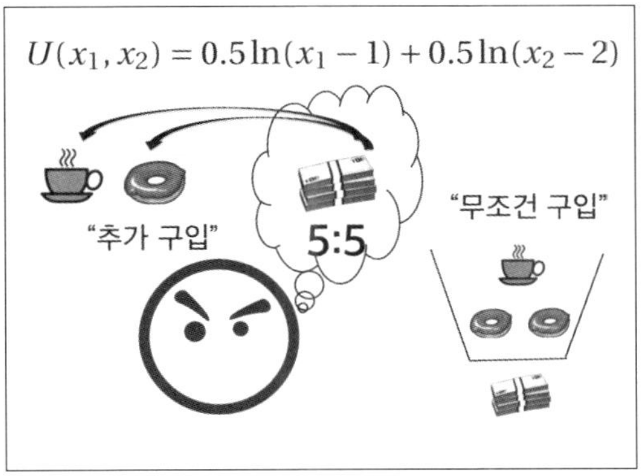

그림 8.7 스톤-기어리 효용함수가 뜻하는 소비 특징

식 (8.12), (8.13)의 수요함수는 따라서 다음과 같이 해석됩니다. 소비자는 먼저 무조건 $\bar{x}_1$, $\bar{x}_2$를 구입합니다. 이 부분이 각 수요함수의 끝부분에 더해져 있습니다. 이렇게 최소량을 구입하는 데 드는 금액은 $p_1\bar{x}_1 + p_2\bar{x}_2$입니다. 최초 예산액 m에서 이만큼은 의무적으로 지출해야 하고, 그 후에 소비자가 자유롭게 쓸 수 있는 남은 예산은 $m-(p_1\bar{x}_1+p_2\bar{x}_2)$입니다. 각 수요함수 속에 분수 부분의 분자에 들어 있는 식입니다.

따라서 각 수요함수는 일단 최소량을 구입한 후, 그에 쓰고 남은 예산을 $\alpha:\beta$의 비율로 재화 1과 재화 2에 나누어 쓴다고 말하고 있습니다. 이 부분은 정확하게 콥-더글라스 행동과 일치합니다. (수학적으로는 좌표 평면에서 원점의 위치를 $(0,0)$이 아닌 $(\bar{x}_1,\bar{x}_2)$로 옮긴 후 콥-더글라스 문제를 풀어 답을 얻고, 그 결과에서 원점을 다시 $(0,0)$으로 원위치시키면 답이 얻어집니다.) 위의 수요함수를 다시 풀어서 적으면 다음과 같습니다. 단, 이제 효용의 서수성을 이용하여 $\alpha+\beta=1$라고 가정하여 식을 단순하게 만들겠습니다.

$$
\begin{aligned}
x_1^* &= \frac{1}{p_1}[\alpha m + (1-\alpha)p_1\bar{x}_1 - \alpha p_2\bar{x}_2] = \frac{1}{p_1}[\alpha m + \beta p_1\bar{x}_1 - \alpha p_2\bar{x}_2] \\
x_2^* &= \frac{1}{p_2}[\beta m + (1-\beta)p_2\bar{x}_2 - \beta p_1\bar{x}_1] = \frac{1}{p_2}[\beta m - \beta p_1\bar{x}_1 + \alpha p_2\bar{x}_2]
\end{aligned}
\tag{8.14}
$$

단순하게 만들었다고 하지만 제법 복잡해 보이는 수요함수입니다. 이 수요함수의 탄력성들을 계산해보는 것은 좋은 연습문제가 될 것입니다. 콥-더글라스에서 도출된 수요가 가격과 소득에 단위탄력적인, 그리고 교차가격에 대해 완전 비탄력적인 수요를 보이는 것과 달리, 이 수요함수는 다양한 탄력성 값을 가질 수 있습니다. 그러면서도 식의 구성 자체는 1차식만으로 이루어져 있다는 점이 장점입니다. 특히 (8.14)를 지출액 p_1x_1, p_2x_2의 형태로 표현해보면 m, p_1, p_2라는 외생변수의 선형함수가 됩니다. 그래서 이를 선형 지출액 모형(linear expenditure model)이라고 부르기도 합니다. 이는 실제 소비자들의 지출액, 가격, 소득 등의 데이터를 확보한다면 바로 통계학적 기법을 써서 이 모형에 맞는 계수 값들을 추정해볼 수 있다는 뜻이기도 합니다.

예제 8.6

$U(x_1, x_2) = \sqrt{x_1} + x_2$로부터 수요함수를 도출하시오. (단, $p_2 = 1$)

풀이 주어진 효용함수는 **준선형 효용함수**(quasi-linear utility function)의 한 예입니다. 먼저 한계대체율을 공식으로 도출해봅시다. $MU_2 = 1$이고 $MU_1 = \frac{1}{2\sqrt{x_1}}$이므로

$$MRS = \frac{MU_1}{MU_2} = \frac{1}{2\sqrt{x_1}}$$

입니다. 한계효용이 모두 양수이므로 두 재화 모두 경제재화가 맞고, x_1이 증가할 때 한계대체율은 감소하므로 한계대체율 체감의 성질도 만족합니다. 따라서 효용극대화점에서 $MRS = \frac{p_1}{p_2}$가 성립할 것입니다.

$$\frac{1}{2\sqrt{x_1}} = \frac{p_1}{1} \quad \Longrightarrow \quad x_1 = \frac{1}{4p_1^2}$$

한편, 예산식 $p_1x_1 + p_2x_2 = m$이 만족되어야 하므로

$$\frac{1}{4p_1} + x_2 = m \quad \Longrightarrow \quad x_2 = m - \frac{1}{4p_1}$$

그런데 여기서 한 가지 중요한 단서를 빠뜨렸습니다. $MRS = p_1/p_2$ 조건을 적용하려면 두 재화 모두 양(+)의 수량을 소비해야 합니다. 위에서 구한 x_1의 값은 문제가 없지만, x_2의 값은 m과 p_1에 따라서 음수가 될 가능성도 있습니다. 방금 도출한 수요량들이 의미가 있으려면

$$x_2 > 0 \Longleftrightarrow m > 1/4p_1$$

이라는 조건이 성립해야 합니다. 다시 말해서 소득의 수준이 일정액을 초과해야 하는 것이지요. 만약 반대로 $m < 1/4p_1$이라면 어떻게 될까요? 그보다도 m과 $1/4p_1$을 도대체 왜 비교해야 하는 걸까요?

$1/4p_1$이라는 양은 앞서 도출한 재화 1의 수요량 $x_1 = 1/4p_1^2$과 밀접한 관련이 있습니다. 이 수요량에서 지출한 금액이 바로 $p_1x_1 = 1/4p_1$인 것이죠. 따라서 가진 예산이 재화 1에 지출할 금액보다 많으면 그 남는 금액을 재화 2에도 쓸 수 있는 것이고, 만약 $m < 1/4p_1$이라면 이 사람이 갖고 싶은 만큼의 재화 1을 가질 예산이 부족한 것입니다.

그림 8.8은 앞의 그림 8.1과 거의 비슷한 그림입니다. 예제 8.1에서 이미 지금과 비슷한 효용함수를 다룬 적이 있었지요. 그 문제에서는 $p_1 = p_2 = 1$이었기 때문에 한계효용만을 비교해도 괜찮았습니다. 여기서는 가격이 다를 수 있기 때문에 한계효용을 비교하는 것이 아니라 가격으로 나눈 한계효용을 비교해야 합니다. 이는 한계대체율이 한계효용의 비율이라는 것으로부터도 알 수 있습니다.

$$MRS = \frac{p_1}{p_2} \Longleftrightarrow \frac{MU_1}{MU_2} = \frac{p_1}{p_2} \Longleftrightarrow \frac{MU_1}{p_1} = \frac{MU_2}{p_2}$$

예제 8.1에서와 마찬가지로 재화 1의 합리적 수요량은 결국 두 재화의 (가격당) 한계효용을 일치시키는 수준에서 결정되는데, 여기서는 $x_1 = \frac{1}{4p_1^2}$입니다. 그런데 만약 예산이 $m < \frac{1}{4p_1}$이라면 원하는 재화 1의 양을 구입하는 데에 돈이 모자랍니다. (마치 수량에 제한이 있는 것과 비슷한 것이죠.) 이 경우 재화 1의 한계효용이 더 높기 때문에 재화 2는 전혀 구입하지 않고 모두 재화 1만 살 수 있는 만큼 사는 것이 합리적입니다. 즉, $m < \frac{1}{4p_1}$이라면 $x_1 = \frac{m}{p_1}$인 것이죠.

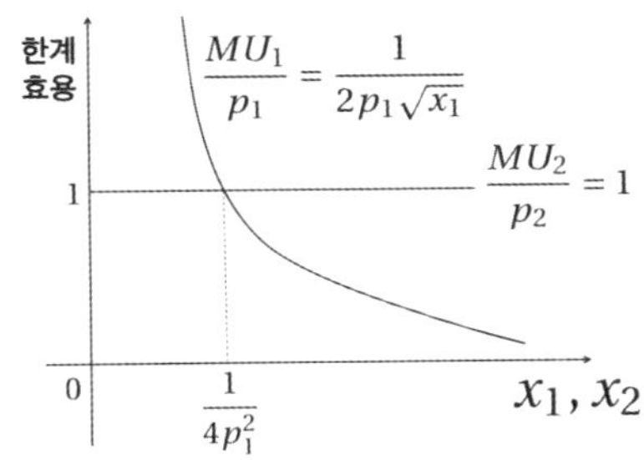

그림 8.8 예제 8.6 두 재화의 가격당 한계효용 비교

수요함수를 정리하면 다음과 같습니다.

$$(x_1^*, x_2^*) = \begin{cases} (\frac{1}{4p_1^2}, m - \frac{1}{4p_1}) & \text{if } m > \frac{1}{4p_1} \\ (\frac{m}{p_1}, 0) & \text{if } m \le \frac{1}{4p_1} \end{cases} \quad (8.15)$$

이 수요함수가 흥미로운 것은 예산이 충분할 때입니다. 재화 1의 수요함수에 m이 들어 있지 않습니다. (p_2는 값이 1이기 때문에 보이지 않을 뿐 실제로는 들어 있습니다.) 즉 재화 1의 수요가 소득에 대해서 완전비탄력적입니다. 수요량이 오로지 가격에만 영향을 받습니다.

더 생 각 해 보 기

효용함수의 동조성

조금 어려운 개념을 소개해보겠습니다. 효용함수가 가질 수 있는 성질 중의 하나로 동조성(homotheticity)이 있습니다. 동조성을 가장 쉽게 정의하자면, MRS의 공식이 $K(x_2/x_1)^k$ 또는 $K(x_1/x_2)^k$의 형태를 갖는 경우를 말합니다. 여기서 K와 k는 임의의 상수들입니다. 한계대체율의 값이 두 재화 소비량의 상대적인 '비율'에만 의존한다는 것입니다. 다시 말해, 동조적인 효용함수에 대해 무차별지도를 그린다면 각 무차별곡선의 기울기는 두 재화의 양의 비율에 따라 결정됩니다. 즉, 원점으로부터 어떤 직선을 그린다면 그 직선이 여러 무차별곡선들과 만나는 점들은 모두 동일한 $\frac{x_2}{x_1}$의 값을 가질 것이므로 각 점에서 한계대체율이 동일합니다. (그림 8.9)

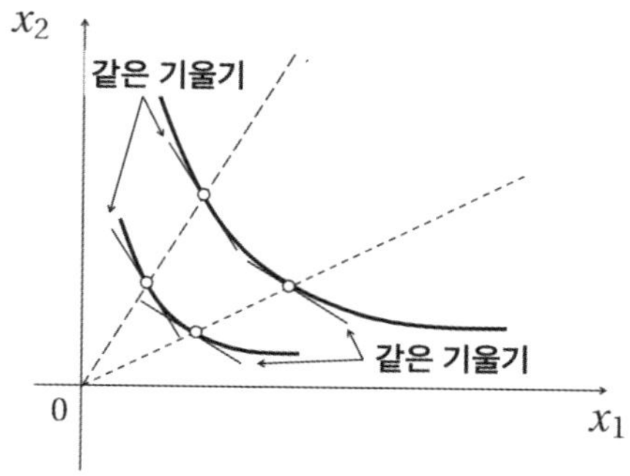

그림 8.9 동조적인 효용함수의 무차별지도

사실 지금까지 보았던 대부분의 효용함수는 동조성을 가지고 있었습니다.

(1) 완전대체재 $u = ax_1 + bx_2$의 경우 한계대체율은 소비량과 무관한 상수입니다. 원점에서 어떤 직선을 그리더라도 만나는 점에서 한계대체율은 모두 a/b입니다.

(2) 완전보완재 $u = \min\{ax_1, bx_2\}$에서는 원점과 $(x_1, x_2) = (b, a)$를 지나가는 직선 상에서는 한계대체율이 아예 정의되지 않고, 나머지 점에서는 0 또는 ∞입니다.

(3) 콥-더글라스 효용함수 $u = x_1^{\alpha} x_2^{\beta}$ 또는 $u = \alpha \ln(x_1) + \beta \ln(x_2)$의 경우 이미 계산해본대로 한계대체율은 $\frac{\alpha x_2}{\beta x_1}$이므로 동조성의 정의를 만족합니다.

(4) $u = \alpha \ln(x_1 - \bar{x}_1) + \beta \ln(x_2 - \bar{x}_2)$ 자체는 동조적이지 않지만, 만약 원점을 조정한다면 콥-더글라스 형태가 되어 동조적인 함수로 변형됩니다.

동조적인 효용함수에서 도출되는 수요의 특징은 무엇일까요? 동조성이 한계대체율에 대해 정의되므로, 한계대체율이 수요에서 갖는 역할을 생각해보면 알 수 있습니다. 경제재화 및 한계대체율 체감 가정을 만족하는 상황이라면 $MRS = p_1/p_2$라는 조건을 통해서 수요량을 결정할 수 있을 텐데, $MRS = K(x_2/x_1)^k$와 같은 형태이므로 두 재화 수요량의 상대적인 비율이 (가격비율에 의해서 결정되는) 일정한 값을 가지게 됩니다. 즉, 소득이 증가하거나 감소하더라도 두 재화 수요량의 상대적인 비율은 같은 수준으로 유지된다는 말입니다. 따라서 각 재화의 수요량이 소득에 비례하는 형태, 즉 소득탄력성이 1이고 엥겔곡선은 직선인 특징을 갖게 될 것입니다. 이미 앞에서 위의 (1), (2), (3)의 경우 소득탄력성이 1이자 엥겔곡선은 직선임을 본 적이 있습니다. (4)는 동조적인 효용함수가 아니기 때문에 다른 성질을 보입니다.

준선형 효용함수

우리가 그동안 예제에서 보았던 효용함수들은 대부분 동조성을 가졌기 때문에, 소득의 변화에 대해 특정한 방식으로 반응하는 수요를 만들어 냅니다. 폭넓은 분석을 원한다면 동조적인 효용함수에 만족할 수 없을 것입니다. 동조성을 갖지 않은 효용함수로서 자주 사용되는 예는 이미 지적한 대로 원점을 조정한 콥-더글라스 함수 형태가 있습니다. 또 하나 매우 중요한 효용함수는 준선형(quasilinear)이라는 이름으로 불리는 것입니다. 다음와 같은 형태를 가집니다.

$$U(x_1, x_2) = v(x_1) + x_2$$

(8.16) 또는 [준선형 효용함수]

$$U(x_1, m) = v(x_1) + m$$

특징을 말로 하자면 두 재화 중 하나에 대해서는 선형(1차식)이고 또 다른 하나에 대해서는 그렇지 않은 것입니다. 위의 형태 중 첫 번째 것을 중심으로 설명해보겠습니다.

분석의 실제 관심은 선형이 아닌 재화인 x_1에 있습니다. 선형으로 된 재화 2는 제3장에서 언급했던 가치단위재화(numéraire)의 역할을 합니다. 쉽게 돈이라고 생각해도 됩니다. 한계대체율을 계산하면

$$MRS = \frac{MU_1}{MU_2} = \frac{v'(x_1)}{1} = v'(x_1)$$

이 됩니다. 다시 말해서 한계대체율의 공식에서 x_2가 아예 사라지고 오직 x_1만 남는 것이지요. 한계대체율은 재화 1의 소비량에만 의존합니다. 그렇다면 무차별지도는 어떤 특징을 갖게 될까요? 그림 8.10에서 보는 바와 같이 두 무차별곡선은 수직 방향으로 이동할 때 각 점마다 같은 기울기를 갖습니다. 다시 말해서 하나의 무차별곡선을 정확하게 수직방향으로 이동시키면 또 다른 무차별곡선과 겹치게 됩니다.

무차별지도의 모양 자체보다 더 중요한 것은 준선형 효용함수가 보이는 수요의 특징입니다. $MRS = v'(x_1)$이라는 형태를 가지게 되는데, 역시 경제재화와 한계대체율 가정이 적용된다고 하면 $MRS = p_1/p_2$ 조건에 의해

$$v'(x_1) = \frac{p_1}{p_2}$$

에 의해서 수요량이 도출됩니다. 그런데 이 식에는 x_1만 있으므로 x_1의 수요량이 p_1과 p_2의 함수로 도출되는 것이지요.

앞에서 예제들을 풀 때 원래는 $MRS = p_1/p_2$라는 식 하나만으로는 두 재화의 수요량을 구할 수 없었습니다. 예산식과 연립을 해야만 하지요. 그런데 여기서는 x_1의 수요량이 바로 얻어집니다. 특히 소비자의 예산(소득) m이 얼마인지 알 필요가 없습니다. 물론 또 다른 재화 x_2의 수요량을 구하려면 예산식이 필요합니다.

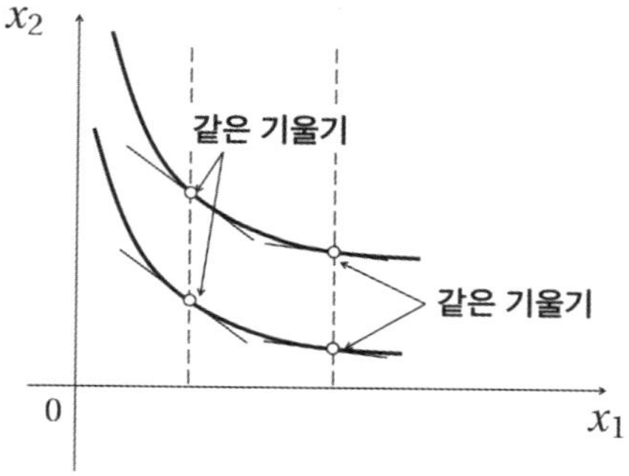

그림 8.10 준선형 효용함수의 무차별지도

8.3 소비 데이터의 해석

예제 8.7

다음 표는 월평균 소비지출을 항목으로 나누어 보여준다. 표에서 '소득 10분위'는 하위 10%(저소득)인 가구들, '소득 1분위'는 상위 10%(고소득)인 가구들의 자료이다. 2012년 '지출액'은 실제(명목) 금액이고, '물가조정'은 소비자물가지수(CPI)를 사용하여 2003년 물가로 환산한 것이다. '비중'은 각 항목이 소비지출 계에서 차지하는 비중이다. 예를 들어, 2012년 저소득 가구는 월 104만4천 원을 지출했고, 그중 24%인 24만7천 원을 식료품, 음료에 지출했다. 이를 2003년 물가로 환산하면 총 지출액은 79만8천 원, 식료품,음료 지출액은 18만8천 원이다.

(1) 표를 활용하여 각 소비지출 항목이 사치재, 필수재 또는 열등재인지를 어떻게 판단할 수 있는지 그 기준을 설명하고, 기준에 따르면 사치재 및 (열등재가 아닌) 필수재가 각각 어느 항목들인지 설명하시오. [단, 소비지출 계를 '소득'(예산)으로 취급함]

(2) 앞의 (1)에서는 소비지출 계를 소득과 동일하게 취급했지만, 실제 소득은 그렇지 않았다. 실제 소득 중 위의 12개 항목에 지출하지 않고 남은 금액을 '저축'이라고 하자. [즉, 소득 = 소비 + 저축] 표에 보고된 소비지출 계가 실제 소득에서 차지하는 비중은 2012년 저소득층은 116%, 고소득층은 46%, 2003년 저소득층은 121%, 고소득층은 51%였다. [저소득층은 소득보다 소비가 많아서 음(−)의 저축을 보임.] 2003년에서 2012년 사이에 저소득층의 물가조정 소득은 7.9% 증가, 고소득층의 물가조정 소득은 21.1% 증가했다. 표에서 '소비'와 '저축'은 사치재인가, 필수재인가, 열등재인가?

	2012년						2003년			
	소득 10분위 (저소득)			소득 1분위 (고소득)			소득 10분위		소득 1분위	
	지출액	물가조정	비중	지출액	물가조정	비중	지출액	비중	지출액	비중
소비지출 계	1,044,575	797,926		4,210,091	3,215,987		771,383		2,939,906	
1) 식료품,음료	246,747	188,484	24%	467,704	357,268	11%	177,551	23%	351,990	12%
2) 주류,담배	19,069	14,566	2%	26,551	20,282	1%	16,340	2%	24,489	1%
3) 의류,신발	44,098	33,685	4%	327,269	249,993	8%	36,644	5%	235,317	8%
4) 주거,수도,광열	190,254	145,330	18%	325,157	248,380	8%	124,295	16%	239,204	8%
5) 가정용품	36,243	27,685	3%	199,222	152,181	5%	22,821	3%	124,085	4%
6) 보건	113,554	86,741	11%	242,369	185,140	6%	77,935	10%	157,933	5%
7) 교통	77,040	58,849	7%	604,770	461,969	14%	66,222	9%	399,675	14%
8) 통신	61,921	47,300	6%	204,389	156,128	5%	56,380	7%	175,335	6%
9) 오락,문화	47,728	36,458	5%	303,764	232,038	7%	33,162	4%	206,359	7%
10) 교육	57,812	44,161	6%	589,046	449,958	14%	40,817	5%	360,150	12%
11) 음식,숙박	86,161	65,816	8%	509,202	388,967	12%	71,845	9%	397,399	14%
12) 기타	64,950	49,614	6%	410,647	313,683	10%	47,371	6%	267,971	9%

풀이 (1) '소비지출 계'를 예산으로 취급하는 경우, 이 예산이 증가할 때 각 항목의 지출액이 차지하는 비중을 살펴보면 사치재(소득 증가시 비중 증가)인지 또는 필수재/열등재(소득 증가시 비중 감소)인지를 가늠할 수 있습니다. (비중을 계산할 때는 분자에 지출액, 분모에 소비지출 계가 들어가므로 명목금액을 쓰던, 실질금액을 쓰던 동일한 값이 산출됩니다. 명목금액에서 실질금액으로 환산할 때 분자와 분모가 동일한 비율로 조정됩니다.)

그런데 비중의 변화만으로는 필수재와 열등재를 구분할 수 없습니다. 필수재와 열등재 모두 소득 증가시 비중이 감소하기 때문입니다. 열등재는 비중이 감소할 뿐 아니라 실제 수요량 또한 감소하는 경우를 가리킵니다. 그런데 표에는 수요량이 아니라 지출액이 주어져 있고 여기에는 가격의 변화도 포함되어 있으므로, 열등재를 판단하기 위해서는 가격을 고정시킨 상태에서 지출액이 감소하는지를 보아야 합니다. 개별 항목의 가격 변화를 알 수 없으므로 열등재의 판단을 정교하게 하는 것이 불가능합니다. 소득이 증가할 때 물가를 반영한 실질금액 기준으로 지출액이 감소한 재화라면 열등재일 가능성이 높다고 볼 수 있겠습니다.

이제 표에서 어느 수치들을 비교할 것인지의 문제가 남아 있습니다. 우선 같은 해에 조사된 저소득층과 고소득층을 서로 비교하는 것은 적절하지 않을 수 있습니다. 같은 시기에 동일 항목을 소비했다면 동일한 가격을 적용받았다는 점은 분석에 편리한 사실이지만, 이 두 집단들은 분명히 서로 다른 가구들이며 같은 시기에 소비 행동을 한 결과로, 현재 저소득층의 예산이 증가할 때 현재 고소득층과 동일하게 행동할지는 알 수 없습니다. (동일 시점에서 저소득층과 고소득층의 소비 양상의 차이를 비교해보는 일 자체는 의미 있는 분석입니다. 사치재 여부를 판단하기에 곤란하다는 것입니다.)

한편, 2003년의 저소득층과 2012년의 저소득층도 모두가 동일한 가구들이라고 볼 수는 없지만 어느 정도 중복될 것입니다. 동일시점 내의 서로 다른 소득집단을 비교['횡단면분석']하는 것보다는 동일 집단을 서로 다른 시점끼리 비교['시계열분석']가 조금 더 적절하다고 생각됩니다.

저소득층과 고소득층이 항목마다 보이는 소득탄력성이 서로 동일할 필요는 없으므로 두 집단을 나누어서 검토합니다. (사치재, 필수재, 열등재는 재화 자체의 특성이 아니라, 특정 소비자 또는 특정 집단이 가진 수요의 특성을 가리키는 개념입니다.)

고소득층, 저소득층 모두 대상 기간 동안 소비지출 계(예산)가 명목금액, 실질금액 모두 증가했습니다. 저소득층의 경우에 2003-2012 년 사이에 지출액 비중이 늘어난 항목 즉 사치재로 볼 수 있는 항목은 1), 4), 6), 9), 10)이고, 비중이 줄어든 항목 즉 필수재/열등재로 볼 수 있는 항목은 3), 7), 8), 11)이며 나머지 항목은 비중에 변화가 없었습니다.

그렇다면 단위탄력적이라고 볼 수 있습니다. 하지만, 단위탄력적 수요란 이론적인 개념으로 현실에서 발생한다면 극히 예외적일 텐데 이 표에는 왜 이렇게 여러 항목이 나타났을까요? 첫 번째 이유는 비중을 표에 표시할 때 소숫점 아래에서 반올림하여 정수로 만들었기 때문입니다. 실제로 소숫점 아래까지 계산하면, 단위탄력적으로 보이는 항목들의 지출액 비중이 미세하게나마 감소하여 필수재/열등재의 성격을 보입니다. 두 번째 지적할 것은 비중의 변화 또는 소득탄력성을 논할 때 항목의 분류 방식 자체가 결과에 영향을 준다는 점입니다. 즉, 표에서 항목들을 어떻게 분류하느냐에 따라 약간의 "조작"이 가능합니다. 극단적인 예로, 소비지출 계 전체를 하나의 재화로 취급한다면 이는 언제나 (정의상) 단위탄력적입니다. 표에서 자의적으로 지출액 비중이 일정하도록 적당히 분류를 하는 것도 가능합니다. 예를 들어, 3) 의류, 신발과 6) 보건을 함께 묶어 적당한 이름의 새로운 항목('심신의 건강'?)을 만든다면 이 항목의 지출액 비중은 저소득층에게 2003-2012년 기간 동일하게 15% 이고 이 새로운 재화 항목은 단위탄력적이 될 것입니다.

비중이 줄어든 항목 중 열등재는 가격에 변화가 없었다면 지출액이 감소했어야 합니다. 그런데 명목금액에는 10년의 기간 동안 당연히 발생했을 가격 변화가 반영되어 있으므로 이를 판단할 수 없습니다. 각 항목의 가격을 구체적으로 알 수는 없지만 적어도 물가지수를 반영한 조정 지출액은 어느 정도 가격효과를 통제했다고 볼 수 있습니다. 3), 7), 8), 11) 모두 물가조정 지출액 자체가 감소했습니다. 따라서 이들 모두 필수재라기보다는 열등재로 볼 수 있습니다. 즉 이 표에서 저소득층에게는 필수재가 나타나지 않습니다. 앞서 단위탄력적으로 처리되었던 항목 중 실제로는 대부분 지출액 비중이 감소했는데, 실질 지출액은 증가한 경우를 찾으면 그것이 바로 저소득층의 필수재일 것입니다. 예컨대 5) 가정용품과 12) 기타가 해당됩니다. 고소득층의 경우에는 같은 기준을 적용하면 사치재로 판단되는 항목이 5), 6), 10), 12)이고, 필수재/열등재로 판단되는 항목이 1), 8), 11)입니다. 필수재/열등재 중 물가조정 지출액이 줄어들어 열등재로 추측되는 항목은 8), 11)입니다. 비중은 감소했으나 지출액은 증가한 1)은 필수재로 보입니다.

(2) 저소득층과 고소득층 모두 10년 동안 실질소득이 증가했고, 소비가 전체 소득에서 차지하는 비중은 감소했습니다. 소비의 실질 금액 자체는 모두 증가했습니다. 즉, 양 집단 모두에게 소비는 필수재 성격을 보입니다. 소비와 저축을 2개의 재화로 본다면, 소비가 필수재일 경우 (2재화 모형에서 본대로) 저축은 반드시 사치재입니다. 이는 저축의 비중이 증가한 것으로도 확인됩니다. 소득의 증가에 따라 사람들은 소비는 조금만 늘리고 대신 저축을 더 크게 늘렸다고 볼 수 있습니다. (저소득층은 저축이 음(−)의 값을 가졌으므로 부채로 해석이 되며 부채가 줄어든 것으로 해석 가능합니다.)

예제 8.8

다음은 한 언론 기사를 편집한 것이다. 기사는 시내버스업계에 비해 택시업계가 어려움을 겪고 있는 원인을 "경기 침체"로 지목하고 있다. 이 문제를 통해 다른 각도에서 이 현상을 분석해보자.

> 지난해(2003년) 경기침체 영향으로 택시업계는 매출액이 줄어든 반면 시내버스업계는 오히려 늘어난 것으로 나타났다. 택시업계의 매출액이 전년보다 2.8% 감소한 반면 시내버스업계는 7.2%나 늘어 두 업계의 희비가 엇갈린 것으로 나타났다. 이는 "지난 2002년말 시내버스 요금이 인상(※ 650원에서 750원으로 약 15%)된 영향도 있으나 경기침체 영향으로 택시 이용객들이 줄어들었기 때문으로 추정된다"고 통계청은 설명했다. 통계청 관계자는 "지난해 택시업체와 버스업체수는 각각 1천779개와 401개로 전년과 거의 변동이 없었으나 매출액에서는 상반된 모습을 보였다"며 "결국 경기영향이 있는 것으로 보인다"고 말했다.

소비자가 택시와 시내버스의 2가지 재화에 대해 일정한 예산("교통비")을 지출한다고 가정하자. 대상 기간인 2002년에서 2003년 사이에 시내버스 요금은 15% 인상되었고, 택시 요금에는 변화가 없었다. 소비자들의 교통비 예산에도 변화가 없었다고 가정하자. (실제로 늘어난 시내버스 매출 총액은 2132억 원이었고, 줄어든 택시 매출 총액은 2146억 원이었다. 즉 소비자들이 시내버스 및 택시에 지출한 교통비는 14억 원 감소했다. 액수가 커보이지만 4천만 명으로 나눌 경우 1인당 1년 35원이다.)

(1) 주어진 정보와 가정 하에서 버스 수요량은 몇 % 변화했는지 계산하고, 이를 이용해 버스 수요의 가격탄력성의 수준을 추측해보시오.

(2) 위 기사도 버스 매출의 증가의 한 근거로 버스요금 인상을 들었다. 이 논리가 성립하려면 버스 수요가 어떤 특징을 가져야 하는가? (1)의 계산 값에 그 특징이 있는가?

(3) 택시와 시내버스 간에 고정된 예산을 분배할 때 (2)의 버스 수요의 특성을 감안한다면 택시 수요량과 매출이 줄어들 수밖에 없음을 가격소비곡선(PCC)으로 설명하시오.

(4) 해당 기간 소비자들의 실제소득에도 변화가 있었다. 1인당 실질 국민소득(GNI)은 이 기간 1.8% 증가했다. 그런데 시내버스 및 택시에 대한 지출액이 사실상 변화 없었다는 점은 버스와 택시를 묶은 '교통'이란 재화의 수요 특성에 대해 무엇을 말해주는가?

풀이 (1) 지출액의 변화(%)는 수요량의 변화(%) + 가격의 변화(%)로 대략 나타낼 수 있습니다. 즉, 버스지출액의 변화 % = 버스 수요량 변화 % + 버스 가격 변화 %입니다. 문제에 나온 가격의 변화폭과 버스업계 매출액(=소비자의 버스비 지출액)의 변화폭을 이용하면 버스 수요량의 변화폭은 약 7.2% − 15% = −7.8%임을 알 수 있습니다. 즉, 버스 수요량은 약 7.8% 감소했을 것입니다. 엄밀하지는 않지만 가격탄력성을 "대충" 계산해보면, −7.8/15 = 약 −0.5입니다.

(2) 논리가 맞으려면 버스 수요가 가격에 대해 비탄력적이라야 합니다. 적어도 (1)에서 계산한 값은 비탄력적입니다.

(3) 교통비가 고정되어 있고 택시가격에 변화가 없는데, 버스 수요가 비탄력적이라면 버스 가격 인상의 결과로 버스에 대한 지출액이 증가하고, 따라서 택시에 대한 지출액(택시업계 매출액)은 감소합니다. 버스가 가격에 대해 비탄력적이므로 가격소비곡선이 우상향에, 예산선이 안쪽으로 회전해서 들어올 때 택시의 수요량이 감소합니다.

(4) 택시 및 버스에 대한 "지출액"이 일정하다는 것이 곧 "수요량"이 일정하다는 것은 아닙니다. (가격에 의해서 수요량은 변합니다.) 이 점을 착각하여 소득탄력성이 0이라고 오해할 수 있습니다. 정확하게 말하자면 지출액이 일정하고, 소득은 약간 늘었으므로 전체 소득 중에서 버스와 택시를 합한 교통비가 차지하는 비중이 감소했다는 것을 의미합니다. 이는 필수재의 특징입니다. 다시 말해, 버스와 택시를 합한 교통수요는 소득탄력성이 1보다 작은 필수재로 보입니다.

microeconomics

제9장

수요의 법칙

"솔직히 말해서 자네 말을 제대로 못 알아듣겠군." 왓슨이 말했다.
"알아들을 거라고 기대하지 않았네. 더 쉽게 설명해보도록 하지."
- 아서 코난 도일, 『주홍색 연구』[1]

소비자모형의 결론

제2장에서 제7장을 통해 소비자모형의 주된 이론적 얼개를 소개했고 제8장에서는 몇 가지 측면에서 이 모형을 사용한 분석의 예들을 예제로 풀어보았습니다. 이 장에서는 일종의 결론삼아 소위 '수요의 법칙'이라고 불리는 결과를 논의해보고자 합니다.

수요의 법칙은 고전적인 경제학에서 핵심적인 결과로 간주했던 것인데, 이 장의 설명에서 보듯이 생각보다 만만한 내용이 아닐 뿐 아니라 결과 또한 그다지 만족스럽지는 않습니다. 이 장의 복잡한 논의를 거친 후에 우리는 이 책의 나머지 부분에서는 단순하게 수요의 법칙이 성립한다고 가정할 것입니다. 이 가정을 할 때 어떤 점을 염두에 두고 주의해야 하는지를 지적하는 것이 이 장의 목적입니다.

1 Arthur Conan Doyle, *A Study in Scarlet* (1887).

9.1 수요의 법칙이란?

한 줄로 요약해서 **수요의 법칙**(law of demand)이란 "가격이 오르면 그 재화의 수요량은 감소한다"는 주장입니다. 가격과 수요량 사이의 관계를 그림으로 나타낸 수요곡선의 "기울기가 우하향한다"라고 표현할 수도 있습니다. 수식으로 적자면, 수요함수를 자기가격에 대해 편미분한 값이 음수라는 의미가 됩니다.

$$(9.1) \qquad \frac{\partial x_1(p_1, p_2, m)}{\partial p_1} < 0, \quad \frac{\partial x_2(p_1, p_2, m)}{\partial p_2} < 0 \qquad \text{[수요의 법칙]}$$

근대 경제학 초기에는 위 명제가 경험적인 진리로 여겨져서 법칙이라고 지칭했고, 이를 이론적으로도 증명하는 것이 하나의 중요한 과제였습니다.

수학을 동원한 이론적 탐구가 정교해질 수록 수요의 법칙이 생각만큼 단순하지 않다는 것이 드러났고 그 결과로 현대 미시경제이론의 태도는 좀 더 조심스러워졌습니다. 게다가 최근에는 적어도 경험적으로는 성립하는 것으로 여겨졌던 수요의 법칙에 대한 예외 사례가 발견되었다는 보고가 있기도 합니다.

수요의 법칙이 무엇인지를 아는 것 자체는 이렇게 단순하지만, 거기에 연관된 논의들이 다양하고 복잡하기 때문에 이 장의 내용은 길을 잃지 않고 차근히 생각해 보는 것이 좋습니다.

한계효용 체감과 수요의 법칙

19세기 중후반은 경제학의 역사에서 '한계혁명'(marginal revolution)이라고 불리던 시기입니다. 이 시기에는 수학적 도구들이 본격적으로 사용되면서 경제이론의 기초를 가능한 한 엄밀하고 논리적으로 정립하고자 했습니다. 영국 런던의 제본스(Jevons), 오스트리아 비엔나의 멩거(Menger), 스위스 로잔의 발라스(Walras) 등이 대표적인 학자들이고 이 시기 연구를 집대성하여 근대 경제학을 완성했다고 여겨지는 학자가 영국 케임브리지의 마셜(Marshall)입니다.

이들에게 '한계'라는 수식어가 붙는 이유는 이들이 효용과 한계효용이라는 개념을 중요하게 사용했고, 또한 경제학에서 '한계'라는 단어가 상징하는 수학도구인 미분을 도입했기 때문입니다. 이들이 수요의 법칙을 증명한 방식을 거칠게 요약해보자면 다음과 같습니다.

우리는 소비자의 효용극대화 조건이 $MRS = p_1/p_2$라는 것을 본 적이 있는데, 이들에게는 아직 한계대체율이나 무차별곡선의 개념이 없었습니다. 이들이 발견한 효용극대화 원리는 사실 $MRS = p_1/p_2$와 동일한 다음의 식입니다:

$$\frac{MU_1(x_1^*, x_2^*)}{p_1} = \frac{MU_2(x_1^*, x_2^*)}{p_2} \quad (9.2) \quad \text{[효용극대화 조건]}$$

한계대체율과 한계효용 사이의 관계식 $MRS = MU_1/MU_2$를 생각해보면 (9.2)는 곧 $MRS = p_1/p_2$와 동일하다는 것을 알 수 있습니다.

식 자체만을 놓고 보더라도 직관적으로 이해가 가능합니다. 그림 9.1의 아래쪽을 먼저 보면 $1/p_1$이 "1원으로 살 수 있는 재화 1의 양"이라고 나와 있습니다. 재화의 가격 p_1은 재화 1을 1단위 구입하기 위해서 지불해야 하는 돈의 금액을 나타내므로, 그 역수인 $1/p_1$은 거꾸로 돈이 1단위("1원") 있으면 살 수 있는 재화 1의 갯수인 것이지요.

그림 9.1 효용극대화 원리

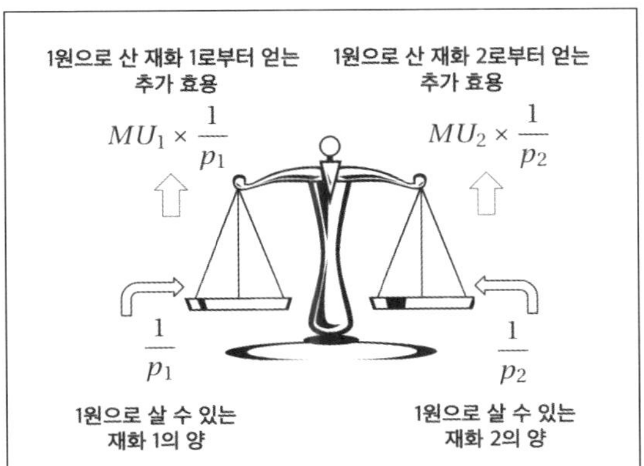

한편 재화 1의 한계효용 MU_1는 재화 1의 소비량을 아주 조금 늘릴 때 효용이 얼마나 변하는지를 나타냅니다. 따라서 MU_1과 $1/p_1$을 곱한 값은 "1원으로 살 수

있는 재화 1의 양으로부터 얻어낼 수 있는 추가 효용"을 의미하게 됩니다. 같은 논리로 MU_2/p_2는 같은 돈 1원으로 살 수 있는 재화 2로부터 얻어낼 수 있는 추가 효용입니다.

식 (9.2)는 이 두 추가 효용의 수준을 같게 만드는 것이 효용극대화라고 말합니다. 두 재화 사이에 예산을 어떻게 분배하는 것이 효용극대화인지를 따지기 위해서, 돈 1원을 놓고 어느 쪽에 쓰는 것이 더 큰 효용을 주는지에 따라 지출하여 양쪽의 균형을 이루도록 하라는 것이지요.

비유를 들어보자면 복잡한 대형유통점에서 장보기를 마치고 계산대에 줄을 서려고 할 때 자연스럽게 계산대마다 줄 길이가 비슷해지는 원리와 일맥상통합니다. 손님들 모두 다들 빨리 집에 가고 싶다고 가정한다면, 긴 줄과 짧은 줄이 있을 때 당연히 짧은 줄로 가서 줄을 설 것이고 따라서 운이 좋은 경우가 아니라면 이미 사람들이 알아서 줄 길이를 대충 맞춰서 섰을 것이므로 비슷한 줄들 가운데서 임의로 하나를 고르게 됩니다. 그런데 마침 딱 한 줄만 다른 줄에 비해서 길이가 절반 밖에 안 된다면 여러분은 어떤 생각이 들까요? 남들이 못 보는 사이에 여러분이 운좋게 짧은 줄을 발견한 것일 수도 있지만, 그런게 아니라면 이 줄에 뭔가 문제가 있다는 것을 눈치 채겠지요. 계산기에 고장이 있다던가, 이 계산대에서 일을 처리하는 분이 속도가 느리다던가. 즉, 각 계산대의 실제 처리속도를 감안해서 그 길이들을 서로 맞추어 가는 것이 다들 빨리 집에 가는 법입니다.

마찬가지로 소비자가 효용극대화를 하는 지출 방법도 같은 돈으로 살 수 있는 같은 가치의 재화 수량들끼리($1/p_1$과 $1/p_2$) 비교해서 양쪽에서 얻어내는 추가 효용이 같게 만드는 것입니다.

식 (9.2)는 따라서 어느 재화를 사던 돈 1원으로 얻어내는 한계효용은 다 동일하다는 것이 결론입니다. 돈 1원으로 얻어내는 한계효용을 편의상 '돈의 한계효용'(marginal utility of money)라고 부를 수 있겠습니다. 여기서 왜 '편의상'이라는 단서를 붙이냐면, 애초에 효용함수에는 돈이 들어가지 않기 때문입니다. 즉, 우리가 효용함수를 $U(x_1, x_2)$라고 쓸 때 소비자의 효용을 결정하는 것은 돈 m이 아니라 재화 1과 재화 2의 소비량 (x_1, x_2)입니다. 하지만 돈이 있으면 그것으로 재화를 살 수 있기 때문에 결국 돈으로부터도 효용이 나올 수는 있는 것이죠.

그런데 돈으로 재화 1을 살 때와 재화 2를 살 때 효용이 다를 수 있기 때문에 함부로 돈의 효용을 논할 수는 없을 텐데, 만약 효용극대화 상태라면 식 (9.2)에 의해서 돈 1원으로 어느 재화를 사든지간에 한계효용이 동일하므로 그냥 간단하게 돈의 한계효용이라고 부를 수 있게 됩니다.

돈의 한계효용을 λ라는 기호를 써서 표기합시다. 그렇다면 식 (9.2)는 다시

$$\frac{MU_1(x_1^*, x_2^*)}{p_1} = \frac{MU_2(x_1^*, x_2^*)}{p_2} = \lambda \tag{9.3}$$

라고 쓰게 됩니다. 식 (9.3)을 (재화 1에 대해서만) 다시 정리해보면

$$p_1 = \frac{MU_1(x_1^*, x_2^*)}{\lambda} \tag{9.4}$$

가 됩니다. 일단 재화 2의 양 x_2^*를 무시하고 재화 1의 수요량 x_1^*만 집중해서 보겠습니다. 가격 p_1이 주어지면 식 (9.4)를 만족시키는 x_1^*이 곧 수요량이 됩니다. 거꾸로 말해서 x_1^*이라는 수요량이 나오게 만드는 가격이 p_1입니다. 이 관계를 그림으로 그려보면 그 결과물이 곧 수요곡선입니다. (그림 9.2(a))

만약 재화 1의 가격 p_1이 인상된다면 식 (9.4)의 좌변이 커지게 됩니다. 식을 유지하려면 우변도 커져야 합니다. 다시 말해서 한계효용이 값이 커져야 합니다.

여기서 한계혁명기 근대경제학자들은 중요한 가정을 사용했습니다. 바로 **한계효용체감**이라는 것이죠. 어떤 재화의 소비량이 커질수록 한계효용은 작아진다, 혹은 반대로 어떤 재화의 소비량이 작아질수록 한계효용은 커진다는 겁니다. 즉 식 (9.4)에서 우변을 크게 만들려면, 만약 한계효용 체감이 성립하는 경우에 한해서, 수요량을 줄이면 됩니다. 수요의 법칙이 증명되었습니다! 한계효용곡선($\div\lambda$)이 곧 수요곡선이고, 한계효용체감이 곧 수요의 법칙인 것이었습니다.

하지만 이 증명 과정에는 중요한 가정 몇 가지가 숨어 있습니다. (그림 9.2(b)) 우리가 그림에서 가격을 변화시키면서 이에 대응되는 재화 1의 수요량을 찾는 동안, 식 (9.4)를 구성하는 또 다른 변수 2개에 대해서는 무시했던 것이죠. 하나는 x_2^*이고 또 하나는 λ입니다.

재화 2의 수요량 x_2^*는 (9.4)와 비슷하게 생긴 식 (9.5)에 의해 결정될 것입니다.

$$p_2 = \frac{MU_2(x_1^*, x_2^*)}{\lambda} \tag{9.5}$$

정확하게 말하자면, (9.4)와 (9.5)는 동시에 두 재화의 수요량을 결정하는 연립방정식입니다. 어쨌든 재화 1의 가격 p_1이 변할 때 재화 1의 수요량만 반응하라는 법은 없습니다. 교차가격탄력성이 0이 되는 특수한 경우를 제외한다면, p_1이 변할 때 x_1^*과 x_2^*가 함께 변할 수 있고, 그렇다면 한계효용체감 가정만 가지고서는 반드시 수요의 법칙이 성립한다고 장담할 수가 없게 됩니다.

또한 돈의 한계효용 λ도 무시하고 있습니다. 효용극대화 조건 (9.2)는 어떤 특정한 수요량 (x_1^*, x_2^*)에서 가격 대비 한계효용의 값이 재화 간에 서로 일치한다고 말할 뿐이지, (x_1^*, x_2^*)이 변할 때 그 비율 값인 λ가 변하지 말란 법은 없습니다. 만약 λ가 변한다면 수요량과 가격 사이의 관계를 쉽게 논할 수 없습니다.

그림 9.2 한계효용체감에 의한 증명 과정의 문제점

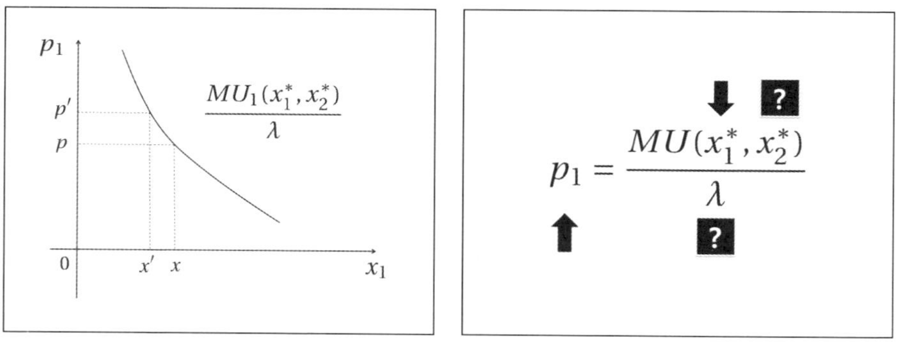

준선형 효용함수: 수요의 법칙이 성립

앞에서 지적한 어려움을 회피하는 한 가지 방법은 특정한 효용함수를 사용하는 것입니다. 바로 앞 장에서 소개했던 준선형 효용함수(quasilinear utility function)입니다. 준선형 효용함수는 여러 개의 재화 중 하나에 대해서는 선형(1차식)의 형태를 가집니다. 즉, $U(x_1, x_2) = v(x_1) + x_2$라는 식입니다.

앞 장에서 설명한대로, 이 경우 한계대체율은 오로지 재화 1의 독자적인 한계효용에 의해서 결정됩니다: $MRS = v'(x_1)$. 또한 재화 1의 한계효용은 재화 2의 수량과 무관합니다: $MU_1 = v'(x_1)$. 따라서 재화 1을 중심으로 볼 때

$$\frac{MU_1(x_1, x_2)}{p_1} = \frac{v'(x_1)}{p_1} = \lambda \tag{9.6}$$

라는 식에서 x_2가 사라졌습니다. 재화 2에 대해서 보면 $MU_2 = 1$이므로, 편의상 $p_2 = 1$이라고 가정한다면

$$\frac{MU_2}{p_2} = 1 = \lambda \tag{9.7}$$

가 되어, 식 (9.6)과 (9.7)을 함께 보면

$$p_1 = v'(x_1) \tag{9.8}$$

가 됩니다. 즉, 재화 1의 수요곡선은 곧 재화 1의 한계효용곡선 $v'(\cdot)$이고, $v'(\cdot)$가 체감의 성질을 가진다면 수요의 법칙이 성립합니다.

앞에서 지적했던 두 가지 문제, 즉 (i) MU_1이 x_2에도 의존하는 문제, (ii) λ가 고정되어 있지 않은 문제가 모두 준선형 효용함수에서는 사라집니다. 앞 장의 예제 8.6에서 $v(x_1) = \sqrt{x_1}$인 경우에 대해 수요함수를 도출했는데 그 결과는

$$(x_1^*, x_2^*) = \begin{cases} (\frac{1}{4p_1^2}, m - \frac{1}{4p_1}) & \text{if } m > \frac{1}{4p_1} \\ (\frac{m}{p_1}, 0) & \text{if } m \le \frac{1}{4p_1} \end{cases} \tag{8.15}$$

였습니다. 재화 2는 무시하고, 재화 1만 집중해서 본다면 두 경우 모두 가격 p_1에 반비례하는 형태, 즉 수요의 법칙이 성립하는 형태입니다.

준선형 효용함수의 '비밀'은 선형(1차식)을 가진 것으로 가정되는 재화 2를 '돈'

으로 해석할 수 있다는 것입니다. 즉, $U(x_1,x_2)=v(x_1)+x_2$라는 효용함수를 쓸 때 사실 $U(x_1,m)=v(x_1)+m$로 생각하고 있습니다. 소비자는 재화 1과 '돈'으로부터 효용을 얻는다고 본 것이죠. 좀 더 정확하게 말하자면, 재화 1을 구매하거나, 그 외에 '재화 1이 아닌 것들'을 구매하는데 그것은 모두 합쳐서 '남은 돈'으로 본 셈입니다. 재화 2를 돈으로 보았기 때문에 그 가격도 $p_2=1$로 가정하는 것이 자연스럽습니다. 돈 1원의 가격은 1원인 것이 당연합니다.

준선형 효용함수는 상당히 작위적으로 느껴질 수 있습니다. 하지만 현재 경제학의 많은 응용 모형에서 암묵적으로 가정하고 있는 것이 준선형 효용함수입니다. 그 이유에 대해서 이 장의 마지막에 다시 설명하겠습니다.

9.2 개인수요와 시장수요

수요의 법칙을 본격적으로 논의하기에 앞서 짚고 넘어갈 점이 있습니다. 지금까지 우리가 공부했던 소비자모형은 한 '개인'에 대한 것으로, 도출된 수요함수는 **개인수요**(individual demand)였습니다. 그런데 시장에서 우리가 관찰하는 것은 개인수요가 아니라, 여러 개인들의 수요가 합해진 **시장수요**(market demand)입니다.

총 N명의 소비자가 있고, 이들의 수요함수가 $x_1(p_1,p_2,m^1)$, $x_2(p_1,p_2,m^2)$, $\ldots$, $x_N(p_1,p_2,m^N)$라고 합시다. (시장가격은 모든 소비자에게 동일하게 주어지지만, 각 소비자는 서로 다른 소득/예산을 가질 수 있습니다.) 이때 시장수요함수는

(9.9) $$X(p_1,p_2,m^1,m^2,\ldots,m^N)=\sum_{i=1}^{N}x_i(p_1,p_2,m^i)$$ [시장수요함수]

가 될 것입니다. 경우에 따라 전체 시장수요량보다 소비자들의 "평균적인" 수요량을 따질 필요가 있습니다. 평균시장수요는 시장수요를 소비자의 수로 나눈 것입니다.

(9.10)

$$\widetilde{X}(p_1,p_2,m^1,m^2,\ldots,m^N)=\frac{X(p_1,p_2,m^1,m^2,\ldots,m^N)}{N}$$ [평균시장수요함수]

한편, 그림으로 개인수요'곡선'들이 주어진 경우 시장수요'곡선'을 만들어내는

방법은 이들을 수평으로 합하는 것입니다. 예를 들어 N명의 개인 소비자들이 모두 동일한 수요곡선을 가졌다면, 각 가격마다 수요량이 N배가 될 것이므로 **그림 9.3**과 같이 시장수요곡선을 도출해낼 수 있습니다. 그림에서 짐작할 수 있듯이, 모든 개인수요곡선이 우하향한다면, 시장수요곡선도 당연히 우하향합니다. 한편 일부 개인수요곡선이 우하향하지 않더라도 시장수요곡선이 우하향할 가능성은 있습니다.

그림 9.3 (동일한) 개인수요곡선으로부터 시장수요곡선의 도출

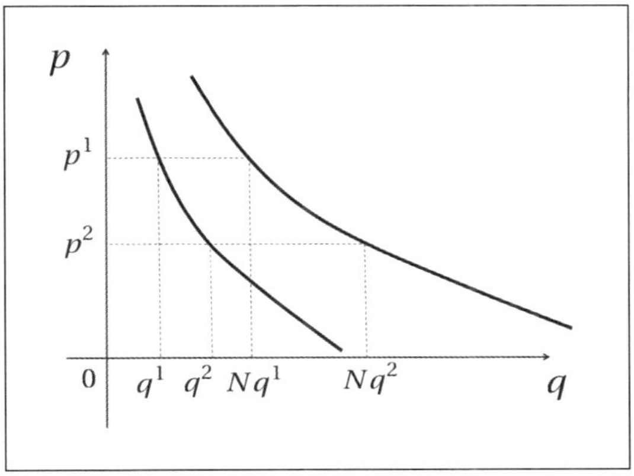

개인수요곡선에 비해서 시장수요곡선은 기울기가 완만할 것입니다. 즉 개인수요에 비해 시장수요가 가격에 대해 더 탄력적입니다. 이는 한 사람의 가격 반응보다 시장 전체의 가격 반응이 당연히 더 크리라는 점으로 쉽게 이해할 수 있습니다.

개인들의 수요곡선 모양이 서로 다르다면 시장수요를 도출하는 것이 조금 까다로울 수 있습니다. 단순히 N배 하는 것이 아니라 서로 다른 모양들을 적절히 더해주어야 하기 때문입니다. 간단한 예 하나로 설명을 대신합니다.

예 9.1

소비자가 2명뿐인 시장에서, 두 사람의 개인수요곡선이 다음과 같습니다.

- 소비자 A의 수요곡선 $p = 100 - q$
- 소비자 B의 수요곡선 $p = 50 - \frac{1}{3}q$

두 사람의 수요를 합한 시장수요를 알아봅시다. 먼저 각 개인수요곡선을 함께 그려놓은 것이 그림 9.4(a)입니다. A의 수요곡선은 세로축 절편이 100이고 기울기가 -1인 반면, B의 수요곡선은 절편이 50이고 기울기가 $-1/3$입니다. 가격이 50과 100의 사이일 때는 B의 수요량이 0입니다. 즉 가격이 50과 100 사이일 때는 A가 시장에서 유일한 소비자이고 따라서 A의 개인수요와 시장수요가 일치합니다. 한편, 가격이 50 이하로 내려가면 A와 B 모두 수요량이 있으므로 이들의 수요량을 가로 방향으로 더한 것이 시장수요입니다. 그 결과가 그림 (b)에 나와 있습니다. 가격이 50일 때 직선이 꺾어지고, 가로축과 만나는 곳은 개인의 최대수요량들을 합한 100+150=250입니다. 수요함수를 공식으로 도출해보면 다음과 같이 할 수 있겠지요. 먼저 각 수요곡선을 수요함수로 바꾸어야 합니다.

- 소비자 A의 수요함수 $q^A = 100 - p$
- 소비자 B의 수요함수 $q^B = 150 - 3p$

각 함수는 시장가격이 p일 때의 수요량을 나타냅니다. 시장수요량은 이들을 더한 것입니다. 구분을 위해서 q 위에 첨자로 소비자 이름을 표시했습니다. 따라서 시장수요는 $q = q^A + q^B = (100 - p) + (150 - 3p) = 250 - 4p$가 되겠지요. 하지만 이 식은 두 소비자 모두 양(+)의 수요량을 가졌다는 가정 하에 작성된 것입니다. 즉 $100 > p$이고 $150 > 3p$이어야 하므로 $p < 50$이라는 가정이 필요합니다. 만약 $p > 50$일 때 위 공식을 적용하면 소비자 B가 음(−)의 수요량을 가지는 것으로 취급됩니다. 진짜 시장수요함수는 다음과 같습니다.

$$q = \begin{cases} 100 - p, & p > 50\text{인 경우} \\ 250 - 4p, & p \le 50\text{인 경우} \end{cases}$$

이 식이 그림 9.4(b)의 시장수요곡선과 대응된다는 것은 직접 확인하기 바랍니다.

9.3 슬러츠키 보상과 보상수요의 법칙

제3장에서 자세하게 공부한대로, p_2, m이 고정된 상태에서 p_1이 인상될 때, 두 재화 모두 수요량이 늘어나는 것은 불가능합니다. 예산식이 등식으로 성립한다면 가격 인상으로 인해 예산선이 안쪽으로 들어오기 때문에 적어도 두 재화 중 하나는 수요량이 줄어야만 합니다. 하지만 이론적으로 p_1이 인상된다고 해서 반드시 재화 1의 수요량이 줄어야만 하는 것은 아닙니다. 그림 9.5는 그림 3.4(b)를 다시 가져온 것입니다. 그림에서 점 B는 불가능하지만, A, C, D는 모두 가능합니다. 이 중에서

그림 9.4 예 9.1

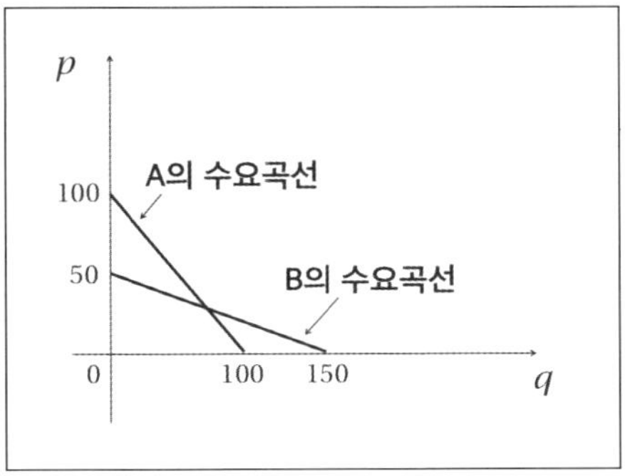

(a) 개인수요

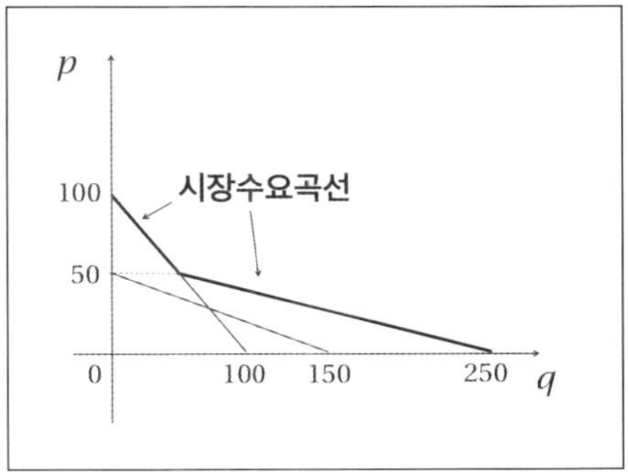

(b) 시장수요

점 C는 가격 인상에도 불구하고 재화 수요량이 늘어나는 상황입니다. 즉 점 C는 수요의 법칙이 성립하지 않는 경우입니다. 어떤 경우에 점 C와 같은 상황이 나타날 수 있는지를 알아보는 것이 다음 과제입니다.

그림 9.5 가격이 인상될 때 수요량의 변화

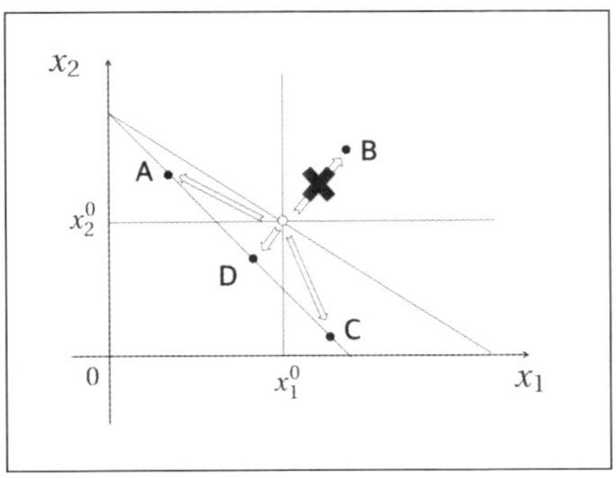

슬러츠키 보상

여기서 조금 낯선 개념을 소개할 필요가 있습니다. p_1의 인상은 예산선에 두 가지 변화를 가져온다는 점을 기억할 것입니다: (i) 기울기 즉, 상대가격 p_1/p_2의 변화가 하나이고, (ii) 절편, 즉 실질소득 또는 구매력 m/p_1의 변화가 또 하나입니다. 만약 실질소득(구매력)은 변하지 않는 상태에서 순수하게 상대가격만이 변할 때는 어떤 일이 일어날까요? 그런 상황을 모형에서 어떻게 표현할까요?

이해를 돕기 위해서 정부가 어떤 재화의 가격을 인상해야 하는데 그로 인한 소비자들의 피해를 어느 정도 완화하기 위해서 추가적인 보상 제도를 도입한다고 상상해봅니다. 예컨대 에너지의 효율적인 사용을 위해서 왜곡되어 있는 에너지 가격구조를 개선하고자 하는 경우, 관련 재화들의 상대가격을 변경하는 것이 목적이지만 기존의 가격구조에 맞추어 소비하는 것이 익숙한 소비자들에게는 이것이 가격 인상의 부담이 됩니다. 따라서 모든 소비자들은 아니더라도 적어도 일부 소비자들에게 보상금 지급을 검토할 수 있습니다. 현금이 아니더라도 관련된 재화를 구입할 수 있는 상품권 같은 것이 되겠지요.

슬러츠키[2] 보상(Slutsky compensation)은 한 재화의 가격이 바뀔 때, 가격이 바뀌기 이전의 재화 꾸러미를 소비자가 원한다면 계속해서 구입할 수 있도록 보상해주는 것을 말합니다. 현실적으로 개인들에게 일일이 슬러츠키 보상액을 계산하는 것은 곤란하겠지만, 어느 정도 평균적인 소비 수준을 감안하여 계산하는 것을 실제로 할 수 있는 일입니다.

예를 들어 **그림** 9.6에서 재화 1의 가격이 p_1에서 p'_1으로 인상된 경우를 생각해보죠. 원래 가격에서 예산선은 ① 입니다. 가로축 절편이 m/p_1이고 세로축 절편은 m/p_2입니다. 이 상황에서 (합리적 선택이든 아니든) 소비자가 (x_1^O, x_2^O)를 소비하고 있었다고 합시다.

가격이 p'_1으로 인상된다면 예산선이 회전해서 안쪽으로 들어와서 ② 가 됩니다. 세로축 절편은 여전히 m/p_2로 변화가 없지만, 가로축 절편은 이제 m/p'_1가 되었습니다. 예전 소비 꾸러미 (x_1^O, x_2^O)는 새로운 예산선의 바깥쪽에 있기 때문에 더 이상 소비할 수 없습니다. 소비자의 입장에서는 원래 사던 꾸러미를 살 수 없게 되니, 구매력이 줄어든 것이고 말하자면 불행해진 것입니다.

---

2 슬러츠키(E.E. Slutsky, 1880-1948)는 러시아의 경제학자였습니다. 1910년대에 현대적인 소비자이론을 전개했으나, 뒤늦게 1930년대에 와서야 이 사실이 널리 알려졌습니다.

그림 9.6 슬러츠키 보상

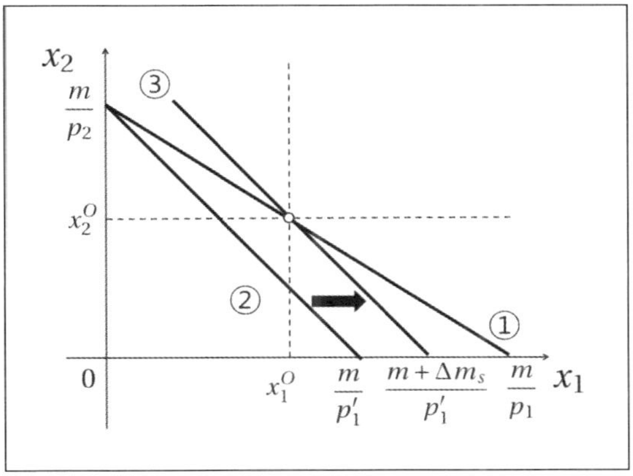

이제 소비자에게 예전의 소비를 원한다면 계속할 수 있는 보장을 해준다고 합시다. 가격은 새로운 가격을 그대로 적용하면서 예전 소비를 가능하게 해주려면 소득을 추가로 지급해야 합니다. 그 지급해야 하는 소득의 금액은 정확하게

(9.11) $$\Delta m_s \equiv (p_1' x_1^O + p_2 x_2^O) - m > 0$$ [슬러츠키 보상]

입니다. m은 원래의 예산이고, 바뀐 가격 (p_1', p_2)에서 예전 꾸러미 (x_1^O, x_2^O)를 구입하려면 필요한 예산은 $p_1' x_1^O + p_2 x_2^O$이므로 그 차이인 Δm_s가 바로 지급해야 하는 소득 보상 금액입니다.[3]

그림으로는 그림 9.6의 ③번 예산선이 슬러츠키 보상을 지급하고 바뀐 가격을 적용한 것입니다. 예산선의 기울기는 바뀐 가격을 사용하므로 ②와 동일해야 하고, 예전의 꾸러미인 (x_1^O, x_2^O)를 살 수 있어야 하므로 그 점을 통과해서 지나가야 합니다. 다시 말해서, 슬러츠키 보상이 주는 효과는 예산선을 원래의 소비점을 중심으로 회전시키는 것입니다.

3 만약 가격이 인하된다면 이 값은 음수가 될 것입니다. 이 경우에는 보상이 아니라 소비자에게서 소득을 일부 환수하는 조치입니다.

보상수요의 (약)법칙

슬러츠키 보상이 주어진다면, 개인들은 이제 어떤 선택을 할까요? 소비자의 효용 함수를 모르더라도 최소한의 예측은 가능합니다. 이 최소한의 예측을 위해서 몇 가지 단서를 달겠습니다.

가정 9.1 (경제재화) 두 재화가 경제재화이다.

가정 9.2 (현시선호) 한 점이 선택되는 경우, 이 점은 예산집합 내의 다른 모든 점보다 선호되는 것으로 드러난 것으로 본다.

첫 번째 가정은 우리가 자주 사용했던 것으로 분석 대상 재화가 보통의 재화라면 큰 문제가 되지 않습니다. 게다가 이 가정에 따라 우리는 소비자의 선택이 예산선 상에서만 이루어질 것을 알게 되므로 분석이 편리해집니다.

거기에 덧붙인 **가정 9.2**는 **현시선호**(revealed preferences)라는 어려운 말로 요약할 수 있는 가정입니다. '현시'(revealed)라는 말은 '드러났다', '판명되었다', '발각되었다' 등의 의미를 가집니다. 다시 말해서, 우리는 이 소비자가 (x_1^O, x_2^O)를 선택했다는 사실로부터 같은 예산집합 내의 다른 모든 점보다 이 점이 그의 효용극대화 점이었다는 것, 특히 이것이 '유일한' 효용극대화 점이었다는 것으로 결론짓겠다는 것이 이 가정의 의미입니다.

그림 9.7(a)에서 슬러츠키 보상과 함께 재화 1의 가격이 인상되는 경우, 보상 후의 예산선 ③에 따른 예산집합은 기존의 예산선 ①에 따른 예산집합에 비해 사라진 부분 (a)와 새로 생긴 부분 (b)가 존재합니다. 빗금을 쳐놓은 부분은 원래의 예산집합인데, 이 중에서 색칠한 (a)는 새로운 예산집합에서는 (가격 인상으로 인해) 탈락된 부분이고, (b)는 원래 예산집합에는 없었으나 새롭게 포함된 부분입니다.

그림 9.7(b)를 보면, (A)라고 표시된 예산선 부분은 새로 바뀐 예산선 위에 존재합니다. 따라서 새로운 상황에서 소비자가 선택할 수 있는 범위입니다. 그런데 이 부분은 기존의 예산집합으로 보면 예산선의 내부이자, 애초에 (x_1^O, x_2^O)가 더 선호되는 것으로 현시된 적이 있는 부분입니다. 따라서 **가정** 9.2를 적용한다면, 새로운 예산집합에 대한 소비자의 선택은 예산선 중에서 (A) 부분으로 갈 리가

없습니다. 만약 (A) 위의 점들 중에서 (x_1^O, x_2^O)보다 더 선호되는 점이 있었다면, 원래 상황에서 소비자가 그곳을 먼저 선택했어야 한다는 것이지요.

한편 (B)라고 표시된 부분은 새롭게 등장한 곳입니다. 이 부분의 점들은 원래의 점보다 못한 것으로 현시된 적이 없습니다. 따라서 그 부분으로 가는 것은 가능합니다. 물론 원래 점에 그대로 머무르는 것도 가능은 합니다. 따라서 이상의 논의를 다음과 같이 정리할 수 있습니다.

그림 9.7 현시선호와 슬러츠키 보상수요

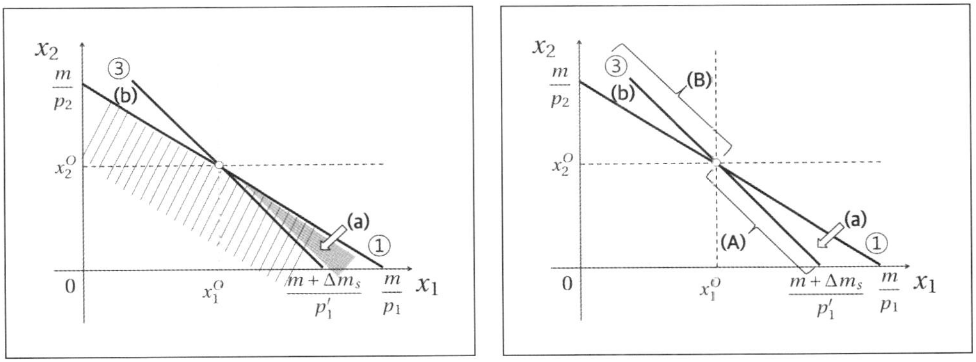

(a) (b)

결과 9.1 보상수요의 약법칙 (the weak law of compensated demand)
가정 9.1과 가정 9.2가 성립한다고 하자. 만약 재화 1의 가격인상과 함께 슬러츠키 보상이 제공된다면, 소비자의 재화 1에 대한 수요량은 결코 늘어나지는 않는다.

완벽한 수요의 법칙은 아닙니다. 실제로 수요량이 줄어들 것이라고 결론내리지 못했고, 보상이 제공된다는 단서가 붙었습니다. 한편, 효용함수를 명시적으로 사용하지 않았고 소비자의 선호나 효용에 대한 상세한 정보를 필요로 하지 않는다는 점에서 제한된 데이터를 가지고도 이용할 수 있다는 장점도 있습니다. 효용극대화에 의존하지 않으면서 가정 9.2와 비슷한 가정 하에 분석하는 것을 **현시선호모형**

(revealed preferences model)이라고 부릅니다.[4] 이 접근은 소비자의 취향이나 효용함수를 상세하게 알 수 없는 상황에서, 소비자의 실제 행동에 대해 관찰된 소수의 데이터를 사용해서 소비자의 행동 방식을 추론해내는 것이 목적입니다. 여기서는 이해를 돕기 위해 상당히 강한 가정 9.2를 사용했습니다.

더 생 각 해 보 기

평균수요에 대한 보상수요의 법칙

슬러츠키 보상을 사용하되 아예 합리적 선택 가설을 포기하더라도, 일종의 수요의 법칙이 성립됩니다. (1992년 노벨경제학상 수상자인 베커의 분석을 단순화한 것입니다.)

가정 9.3 소비자는 예산집합의 점들 중 '무작위'로 한 점을 택한다.

'무작위'(random)라는 말을 좀 더 명확하게 할 필요가 있는데, 말하자면 선택가능한 모든 점들에 동일한 확률을 두고 하나를 뽑는다는 뜻입니다.예를 들어서, $\{0,1,2,3\}$ 중 하나를 무작위으로 뽑는다는 것은 각 숫자를 $1/4$의 확률로 뽑는 것입니다. (예산집합에 속한 점의 수는 유한하지 않기 때문에 확률론의 언어를 사용하자면 대상들 전체에 대해 균등분포(uniform distribution)에 의거해서 하나를 뽑는다고 말할 수 있습니다.) 이 모형을 제시했던 베커는 이같은 행동을 '충동적'(impulsive) 선택으로 해석했습니다.

결과 9.2: 가정 9.1과 가정 9.3이 성립한다고 하자. 만약 재화 1의 가격인상과 함께 슬러츠키 보상이 제공된다면, 소비자의 재화 1에 대한 평균수요는 감소한다.

가정 9.1이 굳이 필요하지는 않지만 논의를 간단하게 하기 위해서 보태었습니다. 이 가정에 의해 소비자는 예산선 위에서 선택합니다. 한 사람의 소비자가 매우 많은 횟수로 반복해서 선택을 하거나, 혹은 매우 많은 소비자들이 동일한 조건에서 동시에 선택한다면 그 평균적인 선택점은 예산선의 정중앙인 중점이 될 것입니다.

그림 9.8을 보면 보상수요의 법칙이 성립하는 이유를 볼 수 있습니다. 가격이 변하기 전의 예산선 ①의 중점은 점 A로 표시된 곳으로 재화 1의 수요량은 가로축 절편인 m/p_1의 절반인 $\frac{1}{2}m/p_1$입니다. 한편, 가격인상과 함께 슬러츠키 보상이 주어진 예산선 ③의 중점은 그 예산선의 가로축 절편인 $(m + \Delta m_s)/p'_1$의 절반으로, 절편 자체가 안쪽으로 들어왔기 때문에 중점도 안쪽으로 들어오는 것이 명백합니다.

경제학적인 의미를 부여하자면, 보상과 함께 일어난 가격 인상의 효과가 재화 1을 많이 소비하는 쪽의 범위를 좁혀주고 상대적으로 새롭게 재화 2를 살 수 있는 범위를 넓혀주었기 때문에, 평균적인 선택은 재화 2를 좀 더 사고, 재화 1을 좀 덜 사는 쪽으로 작동한다고 볼 수 있습니다.

4 1970년 노벨경제학상 수상자 사무엘슨(Paul Samuelson, 1915-2009)의 접근입니다.

그림 9.8 결과 9.2의 이해

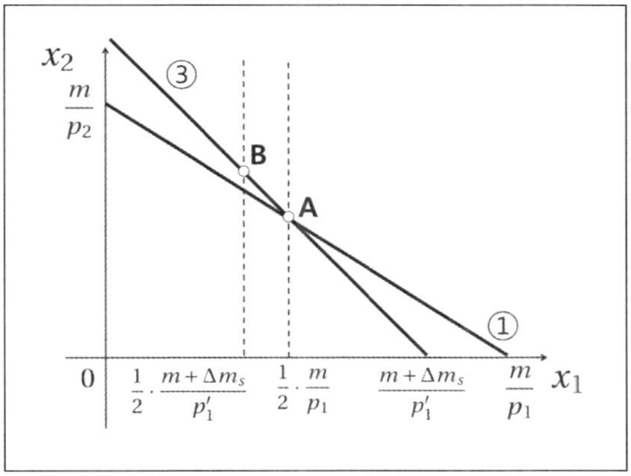

9.4 효용극대화 모형에 기초한 수요의 법칙

지금까지 다소 복잡한 방식으로 수요의 법칙을 증명하려는 다양한 역사적 시도들을 설명했습니다. 이 절에서 설명하는 것은 20세기 중반에 비로소 확립된 현대적인 소비자이론의 결론입니다. 이미 우리는 수요의 법칙이 성립하지 않는다는 것을 알고 있지만, 어떤 조건에서 왜 성립하지 않는지를 이해할 만한 이론적 틀이 필요합니다.

효용극대화에 기초한 합리적선택 모형을 충분히 활용하기 위해서 소의 '예의바른' 선호를 가정하겠습니다. 즉, 가정 9.1(경제재화)에 덧붙여서 다음을 가정합니다.

가정 9.4 (한계대체율 체감) (모든 소비자에 대해) 한계대체율이 체감한다.

그렇다면 가정 9.1과 가정 9.4 하에서 (그리고 효용극대화 수량이 양수라면), 다음의 효용극대화 조건이 성립한다는 것을 알고 있습니다.

(9.12) $$MRS(x_1^*, x_2^*) = \frac{p_1}{p_2}$$ [조건 b]

다음과 같은 논리를 검토해봅시다:

"식 (9.12)에서 재화 1의 가격 p_1이 인상된다면 우변의 값이 커질 것이다. 그렇다면 좌변의 값도 커져야 한다. 한계대체율 체감 가정에 의해 좌변의 값이 커지려면, 무차별곡선 상에서 왼쪽(즉 x_1^*은 감소하고 x_2^*는 증가하는 방향)으로 이동해야 한다. 따라서 재화 1의 가격이 인상될 때 재화 1의 수요량이 줄어든다고 결론지을 수 있다."

하지만 우리는 이미 수요의 법칙이 일반적으로 성립하지 않는다는 것을 알고 있는데, 어떻게 이 논리는 수요의 법칙을 증명하는 것처럼 보일까요? 이 논리 또한 p_1의 변화가 실질소득 및 구매력 m/p_1에 미치는 영향을 간과하고 있기 때문입니다. 다르게 설명하자면, 위의 논리는 하나의 고정된 무차별곡선 상에서 이동하면서 한계대체율 체감의 가정을 이용하는데, 실제로는 가격 변화 후 무차별곡선 상에서 이동하는 것이 아니라 새로운 무차별곡선으로 '점프'해야 합니다.

그림 9.9 한계대체율 체감만으로는 수요의 법칙이 도출되지 않음

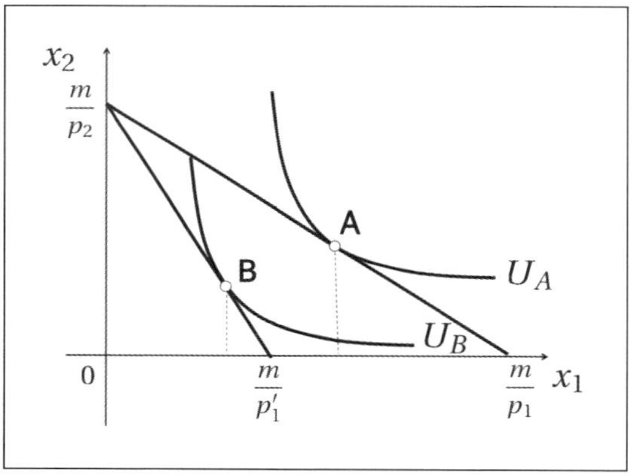

그림 9.9를 보면서 설명하겠습니다. 가격 변화가 일어나기 이전의 상황에서 무차별곡선 U_A가 예산선과 접하면서 찾아낸 효용극대화 점은 A입니다. 한편 가격이 인상되어 예산선이 안쪽으로 회전하면 새로운 효용극대화 점은 B이고 이는 무차별곡선 U_B 위에 있습니다.

이 그림에서는 수요의 법칙이 성립하여, 재화 1의 수요량이 줄어들었습니다. 하지만 그 이유는 위의 논리 때문은 아닙니다. 위의 논리에서는 재화 1의 수량이 줄고, 재화 2의 수량이 늘어날 때 한계대체율 체감 가정에 의해 한계대체율이 커져서

인상된 상대가격을 맞추었다고 되어 있는데, 실제로는 재화 1과 재화 2의 수요량이 모두 줄었습니다. 점 B에서의 한계대체율의 값은 점 A에서의 한계대체율 값보다 클 것입니다. 높은 p_1에 맞추어진 것이니까요. 하지만 이를 한계대체율 체감 가정을 사용해서 재화 1이 줄어든다고 설명할 수는 없다는 것입니다.

위의 "논리"가 보인 것은 "만약 동일한 무차별곡선 U_A 상에서 바뀐 가격비율에 맞는 수요량을 찾는다면 한계대체율 체감 가정에 의해서 수요량 감소가 설명된다"는 것입니다. 여기서 슬러츠키 보상과는 조금 다른 새로운 보상 개념이 등장합니다.

힉스 보상과 보상수요의 법칙

슬러츠키 보상은 가격 변화 이전의 재화 꾸러미 구입을 가능하게 해 주는 수준의 보상이었습니다. 한편, 힉스[5] 보상(Hicks compensation)은 가격 변화 이전의 효용 수준을 유지하는 보상입니다. 다시 말해 그림 9.9에서 가격 변화로 인해서 무차별곡선 U_B로 이동해야 하지만, 원래의 무차별곡선인 U_A에 머물게 해주는 수준의 보상을 말합니다.

그림 9.10 힉스 보상

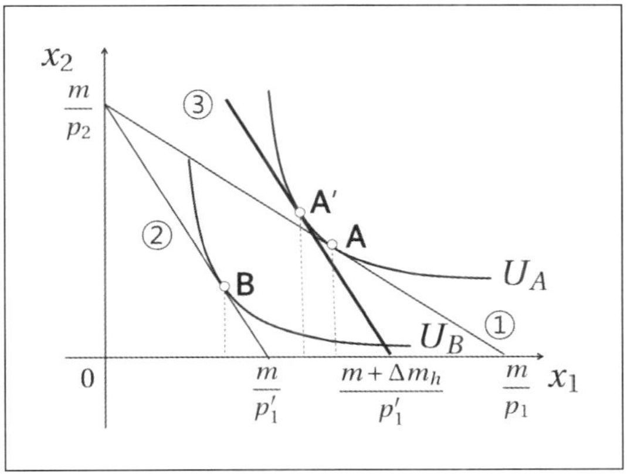

5 힉스(Hicks, 1904-1989)는 1972년 노벨경제학상 수상자입니다. 미시경제학에서는 한계대체율과 보상수요의 개념을 사용하여 소비자이론을 엄밀하게 재정립했고, 거시경제학에서는 케인즈의 이론을 알기 쉽게 설명하는 IS-LM 모형을 창안했습니다.

그림 9.10에서 ①번 예산선이 가격 변화 이전의 원래 예산선이고, ②는 가격이 p_1'으로 변한 후의 예산선입니다. 변한 상대가격 p_1'/p_2를 유지하면서, 즉 ②번 예산선과 기울기가 평행하게 유지하면서, 무차별곡선은 U_A에 도달하도록 이동시킨 것이 ③번 예산선입니다. ②에서 ③으로 이동시키기 위해서 필요한 추가소득금액 Δm_h가 힉스 보상인 것입니다. **그림** 9.10에서 힉스 보상 수준은 점 A′을 통과하는 예산선으로 결정되는 반면, 슬러츠키 보상 수준은 점 A를 통과하는 예산선으로 결정됩니다. 힉스 보상의 금액이 슬러츠키 보상 금액보다 조금 적습니다. (그 이유는 잠시 후 다시 설명합니다.) 슬러츠키 보상에 비해 수식으로 적는 것이 어렵습니다. 효용수준이 끼어들고, 합리적 선택을 거쳐야 하기 때문입니다.

예제 9.1

효용함수가 $U(x_1, x_2) = x_1x_2$이고 예산은 $m = 2500$이다. $p_1 = p_2 = 1$에서 $p_1' = 2$로 재화 1의 가격이 인상될 때 슬러츠키 보상액과 힉스 보상액을 계산하시오.

풀이 슬러츠키 보상액을 계산하는 데는 효용함수가 필요 없지만 가격 변화 이전에 선택된 재화 꾸러미는 알아야 합니다. 주어진 효용함수는 간단한 콥-더글라스 형태로 이미 예전에 풀어본 적이 있습니다. 가격이 변하기 이전의 상황을 간략하게 풀어보면, 기본적인 조건은 모두 만족하므로 생략하고 바로 (조건 b)를 도출합니다. $MRS = MU_1/MU_2 = x_2/x_1$이고 $p_1/p_2 = 1$이므로

$$\frac{x_2}{x_1} = 1 \Longrightarrow x_1 = x_2$$

가 성립합니다. 예산식 $p_1x_1 + p_2x_2 = x_1 + x_2 = 2500$을 이용하면 $x_1^* = x_2^* = 1250$를 얻습니다.

슬러츠키 보상 계산을 위해서는 바뀐 가격 하에서 예전의 꾸러미를 구매할 수 있게 해주어야 합니다. 예전 꾸러미는 $(x_1^*, x_2^*) = (1250, 1250)$이고 바뀐 가격은 $p_1' = 2$, $p_2 = 1$이므로 필요한 예산은 $p_1'x_1^* + p_2x_2^* = 2 \times 1250 + 1 \times 1250 = 3750$이고, 원래 예산 2500과의 차이인 슬러츠키 보상은

$$\Delta m_s = 3750 - 2500 = 1250$$

힉스 보상을 계산하기 위해서는 바뀐 가격의 예산선이 원래 무차별곡선과 만나는 점을 찾아야

하므로, 원래 무차별곡선이 나타내는 효용 수준을 알아야 합니다. $x_1^* = x_2^* = 1250$을 효용함수에 대입하면 $U_A = 1250^2$ 입니다. 이제 바뀐 가격 하에서 $MRS = p_1'/p_2$가 성립해야 하므로

$$\frac{x_2}{x_1} = 2 \Longrightarrow x_2 = 2x_1$$

이 됩니다. 이 값을 (x_1', x_2')이라고 해보면 $x_2' = 2x_1'$이 성립한다는 의미입니다. 뿐만 아니라 이 값을 효용함수에 대입했을 때 그 효용수준이 1250^2 이어야 합니다. 따라서

$$U(x_1', x_2') = x_1'x_2' = x_1' \times 2x_1' = 2(x_1')^2 = 1250^2$$

$$x_1' = \frac{1250}{\sqrt{2}}$$

입니다. 따라서

$$x_2' = 2x_1' = \frac{2500}{\sqrt{2}}$$

이겠지요. 이제 (x_1', x_2')을 구매하는 데 필요한 예산을 계산합니다. 바뀐 가격을 적용해야 합니다. $p_1'x_1' + p_2x_2' = 2 \times \frac{1250}{\sqrt{2}} - 1 \times \frac{2500}{\sqrt{2}} = \frac{5000}{\sqrt{2}}$ 입니다. 이 값과 원래 예산 2500 사이의 차액인 힉스 보상은

$$\Delta m_h = \frac{5000}{\sqrt{2}} - 2500 \approx 1071$$

계산 결과에서 $\Delta m_s > \Delta m_h$ 임을 확인할 수 있습니다.

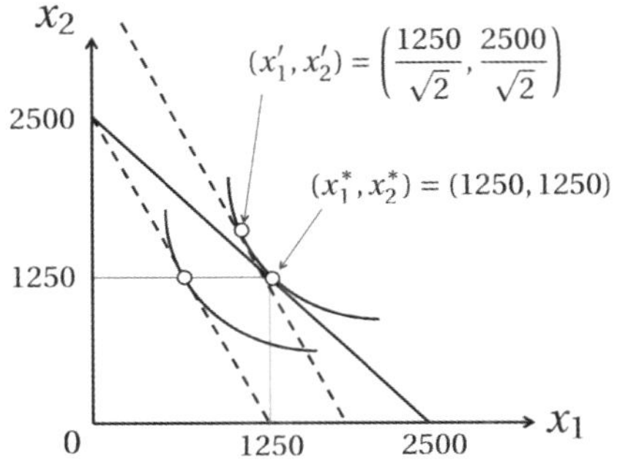

그림 9.11 예제 9.1

힉스 보상이 주어진다면 위에서 제시했던 “논리”를 그대로 적용할 수 있습니다. 하나의 무차별곡선 상에서 기울기를 증가시켜서 접하는 점을 찾는다면 한계대체율이 증가해야 하므로 재화 1의 수요량이 감소해야 합니다.

결과 9.3 보상수요의 법칙

가정 9.1(경제재화)과 가정 9.4(한계대체율 체감)가 성립할 때, 재화 1의 가격인상과 함께 힉스 보상이 제공된다면, 재화 1에 대한 수요량은 감소한다.

더 생 각 해 보 기

힉스 보상수요

효용함수가 $U(x_1, x_2)$이고 이로부터 도출된 수요함수가 $x_1^*(p_1, p_2, m)$, $x_2^*(p_1, p_2, m)$이라고 합시다. 최초의 가격에서 수요량을 (x_1^*, x_2^*)라고 하고 이때 효용값을 $u^* = U(x_1^*, x_2^*)$라고 지칭하겠습니다. 재화 1 가격이 p_1'으로 변한다면 (보상 없는) 수요는 $x_1^*(p_1', p_2, m)$, $x_2^*(p_1', p_2, m)$이 될 것입니다. 여기에서 보상을 통해 소득을 조정합니다. m을 $m + \Delta m_h$으로 조정해서 얻어지는 수요량을

$$x_1' = x_1^*(p_1', p_2, m + \Delta m_h), \quad x_2' = x_2^*(p_1', p_2, m + \Delta m_h)$$

라고 할 때

$$U(x_1', x_2') = u^*$$

가 되게 하는 Δm_h가 필요한 보상금액입니다.

여기서 수요량 (x_1', x_2')를 찾을 때 u^*가 주어지면 Δm_h는 알아서 결정됩니다. 즉 (x_1', x_2')를 결정하는 데 있어서 소득 m은 문제가 되지 않습니다. 다시 말해서, (x_1', x_2')를 결정하는 외생변수는 가격 (p_1, p_2)와 효용수준 u^*이지, 소득 m은 아닙니다. 일반적인 수요함수가 (p_1, p_2, m)의 함수였던 것과 달리, 이 수요함수는 (p_1, p_2, u^*)의 함수가 되는 것이지요. 주어진 효용수준과 가격에 대해 힉스보상과 함께 결정되는 수요량을 나타내는 수요함수를 힉스 수요함수(Hicksian demand fucntion) 또는 보상수요함수 (compensated demand function)라고 부릅니다.

$$x_1^h(p_1, p_2, u^*), \quad x_2^h(p_1, p_2, u^*)$$

수요함수의 변수에 u^*이 들어가는 것을 보면 구분이 되지만, 명확하게 구분하기 위해서 ‘힉스’의 ‘h’를 따와서 첨자로 붙였습니다. 위의 결과 9.3은 다시 말해서 힉스 보상수요함수를 자기 가격에 대해 수요곡선으로 그린다면 우하향한다는 의미입니다.

슬러츠키 분해: 대체효과와 소득효과

보상수요의 법칙은 애초에 우리가 생각했던 수요의 법칙이 아닙니다. 현실에서 보상이 언제나 주어지는 것도 아닐뿐더러, 특히 힉스 보상은 소비자의 무차별곡선이나 효용함수를 구체적으로 알아낼 수 없다면 실제로 계산해내기 곤란한 가상적인 개념입니다. 그럼에도 불구하고 보상수요를 정의한 이유는 수요의 법칙이 어떤 경우에, 왜 성립하지 않는지를 구분하는 일에 도움이 되기 때문입니다.

수요함수가 $x_1(p_1, p_2, m)$이고 현재 수요량이 (x_1^*, x_2^*)일 때 (슬러츠키나 힉스 방식의) 보상 없이 가격이 p_1에서 $p_1 + \Delta p_1$으로 변화한다고 해봅시다. 이때 실제 재화 1 수요량의 변화는

$$\Delta x_1 = x_1(p_1 + \Delta p_1, p_2, m) - x_1(p_1, p_2, m)$$

이 될 것입니다. 이 수요량의 변화를 두 단계로 분해할 수 있습니다.

(i) [대체효과] 가상적으로 보상이 주어질 때 보상수요량의 변화

(ii) [소득효과] 가상적으로 주었던 보상을 다시 뺐을 때 수요량의 변화

그림 9.12는 그림 9.10와 동일한 상황입니다. ①은 가격 변화 이전의 예산선을 나타내고 그 위의 점 A는 가격 변화 이전의 합리적 수요량 (x_1^*, x_2^*)입니다. 가격이 $p_1 \to p_1'$으로 변하면 예산선이 ②로 변합니다. 소비자는 이에 반응하여 새로운 합리적 선택점인 B로 이동하고 그 결과 재화 1의 수요량은 Δx_1만큼 변할 것입니다.

점 A에서 점 B로의 변화, 재화 1의 양으로는 Δx_1의 변화는 가격 변화시 실제로 관찰되는 변화입니다. 한편, 힉스 보상을 만약 제공한다면 예산선은 ③이 됩니다. ②로부터 평행 이동하여 무차별곡선 U_A와 만나는 예산선입니다. 힉스 보상이 제공될 경우 소비자의 합리적 선택은 A′점입니다. 이 점이 나타내는 수요량은 힉스 보상수요량입니다. 점 A에서 A′으로의 이동에 따른 수요량 변화는 (i)이고 이 크기를 대체효과(substitution effect)라고 부릅니다. 한편 점 A′에 머무르지 않고, 실제 최종 결과인 점 B로 다시 이동하게 되면 예산선 ③이 도로 평행이동하여 예산선 ②가 됩니다. 그 결과로 재화 1 수요량은 (ii)만큼 더 변하게 됩니다. 이 변화량의

그림 9.12 슬러츠키 분해

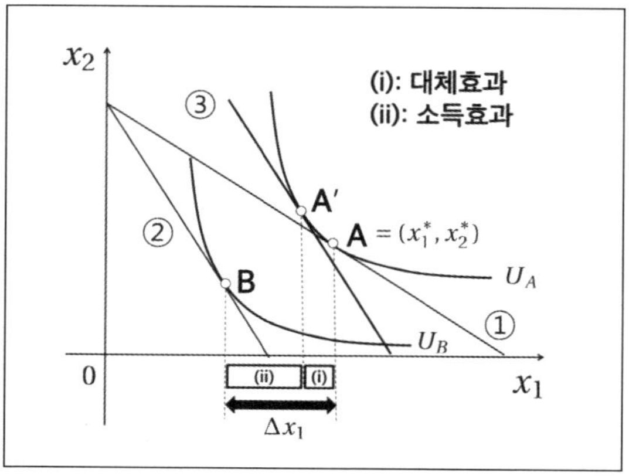

크기를 소득효과(income effect)라고 부릅니다. 물론 (i)의 변화량(대체효과)과 (ii)의 변화량(소득효과)를 합하면 실제 변화량 Δx_1 입니다.

대체효과

대체효과는 앞에서 본 보상수요의 법칙에 대응됩니다. 구매력(실질 소득 또는 효용 수준)의 변화 없이 상대가격 p_1/p_2만 변화했을 때 그에 맞추어 소비자가 한계대체율을 변화시킨 결과입니다. 상대적으로 가격이 비싸지면, 객관적인 교환비율이 변경된 것이고 소비자는 주관적인 교환비율인 한계대체율이 이에 맞도록 행동을 조절합니다. 조절 방식은 더 비싸진 재화를 다른 재화와 '대체'하는 것입니다.

결과 9.4 (1) 대체효과

가정 9.1(경제재화)와 가정 9.4(한계대체율 체감)이 성립한다고 하자. 대체효과는 언제나 음수(−)이다. 즉, 재화 1의 가격이 인상될 때 대체효과에 의한 재화 1 수요량의 변화는 감소로 나타난다.

그런데 소비자의 실제 행동 변화는 대체효과에서 끝나지 않습니다. 대체효과만 있었더라면 (보상)수요의 법칙이 성립할 텐데 여기에 소득효과가 보태어지기 때문에 수요의 법칙이 위배될 가능성이 생기는 것입니다.

소득효과

(ii)의 효과를 소득효과라고 부르는 이유는 예산선 ②와 ③이 서로 평행하다는 점, 즉 상대가격은 동일하고 순수하게 (명목)소득만이 변화한다는 점 때문입니다. 그 소득의 변화크기가 바로 '보상'의 크기입니다.

다시 말해서, 재화 가격의 인상은 상대가격의 인상뿐 아니라 그로 인해서 소비자가 구매력이 감소하는 효과를 가져오는데, 그 구매력 감소의 크기를 소득 금액으로 환산해보면, 가상적으로 줄 수도 있었으나 실제로는 주지 않은 '보상'의 크기라는 것이지요.

소득효과가 문제가 되는 것은 재화에 따라 이 효과의 작용 방향이 달라질 수 있다는 것입니다. 다시 말해서, 소득이 감소할 때 수요량도 감소하는 재화가 있는 반면, 거꾸로 소득 감소에 따라 수요량이 증가하는 재화, 바로 열등재가 존재한다는 것이 문제가 됩니다.

그림 9.12에 나와 있는 재화 1은 열등재가 아닙니다. 이것을 알 수 있는 이유는 (ii)의 소득효과가 재화 1의 수량이 감소하는 것으로 나타났기 대문입니다. 만약 재화 1이 열등재였더라면 **그림 9.13**과 같이 될 것입니다. 대체효과가 A에서 A′로 크게 나타난 후, A′에서 B로 움직이는 소득효과는 대체효과와 반대 방향으로 나타납니다. 가격 인상으로 인한 (실질)소득 감소가 수요량의 '증가'로 이어지기 때문입니다. 즉, 이 경우 (i)과 (ii)는 부호가 서로 반대입니다.

그림 9.13 재화 1이 열등재인 경우 슬러츠키 분해

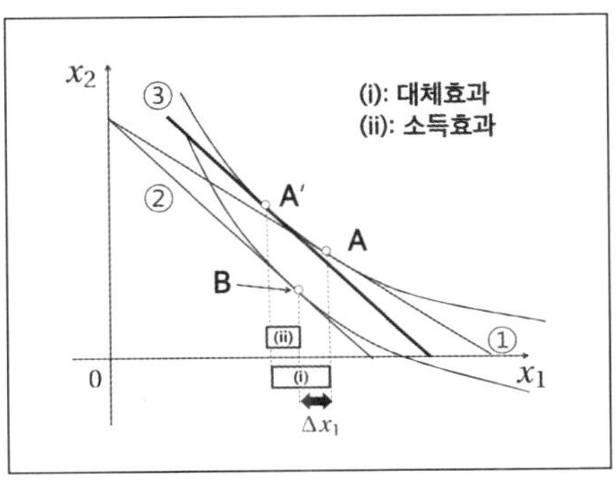

다시 말해서 **그림** 9.12와 같이 재화가 정상재인 경우에는, 가격 인상의 효과가 먼저 대체효과로 인해 수요량이 감소한 후, 이에 덧붙여서 소득효과로 인해 수요량이 더 감소하는 것으로 나타납니다. 한편, **그림** 9.13과 같이 재화가 열등재라면, 가격 인상 후 대체효과는 수요량을 감소시키지만 소득효과는 반대로 수요량을 일부 증가시킵니다. 그 대체효과와 소득효과를 합친 최종 가격효과는 따라서 그 크기가 작아집니다. (**그림** 9.12의 Δx_1과 **그림** 9.13의 Δx_1의 크기를 비교해보세요.) 심지어는, 만약 소득효과의 크기가 대체효과보다 더 크다면, 최종 가격효과의 방향이 반대로 바뀌어 가격 인상이 수요량 증가로 이어질 가능성도 있습니다. 바로 이때 수요의 법칙이 위배되는 것입니다. (**그림** 9.14)

그림 9.14 수요의 법칙이 위배되는 경우

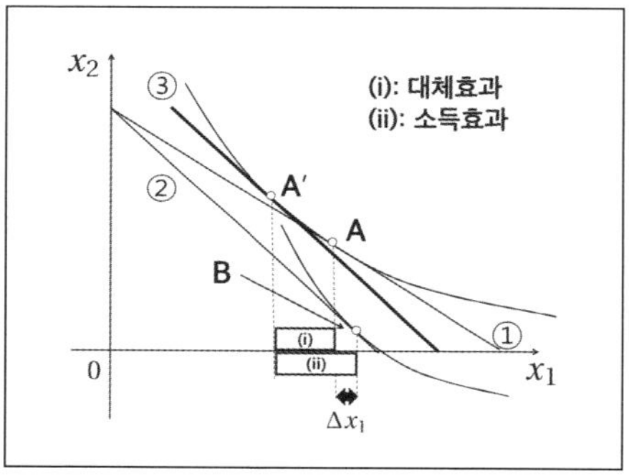

결과 9.4 (2) 소득효과 재화 1의 가격이 인상될 때

- 소득효과는 음수(−)일 수도 있고 양수(+)일 수도 있다. 재화 1이 정상재이면 소득효과는 음수이고, 열등재라면 양수이다.
- 만약 소득효과가 음수라면 (재화가 정상재라면) 소득효과와 대체효과를 합한 최종 가격효과는 대체효과보다 절대값이 크다.
- 만약 소득효과가 양수라면 (재화가 열등재라면) 최종 가격효과는 대체효과보다 절대값이 작다. 특히 소득효과가 양수이고 그 크기가 대체효과보다 크다면, 수요의 법칙이 위배된다. (최종 가격효과가 양수이다.)

결과 9.4는 수요의 법칙이 언제 위배되는지를 알려줍니다. 반드시 재화가 열등재이어야 합니다. 즉, 재화가 정상재라면 수요의 법칙은 성립합니다. 결과 9.4는 또한 정상재/열등재 여부가 최종 가격효과의 크기에 영향을 준다는 것을 알려줍니다. 가격효과의 크기는 결국 가격탄력성입니다. 즉 소득탄력성이 가격탄력성에 영향을 준다는 말입니다. (이미 제3장에서 우리가 공부했던 내용입니다.) 좀 더 뒤에서 슬러츠키 분해를 공식으로 표현해 더 정교한 결론을 얻을 수 있는지 보겠습니다.

예제 9.2

예제 9.1과 동일한 상황이다. 효용함수가 $U(x_1, x_2) = x_1 x_2$이고 예산은 $m = 2500$, $p_1 = p_2 = 1$에서 $p'_1 = 2$로 가격이 인상되었다. 재화 1 수요량의 총 가격변화를 대체효과와 소득효과로 분해하시오.

풀이 예제 9.1에서 이미 가격 변화 이전의 수요량은 $(x_1^*, x_2^*) = (1250, 1250)$이라는 것과, 힉스 보상을 제공했을 경우의 보상수요량은 $(x'_1, x'_2) = (\frac{1250}{\sqrt{2}}, \frac{2500}{\sqrt{2}})$이라는 것을 계산했습니다. 이 값들로부터 대체효과는 바로 계산가능합니다. (수요량이 감소하므로 값은 음수입니다.)

$$\text{대체효과} = \frac{1250}{\sqrt{2}} - 1250 = 1250 \times (\frac{1}{\sqrt{2}} - 1) \approx -357$$

최종 가격효과를 계산하기 위해서는 바뀐 가격 (p'_1, p_2)과 고정된 명목 예산 $m = 2500$ 하에서의 효용극대화 수량을 계산해야 합니다. $MRS = x_2/x_1$이고 바뀐 가격비율은 $p_1/p_2 = 2$이므로

$$\frac{x_2^*}{x_1^*} = 2 \Longrightarrow x_2^* = 2x_1^* \tag{9.13}$$

이 성립해야 할 뿐 아니라, 바뀐 예산선

$$p'_1 x_1^* + p_2 x_2^* = 2x_1^* + x_2^* = 2500 \tag{9.14}$$

을 만족해야 합니다. 식 (9.13)과 (9.14)를 연립하면 $x_1^* = \frac{2500}{4} = 625$이고 $x_2^* = 1250$입니다. (재화 2의 수요량에 변화가 없습니다. 이는 콥-더글라스 효용함수 하에서 수요가 가격에 단위탄력적이고 교차가격탄력성은 0이기 때문입니다.)

지금까지 찾아낸 3개의 점이 모두 그림 9.15에 표시되어 있습니다. 이미 계산한 대체효과는 흰 직사각형입니다. 한편, 전체 가격효과는 예전 수요량 1250에서 바뀐 수요량 625의 차이, 즉

$$\text{가격효과} = 625 - 1250 = -625$$

입니다. 슬러츠키 분해에 따라서 소득효과의 계산이 가능합니다.

$$\text{소득효과} = \text{가격효과} - \text{대체효과} = -625 - (\frac{1250}{\sqrt{2}} - 1250) \approx -267$$

이 됩니다. 그림에는 짙은 직사각형으로 표시되어 있습니다.

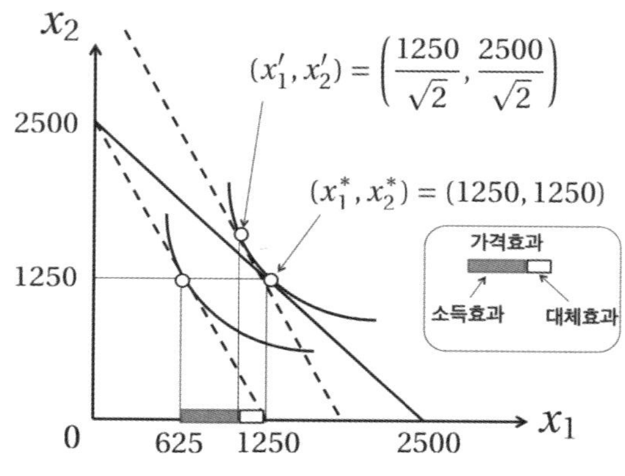

그림 9.15 예제 9.2

슬러츠키 "방정식"

슬러츠키 분해 즉 "가격효과 = 대체효과 + 소득효과"는 공식으로 이렇습니다:

$$(9.15) \quad \underbrace{\left(\frac{\Delta x_1^*}{\Delta p_1}\right)_{m\ \text{고정}}}_{\text{가격효과}} = \underbrace{\left(\frac{\Delta x_1^h}{\Delta p_1}\right)_{u^*\ \text{고정}}}_{\text{대체효과}} \underbrace{- x_1^* \times \left(\frac{\Delta x_1^*}{\Delta m}\right)_{p_1\ \text{고정}}}_{\text{소득효과}} \qquad \text{[슬러츠키 분해식]}$$

이 식을 보통 **슬러츠키 방정식**(Slutsky's equation)이라고 부릅니다. 사실 방정식이란 미지수를 포함하는 식으로, 방정식의 해가 되는 미지수 값에서만 등식이

성립합니다. 이 식은 그런 의미에서의 방정식이 아니고, 언제나 성립하는 항등식입니다. 슬러츠키 항등식(Slutsk'ys identity)라고 부르거나, 차라리 **슬러츠키 분해식**(Slutsky's decomposition)이라고 부르는 것이 더 좋다고 생각됩니다.[6]

식의 각 항의 표기법을 검토해보겠습니다. 우선 식에는 x_1^*이라는 기호와 x_1^h이라는 기호가 등장합니다. 앞의 것은 일반적인 수요함수이고, 뒤의 것은 힉스 보상을 반영한 보상수요함수입니다. 즉 $x_1^*(p_1, p_2, m)$이고 $x_1^h(p_1, p_2, u^*)$입니다.

식의 항마다 '고정'이라는 표현이 붙은 것은 여러 변수들 중에서 하나를 변화시키는 동안 나머지 변수들은 고정되어 있다는 점을 강조하는 것입니다. (수학용어로 말하자면 각 항은 편도함수에 대응됩니다.) 외생변수들이 (p_1, p_2, m)이거나 (p_1, p_2, u^*)인데 이 중에서 일단 재화 2의 가격 p_2는 식 전체를 통틀어서 고정되어 있는 것으로 봅니다. 굳이 고정되어 있다고 말하지 않아도 고정되어 있습니다.

좌변의 **가격효과** 항은 가격 p_1(분모)을 변화시킬 때 일반적인 수요 x_1^*(분자)가 얼마나 변하는지를 측정하는데, 명목소득 m은 고정시키고 있습니다. (물론 p_2도 고정입니다.) 즉, 현재 고려하고 있는 상황 자체는 (p_1, p_2, m) 중에서 (p_2, m)을 고정시키고 p_1을 변화시키고 있는 것입니다. Δx_1^*을 Δp_1으로 나누어줌으로써 가격이 1단위("개당 1원") 변할 때 수요량이 얼마나 변하는지를 나타냅니다.

우변의 첫 번째 **대체효과** 항은 가격 p_1(분모)을 변화시킬 때 보상수요 x_1^h(분자)가 얼마나 변하는지 측정합니다. 보상수요이므로 효용수준 u^*이 고정됩니다. 이 효용수준은 가격이 변하기 이전의 수요량에서의 효용, 즉 $U(x_1^*, x_2^*) = u^*$입니다. 이 항 역시 가격이 1단위 변할 때 (보상)수요량이 얼마나 변하는지를 나타냅니다.

$$\text{소득효과} = \underbrace{-\,x_1^*}_{\text{가격변화로 인한 실질소득변화}} \times \underbrace{\frac{\Delta x_1^*}{\Delta m}}_{\text{소득변화시 수요변화}}$$

마지막으로 우변의 두 번째 항은 왜 **소득효과**를 나타내는 것일까요? 우선 두 번째 항 중 뒷부분의 $\Delta x_1^*/\Delta m$은 (명목)소득이 변화할 때 수요량이 반응하는 정도를

6 슬러츠키라는 이름이 등장하는 것이 이상할 수도 있겠습니다. 식에서 힉스 보상을 사용하고 있으니까요. 실제로 힉스가 제시한 식이지만, 이전에 슬러츠키가 유사한 연구를 한 것이 발견되었습니다. 슬러츠키 보상과 힉스 보상은 가격의 변화폭이 미미하게 작을 때는 동등합니다.

나타냅니다. (가격은 고정시킨 상태입니다.) 실제 **소득효과**를 계산하려면 가격변화로 인한 (실질)소득의 변화를 알아야 합니다. 이것이 바로 $-x_1^*$, 즉 현재 수요량의 마이너스 값이라는 것이 위 식의 의미입니다.

간단한 예를 생각해보겠습니다. 현재 매일 커피를 1잔씩 마시는 사람이 있습니다. 즉 1년에 365잔을 마십니다. 그가 마시는 커피의 값이 내년 1월1일부터 1잔에 1,000원 인상된다고 해봅시다. 이 가격 인상은 그에게 어떤 금전적 "피해"를 줄까요? 그가 예전처럼 계속해서 매일 1잔씩 커피를 마시고자 한다면, 내년에는 매일 1,000원씩 돈을 더 써야 합니다. 1년으로 환산하면 365×1,000원 즉 36만5천 원의 금전적인 부담이 생기는 셈입니다. 이런 가격 인상에 대응해서 그는 커피 마시는 횟수를 조금 줄이려고 시도할 수도 있을 것입니다. 하지만 가격 인상의 폭이 매우 작다면, 예컨대 1잔에 1원씩 인상된다면 이 사람의 1년치 부담은 365원이고 아마도 이것 때문에 수요량이 크게 줄지는 않겠지요.

다시 말해, 가격이 인상될 때 "만약 수요량을 줄이지 않는다면" 소비자의 금전적 부담은 "현재 소비량 × 가격 인상폭"입니다. 가격 인상폭이 매우 작다면 수요량을 거의 줄이지도 않을 것입니다. 따라서 가격이 매우 적은 폭으로 "1단위" 오르면 그에 따른 실질 소득의 타격은 바로 현재의 소비량에 해당되는 $-x_1^*$이라고 할 수 있습니다. (마이너스 부호는 가격 인상이 소득의 감소로 이어지기 때문입니다.)

탄력성으로 표현한 슬러츠키 분해

슬러츠키 분해식을 다시 써봅니다. (편의상 외생변수 고정 표기를 생략)

(9.16) $$\frac{\Delta x_1^*}{\Delta p_1} = \frac{\Delta x_1^h}{\Delta p_1} - x_1^* \times \frac{\Delta x_1^*}{\Delta m}$$ [슬러츠키 분해식]

식 (9.16)을 다음과 같이 조작합니다.

(9.17) $$\frac{\Delta x_1^*}{\Delta p_1} \cdot \underbrace{\left(\frac{p_1}{x_1^*} \cdot \frac{x_1^*}{p_1}\right)}_{=1} = \frac{\Delta x_1^h}{\Delta p_1} \cdot \underbrace{\left(\frac{p_1}{x_1^h} \cdot \frac{x_1^h}{p_1}\right)}_{=1} - x_1^* \times \frac{\Delta x_1}{\Delta m} \cdot \underbrace{\left(\frac{m}{x_1^*} \cdot \frac{x_1^*}{m}\right)}_{=1}$$

이 식의 괄호를 재배열하면 탄력성들이 등장합니다. (ε_1은 재화 1 수요의 자기가격 탄력성, ε_1^h은 재화 1 보상수요의 자기가격탄력성, η_1은 소득탄력성입니다.)

$$\underbrace{\left(\frac{\Delta x_1^*}{\Delta p_1}\cdot\frac{p_1}{x_1^*}\right)}_{=\varepsilon_1}\cdot\frac{x_1^*}{p_1}=\underbrace{\left(\frac{\Delta x_1^h}{\Delta p_1}\cdot\frac{p_1}{x_1^h}\right)}_{=\varepsilon_1^h}\cdot\frac{x_1^h}{p_1}-x_1^*\times\underbrace{\left(\frac{\Delta x_1}{\Delta m}\cdot\frac{m}{x_1^*}\right)}_{=\eta_1}\cdot\frac{x_1^*}{m} \tag{9.18}$$

$$\varepsilon_1\cdot\frac{x_1^*}{p_1}=\varepsilon_1^h\cdot\frac{x_1^h}{p_1}-\eta_1\cdot\frac{(x_1^*)^2}{m} \tag{9.19}$$

가 됩니다. 가격이 변하지 않은 (혹은 아주 조금 변하는) 상황에서는

$$x_1^h(p_1,p_2,u^*)=x_1^*(p_1,p_2,m)$$

이므로 x_1^h를 x_1^*로 교체할 수 있습니다. 식 (9.19)에서 좌변에 ε_1만을 남기면

$$\varepsilon_1=\varepsilon_1^h-\frac{p_1x_1^*}{m}\eta_1 \tag{9.20}$$

$$\varepsilon_1=\varepsilon_1^h-s_1\eta_1 \tag{9.21}$$

[슬러츠키 분해식: 탄력성 버전]

식 (9.21)은 슬러츠키 분해식과 동일한 식입니다. 하지만 탄력성으로 표현되어 있어 간편한 해석이 가능합니다. 우선 우리는 한계대체율이 체감할 때 보상수요의 법칙이 성립함을 알고 있습니다. 즉 $\varepsilon_1^h<0$임을 알고 있습니다. 한편 (일반) 수요의 법칙은 $\varepsilon_1<0$로 표현됩니다. 수요의 법칙이 위배되는 경우 $\varepsilon_1>0$입니다.

지출비중에 대해서는 정의상 $s_1\geq 0$이 성립하므로 ε_1의 부호는 결국 η_1의 부호가 결정합니다. 여기까지는 이미 알고 있고 결과 9.4에 정리되어 있는 사실입니다. 즉, $\eta_1>0$이면, (9.21)의 우변의 두 항 모두 음수가 되므로 식 전체가 음수가 되어 $\varepsilon_1<0$으로 수요의 법칙이 성립하고 $|\varepsilon_1|=|\varepsilon_1^h|+s_1|\eta_1|>|\varepsilon_1^h|$이 되어 가격탄력성의 값이 제법 크게 됩니다. (정상재이면 가격에 대해 탄력적일 가능성이 높음)

식 (9.21)은 $\eta_1<0$로 열등재일 때 좀 더 정교한 가능성을 알려주는데 이는 s_1의

역할에서 나옵니다. 즉, $\eta_1 < 0$(열등재)이고 s_1가 상당히 크면(지출비중이 높으면), $\varepsilon_1 > 0$일 가능성이 높다는 것입니다. 다시 말해, 열등재더라도 지출비중이 낮으면 두 번째 항의 절대값이 작아서 수요의 법칙은 위배되지 않을 가능성이 큽니다. 수요의 법칙이 위배되려면, 열등재이면서 지출비중도 높아야 합니다.

더 생 각 해 보 기

'기픈재'의 존재에 대해

수요의 법칙이 성립하는 않는 재화, 즉 가격이 인상될 때 오히려 수요량이 늘고 반대로 가격이 인하되면 수요량이 줄어드는 재화를 기픈재(Giffen good)라고 부릅니다. 슬러츠키 분해 논의를 참고하자면 기픈재는 일단 열등재어이야 합니다. 중립재, 악재, 완전대체재, 완전보완재 등의 이름에서와 마찬가지로 이것은 특정한 재화의 성질이라기보다는, 어떤 사람이 그 재화에 대해 가진 선호의 특징입니다. 특히 한 사람에게 어떤 재화가 항상 열등재인 것도 불가능하고, 항상 기픈재인 것도 불가능합니다. 항상 열등재인 재화가 있다면 소득이 0일 때 가장 많이 구입해야 할 텐데 그것은 불가능합니다. 항상 기픈재인 재화가 있다면 가격이 엄청나게 비쌀 때 엄청나게 많이 구입해야 할 텐데 역시 불가능합니다. 따라서 열등재나 기픈재는 어떤 사람에게 어떤 특정한 조건 하에서 나타나는 특성으로 보아야 합니다.

기픈은 19세기 후반에 활동한 영국의 통계학자, 경제학자입니다. 기픈재라는 이름이 붙게 된 것은 근대 경제학의 아버지 알프레드 마셜(Alfred Marshall, 1842-1924)이 다음과 같은 구절을 통해 그 개념을 소개했기 때문입니다.

> "기픈 선생이 지적한대로, 빵 가격의 인상은 가난한 노동자 가족에게 매우 심한 부담이 되고 그들에게 돈의 한계효용을 크게 증가시키기 때문에 육류나 그 외 값비싼 식품의 소비를 줄일 수밖에 없게 된다. 또한 그들이 구입할 능력과 의지가 있는 재화 중에서는 빵이 여전히 가장 싸기 때문에 (가격 인상에도 불구하고) 더 적은 양이 아니라 더 많은 양을 사게 된다." (Principles of Economics, Book III, Ch. VI)

아마도 마셜이 기픈으로부터 개인적으로 이런 이야기를 들었는지, 기픈이 남긴 출판된 글 중에는 위와 같은 내용이 없다고 합니다. 결국 기픈재의 개념은 마셜이 소개했다고 보아야 할 것입니다. 마셜의 설명에서는 열등재라는 점이 명확하게 드러나지는 않고, 실질소득의 감소가 가져오는 소득효과라는 점이 강조되는 듯합니다. 마셜이 구체적으로 지적하지는 않지만, 빵이 주요 식품으로서 가난한 가족의 예산에서 차지하는 비중이 매우 크기 때문에 빵 가격의 인상은 실질 소득이 크게 감소하는 효과를 가져옵니다. '돈의 한계효용'이 소득에 대해 체감한다고 생각하면 실질소득의 큰 감소는 돈의 한계효용의 큰 증가로 이어집니다. 즉, 앞에서 보았던 한계효용을 사용한 효용극대화 원리에서

$$\frac{MU_{\text{고기}}}{p_{\text{고기}}} = \lambda \ (= \text{돈의 한계효용})$$

$p_{\text{빵}}$이 증가할 때 λ가 상수로 머물지 않고 영향을 받아서 크게 증가한다면 위 식을 만족시키기 위해서는 $MU_{\text{고기}}$를 크게 만들어야 합니다. 고기의 한계효용이 체감한다면, 고기 소비량을 크게 줄여야 한다는 것이지요. 한편 (값이 비싼) 고기 소비량을 줄이면 실질소득이 다시 어느 정도 회복되는데 이를 (가격이 인상된) 빵의 추가 구매에 쓸 수 있다는 논리입니다.

마셜 이후 경제학자들에게는 기픈재라는 개념이 일종의 골칫거리가 되었습니다. 이론적으로 그 존재 가능성을 인정할 수밖에 없는데 현실에서 사례를 찾기는 어려웠기 때문입니다. 마셜이 저 글을 쓴 때로부터 약 40년 전 아일랜드에서

발생했던 감자 대기근 시절의 감자가 기픈재였다는 주장이 있었으나 이후 이론적, 실증적 오류가 지적되었습니다.

기픈재를 (이론적으로) 부정하지도 못하고 (실증적으로) 인정하지도 못하는 상황에 대해 소비자이론 전체를 부정하는 비판적 시각으로 보는 사람도 있었고, 그 기픈재의 존재를 지금껏 아무도 못 찾아낸 것을 보면 이론적 틀은 미비해도 오히려 수요의 법칙이 현실에서 통용될 수 있는 경제법칙이라고 생각한 경우도 있었습니다.

그러던 중 젠센과 밀러라는 두 학자가 처음에는 2000년대 초반 중국의 서베이 데이터를 통해서 기픈재 존재의 가능성을 확인했고 이후 현장실험(field experiment)을 통해 좀 더 확고한 경험적 증거를 얻고 이를 2008년에 발표했습니다. (Jensen, Miller (2008) "Giffen Behavior and Subsistence Consumption" American Economic Review. 앞서 지적한 대로 기픈재가 재화 특성이 아니라, 소비자의 특정 상황에서 나타나는 행동이라는 점을 강조하여 '기픈 행동'이라는 표현이 제목에 사용되었습니다.) '현장실험'이란 자연과학과 달리 실험실에서 실험을 진행할 수 없는 사회과학에서 경험적 질문에 답하기 위해서 차용하는 방법으로, 최근에는 빈곤의 문제를 연구하는 경제발전론에서 적극적으로 활용되고 있습니다.

젠센과 밀러는 우선 우리가 이미 슬러츠키 분해식을 통해 본대로 기픈재가 나타날 수 있는 조건을 명확하게 나열하고 이들을 만족할 만한 상황을 찾았습니다. ("1. 대상 가구는 매우 가난해서 영양 섭취를 통한 생존 문제에 직면해 있다, 2. 대상 가구는 주식 한 가지와 사치스러운(fancy) 식료품을 포함하는 단순한 식단에 의존한다, 3. 주식은 열량 확보를 위해서 가장 값이 싸야 하고, 식료품 지출에서 큰 비중을 차지해야 하며, 쉽게 대체될 수 없다, 4. 주식 1가지만을 구입할 정도 심하게 가난해서는 안된다.") 그리고 중국의 두 지역, 쌀을 주식으로 하는 남쪽의 후난지방과 밀을 주식으로 하는 북쪽의 간수지방에서 도시 노동가구들을 무작위로 선발하여, 주식을 구입할 때 가격을 할인받을 수 있는 서로 다른 액수의 바우처(voucher)를 일정 기간 제공했습니다. 시장가격에 영향을 미칠 정도로 많은 수는 아니지만, 통계적 분석에 충분한 수였고 상품권의 액수는 다양했지만 모두 가난한 가구들에게 충분히 영향력이 있는 수준이었습니다. 그 결과 후난 지방에서는 쌀 가격을 많이 할인받은 경우 쌀의 소비량이 오히려 줄고 고기 소비량이 늘어나는 현상이 관찰되었고, 간수 지방에서도 다소 약하지만 밀가루 가격과 밀가루 소비량 사이에 양(+)의 관계가 발견되었습니다.

이 연구는 단지 찜찜한 이론적 호기심을 풀어주는 의미에 그치는 것이 아니라, 이론적 탐구의 결과를 활용해 현장 실험을 설계하고 이를 통해 경험적 결과를 얻은 점이 인상적입니다. 또한 현실에서 빈곤의 상황을 이해하고 이에 대한 정책적 대안을 찾는 작업에도 소중한 자료가 될 것으로 기대됩니다. 의미 있는 최근 연구라고 생각되어 자세하게 소개했습니다.

열등재와 기픈재가 발생할 만한 가상적인 상황

마셜과 비슷한 논리를 사용해서 가상적인 예를 만들어보겠습니다.

통학하기 위해 선택하는 교통수단으로 '지하철'과 '택시'를 생각해봅시다. 지하철보다는 택시를 타는 것이 몸이 편하지만 더 비싸고 용돈에 제약이 있기 때문에 정말 급하거나 피곤할 때 한 달에 2번 정도만 택시를 타고 나머지는 꼬박꼬박 지하철을 타고 다니는 학생이 있다고 합시다. 지하철은 한 번에 1천 원, 택시는 6천 원이라고 해보죠. 한 달에 25번 학교에 간다면 가는 길, 오는 길 50회 교통수단을 이용합니다. 48번의 지하철과 2번의 택시에 드는 교통비는 4만8천 원 + 1만2천 원 = 6만 원입니다.

(1) 열등재: 그런데 (누가 T-money를 선물해서) 갑자기 이 학생의 교통비 예산이 5천 원 늘어난다면, 굳이 학교에 더 자주 갈 필요는 없으므로 지하철을 다섯 번 더 타기보다는, 대신 택시를 예전보다 1번 더 타는 걸 고려해볼 수 있겠죠. 그런데 택시 1번을 타기에 6천 원이 들기 때문에 5천 원이 생겼을 때 택시를 1번 더 타면 예전보다 지하철에 쓸 수 있는 돈 1천 원이 줄어든 셈입니다. 다르게 말하면 1번 지하철을 안 타면 1천 원의 돈이 추가로 생기고 여기에 늘어난 용돈 5

천 원을 보태면 택시를 1번 더 탈 수 있게 됩니다. 그렇다면 이 학생은 소득 증가의 결과로 택시 소비는 늘이고 (정상재), 지하철 소비는 줄이는 (열등재) 결과를 보일 것입니다.

(2) 기픈재: 교통비 예산에는 변화가 없지만 갑자기 지하철 요금이 100원 인하된다면 어떻게 될까요? 얼핏 보아 값이 내린 지하철 소비를 더 늘리는 게 합리적인 듯하지만 늘리려고 해봤자 지하철을 더 탈 일이 없고, 예전과 그냥 똑같이 타더라도 50번x100원 = 5000원의 지출이 감소한 효과, 즉 실질적으로 교통비 예산이 5천 원 늘어난 효과가 됩니다. 그렇다면 차라리 과감하게 6천 원을 써서 택시를 한 번 더 타고 대신 지하철은 오히려 1번을 덜 타도 되는 사태가 발생할 수 있습니다. (위에서 예산 5천 원이 느는 경우와 마찬가지입니다.) 다시 말하자면, 지하철 요금이 인하되었는데 지하철 수요량이 줄어드는 일이 생길 수 있는 것이죠. 이럴 때 지하철은 기픈재가 되는 것입니다.

연 습 문 제

문제 9.1 어느 마을에는 10대 청소년과 50대 장년만 휴대전화를 사용하는데, 10대 한 사람의 수요함수는 $Q = 20 - 5P$이고 ($P \geq 4$이면 $Q = 0$), 50대 한 사람의 수요함수는 $Q = 15 - 3P$이다. ($P \geq 5$이면 $Q = 0$) 단, 휴대전화 요금 P는 (기본요금 없이) 통화시간 1분당 요금을 나타내고, Q는 통화시간이다. 이 마을에 사는 10대가 100명이고, 50대가 50명이다. 휴대전화 통화에 대한 이 마을의 시장수요함수를 도출하시오.

문제 9.2 예제 9.2에서는 힉스 보상을 사용하여 수요량의 변화를 슬러츠키 분해해보았다. 만약 슬러츠키 보상을 사용한다면 분해가 어떻게 달라지는가?

문제 9.3 효용함수가 $U(x_1, x_2) = x_1 + x_2$인 경우 재화 1 가격이 p_1에서 p'_1으로 변할 때 일어나는 재화 1 수요량의 변화를 대체효과와 소득효과로 나눈다면 어떤 결과를 얻는가?

문제 9.4 하준이의 한 달 간식비가 3천 원이다. 하준이가 즐겨 사먹는 간식은 개당 500원인 초코과자와 1,000원인 우유이다. 가게에 한 번 갈 때마다 반드시 초코과자 한 박스와 우유 한 팩을 함께 산다. 우유의 가격이 인상되거나 인하될 때 하준이의 우유 수요량 변화에서 대체효과는 어느 정도의 크기를 차지하는가?

문제 9.5 준선형 효용함수 $U(x_1, x_2) = \sqrt{x_1} + x_2$로부터 도출되는 수요함수는

$$(x_1^*, x_2^*) = \begin{cases} (\frac{1}{4p_1^2}, m - \frac{1}{4p_1}) & \text{if } m > \frac{1}{4p_1} \\ (\frac{m}{p_1}, 0) & \text{if } m \leq \frac{1}{4p_1} \end{cases} \tag{8.15}$$

임을 제8장에서 보았다. 이 수요함수에 대해 재화 1의 가격이 변할 때의 대체효과와 소득효과를 논하시오.

제3부
생산자모형

제3부에서는 미시경제이론을 구성하는 두 번째로 중요한 경제주체인 **기업**에 대해서 공부합니다. 기업은 너무도 명백하게 시장 경제에서 중요한 역할을 하는 존재이지만 소비자에 비해서 그 정체가 다소 불분명하고 복잡합니다. 제3부의 제목은 기업모형이 아니라 **생산자모형**입니다. 즉, 기업에 대한 이야기는 제3부에서 완성되는 것이 아니고, 다음 제4부에서 이어집니다.

생산자는 기업이 가진 여러 얼굴들 중의 하나입니다. 물론 가장 중요한 측면입니다. 따라서 생산자로서의 기업에 대해서 먼저 공부합니다. 하지만 그것으로 기업에 대한 공부가 끝난 것은 아닙니다. 실제 기업의 행동은 기업을 개별적으로 놓고서는 이해할 수 없고, 시장에 참여하여 소비자들 및 다른 경쟁 기업들과 대면할 때 비로소 그 진정한 본질이 드러나기 때문입니다.

생산자로서의 기업에 대한 모형은 제2부에서 공부한 소비자모형과 많이 닮아 있습니다. 바로 그 때문에 제2부에서 소비자모형의 수학적 틀을 꼼꼼하게 공부한 것입니다. 소비자모형에서 합리적선택 모형 틀을 잘 이해했다면 생산자모형 또한 또한 이해하기가 비교적 수월할 것입니다. 생산자를 위해 등장하는 새로운 개념들도 있습니다. 소비자모형과 비교해가면서 공부한다면 도움이 될 것입니다. 소비자모형에서와 마찬가지로, 생산자모형에 등장하는 기업 혹은 생산자도 현실의 모습으로부터 많이 단순화된 모형입니다.

최근 들어 제조업에서의 물리적 생산량에 대한 측정이
점차 정교해짐에 따라 다음과 같은 시도의 가능성이 대두되고 있다:
(1) 재화를 만들어내기 위해서 사용된 노동과 자본의 양의 변화를 측정하는 일,
(2) 노동, 자본, 생산물의 3가지 요인들 간에 어떤 관계가 존재하는지를 결정하는 일.

- 찰스 콥, 폴 더글라스, 「생산의 이론」[1]

1 Charles Cobb, Paul Douglas, "A Theory of Production," *American Economic Review* (1928).

microeconomics

제10장 생산범위의 모형: 생산함수

모든 생산의 유일한 목표와 목적은 소비다.
우리가 생산자의 이익에 대해 신경써야 하는 것은
오로지 소비자의 이익을 향상시키는 데에 필요한 경우에 한해서다.
- 아담 스미스, 『국부론』[1]

경제학의 주인공

경제학의 아버지라고 불리는 스미스(Adam Smith, 1723-1790)와 그의 저서인 『국부론』에 대해서 들어본 적이 있으신지요? '보이지 않는 손'이라는 문구, 핀 공장에서 분업의 효과를 통해 엄청난 생산성이 가능하다는 예화, 사람들이 저녁 식사를 즐길 수 있는 것은 푸줏간, 양조장, 빵집 주인의 자비로운 마음보다는 이익을 추구하는 행위 때문이라는 설명이 유명합니다. 이런 구절들을 통해서 자칫 『국부론』이라는 책의 주인공이 '기업'이라는 오해를 할 수가 있는데요, 위 인용구에서 보듯 스미스의 경제학에서 (그리고 이 책에서도) 주인공은 소비자입니다.

소비자 이야기는 제2부로 마무리하고, 앞으로는 생산자 및 기업의 행동, 그리고 시장에 대해 다양한 측면들을 공부할 것인데, 이 모든 작업의 목표는 궁극적으로 소비자의 이익을 향상시키기 위한 고민이라는 점을 기억해주시기 바랍니다.

1 Adam Smith, *An Inquiry into the Nature and Causes of the Wealth of Nations* (1776).

소비자의 행동을 효용함수와 예산식이라는 단순한 모형의 틀에 집어넣었던 것과 마찬가지로, 기업의 행동도 단순한 틀에 넣는 것이 이번 장의 목표입니다. 현실의 기업은 다양한 종류의 제품을 판매하고 기업들이 활동하는 산업들도 매우 다양하므로 제품의 생산 현장이나 영업 활동의 모습을 구체적으로 모두 담기란 어려울 것입니다. 기업의 활동을 가능한 한 단순화하여 분류하고 이를 정리해보도록 합시다.

10.1 모형: 생산함수

제3부의 제목은 '생산자모형'입니다. 즉 제3부에서 우리는 기업을 **생산자**(producer)로 간주합니다. 생산자로서 기업의 본질은 '생산'에 있고, 생산이라는 경제 활동을 나타내는 기본 모형은 **생산함수**(production function)입니다. 생산함수의 형태는 다음과 같이 씁니다.

$$q = f(z_1, z_2) \quad (10.1) \quad \text{[생산함수]}$$

함수 형태의 경제모형에서 제일 먼저 확인할 것은 종속변수와 독립변수입니다. 종속변수는 q라는 기호로 표기되었고, 대부분의 경제모형에서 함수 이름이 종속변수를 가리킨다는 점을 떠올려보면 이는 '생산량'(production quantity)을 나타낸다는 것을 짐작할 수 있습니다. 기업은 재화를 생산합니다. 생산 과정의 '결과'이기도 하므로 q를 **산출**(output)이라고 부릅니다.

한편, 독립변수는 z_1과 z_2의 두 개가 들어 있습니다. 두 개의 독립변수를 사용한 것은 효용함수에서 두 가지 재화의 수량을 독립변수로 사용한 것과 마찬가지입니다. 즉, 실제로는 더 많은 수의 독립변수를 가질 수 있지만 간단한 논의를 위해서 두 개라고 가정합니다.[2]

그렇다면 z_i라는 독립변수는 무엇일까요? 생산자인 기업의 재화 생산량을 결정

2 여기서 잠깐: 독립변수인 z_i가 2개라고 가정했을 뿐 아니라, 종속변수에 해당되는 재화(산출) q는 1가지라고 가정하고 있습니다. 현실의 기업은 여러 가지 다른 재화를 많이 생산하기도 합니다. 역시 단순화를 위해서 우리의 생산자는 단 하나의 재화를 생산한다고 가정합니다.

그림 10.1 생산함수

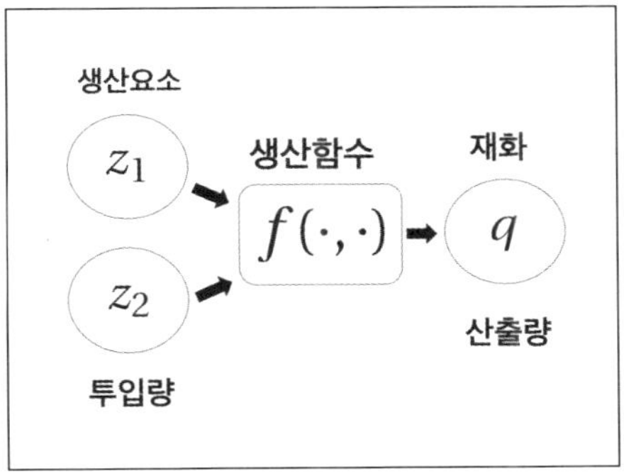

하는 '그것'을 가리켜 **생산요소**(factor of production)라고 부릅니다. 생산과정의 결과물인 재화 생산량을 '산출'(output)이라고 부른 것과 대비해서, 생산과정을 시작하기 위해 들어가는 존재이므로, **투입**(input) 또는 **요소투입**(factor input)이라고도 합니다.

즉, **생산함수**는 생산요소가 일정량 투입되면 재화를 일정량 산출하는 함수 관계입니다. 수학에서 '함수'는 독립변수의 값에 하나의 종속변수값이 대응되는 관계를 가리키므로, 생산기술을 함수로 표현할 때 우리는 특정한 양의 생산요소들이 투입되면 생산할 수 있는 재화의 양이 정확하게 결정되어 있다고 보는 것입니다. 이 관계를 결정하는 본질은 그 기업의 기술적 능력이라고 할 수 있습니다.

예 10.1

자주 사용되는 생산함수들을 공식으로 예를 들어 보면 다음과 같습니다.

- 선형 생산함수 $f(z_1, z_2) = az_1 + bz_2$
- 레온티에프 생산함수 $f(z_1, z_2) = \min\{az_1, bz_2\}$
- 콥-더글라스 생산함수 $f(z_1, z_2) = z_1^{\alpha} z_2^{\beta}$
- CES 생산함수 $f(z_1, z_2) = (az_1^r + bz_2^r)^{1/r}$

위 식에서 a, b, α, β, r 등은 주어진 상수 값들입니다.

기억이 혹시 난다면, 위 목록은 제5장의 예 5.1에서 나열한 효용함수 목록과 거의 비슷합니다. 단지 수학적으로 함수 공식만 비슷한 것이 아니라, 효용함수와 생산함수 간에는 밀접한 관계가 있습니다. 아래에서 더 자세히 설명할 것입니다.

10.2 기업이란 무엇인가

기업이란 무엇일까요? 이 질문에 대한 대답이 앞으로 생산자모형을 이해하고 써먹는 것에 엄청난 도움이 되지는 않습니다. 그 이유는 우리가 소비자모형을 공부할 때 '소비자란 누구인가?'라는 질문을 하지 않았던 것과 비슷합니다. 우리는 소비자가 왜 소비를 하는지, 무엇을 위해 소비하는지, 소비행위의 철학적 의미는 무엇인지를 질문하지 않았고, 주어진 예산 제약 하에서 자신의 취향을 최대한 만족시키기 위해 활동하는 (마치 인조인간 같은) 소비자를 상상하고 분석했을 뿐입니다.

마찬가지로 우리는 생산자모형에서 기업이 어떤 존재인지에 대해 심각하게 고민하지는 않을 것입니다. 물론 기업은 현대 경제에서, 또한 우리 사회에서 매우 중요한 존재입니다. 또한 미시경제학에서 중요한 연구 대상이기도 합니다. 하지만 우리가 이 장에서 (그리고 이 책 전체를 통해서) 사용할 기업의 개념은 매우 단순화된 것입니다. 우리의 논의에서 기업은 '소비자'로 상징되는 일반 시민이 시장에서, 경제활동에서 만나게 되는 상대로서의 추상적 의미를 가질 뿐입니다.

생산요소

생산기술을 나타내기 위해 생산함수를 사용하는 것은 상당히 유연한 모형 방식입니다. $q = f(z_1, z_2)$라고 표현한 함수 관계에서 투입요소는 아무것이나 두 가지(혹은 그 이상)이면 되고, 산출되는 재화는 한 가지이기만 하면 됩니다.[3] 따라서 생산요소가 도대체 무엇인지 고민하지 않더라도, 앞으로 전개되는 모형을 공부하는 데는 큰 지장이 없습니다. 하지만 이 모형을 현실에 적용하려면, 특히 미시경제이

3 심지어 산출되는 재화가 여러 개인 경우로 확장하는 것도 수학적으로 어렵지 않습니다. 한편 고급이론에서는 생산함수보다 더 유연한 수학적 틀도 사용됩니다.

론의 범위를 벗어나서 거시경제학이나 그 외 다양한 응용 분야에서 생산자이론을 사용하려면 조금 더 지식을 갖는 것이 도움이 될 것입니다.

전통적으로 경제모형에서 생산요소로 취급되는 것은 노동, 자본, 토지 등입니다. 우리는 주로 두 가지 요소를 고려할 것이고, 그 세 가지 중 둘을 고르자면 노동(labor, L)과 자본(capital, K)을 택할 수 있겠습니다. 따라서 어떤 경우에는

$$q = f(K, L) \tag{10.2}$$ [전통적인 생산함수 모형]

라고 쓰기도 합니다. 전통적인 생산요소들의 의미는 간략히 다음과 같습니다.

(1) 노동 (labor)

인간이 노동자로서 생산활동에 쏟는 시간과 노력을 나타냅니다. 생산활동을 인간의 관점에서 파악할 때 가장 핵심적인 요소라 할 수 있습니다.[4] 일정한 기간 동안 투입되는 양을 나타내므로 유량(flow)변수입니다.

근대 산업화 이후 모든 인간은 적어도 자신의 신체 및 그로부터 나오는 노동력을 본인이 소유한 것으로 인정받습니다. 노동에 대한 대가를 지불받고 자신의 노동시간을 판매할 수 있습니다. (노동력을 판매한다는 것을 비판적으로 보는 시각도 있습니다만, 신분질서에 기초해서 혹은 노예제를 통해 대가를 제대로 지불받지 못하고 강제로 동원되는 것에 비하면 긍정적인 측면도 있을 듯합니다.) 이렇게 노동이 거래되는 시장이 노동시장(labor market)입니다. 노동을 공급하는 측이 노동자이고, 노동을 수요하는 측은 고용주(기업)입니다. 노동이 거래되는 가격을 가리켜 임금(wage)이라고 합니다.

모든 사람이 남에게 고용되어 임금을 받고 공장이나 공사장 같은 데서 노동을 하는 것은 아닙니다. 자영업으로 가게를 운영하면서 그 가게에서 직접 장사를 하고 있는 사람은 노동자일까요? (가게 주인에게 고용되어 임금을 받고 일하는 판매원은

4 스미스에서 출발하여 리카도(David Ricardo)를 거쳐 마르크스(Karl Marx)에 이르는 고전경제학파에서는 노동을 본질적으로 유일한 생산요소로 보아, 생산된 재화의 가치를 투입된 노동의 가치로 계산했습니다. 이를 노동가치설(labor theory of value)이라고 부릅니다.

당연히 노동자입니다.) 일정한 임금이 통용되는 노동시장이 외부에 존재하는 한, 기회비용의 개념을 적용한다면 자영업 가게 주인은 고용주와 노동자의 두 역할을 동시에 하는 셈입니다. 즉, 노동시장에 판매해서 받을 수 있었던 임금을 포기하는 만큼 자기 자신의 노동을 자신의 가게에서 구입하여 투입한 셈인 것이지요.

(2) 자본 (capital)

자본이라는 말은 정말 많이 사용됩니다. 사업을 시작하기 위해서 목돈을 모은 것을 가리켜 자본이라고 하고, 우리의 경제체제를 흔한 말로 자본주의(capitalism)라고 부릅니다. 자본이란 도대체 무엇일까요? 그리고 내친 김에 자본주의란 무엇일까요? 보통 자본주의는 '기업 중심의 경제체제', '시장경제', '자유경쟁체제', '사유재산제도', 심지어 (정치적인) '민주주의'와 동일시되기도 하는데 적어도 생산자모형의 관점에서는 자본과 자본주의는 좀 더 협소한 의미로 이해되어야 합니다.

생산요소로서 **자본**(capital)은 그 자체가 재화로서, 다른 재화의 생산에 투입되는 요소를 말합니다. 아무것도 없는 상태에서 노동만을 투입하여 어떤 재화를 만들었다고 해봅시다. 이 재화를 바로 소비하지 않고, 다시 (아마도 노동과 함께) 투입하여 또 다른 재화를 만든다면, 생산과정에서 투입된 이 재화를 자본이라고 부를 수 있습니다.

자본이 한 생산과정에서 요소로 사용되기 위해서는, 그 이전에 자본을 생산한 다른 생산과정이 먼저 있었어야 합니다. 즉, 자본의 개념에는 반드시 시간의 흐름(과거와 현재)이 포함되어 있습니다. 노동은 생산활동의 그 순간에 인간이 시간과 노력을 즉각 사용하는 요소인 반면, 자본은 어느 생산활동에 사용되기 이전에 일정한 시간에 걸쳐서 미리 준비되어야 하는 요소입니다. 따라서 자본은 일정한 시간이 흐르면서 축적된 저량(stock)변수입니다. (자본을 축적하는 순간 순간의 유량을 **투자**(investment)라고 합니다.)

자본은 근대 산업화와 깊은 관련이 있습니다. 원래 순수하게 인간의 노동만으로 가능한 생산은 거의 없지요. 인간이 다른 동물들과 다른 점은 자신의 신체적 약점을 극복할 수 있는 '도구'를 만들 수 있다는 것입니다. 물론 동물도 도구를 만들고 사용하지만, 인간은 근대 산업혁명을 거치면서 과학기술의 발전에 힘입어 생산능력을 놀랍게 향상시키는 도구들을 만들기 시작했습니다. 도구는 어떤 생산과정의 결과물인 동시에, 도구 그 자체를 소비하기 위한 것이 아니라 다른 재화의 생산에 사용된다는 점에서 자본의 대표적인 사례입니다. 앞으로의 논의에서 자본은, 대개 생산과정에 노동자들이 사용하는 도구나 기계를 의미하는 것으로 보면 됩니다.

더 생 각 해 보 기

미래의 더 높은 생산성을 위해 당장의 소비를 미루고 미래에 사용할 수 있는 자본을 축적하는 투자 행위를 하는 것이 근대 산업사회를 이룬 원리이자 현대 자본주의 사회의 바탕이라고 할 수 있습니다. 자본주의를 최초로 체계적으로 분석했다고 할 수 있는 마르크스(Karl Marx)는 이렇게 생산에 사용되기 위해서 생산된 도구를 생산수단(means of production)이라고 불렀고, 생산수단을 누가 소유하느냐에 따라 경제 체제를 나누었습니다. 자본주의는 생산수단인 자본을 어떤 개인(자본가)이 소유할 수 있는 체제입니다.

앞에서 노동을 대가를 받고 판매할 수 있게 된 것이 일부 긍정적인 면도 있다고 지적했습니다. 적어도 노동력을 제공할 수 있는 신체와 하루 24시간의 시간은 대부분의 사람들에게 공평하게 주어집니다. 한편 자본은 정의상 시간을 들여서 축적이 필요하고 일단 축적된 자본을 가진 사람이라면 더욱 큰 투자를 통한 추가 축적이 가능하기 때문에 요즘 사회에 나타나는 소위 '빈익빈 부익부' 현상의 근원이 되기도 합니다.

생산요소로서 자본은 어떤 재화이고, 그것을 소유한 사람(자본가)은 자신의 생산과정에 이 자본을 투입할 수도 있고, 다른 사람의 생산과정에 이 자본의 사용시간을 투입하도록 '빌려' 줄 수도 있습니다. 물론 공짜로 빌려주지 않습니다. 어떤 대가를 받고 사용하도록 할 것입니다. 자본 자체는 저량변수이지만, 생산과정에 이 자본을 일정 시간 동안 투입할 텐데 그에 대한 대가를 **임대료**(rental rate)라고 합니다. (넓은 의미에서 보자면, 노동에 대한 대가인 임금도 사실 노동자의 신체 전체를 판매하는 것이 아니라, 노동시간 동안 고용주에게 빌려주는 것이므로 임대료라고 볼 수도 있겠죠.) 자본을 소유한 자본가가 남에게 자본을 빌려주든, 아니면 자신의 생산과정에 직접 투입하든 자본의 기회비용은 임대료입니다.

현실에서는 기업의 정체를 그 기업이 보유한 자본으로 파악하는 경우가 많고, 자본의 소유주가 곧 그 기업의 소유주로 인정받는 경우가 많습니다. 그렇지만 원래 자본이 가리키는 것은 생산에 사용되는 도구, 즉 예를 들면 공장의 기계 같은 것입니다. 그런데 기계를 확보하려면 오랜 기간에 걸친 생산이 필요하고 그 기간 동안 자본가는 아직 수입이 없는 셈이므로, 자본을 확보하기 위해서는 미리 생산과정에서 쓸 '돈'이 필요합니다. 원래 부자라서 남는 돈이 있으면 상관없긴 한데, 현대 생산 기술에서 기계를 만드는 데 드는 돈은 개인이 쉽사리 부담할 수 없는 수준입니다. 이에 자본가는 자본(기계)을 축적하기 위해서 돈을 외부로부터 조달해야 합니다. 예를 들면, 은행에서 대출을 받거나, 미래의 이익에 대한 지분을 뜻하는 주식을 발행하여 투자를 유치합니다. 그래서 자본이라는 말이 원래는 도구나 기계에서, 요즘은 목돈, 투자금 등을 의미하는 것으로 넓어졌다고 이해할 수 있습니다.

자본이 거래되는 자본시장(capital market) 또한 원래는 기계의 사용 시간을 거래하는 의미였겠지만, 기계 자체를 거래하기보다는 결국 그에 필요한 자금을 거래하는 의미로 확장되어 이제는 투자시장, 자금시장을 가리키는 말이 되었습니다. 기계의 임대료는 기계마다 다를 수 있겠지만, 기계를 만드는 것에 필요한 투자자금의 임대료는 비교적 쉽게 파악이 가능합니다. 은행 대출을 중심으로 본다면 바로 **이자율**(interest rate)입니다. 즉, 많은 경우 자본의 가격인 임대료를 이자율로 파악하기도 합니다.

(3) 토지 (land)

우리는 2요소 모형을 사용할 것이므로 노동 및 자본이면 충분하긴 하지만, 전통적으로는 제3의 요소로 토지라는 것이 언급되었습니다. **토지**(land)란 노동이나 자본이 아닌 것, 즉 인간의 노력 자체도 아니고 생산된 재화도 아닌 투입요소입니다. 인간도 아니고 인간이 만든 것도 아닌 것, 자연으로 존재하는 투입요소, 즉 천연자원 같은 것을 가리킵니다.

여기서 주의할 점은 천연자원이라고 할 때 생산물의 '재료'로서 무슨 광물 같은 것을 떠올리기 쉬울 텐데 그보다는 좀 더 폭넓은 개념입니다. 근대 경제학을 수립한 알프레드 마셜의 글을 인용해서 설명해보겠습니다.

> "인간은 물질을 창조할 수 없다. 정신적 영역이나 도덕적 영역에서 새로운 아이디어를 생산할 수는 있겠지만, 인간이 물질을 생산한다고 말할 때 사실은 효용(utility)을 생산하는 것이다. 다시 말해서, 생산에 들어가는 노력과 희생은 이미 존재하는 물질의 형태나 배열을 인간의 필요를 만족시키는 데에 더 적절한 형태로 바꾸는 것이다. 물리적 세계에서 인간이 할 수 있는 것은 물질을 조정하여 더 효용 있게(useful) 만드는 것이다. 예를 들면, 통나무를

> 다듬어 식탁으로 변형하는 것처럼. 혹은 물질이 자연에 의해 좀 더 효용있는 형태로 변경되도록 배열하는 것이다. 예를 들면, 씨를 심어서 자연의 힘에 따라 그것이 새로운 작물로 피어나도록." (*Principles of Economics*, 8th edition, 1920, Book II, Chapter III)

생산과정에 투입된 재료는 변형되어 산출된 재화 속에 물리적으로 들어 있습니다. 한편, 노동이나 자본은 물론 산출된 재화 속에 들어 있다고 볼 수는 있겠지만 '물리적으로' 그 속에 남아 있지 않고, 생산 과정에서 재료를 산출물로 변화시키는 과정에서 사용되었습니다. 마셜의 설명을 따르자면, 토지도 마찬가지로 산출물 속에 물리적으로 남아 있는 것이 아니라, 생산 과정에 사용된 어떤 자연적인 요소를 말합니다. 좀 더 일반적인 생산요소로서의 **토지**는 새롭게 생산할 수 없는 것이므로, 공급량이 고정된 자원이라고 정의할 수 있습니다.

예를 들면, 말 그대로 '땅'입니다. 목공이 나무를 다듬어 가구를 만들기 위해서는 작업 공간이 필요합니다. 가구 장사꾼이 가구를 판매하려면 진열할 가게 공간이 필요합니다. 땅은 인간이 만든 자본이 아닙니다. (물론 땅 위에 지은 공장 건물이나 가게 건물은 자본이라고 볼 수 있겠지만, 건물이 자리잡은 공간은 인간이 만들지 않았습니다.) 그 외에도 생산 과정에 사용되는 천연 자원들, 예컨대 화학 공정에서 사용되는 물 같은 것이 있겠습니다.

토지를 사용하는 대가는 (토지가 사적으로 소유되었다는 전제 하에서) 역시 임대료인데, 땅 값이라는 의미에서 **지대(rent)**라고 부릅니다. 좀 더 폭넓은 의미로, '공급량이 고정된 자원의 사용을 위해 지불하는 대가'를 지대라고 합니다.

(4) 기타 요소

앞의 논의에서 인간의 노동은 유량변수이고, 축적된 자본은 저량변수라고 했습니다. 이런 구분은 근대 산업사회적인 것으로, 경제가 진화함에 따라 새로운 관점들이 생겨나고 있습니다. 예를 들면, 산업사회에서 노동자가 모두 동일하게 취급되어 같은 임금을 받고 일했다면, 요즘은 얼마나 교육을 받았고 어떤 능력을 쌓았느냐에 따라 노동자도 서로 다른 대우를 받습니다. 즉, 현재의 순간에 그냥 판매되는 노동이 아니라 오랜 시간 자본처럼 축적된 노동도 있습니다. 이를 **인적 자본**(human capital)이라고 부를 수 있습니다. 대표적으로 여러분이 대학을 다니는 시간 또한 자신의 인적 자본을 쌓기 위한 투자라고 볼 수 있습니다.

단순 노동만을 사용하는 생산과정에서는 모든 인간이 공평한 조건을 가지고 노동시장에 참여하는 셈이지만, 기술의 발달과 지식의 진보로 인해서 인적자본 수준에 따라 인간들이 서로 다른 대우를 받게 되면서, 또 이것이 추가적인 인적자본 축적의 차이로 이어지면서 이제 노동 측면에서도 '빈익빈 부익부'가 발생합니다.

한편, 앞에서 보통 자본의 소유주가 기업의 소유주로 간주된다고 말했는데, 현대의 기업은 소유(ownership)와 경영(management)이 구분됩니다. 기업 규모가 커지면서, 자본 소유주가 직접 모든 생산 과정을 관리하기가 어렵기 때문에, 생산과정에 투입되는 노동자도 아니요, 자본을 제공한 자본가도 아닌, 관리자 혹은 경영자(manager)라는 존재가 등장합니다. 경영자도 자신의 시간과 노력을 대가를 받고 판매한다는 관점에서 보면 노동자로 볼 수도 있겠지만, 경영자는 시간당 임금을 받지 않는 경우도 많습니다. 이때 경영자가 생산과정에 제공하는 것은 노동도 아니고 자본도 아니고 물론 토지도 아닙니다. 굳이 이름 붙이자면 **경영 및 사업가적 능력**(managerial & entrepreneurial skills)이라고 할 수 있겠죠. 이를 4번째의 주요 생산요소로 취급하는 경우도 있습니다. 이 논의를 하려면 기업 내부의 조직을 다루어야 하므로 이 책에서 깊이 들어가지는 않겠습니다. 이런 주제들을 다루는 미시경제학의 분야는 기업조직이론입니다.

앞으로 생산자모형을 설명함에 있어서 그냥 떠올리기 쉬운 예로 제조업(즉, 공장)의 상황을 언급할 것입니다. 하지만 소위 2차산업만 생산자이론의 범주에 포함되는 것은 아닙니다. 앞의 마셜의 인용구에서 이미 농업(1차산업)의 경우도 언급이 되었습니다. 또한 상거래나 서비스업인 3차산업도 제조업과 똑같이 생산자모형의 범주에 들어갑니다. 앞의 인용구에 이어지는 마셜의 글을 더 읽어봅시다.

> "간혹 장사하는 사람은 생산자가 아니라고 말하는 사람이 있다: 목공은 가구를 생산하지만, 가구 장사꾼은 이미 생산된 것을 단지 판매한다는 것이다. 하지만 이런 구분은 과학적인 근거가 없다. 목공과 장사꾼은 모두 효용을 생산하는 것이다: 가구 장사꾼은 옮기고 재배열하여 좀 더 사용하기 좋게 만드는 것이고, 목공이 하는 일도 다를 바가 없다." (*Principles of Economics*, 8th edition, 1920, Book II, Chapter III)

소비자와 기업, 판매자와 생산자

소비자는 시장에서 재화를 구입하는 존재입니다. 소비자의 상대로서 기업은 시장에서 소비자에게 재화를 판매하는 존재입니다. 기업은 소비자가 원하는 '재화'를 제공해줍니다. 물론 아무 대가 없이 주는 것이 아니라, 소비자에게 재화를 넘겨주는 대신 그 대가로 돈을 받습니다(**그림** 10.2(a)). 소비자는 재화를 구입하는 수요자이고, 기업은 재화를 공급하는 판매자이며, 재화를 받는 대신 넘겨주는 돈은 소비자에게는 (예산을 넘지 않는) 지출액이고 같은 돈이 기업에게는 **수입**(혹은 **매출**, revenues)입니다. 소비자가 하나의 재화만을 소비하는 것은 아니고 주어진 예산 m을 2개 이상의 재화에 나누어 지출하므로 우리가 잘 알고 있는 예산식의 구조를 **그림** 10.2(b)처럼 소비자와 여러 기업 간의 관계도로 그려볼 수도 있습니다.

그림 10.2 소비자의 입장에서 본 기업

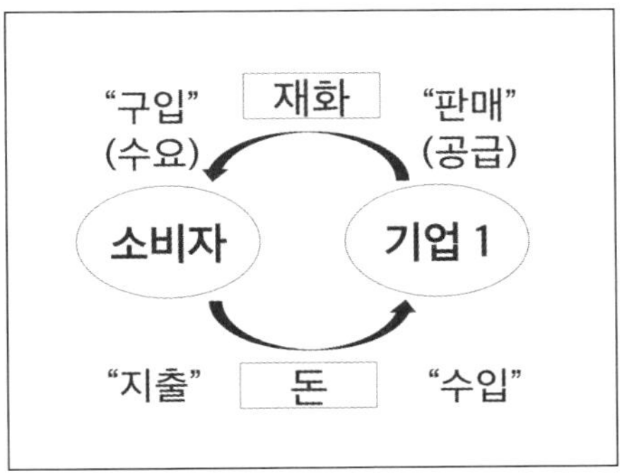

(a)

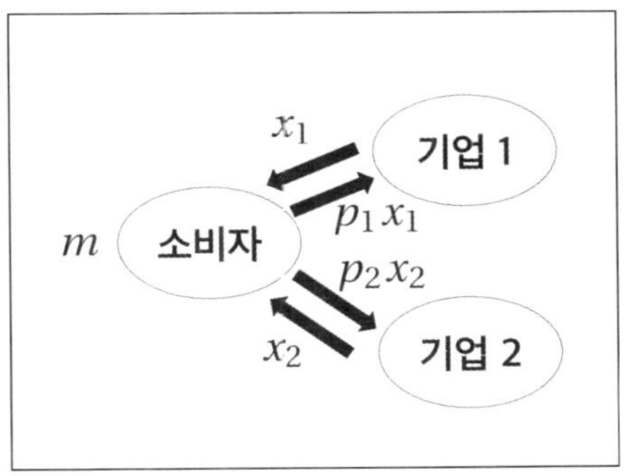

(b)

관점을 넓혀봅시다. **그림** 10.2(b)에서 소비자는 재화 지출에 사용할 예산 m을 외생적으로 받습니다. 이 예산은 어디서 오는 것일까요? 소비자모형은 예산액 m을 외생변수로 취급하는데 관점을 넓힌 더 큰 모형에서는 어디선가 이 예산이 만들어져야 합니다. 부모님으로부터 받은 용돈일 수도 있고, 조상으로부터 물려받은 유산일 수도 있습니다. 그렇다면 부모님이나 조상에게 이 돈은 어디서 생겼을까요? 따져보면 결국 어떤 경제활동을 통해 벌어들인 '소득'(income)이었을 것입니다.

즉, 소비자의 모형을 더 넓게 본다면 소득을 벌어들이는 행위가 포함되어야 합니다. 그런데 소비자 본인이 직접 소득을 벌지 않는 경우도 있으므로 여기서 경제활동의 의미 있는 최소 단위로서 **가계**(household)라는 개념을 도입할 수 있습니다. 소득을 벌어오는 부모님과 그 소득에서 용돈을 받는 자녀를 합하면 하나의 가계가 됩니다. 가계의 모형을 구성하려면 소득을 버는 행위가 포함되어야 합니다.

그림 10.3 가계의 입장에서 본 기업

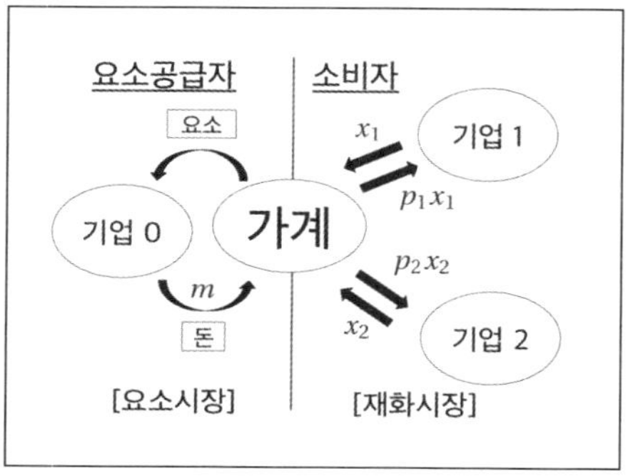

(a) 가계

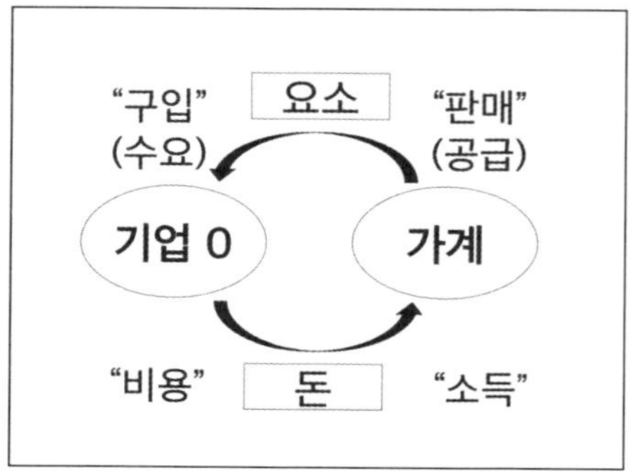

(b) 요소시장

그림 10.3(a)는 가계의 활동을 한 눈에 보여줍니다. 우선 그림의 오른쪽 부분은 그림 10.1(b)와 동일합니다. 재화시장에서 가계는 소비자로 활동합니다. 한편, 그림의 왼쪽 절반은 요소시장에 참여하는 가계를 보여줍니다. 요소시장에서 가계의 구성원(중 일부)은 자신들이 보유한 **요소**를 공급(판매)하고 그 대가로 돈을 받는데 이것이 소득입니다. 노동을 소유한 노동자도, 자본을 소유한 자본가도 요소시장에서 이를 판매한 대가로 소득을 얻어서 소비에 사용합니다. 이 요소를 구입하는 존재도 기업입니다. (물론 가계가 재화를 구입하는 기업과는 다를 수 있습니다.)

그림 10.3(b)는 (a)의 왼쪽 부분, 즉 요소시장을 더 확대해서 보여줍니다. 가계가 요소를 판매/공급하고 기업은 이 요소를 구입/수요하는데, 요소의 거래 대가로 돈이 건네집니다. 가계의 입장에서 이 돈은 소득인 반면, 기업의 입장에서 이 돈은 비용입니다.

기업이 무엇인지를 질문했는데, 지금까지는 줄곧 소비자의 관점에서, 즉 소비자의 상대자로서 기업에 대해서 살펴보았습니다. 이제 드디어 기업의 입장으로 관점을 바꾸어봅니다. 그림 10.4(a)는 그림 10.3(a)를 기업 입장에서 다시 그린 것입니다. 그림 10.3(a)가 가계를 요소시장과 재화시장이 맞닿는 경계에 선 경제주체로 그린 것처럼, 그림 10.4(a)는 이제 기업을 요소시장과 재화시장이 맞닿는 경계에 선 경제주체로 그리고 있습니다.

그림 10.4 (기업의 입장에서 본) 기업

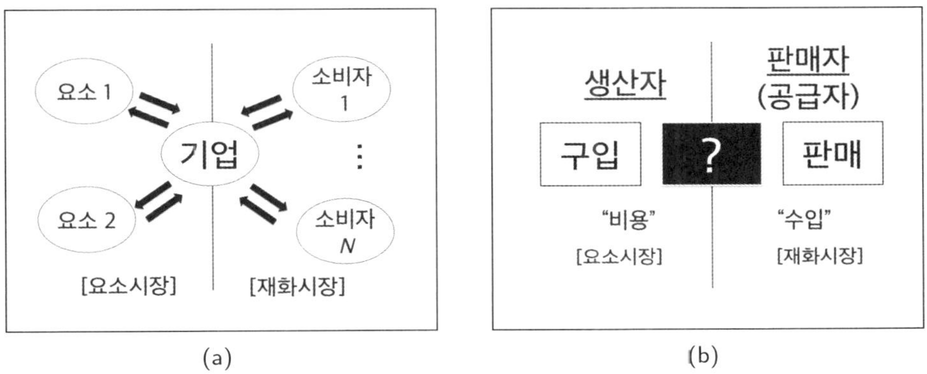

기업은 요소시장에서 요소를 구입하고 이를 투입하여 생산한 산출물인 재화를 재화시장에서 판매합니다. 그림 10.4(b)는 기업을 좀 더 도식화합니다. 요소시장과 재화시장 사이에 낀 존재인 기업은 요소시장 쪽에서 본다면 '생산자'(producer)이고, 재화시장 쪽에서 본다면 '판매자'(seller) 혹은 '공급자'(supplier)입니다.

요소시장에서 기업은 요소를 구입하는 행위를 하고 이때 비용(cost)이 발생합니다. 한편, 재화시장에서 기업은 재화를 판매하는 행위를 하고 여기서 수입(revenues)이 발생합니다. 실제 구입해 온 요소가 어떻게 재화로 변화되는지는 가운데의 까만 색 상자 속 물음표가 상징하는 것처럼 우리는 잘 모른다고 하겠습니다. 물음표로 표시된 부분이 사실 생산함수입니다. 이같이 기업을 요소를 재화로 변환시키는 그 어떤 미지의 메커니즘으로 파악하는 관점을 가리켜 기업

(혹은 생산자)에 해단 '블랙박스 이론'(black box theory)이라고 부르기도 합니다.

제3부에서 우리는 생산자로서 기업에 집중합니다. 제4부에 가서야 비로소 판매자로서의 기업도 논의할 것입니다. 즉 제3부에서 우리는 주로 비용 측면에 관심을 가질 것이고, 제4부에 가서야 비로소 수입 측면 그리고 수입 빼기 비용으로 정의되는 이윤 측면에 대해서 관심을 가질 것입니다.

10.3 생산함수와 효용함수의 비교: 비슷한 점

10.1절에서 소개한 생산함수는 사실 새로운 존재가 아닙니다. 제2부 소비자모형에서 공부했던 효용함수와 비교해보면 비슷한 점이 매우 많습니다. 생산함수와 효용함수를 비교해보면서 두 개념을 모두 좀 더 깊이 있게 이해해봅시다. 이 절에서는 두 개념 간의 비슷한 점을 설명하고, 다음 절에서는 차이점을 설명하겠습니다.

생산함수 $q = f(z_1, z_2)$는 생산요소를 투입하면 재화가 산출되는 함수 관계입니다. 한편 효용함수 $u = U(x_1, x_2)$는 재화를 '투입'하면 효용이 '산출'되는 함수관계입니다. 비유적으로 말하자면, 소비자는 마치 재화를 투입요소로 활용하여 효용을 생산하는 존재라고도 할 수 있겠습니다.

생산함수의 편도함수는 한계생산

하나의 생산함수에 대해 먼저 던질 수 있는 질문은 '(다른 투입요소 양은 고정시키고) 한 투입요소의 양을 아주 조금 증가시켰을 때 재화 생산량이 얼마나 증가하는가?' 입니다. 이를 한계생산(marginal product)이라 합니다.

$$MP_1 = \frac{\partial f(z_1, z_2)}{\partial z_1} \quad , \quad MP_2 = \frac{\partial f(z_1, z_2)}{\partial z_2} \qquad \text{(10.3) [한계생산]}$$

각 요소마다 한계생산이 정의됩니다. 한계생산은 소비자모형에서 공부했던 한계효용과 사실상 동일한 개념입니다.

$$MU_1 = \frac{\partial U(x_1, x_2)}{\partial x_1} \quad , \quad MU_2 = \frac{\partial U(x_1, x_2)}{\partial x_2} \qquad \text{(10.4) [한계효용]}$$

소비자모형에서 사용했던 중요한 가정 중의 하나로 ‘경제재화’ 가정이 있었습니다. 경제재화 가정은 한계효용을 사용하면 다음과 같이 쓸 수 있습니다.

(10.5) $$MU_1 > 0, \quad MU_2 > 0$$ [경제재화 가정]

비슷한 가정을 생산자모형으로 가져와서, 투입요소들이 ‘경제’요소, 즉 생산적인 요소라고 가정할 수 있겠습니다. 이는 매우 자연스러운 가정입니다. 생산에 도움이 안 되는 요소는 아예 요소라고 할 수 없을테니 말입니다.

가정 10.1 (생산적 요소) $MP_1 > 0, \quad MP_2 > 0$

매우 특별한 경우가 아니라면, 우리는 가정 10.1이 성립한다고 가정할 것입니다.

예 10.2

예 10.1에서 나열했던 생산함수들에 대해 한계생산을 확인해보겠습니다.

(1) 선형 생산함수 $f(z_1, z_2) = az_1 + bz_2$

$$MP_1 = \frac{\partial f}{\partial z_1} = a, \quad MP_2 = \frac{\partial f}{\partial z_2} = b$$

즉, 선형 생산함수에서 요소를 나타내는 변수 앞에 붙은 계수 a, b는 각 요소의 한계생산을 나타냄을 알 수 있습니다. 가정 10.1을 사용한다면 $a > 0, b > 0$이어야 할 것입니다. 소비자의 선형 효용함수와 비교하자면, 요소간 완전대체 생산함수라고 부를 수도 있겠습니다.

(2) 레온티에프 생산함수 $f(z_1, z_2) = \min\{az_1, bz_2\}$

이 함수는 소비자모형의 기억을 떠올려본다면 완전보완재에 해당되었던 것으로 무차별곡선은 글자 ‘ㄴ’의 모양을 가졌던 것입니다. $az_1 = bz_2$가 되는 점이 그래프가 꺾어지는 점입니다.

- $az_1 > bz_2$인 구간에서 생산함수는 $f(z_1, z_2) = bz_2$가 되므로, $MP_1 = 0$이고 $MP_2 = b$입니다.
- 반대로 $az_1 < bz_2$인 구간에서는 $f(z_1, z_2) = az_1$이고 $MP_1 = a$, $MP_2 = 0$입니다.
- $az_1 = bz_2$인 ‘꺾어지는 점’에서 어느 한 생산요소의 투입량을 혼자서 늘려본다면 산출량에 아무 변화가 없습니다. 반대로 그 생산요소의 투입량을 줄이면 산출량은 줄어듭니다. z_1을 줄일 때는 a의 비율로, z_2를 줄일 때는 b의 비율로 산출량이 줄어듭니다. 각 경우에 대해서 어떤 의미인지 해석이 어렵지는 않습니다. 다만 이렇게 독립변수의 값이 늘어나는지 줄어드는지에 따라 종속변수의 반응 방식이 달라지

는 경우 수학적으로는 도함수가 정의되지 않으므로 (미분가능하지 않음) 수학적인 의미에서 한계생산은 정의되지 않습니다.

모든 경우에 대해 이 생산함수는 가정 10.1을 만족하지 않는 경우($MP = 0$인 경우)가 존재합니다. 두 요소가 고정된 비율로 투입되어야 하므로 고정비율(fixed proportions) 생산함수라고도 부릅니다.

(3) 콥-더글라스 생산함수 $f(z_1, z_2) = z_1^\alpha z_2^\beta$

$$MP_1 = \frac{\partial f}{\partial z_1} = \alpha z_1^{\alpha-1} z_2^\beta = \alpha \frac{1}{z_1} z_1^\alpha z_2^\beta = \frac{\alpha}{z_1} f(z_1, z_2)$$

$$MP_2 = \frac{\partial f}{\partial z_2} = \beta z_1^\alpha z_2^{\beta-1} = \beta \frac{1}{z_2} z_1^\alpha z_2^\beta = \frac{\beta}{z_2} f(z_1, z_2)$$

가정 10.1이 성립하려면 $\alpha > 0, \beta > 0$이어야 합니다. 또한 한계생산의 공식을 정리하면 원래 생산함수가 공식의 일부분으로 나타난다는 점이 흥미롭습니다. 즉 (z_1^0, z_2^0)에서의 재화 산출량을 $q^0 = f(z_1^0, z_2^0)$이라고 한다면, 이때 요소 1의 한계생산은 $MP_1 = \frac{\alpha}{z_1^0} q^0$으로 생산함수에 표시된 상수 α, 요소 1의 양 z_1^0과 재화 산출량 q^0에 의해 계산될 수 있습니다.

생산함수의 그림은 등량곡선/등량지도

효용함수를 그림으로 나타낼 때 사용한 중요한 도구로 무차별곡선과 무차별지도가 있었습니다. 이는 효용함수가 2변수 함수이기 때문에 직접 그래프를 그리기 어려워서 사용했던 도구로서, 종속변수인 효용의 값을 일정한 상수로 고정시키고 이를 만족하는 독립변수들의 값을 이어 그린 등위선이었습니다.

같은 개념을 생산함수에 적용할 수 있고 이를 **등량곡선**(isoquant curve), **등량지도**(isoquant map)라고 합니다. 즉, 생산함수도 2변수함수이므로 그래프를 그리기 번거롭고, 따라서 종속변수인 재화 생산량 q를 일정한 수준 $\overline{q}$로 고정시켜서

$$\overline{q} = f(z_1, z_2) \qquad \text{(10.6)} \quad \text{[등량곡선]}$$

를 만족하는 투입요소 '꾸러미' (z_1, z_2)들을 그릴 수 있고 **등량곡선**이라고 부릅니다. 재화의 산출'량'이 같은('등 等') 점들을 연결한 곡선입니다. 이 점들은 다양한 요소 투입량들로, 등량곡선은 요소들의 평면 상에서 그려집니다. **등량지도**는 재화 산출량

을 여러 수준으로 변화시켜 가면서 그려놓은 여러 개의 등량곡선들의 모음입니다.

예 10.3

기초 생산함수들의 등량지도를 그려봅니다. 소비자모형에서 익숙한 무차별지도와 동일합니다. 그림을 위해서 상수 값들을 구체적으로 주었습니다. 그림 10.5입니다.

(a) 선형 생산함수 $f(z_1, z_2) = \frac{1}{2}z_1 + z_2$

(b) 레온티에프 생산함수 $f(z_1, z_2) = \min\{\frac{1}{2}z_1, z_2\}$

(c) 콥-더글라스 생산함수 $f(z_1, z_2) = z_1^{0.5} z_2^{0.5} = \sqrt{z_1 z_2}$

그림 10.5 예 10.3

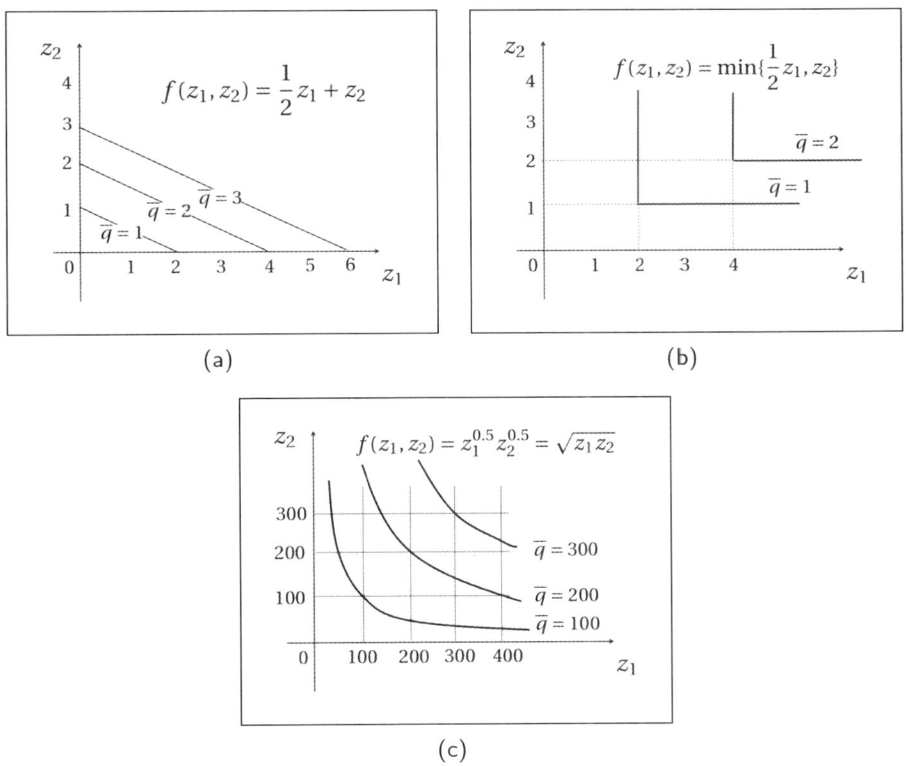

등량곡선의 (접선의) 기울기와 한계기술대체율

무차별곡선에서 가장 중요한 성질은 한계대체율(MRS)이었습니다. 마찬가지 개념을 등량곡선에서 **한계기술대체율**(marginal rate of technical substitution, MRTS)이라고 부릅니다. 한계대체율을 정의했던 것과 똑같은 방식으로 정의할 수 있습니다. 먼저 **기술대체율**(RTS)은 등량곡선 상의 두 점을 이은 선분의 기울기의 절대값을 가리킵니다. 이 두 점 사이의 거리가 무한히 가까운 경우, 즉 등량곡선 상의 한 점에서 접선의 기울기의 절대값을 **한계기술대체율**(MRTS)로 정의합니다.

$$MRTS = \lim_{\Delta z_1 \to 0} \left| \frac{\Delta z_2}{\Delta z_1} \right|_{q=\bar{q}} \tag{10.7}$$

그림 10.6 한계기술대체율

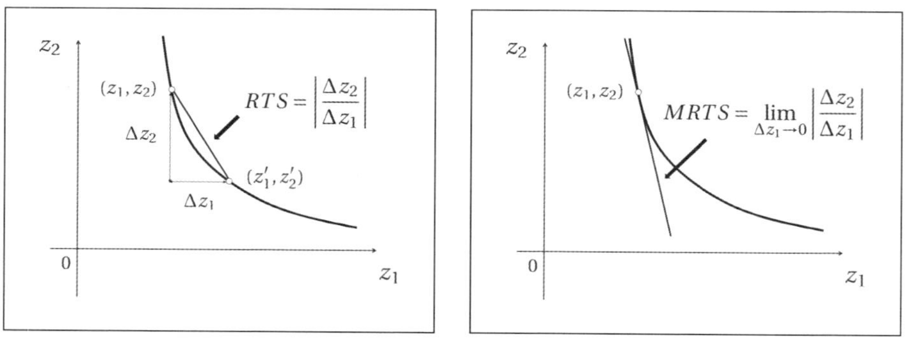

(a) 기술대체율 (b) 한계기술대체율

해석은 다음과 같습니다. 재화 산출량을 특정한 양에 고정시킨 채로, 요소 1의 투입량을 무한히 조금 늘려준다고 해봅시다. 그렇다면 **가정 10.1**에 따라 산출량이 조금 늘어날 것입니다. 이때 요소 2의 투입량을 조금 줄여준다면 원래의 산출량을 유지해서 동일한 등량곡선 상에 머물러 있을 수 있습니다. 즉, 동일한 산출량을 유지하면서 요소 1을 늘리는 대신 요소 2를 얼만큼 '포기'(대체)할 수 있는지를 나타내는 비율이 MRTS입니다.

소비자의 MRS는 주관적 취향의 문제였다면, 생산자의 MRTS는 주관적이라기보다는 생산자가 보유한 생산기술에 의해 과학적으로 혹은 기술적으로 결정됩니다. 이 점을 강조하기 위해서 '기술'이라는 단어를 집어넣어 한계기술대체율이라고 부르는 것입니다.[5]

한계기술대체율 체감, 한계기술대체율의 계산

가정 10.1 하에서 등량곡선은 언제나 우하향합니다. 경제재화들의 경우 무차별곡선이 우하향인 것과 마찬가지입니다. 한편 소비자모형에서 '예의바른' 선호는 경제재화 가정과 함께 한계대체율의 체감을 가정했습니다. 마찬가지 가정을 여기에서 사용할 수 있습니다.

가정 10.2 (MRTS 체감) MRTS는 z_1의 양이 증가할 때 점점 감소한다.

소비자모형에서와 마찬가지로 가정 10.2 하에서 등량곡선은 원점을 향해 볼록한 형태가 될 것입니다. 또한 소비자모형에서 한계대체율을 한계효용을 사용해 계산할 수 있었던 것처럼, 한계기술대체율은 한계생산을 사용해 계산할 수 있습니다. 즉,

$$MRTS = \frac{MP_1}{MP_2} \tag{10.8}$$

이 성립합니다.[6]

예 10.4

이제 식 (10.8)을 이용해서 생산함수에 대해 한계기술대체율을 쉽사리 계산할 수 있고, 이를 이용해 생산함수가 나타내는 기술도 해석할 수 있습니다.

5 우리 말 용어는 거의 통일되어 있으나, 오히려 영어로는 조금씩 다른 표현들이 존재합니다. 우리는 marginal rate of technical substitution이라고 썼는데, 어떤 문헌에서는 technical rate of substitution이라고 쓰기도 합니다. 약어 또한 MRTS, RTS, TRS 등이 사용됩니다.

6 등량곡선 상의 한 점 (z_1, z_2)에서 $(z_1+\Delta z_1, z_2+\Delta z_2)$로 이동한다고 해봅시다. Δz_1의 변화로부터 재화 산출량은 $\Delta q^1 = MP_1 \Delta z_1$만큼 변한다고 볼 수 있습니다. 한편, Δz_2로부터 재화 산출량은 $\Delta q^2 = MP_2 \Delta z_2$만큼 변하겠지요. 그런데 $(\Delta z_1, \Delta z_2)$의 변화가 동시에 일어나면 최종적인 산출량 변화는 $\Delta q = \Delta q^1 + \Delta q^2$일 텐데, 애초에 두 점을 등량곡선 상에서 잡았으므로 $\Delta q = 0$이라야 합니다. 이 식을 정리하면 식 (10.8)을 얻습니다.

(a) 선형 생산함수 $f(z_1, z_2) = az_1 + bz_2$는 요소간 완전대체 기술을 나타냅니다.

$$MRTS = \frac{MP_1}{MP_2} = \frac{a}{b}$$

두 요소 간의 대체율이 일정한 상수 a/b이며 요소의 투입량에 관계 없이 두 요소는 항상 일정한 비율로 대체가능한 경우입니다. 소비자모형에서의 완전대체재와 같은 경우이며, 이 생산함수는 가정 10.2(MRTS 체감)를 만족하지 않습니다.

(b) 레온티에프 생산함수 $f(z_1, z_2) = \min\{az_1, bz_2\}$는 고정비율 기술을 나타냅니다. 한계생산이 수학적으로는 정의되지 않으며, 한글 'ㄴ'자 형의 등량곡선은 두 요소가 반드시 일정한 비율(고정 비율, fixed proportions)로 결합되어야만 생산성을 가지고, 이 비율에서 벗어나는 경우 더 많은 요소는 한계생산이 0으로 떨어지는 특징을 가집니다. 소비자모형에서 완전보완재를 나타내었던 것처럼, 생산함수에서는 요소간 완전보완 관계를 나타냅니다.

여기서 간혹 용어 때문에 혼란이 생깁니다. 앞의 완전대체 기술, 즉 선형 생산함수에서는 '대체'의 비율이 상수로 일정합니다. 한편, 레온티에프 생산함수를 고정 비율이라고 말할 때는 대체의 비율이 아니라, 생산과정에서 두 요소의 '결합'의 비율입니다.

(c) 콥-더글라스 생산함수 $f(z_1, z_2) = z_1^{\alpha} z_2^{\beta}$

$$MRTS = \frac{MP_1}{MP_2} = \frac{\alpha/z_1 \cdot f(z_1, z_2)}{\beta/z_2 \cdot f(z_1, z_2)} = \frac{\alpha}{\beta} \cdot \frac{z_2}{z_1}$$

$MRTS$는 상수가 아닙니다. 특히 등량지도가 그려진 평면 상에서 오른쪽으로 이동하는 경우, 즉 z_1이 증가하고 z_2가 감소하는 경우 $MRTS$의 분자는 감소하고 분모는 증가하므로 $MRTS$는 감소하여, 가정 10.2를 만족합니다. 등량곡선의 모양 또한 원점을 향해 볼록하다는 점을 이미 확인했습니다.

요소 1의 투입량을 점점 늘려갈수록, 포기해야 하는 요소 2의 양은 처음에는 아주 많았다가 점점 줄어듭니다. 두 요소가 모두 적당히 많이 투입되는 경우가, 한 요소만 많이 투입하는 경우보다 산출량을 많이 냅니다.

10.4 생산자모형과 소비자모형의 비교: 다른 점

앞 절의 논의에 따르면, 생산함수는 기호만 조금 바뀌었을 뿐 효용함수에서 공부했던 내용을 그대로 가져와서 사용할 수 있습니다. 그렇다면 생산자모형은 소비자모형에서 공부했던 내용의 반복에 불과할까요? 그렇지는 않습니다.

이 절에서는 소비자모형과 생산자모형의 차이점을 설명합니다. 주의 깊은 독자라면, 이 장의 제목에서부터 뭔가 약간 이상한 점을 발견했을지도 모릅니다. 소비자모형 공부를 시작했던 제2장의 제목은 '소비범위의 모형: 예산제약'이었습니다. 이 장의 제목은 '생산범위의 모형: 생산함수'입니다. 그런데 앞 절에서는 우리는 생산함수를 소비자모형의 예산제약이 아닌 효용함수와 비슷하다고 설명했습니다. 어떻게 된 일일까요? 이 신기한 관계는 다음 장에서 다시 공부합니다.

효용은 서수, 산출량은 진짜 수

효용함수와 생산함수 사이에서 가장 먼저 주목할 점은 소비자모형에서 다소 거추장스럽게 강조해야 했던 효용의 서수성(ordinality) 문제입니다. 효용함수에서 '효용'은 실제 측정가능한 양이 아니기 때문에 임의의 단위('홍')를 가질 뿐 아니라 값 자체에 관심을 가지는 것이 의미가 없고 값들 간의 차이(즉, 한계효용)도 큰 의미를 부여하지 않습니다. 중요한 것은 단지 두 값들 간의 비교(순서)일 뿐입니다.

따라서 효용함수의 경우 함수 전체에 양수를 곱하거나, 상수를 더하거나, 전체를 제곱하는 등의 조작은 본질적인 변화를 가져오지 않습니다. 다시 말해 하나의 취향을 나타내는 효용함수의 구체적 형태가 딱 하나로 고정되지 않습니다. 문제를 풀 때는 오히려 편리한 점도 있습니다. 효용함수 공식을 계산할 때 불편한 점이 있으면 적당히 조작해서 편리한 형태로 변경할 수 있습니다.

한편, 생산자모형에서 다루는 재화의 산출량은 정확하게 측정할 수 있는 진짜 수량이고 구체적인 현실의 단위를 가지므로, 효용함수처럼 함부로 조작하면 안 됩니다. 생산함수에 어떤 수를 곱하거나, 상수를 더하거나, 전체를 제곱한다면 이는 새로운 생산기술을 나타내게 됩니다.

예컨대 생산함수 전체에 1보다 큰 어떤 양수를 곱하면, 더 '진보한', '효율적인', '생산적인' 기술을 나타내게 됩니다. $f(z_1, z_2)$라는 생산함수에 비해서 $2f(z_1, z_2)$라는 생산함수는 똑같은 양의 요소를 투입할 때 산출량이 2배가 나오는 더 좋은 기술입니다.

예 10.5

생산함수의 조작을 효용함수와 비교해봅시다.

(1) 선형 생산함수 $f(z_1, z_2) = az_1 + bz_2$

이 함수 전체에 어떤 양의 상수 $A > 0$을 곱해준다면 새로운 생산함수를 $g(\cdot)$라고 표기할 때 $g(z_1, z_2) = Af(z_1, z_2) = A(az_1 + bz_2)$가 됩니다. 생산함수 $g(\cdot)$는 $f(\cdot)$에 비해 산출량이 $A > 0$배인 생산기술입니다. 만약 $A > 1$이라면 더 생산적인 기술이고 $0 < A < 1$이라면 오히려 생산성이 떨어지는 기술입니다. (만약 $A < 0$이라면 아예 요소의 생산성이 음수로 바뀌므로 생산기술이라 할 수 없지요.)

그런데 이렇게 $A > 0$를 곱해주면 전체적인 생산성은 변하지만 요소들 간의 상대적인 관계, 즉 한계기술대체율에는 변화가 없습니다. f에 대해서 $MRTS = \frac{a}{b}$이고, g에 대해서도 계산해보면 $MRTS = MP_1/MP_2 = \frac{Aa}{Ab} = \frac{a}{b}$입니다.

동일한 함수 형태의 효용함수였다면, $U(x_1, x_2) = ax_1 + bx_2$나, $V(x_1, x_2) = AU(x_1, x_2) = A(ax_1 + bx_2)$는 실제로 동일한 선호를 나타냅니다.

(2) 콥-더글라스 생산함수 $f(z_1, z_2) = z_1^{\alpha} z_2^{\beta}$

이 경우에도 역시 $A > 0$인 상수를 곱해주면 생산함수는 전체 생산성이 다른 새로운 기술이 됩니다. 콥-더글라스 함수에 대해서는 조금 더 흥미로운 조작도 가능합니다. 함수 전체를 $1/(\alpha + \beta)$만큼 제곱해주면, 즉 $(\alpha + \beta)$에 해당하는 제곱근을 취하면 다음과 같이 변환됩니다.

$$g(z_1, z_2) = [f(z_1, z_2)]^{1/(\alpha+\beta)} = z_1^{\alpha/(\alpha+\beta)} z_2^{\beta/(\alpha+\beta)} = z_1^{a} z_2^{1-a}$$

마지막 부분에서 $a = \frac{\alpha}{\alpha+\beta}$라는 새로운 기호를 사용하여 다시 썼습니다. 당연히 $g(\cdot)$와 $f(\cdot)$는 서로 다른 기술입니다.

한편, 효용함수였다면, $U(x_1, x_2) = x_1^{\alpha} x_2^{\beta}$와 $V(x_1, x_2) = [U(x_1, x_2)]^{1/(\alpha+\beta)} = x_1^{\alpha/(\alpha+\beta)} x_2^{\beta/(\alpha+\beta)} = x_1^{a} x_2^{1-a}$는 똑같은 취향을 나타내는 똑같은 효용함수입니다. 따라서 효용함수의 경우 콥-더글라스 형태는 언제나 지수의 합이 1이 되는 형식으로 바꾸어쓸 수 있습니다. 생산함수는 이렇게 바꾸어 쓰면 다른 기술로 바뀌어 버립니다.

한계효용은 실체적인 의미가 없고 단지 MRS를 계산하는 것에만 실용적인 필요에 따라 사용했습니다. 하지만 생산자모형에서 한계생산은 MRTS의 계산에도 사용될 뿐 아니라, 그 자체로도 실체적인 의미를 가지는 개념입니다.

평균생산의 개념

앞의 논의에 이어서 산출량이 구체적 숫자이기 때문에 새로운 개념을 소개할 수 있습니다. 서수적 효용을 갖는 효용함수에서는 정의할 수 없었던 것입니다. 바로 '평균'의 개념입니다. **평균생산**(average product)을 다음과 같이 정의합니다.

$$(10.9) \quad AP_1 = \frac{f(z_1, z_2)}{z_1} = \frac{q}{z_1} \quad , \quad AP_2 = \frac{f(z_1, z_2)}{z_2} = \frac{q}{z_2} \qquad \text{[평균생산]}$$

식을 그대로 해석하면, 요소 1의 평균생산은 재화 산출량을 요소 1의 투입량으로 나눈 것으로서 말 그대로 요소 1 투입량 대비 산출량이 평균적으로 얼마인지를 나타냅니다. 평균이란 (적어도 우리가 공부할 맥락에서는) 언제나 사후적으로 '장부를 정리하는' 상황을 나타낸다고 보면 됩니다. 일정량의 요소들을 투입해서 재화를 다 생산해놓고 나서, 총 산출량을 투입량으로 나누어보니 투입량 1개당 평균 몇 개의 산출이 이루어졌는지 계산해보는 것입니다.

주의할 점이 몇 가지 있습니다.

첫째, 평균이라는 계산의 특성상 평균값이 가지는 수치는 실제로 발생한 수치가 아닙니다. 비유를 들면, 5점 단위로 채점을 한 시험에서 100점 맞은 학생과 95점 맞은 학생의 평균 점수는 97.5점입니다. 두 학생 중 누구도 97.5점이라는 점수를 받지 않았습니다. 애초에 채점을 5점 단위로 했기 때문에 어떤 학생도 그런 점수를 받는 것 자체가 불가능합니다. 따라서 평균점수 97.5는 실제의 점수가 아닙니다.

마찬가지로 평균생산의 개념에서도 만약 요소 1을 3단위 투입하여 산출량이 10 단위였다면, 평균생산은 10/3 = 약3.3이 되는데 실제 생산과정에서 3.3이라는 숫자는 전혀 일어나지 않았을 수도 있습니다. 예컨대 표 10.1과 같이 생산이 일어났을 수 있습니다.

표 10.1 평균생산의 개념 이해를 위한 예

요소 1 투입량	재화 산출량	추가 산출량	평균 산출량
1	5	5	5
2	8	3	4
3	10	2	3.33

즉, $z_1 = 1$에 대해서 재화 5단위가 산출되었고, $z_1 = 1$에서 $z_1 = 2$로 1단위가 추가되었을 때 재화 3단위가 추가되었고, $z_1 = 2$에서 $z_1 = 3$으로 1단위 추가되었을 때는 재화 2단위가 추가되었습니다. 전체 생산을 마치고 계산하면 요소 1의 1단위당 재화 3.3단위가 산출된 셈이지만, 실제로는 5단위, 3단위, 2단위가 산출되었습니다.

잠시 생각해보면, 방금 설명한 각 단위가 추가될 때의 추가 산출량은 사실 한계생산에 해당됨을 알 수 있을 것입니다. 위 표는 한계생산과 평균생산이 다른 개념이라는 것을 보여주는 예입니다. (두 개념 간의 관계는 사실 매우 중요한데 다시 공부할 기회가 있을 것입니다.)

두 번째로 주의할 점은 평균생산을 함수로 본다면 역시 2변수함수라는 점입니다. 다시 말해서, 요소 1의 평균생산은 요소 2의 투입량에 따라 달라질 수 있다는 점입니다. 평균생산의 계산 자체에는 요소 1의 투입량과 재화 생산량만이 사용되지만, 주어진 생산함수에 대해서 요소 1의 투입량만을 알고서는 재화 생산량을 알 수 없으므로 평균생산이 결정되지 않습니다.

두 개념 모두 한 요소의 양을 고정시킨채 적용하기 때문에, z_2를 어떤 상수로 놓은채 가로축을 z_1으로, 세로축을 평균생산 또는 한계생산으로 놓은 평면 상에서 살펴보는 것이 편리합니다. 한계생산은 이렇게 그린 생산함수 그래프에서 접선의 기울기이고, 평균생산은 원점과 그래프 상의 점을 연결한 선분의 기울기입니다.

예 10.6

선형 생산함수 $f(z_1, z_2) = az_1 + bz_2$에 대해 요소 1의 평균생산을 계산해보면

$$AP_1 = \frac{f(z_1, z_2)}{z_1} = \frac{az_1 + bz_2}{z_1} = a + b\frac{z_2}{z_1}$$

입니다. 물론 요소 1의 한계생산은 $MP_1 = a$입니다.

(a) 만약 $z_2 = 0$이면 $f(z_1, 0) = az_1$이므로 한계생산과 평균생산이 동일하게 a입니다. $z_2 = 0$일 때의 생산함수 그래프가 그림 10.7(a)에 그려져 있습니다. 원점을 통과하는 기울기 a의 직선입니다. 즉 요소 2를 전혀 사용하지 않은 상태에서 요소 1만 투입하면, 재화 산출량은 요소 1 투입량의 a배입니다. 요소 1의 투입량이 증가함에 따라서 정확하게 비례하여 산출량도 증가합니다. 추가되는 산출량인 한계생산이 a로

일정하므로, 생산과정이 끝난 후 계산해본 평균생산도 항상 a입니다.

(b) 이번에는 만약 $z_2 = 1$이면 $f(z_1, 1) = az_1 + b$이므로 한계생산은 $MP_1 = a$이고 평균생산은 $AP_1 = \frac{az_1+b}{z_1} = a + \frac{b}{z_1}$입니다.

그림 10.7(b)의 생산함수 그래프는 세로축 절편이 b이고 기울기가 a인 직선이며, 한계생산은 여전히 그 기울기인 a입니다. 이 그래프는 (a)의 그래프를 위쪽으로 b만큼 평행이동한 것입니다. 요소 2를 1단위 투입했기 때문에, 요소 1을 전혀 투입하지 않아도 (세로축 절편) 재화 산출량이 b입니다. 여기에 요소 1의 투입량을 늘리면 그에 비례하여 a씩 산출량이 늘어납니다. 한계생산은 계속해서 a입니다.

한편 평균생산은 원점과 이 그래프 상의 점을 연결한 선분의 기울기인데 이는 z_1의 값이 커질수록 완만해집니다. 그림에는 $z_1 = 10$인 경우와 $z_1 = 15$인 경우를 각각 점 A, B로 표시했습니다. 점 A와 원점을 연결하는 선분의 기울기가 점 A에서의 평균생산입니다. 그 값은 $AP_1(10, 1) = a + \frac{b}{10}$입니다. 점 B에서의 평균생산은 역시 점 B와 원점을 연결한 선분의 기울기이고 값은 $AP_1(15, 1) = a + \frac{b}{15}$인데 점 A에서의 기울기에 비해 더 완만해졌습니다. 즉 평균생산의 값은 점점 감소합니다.

요소 1 투입량이 증가함에 따라 평균생산의 값이 감소하는 것은 다음과 같이 이해할 수 있습니다. 요소 1을 아주 조금 Δz_1만큼 투입한 상황(즉 원점 근처)을 생각해봅시다. 요소 1의 투입으로 $a\Delta z_1$만큼 산출량이 늘어납니다. 즉 요소 1이 실제로 생산에 기여한 부분은 $a\Delta z_1$입니다. 그런데 요소 2의 투입으로 이미 b가 생산되어 있습니다. 이 부분은 요소 2가 생산한 것이지만, 요소 1의 평균생산을 계산할 때 요소 2의 역할은 '무시'되고 마치 요소 1이 다 생산한 것처럼 취급합니다. 따라서 요소 1의 평균생산에는 $\frac{b}{\Delta z_1}$만큼이 보태집니다. Δz_1이 작으면, $\frac{b}{\Delta z_1}$은 상당히 큽니다. 소량의 요소 1이 b를 모두 자기 공로로 삼기 때문이죠.

그런데 이제 Δz_1의 크기를 점점 키워주면 계속해서 요소 1은 $a\Delta z_1$의 기여를 합니다. 요소 2에 의한 기여분 b는 여전히 그대로입니다. 이제 더 큰 Δz_1이 b를 자기 공로로 삼습니다. 즉, 요소 2가 덤으로 계산받는 생산 기여분의 크기 $\frac{b}{\Delta z_1}$은 분자가 상수인 상태에서 분모가 증가하므로 점점 작아집니다. 만약 Δz_1이 매우 큰 숫자라면 이 부분은 무시할 정도로 작아집니다. 즉 요소 1의 투입량을 매우 크게 했을 경우에 평균생산은 한계생산(실제 생산 기여분)과 거의 같아질 것입니다. $AP_1 = a + \frac{b}{z_1} \to a = MP_1$

규모수익

소비자모형에는 없었던 또 하나의 중요한 개념으로 **규모**(scale) 및 **규모수익**(returns to scale)이 있습니다. 간단하게 생각하면 **규모**란 소비자모형의 '재화 꾸러미'와 비슷한 개념입니다. 재화 꾸러미란 각 재화들의 일정량을 한꺼번에 묶어서 표시한 것이었습니다. 즉, (x_1, x_2)의 형태로 표시되는 숫자 묶음입니다. 예를 들어 $(x_1, x_2) = (10, 3)$은 재화 1이 10단위, 재화 2가 3단위인 재화 꾸러미입니다.

그림 10.7 예 10.6 선형 생산함수 $f(z_1, z_2) = az_1 + bz_2$

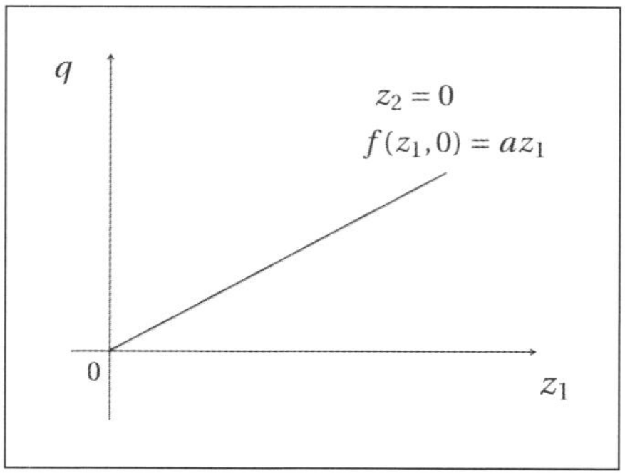

(a) $z_2 = 0$: $MP_1 = AP_1 = a$

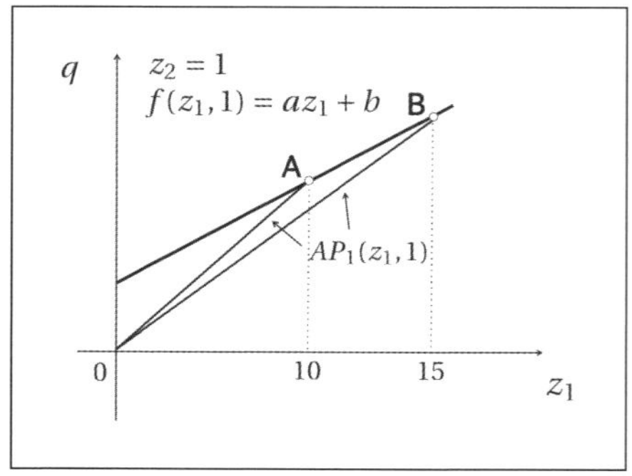

(b) $z_2 = 1$: $MP_1 = a$, $AP_1 = a + \frac{b}{z_1}$

마찬가지로 **규모**(scale)란 각 요소들의 일정량을 묶어서 표시한 것이라고 보면 됩니다. 즉, (z_1, z_2)의 형태로 표시되는 숫자 묶음입니다. 예를 들어 $(z_1, z_2) = (3, 6)$은 요소 1이 3단위, 요소 2가 6단위인 규모입니다. 하나의 '규모'가 주어지면 그 양을 생산함수에 투입했을 때 산출되는 재화의 생산량도 결정될 것입니다.

규모수익(returns to scale)이란 주어진 규모 (z_1, z_2)를 t배 변화시킬 때 재화 산출량에 어떤 효과가 있는지를 살펴보는 개념입니다. 즉 (z_1^0, z_2^0)이라는 규모를 생산에 투입했을 때와, $t \times (z_1^0, z_2^0) = (tz_1^0, tz_2^0)$이라는 규모를 생산에 투입했을 때의 산출량을 비교하는 것입니다. 크게 세 가지 종류의 규모 수익을 구분합니다.

(1) **규모수익불변**(constant returns to scale, CRS):

$$f(tz_1, tz_2) = tf(z_1, z_2), \text{ 단 } t > 0 \quad (10.10)$$

(2) **규모수익감소**(decreasing returns to scale, DRS):

$$f(tz_1, tz_2) < tf(z_1, z_2), \text{ 단 } t > 1 \quad (10.11)$$

(3) **규모수익증가**(increasing returns to scale, IRS):

$$f(tz_1, tz_2) > tf(z_1, z_2), \text{ 단 } t > 1 \quad (10.12)$$

말로 하자면, **규모수익불변**이란 규모를 t배 투입할 때 산출량도 정확하게 t배 되는 경우, 즉 투입량에 정확하게 비례하여 산출량이 늘어나는 경우를 가리킵니다. (규모수익불변의 경우 규모의 변화폭은 $t>0$이기만 하면 되지만, 규모수익감소 및 규모수익증가는 $t>1$인 경우로 정의합니다. 이는 $0<t<1$인 경우 동일한 함수에 대해서 부등호의 방향이 바뀌기 때문입니다.)

식 (10.10)~(10.12)에서 좌변은 t배의 규모를 투입했을 때 산출량이고, 우변은 원래 규모에서의 산출량을 t배한 것입니다. 규모수익불변일 때는 양변의 값이 같습니다. 한편 **규모수익감소**란 규모를 t배 늘려서 투입할 때 산출량은 t배보다는 낮은 수준으로 증가하는 경우입니다. 반대로 **규모수익증가**는 규모를 t배 늘려서 투입할 때 산출량은 심지어 t배보다 더 많이 증가하는 경우입니다.

예 10.7

(1) 선형 생산함수 $f(z_1,z_2)=az_1+bz_2$에 대해 규모수익을 검토해보면

$$f(tz_1,tz_2)=a(tz_1)+b(tz_2)=t(az_1+bz_2)=tf(z_1,z_2)$$

이므로 규모수익불변임을 알 수 있습니다. 모든 선형 생산함수는 규모수익불변입니다.

(2) 콥-더글라스 생산함수 $f(z_1,z_2)=z_1^{\alpha}z_2^{\beta}$의 규모수익을 알아봅니다.

$$f(tz_1,tz_2)=(tz_1)^{\alpha}(tz_2)^{\beta}=t^{\alpha}z_1^{\alpha}t^{\beta}z_2^{\beta}=t^{\alpha+\beta}z_1^{\alpha}z_2^{\beta}=t^{\alpha+\beta}f(z_1,z_2)$$

가 되므로 위 식의 제일 마지막에 등장하는 $t^{\alpha+\beta}$가 t와 같은지, t보다 작은지 혹은 큰지에 따라 규모수익이 결정됩니다. 이는 $\alpha+\beta$의 값에 따라 결정됩니다. 즉,

- $\alpha+\beta=1$이면 $t^{\alpha+\beta}=t$이므로 식 (10.10)이 성립하여 규모수익불변이 됩니다.
- $\alpha+\beta<1$이면 $t>1$일 때 $t^{\alpha+\beta}<t$이므로 규모수익감소입니다.
- $\alpha+\beta>1$이면 $t>1$일 때 $t^{\alpha+\beta}>t$이므로 규모수익증가입니다.

다시 말해서, 콥-더글라스 생산함수는 식에 포함된 지수들의 합이 1인지, 1보다 작은지, 1보다 큰지에 따라 규모수익이 결정됩니다.

앞에서 효용의 서수성과 산출량의 기수성을 비교했습니다. 효용함수의 경우 서수성 때문에 함수 형태를

적절히 변경할 수 있으므로 콥-더글라스 함수에서 지수의 합이 1이 되도록 조정해줄 수 있습니다. 한편 생산함수에 대해서 이런 조정을 함부로 하면 생산기술이 가진 규모수익을 변경하는 일이므로 안 됩니다.

규모수익은 특정한 생산함수의 성질이고, 그 생산함수가 나타내는 생산기술의 특징입니다. 따라서 어떤 생산자가 가진 생산함수가 규모수익불변인지, 규모수익감소인지에 따라 그 생산자가 직면한 비용 조건과 재화 생산 행위가 달라질 수 있습니다.

규모수익은 요소 투입량을 늘릴 때 어떤 일이 일어나는지를 본다는 점에서 얼핏 보면 한계생산과 비슷하게 보입니다. 하지만 규모수익과 한계생산은 전혀 다른 개념입니다. 규모수익은 모든 요소의 투입량을 한꺼번에 동일한 비율로 변화시킬 때를 고려하고, 한계생산은 단 하나의 요소 투입량을 변화시킬 때를 고려합니다.

단기와 장기의 구분

앞으로 공부할 생산자모형에서는 기간의 구분이 상당히 중요합니다. 기간 구분은 사실 소비자모형에서도 사용할 수 있습니다. 이런 구분을 도입하지 않은 채로도 제2부 내용이 충분히 복잡했기 때문에 소개하지 않았습니다. 한편, 생산자모형에서는 기간의 구분이 이론 전개의 핵심적인 부분을 차지하므로 무시할 수가 없습니다.

여기서 기간의 구분은 시계나 달력을 사용하는 것은 아닙니다. 앞으로 우리가 단기나 장기라는 용어를 사용할 때, 단기는 1주일 이내라든지, 장기는 1년 이상이라든지 하는 식으로 구분하는 것이 아닙니다. 맥락에 따라서 단기가 몇 년 이상일 수도 있고, 장기가 며칠 밖에 안 될 수도 있습니다. 생산자모형에서 기간은 철저하게 이론적으로 정의된 개념입니다.

기간의 구분은 생산요소의 투입량을 얼마나 자유롭게 조절할 수 있는지에 따라 이루어집니다. 개념적으로 우리는 생산함수를 사용해서 기간을 크게 세 가지로 구분할 수 있습니다.

(a) 초단기

초단기(very short run)란 정말 매우 짧은 기간인데, 생산함수의 관점에서는 어느 정도로 짧으냐면 모든 생산요소들의 투입량을 전혀 조절할 수 없는 상태를 말합니다. 즉, 2요소 생산함수 모형으로 말하자면, 두 생산요소가 모두 어떤 값으로 고정된 상태를 말합니다. 요소 1은 $\overline{z_1}$, 요소 2는 $\overline{z_2}$라는 값으로 고정되었다면 초단기에서 생산함수는

$$\overline{q} = f(\overline{z_1}, \overline{z_2}) \qquad (10.13) \qquad [\text{초단기}]$$

의 모습을 갖게 됩니다. 식에서 좌변에 있는 q 위에도 상수를 의미하는 막대기(¯)가 붙어 있습니다. 왜냐하면 함수의 독립변수 값이 상수값들로 고정($z_1 = \overline{z_1}, z_2 = \overline{z_2}$)기 때문입니다. 우변이 상수이므로 좌변도 상수여야 합니다.

다시 말해서, 초단기란 생산요소 투입량이 모두 고정되어 있고 따라서 재화 산출량도 고정된 상태를 말합니다. 여기서 투입량 및 산출량은 모두 유량변수(**flow variable**)임을 기억하세요. 즉, 이 값들은 일정한 기간 동안 일어나는 투입 및 산출을 의미합니다. 기간이 1주일이라면 1주일 동안 투입되는 생산요소의 양이 고정되어 있고, 따라서 1주일 동안 생산되는 재화의 양도 고정되어 있다는 뜻입니다.

예 10.8

생산함수가 $f(z_1, z_2) = \sqrt{z_1 z_2}$이고 변수들은 1주일 동안 발생하는 투입 혹은 산출을 나타내는 유량변수라고 합시다. 또한 초단기가 1개월이라고 해봅시다. 즉, 1개월 동안 두 요소 모두 수량을 조절하지 못합니다.

(1) $z_1 = 1, z_2 = 1$: 이번 달 1일을 시작할 때 1주일 동안 투입하는 요소의 양을 각각 1단위로 고정했고, 이 양은 이번 달 내내 바꾸지 못하는 상황입니다. 요소 투입량이 각각 1주일간 1단위이면 $\overline{q} = \sqrt{1 \times 1} = 1$이 되어 1주일간 재화 생산량은 1입니다. 즉 이번 1달 동안은 매주 재화를 1단위씩 생산하는 것입니다.

(2) $z_1 = 1, z_2 = 4$: 이번에는 1주일에 요소 1은 1단위, 요소 2가 4단위 투입되는 것으로 고정되면, 1주일간 생산량은 $\overline{q} = \sqrt{1 \times 4} = 2$로 고정되어 있는 상황입니다. 이 상황 역시 1달 동안 지속됩니다.

(b) 단기

단기(short run)는 생산요소 중 일부는 자유롭게 투입량을 조절할 수 있고, 나머지 일부는 투입량을 조절할 수 없는 기간을 가리킵니다. 요소가 2가지인 경우,

둘 중 하나는 조절할 수 있고 또 하나는 조절할 수 없는 것입니다. 조절할 수 있는 요소를 **가변요소**(variable factor), 조절할 수 없는 요소를 **고정요소**(fixed factor)라고 합니다. 만약 요소 2가 고정요소라면

$$q = f(z_1, \overline{z_2}) \quad \text{[단기]} \tag{10.14}$$

라는 관계가 성립합니다. 단기에서는 고정요소인 z_2의 값 $\overline{z_2}$는 외생변수인 셈입니다. 생산량은 기본적으로 가변요소의 투입량에 따라 달라지게 됩니다.

예 10.9

앞의 예에 이어서 $f(z_1, z_2) = \sqrt{z_1 z_2}$라는 생산함수를 고려합니다. 이번에는 단기의 기간은 6개월이라고 해 봅시다. 그렇다면 앞의 예에서 초단기인 1개월 이내에는 정해진 두 요소의 양을 모두 변화시킬 수 없는 반면, 1개월을 초과하되 6개월 이하인 기간 동안에는 여전히 요소 2의 1주일 투입량은 변화시키지 못하지만, 요소 1의 1주일 투입량은 변화시킬 수 있습니다.

(1) $z_2 = 1$: 고정요소 투입량이 1주에 1단위로 고정되면, 생산량은 $q = \sqrt{z_1 \times 1} = \sqrt{z_1}$이 됩니다. 가변요소인 z_1의 값이 증가할 때 재화 생산량도 증가하는데, 가변요소 투입량이 2배, 3배, 4배로 늘어난다면 재화 생산량은 $\sqrt{2}$배, $\sqrt{3}$배, $\sqrt{4} = 2$배 늘어날 것입니다.

(2) $z_2 = 4$: 이번에는 고정요소 투입량이 1주당 4단위로 고정되면, 생산량은 $q = \sqrt{z_1 \times 4} = 2\sqrt{z_1}$이 됩니다. 가변요소 z_1의 값이 2배, 3배, 4배로 늘어난다면 재화 생산량은 역시 $\sqrt{2}$배, $\sqrt{3}$배, $\sqrt{4} = 2$배 늘어날 것입니다. 다만 $z_2 = 1$이었던 (1)에 비해 각각의 z_1 값마다 생산량은 2배입니다.

만약 생산함수에 투입되는 생산요소가 3개 이상이라면, 단기에도 여러 가지 종류가 있을 수 있겠지요. 요소들 중 2개가 고정된 경우도 있을 수 있고, 1개만 고정된 경우도 있습니다.

(c) 장기

마지막으로 **장기**(long run)란 모든 생산요소의 투입량을 자유롭게 결정할 수 있는 기간을 말합니다. 장기에서의 생산함수는 원래 생산함수 그대로를 사용하면 됩니다. 앞에서 공부했던 한계생산과 규모수익 개념을 기간 구분과 관련지어 다

시 생각해봅시다. 규모수익은 모든 요소들을 한꺼번에 변화시킬 때를 고려하는 개념입니다. 따라서 규모수익은 초단기나 단기에서는 정의되지 않습니다. 한편, 한계생산은 여러 요소들 중에서 단 한 요소만을 변화시킬 때를 고려하는 개념입니다. 즉 한계생산은 단기에서 사용되는 개념입니다.

연습문제

문제 10.1 어느 기업의 생산함수가 $q = L + 2K$이다.

(1) 이 생산함수의 등량곡선을 q =20일 때, 40일 때, 60일 때에 대해 각각 그리시오. (K를 세로축에, L을 가로축에 놓고 그리시오)

(2) 이 등량곡선의 한계기술대체율의 값은? (L이 가로축임)

(3) 자본의 한계생산과 노동의 한계생산을 각각 계산하시오.

(4) 노동의 한계생산은 노동 투입량이 증가함에 따라 증가하는가, 감소하는가, 혹은 일정한가?

(5) 노동의 평균생산은 노동 투입량이 증가함에 따라 증가하는가, 감소하는가, 혹은 일정한가?

(6) 이 생산함수가 나타내는 생산기술의 규모수익의 종류는 무엇인가?

(7) 이 함수가 나타내는 생산기술의 특징들을 설명하시오.

문제 10.2 다음 중 $q = \sqrt{6K + 4L}$라는 생산함수가 나타내는 성질이 아닌 것은? (단, q는 재화의 생산량, K는 자본투입량, L은 노동투입량)

(a) 요소간 완전대체

(b) 자본의 한계생산(MP_K) 체감

(c) 노동의 평균생산(AP_L) 체감

(d) 한계기술대체율(MRTS) 체감

(e) 규모수익감소(DRS)

문제 10.3 생산함수 $f(z_1, z_2) = z_1^2 z_2^2$와 $f(z_1, z_2) = \sqrt{z_1 + z_2}$에 대해 각각 답하시오.

(1) 요소 1의 한계생산은 요소 1의 투입량이 늘어날 때 어떻게 변하는가?

(2) 규모수익의 종류는 무엇인가?

(3) 한계기술대체율을 공식으로 도출하고 체감하는지를 논하시오.

문제 10.4 $f(z_1, z_2) = \sqrt{z_1} + 2\sqrt{z_2}$라는 생산함수에 대해 답하시오.

(1) 이 함수가 나타내는 생산기술은 어떤 규모수익의 성격을 갖는가?

(2) $(z_1, z_2) = (1, 2)$일 때 두 생산요소의 한계생산은 각각 얼마인가?

(3) $(z_1, z_2) = (1, 2)$일 때 한계기술대체율의 값은 얼마인가?

문제 10.5 다음 3가지 생산함수들을 고려한다.

(1) $f_1(z_1, z_2) = z_1 + 2z_2$

(2) $f_2(z_1, z_2) = z_1^2 + 2z_2^2$

(3) $f_3(z_1, z_2) = 2\sqrt{z_1 z_2}$

아래 표에 들어갈 내용을 완성하고 설명하시오.

생산함수	(i) 한계생산의 성질(종류)	(ii) 한계기술대체율의 성질(종류)	(iii) 규모수익의 성질(종류)
(1) f_1			
(2) f_2			
(3) f_3			

microeconomics

제11장 비용극소화

가능한 최상의 품질의 제품을,
가능한 최소의 비용으로,
가능한 최고의 임금을 지불하면서 생산하라.
- 헨리 포드[1]

가능한 최소의 비용으로

헨리 포드는 20세기 산업 자본가(industrialist)를 대표하는 인물입니다. 모델 T라는 대중적인 승용차를 대량 생산하여 보급한 사람이지요. 소위 '포드주의'(Fordism)라고 불리는 사업 방식의 정신이 위 인용구에 나와 있습니다. 소비자들이 만족하여 구매할 만큼 충분히 좋은 품질의 제품을, 값싸게 공급하고도 이윤을 남길 수 있을 만큼 충분히 낮은 비용을 들여서 만들되, 노동자들에게 최대한 높은 임금을 지불하여 생산의 품질을 보장할 뿐 아니라 노동자들 스스로도 구매력 있는 소비자가 될 수 있게 하자는 것으로 풀어볼 수 있습니다.

최상, 최소, 최고란 형용사 앞에 '가능한'이란 수식어가 붙었습니다. 품질을 높이면서 비용을 줄이는 것, 비용을 줄이면서 임금을 높이 주는 것은 까다로운 요구입니다. 기업의 비용은 요소에게 지불하는 것인데, 노동은 중요한 생산요소니까요.

1 Henry Ford (1863-1947).

인용구에 명시적으로 드러나지는 않는 포드주의의 중요한 아이디어는 '표준화된 동질적인 제품'입니다. 헨리 포드가 했던 또 다른 유명한 말 중에 조금 재미있는 것으로 "모든 소비자는 마음대로 원하는 색깔의 자동차를 살 수 있다. 그 색깔이 검은 색이기만 하다면"이라는 것도 있습니다. 종류를 다양하게 하지 않고 통일시켜서 일정한 품질을 유지하면서 비용을 줄이려고 한 것이죠. 이 장과 다음 장에서, 그리고 제4부의 완전경쟁 모형에서 우리는 포드주의로 요약될 수 있는 20세기 산업 자본주의 경제의 핵심적인 작동 원리를 공부할 수 있습니다.

11.1 합리적 생산자모형: 목표량생산을 위한 비용극소화

생산자의 문제는 최소한의 비용을 쓰는 것, 즉 비용극소화[2](cost minimization)입니다. 하지만 아무런 조건 없는 비용극소화는 아닙니다. 아무런 조건 없이 비용을 줄이려고 한다면 아무것도 안 하면 됩니다. 그러면 비용이 전혀 들지 않으니까요.

생산자의 목적은 무작정 비용을 줄이는 것이 아니라, 필요한 일을 성취하면서 비용을 줄이는 것입니다. 생산자에게 필요한 일은 바로 재화의 생산입니다. 생산자가 생산해야 하는 재화의 수량이 q_0라고 할 때 생산자의 문제는 다음의 식 (11.1)과 (11.2)로 정의됩니다. (11.1)은 목적함수이고 (11.2)는 제약식입니다.

(11.1) $$\min_{z_1,z_2} w_1z_1 + w_2z_2$$ [생산자의 목적: 비용극소화]

(11.2) $$\text{subject to } f(z_1,z_2) \geq q_0$$ [생산자의 제약: 목표량생산]

늘 모형을 대할 때 첫 번째 확인할 것은 내생변수와 외생변수가 무엇인지입니다. 내생변수는 이 모형을 풀어서 값이 결정되어야 하는 변수입니다. 위 식에서 목적함수를 극소화하기 위해 선택하는 변수 (z_1,z_2)이 내생변수입니다. 그렇다면 내생변수가 아니면서 그 값이 (외생적으로) 바뀔 수 있는 나머지 변수들이 외생변

2 수학적으로 최소와 극소 사이에는 미묘한 차이가 있습니다. 본서에는 언제나 극대 또는 극소로 표현합니다.

수입니다. 위의 공식에는 (w_1, w_2, q_0)가 있습니다.

- **내생변수**: (z_1, z_2), 즉 요소 투입량
- **외생변수**: (w_1, w_2, q_0), 즉 요소의 가격과 재화 생산량

제6장에서 합리적 소비자모형의 구성을 **그림 6.1**로 요약했던 것처럼 합리적 생산자모형의 구성은 **그림 11.1**로 요약할 수 있습니다. 이 그림의 원리는 11.2 절에서 자세히 설명합니다. 그림에서 (a)는 제약식(목표량 생산)을 표현하고, (b)는 목적함수(비용)를 표현합니다. 두 그림이 접하는 점이 최적의 해라는 것은 소비자모형의 **그림 6.1**과 유사합니다. **그림 6.1**와 비교해본다면, 한 가지 다른 점은 6장 소비자모형 그림은 (a)가 직선이고 (b)가 원점을 향해 볼록한 곡선이었는데, 여기서는 (a)가 원점을 향해 볼록한 곡선이고 (b)가 직선이라는 사실입니다.

그림 11.1 합리적 생산자모형의 구성

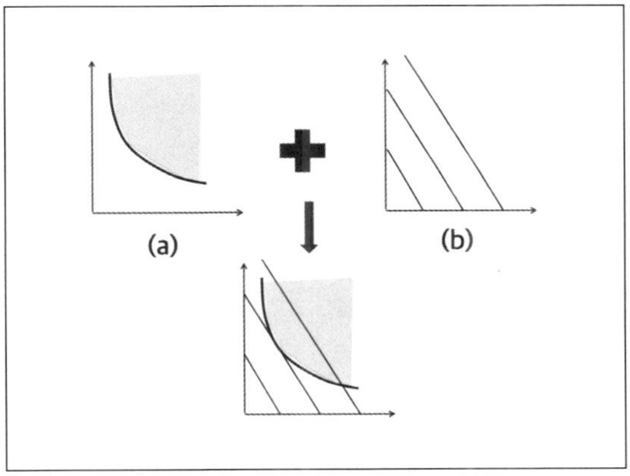

더 생 각 해 보 기

소비자모형과 생산자모형의 대비

이 모형을 상세하게 살펴보기 앞서, 소비자모형과 생산자모형의 공식상 겉 모습을 비교해보는 것도 상당히 유익합니다. (생산함수를 공부할 때도 효용함수와 비슷한 점, 다른 점을 비교해보았었지요.) 두 모형을 다음의 표로 대비해보았습니다.

표 11.1 소비자모형과 생산자모형의 비교

	소비자모형	생산자모형
[모형]		
목적함수	$\max\ U(x_1,x_2)$	$\min\ w_1z_1+w_2z_2$
제약식	$p_1x_1+p_2x_2 \le m$	$f(z_1,z_2) \ge q_0$
[변수]		
내생변수	(x_1,x_2)	(z_1,z_2)
외생변수	(p_1,p_2,m)	(w_1,w_2,q_0)

얼핏 보아도 두 문제 사이에는 묘하게 비슷한 부분들이 있습니다. 표의 가장 아래 부분부터 보면, 소비자모형의 외생변수는 두 내생변수 (x_1,x_2)와 연관된 가격 (p_1,p_2), 그리고 제약식의 상수항인 m으로 이루어졌고, 생산자모형의 외생변수는 역시 두 내생변수 (z_1,z_2)와 연관된 가격 (w_1,w_2), 그리고 제약식의 상수항인 q_0으로 이루어졌습니다. 외생변수들이 내생변수 및 제약식과 가지는 관계에 비슷한 점이 있습니다.

표의 윗 부분으로 올라와서 모형의 구조에도 대칭성이 있습니다. 다만 정확한 대칭이 아니라 약간 빗겨간 대칭입니다. 소비자모형의 제약식은 내생변수 x_i와 그 가격 p_i를 곱한 형태인데, 생산자모형에는 내생변수 z_i와 그 가격 w_i를 곱한 것이 제약식이 아닌 목적함수 식에 들어 있습니다. 한편 소비자모형의 목적함수 식은 효용함수이고 생산자모형의 제약식에는 생산함수가 들어 있는데, 앞 장에서 효용함수와 생산함수 사이에는 상당히 비슷한 점이 많다는 것을 지적했습니다.

두 모형 간의 결정적인 차이점은 하나는 극대(max)문제이고 또 하나는 극소(min)문제라는 점입니다. 관찰력이 뛰어난 독자라면, 한 가지 더 다른 점을 발견했을 것입니다. 소비자모형의 제약식은 ≤라는 부등호를 가졌는데, 생산자모형의 제약식은 방향이 반대인 ≥라는 부등호입니다. (참고로, 최적화이론을 다루는 수학 분야에서 소비자모형과 생산자모형 사이의 묘하게 다른 대칭성을 가리켜서 쌍대성(duality)이라고 부릅니다. 특히 소비자모형의 쌍대 문제를 작성하면 그것이 바로 보상수요함수와 지출함수를 만들어내는 틀이 됩니다. 이 과정은 아래의 생산자모형에서 조건부 요소수요함수와 비용함수를 도출하는 것과 동일합니다.)

생산자모형이 가진 세 가지 제약조건

생산자모형에는 크게 세 가지의 제약조건이 있습니다. (외생변수가 세 가지 (w_1,w_2,q_0)라는 것과는 다른 이야기입니다.) 생산자가 마음대로 고를 수 없는 주어진 외부환경에 세 가지 측면이 있다는 뜻입니다. 그중 두 가지는 물론 이미 외생변수를 통해서 우리가 인식한 것들입니다.

(1) 요소시장의 제약: (w_1,w_2)

요소가격 (w_1,w_2)는 생산자가 마음대로 선택하지 못하는 외생변수입니다. 요소시장에서 생산자의 요소를 구입하는 수요자입니다. 요소가격이 상수로 주어졌다는 것은, 소비자이론에서의 가격수용(price taking) 가정과 마찬가지의 가정이 사용된 것입니다. 즉, 우리는 생산자가 요소시장에서 요소의 가격에 직접적인 영향을 주지 못하고, 요소시장에서 통용되는 상수 요소가격 (w_1,w_2)를 그대로 받아들인다고 가정합니다. 이 가정은 소비자모형에 비해서는 현실성이 떨어지는 편입니다.

현실에서 재화를 구입하는 개인 소비자는 대부분 존재가 미미한 가격수용자이지만, 요소를 구입하는 생산자로서의 기업은 그렇지 않을 수 있습니다. 새로운 신입사원을 채용하는 대기업을 생각해보세요. 신입사원의 연봉이라는 것이 어느 정도 통용되는 수준이 있겠지만, 그래도 대기업이 그냥 노동시장의 임금 수준을 아무런 영향력 없이 수용한다고 보기는 어렵습니다. 그럼에도 불구하고 우리는 대부분의 논의에서 기업이 요소시장에서 가격수용자라고 가정할 것입니다. 이는 물론 단순한 논의를 위한 것입니다. 따라서 우리의 논의는 요소시장(노동시장이나 자본시장)에서 비교적 비중이 작아서 존재감이 크지 않은 생산자를 염두에 두어야 할 것입니다.

(2) 목표 생산량의 제약: q^0

외생변수 중 남아 있는 것은 q^0입니다. 생산자모형에서 제약식의 상수항에 해당됩니다. 목표 생산량을 외생변수로 놓는 것에는 약간의 설명이 필요합니다. 제약식을 $f(z_1, z_2) \geq q^0$이라고 썼을 때 우리는 이 생산자가 반드시 적어도 q^0 이상의 재화를 생산해야 한다고 말하는 것입니다.

그런데 재화의 생산량 q^0는 사실 기업 스스로 선택할 수 있는 변수입니다. 공산주의 계획경제가 아닌 한, 우리가 살고 있는 자유시장 경제에서 한 기업은 자신이 생산하고자 하는 재화 생산량을 마음대로 결정할 수 있습니다. 그런데 왜 우리는 이 생산량을 외생변수로 취급하는 것일까요?

지금 기업모형이 아니고 생산자모형이라는 점을 주목해주세요. 우리는 기업 전체의 행동을 모형으로 만든 것이 아니고, 기업 중 일부에 국한되는 모형을 보고 있습니다. 앞 장의 그림 10.4에서 왼쪽 절반 부분, 즉 요소시장과 기업이 만나는 부분만을 모형으로 만들었습니다. 재화를 판매하는 부분인 재화시장 측면을 아직 고려하고 있지 않습니다.

현실의 기업의 구조를 생각해본다면, 요소시장에서 노동을 고용하는 곳은 인사담당 부서일 것이고, 자본 고용을 위해서 자금을 조달하고 관리하는 곳은 재무 담당 부서일 것입니다. 또한 고용된 노동과 자본을 투입하여 재화를 생산해내는 곳은 생산담당 부서, 말하자면 공장일 것입니다. 우리의 생산자모형에서 인사나 재무쪽 담당 부서는 크게 할 일이 없습니다. 요소가격이 상수로 고정되었다라고 가격수용자 가정을 했기 때문이죠. 그러니까 실제로 우리가 보고 있는 것은 생산현장, 공장의 관리자 입장인 것입니다. 특히 우리는 재화를 판매할 영업담당 부서의 입장도 보지 않고 있을 뿐 아니라, 더욱 중요하게는 기업 전체를 경영하는 최고경영자의 입장을 보지 않고 있습니다. 이 부분은 나중에 다시 다루게 될 것입니다. 생산자모형에서는 기업 전체의 전략을 반영하는 목표 생산량이 어떻게 만들어지는지는 고려하지 않고 외생변수로 취급합니다. 생산현장 관리자가 직접 생산량을 결정하는 것이 아니라, 기업 전략에 따라 목표 생산량을 전달받으면 그 양을 맞추되 가능한 한 비용을 줄이는 입장인 것입니다.

심지어 생산현장이 재화를 판매하는 기업에 속한 것이 아닐 수도 있습니다. 재화를 판매할 기업으로부터 물량을 주문받아서 납품만 하는 하청 납품업체의 입장입니다. 주문받은 물량은 반드시 납품해야 하는 것이고 납품해서 받는 대가에는 별도의 흥정거리가 없어서, 주문량을 맞추면서 최대한 비용을 줄이면 이익이 많이 나는 납품업체의 입장인 것입니다.

(3) 생산기술의 제약: 생산함수

앞의 두 항목에서 세 가지 외생변수 모두를 언급했습니다. 외생변수 세 개 중 두 가지는 모두 요소가격이기 때문에 실제로는 같은 종류의 제약입니다. 그런데 한 가지 제약이 더 있습니다. 이는 바로 생산자가 보유한 생산기술, 즉 생산함수로 표현되는 제약입니다. 장기적으로는 생산자가 기술에 대한 연구개발 투자를 통해 새로운 생산기술을 얻거나 기존의 생산기술을 향상시키는 노력을 할 수 있겠습니다. 하지만 우리 모형에서는 일단 하나의 생산함수가 주어진 것으로 보고 논의를 전개합니다. 특히 앞으로 살펴볼 생산자모형의 주요 결론은 어떤 생산함수를 쓰느냐에 크게 의존합니다.

11.2 비용극소화의 원리: 생산자모형의 풀이

소비자 효용극대화의 원리를 그림과 공식으로 보았던 것처럼, 생산자의 비용극소화 원리도 그림과 공식으로 알아보겠습니다.

생산자모형의 구성요소와 그림

그림 11.1에서 보았듯이 생산자모형을 구성하는 요소는 소비자모형과 마찬가지로 두 가지입니다. 내생변수는 요소투입량 (z_1, z_2)이므로 이 그림은 z_1과 z_2를 두 축으로 하는 평면에 그려집니다.

먼저 **그림** 11.1(a)는 제약식을 그림으로 나타낸 것인데, 이는 등량지도 중에서 특정한 재화 산출량 q_0에 대응되는 단 하나의 등량곡선과 이 등량곡선의 위쪽 부분까지 포함한 영역입니다. 이름을 붙이자면 '생산가능영역'이라고 할 수 있겠습니다. 이는 생산자 문제의 제약식이 $f(z_1, z_2) \geq q_0$의 형태로 목표 산출량 q_0를 정확히 맞추거나 아니면 그 이상도 괜찮다는 의미를 가지기 때문입니다. $f(z_1, z_2) = q_0$이 등량곡선이고, $f(z_1, z_2) > q_0$은 등량곡선의 위쪽 영역입니다.

둘째 **그림** 11.1(b)는 생산자 문제의 목적함수입니다. 목적함수는 사용한 요소에 지불된 금액인데 식으로는 $w_1 z_1 + w_2 z_2$입니다. 이 식은 그림으로 어떤 모습일까요? **그림** 11.2(b)에 다시 자세히 그려보았습니다. (**그림** 11.2(a)는 비교를 위해 그려놓은 소비자모형의 예산선입니다.)

두 요소의 투입량을 어떤 값 (z_1^0, z_2^0)으로 선택하면 그 요소 투입량 (z_1^0, z_2^0)을 목적함수에 대입해 $w_1 z_1^0 + w_2 z_2^0$라는 값을 계산할 수 있습니다. 이 값은 (z_1^0, z_2^0)을 투입할 때 지출된 비용입니다. 이 값을 c^0라고 부른다면, $c^0 = w_1 z_1^0 + w_2 z_2^0$입니다. 그런데 c^0라는 비용 지출은 꼭 (z_1^0, z_2^0)일 때만 일어나는 것은 아닙니다. 요소 투입량을 다르게 하더라도 c^0를 지출하는 것이 가능합니다. 그 모든 가능성은

$$c^0 = w_1 z_1 + w_2 z_2 \qquad (11.3) \quad \text{[등비용선]}$$

식을 통해 표현할 수 있습니다. 이 식을 만족하는 점 (z_1, z_2)는 모두 지출된 비용이

그림 11.2 소비자의 예산선과 생산자의 등비용선

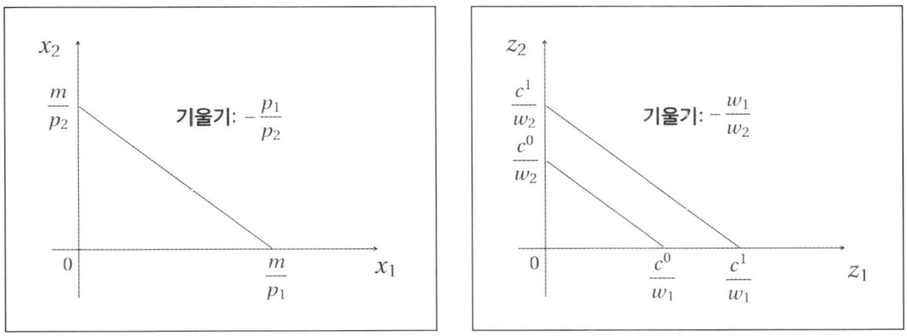

(a) 소비자 예산선: $p_1x_1 + p_2x_2 = m$　　(b) 생산자 등비용선: $w_1z_1 + w_2z_2 = c^0$, c^1

c^0로 동일한 점들, 이름을 붙이자면 **등비용선**(isocost curve)에 해당됩니다.

등비용선은 직선이고, 그 기울기는 $-w_1/w_2$입니다. 또한 가로축 절편은 c^0/w_1, 세로축 절편은 c^0/w_2입니다. 수학 공식으로는 소비자모형의 예산식과 매우 비슷합니다. (그림 11.2(a) 참조) 예산식의 (p_1, p_2) 자리에 (w_1, w_2)이 들어가고, m의 자리에 c^0이 들어갑니다.

c^0의 값을 변화시킨다면 등비용선의 기울기는 여전히 동일하면서 평행하게 움직인 다른 직선이 그려집니다. (소비자모형에서 m을 변화시킬 때 예산선이 평행이동한 것과 같은 원리입니다.) 그림 11.2(b)에는 c^1일 경우가 하나 더 그려져 있고, 오른쪽, 위쪽에 그려진 등비용선일수록 더 높은 비용 지출을 나타내므로 $c^1 > c^0$인 경우입니다.

그림으로 보는 합리적 선택의 원리

소비자모형에서는 먼저 직선인 예산선(제약식)이 주어지고 원점을 향해 볼록한 여러 개의 무차별곡선으로 구성된 무차별지도(목적함수)를 가져와서 이들이 접하는 점을 찾았습니다. 소비자의 선택 범위는 예산선과 그 안쪽의 삼각형 부분이고, 오른쪽/위쪽의 무차별곡선을 더 선호하므로, 그림 11.3(a)에서 삼각형 예산집합의 가장 바깥쪽에서 예산선과 무차별곡선이 접하는 점을 찾습니다.

그림 11.1에서 생산자의 합리적 선택 원리도 비슷합니다. 이번에는 제약식이 먼저 곡선인 등량곡선으로 주어지면, 제약식을 만족하는 영역은 그보다 위쪽입니다. 한편 생산자는 가능한 한 비용을 줄이고자 하고, 비용이 낮은 방향은 왼쪽/안쪽이므로 등비용선 중에서 가능한 한 왼쪽/안쪽에 있는, 원점에 가까운 것을 고르려고 합니다. 결과적으로 그림 11.3(b)에서 보는 것과 같이 제약식을 만족하는 영역 중 가장 아래쪽/안쪽인 경계에서 등비용선과 접하는 점이 최적해가 됩니다.

그림 11.3 그림으로 보는 합리적 선택의 원리

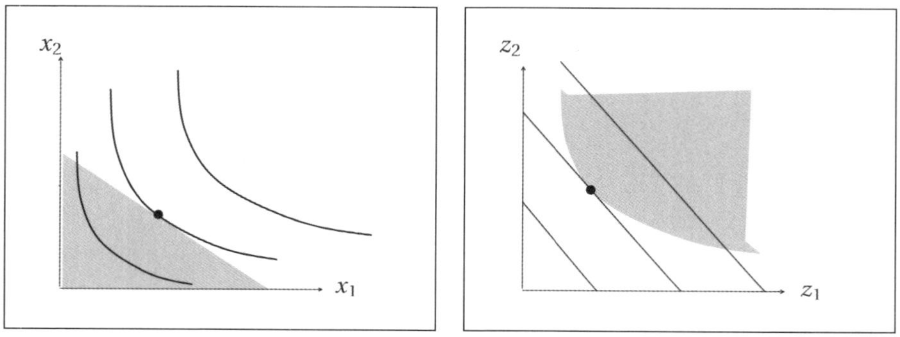

(a) 소비자모형 (b) 생산자모형

말로 풀어 써보면 다음과 같습니다. 하나로 고정된 등량곡선보다 더 아래로 내려오지 않으면서 가장 적은 비용 금액을 나타내는 등비용선, 즉 가장 안쪽(서남쪽)에 있는 등비용선에까지 가보려고 노력하는 것입니다.

한 가지 주의할 점은 그림 11.3의 무차별곡선 및 등량곡선의 모양입니다. 두 곡선 모두 원점을 향해 볼록한 모양, 즉 소비자모형에서 '예의바른' (well-behaved) 선호라고 지칭한 특징을 갖고 있습니다. 정확하게 말하자면 한계대체율(MRS) 및 한계기술대체율(MRTS)이 체감하는 경우입니다.

만약 한계기술대체율이 체감하지 않는 경우라면, 최적해는 그림 11.3에서와 달리 등량곡선과 등비용선의 기울기가 일치하는 접점이 아닐 수도 있습니다. 하지만, 주어진 등량곡선과 그 위쪽의 범위 중에서 가능한 한 등비용선을 왼쪽/아래쪽으로 끌어내려 만나는 점을 찾는다는 원리는 여전히 적용됩니다.

수식으로 표현한 합리적 선택의 원리

제6장의 소비자모형 풀이와 마찬가지로, 그림으로 본 합리적 선택 원리는 다시 간단한 수식으로 표현해줄 수 있습니다. 소비자모형의 경우, 두 가지 가정을 통해서 두 가지 조건을 도출했었습니다. 첫 번째는 경제재화 가정이 성립할 경우 예산액을 남기지 않고 모두 사용하므로 예산제약이 등식으로 성립, 즉

(조건 a) $$p_1x_1^* + p_2x_2^* = m$$

입니다. 두 번째는 '예의바른' 선호, 즉 한계대체율이 체감하는 경우 (그리고 두 재화의 수요량이 모두 양수인 경우), 무차별곡선과 예산선이 접한다는 것, 즉

(조건 b) $$MRS(x_1^*, x_2^*) = \frac{p_1}{p_2}$$

이 효용극대화의 조건입니다. 위의 두 조건식들을 연립하여 풀면 수요함수 $x_1^*(p_1, p_2, m)$, $x_2^*(p_1, p_2, m)$을 도출할 수 있었습니다. 생산자모형도 비슷한 조건들이 성립합니다. 필요한 가정들은 이미 앞 장에서 제시했지만, 다시 한번 적어보겠습니다.

가정 11.1 (생산적 요소) 두 요소는 모두 생산적이다. 즉 $MP_1 > 0$, $MP_2 > 0$

결과 11.1

가정 11.1이 성립하면, 비용극소화점에서 생산량 제약식은 등식으로 성립한다.

(11.4) $$f(z_1^*, z_2^*) = q_0$$ [조건 a]

다르게 표현하자면, 만약 어떤 점 (z_1^0, z_2^0)에서 $f(z_1^0, z_2^0) > q_0$이라면, 이 점 (z_1^0, z_2^0)은 비용극소화점이 아니다.

설명: 만약 어떤 점 (z_1^0, z_2^0)에서 $f(z_1^0, z_2^0) > q_0$이라고 합시다. 그렇다면 이 점은 결코 비용극소화점이 아니라는 것을 증명하겠습니다.

생산적 요소 가정에 따라서 두 요소 중 아무것이나 조금 투입량을 줄인다면

생산량 $q = f(z_1, z_2)$는 조금 줄어들 것입니다. 하지만 아주 조금 생산량이 줄어들더라도 여전히 $q = f(z_1, z_2) > q_0$라는 제약 조건은 만족할 수 있습니다. 그런데 만약 (z_1^0, z_2^0)보다 요소 투입량이 조금 줄어든다면 요소 투입에 들어가는 비용 $c = w_1 z_1 + w_2 z_2$ 또한 조금 줄어듭니다. 다시 말해서 여전히 제약조건을 만족하면서 (z_1^0, z_2^0)보다 비용이 적게 드는 투입량이 있다는 뜻입니다. 따라서 (z_1^0, z_2^0)은 비용극소화점이 아닙니다. □

참고로 두 요소가 모두 생산적일 필요는 없습니다. 즉, 둘 중 하나만 생산적이더라도 방금 설명은 그대로 적용됩니다. 하지만 생산요소의 개념 자체로 볼 때 생산적 요소 가정은 너무 당연한 것이기도 합니다.

가정 11.2 (MRTS 체감) 요소간 한계기술대체율(MRTS)은 (z_1이 증가할 때) 감소한다.

결과 11.2

가정 11.1과 가정 11.2가 성립하고, 비용극소화점에서 $z_1^* > 0$, $z_2^* > 0$이라면

$$MRTS(z_1^*, z_2^*) = \frac{w_1}{w_2} \tag{11.5}$$ [조건 b]

가 성립한다.

설명: 일단 **가정 11.1**이 성립한다면 바로 앞의 결과에 따라 비용극소화점은 등량곡선 위에 있습니다. 즉 $f(z_1^*, z_2^*) = q_0$입니다. 이제 이 점에서 등량곡선의 기울기($-MRTS$)가 등비용선의 기울기($-\frac{w_1}{w_2}$)와 일치한다는 것은 소비자모형에서 한계대체율과 예산선 기울기가 일치한다는 것과 똑같은 논리입니다.

그림 11.4를 보면 이해에 도움이 될 것입니다. (a)의 점 A는 등량곡선 상에 있지만, 등비용선과 접하지 않습니다. 특히 등량곡선의 기울기가 더 가파르게 되어 있습니다. 즉 $MRTS_A > w_1/w_2$입니다. MRTS는 생산량이 변하지 않으면서 두 요소를 서로 대체할 수 있는 비율이고, 등비용선의 기울기는 요소시장에서 요소 1을 더 구입하기 위해 포기해야 하는 요소 2의 수량입니다. 점 A의 상태에서 만약 요소가격에 따라 요소 1을 더 고용하고 대신 요소 2를 일부 덜 사용한다면,

등비용선을 타고 오른쪽으로 이동하게 됩니다. 그런데 그 점은 주어진 등량곡선보다 위쪽, 즉 필요한 양보다 더 많이 재화를 생산하는 경우입니다. (그림의 점 X)

그런데 MRTS의 값이 두 요소의 상대가격에 비해 더 크기 때문에, 요소 1을 조금 늘려주면서 요소 2를 좀 더 많이 포기해도 여전히 동일한 생산량을 만들어 낼 수가 있는 것입니다. 따라서 점 X로 이동하는 대신, 그림 (b)에서처럼 점 B로 이동할 수 있습니다. 점 B를 통과해서 지나가는 등비용선은 점 A를 통과하는 등비용선보다 원점에 더 가깝습니다. 즉, 비용이 덜 드는 것입니다. 그런데 여기서 끝난 것이 아닙니다. 점 B는 점 A보다는 MRTS의 값이 줄어들었지만 여전히 등비용선 기울기인 요소가격의 비율보다 그 값이 더 큽니다. 여전히 더 요소 1을 구입하고 대신 요소 2를 조금 줄여도 괜찮은 것이죠.

이 과정은 그림 (c)에 나온대로 등량곡선과 등비용선이 한 점 C에서 접할 때까지 계속됩니다. 최종적으로 목표 수량을 생산하면서 비용을 가장 적게 들이는 점은 C이고, 이때 $MRTS_C = w_1/w_2$가 성립합니다. □

결과 11.2에서 $z_1^* > 0$이고 $z_2^* > 0$라는 조건이 달려 있는 것은 **그림** 11.5 같은 가능성 때문입니다. 그림에서 등량곡선과 등비용선이 접하는 것은 점 B에서입니다. 하지만 이 점에서는 요소 2의 투입량이 음수입니다. 요소를 음수로 투입한다는 것은 불가능하다고 본다면, 주어진 등량곡선 상에서 실제로 비용을 극소화하는 점은 A입니다. (이때 물론 요소 2는 전혀 투입하지 않습니다.) 점 A에서는 (조건 b)가 성립하지 않습니다. 등비용선이 등량곡선에 비해서 더 완만하지요. 위의 논리에 따르자면 이 경우 요소 1을 더 많이 투입하는대신, 요소 2의 투입량을 줄여야겠지만 점 A에서 요소 투입량은 0이므로 더 이상 줄일 수가 없고 점 A에 머무르는 것이 비용극소화입니다.

11.3 생산자모형의 해

생산자모형, 즉 비용극소화 모형의 해를 찾는 원리를 공부했으니 이제 실제로 문제들을 풀어볼 차례입니다. 그에 앞서 몇 가지 개념 정리를 먼저 하겠습니다.

그림 11.4 비용극소화점에서 등량곡선과 등비용선이 접하는 원리

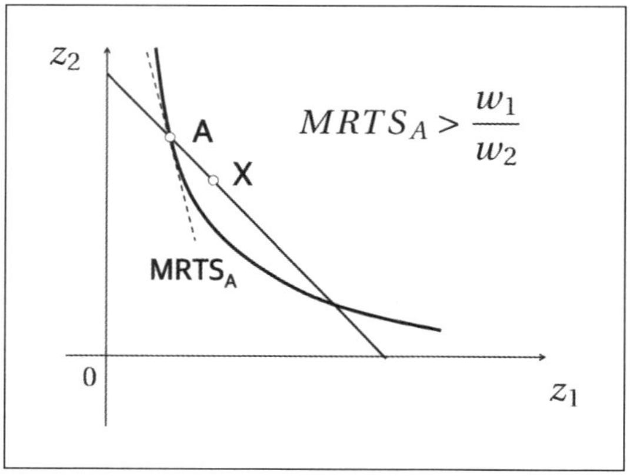

(a)

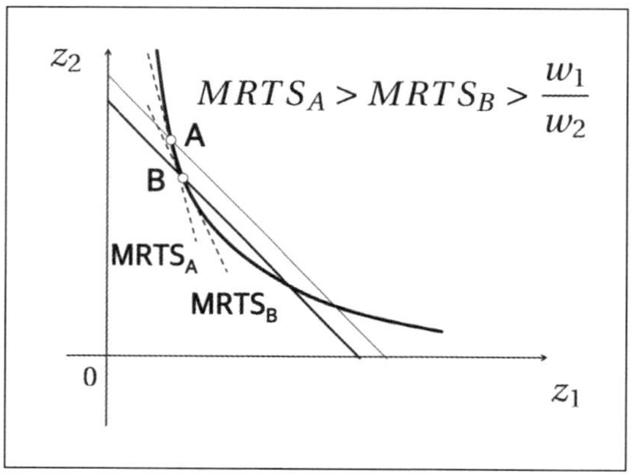

(b)

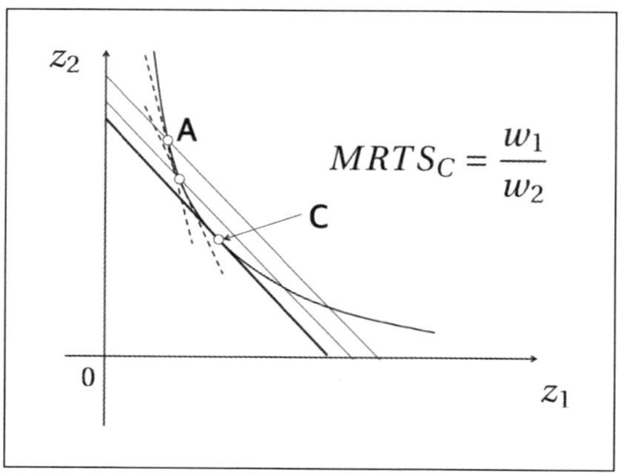

(c)

그림 11.5 결과 11.2에서 $z_1^*>0$, $z_2^*>0$라는 조건이 필요한 이유

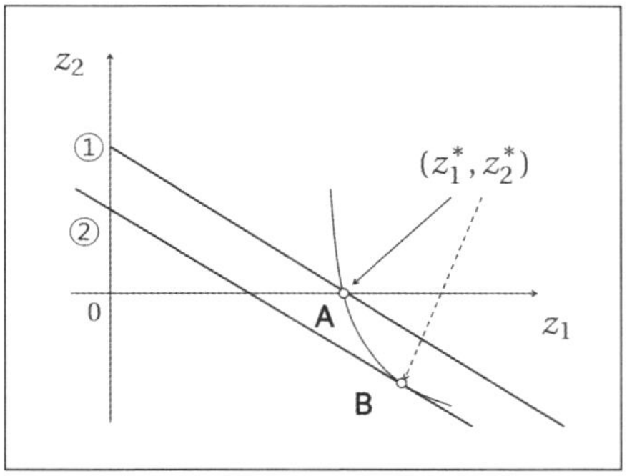

조건부 요소수요함수

생산자모형이 내생변수는 (z_1, z_2)이고 외생변수는 (q_0, w_1, w_2)입니다. **가정 11.1**과 **가정 11.2**가 성립한다는 전제 하에 **결과 11.1**과 **결과 11.2**를 활용하면 비용극소화 모형의 해를 찾을 수 있습니다. 즉,

(11.4) $$f(z_1^*, z_2^*) = q_0$$ [조건 a]

(11.5) $$MRTS(z_1^*, z_2^*) = \frac{w_1}{w_2}$$ [조건 b]

의 두 식을 만족하는 (z_1^*, z_2^*)를 찾으면 그것이 답입니다. (11.5) 식을 이용하기 위해서는 $MRTS(z_1, z_2)$를 계산할 수 있어야 하는데, 앞 장에서 본 것처럼

(11.6) $$MRTS = \frac{MP_1}{MP_2} = \frac{\partial f/\partial z_1}{\partial f/\partial z_2}$$

를 사용하면 됩니다. 즉 생산자모형의 문제를 풀어 해를 얻으면 다음 형태입니다.

(11.7) $z_1^*(w_1, w_2, q_0)$, $z_2^*(w_1, w_2, q_0)$ [조건부 요소수요함수]

이 함수들을 지칭해서 **조건부 요소수요함수**(conditional factor demand function)라고 합니다. 소비자의 효용극대화 문제를 풀면 재화에 대한 수요함수와 나오는 것과 마찬가지로, 생산자의 비용극소화 문제를 풀면 요소에 대한 수요함수가 나옵니다. 조건부 요소수요함수의 종속변수는 무엇일까요? 요소 수요량입니다. 그렇다면 독립변수는 무엇일까요? 생산자모형의 외생변수인 (w_1, w_2, q_0) 즉 요소의 가격과 재화의 목표 생산량입니다.

그런데 도대체 왜 **조건부**라는 말이 달려 있을까요? 이는 목표 생산량 q_0의 성격 때문입니다. 기업의 일부인 생산자에게 재화 생산량은 '외부'에서 주어지는 외생변수입니다. 하지만 좀 더 관점을 넓혀서 기업 전체로 보면 재화 생산량은 결국 기업 내부에서 결정되어야 하는 내생변수입니다. 따라서 생산자보다 넓은 기업, 즉 생산자와 판매자를 모두 포함하는 기업에 대한 모형에서 생산량 q는 외생변수가 아니라 모형 내에서 결정되어야 하는 내생변수입니다. 기업 모형의 진정한 **요소수요함수**에는 q_0가 들어 있지 않습니다. 이 요소수요함수와 구분하기 위해서, 생산자의 요소수요함수에는 **조건부**라는 수식어를 붙입니다.

비용함수

생산자모형의 문제를 풀면 내생변수의 값 (z_1^*, z_2^*)를 (w_1, w_2, q_0)의 함수로 얻을 수 있습니다. 하지만, 이 문제에서 또 하나 중요한 결과는 요소수요량 자체보다, 목적함수의 값 즉

$$(11.8)\quad w_1 z_1^*(w_1, w_2, q_0) + w_2 z_2^*(w_1, w_2, q_0) \equiv C(w_1, w_2, q_0) \qquad \text{[비용함수]}$$

입니다. 식 (11.8)에 의해 계산한 값의 의미는 요소가격이 (w_1, w_2)이고 재화를 q_0만큼 생산하고자 할 때 생산자가 지출해야 하는 최소의 비용입니다. 식 (11.8)의 관계를 함수로 본다면, 종속변수는 비용이고, 독립변수는 (w_1, w_2, q_0) 즉 요소가격과 재화 생산량입니다. 이를 **비용함수**(cost function)라고 합니다.

여기서 한 가지 단순화 가정을 도입합니다.

가정 11.3 요소가격 (w_1, w_2)은 고정되어 있다.

다시 말해 가정 11.3은 (w_1, w_2)을 변수로 취급하지 않겠다는 뜻입니다. 그렇다면 비용함수를 다시 써서

$$C(q) = w_1 z_1^*(w_1, w_2, q) + w_2 z_2^*(w_1, w_2, q) \tag{11.9}$$

[(단순화된) 비용함수]

라고 하고, 오로지 재화 생산량 q의 함수로만 간주하고자 합니다. 목표 생산량을 q_0라고 쓰다가 이제 q라고 씁니다. 애초에 목표 생산량이 어떤 값으로 주어진 것으로 보았기 때문에 q_0라는 특정한 값을 강조했지만, 앞으로 우리는 q를 변수로 하는 비용함수를 주로 다룰 예정입니다.

11.4 생산자모형 풀이 연습

이제 지금까지 공부한 것들을 활용해서 문제들을 풀어보겠습니다.

예제 11.1

콥-더글라스 생산함수 $f(z_1, z_2) = z_1 z_2$에 대해 답하시오.

(1) 요소의 가격이 $w_1 = 1$, $w_2 = 2$일 때, $q_0 = 50$을 최소한의 비용을 들여 생산하기 위해 필요한 요소 투입량을 구하시오.

(2) $w_1 = 1$, $w_2 = 2$일 때 조건부 요소수요함수와 비용함수를 도출하시오.

(3) w_1, w_2의 값이 구체적인 수치로 주어지지 않았을 때 조건부 요소수요함수 및 비용함수를 도출하시오.

풀이 먼저 가정들이 성립하는지 확인해보겠습니다. $MP_1 = \frac{\partial f}{\partial z_1} = z_2$이고 $MP_2 = \frac{\partial f}{\partial z_2} = z_1$입니다. 따라서 $z_1 > 0$, $z_2 > 0$이기만 하다면 두 요소 모두 생산적입니다. 만약 두 요소 중 하나라도 0이면 재화 생산량 또한 0이 되므로 목표 생산량 $q_0 = 50$을 맞출 수 없으니 $z_1 > 0$, $z_2 > 0$이 당연합니다. 한계기술대체율의 체감을 확인합니다.

$$MRTS = \frac{MP_1}{MP_2} = \frac{z_2}{z_1}$$

이므로, 등량곡선 상에서 오른쪽으로 이동할 때 z_1은 증가하고 z_2는 감소합니다. 그렇다면 $MRTS$의 공식에서 분모는 증가하고 분자는 감소하므로 전체 값도 감소합니다. 따라서 (조건 a), (조건 b)를 사용해서 비용극소화 해를 구할 수 있습니다.

(1) (조건 a)를 이 문제의 맥락에 맞게 작성해보면

$$(*) \qquad z_1 z_2 = 50$$

이고 (조건 b)는 문제에서 $w_1/w_2 = 1/2$이므로

$$(**) \qquad \frac{z_2}{z_1} = \frac{1}{2}$$

입니다. 식 $(**)$에서 $z_1 = 2z_2$이고 이를 식 $(*)$에 대입하면 $z_1 z_2 = 2z_2 \cdot z_2 = 2z_2^2 = 50$이므로 $z_2 = 5$가 됩니다. 다시 식 $(**)$을 이용하면 $z_1 = 2z_2 = 10$이지요. 따라서 주어진 요소가격 $(w_1, w_2) = (1, 2)$ 하에서 $q_0 = 50$을 최소 비용을 들여서 생산하는 방법은 $(z_1, z_2) = (10, 5)$를 투입하는 것입니다. 이때 들어가는 실제 비용은 $w_1 z_1 + w_2 z_2 = 1 \times 10 + 2 \times 5 = 20$입니다.

(2) 요소가격은 (1)에서처럼 수치로 주어지지만 재화생산량은 따로 주어지지 않았습니다. 임의의 생산량 q에 대해서 필요한 요소투입량과 그에 따른 비용을 공식으로 도출하는 것이 문제의 목적입니다. 과정 자체는 (1)과 동일합니다. 먼저 $(*)$는

$$(*') \qquad z_1 z_2 = q$$

이고, 한편 $(**)$에는 q가 없으므로 앞의 (a)의 것을 그대로 사용해도 됩니다. 앞에서처럼 식 $(**)$에서 $z_1 = 2z_2$이고 이를 새로운 $(*')$에 대입하면 $z_1 z_2 = 2z_2 \cdot z_2 = 2z_2^2 = q$이므로

$$(11.10) \qquad z_2 = \sqrt{\frac{q}{2}} \qquad \text{[요소 2에 대한 조건부 수요함수]}$$

이고 다시 $(**)$를 이용하면 $z_1 = 2z_2 = 2\sqrt{\frac{q}{2}}$이므로

$$(11.11) \qquad z_1 = \sqrt{2q} \qquad \text{[요소 1에 대한 조건부 수요함수]}$$

를 얻습니다. 따라서 비용함수는

$$C(q) = w_1 z_1 + w_2 z_2 = \sqrt{2q} + 2\sqrt{\frac{q}{2}} = 2\sqrt{2q} \tag{11.12}$$ [비용함수]

입니다.

(3) 이제 w_1, w_2도 수치로 주어지지 않습니다. 조건부 요소수요함수와 비용함수는 (w_1, w_2, q)의 함수가 될 것입니다. 제약식은 $(*')$와 동일합니다. 한편 $(**)$에서 우변의 w_1/w_2 부분이 식으로 바뀝니다.

$$\frac{z_2}{z_1} = \frac{w_1}{w_2} \tag{$**'$}$$

이제 식 $(**')$에서 $z_1 = \frac{w_2}{w_1} z_2$이고 이를 $(*')$에 대입하면 $\frac{w_2}{w_1} z_2 \cdot z_2 = \frac{w_2}{w_1} z_2^2 = q$이므로

$$z_2 = \sqrt{\frac{w_1}{w_2} q} \tag{11.13}$$ [요소 2에 대한 조건부 수요함수]

이고 마찬가지로

$$z_1 = \sqrt{\frac{w_2}{w_1} q} \tag{11.14}$$ [요소 1에 대한 조건부 수요함수]

이며, 비용함수는 이렇게 됩니다.

$$C(q) = w_1 \sqrt{\frac{w_2}{w_1} q} + w_2 \sqrt{\frac{w_1}{w_2} q} = 2\sqrt{w_1 w_2 q} \tag{11.15}$$ [비용함수]

참고로 $f(z_1, z_2) = z_1 z_2$라는 콥-더글라스 생산함수에 대해 예제를 푸는 과정에서 식 $(**')$를 보면 $w_1 z_1 = w_2 z_2$가 나왔는데 이를 말로 해보면 두 요소에 대한 비용 지출액이 서로 동일하다는 것입니다. 이는 $U(x_1, x_2) = x_1 x_2$라는 콥-더글라스 효용함수를 사용한 수요함수 도출 시에도 보았던 것과 비슷합니다.

이번에는 한계기술대체율을 요소가격비율과 일치시키는 방식으로 풀 수 없는 경우를 보겠습니다.

예제 11.2

고정비율 생산함수 $f(z_1, z_2) = \min\{z_1, z_2\}$에 대해 답하시오.

(1) 요소의 가격이 $w_1 = 1$, $w_2 = 2$일 때, $q_0 = 50$을 최소한의 비용을 들여 생산하기 위해 필요한 요소 투입량을 구하시오.

(2) $w_1 = 1$, $w_2 = 2$일 때 조건부 요소수요함수와 비용함수를 도출하시오.

(3) 조건부 요소수요함수 및 비용함수를 도출하시오.

풀이 (1) 앞의 예제와 생산함수만 바뀌었을 뿐 나머지는 동일한 문제입니다. 하지만 이번에는 한계기술대체율을 도출조차 할 수 없는 특수한 생산함수입니다. 그림을 그려서 해결할 수도 있지만, 생산함수의 의미를 새겨본다면 쉽게 답을 끌어낼 수 있습니다. 주어진 생산함수는 재화 1단위를 생산하기 위해서 반드시 요소 1과 요소 2를 각각 1단위씩 투입해야 하는 기술을 나타냅니다. 따라서 $q_0 = 50$을 생산하려면 요소 1과 요소 2를 각각 50단위씩 투입해야 합니다. (이때 들어가는 비용은 $1 \times 50 + 2 \times 50 = 150$이겠지요.) 생산함수의 작동 방식이 고정비율이므로 비용을 극소화할 특별한 방법이 있지 않고 필요한 양을 그대로 써야 합니다.

(2) 생산량을 q로 하자면 요소 투입량 역시 q단위씩이어야 합니다. 즉 조건부 요소수요함수는 $z_1 = q$, $z_2 = q$입니다. 이에 대해 들어가는 비용을 함수로 계산하면 $C(q) = 1 \times q + 2 \times q = 3q$가 되겠습니다.

(3) 요소가격을 임의로 설정하더라도 조건부 요소수요함수는 여전히 $z_1 = z_2 = q$입니다. 다만 비용함수는 이제 $C(q) = w_1 q + w_2 q = (w_1 + w_2)q$의 형태가 됩니다.

예제 11.3

요소간 완전대체 생산함수 $f(z_1, z_2) = z_1 + z_2$에 대해 답하시오.

(1) 요소의 가격이 $w_1 = 1$, $w_2 = 2$일 때, $q_0 = 50$을 최소한의 비용을 들여 생산하기 위해 필요한 요소 투입량을 구하시오.

(2) $w_1 = 1$, $w_2 = 2$일 때 조건부 요소수요함수와 비용함수를 도출하시오.

(3) 조건부 요소수요함수 및 비용함수를 도출하시오.

풀이 이번에는 등량곡선이 직선인 완전대체 생산기술입니다. 이 기술의 특징은 두 요소 간의 한계기술대체율이 일정하기 때문에 요소의 상대적인 가격을 비교해서 둘 중 더 저렴한 쪽의 요소만을 일방적으로 사용하는 것이 유리할 수 있다는 것입니다.

(1) 두 요소는 서로 1:1로 대체 가능합니다. (즉, 실제로 생산 과정에서 동등한 역할을 합니다.) 그런데 요소가격이 $w_1 = 1 < 2 = w_2$이므로 요소 1이 더 저렴합니다. 따라서 요소 2는 사용하지 않고 요소 1만 사용하는 것이 합리적입니다. 즉 재화를 50단위 만들기 위해서 요소 2는 사용하지 않고 요소 1만 50단위 사용하는 것이 비용을 극소화하는 방법입니다. (이때 들어가는 비용은 50이 되겠지요.)

(2) 생산량이 q라면 여전히 요소 1만 사용하되 그 사용량이 $z_1 = q$입니다. 여전히 $z_2 = 0$입니다. 비용함수는 $C(q) = 1 \times z_1 = q$입니다.

(3) w_1, w_2가 여러 가지 값을 가질 수 있다면 비용극소화 선택은 두 요소 중 어느 쪽이 더 저렴하냐에 달려 있습니다. 즉, $w_1 < w_2$라면 요소 1만 사용하고, 반대로 $w_1 > w_2$라면 요소 2만 사용합니다. $w_1 = w_2$이면 생산성도 동일하고 가격도 동일하므로 어떤 식으로 섞어서 사용하든 상관없습니다. 즉 $w_1 < w_2$이면 $z_1 = q$, $z_2 = 0$이 조건부 요소수요함수이고 반대로 $w_1 > w_2$이면 $z_1 = 0$, $z_2 = q$가 조건부 요소수요함수입니다. 비용함수는 $w_1 < w_2$인 경우에는 $C(q) = w_1 q$가 되고, $w_1 > w_2$인 경우에는 $C(q) = w_2 q$가 되므로 간략하게는

$$C(q) = \min\{w_1, w_2\} q$$

가 됩니다. ($w_1 = w_2 = w$인 경우라면 두 요소를 적당히 섞어서 전체 q단위만큼을 투입하면 되므로 비용함수는 여전히 $C(q) = wq$입니다.)

예제 11.2와 예제 11.3에서 흥미로운 사실은 $f(z_1, z_2) = \min\{z_1, z_2\}$일 때 비용함수는 $C(q) = (w_1 + w_2)q$이고, $f(z_1, z_2) = z_1 + z_2$일 때 비용함수는 $C(q) = \min\{w_1, w_2\}q$라는 점입니다. 즉, 생산함수가 선형일 때 비용함수는 'min'함수이고, 생산함수가 'min'함수일 때 비용함수는 선형인 것이 눈에 띕니다.

연습문제

문제 11.1 생산함수가 다음과 같다: $Q = 2K + L$ (K는 자본 투입량, L은 노동 투입량, Q는 생산량)

(1) 자본과 노동 가격이 모두 1원이다. $Q = 20, 40, 60$에 대해 각각 최적 요소 투입량을 구하시오.

(2) 자본 가격이 3원으로 인상되었다. (노동 가격은 고정) (1)의 최적 투입량을 다시 계산하시오.

문제 11.2 어느 기업의 생산함수가 $f(x_1, x_2) = \sqrt{x_1 x_2}$이고, 요소 1의 가격 $w_1 = 8$, 요소 2의 가격 $w_2 = 16$이다. 비용을 극소화하는 요소 1의 투입량은 무엇인가?

문제 11.3 생산함수가 $f(x_1, x_2) = \min\{3x_1, x_2\}$, 요소 1의 가격 $w_1 = 9$, 요소 2의 가격 $w_2 = 4$이다. 재화의 생산량이 15일 때 드는 최소 비용을 구하시오.

문제 11.4 $f(x_1, x_2) = \sqrt{x_1} + x_2$, 요소가격은 $w_1 = w_2 = 1$이다. 재화 생산량 q에 대한 최소 비용 공식, 즉 장기비용함수 $c(q)$를 도출하시오. (* 힌트: q가 1/2보다 작을 때와 클 때 각각 비용함수가 달라지므로 나누어서 푸시오.)

문제 11.5 생산함수가 $f(z_1, z_2) = \sqrt{z_1} + 2\sqrt{z_2}$이고, 요소의 가격이 $w_1 = 1$, $w_2 = 2$일 때 요소들에 대한 조건부 수요함수와 비용함수를 도출하시오.

microeconomics

제12장

장기비용의 분석

날마다 짤막한 노래 한 곡이라도 듣고,
좋은 시 한 편을 읽고,
우아한 그림 하나를 보고,
그리고 가능하다면 그럴 듯한 말 몇 마디는 해야 한다.
- 요한 볼프강 폰 괴테, 『빌헬름 마이스터의 수업시대』[1]

생산자모형의 도구상자

아쉽게도 노래나 시를 들려드릴 수는 없네요. 우아하다고 부르기는 곤란한 그림 여러 개가 등장하겠습니다. 최소한 이 장에서 설명하는 내용이 그럴 듯하기를 바라겠습니다. 앞 장에서 생산자의 합리적 선택 모형, 즉 비용극소화 문제의 해를 찾아내는 원리를 공부했습니다. 그 결과로 얻어진 합리적 요소 투입량을 실제로 투입하기 위해서 들어가는 비용을 계산하면 그것이 **비용함수**입니다. 비용함수는 생산자모형에서 가장 중요한 개념입니다.

경제모형에 등장하는 주요 개념은 정의도 잘 알아야 하고, 예제를 통해서 식으로 풀 줄도 알아야 하며, 다양한 그림(그래프)을 동원해서 직관적으로 이해할 수도 있어야 합니다. 이 장에서는 비용을 이리저리 뜯어보는 다양한 방식의 접근들, 특히

1 Johann Wolfgang von Goethe, *Wilhelm Meister's Lehrjahre* (1795–96).

비용함수를 그림으로 표현한 여러 가지 비용곡선(cost curve)에 대해서 설명하겠습니다. 다양한 종류가 나오기 때문에 혼란에 빠지기 쉽습니다. 생산자모형을 잘 사용하기 위한 쓸모있는 도구상자를 장만한다고 생각하고 차근차근 알아봅시다.

12.1 단위당 비용

생산자모형에서 모든 비용 개념은 기본적으로 요소의 투입에 대한 지출액에서 나옵니다. 생산자의 비용극소화 문제가 주어지면 그 외생변수는 (w_1, w_2, q)이고 이 조건 하에서 비용을 극소화하는 요소 투입량, 즉 조건부 요소수요함수를 도출합니다. 이를 $z_1(w_1, w_2, q)$와 $z_2(w_1, w_2, q)$라고 쓸 때 요소에 대한 지출액을 식으로 쓰면

$$w_1 z_1(w_1, w_2, q) + w_2 z_2(w_1, w_2, q) \equiv C(w_1, w_2, q)$$

가 비용함수인 것입니다.

요소가격의 변화에 따라서 비용이 어떻게 변하는지를 살펴보는 것도 나름 의미가 있습니다만 이 작업은 마지막에 간략하게만 검토하도록 하고, 이 장의 대부분에서는 w_1, w_2는 변하지 않는 어떤 일정한 값들로 주어졌다고 가정하겠습니다. 즉 비용함수를 $C(w_1, w_2, q)$ 대신 $C(q)$로 취급합니다. 재화 생산량 q를 비용함수의 주된 변수로 보고 비용함수를 분석한다면, 이는 곧 q가 변할 때 비용이 어떻게 변하는지를 살펴보는 일입니다.

주어진 비용함수 $C(q)$를 그래프로 그리면 비용곡선(cost curve), 좀 더 정확하게는 총비용곡선(total cost curve)이 됩니다. 가로축에 재화 생산량 q를 표시하고, 세로축에 비용을 표시한 평면 상에 그린 그림입니다. 그렇다면 이 비용곡선의 모양이 어떻게 생겼는지를 알아보는 것이 비용 분석의 중요한 단계가 될 것입니다.

먼저 특별한 사정이 없다면 당연히 비용곡선은 우상향하는 모양, 즉 증가함수의 그래프일 것입니다. 재화를 더 많이 생산하려면 더 높은 비용이 들테니까요. 나아가서 비용곡선의 모양을 좀 더 세세하게 분석하려면 단위당 비용(unit cost)의 개념이 필요합니다. 단위당 비용이란 말 그대로 재화의 생산단위마다의 비용을

계산한 개념입니다. 단위당 비용에는 두 가지 종류가 있습니다. 이는 **한계비용**(marginal cost)과 **평균비용**(average cost)입니다. (생산함수에서 공부했던 한계생산 및 평균생산 개념들을 떠 올려보면 이해에 도움이 될 듯 합니다.)

한계비용(영어 약어로 MC)은 수학적으로는 비용함수의 도함수입니다. 즉,

$$MC(q) = \frac{dC(q)}{dq} = C'(q) \tag{12.1}$$ [한계비용]

로 정의됩니다. 해석하자면 재화의 생산량을 아주 (무한히) 조금 늘리고자 할 때 추가로 들어가야 하는 비용의 수준을 나타냅니다. 한계비용은 생산량 변화에 따라 매 단위마다 발생하는 '실제' 비용이라고 생각할 수 있습니다. 한편, **평균비용**(영어 약어로 AC)는 비용함수 전체를 재화 생산량으로 나누어준 것입니다. 즉,

$$AC(q) = \frac{C(q)}{q} \tag{12.2}$$ [평균비용]

입니다. 해석하자면 q개의 재화를 만들었을 때 총 비용이 $C(q)$ 들었다면 그 재화의 1개당 들어간 비용은 곧 평균비용이라고 볼 수 있습니다.

평균의 개념이 등장하면 해석할 때 약간의 주의가 필요합니다. 평균이라는 것은 어떤 자료가 주어질 때 그 자료를 해석하기 위해서 인위적으로 계산해보는 개념입니다. 평균생산을 설명할 때도 지적했지만, 평균 값은 실제 자료에서는 나타나지 않을 수 있는 가상적인 수치입니다. 평균비용은 생산이 이루어진 후 계산하는 사후적인 개념으로 일종의 '장부정리용'이라고 생각할 수 있습니다.

한계비용과 평균비용은 둘 다 모두 생산자모형에서 중요하게 필요한 개념들입니다. 특히 생산자모형을 넘어서 기업의 공급 활동이나 시장의 균형을 분석할 때도 중요한 역할을 합니다. 간략하게 설명하자면 한계비용은 기업의 합리적인 공급량 선택시 즉 이윤 극대화 결정시 필수적인 개념이고, 반면 평균비용은 기업이 실제로 벌어들인 이윤의 크기를 판단할 때 유용한 개념입니다. 또한 한계비용과 평균비용의 특성을 자세히 알면 비용함수 전체의 특성 또한 잘 알게 됩니다. 비용함수의 특성은 관련된 생산함수의 특성, 특히 규모수익에 중요하게 영향을 받습니다.

비용함수는 생산함수가 주어지면 그로부터 도출할 수 있습니다. 다시 말해서 한 생산자의 비용은 그 생산자가 가진 생산함수에 따라 특성이 달라집니다. 특히 생산함수의 **규모수익**(returns to scale)에 따라 달라집니다. 일단 규모수익에 따라 규모수익불변(CRS), 규모수익감소(DRS), 규모수익증가(IRS)인 경우 각각 비용함수의 특징이 어떻게 되는지를 알아볼 것입니다. 다음으로는 앞으로 공부할 시장 모형 등에서 자주 사용되는 생산기술로서 생산량에 따라 규모수익이 달라지는 경우를 검토합니다.

12.2 규모수익불변일 때 총비용, 한계비용 및 평균비용

규모수익불변(CRS)인 경우, 즉 생산함수가

(규모수익불변) $$f(tz_1, tz_2) = tf(z_1, z_2)$$

의 성질을 만족하는 경우 비용함수의 특징은 무엇일까요? 규모수익불변이라는 성질을 말로 풀어써보면 요소 투입량을 전체적으로 t배시키면 재화 산출량도 t배된다는 것입니다. 이 성질로부터 우리는 비용함수에 대해 중요한 결과를 유추해낼 수 있습니다.

그림 12.1 규모수익불변 생산기술의 상황

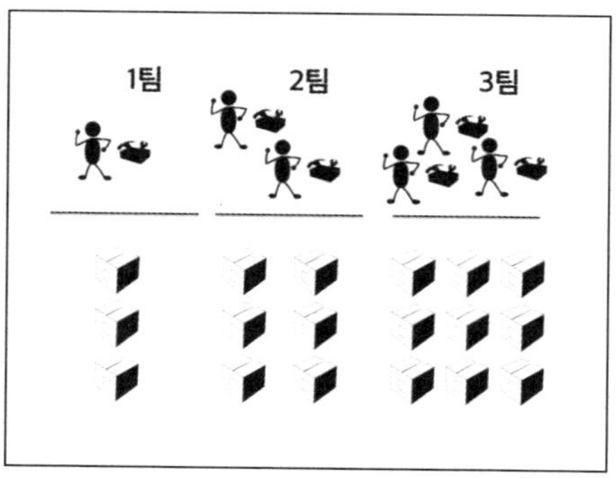

이 결과를 직관적으로 이해하기 위해 비유를 들어보겠습니다. (그림 12.1) 어떤 물건을 만드는 공장이 있습니다. 이 물건을 만들려면 기술자 한 사람이 도구를 가지고 일해야 합니다. 기술자 한 사람과 도구상자 하나를 묶어서 하나의 '팀'이라고 부르겠습니다. 1개의 팀(즉, 기술자 1사람과 도구상자 1개)이 1시간 동안 작업을 하면 물건 3상자를 만들 수 있습니다. 팀의 수를 2개로 늘려서 기술자 2사람이 각각 도구상자 1개씩을 갖고 함께 일하면 1시간에 6상자를 만들고, 3개의 팀, 즉 기술자 3명과 도구상자 3개가 함께 일하면 1시간에 9상자를 만들 것입니다.

당연하게 들릴 수 있지만 그림 12.1에 묘사되어 있는 상황은 바로 규모수익불변 생산기술의 한 예입니다. 이런 기술이 성립하기 위해서는 각 기술자의 기술수준이 동일하고 제공되는 도구상자도 다 같은 품질을 가지고 있을 뿐 아니라, 여러 팀들이 함께 일할 때 서로 방해가 되거나 그 반대로 시너지가 일어나는 일이 절대 없이 각자 동일한 생산성을 발휘해야 합니다.

이런 상황에서 생산자의 비용은 어떤 형태를 가질까요? 1시간에 물건 3상자를 만들기 위해서는 한 개의 팀을 고용해야 합니다. 기술자 한 사람에게 시간당 얼마의 임금을 주어야 할 것이고, 도구상자 한 개를 한 시간 동안 쓰는 데도 일정한 금액의 임대료가 필요할 것입니다.

그림 12.2 규모수익불변 생산기술일 때 비용

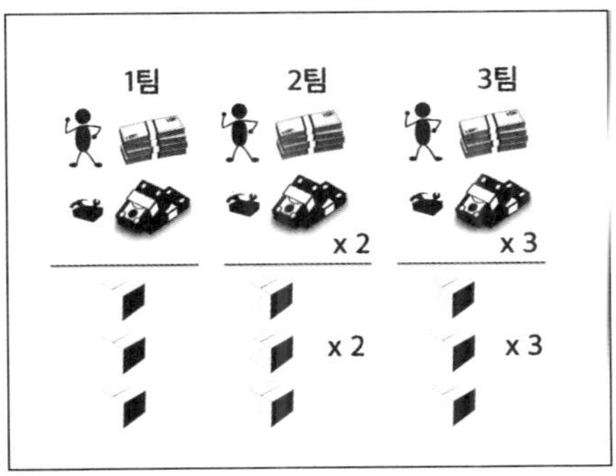

그렇다면 이제 물건을 6상자 만들기 위해서는 2개의 팀을 투입해야 하고 따라서 비용은 2배가 되며, 물건을 9상자 만들기 위해서는 3개의 팀을 투입해야 하므로

비용은 3배가 됩니다. (그림 12.2) 다시 말해서 생산하는 재화의 양을 2배, 3배 늘려갈 때 투입해야 하는 요소의 양도 전체적으로 2배, 3배가 되고, 따라서 비용 또한 2배, 3배가 되는 것입니다.

결과 12.1 (1) 규모수익불변인 생산함수로부터 비용함수 $C(q)$를 도출하면 모든 $t > 0$에 대해

$$C(tq) = tC(q)$$

이다. 즉 비용함수는 산출량 q의 1차함수이고, 그 그래프는 원점을 통과하는 직선이다. (그림 12.3(a))

간단하게 생각해서 규모수익불변 개념을 반대 방향으로 뒤집으면, 재화 산출량을 t배 하기 위해서 요소 투입량을 t배해주면 된다는 의미이기도 합니다. 그런데 비용은 결국 요소에 대한 지출액 $w_1z_1 + w_2z_2$이므로 만약 요소 투입량을 전체적으로 t배한다면 비용 또한 t배가 될 것입니다.[2]

특히 $C(tq) = tC(q)$가 모든 $t > 0$에 대해 성립한다면 $t = \frac{1}{q}$를 대입할 경우에도 성립해야 합니다. 대입해보면

$$C(1) = \frac{1}{q}C(q) \quad \Longrightarrow \quad C(q) = C(1)q$$

가 됩니다. 말로 해보면 생산함수가 규모수익불변이라면, q를 생산하고자 할 때

2 하지만 이렇게 간단한 논리로는 결과가 성립한다고 섣불리 결론지을 수는 없습니다. 방금의 논리는 재화 산출량을 t배 하기 위해서 비용을 t배하는 것으로 '충분'하다는 것을 보여주기는 하지만, 그것이 '필요'하다는 증명으로는 조금 모자랍니다. 즉, $C(tq) \leq tC(q)$임을 증명한 것입니다. 혹시 비용을 t배까지 들이지 않고서도 산출량을 t배 하는 것이 가능할 수도 있지 않을까요? 즉 혹시 $C(tq) < tC(q)$가 가능한 것은 아닐까요?

하지만 생각해보면 방금 걱정한 경우는 불가능하다는 것을 알 수 있습니다. 이해하기 쉽게 간단한 경우를 생각해봅시다. 한 번 $C(2q) = 1.5C(q)$라고 해보죠. $2q$를 만들기 위해 투입해야 하는 요소의 양을 (z_1', z_2')라고 한다면 $C(2q) = w_1z_1' + w_2z_2'$입니다. (z_1', z_2')로 $2q$를 만들 수 있다면 규모수익불변 성질에 의해 그 투입량을 절반으로 줄여서 q를 만들 수 있을 것입니다.

$(0.5z_1', 0.5z_2')$로 q를 생산하는 것이 가능한데, 이 투입량은 비용극소화 투입량은 아닐 수도 있습니다. 따라서 $(0.5z_1', 0.5z_2')$를 투입할 때 드는 비용은 $C(q)$보다 작을 수는 없습니다. 즉 $C(q) \leq 0.5w_1z_1' + 0.5w_2z_2'$입니다. 그런데 $0.5w_1z_1' + 0.5w_2z_2' = 0.5C(2q)$이기도 합니다. 앞에서 $C(2q) = 1.5C(q)$라고 가정했으므로 $0.5C(2q) = 0.5 \times 1.5C(q) = 0.75C(q)$가 됩니다. 이 값은 $C(q)$보다 작습니다. 다시 말해서 $C(q) \leq 0.5w_1z_1' + 0.5w_2z_2' < C(q)$인 것입니다. 이것은 불가능합니다.

들어가는 비용은 재화를 1단위 생산할 때 비용의 q배라는 것입니다. 수학적으로는 비용함수가 q의 1차함수이며, 따라서 원점을 통과하는 직선인데 그 기울기가 $C(1)$, 즉 1단위 생산에 들어가는 비용이라는 것입니다.

결과 12.1 (2) 규모수익불변인 생산함수로부터 비용함수 $C(q)$를 도출하면 그 한계비용과 평균비용은 동일한 값의 상수이다. 즉

$$MC(q) = AC(q) = C(1)$$

이고 이를 그림으로 그린다면 수평선이다. (그림 12.3(b))

앞의 $C(q) = C(1)q$라는 결과를 이용해서 이해할 수 있습니다. 한계비용은

$$MC(q) = C'(q) = C(1)$$

이고 평균비용도 마찬가지로 계산됩니다.

$$AC(q) = \frac{C(q)}{q} = \frac{C(1)q}{q} = C(1)$$

그림 12.3 생산함수가 규모수익불변일 때 비용의 특징

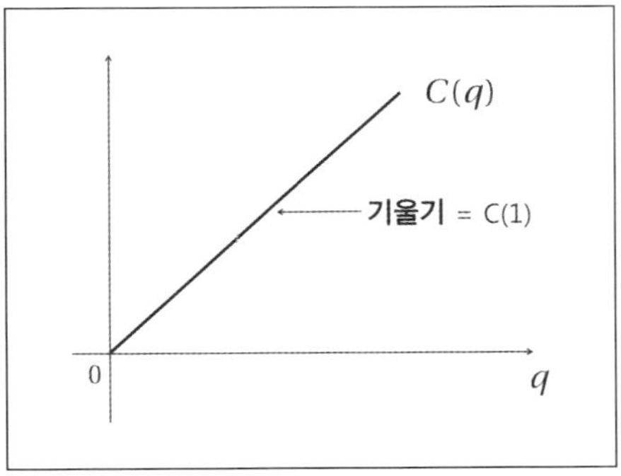

(a) 총비용

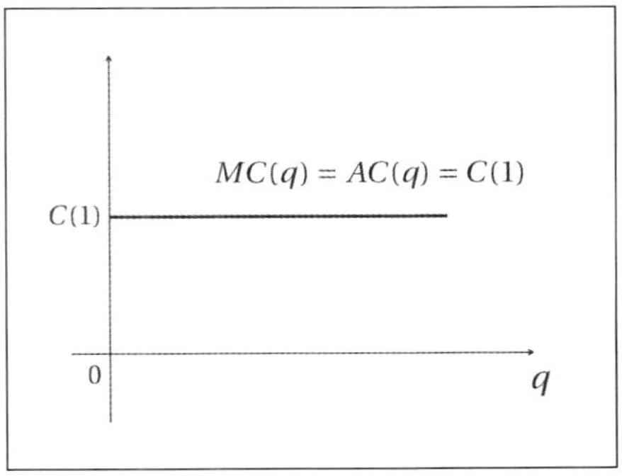

(b) 한계비용, 평균비용

예 12.1

이미 앞 장의 예제 11.2~3에서 규모수익불변인 경우들을 보았습니다.

(a) 예제 11.2에서 $f(z_1, z_2) = \min\{z_1, z_2\}$라면 $C(q) = (w_1 + w_2)q$임을 보았습니다. 여기서 $q = 1$을 생산하기 위해서는 $z_1 = z_2 = 1$이 필요하므로 $C(1) = w_1 + w_2$입니다. 총비용은 기울기가 $(w_1 + w_2)$인 직선이고, 한계비용과 평균비용은 모두 $MC(q) = AC(q) = w_1 + w_2$입니다.

이 예제를 그림 12.3에 적용해보면 $C(q)$의 기울기는 $C(1)$은 곧 $w_1 + w_2$이므로 그림 (a)는 기울기가 $(w_1 + w_2)$인 직선인 것이고, 그림 (b)는 높이가 $w_1 + w_2$인 수평선인 것입니다.

(b) 예제 11.3에서는 $f(z_1, z_2) = z_1 + z_2$인 경우를 보았는데, 이때 $C(q) = \min\{w_1, w_2\}q$였습니다. 역시 총비용함수는 직선이고 그 기울기는 $w_1 < w_2$이면 w_1, $w_1 > w_2$이면 w_2이며 이 값이 곧 한계비용이자 평균비용입니다.

예 12.2

규모수익불변인 콥-더글라스 함수의 경우도 풀어보겠습니다. 만약 $f(z_1, z_2) = \sqrt{z_1 z_2}$라고 해봅시다. 우선 이 생산함수가 규모수익불변임을 확인합니다.

$$f(tz_1, tz_2) = \sqrt{(tz_1)(tz_2)} = \sqrt{t^2 z_1 z_2} = t\sqrt{z_1 z_2} = tf(z_1, z_2)$$

이므로 규모수익불변이 맞습니다. 비용함수를 도출하기 위해서는 기본적인 가정들을 확인해야 하는데, 먼저 한계생산을 공식으로 도출하면

$$MP_1 = \frac{\partial f}{\partial z_1} = \frac{\sqrt{z_2}}{2\sqrt{z_1}}, \qquad MP_2 = \frac{\partial f}{\partial z_2} = \frac{\sqrt{z_1}}{2\sqrt{z_2}}$$

입니다. $z_1 > 0$, $z_2 > 0$라면 $MP_1 > 0$, $MP_2 > 0$이므로 두 요소 모두 생산적입니다. 또한 한계기술대체율은

$$MRTS = \frac{MP_1}{MP_2} = \frac{\frac{\sqrt{z_2}}{2\sqrt{z_1}}}{\frac{\sqrt{z_1}}{2\sqrt{z_2}}} = \frac{z_2}{z_1}$$

이므로 등량곡선 상에서 오른쪽으로 이동할 때 (z_1은 증가, z_2는 감소할 때) 분모는 증가, 분자는 감소하므로 전체 값은 감소하여 한계기술대체율 체감이 확인됩니다.

따라서 비용극소화를 만족하는 요소 투입량을 (z_1^*, z_2^*)라고 한다면

$$(*) \qquad q = \sqrt{z_1^* z_2^*}$$

$$(**) \qquad \frac{z_2^*}{z_1^*} = \frac{w_1}{w_2}$$

가 성립합니다. $(**)$에서 $z_2^* = \frac{w_1}{w_2} z_1^*$이고 이를 $(*)$에 대입하면 $q = \sqrt{z_1^* \cdot \frac{w_1}{w_2} z_1^*} = \sqrt{\frac{w_1}{w_2}} z_1^*$가 되어

$$z_1^* = \sqrt{\frac{w_2}{w_1}} q, \quad z_2^* = \sqrt{\frac{w_1}{w_2}} q$$

가 조건부 요소수요함수입니다. 따라서 비용함수는

$$C(q) = w_1 z_1^* + w_2 z_2^* = w_1 \sqrt{\frac{w_2}{w_1}} q + w_2 \sqrt{\frac{w_1}{w_2}} q = \sqrt{w_1 w_2} q + \sqrt{w_1 w_2} q = 2\sqrt{w_1 w_2} q$$

입니다. 총비용함수는 1차함수이고, 한계비용과 평균비용은

$$MC(q) = AC(q) = 2\sqrt{w_1 w_2}$$

입니다. $C(1) = 2\sqrt{w_1 w_2}$라는 사실은 별도로 쉽게 확인할 수 있습니다.

12.3 규모수익감소일 때 총비용, 한계비용 및 평균비용

생산함수가 규모수익감소(DRS)인 경우를 생각해봅시다. 즉 $t > 1$일 때

(규모수익감소) $\qquad f(tz_1, tz_2) < tf(z_1, z_2)$

가 성립합니다. (만약 $t < 1$이라면 거꾸로 $f(tz_1, tz_2) > tf(z_1, z_2)$가 됩니다.) 규모수익불변일 때와 비교할 때 비용함수 및 비용곡선의 모양이 상당히 달라집니다.

예 12.3

예제 11.2와 예제 11.3에서 규모수익불변인 레온티에프 및 선형생산함수의 비용함수가 1차함수임을 도출했습니다. 여기서는 그 생산함수들에 제곱근을 씌워서 규모수익감소로 만들고 비용함수를 알아보겠습니다.

(a) $f(z_1, z_2) = \sqrt{\min\{z_1, z_2\}}$이 생산함수라면 이는 규모수익감소의 성질을 갖습니다. (z_1, z_2)를 2배할 경우 산출량은 $\sqrt{2}$배 됩니다. q라는 양의 재화를 생산하고 싶으면 투입해야 하는 요소의 양은 $z_1 = z_2 = q^2$입니다. 따라서 비용함수는 $C(q) = (w_1 + w_2)q^2$가 됩니다. 이때 한계비용을 공식으로 도출하면

$$MC(q) = C'(q) = 2(w_1 + w_2)q$$

이고 평균비용은

$$AC(q) = \frac{C(q)}{q} = (w_1 + w_2)q$$

입니다. 한계비용과 평균비용모두 q의 증가함수입니다. 즉, 재화 생산량이 증가할수록 한계비용과 평균비용 모두 증가합니다. 게다가 한계비용은 평균비용의 2배로 언제나 $MC(q) > AC(q)$가 성립합니다.

(b) $f(z_1, z_2) = \sqrt{z_1 + z_2}$이 생산함수이면 역시 규모수익감소입니다. 역시 (z_1, z_2)를 2배할 경우 산출량은 $\sqrt{2}$배입니다. q라는 양의 재화를 생산하고 싶다면 $w_1 < w_2$일 때는 $z_1 = q^2$을 투입해야 하고 $w_1 > w_2$일 때는 $z_2 = q^2$을 투입해야 합니다. 따라서 비용함수는 $C(q) = \min\{w_1, w_2\}q^2$입니다. 한계비용은

$$MC(q) = C'(q) = 2\min\{w_1, w_2\}q$$

이고 평균비용은

$$AC(q) = \frac{C(q)}{q} = \min\{w_1, w_2\}q$$

로 이번에도 두 단위당 비용함수는 생산량에 따라 증가하는 형태이고 $MC(q) > AC(q)$입니다.

그림 12.4는 (a)의 비용, 한계비용, 평균비용을 보여줍니다. (b)도 전체적인 모양은 마찬가지입니다.

지금까지 규모수익불변에 대한 설명을 잘 이해했다면 규모수익감소의 경우도 어렵지 않게 파악할 수 있습니다. 규모수익감소 기술은 그림 12.5과 같은 상황입니다. 앞에서처럼 한 개의 팀을 투입할 때 1시간에 3상자의 물건을 만든다고 하면, 이번에는 기술이 규모수익감소이기 때문에 두 팀을 사용할 때 그 생산량이 2배에 미치지 못합니다. 그림에는 5상자를 만드는 것으로 나와 있습니다. 세 팀을

그림 12.4 예 12.3(a) 규모수익감소

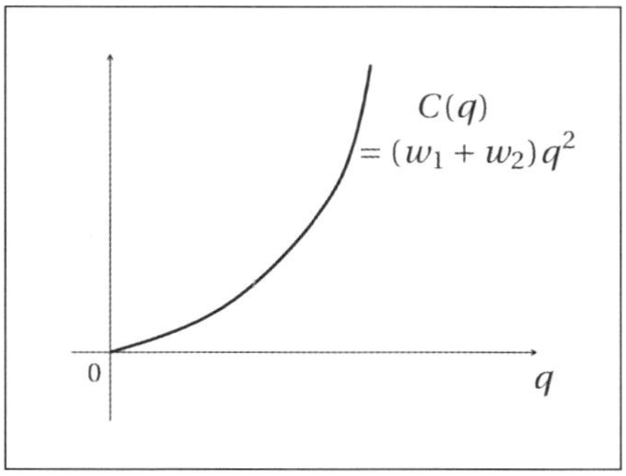

(a) 총비용

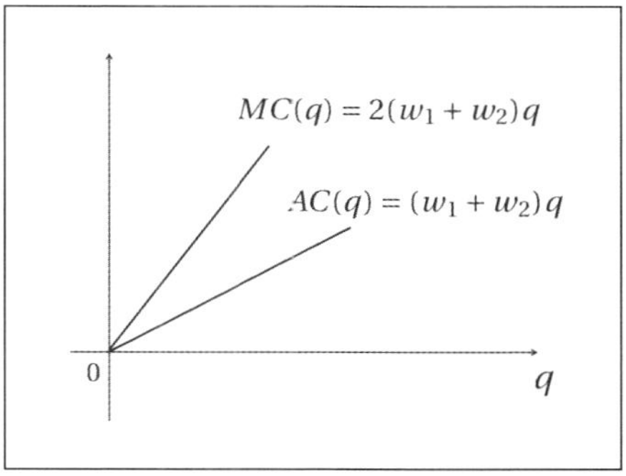

(b) 한계비용, 평균비용

투입하면 6상자밖에 만들지 못합니다.

이런 상황이 벌어지는 이유는 팀을 추가로 투입할 때마다 팀들 간에 서로 방해가 되는 일이 일어난다고 생각하면 이해하기 쉽습니다. 그림에도 보면 3개 팀을 한꺼번에 그려놓으니 상당히 비좁아 보이지요? 규모수익불변 경우에도 그림이 비좁긴 했지만 그때는 팀들 사이에 방해가 없다고 가정을 했습니다. 이번에는 이렇게 부대껴가면서 작업을 하려면 능률이 좀 떨어진다고 보는 것이죠.

그림 12.5 규모수익감소 생산기술의 상황

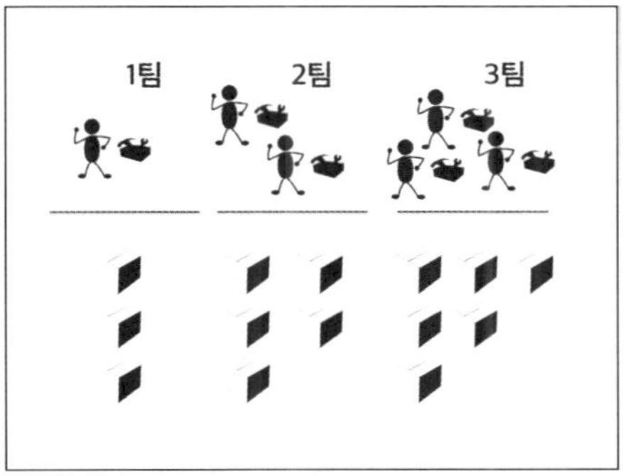

하지만 각 기술자의 임금과 각 도구상자의 임대료는 생산기술과는 상관없이

그림 12.6 규모수익감소 생산기술일 때 비용

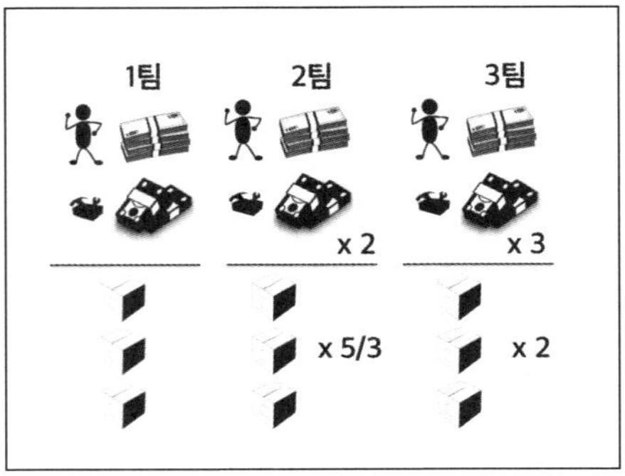

요소시장에서 일정한 수준으로 결정되어 있습니다. 즉, 2팀, 3팀을 투입할 때 들어가는 비용은 아까와 마찬가지로 2배, 3배로 늘어나는 것이지요. 달라진 점은 재화 생산량이 2배, 3배가 되는 대신에 5/3배, 2배가 되는 것입니다. 즉 생산량이 5/3배, 2배가 될 때 비용이 2배, 3배가 됩니다. 다시 말해 그림에서 생산량을 2배 늘리면 비용은 2배가 아니라 3배가 됩니다. 만약 생산량을 3배 늘린다면 그림에는 나와 있지 않지만 비용은 당연히 3배보다 높은 수준으로 늘어나야 할 것입니다.

규모수익감소일 때 비용함수의 특징, 특히 한계비용과 평균비용의 특징은 상당히 까다롭습니다. **그림** 12.7로 정리해봅니다. 예 12.3(a)의 그림인 **그림** 12.4와 비교해보면 총비용함수의 전반적인 모양이 마찬가지이고, 한계비용과 평균비용은 반드시 직선일 필요는 없으므로 **그림** 12.7에는 곡선으로 그려놓았습니다.

결과 12.2 규모수익감소인 생산함수에서 비용함수 $C(q)$를 도출하면 (그림 12.7)

(1) 모든 $t > 1$에 대해

$$C(tq) > tC(q)$$

이다. 이를 그림으로 나타내면 총비용곡선은 기울기가 점점 가팔라지는 형태의 우상향 곡선이다.

(2) $C(q)$의 한계비용함수 $MC(q)$는 산출량 q의 증가함수이다. 즉, $MC'(q) > 0$이고 그림으로 나타낸 한계비용곡선은 우상향하는 모습의 곡선이다.

그림 12.7 생산함수가 규모수익감소일 때 비용의 특징

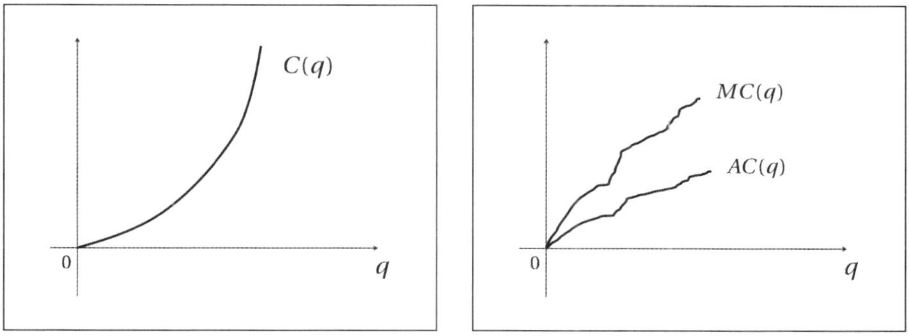

(a) 총비용 (b) 한계비용, 평균비용

(3) $C(q)$의 평균비용함수 $AC(q)$ 또한 q의 증가함수이다. 즉 $AC'(q) > 0$이고 평균비용곡선 또한 우상향하는 모습의 곡선이다.

(4) $MC(q) > AC(q)$이다. 즉 한계비용곡선이 평균비용곡선의 위쪽에 위치한다.

결과 (1)이 성립하는 이유는 이미 예 12.3과 그림 12.5, 6을 통해 대략 설명했습니다. 간단하게 다시 설명하자면, 규모수익감소의 의미가 요소 투입량을 2배할 때 재화 산출량은 2배에 미치지 못한다는 것이므로, 반대 방향으로 재화 산출량을 2배로 만들려고 한다면 요소 투입량은 2배를 초과해야 합니다. 따라서 재화 산출량을 2배하고자 할 때 총비용은 2배를 초과하게 됩니다. 즉 $C(2q) > 2C(q)$가 되고, 여기서 '2배' 대신에 't배'를 하더라도 마찬가지 논리가 성립합니다. (단, $t > 1$)

$C(tq) > tC(q)$가 성립할 때 총비용곡선의 모양이 그림 12.7(a)처럼 된다는 것은 결과 (2)와도 관련이 있습니다. 그림 12.7(a)가 납득이 된다면, 한계비용은 총비용곡선의 접선의 기울기에 해당되므로 그 값이 점점 증가하는 형태라는 것을 쉽게 알 수 있습니다. 그림 12.8(a)를 보면 q_1, q_2에서 각각 총비용곡선의 접선을 그려놓았고 이 접선들의 기울기가 곧 한계비용입니다. q_1에서의 접선은 q_2에서의 접선에 비해 기울기가 더 완만합니다. 즉 $MC(q_1) < MC(q_2)$입니다.

반대로 규모수익감소의 의미를 생각해보면 재화의 산출량을 늘리기 위해서 추가로 투입해야 하는 요소의 양이 점점 늘어나고 따라서 추가로 드는 비용(=한계비용)도 점점 늘어나므로 먼저 한계비용이 증가함수라는 것을 알 수 있고 따라서 총비용곡선은 **그림** 12.7(a)와 같은 모양을 가져야 한다고 생각할 수도 있습니다.

결과 (3)은 우선 **그림** 12.8(b)를 통해 이해할 수 있습니다. 평균비용은 어떤 산출량 q에서 총비용 $C(q)$를 q로 나눈 값인데, 이를 그래프로 표현하면 총비용곡선 상의 어떤 점과 원점을 연결한 직선의 기울기가 됩니다. 예컨대 **그림** 12.8(b)의 q_1을 보면 이때 총비용의 값은 $C(q_1)$입니다. 그런데 q_1에서 평균비용의 값은 $AC(q_1) = \frac{C(q_1)}{q_1}$이므로 이는 곧 밑변을 q_1으로 하고 높이를 $C(q_1)$으로 하는 직각삼각형의 빗변, 즉 그림에 표시된대로 원점과 $(q_1, C(q_1))$점을 연결하는 직선의 기울기입니다. 이 값 또한 q_1일 때와 q_2일 때를 비교해보면 $AC(q_1) < AC(q_2)$임을 알 수 있습니다.

'한계'비용이 증가할 때 '평균'비용도 증가한다는 것은 비용에만 적용되는 원리가 아니라, 상당히 일반적인 결론입니다.[3] 다시 말해서, 어떤 개념의 한계와 평균을 계산했을 때, 한계 값이 증가함수라면 평균 값도 증가함수입니다. 한계 값은 추가로 투입되는 값이고, 평균 값은 투입된 모든 값들의 평균이기 때문에 그렇습니다. 이해를 위해 다음의 **표** 12.1에 나와 있는 수치들을 봅시다.

표 12.1에서는 어떤 총량 값이 다섯 번에 걸쳐서 변화를 했습니다. 각 번호에 해당되는 실제 변화량이 한계 값입니다. 즉, 번호 1에 10의 값이 추가되었고, 번호 2에 20의 값이 추가되었고, 번호 3에 30의 값이 추가되었습니다. 총량 값은 이 한계 값들을 누적한 결과로, 번호 2에서는 번호 1의 한계 값 10과 번호 2의 한계 값 20을 더하여 30이 된 것입니다.

한편 평균 값은 각 번호가 가진 총량을 번호로 나눈 값으로, 번호 2에서 현재 총량 값이 30인데 2회의 변화가 있었으므로 $30 \div 2 = 15$가 되었습니다. 실제로는 10과 20의 변화가 있었지만, 평균적으로 한 번에 15씩 변한 셈이라고 계산됩니다.

3 유사하게, 한계생산(MP)이 증가하면 평균생산(AP) 또한 증가합니다. 여기서 설명하는 이유와 마찬가지입니다.

그림 12.8 규모수익감소일 때의 한계비용과 평균비용

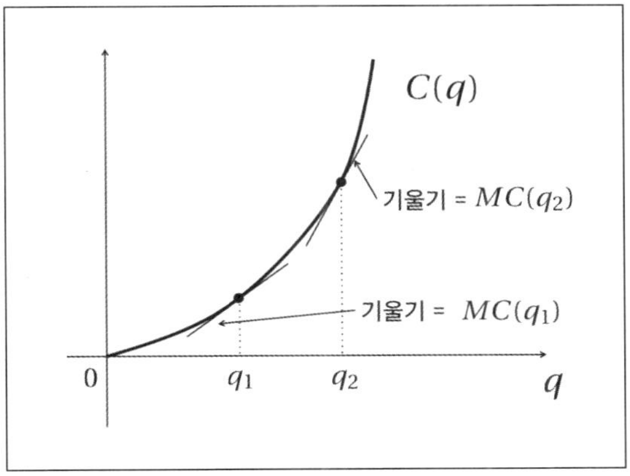

(a) 한계비용

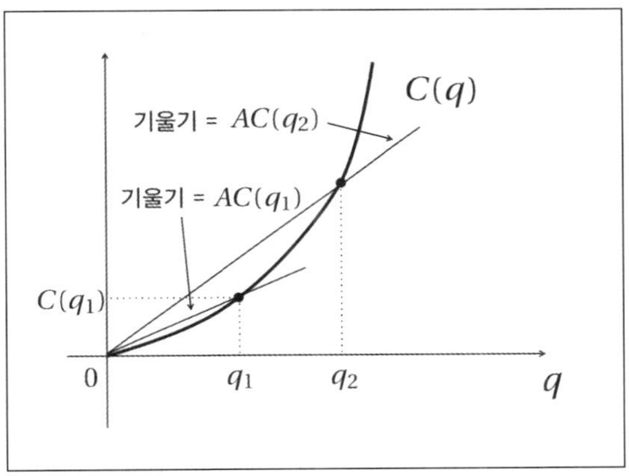

(b) 평균비용

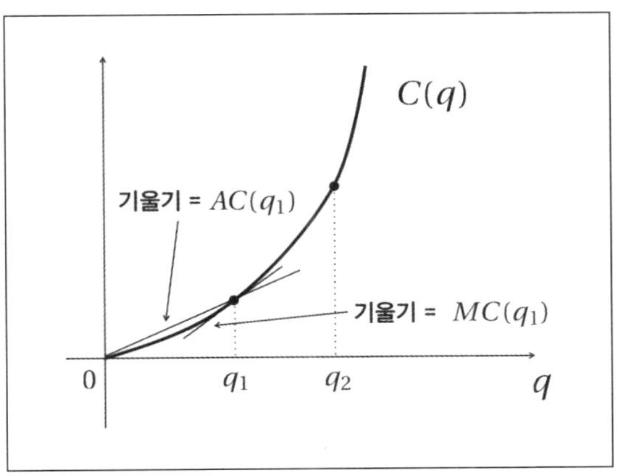

(c) 한계비용과 평균비용

표 12.1 한계값과 평균값의 관계의 예 (한계 값이 증가하는 경우)

번호	총량 값	한계 값	평균 값
1	10	10	10
2	30	20	15
3	60	30	20
4	100	40	25
5	150	50	30

결과를 주도하는 것은 한계 값입니다. 한계 값이 실제로 일어나는 변화이고 그 누적된 결과로 총량 값이 만들어지면, 이를 바탕으로 평균 값을 계산할 수 있는 것입니다.

표 12.1에서는 한계 값이 번호가 커짐에 따라서 점점 커지고 있습니다. 즉, 횟수가 지나갈수록 추가되는 값의 규모 자체가 증가합니다. 이에 따라 총량 값도 증가할 뿐 아니라 그 증가폭(=한계 값)도 점점 커지고 있습니다. 이에 따라 평균 값도 함께 증가하고 있습니다. 표 12.1을 비용으로 해석한다면, 번호를 재화 산출량 $q = 1, 2, 3, 4, 5$로 볼 수 있을 것입니다. (단, 이렇게 해석할 때는 $q = 1.5$와 같은 가능성은 없다고 간주합니다.) 한계비용은 $MC(1) = 10$에서 $MC(5) = 50$로 점점 증가하고 있습니다. 이에 따라 평균비용 또한 $AC(1) = 10$에서 $AC(5) = 30$으로 증가하고 있습니다. 이것이 결과 (3)이 성립하는 논리입니다. 평균 값이란 투입된 값들의 평균인데, 투입되는 값들이 점점 증가한다면 그에 따라 평균도 점점 증가하는 것이 당연합니다.

예 12.4

여러분이 학기 말에 받는 성적 평점이 매학기 점점 오른다면 여러분의 누계 평점도 점점 오를 것입니다. 좀 더 단기적인 예를 들어 이번 학기 중간고사를 망치더라도 기말고사 점수가 오른다면 최종 평균 점수도 중간고사 때보다는 오르겠지요.

표 12.1의 수치들을 자세히 보시면 결과 (4) 또한 성립하는 이유를 알아차릴 수 있습니다. 한계 값과 평균 값이 모두 횟수가 지날수록 증가하고 있는데, 매 번호의 한계 값과 평균 값을 비교해보면 (번호 1을 제외하고는) 항상 평균 값이 더

작습니다. 그 이유는 바로 평균 값이 예전의 더 작은 한계 값과 지금의 더 큰 한계 값을 평균한 것이므로, 현재의 더 큰 한계 값보다는 작을 수밖에 없기 때문입니다.

예 12.5

앞에서 든 성적의 예를 계속하면, 1학년 1학기 평점이 매우 낮았고 그 후로 꾸준히 성적을 조금씩 올려서 4학년 2학기 때는 만점의 평점을 받았다면, 자신의 누계 평점은 계속 꾸준히 오르긴 했겠지만 만점은 아닐 것입니다. 저학년 때 낮게 받았던 평점이 합산되어 평균에 사용되기 때문입니다.

다시 한계비용과 평균비용의 개념으로 돌아와서 보면, 재화의 산출량을 늘일 때 추가로 투입되는 비용인 한계비용의 수준이 점점 커진다면, 평균비용의 수준 또한 점점 커져야 할 뿐 아니라 특정한 재화 산출량에서의 평균비용 수준은 그 산출량에서의 한계비용보다는 낮습니다. 산출량이 낮을 때 비교적 낮은 한계비용이 평균비용에 포함되기 때문입니다.

이같은 논리는 다시 **그림** 12.8(c)에서 수학적으로 확인할 수 있습니다. 그림에서 q_1이라는 산출량에서의 한계비용은 총비용곡선의 접선 기울기이고, 평균비용은 원점과 $(q_1, C(q_1))$을 연결한 직선 기울기인데 평균비용을 나타내는 기울기가 더 완만합니다. 다른 점을 잡아서 검토하더라도 마찬가지입니다.

따라서 최종적으로 규모수익감소일 때 한계비용과 평균비용은 **그림** 12.7(b)의 형태를 갖게 됩니다. (그림에서는 의도적으로 곡선을 꾸불꾸불하게 그려놓았습니다. 원칙적으로 두 곡선 모두 증가함수의 형태이고 $MC > AC$라는 것이 주된 결론이지, 이들 곡선이 직선이어야 한다든지 특정한 형태의 곡선이어야 한다는 것은 현재 정보만으로는 결론내릴 수 없습니다. 물론 실제 간단한 예제에서는 앞에서 이미 본대로 직선일 수도 있고, 혹은 좀 더 깔끔한 모양의 곡선일 수 있습니다.)

12.4 규모수익증가일 때 총비용, 한계비용 및 평균비용

이제 규모수익증가(IRS)는 규모수익감소인 경우의 정반대이므로 굳이 길게 설명하지는 않아도 될 것입니다.

예 12.6

앞의 예에 이어서 규모수익증가인 레온티에프 생산함수를 간단하게 살펴보겠습니다. 즉, $f(z_1,z_2) = (\min\{z_1,z_2\})^2$이 생산함수라면 이는 규모수익증가에 해당됩니다. (z_1,z_2)를 2배할 경우 산출량은 $2^2 = 4$가 됩니다. 즉 q라는 양의 재화를 생산하고 싶으면 이때 투입해야 하는 요소의 양은 $z_1 = z_2 = \sqrt{q}$입니다. 따라서 비용함수는 $C(q) = (w_1 + w_2)\sqrt{q}$가 됩니다.

그림 12.9 생산함수가 규모수익증가일 때 비용의 특징

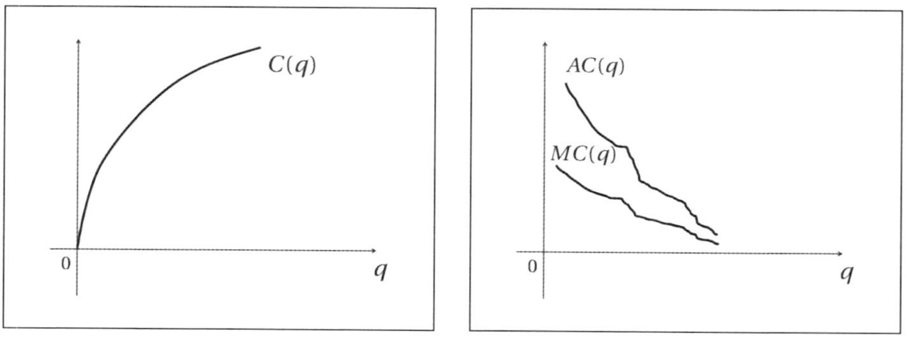

(a) 총비용 (b) 한계비용, 평균비용

그림으로 표현하면 그림 12.9와 같이 될 것입니다. 즉 총비용함수는 증가함수이면서 점점 기울기가 완만해지는 모양을 가지고, 이에 따라 한계비용과 평균비용은 모두 감소하는 형태를 가지는데 이번에는 평균비용이 한계비용보다 높은 수준을 갖습니다. 규모수익증가이므로, 요소 투입량을 2배, 3배 늘리면 재화 산출량은 2배, 3배를 초과해서 더 많이 나옵니다. 따라서 재화 산출량을 2배, 3배 해주기 위해서 필요한 요소 투입량은 2배 미만, 3배 미만이고 그러므로 추가로 들어가야 하는 한계비용 수준 또한 점점 낮아지는 것이죠.

또한 한계비용 수준이 점점 낮아지면 평균비용이 같이 낮아질 텐데, 어떤 산출량 q에서의 평균비용에는 q가 매우 낮을 때 높은 수준이었던 한계비용이 합산에 포함이 되므로 최종적인 한계비용보다는 높을 것입니다. (즉, 1학년 1학기 때 성적 만점을 받고 그 후로 꾸준히 성적이 계속 떨어진다면, 누계평점도 매학기 떨어지겠

지만 졸업할 때 누계평점은 적어도 마지막 학기 평점보다는 높을 것입니다. 저학년 때 잘 받아놓은 성적이 포함될 테니까요.)

이상의 논리는 그림 12.8처럼 총비용곡선의 접선 기울기와 원점과 연결한 직선 기울기를 비교해서도 알 수 있습니다. 독자가 직접할 연습으로 남깁니다.

결과 12.3 규모수익증가인 생산함수에서 비용함수 $C(q)$를 도출하면 (그림 12.9)

(1) 모든 $t > 1$에 대해

$$C(tq) < tC(q)$$

이다. 이를 그림으로 나타내면 총비용곡선은 기울기가 점점 완만해지는 형태의 우상향 곡선이다.

(2) $C(q)$의 한계비용함수 $MC(q)$는 산출량 q의 감소함수이다. 즉, $MC'(q) < 0$이고 그림으로 나타낸 한계비용곡선은 우하향하는 모습의 곡선이다.

(3) $C(q)$의 평균비용함수 $AC(q)$ 또한 q의 감소함수이다. 즉 $AC'(q) < 0$이고 평균비용곡선 또한 우하향하는 모습의 곡선이다.

(4) $MC(q) < AC(q)$이다. 한계비용곡선이 평균비용곡선의 아래쪽에 위치한다.

12.5 규모의 경제, 규모의 비경제

지금까지 규모수익불변(CRS), 규모수익감소(DRS), 규모수익증가(IRS)의 생산기술 하에서 각각 비용함수가 어떤 특징을 갖는지를 알아보았습니다. 하지만 생산기술이 가진 규모수익이 언제나 단 한 가지 종류인 것은 아닙니다. 생산량의 수준에 따라서, 어떤 수준에서는 규모수익이 불변이지만 또 다른 수준에서는 감소가 될 수도 있습니다.

각 규모수익 성질에 따라 비용함수가 어떤 형태를 가지는지는 이미 알아보았으므로, 만약 여러 규모수익의 성질이 섞여 있다면 이미 알고 있는 비용함수의 성질들이 섞여 있을 거라고 짐작할 수 있습니다.

생산량 q가 작을 때는 규모수익증가(IRS)였다가 q가 커지면 규모수익감소(DRS)로 전환되는 경우에 비용함수가 어떤 성질을 가지는지 따져보겠습니다.

이 경우를 특별히 살펴보는 데는 이유가 있습니다. 앞으로 공부할 완전경쟁 시장 모형에서 표준적인 경우로 사용되기 때문입니다. 또한 이 경우가 현실에서 제법 그럴 듯하게 발생할 만하기 때문입니다.

규모수익의 종류는 어떻게 결정될까?

이 내용을 이해하기 위해 반드시 필요한 것은 아니지만, 왜 이런 식의 기술이 그럴 듯한지를 따져 보겠습니다. 지금까지는 규모수익증가나 규모수익감소의 개념을 단지 수학적인 정의에 따라 제시했습니다. 그렇다면 이런 규모수익의 종류는 어떤 상황에서 실제로 발생할까요?

먼저 규모수익증가가 발생할 수 있는 한 가지 원인은 생산 규모의 확대에 따른 '분업(division of labor)과 전문화(specialization)의 효과'입니다. 아담 스미스의 『국부론』은 핀을 만드는 공장에 대한 예화로 시작됩니다.

> "숙련된 기술자가 아닌 사람이 모든 노력을 기울여 일하더라도 하루에 핀 한 개를 만들기 어려울 것이고, 하루 20개를 만드는 것은 절대 불가능하다. 실제 핀 공장에서 작업하는 방식은 다양한 단계로 나뉘어져 있다. 한 사람이 철사를 뽑으면, 또 다른 사람은 그것을 곧게 펴고, 세 번째 사람이 자르고, 네 번째 사람은 끝을 뾰족하게 다듬으며, 다섯 번째 사람은 핀 머리가 붙도록 끝 부분을 갈아낸다. 핀 머리를 만드는 일에도 두세 단계가 필요하고, 머리를 핀에 붙이는 작업도 별도이며, 핀을 흰색으로 칠하는 작업도 필요하다. 심지어 완성된 핀을 포장지에 담는 것도 별도의 작업이다. 이런 식으로 따져보면 핀 하나를 만드는 일은 대략 18가지의 작업으로 구분되며, 어떤 공장에서는 한 사람이 두세 단계를 담당하기도 하지만 어떤 공장에서는 각 단계마다 사람이 하나씩 있다. 내가 방문했던 한 작은 공장에서는 10사람이 일을 하고 있었는데 이들은 하루에 대략 4만 8천 개를 생산하고 있었다. 따라서 이 10사람이 4만 8천 개의 10분의 1을 담당한다고 치고 계산해보면 한 사람이 하루에 핀을 4천 8백 개 만드는 셈이다. 만약 이들이 각자 따로 숙련되지 않은 채 작업했다면 하루에 20개는 커녕 1개도 제대로 만들지 못했을 것이다." (*The Wealth of Nations*, Book I, Chapter 1)

스미스의 예화는 노동자의 수를 늘려가는 경우만을 언급하고 있지만, 어떤 식으로든 노동과 자본 등 생산요소의 투입량을 늘리는 경우 이 요소들을 적절하게 배치하여 분업의 효과를 누림으로써 높은 생산성을 내는 것이 가능할 것입니다. 이것은 정확하게 규모수익증가의 상황입니다.

그림 12.10 분업의 효과와 혼잡의 역효과

(a) 분업의 효과　　(b) 혼잡의 역효과

하지만 요소 투입량을 늘려갈 때 언제까지나 계속해서 생산성이 향상된다고 기대할 수는 없습니다. 1명이 혼자서 일하는 것보다는, 2명이 나누어 일하는 것이 더 유리하고, 2명보다 3명, 3명보다 4명이 분업하면 더 생산적이라고 볼 수 있겠지만, 점점 규모가 커지다보면 분업의 효과 이외에 불편한 점들이 생길 수 있습니다.

예를 들어 하나의 핀을 만드는 과정이 스미스는 18가지 정도라고 했는데, 이를 더욱 세분화시켜서 1만 8천 개의 작업단계로 나누었다고 해봅시다. 실제로 핀 하나를 만드는 것에 그렇게 많은 단계가 필요할지도 의문이지만, 이런 분업이 가능하다해도 1만8천 명의 기술자들이 한 줄로 주욱 늘어서서 핀 하나를 만드는 작업장을 한 번 상상해보면 어떨까요? 한 명이 1미터 길이를 차지한다면, 핀 하나가 만들어지기 위해서 18킬로미터를 이동하는 셈입니다. 각 기술자에게 적절한 단계를 맡겨 설명하고 훈련시키고 지정된 자리에 배치하는 일만 해도 엄청날 것입니다. 또한 작업장이 그다지 크지 않은 공간이라면 아마 1만 8천 명의 기술자들은 숨도 제대로 쉬기 힘든 갑갑한 공간에서 힘들게 일을 해야 할 것입니다. 말하자면 '혼잡(congestion)의 역효과'가 발생합니다.

즉, 생산규모가 매우 작을 때는 규모가 늘어날 때 생산성이 증대되어 규모수익증가가 발생할 가능성이 높지만, 생산규모가 매우 커진다면 규모의 증가는 오히려 생산성을 떨어뜨릴 가능성이 높습니다. 즉 규모수익감소가 발생하는 것이지요. 앞에서 예로 든 것처럼, 이런 일이 생기는 것은 엄청난 규모의 생산요소들이 실제로 작업할 수 있는 공간이 혼잡하고 부족해서일 수도 있고, 이들을 효율적으로 관리하고 배치하는 추가적인 노력이 필요해서일 수도 있습니다.

생산함수 모형의 관점에서 설명하자면, 우리는 $q = f(z_1, z_2)$라고 적어서 생산요소가 두 가지라고 가정하고 있지만 실제로는 노동이나 자본 이외에도 공간이라든지, 작업장 관리와 같은 추가적인 요소가 언제나 필요하기 마련이고 이런 추가적인 요소들을 늘리지 않는 상태에서 노동과 자본만 늘린다면 결국은 생산성의 한계에 부딛힐 수밖에 없을 것입니다. 특히, 물리적인 공간이나 효율적인 관리 능력 같은 것은 본질적으로 쉽사리 투입량을 늘리기 곤란합니다. (지구상의 공간은 제한되어 있고, 단순 노동에 비해 효율적인 관리 능력은 쉽사리 숙련되기 어렵습니다.)

다시 말해서, 만약 아주 이상적인 상황으로 생산에 필요한 모든 요소들(공간과 관리 능력 포함)을 자유자재로 투입할 수 있다면 모든 생산기술은 규모수익불변이 되겠지만, 현실적으로는 일부 까다로운 요소(공간이나 관리 능력)의 양이 고정된 상태에서 노동이나 자본 등의 요소 양을 조절할 경우, 규모가 작을 때는 규모수익증가, 규모가 클 때는 규모수익감소가 예상됩니다.

규모수익증가에서 규모수익감소로 전환되는 생산기술에서 비용

만약 $\hat{q}$라는 생산량을 중심으로, 규모수익증가에서 규모수익감소로 전환되는 생산기술이 있다면 비용은 어떤 형태를 가질까요? $q < \hat{q}$에서는 규모수익증가이고, $q > \hat{q}$에서는 규모수익감소인 생산함수의 비용은 어떤 특성을 보일까요?

그림 12.11이 대략의 모습입니다. 그림 (a)는 총비용곡선인데, $\hat{q}$까지는 규모수익증가의 성질에 따라 기울기가 점차 완만해지는 형태이고, 이 수준을 넘어서면 기울기가 점차 가팔라지는 규모수익감소 때의 비용 특성을 보입니다. 한계비용은 매우 높게 시작하여 $\hat{q}$에 이를 때까지는 점점 낮아지다가 $\hat{q}$을 지나가면서 다시 높아집니다. 즉, 한계비용곡선을 그림으로 그리면 $q = \hat{q}$에서 가장 낮고 전체적으로는 영문자 U와 비슷한 모양이 됩니다.

한편 평균비용은 원점과 총비용곡선 상의 점을 연결한 직선의 기울기로 측정할 수 있는데, 그림 (a)에서 $q = q^*$에서 가장 낮은 수준이 됩니다. 특히 $\hat{q}$(한계비용이 최저가 되는 생산수준)와 q^*(평균비용이 최저가 되는 생산수준)은 서로 다를 뿐 아니라, $\hat{q} < q^*$가 성립합니다.

이를 이해하기 위해서 **그림 12.11(b)**를 참고하면 도움이 되겠습니다. 이는 다시 **그림 12.7**과 **그림 12.9**를 함께 보면 좋습니다. **그림 12.11(b)**에는 [A], [B], [C]라는 구간들이 표시되어 있습니다.

구간 [A]는 $q < \hat{q}$로 생산기술은 규모수익증가 성질을 가지는 생산량의 구간입니다. 이때 한계비용곡선은 우하향하는 모양이며, 이에 따라 평균비용곡선 또한 우하향하되 한계비용곡선보다는 위쪽에 있습니다. 즉, **그림 12.9**와 똑같은 상황입니다.

구간 [C]는 **그림 12.7**과 같이 규모수익감소인 경우입니다. 한계비용과 평균비용이 모두 우상향하고 한계비용이 평균비용보다 더 높습니다. 하지만 규모수익감소가 구간 [C]에만 적용되는 것은 아닙니다. 구간 [B]도 규모수익감소를 보입니다.

하지만 구간 [B]는 **그림 12.7**과는 모양이 다릅니다. 규모수익감소로 전환되면서 한계비용곡선이 상승하기 시작했지만 평균비용곡선은 여전히 떨어집니다. **그림 12.7**에서는 생산함수 전체가 규모수익감소였기 때문에 한계비용과 평균비용이 모두 상승하는 형태입니다. 하지만 여기는 규모수익증가였다가 규모수익감소로 바뀌었기 때문에, 한계비용이 상승하더라도 바로 평균비용이 상승하지 않습니다.

그림에서 $\hat{q}$일 때의 한계비용은 매우 낮은 수준인 $\underline{MC}$인 반면, 이때 평균비용은 비교적 높은 $AC(\hat{q})$입니다. 평균비용이 비교적 높은 이유는 생산량이 $q < \hat{q}$인 구간에 대해 비교적 높은 한계비용들이 평균에 포함되었기 때문입니다. 평균 값이 상당히 높은 상태에서 한계 값(추가로 투입되는 값)이 조금 상승하더라도 여전히 평균 값보다 낮은 수준이기 때문에 평균은 더 떨어지게 되는 것입니다.

예 12.7

성적의 비유를 연장합니다. 첫 시험에서 100점, 두 번째 시험에서 0점을 받았다면 평균 점수는 50점입니다. 세 번째 시험에서 30점을 받는다면 비록 두 번째에 비해 점수가 올랐지만 평균은 여전히 떨어질 것입니다. 130÷3이니 43점 정도 되는군요. 평균을 올리려면 네 번째 시험에서 43점보다는 높은 점수를 받아야 합니다.

즉 [B] 구간에서는 한계비용이 오르고 있지만 평균비용보다는 낮기 때문에 평균비

그림 12.11 규모수익증가에서 규모수익감소로 전환되는 생산기술에서 비용

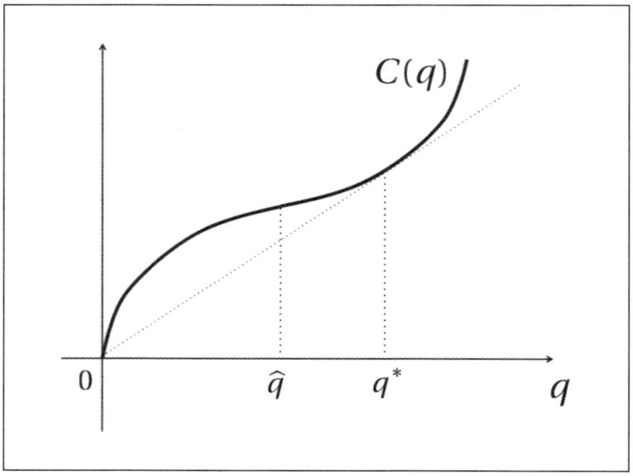

(a) 총비용

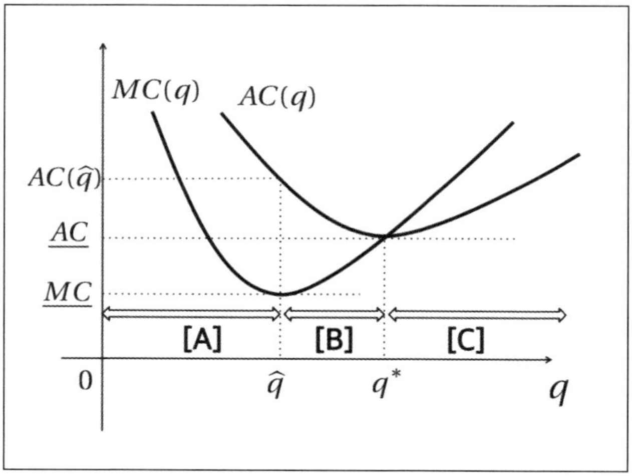

(b) 한계비용과 평균비용

용이 계속해서 떨어집니다. $q = q^*$에 이르면 비로소 한계비용의 수준이 평균비용과 같아지고, $q > q^*$가 되면 한계비용이 평균비용을 초과하여 한계비용과 평균비용이 모두 증가하게 됩니다. 표 12.2도 한계 값과 평균 값의 관계에 대한 수치 예입니다. 한계 값이 50에서 출발하여 계속 감소하다가다 7번째에는 10으로 증가했지만 이 값이 6회째의 평균 값인 25보다는 낮기 때문에 평균은 더 감소하고, 평균 값을 초과하는 9회째가 되어야 비로소 평균이 증가하기 시작함을 알 수 있습니다.

결과 12.4 규모수익증가에서 규모수익감소로 전환되는 생산함수로부터 비용함수 $C(q)$를 도출하면 (그림 12.11)

(1) 총비용은 기울기가 점점 완만해지다가 다시 가팔라지는 우상향 곡선이다.

(2) 한계비용곡선은 우하향하다가 우상향으로 전환되는 U자형의 곡선이다.

(3) 평균비용곡선 또한 우하향하다가 우상향으로 전환되는 U자형의 곡선이다.

(4) 한계비용곡선의 최저점은 평균비용곡선의 최저점보다 왼쪽(더 적은 생산량)에 위치한다. 한계비용곡선과 평균비용곡선이 만나는 점이 평균비용의 최저점이다.

표 12.2 한계값과 평균값의 관계의 예: 한계 값이 감소하다가 증가하는 경우

번호	총량 값	한계 값		평균 값	
1	50	50		50	
2	90	40	(↓)	45	(↓)
3	120	30	(↓)	40	(↓)
4	140	20	(↓)	35	(↓)
5	150	10	(↓)	30	(↓)
6	150	0	(↓)	25	(↓)
7	160	10		22.9	(↓)
8	180	20		22.5	(↓)
9	210	30		23.3	
10	250	40		25	

규모의 경제, 규모의 비경제

생산함수는 생산자가 보유한 기술의 특성을 나타내는 기술적인 개념입니다. 한편 비용함수는 이 기술에 바탕을 두었지만 비용을 극소화한 결과로 경제적인 개념이라고 할 수 있습니다.

지금까지의 논의에서 핵심적인 역할을 해 온 규모수익은 기술적인 개념입니다. 요소의 투입과 재화의 산출 사이의 관계에 대한 것이기 때문입니다. 규모수익의 종류는 한계비용곡선이 주어지면 그 기울기로 쉽게 판단할 수 있습니다. **그림** 12.12(a)는 **그림** 12.11에서 한계비용곡선만을 남긴 것입니다. 그림에서 [A]의 구간은 규모수익증가이고, [B]와 [C] 구간은 규모수익감소입니다.

그림 12.12 규모수익과 규모의 경제 비교

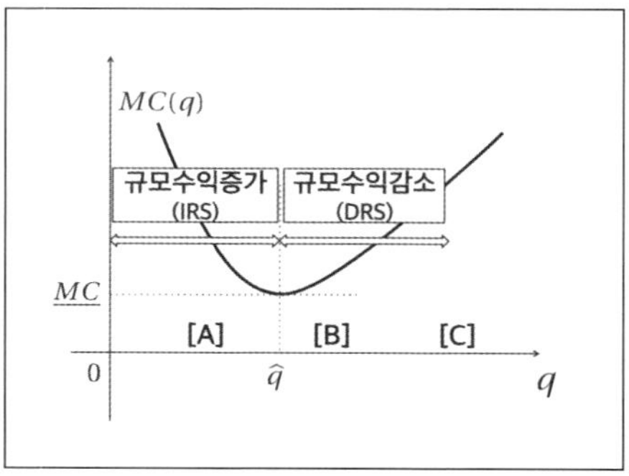

(a) 규모수익

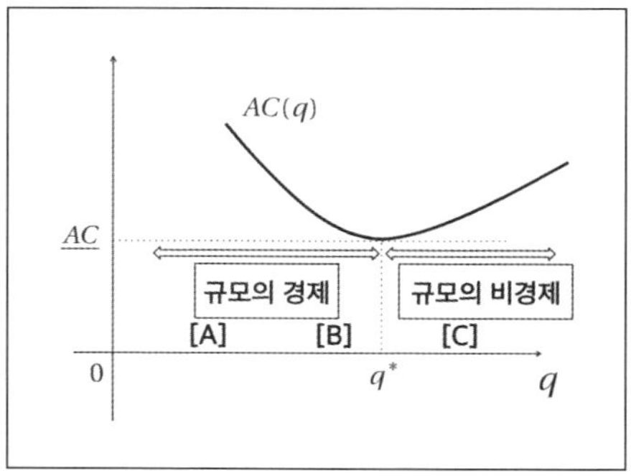

(b) 규모의 경제

한편, 그림 (b)는 평균비용곡선만을 남긴 것인데, 이 그림에서는 $\hat{q}$가 아니라 q^*를 중심으로 변화가 일어납니다. 다시 말해서 [A], [B] 구간과 [C] 구간이 서로 다른 성질을 보입니다. 앞 쪽의 [A], [B] 구간, 즉 평균비용이 생산량 증가에 따라 하락하는 구간을 가리켜서 **규모의 경제**(economies of scale)가 존재한다라고 말합니다. 반대로 [C] 구간, 즉 평균비용이 생산량 증가에 따라 상승하는 구간을 가리켜서 **규모의 비경제**(diseconomies of scale)[4]이 존재한다고 말합니다.

4 문헌에 따라서 규모의 불경제라는 용어를 쓰기도 합니다.

더 생 각 해 보 기

여기서 '경제(economy)'라는 용어의 의미를 명확히 할 필요가 있습니다. 경제학(economics)이라는 말의 근원이 되는 '경제'는 여러 가지 의미를 가집니다. 보통 신문기사에서 만나는 '경제'는 '국가 경제 (national economy)' 또는 '거시경제(macroeconomy)'를 나타내는 것으로 시장 거래가 일어나고 있는 어떤 사회 구조를 가리킵니다. 이런 주제를 공부하는 학문은 거시경제학입니다. '미시경제(microeconomy)'라는 말은 거의 사용되지 않습니다. (거시경제학은 거시경제를 공부하지만, 미시경제학은 미시경제를 공부하는 것은 아니라는 말입니다.) 거시경제라고 말할 때의 경제는 여러 사람들 간의 거래 행위를 포함하는 셈이므로 애초에 사회적인 개념이고, 미시적으로 개별적인 경제 주체에게만 국한시킬 수는 없습니다.

경제라는 단어의 또 다른 의미는 그리스어인 oikonomia에서 나오는 것인데, 집단 살림살이의 관리 내지는 절약이라는 의미를 가집니다. 규모의 경제라고 말할 때 '경제'라는 것은 바로 이 의미입니다. 요즘 많이 사용되는 용어로 바꾸어보자면 '경제성'이라고 번역하면 좀 더 의미가 잘 전달될 것 같습니다. 즉, 규모의 경제라는 것은 규모가 커질 때 돈을 더 절약할 수 있다는 의미, 경제성이 생긴다는 의미입니다. 반대로 규모의 비경제(혹은 불경제)라는 것은 규모가 커질 때 경제성이 떨어진다, 즉 돈을 절약하기 힘들어진다라는 의미입니다. 왜 이런 경제성의 개념을 한계비용이 아니라 평균비용으로 표현해야 하는지는 아직 완벽하게 설명하기 어렵습니다. 완전경쟁 모형에서 다시 설명하겠습니다.

규모수익의 증가나 감소는 한계비용의 성질(생산량에 따른 하락 또는 상승)으로 정의하는 반면, **규모의 경제**나 **비경제**는 평균비용의 성질(생산량에 따른 하락 또는 상승)으로 정의합니다. 앞의 그림들로 보았듯이 규모수익과 규모의 경제는 서로 밀접하게 관련되지만 일치하지 않습니다. 특히 그림들에서 [B]로 표시한 구간에서 규모수익은 감소하는데 규모의 경제가 성립합니다. 이 애매한 경우를 빼면, 대체로 규모수익증가는 규모의 경제, 규모수익감소는 규모의 비경제와 연관됩니다.

표 12.3 장기비용의 특징 개관

<table>
<tr><th>규모수익</th><th>총비용 (TC)
$c(q)$</th><th>한계비용 (MC)
$c'(q) = \frac{dc(q)}{dq}$</th><th>평균비용 (AC)
$\frac{c(q)}{q}$</th></tr>
<tr><td>규모수익불변
CRS</td><td>우상향 직선
$c(1)q$</td><td>수평선
$c(1)$</td><td>수평선
$AC = MC$</td></tr>
<tr><td>규모수익감소
DRS</td><td>convex</td><td>증가(우상향)</td><td>증가(우상향)
$AC < MC$</td></tr>
<tr><td>규모수익증가
IRS</td><td>concave</td><td>감소(우하향)</td><td>감소(우하향)
$AC > MC$</td></tr>
<tr><td rowspan="2">규모수익전환
IRS → DRS</td><td rowspan="2"></td><td>U자형</td><td>U자형</td></tr>
<tr><td colspan="2">AC의 최저점을 MC가 통과</td></tr>
</table>

연습문제

문제 12.1 요소가격이 $w_1 = 1$, $w_2 = 3$일 때 장기 비용함수를 아래 생산함수들에 대해 도출하고, 이를 규모수익과 연관지어 설명하시오.

(1) $f_1(z_1, z_2) = z_1 + 2z_2$

(2) $f_2(z_1, z_2) = z_1^2 + 2z_2^2$

(3) $f_3(z_1, z_2) = 2\sqrt{z_1 z_2}$

문제 12.2 콥-더글라스 생산함수 $f(z_1, z_2) = \sqrt{z_1 z_2^2}$로부터 총비용곡선, 한계비용곡선, 평균비용곡선을 도출하고 그 특징을 규모수익과 연관지어 설명하시오.

문제 12.3 '전문직'과 '보조원'이라는 두 종류의 직원들이 근무하는 서비스업체가 있다. L_1 = 전문직 인원, L_2 = 보조원 인원이라고 하자. 이 업체가 제공하는 서비스에는 별도의 자본 설비는 필요 없고 다만 전문직 1명과 보조원 2명이 함께 한 팀으로 일을 해야 하며, 모든 팀은 1시간에 10단위의 서비스를 생산한다. 전문직 임금은 $w_1 = 2$, 보조원 임금은 $w_2 = 1$이다. 이 기업의 장기 한계비용과 장기 평균비용을 구하고, 두 비용 간의 관계가 주어진 생산함수의 어떤 특징에서 나타나는지 설명하시오.

문제 12.4 장기비용함수가 $C(q) = q^3 - 30q^2 + 300q$라면, 한계비용함수는 $MC(q) = 3q^2 - 60q + 300 = 3(q-10)^2$이고, 평균비용함수는 $AC(q) = q^2 - 30q + 300 = (q-15)^2 + 75$이다. 한계비용곡선과 평균비용곡선을 주의 깊게 그리고, 규모수익증가 및 규모수익감소가 발생하는 구간들, 규모의 경제와 규모의 비경제가 발생하는 구간들을 찾으시오.

microeconomics

제13장 단기비용의 분석

장기적으로 본다면 우리 모두 죽었을 것이다.

- 존 메이너드 케인스, 『통화 개혁론』[1]

한 발을 묶인 채 비용극소화

생산자모형의 분석에서 한 가지 중요한 구분은 장기와 단기의 구분입니다. 10.4절에서 장기와 단기의 구분을 간단하게 설명한 바 있습니다. 이 장에서는 장기와 단기에서 비용이 어떻게 다르게 나타나는지를 알아봅니다.

제11장과 제12장에서 공부한 생산자의 비용극소화 원리 및 비용함수에 대한 내용은 모두 장기에 관한 것이었습니다. 장기 비용에 대한 지식은 물론 생산자모형에서 중요한 부분을 차지하지만, 케인즈가 지적했듯이 단기를 무시한 채 분석을 진행하는 것도 어리석은 일일 것입니다.

13.1 장기비용과 단기비용

미시경제학에서 정의하는 장기와 단기의 구분은 단지 달력 상에서 기간의 길이에 따른 것이 아니라는 점을 다시 한번 강조합니다. 이 점을 놓치면 엉뚱한 데서 혼란에

1 John Maynard Keynes, *A Tract on Monetary Reform* (1923).

빠집니다. 예를 들면 이런 식입니다. 다음 질문에 답해봅시다.

질문: 장기비용과 단기비용 중 어떤 쪽이 더 클까?

장기와 단기라는 단어를 상식적인 의미로 생각한다면 장기비용이 더 클 것이라고 답할 수 있습니다. 단기비용은 단기간 동안 지출하는 비용이고, 장기비용은 장기간 동안 지출하는 비용이라고 생각한다면 당연히 장기간 동안 지출 비용이 더 많이 않을까요?

하지만 여기서 말하는 단기비용은 단기간의 비용이라는 뜻이 아닙니다. 동일한 모형 내에서 단기비용이든, 장기비용이든 분석 단위 기간은 동일합니다. 예컨대 재화 산출량 q가 '1주일' 동안의 생산량을 나타내는 모형이라면 단기비용도 장기비용도 1주일 동안의 지출된 비용을 나타냅니다.

우리 모형에서 단기와 장기의 차이는, 생산자가 생산요소를 사용함에 있어서 얼마나 자유로운지에 있습니다. 즉, 생산요소의 투입량을 아무런 제한 없이 자유롭게 선택할 수 있다면 장기이고, 만약 일부 생산요소의 투입량을 마음대로 선택할 수 없이 고정되어 있다면 단기입니다. 비유를 들자면, 장기비용은 두 다리를 자유롭게 쓸 수 있는 상황에서 100미터 달리기를 하면 얼마나 힘이 드는지를 나타내고, 반면 단기비용은 한쪽 다리에 쇳덩어리를 달아놓은 채 100미터 달리기를 하면 얼마나 힘이 드는지를 나타내는 셈입니다.

즉, 위의 질문을 다음과 같이 바꾸어보면 더 의미가 명확합니다.

다시 질문: 생산요소를 마음대로 선택할 수 있을 때 q를 생산하는 데 들어가는 비용(장기비용)과, 생산요소를 마음대로 선택할 수 없는데 동일한 q를 생산하는 데 들어가는 비용(단기비용) 중 어떤 쪽이 더 클까?

이제 상식적으로 생각한다면 답은 분명합니다.

답변: 자유가 제한되었을 때의 비용은 자유롭게 생산할 때의 비용보다 높다. 즉 단기비용이 장기비용보다 높다.

그림 13.1 단기비용과 장기비용

이 장의 목적은 이제 이 답변을 좀 더 엄밀하게 이끌어내고 관련된 분석을 해보는 것입니다.

13.2 단기의 비용극소화

단기 비용극소화의 원리를 알아봅시다. 이는 생각보다 매우 간단합니다. 특히 우리가 기초적인 경우로 다루고 있는 생산요소가 2개인 모형에서는 특히 그렇습니다.

기업의 생산함수가 $f(z_1, z_2)$일 때 단기란 정의상 요소 중 일부의 값이 고정된 경우를 가리킵니다. 만약 두 요소의 투입량이 모두 고정되었다면 (이런 경우를 우리는 초단기라고 부르지요) 주어진 단위 기간 동안 생산할 수 있는 재화의 수량도 고정되고 이 수량을 만드는 데 들어가는 비용 지출액도 상수로 고정됩니다. 따라서 초단기의 경우는 비용 극소화라든지 비용함수를 논의하는 것 자체가 큰 의미가 없습니다.

따라서 두 요소 중 하나의 투입량이 고정된 경우를 진정한 단기로 보고 생각해보겠습니다. 투입량이 고정된 요소, 즉 **고정요소**(fixed factor)가 요소 2라고 합시다. 즉, $z_2 = \overline{z_2}$(상수)입니다. 그렇다면 요소 2가 $\overline{z_2}$로 고정된 단기에서 생산함수는

$$q = f(z_1, \overline{z_2}) \qquad [\text{단기}] \tag{13.1}$$

의 형태를 가집니다. 만약 $q = q_0$라는 양의 재화를 생산하고자 한다면 이때 비용을 가장 적게 들이는 요소 투입량은 얼마일까요?

사실 방금 질문에는 작은 함정이 있습니다. 간단한 예를 통해 알아보지요.

예 13.1

생산함수가 콥-더글라스 형태인 $q = f(z_1, z_2) = \sqrt{z_1 z_2}$이고 $\overline{z_2} = 2$로 고정된 단기의 비용극소화 문제를 풀려고 합니다. 요소가격은 $w_1 = w_2 = 10$이라고 합시다.

(a) 먼저 장기 비용 극소화 문제를 생각해봅시다. 만약 단기가 아닌 장기였다면 우리는 앞에서 공부한 방법에 따라 주어진 생산함수가 필요한 가정들을 모두 충족한다는 것을 확인하고, 등량곡선의 기울기 즉 한계기술대체율을 계산한 후 이를 요소가격의 비율과 일치시킬 것입니다. 즉, 한계기술대체율이

$$MRTS = \frac{MP_1}{MP_2} = \frac{z_2}{z_1}$$

이므로 이를 요소가격비율인 $w_1/w_2 = 1$과 일치시킨다면

$$z_1^* = z_2^* = z^*$$

가 되어야 하고 이를 다시 생산함수에 대입하면

$$q = \sqrt{z_1^* z_2^*} = z^*$$

이므로 $z_1^* = z_2^* = q$가 비용을 극소화하는 선택이자 이때의 비용은 $w_1 z_1^* + w_2 z_2^* = 10q + 10q = 20q$가 될 것입니다. 그림 13.2(a)에 이렇게 선택한 비용극소화 점을 A로 표시했습니다.

(b) 이제 $\overline{z_2} = 2$인 단기로 돌아와서, 특히 재화를 $q = 4$만큼 생산하려는 경우를 생각해봅니다. 그림 13.2(b)에서 점 A는 장기 비용극소화 점으로 $q = 4$이므로 $z_1 = z_2 = q = 4$입니다. 그런데 $z_2 = 2$로 고정되었으므로 단기에서 점 A를 선택하는 것은 불가능합니다. 세로축 2로부터 수평선으로 그은 "단기 선택가능선" 상의 점만 택할 수 있습니다. 한편 $q = 4$를 얻어야 하기 때문에 수평선 상에서 아무 점을 선택하면 되는 것도 아니고, 선택가능선인 수평선과 $q = 4$에 해당되는 등량곡선이 서로 만나는 점, 즉 점 B가 유일하게 요구되는 조건들을 모두 만족하는 곳입니다.

즉, 단기에서는 특정 수량을 생산하기 위해서 요소의 투입량을 마음대로 결정할 수 없습니다. $q = f(z_1, z_2)$라는 함수 관계에서 q와 z_2가 고정된다면 이를 만족하는 z_1의 값은 자유롭게 택할 수 없는 것입니다. $\overline{z_2} = 2$와

$q = 4$를 생산함수에 대입하면

$$4 = \sqrt{z_1 \times 2} \Longrightarrow z_1 = 8$$

입니다. 물론 점 B가 이 값을 가집니다.

그림 (b)에서 장기였다면 (즉 요소 투입이 자유로웠다면) 생산자가 지출해야 하는 비용은 $w_1 z_1 + w_2 z_2 = 10 \times 4 + 10 \times 4 = 80$이었을 것입니다. 하지만 $\overline{z_2} = 2$인 단기이기 때문에 $z_1 = 8$이 되어 이때 단기 비용은 $10 \times 8 + 10 \times 2 = 100$이 됩니다. 즉, 단기비용이 장기비용보다 더 비쌉니다.

그림 13.2 예 13.1

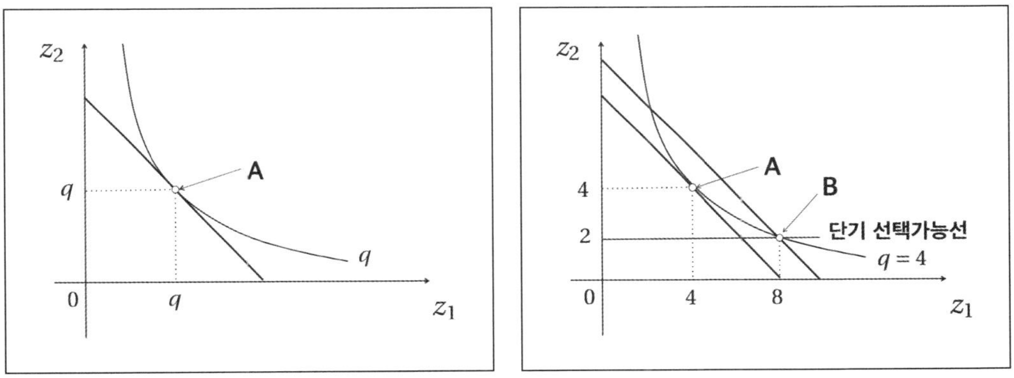

(a) 장기

(b) $z_2 = 2$인 단기 ($q = 4$)

예 13.1의 (b)에서는 단기비용이 장기비용보다 더 높은 값을 가진 것이 확인되었습니다. 만약 고정된 요소의 양이 2가 $\overline{z_2} = 4$였다면 어땠을까요? 그렇다면 그림 (b)에서 점 A와 점 B가 일치하고, 장기비용과 단기비용도 일치합니다. 다시 말해서 특수한 경우에 한해 "장기비용 = 단기비용"이 될 수 있습니다. 하지만 절대로 "단기비용 <장기비용"은 될 수 없습니다.

결과 13.1 산출량이 q일 때 장기비용을 $C(q)$라고 하자. $z_2 = \overline{z_2}$인 단기에서 산출량이 q일 때 단기비용을 $C_s(q, \overline{z_2})$라 하자. 그렇다면 모든 q와 $\overline{z_2}$에 대해서

$$C(q) \le C_s(q, \overline{z_2}) \tag{13.2}$$

설명: 이 결과가 성립하는 논리는 이미 **예 13.1**과 **그림 13.2**를 통해 설명했습니다. 다만 예에서는 특수한 형태의 생산함수를 사용했고 특히 한계기술대체율의 절대값이 체감하는 성질이 적용되었으나, 이 결과에는 사실 그런 가정이 필요 없습니다. 장기에서는 원한다면 $z_2 = \overline{z_2}$를 자발적으로 선택하는 것이 가능합니다. 만약 장기에서 $\overline{z_2}$를 택하는 것이 비용극소화라면 이때 장기비용과 단기비용은 일치할 것이고, 만약 $\overline{z_2}$가 아닌 다른 투입량을 택하는 것이 비용극소화라면 장기비용은 단기비용보다 더 낮을 것입니다. □

참고로 만약 요소가 3개인데 그중 1개 요소의 값이 고정된 단기라면, 고정되지 않은 두 가지 가변요소 사이에는 장기에서 사용했던 비용극소화의 원리 ($MRTS = w_1/w_2$)를 사용하면 됩니다.

13.3 단기 비용함수

단기 비용극소화의 원리는 비교적 단순하다는 것을 알아보았습니다. 단기 비용함수의 구성 또한 마찬가지로 단순합니다.

요소 2가 고정요소로 $z_2 = \overline{z_2}$라면, 고정요소에는 $w_2\overline{z_2}$의 비용이 들어갑니다. 이 수치는 재화 산출량 q와는 상관없는 상수입니다. 즉 이 값은 단기 비용함수 중에서 상수로 들어가는 항이 됩니다. 이를 **고정비용**(fixed cost)이라고 합니다.[2]

$$FC = w_2\overline{z_2} \qquad (13.3) \quad \text{[고정비용]}$$

한편, $z_2 = \overline{z_2}$일 때 재화를 q_0만큼 생산하려면 투입해야 하는 다른 요소 z_1의 양은 $q_0 = f(z_1, \overline{z_2})$라는 식에 따라 결정됩니다. 이 값은 q_0가 무엇인지, $\overline{z_2}$가 무엇인지에 따라 달라질 것입니다. 고정요소가 아닌 요소를 **가변요소**(variable factor)라고 합니다. 가변요소 z_1의 투입량은 $(q_0, \overline{z_2})$에 따라 달라지므로 $(q_0, \overline{z_2})$의 함수로 간주할 수 있습니다. 즉, 이 값을 $z_1^{**}(q_0, \overline{z_2})$라고 쓸 수 있습니다.[3] 가변요소에

2 값이 q와 상관없이 고정되었기도 하고, 고정요소에 들어가는 비용이기도 합니다.

3 z_1에 위첨자로 *표를 2개 단 이유는 장기 비용극소화 요소 선택량과 구분하기 위해서입니다.

들어가는 비용을 가변비용(variable cost)이라고 합니다. 따라서 가변비용은

$$VC = w_1 z_1^{**}(q_0, \overline{z_2}) \qquad (13.4) \quad \text{[가변비용]}$$

라고 쓸 수 있을 것입니다.

단기비용은 고정비용과 가변비용을 합한 것입니다. 재화 산출량이 q_0이고 고정요소의 투입량이 $z_2 = \overline{z_2}$일 때 단기비용의 값은

$$VC + FC = w_1 z_1^{**}(q_0, \overline{z_2}) + w_2 \overline{z_2}$$

입니다. (w_1, w_2)와 $\overline{z_2}$가 모두 주어진 상수 값이라고 가정하면, 단기비용을 재화 산출량만의 함수로 쓸 수 있습니다. q_0라는 특정 값 대신 변수로 q를 쓰면

$$C_s(q) = VC(q) + FC = w_1 z_1^{**}(q, \overline{z_2}) + w_2 \overline{z_2} \qquad (13.5) \quad \text{[단기비용함수]}$$

가 됩니다.

예 13.2

앞의 예를 이어받아 단기 비용함수를 도출해봅시다. $f(z_1, z_2) = \sqrt{z_1 z_2}$이고, $z_2 = \overline{z_2} = 2$이며 $w_1 = w_2 = 10$인 상황을 고려합니다. 앞 예에서는 $q = 4$라고 고정했지만 여기서는 그럴 필요 없이 재화 산출량을 변수로 취급하겠습니다.

- 고정비용은 $FC = w_2 \overline{z_2} = 10 \times 2 = 20$입니다.
- 한편 가변비용을 도출하려면 먼저 $z_1^{**}(q, \overline{z_2})$를 도출해야 합니다. 즉, $q = \sqrt{z_1 \times 2}$를 만족하는 z_1의 값을 찾으면

  $$z_1^{**}(q, 2) = \frac{q^2}{2}$$

  이므로 가변비용은 다음과 같습니다.

  $$VC(q) = w_1 z_1^{**}(q, 2) = 10 \times \frac{q^2}{2} = 5q^2$$

따라서 주어진 조건 하에서 단기비용함수는

$$C_s(q) = 5q^2 + 20$$

입니다. 물론 $\overline{z_2}$의 값을 바꾼다면 고정비용과 가변비용 모두 변할 것입니다.

예제 13.1

생산함수가 $f(z_1, z_2) = \sqrt{z_1 z_2}$일 때 $z_2 = \overline{z_2} = 2$인 단기를 고려하자. 요소가격은 $w_1 = w_2 = 10$이다. 단기비용과 장기비용의 값이 같게 되는 재화 산출량은 얼마인가?

풀이 예 13.1의 (a)에서 장기비용함수는 $C(q) = 20q$임을 도출했고, 방금 예 13.2에서 주어진 조건 하의 단기비용함수는 $C_s(q) = 5q^2 + 20$임을 도출했습니다. 따라서 수학적으로 단기비용과 장기비용이 같아지는 조건은 $20q = 5q^2 + 20$이고 이는 $5(q^2 - 4q + 4) = 5(q-2)^2 = 0$이므로 $q = 2$가 답입니다. 하지만 이렇게 수학적인 답 자체가 아니라 경제학적 의미를 파악하는 것이 중요합니다. 사실 이 예제는 단기비용함수를 공식으로 구하지 않더라도 풀 수 있습니다.

먼저 예 13.1(a)에서 장기 비용극소화의 조건은 $z_1^* = z_2^*$라는 것을 도출했습니다. 그런데 장기비용과 단기비용이 같아지는 경우는 단기에서 고정된 고정요소의 양이 실제로 장기에서도 비용극소화 점에 해당되는 경우입니다. 즉, $\overline{z_2} = 2 = z_2^*$가 되는 경우입니다. 장기 비용극소화점에서는 $z_1^* = z_2^*$이어야 하므로 $z_1^* = 2$가 되어야 합니다. 즉, 우리가 원하는 산출량은 $z_1^* = z_2^* = 2$를 투입할 때 나옵니다. $q = \sqrt{z_1^* z_2^*} = \sqrt{2 \times 2} = 2$가 답이 맞습니다.

13.4 단기한계비용과 단기평균비용

이 절에서는 단기의 단위당 비용함수 즉 단기의 한계비용과 평균비용을 공부합니다. 기본적인 개념은 앞 장에서 장기에 대해서 공부한 것과 동일하지만, 단기비용이 가진 추가적인 성질에 따라 고려할 요소가 조금 많습니다.

정의는 쉽게 짐작할 수 있습니다. **단기한계비용**은 단기비용함수의 도함수입니다.

(13.6) $$SMC(q) = \frac{dC_s(q)}{dq}$$ [단기한계비용]

입니다. 단기 총비용은 $C_s(q) = VC(q) + FC$로 생산량의 함수인 가변비용과 상수인 고정비용으로 구성되어 있습니다. 이 사실을 감안하면 단기 총비용의 도함수는

$$SMC(q) = \frac{d}{dq}(VC(q)) + \underbrace{\frac{d}{dq}(FC)}_{=0} = VC'(q)$$

가 됩니다. 즉, 단기 한계비용은 가변비용의 도함수입니다. 다시 말해 고정비용은 단기 한계비용에 포함되지 않습니다. 이는 당연합니다. 한계비용이란 생산량 q를 아주 조금 늘리고자 할 때 추가되어야 하는 비용을 말하는데, 고정비용은 말 그대로 고정되어 있으므로 추가 비용에 포함되지 않습니다. 단기에서 생산량을 변화시키고자 한다면 고정요소는 고정되어 있으므로 어쩔 수 없고, 가변요소를 조절하는 것입니다.

한편 **단기평균비용**은 단기 총비용을 생산량으로 나누어 준 것입니다.

(13.7) $$SAC(q) = \frac{C_s(q)}{q}$$ [단기평균비용]

역시 단기 총비용이 가변비용과 고정비용으로 구성된다는 점을 감안하면

$$SAC(q) = \frac{VC(q)}{q} + \frac{FC}{q}$$

이 됩니다. 위 식에서 첫 번째 항은 가변비용을 생산량으로 나누어준 것으로 **평균가변비용**(average variable cost)이라고 부릅니다.

(13.8) $$AVC(q) = \frac{VC(q)}{q}$$ [평균가변비용]

두 번째 항은 고정비용을 생산량으로 나누어준 것으로 **평균고정비용**(average fixed

cost)이라고 부릅니다.

$$AFC(q) = \frac{FC}{q} \qquad (13.9) \quad \text{[평균고정비용]}$$

고정비용은 상수이지만, 이 값을 q로 나눈 평균고정비용은 이제 분모에 q가 있는 q의 함수입니다.

이 두 개념을 활용하면 단기평균비용을 이렇게 써줄 수 있습니다.

$$SAC(q) = AVC(q) + AFC(q) \qquad (13.10)$$

이제 단기에 등장하는 다양한 비용개념들이 어떤 모양의 그래프로 그려지는지를 알아볼 차례입니다. 서로 얽혀 있는 개념들이 여러 개이므로 자칫 길을 잃기 쉽습니다. 단기의 총비용, 한계비용, 평균비용이 있을 뿐 아니라, 총비용이 다시 고정비용과 가변비용으로 나누어지고, 고정비용과 가변비용에 대해서 평균비용을 따져봐야 합니다. (한계비용은 가변비용에만 해당됩니다.) 또한 장기비용에서와 마찬가지로 한계비용과 평균비용 사이에는 일정한 관계가 성립합니다.

고정비용과 평균고정비용

우선 제일 간단한 것은 평균고정비용입니다. 고정비용 FC는 상수이고 평균고정비용은 $AFC(q) = FC/q$라는 간단한 반비례 형태를 가진 함수입니다. 생산량 q가 증가할 때 평균고정비용은 반드시 감소합니다. 단기동안에는 이미 정해진 액수로 고정된 값을 생산량이 늘어나면 더 많은 생산량들 사이에 분배하기 때문입니다.

다시 말해서 평균고정비용은 생산량이 적을 때는 매우 높고, 생산량이 많을 때는 매우 낮습니다. 즉 고정비용의 존재는 전체 평균비용(=고정비용 + 가변비용)의 수준을 생산량이 적을 때는 비교적 높게 만들고 생산량이 많을 때는 비교적 낮게 만드는 역할을 합니다.

그림 13.3 고정비용과 평균고정비용

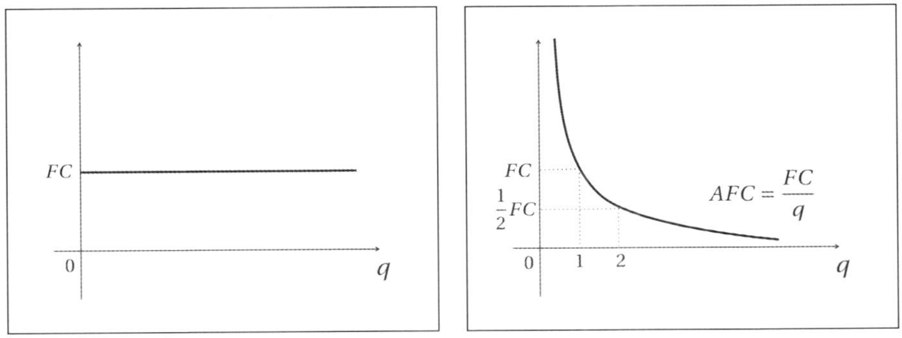

(a) 고정비용곡선(수평선) (b) 평균고정비용곡선

가변비용, 평균가변비용과 단기한계비용

가변비용은 생산량과 좀 더 복잡한 관계를 갖습니다. 생산량을 늘릴 때 필연적으로 가변요소를 많이 투입해야 하고 따라서 가변비용이 늘어나야 하는 것은 분명합니다. 그런데 '얼마나' 많이 늘어나야 하는가는 기업이 보유한 생산기술의 특징과 관련이 있습니다.

앞장에서 장기의 경우에는 생산기술의 특성 중 규모수익에 따라 한계비용 및 평균비용의 특징과 관계가 달라짐을 공부했습니다. 단기에서는 규모수익이라는 개념 자체가 적용되지 않습니다. 고정요소 투입량은 변함이 없고, 가변요소 투입량만 변하기 때문입니다.

가변요소의 투입량에 재화 산출량이 얼마나 늘어나는가를 판단하게 해주는 생산함수의 특징은 **한계생산**(MP) 즉 가변요소의 한계생산 MP_1 입니다.

MP_1이 불변인 경우

장기에서는 두 요소를 동시에("규모") 증가시킬 때 그 규모수익이 불변이면 총비용이 선형이고 한계비용과 평균비용은 상수였습니다. 똑같은 논리로, 만약 가변요소의 추가 투입에 대해 그 한계생산 MP_1이 불변이라면, 가변비용은 정확하게 선형으로 증가할 것이고 이로부터 발생하는 한계비용과 평균가변비용은 모두 상수일 뿐 아니라 서로 일치할 것입니다.

그림 13.4 MP_1이 불변일 때의 가변비용

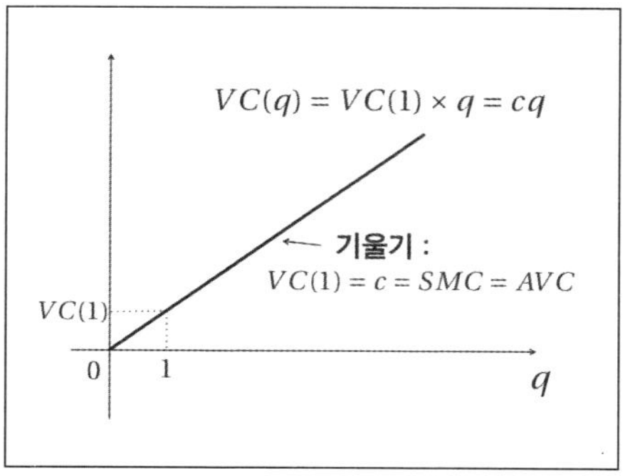

(a) 가변비용은 직선

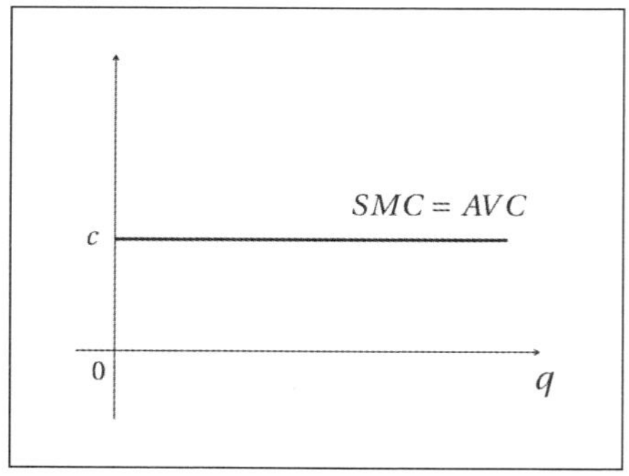

(b) 한계비용, 평균가변비용 상수(수평선)

따라서 가변요소의 한계생산이 불변이라면, 가변비용곡선은 원점에서 출발하는 직선이고 그 기울기가 바로 한계비용이자 평균가변비용입니다. (그림 13.4)

MP_1이 체감하는 경우

만약 가변비용의 한계생산이 (가변요소의 투입량에 대해) 체감한다면 생산량을 늘려감에 따라서 점점 더 많은 양의 가변요소를 투입해야 할 것입니다. 따라서 추가되어야 하는 가변비용(=한계비용)은 점점 늘어납니다. (이것은 앞장의 장기에서 규모수익감소일 때와 똑같은 논리입니다.)

이때 가변비용은 기울기가 점점 가팔라지면서 증가하는 곡선이고, 단기한계비용과 평균가변비용도 생산량에 대한 증가함수입니다. 특히 하나의 생산량 q에 대해 $SMC(q) > AVC(q)$가 성립하여 단기한계비용곡선은 평균가변비용곡선보다 위쪽에 위치합니다. (그림 13.5(b)에서는 두 곡선을 모두 다소 구불구불하게 그렸습니다. 증가함수라는 점만 알 수 있지 그것이 직선인지 깨끗하게 생긴 곡선인지는 일반적으로 말할 수 없습니다.)

그림 13.5 MP_1이 체감할 때의 가변비용

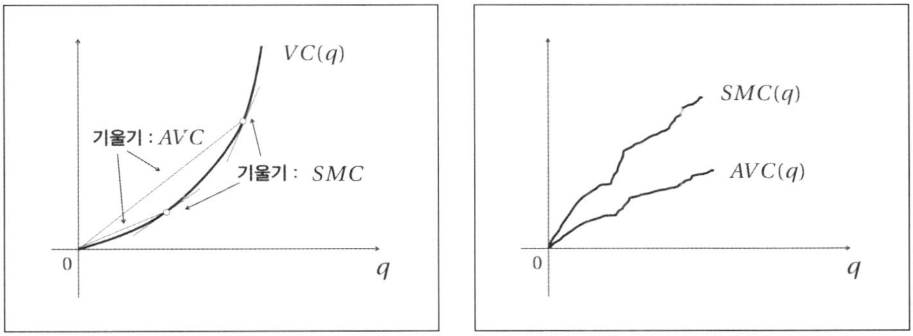

(a) 가변비용은 기울기가 가팔라지는 곡선 (b) 한계비용과 평균가변비용은 증가

MP_1이 체증하는 경우

반대로 가변비용의 한계생산이 (가변요소의 투입량에 대해) 체증한다면 생산량을 늘려감에 따라서 점점 더 적은 양의 가변요소를 투입해도 괜찮습니다. 따라서 추가되어야 하는 가변비용(=한계비용)은 점점 줄어듭니다. (이것은 앞장의 장기에서 규모수익증가일 때와 똑같은 논리입니다.)

이때 가변비용은 기울기가 점점 완만해지면서 증가하는 곡선이고, 단기한계비용과 평균가변비용은 생산량에 대한 감소함수입니다. 특히 하나의 생산량 q에 대해 $SMC(q) < AVC(q)$가 성립하여 단기한계비용곡선은 평균가변비용곡선보다 아래쪽에 위치합니다. (그림 13.6)

MP_1이 처음에는 체증하다가 체감으로 바뀌는 경우

이번에는 장기의 '규모수익전환'에 해당되는 경우입니다. 규모수익이 처음에는 증가하다가 감소로 변경되는 경우 장기한계비용과 장기평균비용이 모두 퍼진 U자 형태를 갖게 되고, 평균비용곡선의 최저점을 한계비용곡선이 통과해서 지나가는 특징을 갖습니다.

똑같은 논리로, 단기에서 가변요소의 한계생산 MP_1이 가변요소이 투입량을 점점

그림 13.6 MP_1이 체증할 때의 가변비용

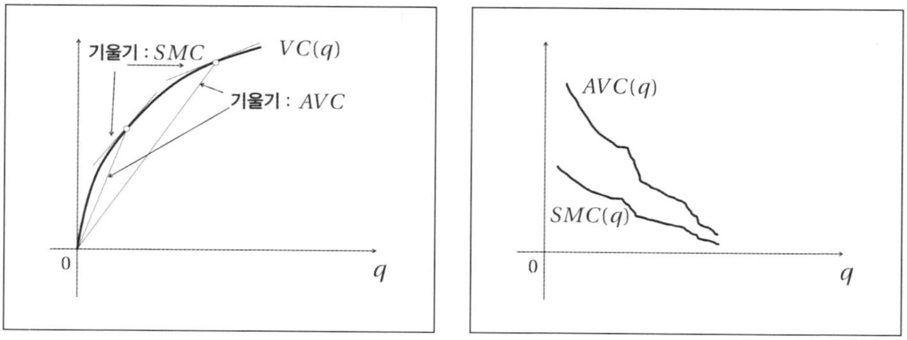

(a) 가변비용은 기울기가 완만해지는 곡선 (b) 한계비용과 평균가변비용은 감소

늘려줄 때 처음에는 체증하다가 체감하는 형태로 변경된다면, 가변비용은 기울기가 처음에는 완만해지다가 다시 가팔라지는 형태가 되고, 단기한계비용(SMC)과 평균가변비용(AVC)은 모두 퍼진 U자 형태가 되며 두 곡선이 만나는 점은 바로 평균가변비용곡선의 최저점이 됩니다.

장기에서와 마찬가지로 **그림** 13.7(b)의 3가지 영역이 구분됩니다. [A]에서는 단기한계비용이 하락하는 구간으로 한계생산이 체증하고 있기 때문입니다. 이때 평균가변비용도 하락하는데, 그 위치는 한계비용보다는 위쪽입니다. $q = \hat{q}$에서 한계생산이 체감으로 바뀝니다. 이제 [B] 구간에서는 단기한계비용이 상승하지만, 아직 그 수준 자체는 평균가변비용보다 아래입니다. 따라서 평균가변비용은 계속해서 하락합니다. $q = q^*$에 이르러서 한계비용과 평균가변비용이 만나고 나면 비로소 [C] 구간에서 한계비용과 평균가변비용이 모두 상승합니다.

말하자면 [A]와 [B]의 경계인 $\hat{q}$는 기술의 특징이 변경되는 생산량이고, [B]와 [C]의 경계인 q^*는 경제적인 특징이 변경되는 생산량입니다. q^*는 특히 평균가변비용이 최저인 생산량입니다.

그림 13.7 MP_1이 체증하다가 체감하는 경우

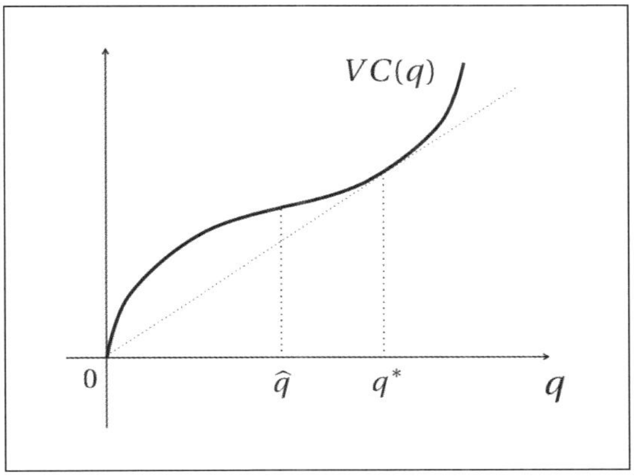

(a) 가변비용은 기울기가 완만해지다가 가팔라지는 곡선

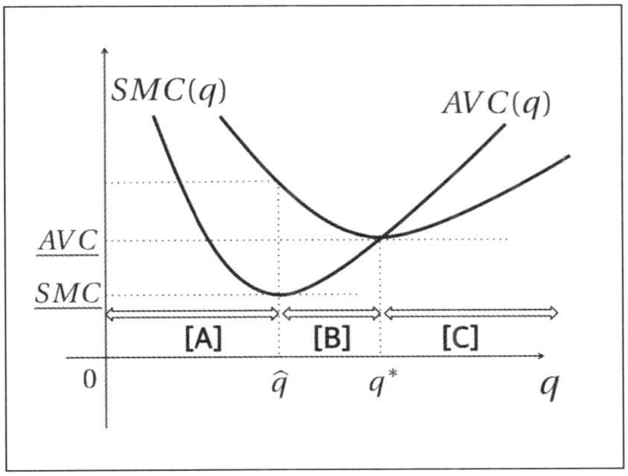

(b) 한계비용과 평균가변비용은 U자형

단기총비용, 단기평균비용과 단기한계비용

지금까지 고정비용과 가변비용을 따로 알아보았습니다. 두 가지를 합하면 단기비용이 됩니다: $C_s(q) = VC(q) + FC$. 가변비용과 고정비용을 합한 "총"비용이라는 점을 강조해서 **단기총비용**(STC, short-run total cost)이라고도 부릅니다: 즉, $STC(q) = VC(q) + FC$인 것이지요.

단기총비용은 가변비용함수에다가 상수인 고정비용을 더한 것에 불과합니다. 따라서 단기총비용곡선의 모양은 가변비용을 수직으로 $+FC$만큼 위로 이동시킨 것입니다. 즉, 가변비용곡선의 모양이 달라지는 대로 단기총비용의 모양도 달라집니다. 그림 13.8에 앞에서 고려했던 4가지 경우들을 모아보았습니다.

그림 13.8 단기총비용곡선

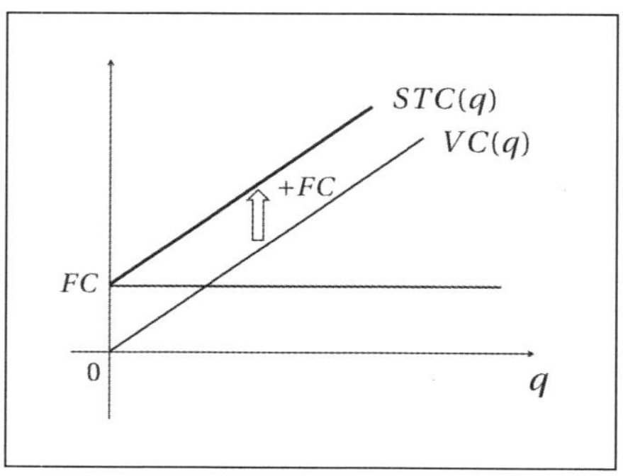

(a) MP_1이 불변일 때

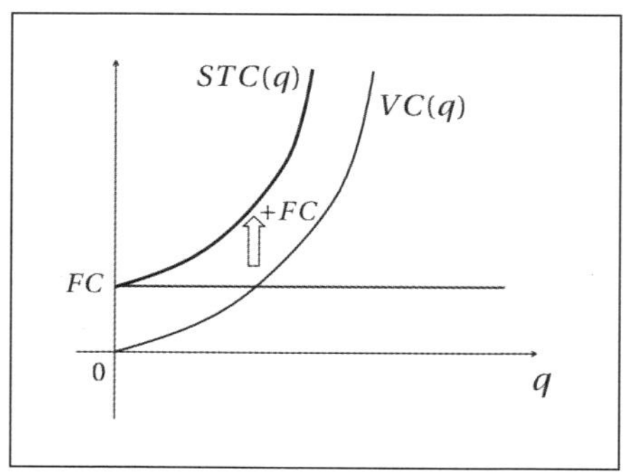

(b) MP_1이 체감할 때

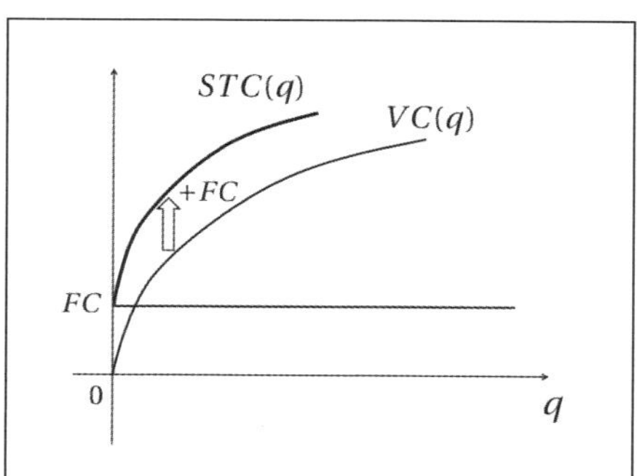

(c) MP_1이 체증할 때

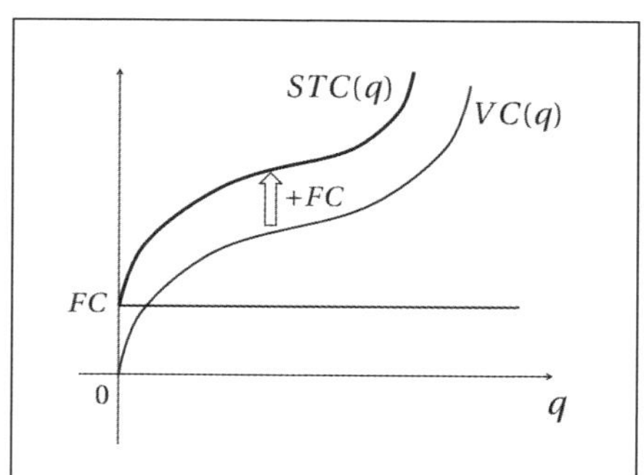

(d) MP_1이 체증하다가 체감할 때

단기한계비용은 가변비용에서만 발생하므로 앞에서 알아본 것과 마찬가지입니다. 한편 **단기평균비용**(SAC, short-run average cost)은 다음과 같이 두 가지 평균비용의 합이므로

(13.11)

$$SAC(q) = \frac{STC(q}{q} = \frac{VC(q)}{q} + \frac{FC}{q} = AVC(q) + AFC(q) \quad [\text{단기평균비용}]$$

그림 13.3(b)의 AFC와 **그림** 13.4부터 **그림** 13.7까지의 (b)에 나온 AVC를 합하면 됩니다. **그림** 13.9에 4가지 경우를 모았습니다. 단기총비용의 경우에는 가변비용에다가 상수인 고정비용을 더하는 것이기 때문에 가변비용곡선을 일정한 간격으로 위로 이동하는 것이었습니다. 단기평균비용의 경우에는, 평균고정비용의 값이 매우 크다가 점점 작아지면서 영향력이 사라지기 때문에, q가 작을 때는 평균고정비용(AFC)의 모양과 비슷하고 q가 커질수록 점점 평균가변비용(AVC)의 모양과 비슷해지는 특징을 가집니다.

그림 (a)에서 MP_1이 불변이라서, 단기한계비용(SMC)과 평균가변비용(AVC)이 모두 수평선(상수)인 경우 단기평균비용은 평균고정비용(AFC)을 위쪽으로 수직이동(AVC=SMC만큼)한 것으로 나타납니다. 또한 그림 (c)처럼 MP_1가 체증하고 한계비용(SMC)과 평균가변비용(AVC)이 모두 하락하는 상황에서는 단기평균비용(SAC)도 계속해서 하락하는 모습입니다.

즉, 이 두 경우에는 단기평균비용(SAC)곡선이 계속해서 하락하는 모습입니다. 장기식으로 말하자면 '규모의 경제'가 계속해서 나타나는 모습입니다. 이들 경우에는 생산량을 늘리면 늘릴수록 점점 평균비용이 떨어집니다. (a)에서는 한계비용이 일정하지만 평균고정비용이 계속 하락하고, (c)에서는 한계비용과 평균고정비용이 모두 계속 하락합니다.

한편 (b)와 (d)에서는 단기평균비용(SAC)이 처음에는 하락하다가 다시 상승하는, 퍼진 U자형을 보입니다. q가 작을 때는 높은 평균고정비용(AFC) 때문에 한계비용이 낮든(b) 높든(d) 상관없이 어쨌든 단기평균비용(SAC)이 높습니다. 하지만 평균고정비용이 비교적 급격하게 하락하기 때문에 (b)처럼 한계비용이 상승하더라도

그림 13.9 단기평균비용과 단기한계비용

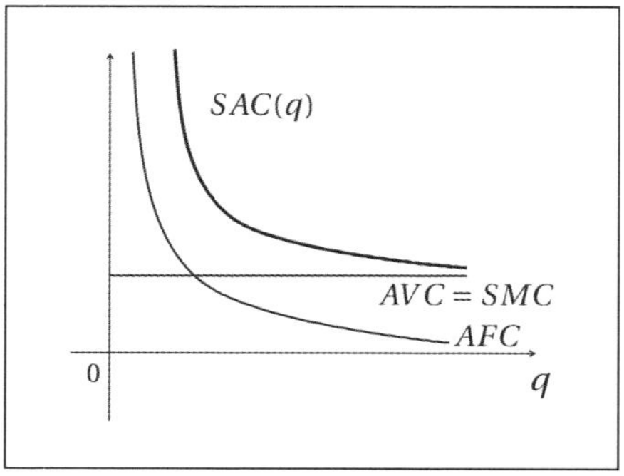

(a) MP_1이 불변일 때

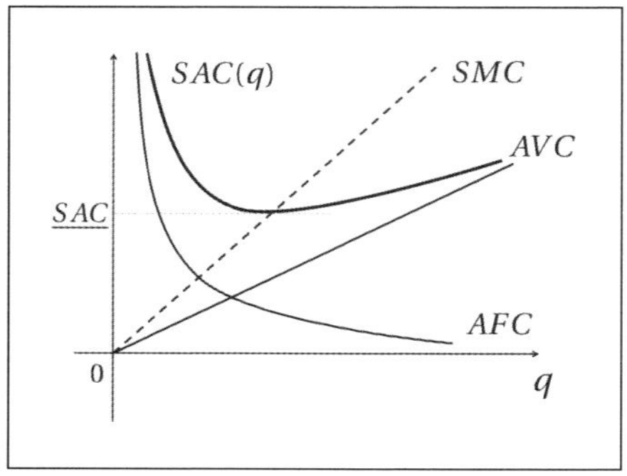

(b) MP_1이 체감할 때

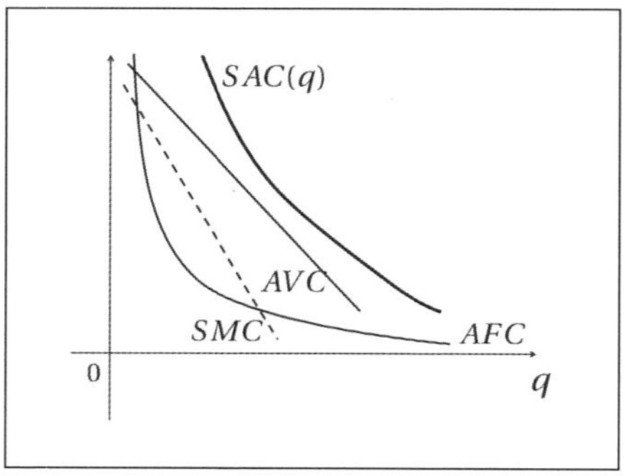

(c) MP_1이 체증할 때

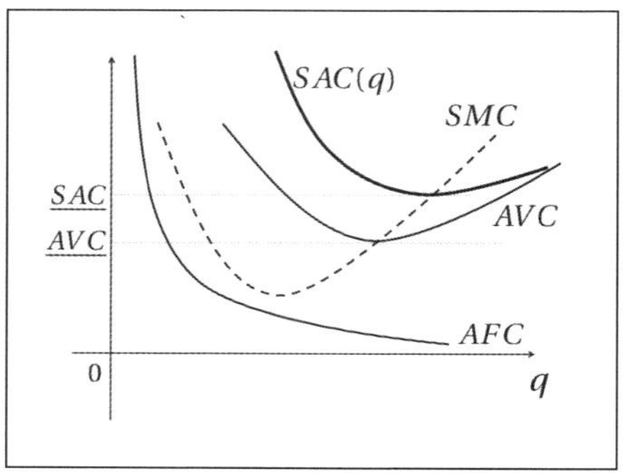

(d) MP_1이 체증하다가 체감할 때

그림 13.10 MP_1이 체증하다가 체감할 때 비용들 간의 관계

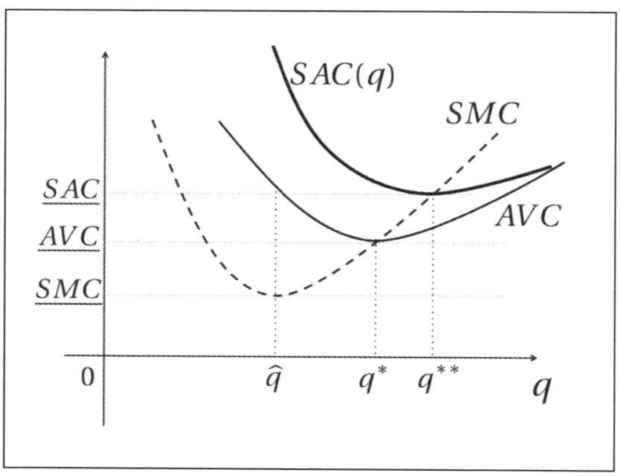

평균비용이 어느 정도 하락하고, (d)처럼 한계비용이 하락한다면 더욱 급격하게 평균비용이 하락할 것입니다. 하지만 결국에는 상승하는 한계비용의 영향으로 평균비용(SAC) 또한 상승하게 됩니다.

(b)와 (d)에서는 모두 단기한계비용(SMC)곡선이 단기평균비용(SAC)곡선의 최저수준인 $\underline{SAC}$과 같아지는 순간에 단기평균비용(SAC)이 다시 상승하기 시작한다는 공통점이 있습니다. 이는 지금까지 여러 차례 나왔던 한계와 평균 사이의 관계로 설명됩니다.

특히 흥미로운 것은 (d) MP_1이 체증하다가 체감하는 경우입니다. 그림 13.10에 그림 13.9(d)를 다시 그렸습니다. 편의상 AFC의 그림은 지우고, 대신 남아 있는 SMC, AVC, SAC 곡선들의 최저점이 되는 부분들을 표시했습니다. 우선 $\hat{q}$와 q^*은 이미 보았던 경계들인데 여기서는 q^{**}라는 생산량 수준이 하나 더 보태졌습니다. 다음과 같이 특징들이 정리됩니다.

- $0 < q < \hat{q}$의 구간: 가변요소의 한계생산 MP_1이 체증하기 때문에 단기한계비용(SMC)이 점점 하락하는 구간, 이때 평균가변비용(AVC)과 단기평균비용(SAC)도 함께 하락함
- $\hat{q} < q < q^*$의 구간: 한계생산 MP_1이 체감으로 바뀌어 단기한계비용(SMC)이 상승하는 구간, 하지만 상승에도 불구하고 한계비용 수준이 아직 평균비용 수준보다는 낮기 때문에 두 가지 평균비용은 계속 하락함
- $q^* < q < q^{**}$의 구간: 한계비용은 계속 상승 중, q^*에서 $SMC = AVC$가 되었기 때문에 이제 한계비용의 수준이 평균가변비용보다는 높아서 ($SMC > AVC$) 평균가변비용이 상승하기 시작함, 하지만 아직 한계비용이 (전체) 단기평균비용보다는 낮기 때문에 단기평균비용은 여전히 하락함
- $q > q^{**}$의 구간: 이제 한계비용이 두 가지 평균비용보다 모두 높아서, 한계비용, 평균가변비용, 단기평균비용 모두 상승함

표 13.1은 그동안 알아본 단기비용곡선들의 특징을 한눈에 볼 수 있게 정리한 것입니다.

표 13.1 단기비용의 특징 개관

		한계비용 (SMC)	평균비용 (SAC)
고정비용 (FC)	수평선 $w_2\overline{z_2}$ (상수)	없음 0	$AFC(q) = \frac{\text{상수}}{q}$
가변비용 (VC)	우상향	* MP_1에 따라 - 수평 - 우상향 - 우하향 - U자형	- 수평 AVC = SMC - 우상향 AVC < SMC - 우하향 AVC > SMC - U자형
단기총비용 (STC)	$VC(q)+FC$	가변비용 참고	q가 작으면 ≈ AFC q가 크면 ≈ AVC

* SMC는 AVC 최저점을 통과한 후, 올라가서 SAC의 최저점 통과

예 13.3

$C_s(q) = q^2 + 1$라는 단기비용함수가 주어질 때 이를 구성하는 각종 비용들입니다.

(1) 가변비용과 고정비용: 상수항이 고정비용이고, 나머지가 가변비용일 것입니다.

$$VC(q) = q^2, \quad FC = 1$$

(2) 평균가변비용은 위에서 찾은 가변비용함수를 q로 나누어주면 됩니다.

$$AVC(q) = \frac{q^2}{q} = q$$

(3) 평균고정비용은 마찬가지로

$$AFC(q) = \frac{1}{q}$$

(4) 따라서 단기평균비용은 위 두 가지를 합한

$$SAC(q) = AVC(q) + AFC(q) = q + \frac{1}{q}$$

(5) 한편 단기한계비용은 $C_s(q)$를 q로 미분하면 얻어집니다.

$$SMC(q) = C_s'(q) = 2q$$

이들을 그림으로 그려보면 그림 13.11이 됩니다.

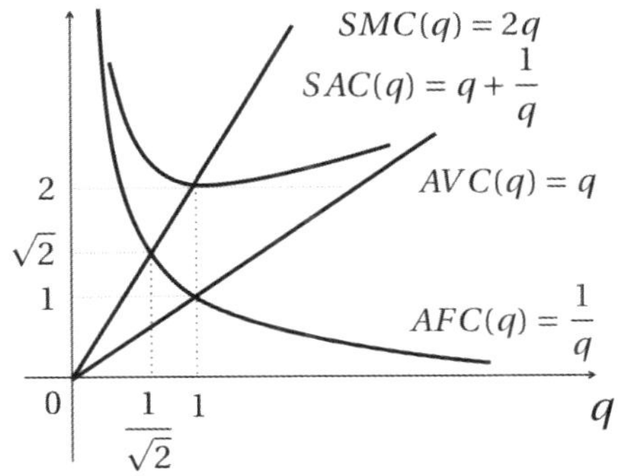

그림 13.11 예 13.3

예제 13.2

생산함수가 $f(z_1, z_2) = \sqrt{z_1 z_2}$이고 $z_2 = 3$으로 고정된 단기를 고려한다. (단, 요소의 가격은 $w_1 = w_2 = 1$이다.)

(1) 단기비용과 장기비용이 같아지는 생산량은 얼마인지 (경제학 논리로) 설명하시오.

(2) 단기총비용함수를 도출하고, 장기총비용함수와 비교하시오.

(3) 단기한계비용, 평균가변비용, 단기평균비용을 도출하고 관계를 논하시오.

(4) 단기평균비용과 장기평균비용을 비교하시오.

풀이 (1) 주어진 생산함수로 (장기) 비용극소화를 시도한다면, MRTS를 계산해야 할 것입니다.

$$MP_1 = \frac{\sqrt{z_2}}{2\sqrt{z_1}}, \quad MP_2 = \frac{\sqrt{z_1}}{2\sqrt{z_2}}$$

이므로

$$MRTS = \frac{MP_1}{MP_2} = \frac{z_2}{z_1}$$

입니다. (사실은 생산함수 전체를 제곱하더라도 등량곡선의 "값"만 달라지지 그 형태에는 변화가 없으므로 f를 제곱한 $z_1 z_2$의 MRTS를 구하면 더 쉽게 위 답을 얻을 수 있습니다. 생산함수에는 서수성이 적용되지 않지만 MRTS를 계산할 때는 이 성질을 사용할 수 있습니다.)

필요한 가정(생산성, 대체율체감)을 만족한다는 것을 확인하면, $MRTS = w_1/w_2$가 비용극소화 조건이 됩니다. 즉,

$$\frac{z_2}{z_1} = 1 \Longrightarrow z_1 = z_2$$

이 장기 비용극소화의 조건입니다.

현재 단기에서 $z_2 = 3$으로 고정되었으므로, $z_1 = z_2 = 3$이면 장기에서도 비용극소화가 가능합니다. 이때 생산량은 $q = \sqrt{3 \times 3} = 3$입니다.

(2) $z_2 = 3$이고 $w_1 = 1$이므로 고정비용은 $FC = 3$입니다. 한편, 단기 생산함수는 $\sqrt{3z_1}$이므로 $q = \sqrt{3z_1}$에서 $z_1 = q^2/3$이 필요한 가변요소 투입량입니다. 따라서 가변비용은 $VC(q) = w_1 z_1 = q^2/3$입니다. 그러므로 단기비용함수는 $c_s(q) = \frac{q^2}{3} + 3$입니다.

장기비용함수를 구하자면 $z_1 = z_2 = z^*$가 장기 비용극소화 조건이므로 $q = \sqrt{(z^*)^2} = z^*$이 되어서, 임의의 생산량 q에 대해서 합리적 요소투입량은 $z_1 = z_2 = q$입니다. 즉, 비용함수는 $c(q) = w_1 z_1 + w_2 z_2 = 2q$가 됩니다.

수학적으로는 장기비용과 단기비용이 같아지는 수량이 $\frac{q^2}{3} + 3 = 2q$인데 이미 앞에서 $q = 3$이면 같아진다는 것을 경제학적으로 확인했습니다. 대입해봐도 맞다는 것을 알 수 있습니다. 게다가

$$c_s(q) - c(q) = \frac{1}{3}q^2 + 3 - 2q = \frac{1}{3}(q^2 - 6q + 9) = \frac{1}{3}(q-3)^2 \geq 0$$

이므로 $q = 3$일 때만 $c(q) = c_s(q)$이고 그 외의 경우에는 $c_s(q) > c(q)$임을 알 수 있습니다.

(3) $SMC = c_s'(q) = \frac{2}{3}q$, $AVC = \frac{VC(q)}{q} = \frac{1}{3}q$, $SAC = \frac{c_s(q)}{q} = \frac{1}{3}q + \frac{3}{q}$입니다. 단기한계비용이 증가함수이고, 모든 $q > 0$에 대해서 $SMC(q) > AVC(q)$입니다.

(4) 장기비용함수로부터 장기평균비용은 $AC = \frac{c(q)}{q} = 2$로 상수입니다. 단기평균비용이 최저가 되는 때는 $SAC = SMC$일 때이므로 $\frac{2}{3}q = \frac{1}{3}q + \frac{3}{q}$에서 $q = 3$이지요. (물론 $q = 3$은 단기비용과 장기비용이 같아지는 수준이기도 합니다.) 이때 단기평균비용의 수준은 $SAC(3) = 2$로 장기평균비용과도 동일합니다. 즉, $SAC(q) \geq 2 = AC(q)$로 단기평균비용은 (같아지는 한 경우를 제외하고) 언제나 장기평균비용보다 높습니다.

연습문제

문제 13.1 다음이 각각 맞는지 틀리는지 설명하시오.

(1) 단기 총평균비용(SAC)곡선은 평균가변비용(AVC)곡선보다 위쪽에 위치한다.

(2) 단기의 총평균비용(SAC)곡선이 한계비용(SMC)곡선과 만나는 점의 생산량은 양(+)의 값이다.

(3) 단기평균비용곡선은 장기평균비용곡선보다 위쪽에 위치한다.

문제 13.2 생산함수가 $f(z_1, z_2) = 2z_1 + 3z_2$이고 요소가격은 $w_1 = 10$, $w_2 = 20$이다.

(1) $z_2 = 1$로 고정된 단기에 대해 단기평균비용(SAC)을 q의 함수로 도출하시오. 단기평균비용곡선이 가진 형태를 가변요소의 한계생산과 관련지어 설명하시오.

(2) 이 상황에서는 장기평균비용과 단기평균비용이 같아지는 생산량이 존재하지 않는다. 그 이유를 경제학적으로 설명하시오.

문제 13.3 생산함수가 $f(z_1, z_2) = 3z_1 + z_2$이고 요소 1의 가격 $w_1 = 9$, 요소 2의 가격 $w_2 = 4$이다.

(1) 재화의 생산량이 50일 때 드는 최소 비용은?

(2) 요소 1의 양이 $z_1 = 20$으로 고정된 단기에 재화 생산량이 50일 때 드는 (단기) 최소 비용은?

(3) 요소 2의 양이 $z_2 = 20$으로 고정된 단기에 재화 생산량이 50일 때 드는 (단기) 최소 비용은?

문제 13.4 생산함수가 $f(z_1, z_2) = \min\{3z_1, z_2\}$, 요소 1의 가격 $w_1 = 9$, 요소 2의 가격 $w_2 = 4$이다.

(1) 요소 1의 양이 $z_1 = 20$으로 고정된 단기에 재화 생산량이 15일 때 드는 (단기) 최소 비용은?

(2) 요소 2의 양이 $z_2 = 20$으로 고정된 단기에 재화 생산량이 15일 때 드는 (단기) 최소 비용은?

(3) 재화 생산량이 15일 때 드는 장기 최소 비용은?

문제 13.5 $f(z_1, z_2) = \sqrt{z_1} + 2\sqrt{z_2}$에 대해 $z_2 = 1$로 고정된 단기의 비용함수를 도출하시오.

문제 13.6 '전문직'과 '브조원' 두 종류의 직원들이 근무하는 서비스업체가 있다. L_1 = 전문직 인원, L_2 = 보조원 인원이라고 하자. 이 업체의 서비스 제공에 별도의 자본 설비는 필요 없고 다만 전문직 1명과 보조원 2명이 함께 한 팀으로 일을 해야 하며, 모든 팀은 1시간에 10단위의 서비스를 생산한다. 전문직 임금 $w_1 = 2$, 보조원 임금 $w_2 = 1$이다. 전문직 직원의 수가 $L_1 = 10$명으로 고정되었을 때의 단기 비용이 장기 비용과 같아지게 되는 서비스 생산량은 얼마인가?

문제 13.7 어느 기업의 생산함수가 $f(z_1, z_2) = z_1 z_2$이고, $w_1 = 1$, $w_2 = 2$이다.

(1) 생산량 $q = 8$에 대해 비용을 최소화하는 (z_1^*, z_2^*)를 구하시오.

(2) 앞의 (1)에서 구한 (z_1^*, z_2^*)의 값에서 한계기술대체율의 값은 얼마인가?

(3) $z_2 = 1$로 고정된 단기에 대해, 이 기업의 단기 평균비용(SAC)을 q의 함수로 구하시오.

(4) $z_2 = 1$에서 비용이 최소화되는, 즉 "단기비용=장기비용"이 되는 q의 값은 얼마인가?

문제 13.8 '정규직' 노동자와 '비정규직' 노동자가 근무하는 기업이 있다. L_1 = 정규직 고용 인원, L_2 = 비정규직 고용인원이라고 하자. 기업의 입장에서 정규직과 비정규직 간의 중요한 차이점은 정규직 노동자는 해고하기 어렵다는 것이다. 두 가지 노동에 분석을 집중하기 위해 자본(K)의 양은 주어진 것으로 가정하고 도출한 이 기업의 생산함수가 $q = \sqrt{\alpha L_1 + L_2}$이다. (단, $\alpha > 0$)

(1) 이 생산함수의 특징(두 요소 간의 관계)을 숫자 α가 가지는 의미를 중심으로 설명해보시오.

(2) 이 생산함수의 규모수익의 종류는 무엇인가? 그리고 그런 규모수익이 발생할 만한 가장 큰 이유를 꼽는다면 무엇이겠는가?

(3) 정규직 임금 $w_1 = 3$, 비정규직 임금 $w_2 = 1$이다. 현재 정규직 인원 $L_1 = 10$이며, 이 인원은 단기에 변동할 수 없다. 단기에서 이 기업이 비정규직을 추가로 고용하려면 α의 값이 어떤 범위에 있어야 하는가? 이 조건의 의미는 무엇인가?

(4) 비정규직 임금 w_2가 더 높아진다면, (3)에서 구했던 값의 범위가 어떻게 변하겠는가?

문제 13.9 어느 기업의 생산함수가 $f(L_1, L_2) = 2L_1L_2$이다. L_1은 생산직 노동자, L_2는 사무직 노동자의 고용인원을 가리킨다. 노동임금은 노동시장에서 결정되어 이 기업이 결정할 힘이 없으며 현재 L_1의 임금 $w_1 = 8$, L_2의 임금 $w_2 = 16$이다.

(1) 기업의 장기비용함수를 도출하시오.

(2) 기업의 사정이 어려워서 새 주인에게 팔리게 되었다. 현재 고용된 노동자의 수는 $L_1 = 4$, $L_2 = 4$이며 생산직과 사무직 노동자는 각각 별도의 노동조합을 갖고 있다. 기업을 넘겨받은 새 주인이 고용된 노동자의 수를 조정하려면 첫 1년 동안은 두 노동조합 중 단 하나만 골라서 협의할 수 있다. (어느 조합이든 선택하면 협의는 순조롭게 진행되어 별도의 비용 없이 고용 조정이 가능하다고 가정한다.) 또한 1년 후에는 기존 기업주와의 노동 계약이 종료되어 사무직과 생산직 노동자의 수를 모두 자유롭게 변화시킬 수 있다. 기업의 새 주인의 고용 결정을 (a) 1년 이내와 (b) 1년 이후로 나누어 분석하되, 새 주인이 원하는 재화 생산규모(q)에 주의하여 설명하시오.

제4부
고전적 시장모형

제 2 부에서 소비자모형을, 제 3 부에서는 생산자모형을 공부했습니다. 소비자모형에서 우리는 수요함수를 도출하고 분석할 수 있었습니다. 생산자모형에서는 비용함수를 도출했습니다. 소비자와 기업 (생산자+ 판매자)은 "시장" 에서 만나서 상호작용하게 됩니다. 그러므로 이제 시장에 대한 모형을 공부할 차례입니다.

그런데 시장모형은 하나가 아닙니다. 이번 제 4 부에서는 '고전적' 인 시장모형으로 완전경쟁 모형과 독점 모형을 소개합니다. 이는 다음에 제 5 부에서 공부할 '전략적' 인 모형과 대비됩니다. 즉 고전적 시장모형은 전략적이지 않은 시장모형이기도 합니다.

소비자모형에서는 수요를 도출했는데, 생산자모형에서 공급을 도출한 것은 아닙니다. 공급을 도출하기 위해서는 생산자뿐 아니라 판매자로서의 기업의 역할을 함께 고려해야 하기 때문입니다. 이제 제 4 부에서는 (고전적인 시각에서) 판매자로서 기업이 어떻게 행동하는지를 본격적으로 공부하도록 합시다.

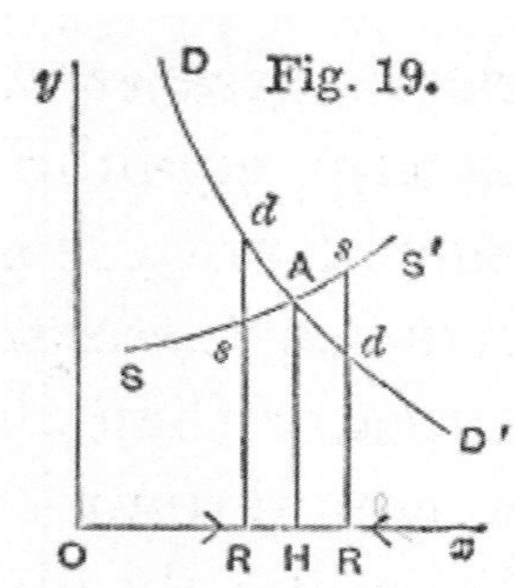

그림 출처 : 알프레드 마셜, 『경제학원론』

가치 [가격] 가 효용 [수요] 에 의해서 결정되는지
생산비용 [공급] 에 의해서 결정되는지를 따지려거든,
가위의 양날 중 어느쪽이 종이를 자르는 건지도 따져야 할 것이다.

- 알프레드 마셜, 『경제학원론』[1]

1 Alfred Marshall, *Principles of Economics*, 8th edition, Book V, Chapter III (1890).

완전경쟁시장 모형: (1) 기업의 단기공급

microeconomics

제14장

아주 옛날 경제학이 분석보다는 번지르르한 말뿐이던 시절,
한 비평가가 이렇게 말했다.
"일류 경제학자를 만들고 싶다면 앵무새 한 마리를 잡아다가
무조건 '수요와 공급'이라고만 대답하도록 훈련시키면 된다.
임금을 결정하는 것은 무엇인가?: 수요와 공급.
이자율을 결정하는 것은 무엇인가?: 수요와 공급.
부의 분배를 결정하는 것은 무엇인가?: 수요와 공급."
모두 맞는 답이긴 한데 알맹이가 없다.
- 어빙 피셔, 『경제과학 개론』[1]

경제학, 암울한 과학

위의 인용문은 1910년에 발간된 책에 실려 있습니다. 경제학자더러 수요와 공급만 말할 줄 아는 앵무새라고 놀린 것은 19세기 사회비평가인 토머스 칼라일(Thomas Carlyle)이라고 합니다. 칼라일은 경제학을 '암울한 과학'(dismal science)이라고 조롱했던 사람이기도 하지요.[2] 100년이 넘게 지난 요즘에도 경

1 Irving Fisher, *Introduction to Economic Science* (1910).

2 그런데 사실 칼라일의 이런 조롱은 민주주의와 시장경제를 공격하는 과정에서 나온 것이었습니다. (Persky, "A dismal romantic," *Journal of Economic Perspectives* (1990)) 칼라일이 보기에 경제학이 암울한 이유는 "우주의 비밀을 '수요와 공급'에 있는 것으로 보고 인류를

제학은 무조건 수요와 공급만 들이댄다고 불만을 가진 비판가들이 많이 있습니다. 또 한편에는 경제학을 약간 공부했다고 세상의 모든 현상을 수요와 공급으로 다 설명할 수 있다고 착각하는 초보 경제학도들도 있습니다.

수요-공급 모형은 경제학의 기본 모형이지만, 몇 가지 중요한 가정과 한계를 가집니다. 미시경제이론에서는 단순한 수요-공급 모형을 벗어나서 좀 더 다양한 시장 모형을 다룹니다. 하지만 그에 앞서서 우리는 먼저 수요-공급 모형이 정확하게 무엇인지부터 확인하고 넘어가야겠습니다. 수요-공급 경제학에 비판적인 시각을 가진 사람도, 수요-공급 경제학에 지나치게 심취한 사람도 거쳐야 할 단계입니다. 이미 소비자모형에서 수요가 어떻게 도출되는지는 대략 알아보았으므로 우리의 다음 과제는 공급이 어떻게 도출되는지를 살펴보는 일입니다. 이번 장에서는 공급함수를 도출하고, 다음 장에서는 수요와 공급이 만나는 시장을 공부할 것입니다.

14.1 기업(판매자)의 이윤극대화 원리

수요-공급 모형은 **완전경쟁**(perfect competition)이라는 시장 모형에 기초하고 있습니다. 그래서 이 장에서는 완전경쟁 모형 안에서 기업의 공급을 설명하려고 합니다. 하지만 먼저 좀 더 일반적인 기업의 행동 원리를 알아보겠습니다. 즉, 이 절에서 설명하는 내용은 완전경쟁뿐 아니라 모든 시장 모형에 적용될 수 있는 원리입니다. 이는 바로 **이윤극대화**(profit maximization)의 원리입니다.

이윤

먼저 **이윤**(profit)이 무엇인지부터 알아봅시다. **그림 14.1**은 10장에서 이미 보았던 것입니다. 기업의 활동을 요소시장과 재화시장 영역으로 구분하고 있습니다.

지배해야 할 지도자들의 임무를 단지 사람들이 마음대로 살도록 내버려두는 것으로 축소시키기 때문"입니다. 그는 이어서 서인도제도의 흑인들을 놀고 먹게 내버려두지 말고 강제로 일을 시켜야 한다고 주장했고, 더 나아가서 최악의 노예제도는 약한 자가 강한 자를 지배하고, 어리석은 자가 지혜로운 자를 지배하는 것, 즉 민주적인 투표 제도라고 설파했습니다. 이런 투표 제도의 기반이 되는 원흉들이 바로 암울한 과학(=경제학), 통계학, 헌법철학 및 그 외 바보 복음들(Fool Gospels)이라고 지목했죠. 그런 의미에서 경제학이 암울한 과학이라고 불리는 것에 대해 별로 부끄럽지는 않네요.

그림 14.1 기업의 활동

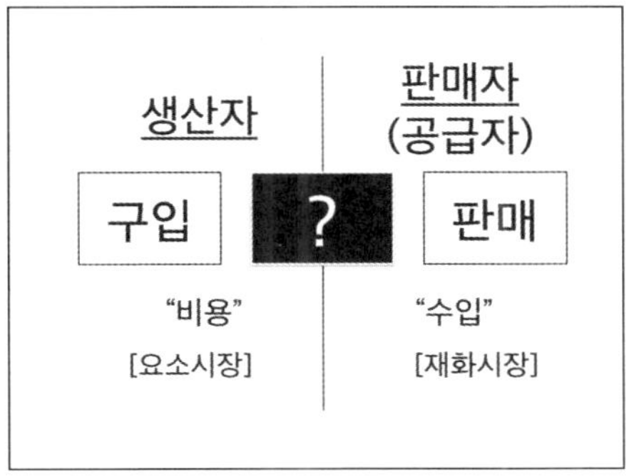

기업은 요소시장에서 요소를 구입하고 이를 이용해서 재화를 생산하며, 이렇게 생산된 재화를 재화시장에서 판매합니다. (재화의 판매가 바로 공급입니다.) 그림에서 보는 대로 기업은 요소시장에서 요소를 구입할 때 비용을 지출합니다. 한편 재화시장에서 재화를 판매하면 수입을 얻습니다. 수입과 비용의 차이를 **이윤**(혹은 **이익**)이라고 부릅니다. 다시 말해서 이윤이란, 기업이 소비자로부터 벌어들인 수입 중에서 요소공급자들에게 지출한 비용을 제외하고 남는 금액을 말합니다.

"이윤 = 수입 - 비용"

생산자모형에서 우리는 비용을 재화 생산량의 함수로 파악한 적이 있습니다.[3] 즉 비용함수를 $C(q)$라고 표기할 수 있습니다. 한편 기업의 수입 또한 판매량의 함수로 나타낼 수 있고 이를 **수입함수**(revenue function)라고 합니다. 현실에서 기업은 생산한 재화를 한꺼번에 모두 판매하지는 않고 일부를 재고(inventory)로 남기는 경우가 많습니다. 하지만 우리는 재고는 고려하지 않고 생산한 양을 모두 판매한다고 가정하겠습니다. 즉, '판매량 = 생산량 = q' 라고 보겠습니다. 그렇다면 수입함수의 기호는 $R(q)$라고 쓸 수 있습니다. 기업의 이윤은 수입과 비용의 차이

3 비용극소화 문제의 외생변수는 요소가격 (w_1, w_2)와 재화 생산량 q입니다. 요소가격에 변화가 없다고 가정할 경우, 비용함수는 생산량 q의 함수로 $C(q)$라고 쓸 수 있습니다.

이므로, 이윤함수는 수입함수와 비용함수의 차이로 정의됩니다.

$$\pi(q) = R(q) - C(q) \tag{14.1}$$ [이윤함수]

이윤극대화 가정

여기서 한 가지 중요한 가정을 하겠습니다.

가정 14.1 (이윤극대화) 기업은 이윤함수 $\pi(q)$의 값을 극대화하는 수량 q를 생산량 및 판매량으로 택한다.

소비자의 합리적 선택 기준이 효용이라면, 기업의 합리적 선택은 이윤입니다. 소비자의 목적은 효용을 가능한 한 크게 하는 것이고, 기업의 목적은 이윤을 가능한 한 크게 하는 것입니다. 이윤을 크게 하려면 수입은 될 수 있는 한 크게, 비용은 될 수 있는 한 작게 만들어야 할 것입니다.[4]

합리적 소비자모형을 공부한다고 해서 세상의 모든 소비자가 합리적이라고 생각하는 것은 아닙니다. 마찬가지로 이윤극대화 가정을 사용한다고 해서 모든 기업이 이윤을 극대화한다고 생각하는 것도 아닙니다. 현실의 기업은 이윤을 극대화하고자 하지만 실패할 수도 있고, 이윤이 아닌 다른 목적을 추구하는 기업이 있을 수도 있습니다. 소비자모형에서 효용함수는 다양한 종류의 개인적 취향을 반영할 수 있기 때문에 효용극대화 가정은 소비자가 원하는 대로 행동한다는 것을 수학적으로 편리하게 표현한 것일 뿐입니다. 하지만 이윤함수는 개별 기업의 독특한 취향을 표현한 것이 아니라 구체적인 의미를 가지기 때문에 만만한 가정은 아닙니다.[5]

과연 기업이 실제로 이윤을 극대화하는지, 혹은 이윤을 극대화하는 것이 바람직한 일인지에 대해서는 이 책에서 자세히 논의하지 않겠습니다. (이는 미시경제학의 심화 분야인 산업조직론 및 기업이론에서 다룰 주제입니다.) 일단은 이윤을 극대화

---

4 비용함수를 도출할 때 이미 우리는 비용극소화 문제를 풀었습니다. 즉 비용함수에는 비용극소화 원리가 내재되어 있습니다. 하지만 생산자의 비용극소화 문제에서는 생산량 q가 외생변수였습니다. 즉 임의의 주어진 q에 대해서 비용을 극소화했습니다. 한편 여기에서는 이제 생산량/판매량 q를 내생변수로 취급하여 수입은 극대화하고 비용은 극소화하는 q를 찾고자 합니다.

5 수입이나 비용의 개념을 좀 더 폭넓게 사용하는 것도 가능합니다. 예를 들어 금전적 수입 대신 사회적 가치 창출 정도를 수입함수로 사용한다면, 비영리기업의 행동 또한 폭넓은 의미에서 이윤극대화 원리를 적용할 수 있을 것입니다.

한다는 가정 하에서 앞으로 모형들을 진행하겠습니다.

이윤극대화의 일반 조건

기업이 가정 14.1을 따라 이윤을 극대화하고자 한다면 판매량 q를 선택하는 원리는 단순합니다. 바로 이것입니다:

$$\text{한계수입 (MR)} = \text{한계비용 (MC)}$$

우선 용어 정리가 필요하겠군요. 한계비용(MC)은 이미 생산자모형에서 공부했던 개념으로 비용함수의 도함수 $C'(q)$ 즉 생산량을 아주 조금 늘리고자 할 때 추가로 투입되어야 할 비용금액을 말합니다. 마찬가지로 **한계수입**(marginal revenue, MR)은 수입함수의 도함수 $R'(q)$ 즉 판매량을 아주 조금 늘리고자 할 때 추가로 발생하는 수입금액입니다.

위의 이윤극대화 조건은 한계수입과 한계비용이 모두 판매량 q의 함수라는 사실을 반영하여 다음과 같이 다시 쓸 수 있습니다.

(14.2) $MR(q^*) = MC(q^*)$ 또는 $R'(q^*) = C'(q^*)$ [이윤극대화 조건]

즉, 만약 수입함수와 비용함수가 주어진다면 우리는 이들을 각각 미분하여 한계수입함수와 한계비용함수를 도출하고, 두 값이 일치되게 하는 q^*의 값을 찾는 방정식을 풀이하면 이윤극대화 수량을 구할 수 있습니다.

앞으로 여러 가지 시장모형(완전경쟁, 독점, 과점 등)을 공부함에 있어서 위의 식 (14.2)만 기억하고 있어도 일단 진행이 가능합니다. 하지만 이 조건이 성립하는 원리를 명확하게 이해하는 것이 도움이 될 것입니다.

많은 사람들이 헷갈려 하는 점이 하나 있습니다. 이 원리를 처음 접한 학생들 중에서 "한계수입 = 한계비용이면 수입과 비용이 같으니까 이윤이 없는 본전이라는 말인데 왜 이것이 이윤을 극대화한다는 것인가요? 오히려 한계수입이 가능한 한 한계비용보다 커야 하는 것 아닌가요?"라는 질문을 하는 경우가 있습니다. 이

질문은 한계 비용과 그냥 비용을 혼동했기 때문에 생깁니다. 다음의 가상적인 예를 통해서 이윤극대화 원리를 이해해보도록 합시다.

예 14.1

돈 나오는 자판기 (1) 500원 짜리 동전을 넣고 버튼을 누르면 돈이 나오는 자동판매기가 있다고 상상해 봅시다. 카지노에서 돈을 넣고 레버를 당기면 가끔씩 돈이 나오는 슬롯머신과 비슷한데, 일정한 규칙에 따라 돈이 나옵니다.

이 자판기의 동작 규칙은 다음과 같습니다. 500원 동전을 1개 넣고 버튼을 누르면 1만 원 지폐가 1장 나옵니다. 500원 동전 2개를 함께 넣으면 1만 원 지폐 1장과 5천 원 지폐 1장이 나옵니다. 동전 3개를 넣으면, 1만 원, 5천 원 그리고 1천 원 지폐가 1장씩 나옵니다. 동전 4개를 넣으면 1만 원, 5천 원, 1천 원 지폐가 나오고 500원 동전도 1개 나옵니다. 동전 5개를 넣으면 1만 원, 5천 원, 1천 원 지폐, 500원 동전과 100원 동전이 나옵니다. 동전 6개를 넣으면 동전 5개를 넣었을 때와 마찬가지입니다. (즉 100원보다 낮은 금액의 동전은 나오지 않습니다.)

정리해보면 500원 동전을 하나씩 추가로 넣을 때마다 1만 원에서 시작해서 단위가 작은 돈이 나오다가 여섯번째 동전에는 아무것도 안 나옵니다. 여러분이 이런 자판기를 만난다면 동전을 몇 개 넣으실 건가요? (아참 한 개 넣고 조금 있다가 또 한 개씩 넣는 것은 안 됩니다. 특별한 자판기인 만큼 한 번 사용하고 나면 1년은 기다리셔야 합니다.) 아래 표가 상황을 보기 좋게 정리하고 있습니다.

표 14.1 돈 나오는 자판기 (1)

동전 투입 갯수	나오는 금액(수입)	한계수입	한계비용	한계이윤	총이윤
1	10,000	10,000	500	9,500	9,500
2	15,000	5,000	500	4500	14,000
3	16,000	1,000	500	500	14,500
4	16,500	500	500	0	14,500
5	16,600	100	500	-400	14,100
6	16,600	0	500	-500	13,600

우선 동전 6개를 넣을 사람은 없겠지요? 5개를 넣으나 6개를 넣으나 똑같은 결과인데 굳이 동전 1개를 더 넣을 이유가 없겠죠. 경제학 용어를 사용하자면 한계수입이 0인 행위를 500원의 비용을 들여가면서 할 필요가 없는 것입니다.

생각해보면 동전 5개를 넣는 것도 어리석은 일입니다. 5번째로 집어넣은 동전 500원의 대가로 겨우 100

원이 나오므로 400원을 손해보는 셈입니다. 즉, 한계비용인 500원이 한계수입인 100원보다 크기 때문에 이런 행위는 하지 않아야 합니다.

동전 4개를 넣는 것은 괜찮습니다. 마지막 4번째 500원 동전을 넣고 500원을 돌려받으니까 본전이죠. 본전인데 굳이 귀찮게 동전을 넣을 필요가 없다고 생각할 수도 있는데요. 그렇다면 500원 동전과 함께 값어치가 크지는 않지만 내가 가지고 싶은 조그마한 기념품이 같이 나온다고 하겠습니다. (우리가 사용하는 수학도구인 미분에서는 선택의 양들이 무한히 작게 쪼갤 수 있는 상황, 즉 실수의 값을 가지는 경우들을 고려하기 때문에 $MR = MC$라는 결론이 얻어집니다. 1개, 2개와 같은 갯수로 표시되는 현실의 예에 적용하려면 이렇게 '무차별한' 상황이 애매해지는데, 이런 경우에 우리는 그냥 그 행위를 수행한다고 가정하는 것이 편리합니다.)

한편 동전을 1개만 넣는 것은 좋지 않습니다. 1개를 넣으면 1만 원이라는 큰 이익이 남지만, 하나 더 넣으면 5천 원이 더 생길 텐데 포기하는 것은 아까운 일이지요. 마찬가지로 동전을 2개만 넣는 것도 돈을 벌 수 있는 기회를 포기하는 일입니다. 즉 손해가 아니라면 돈을 넣는 것이 좋습니다.

앞에서 설명했던 $MR = MC$의 조건이 그대로 성립하고 있습니다. 즉 동전을 몇 개 넣을 것인가가 나에게는 비용에 해당되므로, 동전을 하나 더 넣을 때마다 한계비용은 동전 1개에 해당되는 500원입니다. 한편, 동전 갯수에 따라 기계에서 나오는 돈이 나의 수입이고 이때 한계수입이 한계비용과 같은 500원(+작은 기념품)이 될 때까지 넣는 것이 합리적입니다.

예 14.1에서처럼 $MR = MC$라면 마지막 수량에 대해서는 본전이겠지만 전체 이윤은 크게 날 수 있습니다. 한편 $MR > MC$라면 마지막 수량에 대해서 이윤이 크게 나지만 거기서 멈추면 안 되고 좀 더 이윤을 얻어낼 수 있는 기회가 존재합니다. 표 14.1는 **한계이윤(marginal profit)**이라는 개념을 추가해서 이를 더 설명하고 있습니다. 한계이윤이란 이윤함수의 도함수 $\pi'(q)$ 즉 판매수량을 아주 조금 늘릴 때 이윤이 얼마나 늘어나거나 줄어드는지를 나타내는 함수입니다. $\pi(q) = R(q) - C(q)$이므로 그 도함수는 $\pi'(q) = R'(q) - C'(q)$가 되어 한계이윤은 사실 한계수입함수에서 한계비용함수를 빼어준 것과 같습니다.

$$\text{한계이윤} = MR(q) - MC(q)$$

$MR = MC$라면 한계이윤이 0이 되고 이는 수량의 변화를 통해서 더 이상 얻을 이윤기회가 없다는 것입니다. 한편 $MR > MC$라면 한계이윤> 0이고 수량을 늘려서 이윤을 더 얻을 수 있으므로 현재 수량은 이윤극대화 수량일 수 없습니다.

만약 $MR < MC$라면 한계이윤< 0 인데 이는 수량을 늘리면 오히려 이윤이 줄어든다는 의미입니다. 반대 방향으로 수량을 줄인다면 이윤이 늘어난다는 의미이기도 합니다. 따라서 이윤극대화 조건 (14.2)는 이렇게 다시 설명할 수 있습니다.

- 먼저 어떤 판매량 q_1에서 만약 $MR(q_1) > MC(q_1)$이면 q_1은 확실히 이윤극대화 판매량이 아닙니다. 왜 그럴까요?

$MR(q_1) > MC(q_1)$라는 식을 말로 풀어보면 현재의 판매량 q_1보다 판매량을 조금 늘릴 경우 추가로 들어오는 수입인 $MR(q_1)$이 추가로 발생하는 비용 $MC(q_1)$보다 크다는 뜻입니다. (한계이윤> 0) 다시 말해서 현재보다 판매량을 조금 늘리면 이윤 또한 늘어날 것이라는 뜻입니다. q_1보다 더 큰 이윤을 내는 수량이 있으므로 q_1은 이윤극대화 수량일 수 없습니다.

- 반대로 또 다른 수량 q_2에 대해서 $MR(q_2) < MC(q_2)$이면 q_2 또한 이윤극대화 판매량이 아닙니다. 왜 그럴까요?

앞에서처럼 q_2보다 수량을 조금 늘린다고 생각해봅시다. 그렇다면 그때 늘어나는 수입 $MR(q_2)$보다는 추가되는 비용 $MC(q_2)$이 더 많기 때문에 이윤은 줄어들 것입니다. (한계이윤< 0) 즉 q_2보다 더 많이 파는 것은 오히려 이윤내기에 불리합니다. 그렇다면 거꾸로 q_2보다 수량을 조금 줄여보면 어떨까요? 수량을 줄이면 이번에는 $MR(q_2)$만큼 수입이 줄어듭니다. 대신 비용 또한 $MC(q_2)$만큼 줄어듭니다. 그런데 수입이 줄어드는 폭에 비해서 비용이 줄어드는 폭이 더 큽니다. 따라서 실제로 이윤은 늘어나게 됩니다. 즉 이번에도 q_2보다 이윤이 더 큰 수량이 따로 있으므로 q_2는 이윤극대화 수량일 수 없습니다.

위의 두 가지 경우를 제외하고 남는 경우는 논리적으로 $MR(q^*) = MC(q^*)$밖에 없습니다. 따라서 만약 이윤극대화 수량이 q^*라면 이 q^*의 값은 $MR(q^*) = MC(q^*)$라는 조건을 만족해야 할 것입니다.

이윤극대화 조건에 대해 주의할 점들

하지만 주의할 점들이 있습니다. 이제 설명할 내용은 잘 몰라도 앞으로의 내용을 이해하는 데 큰 지장은 없겠지만 이왕이면 알아두는 것이 좋습니다. 다음과 같은 상황을 생각해봅시다. 이번에도 돈 나오는 자판기입니다.

예 14.2

돈 나오는 자판기 (2) 또 500원 짜리 동전을 넣고 버튼을 누르면 돈이 나오는 자동판매기입니다. 하지만 자동판기의 작동방식이 앞의 예에서와 조금 다릅니다.

그런데 동전 갯수에 따라 나오는 금액이 줄어드는 것이 아니라 반대로 점점 늘어납니다. 즉, 동전 1개를 넣으면 아무것도 나오지 않고, 2개를 넣으면 100원, 3개를 넣으면 (100원, 500원), 4개를 넣으면 (100원, 500원, 1천 원), 5개를 넣으면 (100원, 500원, 1천 원, 5천 원), 6개를 넣으면 (100원, 500원, 1천 원, 5천 원, 1만 원)이 나옵니다. 7개는 한꺼번에 넣을 수 없습니다. 이 상황은 아래 표와 같습니다.

표 14.2 돈 나오는 자판기 (2)

동전 투입 갯수	나오는 금액(수입)	한계수입	한계비용	한계이윤	총이윤
1	0	0	500	-500	-500
2	100	100	500	-400	-900
3	600	500	500	0	-900
4	1,600	1,000	500	500	-400
5	6,600	5,000	500	4,500	4,100
6	16,600	10,000	500	9,500	13,600

만약 $MR = MC$라는 조건을 여기서도 사용한다면 동전을 3개 넣어야 합니다. 세 번째 동전에서 들어가는 한계비용과 나오는 한계수입이 모두 500원으로 동일하기 때문입니다. 하지만 이는 정말 어리석은 선택입니다. 표를 보시면 알겠지만 동전을 3개 넣으면 900원의 손해를 보는데 이는 최악의 상황입니다. 첫 번째와 두 번째 동전에서 일단 손해를 보는데 세 번째 동전을 넘어가야 비로소 이윤이 나기 시작하거든요. 가장 큰 이윤을 얻고 싶다면 허용된 최대치인 동전 6개를 넣어야 합니다.

이 예의 교훈은 $MR = MC$라는 조건을 무분별하게 사용하다가는 이윤극대화점이 아니라 오히려 이윤극소화점을 찾을 수도 있다는 경고가 되겠습니다.

앞에서 $MR(q_1) > MC(q_1)$이라면 좀 더 판매량을 늘려서 이윤을 늘릴 수 있기 때문에 q_1은 이윤극대화 수량이 될 수 없다고 설명했는데, 예 14.2에서는 이윤극대화 수량인 6에서 $MR > MC$입니다. 어찌된 일일까요? 앞의 논리를 적용하자면 수량을 6에서 더 늘려야 할 것입니다. 그런데 예 14.2에서는 6개에

서 더 이상 늘리는 것이 허용되지 않았기 때문에 6에서 멈춘 것입니다. 만약 동전 7개를 넣는 것이 허용되었고 이때 500원 이상의 돈이 추가로 나온다면 7개로 투입갯수를 늘리는 것이 합리적일 것입니다. 즉, 앞에서 설명한 논리에는 "q^*에서 수량을 늘리거나 줄이는 것이 가능할 때"라는 단서가 붙어야 합니다.[6]

이 점은 하나의 결과로 정리해서 기록해둘만 합니다.

결과 14.1 q^*가 이윤극대화 수량이라고 하자.

(1) 만약 q^*에서 수량을 늘리거나 줄이는 것이 가능하다면 $MR(q^*) = MC(q^*)$이 성립한다.

(2) 만약 q^*에서 수량을 늘리는 것이 불가능하거나, 수량을 줄이는 것이 불가능하다면 $MR(q^*) \neq MC(q^*)$일 수도 있다.

결과 14.1의 (1)은 앞에서 설명한 내용입니다. 그때는 q^*의 수량을 늘리거나 줄이는 것이 가능해야 한다는 점이 강조되지 않았습니다. 예 14.2에서 q^*보다 늘리는 것이 불가능하다면 $MR > MC$일 수도 있다는 것을 알았습니다. ($MR < MC$일 수는 없습니다. 만약 그랬다면 수량을 줄이는 것이 유리하니까요.) 물론 q^*에서 더 이상 늘릴 수 없지만 우연히도 $MR = MC$인 것도 가능은 합니다.[7]

아무리 동전을 넣어도 아무것도 나오지 않는 (고장난) 자판기가 있다면, 아예 동전을 넣지 않을 것입니다. 그런데 어떤 사정에 의해서 강제로 동전을 2개 이상은 넣어야 한다면 허용된 최소량인 2개를 넣는 것이 그나마 손해를 가장 줄이는 선택입니다. $q^* = 2$에서 한계수입은 0, 한계비용은 500이므로 이때 $MR < MC$입니다. 2에서 더 줄이는 것이 허용되지 않아서 이를 어쩔 수 없이 택한다면 $MR < MC$일 수도 있는 것이죠.

예 14.2로 돌아와서 $MR = MC$인데도 이윤극대화가 아닌 이유를 다시 살펴봅시다. 표 14.1과 표 14.2를 비교해보면 $MR = MC$가 되는 수량의 주변에서 서로

---

6 수학적으로는 이를 '내부해'(interior solution)라고 부릅니다. 예 14.1의 (2)는 내부해가 아니라 구석해(corner solution) 혹은 경계해(boundary solution)가 얻어진 경우에 해당됩니다.

7 좀 더 구체적으로 만약 예 14.1(2)에서처럼 q^*에서 수량을 늘리는 것이 불가능하다면 $MR(q^*) \geq MC(q^*)$입니다. 한편 만약 q^*에서 수량을 줄이는 것이 불가능하다면 (예컨대 $q^* = 0$인 경우) $MR(q^*) \leq MC(q^*)$이 됩니다. 이에 대해서는 연습문제 에서 다시 한번 다룰 것이고, 좀 더 자세한 내용을 위해서는 경제수학이나 좀 더 수준높은 미시경제학 교재를 찾아보시기 바랍니다.

다른 패턴이 보입니다. 먼저 (정상적인) 표 14.1 에서는 (동일한 한계비용에 대해) 한계수입이 수량 증가에 따라 점점 줄어들고, 이에 따라 한계이윤도 점점 줄어들며, 총이윤은 증가하다가 정점을 찍은 후 감소합니다. 따라서 $MR = MC$일 때 이윤이 가장 큽니다.

한편 표 14.2 에서는 (동일한 한계비용에 대해) 한계수입이 점점 늘어나고, 이에 따라 한계이윤도 점점 늘어나며, 총이윤은 감소하다가 증가합니다. $MR = MC$에서 이윤이 가장 작습니다.

즉, 두 표를 비교해보면 우리는 "한계수입이 수량에 따라 점점 감소한다면" $MR = MC$일 때 이윤이 극대이고, "한계수입이 수량에 따라 점점 증가한다면" $MR = MC$일 때 이윤이 극소라는 것을 짐작할 수 있습니다. 말로 좀 더 풀어 써보면, 추가로 들어오는 수입이 처음에 많고 점점 적어진다면 한계비용과 같은 수준에 이르렀을 때 멈추는 게 이윤극대화이고, 한편 수입이 처음에는 적고 점점 많아진다면 한계비용과 같은 수준에서 멈추는 것이 오히려 손해만 보는 것이라고 정리할 수 있습니다.

예 14.1 에서는 한계비용을 일정한 숫자로 고정시켜 놓았는데, 이윤극대화 문제에서는 한계비용도 수량에 따라 변할 수 있습니다. 그렇다면 단지 한계수입이 수량에 따라 어떻게 달라지는지 뿐만 아니라 한계비용 또한 수량에 따라 어떻게 달라지는지도 신경써야 합니다. 한계수입과 반대로 한계비용은 수량에 따라 점점 증가한다면 $MR = MC$가 이윤 극대화점이고, 한계비용이 수량에 따라 점점 감소한다면 $MR = MC$가 이윤 극소화점이 됩니다.

만약 한계수입이 감소하는데 한계비용 또한 감소한다면 어떻게 될까요? 두 효과 중 어느 쪽이 더 큰가를 알아야 합니다. 결국 관건은 한계이윤(= 한계수입 − 한계비용)이 점점 감소하는지 또는 증가하는지가 됩니다.

한계이윤은 이윤함수 $\pi(q)$의 도함수 $\pi'(q)$를 말합니다. $\pi(q) = R(q) - C(q)$이므로, 그 도함수는 $\pi'(q) = R'(q) - C'(q) = MR(q) - MC(q)$입니다. 그런데 이윤함수의 도함수인 한계이윤이 q에 따라 점점 감소한다는 것은 수학적으로 이윤함수의 이계도함수 $\pi''(q)$가 음수의 값을 가진다는 것입니다. 수학적으로는 이런 경우 이윤함수가 오목(concave) 함수라고 말합니다. $\pi''(q) = R''(q) - C''(q)$이그로 만약 (i)

수입함수 $R(q)$이 오목함수이고, (ii) 비용함수 $C(q)$는 볼록함수라면 이윤함수는 자동으로 오목함수가 됩니다. 수입함수가 꼭 오목함수가 아니더라도 비용함수가 충분히 볼록함수라면 괜찮습니다.

생산자모형을 공부할 때 비용함수가 볼록인 경우를 이미 다루었습니다. 장기비용함수가 볼록이라면 이는 규모수익감소(DRS)인 경우이고, 단기비용함수가 볼록이라면 요소의 한계생산이 체감하는 경우일 것입니다. 사실 **결과 14.2**는 이윤함수 전체가 오목일 필요는 없고 이윤극대화 수량의 근처에서만 오목함수이면 됩니다.

결과 14.2

- 수량 q가 증가함에 따라 한계이윤이 점점 감소한다면 $MR(q^*) = MC(q^*)$인 q^*는 이윤극대화 수량이다.
- 반면 수량 q가 증가함에 따라 한계이윤이 점점 증가한다면 $MR(q_0) = MC(q_0)$인 q_0는 이윤극소화 수량이다.
- 수량 q가 증가함에 따라 한계수입이 불변이거나 감소하고, 한계비용은 불변이거나 증가하면 (단, 한계수입과 한계비용이 둘 다 불변이면 안 됨) 한계이윤은 반드시 감소하므로 이때 $MR(q^*) = MC(q^*)$인 q^*가 이윤극대화 수량이다.

앞으로 이윤극대화 문제를 풀 때는 이왕이면 이윤함수가 오목함수인지를 확인해서 마음 편하게 $MR = MC$ 조건으로 이윤극대화 수량을 구할 수 있을 것입니다. (이윤함수 그래프를 그려보아도 되고, 두 번 미분한 값이 음수인지 보면 됩니다.)

예제 14.1

영호는 아르바이트로 인형을 만들어 1개당 20원에 팔고 있어서 한계수입은 20원이며, 만드는 양은 모두 판매가능하다. 재봉틀은 어머니 것을 몰래 쓰고 있으며, 재료 값과 영호 자신이 쏟는 노력 등을 감안할 때 다음의 비용함수에 직면해 있다: $C(q) = 0.1q^2 + 10q + 50$ (q는 하루 동안에 만든 인형의 개수). 한계비용함수는 $MC(q) = 0.2q + 10$이다.

(1) 이윤을 극대화하려면 인형을 하루에 몇 개 만들어야 하며, 이때 이윤은 얼마인가?

(2) 그런데 영호의 아르바이트 상황을 파악한 어머니가 재봉틀 사용료를 하루에 100원씩 내라고

하신다. 그렇게 할 경우 영호의 이윤극대화 문제를 다시 풀어보시오. 영호는 하루에 인형 몇 개를 만들어서 얼마의 이윤을 얻게 되는가?

(3) 영호가 불만을 제기하자 어머니는 대안으로 영호가 버는 하루 이윤의 절반을 재봉틀 사용료로 내라고 하신다. 이제 영호는 하루에 인형 몇 개를 만들어야 이윤을 극대화하는가? 이윤은 얼마인가? 어머니는 재봉틀 사용료로 얼마를 받게 되는가?

(4) 역시 불만족스러운 영호에게 어머니는 마지막 대안으로 영호가 만드는 인형 1개당 2원(인형 판매가격의 10%)를 사용료로 낼 것을 요구하신다. 이제 영호의 이윤극대화 행동(인형 개수)은 무엇이며, 이때 영호와 어머니는 각각 얼마의 이익을 얻는가?

(5) 어머니가 (2), (3), (4)에서 제시한 세 가지 사용료 부과 방법의 차이점을 영호의 이윤극대화 행동이 어떻게 달라지는가를 중심으로 설명해보시오.

풀이 (1) 이윤극대화 조건에 따라 $MR = MC$가 되는 양을 찾는데, 일단 문제에서 $MR = 20$원이라고 되어 있습니다. 따라서 $MC(q) = 20$이 되는 q를 찾으면 됩니다.

$$MC(q) = 0.2q + 10 = 20 \Longrightarrow 0.2q = 10 \Longrightarrow q = 50$$

하루 50개가 답입니다. (한계수입이 불변이고, 한계비용은 증가하므로 결과 14.2가 적용됩니다.) 이때 이윤은 $20 \times 50 - 0.1(50)^2 - 10 \times 50 - 50 = 200$ 원입니다.

(2) 재봉틀 사용료는 인형 생산갯수와 무관하게 부과되는 고정비용이므로 한계비용에 영향을 주지 않습니다. 따라서 이윤극대화 수량은 여전히 $q = 50$입니다. 이윤은 앞에서 계산한 금액에서 재봉틀 사용료 100원을 제해야 하므로 100원이 됩니다.

(3) 이윤함수 전체가 절반이 됩니다. 즉 수입도 절반이고 비용도 절반입니다. 따라서 한계수입도 절반이 되고 한계비용도 절반이 되기 때문에 결국 이윤극대화 수량에는 변화가 없습니다. ($\pi(q)$를 극대화하는 답과 $0.5\pi(q)$를 극대화하는 답은 수학적으로 동일합니다.) 구체적으로 써보면 한계수입은 이제 10원이고 한계비용은 $0.1q + 5$이므로

$$0.1q + 5 = 10 \Longrightarrow q = 50$$

입니다. 똑같이 50개를 생산해서 200원의 이윤을 일단 벌지만 이 중 절반인 100원을 납부하고 남는 이윤은 100원입니다.

(4) 인형 1개당 2원의 사용료는 인형 갯수당 매겨지는 것이므로 한계비용에 반영이 됩니다. 한계비용함수가 $0.2q+10+2=0.2q+12$가 되는 셈입니다. 다시 이윤극대화 조건을 적용하면

$$0.2q+12=20 \Longrightarrow q=40$$

이 이윤극대화 수량이고, 이윤은 $20\times40-0.1(40)^2-12\times40-50=110$원입니다. (비용함수에서 q의 계수가 10에서 12로 바뀐 점에 주의) 어머니가 받는 사용료는 $2\times40=80$원입니다. 인형 생산량이 줄고 어머니가 받는 사용료도 줄었습니다.

(5) 이 세 가지 시나리오는 기업과 정부의 관계로도 해석할 수 있습니다. (2)는 매출 또는 이윤과 무관한 고정적인 세금을 매기는 경우, (3)은 이윤에 비례한 소득세를 매기는 경우, (4)는 판매재화에 단위당 세금을 매기는 경우입니다. 한계비용과 무관한 고정적 세금와 한계수입과 한계비용에 동일한 영향을 끼치는 소득세는 기업의 이윤극대화 행동에 영향을 주지 않습니다. 한편 한계비용에 영향을 주는 단위당 세금은 기업의 이윤극대화 행동을 변경시킵니다.

14.2 기업의 합리적 선택 모형: 이윤극대화

본격적으로 시장 모형을 소개하기 앞서 다시 한번 기업의 선택 모형을 정리해보고 넘어가겠습니다. 이 책에서는 **가정 14.1**을 사용하므로, 기업의 합리적 선택 모형은 곧 **이윤극대화** 모형입니다.

경제학에서 합리적 선택이란 주어진 제약조건들 하에서 어떤 목적함수의 값을 극대화하거나 극소화한다는 의미입니다. 기업의 이윤극대화 문제라면 기업의 목적함수는 당연히 이윤함수입니다. 그렇다면 제약조건들은 무엇일까요?

그 제약조건들은 사실 이윤함수 속에 이미 포함되어 있습니다. 이윤함수는 수입함수와 비용함수로 구성되는데, 이 두 함수 속에 기업에게 주어지는 제약조건들이 반영됩니다. 어떤 제약조건들이 어떤 방식으로 반영되는지 하나 하나 따져봅시다. 크게 3가지 제약조건이 있습니다. 이는 기업의 존재 방식이 크게 3가지 측면을 갖기 때문입니다. (**그림 14.1** 참조)

기업의 내부 : 생산기술

소비자모형에서 소비자의 다양한 취향을 반영하여 그의 정체성을 설정해주는 것은 효용함수였습니다. 생산자모형에서 한 생산자의 특징을 나타내는 중요한 요소는 바로 **생산함수**입니다.

생산함수 $q = f(z_1, z_2)$는 하나의 기업이 두 요소를 (z_1, z_2)만큼 구입해 사용할 경우 재화를 q만큼 생산해내는 능력이 있다는 사실을 알려줍니다. 한 기업의 생산함수는 물론 그 기업이 실제로 가진 공학적인 기술 수준뿐 아니라 내부 기업경영이나 조직의 수준 등을 모두 포함하는 개념입니다.

각 생산자들은 나름의 독특한 생산방식이나 기술을 보유할 수 있고 이것이 생산함수에 반영됩니다. 기업이 시장에서 재화를 판매하기 위해서는 일단 그 재화를 생산해야 하므로 생산자로서 보유한 생산함수는 매우 중요한 고유 특성이 됩니다.

제3부 생산자모형을 한마디로 요약하자면 생산함수의 특징이 어떻게 비용함수에 반영되는지라고 할 수 있습니다. 예를 들어, 규모수익불변 생산함수를 가진 생산자의 장기비용함수는 한계비용과 평균비용이 모두 상수인 선형함수가 됩니다.

기업의 외부 : (1) 요소시장

한편 생산자모형에서 비용함수를 도출할 때 편의상 중요한 가정 하나를 사용했습니다. 이는 요소의 가격이 일정한 수준에 고정되어 있다는 것이었습니다. 특히 요소시장에서 소비자의 역할을 하는 기업이, 소비자모형에서처럼 **요소가격수용자**라는 가정입니다. 물론 앞으로 다양한 시장모형을 공부하고 나면 요소시장에서 기업이 가격수용자가 아닌 경우도 충분히 다룰 수 있습니다. 하지만 논의를 단순하게 하기 위해 특별한 언급이 따로 없는 경우 이 가정을 계속 사용하겠습니다.

가정 14.2 기업은 요소시장에서 가격수용자이다. (따라서 비용은 재화 생산량만의 함수 $C(q)$로 표현할 수 있다.)

그림 14.2 비용함수가 반영하는 기업의 제약조건

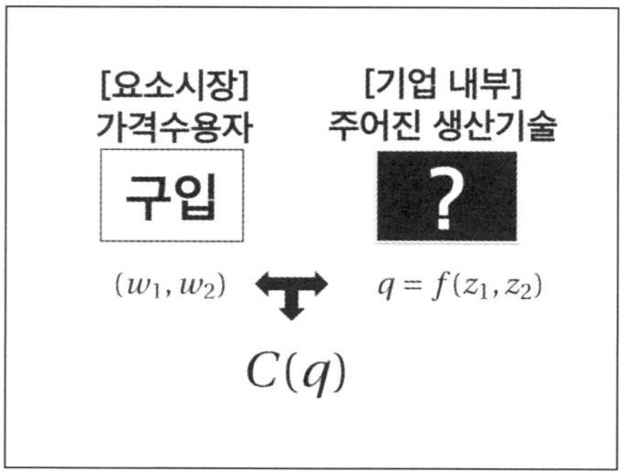

기업의 외부 : (2) 재화시장

요소시장과 기업의 내부에서 재화를 생산한 기업은 이제 생산된 재화를 재화시장에서 판매합니다. 판매자로서 기업은 두 종류의 경제주체와 상대해야 합니다. 하나는 소비자이고, 또 하나는 경쟁 기업입니다. 기업 내부와 요소시장의 조건이 비용함수에 반영된 것에 대비해, 재화시장의 조건은 기업의 수입함수에 반영됩니다.

그림 14.3 수입함수가 반영하는 기업의 제약조건

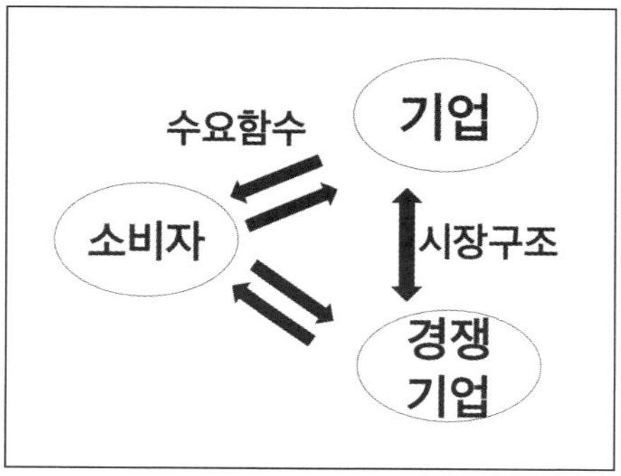

기업의 수입은 재화의 판매로부터 얻어지는 것이므로, 어떤 가격에 어떤 수량을 파는지에 따라 달라집니다. 즉, 기본적으로 수입 = 가격 × 판매량입니다. 그런데 우리가 다루는 재화시장은 자유롭고 자발적인 거래가 이루어지는 곳입니다. 소비자는 앞서 공부한 소비자모형에 따라 자신의 취향 기준에 맞는 재화를 예산 범위 내에서 구매합니다. 소비자모형에 따라 도출된 **수요함수**는 이러한 소비자의 합리적 선택 결과를 나타내고, 기업은 소비자가 원하지 않는 선택을 하도록 강제할 수 없습니다. 즉, 기업은 소비자의 수요함수를 제약조건으로 받아들여야 합니다.

현실에서는 소비자가 원하지 않는 판매가 이루어질 수도 있고, 또한 기업은 소비자의 수요함수에 영향을 주기 위해서 많은 노력을 합니다. 수요함수에 영향을 주기 위한 기업의 노력을 마케팅이라고 부를 수 있을 것입니다. 이 책에서는 기업의 광고나 마케팅에 대해서는 다루지 않고, 기업이 수요함수를 있는 그대로 받아들인다고 가정합니다. 즉, 소비자들이 표출한 시장수요함수가 $D(p)$라고 한다면, 시장가격이 p일 때 기업이 시장에 판매할 수 있는 재화의 수량은 $q = D(p)$가 됩니다.

그런데 한 기업이 그 수량 $q = D(p)$ 모두를 다 차지할 수 있는 것은 아닙니다. 같은 재화를 판매하는 경쟁기업이 있을 수 있기 때문입니다. 따라서 실제 한 기업의 수입함수는 수요함수뿐 아니라 동일한 재화시장에서 활동하는 경쟁기업들의 경쟁 상태에 따라서 달라지게 됩니다. 한 시장의 경쟁 상태를 다른 말로 **시장 구조** (market structure) 혹은 **산업 조직** (industrial organization)이라고 부릅니다.

그림 14.4 에는 앞으로 우리가 공부할 대표적인 시장구조 3 가지를 개념적으로 표현해보았습니다. 단순하게는 같은 시장에서 활동하는 기업의 갯수가 몇 개인지를 중심으로 분류된다고 할 수 있습니다. 완전경쟁 모형은 아주 많은 기업들이 경쟁하는 상황인 반면, 독점 모형은 경쟁자 없이 하나의 기업이 활동하는 경으이고, 과점 모형은 두세 개 정도의 적은 수의 기업들이 활동하는 경우입니다.

세 경우 모두 이윤극대화 가정을 사용할 것입니다. 세 경우 모두 어떤 비용함수가 각 기업에게 주어진다고 가정할 것이고 시장구조에 따라 비용함수의 형태가 특별히 달라지지는 않을 것입니다. 한편, 수요 측면에서도 각 시장은 동일하다고 가정할 것입니다. 즉 시장구조에 따라 시장수요함수의 형태가 특별히 달라지지는 않습니다.

하지만 시장수요함수가 요구하는 수량을 각 경쟁기업들이 어떻게 나누어 공급하고 그 결과로 시장의 가격이 어떤 수준에서 결정되는지는 시장구조에 따라 크게 달라집니다. 따라서 앞으로 우리는 서로 다른 이런 시장구조에 대해 각각 모형들을 공부하고 그 결과를 비교해볼 것입니다.

그림 14.4 여러 가지 시장구조

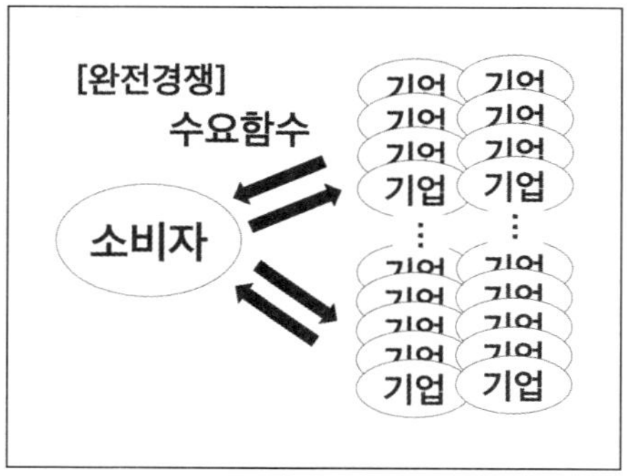

(a) 완전경쟁

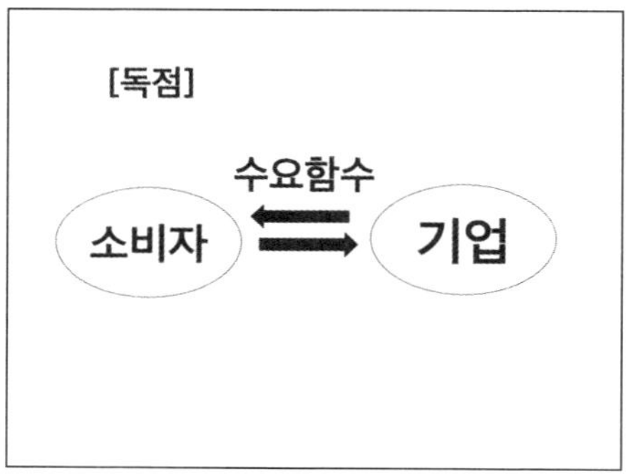

(b) 독점

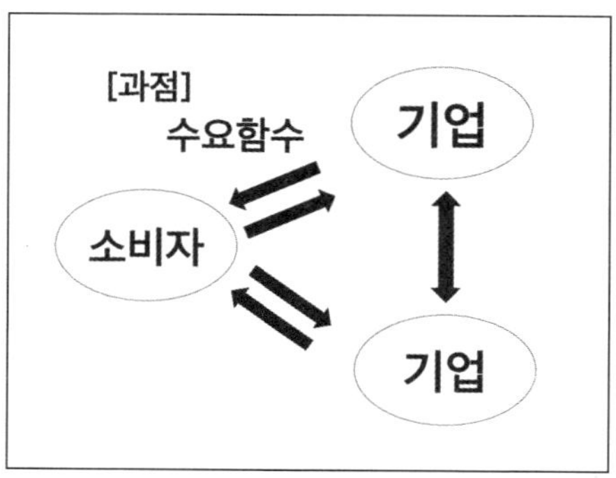

(c) 과점

앞으로 우리가 논의하게 될 시장모형들의 틀을 다시 한번 정리해보겠습니다. 우선 기업의 공급은 이윤극대화의 결과로 얻어집니다. (가정 14.1) 기업의 이윤은 수입과 비용으로 구성되고 이 개념들은 모두 기업이 선택하는 판매량/생산량의 함수입니다. 특히 비용함수에는 기업이 내부적으로 가진 생산기술의 특성과 요소시장의 가격 조건이 반영되는데, 요소들에 대해서는 기업들이 가격수용자라고 가정하고 (가정 14.2) 생산기술에 대해서는 미리 특별한 가정을 하지는 않습니다.

수입함수에는 소비자들의 수요 특징 및 경쟁기업들과의 관계가 반영됩니다. 수요함수는 어떤 임의의 표준적 형태로 주어진다고 보겠습니다. 한편 시장구조에 따라 경쟁기업의 숫자 및 그 상호관계가 달라지는데 이에 각 기업의 행동 및 시장 전체의 모습이 어떻게 달라지는지를 알아보는 것이 시장모형들의 주된 과제입니다.

그림 14.5 이윤함수에 반영된 조건들

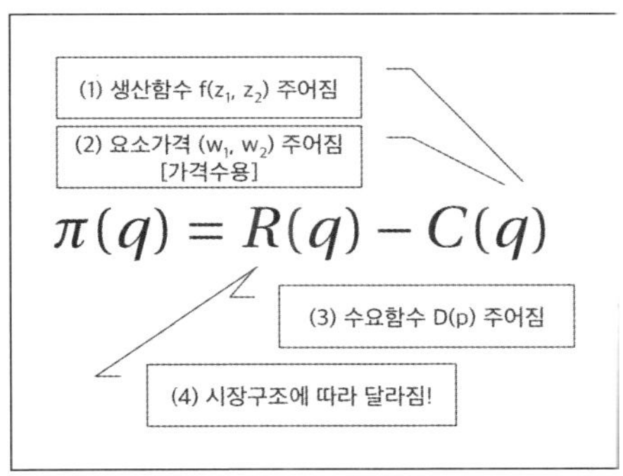

14.3 완전경쟁시장 모형

이제 비로소 첫 번째 시장모형을 공부해봅시다. 그 유명한 수요-공급 모형으로, 좀 더 정확하게는 완전경쟁 (perfect competition) 모형입니다. 완전경쟁 모형은 경제학의 기본 모형이지만, 매우 매우 특수한 모형입니다. 말하자면 매우 비현실적인 모형입니다. 그럼에도 불구하고 경제학의 기본모형입니다. 보통 수요-공급 모형으로 웬만한 현상을 설명할 수 있다라고 말할 때, 수요-공급 모형은 완전경쟁

시장모형입니다.

완전경쟁시장이 그렇게도 비현실적인 모형이라면 왜 그것이 경제학의 기본 모형이 되었을까요? 이에 대해서는 두 가지 입장이 있을 것 같습니다. 하나는 속칭 시카고 학파(Chicago school)라고 불리는 입장으로, 비록 완전경쟁 모형이 가진 가정들이 비현실적이라 하더라도 완전경쟁 모형이 예측하는 시장의 모습이 실제 시장과 비슷하기 때문에 문제가 없다는 것입니다. 또 다른 입장은 완전경쟁 모형은 비현실적이어서 현실의 실제 시장에 직접 적용하기는 곤란하지만, 현실의 시장을 평가하는 하나의 이상적인 기준으로서 의미가 있다는 것입니다. 이 책은 두 번째 입장을 취하겠습니다.

개별 기업의 수입함수 그리고 한계수입함수의 성질을 이해하면 완전경쟁시장의 가장 중요한 특징을 이해한 것이 됩니다. 개별 기업을 들여다보는 것은 물론 이 과목이 '미시' 경제학이기 때문입니다. 개별 기업의 공급행동을 모형으로 만든 후에 그 행동들을 모두 합하여 기업들 전체의 행동을 묘사할 예정입니다.

비용함수는 공급에서 중요한 역할을 하지만, 시장구조에 따라 달라지지는 않으므로 완전경쟁 모형 자체로서 강조할 부분은 없습니다. 한편 수입함수는 시장구조에 따라 달라지므로, 수입함수를 파악하고 이로부터 한계수입을 도출하는 것이 첫 번째 과제입니다. 수입은 기업이 소비자에게 재화를 판매하고 벌어들이는 것입니다. 만약 어떤 재화를 q라는 수량만큼 판매했다면 수입이 얼마일까요? 그 재화를 얼마의 가격에 팔았는지 알아야 수입을 계산할 수 있습니다. 수입은 곧 가격 곱하기 판매수량이니까요.

완전경쟁(perfect competition)이란 경쟁이 너무나 치열해서 개인들, 개별 경제주체들이 시장 전체에 대한 영향력을 전혀 갖지 못하는 상황을 말합니다. 이를 우리가 이미 만난 적이 있는 개념을 가져와서 정의하자면

[정의] 완전경쟁시장: 가격수용자들의 시장
개별 기업과 개별 소비자가 '가격 수용자'인 시장. 즉, 개별 기업이나 개별 소비자는 가격을 마음대로 결정하지 못하고, 시장에서 결정된 가격을 그대로 따른다.

바로 떠오르는 질문은 아마도 "그렇다면 시장 가격은 어디에서 오는가?" 일 것입

니다. 기초 모형에서는 이 점을 명확하게 설명하지 않습니다. 다음 장에서 우리는 시장 전체의 수요와 공급이 만나는 균형에서 시장가격을 찾을 것입니다. 시장가격이 주어지면, 개인들이 수요 또는 공급을 결정하고 개인들의 이런 수요와 공급들이 합해져서 시장수요와 시장공급이 구성되면 그것이 균형을 이루는 수준에서 가격이 만들어집니다. 일종의 순환논리이죠.

어떤 상황에서 기업은 가격 수용자일까요? 즉 어떤 상황이라면 완전경쟁시장이 그럴 듯한 가정이 될까요? 경제원론 교과서들은 대개 다음과 같은 조건들을 언급합니다.

- 무수히 혹은 충분히 많은 수의 경쟁 공급자가 존재
- 기업들이 판매하는 재화가 모두 동질적
- 기업 및 소비자들 사이의 가격 및 시장상황에 대해 정보가 완전함

14.4 개별 기업의 수입함수

기업의 이윤극대화와 관련된 일반적인 조건을 알아보았으므로, 이제 좀 더 특수한 상황에서 이윤극대화 문제들을 풀어서 기업의 공급 행동을 밝힐 차례입니다.

가격수용자인 개별 기업에게 시장 가격은 자신의 선택변수(내생변수)인 q와 무관하게 이미 결정된 '외생변수'이자 상수입니다. 자신이 어떤 q를 선택하든 그에 대응되는 시장가격 $P(q)$는 이미 시장에서 통용되고 있는 시장가격으로 q와는 무관한 상수 값입니다.

(14.3) $$P(q)=\overline{p}\ (\text{상수})$$

개별 기업의 수요함수

개별 기업이 시장을 상대할 때 '느끼는' 수요곡선을 그림으로 그리면 수평선입니다. 수요곡선은 가로축을 수요량/판매량으로 놓고 세로축에 그 수요량/판매량에

대응되는 시장가격을 그린 그림입니다. 즉 소비자들이 어떤 수요량 q를 보이게 되는 (최대) 가격 $P(q)$를 그림으로 그린 것입니다. 개별 기업의 눈에는 자신이 얼마의 q를 택하든 시장가격 $\overline{p}$가 전혀 변하지 않는 것으로 보이기 때문에 수평선입니다. **그림** 14.6(a)와 같이 생겼습니다. 이 수요의 특징은 가격에 대해서 완전탄력적(perfectly elastic)이라는 것입니다. 다시 말해서 수요의 가격탄력성의 절대값이 무한대(∞)이고 또 다시 말해서 가격이 아주 조금만 변해도 수요량은 무한히 많은 양만큼 변합니다. (좀 더 정확하게 말하자면 가격이 변하는 것이 아예 불가능하여, 탄력성 공식의 분모가 0 입니다.)

그림 14.6 완전경쟁시장의 수요곡선

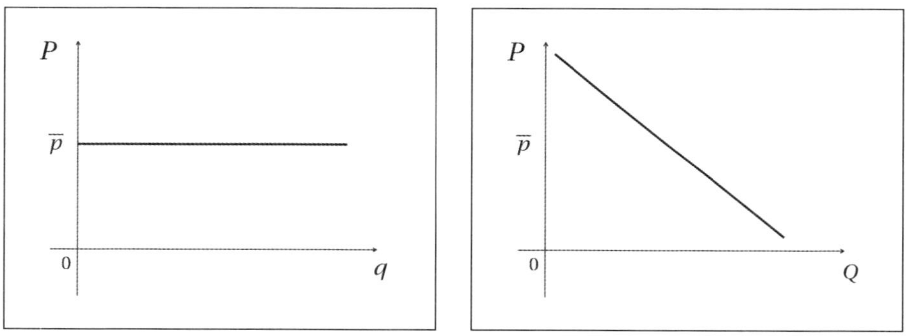

(a) 개별기업이 느끼는 수요곡선 (b) 시장 수요곡선

그런데 시장 전체의 수요곡선은 (수요의 법칙이 성립한다면) 일반적으로 우하향하는 모양입니다. (**그림** 14.6(b)) 실제로 시장수요가 완전탄력적인 경우는 흔하지 않습니다. 아무리 완전경쟁 모형이 비현실적이라는 것을 전제하고 시작했다지만, 이 정도면 정말 쓸모 없는 모형인 것은 아닐까요?

사실 이러한 의문은 '시장 수요'와 '개별 기업의 수요'의 개념을 서로 혼동한 데서 나온 것입니다. 여기서 먼저 '수요'는 누구의 것(?)인지부터 확실히 할 필요가 있습니다. 수요는 수요자 즉 소비자로부터 나옵니다. 어떤 가격에 대해서 얼마나 많은 양의 재화를 살 것인지를 결정하는 것은 소비자입니다. 하지만 이 소비자의 수요를 충족시켜주는 것은 기업입니다. 수요곡선은 기업의 입장에서 더 중요한 개념인데, 소비자가 어떤 양을 사게 만들기 위해서 (즉, 자신이 소비자에게 그만큼 팔기 위해서) 받을 수 있는 가격을 나타내기 때문입니다.

특수한 경우가 아니라면 한 기업은 소비자 한 명만 상대하는 것도 아니고, 소비자 전체(시장)를 상대하는 것도 아닙니다. 소비자 중 일부를 상대하는 것이 일반적이지요. 따라서 한 기업의 관심은 개인 소비자의 수요곡선도 아니고, 시장 전체 수요곡선도 아닙니다. 자신에게 재화를 사러오는 소비자들의 수요곡선이 중요한 것이죠. 이것을 가리켜서 '개별 기업의 수요'라고 지칭할 수 있습니다. 개별 기업이 재화를 수요하는 것이 아니고, 그 기업에게 재화를 사러오는 수요라는 의미입니다.

그런데, 완전경쟁 시장에서 우리가 '가격수용자'라는 가정을 사용하는 것은 실제로 한 개인이 이 시장에서 차지하는 비중이 매우 작다고 보는 것입니다. 개인의 영향력이 미미하기 때문에 수요량 또는 판매량을 아무리 변화시켜본들 시장가격에는 변화가 없다는 것이지요.

그림 14.7 기울어진 수요곡선을 수평선으로 느끼는 이유?

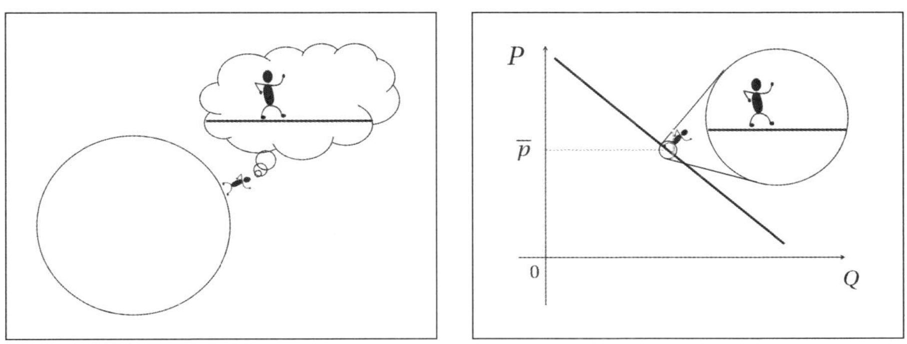

(a) (b)

그림 14.7(a)에서 둥근 지구 상에서 활동하는 작은 인간(그림에서는 잘 보이도록 조금 과장하여 크게 그렸습니다)은 지구 크기에 비해서 너무 작기 때문에 자신의 주변이 둥글다거나 기울어진 것을 느끼지 못합니다. 자신이 감지하는 주변은 평평하다고 느끼면서 살지요. 완전경쟁시장의 개별 기업도 마찬가지입니다. 그림

14.7(b)에서처럼 실제로 그 기업은 우하향하는 시장수요를 상대하고 있지만, 자신의 규모가 시장 전체에 비해서 매우 작기 때문에 자신이 상대하는 주변만을 본다면 마치 수평인 것처럼 생각하는 것입니다.

마치 수평인 것처럼 생각한다는 말은 단지 그림에만 적용되는 것이 아니라, 경제학적으로도 의미 있는 표현입니다. 우선 수요곡선이 우하향한다는 것은 '물건을 더 많이 팔려면 가격을 내려야 한다'라는 의미이자 '가격을 올리거나 내리면 (우하향하는 기울기에 따라) 수요량이 줄거나 는다'라는 의미입니다. 그런데 개별 기업이 느끼는 수요곡선이 수평선이라는 것은 '가격을 내리지 않고도 마음껏 팔 수 있다'라는 뜻과 함께 '조금이라도 가격을 올리면 전혀 팔리지 않는다'라는 의미를 갖는 것입니다.

완전경쟁시장에서는 이미 통용되는 시장가격에 맞추어 내가 팔고 싶은 만큼 마음껏 팔 수 있습니다. 내가 아무리 많이 판다고 해봐야, 시장 전체로 보면 표시가 나지 않을 정도로 나의 판매규모가 적기 때문입니다. 한편 이미 통용되는 시장가격보다 조금이라도 가격을 올려받고자 한다면 아무도 내게서는 사지 않을 것입니다.

그림 14.8 좀 더 정교하게 그린 개별 기업에게 주어지는 수요

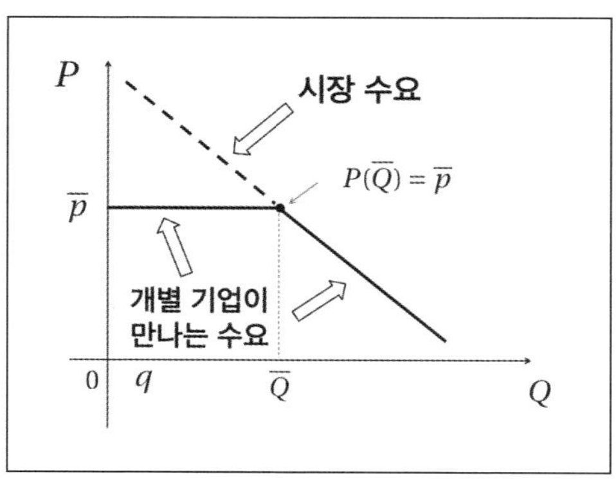

이런 의미를 반영하여, 개별 기업이 만나는 수요곡선을 좀 더 정교하게 그려본다면 **그림 14.8**과 같이 될 것입니다. 주어진 시장수요곡선 상에서 $P(\overline{Q}) = \overline{p}$입니다. 다시 말해서, 가격이 $\overline{p}$일 때 시장 전체 수요량은 $\overline{Q}$입니다. 만약 하나의 개별 기업

이 가격을 $\overline{p}$보다 낮춘다면, 즉 다른 모든 기업들보다 더 싸게 판매한다면 시장의 모든 수요자들이 이 기업으로 몰릴 것입니다. 만약 이 기업이 $\overline{Q}$만큼 혹은 그 이상 판매할 수 있는 능력이 있다면, 그 기업은 시장 전체를 상대하는 셈이고 따라서 $q \geq \overline{Q}$인 영역에서는 시장수요곡선을 그대로 따라서 우하향하는 모양이 됩니다.

하지만 실제로는 한 기업이 $\overline{Q}$의 근처까지 판매할 수 있는 능력이 되지 못합니다. 그림 상에 한 기업의 판매량을 나타내는 q는 $\overline{Q}$보다는 한참 작은 수준입니다. (그림 14.6(a)에서는 가로축이 q이고, (b)에서는 가로축이 Q인 것이 오타가 아닙니다. q는 개별 기업의 (상당히 적은) 판매량을 지칭하고, Q는 시장 전체 판매량을 지칭합니다.) 현재 시장가격이 $p = \overline{p}$이고 시장수요량 및 판매량이 $Q = \overline{Q}$인 상태에서, 개별 기업이 $q < \overline{Q}$인 어떤 양을 판매한다면 그 양을 조금 늘리거나 줄인다고 해서 가격에는 영향이 없다는 것입니다.

개별 기업의 수입함수와 한계수입함수

지금까지의 논의를 바탕으로 우리는 완전경쟁시장의 개별 기업이 주어진 시장가격 $\overline{p}$에서 임의의 수량 q를 마음껏 판매할 수 있음을 알았습니다. (물론 $q \ll \overline{Q}$이어야 합니다.) 따라서 개별기업의 수입함수는 상수가격 $\overline{p}$에 자신의 판매량 q를 곱한 것이 됩니다.

(14.4) $$R(q) = \overline{p}q$$ [수입함수]

그렇다면 이 기업의 한계수입함수는

(14.5) $$MR(q) = R'(q) = \overline{p} \text{ (상수)}$$ [한계수입함수]

가 됩니다. 수학적으로는 $R(q)$가 q의 1차함수이므로 도함수는 그 계수값에 해당되는 상수인 것입니다. 말로 풀어 설명하자면, 판매수량에 무관하게 언제나 판매할 수 있는 가격이 $\overline{p}$로 일정하기 때문에, 어떤 수량에서든지 조금 더 재화를 판매한다면 그 가격만큼 수입이 더 들어오게 되는 것입니다.

따라서 완전경쟁시장에서 개별 기업의 한계수입함수를 그림으로 나타내고자 한다면, 바로 앞에서 보았던 개별 기업이 '느끼는' 수요곡선과 일치합니다! 즉 주어진 시장가격 수준에서 그어지는 수평선입니다. (그림 14.9)

그림 14.9 개별기업의 한계수입함수

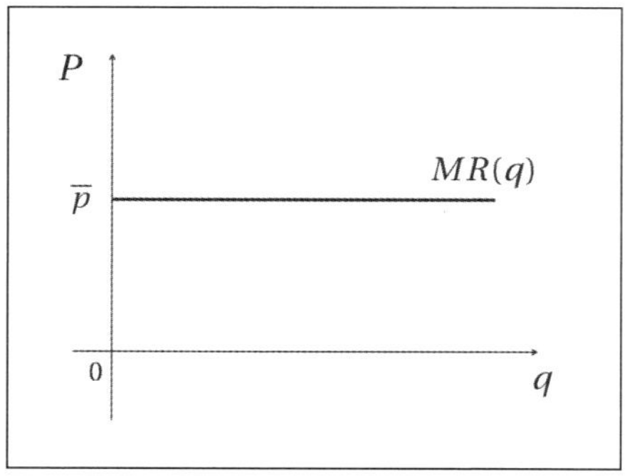

14.5 완전경쟁시장: 개별 기업의 공급함수 및 공급곡선

기업의 한계수입을 알아냈으므로 이제 드디어 기업의 공급함수를 도출할 수 있게 되었습니다. 앞에서 자세하게 공부했던 이윤극대화의 원리를 따라, 기업은 (완전경쟁이든 독점이든 이윤을 극대화하고자 한다면) $MR(q^*) = MC(q^*)$라는 조건을 만족하는 q^*를 찾아내어 그 양만큼을 공급할 것입니다.

그런데 완전경쟁시장이라면 $MR(q) = \overline{p}$(상수)이므로, 이윤극대화 조건 $MR(q) = MC(q)$에서 좌변이 상수값으로 고정됩니다. 즉,

(14.6)
$$\overline{p} = MC(q^*)$$

인 q^*가 기업의 공급량이 됩니다. 이 기업은 자신의 한계비용함수를 살펴보고 한계비용 값이 시장에서 통용되는 재화 판매 가격과 일치하는 수량만큼을 시장에 공급하는 것입니다. 이렇게 하는 것이 이윤극대화라는 것은 이미 앞에서 본 논

리입니다. 만약 $\overline{p} > MC(q^*)$라면 한계비용에 비해 가격(= 한계수입)이 높으므로 지금부터 더 많이 판매해서 이윤을 늘릴 수 있습니다. 반대로 $\overline{p} < MC(q^*)$라면 한계비용보다 가격(= 한계수입)이 낮으므로 수량을 늘리면 오히려 더 손해이고 지금보다 수량을 줄여야 합니다.

물론 이같은 논리가 제대로 적용되려면 MC가 수량 q에 대해 증가하는 형태라야 합니다. **결과 14.2**의 마지막 항목에서 '한계수입이 불변하거나 감소하고, 한계비용은 불변이거나 증가하면' $MR = MC$가 극대화 조건임을 보았습니다. 그런데 여기서 MR은 $\overline{p}$라는 상수 값으로 불변입니다. 따라서 MC가 증가함수이면 되는 것이죠. 좀 더 꼼꼼히 기업의 공급함수 및 공급곡선을 알아보겠습니다.

공급함수 및 공급곡선

우선 공급함수는 가격이 다양하게 변할 때 각 가격에 대해 기업이 공급하고자 하는 수량을 나타내는 함수입니다. 따라서 가격 p를 인수로 하고 공급량 q를 값으로 갖는 함수입니다: $q = S(p)$의 형태를 가지겠죠. 한편, '공급곡선'은 두 변수의 역할을 바꾼 것, 즉 공급량을 독립변수 혹은 가로축 변수로 하고, 가격을 세로축 변수로 한 것입니다. 수학적으로는 공급함수의 역함수 $p = S^{-1}(q)$를 그림으로 그린 것입니다.

우선 가격을 다양하게 변하게 해보면 어떤 일이 일어나는지 그림으로 봅시다. 주어진 시장가격이 $\overline{p}$만 있는 것이 아니라, p', p'' 등 다양하다면 각각의 경우 한계비용과 만나는 수량을 찾아서 공급하는 것이 이윤극대화 원리입니다. 일단 편의상 한계비용이 증가함수인 경우를 그린 것이 **그림 14.10**입니다. 세로축에서 가격을 $p', \overline{p}, p''$로 올려보면 가로축에서 공급량은 $q', \overline{q}, q''$로 점점 늘어납니다. 반대로 $q', \overline{q}, q''$를 공급하게 만들고자 한다면, 가격을 $p', \overline{p}, p''$로 올려주면 될 것입니다. 즉, 한계비용곡선 자체가 공급곡선인 것입니다. 그렇다면, 힘들게 도출했던 수요의 법칙과 달리 '공급의 법칙'은 비교적 명쾌합니다.

그림 14.10 $MC(q)$가 결국 공급곡선

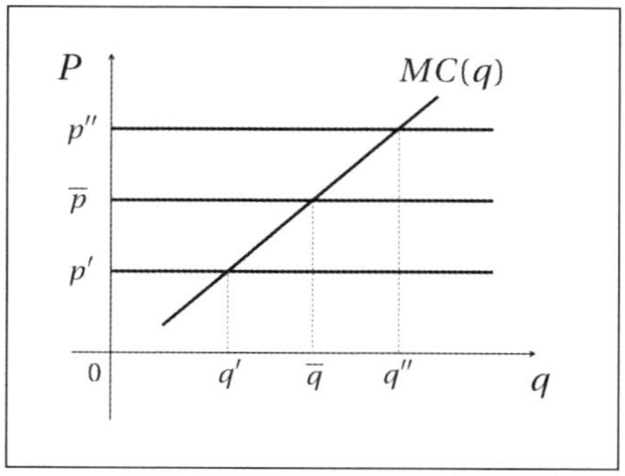

공급의 법칙 (?)

만약 한계비용 MC가 q의 증가함수라면 공급곡선은 우상향한다. 즉, 가격이 인상될 때 공급량이 늘어난다.

게다가 한계비용 MC 가 증가함수라는 가정 또한 생각보다 심각하지 않습니다. 증가함수가 아닌 경우 어떤 일이 벌어지는지를 보면 알 수 있습니다.

MC 가 증가함수가 아니라면, MC 가 하락하는 구간은 공급곡선이 아님

혹시 MC 에서 감소함수인 부분, 즉 수량에 따라 하락하는 부분이 있다면 그 부분은 자연스럽게 공급곡선에서 제외됩니다. 즉, 감소와 증가가 섞여 있는 한계비용함수 중에서 공급곡선을 그린다면 증가함수 부분만 남겨야 하는 것입니다. (그림 14.11) 다시 말해, 아예 이렇게 적을 수 있습니다.

공급의 법칙

공급곡선은 우상향한다. 즉, 가격이 인상될 때 공급량이 늘어난다.

이는 사실 결과 14.2 에서 이미 설명한 논리입니다. 그림 14.12 처럼 생긴 한계비용을 가진 기업이 있다고 해봅시다. $\overline{p} = MC(q)$를 만족하는 수량이 2 가지 있습니

그림 14.11 MC가 감소하는 부분은 공급곡선에서 제외

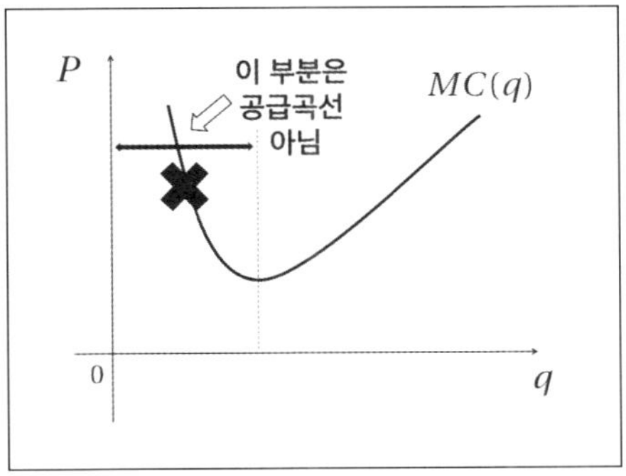

다. q_0는 MC가 하락하는 구간에 있고, $\overline{q}$는 MC가 상승하는 구간에 있습니다.

아주 작은 수량부터 시작해서 조금씩 수량을 늘려간다고 생각해보죠. 아주 작은 수량에서 한계비용은 매우 높습니다. $q < q_0$인 구간에서는 특히 $MC(q) > \overline{p}$입니다. 물건을 하나 더 만들 때마다 추가비용이 그것을 내다팔 때 들어오는 추가수입(= 가격)보다 높습니다. 즉, $q < q_0$라면 수입에 비해 비용이 높아서 손해가 나는 구간입니다.

그런데 $q = q_0$가 되면 비로소 $\overline{p} = MC$가 되어 추가수입과 추가비용이 일치합니다. 더 이상 손해가 나지 않는 것입니다. 이 점에서 생산을 멈춘다면, 낼 수 있는 가장 큰 손해를 내었습니다. 즉 이윤극소화가 된 것입니다.

$q > q_0$인 구간으로 수량을 늘린다면, 드디어 이윤이 나기 시작합니다. 추가비용이 가격보다 낮기 때문이죠. 조금 이윤이 난 것으로는 이미 쌓여있는 손해를 다 만회하기 어려울 것입니다. 어쨌든 계속해서 수량을 늘려가면 이윤이 더 늘어납니다.

$q = \overline{q}$까지 도달하면 이제 낼 수 있는 이윤을 모두 내었습니다. 이보다 수량을 늘릴 경우 한계비용이 도로 가격보다 높아져서 추가손실이 생기기 시작합니다. 따라서 $q = \overline{q}$에서 멈추고 딱 이 양만큼 생산하는 것이 이윤극대화 선택입니다.

물론 $q = \overline{q}$에서 실제르 이 기업이 양(+)의 이윤을 본다는 보장은 없습니다. $q < q_0$의 부분에서 본 손해와, $q_0 < q < \overline{q}$ 부분에서 본 이득을 합한 것이 실제 이윤인데 뒷부분의 이득이 적다면 최종 결과는 손실일 수도 있습니다.

그림 14.12 q_0는 이윤극소화점, $\overline{q}$는 이윤극대화점

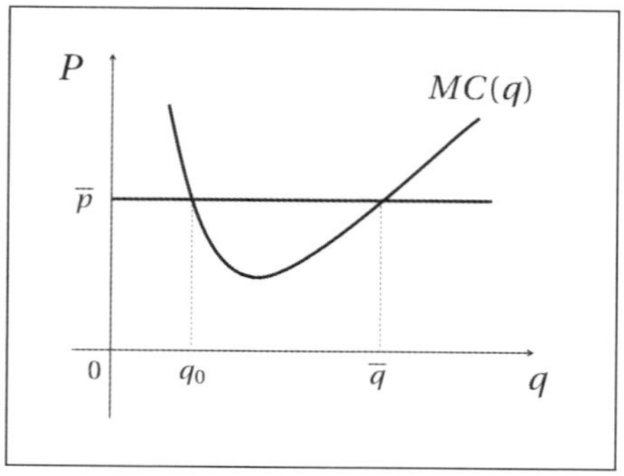

실제 양(+)의 이윤이 났는지, 혹은 결과적으로 손실을 입었는지를 알고자 하면 평균비용을 고려해야 합니다. **그림 14.13**에는 한계비용에 대응되는 평균비용곡선을 함께 그려넣었습니다. (왜 이런 모양이 되는지는 이미 제3부에서 공부했습니다.)

그림 14.13 공급량에서의 이윤

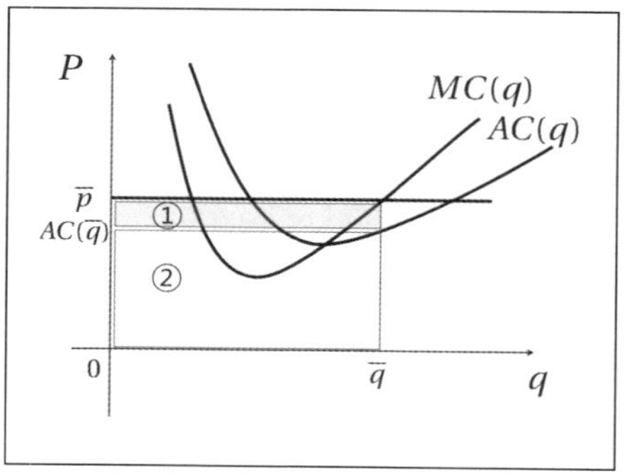

(a) 이윤 = (①+②) − ② = ①

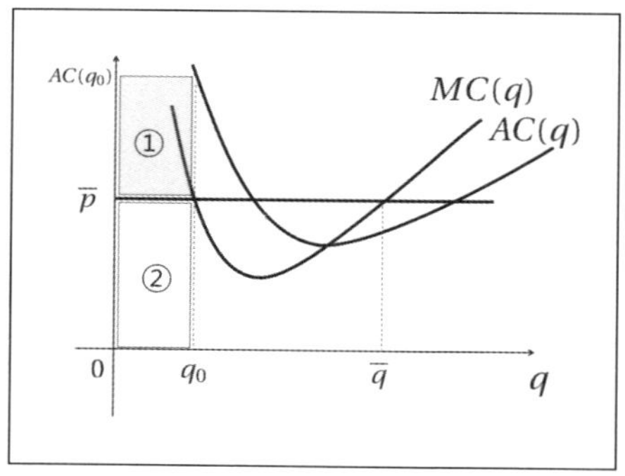

(b) 이윤 = ② − (①+②) = − ①

먼저 **그림 14.13(a)**는 이윤극대화점인 $\overline{q}$에서 실제로 양(+)의 이윤이 발생함을 보여줍니다. 이 그림을 읽는 방법은 다음과 같습니다. 이윤을 계산하려면 수입에서 비용을 빼주어야 합니다. 먼저 수입은 가격 곱하기 수량, 즉 $\overline{p} \times \overline{q}$입니다. 그림에 높이가 $\overline{p}$이고 너비가 $\overline{q}$인 직사각형이 있습니다. 바로 ①+②의 부분입니다.

한편, 총비용은 한계비용으로는 알아낼 수 없고, 평균비용으로 알아냅니다. 평균비용은 총비용÷수량이므로 총비용은 평균비용 곱하기 수량인 것입니다. 즉 그림에서 높이가 평균비용 $AC(\overline{q})$이고 너비가 수량인 직사각형의 넓이가 총비용입니다. 이 부분이 바로 ②입니다. 그러므로 그림 (a)에서 이윤은 수입 ①+②에서 비용 ②를 뺀, 나머지 부분 즉 ①의 넓이에 해당됩니다.

한편 **그림** 14.13(b)는 이윤극소화점인 q_0을 택할 경우 큰 손실이 난다는 것을 보여줍니다. 앞서와 마찬가지로 수입은 가격 곱하기 수량인데 여기서는 수량이 q_0이므로 수입은 ② 입니다. 반면 총비용은 평균비용인 $AC(q_0)$와 수량 q_0를 곱한 값, 즉 ①+② 입니다. 그렇다면 이윤은 그 차이 ② − (①+②) = −①가 되어, 그림에서 짙게 칠해진 크기만큼 손실이 났습니다.

다행히도 $q = \overline{q}$에서 이윤이 난 것은 $\overline{p}$라는 가격이 충분히 높았기 때문입니다. 만약 가격이 낮았다면, 예컨대 $p = p' < \overline{p}$였다면 동일한 비용함수들에 대해 **그림** 14.14가 얻어집니다. 비록 한계비용이 상승하는 부분에서 공급량을 결정했지만 결과적으로 얻어지는 이윤은 **그림** 14.13(b)와 마찬가지로 음수입니다. 공급량에서 $AC(q') > p'$이기 때문이죠.

그림 14.14 이윤극대화점에서 손실이 나는 경우

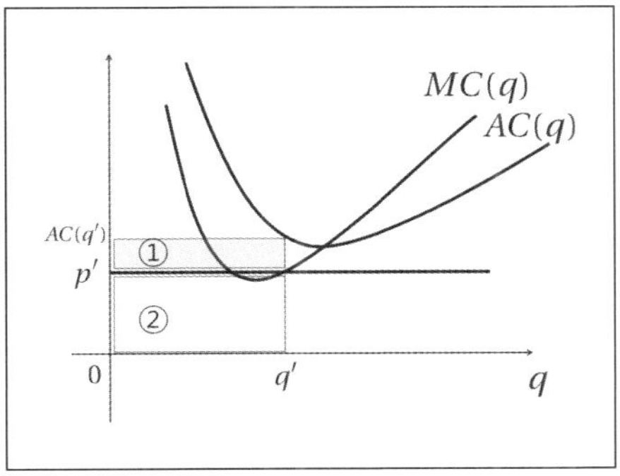

이윤극대화점을 택했음에도 불구하고 이윤의 값이 음수(−), 즉 손실이 발생하는 경우라면 기업은 어떻게 해야 할까요? 손실을 보느니 차라리 그만두는 편이 낫지 않을까요? 지금까지 설명한 모형에서는 '그만두는' 것이 과연 허용되는지 명확하지 않습니다. 그만둔다는 것은 기업이 판매를 완전히 포기하고 이 시장에서 퇴장한다는 의미일 수도 있고, 혹은 당분간 생산량 = 판매량을 0으로 택한다는 의미일 수도 있습니다. $MR = MC$라는 이윤극대화 조건은 생산량이 양수(+)일 때에 적용되는 것이지, 0의 생산량을 허용한다면 $MR = MC$보다 복잡한 고려가 필요합니다.

또한 시장에서 퇴장한다는 것을 표현하려면 모형을 좀 더 풍부하게 만들어야 합니다. 특히 단기와 장기의 구분이 도입되어야 합니다. 지금까지 장기와 단기의 구분을 하지 않고 설명을 해왔습니다. 하지만 이 장의 내용은 사실 단기에 적용되는 것입니다. 장기에는 모형에 보태져야 할 고려사항들이 있기 때문입니다. 장기에 대해서는 다음 장에서 좀 더 상세하게 공부합니다.

단기로 국한해서 개별 기업의 공급 행동을 살펴본다면, 지금까지 찾아낸 공급곡선의 범위를 더 좁힐 수 있습니다.

단기공급곡선은 AVC보다는 위쪽 부분

먼저 결론부터 제시하고 그 결론이 나오는 원리를 설명하겠습니다. 계속 그려왔던 그림을 단기로 특정하게 되면 그림이 좀 더 복잡해집니다. 단기에는 평균비용이 다시 총평균비용과 평균가변비용, 평균고정비용 등으로 나누어지기 때문이죠.

단기에서 기업의 공급곡선은 한계비용곡선(MC) 중에서 (i) 우하향하는 부분을 제거하고, (ii) 평균가변비용(AVC)보다 낮은 부분 또한 제거하고 남는 부분입니다. 그림 14.15를 참조하세요. (a)에서 ①은 한계비용이 우하향하기 때문에 공급곡선에서 제거되고, ②는 AVC보다 한계비용이 낮은 부분이 제거됩니다. 이렇게 남는 부분이 그림 (b)에 굵은 선으로 표시되었고 곧 공급곡선입니다. 우상향합니다.

이제 이유를 알아봅시다. 단기총비용은 고정비용과 가변비용으로 나누어집니다.

(14.7) $$C_s(q) = VC(q) + FC$$ [단기총비용]

이윤극대화 조건 $p = MC(q_1)$를 만족하는 수량 q_1이 있습니다. q_1에서의 이윤이 $q = 0$(생산 중단)에서의 이윤보다 낮을 가능성이 있기 때문에 아직 q_1이 이윤극대화 점인지 알 수 없습니다.

그림 14.15 단기공급곡선의 도출

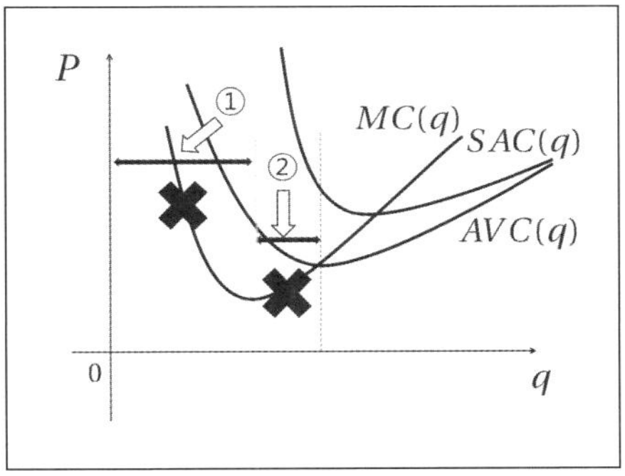

(a)

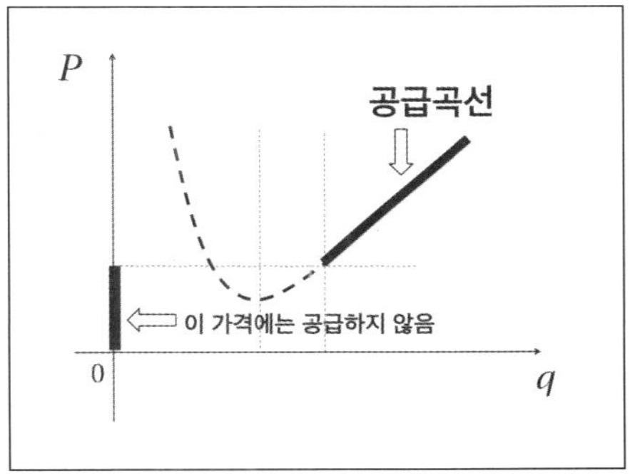

(b)

q_1에서의 이윤을 공식으로 써보면

$$\pi_1 = \underbrace{pq_1 - VC(q_1)}_{\text{고정비용 공제전 이윤}} - FC \tag{14.8}$$

입니다. 식에서 "고정비용 공제전 이윤"[8]이라고 주석을 단 $pq_1 - VC(q_1)$ 부분을 주목해 주세요. 수입에서 가변비용만큼 뺀 금액입니다. 여기서 고정비용까지 빼주어야 실제 이윤 값이 나옵니다. 한편, $q = 0$을 선택한다면 수입이 없고 가변비용 또한 없으며 오로지 고정비용만 들기 때문에 기업의 이윤은

$$\pi_0 = -FC < 0 \tag{14.9}$$

이 됩니다. 물론 손실입니다.

만약 $\pi_1 > \pi_0$이면 q_1이 진정한 이윤극대화 점입니다. 혹시 $\pi_1 < 0$이라 하더라도 (즉 손실이 나더라도) 그나마 q_1만큼 생산하는 것이 좋습니다. 반대로 $\pi_1 < \pi_0$이면 $q = 0$이 이윤극대화 점입니다. 차라리 생산을 중단하는 것이 더 좋습니다.

8 이 책은 회계학 교재가 아니므로 이렇게 풀어서 썼습니다. 이는 영어로 gross profit이라고 부르는 것으로, 회계학의 '매출 총이익' 또는 '총수익'과 비슷한 개념입니다.

π_1과 π_0의 상대적 크기를 결정하는 조건을 써보면

$$(14.10) \qquad \pi_1 \gtrless \pi_0 \iff \underbrace{pq_1 - VC(q_1)}_{\text{고정비용 공제전 이윤}} \gtrless 0$$

가 됩니다. 여기서 고정비용 공제전 이윤이 중요한 역할을 함을 알 수 있습니다. 고정비용 공제전 이윤이 0보다 크다면 q_1이 이윤극대화이고, 반대라면 $q=0$이 이윤극대화입니다. 이 조건을 가격과 비용의 관점에서 다시 정리하면

$$(14.11) \qquad \underbrace{pq_1 - VC(q_1)}_{\text{고정비용 공제전 이윤}} \gtrless 0 \iff p \gtrless \frac{VC(q_1)}{q_1} = AVC(q_1)$$

으로 가격과 평균가변비용 사이의 비교가 됩니다. 만약 시장가격이 $p = MC(q_1)$를 만족하는 q_1에서의 평균가변비용보다 높다면 q_1을 택하는 것이 좋고, 혹시 시장가격이 $AVC(q_1)$보다 낮다면 차라리 생산하지 않는 편이 더 좋습니다. 고정비용을 지출해서 손실이 나는 것을 감수하고서라도 말이죠.

기업의 이윤은 고정비용 공제전 이윤에서 고정비용을 뺀 것인데, 만약 고정비용 공제전 이윤이 음수라면 최종 이윤은 고정비용 손실분에다가 추가로 손실이 더 발생하는 것입니다. 따라서 고정비용을 고려하지 않고서도 손실이 발생한다면 차라리 포기하는 게 나은 거죠. 반대로 고정비용을 고려하지 않았을 때 이윤이 난다면, 고정비용 중에서 일부라도 회수를 할 수 있으므로 생산을 하는 편이 좋은 것입니다.

예를 들어, 한 달치 월세를 미리 지불하고 가게를 임대하여 장사 하는 사람이 가게를 열어 놓기 위해서 들어가는 비용(전기요금, 점원 일당 등)이 10만 원이라고 합시다. 가게에서 벌어들이는 수입이 하루 10만 원이 안 된다면, 이미 지불한 월세가 아깝더라도 가게를 열지 말고 그냥 닫아두는 편이 손해를 덜 보는 길입니다. 억지로 가게를 열면 월세에 더해 매일 누적되는 추가 손실이 있습니다.

한편 하루 수입이 11만 원이라면, 고정비용 공제전 이윤이 하루 1만 원이고, 한 달이면 30만 원입니다. 월세가 100만 원이면 결국 70만 원 손실입니다. 손실이 될 것을 알고 실망해 문을 닫아두면 어떤가요? 고정비용 공제전 이윤 30만 원을 포기한 손실액은 월세 100만 원입니다. 100만 원 손해보다는 70만 원 손해가

낫지요.

물론 이렇게 계속 손해를 보면서 장사를 할 사람은 없겠죠. 하지만 이 달 월세는 이미 지불해서 무를 수 없습니다. 회수할 수 없는 (매몰된) 고정비용인 것이죠. 다음 달은 이야기가 달라집니다. 계속 이런 상황이 예상되면 그는 이 가게를 포기하는 것이 좋을 것입니다. 가게를 포기하고 시장에서 퇴장하는 것은 장기의 결정입니다. 다음 장에서 공부합니다. 완전경쟁시장의 단기에서 개별 기업의 공급을 시장가격 수준을 중심으로 정리하면 그림 14.16 입니다.

그림 14.16 완전경쟁시장 개별기업의 단기공급

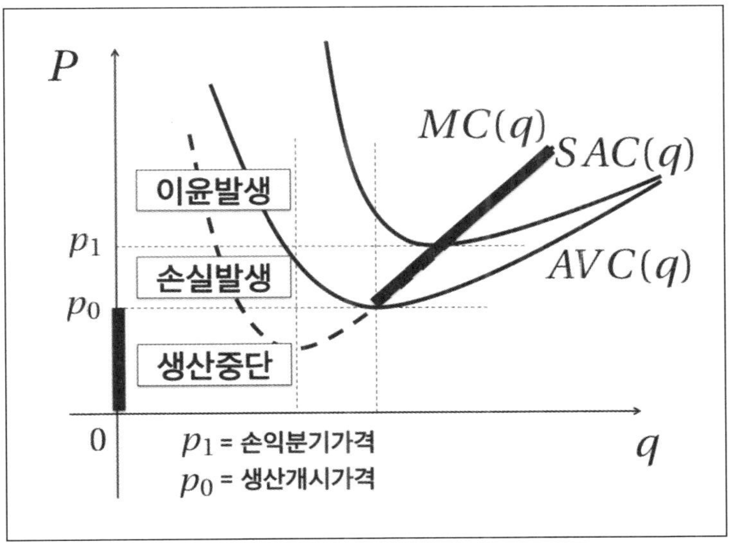

연 습 문 제

문제 14.1 완전경쟁 시장의 모든 기업들의 단기 비용함수가 동일하게 $c_s(q) = q^2 + 1$이다. 개별 기업의 단기 공급곡선을 설명과 함께 정확하게 그리시오.

문제 14.2 단기총비용함수가 $STC(q) = 4q^2 + 150$이다. (즉 $SMC(q) = 8q$) 재화의 가격이 32로 고정되어 있을 때, 기업의 단기 이윤을 극대화하는 판매량은?

문제 14.3 단기총비용함수가 $STC(q) = 4q^2 + 16$이고, 단기한계비용함수는 $SMC(q) = 8q$인 기업이 완전경쟁시장에서 활동하고 있다.

(1) 이 기업의 공급함수 $S(p)$를 도출하시오.

(2) 이 기업은 시장가격이 얼마 이하이면 손실을 기록하는가? 손실임에도 불구하고 생산을 계속하는 것이 좋은 이유는 무엇인지도 간략히 설명하시오.

문제 14.4 어떤 기업이 보유한 생산함수가 다음과 같다: $q = 2\sqrt{z_1} + \sqrt{z_2}$

(1) $z_2 = 1$인 단기 총비용함수를 도출하시오. 단, 요소의 가격은 $w_1 = w_2 = 10$이며, 재화의 양 q의 수준에 따라서 함수 형태가 달라질 수 있음에 유의하시오.

(2) 기업이 활동하는 시장이 완전경쟁일 때 기업의 단기 공급곡선을 설명하시오.

문제 14.5 아래 그림은 완전경쟁 시장에 참여하는 어느 기업의 비용곡선들이다.

(1) 그림에서 세로축은 가격 또는 비용수준을 나타내는데, 표시된 10, 50, 65라는 수는 각각 어떤 의미를 갖는지를 설명하시오.

(2) 이 기업의 단기 공급곡선을 그리고 설명하시오.

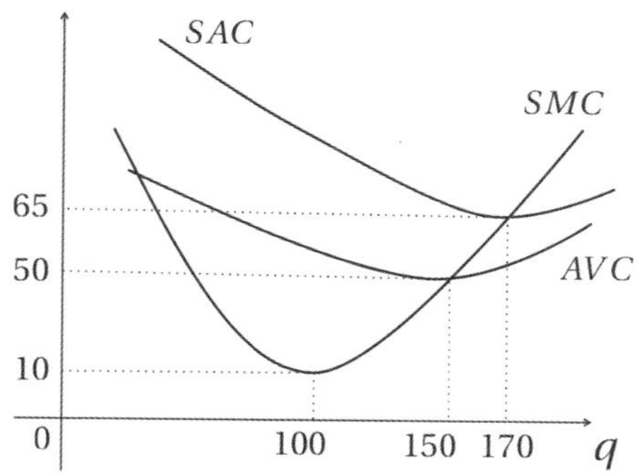

완전경쟁시장 모형: (2) 기간별 균형 분석

microeconomics

제15장

"제가 사는 나라에서는 지금 우리처럼 오랫동안 달리면
보통 어딘가 다른 곳에 도착해요."
앨리스는 허덕이면서 말했다.
"거긴 정말 느린 나라로구나!" 붉은 여왕이 대답했다.
"이 나라에서는 제 자리에 머물러 있기라도 하려면,
계속해서 있는 힘껏 달려야 하느니라."
- 루이스 캐럴, 『거울 나라의 앨리스』[1]

시장이라는 정글의 법칙

다람쥐 쳇바퀴 돌듯 뛰어도 뛰어도 제자리인 붉은 여왕의 나라는 어린 앨리스에게는 이상해 보였겠지만, 현대 시장경제를 사는 우리에게는 그다지 낯선 풍경은 아닙니다. 시장경제의 본질은 사고 파는 사람이 서로 개인적인 친분 없이도 시장의 규칙에 따라 거래할 수 있다는 익명성 혹은 비인격성입니다. 이것은 한편으로는 개인의 지평을 열어주는 해방구이자 다른 한편으로는 개인의 존재를 위협하는 억압이기도 합니다. 시장의 규칙에 따르기만 한다면, 차별이나 특혜 없이 자신의 노력에 대한 대가를 받을 수 있는 곳이 시장입니다. 하지만 시장의 규칙에 따라 가차 없이 경쟁에서 밀려나더라도 할 말이 없는 곳이 시장이지요.

1 Charles Lutwidge Dodgson (필명 Lewis Carroll), *Through the Looking-Glass* (1871).

완전경쟁시장은 이런 시장의 특성을 극명하게 반영하는 모형입니다. 앞 장에서 우리는 완전경쟁시장을 정의하는 핵심 특성이 **가격수용자** 조건임을 보았습니다. 가격수용자 조건은 시장에서 개인이 가진 영향력이 없다고 말합니다. 시장의 익명성 및 무기력함을 상징합니다.

한편 이 장에서는 시장 속의 개인뿐 아니라, 시장 자체의 특징, 시장 경쟁의 본질이 무엇인지를 균형이라는 개념을 통해서 알아봅니다. 이를 위해서는 먼저 단기와 장기의 구분을 다시 한번 상기할 필요가 있습니다.

15.1 완전경쟁시장의 장기와 단기

생산자모형에서 단기와 장기를 구분했습니다. **단기**(short run)는 일부 요소의 투입량이 고정된 기간, 즉 생산자의 요소투입량 변화에 제한이 걸려 있는 상황을 말합니다. 요소가 2개라고 본다면, 그중 하나는 **고정요소**, 나머지 하나는 **가변요소**인 경우를 다루었습니다. 생산함수가 $q = f(z_1, z_2)$이고 요소 2가 고정요소 ($z_2 = \overline{z_2}$)라면, 단기 생산함수는 $q = f(z_1, \overline{z_2})$로 요소 1의 투입량 변화에 따라 산출량이 변화하는 형태입니다. 이때 단기총비용은 생산량과 무관한 상수인 **고정비용**과 생산량에 따라 증가하는 **가변비용**으로 구성됩니다.

단기의 특수한 경우로, 두 요소의 투입량이 모두 고정된 **초단기**(very short run)도 언급되었습니다. 두 요소의 투입량이 모두 고정된다면 생산함수의 값인 산출량도 고정됩니다: $\overline{q} = f(\overline{z_1}, \overline{z_2})$. 초단기라고 해서 아무 일도 안 일어나는 것은 아닙니다. 투입량이나 산출량은 모두 '유량변수'로, 어떤 정해진 기간 동안 일어나는 활동을 가리키므로, 초단기란 동일한 수준의 요소를 반복해서 투입하고, 동일한 수준의 재화가 반복해서 생산되고 있는 상황을 말합니다.

한편, **장기**(long run)는 모든 요소의 투입량을 변화시킬 수 있는 자유로운 상황입니다. 생산자 및 기업은 이윤극대화와 비용극소화를 위해서 자유롭게 q와 (z_1, z_2)를 선택할 수 있습니다. 요소 투입의 자유라는 개념은 시장모형에서 특히 중요한 가능성을 포함합니다. 아예 시장에서 퇴장(exit)하거나 새로운 시장에 진입(entry)하는 자유까지 허용하는 것입니다.

표 15.1 완전경쟁시장 모형의 단기와 장기

<table>
<tr><td rowspan="2">단기</td><td>초단기</td><td>두 요소 모두 고정</td><td>$z_1 = \overline{z_1}$, $z_2 = \overline{z_2}$</td></tr>
<tr><td></td><td>적어도 한 요소 고정</td><td>$z_2 = \overline{z_2}$</td></tr>
<tr><td colspan="2">장기</td><td>요소의 자유로운 선택 :
특히 진입, 퇴장이 자유</td><td>진입 ($z_2 > 0$), 퇴장 ($z_2 = 0$)</td></tr>
</table>

시장 진입과 퇴장

앞 장 마지막 부분에서 들었던 예를 생각해봅시다. 어떤 장사를 하기 위해서 가게의 월세를 지불했지만 매일 벌어들일 수입에 비해서 매일 들어가야 하는 운영비용이 더 높아서 가게 문을 닫고 있다면, 이 사람의 상태는 무엇일까요 ? 이 사람은 시장에 '진입'은 했으나 '생산 중단' 상태입니다. 여기서 이 사람이 진입했다고 판단하는 것은 고정요소(가게)를 구입했기 때문입니다.

계속해서 가게를 운영하는 것이 의미가 없다고 생각하여, 가게 임대를 중단한다면 이 사람은 더 이상 고정비용(임대료)를 지출하지 않아도 됩니다. 일단 임대 계약을 종료하고 나면, 갑자기 마음을 바꾸어 장사를 다시 하고 싶더라도 당장 시작할 수는 없습니다. 다시 가게를 임대하는 데는 시간과 노력이 드니까요.

즉, 가게를 임대하는 행위, 좀 더 일반적으로는 시장에서 영업하기에 필요한 고정요소를 구입하는 헝위가 바로 시장 진입임을 알 수 있습니다. 다시 말해서, 시장 진입의 여부는 고정요소의 투입량이 0 인지, 0 보다 큰지로 판단할 수 있는 것입니다. 0 이었다가 0 보다 큰 수로 변한다면 진입인 것이고, 0 보다 큰 수였다가 0 으로 변하면 퇴장인 것이지요. 고정요소의 수량 변화를 필요로 하므로 진입이나 퇴장은 물론 장기에서만 가능합니다.

표 15.2 진입과 퇴장

<table>
<tr><td>$z_1 > 0$, $z_2 > 0$</td><td>생산(영업) 중</td></tr>
<tr><td>$z_1 = 0$, $z_2 > 0$</td><td>진입했으나 생산(영업) 중단</td></tr>
<tr><td>$z_1 = 0$, $z_2 = 0$</td><td>진입 이전, 또는 퇴장</td></tr>
<tr><td>$z_2 = 0 \Longrightarrow z_2 > 0$</td><td>진입</td></tr>
<tr><td>$z_2 > 0 \Longrightarrow z_2 = 0$</td><td>퇴장</td></tr>
</table>

장기 완전경쟁시장

앞 장에서 소개했던 완전경쟁시장의 개념이 장기에서는 진입, 퇴장의 가능성을 명시하도록 수정됩니다.

정의: 장기 완전경쟁시장

(1) 모든 기업 및 소비자는 가격수용자이다. [단기와 동일]

(2) 기업의 진입과 퇴장이 자유롭다. [장기에만 해당]

장기에서 추가된 조건 (2)를 좀 더 풀어서 다음과 같이 말하기도 합니다.

진입과 퇴장의 자유란?

- 진입장벽이 존재하지 않는다
- 퇴출장벽이 존재하지 않는다
- 자원(생산요소)의 이동이 자유롭다

진입장벽(entry barrier)은 시장의 구조를 결정하는 데 있어서 핵심적인 개념입니다. 자유로운 시장, 완전경쟁시장이라면 누구든지 이 시장에 진입해서 해당 재화를 판매하는 일을 다른 사람이 방해할 수 없습니다. 따라서 진입장벽이 없어야 합니다. 이 조건이 단기에 등장하지 않은 것은, 정의상 단기에서 진입이 허용되지 않기 때문입니다. 다르게 말하자면, 단기는 그 성격상 무언가 진입을 가로막는 장벽이 있다는 뜻입니다. 다음 장에서 독점 모형을 공부할 때 우리는 독점을 가능하게 해주는 진입장벽에 어떤 것들이 있는지 보게 될 것입니다.

완전경쟁시장에는 **퇴출장벽**(exit barrier) 또한 없어야 합니다. 앞에서 퇴장이라는 용어를 사용했는데, 퇴장과 퇴출은 같은 영단어(exit)를 번역한 것입니다. 퇴장은 기업이 스스로 시장에서 빠져나간다는 느낌이고, 퇴출은 시장에 의해 기업이 쫓겨난다는 느낌입니다. 모형의 관점에서는 마찬가지입니다. 경우에 따라서는, 기업이 퇴출되어야 마땅함에도, 혹은 기업 스스로 퇴장하기를 원함에도 불구하고 이것을 막는 장치가 있을 수 있습니다. 금융위기시 문을 닫아야 하는 은행을 정부가 공적자금을 투입해서 살리는 경우 같은 것이지요. 이런 장치를 퇴출장벽이라 부를 수 있고, 퇴출장벽이 존재하는 시장은 역시 장기 완전경쟁시장이 아닙니다.

진입장벽과 퇴출장벽이 없으려면, 궁극적으로 시장 내에서 생산요소 및 그 외 모든 **자원의 이동이 자유**로워야 할 것입니다. 예를 들어 국가들 사이에는 자원의 이동이 자유롭지 않습니다. 자유무역협정을 맺어서 재화시장에의 진입장벽 중 하나인 관세를 철폐하는 것은 세계 시장을 완전경쟁에 가깝게 가져가는 중요한 단계이지만, 요소시장(자본과 노동)에는 여전히 자원 이동에 제약이 있을 수 있습니다.

15.2 완전경쟁시장의 균형

이 책에서 처음으로 **시장균형**(market equilibrium)을 논하고자 합니다. 현재 경제학은 기본적으로 균형경제학입니다. 주어진 모형에서 균형을 찾고 이를 분석하는 것을 주된 과제로 삼고 있습니다. **균형**은 자연과학에서 유래한 개념으토, (외부적인 충격이 없다면) 현재의 상태에서 변화가 일어나지 않고 유지되는 상황을 말합니다.

시장모형의 관점에서 균형은 어떤 내용을 담아야 할까요? 먼저 시장모형이 어떤 구조를 갖고 있는지, 즉 외생변수는 무엇이고 내생변수는 무엇인지를 알아야 답할 수 있습니다. 시장은 소비자와 기업이 만나서 재화를 거래하는 곳입니다. 시장을 구성하는 주된 경제주체는 따라서 소비자와 기업입니다.

개별 소비자는 제 2 부 소비자모형에서 공부한대로, 시장의 재화의 시장가격과 자신의 예산(소득)을 외생변수로 자신의 수요량(개별 수요)을 결정합니다. 각 소비자의 개인적 취향(효용함수)도 물론 중요한 역할을 합니다. **그림** 15.1의 왼쪽 아래에 q_D로 개별 수요가 표시되어 있습니다. 개별 수요들이 합해지면 시장수요가 됩니다. 그림에 Q_D로 표시되어 있습니다. 소비자들의 소득과 취향을 통틀어서 α이라는 외생변수로 표시한다면 시장수요함수는 이렇게 됩니다.

(15.1) $$Q = Q_D(P, \alpha)$$ [시장수요함수]

한편 개별 기업은 바로 앞 장에서 공부한대로 재화의 시장가격과 자신의 비용조건인 요소가격을 외생변수로 자신의 공급량(개별 공급)을 결정합니다. (비용조건은 제 3 부 생산자모형에서 공부한대로 요소가격 및 요소시장 조건, 생산함수를 반영합니다.) **그림** 15.1의 오른쪽 아래에 q_S로 개별 공급이 표시되어 있습니다. 개별 공급들이 합해지면 시장공급입니다. 그림에 Q_S로 표시되어 있습니다. 요소가격 및 그 외 요소시장 조건을 묶어 β라는 기호로 표시하면 시장공급함수는 이렇습니다.

(15.2) $$Q = Q_S(P, \beta)$$ [시장공급함수]

그림 15.1 시장의 구조

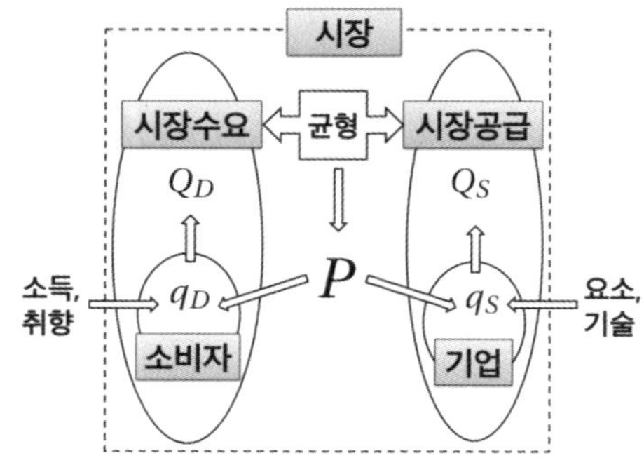

지금까지 수요 및 공급을 결정하는 데에 영향을 준 외생적인 조건들은 소득과 취향 α, 요소시장조건과 기술 β 및 재화의 시장가격 P입니다. 그런데 이 중 재화의 시장가격 P는 개별 소비자나 기업에게는 외생변수이지만, 시장 모형 내에서 값이 결정되는 내생변수입니다. 시장가격 P가 결정되는 방식이 바로 **균형조건**입니다.

시장에서 서로 대응하는 '힘'으로 균형을 이루어야 할 것은 시장수요와 시장공급입니다. **균형조건**은 아주 단순하게도 시장수요와 시장공급이 일치한다는 것입니다. 주어진 시장가격 P에 대해서 시장수요량과 시장공급량이 일치하지 않는다면, 시장이 그 상태로 계속 머무를 수는 없을 테니까요.

시장의 균형조건 : 시장수요 = 시장공급

기호와 식을 사용한다면 다음과 같이 쓸 수 있습니다.

(15.3) $$Q_D(P, \alpha) = Q_S(P, \beta)$$ [균형조건]

이 식에서 α, β는 외생변수이고 특정한 값이 주어지면 식 (15.3)을 만족하는 시장균형 가격 P를 도출할 수 있을 것입니다. (외생변수인 α나 β가 변할 때 P가 어떻게 반응하는지가 분석의 내용이 되겠군요.)

이를 그림으로 표현하려면 약간의 수정이 필요합니다. 여러 번 언급되었다시피, 수요곡선과 공급곡선은 수요함수와 공급함수의 그래프가 아니기 때문입니다. 수요곡선과 공급곡선을 그리려면, 수량과 가격을 역할을 바꾸어서 역수요함수 및 역공급함수를 도출해야 합니다. 즉, 식 (15.1)과 (15.2)를 변형하여

(15.4) $$P = D(Q, \alpha)$$ [역수요함수, 시장수요곡선]

(15.5) $$P = S(Q, \beta)$$ [역공급함수, 시장공급곡선]

라고 쓴다면 균형조건은

(15.6) $$D(Q, \alpha) = S(Q, \beta)$$ [균형조건]

가 됩니다. **그림 15.2**는 아마 경제원론에서 많이 보았을 간단한 시장균형입니다. 균형에서 가격 P^*와 거래량 Q^*가 결정됩니다.

만약 주어진 가격에 대해, 시장수요량이 시장공급량보다 많다면 이를 **초과수요**(excess demand), 반대로 시장공급량이 시장수요량보다 많다면 이를 **초과공급**(excess supply)이라고 부릅니다. **그림 15.3**에 예가 나와 있습니다.

직관적으로 생각해볼 때, 만약 시장에 초과수요가 존재한다면 소비자 중에서 일부는 재화를 구입하고 싶음에도 불구하고 구입할 수 없는 상황이며 가격을 좀 더 올려서라도 이를 구입하고자 할 것입니다. 마찬가지로 초과공급이 존재한다면 기업 중 일부는 가격을 내려서라도 판매하고자 할 것입니다.[2] 완전경쟁시장의 균형조건은

---

2 일반균형(general equilibrium)이라는 이름으로 근대 경제학의 이론적 기반을 놓은 발라스(Léon Walras)는 위의 직관적인 원리를 통해 결국 시장은 균형을 찾아갈 것이라고 생각했고 이를 발라스의 더듬어찾기(Walrasian tâtonnement)라고 말합니다. 다소 실망스럽게도 이 직관적인 원리를 실제 모형에 반영하여 수학적으로 확립하는 것은 생각보다 거렵습니다.

초과수요나 초과공급이 없는 상황을 가리킵니다.

그림 15.2 시장균형

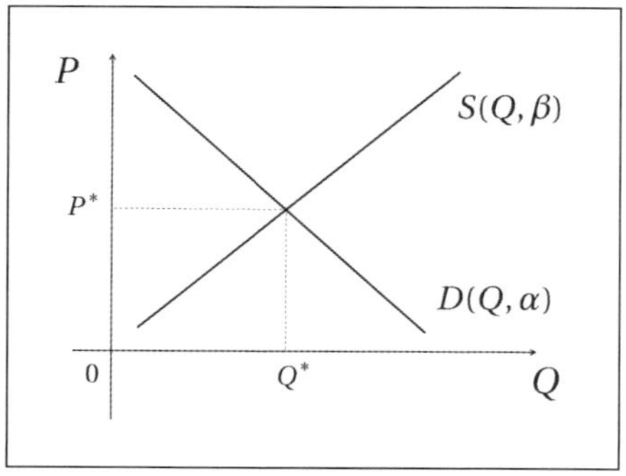

그림 15.3 시장균형이 아닌 상황들

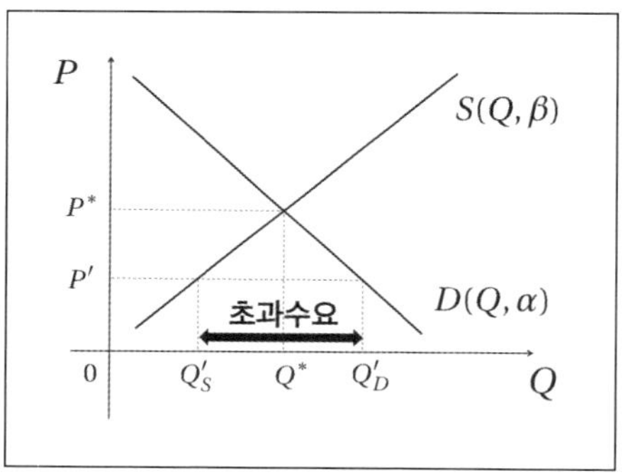

(a) 초과수요 상황

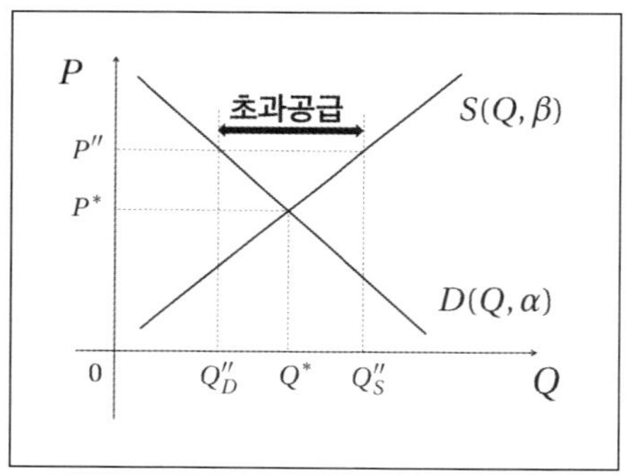

(b) 초과공급 상황

한편 경제원론에서 많이 공부한대로 시장모형의 분석은 외생적인 조건의 변화에 따라 균형이 어떻게 변하는지를 보는 것입니다. 예를 들어, 수요측면의 외생변수인 α가 변하면 수요곡선 전체가 새롭게 그려지게 됩니다. 이를 **수요의 이동**이라고도 하지요. **그림 15.4(a)**에서는 수요곡선 전체가 오른쪽, 위쪽으로 이동했습니다. 즉, 같은 가격에 대해 시장수요량이 증가하고, 같은 수요량에 대해 지불용의가격이

그림 15.4 시장균형의 분석

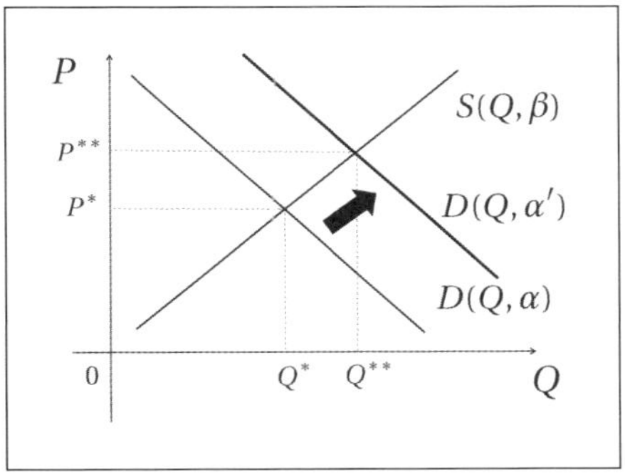

(a) 수요측면 외생조건의 변화

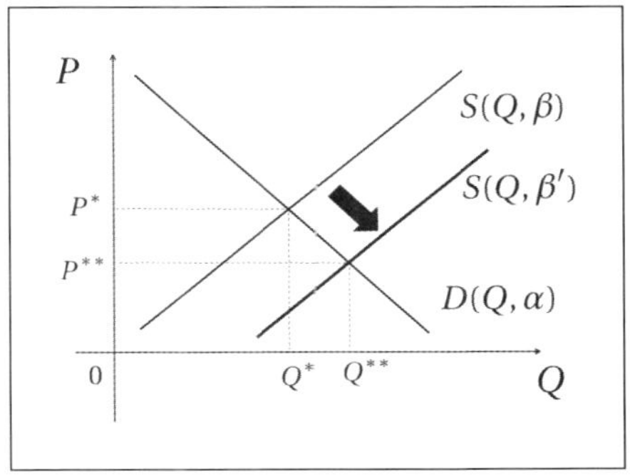

(b) 공급측면 외생조건의 변화

인상되었습니다.[3] 균형은 애초의 (P^*, Q^*)에서 (P^{**}, Q^{**})로 변합니다.

마찬가지로 **그림 15.4(b)**에는 **공급의 이동**이 나와 있습니다. 공급측면 외생변수인 β가 변했을 때 공급곡선 전체가 이동하게 되고 이로 인해 균형이 변합니다.[4]

그림 15.2부터 **그림 15.4**까지의 내용은 경제원론에서 이미 철저하게 공부한 기초적인 내용입니다. 그런데 이 내용은 이 책에서 지금까지 우리가 공부한 내용과 잘 맞는 것일까요?

이 그림들이 성립하려면 수요곡선은 우하향하고, 공급곡선은 우상향해야 합니다. (전체적인 분석과 결론을 위해 이들이 직선일 필요는 없습니다.) 수요곡선이 우하향하려면 **수요의 법칙**이 성립해야 하는데, 이것이 간단하지는 않다는 것을 제2부 말미에서 보았습니다. 어쨌든 수요의 법칙은 성립한다고 가정합시다.

가정 15.1 (수요의 법칙) 시장수요에 대해 수요의 법칙이 성립한다. 즉, 시장수요곡선이 우하향한다.

다음으로 남은 중요한 질문은 이것입니다.

---

3 이런 일은 예를 들어 재화가 정상재이면서 소득이 증가하거나, 소비자들의 추향이 이 재화를 더 좋아하는 방향으로 변하거나, 소비자들의 수가 늘어나는 등의 변화가 있을 때 가능합니다.

4 그림처럼 공급곡선이 오른쪽, 위쪽으로 이동하는 것은 요소가격이 하락하거나, 생산기술이 향상되거나, 공급자의 수가 늘어나는 등의 경우에 가능할 것입니다.

질문 : 시장공급곡선은 우상향하는가?

수요의 법칙과 달리 공급에 대해서는 함부로 쉽게 가정할 수 있는 상황이 아닙니다. 기업의 공급행동은 어찌 보면 좀 더 정교한 모형 틀에 얽매여 있기 때문입니다.

앞 장에서 이미 우리는 단기에서 개별 기업의 공급곡선은 우상향한다는 것을 보았습니다. 따라서 실제로 우리에게 남은 질문은

질문: 단기가 아닐 때에도 시장 공급곡선은 우상향하는가?

입니다. 이 질문에 대한 대답은 생각보다 복잡합니다.

15.3 기간에 따른 완전경쟁시장 균형의 비교

표 15.1에서 정리한 초단기, 단기, 장기에 대해 각각 시장공급 및 시장균형을 살펴 보겠습니다. 모든 경우에 대해 가정 15.1을 적용하여 시장수요곡선은 우하향하는 형태로 놓겠습니다. 또한 설명의 편의를 위해 기업들에 대해 한 가지 가정을 하겠습니다.

가정 15.2 시장에 참여할 수 있는 잠재적 기업들은 모두 동일한 생산함수 및 비용함수를 가진다.

완전경쟁시장의 정의상 모든 기업은 가격수용자입니다. 요소시장 또한 완전경쟁시장이라고 가정한다면, 각 기업은 동일한 요소가격에 직면해 있을 것입니다. 기업들 간에 있을 수 있는 차이는 생산기술, 즉 생산함수인데 가정 15.2에 의해 모든 기업이 동일한 생산함수를 가진다고까지 가정하는 것입니다. 생산자모형을 다시 생각해보면, 동일한 생산함수를 가진 기업은 결국 동일한 비용함수를 가집니다.

가정에 '잠재적'이라는 표현이 들어간 것은 시장 상황에 따라 일부 기업은 퇴장하거나, 아직 진입하지 않은 상태일 수도 있기 때문입니다. 이 시장에 참여할 수 있는 잠재적 기업을 한꺼번에 놓고 생각하는 것입니다.

초단기

초단기에서 각 기업은 일정한 상수 공급량을 보입니다. 모든 요소의 투입량이 고정되어 있기 때문입니다. 각 기업의 공급량이 고정되어 있으므로, 이들을 합한 시장공급량도 고정되어 있습니다.

수식으로 쓰자면, 개별 기업의 공급이 $\overline{q} = f(\overline{z_1}, \overline{z_2})$이고 만약 현재 시장에서 영업 중인 기업의 수가 N개라면 (초단기에서는 기업의 진입이나 퇴장이 없으므로 기업의 수가 고정되어 있습니다), 시장공급은

(15.7) $$Q = N\overline{q} = \overline{Q} \text{ (상수)}$$ [초단기 시장공급함수]

시장공급곡선을 그림으로 그리자면 $\overline{Q}$에서 위로 수직으로 세운 직선이 됩니다. 가격이 아무리 변하더라도 공급량에 아무런 변화가 없기 때문입니다. 가격에 대해 완전비탄력적인 공급인 것이지요. 초단기의 시장공급곡선과 시장수요곡선을 함께 그려 균형을 찾아본 것이 **그림** 15.5(a)입니다. 그림에서 초단기 공급곡선은 VS로 표시되어 있습니다. 균형에서 거래량은 물론 고정된 공급량 $\overline{Q}$입니다. 따라서 균형 가격은 수요곡선의 위치가 결정합니다.

(b)에서 수요곡선을 이동시켜 보면 가격을 수요가 결정한다는 점이 더 명확해집니다. 수요가 아무리 늘어나더라도 공급량이 고정되어 있기 때문에, 늘어난 수요를 해결하는 방법은 가격이 올라서 균형수요량을 도로 공급량에 맞게 줄여놓는 것뿐입니다. 가격이 오르지 않는다면, 초과수요가 발생하여 균형이 유지되지 않습니다.

현실에서는 한시적으로 판매가능한 재화의 수요가 (예상 외로) 급증하면 가격이 폭등하는 현상으로 나타납니다. 초단기 균형의 특징은 다음과 같습니다.

결과 15.1 초단기 시장에서는 시장수요곡선과 수직선인 시장공급곡선이 만나는 점에서 균형이 결정된다. 초단기 균형의 특징은 다음과 같다.

(1) 균형 거래량은 전적으로 공급조건이 결정한다.

(2) 균형 가격은 전적으로 수요조건이 결정한다.

그림 15.5 초단기 시장균형의 분석

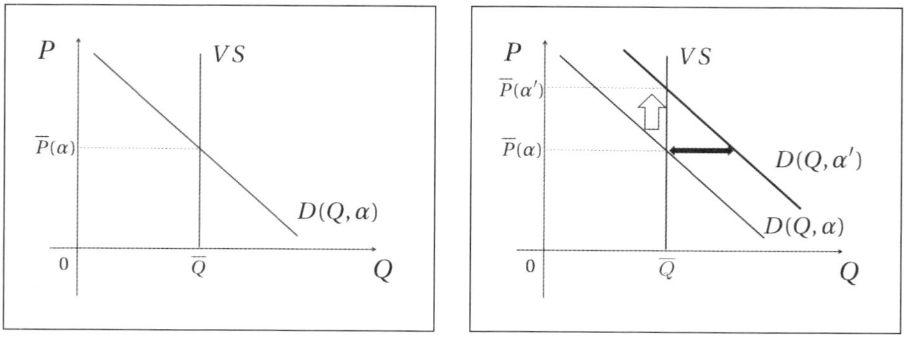

(a) 시장균형 : $\overline{P}(\alpha)$와 $\overline{Q}$

(b) 수요의 이동시 균형의 변화 : $\overline{P}(\alpha')$로 가격만 변화

단기

두 요소 중 하나는 가변요소인 일반적인 단기에서의 공급에 대해서는 앞 장에서 자세히 도출했습니다. 개별 기업의 공급곡선은 단기한계비용(SMC) 곡선을 가져오되, (i) 우하향하는 부분을 삭제하고, (ii) 평균가변비용(AVC)보다 낮은 부분도 삭제한 것입니다. 혹은 다시 말하자면 개별 공급곡선은 단기한계비용(SMC) 곡선 중에서 우상향하면서 평균가변비용(AVC)보다 위쪽 부분입니다. 결과적으로 개별 공급곡선은 분명히 우상향합니다. (그림 15.6(a))

시장 공급곡선은 개별 공급곡선들을 수평 방향으로 더한 것입니다. 가격이 p_1일 때 개별공급량이 q_1이고 기업의 수가 N개라면, 같은 가격에서 시장공급은 Nq_1입니다. 그림 15.6(b)에서 이렇게 개별곡선을 수평 방향으로 N배하면 마찬가지로 우상향하면서 좀 더 완만한 기울기를 가지는 시장공급곡선이 얻어집니다.

시장공급곡선이 완만하다는 것은 시장공급이 개별공급보다 가격에 대해서 더 탄력적이라는 것입니다. 가격이 조금 인상될 때 각 개별기업이 조금씩 공급량을 늘린다면 이것이 합해진 시장공급량은 더 크게 늘어나는 것이지요. 즉 단기의 완전경쟁시장이 우리가 잘 아는 그 수요-공급 모형입니다. 우하향하는 수요곡선과 우상향하는 공급곡선이 만나는 점에서 균형가격과 균형거래량이 결정됩니다.

그림 15.6 단기의 개별공급과 시장공급

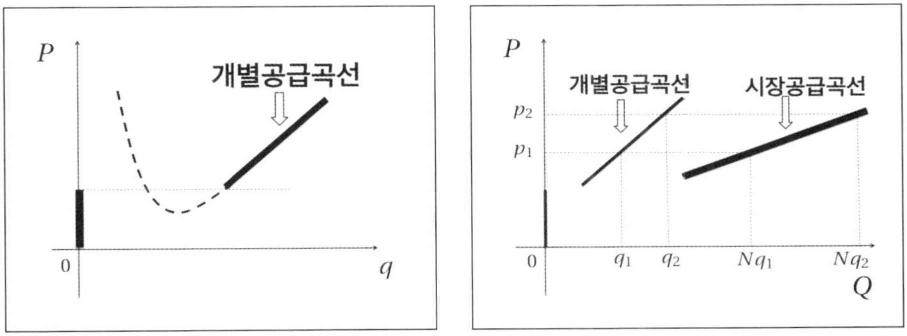

(a) 개별공급곡선 (b) 시장공급곡선

수요 측면이나 공급 측면에서 어떤 변화가 있을 때 균형의 변화는 수요곡선의 기울기(탄력성)와 공급곡선의 기울기(탄력성)에 따라 달라집니다. 그림 15.7 에는 몇 가지 경우들이 간략하게 나와 있습니다. 그림 중 위쪽의 3 경우는 3 가지 다른 기울기의 수요곡선 D_1, D_2, D_3에 대해, 단기 공급곡선이 $S \to S'$로 이동할 때 균형이 어떻게 변하는지 보여줍니다. 가장 가파른 수요곡선 D_1일 때 가격이 가장 크게 변하고 거래량은 가장 적게 변합니다. 가파른 수요곡선은 상대적으로 가격에 대해 비탄력적인 수요를 나타내며, 따라서 공급이 늘어날 때 늘어난 공급량을 비탄력적인 소비자들에게 판매하기 위해서는 가격이 크게 인하되어야 하는 것이지요.

한편 아래쪽의 3 경우는 기울기가 서로 다른 3 가지 공급곡선 S_1, S_2, S_3가 주어진 상태에서 동일한 기울기인 수요곡선이 $D \to D'$으로 이동합니다. 가격은 가파른 공급곡선 S_1에서 가장 많이 변하고 거래량은 완만한 공급곡선 S_3에서 가장 많이 변합니다. 가파른 공급곡선은 (사실상 초단기와 비슷하게) 가격이 인상되더라도 공급량이 많이 늘지 않는 비탄력적인 공급을 나타냅니다. 따라서 늘어난 수요를 감당하기 위해서는 가격이 폭등할 수밖에 없습니다.

그림 15.7 수요곡선과 공급곡선의 기울기와 균형

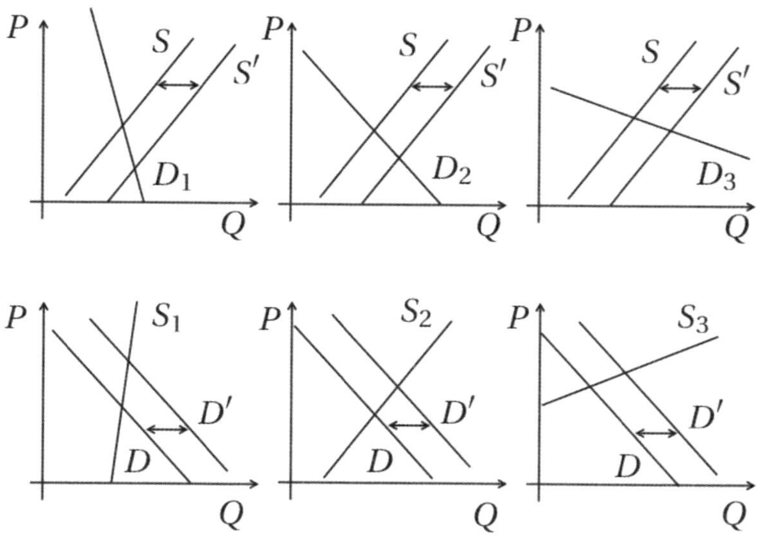

결과 15.2 단기 시장에서는 시장수요곡선과 우상향하는 단기 시장공급곡선이 만나는 점에서 균형이 결정된다. 단기 균형의 특징은 다음과 같다.

- 균형 거래량과 균형 가격은 수요조건과 공급조건이 함께 결정한다.
- 외생조건의 변화시 균형의 변화는 수요곡선 및 공급곡선의 기울기(가격탄력성)에 영향을 받는다.

장기

장기에는 모든 요소 투입이 조절 가능하고, 진입이나 퇴장 또한 결국 요소 투입량의 조절이므로 사실 장기에는 진입과 퇴장이 모두 가능합니다. 이론적으로 따져보기 위해서, 일단 모든 요소의 투입량 조절이 가능하지만 진입이나 퇴장은 발생하지 않는 상황을 상상해봅시다.

즉, 이미 영업 중인 기업들은 자유롭게 요소투입량을 조절할 수 있지만 고정요소를 회수하고 퇴장하는 것은 불가능하게 퇴출장벽이 있고, 또한 아직 진입하지 않은 기업에게는 진입장벽이 존재하는 상황을 생각해봅니다.

이런 상황의 시장이라면 고정된 숫자의 기업들이 각자 장기비용함수를 사용해서 이윤극대화를 추구할 것입니다. 개별 기업의 입장에서 이윤극대화 조건은 여전히 $MR = MC$이고 장기한계비용(LMC)을 사용한다는 점만 단기와 달라지겠지요. 가격수용자 조건에 의해 $MR = p$이고, 장기이므로 LMC를 사용합니다. 따라서 조건은 $p = LMC$가 됩니다.

즉, 개별 기업의 장기 공급곡선은 기본적으로 장기한계비용곡선(LMC)입니다. 또한 앞 장에서 단기에 대해 설명한 것과 똑같은 논리로 장기한계비용곡선 중 우하향하는 부분이 있다면 이 부분은 이윤극대화가 아니므로 삭제합니다. 즉, 장기한계비용(LMC) 중에서 장기평균비용(LAC)보다 아래쪽인 부분(LMC가 우하향하는 부분)을 삭제하고, 우상향하는 부분만 남깁니다.

여기까지 보면, 단기와 별로 다를 바가 없어 보입니다. 여전히 우상향하는 공급곡선이 도출되고 따라서 **그림 15.6**, **그림 15.7** 같은 분석이 가능해 보입니다. 달라진 점은 공급곡선의 기울기가 장기에서는 좀 더 완만(가격에 대해 탄력적)할 거라는 정도로 보입니다.[5] 하지만, 장기에는 고려사항이 하나 더 있습니다! 바로 시장 "진입" 또는 "퇴장"의 결정입니다.

이미 설명한대로 개별 기업은 장기한계비용의 우하향 부분은 선택하지 않습니다. 그 영역에서는 장기평균비용이 더 높아서 손실이 발생합니다. 장기한계비용이 우상향하더라도 여전히 장기평균비용보다 낮은 영역이 있는데 이 부분도 선택하지 않습니다. 시장가격이 낮아서 $p < LAC(q)$라면 기업은 수량을 택하지 않고 차라리 퇴장을 택할 것입니다. **그림 15.8**의 p_1이 그런 경우입니다. q_1을 택해서 손실을 보느니 차라리 퇴장이 좋습니다. 기업 중 일부가 퇴장하면 시장공급곡선이 가만히 있지 않고 이동합니다. 따라서 $p < LAC$인 경우는 균형일 수 없습니다.

반대로 $p > LAC(q)$더라도 균형이 아닙니다. 개별 기업은 이윤을 얻으므로 만족하겠지만 아직 진입하지 않은 잠재적 기업들이 이제 진입할 유인이 생깁니다.

5 장기에서는 단기에서보다 요소 선택이 자유로우므로 $LMC \leq SMC$가 성립할 것입니다. 단기에서 할 수 있는 것은 장기에서도 할 수 있고, 단기에서 할 수 없는 무언가를 더 할 수 있으니 비용이 낮아질 가능성이 있습니다.

그림 15.8 장기균형: 가격 p^*, 거래량 q^*

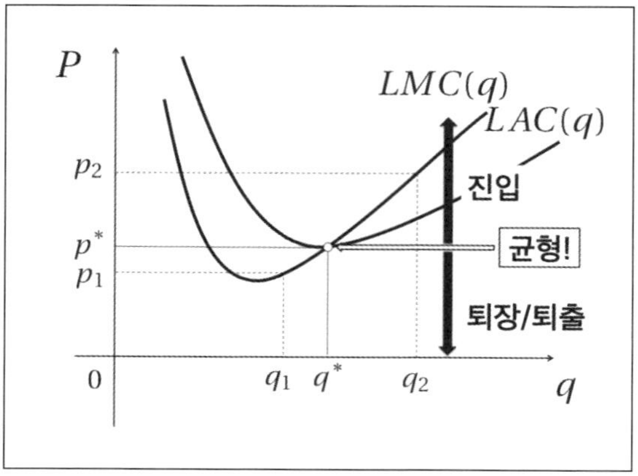

(그림의 p_2, q_2) 기업들이 진입하면 시장공급이 증가하므로 역시 균형이 아닙니다.

장기 균형에서 진입, 퇴장이 없어야 합니다. 영업 중인 기업이 퇴장하지 않으려면

(15.8) $$p^* \geq LAC(q^*)$$

외부의 잠재적 기업이 진입하지 않으려면

(15.9) $$p^* \leq LAC(q^*)$$

따라서 **가정** 15.2에 따라 모든 기업들이 동일한 비용함수를 가졌다면[6] 모든 기업에 대해 (15.8)과 (15.9)가 함께 성립해야 하므로

(15.10) $$p^* = LAC(q^*)$$

6 만약 가정 15.2가 성립하지 않는다면, 즉 기업들이 서로 다른 생산함수를 가졌고, 따라서 서로 다른 비용함수를 가졌다면 어떻게 될까요? 시장에 진입해있는 기업에게는 (15.8)이 성립하고, 시장 밖에 있는 기업에게는 (15.9)가 성립해야 합니다. 시장가격 p^*는 하나이므로, 시장 내의 기업들의 평균비용은 시장가격보다 높지 않고, 시장 외의 기업들의 평균비용은 시장가격보다 낮지 않아야 합니다. 즉 평균비용이 낮은 기업들이 시장에 진입해 있고 평균비용이 높은 기업들은 시장 바깥에 있습니다. 생각해보면 상당히 '효율적'인 상황이라고 할 수 있죠.

이 성립해야 하고, 한편 가격수용자 조건 및 이윤극대화 조건에 의해

$$p^* = LMC(q^*) \tag{15.11}$$

가 성립해야 합니다. (15.10)과 (15.11)이 같이 성립한다면

$$p^* = LAC(q^*) = LMC(q^*) \quad \text{[장기균형조건]} \tag{15.12}$$

이 됩니다.

장기균형조건 (15.12)는 상당히 흥미롭고 경제학적으로 중요한 여러 가지 함의를 가집니다. 예컨대 (15.12)에서 뒷부분의 등식을 보면

$$LAC(q^*) = LMC(q^*) \tag{15.13}$$

가 도출되는데, 이는 생산자모형에서 다루었던 중요한 경우입니다. 평균비용과 한계비용이 같아지는 생산량은 바로 평균비용이 가장 낮은 생산량, 즉 규모의 경제가 모두 소진되고 규모의 비경제가 시작되기 직전의 상황, 가장 생산원가가 낮아진 상황, 생산비용의 관점에서 가장 최적의 수량인 것입니다.

이외에도 여러 가지 중요한 사실들이 많으므로, 일단 먼저 결과를 정리한 후 하나하나 설명하겠습니다.

결과 15.3 장기시장의 균형은 식

$$p^* = LAC(q^*) = LMC(q^*) \tag{15.12}$$

에 의해 결정된다. 장기균형의 특징은 다음과 같다.

(1) 개별 기업은 장기 공급곡선을 별도로 갖지 않는다: 주어진 비용조건에 의해 $LMC(q^*) = LAC(q^*)$를 만족하는 q^*로 최적 공급량이 결정되어 있으며 이는 시장가격과 무관하다.

(2) 시장 공급량의 조정은 기업들의 진입과 퇴장에 의해서만 일어난다.

(3) 균형거래량은 전적으로 수요에 의해 결정된다: 수요가 늘면 진입이 일어나 공급이 늘고, 수요가 줄면 퇴출이 일어나 공급이 준다.

(4) 수요는 균형가격에 아무런 영향을 미치지 못한다: 비용 조건(장기평균비용이 가장 낮은 수준)에 의해 장기 균형가격이 전적으로 결정된다.

(5) 시장공급곡선의 형태는 요소시장의 조건(w_1, w_2의 수준)에 따라 달라질 수 있다.

(6) 장기균형 상태에서 영업 중인 기업들은 0의 이윤을 얻는다. (이를 **정상이윤**이라고 부른다.)

결과 15.3 중 (1)은 이미 위에서 설명했지만 다시 한번 강조하겠습니다. 장기에서 개별 기업은 공급'곡선'을 갖지 않습니다. 공급곡선이란 여러 가지 가격마다 각각 어떤 양을 공급할지 세워놓은 계획을 뜻하는데, 장기에서 개별 기업에게는 여러 개의 가격이 아예 제시되지 않고, 여러 개의 수량 중에서 하나를 고르지도 않습니다. 비용함수에 의해서 $LAC(q^*)=LMC(q^*)$를 만족하는 q^*라는 수량을 택하거나 아니면 퇴장하는 것이 개별 기업의 계획이고, 가격은 시장에서 알아서 $p^*=LAC(q^*)$로 맞춰질 것입니다.

(2) 개별 기업의 공급량이 고정되어 있다면, 시장 공급량은 어떻게 조절될까요? 진입과 퇴출에 의해서입니다. 개별기업의 장기균형 공급량이 q^*이고 영업하는 기업의 수가 N이라면 시장 공급량은 Nq^*이므로 진입이 일어나면 N이 커져서 시장공급량이 늘고, 퇴출이 일어나면 N이 작아져서 시장공급량이 줄어듭니다.

(3)은 방금 (2)에서 한 말을 반복한 것이나 마찬가지입니다. 초단기를 다룬 **결과 15.1**(1)과 대비하기 위해서 적었습니다. 초단기에서는 균형거래량이 전적으로 공급조건(즉, 고정된 투입요소량 및 그로 인한 고정된 공급량)에 의해 결정됩니다. 반면 장기에서는 개별 기업의 선택이 자유롭지만 결국 공급량은 정해져 있고, 기업의 수를 통해 공급량이 조절되는데 영업할 수 있는 기업의 수는 수요가 결정합니다.

그림 15.9에서 수요가 $D(Q,\alpha)$인 상황에서 기업의 수는 $N(\alpha)$인데 이 숫자는

$$p^*=D(Q^*,\alpha),\ Q^*=N(\alpha)\times q^* \qquad (15.14)$$

에 의해 결정됩니다. 만약 수요를 결정하는 외생조건(소득, 소비자의 수, 취향 등)이 α'로 변한다면 그에 맞추어 $N(\alpha')$로 변하는 것이지요.

(4)도 마찬가지로 결과 15.1의 (2)와 대비를 위해 적었습니다. 초단기에는 전적으로 수요에 의해 가격이 결정됩니다. 수요가 늘어나면 가격이 폭등하고 수요가 줄면 가격이 폭락합니다. 한편 장기에는 수요가 균형가격에 아무런 영향을 주지 않습니다. 가격은 공급조건에 의해 평균비용의 가장 낮은 수준으로 결정되기 때문입니다. 장기에서 수요가 늘면 그만큼 공급이 늘고 수요가 줄면 그만큼 공급이 줄어들어 균형을 유지합니다.

그림 15.9 수요의 이동과 장기균형

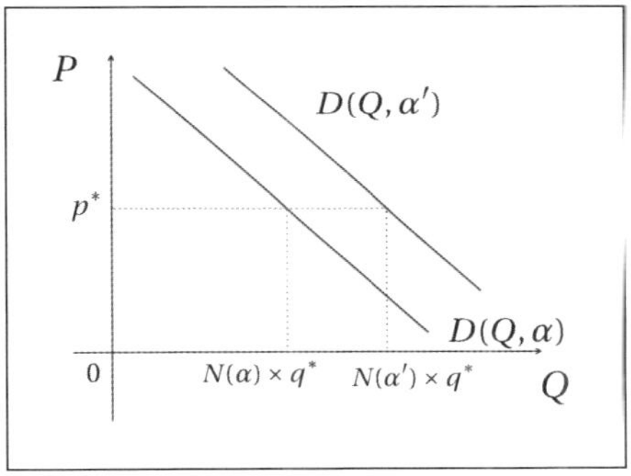

즉, 장기에서는 굳이 수요곡선과 공급곡선을 그려서 균형점을 찾을 필요가 없음을 알 수 있습니다. 그럼에도 불구하고 (예컨대 경제원론에서 공부한 방식대로 수요-공급곡선을 그려서 생각하는 것이 편리하기 때문에) 굳이 장기의 시장공급곡선을 그리고자 한다면, 생각보다 복잡한 고려가 필요합니다. (5)의 내용을 나중에 따로 자세히 설명하겠습니다.

정상이윤

그 전에 (6)의 의미를 간략히 설명하겠습니다. 진입과 퇴출이 일어나지 않아야 한다는 장기균형의 조건에 의해서, 장기균형에서 영업하는 기업은 0의 이윤을 얻습니다. 양(+)의 이윤이 있으면 진입이 발생하고, 음(−)의 이윤이 있으면 퇴장/

퇴출이 발생하기 때문입니다. 즉, 이 장 처음에 인용한 앨리스가 만난 붉은 여왕의 나라에서처럼, 끊임없이 경쟁 상황 속에서 노력함에도 불구하고 아무것도 벌지 못하는 상황이 장기균형입니다. 누군가 조금 번다 싶으면 경쟁이 더 심해지고, 조금만 뒤쳐지면 경쟁에서 퇴출되는 상황인 것이죠.

이렇게 0의 이윤을 얻고 있는 상황을 **정상이윤**(normal profit)이라고 부르고, 장기균형 조건을 정상이윤 조건이라고 부르기도 합니다. 경쟁의 본질은 아무도 초과이윤(excess profit)을 누리지 못한다는 것입니다. 초과이윤을 누리고 그것이 유지되려면 진입장벽이 있어야 합니다.

만약 **가정** 15.2가 성립하지 않아서 기업마다 생산함수 및 비용함수가 서로 다르다면, 모든 영업기업이 정상이윤을 누리지는 않습니다. 가격보다 높은 장기평균비용을 가진 기업들은 모두 퇴출되고, 가격보다 낮은 장기평균비용을 가진 기업들은 영업이 가능합니다. 영업하는 기업들 중에서 가장 높은 비용을 가진 기업("한계기업(marginal firm)"이라고 지칭합니다)은 정상이윤에 가까운 상황일 것입니다. 이렇게 볼 때, 시장경쟁은 가장 비용이 낮은 (효율적인) 기업들에게만 시장 참여의 기회를 주고, 그렇지 않은 기업들을 퇴출시킨다고 볼 수 있습니다. 즉 시장경쟁은 누구에게 특혜(진입장벽)를 주거나 차별하지 않고 각 기업의 "실력" 만큼 대가를 준다고 할 수 있는 것이지요.

더 생 각 해 보 기

몇 가지 의문들

그런데 여기서 한두 가지 의문이 떠오를 수 있습니다. 서로 다른 비용을 가진 상황에서 비용이 낮은 기업들이 영업을 한다는 것은 그렇다고 치더라도, 가정 15.2가 성립하는 경우에는 기업이 0의 이윤을 얻을 텐데 그렇다면 굳이 왜 영업을 하는 걸까요? 그저 영업하는 것과 하지 않는 것 사이에 무차별하니까 그냥 한다고 가정하면 되는 걸까요? 게다가 가정 15.2는 얼마나 심한 가정인 것일까요? 현실의 기업은 실제로 서로 다른 생산함수를 가질 텐데 그냥 단순화를 위한 가정인 것일까요?

의문 1: 모든 기업은 동일한 생산함수 및 비용함수를 갖는가?

서로 다른 기업이라면 서로 다른 생산함수를 가질 수도 있을 것이고 그렇다면 서로 다른 비용함수를 가질 수도 있을 것입니다. 따라서 장기균형에서는 한계기업만 정상이윤을 누리고 한계기업이 아닌 기업들은 초과이윤을 누리고 있을 수도 있습니다.

그런데 어떤 기업이 한계기업보다 더 낮은 수준의 비용함수를 가지는 것은 어떻게 가능할까요? 동일한 노동과 자본을 투입하더라도 더 많은 양의 재화를 생산하는 생산기술(생산함수)을 가졌다는 뜻입니다. 그 생산기술은 이 기업의 영업비밀일 수도 있고 다른 기업에 비해 이 기업만이 가진 어떤 유리한 점일 수도 있습니다. 무엇이 되었든 그것은 결국 기업들의 생산함수에 노동과 자본 이외에 중요한 제3의 생산요소가 있고 그 요소에서 무언가 기업들 간 차이가 난다는 뜻입니다.

그것은 예를 들어 이 기업의 생산관리자가 가진 현장관리 노하우일 수도 있고, 혹은 이 기업의 영업장이 차지한 위치가 다른 기업에 비해 유리한 상권일 수도 있습니다. 만약 시장이 진정으로 완전한 경쟁 상황이라면 그런 제3의 요소에 대해서도 가치가 매겨져야 합니다. 즉 노하우를 가진 생산관리자에 대해서 다른 기업에서 스카우트 시도가 있을 것이고 이 관리자에게 더 높은 연봉을 주어야 합니다. 혹은 상권이 좋은 곳에 영업장을 차지했다면 결국 부동산시장에서 이 장소의 땅값이 오를 것입니다. 다시 말해서 제3의 요소가 초과이윤 창출의 근원이 되고 있다면 결국 그 부분에도 시장원리가 작동하여 진정한 초과이윤의 근원이 되는 요소에게 더 높은 비용이 지불되어야 하고 이를 감안하면 다른 기업과 결국 동일한 비용구조를 갖게 됩니다.

다시 말해서 시장에서 초과이윤을 누릴 수 있게 해주는 어떤 요인을 다른 기업과 달리 갖고 있다면, 그 요인 자체가 결국 추가적인 대가를 요구하게 됩니다. 이를 좀 어려운 말로 준지대(quasi-rent)라고 부릅니다. 노동도 아니고 자본도 아닌, 그냥 자연스럽게 존재하는 생산요소인 토지에 지불하는 대가가 지대(rent)인데 이에 빗댄 것입니다. 좀 더 일반적으로는 공급이 완전히 고정된 자원인 토지의 대가는 지대이고, 단기적으로 (인위적으로) 공급이 고정된 자원의 대가는 준지대라 할 수 있습니다.

의문 2: 정상이윤을 버는 기업은 왜 굳이 영업하는가?

이 의문에 대한 대답은 간단합니다. 경제학의 비용 개념은 기회비용이기 때문입니다. 즉 기업의 이윤이 0이라고 말할 때는 정말 '본전'이라는 뜻이 아닙니다. 비용과 수입이 일치한다는 것은 기회비용까지 감안한 비용의 수준을 말하는 것입니다. 구체적으로 기회비용이란 현재의 재화 판매 영업활동을 포기할 경우, 차선책의 기회로부터 벌어들일 수 있는 이윤금액을 비용에 포함합니다. 간단한 예를 들어서 나 혼자 운영하는 1인 기업이라면 내가 이 기업 활동을 포기하고 다른 기업에 취업했을 때 받을 수 있는 임금, 혹은 아예 실업자가 되었을 때 받을 수 있는 실업보험급여 등을 포함해야 합니다. 따라서 내가 차선책으로 벌 수 있는 연봉이 1억 원이었다면, 나의 1인 기업이 정상이윤이라는 것은 장부상 이 기업의 이윤이 실제로는 1억 원이라는 것입니다. 1억 원은 밖에 나가서도 벌 수 있었던 이윤이기 때문에 '초과' 이윤이 아니고 '정상' 이윤 즉 0의 이윤으로 계산합니다.

(요소시장 조건에 따른) 장기 시장공급곡선

초단기나 단기에서는 개별 기업의 공급곡선을 먼저 도출한 후 이들을 수평합하여 시장공급곡선을 만들고, 이를 시장수요곡선과 겹쳐서 시장균형을 찾았습니다.

반면 장기에서는 개별 공급곡선이라는 것을 그릴 수가 없고, 시장공급곡선도 굳이 그릴 필요 없이 식 (15.12)에 의해 균형이 찾아졌습니다.

이미 균형을 찾았지만 이를 그림으로 이해하기 위해서 한번 시장공급곡선을 그려볼까요? 그림 15.10 처럼 해볼 수 있습니다.

그림 15.10 장기공급곡선의 도출

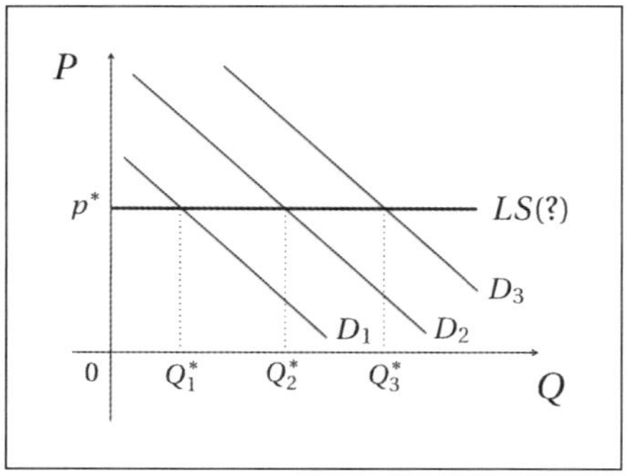

그림에는 우선 p^*가 표시되어 있습니다. 이는 물론 식 (15.12)를 만족하는 가격 수준 즉 $p^* = LAC(q^*) = LMC(q^*)$인 수준을 말합니다. 한편 수요곡선을 다양하게 D_1, D_2, D_3 등으로 변화시켜 본다면, 균형가격은 그대로 p^*로 고정된 상태에서 시장공급량은 (진입 또는 퇴출에 의해) Q_1^*, Q_2^*, Q_3^*로 변할 것입니다. 즉, 그림에 '*LS* (?)'라고 표시한 수평선과 각 수요곡선이 만나는 점이 균형이 됩니다. 다시 말해서 '*LS* (?)'라는 수평선을 장기의 시장공급곡선으로 간주할 수 있습니다.

그런데 *LS* 다음에 물음표(?)를 붙인 것은, 이런 논리에 한 가지 중요한 가정이 숨어 있기 때문입니다. 그 가정은 바로 이것입니다.

가정 15.3 (비용불변산업) 시장공급량이 변하더라도 요소가격 (w_1, w_2)는 변하지 않는다.

굳이 따로 가정하지 않더라도 완전경쟁시장이라면 정의상 다음은 당연히 성립합니다: "개별공급량이 변하더라도 요소가격 (w_1, w_2)는 변하지 않는다." 개별 기업은 재화시장과 요소시장에서 차지하는 비중이 매우 작습니다. 개별 기업이 공급량을 늘이거나 줄인다고 해서 재화시장이나 요소시장이 영향을 받지는 않습니다.

하지만 시장공급량이 변한다면 문제가 다릅니다. 이는 앞 장에서 개별 기업의 수요곡선과 시장수요곡선을 비교했던 것과도 비슷합니다. 개별 기업에게는 수요곡선이 수평선으로 보이지만, 시장수요곡선은 엄연히 우하향하는 모양일 수 있습니다.

마찬가지로 시장공급량이 늘어나게 되면, 시장에 참여하는 기업의 수가 많아지고, 따라서 전체 요소수요량도 많아지게 되는데, 이 변화가 요소시장에 영향을 줄 수도 있습니다. 다시 말해서, 개별 기업은 분명히 요소시장에서 **가격수용자**인 요소 구매자일 텐데, 이 시장에 참여하는 기업들이 모두 합쳐진 '시장' 공급은 요소시장에서 가격수용자가 아닐 수도 있는 것입니다.

보통 '시장'은 소비자와 기업을 아울러서 지칭하는 개념이므로, 한 시장에 참여하는 기업들만을 묶어서 **산업**(industry)이라고 지칭하기도 합니다. 즉 **산업**이라고 하면 어떤 시장의 공급면을 가리킵니다. 위의 논의를 다시 정리하자면 **가정** 15.3은 우리가 논의하고 있는 완전경쟁시장에 참여하는 공급자들로 구성된 산업은 요소시장에서 가격수용자라는 것입니다.

가정 15.3은 우리가 고려하고 있는 산업이 요소시장 전체에서 차지하는 비중이 매우 낮을 때 적용할 수 있습니다. 시장공급량이 늘어나든, 줄어들든 요소가격에는 변화가 없다면 비용함수 조건이 그대로이고 따라서 장기공급곡선은 수평선이 됩니다. 이런 경우를 **비용불변산업**(constant cost industry)이라고 합니다. 그렇다면 다른 경우들을 떠올려 볼 수 있습니다.

가정 15.4 (비용증가산업) 시장공급량이 증가하면 요소가격 (w_1, w_2)이 인상되고 시장공급량이 감소하면 요소가격이 인하된다.

가정 15.4가 성립하는 경우 즉 **비용증가산업**(increasing cost industry)는 요소시장에서 비교적 큰 비중을 차지하는 산업일 것입니다. 예를 들어, 어떤 나라에서 국민의 절반 정도가 자동차산업에 종사한다고 생각해봅시다. 만약 이 나라에서 생산되는 자동차에 대한 해외 수요가 급증해서 수출량이 크게 늘어야 하고 따라서 자동차 생산량을 늘려야 한다면, 현재도 절반이나 되는 자동차 산업 종사자의 수가 더 늘어나야 할 것입니다. 그렇다면 현재는 다른 직종에서 일하는 사람들을 자동차 산업으로 불러와야 할 텐데 그러려면 자동차산업 종사자의 임금이 올라야 합니다.

이때 자동차 제조기업이 가진 생산기술은 변함이 없지만 요소가격이 인상되기 때문에 그에 비례하여 비용이 인상됩니다.

그림 15.11 비용증가산업의 시장공급곡선

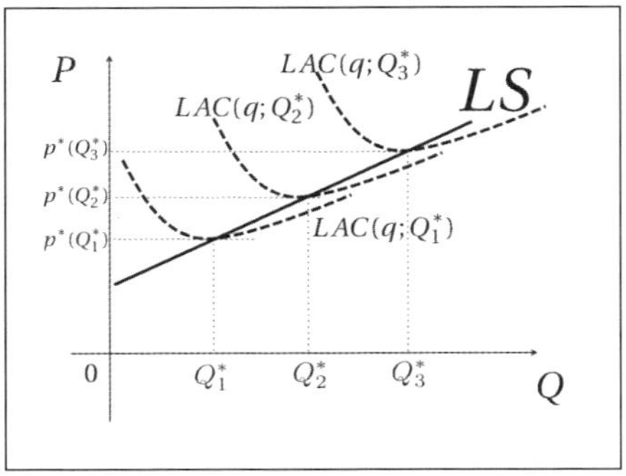

그림 15.11은 개념적으로 까다롭기 때문에 다시 한번 설명합니다. 그림에 3개의 장기평균비용곡선이 그려져 있습니다. 그런데 그 기호가 $LAC(q;Q_1^*)$와 같은 식으로 되어 있습니다. 우선 장기평균비용은 개별 기업의 것입니다. (가정 15.2를 사용하면 모든 기업은 동일한 비용함수를 가집니다.) 그래서 LAC의 '변수'는 개별 공급량인 q입니다. 수식으로 써본다면 이 함수는 다음과 같은 구조를 가질 것입니다.

$$LAC(q) = \frac{C(q)}{q} = \frac{w_1 z_1^*(q) + w_2 z_2^*(q)}{q} \tag{15.15}$$

식 (15.15)에서 우선 $C(q)$는 장기 총비용함수이고, 이는 결국 장기에서 최적(비용극소)으로 택한 요소 투입량에서 발생하는 지출액입니다. 즉, 생산량이 q일 때 비용을 극소화하는 요소투입량이 각각 $z_1^*(q)$와 $z_2^*(q)$라고 하면 총비용은 여기에 요소가격들을 곱한 $w_1 z_1^*(q) + w_2 z_2^*(q)$인 것입니다.

여기서 중요하게도 (w_1, w_2)는 기업의 생산량 q와 무관한 상수입니다. 개별 기업은 요소시장에서 가격수용자이기 때문입니다.

하지만 시장에 진입이 일어나서 기업의 수가 많아지고 이에 시장공급량이 늘어나며 따라서 요소들에 대한 수요 또한 늘어난다면, 가정 15.4 에 따라 비용증가산업인 경우 (w_1, w_2)도 증가하게 됩니다. 즉, 비용증가산업에서는 요소가격이 개별 공급량 q와는 무관하지만, 시장공급량 Q에는 증가하는 함수입니다.

(15.16) $$w_1'(Q) > 0,\ w_2'(Q) > 0$$ [비용증가산업]

따라서 개별 기업의 장기평균비용은 직접적으로는 q의 함수이지만, 간접적으로 Q에도 영향을 받는 함수가 됩니다. 이를 이렇게 쓴 것입니다.

(15.17) $$LAC(q;Q) = \frac{w_1(Q)z_1^*(q) + w_2(Q)z_2^*(q)}{q}$$

이에 따라 그림 15.11 에서 시장공급량 Q^*이 증가한다면 이에 따라 $LAC(q;Q)$ 또한 그 최저점의 높이가 점점 높아져서 더 많은 수량인 Q_3^*에서 $p_3^* = LAC(q^*;Q_3^*)$를 만족하는 가격 p_3^*은 더 높아지게 됩니다. 즉, 장기공급곡선은 우상향하는 모양이 됩니다. 이렇게까지 논하고 나면, 나머지 한 가지 가능성을 무시할 수 없습니다.

가정 15.5 (비용감소산업) 시장공급량이 증가하면 요소가격 (w_1, w_2)이 인하되고 시장공급량이 감소하면 요소가격이 인상된다.

비용감소산업 (decreasing cost industry)은 비용증가산업과 정반대의 경우입니다. 즉 이 산업에서 고용하는 요소의 양이 증가할 때 요소가격이 오히려 하락하는 것이지요. 사실 이런 경우가 현실에서 발생하기 쉽지는 않을 것 같습니다. 상상을 해본다면 요소 수요가 증가할 때 이에 반응하여 요소 공급이 더 많이 늘어나는 경우가 될 것 같습니다. 예컨대 아까 예로 들었던 나라와 달리, 이번에는 자동차산업이 매우 작고 국내에서도 잘 알려지지 않은 나라가 있다고 해봅시다. 제법 학력과 기술을 갖춘 노동자들이 필요하기 때문에 소수의 인원을 꽤 높은 임금을 주면서 고용을 하고 있는 상태입니다. 그런데 무슨 이유에서인지 이 나라 자동차에 대한 해외 수요가 늘어나서 생산량을 급격하게 늘리게 되었습니다. 게다가 자동차산업에 대한 인지도가 높아지면서 갑자기 대학졸업자들이 이 산업에 흥미를 가지게 되고 지원자도 급격하게 늘어납니다. 이에 따라 오히려 자동차 제조기업이 고용하는 근로자 임금은 더 낮아지는 일이 생길 수도 있는 것이죠.

현실에서 자주 볼 수 있는 경우는 아닌 듯합니다만 어쨌든 비용감소산업이 있다면 그 시장공급곡선은 이제 우하향하는 모습을 가질 것입니다. 수요곡선도 우하향한다면 이제 시장균형의 모습이 상당히 이상해질 수도 있습니다. 다행히도(?) 현실적으로 크게 걱정할 필요는 없는 경우인 듯합니다.

이상의 세 가지 이론적으로 가능한 경우들을 정리해보면 다음과 같습니다.

결과 15.4 장기시장 시장공급곡선의 종류

(1) 비용불변산업이라면 (가정 15.3), 재화시장의 거래량과 무관하게 요소가격은 고정되어 있고, 장기 시장공급곡선은 수평선 이다. (그림 15.12의 LS_1)

(2) 비용증가산업이라면 (가정 15.4), 재화시장의 거래량이 늘어날수록 요소가격이 인상되고, 장기 시장공급곡선은 우상향 한다. (그림 15.12의 LS_2)

(3) 비용감소산업이라면 (가정 15.5), 재화시장의 거래량이 늘어날수록 요소가격이 하락하고, 장기 시장공급곡선은 우하향 한다. (그림 15.12의 LS_3)

그림 15.12 요소시장 조건에 따른 장기 시장공급곡선

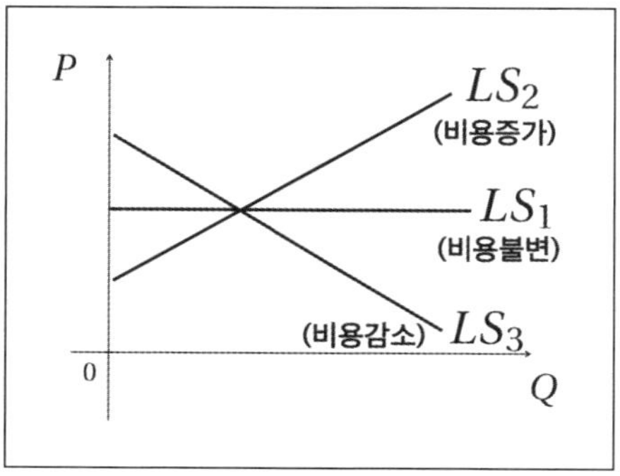

15.4 완전경쟁시장 균형의 기간별 분석

시장이 장기 균형을 유지하고 있던 상태에서, 외부적인 변화가 일어나면 균형이 어떤 과정을 거쳐서 어떻게 변화해가는지를 기간별로 살펴보겠습니다.

예제 15.1

그림 15.13은 '알사탕' 시장의 균형을 보여주고 있다. 즉, 알사탕의 수요곡선이 $D(Q)=100-Q$이고 단기공급곡선이 $S(Q)=Q$이며 단기균형에서 가격 $P^*=50$(원/개)에 $Q^*=50$(만 개)가 거래되고 있다. 이 균형은 충분히 오랜 기간 동안 유지되어 왔으며, 추가 진입이나 퇴출이 없어서 현재 상황은 장기균형이기도 하다. 그런데 TV의 모 프로그램에서 알사탕이 화제가 되면서 수요곡선이 $D(Q)=120-Q$로 이동하게 되었다. 이때 알사탕의 거래량과 시장가격에 어떤 변화가 일어날지를 초단기, 단기, 장기로 나누어서 설명하시오. (단, 비용불변산업이라고 가정한다.)

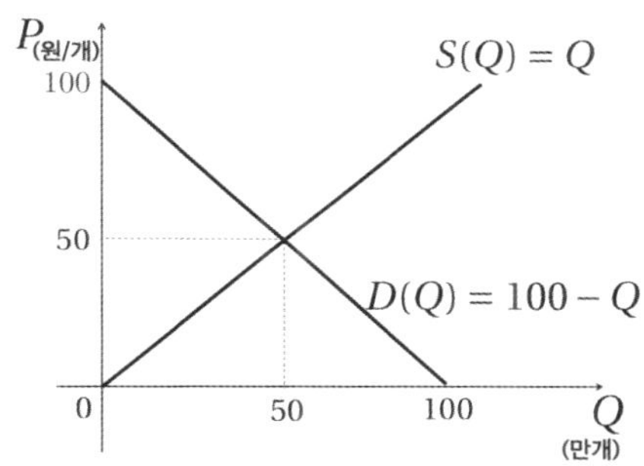

그림 15.13 예제 15.1 변화 이전의 균형

풀이 수요곡선 $D(Q)$는 수요량이 Q가 되게 만드는 가격을 나타냅니다. 애초에 $D(Q)=100-Q$라는 것은 소비자들이 감내할 최대 가격 수준이 100원/개라는 뜻입니다. $Q=0$을 대입해보면 $D(0)=100$이 나오기 때문입니다. 한편 이 시장의 최대 수요량은 100만 개임도 알 수 있습니다. $Q=100$일 때 $D(Q)=0$이 되므로, 수요량이 100만 개가 되게 하려면 가격을 무료로 해야한다는 것이죠. 거꾸로 말하면 가격이 무료더라도 총 수요량은 100만 개라는 것입니다.

수요곡선이 $D(Q)=120-Q$로 이동했습니다. 이제 소비자들이 감내하는 최대 가격수준이 120원/개로 올라갔고 소비자들의 최대수요량도 120만 개로 늘어났습니다. 소비자들의 수요는 이렇게 늘어났는데 과연 시장에서 이 변화는 어떤 결과를 가져올까요?

초단기에서는 수요의 증가에도 불구하고, 생산자들이 생산방식을 전혀 바꿀 수 없기 때문에 공급곡선이 현재의 공급량인 50 만 개에 고정되어 있는 수직선입니다. 그림 15.14 에 VS 라고 표시되어 있습니다. 따라서 새로운 초단기균형은 (전적으로 수요에 의해 결정되어) 거래량은 예전과 동일하게 50 만 개이고 가격은 20 원 치솟아서 70 원/개가 됩니다.

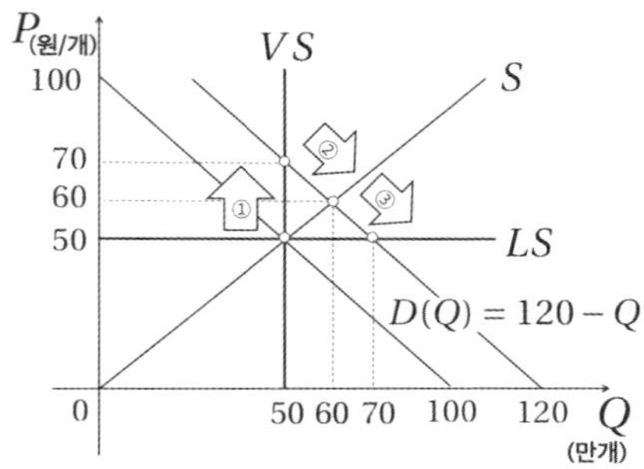

그림 15.14 예제 15.1 변화 이후의 균형의 기간별 변화

어느 정도 시간이 흐르면 생산자들은 가변요소를 조절할 수 있는 여유를 갖게 됩니다. 가변요소를 조절할 때의 한계비용에 기초한 단기공급곡선은 이미 $S(Q) = Q$로 주어져 있습니다. 새로운 수요곡선과의 균형을 계산해보면

$$D(Q) = 120 - Q = Q = S(Q) \Longrightarrow 2Q = 120 \Longrightarrow Q = 60$$

이 되고 이때 균형가격은 다시 수요곡선이나 공급곡선 식에 대입하면 $P = 60$입니다. 즉, 초단기에 초과수요로 인해 급등했던 가격은 단기가 되면 어느 정도 하락하고 판매량도 늘어나게 됩니다. 이는 생산자들이 늘어난 수요를 감당하기 위해서 가변요소를 늘려 투입했기 때문입니다. 말하자면 알사탕공장 직원들이 야근을 해서라도 알사탕생산량을 늘린 것이고, 야근 수당 때문에라도 알사탕 원가가 좀 더 오르게 되어 예전의 50 원보다는 가격이 오르게 됩니다. 소비자들은 알사탕을 원하기 때문에 조금 비싸지긴 했지만 그래도 구매를 합니다.

좀 더 시간이 주어져서 장기가 되면, 이제 생산자들은 단기의 고정요소도 조절할 수 있습니다. 즉 알사탕 생산설비를 좀 더 증축해서 생산규모를 늘릴 수 있게 됩니다. 굳이 기존의 생산자들이 증축하지 않더라도 장기에서는 새로운 생산자들이 진입할 수 있습니다. (우리의 단순한 모형에서는 새로 지어지는 생산설비가 기존 기업이 것인지 새 기업의 것인지는 중요하지 않고 어쨌든 시장생산량이

늘어난다는 점이 중요합니다.) 게다가 비용불변산업이라는 가정에 따라 결국 모든 생산자들은 원래의 장기균형가격 수준이었던 50 원에서 장기평균비용의 최저 수준에 도달하게 되므로, 장기공급곡선은 50 원에서 수평선으로 표시된 LS 입니다. 즉 장기에서 가격은 50 원/개로 돌아오고 대신 소비자들의 늘어난 수요량을 충당하게 되어 거래량은 70 만 개로 늘어납니다.

즉, 수요가 최대 지불용의가격의 20 원 상승과 최대 수요량의 20 만 개 증가에 대해 시장의 반응은 (i) 우선 가격이 20 원 급등하고 거래량은 변화가 없는 상황이 잠깐 지속되다가, (ii) 가격이 조금 하락하면서 수요량과 공급량이 함께 늘어나서 단기 균형을 이루지만, (iii) 충분한 시간을 주게 되면 결국 가격은 원래 수준으로 돌아오고 늘어난 수요를 공급이 모두 감당하게 된다고 정리할 수 있습니다.

노동가치설을 중심으로 시장가격은 생산기술에 따른 비용조건이 결정한다고 보았던 고전경제학파의 시각은 결국 장기적 관점으로 볼 수 있습니다. 한편 한계효용 개념을 바탕으로 시장가격은 소비자들의 수요 및 지불용의가 결정한다고 보았던 한계효용학파의 시각은 초단기에 적절할 것입니다. 한계효용학파의 시각과 고전경제학파의 시각을 종합하여 소위 신고전학파 (neoclassical school)를 열게 된 알프레드 마셜의 경우 수요와 공급이 동시에 가격을 결정한다는 시각을 통해 단기를 잘 설명한 것으로 볼 수 있겠지요.

연습문제

문제 15.1 다음의 각 항목이 요구하는 그래프를 제시하시오.

(1) 단기 완전경쟁시장에서 개별 기업의 수요곡선

(2) 단기 완전경쟁시장에서 개별 기업의 공급곡선

(3) 비용증가산업의 장기 완전경쟁시장에서 개별 기업의 공급곡선

(4) 비용증가산업의 장기 완전경쟁시장에서 시장 공급곡선

문제 15.2 휘발유를 판매하는 주유소 시장이 완전경쟁상태이다. 모든 주유소는 똑같은 장기 평균비용 함수 $LAC(q) = q - 1 + \frac{100}{q}$와 똑같은 장기 한계비용함수 $LMC(q) = 2q - 1$을 갖는다. 휘발유 수요함수는 $Q_d = 2500 - 50P$이다. 시장이 장기 균형 상태에 있을 때, 개별 주유소의 판매량 q, 휘발유 가격 P 및 영업하는 주유소의 수를 구하시오.

문제 15.3 장기총비용함수가 $C(q) = 4q^2 + 150$, 장기한계비용함수는 $LMC(q) = 8q$이다. 재화 가격이 32로 고정되어 있을 때, 장기 이윤을 극대화하는 판매량은?

문제 15.4 장기총비용함수가 $C(q) = 2q + 8$일 때, 장기에서 완전경쟁 산업의 기업이 양(+)의 판매량을 선택하게 되려면 가격이 최소한 얼마보다 높아야 하는가?

문제 15.5 완전경쟁시장에서 모든 개별 기업의 장기비용함수가 $C(q) = 0.01q^2 - q + 100$이다. 장기균형에서 개별기업의 공급량은 얼마인가?

문제 15.6 완전경쟁에서 모든 기업이 똑같은 장기 평균비용함수 $LAC(q) = 2q + \frac{200}{q}$와 똑같은 장기 한계비용함수 $LMC(q) = 4q$을 갖는다. 시장 수요함수는 $Q = 2500 - 50P$이다. 장기 시장균형에서 영업할 수 있는 기업의 숫자는?

문제 15.7 시장 수요곡선이 $P = 300 - Q$이다. 만약 이 시장이 완전경쟁 상황으로 모든 기업들의 장기비용함수가 $C(q) = q^3 - 30q^2 + 300q$라고 한다면, 장기 시장균형에서 영업하는 기업의 숫자는?

문제 15.8 시장 수요함수가 $Q = 100 - P$인 완전경쟁시장에서 활동하는 모든 기업이 동일한 장기비용함수 $C(q) = q^3 - 10q^2 + 100q$를 갖는다.

(1) 장기균형에서 개별 기업의 생산량은?

(2) 장기균형에서 영업하는 기업의 수는?

(3) 주어진 장기균형 상태에서 갑자기 이 재화에 대한 수요가 크게 늘어나, 새로운 시장 수요함수는 $Q = 170 - P$로 변하게 되었다. 요소 투입량의 변화가 전혀 불가능한 초단기에서 새로운 시장균형 가격과 시장균형 판매량은 각각 얼마인가?

(4) 일부 요소의 변화가 가능한 단기에서, 기업들의 단기 총비용함수는 $STC(q) = \frac{3}{10}q^2 + 300$이라고 한다. 시장수요의 변화 이후 새로운 단기 시장균형 가격과 시장균형 판매량은 각각 얼마인가?

(5) 앞의 (4)번에서 제시한 단기 총비용함수는 기존에 주어졌던 장기 균형을 고려할 때 정확한 함수인지 의심할 여지가 있다. 왜 그런지 설명하고, 기존의 장기 균형과 일관된 단기 총비용함수를 추측해보시오.

(6) 새로운 기업의 진입이나 기존 기업의 퇴출까지 허용된 장기에서, 시장수요의 변화 이후 새로운 장기 시장균형 가격과 시장균형 판매량은 각각 얼마인가?

(7) 방금 (6)에서 구한 새로운 장기균형에서 영업하는 기업의 수는?

문제 15.9 어떤 재화의 시장이 다음과 같은 구조를 갖고 있다.

- 가격이 100원이라면 100개 판매되며, 수요의 가격탄력성은 모든 가격에 대해 -1로 일정하다.
- 이 재화를 생산할 수 있는 기업은 매우 많으며, 모두 동일한 비용 구조를 가진다.
- 기업들의 장기평균비용은 생산량이 20단위일 때 가장 낮은 값을 가진다. 이 생산량에서 각 기업의 평균비용은 생산단위당 10원이다.

- 각 기업의 자본의 양이 장기균형 수준에서 고정된 단기의 비용함수는 $STC(q) = 0.5q^2 - 10q + 200$이다. (즉, 단기 한계비용함수는 $SMC(q) = q - 10$)
- 시장 총 공급량이 변화해도 개별 기업의 비용함수에는 변화가 없다.

(1) 이 시장의 주어진 장기균형에서 몇 개의 기업이 영업 중인가?

(2) 장기균형 수준으로 자본량이 고정된 단기에서 시장 공급함수를 도출하시오.

(3) 갑자기 시장수요량이 모든 가격에 대해 증가한다. (즉, 수요곡선 전체가 바깥쪽으로 이동) 새로운 장기균형 시장가격은 원래의 장기균형으로부터 어떻게 변화하는지를 초단기, 단기, 장기로 나누어 설명하시오.

문제 15.10 완전경쟁 시장의 모든 기업들의 단기 비용함수가 동일하게 $c_s(q) = q^2 + 1$이고, 장기 비용함수는 동일하게 $c(q) = 2q$이다. 또한 시장 수요곡선은 $P(Q) = 100 - Q$이다.

(1) 개별 기업의 단기 공급곡선을 설명과 함께 정확하게 그리시오.

(2) 보통 완전경쟁시장의 장기에서 개별 기업의 공급곡선을 따로 논하지 않지만, 이 문제에서는 개별 기업의 장기 공급곡선을 그릴 수 있다. 보통의 경우와 이 문제에 어떤 차이점이 있는지 설명하고, 개별 기업의 장기 공급곡선을 그리시오.

(3) 단기에 시장에서 영업하고 있는 기업의 수가 10개일 때, 단기와 장기 사이에 시장 균형가격이 얼마나 변하는지 계산하시오. 단, 요소가격은 시장 거래량에 상관없이 상수로 고정되어 있다고 가정하는데 이 가정이 왜 중요한지 설명하시오.

후생경제학 기초: 완전경쟁시장의 효율성

microeconomics

제16장

팡글로스 박사는 형이상학적, 신학적, 우주적 공허학 교수였다.
그는 원인 없는 결과는 없으며 이 세상은 모든 가능한 세상 중 최선이므로
남작의 성은 가장 웅대한 성이고, 남작부인은 가장 훌륭한 부인임을 멋지게 증명했다.
그는 말하였다. "... 코는 안경을 쓰도록 생겼으므로 우리는 안경을 쓴다.
다리는 척 봐도 스타킹을 신도록 생겼으므로 우리는 스타킹을 신는다.
돌은 잘라서 성을 짓도록 생겼으므로, 우리의 남작께서는 웅대한 성을 가지셨다...
모든 것이 좋다고 주장하는 사람은 제대로 말을 하지 못한 것이다.
모든 것은 최선이라고 말했어야 한다."
- 볼테르, 『캉디드, 혹은 낙관주의』[1]

정글같은 시장이 낙원인 이유

볼테르가 팡글로스 박사를 등장시킨 이후, 서양에서는 현실감각이 떨어지는 순진한 낙관적 태도를 팡글로스라고 부릅니다. 팡글로스 식의 사고는 원인과 결과를 혼동하고, 존재한다는 '사실' 로부터 최선이라는 '가치' 를 끌어내는 오류를 드러냅니다.

이 장의 핵심 주장은 "완전경쟁시장은 효율적이다" 입니다. 그런데 이 주장의 의미와 배경을 제대로 이해하지 않으면 팡글로스 식의 오류에 빠지기 쉽습니다. 이 주장은 시장이 모든 가능한 제도 중에서 최선이라는 것이 아니고, 효율성과 거의

1 François-Marie Arouet (필명 Voltaire), *Candide, ou l'Optimisme* (1759).

동일시되는 시장원리가 모든 원리 가운데 최선이라는 것도 아닙니다.

정확하게 말하자면, 완전경쟁시장이 모든 시장들 가운데에서 가장 효율적입니다. 완전경쟁시장은 현실에 존재하는 시장이 아니라 이상적 모형입니다. 또한 효율성은 여러 기준 중 하나의 기준이지 반드시 최선의 기준은 아닙니다. 효율적이면 무엇이 좋은지, 그리고 완전경정시장이 왜 효율적인지를 제대로 아는 것이 시장의 장점과 한계를 파악하는 길일 것입니다.

더 생 각 해 보 기

미시경제이론의 성격 : 실증 vs 규범

경제원론 교재에서 실증 (positive) 경제학과 규범 (normative) 경제학의 구분에 대해서 읽어본 적이 있는지요 ? 실증경제학이란 경제현상을 있는 그대로 묘사하고 설명하는 것을 목적으로 하는 반면, 규범경제학은 경제현상의 좋고 나쁨을 판단할 기준을 제시하고 이에 따라 평가하는 것이라고 보통 구분합니다.

어떤 교재에서는 경제학이 규범과 관련된 부분은 대체로 배제하고 실증적인 논의에 집중한다고 서술합니다. 규범에 대해 이야기하는 것은 연구자 개인의 주관적 신념이나 가치관과 결부되므로 객관적인 결론을 얻을 수 없고 따라서 회피해야 한다고 믿는 경제학자들도 많습니다. 자연과학을 모범으로 삼아 경제학을 '과학'의 수준으로 끌어올리고자 노력해왔던 근대 학문 역사의 잔재일 것입니다. 그런데 완전히 주관을 배제하고 순수하게 중립적이고 객관적인 것이 가능할까요 ? (경제학은 물론이고 자연과학조차도 말이지요.)

경제학이 순수한 실증학문이고자 한다면 객관적으로 (수량적으로 ?) 측정 가능한 변수와 현상들만을 연구대상으로 해야 할 것이고, 궁극적 목표는 현실에 대한 '예측'이어야 할 것입니다. 그런데 수량적으로 측정가능한 변수들만이 꼭 우리의 관심대상이어만 하는 것일까요 ? 게다가 경제학은 미래를 잘 예측하는 학문일까요 ? (일반인들이 생각하는 것보다는 경제학의 예측력이 상당히 높습니다. 다만 사람들이 예측하기 원하는 것, 예를 들면 경제위기가 언제 시작될지, 주식 가격이 어떻게 될지 등은 잘 예측하지 못하는 것이 문제겠지요. 오히려 원칙적으로 예측이 불가능하다는 주장도 있고 말입니다.)

미시경제학은 실증학문의 면도 갖고 있지만, 그에 못지 않게 바람직한 시장의 모습을 제시하고 현실을 평가하는 규범학문의 면도 중요합니다. 실제로 엄격하게 분리된 실증경제학과 규범경제학이 따로 존재하는 것이 아니고, 실증 연구는 규범적 판단을 위한 기초 자료가 될 수 있고 연구자의 규범을 반영한 분석틀이 실증연구를 안내할 수도 있습니다.

이 책은 현실에 대한 실증적인 탐구에 거의 임하지 않습니다. 지금까지 공부한 내용들은 실증경제학이라기보다는 실증연구의 바탕이 될 수 있는 이론적 틀입니다. 다양한 가정으로부터 결론이 도출되는 논리를 주로 공부한 것이지요. 실제 재화의 탄력성을 알아보는 것이 아니라, 수요가 탄력적이라면 어떤 특징이 나타날까를 따져보는 식이었습니다.

또한 이 장에서 사실상 처음 시작되는 규범경제학적 논의에서도 현실에 대한 직접적인 가치 판단을 시도하지는 않을 것입니다. 대신 이론 모형의 결과에 기초적인 가치 규범을 적용하여 평가하는 연습을 할 것입니다. 즉 우리는 현실의 시장이 좋은지 나쁜지를 토론하는 것이 아니라 좋고 나쁨을 판단하는 기준이 무엇무엇이라고 할 때 그 의미는 무엇이고 왜 ? 언제 ? 어떻게 ? 그 기준을 현실에 적용할 수 있는지를 고민하는 것이 우선입니다.

교과서에서는 주로 이론, 그것도 어느 정도 자리를 잡은 오래된 이론들이 소개됩니다만, 경제학을 업으로 실천하는 상당수의 경제학자들은 이론에 기초하여 현상을 묘사하고 분석예측하는 경험적 연구를 하고, 또한 이론 및 실증연구에 기초하여 현실을 평가하고 대안을 제시하는 정책적 연구를 합니다. 현실을 비판적으로 분석하고 대안을 제시하고자 한다면 당연히 연구자의 가치관이 반영될 수밖에 없습니다. 규범적 측면을 무시하기보다는 제대로 인식하는 것이 중요할 것입니다.

16.1 효율성이라는 기준

경제학이 사용하는 규범, 즉 현상 판단의 기준 중 대표적인 것은 **효율성**(efficiency) 입니다. 효율성이 대표적 규범이 된 것은 그것이 경제학의 기본 사고 방식과 잘 어울리는 점도 있지만, 한편으로는 효율성이라는 기준이 비교적 명확하고 객관적이기 때문이기도 합니다. 그런데 명확하고 객관적인 것은 논의하기에 편리하지만, 사용하기 편리한 것이 반드시 훌륭한 기준인 것은 아닙니다. (마치 어두운 밤길에서 지갑을 잃어버려놓고, 더 잘보이는 밝은 집안에 들어와서 지갑을 찾는 격이 될 수도 있으니까요.) 효율성이라는 기준 자체는 비교적 객관적이지만, 효율성을 기준으로 삼겠다는 판단은 이미 일종의 가치관이 개입된 규범적인 판단입니다.[2]

경제학에서 효율성은 유일한 규범도, 최선의 규범도 아닙니다. 제법 쓸모있는 규범일 뿐입니다. (예컨대 고급 미시경제이론에서는 효율성뿐 아니라 **공평성**(fairness)을 어떻게 정의하고 분석할지가 하나의 중요한 주제입니다.) 그런데 명확하고 객관적이라는 효율성은 도대체 무엇을 말하는 것일까요?

일상에서도 다양한 의미로 사용될 뿐 아니라, 경제학 내에도 여러 가지 효율성 개념이 있기 때문에 딱 잘라서 무어라고 정의하기 어려운 면이 있습니다. 그럼에도 불구하고 억지로 압축해서 표현하자면, 경제학적 효율성의 개념은 "자원의 낭비가 없음"(no waste of resources)입니다.

2 한때 경제학의 정의라고 널리 알려졌던 로빈스의 주장 "경제학은 다른 곳에 사용할 수도 있었던 희소한 수단을 사용해서 (주어진) 목적을 어떻게 달성할지의 관점에서 인간의 행동을 연구하는 과학이다" (Lionel Robbins, *An Essay on the Nature and Significance of Economic Science*, 1932) 는 사실상 효율성을 유일한 경제학적 규범으로 받아들이고 규범적인 판단을 거부하는 태도를 보입니다.

경제학적 효율성 = "자원의 낭비가 없음"

무언가 낭비가 있는 상황은 비효율적인 상황이고, 낭비되던 것을 조금 줄인다면 효율성이 개선된 것입니다. 전혀 낭비한 것이 없는 상황이 가장 효율적인 상황입니다. 몇 가지 예를 생각해봅시다.

예 16.1

효율성의 개념을 적용해볼 수 있는 상황들입니다. 주로 생산과 관련된 것들입니다.

(1) 요소의 비효율적 고용: 생산요소를 고용한 (즉 요소가격을 지불한) 생산자가 이들을 제대로 생산과정에 투입하지 않으면 비효율적입니다. 고용된 생산요소를 놀게 하거나 적재적소에 배치하지 못해서, 생산함수가 보장하는 만큼의 재화를 생산하지 못하면 비효율적인 것이지요. 생산요소라는 자원이 낭비된 것입니다. 해당 기업의 입장에서도 낭비이지만, 사회 전체로도 낭비입니다. 그 기업에서 놀고 있지 않고 다른 기업으로 가서 제대로 투입되었다면 무언가 생산이 이루어졌을테니까요. 이런 식으로 생산과정의 효율성을 방해할 수 있는 원인들의 예로는 경영능력 부족이라든지 불합리한 규제나 관행 등이 있겠습니다.

(2) 실업, 신용할당의 비효율성: 생산에 기여할 능력과 의지가 있음에도 불구하고 고용되지 못한 생산요소들이 존재한다면 이것 또한 비효율적입니다. 노동시장의 실업이나, 자본시장의 신용할당 등이 대표적인 사례입니다. 실업은 현재의 시장 임금에 노동할 의사가 있는 노동자가 고용되지 못한 상황을 말하고, 신용할당은 현재의 시장 이자율에 자금을 대출받을 의사가 있는 사람이 대출을 받지 못하는 상황을 말합니다. 예를 들어 차별(성차별, 지역차별, 인종차별, 학벌차별 등)에 의해서 실업이 발생한다면 이는 명백하게 비효율적인 상황이겠지요.

(3) 실업, 신용할당의 차선 효율성: 하지만 실업이나 신용할당이 오히려 효율성을 보장하기 위해서 존재하는 경우에 대한 흥미로운 모형들도 존재합니다. 실업이나 신용할당으로 일부 요소가 고용되지 못한 것 자체는 물론 비효율적이지만 애초에 최선의(first best) 효율성을 달성할 수 없는 구조적 장애물이 존재하기 때문에 이를 감안한 차선의(second best) 효율성은 달성했을 수도 있습니다. 예를 들어 기존 금융권의 신용할당(대출자금에 대한 초과수요)이 비효율적이라고 해서 그 해결책으로 무작정 이자율을 올리거나 제2금융권의 대출을 무작정 장려한다면 오히려 자본시장의 건전성을 해칠 위험이 있습니다. 이런 이슈들은 비대칭정보의 문제로 정보경제학에서 다루게 됩니다.

이상의 경우들은 모두 생산요소라는 자원을 생산과정에 잘 투입하는지를 따지는 소위 **생산효율성**(productive efficiency)을 다룬다고 할 수 있습니다. 이번에는 기업의 생산요소 사용에 국한되지 않는 좀 더 폭넓은 상황들입니다.

예 16.2 (1) 분업의 효율성: 요즘 대학 수업에서 자주 볼 수 있는 조별과제를 하는 상황을 생각해봅시다. 조원들을 한 자리에 모아놓고 나 혼자서 모든 작업을 다 한다면 비효율적입니다. 과제에 참여하지 않고 가만히 앉아 있는 나머지 조원들의 시간 낭비입니다. (생산요소를 놀리는 상황과 비슷하죠.) 내가 모든 면에서 조원들보다 더 뛰어나더라도 작업을 분담해서 하는 편이 더 효율적입니다. 예를 들어 자료 검색도 내가 더 잘하고, 문서 작성도 내가 더 잘하고, 발표자료 꾸미기도 내가 더 잘하더라도, 그 작업 중에서 다른 조원들이 정말 할 수 없는 것을 내가 맡고 나머지 작업은 그나마 할 수 있는 다른 조원들이 맡는 편이 좋습니다. 애덤 스미스가 강조했던 분업(division of labor)의 유용성이지요. 하지만 조원들끼리 서로 연락하고 시간을 맞추어서 한 자리에 모이는 것 자체에 너무 많은 노력과 비용이 필요하다면 차라리 한 사람이 전담하는 것이 더 효율적일 수도 있겠습니다. 아마도 이 문제 때문에 많은 학생들이 조별과제를 싫어하는 거겠지요. (그럼에도 불구하고 조별과제를 부과하는 교수들은 그런 과정을 훈련하라는 의도가 있을 것이구요.) 이런 문제는 작업과정이 복잡하거나 연관된 사람의 수가 많을수록 더 심각할 텐데 이때 발생하는 비효율성을 혼잡비용(congestion cost), 거래비용(transaction cost) 등의 용어로 설명합니다.

(2) 선물의 비효율성: 우스갯소리로 가장 좋은 선물은 현금이라는 이야기가 있지요. 순수하게 효율성의 관점에서 본다면 (현금이 아니라 물건으로 주는) '선물'은 비효율성을 내포할 가능성이 높습니다. 최악의 상황은 내가 좋아하는 것을 골라서 상대방에게 선물로 주었는데 상대방은 그 물건을 별로 좋아하지 않는 경우입니다. 매우 귀하고 비싼 양주를 선물했는데 받은 사람은 술을 안 마신다면 양주라는 자원이 엉뚱한 곳에 잘못 배치된 것이지요. 그래서 선물할 때 영수증을 같이 넣어서 다른 물건으로 교환이 가능하도록 신경쓰기도 합니다. 치수가 맞지 않거나 디자인이 마음에 안 드는 옷을 선물받아 입지 않는 상황은 비효율적이고, 더 마음에 드는 다른 옷으로 바꾸어서 입는다면 준 사람도 받은 사람도 좀 더 행복해질 수 있으니까요. 이런 관점에서 크리스마스에 선물을 주는 관습이 가진 비효율성을 실증적으로 측정해본 연구논문도 있습니다. [Waldfogel, "The deadweight loss of Christmas," *American Economic Review* (1993).] 그럼에도 불구하고 우리들이 여전히 선물을 주고 받는 것은 상대의 취향이나 필요를 우리가 신경써서 맞추려고 노력하는 부분을 중요하게 생각하기 때문이겠지요. 그런 노력조차도 비효율적이라고 생각한다면 할 말이 없겠지만, 효율성만이 유일한 평가기준일 수 없다는 사례라고 생각됩니다.

(3) 비교우위와 교역의 이득: 국제무역의 기초가 되는 비교우위(comparative advantage)라는 개념은 리카도(David Ricardo, 1772-1823)가 주창한 것으로 유명합니다. 기본 원리는 위에서 보았던 조별과제에서의 분업과 비슷합니다. 한 나라가 다른 나라보다 모든 종류의 생산에서 더 우월하다 하더라도, 상대적으로 더 우월한 (비교우위가 있는) 재화의 생산에 집중하고 다른 재화는 상대 국가가 생산하게 해서 일부를 서로 교환하는 것이 양 나라에 모두 이득이 될 수 있습니다. 교역 없이 양 나라가 각자 최대한으로 많은 양의 물건을 생산해서 소비한다면, 각국의 독자적인 상황에서는 생산 효율성을 달성했을 수도 있습니다. 하지만 각 나라의

영토를 벗어나는 관점에서 두 나라를 함께 놓고 고려한다면 일종의 분업을 통해 더 많이 생산할 수 있는 가능성을 '낭비' 한 것일 수 있습니다. 게다가 두 나라의 수요 취향에 차이가 있다면 더더욱 그렇습니다. 한 나라에서는 쉽게 생산할 수 있지만 별로 필요로 하지 않는 재화가 다른 나라에서는 매우 구하기 어려우면서도 필요한 것일 수도 있으니까요. 그런 점에서 인간 사회는 경제활동의 반경을 꾸준히 넓혀오면서 더욱 경제적으로 발전해오고 있습니다. 마을을 꾸미고, 도시를 만들고, 도시가 합해져서 국가가 되고 결국 국가의 경계를 넘어선 세계화와 자유무역의 흐름이 그것입니다. 하지만 혼잡비용, 거래비용으로 지적했듯이 거래 범위를 무한정 넓혀가는 것이 항상 효율적인 것은 아닙니다.

생산과정에 집중하는 생산효율성을 넘어서, 생산된 재화가 그것을 가장 행복하게 소비할 사람들에게 전달이 되는지까지를 고려하는 것을 **배분효율성**(allocative efficiency)라고 합니다. 생산된 재화를 소비하는 소비자의 행복이 경제학의 중요한 고려 대상이라고 할 때, '소비' 또는 좀 더 추상적인 '결과'를 중심으로 평가하는 효율성 기준이 있으면 도움이 될 것입니다. 그중 하나가 **파레토 효율성**입니다.

파레토 효율성

파레토[3]의 이름을 딴 **파레토 효율성**(또는 **파레토 최적**)은 다양한 경우에 적용될 수 있는 폭넓은 효율성 개념입니다. 앞에서 우리가 정의한 '낭비가 없는 상황'이라는 효율성의 의미를 최소한의 설정으로 표현한 것입니다. 간단하게 한 가지 재화를 N명의 사람들 사이에 '배분(allocate)'[4] 하는 상황을 통해 설명해보겠습니다.

예 16.3

n명의 사람들 사이에 총량 X인 자원을 배분하려 합니다. 각 사람이 받을 양을 $x_1, x_2, \ldots, x_n$이라고 부르면

3 파레토(Vilfredo Pareto, 1848-1923)는 공학도였으나 경제학과 사회학에 중요한 업적을 남긴 이탈리아의 학자입니다. 80%의 성과를 20%가 차지한다는 경험적 발견을 흔히 파레토 법칙이라고 부릅니다.

4 '배분(allocation)'과 '분배(distribution)'는 한국말로 거의 비슷하게 느껴지는 단어들이고, 사전적으로도 동의어에 가깝습니다. 하지만 경제학에서 이 단어들은 전혀 다른 의미를 갖습니다. 어떤 (제한된) 자원을 대상들 사이에 나누는 것은 동일한데, 실제로 나누기 이전의 관점이 배분이라면, 나눈 이후의 관점이 분배라고 할 수 있습니다. 배분은 자원을 나누는 방식이나 과정에 중점을 두는 것이라면, 분배는 나누어지고 난 상황을 평가하는 것입니다. 그래서 배분이 효율적인지 따지고, 분배는 공평한지를 따집니다. 불필요한 오해를 막기 위해서는 '분배' 대신에 (통계학에서도 널리 사용되는) '분포'라고 말을 쓰는 것도 좋지 않을까 합니다.

이들을 모두 합한 것은 원래 있던 총량을 넘칠 수 없습니다. (총량을 모두 나누어줄 필요는 없고 일부 남기는 경우도 허용합니다.) 즉

$$x_1 + x_2 + \cdots + x_n \leq X$$

입니다. 다양한 배분 방식이 있습니다. 모두 똑같이 나눠 가질 수도 있겠고

(배분 A) $$(x_1, x_2, \ldots, x_n) = \left(\frac{X}{n}, \frac{X}{n}, \ldots, \frac{X}{n}\right)$$

한 사람에게 몽땅 몰아줄 수도 있습니다.

(배분 B) $$(x_1, x_2, \ldots, x_n) = (X, 0, \ldots, 0)$$

위의 두 배분은 총량을 남기지 않고 모두 썼지만, 일부 남기는 것도 가능합니다. 예컨대 한 명이 절반을 갖고 나머지는 모두 버릴 수 있습니다.

(배분 C) $$(x_1, x_2, \ldots, x_n) = \left(\frac{X}{2}, 0, \ldots 0\right)$$

그 외에도 다양한 방식의 배분이 가능합니다. 다음은 배분 A의 상태에서 각 사람이 모두 ϵ(아주 작은 양)만큼씩 포기해서 총량 중에서 $n \times \epsilon$만큼은 버린 경우입니다.

(배분 D) $$(x_1, x_2, \ldots, x_n) = \left(\frac{X}{n} - \epsilon, \frac{X}{n} - \epsilon, \ldots, \frac{X}{n} - \epsilon\right)$$

다음의

(배분 E) $$(x_1, x_2, \ldots, x_n) = \left(\frac{X}{n} - \Delta, \frac{X}{n} + \frac{\Delta}{n-1}, \ldots, \frac{X}{n} + \frac{\Delta}{n-1}\right)$$

도 좀 특이한 경우인데, 배분 A의 상태에서 1번 사람의 몫에서 Δ를 빼고, 이를 나머지 $n-1$명의 사람들이 골고루 나눠가진 것입니다.

예 16.3에서 어떤 배분이 효율적일까요? (공평한지가 아니라 효율적인지를 묻고 있습니다.) 만약 모든 사람들이 이 자원을 조금이라도 더 갖고 싶어한다면, 즉 이 자원이 모두에게 경제재화라면, 총량을 남기지 않는 것이 효율적입니다. 예컨대 배분 A와 B는 효율적이고, C와 D는 비효율적입니다. E도 효율적입니다.

C와 D가 효율적이지 않은 이유는 사람들에게 나눠주지 않고 남겨놓은 양을 그 누구에게든지 추가로 나눠준다면 그 사람은 더 좋아할 것이고 다른 사람이 손해볼 일은 없기 때문입니다. C의 배분에서 남아 있는 절반을 1번에게 모두 몰아주든, 혹은 2번에게 몰아주든, 아니면 2번부터 n번이 똑같이 나눠 가지든 어쨌든 추가로 받는 사람에게 이득이고, 받지 않는 사람도 손해는 아닙니다.

파레토 효율성을 정의하기 위해서는 **파레토 개선**(Pareto improvement)이라는 것을 먼저 정의할 필요가 있습니다. 한 배분에서 다른 배분으로 변화시킬 때, 각 개인별로 상황이 나빠지는 사람은 아무도 없고 적어도 한 사람은 상황이 좋아진다면 새로운 배분을 가리켜서 이전 배분에 비해 파레토 개선이라고 말합니다.

예를 들어, 예 16.3에서 배분 C에 비해 배분 B는 파레토 개선입니다. 2번부터 n번까지는 상황에 변화가 없고 1번은 더 좋아지기 때문입니다. 한편 배분 D에 비해 배분 A가 파레토 개선입니다. 모든 사람이 다 조금씩 상황이 좋아집니다. 한편 배분 A와 배분 B는 서로 파레토 개선이 아닙니다. A에서 B로 간다면 1번은 좋아지지만 나머지는 모두 상황이 나빠집니다. 반대로 B에서 A로 갈 경우 2에서 n번은 좋아지지만 1번이 나빠집니다.

어떤 새로운 배분 대안이 기존의 배분에 비해 파레토 개선인지를 쉽게 알아내는 한 가지 방법은 n명의 사람이 새로운 대안에 대해서 투표를 하는 경우를 상상하는 것입니다. 단 각 사람은 오로지 자신의 상황에 대해서만 투표를 하고, 자신의 상황이 나빠지는 경우 거부(veto)하는 표를 던집니다. 자신의 상황이 좋아지면 찬성일 것이고, 자신의 상황에 변화가 없으면 기권해도 됩니다. 이때 파레토 개선인 대안은 아무도 거부표를 던지지 않고 적어도 한 명은 찬성을 하는 경우입니다.

파레토 효율성(Pareto efficiency)은 주어진 어떤 배분에 대해 파레토 개선이 불가능한 상황을 가리킵니다. 즉 파레토 효율적인 배분으로부터 다른 배분 상태로 이동하고자 한다면 적어도 한 사람이 거부권을 행사합니다. 한편 파레토 비효율적인 배분은 파레토 개선이 되는 대안적인 배분이 존재하는 경우입니다. 예 16.3에서 배분 A, B, E는 파레토 효율적이고 C와 D는 파레토 효율적이지 않습니다. 이미 지적한대로 C는 B로 개선이 가능하고, D는 A로 개선이 가능합니다.

만약 A에서 개선을 시도한다면 누군가 X/n보다 더 많이 받아야 하는데 그렇다면 필연적으로 누군가는 X/n보다 적게 받아야 하고 따라서 거부권을 행사할 것입니다. 마찬가지로 B에서 개선을 시도한다면 1번이 차지한 (전체) 몫에서 일부를 줄여야 하므로 1번이 거부할 것입니다. 예컨대 A에서 E로 이동하고자 한다면 1번이 거부할 것입니다. 하지만 만약 이미 E를 실행한 상태라면 여기서 다른 배분으로 이동하는 것은 불가능합니다. 1번이 더 좋아지려면 다른 누군가의 상황이 나빠져야 하고 따라서 그가 거부할 것입니다.

파레토 효율적인 배분 = 파레토 개선이 불가능한 배분, 즉 어떤 다른 대안이 주어지면 적어도 한 명이 거부하게 됨

지금까지는 한 가지 자원을 나눠가지는 경우를 상정했고, 그 자원이 모든 사람에게 경제재화라고 가정했습니다만 그렇지 않더라도 파레토 효율성 개념은 여전히 적용할 수 있습니다. 여러 종류의 재화를 나눠가지는 경우에 각 사람의 선호나 효용함수를 정의할 수 있고 그에 따라 아무도 거부하지 않고 적어도 한 사람이 찬성하는 대안을 파레토 개선이라고 하고, 파레토 개선이 불가능한 상황을 파레토 효율적이라고 부릅니다.

파레토 효율성 개념은 상당히 설득력있고 그다지 많은 가정을 깔고 있지 않은 약한 개념입니다. 많은 대안들은 파레토 효율성 개념으로 서로 비교가 불가능합니다. 예 16.3에서 자원이 모든 사람에게 경제재화라면 자원의 총량을 남기지만 않는다면 모든 배분은 다 파레토 효율적입니다. 즉 배분 A와 배분 B, 배분 E는 모두 효율적이며 그 외에도 무한히 많은 효율적 배분들이 있습니다.

그런데 배분이 아닌 분배(혹은 분포)의 관점에서 이들은 전혀 다른 성격을 갖습니다. 배분 A가 완벽하게 기계적인 평등을 이룬 것임에 비해 배분 B는 한 사람에게만 유리한 완벽하게 불평등한 배분입니다. 또한 배분 E는 1번에게는 상당히 불리한 배분입니다. 파레토 효율성의 개념은 이들 사이에서 어떤 판단을 내리기를 포기합니다. 공평성 혹은 분배 정의의 관점에서 어떤 판단을 내리려면 공평성의 기준을 세워서 새롭게 접근해야 할 것입니다.[5]

---

5 예를 들어 참여자들 사이에 아무런 본질적 차이가 없다면 배분 A와 같이 평등한 분배가

그럼에도 불구하고 파레토 효율성 개념에는 몇 가지 근본적인 규범적 가정들이 들어 있습니다. 사회과학으로서 미시경제학이 가진 암묵적인 견해 같은 것이지요. 이것을 받아들일 수 없다면 파레토 효율성을 받아들이기 곤란할 것입니다. 아래 상자에 몇 가지가 간략하게 소개되어 있습니다.

더 생 각 해 보 기

파레토 효율성 개념이 가진 규범적 가정들

- 개인주의 (individualism): 사회 전체의 상황에 대해 판단할 때 각 개인의 상황에 대한 정보만을 사용하여 평가합니다. 즉 개인을 넘어서는 다른 가치는 인정하지 않습니다. 다시 말해 사회 전체의 이익이란 언제나 개인들의 이익의 총합이지, 개인과 무관한 사회의 이익은 존재하지 않습니다. 예컨대 '국가'나 '사회'나 '민족' 전체의 추상적인 이익을 위해서 개인에게 희생을 강요하는 것은 이런 입장과 배치됩니다. 이런 입장은 홉스의 레비아탄 등에서부터 잘 나타난 것으로 서구 정치사상의 중요한 관점이라고 할 수 있습니다.
- 비간섭주의 (non-paternalism): 개인주의와 밀접하게 관련되지만 조금 다른 개념입니다. paternalism은 보통 온정주의, 후견주의 등으로 번역되는데 여기서는 간섭주의로 썼습니다. 이 입장의 특징은 자신의 의견을 남에게 강요하지 않는다는 것입니다. (속된 말로 '오지랖'을 금지하는 것입니다.) 즉 사회 현상을 분석하는 연구자가 함부로 개인들의 상황에 대해서 좋다 나쁘다는 판정을 내리지 말고, 가능하다면 대상 개인들에게 직접 의견을 표출하도록 하고 이를 바탕으로 평가해야 합니다. 당사자들도 사회 상황을 평가할 때 남이 가진 것에 신경쓰지 말고 자신의 것만 놓고서 평가해야 합니다. 예 16.3의 배분 C에서 배분 B로 이동할 때 실질적으로 영향을 받지 않는 2번부터 n번은 최소한 기권하거나 찬성을 해야지, 1번이 잘 되는 것을 보기 싫어서 거부하는 일은 없어야 합니다.
- 결과주의 (consequentialism): 이것은 가장 문제가 될 만한 현대 미시경제학의 기본적인 가정입니다. 사회의 상황을 평가할 때 어떤 절차나 과정을 통해서 결과에 도달했든, 결과가 동일하면 판단도 동일해야 한다는 입장입니다. 이런 입장을 채택하는 가장 큰 이유는 대부분의 경제학 모형에 절차나 과정이 포함되지 않기 때문입니다. 모형에서 명확하게 드러나는 것은 어떤 과정을 거친 후 최종적으로 각 사람이 받게 되는 재화의 양이고 그에 기초해서 평가한다는 것입니다.

공평하다고 볼 수 있을 것입니다. 하지만 만약 이 자원이 전적으로 A의 정당한 소유물이라면 배분 B가 정의로울 수도 있습니다. 극단적인 상황으로 자원이 1번 사람의 신체라고 한다면 자신 이외의 다른 무관한 사람들에 그에 대해 소유권을 행사하려고 하면 안 되겠지요. 자원을 확보하는 과정에서 1번 혼자 남들보다 기여를 덜했다던가 남들에게 손해를 끼쳤다면 배분 E가 공평한 것일 수도 있습니다. 그렇지 않았다면 배분 E에서 1번은 나머지 사람들에 의해 착취를 당한 것일 수도 있겠지요.

16.2 사회후생: 시장 효율성의 측정지표

앞에서 다소 추상적으로 효율성의 의미를 설명하고 이를 표현하는 파레토 효율성을 정의했습니다. 이로부터 시장균형은 파레토 효율적이라든지 하는 주장을 논의할 수 있습니다. 하지만 실제 시장의 성과를 평가하고자 할 때는 좀 더 구체적으로 수치화해서 비교할 수 있는 지표가 있으면 큰 도움이 될 것입니다. 이 절에서는 시장 효율성을 측정하는 하나의 지표로서 **사회후생**(social welfare)이라는 개념을 소개합니다. 효율성을 측정할 때 고려해야 할 요소들을 먼저 설명해보겠습니다.

예 16.4

그림 16.1에는 A로부터 D까지 4가지 대안으로부터 기대되는 성과와 그에 투입되어야 하는 비용이 표시되어 있습니다. 예컨대 A는 10의 성과를 얻기 위해서 6의 비용이 필요합니다. 비용을 감안한 실제 성과는 $10-6=4$입니다. 성과의 크기만을 놓고 본다면 가장 "효과적"인 대안은 A입니다. 하지만 A가 가장 "효율적"인 대안인 것은 아닙니다. A는 큰 성과를 내지만 비용도 많이 들기 때문입니다. 비용을 감안한 실제 성과를 비교해보면 A의 4보다는 B의 5가 더 큽니다. B가 A보다 더 효율적인 대안이라고 볼 수 있습니다. 만약 4가지 대안 중 단 하나만을 선택해야 한다면 B를 선택하는 것이 좋을 것입니다.

한편, 선택할 수 있는 대안의 수에 제약이 없다면 A와 B를 선택하는 것이 좋을 것입니다. C는 성과는 있지만 비용이 더 크기 때문에, 또한 D는 전혀 성과가 없으므로 선택할 이유가 없습니다. A와 B는 모두 비용을 제외한 후에도 성과가 있습니다. 여러 개의 대안들을 마음대로 선택할 수 있다면 성과가 더 크다고 해서 A만을 선택하거나, 비용을 반영한 성과가 더 크다고 해서 B만을 선택하는 것은 옳지 않습니다.

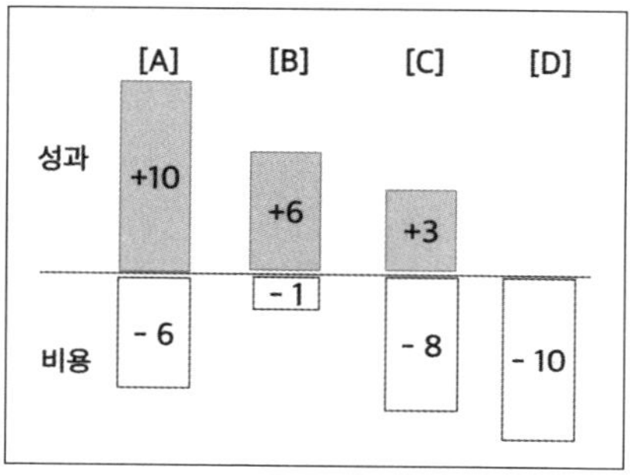

그림 16.1 예 16.1 효율성

예 16.4가 강조하는 것을 요약해보자면, 우선 효율성은 성과에만 관심을 갖는 것이 아니라 그 성과를 이루어내기 위해 투입되어야 하는 비용 또한 감안하는 기준입니다. 비용을 감안한 성과를 **순성과**(net outcome)라고 부를 수 있을 것입니다. (경제학에서 '순(純, net)' 이라는 말이 앞에 붙으면 비용처럼 무언가 빼주어야 할 것을 다 빼고 남은 것이라는 뜻입니다.) 다시 말해서 효율성은 순성과를 (가능하면 가장 크게) 내도록 노력하는 것입니다.

효율성 측정 원칙 (1) 순성과(비용을 감안한 성과)를 계산한다

소비자의 경우라면 재화에 지출하는 예산을 감안해서 효용을 계산하는 것이고, 기업의 경우라면 재화의 생산비용을 감안해서 판매수입을 계산하는 것입니다. 사실 기업의 모형에서 이미 우리는 판매수입에서 생산비용을 뺀 '이윤'을 극대화하는 것으로 가정한 바 있습니다. 즉 기업의 '순성과'는 곧 '이윤'이라고 해도 될 것입니다. 기업이 이윤을 극대화할 때 기업은 효율적으로 행동합니다.

마찬가지로, 우리가 소비자의 효용에서 바로 지출비용을 빼서 '순효용'이라는 것을 계산할 수 있다면 소비자의 효율적인 행동은 순효용을 극대화하는 것입니다. 그런데 문제는 비용은 단위가 화폐인 반면, 효용은 화폐 단위가 아닙니다. ('흥'이라고 불렀었죠.) 따라서 효용에서 지출비용을 바로 빼어줄 수가 없습니다. 효용을 화폐 단위로 환산하거나, 비용을 효용 단위로 환산하는 절차가 필요합니다. 따라서 시장의 효율성을 논하기 위해 먼저 해결해야 할 질문은 다음과 같습니다.

시장효율성 논의를 위한 사전질문 (1) 소비자의 순성과를 어떻게 측정할 것인가?

한편 예 16.4에서 알 수 있는 또 한 가지는 순성과를 낼 수 있는 기회는 하나도 남김 없이 다 쓰는 것이 효율적이라는 것입니다. 즉 대안을 하나만 골라야 한다면 가장 순성과가 큰 B를 골라야 하고, 대안을 두 개 고르라면 A와 B를 고르는 것이 효율적입니다. 혹시 세 개 이상을 고르라고 하더라도 A와 B만 골라야겠지요. 그렇다면 여러 가지 성과와 비용들을 함께 계산할 수 있어야 합니다.

효율성 측정 원칙 (2) 다양한 순성과를 함께 측정하여 합산할 수 있어야 한다

그렇다면 시장에서 순성과를 낼 수 있는 기회들은 무엇일까요? 시장은 재화의 '거래'가 일어나는 곳입니다. 거래의 기본 당사자, 경제 주체는 소비자와 기업입니다. 즉 시장에서 발생할 수 있는 순성과는 거래에서 소비자 및 기업이 얻어가는 것들입니다. 이미 앞에서 소비자의 순성과를 어떻게 측정할 것인지를 사전질문으로 제시했습니다. 한편 기업의 경우 이윤이 자연스러운 순성과의 지표가 될 수 있음을 지적했습니다. 그렇다면 시장에서 순성과를 낼 수 있는 기회를 모두 활용하려면, 소비자의 순성과와 기업의 순성과를 그냥 더하면 되는 것일까요?

시장효율성 논의를 위한 사전질문 (2) 소비자와 생산자의 순성과를 어떻게 합할 것인가?

시장 거래에는 소비자나 기업 이외에도 다른 경제주체가 개입되는 경우도 있습니다. 예를 들면, 시장거래에 정부가 세금을 부과하는 경우에는 정부도 성과를 추구하는 참여자가 됩니다. 이 경우에도 마찬가지로 정부의 순성과를 어떻게 측정하고 이를 다른 주체들의 순성과와 어떻게 합할 것인가에 대한 고민이 필요할 것입니다.

위의 사전질문들은 시장의 효율성을 '어떻게' 측정할지에 대한 고민입니다. 이들에 대한 대답으로부터 우리는 시장 효율성에 대한 어떤 지표를 만들어낼 수 있을 것입니다. (잠시 후에 설명하는 대로 우리가 사용할 효율성 지표는 **사회후생**입니다.)

지표가 주어진다면 이제 우리가 시장에 대해서 던져야 하는 궁극적인 질문은 이것입니다: *시장은 효율적인가*? 하지만 막연히 '시장'이라고만 하면 질문 자체가 무의미할 수도 있겠지요. 조금 더 구체화하자면 다음이 됩니다.

질문: 시장은 언제 효율적인가? 혹은 어떤 시장이 (가장) 효율적인가?

여기서 순성과라는 새로운 용어를 동원해서 다소 복잡하게 설명했지만, 지금까지 우리가 공부해온 것들을 돌이켜보면 합리적 소비자는 주어진 예산제약 하에서 효용을 극대화하므로 적어도 자신의 주어진 영역 내에서는 효율성을 추구한다고 할 수 있습니다. 또한 합리적 기업도 주어진 생산기술을 바탕으로 이윤을 극대화하므로 역시 자신의 주어진 영역 내에서 효율성을 추구합니다.

그런데, 시장에는 서로 다른 수준의 소득과 서로 다른 효용함수를 가진 수많은 소비자들과, 역시 서로 다른 생산기술을 가진 수많은 기업들이 존재하고 각자 자신의 효율성을 위해서 최선을 다하고 있습니다. 각자 자신의 효율성만을 추구하는 (이기적인?) 상황에서 과연 시장 전체의 효율성도 나타날 수 있을까요? 좀 거창하게 말하자면, 이 질문은 경제학을 독자적인 학문으로 탄생시킨 근본질문입니다. 바로 스미스가 『국부론』을 통해서 던졌던 질문입니다.

경제학의 근본질문 (스미스):

개인들의 독자적인 효율성 추구는 시장 전체의 효율성을 낳을 수 있는가?

시장보다는 좀 더 넓은 맥락이긴 하지만, 홉스(Thomas Hobbes, 1588-1679)는 『국부론』보다 100여 년 전에 발표된 『리바이어던』(*Leviathan*, 1651)이라는 저작에서 인간들이 자연본성의 상태에서 서로 다투다보면 결국 공멸할 것이므로 강력한 중앙집권에 기초한 사회를 구성해야 한다고 주장한 바 있습니다.[6]

그에 대비하여 스미스는 '보이지 않는 손(invisible hand)'이라는 특이한 답을 제시했습니다. 사회를 지배하는 눈에 보이는 권력이 아니라, 모이지 않고 흩어져서 분권화된(decentralized) 모종의 원리에 의해서 시장은 (그리고 아마도 사회 또한) 알아서 질서를 유지할 수 있다는 것입니다. 이 장의 내용은 스미스가 말하는 '보이지 않는 손'의 작동 원리를 살짝 들여다보는 것이라고 할 수 있습니다.

> "각 사람은 일반적으로 공공의 이익을 촉진할 의도를 갖고 있지도 않고 자신이 얼마나 공공의 이익을 촉진하는지를 알지도 못한다. .. 그는 자신의 안전을 꾀할 뿐이고 ... 자신의 이익을 꾀할 뿐이다. 그 과정에서 그는 애초의 자신의 의도가 전혀 아니었던 목적을 촉진하는 일에 보이지 않는 손에 이끌리게 된다. 애초에 그의 의도가 아니었다는 점이 사회에 늘 해로운 것도 아니다. 실제로 사회의 이익을 진정 촉진하려고 하는 때보다 오히려 자신의 이익을 추구할 때 사회의 이익을 더 효과적으로 촉진하는 경우가 많다. 나는 공공의 선을 위해 거래를 한다는 사람들에게서 크게 좋은 일이 생기는 것을 본 적이 없다." (*The Wealth of Nations*, Book IV, Chapter II)

6 한편 앞에서 파레토 효율성 개념에 깔린 가정을 논의할 때 홉스는 이미 개인주의를 주창한 선구자임을 지적했습니다.

사회후생

시장의 효율성을 측정하는 간편한 지표는 **사회후생**(social welfare)입니다. 조금 어색하게 들릴 수 있는 '후생(厚生)'은 영어 welfare를 번역한 것으로 '넉넉하게, 여유있게 산다'라는 정도로 해석할 수 있습니다. 보통 우리는 welfare를 '행복한 삶'을 뜻하는 '복지'라고 번역하지요. '복지'는 현실에서 좀 더 특수한 뜻으로 사용되기 때문에 그냥 후생이라고 부르는 것이 불가피해 보입니다. 후생이라는 말은 삶의 경제적 여유를 좀 더 강조하는 듯하고, 복지라는 말은 좀 더 폭넓은 의미에서의 행복을 나타내는 듯하죠.

여기서 사용할 사회후생이라는 개념은 시장 참여자들이 시장으로부터 얻는 성과를 경제적으로, 특히 화폐 단위로 환산하여 모두 합한 것입니다. 앞에서 설명했듯이 시장의 주요 참여자는 소비자와 기업입니다. 따라서 소비자가 시장 참여에서 얻는 성과와 기업이 시장 참여에서 얻는 성과를 각각 구하되, 이를 공통된 단위인 화폐로 환산해서 더하는 것이지요. 화폐로 환산한다는 아이디어가 앞에서 제기한 사전질문 2가지를 모두 해결하게 됩니다.

첫 사전질문에서 효용과 지출을 함께 계산하기 어려운 것이 문제인데 효용을 화폐 단위로 환산할 수 있으면 괜찮습니다. 둘째 사전질문에서 소비자와 생산자의 성과를 어떻게 합할 것인가가 문제인데 공통의 화폐단위라면 합하는 데 어려움이 없습니다. 화폐 단위로 환산하는 것이 가능한가? 그렇게 할 때 다른 문제는 없는가? 어떤 가정이 필요한가? 등의 추가적인 질문들이 떠오를 것입니다. 차차 고민합시다.

소비자가 시장 거래로부터 얻는 이득을 화폐 단위로 환산한 것을 **소비자잉여**라고 부릅니다. 다음 절에서 보다 자세하게 설명합니다. 기업 혹은 생산자가 시장 거래로부터 얻는 이득을 화폐 단위로 환산한 것은 **생산자잉여**라고 부릅니다. 3절에서 설명합니다. 소비자와 기업이 주요 시장 참여자라고 할 때 (필요하다면 정부라든지 그 외의 경제주체들의 성과도 추가로 반영하여 정의할 수 있습니다)

사회후생 = 소비자잉여 + 생산자잉여 (+ 그 외 참여자의 잉여)

입니다. 두 경제주체의 '잉여'를 더한 것이므로 **사회잉여**(social surplus)라고 불러도 상관 없겠습니다.

여기서 한 가지 중요한 가정이 있습니다.

가정 16.1 시장에서 이루어지는 모든 거래는 자발적이다.

정상적인 시장이라면 거래하기 싫은데 강압에 의해서, 본인의 의사와 반하여 거래를 하는 경우는 없어야 할 것입니다. 본인의 자유 의사에 기초해서 자발적으로 거래에 참여하는 경우, 모든 참여자는 적어도 손해를 보지는 않습니다. 손해가 되는 거래는 스스로 참여하지 않으면 되니까요. 이 가정이 성립해야 실제로 각 거래로부터 무언가 잉여가 발생할 것입니다.

스미스의 『국부론』에서 또 하나의 유명한 글귀로 다음과 같은 것이 있습니다: "그 누구도 한 마리의 개가 다른 개와 뼈 하나를 공평하고도 의도적으로 교환 거래하는 일을 본 적이 없다." (Book I, Chapter I) 하지만 사람이라면 서로의 합의 하에 자발적으로 교환 거래가 가능하다는 것이겠지요. 이런 가정 하에서 비로소 아래와 같은 주장이 가능해지는 것입니다.

> "사람이 다른 사람으로부터 계속해서 도움을 받아야 한다면 그의 너그러움에만 전적으로 의존할 수는 없을 것이다. 상대의 자기사랑을 내 편이 되도록 유도할 수 있다면 즉 내가 그에게 요구하는 것이 그에게도 이익이 된다는 것을 보여줄 수 있다면 그것을 얻을 가능성이 좀 더 높아진다. 상대에게 무언가 거래를 제안하는 사람도 이렇게 한다. 내가 원하는 것을 준다면, 당신이 원하는 것을 나에게서 받을 수 있다는 것이 거래 내용이다... 우리가 저녁식사를 할 수 있는 것은 정육점 주인, 양조장 주인이나 빵집 주인의 너그러움으로부터가 아니라 그들 각자가 자신의 이익을 추구했기 때문이다."
> (*The Wealth of Nations*, Book I, Chapter II)

시장거래에서는 거래에 임하는 양측 모두 무언가 얻어가는 것이 있습니다. 이를 조금 딱딱한 표현으로 **교역의 이득**(gains from trade), **거래의 이득**이라고 부릅니다. 교역의 이득은 예 16.2에서 비교우위를 언급하면서 나왔던 말인데, 아무래도 국제무역의 맥락에서 많이 사용되는 용어이므로 여기서는 거래의 이득이라고 하겠습니다. 소비자잉여는 소비자가 시장에서 얻는 거래의 이득(의 화폐 환산치)이고 생산자잉여는 기업이 시장에서 얻는 거래의 이득(의 화폐 환산치)입니다.

16.3 소비자잉여: 소비자가 얻는 거래의 이득

소비자잉여(consumer surplus)는 소비자가 얻는 거래의 이득을 화폐로 환산한 것으로서, 수요곡선의 아래쪽 면적으로부터 계산합니다. 그 의미를 쉽게 이해하려면 수요곡선을 **지불용의가격**(willingness to pay) **곡선**으로 이해하는 것이 필요합니다. 다시 말해서 특정 수요량에 대응되는 수요곡선상의 가격을, 그 수요량에 대해서 소비자들이 '기꺼이' 지불하고자 하는 가격으로 해석하는 것입니다.

가장 간단하게는 한 재화의 시장수요곡선이 알고보면 각자 그 재화를 1개씩 구입하는 여러 명의 소비자들로 구성되어 있다고 생각하는 것입니다. **그림** 16.2의 예를 보죠. 편의상 다섯 명의 소비자를 그려놓았습니다. 이 소비자들이 올라타 있는 수요곡선을 대표하는 사람들이라고 칩시다. 가장 왼쪽, 수요곡선에서 가장 높은 곳에 있는 소비자는 재화 가격이 500원/개이더라도 샀을 사람입니다. 즉 이 사람의 지불용의가격은 500원/개입니다. 그런데 시장에서 이 재화가 판매되는 가격이 200원/개입니다. 그렇다면 이 사람은 아무 불만없이 200원/개에 1개를 구입합니다. (싸다고 해서 더 많이 구입하는 것은 아닙니다. 한 사람이 1개씩만 원하는 상황입니다.) 말하자면 이 사람은 가게에 500원을 들고 갔는데, 물건을 사고 나니 300원이 남은 것이죠. 그 남은 300원은 실제로 주머니에 남아 있는 돈이라면 이제 다른 재화를 사는 데 사용할 수 있을 것이고, 실제로 주머니에 남지 않았더라도 이 재화가 이 사람에게는 500원의 가치가 있었는데 이에 대해 200원을 지불했으므로 그의 '순성과'는 300원인 셈입니다.

마찬가지로 지불용의가격이 각각 400원/개인 둘째 사람, 300원/개인 세째 사람도 본인이 지불할 용의가격보다 낮은 가격에 재화를 구입하기 때문에 남는 돈이 있습니다. 한편 네 번째 사람은 시장가격과 동일한 지불용의를 갖고 있습니다. 200원을 주고 재화 1개를 구입한다고 해서 남는 것은 없지만 어쨌든 본인이 원하는 200원의 가치를 재화로부터 받기 때문에 사지 않을 이유도 없습니다.

마지막 다섯 번째 사람은 지불용의가격이 100원/개인데 시장가격은 그보다 더 비쌉니다. 만약 누군가 강제로 이 사람에게 재화 구매를 시킨다면 이 사람은 100

그림 16.2 소비자의 지불용의가격과 실제 지불가격의 차이

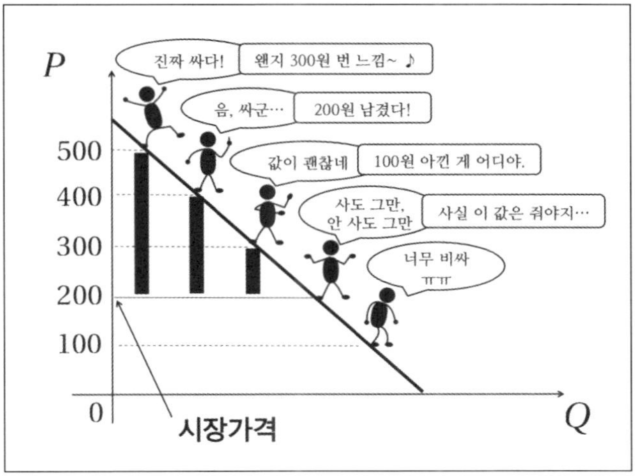

원만큼의 '피해'를 입게 됩니다. 하지만 가정 16.1에 따르면 그런 일은 없으므로 이 사람은 애초에 이 재화를 구입하지 않을 것입니다.

따라서 그림 16.2에서 소비자 다섯 사람으로 이루어진 시장이라면 소비자잉여는 300 + 200 + 100 = 600원이 됩니다. 사실 이 다섯 명은 수요곡선 위에 몇 명만 뽑아서 그린 것이므로 수요곡선 전체에 촘촘히 사람들이 (무한히) 많이 있다고 생각한다면 각 사람의 수요곡선 상 위치(지불용의가격)에서 시장가격을 뺀 것을 모두 합해진 (수학적으로는 적분한) 값, 그림 16.3의 [A]로 표시된 삼각형의 면적이 소비자잉여가 됩니다.

그림 16.3에서 재화를 구매한 소비자들이 지출한 총 비용은 [B]로 표시된 사각형 면적입니다. (이 값은 재화의 판매자인 기업들이 벌어들인 총 수입이기도 합니다.) 구매한 소비자들은 일단 [B]만큼의 지불용의가 있었고 그것을 넘어서서 더 큰 지불용의가 있었습니다. 그런데 이들이 시장에서 지갑을 열어서 드러낸 만족도는 돈으로 환산한다면 [B]에 불과합니다. 사실은 이들이 이 거래로부터 얻은 총성과는 모든 지불용의의 합으로 [A] + [B]이고, 이 중에서 비용으로 지출한 [B]를 제외한 [A]가 "순성과"에 해당됩니다. (경우에 따라서는 [A]+[B]를 총소비자잉여, [A]를

그림 16.3 소비자잉여

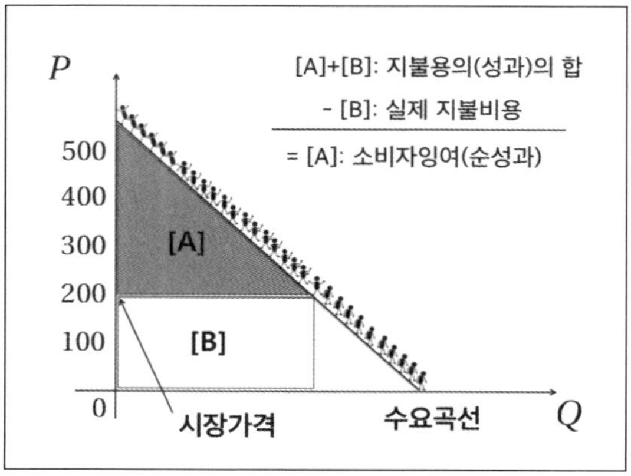

순소비자잉여라고 부르는 사람도 있습니다.)

이상의 설명에서는 소비자 한 사람이 재화 1개만을 구입한다고 가정하고 진행했습니다만, 그렇지 않더라도 비슷하게 논리를 확장할 수 있습니다. 오히려 **그림 16.2**와 **그림 16.3**의 수요곡선이 단 한 사람의 개인수요곡선이라고 생각해보죠. 그렇다면 그 수요곡선 상에 그려져 있는 사람들은 모두 같은 사람들입니다. 같은 사람이지만, 상황은 다릅니다. **그림 16.2**에서 이 사람은 재화를 1개 살 때는 500원을 지불할 용의가 있지만, 하나 더 살 경우 두 번째에는 400원만 낼 생각입니다. 그렇기 때문에 가격이 500원/개라면 수요량이 1개이고, 400원/개라면 수요량이 2개입니다. 따라서 가격이 200원/개인 그림 상황에서 이 소비자는 4개를 구입하는 것이고, 각각의 경우에 300원, 200원, 100원을 남겨서 소비자잉여가 600원이 되는 셈입니다.

더 생 각 해 보 기

"경제적 효과"를 돈으로 표현할 때의 함정

국가적으로 화제가 되는 이벤트에 대해 "경제적 효과"를 따지는 경우가 있습니다. 예를 들어 월드컵 축구 경기가 열리는 날 팔린 '치킨과 맥주'의 매출액을 파악해서 몇십억 원의 경제효과가 발생했다는 식이지요. 그런데 그림 16.3을 기준으로 보자면 이런 계산은 [B]에 해당됩니다. 즉 소비자의 입장에서 보자면 순성과에서 빠져나가야 할 지출 부분만을 계산한 것이고, 판매한 기업의 입장에서 보자면 아직 비용을 계산하지 않아서 순성과가 아닌 그냥 성과에 대한 지표입니다. 또한 잠시 후에 사회후생을 정의할 때 보게 되겠지만, [B] 부분은 결국 사회후생 계산에서 빠지게 되는 부분입니다. 소비자의 주머니에서 나와서 기업의 주머니로 들어간 돈을 계산한 것이므로, 그 날 거래를 통해 "창조"된 경제적 잉여가 아닙니다.

그럼에도 불구하고 이런 통계가 언급되는 것은 우선 이해하기 쉽고 자료를 구하기도 비교적 쉽기 때문입니다. 하지만 경제학의 관점에서 볼 때 진정한 경제적 효과를 측정했다고 보기는 어렵습니다. 굳이 이름 붙이자면 경제적 효과가 아니라, 치킨집 사장님들의 장부에 나타난 금전적 효과라고 해야겠지요. 그렇다면 월드컵 경기날 치킨과 맥주 판매를 통해 발생한 진정한 경제적 효과는 실제로 측정이 가능한 걸까요? 아래에서 보겠습니다.

개념적인 설명이 되었지만 확실하게 하기 위해서 정식으로 정의합니다.

[정의] 소비자잉여
(우하향하는) 수요곡선에 대해 어떤 시장가격이 주어질 때, 시장가격을 나타내는 수평선과 수요곡선 사이의 면적을 소비자잉여라고 한다.

소비자잉여의 단위는 무엇인가?

소비자잉여의 단위는 무엇일까요? 이미 화폐 단위로 환산한 것이라고 답을 알려 드렸습니다만 정말 그런지 확인해봅니다.

소비자잉여는 세로축이 가격이고 가로축이 수량인 어떤 영역의 면적입니다. 세로축인 가격의 단위는 원/개와 같이 화폐단위/재화수량단위이고, 가로축은 물론 재화의 수량단위입니다. 면적은 두 양을 곱한 것이므로 화폐단위가 맞습니다.

즉 소비자잉여로 계산된 값은 단순한 숫자가 아니라 가격에 포함된 특정된 화폐로 표시한 어떤 값어치입니다.

소비자잉여가 측정하는 것은 무엇인가?

그렇다면 화폐단위로 소비자잉여가 측정하는 것은 무엇일까요? 앞에서 이미 효율성의 척도는 '순성과'를 측정해야 한다고 주장한 바 있고, 소비자의 경우 효용이 성과라고 지적했습니다. 다만 효용과 비용이 서로 다른 개념이기 때문에 순성과를 계산하기가 어렵다고 설명했습니다.

그런데 소비자잉여는 (비용과 동일한 단위인) 화폐로 표기되었으므로 효용을 화폐로 환산하여 비용을 감안한 것으로 추측할 수 있습니다. 과연 그럴까요?

만약 소비자의 효용함수가 준선형이라면 그렇습니다. 즉 만약 $U(x_1, x_2) = v(x_1) + x_2$라면 (소득이 충분히 높은 수준일 때) 한계대체율이 $MRS = v'(x_1)$이므로 효용극대화 조건은 $v'(x_1) = p_1$이 됩니다. (가치단위재화, 즉 화폐와 동등한 재화 2의 가격은 $p_2 = 1$로 가정해도 됩니다.) 이 효용극대화 조건을 만족하는 x_1의 값을 p_1마다 그린다면, 아니 오히려 각 수량 x_1마다 위 조건을 만족하는 가격 p_1을 찾아서 그래프로 그린다면 정확하게 수요곡선이 됩니다.

즉 그림 16.4와 같이 그릴 수 있습니다. x_1의 수량을 Q, 가격을 P로 한다면 위의 효용극대화 조건이 $P = v'(Q)$이고 이것을 그리면 수요곡선입니다. (한계대체율 체감 가정에 따라 수요곡선의 모양은 우하향하며, 곡선일 수도 있지만 편의상 앞에서와 마찬가지의 직선을 그대로 가져왔습니다.)

그림 16.4 준선형효용함수일 때의 소비자잉여

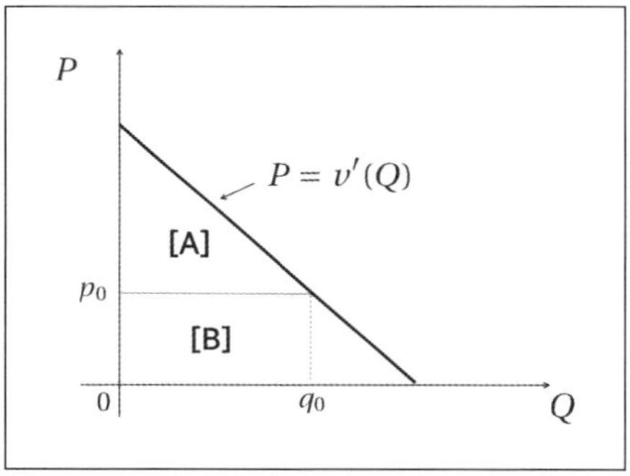

이때 $Q = 0$부터 $Q = q_0$까지의 구간에 대해서 $P = v'(Q)$라는 함수의 그래프의 아래 면적을 수학적으로 계산하려면 미분의 반대과정인 적분을 하면 됩니다:

$$[A] + [B] = \int_0^{q_0} v'(Q)dQ = v(q_0) - v(0)$$

그런데 적분대상이 된 함수가 $v(Q)$의 도함수이므로 이를 적분하면 도로 원래 함수인 $v(Q)$가 되는 것이죠. 따라서 수요곡선 아래의 면적은 $v(q_0) - v(0)$입니다. $v(0)$

즉 수량이 0 일 때의 효용을 0 이라고 하면 그냥 $v(q_0)$ 즉 재화 1 을 수량 q_0 만큼 소비할 때의 총효용이 됩니다.

한편 여기서 밑의 [B] 부분을 빼주면 소비자잉여가 되는데, [B]의 면적은 p_0q_0 즉 이 재화에 대한 지출액입니다.

$$CS = [A] = \int_0^{q_0} v'(Q)dQ - p_0q_0 = v(q_0) - p_0q_0$$

가 되어, 효용함수가 준선형일 때 소비자잉여는 정확하게 (화폐로 표시된) 총효용 빼기 재화에 대한 지출액입니다. 준선형효용함수는 어차피 효용을 화폐(가치단위재화)의 양으로 통일해서 나타내기 때문에 서로 다른 사람의 효용 또한 같은 단위로 비교하고 더하는 데에 문제가 없습니다.

더 생 각 해 보 기

그렇다면 과연 준선형효용함수라고 가정하는 것은 괜찮을까요? 당연히 준선형효용함수라는 것은 매우 특수한 가정입니다. 준선형효용함수를 사용할 수 있으려면 사람들의 화폐(또는 가치단위재화)에 대한 한계효용이 일정해야 하고 그 결과 사람들이 보이는 재화 1에 대한 소비의 특징은 (소득이 충분할 때) 소득효과와 교차가격효과가 모두 0이라는 것입니다.

화폐에 대한 한계효용은 무시하더라도, 해당 재화의 소득탄력성과 교차가격탄력성이 모두 0이어야 한다는 것은 적용할 수 있는 대상 재화의 범위를 크게 좁힙니다. 하지만 그렇다고 해서 매우 비현실적인 것도 아닙니다. 예를 들어 일상에서 많은 학생들과 일반인들도 사용하는 매우 평범한 연필, 볼펜 등의 필기구를 생각해봅시다. (무슨 캐릭터가 붙거나 유명한 브랜드가 아닌 매우 평범한 필기구를 생각합니다.) 우리나라 전체의 소득 수준이 높아지거나 줄어들 때 평범한 필기구에 대한 수요가 크게 영향을 받지는 않을 것입니다. 또한 자동차나 커피 가격이 변한다고 해서 필기구 수요가 크게 영향을 받지도 않겠지요. 물론 팬시 필기구나 공책 가격이 크게 변한다면 혹시 약간의 영향이 있을 수도 있습니다. 하지만 그것도 무시할만한 수준이라고 가정하는 데 큰 무리가 없다면 괜찮습니다.

즉 준선형효용함수를 적용할 수 있는 재화는 한마디로 '시시하고 평범한' 것이면 괜찮습니다. 구체적으로는 소득 변화나 다른 재화 가격의 변화에 수요량이 크게 영향을 받지 않아야 합니다. 이런 조건이 만족된다면 다른 재화 시장의 동향에 신경쓸 필요도 없고, 소득효과에 따라 열등재니 기픈재의 가능성을 고민할 필요도 없고, 해당 재화의 시장에만 집중할 수 있습니다. 이를 마셜의 경제학에서는 부분균형분석(partial equilibrium analysis)라고 했습니다. 사실 이 책의 나머지 부분에서는 기본적으로 부분균형분석의 관점을 채택할 것입니다. 한편 일반균형분석(general equilibrium analysis)에서는 서로 다른 재화들 간의 상호작용과 소득효과를 모두 감안합니다.

준선형효용함수를 쓸 수 있는 시시한 재화에 대한 부분균형분석이라면 소비자

잉여가 정확하게 순효용(효용 빼기 지출)이라는 것을 알게 되었습니다. 시시하지 않아서 준선형효용함수를 쓸 수 없는 재화라면 어떨까요? 사실 그런 재화가 오히려 많은 사람들의 관심의 대상이 되는 재화일 텐데 말이죠.

두 가지 대안이 있습니다. 하나는 소비자잉여 개념을 변형해서 순효용을 측정하는 새로운 개념을 만드는 것입니다. 이것은 가능하지만 소비자잉여만큼 간단하지 않습니다. 이 책에서는 다루지 않습니다.[7] 두 번째 대안은 정확하게 순효용을 측정하는 것이 아니라는 것을 알면서 그냥 소비자잉여 개념을 사용하는 것입니다. 엄밀하지는 않지만 지불용의가격과 지불한 가격의 차이라는 해석도 되니까 말입니다.[8]

현실에서 소비자잉여를 실제로 어떻게 측정할 수 있을까?

앞에서 월드컵 경기날 치킨과 맥주 매출로 경제적 효과를 측정하는 것은 문제가 있다고 지적했습니다만 그렇다면 과연 대안은 있는가라고 질문이 가능하겠습니다. 소비자잉여를 실제로 계산하기 위해서는 수요곡선이 있어야 하는데 우리는 수요곡선을 정말 관찰할 수 있습니까?

방대한 데이터의 수집과 이를 이용한 통계분석 능력이 발전하면서 실제로 수요곡선을 정밀하게 관찰해내는 일은 흔해지고 있습니다. 계량경제학은 통계학적 기법을 이용해서 경제학모형을 데이터에서 어떻게 추정할지를 연구하는 분야입니다. 계량경제학에 기초한 실증미시경제학에서는 다양한 재화에 대한 수요곡선의 추정이 중요한 연구주제입니다.

한편 실제로 수요곡선을 자세하게 관찰하지 못한다 하더라도 소비자잉여를 대략 계산하는 일은 가능합니다. 원래 소비자잉여라는 개념이 효율성 척도로 제시된 것도 그런 이유 때문입니다. 소비자잉여를 사용해서 현실을 평가해야 하는 중요한 경우는 시장에서 가격의 변화가 일어났을 때입니다. 특히 정부가 새로운 세금을

---

7 보상변화(compensated variation), 대등변화(equivalent variation)라는 개념들이 있습니다.

8 애초에 소비자잉여를 최초로 정의하고 분석했던 사람은 프랑스의 기술자인 뒤퓌(Jules Dupuit, 1804-1866)였습니다. 그가 연구했던 시대에는 효용함수나 수요함수의 개념이 지금에 비해 명확하게 정립되지 않았습니다. 그는 경험적으로 관찰되는 수요곡선을 대상으로 분석했고 이를 지불용의가격으로 해석했습니다. 알프레드 마셜도 뒤퓌의 아이디어를 받아들여서 수요곡선을 이해했고 소비자잉여를 사용했습니다.

부과한다든지 기타 정책 수단을 동원한 결과로 가격이 변할 때가 해당됩니다.

그렇다면 최소한 가격이 변화하기 이전의 소비량과 가격이 변화한 이후의 소비량은 관찰이 가능할 것입니다. (혹은 가격 변화 이전의 매출액과 가격 변화 이후의 매출액을 관찰할 수 있겠지요.) 그림 16.5를 보면 가격이 p_0에서 p_1으로 인상되었을 때 소비자잉여의 변화액을 추측하여 계산하는 것이 가능합니다. 현실에서 관찰된 것은 표시된 두 점입니다. 따라서 수요곡선이 두 점을 지나간다는 것은 알지만 정확한 형태는 모릅니다. (점선으로 표시되어 있습니다.) 하지만 가격의 변화 및 수요량의 변화가 지나치게 크지 않다면 두 점을 연결하는 구간은 대략 직선이라고 가정할 수 있습니다.

그림 16.5 소비자잉여의 추산

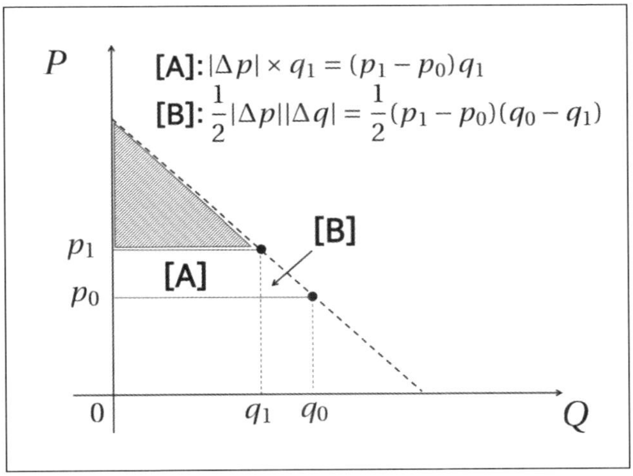

두 점을 연결한 구간이 직선이라는 가정하에 소비자잉여의 변화는 $[A]+[B]$만큼입니다. 애초의 소비자잉여는 그림에서 칠해진 삼각형 $+[A]+[B]$였고, 가격 인상 이후 소비자잉여는 칠해진 삼각형뿐이므로 그 차이가 $[A]+[B]$입니다. (가격이 인상되었으므로 소비자잉여는 그만큼 감소한 것입니다.) 그런데 $[A]$는 직사각형이므로 간단하게 면적 계산이 가능하고, 두 점 사이의 연결선이 직선이라고 가정하면

$[B]$도 직각삼각형이므로 면적 계산이 됩니다. 그림에도 적어놓은 것처럼[9]

$$[A] = (p_1 - p_0) \times q_1 = |\Delta p| \times q_1 \tag{16.1}$$

$$[B] = \frac{1}{2}(p_1 - p_0)(q_0 - q_1) = \frac{1}{2}|\Delta p||\Delta q| \tag{16.2}$$

로 계산이 됩니다.

위의 두 식은 단지 그림에서 사각형과 삼각형의 면적만을 계산한 것이 아니고 나름 그 자체로도 해석이 됩니다. 우선 (16.1)에서 $[A]$는 Δp는 (정책으로 인한) 가격 변화의 폭이고 q_1은 가격 변화 이후에 (여전히) 소비되는 수량입니다. 지불용의가격이 변화된 가격보다도 여전히 높기 때문에 여전히 소비는 하지만 가격인상 전에 비해 지출액의 부담이 이만큼 늘어났습니다. 한편 (16.2)의 $[B]$에서 가격변화폭 Δp와 수요량변화폭 Δq를 곱하는 부분은 가격인상 후 줄어든 소비량으로 인해서 사라진 소비자잉여를 계산한 것인데 이때 q_1과 q_0 사이의 지불용의가격이 일정하지 않기 때문에 두 점 사이의 "평균"을 내어서 $\frac{1}{2}|\Delta p|$라고 볼 수 있고 여기에 수량 $|\Delta q|$를 곱한 것이 사라진 소비자잉여 크기의 추산인 것이죠.

실제 소비자잉여의 변화분은 두 크기를 합한 것 즉

$$|\Delta CS| = [A] + [B] = |\Delta p| q_1 + \frac{1}{2}|\Delta p||\Delta q| \tag{16.3}$$

[소비자잉여의 변화]

이 됩니다. ΔCS의 부호는 가격인상시 마이너스, 가격인하시 플러스일 것입니다.

예 16.5

10만 원의 가격에 하루 100만 개가 팔려서 하루 매출이 1000억 원인 어떤 제품에 대해 특별소비세를

9 이런 계산은 최초로 소비자잉여 개념을 사용했던 뒤퓌가 1844년에 이미 했던 것이고 후에 호텔링(Harold Hotelling, 1895-1973)이라는 학자가 공식화했습니다. Dupuit, *De la mesure de l'utilité des travaux publics* (공공사업의 효용의 측정에 대하여) (1844), Hotelling, "The General Welfare in Relation to Problems of Taxation and of Railway and Utility Rates", *Econometrica* (1938).

개당 1000원 (가격의 1%) 부과했더니 전국적으로 매장의 하루 매출이 959억 5천만 원으로 감소했다고 해봅시다. 즉 새로운 판매량은 하루 959.5억 원/10만 1천 원 = 95만 개르 예전에 비해 5% 감소했습니다.

(1) 먼저 이 조치로 정부는 어떤 '성과'를 올렸을까요? 다른 정책적 목적도 있었겠지만 일단 걷어들인 세금 수입은 하루에 1000원 곱하기 95만 개 = 9.5억 원이 됩니다.

(2) 제품의 판매자들에게는 어떤 영향이 있었을까요? 소비자나 그 외 일반인들은 세금 부과로 인해 가격이 올라가면 기업이 '이득'을 본다고 오해하는 경우가 많습니다만 전혀 그렇지 않습니다. 걷어들인 세금은 정부가 가져가는 것이지 기업에게 오는 게 아니고, 기업의 입장에서는 오히려 수요량이 줄었기 때문입니다. 기본적으로 데이터에서 하루 매출액이 40억 5천만 원 감소했습니다. (가격 인상 후에 매출이 감소한 것을 보면 재화 수요가 탄력적임을 알 수 있습니다.) 비용에 대한 정보가 없기 때문에 이윤이 얼마나 변했는지는 알 수 없지만, 세금 부과 이전 상태에서 이윤을 극대화하고 있었다면 예전보다는 이윤이 감소했다고 봐야 할 것입니다. (기업이 가격변화로부터 받는 순성과 혹은 순영향에 대해서는 다음 절에서 다시 공부합니다.)

(3) 이제 이 절의 주요 관심사인 소비자에 대한 영향을 계산해봅시다. 브통 세금이 부과되면 업계 관계자들이 매출이 줄어든 것에 대해서 불평을 할 것이고 일반 소비자도 가격 인상에 대해 불만을 표하겠으나 실제 소비자가 받은 '피해'는 명확하게 수치로 제시되지 않는 경우가 많습니다. 소비자잉여는 이에 대한 보완지표가 됩니다. 위의 공식 (16.1)과 (16.2)를 적용하려면 q_1, Δp, Δq가 필요합니다. $q_1 = 95$만 개이고, $\Delta p = 1000$원, $\Delta q = 5$만 개입니다. 따라서

$$[A] = |\Delta p| \times q_1 = 1000 \times 95\text{만} = 9.5\text{억}$$

$$[B] = \frac{1}{2}|\Delta p||\Delta q| = \frac{1}{2} \times 1000 \times 5\text{만} = 2.5\text{천단}$$

즉 소비자잉여의 변화분은

$$\Delta CS = -([A]+[B]) = -9.75\text{억 원}$$

이 됩니다. 다시 말해서 이 세금 부과로 인해서 소비자들이 입은 피해는 돈으로 환산할 때 9억 7천 5백만 원 정도가 되는데, 세분하자면 세금을 감수하고서 물건을 사는 사람들이 부담한 가격인상분(세금)이 9억 5천만 원이고, 세금 인상 후 이 둘건을 사는 것을 포기한 소비자들이 잃어버린 혜택이 2천 5백만 원입니다.

정리하자면 정부가 걷어들인 세금수입은 소비자잉여의 감소분인 [A]에 의해 상쇄되고, 거기에 추가해서 소비자잉여가 [B]만큼 더 감소하고 게다가 판매자의 이윤도 어느 정도 감소했을 가능성이 높습니다. 결과적으로 이 세금부과 정책은 사회후생의 크기를 감소시켰으므로 시장 성과의 효율성을 감소시켰다고 할 수 있겠습니다. 완전경쟁시장에 세금을 부과할 경우 효율성이 감소하는 한 사례입니다. 이 세금으로 무언가 보람있는 일을 한다 하더라도 일단 시장에서 만들어낼 수 있는 거래의 이득의 크기에서 손해를 본 것은 어쩔 수 없습니다.

위에서 정부의 순성과를 계산할 때 단순히 세금수입만을 계산했습니다만, 실제로는 추가적인 정책적 목적이

있을 수 있습니다. 예를 들어 문제가 된 제품의 소비가 환경오염을 통해서 국민들의 건강에 피해를 주어 이를 줄이는 것이 목적이었을수도 있습니다. 이 피해의 규모를 돈으로 환산할 수 있다면, 그래서 줄어든 수요량으로 인해 감소된 피해의 규모가 2천 5백만 원보다 크다면 (일단 기업의 입장은 무시할 때) 적어도 소비자들에게는 바람직한 정책이 될 수도 있는 것이지요.

더 생 각 해 보 기

소비자잉여의 한계

소비자잉여는 소비자의 '행복'을 돈으로 환산한 것이기 때문에, 측정과 비교가능성에서 객관성을 확보한다는 장점이 있습니다. 하지만 그만큼 본질적인 한계도 가집니다. 거시경제학의 중요한 소득지표인 GDP(국내총생산)가 시장가치를 사용하기 때문에, 시장에서 거래되지 않는 재화나 서비스를 누락하는 것과 비슷합니다. 더구나 수요곡선은 실제 소비자의 효용함수가 아니라 예산 제약 하에서 표출된 것으로 효용뿐 아니라 오히려 예산제약의 지배를 많이 받습니다. 예를 들어 가난한 아프리카 지역에서 표출되는 수요로 측정한다면 에이즈 치료제의 소비자잉여의 크기는 매우 작게 나타날 수 있습니다.(David Colander, *The Stories Economists Tell*, 2005) 이 경우 에이즈 치료제의 가격에 대한 보조라든가 하는 정책의 방향을 결정함에 있어서 단순한 소비자잉여는 지표로서 부족함이 있을 수 있습니다.

16.4 생산자잉여: 기업이 얻는 거래의 이득

시장에 참여함으로부터 기업이 얻는 거래의 이득을 측정할 차례입니다. 앞에서 기업의 순성과는 자연스럽게 이윤일 것이라고 지적했습니다. 그렇다면 생산자잉여라는 개념을 굳이 따로 만들 필요가 있을까요? 우리가 여기서 정의할 생산자잉여는 사실 기업의 이윤과 밀접한 관련을 가집니다. 하지만 이윤과 동일하지는 않습니다.

이윤을 사용할 수 있다면 쓸 수 있겠지만 현실에서 기업의 이윤을 파악하는 것에는 어려움이 있습니다. 그 기업의 내부 정보인 셈이니까 말이지요. 또한 감사요건에 따라 재무정보가 공개되는 경우에도 회계상의 이윤이 경제학적 의미의 이윤과 꼭 맞지 않을 수도 있습니다.

반면 **생산자잉여(producer surplus)**는 소비자잉여와 대칭적인 개념으로서, 간략하게 정의 및 계산이 가능하고 게다가 그림으로도 소비자잉여와 함께 같은 평면에 그려진다는 장점이 있습니다. 따라서 먼저 우리는 생산자잉여가 무엇인지 공부하고 다음으로 그것이 이윤과는 어떤 관련을 갖는지 알아보겠습니다.

그림 16.6 생산자의 수용용의가격과 실제 수용가격의 차이

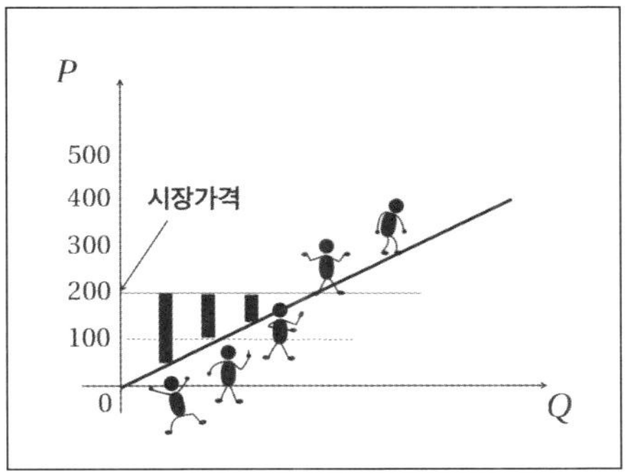

수요곡선을 소비자들의 지불용의가격곡선으로 해석한 것과 마찬가지로, 공급곡선은 기업들의 **수용용의**(willingness to receive)가격곡선으로 해석합니다. 즉, **그림 16.6**에서 우상향하는 공급곡선은 각 기업들이 최소한 얼마의 가격을 받기를 원하는지에 따라서 가장 낮은 수용용의가격부터 점차 그것이 상승하는 순서대로 줄을 세운 셈입니다.

그림에는 편의상 5명의 생산자만이 표시되어 있는데, 가장 왼쪽의 첫 번째 생산자는 수용용의가격이 가장 낮아서 50원/개에 불과합니다. 그런데 시장가격은 200원/개이므로 자신이 받고자 했던 가격에 비해 150원을 더 받은 셈입니다. 이것이 이 생산자의 잉여입니다.

둘째 생산자는 100원의 수용용의에 비해 200원을 받으므로 100원이 잉여, 세 번째 생산자는 50원의 잉여를 받는 셈이고, 네 번째 생산자는 받고자 하는 가격과 실제 가격이 일치하여 잉여가 없습니다. 한편 마지막 다섯 번째 생산자는 받고자 하는 가격이 200원/개보다 높은데 시장가격은 200원/개에 불과하므로 공급을 포기했습니다.

생산자잉여는 이들의 잉여를 모두 합한 것으로 그림에서는 150 + 100 + 50 = 300이 될 것입니다. 소비자잉여와 마찬가지 이 값의 단위는 화폐단위이고, 그림

16.6에서 겨우 몇 명을 그려놓은 것을 확장하면 공급곡선 전체를 사용해서 계산이 가능합니다. (그림 16.7)

그림 16.7 생산자잉여

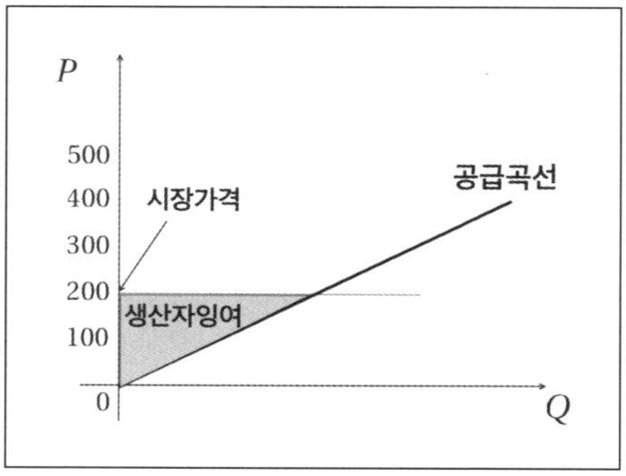

[정의] 생산자잉여

(우상향하는) 공급곡선에 대해 어떤 시장가격이 주어질 때, 시장가격을 나타내는 수평선과 공급곡선 사이의 면적을 생산자잉여라고 한다.

결국 생산자잉여가 나타내는 것이 정확하게 무엇인지 그리고 이것이 이윤과 어떻게 관련되는지를 알려면, 기업의 '공급곡선'이 무엇을 나타내는지를 알면 됩니다. 우리는 완전경쟁시장모형에 대해서만 공급곡선을 도출했는데, 특히 그 내용이 단기일 때와 장기일 때가 달랐습니다.

단기의 생산자잉여와 이윤의 관계

완전경쟁시장의 단기에서 기업의 공급곡선은 단기한계비용(SMC)곡선입니다. (물론 우하향하는 부분을 제거하고, 평균가변비용보다 아래에 있는 부분도 제거한 후의 일입니다.) 소비자의 효용함수가 준선형일 때 적분의 의미를 따져서 소비자잉여가 효용에 대응된다는 것을 계산해낸 것처럼, 이 경우에도 적분을 사용해볼 수 있습니다.

그림 16.8에서 우상향하는 공급곡선은 단기한계비용곡선입니다. 한편 p_0와 q_0로부터 만들어지는 사각형 [A]+[B]의 면적은 p_0q_0인데 이는 기업의 매출에 해당합니다. 여기서 비용을 빼줄 수 있다면 그것이 기업의 이윤입니다.

그림 16.8 단기의 생산자잉여

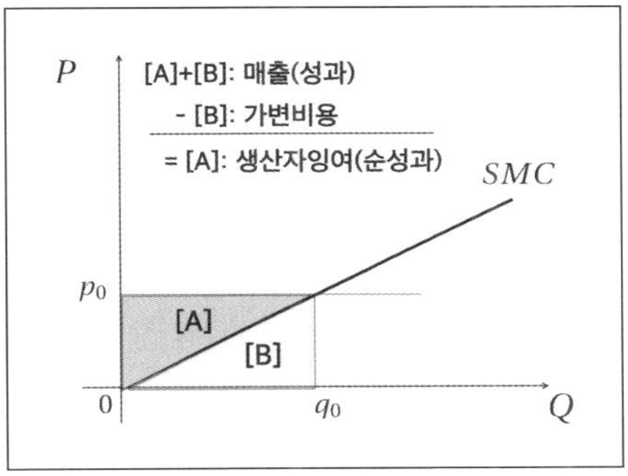

그런데 이 그림 상에서는 비용의 크기를 알 수가 없습니다. 공급량 q_0과 함께 비용을 알아내려면 평균비용을 알아야 하는데 그림에 나와 있지 않습니다. (현실에서도 평균비용곡선을 기업외부에서 관찰하기는 쉽지 않습니다.)

대신 생산자잉여는 그림의 [B] 부분을 제하는 것으로 계산되는데, 여기서 [B]는 단기한계비용(SMC)곡선을 적분함으로 계산됩니다. 단기한계비용(SMC)은 단기총비용(STC)의 도함수입니다. 즉, $SMC(q) = c_s'(q)$입니다. 따라서 가격이 p_0이고 공급량이 q_0일 때 생산자잉여는

$$PS(q_0) = p_0q_0 - \int_0^{q_0} c_s'(Q)dQ = p_0q_0 - [c_s(q_0) - c_s(0)]$$

이 됩니다. 그런데 앞 절에서 준선형효용함수의 소비자잉여를 계산할 때는 $v(0)$라는 항의 값을 임의로 0이라고 정해줄 수 있었는데 (효용은 임의로 기준을 정할 수 있으므로) 비용에 대해서는 함부로 $c_s(0) = 0$이라고 가정할 수 없습니다. 특히 생산량이 0일 때 단기총비용은 일반적으로 0이 아닙니다. 왜냐하면 단기총비용은

가변비용과 고정비용의 합으로 이루어지기 때문입니다. 즉

$$c_s(q) = VC(q) + FC$$

이기 때문에

$$c_s(0) = FC$$

입니다. 또한 q_0일 때의 단기총비용은

$$c_s(q_0) = VC(q_0) + FC$$

입니다. 따라서

$$PS(q_0) = p_0q_0 - [VC(q_0) + FC - FC] = p_0q_0 - VC(q_0)$$

가 됩니다. 즉, 완전경쟁시장의 단기에서 생산자잉여는 매출에서 가변비용을 빼어준 값이 됩니다. q_0일 때 이윤은

$$\pi(q_0) = p_0q_0 - VC(q_0) - FC$$

이므로

$$\pi(q_0) = PS(q_0) - FC \Longleftrightarrow PS(q_0) = \pi(q_0) + FC$$

가 됩니다. 단기 생산자잉여는 기업의 이윤에다가 고정비용의 값을 얹어준 값입니다.

그런데 잠시 생각해보면 고정비용의 값을 얹어준다는 것은 예컨대 정책 평가를 위해서 생산자잉여를 계산할 때 별로 중요하지는 않습니다. 즉 가격이 변할 때 생산자잉여의 변화를 계산한다면 가격이 변하기 이전과 이후 모두 고정비용은 동일할 것이기 때문에 이 부분은 상쇄되고, 실제 생산자잉여의 변화분은 이윤의 변화분과 일치할 것입니다. 수식으로 말하자면 p_1으로 가격이 변해서 공급량이

q_1으로 바뀐다면 이때 $PS(q_1) = \pi(q_1) + FC$일 것이고 따라서 생산자잉여의 변화분은

$$\Delta PS = [\pi(q_1) + FC] - [\pi(q_0) + FC] = \pi(q_1) - \pi(q_0) = \Delta\pi$$

가 됩니다.

장기의 생산자잉여와 이윤의 관계

자, 단기에서는 생산자잉여가 이윤과 밀접한 관계가 있음을 알아보았습니다. 장기는 어떨까요? 장기의 공급곡선은 무엇이던가요? 우선 완전경쟁시장의 장기에서 개별 기업은 별도의 공급곡선을 갖지 않습니다. 각 개별기업은 장기평균비용이 최저가 되는 수준에서 생산량을 정해놓았고 가격이 변하더라도 이 생산량을 변화시키지 않습니다. 즉 장기에서 개별 기업에 대한 생산자잉여는 애초에 계산도 되지 않는 개념입니다. 한편 시장전체 공급곡선은 장기에서도 존재합니다.

그런데 장기 시장공급곡선은 시장공급량의 변화에 따라 요소가격이 어떤 영향을 받는지, 즉 **비용불변산업**인지 **비용증가산업**인지에 따라 달라집니다. (**비용감소산업**은 예외적인 경우로 무시합시다.)

먼저 **비용불변산업**이라면 장기 시장공급곡선은 수평선입니다. (그 수준은 장기평균비용의 최저에 대응됩니다.) 따라서 생산자잉여를 계산하고자 해도 계산이 역시 안됩니다. 시장가격수준과 공급곡선 사이에 간격이 아예 없기 때문이지요. (엄밀하게 말하자면 이런 경우에 시장가격 자체도 변하지 않습니다.)

따라서 생산자잉여라는 것을 계산해보려면 장기에서 **비용증가산업**이라서 장기공급곡선이 우상향하는 형태라야 의미가 있을 것입니다. **그림** 16.9를 보지요.

여기서도 마찬가지로 [A]+[B]의 사각형 부분은 매출 p_0q_0입니다. 여기서 [B] 부분을 빼어주면 생산자잉여가 됩니다. [B]가 무엇을 나타내는지 알면 [A]도 어떤 의미인지 해석이 가능해집니다.

그런데 먼저 지적할 점은 [A]는 기업의 이윤일리가 없다는 것입니다. 비용증가산업이든, 비용불변산업이든 장기균형에서 개별 기업은 **정상이윤** 즉 0의 이윤을 얻고 있습니다. 장기균형의 정의상 양의 이윤이 발생하면 진입이 일어납니다. 따라서 일

그림 16.9 장기의 생산자잉여 (비용증가산업)

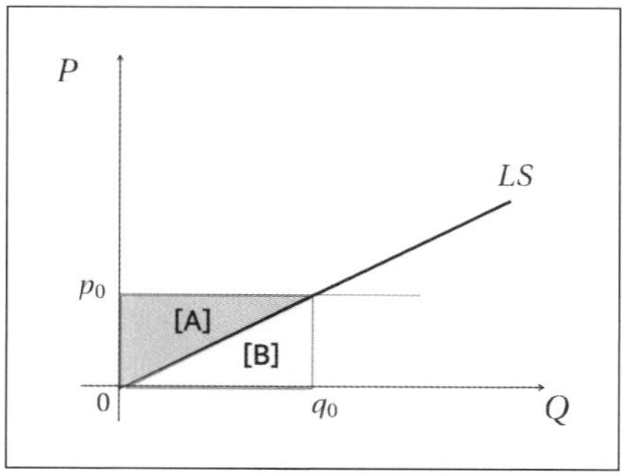

단 기업들의 이윤은 0이어야 하는데 그림에서 [A]는 면적을 갖고 있으므로 이윤은 아닙니다.

비용증가산업에서 장기공급곡선 LS가 우상향하는 형태를 갖는 이유는 시장공급량 Q의 증가에 따라 요소가격들이 인상되기 때문입니다.[10] 즉, 기업의 비용에서 $LAC(q) = C(q)/q$이고 $C(q) = w_1z_1(q) + w_2z_2(q)$인데 개별 기업의 생산량인 q에는 변화가 없습니다. 그럼에도 불구하고 LAC의 최저점이 시장공급량 Q의 증가에 따라 상승하는 것은 요소가격 w_1, w_2가 Q의 증가에 따라 상승하기 때문입니다. 즉 $w_1(Q), w_2(Q)$이고 $w_1' > 0$, $w_2' > 0$인 것이지요. (여기서 기호가 거추장스럽긴 하지만 개별 생산량은 q, 시장공급량은 Q라고 부르고 있습니다.) Q의 증가에 따라 요소가격들이 급격하게 증가한다면 w_1', w_2'의 값들이 큰 양수일 것이고 장기공급곡선 LS도 기울기가 클 것입니다.

기업은 벌어들이는 매출을 모두 요소들에게 비용으로 지불하고 있으므로 이윤이 없습니다. 그림 16.10의 $P = p_0$라는 시장가격에 대해 $Q = q_0$라는 시장공급량이 발생하고 이를 생산하기 위해서는 장기평균비용의 최저수준이 p_0이 되도록 요소가격이 올랐는데, 만약 $P = p'$로 가격이 낮았더라면 더 낮은 시장공급량 $Q = q'$에서

10 개별 공급량의 변화는 시장 전체에서 차지하는 비중이 미미하여 요소가격에 아무런 영향을 주지 않는 것으로 봅니다. 또한 실제로 장기균형 상태에서 개별 기업은 생산량을 변경하지도 않습니다. 계속해서 자신의 장기평균비용의 최저점에 해당되는 수량을 택하고 있을 뿐, 시장공급량은 새로운 기업의 진입이나 기존 기업 중 일부의 퇴출로 조정됩니다.

는 장기평균비용의 최저수준이 더 낮았을 것입니다. 즉 요소가격이 더 낮았습니다. 다시 말해서, $Q = q_0$에서 생산에 동원되고 있는 요소들 중 일부는 $Q = q'$에서 더 낮은 가격에도 (기꺼이) 요소를 공급했었다는 것입니다.

그림 16.10 비용증가산업에서 장기공급곡선 아래 면적의 의미

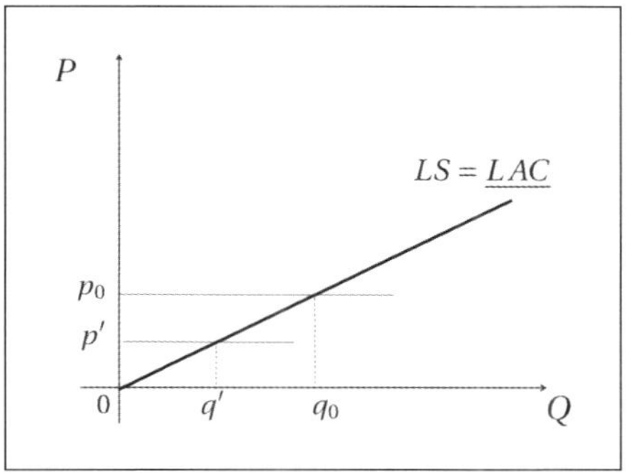

요소의 입장에서 생각해보면 시장공급량이 낮을 때 이 시장에서 요소공급자(즉 노동제공자 또는 자본제공자)로 일하고 있던 사람들은 말하자면 다른 시장에서 일한다는 대안이 별로 좋지 않아서 이곳에서 비교적 낮은 임금과 임대료에도 자신의 요소를 공급하고 있었다는 뜻입니다. 그런데 시장의 공급규모가 확장되면서 더 많은 요소가 필요하게 되고 따라서 다른 시장에서 일하고 있던 노동제공자와 자본제공자를 유인하기 위해서 이 시장의 임금과 임대료가 올라갑니다. 그렇다면 원래 이 시장에서 일하던 노동자와 자본가는 그 덕을 보는 셈이지요. 원래도 낮은 가격에 요소를 제공했는데 요소가격이 자신과 무관하게 인상되니까요. 만약에 시장 공급량의 증가에 따라서 추가로 들어오는 요소에 대해서는 높은 임금과 임대료를 지불하지만, 예전부터 고용되어 있던 요소들에게는 예전 그대로 낮은 임금과 임대료를 지불한다면 기업이 지불하는 총 비용은 그림 16.9의 [B]가 됩니다. 그리고 인상된 가격으로 인해서 기업은 [A]만큼의 이윤을 남겼을 수도 있겠지요.

하지만 요소들 간에 서로 다른 임금, 임대료를 지급하는 것이 불가능하고 모두 동일하게 주어야 한다면 요소들은 [A]+[B]만큼을 모두 받아갑니다. 즉 기업은 p_0q_0의 매출을 올리고 이를 모두 요소에게 지급하며, 요소는 사실 [B]만 받았어도

괜찮은데 [A]+[B]만큼을 받게 되니 [A]는 "잉여" 인 셈입니다. 다시 말해서 그림 16.9 의 생산자잉여인 [A]는 기업이 가져가는 것이 아니라 요소의 공급자들이 가져가는 것입니다.

현실에서 생산자잉여를 실제로 어떻게 측정할 수 있을까?

이번에 해볼 작업은 소비자잉여에서 (16.1)과 (16.2)로 계산했던 작업을 생산자잉여에도 해보는 것입니다. 한번 해본 것이므로 간략하게 설명하겠습니다. 단기와 장기(비용불변산업)에서 달라지는 해석은 무시하고 그냥 우상향하는 공급곡선을 가정하고 거기에서 생산자잉여가 계산된다고 하겠습니다.

그림 16.11 은 그림 16.5 와 짝이 됩니다. 가격이 p_0에서 p_1으로 오를 때 생산자잉여의 변화폭도 $[A]$와 $[B]$로 구성되는데 심지어 그 면적을 계산한 공식도 그림 16.5 때와 거의 동일합니다. ($|\Delta q|$를 계산할 때 지금은 $q_1 > q_0$인 것만 다릅니다.)

생산자의 입장에서 가격이 오른 것은 더 좋은 일이므로 그림에서 생산자잉여의 변화는 증가에 해당됩니다. 증가이든 감소이든 그 변화폭은 소비자잉여 때와 사실상 동일한 공식으로 계산이 가능합니다. 물론 이렇게 계산할 때는 가격 및 거래량의 변화폭이 심하게 크지 않고 따라서 두 점 사이의 공급곡선이 거의 직선에 가깝다는 가정이 필요할 것입니다.

$$(16.4)\quad |\Delta PS| = [A]+[B] = |\Delta p|q_0 + \frac{1}{2}|\Delta p||\Delta q| \qquad \text{[생산자잉여의 변화]}$$

(16.3)과 (16.4)는 사실상 동일합니다. 그럼 가격변화가 일어날 때 사회후생의 변화는 단지 소비자잉여의 변화폭의 2 배 또는 생산자잉여 변화폭의 2 배인 것일까요? 혹은 두 잉여의 변화가 부호가 다르니 상쇄되어 0 인 걸까요? (16.3)과 (16.4)는 각각 거래 상대방을 무시하고 그냥 주어진 가격이 변하는 상황을 고려했습니다만, 시장에서 소비자와 기업이 만나서 균형을 이룬 상황에서 뭔가 변화가 일어난다면 소비자잉여의 변화양상과 생산자잉여의 변화양상이 다를 수 있습니다.

그림 16.11 생산자잉여의 추산

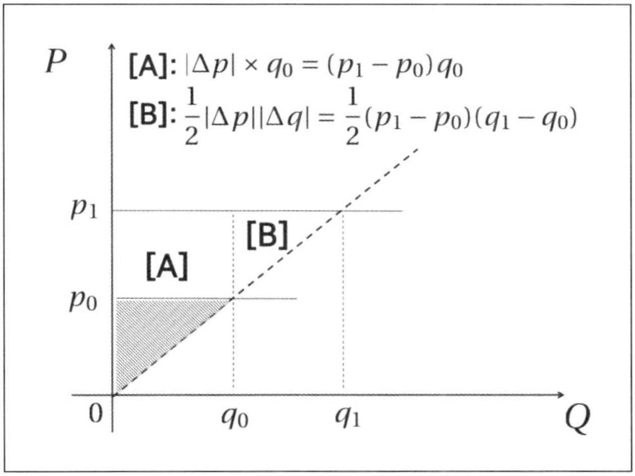

16.5 완전경쟁시장의 효율성

이제 비로소 시장이 어떤 점에서 훌륭한지를 효율성의 개념을 사용하여 논할 차례가 되었습니다. 정확하게 말하자면 완전경쟁시장이 다른 모든 시장 형태들보다 더 효율적입니다. 더 정확하게 말하자면 완전경쟁시장의 "균형 상태"가 시장에서 발생할 수 있는 모든 상태에 비해 더 효율적입니다.

완전경쟁시장의 균형이 아닌 상황을 주면 그것이 완전경쟁 시장균형보다는 비효율적이라는 것을 보이는 것이 비교적 수월합니다. 하지만 완전경쟁시장의 균형이 가장 효율적이라는 점을 명쾌하게 증명하는 것은 조금 어렵습니다. 그야말로 모든 가능한 경우를 다 고려해야 하니까 말이지요. 게다가 우리는 지금까지 시장모형이라고는 완전경쟁 밖에 공부하지 않았습니다. 따라서 제대로 다른 시장모형과 비교하려면 그 모형들을 공부하는 책의 나머지 부분들로 과제를 미룰 수밖에 없습니다.

따라서 여기서는 완전경쟁시장의 균형이 아닌 상황은 왜 균형보다 사회후생이 작은지를 설명하는 것으로 시장 효율성을 설명하는 첫 시도로 삼고자 합니다. 시장 효율성에 대해서는 독점이나 과점의 모형들을 공부하면서 다시 언급이 될 것입니다.

그림 16.12 시장균형과 인위적으로 높은 가격의 비교

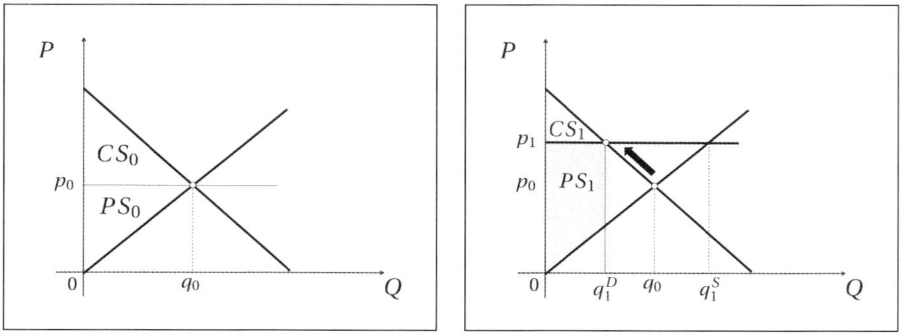

(a) 시장균형　　(b) 균형보다 높은 가격

그림 16.12의 (a)는 우하향하는 수요곡선과 우상향하는 공급곡선이 만나서 이루어진 시장균형 (p_0, q_0)를 보여줍니다. 이때 소비자잉여는 CS_0이라고 적힌 삼각형의 면적, 생산자잉여는 PS_0이라고 적힌 삼각형의 면적입니다.

(b)는 시장균형보다 인위적으로 가격이 높게 설정된 경우를 보여줍니다. 균형보다 높은 가격 p_1에서 수요량은 q_1^D이고 공급량은 q_1^S입니다. 아무리 공급량이 많다고 해서 이를 강제로 소비자에게 판매할 수는 없습니다. (가정 16.1) 따라서 이 경우 시장 거래량은 더 작은 양인 q_1^D가 됩니다. (시장공급량과의 격차는 초과공급입니다.) 가격이 p_1일 때의 소비자잉여는 CS_1, 그때 생산자잉여는 PS_1으로 표시되어 있습니다. 눈으로 보아도 벌써 (a)에 비해 (b)의 사회후생의 크기가 작습니다. 하지만 더 자세하게 어떤 부분에서 사회후생이 작아졌는지를 검토해보겠습니다.

그림 16.13(a)는 먼저 소비자잉여를 검토합니다. CS_1과 CS_0을 비교해보면 그림 (a)에서 $-[A]$라고 표시된 사각형 부분과 $-[B]$라고 표시된 삼각형 부분이 줄어들었음을 알 수 있습니다. $-[A]$는 높아진 가격에 구매하는 소비자의 잉여가 감소한 부분이고, $-[B]$는 높아진 가격으로 구매를 포기한 소비자의 잉여가 사라진 부분입니다.

한편 그림 (b)는 생산자잉여의 변화를 보여줍니다. 그림에는 먼저 예전의 생산자잉여 PS_0 부분이 칠해져 있습니다. 여기서 새로운 생산자잉여 PS_1으로 변할

그림 16.13 인위적으로 높은 가격으로 인한 소비자잉여 및 생산자잉여의 변화

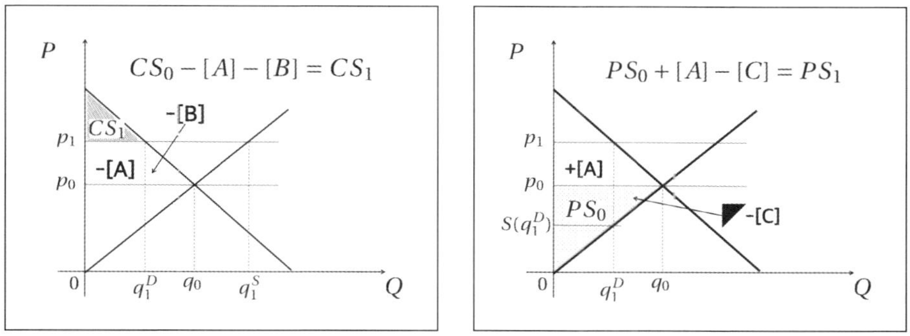

(a) 소비자잉여 (b) 생산자잉여

때 $+[A]$만큼은 늘어나고 $-[C]$만큼은 줄어듭니다. 가격이 인상되었기 때문에 일단 생산자잉여가 늘어나는 부분이 있습니다. 만약 높은 가격에 공급량인 q_1^S가 다 판매된다면 생산자잉여는 분명 크게 증가합니다. 하지만 실제로는 q_1^D밖에 안 팔리기 때문에 수요량에 대해서 기업의 판매수입이 증가하는 부분이 $+[A]$입니다. 한편 가격 인상과 함께 거래량이 줄어들기 때문에 기업들 중 일부(정확하게 말하자면 수용용의 가격이 높은 기업들)는 거래를 하지 못하고 이에 생산자잉여가 사라집니다. 이 부분이 $-[C]$입니다.

소비자잉여와 생산자잉여의 변화분을 합해보면

$$\Delta SW = \Delta CS + \Delta PS = -[A] - [B] + [A] - [C] = -[B] - [C] < 0$$

가 됩니다. 즉 가격 변화 이후 거래량이 감소되었는데 일단 그래도 거래를 계속하는 소비자의 기업의 입장에서는 감소된 소비자잉여가 그대로 생산자잉여의 증가로 이어집니다. 소비자잉여 일부가 생산자잉여로 자리를 바꾸는 것이지요. 이 부분은 분배의 문제이지, 배분효율성과는 무관합니다. 효율성은 누가 이득을 가져가는지에는 신경을 쓰지 않습니다.

하지만 $-[B]-[C]$ 부분은 사회 전체의 손실입니다. 가격을 올리는 바람에 거래량이 줄었고 그 때문에 소비자 일부와 기업 일부가 거래의 이득에 참여하지 못하게 되었습니다. 이 부분이 비효율적인 이유는 시장에서 발생할 수 있었던 잠재적인 잉여가 실현되지 못했기 때문입니다. 특히 만약 $-[B]-[C]$ 부분에 해당되는 소비자와 기업이 따로 만난다면 이들 사이에서는 분명히 서로에게 이득이 되는 (다른 이들에게 손해가 되지 않는) 기회가 존재합니다. 다른 기업과 소비자는 그대로 p_1에 거래하도록 내버려두고 이들만이라도 따로 p_0에 거래할 수 있다면 파레토 개선이 가능합니다. 그 비효율성의 크기는 **그림 16.14** 에 진한 삼각형으로 칠해져 있습니다. 이 부분을 **사회후생의 손실**이라고 부릅니다.[11]

그림 16.14 인위적으로 높은 가격으로 인한 사회후생의 손실

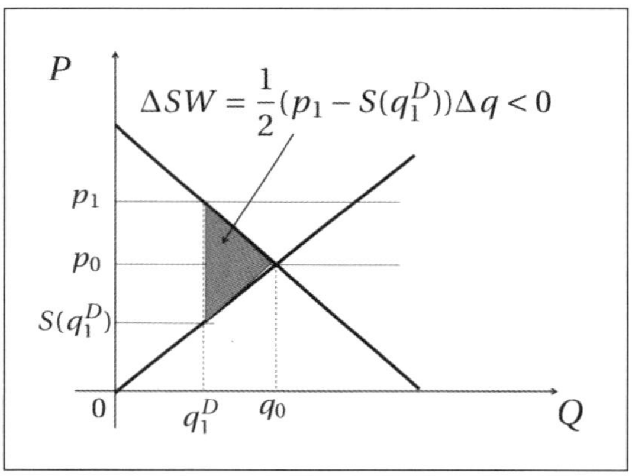

수요곡선과 공급곡선이 직선이라면 그 손실의 크기 또한 공식으로 간단하게 적을 수 있습니다. 삼각형의 수직변 길이는 인위적인 높은 가격과 실제 거래량에서의 공급자의 수용용의가격의 차이이므로 $p_1 - S(q_1^D)$이고 수평방향의 높이는 거래량의 변화입니다. 그림에 적혀 있는 대로 이는 다음과 같습니다.

$$\Delta SW = \frac{1}{2}(p_1 - S(q_1^D))\Delta q$$

11 사중손실 (deadweight loss) 또는 자중손실이라고 부르기도 합니다.

기본적으로 시장에서 발생할 수 있는 거래의 이득은 소비자의 지불용의가격이 기업의 수용용의가격보다 높기만 하다면 가능한 모든 거래를 실현시킬 때 극대화됩니다. 그런 상태가 바로 시장균형입니다. 즉 시장균형보다 거래량이 적으면 사회후생의 크기는 더 작을 수밖에 없고 이에 비효율적일 수밖에 없습니다.

그럼 억지로 거래량을 늘리면 어떻게 될까요? 가격을 그림 16.12(b)에서 p_1으로 높게 유지하면서 소비자들에게 억지로 모든 공급량을 구매하도록 강요한다면 거래량은 q_1^S가 됩니다. 이때 소비자잉여와 생산자잉여의 변화가 그림 16.15에 나와 있습니다.

그림 16.15 인위적으로 높은 가격에 구매를 강요할 경우의 소비자잉여 및 생산자잉여의 변화

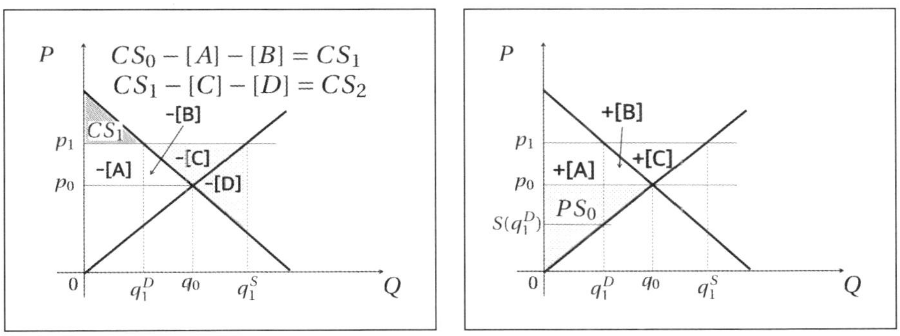

(a) 소비자잉여 (b) 생산자잉여

(a)에서 소비자잉여는 그림 16.14에서와 마찬가지로 $-[A]-[B]$의 감소가 발생할 뿐 아니라, 높은 가격에 재화를 사고 싶지 않은 소비자들에게 강제 판매를 하기 때문에 추가적인 소비자잉여의 손실이 있습니다. $-[C]$와 $-[D]$로 표시된 부분입니다. 자신이 원하는 것보다 더 높은 가격에 강제로 샀기 때문에 잉여가 아닌 손실이 있는 것입니다.

한편 높은 가격에 마음껏 팔았으므로 생산자잉여는 증가합니다. 즉 $[A]+[B]+[C]$ 부분이 더 늘어납니다. 소비자잉여와 생산자잉여의 변화를 합해보면 $[A],[B],[C]$ 부분까지는 상쇄되지만 결과적으로 $-[D]$ 부분은 소비자들은 잃었는데 생산자들은 가져가지 못합니다. 이 부분이 사회후생의 손실입니다. 사회후생의 손실의 크기는

그림 16.16 인위적으로 높은 가격에 구매를 강요할 경우의 사회후생의 손실

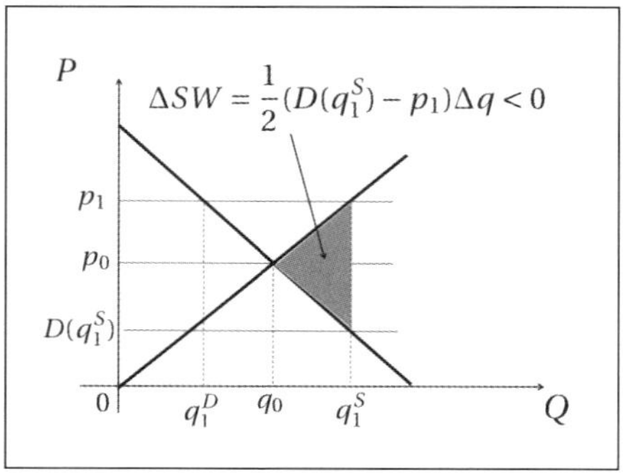

비슷한 공식으로 계산할 수 있는데, 이는 **그림 16.14**에서 계산했던 것보다 더 클 수도 있고 더 작을 수도 있습니다. 이번에는 인위적인 가격 p_1과 비교대상이 되는 가격이 강제구매를 포함한 수량 q_1^S에서의 지불용의가격 $D(q_1^S)$입니다.

인위적으로 높은 가격을 유지하는 경우를 고려해보았습니다. 인위적으로 낮은 가격을 유지하는 경우도 비슷한 과정으로 비효율적임을 보일 수 있습니다. 또한 이미 본대로 높은 가격과 함께 거래를 강요하는 경우의 손실과 마찬가지로, 낮은 가격과 함께 (기업들에게) 거래를 강요하는 경우에도 손실이 발생합니다. 또한 가격은 놔두고 거래량만을 강제로 조절하려고 시도해도 마찬가지로 사회후생은 감소합니다.

결론적으로 모든 참여자가 자발적으로 거래에 임한다는 **가정 16.1** 하에서는 시장의 균형에서 자발적인 상태에서 가장 낮은 지불용의가격을 가진 소비자와 가장 높은 수용용의가격을 가진 기업까지 거래가 성사되기 때문에 거래로부터 얻어낼 수 있는 이득이 최대한 활용되었고 따라서 최대의 효율성을 달성한 것이라고 할 수 있습니다. 이 논리도 팡글로스 식의 궤변일까요? 여러분의 판단에 맡기겠습니다.

보이지 않는 손과 시장 실패

효율성을 달성하게 해주는 것은 '시장경쟁', 그리고 모든 참여자가 수용하는 '시장가격'의 기능입니다. 이를 스미스는 '보이지 않는 손'이라고 불렀습니다. 소비자

는 주어지는 가격에 맞추어서 자신의 최선을 다하고, 기업 또한 주어지는 가격에 맞추어서 자신의 최선을 다한다면 균형 상태에서 사회적으로도 최선의 상황이 이루어진다는 것입니다.

혼잡한 거리에서 물흐르듯 자동차들이 자기 갈 길을 찾아갈 수 있는 것은 신호등이 있기 때문입니다. 신호등의 존재를 모르는 사람이 본다면 신기한 광경이겠지요. 보이지 않는 교통경찰이 있는 듯 할 테니까요.

하지만 교통체증으로 꽉 막힌 교차로에서 하염없이 기다려본 사람이라면 신호등만으로 언제나 해결되지는 않는다는 것을 알 것입니다. 정지선을 슬금슬금 벗어나거나 아예 대놓고 신호를 어기는 운전자들을 감시하는 카메라나 경찰이 필요합니다. 특히 차가 많이 막히는 출퇴근 시간대에는 차라리 신호등을 끄고 사람이 손으로 신호를 하는 편이 나을 때도 있습니다.

시장의 거래가 원활하고 효율적으로 이루어지도록 해주는 신호등은 시장가격인데 그것이 제대로 작동하기 위해서는 완전경쟁 시장모형을 통해 본 이상적인 거래 상황이 보장되어야 합니다. 신호등을 설치하고 그것을 사람들이 지키도록 최소한의 감시 장치를 하는 것이 정부의 일차적인 임무인 것처럼, 시장 경제에서 정부의 첫 번째 역할은 완전경쟁의 이상을 구현하도록 제도적 뒷받침을 하는 것입니다. 또 신호등이 고장나거나 신호등만으로 흐름이 어려울 경우 직접 사람이 개입해야 하는 것처럼, 시장이 이상적 모습에서 벗어나는 경우 정부의 개입이 필요할 수 있습니다. 시장이 완전경쟁의 이상에서 벗어나는 것을 **시장실패**(market failure)라고 합니다. 대표적인 경우인 독점과 그에 대한 대책은 다음에 공부합니다.

더 생 각 해 보 기

효율적 시장이 항상 옳은 것은 아니다

완전경쟁시장의 장점과 시장실패의 교정에 대한 논의는 모두 효율성이라는 기준으로 평가합니다. 모든 시장실패를 교정하더라도 최종적인 시장 결과에 대해서는 여전히 반론이 있을 수 있습니다. 효율적인 것이 도덕적으로나 사회정의의 관점에서 항상 좋은 것은 아닙니다. 예컨대 극단적 효율성의 관점에서 마약이나 신체장기의 거래, 심지어 신생아나 노예의 거래를 허용하는 것이 좋아보일지도 모르지만 효율성이 유일한 판단 지표가 아니라고 대부분 생각할 것입니다.

연 습 문 제

문제 16.1 시장수요곡선이 $P = 100 - Q$, 장기 시장공급곡선이 $P = 50Q$인 완전경쟁 시장의 장기 균형에서 사회후생을 계산하고, 그중 생산자잉여의 의미를 설명하시오.

문제 16.2 휘발유 판매시장이 완전경쟁이라 하자. 모든 공급자(주유소)는 똑같은 장기 평균비용함수 $LAC(q) = q - 1 + \frac{100}{q}$와 똑같은 장기 한계비용함수 $LMC(q) = 2q - 1$을 갖는다. 휘발유 수요함수는 $Q_d = 2500 - 50P$이다. (15장 문제 15.2와 동일한 상황) 또한 비용불변산업이라고 하자.

(1) 휘발유 공급자(주유소) 및 소비자의 잉여를 합한 사회후생의 값을 계산하시오.

(2) 휘발유 1단위의 소비가 10원의 환경오염비용을 발생시킨다는 연구결과에 따라, 정부가 기존의 균형가격에 10원을 추가한 가격을 받도록 가격하한제를 실시했다. (주유소 및 소비자는 저항 없이 이를 수용한다고 가정한다.) 새로운 시장균형에서 '사회후생'(휘발유소비자와 휘발유공급자의 잉여의 합)은 얼마나 줄어드는지 계산하고, 한편 휘발유 소비 감소로 인해 절약된 환경오염비용은 얼마인지 계산하시오. 이를 기초로 정부의 정책이 합당한지 설명하시오. [정책의 효과는 환경오염비용의 절감이고, 정책의 비용은 휘발유시장의 사회후생 손실이라고 보자.]

(3) 가격하한제 대신 휘발유 1단위 판매마다 10원의 세금을 부과한다면 사회후생은 어떻게 달라지는가?

microeconomics

제17장

독점시장 모형

허생은 만 냥을 입수하자, 다시 자기 집에 들르지도 않고 바로 안성으로 내려갔다.
안성은 경기도, 충청드 사람들이 마주치는 곳이요, 삼남(三南)의 길목이기 때문이다.
거기서 대추·밤·감·배며, 석류·귤·유자 등속의 과일을 모조리 두 배의 값으로 사들였다.
허생이 과일을 몽땅 쓸었기 때문에 온 나라가 잔치나 제사를 못 지낼 형편에 이르렀다.
얼마 안 가서, 허생에게 두 배의 값으로 과일을 팔았던 상인들이
도리어 열 배의 값을 주고 사 가게 되었다. 허생은 길게 한숨을 내쉬었다.
"만 냥으로 온갖 과일의 값을 좌우했으니, 우리나라의 형편을 알 만하구나."

- 박지원, 「허생전」

가격을 지배하는 자

조선 후기 선비인 연암 박지원도 잘 이해하고 있었던 것이 가격을 지배하는 독점의 위력입니다. 요즘 사회의 문제점을 진단할 때 '시장논리'에 지배당하는 현실을 비판적으로 생각하는 사람들이 많습니다. 시장의 장점과 한계를 깊이 생각해보지 않고 무조건 시장을 최우선 가치로 생각하는 시장만능주의는 물론 경계해야 합니다. 하지만 종종 사람들이 우려하는 '시장논리'는 알고 보면 시장논리가 아니라 오히려 정반대인 '반(反)시장논리' 즉 '독점논리'인 경우가 많습니다.

독점도 시장의 한 형태이니 시장논리라고 볼 수도 있겠지만, 경제학에서 중시하는 시장논리는 독점의 논리와는 정반대 편에 서 있는 완전경쟁시장의 논리입니다. 이런

관점에서 연암의 허생전을 읽자면 제대로 된 시장논리가 작동하기 어려운 취약한 조선의 상황을 개탄한 것으로 볼 수도 있습니다.

이번 장은 시장에 대한 두 번째 모형을 살펴봅니다. 가장 이상적인 시장인 완전경쟁의 정반대에 해당되는 독점입니다.

17.1 극단적인 시장 모형들

다시 한번 강조할 것이 있습니다. 지난 장까지 공부한 **완전경쟁**과 이 장에서 공부하는 **독점**(monopoly)은 시장 모형들 중에서 가장 극단적인 것들입니다. 즉 현실의 시장과는 크게 동떨어진 비현실적인 모형들입니다. 비현실적이고 극단적인 모형은 분석에서 매우 중요한 위치를 가집니다. (물론 그것이 비현실적이고 극단적이라는 점을 잘 기억하고 사용한다면 말이지요.) 제1장에서 경제모형을 설명하면서 강조했듯이, 모형은 현실을 흉내내지만 무조건 현실과 비슷하게 만드는 것은 아닙니다. 선명한 구조를 가지고 시사점이 명확한 것이 더 좋습니다.

이런 극단적인 모형은 현실과 비교해 어떤 점이 비슷하고 어떤 점이 다른지를 살펴보는 준거틀이 될 수 있습니다. 특히 완전경쟁시장은 규범적으로 좋은 성질을 많이 갖고 있기 때문에 현실의 시장이 얼마나 완전경쟁을 닮았는지 혹은 어떻게 완전경쟁에 닮아가게 개선할 수 있는지가 논의의 주제가 됩니다.

한편 독점은 완전경쟁과의 정반대의 위치에 있습니다. 말하자면 시장에서 일어날 수 있는 거의 최악의 상황이 독점에서 나타납니다. 왜 독점이 나쁜 결과를 가져오는지, 어떻게 하면 그 폐해를 제거할 수 있는지 또한 중요한 논의 주제입니다.

현실의 시장은 완전경쟁과 많이 닮았을 수도 있고, 독점과 닮았을 수도 있고, 완전경쟁과 독점의 성격이 섞여 있을 수도 있고, 혹은 두 시장과 모두 다른 어떤 모습을 가질 수도 있습니다.

현실이 완전경쟁시장과 닮았다는 것은 어떤 경우를 말하는 것일까요? 완전경쟁시장의 중요한 조건은 가격수용자와 진입퇴장의 자유(장기)입니다. 즉 소비자와 기업이 어느 정도 가격에 대해서 수용적인 태도를 보이는지, 또한 장기적으로 보아 얼마나 기업의 진입과 퇴장이 활발한지 이를 막는 장애가 없는지를 검토하면

그림 17.1 두 극단적인 시장모형들

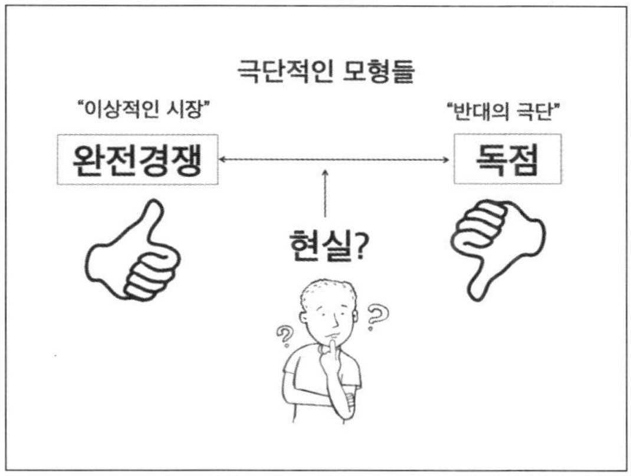

현실 시장이 완전경쟁과 얼마나 닮은지를 알 수 있을 것입니다. 또한 그 시장에서 완전경쟁 모형이 제시하는 결과들이 얼마나 들어맞는지를 알아보는 것은 실증적, 경험적 연구의 과제입니다.

반대로 독점과 닮은 시장이라면 어떤 모습일까요? 그 조건은 완전경쟁과 정반대로 생각하면 되겠지요. 즉 가격수용자 조건이 적용되지 않고, 진입 퇴장의 자유도 존재하지 않아야 할 것입니다. 구체적으로 독점 모형을 어떻게 설정하는지, 그리고 이 모형에서 어떤 결과가 빚어지는지를 공부해봅시다.

17.2 독점 모형

간단하게 말하자면 독점시장은 재화의 판매자인 기업이 단 1개 존재하는 시장입니다. 완전경쟁시장에서와 마찬가지로 독점시장에서도 기업의 목표는 **이윤극대화**라고 가정합니다. 이윤극대화라는 것이 기업이 가질 수 있는 유일한 행동방식은 아니지만, 기본 모형에서는 일단 이윤극대화를 추구하는 독점기업의 행동을 알아보도록 하겠습니다. 이윤은 재화 판매수입에서 재화생산비용을 뺀 것입니다.

(이윤함수) $$\pi(q) = R(q) - C(q)$$

따라서 수입함수 $R(q)$와 비용함수 $C(q)$라는 두 가지 구성요소를 갖습니다.

완전경쟁 때와 마찬가지로 독점시장에서도 기업이 직면한 제약조건들 중 기술(생산함수)과 요소시장의 조건(요소가격)은 비용함수 $C(q)$에 반영됩니다. 이 장에서 우리는 완전경쟁 기업과 독점 기업 사이에 비용 측면에서 본질적인 차이가 없다고 생각하겠습니다.[1] 이는 독점기업의 비용에 대한 경험적 판단이 아니라, 완전경쟁 모형과의 비교를 위한 설정입니다.

한편 수입함수 $R(q)$는 (i) 소비자들이 보이는 수요의 특징 그리고 (ii) 경쟁기업과의 관계를 나타내는 시장구조에 따라 다릅니다. **완전경쟁 모형**의 경우 가격수용자 가정에 의해 각 기업은 주어지는 시장가격에만 신경을 쓰지 시장 수요곡선이나 다른 경쟁기업의 행동에 대해 신경을 쓰지 않는 구조를 갖고 있습니다. 한계수입함수가 주어진 시장가격과 일치($MR = P$)하는 단순한 구조입니다. 이에 완전경쟁 모형은 기술적인 측면(비용함수)의 특성에 집중하게 됩니다. 완전경쟁 기업은 단기에서는 생산량만 선택하면 되고, 장기에서는 진입, 퇴장의 결정만 신경 쓰면 됩니다.

한편 **독점 모형**의 경우 정의상 단 1개의 기업이 활동하는 시장이므로 경쟁기업이 애초부터 없습니다. 수입함수를 결정하는 것은 전적으로 시장수요의 특성이 됩니다. 시장수요 역시 완전경쟁과 독점 사이에 본질적인 차이 없이 적당히 우하향하는 수요곡선이 주어진다고 가정하겠습니다. 역시 두 모형의 비교를 위한 것입니다.

독점의 가격 설정

가격수용자(price taker)였던 완전경쟁기업과 달리 독점기업은 **가격설정자**(price setter)입니다.[2] 즉 시장이 결정해주는 가격에 순응하는 것이 아니라 기업이 원하는 가격을 스스로 설정할 수 있습니다. 따라서 독점 모형의 중요한 과제는 독점기업이 어떤 가격을 설정하는지를 설명하는 것입니다.

그런데 독점 기업이라고 해서 '가격'과 '판매량'을 동시에 마음대로 결정할 수는

1 실제로는 독점 기업의 경우 경쟁 기업에 비해 더 비효율적이고 더 높은 비용구조를 가진다는 이론도 있습니다.

2 완전경쟁에서와 마찬가지로 독점시장에서도 소비자는 가격수용자라고 가정하겠습니다. 소비자가 가격을 설정하는 능력을 갖는 시장 모형도 있습니다. 극단적으로 소비자가 단 1명으로 가격 설정력을 갖는 경우를 구매독점(monosony) 시장이라고 합니다.

없습니다. 의외로 이 점을 오해하는 경우가 많은데, 독점은 큰 시장 지배력을 가지지만 소비자가 구매하기 싫은 것을 강제로 구매하게 만들 수는 없습니다. (물론 우리는 자발적인 거래만 통용되는 시장을 생각하고 있습니다.) 따라서 높은 가격을 받으면서 동시에 많은 양을 파는 것은 아무리 독점이라 해도 불가능한 일입니다. 만약 가격을 높이 받고자 한다면 우하향 수요곡선에 따라 팔 수 있는 양이 줄어들고, 반대로 많은 양을 판매하고자 한다면 우하향 수요곡선에 따라 받을 수 있는 가격이 내려갑니다. 독점의 이윤극대화를 위해 할 일은 어떤 수준에서 판매량과 가격을 결정할 것인가입니다.

독점이 어떤 가격을 설정하는 순간, 독점이 판매할 수 있는 수량은 수요함수에 의해 결정됩니다. 예컨대 시장수요함수가 $Q = d(P)$라면 독점이 가격 $P = p^m$을 선택할 때 판매량은 $q^m = d(p^m)$으로 결정됩니다. 반대로 판매량을 설정한다면 그때 부과할 수 있는 가격은 역수요함수 $P = d^{-1}(Q) = D(Q)$ 즉 수요곡선에 의해서 결정됩니다. 판매하고자 하는 수량이 q^m이라면 받을 수 있는 가격은 $p^m = d^{-1}(q^m) = D(q^m)$입니다. 즉, 가격과 판매량을 따로 결정할 수 없고, 이윤획득에 도움이 되도록 한꺼번에 결정해야 합니다. 여기서 한 가지 중요한 사실을 알 수 있습니다. 이는

독점 기업은 공급함수 또는 공급곡선을 별도로 갖지 않는다

공급함수란 가격이 (외생적으로) 주어지면 그에 맞추어 어떤 양을 공급할지를 나타내는 계획입니다. 공급함수가 $Q = s(P)$라면 기업은 가격 P를 모르는 상태에서 각 경우마다 Q를 함수 $s(P)$에 따라 선택하겠다는 계획을 세우는 것입니다.

그런데 독점기업의 경우 가격 p^m을 누가 주는 것이 아니라 스스로 선택합니다. 가상적으로 여러 가지 가격을 독점이 고려한다 하더라도 가격 p^m에 대응되는 공급량은 이미 위에서 설명한대로 수요함수에 따라서 $q^m = d(p^m)$입니다. 즉, 굳이 독점기업의 공급함수를 작성하고자 한다면 그것은 바로 시장수요함수가 될 것이고, 굳이 공급곡선을 그리고자 한다면 그것은 바로 시장수요곡선이 될 것입니다.

그림 17.2에서 가격 p_1, p_2, p_3에 대해서 독점이 선택하는 공급량이 무엇인지를 알아보면 바로 시장수요곡선 상에서 이 가격들과 만나는 수량, 즉 q_1, q_2, q_3이 될

것입니다. 게다가 실제로는 이렇게 여러 가격에 대해서 수요곡선 상에서 수량을 고르는 것이 아니고, 여러 가지 (p,q)들 중에서 이윤을 극대화하는 (p^m, q^m)을 고른다는 것입니다. 즉 다른 모든 (p', q')에 대해서

$$(17.1)\quad \pi(q^m) = R(q^m) - C(q^m) \geq R(q') - C(q') = \pi(q') \qquad [q^m\text{이 이윤극대화}]$$

를 만족하는 (p^m, q^m) 말이지요. (식 (17.1)에는 p^m이 나오지 않는데 q^m이 결정되면 찾을 수 있습니다.)

그림 17.2 독점은 별도의 공급곡선을 갖지 않음

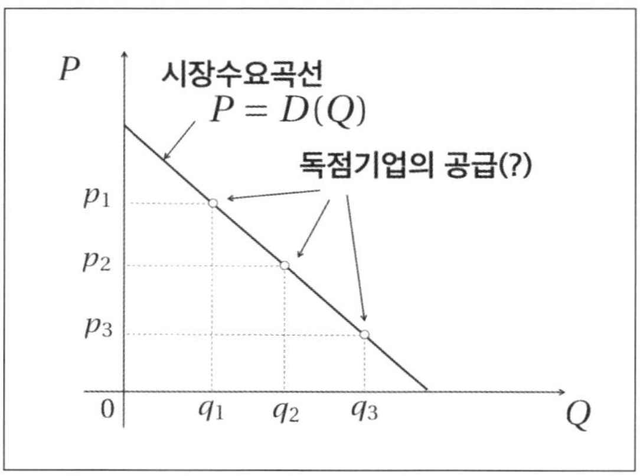

예 17.1

시장수요곡선이 $P = 100 - Q$라고 합시다. 그렇다면 그림 17.2에서 P축 절편이 100이고, Q축 절편도 100이면 됩니다. 만약 $p_1 = 70$, $p_2 = 50$, $p_3 = 30$이라면 각각 $q_1 = 30$, $q_2 = 50$, $q_3 = 70$이 됩니다.

세 가지 경우에 대해 수입을 계산해보면 $R(q_1) = 70 \times 30 = 2100$, $R(q_2) = 50 \times 50 = 2500$, $R(q_3) = 30 \times 70 = 2100$입니다. 세 가지 경우 중에서는 $p_2 = 50$, $q_2 = 50$일 때 수입이 가장 크군요.

모든 경우를 한꺼번에 생각해보면 수량이 q일 때 가격은 $p = 100 - q$이므로, 수입을 q의 함수로 적으면 $R(q) = pq = (100-q)q = 100q - q^2$입니다. 간단하게 q로 미분해서 0으로 놓으면 수입이 극대화되는 수량을

알 수 있습니다.

$$R'(q) = 100 - 2q = 0 \quad \Longrightarrow \quad q = 50$$

으로 위에서 고려했던 $q_2 = 50$에서 실제로도 수입이 극대화됩니다.

그런데 아직까지 우리는 비용을 논하지 않았습니다. $q_2 = 50$에서 수입이 극대화된다고 해서 그때 이윤도 극대화되리라는 보장은 없습니다. 비용함수가 무엇인지 알아야 답을 알 수 있습니다.

예컨대 $C(q) = 50q$라면, 이윤함수는 $\pi(q) = R(q) - C(q) = 100q - q^2 - 50q$이고 이윤함수를 미분해서 0으로 놓으면

$$\pi'(q) = 100 - 2q - 50 = 50 - 2q = 0 \quad \Longrightarrow \quad q = 25$$

에서 이윤이 극대화됩니다.

독점의 이윤극대화 점을 찾기 위해서는 한계수입에 대해 좀 더 알아야 합니다.

독점의 한계수입

예 17.1에서 살짝 보았듯이 이윤극대화를 하려면 수입함수와 비용함수의 도함수가 일치되는 수량을 찾아야 합니다. 즉 한계수입과 한계비용을 일치시키는 것이 이윤극대화의 조건입니다. 이 조건은 이미 14.1절에서 알아보았던 것과 동일합니다.

(이윤극대화 조건) $$MR(q) = MC(q)$$

즉 이윤극대화를 위해서는 기업의 한계수입을 알아야 합니다. 완전경쟁에서는 $MR = P$였지만 이제 달라지는 점은 MR이 생산량 q의 함수라는 것입니다. 여기서 한 가지 기억할 점은 우리가 사용하고 있는 한계수입의 정의는 생산량 q에 대한 것이라는 점입니다. 즉

(한계수입) $$MR = \frac{dR(q)}{dq}$$

입니다. 그래서 모형에서 독점이 가격이 아닌 수량을 선택한다고 가정할 것입니다. 가격을 선택하도록 만들어도 결과는 같습니다만, 그 경우 한계수입을 수량이 아닌 가격에 대해 다시 정의해주어야 합니다.

독점이 판매하는 재화의 시장수요곡선(역수요함수)이 $P(Q)$라면[3], 독점의 총수입함수는 $R(Q)=P(Q)Q$입니다. 미분한 도함수 $R'(Q)$가 한계수입함수이므로

$$MR(Q)=P(Q)+P'(Q)Q \qquad (17.2) \quad [\text{독점의 한계수입함수}]$$

라는 공식을 얻습니다. 이 공식은 독점 모형을 이해하는 데에 있어서 매우 중요합니다. 식을 말로 풀어보면, $MR(Q)$는 생산량 Q인 상태에서 생산량을 아주 조금 늘릴 때 수입이 얼마나 늘어나는지를 뜻합니다. 한편 우변은 두 항으로 구성되어 있는데, 첫 번째 항은 (생산량을 늘려주기 이전인) Q일 때의 가격이고 두 번째 항은 Q에서 수요곡선의 (접선)기울기 곱하기 Q입니다. 특히 $P'(Q)$는 우하향하는 수요곡선의 기울기이므로 두 번째 항은 음수입니다. 따라서 당장 다음과 같은 사실을 알 수 있습니다.

$$MR(Q)=P+\underbrace{P'(Q)}_{<0}Q<P \qquad (17.3) \quad [\text{독점의 한계수입} < \text{가격}]$$

더 생 각 해 보 기

독점의 한계수입함수: 공식의 도출

(17.2)는 간단한 미분의 결과입니다만, 식을 좀 더 직관적으로 도출해봅시다. 아래의 과정은 결국 도함수를 도출하는 미분 과정을 상세하게 풀어쓴 것입니다.

독점이 판매량을 Q에서 $Q+\Delta Q$로 변화시킨다고 해봅시다. 그렇다면 가격은 어떤 P에서 변화하여 $P+\Delta P$가 되어야 할 것입니다. 특히 이때 ΔQ와 ΔP는 부호가 서로 반대일 것입니다. (수요곡선이 우하향하므로) 원래의 수입은 $R^{old}=PQ$이고 새로운 수입은 $R^{new}=(P+\Delta P)(Q+\Delta Q)$입니다. 수입의 변화를 계산해보면

$$\Delta R=(P+\Delta P)(Q+\Delta Q)-PQ=P\Delta Q+Q\Delta P+\Delta P\Delta Q\approx P\Delta Q+Q\Delta P$$

입니다. 마지막 단계에서 $\Delta P\Delta Q\approx 0$으로 처리했습니다. 이는 ΔQ와 ΔP가 모두 매우 작은 극한 상황을 고려하기 때문입니다. 무한히 작아지는 양들이라도 ΔQ나 ΔP가 혼자서만 있는 경우에는 일단 식에 남기지만, 두 양이 곱해지면

3 완전경쟁 모형에서는 개별 기업의 생산량 q와 시장 전체 공급량 Q를 구분하고자 노력했지만, 독점 모형에서는 어차피 기업이 1개뿐이므로 q로 쓰든, Q로 쓰든 상관이 없습니다.

한 '차원' 더 값이 작아지므로 무시할 수 있는 수준이 됩니다. 예컨대 $\Delta P = 0.01$이고 $\Delta Q = -0.02$로 소수 두자리숫자(퍼센트로는 한 자리 숫자)라면, 둘을 곱한 값은 $\Delta P \Delta Q = -0.0002$가 되어 소수 네자리 숫자가 됩니다. 나머지 값들에 비하면 무시해도 되는 수준입니다.

한계수입은 $\Delta R/\Delta Q$의 극한값($\Delta Q \to 0$)이므로

$$MR(Q) \approx \frac{\Delta R}{\Delta Q} \approx \frac{P\Delta Q + Q\Delta P}{\Delta Q} = P + \frac{\Delta P}{\Delta Q}Q \tag{17.4}$$

입니다. $\frac{\Delta P}{\Delta Q} \to P'(Q)$이므로 (17.4)와 (17.2)는 결국 같은 식입니다.

한계수입함수의 구조, 그리고 왜 그것이 가격보다 낮은 값을 갖는지를 직관적으로 이해하기 위해서 **그림 17.3**이 도움이 될 것입니다. 그림과 함께 위 상자 안의 도출과정도 참고하기 바랍니다.

그림에는 편의상 수요곡선이 우하향하는 직선으로 그려져 있습니다. (직선이 아니더라도 상관없습니다.) 현재 독점의 상황은 P의 가격에 Q를 판매하여 수입이 $R^{old} = PQ$인 상황입니다. **그림 17.3**(a)에 이 수입이 색칠한 사각형으로 표시되어 있습니다. 한편 (b)는 수량을 ΔQ만큼 늘리기 위해서 가격을 ΔP만큼 인하한 상황이고 새로운 수입은 $R^{new} = (P + \Delta P)(Q + \Delta Q)$로 역시 그림에 칠해져 있습니다. 두 그림을 비교해보면 R^{old}의 윗 부분에 옆으로 긴 직사각형 모양의 면적이 사라지는 대신 R^{new}의 오른쪽에 위로 긴 직사각형 면적이 보태졌습니다.

그림 17.3(c)는 공식 (17.2)의 이해를 위해서 아예 $\Delta Q = 1$인 경우를 가정해보았습니다. (도함수의 개념은 $\Delta Q \to 0$일 때이지만, 또한 ΔQ로 나누어주어서 마치 변화폭을 1로 놓는 것과 비슷한 점이 있습니다.) 이때 수입의 변화는 $[A]$ 부분이 늘어났고 $[B]$ 부분은 사라진 것으로 계산이 됩니다. 즉 $R^{new} - R^{old} = +[A] - [B]$입니다. 그런데 $MR(Q) = P(Q) + P'(Q)Q$라는 공식에서 첫 번째 항인 $P(Q)$는 그림에서 $+[A] + [C]$가 나타내는 사각형의 면적입니다. 그런데 $[C]$ 부분은 매우 작은 양인 ΔP와 또 매우 작은 양인 ΔQ(여기서는 1이지만)의 곱이므로 무시할 수 있는 수준으로 본다면, $+[A] + [C] \approx [A]$가 됩니다.

한편 줄어든 $-[B]$에 해당되는 사각형 면적은 $\Delta P \times Q$인데 ΔP를 계산하는 것이 관건입니다. Q를 1만큼 변화시킨다면 P는 $P(Q)$의 기울기에 따라서 변화시켜야

그림 17.3 한계수입 공식의 이해

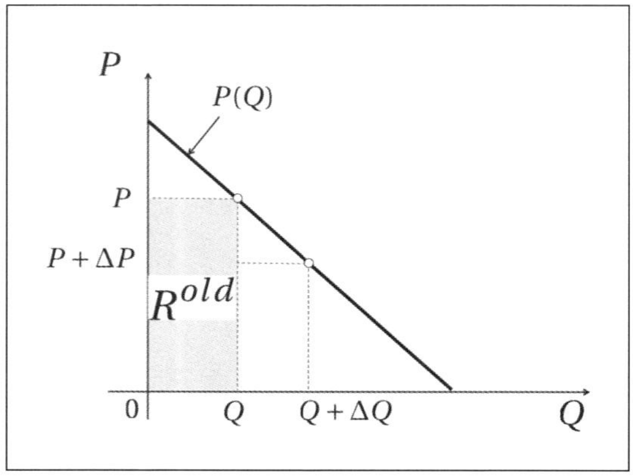

(a) 수량변화 이전의 수입 R^{old}

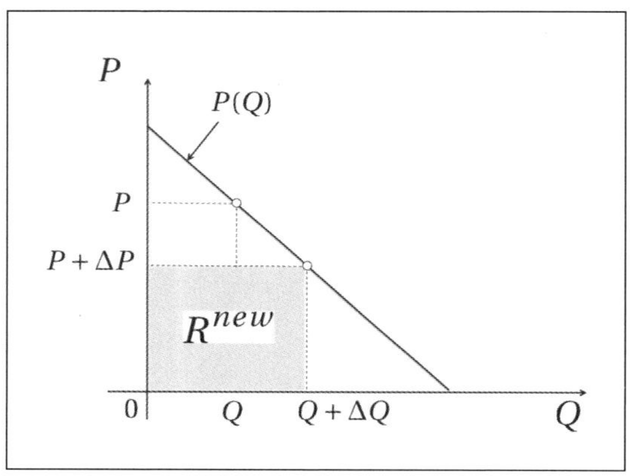

(b) 수량변화 이후의 수입 R^{new}

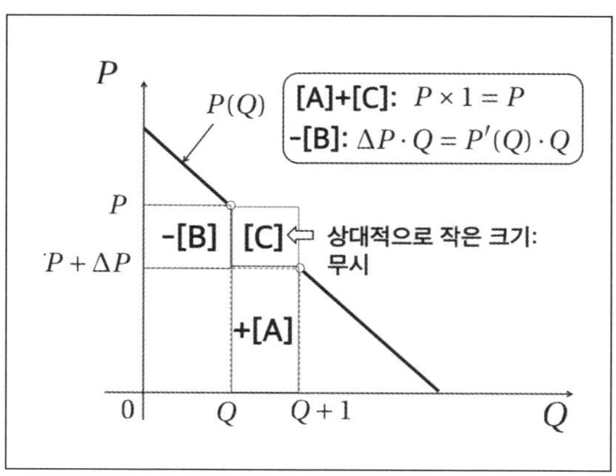

(c) $\Delta Q = 1$일 때 수입의 변화

합니다. $P(Q)$의 기울기는 곧 $\Delta P/\Delta Q$이므로 Q가 ΔQ만큼 변할 때 P가 얼마나 변하는지를 나타내는 것이지요. 따라서 $-[B]$는 식 (17.2)의 두 번째 항인 $P'(Q)Q$에 해당됩니다.

경제학적으로 다시 설명을 해보죠. (P, Q)인 상태에서 Q를 아주 조금 ΔQ만큼 늘리려고 합니다. 만약 가격을 낮추지 않고서도 더 많이 판매할 수 있다면 (가격수용자인 완전경쟁 기업은 이런 상황이었습니다.) ΔQ만큼 늘릴 때 수입은 $P \times \Delta Q$만큼 늘어나고 한계수입은 P가 됩니다. 따라서 그림에서 $+[A]+[C]$가 나타내는 것은 만약 완전경쟁이었다면 (혹은 수요곡선이 수평선이었다면) 적용되는 한계수입입니다.

하지만 독점일 때는 일반적으로 가격을 낮추지 않고서도 더 많이 판매할 수 있는 방법이 없습니다. 수요곡선이 우하향한다면 말이지요. 그렇다면 가격을 얼마나 낮추어야 할까요? 이것이 바로 수요곡선의 기울기가 나타내는 크기입니다. $P'(Q)$는 Q가 늘어날 때 P가 얼마나 떨어져야 하는지를 나타내는 것이지요. 게다가 여기서 중요한 것은 낮은 가격 $P+\Delta P$는 기업이 판매하는 모든 수량에 다 똑같이 적용되어야 합니다.[4] 따라서 ΔQ만큼 판매량을 늘리려는 '욕심'의 대가로 독점기업은 가격을 ΔP만큼 낮추어야 하고 이 낮추는 행위는 자신이 판매하는 양 Q에 모두 영향을 끼치는 것입니다. 바로 이 점 때문에 독점은 함부로 판매량을 늘리려고 시도할 수 없습니다.

탄력성으로 나타낸 한계수입 공식

이번에는 공식 (17.2)를 좀 더 조작해서 탄력성을 포함한 식으로 만들어보겠습니다. 동일한 결과를 탄력성으로 표현하면 나름대로 이해의 폭이 넓어지는 것을 소비자모형에서 이미 본 바 있습니다.

4 만약 기업이 판매 수량마다, 혹은 구매하는 소비자에 따라 서로 다른 가격을 받을 수 있다면 더 이상 (17.2)식은 성립하지 않습니다. 가격차별(price discrimination)이라고 불리는 이런 가격설정 방식은 독점 모형에서 중요한 주제입니다만 이 장에서는 다루지 않습니다.

그림 17.4 한계수입함수의 구조

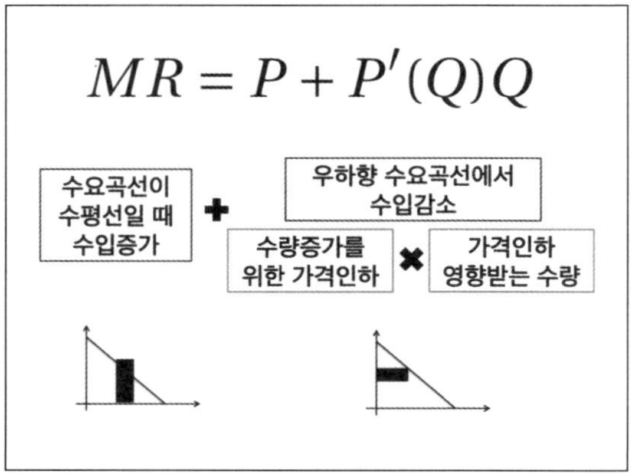

(17.2)에서 $P'(Q) = dP/dQ$이므로 다음과 같이 정리할 수 있습니다.

$$MR(Q) = P + \frac{dP}{dQ}Q = P + \frac{dP}{dQ}\cdot\frac{Q}{P}\cdot P = P\left(1 + \frac{1}{\frac{dQ}{dP}\cdot\frac{P}{Q}}\right)$$

식의 마지막 부분에서 분모에 등장한 것이 수요의 가격탄력성 ε입니다. 따라서 다음의 식을 얻습니다.

$$MR(Q) = P\left(1 + \frac{1}{\varepsilon}\right) = P\left(1 - \frac{1}{|\varepsilon|}\right) \tag{17.5}$$

식에서는 수요곡선이 우하향한다면 $\varepsilon < 0$이므로 이 점을 강조하기 위해서 가격탄력성의 절대값 앞에 마이너스 부호를 붙여서 표시했습니다. 얼핏 보면 (17.5)의 우변에는 Q가 나오지 않습니다만, 이 식은 한계수입함수의 식이고 한계수입은 Q의 함수입니다. 우변에서는 $P = P(Q)$이고 또한 수요의 가격탄력성도 수량에 따라 달라질 수 있는 함수 $\varepsilon(Q)$입니다.

완전경쟁시장에서 개별 기업이 직면한 수요곡선은 수평선, 즉 수요가 완전탄력적($|\varepsilon| = \infty$)입니다. 식 (17.5)에 $|\varepsilon| = \infty$를 대입하면, $MR = P$로 완전경쟁시장에서의 결과와 같습니다. 독점기업이라 하더라도 혹시 재화에 대한 시장수요가 가격에

대해 완전탄력적이면 $MR = P$ 입니다. 수요가 완전탄력적이라는 것은 특정한 가격 수준 이상으로 인상을 시도할 경우 수요가 완전히 사라진다는 것입니다. 소비자들이 이렇게 가격에 민감한 경우 독점이라 해도 사실상 완전경쟁처럼 행동할 수밖에 없습니다. 완전탄력적은 아니더라도 $|\varepsilon|$이 매우 크다면 완전경쟁기업과 비슷한 가격수용 행동을 보일 것입니다. 즉 (17.5)에서 $|\varepsilon| \to \infty$이면 $MR \to P$ 입니다.

한편 만약 $|\varepsilon| = 1$이라면 이번에는 (17.5)의 우변의 값이 0 이 되어 $MR = 0$입니다. 다시 말해서 수요가 가격에 대해 단위탄력적이라면 한계수입은 0 입니다. 잠깐 생각해보면 이는 당연한 결론입니다. 수요가 가격에 대해 단위탄력적이라는 것은 소비자들이 이 재화에 지출하는 총액이 상수로 고정되었다는 뜻입니다. 그렇다면 기업이 이 소비자들로부터 받을 수 있는 수입 또한 고정되었고, 아무리 수량을 변경해본들 수입에는 변화가 없습니다.

$|\varepsilon| < 1$인 경우 즉 수요가 가격에 대해 비탄력적인 경우는 어떤가요? 이때 $1/|\varepsilon| > 1$가 되고 따라서

$$MR = P\left(1 - \frac{1}{|\varepsilon|}\right) < 0$$

이 됩니다. 즉 수요가 비탄력적이면 한계수입은 음수입니다. 다시 말해서 수요가 가격에 대해 비탄력적인 상황에서 판매량을 늘리려고 시도한다면 수입은 오히려 감소합니다. 판매량을 늘리려면 가격을 낮추어야 하는데, 비탄력적 수요는 낮춘 가격폭에 비해 늘어나는 수요량의 폭이 더 작은 경우를 가리킵니다. 가격 인하폭보다 수요량이 더 많이 늘어나야 두 값을 곱한 수입이 늘어날 수 있습니다. 비탄력적 수요라면 무리하게 판매량 증가를 시도할 경우 오히려 수입이 줄어듭니다. 반대로 판매량을 줄이면 (즉 가격을 조금 인상하면) 수입은 늘어납니다. 가격 인상폭에 비해 수요량 감소폭이 적은 것이 비탄력적 수요의 특징이기 때문입니다.

따라서 만약 독점기업이 수입을 극대화하고자 한다면 결코 수요가 가격에 대해 비탄력적인 ($|\varepsilon| < 1$) 수준에서 판매량이나 가격을 선택하면 안 된다는 것을 알 수 있습니다. 현재 선택한 판매량과 가격에서 수요가 비탄력적이라면 현재보다 판매량을 줄이고 가격을 인상한다면 수입이 더 늘어날 것입니다. 비슷한 논리로 수요가 가격에 대해 탄력적인 ($|\varepsilon| > 1$) 수준에서 판매량과 가격을 선택하는 것도 수입

극대화에는 도움이 되지 않습니다. 현재보다 판매량을 늘이고 가격을 인하하면 가격 인하폭에 비해 수요량이 더 많이 늘어나서 더 높은 수입으로 이어지기 때문입니다.

즉, 만약 수입을 극대화하고자 한다면 독점기업은 수요가 가격에 대해 단위탄력적이 되는 상황을 찾아서 선택하면 됩니다. 하지만 우리는 독점기업이 수입극대화가 아니라 **이윤극대화**를 추구한다고 가정할 것이므로 아직은 독점의 합리적 선택에 대해서 좀 더 생각해봐야 합니다. 이윤극대화 방법을 논의하기 전에 한계수입함수의 그래프인 한계수입곡선에 대해서 먼저 알아봅시다.

한계수입곡선

한계수입은 판매량 Q의 함수이므로 가로축을 Q로 하고 이 함수를 그래프로 그리면 한계수입곡선이 됩니다. 한계수입곡선은 필연적으로 수요곡선보다 더 아래쪽에 위치하게 됩니다. 이 사실은 이미 식 (17.3)에서 드러난 적이 있습니다.

$$MR(Q) = P + \underbrace{P'(Q)}_{<0}Q < P \tag{17.3}$$

그림 17.5 한계수입곡선은 수요곡선보다 아래에 위치

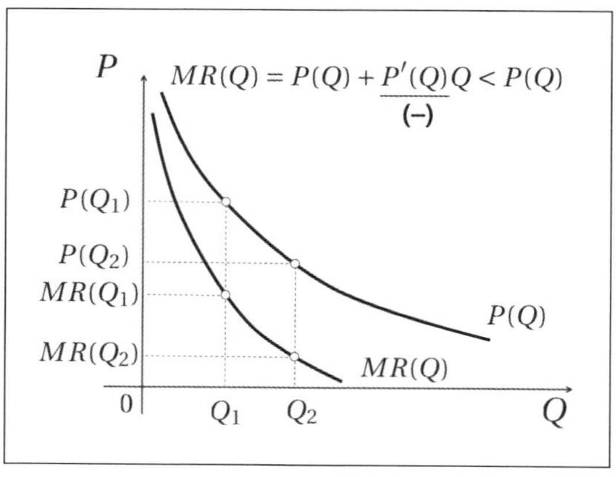

그림 17.5 처럼 어떤 우하향하는 수요곡선 $P(Q)$가 주어진다면, 각 Q에서 $MR(Q)$의 값은 $P(Q)$에 음수인 $P'(Q)Q$를 합한 것이므로 $P(Q)$보다 작아집니다. 따라서

그림에서 $P(Q_1) > MR(Q_1)$이고 $P(Q_2) > MR(Q_2)$입니다.

조금 다른 방식으로 이해하는 길도 있습니다. 생산자모형에서 중요하게 등장했던 한계수량과 평균수량 사이의 관계를 응용하는 것입니다. 이 관계란 예컨대 한계생산(MP)이 감소한다면 평균생산(AP)도 감소하며 평균생산이 한계생산보다 높다($MP < AP$)는 것, 그리고 한계비용(MC)이 감소한다면 평균비용(AC)도 감소하며 평균비용이 한계비용보다 높다($MC < AC$)는 것을 말합니다.

여기서 이해의 열쇠는 수요곡선이 나타내는 가격이 바로 평균수입에 해당된다는 것입니다. 수입은 기업이 재화 판매로부터 받는 돈으로 $R(Q) = P(Q)Q$ 입니다. **평균수입** (average revenue, AR)은 수입을 수량 Q로 나눈 것입니다. 그런데 수입을 수량으로 나누어주면 가격이 나오게 됩니다. 즉

$$(17.6) \quad AR(Q) = \frac{R(Q)}{Q} = \frac{P(Q)Q}{Q} = P(Q) \qquad \text{[평균수입곡선＝수요곡선]}$$

이 되어 결국 평균수입곡선과 수요곡선은 동일한 개념입니다.

그림 17.6 한계수입곡선은 평균수입곡선(수요곡선)보다 아래에 위치

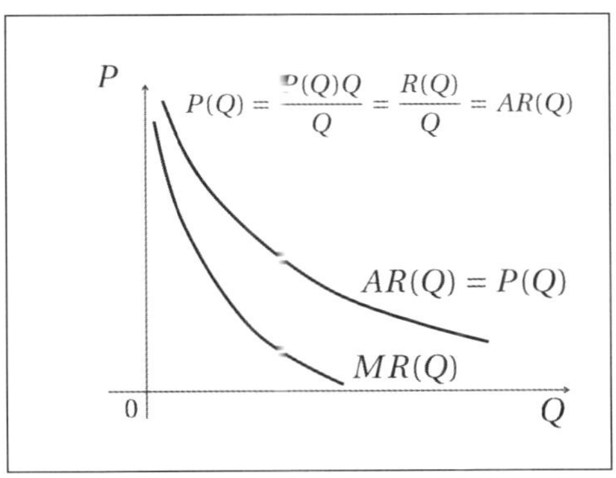

평균수입을 나타내는 수요곡선이 우하향한다는 것은 재화 판매수량이 늘어날수록 평균판매금액이 점점 감소한다는 것이고, 이는 추가되는 수입(한계수입)이 점점 감소하고 있을 뿐 아니라 현재의 평균보다 더 낮다는 것으로 이해할 수 있습니다.

예 17.2

예제 17.1에서 $P(Q) = 100 - Q$라는 간단한 선형수요곡선을 고려했던 적이 있습니다. 거기서는 한계수입을 따로 계산해보지는 않았지만 수입이 $R(Q) = (100 - Q)Q$이고 이를 미분하면 한계수입은 $MR(Q) = 100 - 2Q$임을 쉽게 알 수 있습니다.

그림 17.7에 이 수요곡선과 한계수입곡선이 그려져 있습니다. 수요곡선의 가로축과 세로축의 절편이 모두 100입니다. 예제 17.1에서 고려했던 3가지 경우가 수요곡선 상의 점 A, B, C로 표시되어 있습니다. 한편 점 D는 $Q = 30$일 때의 한계수입인 $MR(30) = 100 - 2 \times 30 = 40$을 나타내고, 점 E는 $Q = 50$일 때의 한계수입 $MR(50) = 100 - 2 \times 50 = 0$을 나타냅니다. $MR(70)$의 값은 음수이기 때문이 그림에는 나와 있지 않습니다.

아래 쪽의 그림은 총수입 $R(Q) = (100 - Q)Q$의 그래프를 그린 것입니다. $Q = 50$인 점 B와 E에서 한계수입이 0이고 총수입이 가장 큽니다. 앞에서 탄력성과 관련해 설명했던 대로, $Q = 50$일 때 $MR = 0$이고 수입이 극대화가 되는데 이때 수요의 가격탄력성을 계산해보면 (예상대로) $\varepsilon = -1$입니다.

$$\varepsilon(B) = \frac{dQ}{dP} \cdot \frac{P}{Q} = -1 \times \frac{50}{50} = -1$$

마찬가지로 점 A에서는 수요가 탄력적이고, C에서는 비탄력적입니다.

$$|\varepsilon(A)| = \left| -1 \times \frac{70}{30} \right| > 1, \quad |\varepsilon(C)| = \left| -1 \times \frac{30}{70} \right| < 1$$

따라서 점 A에서는 수량을 늘려야 수입이 늘어나고 C에서는 수량을 줄여야 수입이 늘어납니다.

예 17.3

이제 좀 더 일반적으로 수요곡선이

$$P(Q) = a - bQ$$

라고 해봅시다. 이 수요곡선은 세로축(P축) 절편이 a이고 가로축(Q축) 절편은 a/b인 직선입니다. 수입함수는 $R(Q) = P(Q)Q = (a - bQ)Q = aQ - bQ^2$이고 이를 미분한 한계수입함수는

(17.7) $$MR(Q) = a - 2bQ$$ [선형수요의 한계수입]

입니다. 그림 17.8에 나온대로 이 한계수입곡선은 수요곡선과 세로축 절편은 같고 가로축 절편은 정확하게

그림 17.7 예 17.2 $P = 100 - Q$

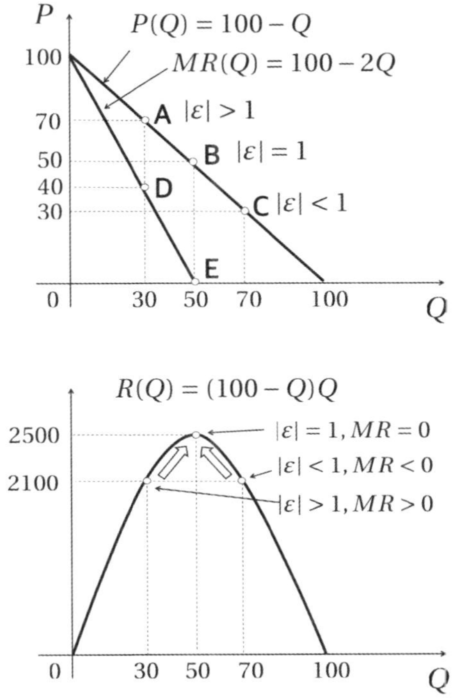

그림 17.8 예 17.3

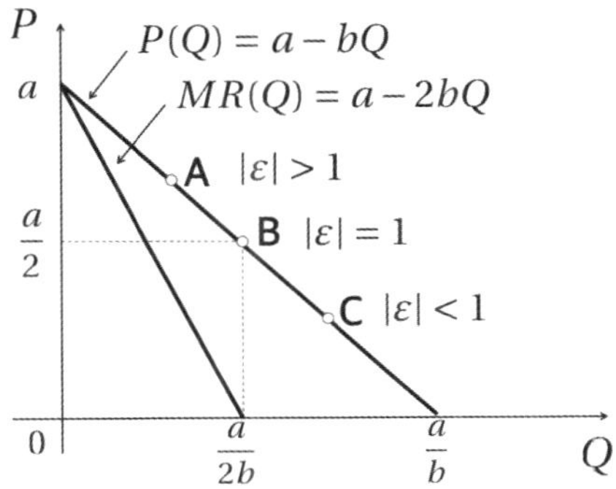

절반인 $a/2b$입니다. 즉 한계수입은 역시 우하향직선인데 그 기울기가 수요곡선의 2배인 $-2b$입니다.

$Q=\frac{a}{2b}$일 때 가격은 $P=\frac{a}{2}$이고 이때 한계수입은 $MR=0$, 총수입은 극대화되고 수요의 가격탄력성은 $|\varepsilon|=1$입니다.

$$\varepsilon=\frac{dQ}{dP}\cdot\frac{P}{Q}=-\frac{1}{b}\cdot\frac{\frac{a}{2}}{\frac{a}{2b}}=-1$$

선형수요곡선은 간단한 예로 자주 사용되므로 익숙해지는 편이 좋습니다. 하지만 선형수요만의 특징도 있기 때문에 결론 중에 어떤 것이 일반적인지 어떤 것이 선형에만 해당되는지 구분할 수 있어야 합니다.

예 17.4

선형수요만이 가진 특징을 감별하기 위해서 선형이 아닌 수요곡선 사례를 봅시다.

(1) $P=1/Q$이라는 수요곡선은 가장 특이한 경우로 우하향하는 정상적인 수요곡선이지만, 수요곡선 상의 모든 점에서 언제나 $|\varepsilon|=1$입니다. 즉 전체가 가격에 대해 단위탄력적인 수요입니다. 이 수요의 중요한 특징은 소비자의 입장에서 지출이, 기업의 입장에서 수입이 상수로 고정되었다는 것입니다: $P\times Q=1$. 수입이 고정되었으므로 한계수입은 0입니다. 이 경우에도 $P>MR$의 관계는 성립합니다. $MR=0$이니까 말이지요.

(2) 이번에는 $P=1/Q^2$을 고려해볼까요? 역시 우하향하는 정상적인 수요곡선입니다. 기업의 입장에서 수입은 $R(Q)=P(Q)Q=\frac{1}{Q^2}Q=\frac{1}{Q}$이고 이를 미분한 한계수입은

$$MR(Q)=\frac{d}{dQ}(\frac{1}{Q})=-\frac{1}{Q^2}$$

입니다. 언제나 $MR<0$이므로 $P>MR$은 성립합니다.

(3) 위의 두 경우는 (마치 예의바른 선호의 무차별곡선처럼) 모두 원점을 향해서 볼록한 모양을 가진 우하향곡선이었습니다. 다음의 공식은 반대로 원점으로부터 볼록한 수요곡선입니다.

$$P=100-Q^2$$

이때 수입은 $R(Q)=(100-Q^2)Q=100Q-Q^3$이고 한계수입은

$$MR(Q)=100-3Q^2$$

입니다. 수요곡선 식과 한계수입 식을 비교해보면 역시 세로축 절편은 100으로 동일한데, 한계수입에서는 $-Q^2$의 앞에 붙은 계수가 3배입니다. 역시 $P>MR$의 관계는 성립합니다.

위 예들을 보면 선형수요일 때와 비교해서 공통적으로 $P > MR$은 성립합니다. 하지만 MR의 기울기가 2배가 된다는 결과는 선형수요에만 성립합니다.

결과 17.1 독점기업이 우하향하는 수요곡선 $P(Q)$에 직면해 있다고 하자.

- 한계수입은 다음의 식으로 표현가능하다

$$(*)\qquad MR(Q) = P(Q) + P'(Q)Q = P(Q)\left(1 - \frac{1}{|\varepsilon|}\right)$$

- 수요가 가격에 대해서 탄력적 ($|\varepsilon| > 1$)인 영역에서 한계수입은 양의 값을 가지고 한계수입곡선은 우하향한다.
- 한계수입곡선은 수요곡선보다 아래에 위치한다.
- 만약 수요곡선이 직선이라면 한계수입곡선도 직선이며 그 기울기 (의 절대값)는 수요곡선의 2배이다.

17.3 독점의 이윤극대화

독점의 한계수입을 철저하게 이해한다면 독점의 이윤극대화를 이해하는 것도 어렵지 않습니다. 이윤극대화 원리는 결국 한계수입과 한계비용을 일치시키는 수준에서 수량을 선택하는 것이라는 점을 이미 공부했습니다.

(이윤극대화 조건) $$MR(Q) = MC(Q)$$

물론 이 조건은 이윤극대화의 필요조건이라서 이 조건이 성립한다고 해서 반드시 이윤극대화가 보장되는 것은 아닙니다. 또한 위 조건은 소위 '내부해'를 가정한 것입니다. 즉 $Q > 0$를 가정하고 있는 것인데 경우에 따라서는 $Q = 0$ 즉 아예 생산하지 않는 것이 더 이윤이 높은 경우도 있습니다.

일단은 내부해라든지 필요조건 문제에 대해서는 걱정하지 않도록 하고 위 조건을 중심으로 설명해보겠습니다.

이윤극대화 조건에 따라 독점의 합리적 선택은 $MR(Q^m) = MC(Q^m)$을 만족하는 Q^m을 찾는 것이고, MR은 결과 17.1에서 $(*)$라고 표기한 형태를 가지므로 이들을 이용하면

$$P(Q^m) + P'(Q^m)Q^m = MC(Q^m) \tag{17.8}$$

$$P(Q^m)\left[1 - \frac{1}{|\varepsilon(Q^m)|}\right] = MC(Q^m) \tag{17.9}$$

라는 식들로 바꿔쓸 수 있습니다.

이 식으로부터 독점의 이윤극대화 수량에 대해 몇 가지 사실을 알아낼 수 있습니다. 우선 (17.8)에서는 $P' < 0$이고 $Q > 0$이라면 반드시

$$P(Q^m) > MC(Q^m) \tag{17.10}$$ [독점가격 > 한계비용]

이 성립합니다. 완전경쟁이라면 한계비용을 가격에 맞추는 것에 비해서, 독점은 한계비용보다 더 높은 수준에서 가격을 선택합니다. 결과적으로 동일한 비용 구조를 가졌다면 독점이 완전경쟁보다 더 높은 가격을 보인다는 점을 알 수 있습니다.

두 번째로 (17.9)식에서는 한계비용이 음수는 될 수 없다[5]는 점을 활용한다면 (17.9)의 좌변의 값 또한 음수가 될 수 없고 가격이 0일리는 없으므로

$$1 - \frac{1}{|\varepsilon(Q^m)|} \geq 0 \quad \Longrightarrow \quad |\varepsilon(Q^m)| \geq 1 \tag{17.11}$$ [독점수량은 탄력적 영역]

라는 결론이 얻어집니다. 독점이 이윤극대화를 위해 택하는 수량 Q^m에서 수요의 가격탄력성을 측정해보면 절대값이 1이거나(단위탄력적) 1보다 커야(탄력적)한다는 것입니다. 특히 단위탄력적이 되는 경우란 한계비용이 0인 특수한 경우이므로 일반적으로는 탄력적이라고 볼 수 있습니다.

5 한계비용이 음수라는 것은 생산량을 늘릴 때 오히려 총비용이 줄어든다는 것인데 불가능한 일입니다.

$MC = 0$인 경우

먼저 한계비용이 0 인 경우를 생각해봅니다. 한계비용이 0 이라면, 이윤극대화 조건은 한계수입을 0 이 되게 하는 것입니다. 한계수입이 0 이라는 것은 더 이상 수입을 늘릴 수 있는 방법이 없는 수준까지 생산량을 늘렸다고 해석할 수 있습니다. 한계수입이 0 일 때 총수입이 극대화된다는 것은 이미 앞 절에서 설명했습니다.

기업의 한계비용이 0 이라는 것은 추가 생산을 위한 추가 비용이 필요없다는 것으로 일반적으로는 있을 수 없는 상황이고 단기라면 고정비용만 존재하는 상황으로 볼 수 있습니다. 어떤 경우이든 재화를 더 많이 생산한다고 해서 추가 비용이 들지 않는다면 최대한 재화를 많이 생산해서 판매하는 것이 좋습니다. 이때 "최대한"이라는 것에는 한도가 있는데 수입이 오히려 떨어지지 않는 수준까지를 말합니다.

예 17.5

조선 후기에 대동강 물을 돈 받고 팔았다는 봉이 김선달의 이야기를 생각해보지요. 여기서에서는 강물을 바가지 단위로 소매 판매하는 상황을 생각해보겠습니다. 김선달의 입장에서 강물은 별다른 노력 없이 거의 무한정 퍼다 팔 수 있는 것이므로, 강물 한 바가지를 더 판매하는 데 들어가는 한계비용은 0입니다.

한편 물을 사려고 하는 소비자들은 다양한 지불용의를 가졌을 것입니다. 잠재적인 소비자가 100명이라고 한다면 100명 모두에게 팔 수 있는 가격은 결국 100명 중에서 가장 강물을 원하지 않는 사람의 지불용의가격이 될 것입니다. 만약 이 사람의 지불용의가격이 한 바가지 1전이라면 가격을 1전으로 정할 경우 판매량은 최대가 되지만 수입은 100전에 불과합니다.

만약 지불용의가 꼴찌인 사람을 빼버린다면 99번째로 지불용의가 높은 사람의 가격에 판매가 가능합니다. 그 사람의 지불용의가격이 2전이라면, 가격 2전에 99바가지 판매가 가능하고 이때 수입은 198전으로 아까 경우의 거의 2배입니다. 이런 식으로 지불용의가 낮은 사람들을 판매 대상에서 제외시키다보면 수입을 최대로 만드는 적당히 높은 수준의 가격을 찾을 수 있을 것입니다. 바로 그 수준에서 시장수요의 가격탄력성은 절대값이 1인 것입니다.

구체적으로 강물에 대한 시장수요곡선이 $P = 101 - Q$라면 위에 언급한 상황처럼 $P = 1$일 때 $Q = 100$, $P = 2$일 때 $Q = 99$ 등이 됩니다. 또한 한계수입함수는 기울기가 2배인 $MR = 101 - 2Q$가 되므로 수입을 극대화하는 수량은 $Q = 101/2 = 50.5$이고 이때 받아야 하는 가격은 $P = 101 - 50.5 = 50.5$입니다. 즉 50.5전을 받고 50.5바가지를 판매해서 2550.25전을 버는 것이 최대 수입을 얻는 길입니다.

좀 더 현실적인 (그리고 현대적인) 예로 음원 디지털파일(mp3)이나 영화 동영상 파일을 들 수 있겠습니다. 음악이나 영화의 최초 원본을 생산하는 데는 많은 노력과 비용이 들지만 일단 완성된 원본을 디지털화하고 나면 이를 복사하는 데에는 거의 비용이 들지 않습니다. 따라서 아주 낮은 가격을 매겨서 많은 수량을 판매하더라도 판매자의 입장에서는 추가 비용이 들지는 않으므로 상관이 없습니다. 그럼에도 이윤(비용이 0 이므로 여기서는 수입)을 극대화하려면 최저 수준의 지불용의를 가진 소비자들을 배제하고 어느 정도 높은 수준의 가격을 받아야 합니다.

$MC>0$인 경우

좀 더 일반적으로 재화 생산의 한계비용이 존재하는 경우를 생각해봅시다. 이때는 한계수입이 0 보다 큰 수준에서 수량을 택해야 하고, 식에 따르자면 그 수준에서 수요의 가격탄력성은 절대값이 1 보다 커야 합니다.

수요가 가격에 대해 탄력적이면, 판매량을 조금 늘리기 위해 가격을 조금 낮추어 주어야 하는데 수요가 탄력적이므로 가격 인하폭에 비해 수요량이 더 많이 늘어날 것이고, 결과적으로 가격 인하 후 수입은 더 늘어날 것입니다. 하지만 늘어나는 그 수입의 크기가 한계비용에 미치지 못한다면 기업의 이윤은 감소하고 말 것입니다.

비용을 감안해서 판매량을 결정해야 한다면 단지 수입을 극대화하는 것이 아니라 총수입을 일정 부분 포기하더라도 판매량을 줄여서 비용도 절감해야 합니다.

예 17.6

김선달이 강물만 판매하는 것이 아니라 물을 담은 바가지를 손님에게 함께 제공한다면, 김선달은 이제 바가지 1 개당 들어가는 비용을 생각해야 합니다. 앞의 예에서는 100 명의 잠재적 소비자 중에서 50.5 전을 받고 50.5 명에게 판매해서 2550.25 전을 버는 것이 수입을 극대화하는 길임을 보았습니다.

바가지 1 개 비용이 10 전이라고 해보죠. 그렇다면 현재 판매량인 50.5 바가지에 505 전의 비용이 듭니다. 수입 2550.25 전에서 비용 505 전을 제하면 실제 이윤은 2045.25 전입니다.

$$\pi(50.5)=2045.25$$

만약 50.5 전에서 51 전으로 값을 조금 올리면 어떻게 될까요 ? 수요량은 50 으로 줄어들고 수입은 $50\times51=$

2550이 되어 0.25 전이 줄어듭니다. 수입만을 극대화하고자 했다면 수입이 줄어들게 하면 안됩니다. 하지만 지금은 비용도 생각해야 합니다. 50 바가지 판매에 들어가는 비용은 500 전이므로 예전의 비용 505 전에 비하면 5 전의 비용감소가 발생했습니다. 수입이 0 25 전 줄어드는 대신 비용이 5 전이나 줄어든다면 이윤은 늘어납니다! 이제 이윤은 2050 전으로 4.75 전이 으히려 늘어났습니다.

$$\pi(50) = 2050 > \pi(50.5)$$

마찬가지로 계속해서 가격을 조금씩 올려보면 수입이 줄지만 그보다 많이 비용이 줄어들어서 이윤은 증가합니다. 언제 이윤이 극대화되는지는 $MR = MC$ 조건이 알려줍니다. $MR = 101 - 2Q$이고 $MC = 10$이므로 $101 - 2Q = 10$에서 $Q = 91/2 = 45.5$가 이윤을 극대화하는 수량입니다. 이때 가격은 $P = 101 - 45.5 = 55.5$입니다. 즉 바가지당 10 전의 비용을 감안하여 이윤을 극대화하려면 가격을 55.5 전으로 올리는 대신 판매량은 45.5 바가지로 줄어드는 것을 감수해야 합니다. 수입은 $55.5 \times 45.5 = 2525.25$이고 비용은 $45.5 \times 10 = 455$이므로

$$\pi(45.5) = 2070.25$$

입니다. 원래의 2045.25 전에 비해 제법 늘어났지요?

한계비용을 감안한다면, 가격을 충분히 올려서 (판매량을 충분히 줄여서) 소비자들이 충분히 가격에 대해 예민하게 탄력적인 상황으로 만들어야 합니다.

만약 현재 수요가 가격에 대해 비탄력적인 상황이라면, 현재보다 판매량을 줄일 경우 수입이 증가하는데다가 비용은 당연히 감소하므로 목적이 수입극대화이던 이윤극대화이던 수요가 가격에 대해 비탄력적인 상황은 기업의 입장에서 결코 유지해서는 안되는 상황입니다. 수요가 가격에 대해 비탄력적이라는 것은 소비자들이 가격에 대해서 둔감한 상황, 가격을 조금 올리더라도 수요가 별로 줄지 않는 상황, 쉽게 말해서 소비자에게는 매우 유쾌한 상황이자 가격이 매우 낮은 상황인 것이죠. 만약 이윤이나 수입이 목적이 아닌 비영리 기업이라면 용납할 수 있겠지만, 영리를 추구하는 기업이라면 그렇지 않은 상황입니다.

또한 수요가 가격에 대해서 단위탄력적인 상황이라면 가격을 어느 정도 올려받기는 했으나 아직도 지나치게 싼 편입니다. 지금보다 가격을 아주 조금 올릴 경우 단위탄력적 수요에 따라 수입에는 큰 변화가 없을 텐데, 가격인상과 함께 판매량이

준다면 비용이 줄어들기 때문에 기업의 이윤은 상승합니다.

만약 이윤을 추구하는 독점기업이라면 반드시 수요가 가격에 대해 탄력적인 상황에서 영업하고 있어야 합니다. 수요가 비탄력적인 영역에서 가격 및 판매량을 선택한 독점이 있다면, 이는 이윤극대화를 추구하지 않지 않는 비영리기업이거나, 제대로 이윤 추구를 하지 못하는 '멍청한' 경우입니다. (주식시장이 제대로 작동한다면 이 기업의 주가가 크게 떨어지고, 주주들은 경영진에게 책임을 물을 것입니다.)

예 17.7

선형수요곡선 $P = a - bQ$를 사용합니다. 한계수입이 $MR = a - 2bQ$임을 이미 보았습니다. 비용함수 역시 선형 $C(Q) = cQ$이면 한계비용은 $MC(Q) = c$로 상수입니다. 이윤극대화 조건 $MR(Q^m) = MC(Q^m)$는

$$a - 2bQ^m = c \quad \Longrightarrow \quad Q^m = \frac{a-c}{2b}$$

가 됩니다. 이 값을 수요곡선 공식에 대입하면 독점이 고르는 가격을 알 수 있습니다.

$$P^m = a - bQ^m = a - b \times \frac{a-c}{2b} = a - \frac{a-c}{2} = \frac{a+c}{2}$$

입니다. 그림 17.9에 이 선택이 표시되어 있습니다. 한계비용은 수준이 c인 수평선이고, 이 수평선과 한계수입곡선이 만나는 점 C로부터 수량 $Q^m = (a-c)/2b$를 찾습니다. 한편 이 수량에서 가격을 알려면 수요곡선 상의 점 A를 보아야 합니다. $P^m = (a+c)/2$입니다. 점 A에서 수요가 가격에 대해 탄력적이라는 것은 이미 알고 있습니다. (점 B가 단위탄력적인 곳입니다.) 이윤극대화 점에서 주목할 만한 점이 몇 가지 있습니다.

- 수요곡선의 기울기 b는 수량 Q^m에는 반영되지만, 독점가격 P^m에는 반영되지 않습니다. 독점가격에 영향을 주는 요인은 수요곡선의 절편 a와 한계비용 c 뿐입니다. 즉 수요곡선의 기울기를 바꾸어도 절편의 위치와 한계비용이 변하지 않는 한 독점가격은 그대로입니다.

- 당연한 사실이지만 한계비용 c가 높아지면 독점가격 P^m도 높아집니다. 하지만 c가 1단위 높아질 때 가격 P^m은 1/2단위만 높아진다는 점은 주목할 만합니다. 이는 점 A에서 수요가 가격탄력적인 것과 관련이 있습니다. 원가 상승으로 가격을 올려야 하는 상황에서도 독점기업은 상승된 원가를 전액 소비자에게 부담시킬 수 없습니다. 소비자들이 수요에 탄력적이기 때문입니다. 반면에 완전경쟁이라면 특히 장기균형에서 한계비용의 상승은 전액 가격에 반영될 것입니다.

- 독점가격에는 수요곡선의 절편 a도 일정한 영향을 줍니다. 절편 a는 소비자들의 최대 지불용의가격이자,

가격이 무료일 경우의 최대 판매량인 a/b에서 드러나는 바와 같이 수요의 특징을 나타냅니다. 잠재적인 시장의 크기 정도로 이해할 수 있습니다. 시장이 커지면 독점이 받을 수 있는 가격이 올라갑니다.

이 3가지 관찰은 모두 앞에서 도출한 공식에서 나온 것이고, 이 공식은 선형수요함수와 선형비용함수 가정에 크게 의존하고 있습니다. 수요함수와 비용함수의 형태를 바꾼다면 위의 관찰들이 성립하지 않을 수도 있습니다.

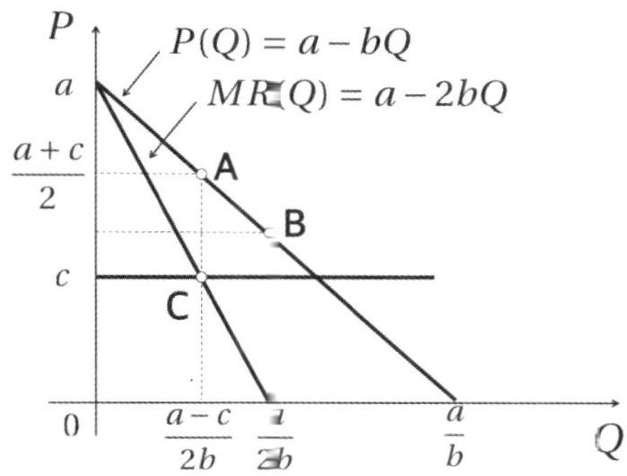

그림 17.9 예 17.7

탄력성의 크기와 독점가격

독점의 이윤극대화 선택점에서는 수요가 가격에 탄력적이라는 것을 알았습니다. 그렇다면 탄력적인 수요 중에서도 상대적으로 더 탄력적인 경우, 덜 탄력적인 경우는 어떻게 비교가 될까요? 앞의 식 (17.9)를 변형하면

(17.12) $$P = \frac{MC}{1 - \frac{1}{|\varepsilon|}}$$

가 됩니다. 일단 $|\varepsilon| > 1$이라면 우변이 양수이므로 좌변의 가격도 양수입니다.

이 상태에서 가격탄력성의 절대값이 점점 커진다면 어떻게 될까요? 위 식의 분모가 점점 1에 가까와지고 결과적으로 $P \to MC$가 됩니다. 가격탄력성이 점점 커져서 무한대가 된다면 사실 완전경쟁시장의 가격수용자 조건에 해당됩니다. 그때 가격이 한계비용 수준에 이르는 것은 우리가 이미 잘 알고 있는 결과입니다.

다시 말해서, 독점기업은 주어진 수요곡선 상에서는 가격탄력성의 절대값이 1보다 큰 영역에서 활동하기를 선택하지만 그렇다고 해서 탄력적인 수요를 즐긴다는 뜻은 아닙니다. 수요가 탄력적이라는 것은 독점에게는 가격을 설정할 수 있는 능력

이 사라지고 완전경쟁처럼 행동해야 한다는 뜻이니까요.

독점기업은 한계비용 수준과 맞추어 적당히 수요가 탄력적이 되도록 가격을 올리고 판매량을 줄이고자 하지만, 어차피 독점기업이 원하는 탄력성의 수준이 정해져 있는 상태에서 만약 소비자들이 더 탄력적으로 바뀐다면 (가격에 더 예민해진다면) 독점기업에게는 이것이 별로 반갑지 않은 상황이라는 것입니다. 독점기업이 원하는 탄력성 수준을 찾아가려면 가격을 낮추어서 소비자들을 달래주어야 하니까요.

특히 독점기업이 동일한 재화를 두 개의 서로 분리된 시장에서 판매한다고 해 봅시다. 만약 시장 A와 시장 B가 각각 ε_A와 ε_B의 가격탄력성을 보이고 특히 $|\varepsilon_A| < |\varepsilon_B|$라고 한다면 (즉 시장 B의 수요가 더 탄력적) 독점의 이윤을 극대화하는 가격은 A쪽에서 더 높게 설정됩니다. 이는 다음의 계산을 통해 확인할 수 있습니다.

$$P^A = \frac{MC}{1 - \frac{1}{|\varepsilon^A|}} > \frac{MC}{1 - \frac{1}{|\varepsilon^B|}} = P^B \iff |\varepsilon^A| < |\varepsilon^B| \tag{17.13}$$

직관적으로 설명하자면 (당연히 두 시장 모두 가격에 대해 탄력적이지만) 시장 B의 소비자들이 가격에 대해 더 예민하므로 그 시장에서는 가격을 조금 깎아주고 대신 가격에 대해 (상대적으로) 덜 예민한 시장 A의 소비자들에게는 (상대적인) 바가지를 씌우는 것이지요. 이것은 독점기업이 현실에서 즐겨 사용하는 가격전략인 **가격차별** (price discrimination)의 기본 원리입니다. 물론 우리는 한계수입함수 공식을 도출할 때 가격차별을 사용하지 않는다고 가정했습니다. 지금 든 예에서도 시장 A의 내부에서는 모든 소비자에게 동일한 가격을 받고, 시장 B의 소비자들에게도 동일한 가격을 받는 상황으로 각 시장 내부에서는 가격차별이 없습니다. 시장들 간에 차별이 있는 것이죠.

이런 예는 현실에 매우 많습니다. 독자들이 가장 친숙할 만한 예는 대학 교과서입니다. 한국 대학에서도 많이 사용하는 영어로 된 대학 교재들을 미국에서 구입하고자 한다면 한국에서 판매되는 가격보다 훨씬 비쌉니다. 포장이 조금 다르거나, 미국용, 국제용 하는 식으로 구분이 되어 있지만 사실상 두 책의 내용은 차이가 없습니다. 게다가 굳이 따지자면 미국에서 생산된 책을 한국에서 판매할 때는 추가 배송료도 드는데 한국에서 판매가격이 더 싸다는 것은 한국 대학생들의 교재에

대한 수요가 가격에 대해 더 탄력적이라는 사실을 알려줍니다.[6]

예제 17.1

독점기업이 서로 분리된 두 시장에서 동일한 재화를 판매한다. 한계비용은 10이며, 시장 1의 수요의 가격탄력성은 −2, 시장 2의 수요의 가격탄력성은 −3으로 고정되어 있다. 각 시장에서 받을 가격은?

풀이 $P(1-1/2) = P/2 = 10$이므로 $P = 20$이 첫 번째 시장의 가격이고, $P(1-1/3) = 2P/3 = 10$이므로 $P = 15$가 두 번째 시장의 가격입니다. 두 번째 시장의 탄력성이 더 높고 가격은 더 낮습니다.

예제 17.2

독점적 시장지배력을 가진 어느 아이스크림 회사는, 아침에 아이스크림을 사는 소비자에게 가격을 50% 할인해주는 행사를 실시하고 있다. 오전과 오후에 아이스크림을 판매하는 데에 드는 한계비용은 동일하다. 이 회사가 현재의 가격 전략에 대한 평가를 위해 경제학자에게 연구를 의뢰했고, 경제학자는 고객들의 수요의 가격탄력성을 오전과 오후로 나누어 측정했다. 다음의 각각의 경우에 경제학자가 이 회사의 현재 가격 전략에 대해 어떤 진단을 내리고 개선 방향을 어떻게 제시해야 할지 설명하시오.

(1) 오전 수요의 가격탄력성이 −2, 오후 수요의 가격탄력성이 −1.5

(2) 오전 수요의 가격탄력성이 −0.5, 오후 수요의 가격탄력성이 −2/3

(3) 오전 수요의 가격탄력성이 −1.5, 오후 수요의 가격탄력성이 −2

풀이 풀기 전에 기억해야 할 3가지가 있습니다: (i) 독점기업은 한계비용이 0이 아닌 한, 수요곡선 상에서 가격에 대해 탄력적인 영역(즉 $MR = MC > 0$인 영역)에서 가격을 택합니다, (ii) 두 개의 서로 분리된 시장에서 동일 제품을 판매할 경우 이윤극대화를 하려면 양 시장의 한계수입이 일치되는 가격을 택해야 합니다. 즉, $MR_1 = P_1(1-1/|\varepsilon_1|) = P_2(1-1/|\varepsilon_2|) = MR_2$의 식으로 두 시장 가격의 적정 비율을 결정합니다. (iii) 수요의 가격탄력성은 반드시 상수인 것은 아니고 가격 및 수량이 바뀜에 따라 탄력성 값도 바뀔 수 있습니다.

---

6 왜 탄력성에 차이가 있는지는 따로 설명되어야 할 문제입니다. 가격탄력성에 영향을 주는 요인들은 해당 재화의 대체가 될만한 관련 재화의 존재 및 가격, 각 시장의 소득 수준과 소득탄력성, 그리고 취향에 영향을 주는 사회문화적 차이 등이 있을 것입니다. 한국의 경우 암암리에 이루어지는 교재 복사가 가격탄력성을 높이는 요인이 될 것이고, 미국에서는 중고교재 시장이 활성화되어 있기 때문에 새 책을 사는 소비자의 가격탄력성이 상대적으로 낮을 가능성이 높습니다. 미국의 소득수준이 한국보다 높을 뿐 아니라, 미국에서 대학생은 사회 전체에서 더 소득이 높은 계층이므로 아무래도 가격에 대해 덜 민감할 가능성이 높을 것입니다.

오전 시간대와 오후 시간대의 가격차별 정책이 성공적이려면 두 시장의 분리가 가능해야 하는데, 아이스크림이라는 재화의 특성상 시간대별 분리는 어느 정도 가능합니다. (아침에 아이스크림을 사서 냉장고에 넣어두었다가 오후 고객에게 팔 수도 있을 텐데, 그러려면 이 사람은 가게 바로 옆에 집이 있거나 가게 바로 앞에서 판매를 해야 하는데, 아마 가게 주인이 가만 있지 않겠지요.)

(1) 오전 50% 할인을 하고 있는 현재 상황에서, 오전과 오후 모두 수요가 탄력적이며 오전이 더 탄력적이므로 전반적인 가격 수준 및 오전 할인이라는 방향은 적절하다고 볼 수 있습니다. 다만, 두 시간대간 적정 가격 비율이 설정되었는지 알아보기 위해 $P_1(1-1/|\varepsilon_1|) = P_2(1-1/|\varepsilon_2|)$ 공식에다가 탄력성 값들을 대입해보면, 오전을 1, 오후를 2라고 표시할 때 $P_1(1-1/2) = P_2(1-2/3)$에서 $P_1 = \frac{2}{3}P_2$를 얻습니다. 다시 말해, 오전을 오후에 비해 50% 할인하는 것은 적정 비율이 아닙니다. 얼핏 생각해서, 적정 비율은 2/3 즉 약 67% (33% 할인)라고 볼 수도 있겠으나, 이는 현재 상태에서 측정된 탄력성 값에 의한 계산일 뿐입니다. 가격을 변경하는 경우 탄력성 값이 바뀔 수 있습니다.

애초에 오후 가격이 적정 수준으로 결정되었는지도 지금까지의 정보로는 알 수 없습니다. 즉, 현재 결론지을 수 있는 것은 오전과 오후 사이의 가격의 차이를 줄이는 방향으로 개선해야 한다는 것뿐입니다. (오전을 지금보다 올리는 것이 더 좋을 수도 있고, 오후를 좀 더 내리는 것이 더 좋을 수도 있으며, 오전과 오후 모두 값을 인하하되 오전은 조금만 인하하고 오후는 대폭 인하하는 것이 좋을지도 모릅니다. 문제에 주어진 정보만으로는 결론지을 수 없습니다.)

(2) 주어진 탄력성 값을 $P_1(1-1/|\varepsilon_1|) = P_2(1-1/|\varepsilon_2|)$에 대입하면 가격 비율이 1/2로 나와서 현재 50% 할인이 적절한 것처럼 보일 수 있으나, 이는 독점 가격의 기본 원리를 간과한 것입니다. 현재 오전, 오후 모두 가격에 대해 비탄력적인 수요를 보이고 있습니다. 이는 오전과 오후 모두 가격 수준이 매우 낮게 설정되어 있음을 의미합니다. 즉, 오전과 오후 모두 지금보다 가격을 인상해야 하며, 오전과 오후 사이의 가격 비율에 대해서는 다시 탄력성을 측정하여 결정해야 합니다.

혹시 $MR = P(1-1/|\varepsilon|) = MC$라는 식에 (기계적으로) 탄력성 값을 대입하여 MR이 MC의 '음수' 배로 나오므로 '소비자에게 돈을 주어야 물건을 팔 수 있는 상태'로 해석하고 '장사를 그만두어야 한다'라고 생각 할 수도 있는데 이는 식을 오해한 것입니다. 탄력성의 절대값이 1보다 작을 경우 MR은 음수이므로 양수인 MC와 일치시키는 것이 아예 불가능하며, $MR < 0$이라는 말은 '현재 가격에서' 판매량을 늘이면 수입이 현재보다 줄어든다는 의미입니다. 이는 현재보다 판매량을 줄여야 이윤을 극대화할 수 있다는 뜻이고, 독점에게 판매량을 줄인다는 것은 가격을 인상시키는 것과 같습니다. 이 기업은 장사를 그만두어야 할 정도로 나쁜 시장 환경에 있는 것이 아니라, 지나치게 싼 가격으로 너무

많이 팔고 있으므로 오히려 가격을 인상시켜 매출 및 이윤 증대를 추구해야 될 상황입니다.

(3) 오전, 오후 모두 탄력적이므로 가격 수준 자체는 근본적으로 잘못되지는 않았으며, 오후가 더 탄력적인 것으로 보아 오후 가격을 더 싸게 해야 합니다. 여기서도 계산에 의해 오전과 오후 가격 비율을 정확하게 도출하는 것은 어렵습니다.

연습문제

문제 17.1 시장수요곡선이 $P(Q) = 100 - 10Q$이고 독점기업의 비용함수가 $C(Q) = 2.5Q^2$이다. 독점기업의 이윤극대화 수량과 가격을 도출하시오.

문제 17.2 독점적 지위를 확보하고 있는 어느 상점이 보다 높은 이윤을 얻고자 당신을 컨설턴트로 고용했다. 조사 결과 가격 1000원에 판매되는 상품의 한계비용이 100원이라는 것을 알게 되었다. 또한, 최근 가격 변화에 따른 수요량 변화 자료를 확보할 수 있어서 수요의 가격탄력성이 −2라는 사실을 알아내었다. 이 상점 주인에게 제시할 수 있는 영업 개선 방안이 있다면?

문제 17.3 어떤 재화의 시장수요곡선이 $P = 30 - 0.5Q$이다.

(1) 가격수용자인 100개의 기업이 공급자인 완전경쟁 시장이고, 각 기업의 단기 한계비용함수가 $SMC(q) = 100q$이다. 시장 균형 가격은?

(2) 앞의 100개의 완전경쟁 기업을 하나의 회사가 모두 사들여서 독점기업이 되었다. (즉, 100개의 생산시설을 갖춘 독점기업이라고 볼 수 있으며 이때 독점의 합리적 생산방법은 각 생산시설에서 총 판매량의 100분의 1씩을 생산하는 것이다.) 독점기업이 설정하는 이윤극대화 가격은?

(3) 독점이 되기 전인 (1)의 완전경쟁 시장균형 상황에서 재화 1단위당 T원의 세금이 부과될 경우, 시장균형 가격은 얼마만큼 변화하겠는가?

(4) (2)의 독점 상황에서 재화 1단위당 T원의 세금이 부과될 경우, 시장균형 가격의 변화폭은?

문제 17.4 영호는 독특한 인형 캐릭터 개발에 성공하여 가게를 창업했다. 이 인형이 엄청난 인기를 끌면서 타 제품과 비교 자체가 불가능하기 때문에, 영호는 독점의 지위를 누리게 되었다. 인터넷 사이트를 통해 온라인(online) 판매도 시작했다. 수요분석 결과 오프라인(가게)과 온라인의 수요 곡선이 각각 다음과 같게 나타났다. 영호의 한계비용은 $MC = 25$이다.

$$Q_1 = 55 - P_1 \quad \text{(오프라인, 즉 가게)}$$

$$Q_2 = 70 - 2P_2 \quad \text{(온라인, 즉 인터넷)}$$

(1) 오프라인과 온라인의 가격을 차별하여 판매하는 것이 가능할 때, 영호의 이윤을 극대화하는 오프라인 가격(P_1) 및 온라인 가격(P_2)을 구하고, 영호의 총 이윤을 계산하시오 (고정비용에는 신경쓸 필요 없음)

(2) 오프라인과 온라인 가격에 차이가 있다는 사실을 알게 된 소비자들이 인터넷에서 불매운동을 벌일 움직임을 보여서, 어쩔 수 없이 가격차별을 포기하게 되었다. 이제 영호의 이윤을 극대화하는 가격$(P_1 = P_2 = P)$을 구하고, 이윤을 계산하시오.

문제 17.5 온라인영어학원이 "청년"과 "장년"이라는 주요 고객층을 갖고 있다. 청년은 가격에 더 민감하되 수요량이 많고, 반대로 장년은 가격에는 덜 민감하지만 수요량이 적은 편이다. 수요곡선이 다음과 같다.

$$[\text{청년}]\ P_1 = 100 - 0.5Q_1 \qquad [\text{장년}]\ P_2 = 80 - Q_2$$

이미 제작된 온라인강의를 소비자들이 사용하는 것이므로 학원의 한계비용은 0이다.

(1) 두 집단을 연령을 기준으로 나누어 강의 한 편의 사용가격 P_1과 P_2를 다르게 받는 경우, 각각 얼마의 가격을 받는 것이 이 학원의 이윤극대화를 이루는가?

(2) 연령에 기초한 가격차별이 금지된다면, 학원이 선택할 한 편당 사용가격 $P_1 = P_2 = P$는?

문제 17.6 모든 국민들이 매일 풍선껌을 1개씩 씹는 습관을 가진 이상한 나라가 있다. 그런데 껌값이 개당 100원을 넘으면 소비를 아예 포기하는 매우 탄력적인 수요를 가졌다. 이 나라의 국왕은 기존의 껌 판매업자들을 모두 쫓아낸 후, 껌제조공학을 전공한 자신의 사위에게 풍선껌 판매에 대한 독점권을 허락했다. 단, 껌 공장을 1개 또는 2개만 짓는다는 조건이다. 껌박사 사위가 연구한 제조공법은 $C(q) = 0.5q^2$의 총비용함수를 가지며, 공장 1개 설립에 F의 건설비용이 든다.

(1) 껌박사가 공장 하나를 설립하여 이윤을 극대화하면 하루에 껌 몇 개를 생산하겠는가?

(2) 공장건설비용 F가 어떤 수준일 때 껌박사는 이 껌사업에 뛰어들겠는가?

(3) F가 어떤 수준일 때 껌박사는 두 번째 공장을 추가로 건설하겠는가?

(4) 현재 두 개의 껌공장이 운영 중이다. 그런데 국왕이 공장 하나를 더 지을 수 있는 허가를 내렸다. 껌박사는 세 번째 공장을 과연 지을까, 안 지을까? 설명하시오.

문제 17.7 축제 장터에서 이화인 양이 호떡을 독점판매한다. 이화인 양이 사용하는 불판은 호떡을 구울 때마다 점점 기름이 많이 들어 한계비용함수가 $MC_1(Q) = Q$이다. 즉, 하루 동안 Q만큼 생산했을 때 기름에 들어간 총비용은 $0.5Q^2$이다.

이제 축제 마지막 날을 앞두고 불판 하나를 더 빌려 올지를 고민 중이다. 불판을 하루 빌려오는 데는 $F > 0$의 임대료를 지불해야 하며, 빌려올 수 있는 불판은 기존 것보다 기름을 더 많이 소모해서 $MC_2(Q) = 2Q$라는 한계비용함수를 가진다. 즉, 새 불판의 기름 비용은 Q^2이다. 호떡에 대한 수요함수는 $Q = 30 - P$이다.

(1) 이화인 양은 독점으로서 가격차별은 사용하지 않고 이윤극대화를 추구하고 있다. 불판 하나만을 사용하고 있는 현재와 새 불판을 추가로 들여올 경우 가격은 어떻게 달라지겠는가? (힌트: 두 불판을 합리적으로 사용하는 방법은 두 불판에 배정된 생산량 수준에서 두 불판의 한계비용이 서로 일치하도록 유지하는 것이다.)

(2) 하루 임대료 F가 얼마 이하일 때 축제 마지막 날인 내일 불판을 추가로 더 빌려오겠는가?

문제 17.8 만두 가게를 운영하는 구만두 사장은 오랜 영업 경험을 통해 단골 고객들에 2가지 유형이 있음을 알게 되었다. "VIP 고객"의 만두 수요곡선은 $P(q)=100-q$이고, "일반 고객"의 만두 수요곡선은 $P(q)=20-5q$이다. 구 사장이 개발한 특수 요리비법에 따라, 만두 생산의 한계비용은 0이다.

(1) 고객 간에 가격을 차별할 수 있을 때, 이윤극대화를 위해 VIP 고객과 일반 고객에게 각각 매길 만두 1개의 가격은?

(2) 고객 간 가격 차별이 불가능할 때, 이윤을 극대화하는 만두 1개의 가격은?

(3) 뷔페 요금제, 즉 일정액을 지불하면 만두를 마음껏 먹을 수 있는 제도를 신설하고자 한다. 구 사장의 목표는 이 요금제를 VIP 고객 전용으로 만드는 것이다. 이윤을 극대화하는 뷔페 가격은?

(4) 앞의 뷔페 가격을 적용하면 일반 고객은 뷔페 메뉴를 선택하지 않을 것이다. 설명하시오.

(5) 뷔페를 선택하지 않는 일반 고객을 위해서 만드를 낱개로 판매하려고 한다. 이윤을 극대화하는 만두 1개의 가격은? 혹시 VIP 고객이 뷔페 대신 낱개 만두를 구입할 가능성은 없는가?

제18장 독점의 후생경제학: 비효율성과 규제

열두 개의 음성이 화를 내며 소리치고 있었고 다 비슷하게 들렸다.
이제 돼지들의 얼굴에 무슨 일이 일어났는지 분명했다.
바깥에서 지켜보던 동물들은 돼지로부터 인간, 인간으로부터 돼지,
그리고 다시 돼지로부터 인간으로 시선을 옮겼다;
이미 누가 누구인지 분간하기가 불가능했다.
- 조지 오웰, 『동물농장』[1]

낙원의 파괴자

소설『동물농장』의 마지막 장면입니다. 농장의 동물들은 자신들 위에 군림하던 인간들을 몰아내고 동물들이 모두 평등한 낙원을 건설한 듯 보였습니다. 하지만 인간들에 대한 저항을 주도했던 돼지들이 결국 인간과 똑같은 모습으로 변해가는 것을 바라보는 동물들의 좌절감과 허탈감이 드러나 있습니다. 오웰의 이 소설은 소비에트 공산주의 사회에 대한 비판적 풍자였지만, 좀 더 일반적으로 인간들 사이에서 늘 나타나고 마는 현상을 꼬집고 있지 않을지요.

정치의 영역뿐 아니라 경제의 영역도 마찬가지입니다. 경제학의 시각에서 자유롭고 활발한 경쟁이 보장되는 완전경쟁시장은 하나의 이상입니다. 하지만 우리가 현실

1 George Orwell, *Animal Farm* (1945).

에서 만나는 시장은 완전경쟁과는 거리가 먼 경우가 많습니다. 시장에서 활동하는 경제주체들은 가능하다면 시장의 경쟁을 약화시키고 독점이 되고자 노력합니다.

따라서 독점이 어떤 경우에 발생하고, 그로 인한 문제점은 무엇이며 그 문제를 어떻게 하면 약화시키거나 해결할 수 있는가는 미시경제학의 중요한 관심사입니다. 여기에는 현실 시장의 독점이 어느 정도인지를 알고자 하는 실증적 관심과 그것이 얼마나 나쁘고 어떻게 고칠지를 따지는 규범적 관심이 함께 녹아 있습니다.

18.1 독점의 비효율성

독점에 대해 부정적인 시각에서 서술을 해왔습니다만 정확하게 어떤 점에서 독점이 좋지 않은지 명확하게 설명이 이루어지지 않은 것 같습니다. 제 16 장에서 소개한 후생경제학의 기초 개념인 사회후생(효율성)의 관점에서 독점을 평가해보겠습니다.

그림 18.1(a)에 독점이 택하는 이윤극대화 수량과 가격이 도출되어 있습니다. 우하향하는 수요곡선과 그보다 안쪽에 위치한 한계수입(MR)곡선이 있고, 우상향하는 한계비용(MC)곡선이 있습니다. 이윤극대화 조건에 의해 한계수입과 한계비용이 만나는 곳에서 수량 q^m이 결정됩니다. 한편 수량이 q^m일 때 수요곡선의 높이가 독점의 가격 p^m입니다.

그림 18.1 독점의 비효율성

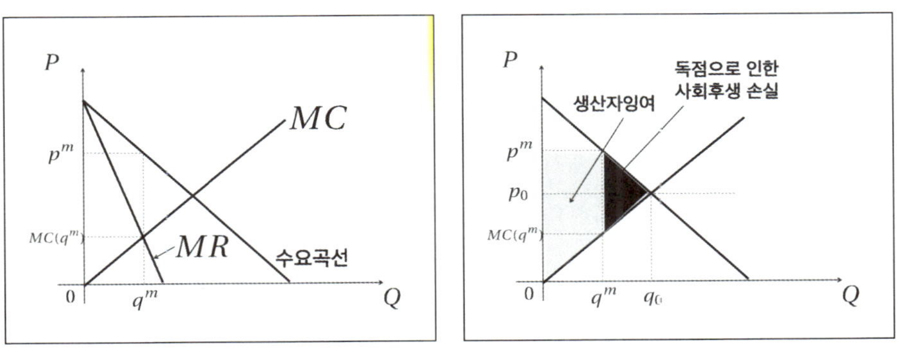

(a) 독점의 이윤극대화 수량과 가격 (b) 독점으로 인한 사회후생 손실

그림 (b)에는 (완전경쟁과 비교한) 독점으로 인한 사회후생 손실이 도출되어 있습니다. 이는 제 16 장의 **그림** 16.12 에서 **그림** 16.14 까지에서 논의했던 인위적으로 가격이 높이 설정된 경우와 거의 똑같습니다. 우선 독점에서의 소비자잉여는 가격수준인 p^m 에서 그은 수평선과 수요곡선 사이에 생기는 작은 흰 삼각형입니다. 한편 생산자잉여는 높이가 가격인 p^m 이고 밑변이 수량 q^m 인 직사각형에서 한계비용곡선의 아래쪽을 제거한 부분입니다. 그림에는 옅은 색으로 칠해져 있습니다.

만약 독점이 아니라 완전경쟁이었다면 (단기라고 생각할 때) 한계비용곡선이 곧 공급곡선이었을 것입니다.[2] 따라서 완전경쟁의 시장균형은 수량 q_0, 가격 p_0 입니다. 이때의 사회후생과 비교하면 독점에서는 짙은 색으로 칠한 삼각형만큼의 사회후생이 사라졌습니다. 이 부분이 후생 손실입니다.

사회후생 손실이 발생하는 이유는 이미 제 16 장에서 인위적으로 높은 가격에 대해 설명한 것과 동일합니다. 간단하게 말해서, 독점의 이윤극대화가 바로 '인위적으로 높은 가격' 이기 때문입니다. 효율적인 수준인 q_0보다 적은 양인 q^m 을 유지하기 위해서 독점은 완전경쟁의 균형가격보다 높은 p^m 을 책정합니다. 그 결과로 소비자들 중 독점으로부터 구매하는 이들은 소비자잉여가 줄어들고, 구매를 포기하는 이들의 소비자잉여는 아예 사라집니다. 그뿐 아니라 독점은 충분히 더 공급할 수 있는 여력이 있음에도 불구하고 자신의 이윤극대화를 위해서 $q_0 - q^m$ 만큼의 수량을 인위적으로 줄이기 때문에 생산자잉여마저 일부 포기한 것입니다.

사회후생의 크기로 측정하는 효율성의 기준은 사회 내의 자원을 동원해서 최대의 성과를 내는지를 판단하는 것으로 비교적 논란의 여지가 없습니다. 한편 독점의 좀 더 주관적인 기준인 분배의 관점에서도 흥미로운 변화를 일으킵니다. **그림** 18.2 에서 칠해진 사각형은 (효율적인 시장균형에 비교해서) 소비자잉여의 일부가 생산자잉여로 넘어간 부분을 나타냅니다. 소비자잉여에서 줄어든 만큼 생산자잉여에 보태지기 때문에 사회후생의 크기에는 변화가 없습니다. 하지만 소비자들이 가졌을 잉여를 생산자가 가져간다는 점에서 '분배 (distribution)' 의 변화입니다.

---

2 생산자잉여를 공급곡선을 사용해서 정의하는 것은 사실 약간의 문제가 있습니다. 공급곡선은 완전경쟁시장에만 있기 때문이죠. 그래서 차라리 한계비용곡선을 수용용의가격 곡선으로 보고 생산자잉여를 정의하는 편이 덜 혼동스러울 수도 있겠습니다.

그림 18.2 독점으로 인한 분배 왜곡

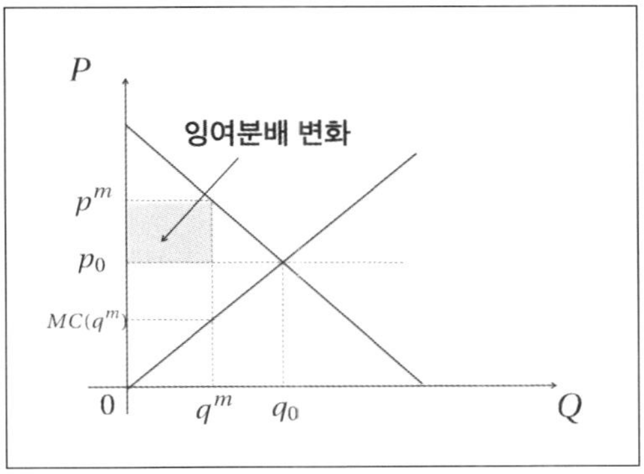

예제 18.1

시장수요곡선이 $P(Q) = 100 - 10Q$이고 독점의 비용함수가 $C(Q) = 2.5Q^2$이다.

(1) 독점이 이윤 극대화를 위해 선택하는 가격과 판매량을 구하시오.

(2) 동일한 시장이 완전경쟁일 경우 장기 시장공급곡선이 독점의 한계비용함수와 같다고 하자. 시장의 장기균형에서 사회후생을 계산하시오.

(3) 독점으로 인한 사회후생 손실의 크기를 계산하고 이를 (2)에서 구한 완전경쟁 하에서의 최대 후생에 비해 몇 % 인지 알아보시오. 또한 이 손실이 사회적으로 어떤 의미에서 비효율성을 나타내는지 설명하시오.

풀이 (1) 총수입 $R(Q) = P(Q)Q = (100 - 10Q)Q = 100Q - 10Q^2$이고 한계수입은 $MR(Q) = R'(Q) = 100 - 20Q$ 입니다. 한편, 한계비용은 $MC(Q) = C'(Q) = 5Q$이므로, 이윤극대화 해는 $MR = MC$ 즉 $100 - 20Q = 5Q$에서 $Q^m = 4$이고 이때 가격은 $P(Q^m) = 100 - 10 \times 4 = 60$입니다.

(2) 완전경쟁시장 균형에서는 수요= 공급이므로, $100 - 10Q = 5Q$에서 $Q^* = \frac{20}{3}$이고 가격은 $P^* = 100 - 10 \times \frac{20}{3} = \frac{100}{3}$입니다. 사회후생의 크기는 밑변이 100이고 높이가 Q^*인 삼각형이므로 $\frac{1000}{3}$입니다.

(3) 독점으로 인한 후생손실은 최대 사회후생을 나타내는 삼각형 속에 든 오른쪽의 작은 삼각형으로 밑변은 독점 가격과 독점 한계비용 사이의 차이인 $60 - 5 \times 4 = 40$이고, 높이는 독점 거래량과 완전경쟁 거래량의 차이인 $\frac{20}{3} - 4 = \frac{8}{3}$이므로 그 크기는 $\frac{160}{3}$입니다. (2)에서 구한 최대 사회후생 $\frac{1000}{3}$과

비교하면 정확하게 16%에 해당됩니다.

16%에 해당되는 후생 손실이 비효율적인 이유는 시장 거래를 통해 소비자와 기업이 각각 추가적인 이득을 얻을 부분이 있음에도 불구하고 상호 이득인 거래가 실현되지 않았기 때문입니다. 독점 하에서 구매하지 않는 소비자들의 지불용의(수요곡선의 높이)가 독점의 한계비용보다 높고 완전경쟁에 비해 거래가 덜 일어났으며, 이 두 가지 양이 모두 후생 손실의 계산에 사용되었습니다. 지불용의가 독점 가격보다 낮은 소비자들은 거래를 실현하지 못해 시장에서 배제됨으로써 비효율성이 발생했고, 가격에 비해 더 낮은 한계비용으로 생산활동에 임할 수 있었던 생산요소들이 생산에 참여하지 못함으로써(말하자면 실업이 발생) 비효율성이 발생했습니다.

한편, 소비자 중 독점 하에서도 소비하는 이들의 소비자잉여가 줄어든 부분은 독점 생산자에게 이전되었는데, 이 이전은 분배의 문제로 효율성과는 아무런 관련이 없습니다.

18.2 독점의 시장 지배력

그런데 과연 현실에서 독점이 존재하는가, 또한 존재한다면 얼마나 심한 독점인가를 어떻게 알 수 있을까요? 이는 단지 한 시장에서 판매 기업이 하나뿐인가를 보면 되는 간단한 문제는 아닙니다.

첫 번째로 기업이 하나뿐이더라도 실제로 시장에 대한 장악력이 없다면 사회적으로 그다지 우려할 필요가 없을 수도 있습니다. 소비자들의 수요가 가격에 대해 매우 탄력적인 경우입니다. 극단적으로 수요가 완전탄력적($|\varepsilon| = \infty$)이라면 아무리 기업이 한 개뿐이더라도 완전경쟁과 마찬가지 상황입니다.

마찬가지로 기업이 여러 개 있더라도 이들 기업이 한 마음이 되어 독점처럼 행동할 수도 있습니다. 이런 행동을 **담합**(collusion)이라 부르고, 담합을 이룬 기업들의 조직을 가리켜 **카르텔**(cartel)이라고 부릅니다. 카르텔 형성이나 담합은 우리나라를 포함한 대부분의 시장경제 국가에서는 법으로 금지되어 있습니다. 담합이 아니더라도 몇 개 안 되는 기업이 활동하는 경우 완전경쟁보다는 독점에 더 가까운 모습을 보일 수 있습니다. 이런 경우 독점과 완전경쟁 사이에서 어느 정도 위치에 있는지를 판단하는 지표가 있으면 유용할 것입니다. 엄밀하게 말해서 담합이나 독점 아닌 시장의 독점 정도를 따지는 것은 제 5 부에서 **과점 모형**(oligopoly model)에 속하지만, 독점 모형에서의 논의가 그 바탕이 됩니다.

더 근본적인 문제로는 '시장의 범위를 어디까지로 볼 것인가?' 도 있습니다. 사실 우리는 이 책에서 모형을 논할 때 한 재화의 시장이 잘 규정되어 있다고 가정하고 있습니다만, 현실에서 재화의 시장을 규정하려면 만만치가 않습니다. 예를 들어, 라면 시장이라고 한다면 A 브랜드의 a 제품 시장만 볼 것인지, 혹은 A 브랜드의 제품은 모두 한 시장에 속한 것으로 볼 것인지, 혹은 여러 브랜드의 비슷한 라면들을 한 시장으로 볼지, 컵라면은 포함시켜야 할지, 짜장라면은 같은 시장인지, 심지어 우동이나 짜장면도 같은 시장으로 봐야 하는 건지 쉬운 답은 없습니다.

러너지수

독점이나 담합에 대한 규제는 정부의 중요한 경제정책 분야 중 하나입니다. 이런 규제를 묶어서 **반독점정책** 혹은 **독과점규제**라고 말합니다. 독과점규제에서는 **시장지배력**, **시장력**(market power, market dominance)이라는 개념을 사용하여 규제 대상 여부를 판단합니다. 우리나라의 경우 규제 대상을 다음과 같이 규정합니다.

> "시장지배적사업자"라 함은 일정한 거래분야의 공급자나 수요자로서 단독으로 또는 다른 사업자와 함께 상품이나 용역의 가격·수량·품질 기타의 거래조건을 결정·유지 또는 변경할 수 있는 시장지위를 가진 사업자를 말한다. 시장지배적사업자를 판단함에 있어서는 시장점유율, 진입장벽의 존재 및 정도, 경쟁사업자의 상대적 규모 등을 종합적으로 고려한다. (**독점규제 및 공정거래에 관한 법률** 제 2 조 7 항)

같은 법률 제 4 조에서는 한 사업자의 **시장점유율**(market share)이 50% 이상이거나, 사업자들 상위 3 개의 시장점유율이 75% 이상인 경우를 "시장지배적사업자"라고 합니다. 법률 조항으로 명시하기에는 애매한 부분들도 있을 것이기 때문에, 사례별 판단을 위해서는 경제학 모형이 제공하는 안목도 도움이 될 것입니다.

미시경제학의 관점에서는 독점의 여부나 정도를 판단하는 가장 중요한 기준은 **수요의 가격탄력성**일 것입니다. 독점의 이윤극대화 조건을 나타내는 식 중 하나는

(18.1) $$P = \frac{MC}{1 - \frac{1}{|\varepsilon|}} > MC$$

입니다. 만약 수요가 점점 탄력적이 된다면 (즉 $|\varepsilon|$이 증가하면) 가격은 점점 한계비용 수준에 가까워지므로, 독점이라 하더라도 수요가 탄력적이면 심하게 높은 가격을 받을 수 없습니다. 즉, 시장지배력은 결국 가격을 한계비용보다 얼마나 높이 설정할 수 있는가의 문제이고 이는 가격탄력성으로 판단할 수 있다는 것입니다.

식 (18.1)을 다시 한번 조작하여 다르게 써보면,

$$(18.2) \qquad P - \frac{P}{|\varepsilon|} = MC \quad \Longrightarrow \quad P - MC = \frac{P}{|\varepsilon|} \quad \Longrightarrow \quad \frac{P - MC}{P} = \frac{1}{|\varepsilon|}$$

가 됩니다. 우변에 가격탄력성만을 남긴 것입니다. 이렇게 만든 시장지배력의 평가지표가 **러너지수 (Lerner index)** 입니다.

$$(18.3) \qquad L \equiv \frac{P - MC}{P} \qquad \text{[러너지수]}$$

러너지수는 기본적으로 가격이 한계비용보다 얼마나 높은지를 측정합니다. 가격과 한계비용의 차이를 측정한다는 점에서 생산자잉여와 비슷한 점이 있습니다. 이윤극대화 독점기업이라면, 러너지수의 값은 수요의 가격탄력성의 절대값에 반비례합니다. 독점이 아니더라도 러너지수의 값을 측정할 수 있다면 이를 가격탄력성 절대값의 역수와 비교하여 독점 정도를 판단할 수 있게 되는 것입니다. (독점이 아닌 경우의 러너지수에 대해서는 과점 모형에서 다시 설명합니다.)

이론적으로는 수요가 가격에 대해 완전탄력적이면 $L = 0$이고 $P = MC$가 됩니다. 이는 완전경쟁 상황으로, 시장지배력이 전혀 없다고 볼 수 있습니다. 한편 $MC > 0$이라면 수학적으로 $L < 1$입니다. 러너지수는 가격탄력성 절대값의 역수이므로 $L < 1$이라는 것은 다르게 표현하면 $|\varepsilon| > 1$ 즉 독점의 이윤극대화 가격에서 수요가 탄력적이라는 결과가 다시 확인됩니다.

L의 값이 1에 가까울수록 한계비용에 비해 가격이 높은 수준이므로 시장지배력이 더 높다고 할 수 있습니다. 예컨대 $|\varepsilon| = 2$라면 $L = 1/2$이 되고 이때 한계비용은 독점가격의 절반입니다. 좀 더 탄력적으로 $|\varepsilon| = 10$이면 $L = 1/10$, 한계비용이 가격의 90%가 되어 한계비용에 올려 받는 비율은 10%에 불과하게 됩니다.

현실적으로는 기업의 한계비용을 측정하는 일이 쉽지는 않습니다. 평균비용을 사용해서 추측하는 식으로 계산을 시도해볼 수도 있습니다. 혹은 가격탄력성을 직접 계산할 수 있다면 그것 자체가 시장지배력에 대한 지표가 될 수 있을 것입니다.

예제 18.2

예제 18.1의 독점가격에서 러너지수, 수요의 가격탄력성을 계산하시오.

풀이 시장수요곡선이 $P(Q) = 100 - 10Q$, 한계비용은 $MC(Q) = 5Q$, 그리고 독점의 선택은 $P^m = 60$, $Q^m = 4$였습니다. 러너지수를 계산하려면 해당 수량에서 한계비용의 수준이 필요합니다. $MC(4) = 20$입니다. 따라서

$$L = \frac{P - MC}{P} = \frac{60 - 20}{60} = \frac{2}{3}$$

입니다. 한계비용이 가격 대비 1/3이고 가격은 한계비용의 3배에 달하므로 시장지배력이 제법 됩니다. 독점의 선택에서 수요의 가격탄력성은

$$\varepsilon = \frac{1}{P'(Q^m)} \cdot \frac{P^m}{Q^m} = -\frac{1}{10} \cdot \frac{60}{4} = -\frac{3}{2}$$

로 그 절대값은 러너지수의 역수가 맞습니다.

18.3 독점의 발생 원인: 진입 장벽

독점은 어떤 조건에서 발생하고 유지될까요? 완전경쟁 시장의 중요한 전제조건이 자원의 자유로운 이동 즉 진입과 퇴장의 자유였다면, 독점의 중요한 전제조건은 자원 이동의 부자유, 즉 진입이나 퇴장에 장벽이 있다는 것입니다. 독점의 발생은 **진입장벽**(entry barrier)의 존재 때문입니다.

여기서 설명하는 진입장벽들은 사실 독점에만 해당되는 것은 아니고, 모든 불완전경쟁(완전경쟁이 아닌 상황)에 해당됩니다. 독점은 그중에서도 진입장벽이 가장 튼튼해서 단 하나의 기업만 진입이 허용되는 것이고, 만약 3개쯤 진입한 후 더

이상 진입이 안되는 경우라면 기업이 3개인 과점이 될 것입니다. 또한 독점에 대한 분석은 결국 현실에서 실제 독점이 아니더라도 시장 지배력이 있는 경우에 대해 어느 정도 적용이 가능합니다.

독점 및 불완전경쟁을 발생시키는 진입장벽에는 여러 가지가 있습니다. 어떤 진입장벽인지를 알아야 그것에 대해 무언가 대책이 필요한지를 판단할 수 있습니다. 크게 보아 진입장벽은 **자연적 장벽**과 **인위적 장벽**으로 구분됩니다.

자연적 장벽

자연적 장벽(natural barrier)이란 어떤 재화시장이 가진 본질적인 특성 때문에 '자연스럽게', '어쩔 수 없이' 존재하는 진입장벽을 가리킵니다. 비슷한 용어로 **기술적 장벽**, **경제적 장벽**, **구조적 장벽** 등이 있습니다. 해당 재화의 생산함수가 가진 '기술적' 특성에서 주로 발생하고, 그 결과 '경제적'인 측면인 비용함수가 특정한 형태를 갖게 되며 이는 (어떤 개별 경제주체가 인위적으로 만든 것이 아니라) 해당 시장이 '구조적'으로 가진 특징이라는 것입니다.

자연적 장벽은 제거하는 것이 간단하지 않고, 심지어 제거하지 않는 것이 바람직할 수도 있습니다. 자연적 장벽이 존재하는 경우 시장의 구조는 자연스럽게 독점이 되며 이를 **자연독점**(natural monopoly)이라고 지칭합니다.

자연적 장벽을 우리가 공부했던 개념 중에서 한마디로 뽑아 설명한다면 **규모의 경제**(economies of scale)입니다. 규모의 경제란 수량이 증가할 때 평균비용(AC)이 하락하는 상황, 즉 평균비용곡선이 우하향하는 상황을 가리킵니다. (그림 18.3) 장기에서는 규모수익증가(IRS)에 따라 한계비용(MC)이 하락하는 경우 발생할 수 있습니다. 또한 단기에서는 한계비용(SMC)이 하락하지 않더라도 높은 수준의 고정비용(FC)이 존재하면 규모의 경제가 발생합니다. 규모의 경제가 있는 경우, 주어진 수량을 독점기업이 생산하는 것이 비용을 줄이는 방법입니다.

예 18.1

단기한계비용이 0이고, 고정비용이 100인 경우 단기평균비용은 $SAC(q) = 100/q$입니다. 수량 $q = 10$을 독점기업이 생산한다면 평균비용은 $SAC(10) = 10$이고 총 비용은 $10 \times 10 = 100$입니다. 만약 같은 수량

그림 18.3 **규모의 경제**

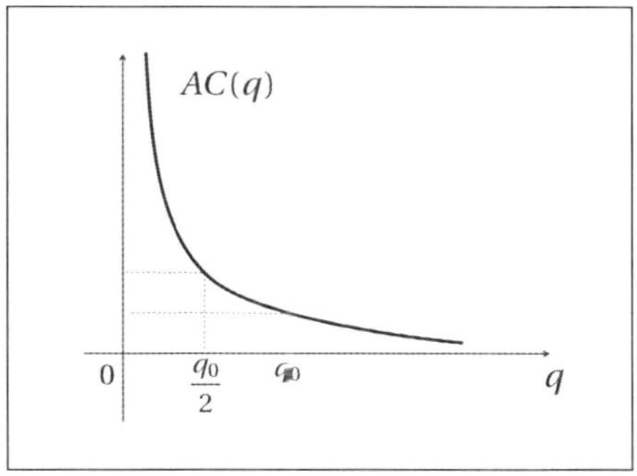

$q = 10$을 두 기업이 반씩 나누어서 $q = 5$씩 생산한다면, 각 기업의 평균비용은 $SAC(5) = 20$이고 총 비용은 $20 \times 5 = 100$이며, 산업 전체의 비용은 그 두 배인 200입니다. 같은 양을 만드는데 독점보다 2배의 비용이 드는 것입니다. 만약 10개의 기업이 $q = 1$씩 생산한다면, 산업 전체의 비용은 $10 \times AC(1) \times 1 = 1000$으로 독점일 때의 10배가 됩니다.

규모의 경제가 있을 경우 독점 구조가 사회적으로 더 바람직한 이유는 '중복 투자의 방지'라고 할 수 있습니다. 한 기업이 고정비용을 투자했다면, 추가 비용 없이 재화를 생산할 수 있는데 굳이 다른 기업이 또 같은 고정비용을 투자하는 것은 사회적으로 낭비입니다. 새로운 기업들이 진입하면서 고정비용을 투자할수록 사회는 점점 더 손해를 보게 됩니다.

또한 기존의 독점기업은 이미 고정비용을 지출했으므로 이것이 '매몰(sunk)'된 상태인 반면, 진입하고자 하는 기업은 새롭게 고정비용을 지출해야 하는 상황입니다. 게다가 자신이 시장에 진입하게 되면 자연스럽게 시장 전체의 평균비용 수준이 올라가서 (시장 가격이 오르지 않는 한) 이윤을 낼 가능성은 줄어듭니다. 결국 규모의 경제는 진입장벽으로 작용하게 됩니다.

예를 들어 하루 10대의 비행기가 뜨고 내리는 나라에서 10대를 처리할 수 있는 공항을 짓는다면, 더 이상의 공항을 짓는 것은 사회적으로 불필요하고, 새로운 공항을 지으려고 진입할 회사도 없습니다. 자연스럽게 공항을 짓고 관리하는 회사는 독점이 됩니다. 마찬가지로 전기를 전국 가정에 공급하는 송배전 전선망이나,

음성을 전달하는 전화망의 경우에도 독점이 구축하고 관리하는 것이 바람직할 수 있습니다. 그런 이유에서 공항, 전기, 통신 등의 사업 분야에서 국가가 관리하는 공기업 독점 체제가 오랜 기간 유지되었습니다.

그런데 오랜 기간 우리나라 대표 국제공항은 김포였지만, 후에 인천에 새로운 공항을 지었고 그 외에도 전국에 국제공항이 더 있습니다. 또한 전기 사업을 독점하던 한국전력공사는 발전 부문을 여러 개의 자회사로 분리시키면서 경쟁을 도입했고 (송전이나 배전 분야에서는 여전히 독점입니다), 전화사업을 독점하던 한국통신 (KT), 또한 한국통신의 자회사로서 이동전화사업을 독점하던 한국이동통신서비스주식회사 (현 SKT)는 더 이상 독점이 아닙니다. 그것은 규모의 경제로 인한 자연독점적 성격이 영원한 것은 아니기 때문입니다. 특히 그림 18.1과 같이 가변비용이 미미하고 오로지 초기 투자 고정비용만 매우 높은 산업은 흔하지 않습니다. 대개 시장규모가 작을 때 규모의 경제가 나타나지만, 시장규모의 확장 및 관련 생산기술의 변화로 자연독점적 성격이 사라지는 것이 가능합니다.

언급한 우리나라 자연독점의 사례들은 초창기에는 국가기관 또는 공기업의 형태를 가졌습니다. 이는 물론 해당 사업이 국가적으로 중요한 분야였기 때문이기도 하지만, 경제적으로는 한 가지 이유가 더 있습니다. 아래에서 다시 논의하겠지만 아무리 자연독점이라 하더라도 독점은 시장지배력 (가격설정력)으로 인한 비효율성을 내포합니다. 따라서 국가는 이를 규제하려고 하는데, 규모의 경제 하에서의 효율적인 규제는 기업이 손실을 보도록 요구할 가능성이 큽니다. 즉 규제하지 않고 내버려두면 비효율성이 발생하고, 그렇다고 효율적으로 규제를 하면 이윤이 나지 않습니다. 차라리 국가가 맡아서 사업을 하는 일이 생기게 됩니다.

더 생 각 해 보 기

또 다른 자연적 장벽: 생산요소 또는 자원의 독점

어떤 재화를 생산하는 데에 꼭 필요한 생산요소나 자원을 독점하는 것 또한 자연적 장벽이 됩니다. 하지만 애초에 생산요소나 자원을 어떻게 독점하게 되었는지 다시 물어보아야겠죠. 우리나라에서는 예전에 소금, 담배, 인삼을 국가가 독점구매하여 독점판매했습니다. 전매청, 전매공사로 불리던 독점은 점차 해제되어 지금은 민영화된 KT&G입니다. 판매시장 독점은 원료시장 독점에서 자연적으로 조성되었지만, 원료시장 독점은 정부가 인위적으로 조성했던 것입니다.

인위적 장벽

자연적 장벽에 대비되는 개념은 **인위적 장벽**(artificial barrier)입니다. 인위적 장벽은 특정 경제주체가 의도적으로 만든 진입장벽입니다. 자연적 장벽이 기술적, 경제적, 구조적인데 반해, 인위적 장벽은 **법적**, **제도적**, **전략적**입니다. 법적, 제도적 장벽은 정부가 세운 장벽이고, 전략적 장벽은 독점기업이 경쟁기업의 진입을 방해하기 위해 조성한 것으로 불공정행위인 경우가 많습니다. 법제도적 장벽이 알고 보면 관련 업계의 로비에 의한 불공정행위의 다른 얼굴일 수도 있습니다.

대표적인 인위적 장벽으로는 **특허**(patent), **저작권**(copyright)을 포함한 **지식재산권**(intellectual property right)[3]이 있습니다. 인간의 창조적 활동의 결과물인 지식에 대해 독점적 권리를 인정해준다는 의미인데, 누군가가 만들어낸 특정한 지식을 다른 사람은 아예 사용할 수 없게 하거나 비용을 지불하고 사용하도록 보호하기 때문에, 그 지식에 기초한 사업에 대한 진입장벽이 됩니다.

더 생 각 해 보 기

미시경제학의 관점에서 본 지식재산권

지식재산권 개념은 생각보다 복잡하고 철학적, 법적 논란도 있습니다. 요즘 우리의 삶에서 지식에 기초한 경제활동의 비중이 커지면서 무시할 수만은 없는 문제가 되었습니다. 여기에서는 현재의 법 체계에 비추어 지식의 사용이 불법인지 등을 따지는 것이 아니라, 미시경제학적인 관점에서 지식재산권의 의의와 한계를 검토해보겠습니다.

이를 위해서는 먼저 '지식'이 가진 공공재(public good)적 성격을 확인해야 합니다. 공공재는 일부 사람들이 오해하는 '공공의 이익을 위한 재화'가 아닙니다. 굳이 이름 붙이자면 그런 것은 공익재라고 해야 할 것입니다. 공공재는 경제학에서 두 가지 특징을 가진 재화로 정의됩니다. 그것은 비경합성(non-rivalry)과 비배제성(non-exclusivity)입니다.

먼저 비배제성은 특정 소비자가 소비를 못하도록 막는 것이 매우 어렵다는 것입니다. 우리는 대개 값을 치르고 소유해야만 어떤 물건을 소비할 수 있습니다. 사과 1개처럼 크기가 작고 이동이 쉬운 재화는 몰래 훔쳐서 소비할 수도 있지만 잡히면 처벌 받습니다. 좀 더 큰 재화, 예를 들면 냉장고나 아파트 같으면 훔치는 것 자체가 어렵기 때문에 적절한 보안장치를 하면 남의 소비를 배제할 수 있습니다. 공공재가 비배제성을 갖는다는 것은 훔쳐 소비하는 것을 막을 방법이 거의 없기 때문에, 공공재를 누군가가 자신의 '사유재산'이라고 생각하더라도 남의 소비를 막는 것이 기술적으로 매우 어렵습니다. 극단적 예로 우리가 숨쉬는 공기는 비배제적입니다. (어느 계곡의 깨끗한 공기를 병에 포장해서 판다면 배제적입니다.)

---

3 특허청이 채택한 공식명칭이 지식재산권이고, 보통 지적재산권, 지적소유권이라고 부르는 경우가 많습니다. 모두 영어의 intellectual property right을 번역한 것입니다. '재산' 및 '권리'라는 용어를 쓰는 것 자체를 반대하는 움직임도 있습니다. 무료 소프트웨어 운동을 이끄는 스톨만(Richard Stallman)은 지적독점(intellectual monopoly)이라는 용어를 대안으로 제시합니다.

비배제적인 재화의 대표적인 예로 지상파 TV 및 라디오 방송이 있습니다. '지식'은 일단 공개되면 쉽게 이용, 모방, 복제가 가능하고 누가 가져갔는지를 확인하기도 어렵습니다. 그래서 지식을 '소유'하거나 '훔친다'는 개념 자체가 애매합니다.

우리의 관점에서 더 중요한 것은 비경합성입니다. 이는 한 사람이 소비하더라도 다른 사람이 아무런 지장없이 그 재화를 소비할 수 있다는 성질입니다. 보통의 재화는 한 사람이 소비하면 없어져 버리거나, 여럿이 나누어 소비하면 그 질이 떨어집니다. 사과를 내가 먹으면 남은 먹을 수 없고, 아파트 한 채에 여러 가정이 살면 불편합니다. 하지만 우리가 숨쉬는 공기는 적어도 현재는 비경합성을 가집니다. 하지만 밀폐된 공간에서는 경합적이고, 점점 공기가 오염되면 미래에는 경합성을 가질지도 모르겠습니다. 앞서 언급한 TV나 라디오 방송은 분명 비경합적입니다. 내가 방송을 본다고 해서 다른 집에 방송이 안 잡히지는 않습니다. (인터넷 등 유선을 이용해서 방송을 시청하는 경우, 대역폭이 부족하면 경합성이 발생할 수도 있겠지요.) '지식'의 경우 남을 가르쳐준다고 해서 내가 그 지식을 잊어버리거나 잃어버리는 것이 아니기 때문에 기본적으로 비경합적입니다. 게다가 최근에는 정보의 디지털화에 따라 값싼 복제가 가능해지면서 극단적인 비경합성을 가지게 되었습니다. 적어도 예전에는 정보를 전달하기 위해서 직접 만나서 듣거나, 내용을 종이에 손으로 베끼거나, 비용을 들여 인쇄하고 제작한 문서를 구해야 했지만 이제는 지식에 기초한 재화의 재생산은 한계비용이 거의 들지 않습니다.

공공재의 특징은 이 두 성질에 따라 누군가 일단 생산해놓으면 다른 사람들이 아무리 많이 써도 생산자에게 추가 비용이 들지 않고(비경합성), 또 생산자가 공짜로 사용하는 소비자를 막기가 매우 어렵습니다(비배제성). 소위 "무임승차"의 문제가 생기지요. 이미 만들어진 공공재라면 사실 조금이라도 많은 사람이 사용하는 것이 사회적으로 바람직합니다.

문제는 생산자들이 애초에 공공재를 만들어낼 유인이 약해진다는 것입니다. 따라서 공공재는 국가가 나서서 직접 제공하거나, 생산자에게 경제적 유인을 주지 않으면 민간 기업에 의해서는 아예 제공이 되지 않게 됩니다. 그런데 새로운 발명이나 아이디어 같은 지식은 국가가 직접 생산하기에는 곤란한 점이 있으므로, 생산자들에게 어느 정도의 이익을 보장해주어야 생산 의욕이 있으므로 특허를 비롯한 지식재산권이 등장합니다.

하지만 특허를 과도하게 인정해주면 공공재적 성격을 가진 지식이나 기술을 사유재로 환원시키는 것이므로 독점으로 인한 비효율성이 발생합니다. 따라서 지식재산권을 올바르게 설정하는 데에는 두 가지 상충된 측면에 대한 고민이 필요합니다. 새로운 지식이 잘 생산되도록 어느 정도의 독점권을 보장해주지만 한편으로는 생산된 지식이 사회에서 널리 활용될 수 있도록 독점권을 제한할 필요도 있는 것이지요. 단기적 효율성의 측면과 장기적 혁신의 측면입니다. 따라서 기술 특허의 경우 영원히 주어지는 것이 아니라 한정된 기간 동안만 설정됩니다.

다시 말하자면 지적재산권은 보통의 재화에 대한 사유재산권과는 성격이 다릅니다. 재화의 특성 자체가 소유를 주장하기에 애매한 점이 있고 한 인간이 가진 본질적 권리라기보다는, 보다 효율적인 사회적 활용을 위해서 한정적으로 보장하는 권리입니다. 지식재산권 논의에서 바른 관점은 지식 생산자 또는 보유자의 권리 보호에 머무르는 것이 아니라 어떻게 창조의 동기를 해치지 않으면서 사회적 활용도를 높일 것인가가 되어야 할 것입니다.

덧붙여서 교과서를 쓰는 저자의 입장에서 생각해보면, 정식으로 인쇄되어 판매되는 이 책의 정품은 경합성과 배제성을 가지지만 이 책에 담겨 있는 내용은 상당히 공공재적인 성격을 갖습니다. 정품 책이 아니더라도 이 책 내용의 학습에 지장이 없다면 말이지요. 많은 시간과 노력을 들여서 책을 썼지만 일단 완성된 책은 한 명이라도 더 많은 사람이 읽고 도움을 받으면 사회적으로는 더 바람직합니다. 다만 지나친 경우에는 저자보다도 출판사의 입장에서 이런 책을 기획하는 일을 포기할 위험이 있을 것입니다.

또 다른 인위적 장벽으로는 **인허가**(licenses) 및 **등록**(registration)이라는 제도가 있습니다. 정부가 절차를 거쳐서 허락을 해야만 진입할 수 있는 경우를 인가 또는 허가라고 부르고, 일정한 기준을 충족한 후 정부에 신고한 후 지속적 관리를 받으면 진입할 수 있는 경우 등록이라고 합니다. 등록의 경우 장벽이 조금 약한 셈이지요. 자연독점의 성격 또는 공공재적 성격이 강한 경우 정부가 직접 독점기업을 운영하거나(공기업) 민영 기업의 독점을 허용하고 인허가나 등록제도를 통해 추가 진입을 막을 수 있습니다.

더 생 각 해 보 기

인허가나 등록 같은 인위적 장벽은 진입 허용 여부를 결정하는 권한을 가진 담당 공무원이 부패할 수 있는 빌미를 제공하기도 하고 이미 진입해있는 경제주체들의 이익을 보호하는 역할을 하기도 합니다. 자연독점이나 공공재가 아닌데도 인허가, 등록이 요구되는 경우 주로 그 정당성을 일정 수준의 품질을 확보하는 것에 둡니다. 이는 소비자가 공급재화의 품질을 판단할 충분한 전문성을 확보하지 못한 경우에 의의가 있을 것입니다.

예를 들어 의사, 법률가 등 전문직에 대한 자격시험 제도나, 위생이 요구되는 시설에 대한 규제 등이 그렇습니다. 하지만 이런 인허가 과정조차도 기존 진입자의 기득권을 보호하는 데에 악용될 소지도 있습니다. 예컨대 특정 전문직에 대한 자격기준을 강화하면서 신규 진입자에게만 그 기준을 적용하는 경우 같은 때 말이지요.

그다지 전문성이 없어 보이는 다양한 사업에도 인허가가 요구되는 경우가 있는데 아마도 기존 업계의 이익 보호 및 인허가 담당자의 사적인 준지대(quasi-rent) 확보가 동기일 것입니다. 정당성이 높지 않은 진입 장벽을 계속 유지하려면 해당 업계는 담당자에게 사적인 이익을 제공하는 로비를 겨속해야 할 것이고, 이 과정에서 독점 사업자가 누리는 초과 이윤 중 상당 부분은 실제 독점의 존재 근거가 되는 특정 자원(인허가 권리)을 가진 담당 공무원이 가지게 되는 것이지요.

지금까지 논한 인위적 장벽의 예는 주로 정부가 개입된 것이라면, 이미 진입해 있는 기업이 전략적으로 추가 진입을 막는 행위들도 많이 있습니다. 대개 이런 행위들은 법으로 금지되어 있지만 현실에서 상황이 애매하여 논쟁이 되는 경우가 많습니다. 이런 독과점 기업의 불공정 행위는 시장봉쇄(**market foreclosure**), 약탈적 가격(**predatory pricing**) 등으로 불립니다. 우리나라에서 특징적으로 나타나는 기업집단(소위 재벌) 내부에서의 차별적인 보조 등 사업행위도 있습니다.[4]

4 이에 대해서는 산업조직론 등 심화과목에서 공부할 수 있습니다. 산업조직론에서는 좀 더 현대적이고 복합적인 진입장벽들로 제품차별화, 불완전정보, 망 외부성(network externality), 교체비용(switching costs)에 따른 고착효과(lock in effect) 등도 다룹니다.

18.4 독점에 대한 규제

독점 등 불완전경쟁 시장은 효율적이지 않습니다. 이를 **시장실패**(market failure)라고 합니다. 이때 정부가 개입하여 시장의 성과를 개선하려고 시도할 가능성이 대두됩니다. 물론 정부가 시장에 개입하여 규제하는 것도 시장기능을 저해하거나 왜곡할 가능성이 있지만 (이를 **정부실패**라고 부르기도 합니다) 독점의 경우 일단 일반적인 시장이 아니므로 정부가 개입할 근거가 있다고 하겠습니다. 독점기업은 내버려둔다면 자원 배분과 분배에서 상당한 왜곡을 일으킵니다.

이상적인 정부 개입의 목표는 효율적 자원 배분이고, 이는 간단히 표현하면 한계비용 수준에서 가격이 형성되도록 하는 것입니다. 재화의 생산에 들어간 사회적 비용이 결국 한계비용이라고 볼 수 있기 때문입니다.

하지만 문제가 되는 것은 자연독점의 경우입니다. 자연독점은 평균비용이 수량 증가에 따라 하락하는 경우이고 따라서 평균비용곡선이 한계비용곡선보다 위쪽에 위치하게 됩니다. 효율적인 판매량, 즉 가격이 한계비용과 일치하는 판매량에서 독점기업은 필연적으로 손실을 보게 됩니다. $P = MC < AC$이기 때문입니다. 그래서 시장에 개입하는 정부에게 고민거리가 생깁니다.

정부가 독점기업의 한계비용을 알 수 있다면 독점기업에게 한계비용에 해당되는 가격을 설정하도록 규제할 수 있습니다. 이때 자연독점이라면 손실이 발생하므로 지속적인 사업유지를 위해서는 어떤 형태로든 보조금의 지급이 필요합니다. 독점의 비효율성은 이상적 수준에 비해 '모자라는 수량'에서 나오는 것이므로, 보조금이 판매수량과 관계없이 주어진다면 비효율성을 일으키지 않습니다. 따라서 정부가 직접 운영하는 공기업 체제인 경우 한계비용 수준에서 효율적인 공급을 하되 손실은 세금으로 매우는 방식을 취할 수 있습니다.

실제로는 한계비용을 정확하게 측정하기 어렵기 때문에 기업이 초과이윤을 누리지 않는 수준에서 가격과 판매량을 결정하도록 규제할 수도 있습니다. 말하자면 완전경쟁의 장기균형을 유도하는 것입니다. 그렇다면 가격을 평균비용 수준에 맞추면 됩니다. 하지만 자연독점이라면 $P = AC > MC$이므로 가격이 한계비용보다 높아서 어느 정도의 비효율성이 발생하는 것은 어쩔 수 없습니다. 적어도 독점기업이 과도한 이윤을 누리는 것은 막을 수 있습니다. 그러나 현실적으로는 평균비용조차도 정확하게 파악하기 어렵고, 특히 규제 가격 결정시 미래의 수요나 비용을 정확하게 모르는 상태에서 결정해야 합니다. 규제를 결정하는 공무원에 비해서 더 많은 정보를 가진 독점기업은 가격을 올리고 수익성을 높이기 위해서 평균비용 수준을 과장하거나 미래 수요를 과소평가할 가능성이 있습니다.

좀 더 일반적으로는 독점기업이라 하더라도 주주들이 자본에 대한 기회비용만큼은 보상을 받는 것이 마땅하므로 적정 수익률을 보장하는 방식으로 규제합니다. 회계상 적정수익률이라면 경제학적으로는 정상이윤(0의 이윤)입니다. 또한 장기적인 고정비용 투자가 필요한 경우에는 이 부분에 대한 고려도 필요합니다.

연습문제

문제 18.1 시장수요곡선이 $P = 100 - Q$인 재화가 있다.

(1) 이 시장이 완전경쟁이며 장기 시장공급곡선이 $P = 50Q$이라고 하자. 시장의 장기 균형에서 사회후생을 계산하고, 그중 생산자잉여의 의미를 설명하시오.

(2) 독점 기업이 이 시장의 공급자이고, 독점의 장기 한계비용함수는 $MC(Q) = 50Q$이다. 독점의 이윤극대화점을 계산하고, (1)의 완전경쟁 경우와 사회후생 수준을 비교하시오.

문제 18.2 어떤 재화의 시장 수요곡선이 $P = 300 - Q$이다.

(1) 만약 이 시장이 독점 상황으로 독점 기업의 한계비용함수가 $MC(q) = 3q^2 - 60q + 300$이라면 독점이 이윤 극대화를 위해 채택하는 가격은 얼마인가?

(2) 완전경쟁 장기균형에서의 소비자잉여와 독점에서의 소비자잉여를 계산하고 비교하시오.

제5부
전략적 모형

제 4 부까지 우리는 고전적인 미시경제이론에 대한 공부를 마쳤습니다. '미시'(micro)라는 수식어가 상징하듯, 소비자모형과 생산자모형의 특징은 커다란 시장 속에 존재하는 개별 경제주체의 입장에서 모형을 구성한다는 점입니다. 한편 완전경쟁 모형은 그런 개별 경제주체들이 만나 자유롭게 거래하는 상황을 그립니다. 지금도 경제현상에 대한 간단한 분석은 완전경쟁에 기초한 수요-공급 모형을 활용합니다. 마지막으로 공부했던 독점 모형은 완전경쟁과는 정반대의 상황으로, 정부의 간섭이나 규제를 통해 이상적인 (완전경쟁) 시장을 향해 개선해야 한다는 규범적 가치관을 포함하고 있습니다. 독점기업 역시 (시장 영향력이 크기는 하지만) 개별적인 경제주체이므로 미시경제학의 범주에 들어가는 것이 맞습니다.

하지만 현실의 시장에는 완전경쟁도 독점도 아닌 상황이 매우 많이 존재합니다. 외생적으로 고정된 환경 속에서 독립적으로 목표를 추구하는 지금까지의 '고전적' 모형으로는 이런 현실을 담아내는 데에 한계가 있습니다. 이를 인식하여 경제모형을 개선하려는 시도는 오래 전부터 있어왔지만, 이에 대한 체계적인 분석틀은 20 세기 중반에 이르러서야 비로소 **게임이론**이라는 새로운 도구로 제시됩니다. 게임이론이 경제모형의 분석을 풍성하게 해주는 것은 **전략**과 **정보**에 대한 상세한 고려를 통해서입니다. 제 5 부는 게임이론과 정보경제학의 기초를 소개하고 이를 이용해서 간단한 **과점 모형**과 **불확실성 하의 선택** 모형을 구성해봅니다.

본격적인 전략적 모형의 공부에 앞서서, 미시경제이론의 흐름을 다시 한 번 짚어보면서 고전적 모형과 전략적 모형의 차이, 그리고 전략적 모형의 바탕에 깔린 몇 가지 중요한 개념들을 설명하겠습니다.

미시경제이론의 흐름

완전경쟁 모형과 독점 모형은 정의상 원래 비현실적이지만, 특히 모형에 표현된 기업이 지나치게 단순하고 수동적입니다. 예컨대 완전경쟁 기업은 비용극소화에만 치중하며, 소비자, 경쟁기업, 생산요소시장, 생산기술 등을 모두 있는 그대로 외생변수로 받아들이는 입장입니다. 독점 기업 또한 수요곡선을 수동적으로 받아들이는 것으로 가정했었습니다. 하지만 현실의 기업은 이윤을 얻기 위해서 좀 더 능동적으로 다양한 '전략'을 사용합니다.

지금까지 공부한 고전적인 모형들(소비자 효용극대화, 생산자 비용극소화, 완전경쟁, 독점)은 19 세기 말에서 20 세기 전반부 사이에 정립되었습니다. 고전적 모형들을 관통

하는 핵심어가 있다면 그것은 최적화(optimization)와 균형(equilibrium)이라고 할 것입니다. 최적화란 주어진 제약조건 하에서 목표를 추구하는 개인의 합리적 선택을 지칭하는 것이고, 균형이란 이런 개인들이 모여서 이루는 시장이나 사회의 상태를 말합니다.

1950년대에 위의 요소들로 구성된 완전경쟁 모형을 여러 개의 시장들에 한꺼번에 적용한 일반균형(general equilibrium) 이론이 정립되었습니다. 이 이론은 (완전경쟁) 시장균형의 존재와 효율성 등을 수학적으로 엄밀하게 증명했고, 이후 현재까지 거시경제학이나 국제경제학, 금융경제학 등 여러 응용 분야의 이론적 기초가 되고 있습니다.

20세기 후반에는 일반균형에 기초한 표준 모형의 한계를 극복하기 위한 시도들이 이루어집니다. 그중 중요한 것이 게임이론과 정보경제학으로, 이 분야의 핵심어는 전략(strategy)과 정보(information)입니다. 게임이론과 정보경제학은 서로 밀접한 관계를 갖고 있습니다. 게임이론은 전략에 대한 상세한 고려가 장점인데, 전략에 대한 진정한 분석은 정보의 문제를 무시할 수 없고, 정보경제학의 모형들 또한 게임이론의 관점을 거칠 때에 비로소 체계적인 이해가 가능해집니다.

전략

여기서 전략(strategy)이라는 용어를 짚고 넘어갈 필요가 있습니다. 원래는 군사 용어이면서 요즘은 비즈니스 경영 등에서도 많이 사용되는 '전략'은 '전술(tactic)'의 상위 개념입니다. 구체적인 상황에서 주어진 자원을 활용하여 원하는 성과를 이루어내는 방법이 전술이라면, 전략은 좀 더 폭넓은 관점에서 목표를 달성하기 위해 다양한 전술들을 어떻게 종합하여 활용할지를 담은 계획입니다.

특히 '계획'이라는 측면이 중요합니다. 게임이론에서 사용하는 전략은 "모든 상황에 대비한 행동 계획"이라고 간단하게 정의할 수 있습니다. (물론 상황은 무엇이고, 행동은 무엇인지, 그리고 어떤 것이 계획인지 앞으로 더 논의가 필요할 것입니다.)

전략 = "모든 상황에 대비한 행동 계획"

추상적인 수준에서 '상황'을 외생변수 x로, 택할 수 있는 행동을 내생변수 y로 나타낸다면, 하나의 전략은 함수 $y = f(x)$의 형태를 가진다고 하겠습니다. 즉 어떤 상황 x가 주어지든지 그에 대응되는 y가 미리 준비되어 있어야 합니다.

그런데 고전적 모형들도 사실 전략의 관점에서 어느 정도 해석이 가능합니다. 예컨대 소비자모형의 수요함수에서 '상황'은 가격과 예산 (p_1, p_2, m)이고 상황에 대응해

나와야 하는 '행동'은 수요량 (x_1, x_2)입니다. 또한 생산자모형 및 완전경쟁 시장모형의 공급함수 또한 '상황'은 재화 가격과 요소 가격이고, 대응하는 '행동'은 공급량입니다. 고전적 모형에서 상황은 주체의 의사결정과는 무관한, 자신의 외부에서 주어지는 고정된 환경입니다.

전략적 모형은 이제 고전적 모형의 상황을 넘어서는 좀 더 다양한 상황들까지 다룰 수 있습니다. 전략적 상황은 크게 두 가지 종류의 '게임'입니다. 하나는 **운의 게임** (game of chance), 또 하나는 **전략의 게임** (game of strategy)이라고 부릅니다. **운의 게임**이란 어떤 '상황'인지를 정확히 모르는 상태에서 먼저 행동을 선택해야 하는 경우로, 정보의 부족을 극복하거나 보완하기 위한 전략이 요구됩니다. 한편 **전략의 게임**은 나와 마찬가지의 조건에서 의지를 가지고 타인들과 상호작용하는 모든 사람들의 행동에 따라 '상황'이 결정되는 경우로, 서로 얽힌 전략의 문제를 푸는 것이 관건입니다. (아래 셜록 홈즈와 모리아티의 예를 보시면 이해하기 쉬울 것입니다.)

(1) 전략적이지 않은 상황에서의 합리적 선택

전략적 상황, 전략적 선택의 의미를 이해하기 위해서 먼저 그렇지 않은 고전적 경우를 검토해봅시다. 이미 여러 차례 언급한 대로 고전적 미시경제모형은 개별 경제주체가 행동을 선택할 때 고정된 환경(외생변수)이 주어집니다. 주어진 환경의 제약 하에서 최선을 다해 목표를 추구하는 것이 합리적 선택입니다. 외생변수의 값이 실제로 알려지기 전에 세우는 계획은 넓은 의미에서 전략입니다. 수요함수, 공급함수를 이미 언급했습니다. 하지만 이런 계획들에는 '전략적 사고'가 필요하지는 않습니다. 외생변수의 값이 주어지면 계획에 따라 행동하기만 하면 됩니다. 비유를 들자면 잘 고정되어 있는 점수판을 향해 최선을 다해 화살을 쏘는 사람의 입장입니다.

(2) 운의 게임: 전략적이지 않은 게임 상황

환경이 고정되지 않고 임의적(random)으로, 경제주체의 행동과 독립적으로 결정되는 상황입니다. 환경이 결정된 내용(외생변수의 값)을 아직 모르는 상태에서 선택합니다. 간단한 예를 들면 주사위, 룰렛, 복권 등 운에 따르는 도박 게임입니다. 좀 더 심각한 예로는 우리가 살면서 겪을 수 있는 불행한 사건, 사고(화재, 도난, 질병, 장애 등)의 가능성 또한 운의 게임 상황이라고 할 수 있습니다. 또한 주식과 같은 위험자산에 대한 투자 또한 이런 운의 게임으로 분석할 수 있습니다. 게임이론의 세부 분야인 **정보경제학**에서 다루지만, 전략적 상황은 아닙니다. 이 책의 말미에서 아주 간략하게 기초를 소개합니다. 앞의 활쏘기 비유를 연장하자면, 이번에는 바람이 제멋대로 부는 상황에서 활을 쏘는 경우라고 하겠습니다.

(3) 전략적 상황과 전략적 사고

게임이론이 다루는 것은 전략의 게임의 상황, 즉 전략적 상황입니다. 의지를 갖고 각자 행동하는 주체들이 서로 상호작용하는 상황이라고 말할 수 있습니다. 나의 외부 환경은 미리 고정된 것도 아니고 나와 무관하게 운의로 변하는 존재도 아닙니다. 나의 외부환경은 나와 비슷한 타인들인 게임 상대입니다. 그 게임 상대의 외부환경은 바로 나 자신입니다.

전략적 상황에서 외부 환경은 고정되지 않고, 너가 선택하는 행동에 반응하여 움직입니다. 따라서 합리적으로 내 목표를 달성하려면 상대가 나의 행동에 어떻게 반응할지를 예측해야 하는데, 문제는 상대 또한 나와 마찬가지로 나의 반응을 예측하려고 한다는 것입니다.

더 이상 활쏘기의 비유는 적용되지 않지만, 한번 상상을 해보자면 점수판이 가만히 있지 않고 조준하는 사수의 움직임에 따라 사수를 약올리며 피하려는 상황이라고 해볼 수 있겠지요.

전략적 사고(strategic thinking)란 (i) 나의 행동에 상대가 반응한다는 점과 (ii) 상대 또한 나의 반응을 예측한다는 점을 고려한 사고를 말합니다. 게임이론의 창시자 중 한 사람인 모르겐슈테른(Oskar Morgenstern, 1902-1977)이 아래의 셜록 홈즈와 모리아티의 사례에서 언급하듯이, 쌍방이 전략적 사고를 사용하는 경우 자칫 답이 없어보이는 딜레마에 빠질 수 있습니다. 그는 1928년에 경제모형이 현실을 예측할 수 있는지를 고민하면서 이 글을 썼던 것인데, 비슷한 시기에 폰 노이만(John von Neumann, 1903-1957)이라는 수학자는 게임이론의 출발이 되는 수학적 결과를 얻습니다. 두 사람은 20년 후 함께 게임이론과 새로운 경제모형의 탄생을 알리는 저서[1]를 출간하게 됩니다. 도대체 게임이론이 무엇인지 이제 공부해보도록 합시다.

1 John von Neumann, Oskar Morgenstern, *Theory of Games and Economic Behavior* (1944).

적수인 모리아티 교수에게 쫓기는 셜록 홈즈는
런던에서 도버로 가는 열차를 타지만 도버가 아닌 중간 역에서 하차한다.
홈즈는 출발역에서 모리아티를 보았고, 그가 매우 명석하다는 것을 알기 때문에
그가 급행열차를 타고 도버에 먼저 도착해 자신을 기다릴 것이라고 예측했다.

홈즈의 이 예측은 맞았다.
하지만 만약 모리아티가 좀 더 명석해서 홈즈의 이런 추리 능력을 감안하여
그 행동까지 예측했더라면 어땠겠는가?
그렇다면 모리아티 또한 중간 역에서 내렸을 것이다.
하지만 홈즈는 그것 또한 계산하여 이번에는 도버로 향했어야 한다.

이런 생각을 한다면 모리아티는 다시 다르게 "반응"해야한다.
이렇게 생각이 난무하다 보면 아무런 행동을 할 수 없게 되거나,
둘 중 지적능력이 약한 쪽이 런던 빅토리아 역에서 그냥 항복했을 것이다.
도주하고 추적하는 일이 무의미하니 말이다.

- 오스카 모르겐슈테른, 「경제 예측, 전제조건과 가능성에 대한 탐구」[2]

---

2 Oskar Morgenstern, "Wirtschaftsprognose, Eine Untersuchung ihrer Voraussetzungen und Möglichkeiten" (1928).

제19장 게임이론 기초: (1) 동시행동게임

게임을 하기 전에는 먼저 그 규칙을 만들어야 한다.
- 루트비히 비트겐슈타인, 『케임브리지 강의록 1932-1935』[1]

게임의 규칙

어떤 게임을 좋아하시나요? 지금은 게임을 별로 즐기지 않는 독자라 하더라도 어린 시절 즐겨하던 놀이가 있었을 겁니다. 가위바위보처럼 아무런 도구도 필요 없는 간단한 놀이부터, 동전이나 주사위를 쓰는 게임, 장기나 체스 같은 보드게임, 직접 즐기거나 구경하는 각종 스포츠 게임들, 그리고 요즘에는 정교하고 복잡한 온라인 게임들도 있죠.

우리가 '게임'이라고 부르는 활동들에는 몇 가지 공통점이 있습니다. 대개 상대를 두고 (상대가 컴퓨터이거나 '운명'인 경우도 있지만) 승부를 내기 위해 일정 시간 동안 이루어지는 활동입니다. 특히 게임이 진행되는 동안 허용되는 행동과 허용되지 않는 행동, 그리고 최종 승부를 어떻게 가리는지에 대해서 '규칙'이 존재합니다.

게임이론(game theory)은 우리 삶의 거의 모든 상황을 하나의 게임으로 이해할 수 있다는 생각에서 출발합니다. 사실 오해받기 쉬운 입장입니다. 게임이론은 결코

1 Ludwig Wittgenstein, *Wittgenstein's Lectures, Cambridge 1932-1935*, from the notes of Alice Ambrose and Margaret MacDonald (1980).

우리 인생을 남들과 '승부'로만 보는 것도 아니고, 우리의 인생 게임이 잘 정해진 규칙에 따라서 진행된다고 생각하는 것도 아닙니다. 다만 우리 인생의 장면들 중에 게임으로 생각해볼 때 흥미로운 안목을 얻을 수 있는 것들이 있다는 것입니다.

게임이라는 말이 재미와 즐거움을 떠올리게 하기 때문인지, **게임이론**은 등장할 때부터 사람들에게 비상한 관심을 받아왔습니다. 실제로는 내용이 많이 까다로울 뿐 아니라 짧은 역사 동안 이런 저런 헛걸음도 많았고 지금도 과연 정확하게 어디로 가고 있는 것인지 정말 쓸모가 있는 것인지 논란이 많습니다. 그렇기 때문에 더욱 매력적인 학문입니다.

게임이론은 요즘 경제학뿐 아니라 매우 다양한 학문들에서 연구되고 있습니다. 게임이론에 대한 책도 많이 나와 있습니다. 그런데 게임이론은 범위가 너무 넓기 때문에 정체가 다소 불분명합니다. 시중에 나와 있는 게임이론 교재들의 목차들을 들춰보면 뜻밖에도 서로 겹치는 내용이 거의 없는 책들도 있습니다. 우리가 이 책에서 공부할 내용은 넓디 넓은 게임이론의 세계에서 매우 조그마한 분량입니다. 시장 모형에 응용이 가능한 부분을 중심으로 소개합니다.[2]

하나의 전략적 상황(게임)을 게임이론이 모형으로 표현하는 방식에도 여러 가지가 있습니다. 그중 하나를 이 장에서 소개합니다.

19.1 게임의 전략형

게임을 표현하는 여러 방식 중 **전략형**(strategic form)을 소개합니다.[3] 이름대로 전략형은 전략(strategy)의 수준에서 게임 상황을 표현합니다. 여기서 '전략'이 무엇인지에 대한 논의는 다음 장으로 미루겠습니다. 상식적인 선에서 전략이란 게임에 참여하는 사람들이 선택하고 사용하는 그 무언가라고 일단 이해하겠습니다.

하나의 게임 상황이 주어질 때 그 게임을 **전략형**으로 표현한다는 것은 표 19.1에 나열한 3가지를 명확하게 서술하는 것을 말합니다. 표에는 일단 각 요소의 의미를

---

2 구체적으로는 비협력적 게임(noncooperative game)이라고 불리는 분야 중에서도 완비정보(complete information)를 가정한 게임이론입니다. 불완비정보 게임이나 협력적 게임에 대해서는 좀 더 심화된 게임이론 교재를 참고하기 바랍니다.

3 어떤 문헌들에서는 정상형(normal form)이라는 용어를 쓰기도 합니다.

간략하게 적어두었습니다. 하지만 요소 하나 하나를 상세하고 구체적으로 다시 설명할 필요가 있습니다.

표 19.1 게임의 전략형

(1)	경기자집합 (게임 참여자들의 명단)
(2)	전략집합 (각 경기자가 선택할 수 있는 전략들의 목록)
(3)	보수함수 (각 경기자가 게임에서 얻는 '효용')

게임이론은 애초에 수학의 한 세부분야였다는 점을 명심하시기 바랍니다. 표에 제시된 3 가지 요소는 게임의 전략형에 대한 수학적인 정의입니다. 게임이론을 쉽게 공부하려면 정의에서 요구하는 것을 일단 충실하게 따를 필요가 있습니다. 즉, 아무리 간단한 상황이라 하더라도 저 3 가지 요소를 하나씩 차근차근 파악하는 것이 좋습니다. 주어진 상황에 대해 이런 틀을 적용하는 것이 어색해 보이거나 이상하더라도 일단은 최대한 요구된 대로 따져보는 것이 좋습니다.

(1) 경기자집합

게임에는 참여하는 '사람(?)'이 있어야 합니다. 경기자(player)라고 지칭합니다. 게임을 전략형으로 표현하려면 누가 경기자인지 제대로 표시해야 합니다. 수학적인 관점에서는 각 경기자의 실제 이름을 사용하든, 별명을 사용하든, 혹은 번호를 사용하든 차이는 없습니다. 중요한 것은 각 경기자의 특징을 식별할 수 있어야 하고 참여하는 경기자가 모두 몇인지를 알아야 한다는 정도입니다. 따라서 n 명의 경기자가 참여한다면 경기자집합은 $I = \{1, 2, \dots, n\}$과 같이 표기할 수 있습니다.

앞 문단에서 '사람(?)'에 물음표를 단 이유는 분석하고자 하는 상황에 따라서 경기자가 인간이 아닐 수 있기 때문입니다. 경제모형이라면 기업일 수도 있고 정부일 수도 있습니다. 정치학에 게임이론이 응용되는 경우 경기자는 정당이나, 시민 단체나 국가일 수도 있습니다. 생물학에서는 동물 개체일 수도 있고 심지어 "이기적" 유전자[4]일 수도 있으며, 전자통신 분야에서는 통신 서버나 웹사이트일

4 Richard Dawkins, *The Selfish Gene* (1976). 이기심을 유발하는 유전자라는 뜻이 아닙니다.

수도 있습니다.

중요한 점은 각 경기자에게 게임 내에서 고유의 역할이 있어야 한다는 것입니다. 또한 그 역할은 '전략적' 인 것이어야 합니다. 두 기업 사이의 경쟁 상황을 고려한다면 물론 그 두 기업이 경기자입니다. 두 기업 간 분쟁이 발생할 때 정부가 미리 정해진 법이나 규칙대로만 개입한다면 정부는 경기자가 아닙니다. 하지만 상황에 따라 정부가 법의 개정을 시도하고 좀 더 적극적으로 개입하며, 기업들도 이러한 가능성을 염두에 두고 행동한다면 정부도 하나의 경기자로 포함되어야 합니다.

우리는 게임이론의 응용으로 과점 모형을 공부할 텐데, 시장에 참여하는 기업들이 있고 기업들이 판매하는 제품을 구입하는 소비자들도 있습니다. 그런데 (완전경쟁 모형이나 독점 모형에서 그랬던 것과 마찬가지로) 소비자들의 행동은 미리 주어진 수요함수에 의해서 표현된다고 가정할 것입니다. 기업이 어떻게 행동하든 시장에서 가격이 결정된다면, 소비자들은 수요함수에서 그 가격에 대응되는 수요량만큼을 구매한다는 것입니다. 그런 소비자는 과점게임 모형의 경기자가 아닙니다.

그렇다면 실제로 (대략 말로 설명되어 있는) 게임 상황을 전략형 모형으로 만들고자 할 때 누구는 경기자이고, 누구는 경기자가 아닌지를 어떻게 구분할 수 있을까요? 간단한 답은 바로 다음에 나오는 두 가지 요소(전략집합, 보수함수)를 적어보면 알 수 있다는 것입니다. 전략집합과 보수함수를 가진 참여자라면 경기자라고 볼 수 있습니다.

(2) 전략집합

각 경기자는 **전략집합**(strategy set)을 갖습니다. 전략집합은 각 경기자가 선택할 수 있는 전략들의 목록입니다. 다시 말해 전략집합은 각 경기자의 행동 범위를 나타냅니다. 마치 소비자모형에서 소비자가 예산집합 내에서 선택해야 하는 것처럼, 게임의 전략형 모형에서 경기자는 전략집합 내에서 선택해야 합니다.수학 기호로는

$$S_1 = \{a, b, c, \ldots\}, \quad S_2 = \{a', b', c', \ldots\}, \quad \ldots, \quad S_n = \{a'', b'', c'', \ldots\}$$

동물이나 사람 개체가 아니라, 유전자를 자신의 이익을 추구하는 경기자로 본다는 의미입니다.

와 같이 쓸 수 있겠습니다. 즉 경기자 1의 전략집합은 S_1인데 그 안에는 $a, b, c, \ldots$ 등의 전략이 들어 있습니다. 이 전략집합은 원소의 갯수가 유한할 수도 있고 무한할 수도 있습니다. 또한 서로 다른 두 경기자의 전략집합들 속에는 같은 원소가 들어 있을 수도 있고 아닐 수도 있습니다.

예를 들어, 가위바위보라는 게임은 보통 두 명의 경기자가 참여하는데 두 경기자 모두 각각 3개의 전략을 담은 같은 전략집합을 갖고 있습니다. 즉, 가위바위보의 경우 $S_1 = S_2 = \{$가위, 바위, 보$\}$입니다. 한편 한 기업이 새로운 제품 시장에 진입할지 말지를 고민하고, 그 제품을 이미 판매하고 있는 기존기업은 제품 가격을 유지할지, 인하할지, 인상할지를 고민하고 있다면 $S_1 = \{$ 진입, 포기$\}$, $S_2 = \{$가격유지, 인상, 인하$\}$일 수 있습니다. 만약 기존기업의 가격 조정 범위까지 고려한다면 이론적으로 선택할 수 있는 가격의 갯수는 무한할 수도 있습니다. 즉 $S_2 = \{p \mid -5{,}000 \le p \le +5{,}000\}$이라고 하면 5천 원을 인하하는 경우부터 5천 원을 인상하는 경우까지 무한히 많은 갯수의 전략이 있습니다.

(3) 보수함수

가장 마지막인 세 번째 요소가 사실 전략형을 구성하는 가장 중요한 요소입니다. 보수함수를 표현하기 위해서는 앞에서 소개한 두 요소인 경기자집합과 전략집합을 모두 이미 알고 있어야 합니다.

전략집합이 소비자모형의 예산집합에 대응된다면, 보수함수는 효용함수에 대응됩니다. 소비자모형에서 효용함수는 소비자들이 느끼는 행복감이나 효용성을 나타내는 것은 아니었다는 점을 기억합시다. 효용함수는 소비자들이 선택 대안들에 대해 가진 평가기준을 나타내는 도구입니다. 대안 A의 효용이 대안 B보다 높다는 것은 그 소비자가 대안 A와 대안 B 중에서 A를 더 선호하여 선택한다는 의미입니다.

마찬가지로 게임의 전략형에서 보수함수는 각 경기자가 게임으로부터 얻을 수 있는 대안들에 대해서 가진 평가 기준을 묘사합니다. 그렇다면 그 *대안이 무엇인지*부터 알아야 할 것입니다. 소비자모형에서 소비자의 대안은 소비 계획이었습니다. 즉 (예산집합에 속하는) 재화 꾸러미들입니다. 하지만 게임의 전략형에서 한 경기자의 대안은 자신만의 전략집합에 국한되지는 않습니다.

게임은 전략적 '상호작용'의 상황입니다. 나의 최종 상태가 나 혼자만의 선택으로 결정되지 않습니다. 소비자모형에서 소비자는 커피와 도넛을 얼마나 소비할지를 결정하고 그 두 재화의 소비량만으로 결과를 평가합니다. 하지만 가위바위보 게임에서 한 경기자는 자신이 가위를 낸 사실만으로 게임 결과를 평가할 수 없습니다. 상대방이 무엇을 냈는지를 알아야 하니까요. **전략모둠**이라는 개념이 필요합니다.

전략모둠

i번째 경기자가 택한 전략이 s_i라고 해봅시다. 1번 경기자는 s_1, 2번 경기자는 s_2, ..., n번 경기자는 s_n을 택했습니다. (당연히 각 경기자가 택한 전략은 각자의 전략집합에서 나온 것입니다.) 전략적 상황에서 경기자 i의 보수는 s_i만 안다고 결정할 수 있지 않고 $s_1, s_2, \ldots, s_n$을 모두 알아야 합니다.[5]

여기에서 한 가지 중요한 개념을 정의하겠습니다. 각 경기자들이 자신의 전략집합에서 각각 하나씩의 전략을 고른 상황에서, 이 선택된 전략들을 한꺼번에 모아서 표기한 것을 **전략모둠**(strategy profile)이라고 부릅니다.[6] 한 경기자의 보수는 각 전략모둠에 대해 정의되어야 합니다. 다시 말해서, 한 경기자가 관심을 갖는 게임의 최종 결과는 어느 전략모둠이 선택되었느냐 입니다. 예를 들어, 가위바위보 게임이라면 내가 가위를 선택했다는 사실과 상대방은 무엇을 선택했다는 사실까지 결합이 되어야 게임의 최종 승부가 결정됩니다. 가위바위보에서 각 경기자의 전략집합은 각각 3개의 전략을 갖고 있으므로 한 번의 게임에서 나올 수 있는 전략모둠의 가짓수는 $3 \times 3 = 9$입니다. 즉 이 게임에는 총 9가지의 가능한 결과가 있습니다. 이를 모두 적어보면 그림 19.1과 같습니다.

독자들도 잘 아는 대로 이 게임의 '실질적인' 결과는 3가지입니다. 한 경기자의 입장에서 본다면 승리, 무승부, 패배이죠. 내가 가위를 내었는데 상대가 바위를 낸 경우와, 내가 바위를 내었는데 상대가 보를 낸 경우는 겉모양으로는 다른 전략모둠

5 한 경기자의 보수가 다른 경기자들 중 일부의 선택에만 영향을 받는 경우도 있을 수 있습니다. 그 경우에도 일단 다른 모든 경기자들의 선택을 안다면 그중에서 실제로 필요한 경기자들의 선택만을 써먹을 수 있습니다.

6 이 개념에 대해서는 한국어 번역이 통일되어 있지 않습니다. 영어 용어를 번역하지 않고 그냥 전략프로필 혹은 전략프로파일이라고 부르는 경우도 많습니다.

(가위, 가위)	(가위, 바위)	(가위, 보)
(바위, 가위)	(바위, 바위)	(바위, 보)
(보, 가위)	(보, 바위)	(보, 보)

그림 19.1 가위바위보 게임의 가능한 결과들

이지만 결과는 동일합니다. (이왕 질 것이면 '주먹'을 내고 지는 게 낫다든지 하는 사람이 있다면 조금 다르겠지만 말이죠.)

즉 위의 9가지 가능한 결과들을 모두 3가지 등급으로 나누어 분류할 수 있습니다. 승리한 경우가 가장 좋을 것이고, 무승부인 경우가 그 다음, 패배한 경우가 가장 나쁠 것입니다. 그렇다면 우리는 총 3가지 종류의 '효용 값'을 결과들에 부여하면 됩니다. 예를 들어 승리한 경우를 +1, 무승부는 0, 패배한 경우를 −1이라고 하는 것이 한 가지 방법입니다. 물론 승리는 100, 무승부는 50, 패배는 10이라고 해도 크게 달라질 것은 없습니다. (효용의 서수성 개념이 여기 슬쩍 사용되고 있습니다.) 게임이론에서 사용하는 '보수(payoff)'라는 단어에 충실하자면 이것이 상금을 걸고 하는 게임이라고 할 때 그 상금을 적을 수도 있습니다. 하지만 정확하게는 그냥 상금이 아니라 상금에 대한 효용을 적어야 합니다.

보수함수의 정의

드디어 **보수함수**(payoff function)를 정식으로 정의해보도록 합시다. 이름에서 보는 대로 함수이므로 우리는 이 함수의 독립변수는 무엇인고 종속변수는 무엇인지를 명확히 해야 할 것입니다. 보수함수에는 효용함수와 마찬가지로 $u(\cdot)$를 기호를 사용하겠습니다. 이 함수의 종속변수, 즉 함수의 값으로 나오는 것은 보수(혹은 효용)입니다. 보수나 효용의 값 자체에 절대적인 의미를 부여할 필요 없습니다. 가위바위보의 예에서 보듯이 단지 최종 결과를 일정한 수준에 따라 나누고, 경기자가 가장 좋아하는 결과부터 순서대로 어떤 숫자를 매기면 됩니다.

더욱 중요한 것은 보수함수의 독립변수 즉 $u(\cdot)$에서 괄호 속 $(\cdot)$ 자리에 들어갈 변수입니다. 바로 '전략모둠'입니다. 즉 $u(s_1, s_2, \ldots, s_n)$과 같이 쓸 수 있습니다. 각 경기자가 각자 보수함수를 하나씩 가져야 하므로 이를 기호에 반영한다면 경기자

1의 보수함수는 $u_1(s_1, s_2, \ldots, s_n)$, 경기자 2의 보수함수는 $u_2(s_1, s_2, \ldots, s_n)$... 과 같이 쓸 수 있습니다.

의미가 전달되었겠지만 좀 더 엄밀하게 수학적으로 정의하자면 다음과 같습니다: 보수함수는 전략모둠들의 집합을 정의역으로 하고 실수 값을 갖는 함수로서 각 전략모둠을 구성하는 전략들은 각 경기자의 전략집합에서 나온 것이어야 합니다.

가위바위보 게임에 대해서 보수함수를 작성해봅시다. 승리를 +1, 무승부를 0, 패배를 −1의 보수를 갖는 것으로 평가한다면 경기자 1의 보수함수는 **그림** 19.2와 같이 될 것입니다. **그림** 19.2는 **그림** 19.1에 나열했던 각 전략모둠들에 보수 값을 하나씩 대응해서 적은 것임을 주목해주세요.

u_1(가위, 가위) = 0	u_1(가위, 바위) = −1	u_1(가위, 보) = +1
u_1(바위, 가위) = +1	u_1(바위, 바위) = 0	u_1(바위, 보) = −1
u_1(보, 가위) = −1	u_1(보, 바위) = +1	u_1(보, 보) = 0

그림 19.2 가위바위보 게임에서 경기자 1의 보수함수

경기자 2의 보수함수는 승리와 패배의 경우를 뒤바꾸면 됩니다. 만약 보수를 $+1, 0, -1$ 대신에 $100, 50, 10$으로 정한다면 각각 그 숫자를 대체하면 됩니다.

다시 정리하자면 게임의 전략형은 경기자집합, 각 경기자의 전략집합 그리고 각 경기자의 보수함수를 정확하게 적어주면 완성됩니다. 추상적인 수준에서 수학 기호를 동원하자면 다음과 같이 표기할 수 있습니다.

전략형의 수학기호 표기

(1) 경기자집합: $I = \{1, 2, \ldots, n\}$

(2) 전략집합: $S_1 = \{a, b, c, \ldots\}$, $S_2 = \{a', b', c', \ldots\}, \ldots, S_n = \{a'', b'', c'', \ldots\}$

(3) 보수함수: $u_1(s_1, s_2, \ldots, s_n)$, $u_2(s_1, s_2, \ldots, s_n)$, . . . , $u_n(s_1, s_2, \ldots, s_n)$

단, $s_i \in S_i$, $i = 1, 2, \ldots, n$

전략형의 행렬 표기

그런데 게임이론에 관한 교양서적 등을 보면 간단한 행렬 표를 그려서 게임을 소개하는 경우가 많습니다. '죄수의 딜레마' 라고 부르는 유명한 예는 다음의 그림 19.3 처럼 표기할 수 있습니다. 이 게임 자체에 대해서는 나중에 다시 논의하기로 하고 여기서는 이 행렬을 읽는 방법만 소개합니다.

		"죄수 2"	
		의리	배신
"죄수 1"	의리	2, 2	0, 3
	배신	3, 0	1, 1

그림 19.3 죄수의 딜레마 게임의 행렬 표기

게임의 전략형이 3 가지 요소로 구성된다는 점을 기억한다면, 그 요소들을 그림에서 찾아내는 것으로 이 행렬 표기법을 쉽게 이해할 수 있습니다. 이 게임의 경기자는 "죄수 1" 과 "죄수 2" 입니다. 즉 $I = \{$죄수 1, 죄수 2$\}$ 입니다. 경우에 따라서는 굳이 경기자의 이름을 붙이지 않을 수도 있습니다. 이런 경우 그림 19.3 의 "죄수 1" 에 해당되는 경기자를 "경기자 1" 또는 "행(row) 경기자" 라고 부르고, "죄수 2" 의 자리에 있는 경기자는 "경기자 2" 또는 "열(column) 경기자" 라고 부릅니다.

한편 각 경기자의 전략집합은 무엇일까요? 각 경기자의 이름 옆 또는 아래에 적혀 있는 "의리" 와 "배신" 이 전략들입니다. 즉 $S_1 = S_2 = \{$의리, 배신$\}$ 입니다.

마지막으로 행렬 표 안에 적혀 있는 숫자들은 바로 이 게임의 보수 값들입니다. 두 경기자의 보수 값을 한꺼번에 나타내야 하기 때문에 한 칸에 숫자가 2 개씩 적혀 있습니다. 어느 숫자가 누구의 보수인지 혼동의 여지가 있습니다. 행 경기자(즉 "죄수 1")의 보수를 먼저 적는 것이 관행입니다.

그림 19.3 의 게임에서 각 경기자는 2 개의 전략을 가지고 있고 따라서 전략모둠의 가짓수는 모두 4 개(= 2 × 2)입니다. 각 경기자의 전략들을 행 또는 열로 사용했으므로 행렬에 담긴 칸의 수는 전략모둠의 수와 일치합니다. 보수함수는 각 전략모둠마다 정의되어야 하므로 이렇게 행렬의 각 칸에 보수 값을 적어주면 보수함수가 완성됩니다.

주의할 점은 이런 행렬 표기 방식은 매우 단순한 게임에만 사용할 수 있다는 것입니다. 구체적으로는 경기자의 수가 2 명일 때 쓸 수 있습니다. (3 명인 경우는 어떻게든 가능합니다만, 경기자 수가 4 명을 넘어가면 사실상 불가능합니다.) 또한 각 경기자가 가진 전략의 갯수 또한 비교적 적어야 합니다. 2 명이 하는 게임이고 각 경기자의 전략이 3 개인 가위바위보를 행렬로 표기하면 **그림** 19.4 처럼 됩니다. **그림** 19.2 와 비교해본다면 이해에 도움이 될 것입니다.

	가위	바위	보
가위	0, 0	−1, 1	1, −1
바위	1, −1	0, 0	−1, 1
보	−1, 1	1, −1	0, 0

그림 19.4 가위바위보 게임의 행렬 표기

전략의 갯수가 조금만 더 많아지면 그림이 복잡해지고, 전략 갯수가 무한하다면 행렬 그리기가 아예 불가능합니다. 제 21 장에서 과점시장 모형에 게임이론을 적용할 텐데 많은 과점 모형에서는 전략의 갯수가 무한합니다. 즉 이런 행렬 표기는 그때 도움이 안 됩니다. 행렬 표기는 게임이론을 전개함에 있어서 주요 기본개념들의 의미를 전달하고자 할 때 제한적으로 사용하는 것이지, 본질적인 도구는 아닙니다.

19.2 게임이론의 가정들 : 합리성의 공통지식

게임이론은 주어진 틀에 맞추어 게임으로 표현된 문제 상황에 대해 적절한 해를 찾는 것을 목적으로 합니다. 게임이론의 역사가 길지 않은데다가 게임이론이 다루고자 하는 상황이 폭넓고 다양한 탓에, 아직은 여러 가지 해 개념을 시도하고 검토하는 수준에 머물러 있습니다. 특히 이 책에서 다룰 '고전적' 인 게임이론은 지금까지 우리가 공부한 고전적 경제 모형보다 더욱 심한 가정을 사용합니다.

고전적 경제 모형에서 우리는 경제 주체들의 합리성(주어진 제약 하에서 목표를 추구하는 태도)을 가정했습니다. 고전적 게임이론도 경기자들의 합리성(주어진 게임 규칙 내에서 보수의 극대화)을 가정합니다. 거기에 덧붙여서, 게임이론에서는 경기자의 독자적인 합리성뿐 아니라, 각 경기자가 다른 경기자의 합리성에 대해 어떤 생각을 가지는지에 대해서도 가정을 어떻게 하느냐가 중요합니다. 우리가 사용할 게임 모형들에 대해 특별한 언급이 따로 없다면 다음과 같이 가정합니다.

가정 19.1 (합리성) 모든 경기자들은 합리적이다. 보수에 한 경기자의 모든 평가 기준이 반영되어 있으며, 경기자는 자신의 보수의 극대화를 추구한다.

가정 19.2 (합리성의 공통지식) 경기자들의 합리성은 공통지식(common knowledge)이다. 즉 다음의 (1)부터 (∞)까지 모두 성립한다.

(1) 모든 경기자는 (0) 모든 경기자들이 합리적이다 라는 것을 안다. [1차지식]

(2) 모든 경기자는 "(1) 모든 경기자는 (0) 모든 경기자가 합리적이다 라는 것을 안다"는 것을 안다 [2차지식]

...

(n) 모든 경기자는 ($n-1$)을 안다. [n차지식]

...

(∞) 모든 경기자는 위에 나온 모든 사실을 안다. [공통지식]

가정 19.3 (게임의 규칙에 대한 공통지식) 모든 경기자는 게임의 규칙(전략형에 담긴 모든 정보)을 알고 있으며, 모든 경기자가 게임의 규칙을 안다는 사실 또한 공통지식이다.

이런 식으로 골치아프게 가정을 해야 하는 이유에 대해서는 쉽게 설명하기는 어렵습니다만 몇 가지 예를 통해 설명을 시도해보겠습니다.

예 19.1

이 예는 이스라엘에 전해오는 유명한 이야기에 바탕을 두고 있습니다. (J. Telushkin, *Jewish Humor*, 1998; J. Michener, *The Source*, 1965)

> 두 사람이 지붕에서 굴뚝을 타고 내려왔다. 한 사람은 얼굴이 더럽고, 다른 사람은 깨끗했다.
> 누가 얼굴을 씻을까?

얼핏 생각하면 당연히 얼굴이 더러운 사람이 씻어야 하겠지만, (거울을 보기 전에는) 오히려 얼굴이 깨끗한 사람이 씻는다는 것이 답입니다. 그런데 서로 상대방이 무슨 행동을 하는지를 볼 수 있다면 (거울을 보지 않더라도) 잠시 후 얼굴이 깨끗한 사람은 얼굴 씻기를 멈출 것이고, 얼굴이 더러운 사람은 비로소 자기 얼굴을 씻게 됩니다. 게임이론의 '지식' 개념과 관련하여 다음과 같이 설명할 수 있습니다.

처음 굴뚝에서 내려온 상황에서 각 사람은 상대방의 얼굴을 쳐다보고 새로운 '지식'을 얻습니다. 얼굴이 깨끗한 사람은 상대 얼굴이 더럽다는 것을 알게 되고, 얼굴이 더러운 사람은 상대 얼굴이 깨끗하다는 것을 알게 됩니다. 이 지식은 각자 개인적으로 가진 지식이지 아직 '공통지식'은 아닙니다. 상대의 얼굴 상태에 대한 지식을 '1차지식'이라고 해둡시다.

나나 상대방이나 같은 굴뚝에서 방금 나왔으므로 얼굴 상태가 똑같을 것이라는 가정 하에, 각 사람은 개별적인 1차지식에 근거하여 행동합니다. 깨끗한 사람은 상대방처럼 자신의 얼굴이 더러울 것이라 생각하여 씻게 되고, 더러운 사람은 자신의 얼굴이 괜찮을 것이라 생각하여 씻지 않습니다.

그런데 1차지식에 근거한 이 행동을 서로 관찰한다면 이제 각 사람은 상대방의 1차지식에 대한 새로운 지식('2차지식')을 얻게 됩니다. 깨끗한 사람이 씻는 것을 본 더러운 사람은 상대방이 자신의 얼굴이 더럽다는 1차지식을 가졌음을 알게 되고, 반대로 깨끗한 사람은 상대방이 씻지 않는 것을 보고 자신의 얼굴이 깨끗하다는 1차지식을 가졌음을 알게 됩니다. 이에 기초하여 비로소 더러운 사람은 씻고, 깨끗한 사람은 씻는 것을 멈춥니다.

자칫하면 2차지식으로 인해 다시 헷갈릴 수도 있습니다만 (상대가 얼굴을 씻으려다가 씻기 멈추는 것을 보고, 더러운 사람 또한 씻으려다가 멈추는 식으로 말이죠), 위의 과정을 잘 따라왔다면 두 사람 모두 더 이상 헷갈리지 않아도 됩니다.

아, 이야기는 여기서 멈추지 않습니다. 같은 굴뚝에서 나온 사람이 하나는 깨끗하고 하나는 더러울 수 없기 때문에 애초에 질문이 잘못되었다는 것이 이야기의 결론입니다. 각 사람은 상대방과 내가 얼굴 상태가 똑같을 것이라는 가정 하에 행동한다고 했는데, 2차 지식을 얻게 되면 자신들의 가정이 틀렸음을 알게 되지요.

지식의 중요성이 어느 정도 전달되었는지요? 다음의 예는 조금 더 어렵습니다.

예 19.2

이번에도 어디선가 전해오는 이야기입니다. (P. Newman, "Common Knowledge and the Game of Red Hats," *Indian Economic Review*, 1992) 어떤 왕이 안대로 눈을 가린 죄수들에게 다음과 같이 말했습니다.

> 너희들 머리 위에 색깔만 다르고 모양이 똑같은 모자를 하나씩 씌워줄 것이다. 그 다음에 안대를 풀어줄 터인데, 남의 모자는 쳐다봐도 되지만 자신의 모자는 절대 보면 안 된다. 또한 서로 이야기를 나누는 자는 바로 처형할 것이다.
>
> 이제 종을 한 번 칠 텐데, 이때 자신의 모자가 빨간 색이라고 생각하는 녀석은 손을 들거라. 손을 든 자가 실제로 빨간 모자를 쓰고 있다면 즉시 자유의 몸이 된다. 하지만 다른 색깔 모자를 쓰고서 손을 든다면 바로 처형할 것이다.
>
> 5분 휴식 후 한 번 더 종이 울리면 2회전이다. 다시 한번 자신의 모자가 빨간 색이라고 생각하는

자에게 손을 들 기회를 주겠다. 마찬가지로 맞으면 석방, 틀리면 처형이다. 이런 식으로 너희 모두 석방되거나 처형되어 아무도 남지 않을 때까지 5분마다 종을 반복해서 울리겠다.

빨간 모자를 쓴 죄수들은 과연 살아서 나갈 수 있을까요?

(1) 먼저 빨간 모자가 하나도 없는 경우를 생각해보죠. 죄수들이 가진 지식은 무엇인가요? 왕이 공개적으로 규칙을 설명했으므로 이 게임의 규칙은 공통지식이라고 볼 수 있겠습니다. 한편 빨간 모자가 몇 개나 있는지 심지어 정말 있기는 한지는 아무도 확신할 수 없습니다. 이 상태에서 안대를 풀고 다른 사람들의 머리 위를 보면 빨간 모자가 하나도 없다는 것을 알게 됩니다. 하지만 내 머리 위의 모자가 빨간 색인지는 알 수 없습니다. 자칫 손을 들었다가는 목숨이 달아날 위험이 있으므로 아무도 선뜻 손을 들지 못할 것입니다. 계속 종이 울리고 회전이 거듭되어도 아무도 손을 들지 않을 것이고 모든 죄수들의 지식에는 변화가 없습니다. 하지만 이랬다가는 영영 게임이 끝이 나지 않습니다.

왕은 죄수들이 아무도 남지 않을 때까지 종을 울릴 것이라고 했습니다. 따라서 빨간 모자가 적어도 1개는 있을 것입니다. 죄수들이 똑똑하다면 이 생각을 해낼 수 있을 것입니다. 하지만 게임이 끝나지 않고 계속되는 상황을 왕이 미처 생각하지 못한 것일 수도 있으므로 죄수들이 확신을 가질 수는 없습니다.

실제로 빨간 모자가 적어도 1개는 있고 죄수들을 불쌍히 여긴 경비대원들이 죄수들에게 *개인적인* 귓속말로 이 사실을 알려주었다고 합시다. 공개적으로 말한 것은 아니므로 이는 공통지식은 아닙니다. 각 죄수는 자신이 들은 이야기만 알고 있지, 경비대원들이 다른 죄수들에게 뭐라고 말했는지 확신이 없습니다.

(2) 빨간 모자가 딱 1개 있는 경우를 생각해봅시다. 운좋게 빨간 모자를 쓴 죄수를 A씨라고 부릅시다. 그렇다면 안대를 풀었을 때 A씨를 제외한 모든 죄수들은 A씨가 빨간 모자를 쓴 것을 볼 것이고, A씨의 눈에는 빨간 모자가 하나도 안 보일 것입니다. 운좋은 A씨를 제외한 다른 죄수들은 본인의 모자 색깔은 여전히 알 수 없습니다. 한편 A씨는 빨간 모자가 적어도 1개 있다는 사실을 알고 있고 다른 사람들이 아무도 빨간 모자를 쓰고 있지 않으므로 바로 자기 자신이 빨간 모자라는 것을 알 수 있습니다. 따라서 첫 번째 종이 울리면 바로 손을 들고 석방될 수 있습니다. (하지만 2회전이 되면 이제 빨간 모자가 아무도 없으므로 (1)과 같은 상황이 되어 역시 게임은 끝나지 못할 것입니다.)

(3) 빨간 모자가 2개 있는 경우를 생각해봅시다. 운좋은 죄수들은 A씨와 B씨입니다. 모든 죄수들은 빨간 모자가 적어도 1개 있다는 것을 개인적으로 알고 있습니다(1차지식). A와 B를 제외한 죄수들의 눈에는 빨간 모자가 2개 보이고, A와 B에게는 1개 보입니다. 빨간 모자가 적어도 1개라는 지식에 비추어 아무도 자기 모자가 빨간 모자라고 확신할 수 없습니다. 따라서 종이 울려도 아무도 손을 들지 않습니다. 남들이 손들지 않고 가만히 있는 것을 보아도 새로운 지식이 생기지는 않습니다. 게임은 끝나지 못합니다.

(4) 빨간 모자가 2개인데, 아무도 손들지 않고 게임이 지루하게 진행되는 것을 보다 못한 왕이 갑갑해서 외칩니다. "뭣들 하는 거냐. 너희들 중에 빨간 모자가 적어도 1개는 있다구." 왕이 한 말은 모든 죄수가 개인적으로 이미 알고 있던 내용입니다. 하지만 공개적으로 왕이 이 말을 하는 순간 이제 공통지식이 되었습니다.

빨간 모자를 쓰지 못한 죄수들에게는 변화가 없지만, A씨와 B씨에게는 이제 상황이 달라졌습니다. 왕의 선언 후 첫 번째 종이 울립니다. A씨는 B씨가 '적어도 1개인' 빨간 모자를 썼으므로 여전히 손을 들지 않습니다. B씨도 A씨의 빨간 모자 탓에 손을 들지 못합니다. 하지만 이제 5분이 지나고 종이 한 번 더 울리면 두 사람 모두 손을 들 수 있습니다.

왕이 공개적으로 선언을 한 이후에도 A씨가 손을 들지 않았다는 사실은 B씨에게 새로운 지식을 전달해줍니다. 왜냐하면 빨간 모자가 적어도 1개 있다는 사실을 알고서도 A가 손을 안 들었다는 것은 A의 눈에도 빨간 모자가 보였다는 뜻입니다. 그런데 A와 B가 함께 보고 있는 사람들 중에는 빨간 모자가 없으므로 이는 A의 눈에 B의 빨간 모자가 보였다는 뜻이지요. 따라서 B는 자신이 빨간 모자임을 알 수 있습니다. 똑같은 논리로 A 또한 자신이 빨간 모자임을 알 수 있습니다.

논리를 잘 따라오셨나요? (4)에서는 빨간 모자가 적어도 1개라는 1차지식을 모두들 알고 있다는 2차지식만 있어도 A와 B가 석방될 수 있었습니다. 물론 종이 한 차례 지나간 후에 말이죠. (사실 죄수들이 충분히 똑똑하다면, 그리도 다른 죄수들도 자신만큼 충분히 똑똑할 거라고 생각한다면, 빨간 모자의 수가 좀 더 많더라도 빨간 모자를 쓴 운좋은 죄수들은 언젠가는 살아나갈 수 있습니다.)

위의 예들은 까다롭지만 재미있지 않나요? 몇 단계의 지식을 가졌느냐에 따라서 게임의 결과가 달라질 수 있다는 것이 교훈입니다. 전략적 상황에서 지식의 단계와 그 의미에 대해 탐구하는 것은 게임이론의 중요한 연구분야[7]입니다. 하지만 앞으로 우리가 공부할 모형들에서는 이런 부분에 대해서는 걱정하지 않기 위해서 합리성이 공통지식이라고 가정합니다.

19.3 게임의 해

게임이론의 본래 목적으로 돌아와서 주어진 게임을 푸는 방법, 즉 게임의 해에 대해서 공부하겠습니다. 이 장에서 공부할 해는 크게 두 가지로 현재 사용되는 게임이론에서 가장 기초적인 개념이라고 할 수 있습니다.

먼저 '무엇'이 게임의 해가 될 수 있는지 생각해봅시다. 전략형 게임은 경기자집합, 전략집합들과 보수함수들로 구성됩니다. 즉 우리가 게임을 풀고자 할 때 주어지는 외생 조건들이 경기자의 명단, 각 경기자의 전략집합, 그리고 보수함수입니다.

7 인식론적 게임이론(epistemic game theory)이라고 부릅니다. 철학, 수학, 경제학 등의 분야에서 연구하고 있습니다.

각 경기자가 선택하는 것은 자신의 전략입니다. 즉 각 경기자가 푸는 합리적 선택문제에서 내생변수는 그의 전략입니다. 그는 자신의 전략집합을 선택 범위로 하며, 전략을 선택하는 기준은 자신의 보수함수입니다. 보수의 값이 가장 크게 되는 전략을 택하고자 합니다. (가정 19.1)

그런데 자신의 전략 하나만으로는 보수가 결정되지 않는 것이 게임의 특징입니다. 모든 경기자는 각자의 보수를 가장 크게 만들고자 하는데, 한 경기자의 보수는 모든 경기자들의 전략들이 정해져야 결정됩니다. 즉 전략모둠을 알아야 경기자들의 보수를 각각 알 수 있습니다. 전략모둠은 각 경기자들이 푸는 문제의 내생변수인 전략들을 한데 모아놓은 것입니다.

따라서 게임에서 결정되어야 하는 내생변수는 바로 '전략모둠'입니다. 하나의 게임을 풀었다라고 말할 수 있으려면 각 경기자의 보수를 극대화하는 전략모둠을 제시해야 합니다.

그런데 다른 경기자들의 전략이 고정된 상태에서 한 경기자의 보수를 극대화하는 전략을 찾는 것은 비교적 쉬운 일이지만 모든 경기자들의 보수를 동시에 극대화한다는 것은 어떤 의미인지 규정하기가 어렵습니다. 게임이론의 다양한 해 개념이 나오게 된 이유는 각 경기자가 개인적 보수를 극대화하는 가운데 각자의 선택이 서로 어떤 균형을 이루는지에 대해 서로 다른 해석이 가능하기 때문입니다.

19.4 게임의 해 (1) 지배전략

가장 단순하고도 강력한 해 개념은 지배전략(dominant strategy)입니다.

예 19.3

춘향전에서 사또가 춘향에게 수청을 들라고 명령한 장면을 게임으로 표현해보겠습니다. 경기자는 춘향과 사또입니다. 또한 사또의 수청 명령에 대해서 춘향은 굴복하거나 거절할 수 있고, 사또는 춘향에게 곤장을 맞도록 처벌하거나 그냥 석방해줄 수 있습니다. 두 경기자 모두 2개씩 전략을 가졌으므로, $2 \times 2 = 4$칸을 가진 행렬 표로 상황을 표시할 수 있습니다. 그림 19.5에는 아직 보수 값은 넣지 않은 게임의 행렬 표가 나와 있습니다. 표의 4개 칸은 이 게임이 가진 전략모둠의 수, 즉 게임에서 나올 수 있는 결과들을 나타냅니다.

"사또"

		처벌	석방
"춘향"	굴복	(a)	(b)
	거절	(c)	(d)

그림 19.5 춘향과 사또의 게임 상황

어떤 보수 값들을 주는 것이 적절한지 알려면, 각 경기자가 이 4가지 상황을 어떻게 평가하는지 알아야 합니다. 그림 19.5에 보수 값을 어떻게 채워넣느냐에 따라 게임 상황은 달라지게 됩니다.

(1) 보수값 정하기

먼저 춘향의 입장에서 생각해보죠. 그녀는 기본적으로 굴복하기보다 거절하기 원하고, 처벌받기보다는 석방되기 원합니다. 따라서 그녀에게 최선의 결과는 (d) 거절하고 석방되는 것입니다. 한편 최악의 결과는 (a) 굴복도 하고 처벌도 받는 것이죠. 그 중간의 경우는 (b)와 (c)로 석방되지만 사또의 요구에 굴복했기 때문에 분하거나, 거절했으나 처벌을 받아서 괴로운 상황입니다. 둘 중 어느 편이 더 나은지 판단할 필요 없이 두 경우 모두 최선도, 최악은 아니고 서로 무차별하다고 해봅시다. 그렇다면 춘향에게 보수함수의 값은 $u_1(d) > u_1(b) = u_1(c) > u_1(a)$로 결정하면 됩니다. 숫자의 순서만 맞으면 됩니다. $u_1(d) = 100$, $u_1(b) = u_1(c) = 0$, $u_1(a) = -100$이라고 해보죠.

한편 사또는 춘향이 굴복하는 것을 원하지만, 처벌 자체를 즐기지는 않습니다. 하지만 춘향이 굴복하지 않고 거절한다면 체면을 지키기 위해서라도 처벌을 원합니다. 따라서 사또에게 최선의 결과는 (b) 춘향이 굴복하고 석방되는 것입니다. 한편 최악의 결과는 (d) 거절당하고 그냥 석방해주는 것입니다. 중간에 해당되는 나머지 두 결과에 대해서는 무차별하다고 합시다. 즉 사또의 보수함수는 $u_2(b) > u_2(a) = u_2(c) > u_2(d)$가 되어야 합니다. 이번에도 숫자의 순서만 맞으면 되니, $u_2(b) = 10$, $u_2(a) = u_2(c) = 5$, $u_2(d) = 0$이라고 해보겠습니다. (춘향의 최대 보수 값은 100이었는데 사또의 최대 보수 값이 10인 점은 별로 중요하지 않습니다. 춘향의 보수 값과 사또의 보수 값은 서로 비교 대상이 아닙니다.) 이상의 값들을 대입하면 게임은 그림 19.6이 됩니다.

"사또"

		처벌	석방
"춘향"	굴복	(a) $-100, 5$	(b) $0, 10$
	거절	(c) $0, 5$	(d) $100, 0$

그림 19.6 춘향과 사또의 게임

가정 19.1에 따라 춘향과 사또는 각자 자신의 보수를 극대화하는 선택을 하고자 합니다. 한 가지 기억할 점은 한 경기자의 보수는 그 사람의 선택 기준을 완벽하게 나타낸다는 것입니다. 즉, 춘향의 보수가 (b)와

(c)에서 동일한데 사또의 경우 (c)보다 (b)에서 보수가 더 높습니다. 만약 춘향이 사또를 몹시 미워하여 사또가 더 좋게 되는 (b)의 경우를 싫어한다면, 애초에 이 사실이 보수에 반영되었어야 합니다. 즉, 우리가 (b)와 (c)의 보수를 모두 0으로 정했을 때는 사또의 보수와 상관없이 춘향은 두 경우에 무차별하다고 본 것입니다.

(2) 춘향의 보수극대화 전략

기본적으로 춘향의 판단 기준은 굴복하기보다 거절하기 원하고, 처벌받기보다는 석방되기 원하는 것입니다. 그런데 처벌과 석방의 선택은 춘향의 것이 아니고 사또의 것입니다. 춘향의 선택은 굴복과 거절 중 하나입니다.

굴복을 택한다면 춘향의 보수는 -100일 수도 있고 0일 수도 있습니다. 이 중 어느 보수가 얻어질지는 사또의 선택을 알아야 합니다. 만약 거절을 택한다면 춘향의 보수는 0일 수도 있고 100일 수도 있습니다. 마찬가지로 사또의 선택을 알아야 둘 중 어느 것인지 알게 됩니다. 이대로는 두 전략 중 어느 것이 좋은지 비교하기 곤란합니다.

		"사또" 처벌
"춘향"	굴복	(a) −100
	거절	(c) 0*

		"사또" 석방
"춘향"	굴복	(b) 0
	거절	(d) 100*

그림 19.7 춘향의 보수극대화

한번 사또가 처벌을 선택한 상황을 상상해봅시다. 그림 19.7 왼쪽에 게임 행렬 중 이에 해당되는 부분을 떼어 놓았습니다. (사또의 보수는 생략했습니다.) 처벌을 받더라도 춘향은 굴복(-100)보다는 거절(0)을 선호합니다. 따라서 거절을 선택하는 편이 좋습니다. 이 점을 강조해서 더 높은 보수 0에다가 * 표를 달았습니다.

만약 사또가 석방을 선택했다면 어떨까요? 이 상황은 그림 19.7의 오른쪽입니다. 석방될 것이라면 당연히 거절(100)하는 것이 굴복(0)보다 좋습니다. 따라서 거절을 선택하는 편이 좋습니다. 역시 더 높은 보수 100에 * 표를 달았습니다.

그러고보니 사또가 무엇을 선택하든 거절을 선택하는 편이 더 낫군요. 사실 이 게임에서 우리가 정해놓은 춘향의 선호는 사또가 무엇을 선택하느냐와 상관없이 굴복보다는 거절을 더 선호한다는 것입니다. 만약 춘향이 합리적이라면, 즉 자신이 선호하는 결과를 끌어내고자 한다면, 다시 말해 가능한 한 보수가 높은 결과가 나오게 만들고 싶다면, 사또의 전략에 신경 쓸 필요 없이 거절을 선택해야 합니다.

(3) 사또의 보수극대화 전략

사또의 경우에는 입장이 좀 다릅니다. 사또는 춘향이 굴복하기를 원하지만 이는 춘향이 선택하는 변수로 사또 자신은 어찌할 수가 없습니다. 한편 처벌과 석방에 대해서 사또의 판단 기준은 춘향이 굴복하는지 거절하는지에 따라 달라집니다. 마찬가지로 그림 19.8에 사또의 입장에서 게임을 나누어보았습니다.

		"사또" 처벌	"사또" 석방
"춘향"	굴복	(a) 5	(b) 10*

		"사또" 처벌	"사또" 석방
"춘향"	거절	(c) 5*	(d) 0

그림 19.8 사또의 보수극대화

만약 춘향이 굴복한다면 사또는 굳이 처벌(5)하기보다는 석방(10)을 선호합니다. 하지만 만약 춘향이 거절한다면 석방(0)보다는 처벌(5)을 선호합니다. 따라서 사또가 자신의 보수를 가능한 한 크게 만드는 전략을 선택하고자 한다면, 춘향의 선택을 알아야 결정을 내릴 수 있습니다.

(4) 게임의 해

그렇다면 이 게임의 결과를 어떻게 예측할 수 있을까요? 가정 19.1에 따라 춘향이 합리적이라면 사또의 요구를 거절합니다. 한편 사또는 합리적이더라도 쉽사리 결정을 내릴 수 없습니다. 만약 가정 19.2 중에서도 (1)번이 성립하여, 사또가 춘향의 합리성을 알고 있다면 사또는 춘향이 거절을 택하리라는 것을 예측할 수 있습니다. (물론 가정 19.3에 따라서 사또와 춘향은 게임의 규칙 특히 보수함수 값 들을 알고 있습니다.) 그렇다면 사또는 처벌을 택하는 것이 합리적입니다.

춘향전 게임의 해법이 그럴듯 한가요? 물론 여기서 제시한 춘향전 게임이 원래 춘향전의 내용을 잘 반영한다고 주장하는 것은 아닙니다. 단지 주어진 상황을 어떻게 게임으로 표현하고 그 해를 찾는지의 사례로 제시했을 뿐입니다. 특히 게임의 표현 과정에서 보수함수의 값을 지정하는 부분이 가장 까다롭고 핵심적입니다. 이를 어떻게 지정하느냐에 따라 게임의 본질적 내용이 달라지고 해도 달라질 것입니다.

춘향전 게임에서는 별 어려움 없이 게임의 해를 찾을 수 있었습니다. 그 이유는 이 게임에서 춘향이 '지배전략'을 가졌기 때문입니다. **지배전략**(dominant strategy)[8]이란 한 경기자의 전략집합 중에서 '언제나' 가장 높은 보수를 주는 전략을 말합니다. 여기서 '언제나'라는 말은 상대의 전략이 무엇이든지 상관없다는 의미입니다. 사또가 처벌을 선택하든 석방을 선택하든 언제나 춘향에게 거절이 더 높은 보수를 주는 전략이므로 지배전략입니다. 한편 사또는 춘향의 선택에 따라 유리한 전략이 달라지므로 지배전략이 없습니다.

춘향전 게임에서 보듯이 모두에게 늘 지배전략이 있는 것은 아닙니다. 만약 어떤

8 같은 개념을 우월전략이라고 말하기도 합니다.

경기자에게 지배전략이 있는 게임이라면, 그리고 그 경기자가 합리적이라면 그는 지배전략을 택할 것입니다. 또한 다른 경기자가 그 경기자의 합리성을 알고 있다면 그가 지배전략을 택하리라는 사실을 예측할 수 있고, 이로서 자신의 전략 선택 범위를 좁힐 수 있습니다.

지배전략에 대칭되는 개념으로 **피지배전략**(dominated strategy)[9] 이 있습니다. **피지배전략**은 '언제나' 즉 상대가 무슨 전략을 택하는지와 상관없이 항상 무언가 다른 전략보다는 낮은 보수를 주는 전략을 말합니다. 춘향전 게임에서 굴복은 춘향에게 피지배전략입니다. 사또에게는 피지배전략이 없습니다.

만약 지배전략이 있다면 나머지 모든 전략들은 피지배전략입니다. 나머지 모든 전략들은 지배전략보다는 언제나 낮은 보수를 주기 때문이지요. 하지만 피지배전략이 있다고 해서 지배전략이 있는 것은 아닙니다. 다음의 예를 봅시다.

예 19.4

가위바위보에서 이기면 1점, 비기면 0점, 지면 -1점을 받습니다. 한 가지 규칙을 추가하여 만약 아무것도 내지 않으면 '술래'가 되어 -100점입니다. 그렇다면 이 게임은 4개의 전략을 가집니다. 아무것도 내지 않는 것은 결국 술래를 택하는 전략입니다. (그림 19.9) 술래를 내는 것은 피지배전략입니다. 이 게임에 지배전략은 없습니다. 술래가 되는 것은 언제나 최악이지만, 언제나 최상인 전략은 없습니다.

	가위	바우	보	술래
가위	0, 0	−1, 1	1, −1	1, −100
바위	1, −1	0, 0	−1, 1	1, −100
보	−1, 1	1, −1	0, 0	1, −100
술래	−100, 1	−100, 1	−100, 1	−100, −100

그림 19.9 안내면 술래 게임

안내면 술래 게임에서 합리적인 경기자는 결코 술래를 택하지 않습니다. 모든 경기자가 합리적이고, 이 사실이 공통지식이라면 '술래' 같은 피지배전략은 게임에서 미리 지워버려도 괜찮습니다. 어차피 아무도 택하지 않을 전략이므로 굳이

9 혹은 열등전략이라고 부르기도 합니다.

게임에 포함시킬 필요가 없는 것이죠. 마찬가지로 춘향전 게임에서 춘향의 '굴복'도 게임에서 지워버려도 괜찮습니다. 단, 사또가 춘향의 합리성을 알고 있는 경우에 그렇습니다. 지배전략 또는 피지배전략이 있을 때 게임의 해법은 다음과 같습니다.

결과 19.1 모든 경기자가 합리적이라고 가정할 때

(1) 만약 어떤 경기자에게 지배전략이 있다면 그는 그 전략을 택할 것이다. 합리성이 공통지식이면, 다른 경기자들 모두 그가 지배전략을 택할 것을 예측하며, 경기자들이 이같은 예측을 한다는 것 또한 공통지식이 된다. 따라서 합리성의 공통지식 가정 하에서는 지배전략을 가진 경기자는 그 지배전략을 선택하는 것으로 가정해도 된다.

(2) 만약 어떤 경기자에게 피지배전략이 있다면 그 전략은 택하지 않는다. 합리성이 공통지식이면, 다른 경기자들 모두 그가 피지배전략을 택하지 않을 것을 예측하며, 경기자들이 이같은 예측을 한다는 것 또한 공통지식이 된다. 따라서 합리성의 공통지식 가정 하에서는 피지배전략은 게임의 표기에서 제외시켜도 무방하다.

예제 19.1

모든 경기자가 합리적일 때 그림 19.10에 제시된 게임의 해를 도출하시오. 또한 이 게임의 해를 얻기 위해 합리성의 공통지식 가정이 필요한지 설명하시오.

"믿을 수 없는 놈"

		의리	배신
"나"	의리	2,2	0,3
	배신	3,0	1,1

그림 19.10 죄수의 딜레마

풀이 상대가 어떤 전략을 택하는지와 상관없이 언제나 '배신'을 택하는 것이 '의리'를 택하는 것보다 더 높은 보수를 줍니다. 상대가 '의리'를 택한 경우, '의리'의 보수 $=2<$ '배신'의 보수$=3$이고, 상대가 '배신'을 택한 경우, '의리'의 보수 $=0<$ '배신'이 보수$=1$입니다. 즉 '배신'이 지배전략입니다. 따라서 합리적인 두 경기자는 모두 '배신'을 택하는 것이 이 게임의 해입니다. (나의 전략, 믿을 수

없는 놈의 전략)의 형태로 표시하면 (배신, 배신)이 해입니다. 이 해를 얻는 데에는 문제를 푸는 우리(게임 분석자)가 각 경기자의 합리성을 알고 있는 것으로 충분합니다. 경기자들 자신은 상대가 합리적임을 알 필요가 없습니다. 혹시 상대가 비합리적이더라도 합리적인 자신은 배신을 택하는 것이 더 유리하기 때문입니다. 합리성의 공통지식 가정은 이 게임을 푸는 것에 필요하지 않습니다.

예제 19.2

(1) 그림 19.11에서 각 경기자가 합리적이며 상대방의 합리성을 알고 있을 때 게임의 해는 무엇인가?

(2) 각 경기자는 합리적이지만, 상대방의 합리성을 확신하지 못하는 상황에서 게임의 해는 무엇인가?

"바보(일 수 있는 놈)"

		왼쪽	오른쪽
"나"	위	2,1	0,0
	아래	0,1	5,0

그림 19.11 합리성의 공통지식 가정이 필요한 이유

풀이 지배전략을 찾아봅니다. "나"의 보수는 위를 택할 때 2와 0이고, 아래를 택할 때 0과 5이므로 "나"에게는 지배전략이 없습니다. 한편 "바보"는 왼쪽을 택하면 "나"의 선택과 상관없이 1이고 마찬가지로 오른쪽을 택하면 "나"의 선택과 상관없이 0이므로 "바보"에게는 왼쪽이 지배전략입니다.

(1) 가정에서 "바보"는 합리적이므로 왼쪽을 택합니다. "나"는 "바보"가 합리적이라는 것을 알고 있으므로 그가 왼쪽을 택할 것이라는 사실을 예상합니다. (즉, 게임에서 "바보"의 전략 중 오른쪽을 삭제해도 무방합니다.) "바보"가 왼쪽을 택한다면 "나"에게 더 높은 보수를 주는 전략은 위이므로 합리적인 "나"는 위쪽을 택합니다. 즉, 서로의 합리성을 알고 있는 상황에서 게임의 해는 (나의 전략, 바보의 전략) = (위, 왼쪽)입니다. ("바보"는 "나"의 합리성에 대해서 알 필요가 없습니다.)

(2) 여전히 "바보"는 합리적이므로 왼쪽을 택합니다. 하지만 "나"는 "바보"가 합리적인지 확신하지 못하는 상황이므로 "바보"가 오른쪽을 택할 수도 있다고 생각합니다. 합리적인 "나"의 선택은 "바보"의 선택에 대해서 어떤 예상을 하느냐에 따라 달라집니다. 다시 말해서 상대방이 진짜 바보일 가능성(즉 합리적이지 않을 가능성)이 어느 정도라고 생각하느냐에 따라서 달라집니다.

만약 "바보"가 왼쪽을 택할 확률이 50%라고 생각한다면 위를 택할 경우 반반 확률로 2와 0을 받고 (확률적 기대값 1), 아래를 택할 경우 반반 확률로 0과 5를 받습니다(확률적 기대값 2.5). 확률적으로 볼 때 아래를 택하는 것이 오히려 더 높은 (기대)보수를 제공합니다.

물론 "바보"가 합리적일 가능성이 상당히 높다고 생각한다면 위를 택하는 것이 합리적입니다. 어느 정도나 높아야 할까요? 왼쪽을 택할 가능성(즉 합리적일 가능성)과 오른쪽을 택할 가능성(합리적이지 않을 가능성)의 비율이 5:2라면 "나"에게 있어서 위와 아래는 기대값이 동일합니다. 즉 "나"가 합리적으로 위를 택하게 되려면, "바보"가 합리적일 가능성이 최소한 5/7는 된다고 생각해야 합니다.

"나"가 "바보"의 합리성에 대해서 어떤 생각을 하는지는 나와있지 않으므로 이 게임의 해는 하나로 규정짓는 것이 불가능합니다. 정확하게 표현하면, "바보"가 합리적일 가능성을 5/7보다 높다고 생각하는 경우 게임의 해는 (1)처럼 (나의 전략, 바보의 전략) = (위, 왼쪽)이고 반대로 그 가능성이 5/7보다 낮다고 생각한다면 (아래, 왼쪽)이 될 것입니다.

더 생 각 해 보 기

죄수의 딜레마에 대하여

그림 19.10은 '죄수의 딜레마(prisoner's dilemma)'라는 이름으로 알려진 게임입니다. 이 게임은 방금 설명한 대로 지배전략에 의해서 간단하게 풀리기 때문에 풀이의 관점에서는 그다지 흥미롭지 않습니다. 앞으로의 우리 공부에도 그다지 중요하지 않습니다. 하지만 이 게임은 여러 모로 유명하고 그만큼 오해를 많이 받기도 하므로 약간의 설명을 보태겠습니다.

이 게임은 미국 공군이 설립한 랜드(RAND) 연구소의 플러드(Merrill Flood)와 드레셔(Melvin Dresher)가 1950년에 처음 고안했고 10여년 후에 터커(Albert Tucker)가 그 이름의 바탕이 된 다음과 같은 죄수 이야기를 덧붙였다고 알려져 있습니다.

> 같은 범죄조직의 일당 두 명이 경찰에게 체포되었다. 각 죄수는 서로 의논할 수 없는 독방에 각자 수감되었다. 경찰은 이들의 중대 범죄에 대해 확실한 물증은 갖고 있지 않다. 현재 경찰이 가진 증거로는 경미한 범죄에 대한 처벌만 가능하다. 따라서 경찰은 이들의 자백을 유도하고자 한다. 둘 중 한 사람만 자백해도 주요 범죄에 대한 증거로 사용 가능하다.
>
> 만약 두 사람 모두 자백을 거부하고 서로에 대한 의리를 지킨다면('의리-의리'), 경찰이 가진 증거에 따라 경미한 처벌(결과 A)을 받게 된다. 만약 두 사람이 서로를 배신하고 자백한다면('배신-배신'), 두 사람 모두 중대 범죄에 대해 처벌(결과 B)을 받는다. 만약 한 사람은 자백(배신)하고 다른 사람은 자백을 거부(의리)한다면, 자백한 사람은 경찰에 협조한 대가로 석방(결과 C)되고 자백하지 않은 사람은 경찰의 수사를 방해한 혐의가 추가되어 더욱 큰 처벌(결과 D)을 받는다.

두 사람 모두 조금이라도 적은 처벌을 받는 것을 더 선호한다면, 결과 C(석방)가 가장 좋고, 다음은 결과 A(경미한 처벌), 그 다음은 결과 B(중대 범죄에 대한 처벌)이며 추가 처벌까지 받는 결과 D가 가장 싫습니다. 가장 좋은 결과부터 차례로 3, 2, 1, 0의 보수 값을 매기면 그림 19.10이 됩니다. 예제 19.1에서 풀어본 것처럼 각 사람에게 배신이 지배전략이고 따라서 두 사람 모두 배신을 택해 자백하고 중대 범죄에 대한 처벌을 받게 됩니다. 각 사람의 선호 순서로 보면 4가지 가능성 중 3등의 결과를 얻게 되었습니다.

이 게임을 '딜레마'라고 부르는 것은 두 사람이 만약 서로 의리를 지켰다면 3등인 중대처벌 대신 2등인 경미한 처벌로 그쳤을 것인데, 각자의 '개인적인 이익을 추구하느라' 결국 공동의 이익마저 해를 입었다고 보는 것입니다. 이 게임을 거창하게 해석하는 사람들은 애덤 스미스의 보이지 않는 손이라는 시장 효율성 논리의 헛점을 증명한 것으로 생각하기도 하고, 윤리도덕적 관점에서 서로 배신하는 결과를 비판하며 게임이론을 거부하기도 합니다만 이런 입장은 게임 모형에 대한 오해에서 나온 것입니다. 간단하게나마 오해들을 풀어보도록 노력해보겠습니다.

- 보이지 않는 손의 논리는 무너졌는가? 완전경쟁시장과 죄수의 딜레마는 완전히 다른 상황입니다. 완전경쟁시장은 무수히 많은 사람들이 수동적으로 행동하고 시장 전체의 균형은 자유로운 경쟁과 자원이 이동에 따라 결정되는 상황이고, 죄수의 딜레마는 두 사람이 능동적, 전략적으로 행동하는 상황입니다. 서로 다른 상황에서 다른 결과가 나오는 것은 당연합니다.
- 죄수들은 비도덕적으로 행동했는가? 사실 애초에 이 게임의 참여자가 윤리적 사고를 할 리 없다는 점을 강조하기 위해서 범죄조직의 일당을 등장시킨 것이라고 생각됩니다. 자기들끼리 의리를 지키는 것은 사회적으로는 범죄를 덮는 일이니까요. 어쨌든 범죄자들 사이에라도 도덕 혹은 윤리를 따지자면, 나 자신의 행복뿐 아니라 다른 사람의 행복까지를 고려하도록 해야 할 것입니다. 만약 게임 참여자가 상대가 어떤 처벌을 받는지에 대해서도 신경을 쓴다면 위의 보수 값이 다르게 매겨져야 하고 따라서 다른 게임이 되어야 합니다. 예컨대 이들이 서로를 자신의 몸처럼 생각하는 "패밀리"라면 자신의 처벌뿐 아니라 두 사람의 처벌의 합을 최소로 하기를 원할 수도 있을 것입니다. 그렇다면 이제 혼자 배신하는 것은 더 이상 최선의 상황이 아닙니다. 상대가 어떻게 하든 의리를 지키는 것이 지배전략이 되고 결과는 둘 다 의리를 지킬 것입니다.
- 배신에 대한 보복의 가능성은 없는가? 많은 사람들은 위 이야기를 읽고 이런 생각을 하는 것 같습니다. 혼자 배신하고 석방된 사람이 바깥에 나가서 무사할 수 있을까? 무슨 보복을 당하지는 않을까? 만약 혼자 배신하고 나가서 보복을 당할 가능성이 있고 보복당하는 것을 죄수가 싫어한다면 보수 값은 다시 바뀌어야 합니다. 그런 상황은 죄수의 딜레마 게임과는 전혀 다른 게임입니다. 해석은 좀 다르지만 바로 위에서 "패밀리"로 설명했던 경우와 오히려 더 비슷할 것입니다.

터커가 덧붙인 죄수 이야기는 이 게임을 흥미롭게 만들었지만 그만큼 오해를 많이 불러일으키기도 했습니다. 사람들이 게임 자체에 집중하지 않고 죄수들의 상황에 너무 감정을 이입해서 그렇지요. 주어진 게임의 상황은 (i) 서로의 행복에 대해서 신경쓰지 않고 자신에 대해서만 신경쓰는 두 사람이 (ii) 단 한 번 위와 같은 상황에 처했을 때 어떻게 행동할까를 고려한 것입니다. 만약 죄수의 딜레마 게임을 반복해서 시행하게 되면 전혀 다른 결과가 나올 수 있습니다. 같은 상황이 반복되면 서로 간의 신뢰나 보복 같은 개념이 가능해집니다. 하지만 그림 19.10은 단 한 번 일어나고 마는 게임입니다.

사소한 점 두 가지만 더 지적을 하면 다음과 같습니다.

- 죄수 혹은 용의자? 법적으로 말해서 두 사람은 아직 법정에서 유죄가 확정되지 않았으므로 죄수라고 부르면 안된다고 생각해서 이를 용의자의 딜레마라고 부르기도 합니다. 게임이론의 관점에서는 별로 중요하지 않은 구분입니다.
- 두 사람은 반드시 서로 독방에 있어야 했는가? 간혹 두 사람이 서로 독방에 있으면서 서로 의논할 수 없다는 점을 매우 강조하는 경우도 있습니다. 하지만 두 사람이 서로 연락을 할 수 있더라도 게임의 결과에는 변함이 없습니다. (스스로 생각해보세요.) 그래도 독방이라는 상황을 준 이유는 이것이 동시행동게임이라는 것을 강조하기 위함입니다. 동시행동이라는 개념은 다음 장에서 다시 공부합니다. 참고로 죄수의 딜레마 게임이 고안되었던 랜드 연구소에서는 실제로 (서로 아는) 연구원들 사이에서 이 게임이 100회 반복되어 실행된 적이 있습니다. 그 실험의

기록이 Poundstone, Prisoner's Dilemma (1993)라는 책의 제 6 장에 실려 있습니다. 실험 참여자 중 한 사람은 수학자 (Williams)이고 또 한 사람은 경제학자 (Alchian)였는데 자꾸 배신하는 경제학자를 갑갑해하는 수학자의 반응이 재미있습니다.

마지막으로 다음의 게임 실험에 여러분이 참여한다고 한번 생각해보세요.

> 방 안에 들어서면 두 개의 버튼이 있다. 한 버튼은 '포기', 다른 버튼은 '신청' 이다. 당신이 '포기' 버튼을 누른다면 당신에게는 아무 일도 일어나지 않고 상대방의 계좌에 2 억 원이 입금된다. 당신이 '신청' 버튼을 누른다면 당신의 계좌에 1 억 원이 입금된다. 다른 방의 상대도 당신과 같은 상황이다. 그 상대가 누구인지 당신은 전혀 알 수 없다.

여러분이 실험에 참여한다면 어떻게 하시겠습니까? 여러분은 얼마의 상금을 받고 나가시게 될까요? (이 게임은 2005 년 노벨 경제학상 수상자인 오먼 (Robert Aumann)이 구상했다고 합니다. 그런데 왜 여기에 소개했는지 눈치 채셨나요?)

예제 19.3

그림 19.12 의 게임의 해를 도출하시오. 단, 각 경기자는 합리적이며 이 사실은 공통지식이다.

		"믿을 수 없는 놈"		
		의리	배신	보복
"나"	의리	2,2	0,3	0.5,2.5
	배신	3,0	1,1	0,2

그림 19.12 변형 죄수의 딜레마

풀이 먼저 "나"에게는 지배전략이 없습니다. 상대가 의리 또는 배신을 택한다면 배신이 유리 $(3>2,\ 1>0)$하지만, 상대가 보복을 택한다면 의리가 유리 $(0.5>0)$합니다. 한편 "믿을 수 없는 놈"에게도 지배전략은 없습니다. 상대가 의리를 택한다면 배신이 유리 $(3>2.5>2)$하고, 상대가 배신을 택하면 보복 $(2>1>0)$이 유리합니다.

하지만 "믿을 수 없는 놈"에게 피지배전략은 존재합니다. 그것은 의리입니다. 어떤 상황에도 의리가 "믿을 수 있는 놈"에게 더 유리한 경우는 없습니다. 만약 "나"가 의리를 택했다면 의리 (2)보다는 배신 (3)이나 보복 (2.5)이 "믿을 수 없는 놈"에게 더 좋고, 만약 "나"가 배신을 택했다면 의리 (0)보다 배신 (1)이나 보복 (2)이 더 좋습니다. 따라서 합리적인 "믿을 수 없는 놈"은 어떤 경우에도 의리를 택할 이유가 없습니다. 게다가 "나"는 "믿을 수 없는 놈"이 합리적이라는 것을 알고 있으므로 그가 의리를 택할 리가 없다는 것을 알고 있습니다. 따라서 이 전략은 삭제되어도 무방합니다. 즉, 그림

19.12를 다시 정리하면 그림 19.13과 같이 축소됩니다.

		"믿을 수 없는 놈"		
		의리	배신	보복
"나"	의리	~~2,2~~	0,3	0.5,2.5
	배신	~~3,0~~	1,1	0,2

⟹

		"믿을 수 없는 놈"	
		배신	보복
"나"	의리	0,3	0.5,2.5
	배신	1,1	0,2

그림 19.13 변형 죄수의 딜레마의 축소

축소된 게임을 검토해보면 두 경기자 모두 지배전략도, 피지배전략도 갖고 있지 않습니다. 즉 지배전략이나 피지배전략의 개념을 사용해서 더 이상 결과를 예측하는 것이 불가능합니다. 따라서 이 게임의 해로는 (의리, 배신), (의리, 보복), (배신, 배신), (배신, 보복)이 모두 가능합니다.

예제 19.4

그림 19.14의 게임의 해를 도출하시오. 단, 각 경기자는 합리적이며 이 사실은 공통지식이다.

		"믿을 수 없는 놈"		
		의리	배신	보복
"나"	의리	2,2	0,3	0.5,2.5
	배신	3,0	1,1	0,2
	희생	−1,3	−1,0	−1,0

그림 19.14 변형 죄수의 딜레마 II

풀이 먼저 두 경기자 모두 지배전략은 갖고 있지 않음을 쉽게 확인할 수 있습니다. "믿을 수 없는 놈"의 경우 피지배전략도 없습니다. 한편 "나"에게는 희생이 피지배전략입니다. 의리나 배신을 택하면 적어도 0의 보수를 얻지만 희생을 택할 경우 무조건 −1의 보수를 받으므로, 합리적인 "나"는 희생을 절대 선택하지 않습니다.

"믿을 수 없는 놈" 또한 "나"의 합리성을 알고 있으므로 "나"가 희생은 결코 선택하지 않는다는 것을 예상합니다. 따라서 게임에서 희생에 해당되는 행은 삭제해도 무방합니다. (그림 19.5) 그런데 이렇게 삭제를 하고 나서 남은 축소 게임은 사실 그림 19.12와 동일합니다. 따라서 예제 19.3의 풀이 과정이 적용되며, 이 게임의 해는 예제 19.3과 동일합니다.

		"믿을 수 없는 놈" 의리	배신	보복
"나"	의리	2,2	0,3	0.5,2.5
	배신	3,0	1,1	0,2
	~~희생~~	~~−1,3~~	~~−1,0~~	~~−1,0~~

⟹

		"믿을 수 없는 놈" 의리	배신	보복
"나"	의리	2,2	0,3	0.5,2.5
	배신	3,0	1,1	0,2

그림 19.15 변형 죄수의 딜레마 II의 축소

예제 19.4에서 한 가지 주목할 점은 애초에 "믿을 수 없는 놈"은 피지배전략을 갖지 않았는데, "나"의 피지배전략을 삭제하고 난 축소 게임에서는 의리라는 피지배전략이 발견됩니다. 즉 게임을 한 단계 더 축소 가능합니다. 이 문제에서는 두 번 축소를 한 후 더 이상의 축소가 불가능합니다만, 어떤 문제에서는 더 여러 번 축소가 가능할 수도 있고 심지어 이렇게 여러 번의 축소를 거치고 나면 단 하나의 전략모둠이 남아 있을 수 있습니다. 이렇게 매번 피지배전략을 차례로 삭제하여 가능한 한 가장 작게 게임을 축소하여 해를 찾는 과정을 **피지배전략 순차제거**(iterated deletion of strictly dominated strategies, IDSDS)라고 부르기도 합니다.[10]

10 혹시라도 피지배전략이 여러 개 있더라도 어느 것을 먼저 삭제하는지는 중요하지 않습니다. 결국 같은 결과에 이르게 됩니다. 한편 이 책에서는 지배/피지배의 개념을 언제나 보수값이 더 높거나 더 낮은 경우로 정의했는데, 이는 게임이론에서 강지배전략(strictly dominant strategy) 및 강피지배전략(strictly dominated strategy)이라고 부릅니다. 지배 관계에 대해 일부 경우에는 무차별한 것을 허용한다면 이를 약지배전략(weakly dominant strategy), 약

게임의 해로서 지배전략 개념의 한계

만약 모든 경기자마다 지배전략이 하나씩 존재한다면 (모두 합리적이라는 가정 하에) 게임의 해는 지배전략 모둠임이 명백합니다. 경기자 1에게만 지배전략이 존재하더라도, 경기자 2가 경기자 1의 합리성을 안다면 경기자 2는 경기자 1의 행동을 예측할 수 있으므로 게임의 축소, 단순화가 가능합니다. 축소된 게임에서 경기자 2가 지배전략을 가진다면 게임이 풀립니다. 한편, 축소된 게임에서 지배전략이 없더라도 피지배전략이 있다면 이들을 차례로 제거하여 게임을 풀 수 있습니다.

하지만 문제는 대부분의 (흥미로운) 게임에는 지배전략도 피지배전략도 없다는 것입니다. 사실 만약 어떤 게임에 지배전략이나 피지배전략이 있다면 이것은 게임 상황을 모형으로 표현할 때 불필요한 부분을 충분히 정리하지 않은 셈입니다. 피지배전략들을 모두 제거하고, 지배전략을 가진 경기자의 선택도 미리 확정한 축소 게임이 진정한 전략적 상황인 셈입니다.

따라서 어떤 게임 상황을 분석하고 그 결과를 예측하고자 할 때, 우리가 가장 먼저 할 일은 지배전략이나 피지배전략이 있는지를 확인하고 게임을 축소하는 것입니다. 다음으로 이제 더 이상 지배 관계가 남아 있지 않은 상태에서 게임의 해를 찾아볼 차례입니다. 그러기 위해서는 새로운 해의 개념이 필요합니다. 비협력적 게임에서 가장 기본적인 해 개념은 내쉬균형입니다.

한 가지 표현상의 문제가 있습니다. 게임의 해는 전략모둠(각 경기자가 무슨 전략을 택하는지 표시한 것)의 형태를 가집니다. 예를 들어 그림 19.11에서 합리성의 지식을 가정할 경우 해는 (위, 왼쪽)이지, (2, 1)이 아닙니다. (2, 1)은 해에서의 보수값들입니다. 그림 19.10의 죄수의 딜레마에서 해는 (1, 1)이 아니라 (배신, 배신)입니다.

19.5 게임의 해 (2) 내쉬균형

지배전략이나 피지배전략이 남아 있지 않은 진정한 전략적 상황에서 경기자가 해야 할 일은 무엇일까요? 할 수만 있다면 상대방의 선택을 예측하는 것입니다.

피지배전략(weakly dominated strategy)이라고 부르는데 약피지배전략의 경우 순차적으로 제거할 때 순서에 따라 결과가 달라질 수 있으므로 주의가 필요합니다.

게임의 최종 결과는 나의 선택뿐 아니라 상대방의 선택까지 알아야 알 수 있습니다. 다시 말해서 전략모둠 중 나의 전략선택을 제외한 나머지 부분에 대한 정보가 필요합니다.

물론 진정한 전략적 상황이라면 상대방 또한 합리적인 경기자로 행동하기 때문에 그 행동이 미리 정해져 있지 않고 내게 쉽게 예측당하지 않기 위해서 노력할 것이므로 상대방의 선택을 예측하는 것은 곤란합니다.

그렇다면 다음으로 해볼 수 있는 일은 상대방의 택할 수 있는 전략에 따라 발생가능한 '시나리오'들을 상세히 구분하여 각각에 대해 어떻게 선택하는 것이 최선일지 일단 알아보는 것이 되겠습니다.

최선대응

아직 상대방이 실제로 어떤 전략을 택할지는 모르지만, 상대방의 택할 수 있는 각 전략마다 나에게 가장 유리한 전략을 찾아보는 것을 **최선대응**(best response 또는 best reply)이라고 부릅니다. 즉 최선대응은 상대방이 선택가능한 전략마다 대비해두는 계획의 개념입니다.

예 19.5

(1) 예 19.1 춘향전 게임에서는 그림 19.7에 *표로 표시한 것이 춘향의 최선대응이고 그림 19.8에 *표로 표시한 것이 사또의 최선대응입니다. 즉, 춘향의 최선대응은 처벌일 때도 거절, 석방일 때도 거절이고, 사또의 최선대응은 굴복일 때는 석방, 거절일 때는 처벌입니다.

앞으로의 논의를 위해 간단한 수학적 기호를 도입하겠습니다. 대응에 해당되는 영어 단어의 첫 글자를 가져와서 R로 표시한다면 다음과 같습니다. (괄호 속에 들어가는 것은 상대의 전략입니다.)

$$R_{\text{춘향}}(\text{처벌}) = R_{\text{춘향}}(\text{석방}) = \text{거절}$$

$$R_{\text{사또}}(\text{굴복}) = \text{석방}, \quad R_{\text{사또}}(\text{거절}) = \text{처벌}$$

춘향처럼 최선대응이 한 전략으로 일정하면 그 전략이 바로 지배전략입니다.

(2) 예 19.4의 안내면 술래 게임은 조금 더 복잡합니다. 두 경기자의 입장이 동일하므로 한 경기자만

보아도 상관없을 것입니다. 다음이 최선대응입니다.

$$R(\text{가위}) = \text{바위}, \quad R(\text{바위}) = \text{보}, \quad R(\text{보}) = \text{가위}, \quad R(\text{술래}) = \text{가위, 바위, 보}$$

여기서는 두 가지를 주목할 만합니다. 첫 번째는 어떤 전략에 대응할 때는 최선대응이 여러 개일 수도 있다는 것입니다. 상대가 술래를 택할 경우 나는 술래를 제외한 나머지 3가지 전략에 대해 무차별합니다. 두 번째는 어떤 경우에도 최선대응이 아닌 전략(여기서는 술래)은 피지배전략입니다.

(3) 그림 19.10의 게임에서 최선대응이 단순합니다. 두 경기자 모두 배신이 지배전략이므로, 상대의 모든 전략에 대해 최선대응은 언제나 배신입니다. 즉,

$$R(\text{의리}) = R(\text{배신}) = \text{배신}$$

(4) 그림 19.11의 게임에서는 다음과 같습니다.

$$R_{\text{나}}(\text{왼쪽}) = \text{위}, \quad R_{\text{나}}(\text{오른쪽}) = \text{아래}$$

$$R_{\text{바보}}(\text{위}) = R_{\text{바보}}(\text{아래}) = \text{왼쪽}$$

"나"의 경우 상대 전략에 따라 최선대응이 달라지고, "바보"의 경우 왼쪽이 지배전략입니다.

내쉬균형

이제 내쉬균형(Nash equilibrium)을 소개할 차례가 되었습니다. 내쉬균형을 간략하게 정의하자면 다음과 같습니다.

내쉬균형 = 각 경기자가 모두 서로의 전략에 대해 **최선대응**을 하는 전략모둠

내쉬균형은 까다로운 개념입니다. 처음 보았을 때 대부분의 사람들에게 의미가 잘 안 다가올 뿐 아니라, 어느 정도 익숙해져서 간단한 게임에서 내쉬균형을 잘 찾을 수 있게 된다 하더라도 그 의미를 명확하게 깨닫지 못했을 수도 있습니다. 그래서 두 가지 방식으로 내쉬균형을 찾는 방법들을 제시하여 그 정의를 다시 설명해보고자 합니다.

내쉬균형을 찾는 방법

첫 번째는 행렬 형태로 주어진 게임에서 내쉬균형을 찾는 방법입니다. (물론 이 방법을 사용할 수 있으려면, 경기자의 수가 2명 또는 3명뿐이어야 하고 각 경기자가 사용가능한 전략의 수가 유한해야 합니다.) 이 장에서 다루는 예제들은 모두 행렬의 형태로 제시되고 있으므로 당장 사용할 수 있습니다.

> 내쉬균형 찾기 (1) 행렬 형태일 때
> 각 경기자의 최선대응인 칸에 * 표할 경우 * 표들이 경기자의 수만큼 모여 있는 칸이 나타내는 전략모둠

예 19.6

그림 19.16은 행렬로 표기된 게임에서 내쉬균형을 찾는 과정을 간략하게 보여줍니다. 두 경기자가 하는 게임이고, 경기자의 1의 전략집합은 $\{a, b, c, d, e\}$, 경기자 2의 전략집합은 $\{A, B, C, D, E\}$입니다.

그림 19.16(a)에는 먼저 경기자 1의 최선대응이 표시되어 있습니다. 보수값은 생략되어 있고 단지 각 열(상대 경기자의 전략)마다 가장 보수가 높은 행(자신의 전략)에 * 표가 되어 있습니다. 마침 그의 최선대응은 상대가 선택한 전략에 대응되는 소문자입니다. 즉 $R_1(A) = a$, $R_1(B) = b$, $R_1(C) = c$, $R_1(D) = d$, $R_1(E) = e$이고 이런 전략모둠에 대응되는 행렬의 칸마다 * 표가 되어 있습니다.

다음 그림 19.16(b)에는 경기자 2의 최선대응이 표시되어 있습니다. 경기자 2의 최선대응은 좀 더 복잡한 형태입니다. $R_2(a) = E$로 1개이지만, $R_2(b) = D, E$, $R_2(c) = C, D, E$, $R_2(d) = B, C, D, E$, $R_2(e) = A, B, C, D, E$입니다.

그림 19.16(c)에서는 두 경기자의 최선대응이 표시된 것을을 하나의 행렬에 겹쳐 보았습니다. 여기서 같은 칸에 * 표가 2개 표시된 것들, 즉 두 경기자 모두 최선대응을 하고 있는 곳을 찾으면 그 칸들이 내쉬균형을 나타냅니다. 그림에는 이 같은 칸이 3개 있으므로 3군데가 동그라미로 표시되어 있습니다.

물론 표시된 곳에는 보수 값들이 적혀 있겠지만, 균형은 보수 값이 아니고 전략모둠이므로 각 칸이 어떤 전략모둠인지 확인해야 합니다. 3개의 내쉬균형들을 왼쪽부터 적어보면 $(c, C), (d, D), (e, E)$입니다.

두 번째 방법은 수학적으로 접근하는 것입니다. 어렵게 들릴 수 있지만 행렬 게임의 한계를 벗어나서 적용할 수 있다는 것이 장점이고, 특히 제21장에서 과점 모형을 풀고자 할 때 사용해야 하는 방법입니다. 이 방법은 역시 위의 내쉬균형의

그림 19.16 **행렬 게임의 내쉬균형 찾기**

	A	B	C	D	E
a	*				
b		*			
c			*		
d				*	
e					*

(a) 경기자 1(행 경기자)의 최선대응

	A	B	C	D	E
a					*
b				*	*
c			*	*	*
d		*	*	*	*
e	*	*	*	*	*

(b) 경기자 2(열 경기자)의 최선대응

	A	B	C	D	E
a	*				*
b		*		*	*
c			* *	*	*
d		*	*	* *	*
e	*	*	*	*	* *

(c) 겹치는 최선대응 = 내쉬균형

정의를 사용하되, 최선대응을 나타내는 수학기호 $R(\cdot)$를 활용하는 것입니다.

방법을 쉽게 설명하기 위해서 경기자가 2 명이고, 각 전략마다 최선대응이 단 1 개씩 있는 경우를 고려해보겠습니다.[11] 그렇다면 내쉬균형은 다음과 같습니다.

> 내쉬균형 찾기 (2)
>
> $R_1(s_2^*) = s_1^*$이고 $R_2(s_1^*) = s_2^*$가 되는 전략모둠 (s_1^*, s_2^*) 즉
>
> $$R_1(R_2(s_1^*)) = s_1^*, \quad R_2(R_1(s_2^*)) = s_2^*$$
>
> 를 만족하는 해 (s_1^*, s_2^*)를 찾는다.

예 19.7

두 명의 경기자가 하는 게임이고, 각 경기자가 선택하는 전략은 0에서 100 사이의 숫자라고 해봅시다. 경기자 1은 경기자 2가 택한 숫자와 가까울수록 높은 보수를 받는 반면, 경기자 2는 경기자 1이 택한 숫자와의 합이 100에 가까울수록 높은 보수를 받습니다. (굳이 보수함수를 써보자면 경기자들이 택한 숫자를 s_1, s_2라고 할 때 $u_1(s_1, s_2) = -|s_1 - s_2|$이고 $u_2(s_1, s_2) = -|s_1 + s_2 - 100|$이면 됩니다.)

경기자 1의 최선대응은 경기자 2의 숫자와 같은 숫자를 고르는 것이고, 경기자 2의 최선대응은 100에서 경기자 1의 숫자를 뺀 값을 고르는 것입니다. 즉 $R_1(n) = n$, $R_2(m) = 100 - m$입니다.

$R_1(s_2^*) = s_1^*$이어야 하는데, $R_1(n) = n$이어야 하므로 $s_1^* = s_2^*$이 되어야 합니다. 한편 $R_2(s_1^*) = s_2^*$이어야 하는데, $R_2(m) = 100 - m$이므로 $100 - s_1^* = s_2^*$가 되어 $s_1^* + s_2^* = 100$이 되어야 합니다. 두 조건을 합치면 $s_1^* = s_2^* = 50$이 서로 최선대응인 최선대응전략들입니다. 즉 내쉬균형은 $(s_1^*, s_2^*) = (50, 50)$입니다.

지배전략과 내쉬균형

앞에서 공부한 지배전략과 내쉬균형 사이에는 어떤 관계가 있을까요? 먼저 지배전략에 의해서 쉽게 풀이되었던 예제를 다시 보겠습니다.

11 그렇지 않은 경우로 쉽게 확장이 가능하지만 수학 기호가 좀 복잡해집니다. 각 전략마다 최선대응이 단 1개씩 있는 경우 $R_i(\cdot)$는 경기자 i의 최선대응함수(best response function)라고 부를 수 있습니다.

예제 19.5

죄수의 딜레마(그림 19.10)의 내쉬균형을 찾으시오.

풀이 죄수의 딜레마에서 각 경기자에게는 배신이 지배전략입니다. 내쉬균형은 무엇일까요? 그림 19.17에 각 경기자의 최선대응을 * 로 표시했습니다. * 가 2개 모여 있는 칸은 (배신, 배신)에 해당되는 곳입니다. 즉 지배전략들의 모둠인 (배신, 배신)이 내쉬균형이기도 합니다.

"믿을 수 없는 놈"

		의리	배신
"나"	의리	2,2	0,3*
	배신	3*,0	1*,1*

그림 19.17 죄수의 딜레마의 내쉬균형

지배전략은 상대의 전략이 무엇인지 따질 필요없이 언제나 최선대응입니다. 상대 또한 지배전략이 있다면, 역시 그것이 최선대응일 것입니다. 따라서 모든 경기자가 각자 지배전략을 갖고 있다면 각자 그것을 선택하는 것이 내쉬균형이 됩니다.

예제 19.6

그림 19.11 게임의 내쉬균형을 찾으시오.

풀이 이 게임에서는 한 경기자에게만 지배전략이 있습니다. 그림 19.18에 경기자들의 최선대응을 * 표로 표시했습니다. 지배전략이 왼쪽인 "바보"에게는 왼쪽에만 * 표가 있지만, 상대의 전략에 따라 최선대응이 달라지는 "나"의 경우에는 * 표가 위와 아래에 나뉘어져 있습니다.

한 칸에 * 표가 모여 있는 곳은 (위, 왼쪽) 한 군데입니다. 즉, (위, 왼쪽)이 내쉬균형입니다. (위, 왼쪽)은 서로의 합리성이 공통지식일 때 지배전략 논리에 따라 예측되는 게임의 해이기도 합니다.

"바보(일 수 있는 놈)"

		왼쪽	오른쪽
"나"	위	$2^*, 1^*$	0,0
	아래	$0, 1^*$	$5^*, 0$

그림 19.18 한 경기자가 지배전략을 가진 게임의 내쉬균형

두 예제를 통해서 지배전략이 있다면 그것은 그대로 내쉬균형에 반영된다는 것을 알 수 있었습니다. 한편 굳이 예제를 풀어보지 않더라도 피지배전략은 절대로 내쉬균형에 포함될 수 없다는 것도 깨달을 수 있습니다. 내쉬균형은 최선대응들의 모둠인데, 피지배전략은 결코 최선대응이 될 수 없기 때문입니다.

결과 19.2

- 만약 지배전략이 있다면 그것은 언제나 내쉬균형에 속한다.
- 만약 피지배전략이 있다면 그것은 결코 내쉬균형에 속할 수 없다.

한편 내쉬균형전략이 모두 지배전략인 것은 아닙니다. 가장 간단한 예는 내쉬균형은 존재하지만 지배전략은 존재하지 않는 경우입니다. 아래에서 소개하고 풀어볼 게임들은 모두 지배전략은 없지만 내쉬균형은 있는 것들입니다.

조정게임

내쉬균형 개념은 모든 게임들에 폭넓게 적용될 수 있습니다. 지금 소개할 몇 개의 게임들은 게임이론의 초기에 만들어져 전해오는 대표적인 예들로, **조정게임**(coordination games)이라는 이름으로 묶을 수 있는 것들입니다.

조정게임의 특징은 경기자들의 사이에 일종의 협동 즉 조정이 서로에게 유리하다는 것입니다. 공동의 이익과 개인의 이익이 대립하여 결국 최악의 상황으로 가고 마는 죄수의 딜레마와 달리, 조정게임들에서는 공동의 이익과 개인의 이익이 대립하지 않습니다. 오히려 문제는 함께 협동할 수 있는 방식이 여러 가지여서 그중 어느 것을 고를 것인가가 됩니다.

그림 19.19에는 가장 단순한 조정게임이 제시되어 있습니다. 이 게임의 특징은 두 경기자가 무엇이 되었든 같은 행동으로 맞추기를 원한다는 점입니다. 특별히 어느 행동을 하는 것이 더 좋은 것은 아닙니다. 그림에서 제시한 상황은 차량을 운전하는 운전자가 길의 어느 쪽으로 차를 몰지에 대한 것입니다.

우리나라에서는 모두들 오른쪽으로 차를 몰고 다니는 것이 당연하지만, 반대로 영국과 같이 왼쪽으로 차를 몰고 다녀야 하는 나라들도 있습니다. 굳이 오른쪽으로 다니는 것이 더 좋을 이유가 없고 왼쪽이 더 좋을 이유도 없습니다. 어느 쪽이든 다들 같은 방향으로 다니기만 하면 됩니다. 쉽게 알 수 있듯이 각 운전자의 최선대응은 상대의 전략과 같은 전략을 택하는 것입니다. 따라서 여기서 내쉬균형은 (좌측, 좌측)과 (우측, 우측)의 두 가지입니다. 둘 중 어느 것을 택할지는 각 사회에서 알아면 정하면 되기 때문에 실제로 나라마다 하나의 표준을 갖고 있습니다.

		"운전자 2"	
		좌측	우측
"운전자 1"	좌측	1*,1*	0,0
	우측	0,0	1*,1*

그림 19.19 조정게임 (1) 드로주행 게임

그림 19.20도 조정게임인데 조금 다릅니다. 유리로 된 출입문에서 한 사람은 나오려고 하고 한 사람은 들어가려고 합니다. 둘 다 먼저 가려고 하면 문을 놓고 실랑이를 벌이게 되므로 최악입니다. 둘 다 양보하면 서로 어색하게 기다리야 하는 상황이라 역시 좋지는 않습니다. 둘 중 하나는 양보하고 하나는 먼저 가면 차례대로 갈 길을 갈 수 있는데, 먼저 가는 것이 양보하는 것보다는 낫습니다.

		"여성"	
		먼저	양보
"남성"	먼저	−1,−1	2*,1*
	양보	1*,2*	0,0

그림 19.20 조정게임 (2) 출입문 에티켓 게임

이 경우 각 사람의 최선대응은 상대가 먼저 가려고 하면 양보하고, 상대가 양보하면 먼저 가는 것입니다. 내쉬균형은 (먼저, 양보)와 (양보, 먼저)의 두 가지입니다.

서로 보조를 맞추어 조정을 해야 하지만 두 사람이 서로 다른 행동을 하도록 조정해야 한다는 점이 도로주행 게임과 다릅니다. 두 내쉬균형 중 어느 것을 택할지는 역시 그 사회에서 택할 텐데, 법으로 정하기는 좀 그렇고 에티켓 혹은 예의범절에 따라 문화적으로 결정하면 될 것입니다. 예컨대 남성이 여성에게 양보한다든지, 혹은 문의 바깥에서 들어가는 사람이 양보한다든지 하는 식이죠.

그림 19.21은 다시 같은 행동으로 보조를 맞추고자 하는 조정게임인데, **그림** 19.19와 다른 점은 두 행동에 대해서 두 사람이 선호가 다르다는 것입니다. 상황은 이런 식입니다. "남친이"와 "여친이"가 함께 놀러가려고 합니다. 갈 수 있는 대안은 산과 바다인데, 남친이는 산을 더 좋아하고 여친이는 바다를 더 좋아합니다. 그런데 두 사람은 어디든 함께 가고자 하는 마음이 큽니다. 따라서 서로 다른 장소로 엇갈리는 (산, 바다)나 (바다, 산)이 최악입니다. 한편 최선에 대해서는 서로 의견이 다릅니다. 남친이는 함께 산을 가는 것이 가장 좋고 여친이는 함께 바다에 가는 것이 가장 좋습니다.

		"여친이"	
		산	바다
"남친이"	산	2*, 1*	0, 0
	바다	0, 0	1*, 2*

그림 19.21 조정게임 (3) 사랑다툼 게임

이 게임의 최선대응은 각자 상대방이 가는 곳에 함께 가는 것입니다. 그래서 내쉬균형도 두 가지입니다. (산, 산)과 (바다, 바다)가 그것이죠. 이번에도 어디를 택할지는 각 커플이 알아서 결정할 문제이겠지요. (내가 원하는 곳에 와주지 않으면 나를 사랑하지 않는 거라고 협박(?)하는 것은 게임의 규칙에 포함되지 않습니다.) 이 게임은 다음 장에서 순차행동게임을 공부하면서 다시 검토해볼 것입니다.

더 생 각 해 보 기

세 조정게임의 공통점은 여러 개의 내쉬균형이 존재한다는 것이고, 그것들 중에서 어느 것을 선택해야 하는지의 질문이 남아 있다는 것입니다. 내쉬균형의 한 가지 중대한 약점이 바로 여러 개의 해가 나올 수 있다는 것입니다. (아래 가위바위보 게임에서 다시 언급하겠지만 위의 조정게임들에는 모두 아직 설명하지 않는 내쉬균형이 1개씩 더 있습니다.) 위 설명에서는 각 사회에서 당사자들이 알아서 해결할 것이라고 얼버무렸지만, 그런 해결의 과정이나 결과까지도 어떻게 게임이론 안으로 끌어들일 수 있을까가 연구의 주제가 됩니다. 2005 년 오먼과 함께 노벨 경제학상을 수상한 셸링 (Thomas Schelling)은 이 분야에 많은 업적을 남겼습니다. 또한 꼭 조정게임이 아니더라도, 일반적으로 여러 개인 내쉬균형들 중 해의 범위를 좁혀가는 과정에 대한 연구가 게임이론에서는 중요한 주제입니다. 다음 장에서 그중 한 가지를 소개합니다.

가위, 바위, 보 게임의 내쉬균형은 ?

지금까지 꽤나 어려운 개념들을 공부했습니다. 지배전략이나 내쉬균형 개념은 그렇다면 가위바위보를 잘 하는 전략을 찾아줄 수 있을까요? 안타깝게도 게임이론이 우리에게 알려주는 것은 "가위바위보에서 반드시 승리할 수 있는 필승전략 따위는 없다!" 입니다.[12] (사실 게임이론의 목적은 한 경기자의 필승전략을 찾는 것은 아닙니다. 각자 최선을 다할 때 균형이 무엇인지를 찾는 것이죠.)

그림 19.22 에 각 경기자의 최선대응을 * 로 표시했습니다. 가위에는 바위를, 바위에는 보를, 보에는 가위를 내는 것이 최선대응입니다. 각 경기자에게는 지배전략이 없을 뿐 아니라, 게임에도 최선대응이 서로 겹치는 내쉬균형이 없습니다. 그런데 수학자 내쉬 (Nash)는 1950 년 발표한 논문[13]에서 "모든 게임에는 적어도 하나의 (내쉬)균형이 존재한다"는 것을 증명했고 이 업적으로 1994 년 노벨 경제학상을 수상했습니다. 어떻게 된 일일까요? 가위바위보의 내쉬균형은 무엇일까요?

	가위	바위	보
가위	$0,0$	$-1,1^*$	$1^*,-1$
바위	$1^*,-1$	$0,0$	$-1,1^*$
보	$-1,1^*$	$1^*,-1$	$0,0$

그림 19.22 가위바위보의 최선대응과 내쉬균형의 부재

긴 설명을 피하고 간단하게 말하자면, 지금까지 논의에서 한 가지 개념이 빠져 있었습니다. **혼합전략** (mixed strategy) 혹은 **무작위전략** (randomized strategy)이

12 세계 가위바위보협회 웹사이트에 필승전략이 소개되어 있긴 합니다. 진짜 필승전략이라면 게임이론이 엉터리라는 것인데 여러분은 어떻게 생각하시는지요? (http://www.worldrps.com/how-to-beat-anyone-at-rock-paper-scissors)

13 Nash, "Equilibrium points in n-person games," *Proceedings of National Academy of Sciences* (1950).

라는 것입니다. 답만 알려드리면 가위바위보의 유일한 내쉬균형은 두 사람이 모두 가위, 바위, 보를 각각 1/3의 확률로 무작위로 내는 것입니다. 필승전략은 아니지만, 패배를 회피하는 필패방지 전략이 맞습니다. (어린이들이 가위바위보를 하면서 손을 꼬아서 하늘을 보고 무엇을 낼 지 점을 치는 수법은 혼합전략 균형을 효과적으로 실행하는 방법입니다.) 세 가지 조정게임에도 모두 무작위 혼합전략을 사용하는 내쉬균형이 하나씩 더 있습니다. (연습문제에서 힌트를 드리겠습니다.)

더 생 각 해 보 기

내쉬균형의 의미

내쉬균형을 찾는 방법을 여러 예를 통해 익혀보았습니다. 그런데 과연 내쉬균형은 말이 되는 균형일까요? 지배전략은 경기자가 합리적이라면 당연히 선택해야 하고, 상대가 합리적임을 안다면 이 선택을 예측할 수 있습니다. 하지만 내쉬균형이 성립하려면, 각 경기자는 합리적이고 상대가 합리적임을 서로 알아야 할 뿐 아니라, 덧붙여서 상대가 "그 내쉬균형 전략을 선택할 것이다"라는 사실 또한 알고 있어야 합니다.

예컨대 사랑다툼 게임에서 (산, 산)이라는 내쉬균형이 실행되려면 남친이는 여친이가 산에 가리라는 것을 알고 산에 가야 하고 여친이 또한 남친이가 산에 간다는 것을 알고 산을 택합니다. 그런데 누가 먼저 산을 정한 것일까요?

게임의 실제 결과를 예측하는 도구로서 내쉬균형이 과연 효과적인가에 대해서는 많은 논란이 있습니다. 실제 실험을 해보면 내쉬균형을 택하지 않는 결과도 많이 관찰됩니다. 하지만 상당수 결과는 실험 참여자들이 게임의 구조를 충분히 이해하지 못해서 나타난 것이고, 충분히 연습기회를 준다면 내쉬균형이 결국은 나타난다는 주장도 있습니다. 그런데 조정게임처럼 내쉬균형이 여러 개라면 하나의 내쉬균형을 찾아가는 일은 더욱 어려울 것입니다. 이같은 주제들은 요즘도 게임이론에서 활발히 논의되고 연구되고 있습니다. 학습 및 진화게임이론(learning & evolutionary game theory)입니다.

합리적인 경기자가 반드시 내쉬균형에 따라 행동한다고 장담할 수는 없지만, 내쉬균형이 아닌 행동(최선대응이 아닌 행동)을 하게 되면 곧바로 "후회"를 할 것이고 다음 기회에는 가능한 한 그 실수를 되풀이하지 않으려고 노력할 것입니다.

내쉬균형을 합리화하는 방법 중 하나는 다음과 같습니다. 모든 경기자들이 게임이 실행되기 전에 모여서 의논을 거친 끝에 내쉬균형 중 하나를 함께 실행에 옮기기로 합의했다고 합시다. 게임의 실행은 각자 자신의 방으로 가서 혼자서 선택 버튼을 누르는 것으로 이루어집니다. 이때 경기자들끼리 서로 연락할 방법은 없습니다. 한 경기자의 입장에서 다른 경기자들이 이 합의를 굳이 깰 거라고 생각할 이유도 없습니다. 따라서 다른 경기자들이 모두 합의한 내쉬균형에 따라서 행동한다고 일단 가정합니다. 그렇다면 내 입장에서 나도 내쉬균형에 따라서 행동해야 할까요? 만약 남들이 모두 계획에 따라서 행동하는데, 나 혼자 계획에서 이탈하는 행위(단독 이탈[unilateral deviation])가 굳이 내게 유리하지 않다면 나도 원래 계획에 그냥 협조할 것입니다. 모든 경기자가 이렇게 굳이 단독 이탈을 할 필요가 없는 계획에 합의했다면 그것은 내쉬균형입니다. 둘 이상의 경기자가 마음을 모아 함께 이탈하는 것(다자 이탈[multilateral deviation])은 허용하지 않습니다. 즉, 내쉬균형은 각 경기자가 남들이 다 합의를 지키는 한 혼자서는 이탈할 이유가 없는 합의입니다.

연습문제

문제 19.1 그림 19.21의 사랑다툼 게임의 전략형을 정확하게 작성해보시오.

문제 19.2 맛있게 짜장면을 먹고 있던 하준, 예준, 아빠를 향해 엄마가 지저분해진 입을 닦으라는 손짓을 했다. 하지만 서로 얼굴을 쳐다보기만 할 뿐 아무도 입을 닦지 않았다. 엄마가 한 번 더 손짓을 했지만 역시 서로 얼굴을 쳐다보기만 할 뿐 아무도 입을 닦지 않았다. 그런데 마지막으로 엄마가 한 번 더 손짓을 하자 세 사람 모두 입을 닦기 시작했다. 근처에는 거울이 없고, 세 사람은 모두 입 닦는 것을 매우 귀찮아한다. 세 번의 손짓이 있어야 세 사람 모두 입을 닦는 상황을 'n차 지식'의 개념을 사용해서 설명해보시오.

문제 19.3 A와 B가 동일한 분야의 사업에 진출할지를 고민 중이다. 두 기업의 사업 전략에 따라 각자의 보수가 달라지며 이를 다음 게임으로 나타낼 수 있다.

		기업 B	
		사업 착수	사업 포기
기업 A	사업 착수	3,3	5,4
	사업 포기	4,5	2,2

(1) 이 게임의 지배전략 균형에 대해 논하시오.

(2) 이 게임의 내쉬 균형에 대해 논하시오.

문제 19.4 다음은 루소의 『인간불평등기원론』의 한 구절이다.

> 사슴 사냥에 나간 사람들은 각자 자신의 자리를 지켜야 사슴을 잡을 수 있다는 것을 알고 있다. 하지만 한 사람의 곁으로 작은 토끼 한 마리가 지나간다면 그 사람은 분명 아무런 양심의 가책 없이 그것을 잡으러 자신의 자리를 버리고 쫓아가고 말 것이다. (Jean-Jacques Rousseau, *Discours sur l'origine et les fondements de l'inégalité parmi les hommes*, 1754)

아래는 이를 바탕으로 만든 사슴사냥(stag hunt) 게임이다. 두 사람 모드 사슴을 택하면 사슴을 잡을 수 있고 보수는 5이다. 토끼를 택한 사람은 토끼로부터 1의 보수를 얻지만, 혼자만 사슴을 택한 사람은 사슴을 놓치고 말아 0의 보수를 얻는다.

	사슴	토끼
사슴	5,5	0,1
토끼	1,0	1,1

(1) 게임의 내쉬균형을 드출하시오.

(2) 두 사람이 모두 사슴을 택하려면, 상대가 사슴을 택할 확률이 얼마 이상이라는 신뢰를 두어야 가능한가?

(3) 위의 게임을 n명이 참여한다고 하자. n명의 사람이 모두 사슴을 택해야 사슴을 잡아 모두 5의 보수를 받는다. n명 중 한 명이라도 토끼를 택하면, 토끼를 택한 자는 1의 보수, 나머지는 0의 보수를 받는다. 이때 모두가 사슴을 택하려면, 다른 사람들의 사슴 선택 확률에 대해 어떻게 생각해야만 가능한가?

(4) n명이 참여하는 사슴사냥에서 n명이 함께 사슴을 택해 잡을 경우 최종 보수 5를 n명이 나누어 가져 $5/n$가 되는 것으로 보수를 변경하면 게임의 결과는 어떻게 되는가? (n에 따라 답이 달라질 수 있음)

문제 19.5 다음은 매와 비둘기(hawk-dove) 게임이라고 불리는 상황이다. '매'는 공격적 태도, '비둘기'는 온건한 태도를 상징한다. 두 경기자가 함께 나누어가질 수 있는 가치 있는 자원의 양이 V이다. 두 경기자 모두 비둘기를 택하면 V를 절반씩 나눈다. 한편 한 경기자가 매를 택하고 다른 경기자가 비둘기를 택하면 매를 택한 경기자가 V를 전부 차지한다. 두 경기자 모두 매를 택하면 서로를 공격해서 $-C$의 피해를 입힌 후 결과물을 절반씩 나눠 가진다. 공격으로 인한 피해는 자원의 가치보다 더 크다. 즉 $C > V$이다.

	매	비둘기
매	$\frac{1}{2}(V-C), \frac{1}{2}(V-C)$	$V, 0$
비둘기	$0, V$	$\frac{1}{2}V, \frac{1}{2}V$

(1) 게임의 내쉬균형을 도출하시오.

(2) 그림 19.20의 출입문 에티켓 게임과 이 게임의 구조를 비교해보시오.

문제 19.6 죄수의 딜레마를 바꾸어 다음과 같은 경우를 생각해보자. 두 사람의 용의자가 체포되었는데, 그중 한 사람만이 실제 범죄자이다. 범죄자를 A, 죄 없는 사람을 B라고 하자. 우리의 목적은 범죄자가 누구인지를 밝혀내는 것이다.

(1) 두 사람에게 (서로 다른 방에서) 누가 범인이냐고 질문해서 대답이 일치하면 지목된 사람을 범인으로 결정한다. 범인은 2억 원의 벌금을 부과하고 다른 사람은 석방한다. 하지만 대답이 엇갈리면 두 사람을 공범으로 취급하여 각각 1억 원의 벌금을 부과한다. A와 B가 취할 수 있는 행동은 진실을 말하거나 (즉, A가 범인이라고 대답), 거짓을 말하는 것(B가 범인이라고 대답)이다. 두 용의자의 상황을 행렬 게임으로 나타내고, 이 게임의 지배전략 균형과 내쉬균형을 찾으시오.

(2) 심문방법을 바꾼다. (1)에서와 같이 두 사람의 의견이 일치하면 지목된 사람을 범인으로 인정하여 2억 원의 벌금을 매긴다. 하지만 두 사람의 의견이 엇갈리면 두 사람 모두 공무집행 방해 혐의를 추가하여 5억 원의 벌금을 매긴다. 이 상황을 행렬로 나타내고, 이 게임의 지배전략 균형과 내쉬 균형을 찾아보시오.

문제 19.7 그림 19.19의 도로주행 게임에서 혼합전략을 추가로 고려한다. 혼합전략 "p"는 좌측을 $0 < p < 1$의 확률로 택하고, 우측을 $0 < 1-p < 1$의 확률로 택하는 것을 말한다.

(1) 한 운전자가 '좌측'을 택한다면, 다른 운전자가 $0 < p < 1$의 혼합전략을 택하는 것은 내쉬균형이 아님을 설명하시오.

(2) 운전자 1이 (i) $p_1 = 0.3$, (ii) $p_2 = 0.5$, (iii) $p_3 = 0.7$의 혼합전략을 사용하는 세 가지의 경우에 대해, 운전자 2의 최선대응은 각각 무엇인지 설명하시오.

(3) 앞의 (2)에서 도출한 운전자 2의 최선대응에 대한 운전자 1의 최선대응을 도출하고, 이 중에서 내쉬균형을 찾을 수 있는지 논하시오.

문제 19.8 그림 19.21의 사랑다툼 게임을 고려한다. 혼합전략 $0 < p < 1$는 산을 p의 확률로, 바다를 $1 - p$의 확률로 택하는 것을 말한다.

(1) 여친이가 (i) $p_1 = 1/3$, (ii) $p_2 = 1/2$, (iii) $p_3 = 2/3$를 택하는 경우들에 대해 남친이의 최선대응을 각각 도출하시오.

(2) 앞의 (1)에서 도출한 남친이의 최선대응에 대한 여친이의 최선대응을 도출하고, 내쉬균형이 있는지 논하시오.

게임이론 기초: (2) 순차행동게임

microeconomics

제20장

대부분의 사람들은 어떤 사건들을 순서대로 말해주면
그 결과가 어떻게 될지 알아차릴 수 있지.
하지만 결과를 말해주었을 때 그 결과를 나오게 만든 단계들을
머릿속에 떠올릴 수 있는 사람들은 흔치 않네.
- 아서 코난 도일, 『주홍색 연구』[1]

거꾸로 생각하라

셜록 홈즈가 동료 왓슨에게 잘난 척하면서 한 말입니다. 홈즈 같은 추리소설의 명탐정들은 알쏭달쏭한 결과를 놓고 실마리를 수집해 기가 막히게 그 출발을 밝혀줍니다. 보통 사람들의 경지를 뛰어넘는 그 천재성에 우리는 감탄하면서 이런 이야기들을 즐기죠. 홈즈에게는 작가가 부여한 천재성도 있지만 범죄라는 게임의 규칙을 잘 파악하고 있기 때문에 이를 읽어낼 수 있다는 점도 무시할 수 없습니다.

게임의 규칙을 잘 파악하고 있다면 게임의 마지막 단계에서 거꾸로 게임의 진행 과정을 읽어내는 것은 사실 그다지 어려운 일이 아닙니다. 이 장에서 우리는 게임을 거꾸로 읽어내는 기법이 게임의 해를 찾는 데 어떻게 도움이 되는지를 살펴볼 것입니다.

---

1 Arthur Conan Doyle, *A Study in Scarlet* (1887).

20.1 순차행동게임

그런데 앞 장에서 공부했던 게임에서는 게임의 진행 과정이라는 것이 딱히 없었기 때문에 게임을 거꾸로 읽어낸다는 것이 큰 의미가 없었습니다. 앞 장에서 공부한 전략적 상황은 **동시행동게임**(simultaneous action game)이라고 부르는 것이었습니다. 다시 말해서 각 경기자들이 행동을 동시에 선택하는 상황이었습니다. 반면 이번 장에서는 **순차행동게임**(sequential action game) 즉 경기자들이 행동을 선택하는 데에 순서가 정해져 있는 상황을 다룹니다.[2] 동시행동게임의 가장 쉬운 예가 가위바위보라고 한다면, 초기 게임이론가들에게 영감을 준 체스나 바둑 같은 보드게임은 대표적인 순차행동게임입니다. 순차행동게임을 공부하려면 먼저 **전략**이라는 용어의 의미를 명확하게 짚을 필요가 있습니다.

전략 vs. 행동

게임이론에서 **전략**(strategy)이란 '모든 가능한 상황에 대비한 **행동**(action)의 계획'을 말합니다. 여기서 **전략**이라는 용어와 **행동**[3]이라는 용어 사이에 미묘한 차이가 있으므로 이를 구분해야 합니다. 간단히 말해 행동은 전략을 구성하는 작은 요소들로, 하나의 전략은 여러 행동을 포함할 수 있습니다.

예컨대 체스에서 경기 중 말을 하나 이동하는 것은 하나의 '행동'입니다. 경기를 시작하면서 폰(Pawn) 하나를 움직이는 것일 수도 있고, 어느 정도 진행된 시점에서 막강한 퀸(Queen)을 움직여 상대의 비숍(Bishop)을 잡는 것일 수도 있고, 상대의 킹(King)을 꼼짝 못하게 만들어 경기를 끝내는 체크메이트일 수도 있습니다. 각 상황마다 어떤 행동이 허용되는지는 체스의 규칙에 명시되어 있습니다.

한편 한 체스 경기의 시작부터 끝까지 자기 차례마다 어떤 행동을 취해서 경기를 진행해나갈지 완비된 계획을 짜놓은 것이 '전략'입니다. 따라서 (먼저 말을 움직이는 경기자에게) 하나의 체스 전략은 (i) 게임의 시작 시에 어느 말을 택해서 어떻게

2 동시행동게임을 정태적 게임(static game), 순차행동게임을 동태적 게임(dynamic game)이라고 부르기도 합니다.

3 어떤 문헌에서는 행동 대신에 움직임(move)이라고 표현하는 경우도 있습니다.

그림 20.1 전략 vs. 행동

움직일지 정해두어야 하고, (ii) 상대가 첫 수에서 어느 말을 어떻게 움직였는지 그 경우마다[4] 대응해서 자신의 어느 말을 어디로 움직일지를 정해두어야 하고 (iii) 다음으로 상대가 어떤 말을 어떻게 움직였는지 그 경우마다 대응해서 어느 말을 어디로 움직일지 정해두고 하는 식으로 계속되어 경기가 끝나는 상황까지 어떻게 경기를 진행할지에 대해 모두 정해둔 것입니다.

만약 어떤 사람이 자신이 체스 경기에서 사용하고자 하는 하나의 전략을 적어서 대리인에게 맡겨 둔다면, 본인이 직접 경기장에 가지 못하더라도 그 대리인이 대신 참석하여 처음부터 끝까지 하나의 경기를, 모두 본인의 계획에 따라 치를 수 있습니다. 만에 하나 경기의 진행 중에 대리인이 어찌할 바를 모르는 상황이 발생하면 안 됩니다. 하나의 전략 안에는 한 경기 중에 발생할 수 있는 모든 가능한 상황에 어떤 행동을 택하는지 적혀 있어야 합니다. 만약 체스 경기에 임하는 두 경기자가 모두 자신의 전략을 미리 적어서 각각 대리인에게 위임한다면 두 명의 대리인끼리 알아서 경기를 진행할 수 있습니다.

게다가 만약 체스에서 사용할 수 있는 모든 전략들을 "체스 전략집"이라는 책으로 만든다면 각 경기자는 "전략 29343 번 !", "전략 6240 번 !" 하는 식으로 어느 전략을 쓸지 외치기만 하면 실제로 체스 경기를 판 위에서 할 필요가 없습니다.

4 처음 움직일 수 있는 말은 8개의 폰과 2개의 나이트이고 각 말이 움직일 수 있는 방법이 2개씩이므로 총 20가지 경우가 있습니다.

그림 20.2 체스의 전략을 모두 적어 책으로 만들 수 있다면

이 책을 컴퓨터에 저장해두고 각 경기자가 요청한 전략 번호를 입력해서 경기의 과정을 추적해보면 최종 결과가 나올 테니까요.[5] (그림 20.2)

동시 행동 vs. 순차 행동

체스처럼 두 경기자가 서로 차례에 맞추어 주거니 받거니 하면서 진행하는 게임의 경우, 행동을 순차적으로 선택합니다. 한편 가위바위보와 같이 두 경기자가 동시에 움직이는 게임의 경우, 동시에 행동을 선택합니다. 여기서 행동의 선택이 동시인지, 순차인지를 결정하는 것은 상대가 그 선택된 행동을 '관찰'할 수 있는지입니다.

즉 가위바위보가 동시행동게임이라고 말할 때는, 가위바위보를 하는 경기자들이 꼭 물리적으로 정확하게 일치하는 시간에 자신의 패를 낸다는 뜻은 아닙니다. 중요한 것은 상대방이 어떤 행동을 선택했는지를 모르는 상태에서 자신의 행동을 선택하는 것입니다. 예컨대 서로 등을 돌리고 상대의 손을 보지 않는 상태에서 무언가를 선택해서 내고, 이를 중간에서 관찰한 심판이 판결을 내린다면, 한 경기자가 먼저 내고 다른 경기자가 한참 뒤에 내더라도 (늦게 내는 경기자가 상대가 낸 것을

5 (체스를 즐기는 사람들에게는 아마 다행스럽게도) 현재 인간의 능력으로는 이런 체스 전략집을 만드는 것이 불가능해 보입니다. 이론적으로는 체스에서 발생할 수 있는 상황의 가짓수가 유한하기 때문에 체스에서 쓸 수 있는 전략들의 갯수 또한 유한하고 따라서 전략집을 책으로 만드는 것이 가능은 합니다. 하지만 현실적으로 현재의 지식과 계산능력으로는 체스에서 발생가능한 상황의 수가 몇 개이고 체스에서 사용할 수 있는 전략의 수가 모두 몇 개인지조차 정확하게 계산하지 못하고 있습니다.

그림 20.3 동시행동게임과 순차행동게임

(a) 동시에 내는 가위바위보 (b) 1이 먼저 내는 가위바위보

보지 않는다면) 동시행동게임이 맞습니다.

만약 경기자 1이 가위, 바위, 보 중 하나를 먼저 내고, 경기자 2는 이것을 관찰한 후에 자신의 선택을 결정한다면 이것은 가위바위보와는 다른 게임이고, 순차행동게임입니다.[6] 헷갈릴 수 있는 점을 지적한다면, 전략은 언제나 동시에 선택된다는 것입니다. 전략은 실제 게임을 시작하기 전에, 게임을 어떻게 풀어나갈지에 대한 계획이기 때문에 서로 상대의 전략을 모르는 상태에서 작성하는 것으로 간주합니다.

20.2 게임의 전개형

앞 장에서는 하나의 게임 상황이 주어질 때 그것을 **전략형**으로 나타내는 방법을 공부했습니다. 앞 장에서 예로 본 게임들은 모두 동시행동게임이었지만, 순차행동게임이라 하더라도 원한다면 전략형으로 나타낼 수 있습니다. 다만 순차행동게임에서는 '전략'이 동시행동게임에 비해서 상당히 복잡한 형태를 가지게 됩니다. '전략'이란 게임의 시작부터 끝까지 일관되게 경기를 진행해나갈 수 있는 완비된 행동계획으로 정의되기 때문입니다.

6 예전에 우리 집에서 아빠(경기자 1)와 아들(경기자 2) 또는 오빠(경기자 1)와 동생(경기자 2) 사이에 벌어졌던 실제 게임입니다.

그런데 잠시 후 알게 됩니다만, 순차행동게임에 대해 전략형을 작성하고 내쉬균형을 찾아보면, 내쉬균형 중 말이 안 되는(?) 경우들이 나오게 됩니다. 순차행동게임에서는 전략의 수준보다 더 내려가서 세부적으로 행동의 수준에서 분석하는 것이 필요합니다. 순차행동게임에서 행동의 순차성으로 인해 발생하는 미묘한 전략적 상호작용을 잘 고려하기 위해서는 전략형 이외에 다른 표현 형식이 필요하다는 것입니다. 이것이 바로 **전개형**(extensive form)입니다.

전략형과 전개형은 게임의 종류가 아니라, 동일한 게임을 표현하는 데에 사용할 수 있는 서로 다른 표현 형식입니다. 보통은 동시행동게임은 전략형으로 표현하는 것이 편리하고, 순차행동게임은 전개형으로 표현하는 것이 편리합니다. 하지만 필요하다면 동시행동게임을 전개형으로 표현할 수 있고, 반대로 순차행동게임도 물론 전략형으로 표현 가능합니다. 먼저 전개형이 무엇인지 알아보고 나서, 주어진 게임을 전략형과 전개형으로 각각 표현하여 비교해보겠습니다.

전개형은 간단히 말하자면 각 경기자가 '언제' 그리고 '어떤' 행동을 택할 수 있는지를 정확하게 표현하는 것입니다. 따라서 게임의 중요한 구성요소로서 '시간', '단계','순서' 등을 나타내는 개념이 필요합니다. 우리의 목적을 위해서는 크게 두 가지의 단순화된 표현 방식을 사용하는 것으로 충분합니다.

전개형의 표시 방법 (1) 단계별 묘사

첫 번째는 **단계**(stage)라는 개념을 사용합니다. 순차행동게임의 가장 핵심적인 요소는 행동의 순서이므로, 이 순서에 따라 게임을 단계들로 나누는 것이지요. 단계를 중심으로 순차행동게임의 전개형을 적는다면 대략 다음의 형식을 갖게 됩니다.

(1단계)	1단계에서 행동하는 경기자, 그가 택할 수 있는 행동들
(2단계)	2단계에서 행동하는 경기자(들), 이들이 택할 수 있는 행동들, 이들이 1단계에 대해서 알고 있는 것들
(……)	마찬가지 방식으로 계속
(최종단계)	각 경기자가 받게 되는 보수

예 20.1

그림 20.3(b)의 순차적 가위바위보를 하준이와 예준이가 합니다.

(1단계) 하준이 {가위, 바위, 보} 중 하나를 선택
(2단계) 예준은 1단계의 하준의 선택을 보고
{가위, 바위, 보} 중 하나를 선택
(최종단계) 가위는 바위에게 지고, 바위는 보에게 지고, 보는 가위에게 짐.
같은 선택이면 무승부. 이기면 1, 무승부이면 0, 지면 -1.

최종단계를 좀 더 자세하게 생각해봅시다. 각 단계에서 3가지의 행동이 가능하므로 결과적으로 총 9가지의 가능성이 있습니다. 앞 장에서 일반적인 가위바위보 게임을 전략형으로 표현했을 때 9가지의 전략모둠이 있었던 것과 마찬가지입니다. 하지만 순차적 가위바위보는 일반 가위바위보와는 분명히 다른 게임입니다. 잠시 후 그 차이를 좀 더 명확하게 알아보겠습니다. 다음 예는 체스를 간단하게 표현합니다.

예 20.2

단순화된 체스의 전개형은 아래와 같습니다.

(1단계) 백 경기자가 이동이 허용된 말 하나를 허용된 방식으로 이동
(2단계) 흑 경기자는 1단계 백의 말 이동을 관찰한 후,
자신에게 허용된 말 중 하나를 허용된 방식으로 이동,
상대의 말을 잡는 일이 생길 수도 있음
(3단계) 백 경기자는 2단계 흑의 말 이동을 관찰한 후,
살아 있는 자신의 말 중 하나를 허용된 방식으로 이동,
상대의 말을 잡는 일이 생길 수도 있음
(……) 마찬가지 방식으로 계속 진행
(최종단계) 규칙에 따라 승패 또는 무승부가 결정, 적절한 보수

간단하게 쓰기 어려워서 그렇지, 실제 체스도 전개형으로 쓰려면 원칙적으로는 가능할 것입니다. 따라서 이 장에서 공부할 전개형 게임의 풀이법으로 풀이하는 것도 원칙적으로 가능합니다.

순차행동게임만 전개형으로 표현할 수 있는 것은 아닙니다. 동시행동게임에 해당되는 일반적인 가위바위보도 전개형으로 표현할 수는 있습니다. 다음의 예에서 동시에 선택하는 일반적인 가위바위보의 전개형을 알아 보겠습니다.

예 20.3

동시행동게임이므로 실제로 1단계에서 누가 먼저 행동을 선택하지는 않습니다. 임의로 한 사람이 먼저 행동을 선택하는 것처럼 다음과 같이 표현하면 됩니다.

(1단계) 경기자 1이 {가위, 바위, 보} 중 하나를 선택
(2단계) 경기자 2는 경기자 1이 무엇을 선택했는지 관찰하지 못한 상태에서 {가위, 바위, 보} 중 선택
(최종단계) 규칙에 따라 승패 또는 무승부 결정하여 보수를 줌.

순차행동게임도 전략형으로 표현할 수 있습니다. 그 작업을 하기에 앞서서, 전개형의 또 다른 표시 방법을 알아보겠습니다. 그림을 사용하는 방법으로, 간단한 게임의 경우에 편리합니다. (간단한 전략형을 행렬로 쓰면 편리한 것과 비슷합니다.)

전개형의 표시 방법 (2) 게임나무

게임나무(game tree)는 여러 개의 **마디**(node)들과 **가지**(branch)들을 가집니다. 먼저 **가지**는 두 개의 마디들을 연결하는데 게임 중에 경기자가 선택하는 '행동'을 나타냅니다. 하나의 가지(행동)는 게임나무 상에서 게임을 한 마디로부터 또 다른 마디로 진행시킵니다. 이때 마디들 간에는 일종의 순서가 존재해서, 이미 지나간 '과거'의 마디로 돌아갈 수는 없습니다. **그림 20.4**에 나오는 간단한 예에서 가지들은 기본적으로 아래쪽을 향하는 것으로 이해하면 됩니다.

한편 **마디**는 크게 종류가 3가지로 **초기마디**, 보통의 **마디** 그리고 **최종마디**입니다.

그림 20.4 게임나무의 구조

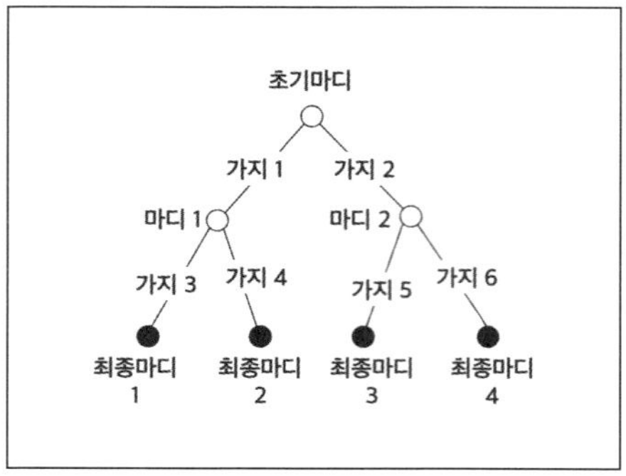

그중 **초기마디** (initial node)는 전개형의 단계별 표시에서 '1 단계'에 해당됩니다. 초기마디는 최초로 행동을 택하는 경기자가 누구이고, 그는 어떤 행동들을 고를 수 있는지 표시해야 합니다. 즉, 초기마디에서 뻗어나오는 가지들은 첫 경기자가 1 단계에 택할 수 있는 행동들이고, 초기마디와 연결된 마디들은 2 단계에 발생할 수 있는 모든 상황들입니다. **그림** 20.4 에서, 첫 경기자가 초기마디에서 2 개의 행동 (가지 1, 가지 2) 중 하나를 택하면, 마디 1과 마디 2에서 다른 경기자가 행동을 택합니다. 한편 **최종마디** (final node)는 전개형의 단계별 표시에서 '최종단계'에 해당됩니다. 최종마디에는 각 경기자에게 부여될 보수 값이 표시되어야 합니다.

예 20.4

하준이가 먼저 내고, 이를 관찰한 예준이가 내는 순차적 가위바위보의 게임나무는 그림 20.5 입니다.

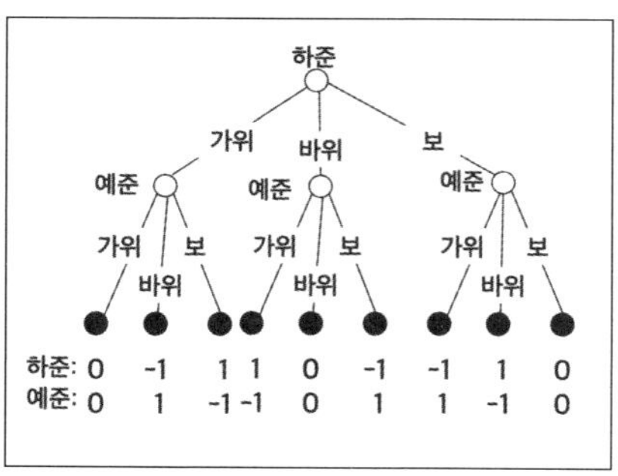

그림 20.5 순차적 가위바위보

체스의 경우에는 게임나무로 그리기에 복잡하므로 생략합니다. (개념적으로는 크게 다를 바가 없습니다.) 한편, 순차적이 아닌 보통의 가위바위보를 게임나무로 그리기 위해서는 한 가지 고민이 필요합니다. 그 고민이란, 예 20.3 에서 본대로, 2 단계 경기자가 1 단계의 행동을 관찰하지 못한 상태에서 행동을 선택하게 되는데 이를 게임나무에 어떻게 반영해야 하는가입니다. 이를 위해서 **정보집합**이라는 새로운 개념이 필요합니다.

정보집합

정보집합 (information set)은 각 단계(마디)에서 경기자가 가진 정보를 표현하는 도구입니다. 정보집합은 게임에 속한 마디들로 구성된 집합입니다. 한 정보집합에 여러 개의 마디들이 속해 있다면 해당 경기자는 그 마디들 중 '어느 것이 진짜인지'를 구분할 수 없다는 것을 나타냅니다. 그런 의미에서 정보집합이라는 용어는 오해의 소지가 있습니다. 정보집합은 정보를 '알려주는' 집합이라기보다는, 정보를 '숨기는' 집합인 셈입니다. 말하자면 정보집합은 경기자가 관찰하고 싶은 대상을 덮어서 보이지 않게 만드는 '구름'과 같은 존재인 것이죠.

그림 20.6 정보집합

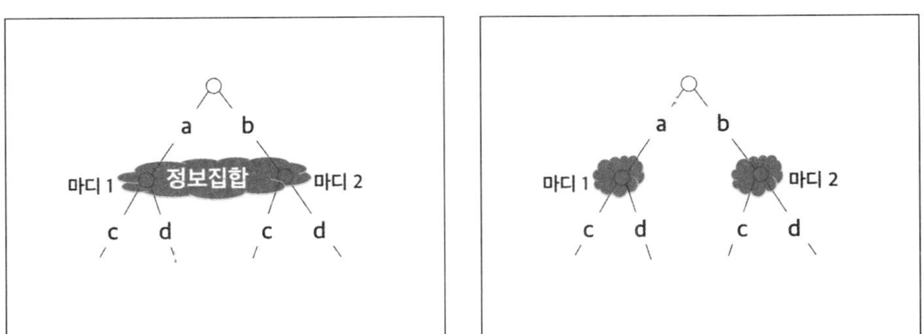

(a) 구분이 안 되는 정보집합 (b) 구분되는 정보집합

그림 20.6(a)에서 마디 1과 마디 2에서 행동을 택해야 하는 경기자 2는 먼저 행동한 경기자 1이 앞에서 a를 택했는지, 또는 b를 택했는지를 관찰하지 못합니다. 마디 1과 마디 2가 하나의 정보집합에 속해 있기 때문이죠. 한편 그림 (b)에서는 마디 1과 마디 2에 각각 작은 구름, 즉 정보집합이 덮여 있습니다. 이 경우 경기자 2는 앞에서 경기자가 a를 택했는지 b를 택했는지를 관찰할 수 있습니다.

즉 어떤 경기자의 한 정보집합에 속한 마디가 많을수록, 실제로 그 마디들에 대해서 정보가 적은 것입니다. 반대로 어떤 경기자가 가진 정보집합 자체의 갯수가 많다면 그는 많은 정보를 가졌습니다. 다시 말해서 **그림** 20.6(a)에서 경기자 2는 정보집합은 1개뿐이고, 그 하나의 정보집합 안에 2개의 마디가 들었으므로 정보가 적습니다. 반면 (b)에서 그는 정보집합이 2개이고, 각 정보집합은 단 1개의 마디만을 가지므로 정보가 많습니다.

그림 (a)의 상황은 사실 두 경기자가 "동시에" 행동을 선택하는 것입니다. 게임의 구조상 경기자 1이 먼저 행동을 택하는 것처럼 되어 있지만, 그 선택을 경기자 2가 관찰하지 못하므로 실제로는 행동이 동시에 선택되는 셈입니다.

한편 (b)는 실제로 순차적인 행동 선택의 상황입니다. 경기자 2는 앞에서 경기자 1이 선택한 행동이 무엇인지 정확하게 아는 상태에서 자신의 행동을 선택하게 됩니다. (실제 게임나무를 그릴 때 (b)와 같은 경우에는 굳이 마디마다 정보집합 그림을 그려넣지는 않아도 됩니다.)

또 하나 중요한 점을 지적하자면, 경기자는 자신이 가진 한 정보집합에서 단 하나의 행동만을 선택할 수 있습니다. 그림 (b)에서는 마디 1과 마디 2에서 각각 행동을 택할 수 있지만, 그림 (a)에서는 마디 1과 마디 2에서 다른 행동을 택할 수 없습니다. 자신이 마디 1에 있는지, 마디 2에 있는지를 구분할 수 없기 때문입니다.

전략을 '모든 가능한 상황에 대비한 행동의 계획'이라고 소개했습니다. 이 정의를 방금 공부한 용어를 사용해서 조금 더 명확하게 만들 수 있습니다. 모든 가능한 '상황'이란 곧 게임 내에서 한 경기자에게 주어지는 모든 '정보집합'입니다. 즉,

전략 = 자신의 정보집합마다 하나씩 행동을 배정해 놓은 계획

예 20.5

순차적이지 않은, 보통의 가위바위보 게임을 게임나무로 그리면 그림 20.7이 됩니다. 앞의 그림 20.5와 비교해보기 바랍니다.

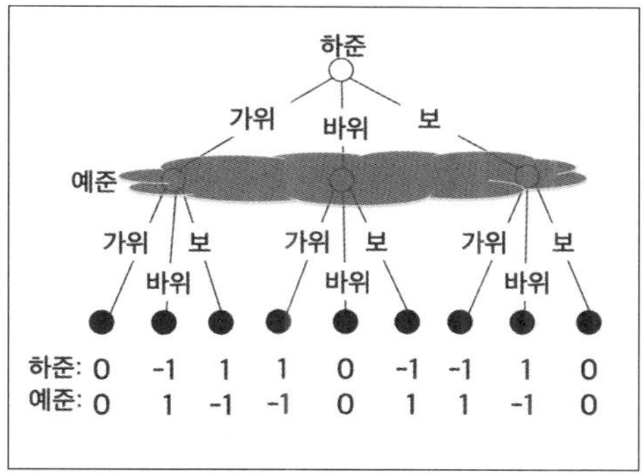

그림 20.7 가위바위보

예제 20.1

그림 20.6(a), (b)에 대해서 각 경기자들의 전략의 갯수 및 전략모둠들의 갯수를 계산하시오.

풀이 한 경기자의 전략은 자신이 가진 모든 정보집합에 행동을 하나씩 정한 것입니다. 먼저 행동을 택하는 경기자 1의 경우는 간단합니다. 행동을 택할 정보집합이 단 1개(초기마디)이기 때문에, 거기서 택하는 행동이 곧 전략입니다. 즉, 경기자 1의 전략의 갯수는 행동의 갯수와 일치하는 2개입니다. 전략집합을 적어보면 (a)의 게임이든, (b)의 게임이든

$$S_1 = \{a, b\}$$

입니다. 경기자 2의 경우에는 (a), (b)에서 상황이 서로 다릅니다.

먼저 (a)에서는 정보집합이 단 1개입니다. 마디 1과 마디 2가 같은 정보집합 내에 들어 있기 때문이죠. 따라서 경기자 2는 이 정보집합에서 단 한번만 행동을 고르면 됩니다. 고를 수 있는 행동은 c, d 2개이므로 그의 전략도 행동과 일치하는 2개입니다. 즉 (a)의 게임에서는

$$S_2^{(a)} = \{c, d\}$$

따라서 (a)의 게임에서는 총 $2\times2=4$개의 전략모둠이 있습니다. 각 경기자가 2개의 전략을 가졌기 때문이죠. 집합 형태로 써보면

$$S^{(a)}=\{(a,c),(a,d),(b,c),(b,d)\}$$

가 되겠습니다.

한편 (b)에서는 상황이 좀 더 복잡합니다. 경기자 2는 두 개의 정보집합을 갖고 있으며, 각 정보집합에서 2가지 행동 선택 범위를 가집니다. 이때 경기자 2의 전략은 마디 1에서 어느 행동을 택하고, 마디 2에서 어느 행동을 택하는지를 표시해야 합니다. 조금 번거롭더라도 자세하게 쓰는 표기를 채택하겠습니다. 마디 1에서 c를 택하고, 마디 2에서는 d를 택한다면 $1c-2d$라고 쓰겠습니다.(전략 개념에 좀 더 익숙해지면, cd와 같이 줄여서 써도 괜찮을 것입니다.)

$$S_2^{(b)}=\{1c-2c,1c-2d,1d-2c,1d-2d\}$$

와 같이 4개의 전략이 존재합니다. 따라서 (b)에는 총 $2\times4=8$개의 전략모둠이 있습니다.

$$\begin{aligned}S^{(b)} \quad = \quad &\{\,(a,1c-2c),(a,1c-2d),(a,1d-2c),(a,1d-2d),\\ &(b,1c-2c),(b,1c-2d),(b,1d-2c),(b,1d-2d)\,\}\end{aligned}$$

입니다. 이 중에서 $(a,1c-2c)$라는 전략모둠의 의미를 다시 봅시다. 경기자 1은 초기마디에서 a를 선택합니다. 한편 경기자 2의 전략, 즉 **계획**은 만약 경기자 1이 a를 택한다면 c를 택하고, 경기자 1이 b를 택한다고 해도 c를 택하는 것입니다. 여기서 경기자 1이 실제로는 a를 택할 텐데, 왜 경기자 1이 b를 택하는 경우를 포함하는지 의문이 들 수도 있습니다. 전략은 '계획'이고, 이 '계획'은 상대의 전략을 모르는 상태에서 작성됩니다. 즉 $1c-2c$라는 경기자 2의 계획은 경기자 1이 실제로 a를 택할지, b를 택할지 모르는 상태에서 작성됩니다. $(a,1c-2c)$라는 전략모둠도 가능하고 $(b,1c-2c)$라는 전략모둠도 가능합니다.

순차행동게임의 전략과 전략모둠을 가려내는 일은 매우 중요합니다. 다음 절에서 이것이 왜 중요한지 다시 알아보겠습니다.

20.3 순차행동게임의 전략과 내쉬균형

이제 순차행동게임을 전략형으로 표현하고 거기에서 내쉬균형을 찾아봅니다. 사실 이렇게 전략형으로 찾아내는 내쉬균형 중 일부에는 문제가 있습니다. 그 문제를 해결하기 위해 다음 절에서 내쉬균형보다 좀 더 '세련된' 균형 개념을 도입합니다.

이해를 돕기 위해서 하나의 구체적인 게임으로 논의를 진행하겠습니다. 지난 장에서 보았던 '사랑다툼'(battle of sexes) 게임의 순차행동 버전입니다.

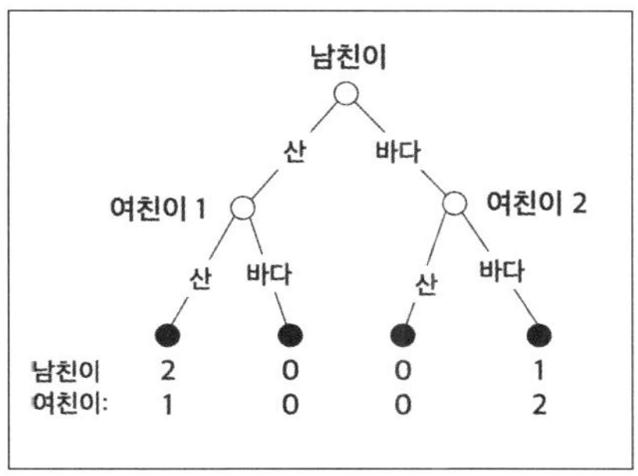

그림 20.8 순차적 사랑다툼

예 20.6

그림 19.21의 사랑다툼 게임의 기본 구조를 가져오되, 남친이가 행동을 먼저 선택하도록 바꾸었습니다. 어디로 놀러갈지를 합의하지 못한 상태에서, 남친이가 먼저 출발을 하고 여친이는 뒤늦게 출발해야 하는 상황입니다. 이것이 진정한 순차행동게임이 되기 위해서는 남친이가 먼저 출발해서 어디로 갔는지를 여친이가 관찰할 수 있어야 하므로, 도착 후 남친이는 여친이에게 전화를 할 예정이며 두 사람 모두 이 사실을 알고 있다고 가정합니다. (여친이가 일부러 전화를 안 받는 것은 허용되지 않습니다.) 단계별 묘사로는

(1단계) 남친이가 {산, 바다} 중 하나를 선택
(2단계) 여친이는 남친이의 1단계 선택을 본 후 {산, 바다} 중 하나를 선택
(최종단계) 남친이는 둘 다 산에 가는 것을 가장 좋아하고 (2),
둘 다 바다는 다음 (1), 갈라지는 것을 가장 싫어함 (0);
여친이는 둘 다 바다를 가장 좋아하고 (2),
둘 다 산이 다음 (1), 갈라지는 것을 가장 싫어함 (0)

이고

게임나무가 그림 20.8입니다. 여친이가 남친이의 선택을 관찰할 수 있으므로 여친이는 두 개의 마디에 각각 정보집합(여친이 1, 여친이 2)을 가지며 그림에는 정보집합을 따로 표시하지 않았습니다. (앞 장의 동시행동 사랑다툼 게임이었다면, 여친이 1 마디와 여친이 2 마디를 한꺼번에 덮는 정보집합이 그려졌을 것입니다.)

남친이와 여친이의 전략

전략형을 작성하기 위해서 각 경기자의 전략들을 확인해봅니다. 먼저 남친이의 전략은 단순하게 '산' 또는 '바다' 입니다. 즉 전략 = 행동이 성립합니다.

한편 여친이의 전략은 두 정보집합에 대해, 즉 남친이의 두 가지 선택에 대해 각각 어떤 행동을 택할지의 계획이어야 합니다. 다시 말해 2 단계의 여친이에게는 두 가지 가능한 상황(마디)이 있습니다:

(여친이 1) 남친이가 산을 선택한 상황

(여친이 2) 남친이가 바다를 선택한 상황

여친이의 전략은 두 상황에 각각 어떤 행동을 택할지 정해주어야 하며, 각 상황에서 택할 수 있는 행동은 산과 바다의 2가지입니다. 그러므로 여친이가 선택할 수 있는 전략은 총 $2 \times 2 = 4$가지로 다음의 형태를 가집니다:

전략 1(i)-2(ii)

(여친이 1) 남친이가 산에 갔으면 (i)__________ 에 가고,

(여친이 2) 남친이가 바다에 갔으면 (ii)__________ 에 간다

실제로 4 개의 전략들을 풀어서 써보면 다음과 같습니다.

1. 산에 갔으면 (i) 산 에 가고, 바다에 갔으면 (ii) 산 에 가는 전략: '1 산-2 산' 으로 표기하며, 남친이의 선택과 상관없이 "무조건 산" 에 가는 전략입니다.
2. 산에 갔으면 (i) 산 에 가고, 바다에 갔으면 (ii) 바다 에 가는 전략: '1 산-2 바다' 로 표기하며, 남친이의 선택을 "따라가기" 전략에 해당됩니다.
3. 산에 갔으면 (i) 바다 에 가고, 바다에 갔으면 (ii) 산 에 가는 전략: '1 바다-2 산' 으로 표기하며, 남친의 선택과 "반대로 가기" 전략입니다.
4. 산에 갔으면 (i) 바다 에 가고, 바다에 갔으면 (ii) 바다 에 가는 전략: '1 바다-2 바다' 로 표기할 수 있고, 남친이의 선택과 상관없이 "무조건 바다" 에 가는 전략입니다.

순차적 사랑다툼의 전략형

이 게임의 내쉬균형을 알아내기 위해서 전략형의 행렬 형태로 단들어봅시다. 남친이 전략이 2개, 여친이 전략이 4개이므로 모두 8개 칸을 가진 행렬이 됩니다.

		"여친이"			
		1산-2산	1산-2바다	1바다-2산	1바다-2바다
"남친이"	산	2,1	2,1	0,0	0,0
	바다	0,0	1,2	0,0	1,2

그림 20.9 순차적 사랑다툼의 전략형

그림 20.9에서 각 칸의 보수 값들이 어떻게 결정되었는지 주의 깊게 따져보기 바랍니다. 순차행동게임을 전략형으로 표현할 경우, 전략모둠의 수는 8개이지만 실제로 발생하게 되는 결과(게임나무의 최종마디)는 4개입니다. 게임이 진행되다 보면 언제나 여친이의 전략 중 '절반'만 실제로 사용되기 때문입니다.

그래서 그림의 위 행에서 첫 두 열은 서로 같은 보수 값 (2,1)을 가지고, 다음 두 열끼리도 서로 같은 보수 값 (0,0)을 가집니다. 윗 행에서는 남친이가 산을 선택하므로, 여친이의 전략 중 2에 해당되는 부분을 행동 선택에 사용되지 않습니다. 즉 1산-2산과 1산-2바다는 여친이의 마디 2에서 다른 행동을 처방하는데, 실제로는 마디 1이 발생하므로 같은 결과(둘 다 산으로 감)로 이어지고 같은 보수 값이 나옵니다. 마찬가지로, 그림의 아래 행에서는 첫 번째, 세 번째 열끼리 보수 (0,0)이 같고, 두 번째, 네 번째 열끼리 보수 (1,2)가 같습니다. 이번에는 여친이의 전략 중 마디 1 부분 것이 사용되지 않습니다.

각 경기자의 최선대응

내쉬균형은 각 경기자가 상대의 전략에 대해 **최선대응**을 택하고 있는 전략모둠을 가리키므로, 각 경기자의 최선대응을 알아보아야 합니다.

최선대응은 상대의 전략마다 자신에게 유리한 전략을 표시하는 것입니다. 남친이가 대응해야 하는 상대의 전략이 4개입니다. 1산-2산과 1산-2바다의 경우에는 모두 '산'이 더 유리합니다. (2 > 0) 한편 1바다-2산의 경우에는 '산'과 '바다' 모두 0으로 무차별합니다. 이때는 둘 다 최선대응입니다. 마지막으로 1바다-2바다에

		"여친이"			
		1산-2산	1산-2바다	1바다-2산	1바다-2바다
"남친이"	산	2*,1	2*,1	0*,0	0,0
	바다	0,0	1,2	0*,0	1*,2

그림 20.10 순차적 사랑다툼: 남친이의 최선대응

대한 최선대응은 바다입니다. (1 > 0) 각각에 대해 **그림 20.10**의 남친이의 보수 값 옆에 * 표를 했습니다.

직관적으로 설명해서, 여친이가 무조건 산에 가거나 자신을 따라온다면 남친이는 자신이 선호하는 산에 가는 것이 유리하고, 한편 여친이가 무조건 거꾸로 간다면 어떤 선택을 하든 어차피 갈라지게 되므로 둘 다 최선대응일 수밖에 없습니다. 마지막으로 무조건 바다로 가는 여친이에 대한 최선대응은 자신도 바다로 가는 것입니다. 갈라지는 것을 가장 싫어하기 때문이죠.

		"여친이"			
		1산-2산	1산-2바다	1바다-2산	1바다-2바다
"남친이"	산	2,1*	2,1*	0,0	0,0
	바다	0,0	1,2*	0,0	1,2*

그림 20.11 순차적 사랑다툼: 여친이의 최선대응

여친이의 최선대응은 **그림 20.11**에 표시되어 있습니다. 남친이가 산을 택하면 보수 1을 주는 '1산-2산'과 '1산-2바다'가 최선대응이고, 남친이가 바다를 택하면 보수 2를 주는 '1산-2바다'와 '1바다-2바다'가 최선대응입니다.

남친이가 산에 간다면 기본적으로 여친이도 산에 가고 싶습니다. 무조건 산에 가는 전략을 쓰든, 따라가는 전략을 쓰든 결국 둘 다 산에 가게 됩니다. 한편 남친이가 바다에 간다면 여친이도 바다에 가고 싶습니다. 역시 따라가는 전략을 쓰든, 무조건 바다에 가는 전략을 쓰든 둘 다 바다에 가게 됩니다.

이렇게 보면 여친이의 4개의 전략 가운데 결코 최선대응이 될 수 없는 피지배전략이 하나 보이는군요. 그것은 '1바다-2산' 즉 거꾸로 가기 전략입니다. (거꾸로 가면 반드시 갈라지게 되는데 이것이 최악의 결과이기 때문이죠.) 따라서 내쉬균형에서 (합리적인) 여친이는 결코 '1바다-2산' 전략을 쓰지는 않을 것입니다.

순차적 사랑다툼의 내쉬균형

이제 최선대응이 동시에 일어나는 전략모둠을 찾으면 됩니다. 그림 20.12를 보면 3개가 있습니다. (남친이의 전략, 여친이의 전략)의 형식으로 적어보면 다음의 3개입니다: ① (산, 1산-2산), ② (산, 1산-2바다), ③ (바다, 1바다-2바다).

		"여친이"			
		1산-2산	1산-2바다	1바다-2산	1바다-2바다
"남친이"	산	2*, 1*	2*, 1*	0, 0	0, 0
	바다	0, 0	1, 2*	0, 0	1*, 2*

그림 20.12 순차적 사랑다툼: 내쉬균형

하나씩 왜 그것이 내쉬균형인지 다시 확인합니다. '상대가 내쉬균형 전략을 사용한다면, 나도 내쉬균형 전략을 사용하는 것이 최선대응이다'가 기본 논리입니다.

① (산, 1산-2산): 남친이는 산에 가고, 여친이는 무조건 산에 가는 경우입니다. 남친이의 입장에서, 여친이가 무조건 산에 간다면, 남친이도 산에 가는 것이 최선의 대응이 분명합니다. 여친이의 입장은 조금 복잡합니다. 남친이가 산에 간다면, 여친이는 '결과적으로' 산에 가는 것이 좋으므로 무조건 산에 간다고 우겨도 괜찮습니다. 남친이가 바다에 가는 상황이 발생하지 않을 것이기 때문입니다. 따라서 이 전략모둠은 내쉬균형이 맞습니다. 상대가 선택을 바꾸지 않는 한 나도 굳이 바꿀 이유가 없습니다. (하지만 혹시라도 남친이가 선택을 바꾸어서 바다로 간다면 여친이의 입장에서 조금 곤란해지긴 합니다.)

② (산, 1산-2바다): 남친이는 산에 가고, 여친이는 남친이가 간 곳을 따라 가는 경우입니다. 역시 남친이의 입장에서 여친이가 따라온다면 이왕이면 자신이 더 선호하는 산으로 가는 것이 최선대응이 맞습니다. 한편 여친이의 입장에서 남친이가 산에 간다면 따라서 산에 가는 것이 최선대응이 맞습니다. (혹시라도 바다에 가더라도 걱정할 필요는 없습니다.)

③ (바다, 1바다-2바다): 가장 흥미로운 내쉬균형입니다. 최종 결과가 나머지 2개와 다르기 때문이죠. 남친이는 바다에 가고 여친이는 무조건 바다에 갑니다. 우선 여친이의 입장에서 남친이가 바다에 간다면 여친이도 바다에 가는 것이 좋습니다. 혹시 남친이가 마음을 바꾸어 산에 가면 곤란해지긴 하겠지만 이 균형을 실행하는

한 일단은 걱정이 없습니다.

남친이는 왜 자기가 더 좋아하는 산을 놔두고 바다로 갈까요? 여친이가 '무조건 바다'에 간다는 전략을 사용하기 때문입니다. 여친이가 무조건 바다에 간다면 자신도 바다에 '따라가는' 것이 합리적입니다. 여기서 주목할 점은, 여친이가 '무조건 바다'라는 전략을 사용한다면 그리고 남친이는 여친이가 이 전략을 실제로 사용할 것이라고 믿는다면, 남친이는 비록 먼저 행동을 택함에도 불구하고 사실상 여친이의 선택을 '따라가는' 것이 합리적이 됩니다.

그런데 뭔가 좀 이상하다고 느끼시나요? 이 불편한 느낌에 대해 다음 절에서 좀 더 자세하게 논의합니다.

20.4 세련된 내쉬균형: 역방향추론과 완전균형

순차행동게임을 전략형으로 표현하고 내쉬균형을 찾아보면 내쉬균형 중 일부는 다소 상식에 맞지 않는 성질을 보이게 됩니다. 내쉬균형의 이런 약점을 발견하여 보완하고 좀 더 협소한 의미의 균형을 찾아내는 작업을 '정제' 혹은 '정치화'(refinement)라고 부릅니다. 즉 정치화 작업을 거쳐서 얻은 균형 개념은 내쉬균형 중 일부입니다. 말하자면 '세련된' 내쉬균형인 것이지요.[7] 이 책에서는 그중 한 가지인 **완전균형**이라는 개념을 소개합니다.

말뿐인 위협

동시행동게임과 달리 순차행동게임에서는 상대의 행동을 관찰한 후에 행동을 선택하는 부분이 있습니다. 그런데 전략은 게임 전체에 대한 행동 계획이므로 실제로 게임이 진행되기 전에 먼저 작성됩니다. 또한 내쉬균형은 전략에 대해서 정의되며, 가상적으로나마 서로 상대가 어떤 전략을 택할 것인지 안다고 생각하는 셈입니다.

그런데 이 전략의 일부에는 게임의 진행 과정에 따라 실제로는 실행에 옮기지 않을 '거짓된' 계획이 들어 있을 수 있습니다. 이 거짓된 계획이 상대에게 해를

7 내쉬균형 개념과 별도로 다른 방식으로 정의된 균형 개념들도 물론 있습니다.

끼치는 형태 즉 상대의 보수를 낮추는 행동일 경우 이를 **말뿐인 위협**(empty threat)[8]이라고 부릅니다. 한편 거짓된 계획이 상대에게 유리해 보이는 (하지만 실제로는 실행되지 않을) 내용이라면 **말뿐인 약속**(empty promise)이라고 할 수 있겠지요. 위협인지 약속인지를 구분하는 것이 게임의 해를 찾는 데는 크게 중요하지 않으므로, 모두 위협이라고 지칭하겠습니다.

앞에서, 남친이가 산에 갔을 때 바다로 가겠다고 여친이가 주장한다면 말뿐인 위협, 마찬가지로 남친이가 바다에 갔을 때 산으로 가겠다는 주장도 말뿐인 위협입니다. 같은 장소에 가는 대신 다른 곳으로 가는 행동으로 남친이의 보수가 감소하게 됩니다. 만약 남친이가 여친이의 말뿐인 위협을 믿는다면, 여친이에게 유리한 방향으로 게임이 진행될 수 있습니다. 이것이 바로 앞 절에서 보았던 (바다, 1 바다-2 바다) 내쉬균형입니다. 여친이가 무조건 바다에 간다고 주장하는 '위협'에 넘어간 남친이가 최악의 경우를 피하기 위해서 여친이의 요구에 굴복하는 균형입니다.

하지만 여친이가 합리적이고 남친이가 이 사실을 안다면 (또한 남친이도 합리적이라면) 남친이는 말뿐인 위협은 믿지 않을 것입니다. 무조건 바다라는 위협을 무시하고, 산을 택한다면 실제로 여친이에게는 산을 택하는 것이 유리하기 때문입니다. 따라서 제대로 된 균형 개념이라면 이같은 말뿐인 위협에는 넘어가지 않는 전략모둠만을 남겨야 할 것입니다.

완전균형

완전균형(perfect equilibrium)은 내쉬균형 중에서 말뿐인 위협이 포함된 것들을 모두 제거하고 남는 내쉬균형을 가리킵니다. 현재 우리 맥락에서는 **부분게임 완전균형** 또는 **하부게임 완전균형**(subgame perfect equilibrium)이라고도 부릅니다. 원래 완전균형은 부분게임 완전균형을 포함하는 넓은 개념이지만 이 책에서는 동일하게 취급합니다.[9]

정의상 완전균형은 일단 모두 내쉬균형입니다. 반면 당연히 내쉬균형 중에는

8 혹은 믿을 수 없는 위협(incredible threat)이라고도 합니다.

9 완전균형을 제안한 사람은 1994년 내쉬와 함께 노벨경제학상을 수상한 젤텐(Reinhard Selten, 1930-)입니다. 더 상세한 정의와 분류 등에 대해서는 정식 게임이론 교재를 참고하기 바랍니다.

완전균형이 아닌 것도 있습니다. 순차적 사랑다툼 게임의 3 가지 내쉬균형 중에서 완전균형은 단 1 가지로 (남친이 전략, 여친이 전략) = (산, 1 산-2 바다)입니다. 나머지 2 개의 내쉬균형은 완전균형이 아닙니다.

경기자들의 합리성이 공통 지식인 상황이고, 내쉬균형을 찾는 것이 의미있는 상황이라면 완전균형은 상당히 그럴 듯한 해 개념이 됩니다. 한편 경기자가 게임의 순차성을 충분히 이해하고 활용하지 못할 경우 완전균형이 아닌 내쉬균형이 나타날 수도 있겠습니다. 특히 믿을 수 없는 위협 부분은 내쉬균형이 실행되는 동안에는 실제로 일어나지 않기 때문에 (무조건 바다라고 우긴 여친이를 믿고 남친이가 바다로 간다면, 산으로 갔을 때 과연 바다로 갈 것인지 테스트해볼 수가 없죠) 그대로 유지될 가능성도 있습니다.

완전균형은 진정한 순차행동게임에서만 의미 있습니다. 동시행동게임이라면 순서나 시간이 게임의 일부가 아니고 따라서 믿을 수 없는 위협이라는 것 자체가 있을 수 없으므로 내쉬균형과 완전균형은 동일합니다.

예 20.7

그림 20.13은 앞 장에서 그림 19.11에 소개되었던 동시행동게임입니다. '바보'에게 지배전략이 존재하기 때문에 (위, 왼쪽)이 예측되는 게임입니다.

"바보 (일 수 있는 놈)"

		왼쪽	오른쪽
"나"	위	2, 1	0, 0
	아래	0, 1	5, 0

그림 20.13 19 장 그림 19.11의 동시행동게임

(1) 이 게임을 순차행동 버전으로 변형하여, '나'가 먼저 행동을 택하고 이를 관찰한 '바보'가 다음에 선택한다고 해봅시다. 게임나무는 생략하겠습니다. 경기자들의 전략을 살펴보면, 먼저 움직이는 '나'는 여전히 '위' 또는 '아래'의 2가지 전략을 가집니다. 하지만 '바보'의 경우 이제 정보집합이 2개 (위인 경우, 아래인 경우)이므로 각 경우 2가지 행동의 선택이 가능해서 총 4개의 전략을 가집니다. '바보'의 전략 4가지를 적어보면 다음과 같습니다: 1 왼쪽-2 왼쪽, 1 왼쪽-2 오른쪽, 1 오른쪽-2 왼쪽, 2 오른쪽-2 오른쪽.

순차행동 버전의 전략형은 그림 20.14입니다. 최선대응도 함께 표시되어 있습니다.

		"바보(일 수 있는 놈)"			
		1 왼쪽-2 왼쪽	1 왼쪽-2 오른쪽	1 오른쪽-2 왼쪽	1 오른쪽-2 오른쪽
"나"	위	2*, 1*	2, 1*	0*, 0	0, 0
	아래	0, 1*	5*, 0	0*, 1*	5*, 0

그림 20.14 순차행동 버전 (1)

그림을 보면 내쉬균형은 2개입니다. (위, 1 왼쪽-2 왼쪽)과 (아래, 1 오른쪽-2 왼쪽)입니다. 먼저 (위, 1 왼쪽-2 왼쪽)의 경우 이미 앞 장에서 보았던 동시행동버전의 내쉬균형과 사실상 동일합니다. '바보'는 언제나 (지배전략인) 왼쪽을 택하고, '나'는 이에 대한 최선대응인 위를 택합니다. '바보'의 무조건 왼쪽 또한 '나'가 택하는 위에 대한 최선대응이 맞습니다.

한편 두 번째 내쉬균형 (아래, 1 오른쪽-2 왼쪽)은 조금 이상합니다. '나'의 선택이 아래로 바뀌었고 결과적으로 '나'의 보수는 0으로 줄었습니다. '나'가 아래를 택한 이유는, '바보'의 전략 중 '1 오른쪽' 부분 때문입니다. '나'가 위를 택할 경우 '바보'가 오른쪽으로 가겠다는 계획이죠. '바보'가 정말 바보가 아니고 합리적이라면 이 계획은 실제로 실행하지 않을 것입니다. 즉 이는 믿을 수 없는 위협입니다. 따라서 두 번째 내쉬균형은 완전균형은 아닐 것입니다.

(2) 이번에는 '나'와 '바보'가 선택하는 순서를 바꾼 순차행동 버전을 살펴보지요. 즉 '바보'가 먼저 행동을 선택하면 이를 관찰한 '나'가 선택합니다. 그렇다면 '바보'의 전략은 이제 왼쪽, 오른쪽의 2개이고, '나'의 전략은 4개가 됩니다: 1 위-2 위, 1 위-2 아래, 1 아래-2 위, 2 아래-2 아래.

전략형 게임은 8개의 전략모둠이 가능한데 모양은 조금 달라집니다. 그림 20.15에 전략형 및 최선대응들이 표시되어 있습니다.

		"바보(일 수 있는 놈)"	
		왼쪽	오른쪽
"나"	1 위-2 위	2*, 1*	0, 0
	1 위-2 아래	2*, 1*	5*, 0
	1 아래-2 위	0, 1*	0, 0
	1 아래-2 아래	0, 1*	5*, 0

그림 20.15 순차행동 버전 (2)

그림에서 쉽게 찾을 수 있듯이 내쉬균형은 이번에도 2개입니다. (1 위-2 위, 왼쪽)과 (1 위-2 아래, 왼쪽)입니다. 이 중 완전균형인 것과 아닌 것은 어느 것일까요?

마지막 예에 대해서는 완전균형을 자세히 설명하지 않았습니다. 지금까지 설명해 온 대로 게임 상황을 잘 따져보면 찾아내는 것이 어렵지는 않습니다. 하지만 매번 이런 식으로 내쉬균형을 모두 찾고 각각의 상황을 따져보아서 믿을 수 없는 위협을 제거하는 방식은 상당히 번거로울 것입니다. 조금 더 편리하게 바로 완전균형을 찾아내는 방법이 있습니다. **역방향추론**입니다.

역방향추론

이 장을 시작하며 언급했던 '거꾸로 생각하라'는 원리가 바로 완전균형 찾기에 매우 쓸모 있는 **역방향추론**입니다. **역방향추론**(backward induction)이란 말 그대로 게임이 진행되는 순서를 거꾸로 풀어보는 것으로, 최종단계에서 시작해서 초기단계로 올라오면서 각 경기자들에게 합리적인(보수가 더 높은) 행동을 가려내는 것입니다. 이 방법을 사용하는 데에는 순차행동 게임의 전개형 표현 방식이 중요한 역할을 합니다. 게임을 풀어볼 때 최종단계 자체는 모든 행동이 결정되어 있고 보수값이 결정되므로, 최종단계에 이르기 직전 행동이 결정되는 단계부터 검토합니다.

예 20.8

순차적 사랑다툼 게임입니다. 먼저 그림 20.8의 전개형을 보면 이 게임에는 총 4개의 최종단계 마디가 있고, 그중 2개씩이 바로 위의 여친이의 두 마디들과 각각 연결되어 있습니다. 혹은 예 20.6 본문에서의 단계별 묘사를 본다면 최종단계 직전은 (2단계)가 역방향추론에서 먼저 검토되어야 할 단계입니다.

먼저 왼쪽에 있는 여친이 1 마디부터 봅시다. 이미 남친이가 선택을 마친 후의 상황이므로, 여친이의 선택은 산과 바다 사이에서 자신에게 더 유리한 것이면 됩니다. 산을 선택하면 1, 바다를 선택하면 0이므로 산이 더 유리합니다. 따라서 이 마디에서 바다를 나타내는 가지는 선택지로부터 삭제해도 됩니다. 게임 중에서 이 부분만을 떼어놓고 본다면 산이 지배전략(정확하게 말하자면 지배행동)이고 바다는 피지배전략(즉 피지배행동)인 것입니다. 그림 20.16(a)에 이 단계가 그려져 있습니다. (여기서 남친이의 보수는 고려할 필요가 없으므로 그 값에는 취소선을 그려 놓았습니다.)

마찬가지로 오른쪽에 있는 여친이 2 마디는 남친이가 이미 바다를 선택한 상황인데, 이때 여친이에게 더 유리한 행동은 바다입니다. 따라서 여친이 2 마디 아래쪽에서는 산이라는 가지를 삭제할 수 있습니다. 그림 20.16(b)에 나와 있습니다.

2단계를 이렇게 정리하고 나면 그림 20.17과 같은 축소된 게임이 남습니다. 즉 게임을 거꾸로 거슬러 올라가서 남친이의 입장이 되어보면, 그는 2단계에서 게임이 그림 20.16과 같이 전개될 것임을 예측하고 있고 따라서 그의 보수는 산을 선택할 경우 2가 되고 바다를 선택할 경우 1이 된다는 것 또한 예측하고 있습니다. 이제 그에게 유리한 선택은 산임이 명백합니다.

따라서 역방향추론에 의해 게임을 정리해보면 다음과 같은 순서로 게임이 진행될 것임을 알 수 있습니다: 1단계에서 남친이가 산을 선택, 2단계에서 여친이는 산을 선택. 특히 여친이의 '전략'은 2단계에서 만약 남친이가 바다를 선택하는 경우, 자신 또한 바다를 선택하는 것입니다. 다시 말해서, 앞에서 보았던 믿을 수 없는 위협들은 2단계를 정리하는 과정에서 자연스럽게 제거됩니다.

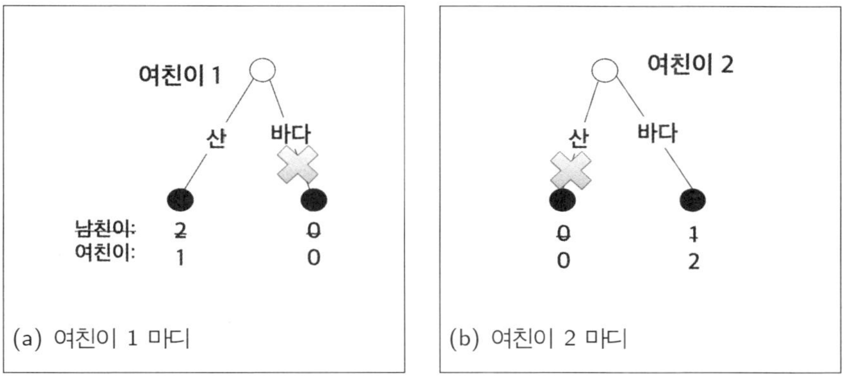

그림 20.16 역방향추론: 2단계

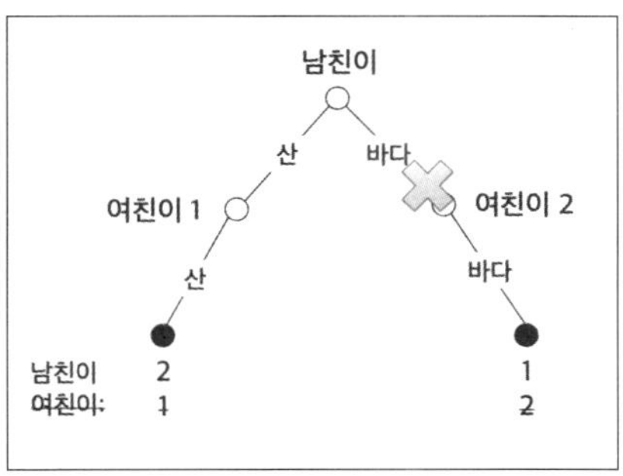

그림 20.17 2단계 정리 후 축소된 게임

역방향추론을 쓰면 게임이 어떻게 진행되고 어떤 결과가 나올지, 즉 누가 어떤 행동을 선택하고 결과적으로 어떤 보수들을 받게 될지를 알아낼 수 있습니다. 한편 역방향추론만으로는 완전균형이 아닌 내쉬균형을 찾을 수 없고, 균형을 전략모둠의 형태로 찾기도 어렵습니다. 게임의 결과만 알려면 역방향추론으로 충분하고, 모든 내쉬균형에 대한 정교한 분석을 하려면 전략형에 대한 추가 검토가 필요합니다.

예 20.9

여기서는 예 20.7에서 살펴본 두 가지 버전의 '나'와 '바보'의 순차행동게임에 대해 역방향추론을 적용해보겠습니다. '나'가 먼저 행동하는 (1) 버전의 역방향추론 과정은 그림 20.18에 나옵니다. 한편 '바보'가 먼저 행동하는 (2) 버전은 그림 20.19에 있습니다. 앞에서 찾았던 완전균형과 같다는 것을 확인할 수 있습니다.

'나'가 먼저 행동하는 버전에서 그림 20.18의 (a) 2단계에서 뒤늦게 행동하는 '바보'는 '바보 1' 마디에서는 왼쪽, '바보 2' 마디에서도 왼쪽을 택할 것입니다. (왼쪽이 지배전략이므로) 이를 미리 내다보는 '나'는 (b)의 1단계에서 자신에게 더 유리한 위를 택합니다.

'바보'가 먼저 행동하는 버전에서는 그림 20.19의 (a)에서 2단계에 행동하는 '나'는 '나 1' 마디에서 위를, '나 2' 마디에서 아래를 택합니다. (b)의 1단계에서 '바보'는 그중에서 자신에게 더 유리한 왼쪽을 택합니다. (사실은 '바보'에게 왼쪽이 지배전략이므로 2단계와 상관없이 왼쪽을 택하는 것입니다.)

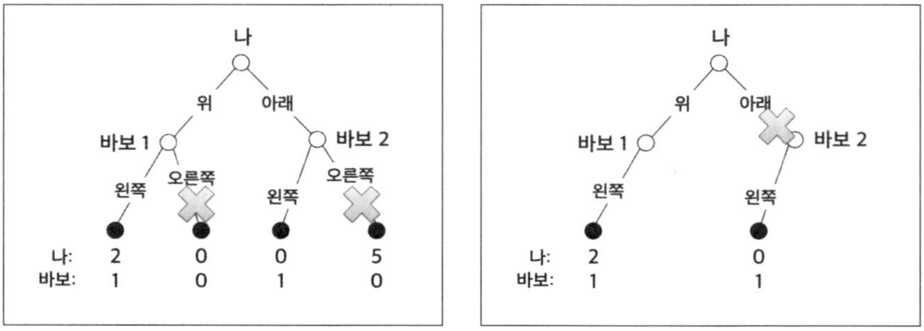

(a) 2단계 (b) 1단계

그림 20.18 예 20.9 '나'가 먼저 행동하는 버전

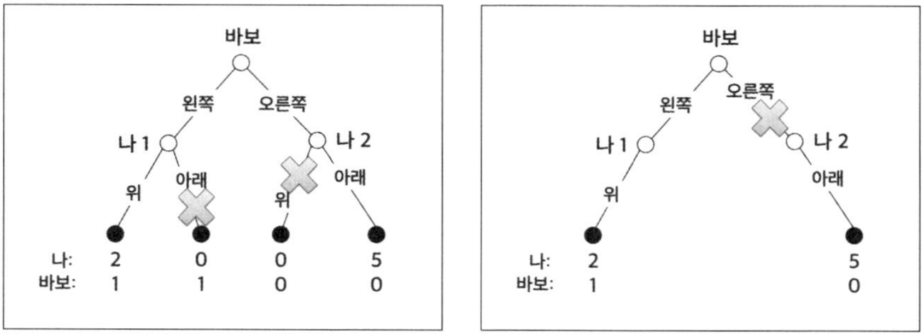

(a) 2단계 (b) 1단계

그림 20.19 예 20.9 '바보'가 먼저 행동하는 버전

20.5 동시행동과 순차행동이 섞인 게임

지금까지 본 게임들은 완전히 동시행동이거나 완전히 순차행동이었습니다. 즉 먼저 선택된 행동을 다음 경기자가 전혀 관찰하지 못하거나 혹은 완벽하게 관찰하는 경우였습니다. 어떤 게임에서는 경기자의 이전 행동 중 일부만을 관찰하는 경우도 있습니다. 이런 경우 관찰하지 못하는 부분은 동시행동의 성격을 가질 것입니다.

이런 게임도 전략형으로 표현하여 내쉬균형을 찾을 수 있고, 또한 역방향추론을 적용하여 완전균형을 찾을 수도 있습니다. 동시행동과 순차행동이 섞인 경우 전략형이 아마도 상당히 복잡하겠지만, 내쉬균형을 찾는 원리는 이미 공부한 바와 같습니다. 하지만 동시행동과 순차행동이 섞인 경우 역방향추론을 어떻게 사용하면 좋을지는 고민이 필요합니다. 간단한 예를 통해 개괄적인 설명만 하겠습니다.[10]

예 20.10

"나"와 "상대방"이 아래의 두 게임 중 하나를 하려고 합니다. 왼쪽 게임은 그림 19.17 죄수의 딜레마의 내쉬균형에서 가져왔고, 오른쪽 게임은 그림 19.18 지배전략을 가진 게임의 내쉬균형에서 가져왔습니다. 편의를 위해 내쉬균형을 찾을 수 있는 최선대응들이 *표로 표시되어 있습니다.

		"상대방" 의리	"상대방" 배신
"나"	의리	2,2	0,3*
	배신	3*,0	1*,1*

		"상대방" 왼쪽	"상대방" 오른쪽
"나"	위	2*,1*	0,0
	아래	0,1*	5*,0

(1) 만약 "나"가 게임을 선택한다면 어떻게 될까요? 게임을 선택하는 단계까지 포함한 큰 게임은 그림 20.20처럼 표시할 수 있겠습니다. (물론 제대로 게임나무로 그리려면 그림 속의 두 행렬을 게임나무 형태로 바꾸어야겠지만 문제를 풀이하는 데에는 이렇게 보는 것이 더 편합니다.) 즉 "나"가 왼쪽 가지를 택하면 나와 상대방은 죄수의 딜레마 게임을 하게 됩니다. 이 게임의 내쉬균형(사실은 지배전략 균형)은 (배신, 배신)이고 이때 "나"가 받게 되는 보수는 1입니다. 한편 "나"가 오른쪽 가지를 택하면 나와 상대방은 오른쪽의 게임(상대방이 지배전략을 가진 게임)을 하게 되고, 이때 내쉬균형 및 지배전략균형은 (위, 왼쪽)이고 "나"의

---

10 부분게임의 개념을 정의하고 이에 따라 부분게임 완전균형이라는 해를 사용하게 됩니다. 또한 부분게임 완전균형으로도 해결이 안 되는 경우 좀 더 정교한 균형 개념들이 필요합니다.

보수는 2입니다. "나"의 입장에서 오른쪽 게임이 더 유리하므로 오른쪽 게임을 택합니다. 역방향 추론을 통과한 완전균형은 "나"가 오른쪽 게임을 택하고 "나"와 "상대방"은 각각 위와 왼쪽을 택하는 것입니다.

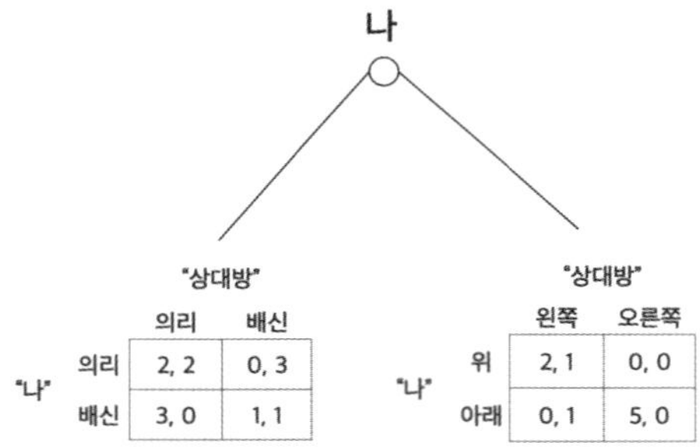

그림 20.20 예 20.10

(2) 거꾸로 "상대방"이 게임을 택하게 되면 어떻게 될까요? 그림 20.20에서 초기 마디 "나"의 자리에서 "상대방"이 선택을 합니다. 2단계에서 왼쪽이라면 (배신, 배신)으로 "상대방"은 1의 보수를 받고, 오른쪽이라면 (위, 왼쪽)으로 역시 1의 보수를 받습니다. 따라서 "상대방"의 경우에는 어느 게임을 택하든 무차별합니다. 따라서 이때는 완전균형이 두 가지인 셈입니다. 왼쪽 게임을 택하고 (배신, 배신)을 택하거나, 오른쪽 게임을 택하고 (위, 왼쪽)을 택하는 것이지요.

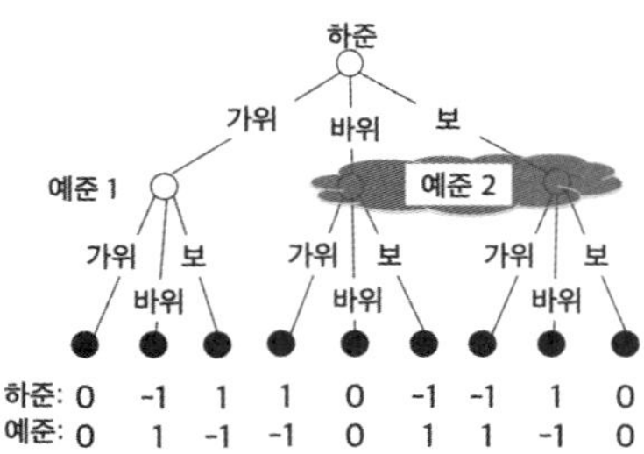

그림 20.21 예 20.11

예 20.11

순차적 가위바위보를 조금 변형한 게임이 그림 20.21에 있습니다. 이 게임은 하준이가 먼저 가위, 바위, 보 중 하나를 선택하면, 심판이 예준이에게 하준의 선택이 '가위인지, 아닌지'를 알려주는 경우입니다. 즉, 하준이가 가위를 택했다면 예준이는 그것을 바로 알게 되고, 대신 바위 또는 보를 택했다면 둘 중 어느 것인지는 알려주지 않고 다만 가위를 택하지 않았음을 알려주는 것입니다. 역방향추론을 하자면, 예준이가 만날 수 있는 상황은 2가지(예준 1, 예준 2)입니다. 예준 1이 발생하면 하준이가 이미 가위를 낸 상황이므로 바위를 내는 것이 유리합니다. 예준 2가 발생하면 하준의 선택이 바위인지, 보인지 모르기 때문에 하준이는

{바위, 보} 중에서 고르고, 예준이는 {가위, 바위, 보} 중에서 고르는 아래의 동시행동게임을 하는 것입니다.

"예준"

"하준"		가위	바위	보
	바위	$1^*,-1$	$0,0$	$-1,1^*$
	보	$-1,1^*$	$1^*,-1$	$0^*,0$

혼합전략 즉 무작위전략을 허용하지 않는다면 이 게임의 내쉬균형은 없습니다. 하지만 적어도 예준이는 가위, 바위, 보 중에서 바위는 내지 않을 것입니다. 보를 내는 경우와 비교해서 언제나 더 불리한 피지배전략이기 때문입니다. 따라서 피지배전략인 바위를 제거하면 다음의 축소 게임을 하는 셈입니다.

"예준"

"하준"		가위	보
	바위	$1^*,-1$	$-1,1^*$
	보	$-1,1^*$	$0^*,0$

이 축소 게임에는 두 경기자 모두 혼합전략을 사용하는 내쉬균형이 1개 있습니다. 도출 방법은 생략하고 답만 알려드리면 하준이는 바위를 1/3의 확률로, 보를 2/3의 확률로 내고, 예준이는 가위를 1/3의 확률로, 보를 2/3의 확률로 내는 것이 균형입니다. 혼합전략 균형에서 기대되는 보수는 하준이에게 $-1/3$, 예준이에게 1/3입니다. 하준이의 입장에서 초기 단계를 생각해보면 가위를 선택할 경우 무조건 져서 -1을 받지만, 가위를 선택하지 않으면 (비록 지는 경우가 더 많아도) 이길 가능성이 존재합니다. 따라서 가위는 선택하지 않습니다.

연습문제

문제 20.1 두 사람이 아래의 a에서 e의 자리 중 하나를 택해 앉는다.

● ● ● ● ●

a b c d e

보수는 다음과 같이 주어진다. 두 사람이 같은 자리를 택하면 두 사람 다 0점을 받는다. 서로 다른 자리에 앉은 경우, 왼쪽 사람은 자신의 자리를 포함해 왼쪽에 있는 자리마다 1점씩 점수를 받고, 오른쪽에 앉은 사람도 오른쪽 자리로 1점씩 받는다. 사이에 낀 자리는 0.5점씩 나눈다. 예를 들어, b, d에 각각 앉으면, b에 앉은 사람은 a, b로 2점, 사이에 낀 c로 0.5점을 받아 2.5점이 된다. 이때 d에 앉은 다른 사람도 마찬가지로 2.5점을 받는다. 각 경기자의 목표는 가능한 한 높은 점수를 받는 것이다.

(1) '갑'이 먼저 자리를 택하고 이를 관찰한 '을'이 택하는 순차행동게임에서, 갑과 을의 전략은 각각 모두 몇 개인지 설명하고, 완전균형에서 '갑'과 '을'이 어느 자리를 택하는지 설명하시오.

(2) 이번에는 '갑'과 '을'이 동시에 자리를 택하는 동시행동게임일 때, 게임의 전략형을 작성하고 내쉬균형을 모두 도출한 후 (1)의 완전균형과 비교하시오.

문제 20.2 경기자 1은 2개의 동전 중에서 0 또는 1 또는 2개를 경기자 2에게 준다. 경기자 2는 몇 개를 받았는지 관찰하고, 받은 동전에서 0 또는 1 또는 2개를 뺀 후 상자에 담는다. 경기자 1은 경기자 2가 상자에 담는 동전을 관찰하지 못한채, 0, 1, 2 중 한 숫자를 말한다.

(1) 경기자 1의 정보집합의 갯수는?

(2) 경기자 2의 전략의 갯수는?

문제 20.3 다음의 상황을 게임으로 분석하고자 한다.

> 지하철 이대역에 정차했던 2호선 전동차가 막 출발하려는 순간이었다. 게임이론 문제를 생각하느라 정신이 팔려 있던 미시천재 양은 차에서 내리기 위해 서둘러 출입문으로 걸어갔다. 출입문 건너편에서 경제수재 군이 이어폰을 꽂은 채 책을 읽느라 고개를 푹 숙인 채 열차에 타려고 하는 듯 보였다.
>
> 미시천재 양의 입장에서는 상대가 잠시 기다려주는 사이 자신이 먼저 내리는 것이 가장 좋다. 자신이 양보해서 기다리는 사이 상대가 먼저 열차를 탄다면 자신도 아슬아슬하게 내릴 수 있으므로 두 번째로 좋다. 만약 둘이 동시에 양보하여 기다리다가는 자칫 열차가 출발해버릴 수 있어 좋지 않은 상황이다. 한편 두 사람이 모두 양보없이 움직인다면 다칠 수도 있고 창피할 수도 있는 최악의 상황이다.
>
> 경제수재 군도 음악과 독서를 즐기면서 차에 타려는 순간, 문 안 쪽에서 누군가가 내리려 한다는 것을 알아차렸다. 미시천재 양과 마찬가지로 자신이 먼저 타는 것을 가장 선호하고, 그 다음으로는 자신이 양보하여 상대가 먼저 내리는 것을 선호하고, 두 사람 모두 양보하는 것이 세 번째이며 두 사람 동시에 움직이는 것이 최악이라고 생각한다.
>
> 매우 짧은 시간 안에 결정을 해야 하는 상황인데, 미시천재 양은 상대의 행동을 관찰할 수 있는 입장이고, 경제수재 군은 상대의 행동을 관찰할 수 없는 입장이며, 편의상 두 사람 모두 이 사실을 알고 있다고 가정하자. (또한 이 상황은 싸구려 로맨스가 아니며, 두 사람 모두 안전하고 빨리 차에서 내리거나 타는 것이 주된 관심사이다.)

(1) 위 상황을 게임의 전략형으로 작성하시오.

(2) 게임의 내쉬균형들을 도출하시오.

(3) 내쉬균형들 중 완전균형이 아닌 것을 지적하고 설명하시오.

문제 20.4 "한글과노트북"사는 워드프로세서 소프트웨어를 독점 판매하는 기업이다. 워드프로세서에 대한 수요는 비교적 가격 비탄력적이어서 가격이 1만 원일 때 수요량이 25이고 6천 원일 때 수요량은 30이다. 소프트웨어 생산의 한계비용은 미미하여 0이라고 본다.

(1) "마이크로하드"사가 이 시장에 진입하고자 한다. 진입할 경우 시장 수요를 절반씩 나누어가지게 된다. 다만 진입을 위해 소프트웨어 개발비용이 10만 원 든다. "마이크로하드"가 선택할 수 있는 전략은 "진입" 또는 "진입 포기"이고, "한글과노트북"이 선택할 수 있는 전략은 "가격 1만 원"과 "가격 6천 원"이라고 할 때 게임을 행렬 형태로 나타내고 내쉬 균형을 찾아보시오.

(2) "마이크로하드"사의 경영진은 게임이론 기초를 공부한 후 그 매력에 빠져, 내쉬균형이라면 무조건 선택하는 지침을 정한 사람들이다. 다만 이들은 완전균형의 개념을 알지 못하고 있다. 여러분이 "한글과노트북"사의 전략수립을 위한 기획에 참여한다면, 어떤 전략을 제안하겠는가?

문제 20.5 '준이'가 '정이'에게 함께 공연을 보러 가자고 제안했다. 정이는 자신의 일정을 확인해본 후 연락을 주기로 했다. 즉, 정이는 미리 약속을 취소(a)할 수도 있고, 공연장소에 갈(b) 수도 있다. 준이는 정이가 오든 오지 않든 공연을 보러 갈 예정이다. 한편, 공연장은 c 구역과 d 구역으로 나뉘어져 있는데, 어느 구역에서 공연을 볼 지에 대해서는 따로 이야기를 나누지 않았다. 정이의 선호는 함께 c 구역에서 공연을 보는 것이 가장 좋고 다음은 약속을 취소하는 것이며, 함께 d 구역에서 보는 것이 세 번째, 서로 다른 구역에서 보는 것이 최악이다. 준이의 선호는 함께 d 구역에서 보는 것이 가장 좋고, 혼자서라도 d 구역에서 보는 것이 두 번째, 함께 c 구역에서 보는 것이 세 번째, 혼자 c 구역에서 보는 것이 다음이고, 서로 다른 구역에서 보는 것이 최악이다. 이들이 직면한 상황을 게임 나무로 다음과 같이 그렸다.

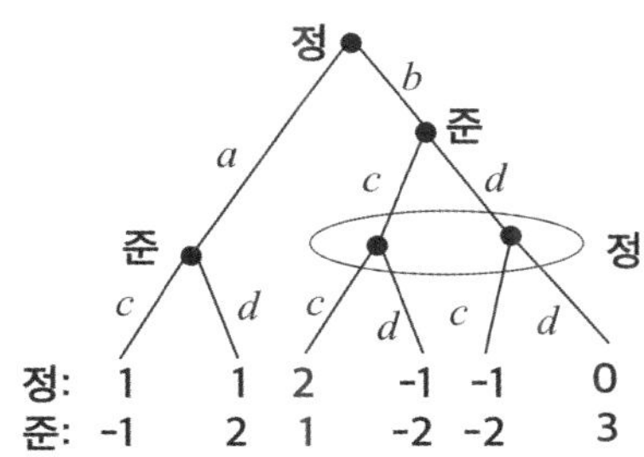

(1) 정이가 사용할 수 있는 전략과, 준이가 사용할 수 있는 전략은 각각 몇 개인가?

(2) 게임의 완전균형을 설명하시오.

과점 모형들: (1) 동질적 제품

microeconomics

제21장

인과성의 순서에서 서로 독립적인 계열들에 속하는 현상들의 조합 또는 마주침...
이렇게 확립되거나 관찰된 자연스러운 사실은
서로 독립적인 여러 계열의 원인과 결과들이
우발적으로 하나의 현상을 일으키는 것에 있다.
- 앙투안 오귀스탱 쿠르노, 『근대 사상과 사건의 진보에 대한 고려』[1]

쿠르노, 우발적 마주침의 균형

다소 어려워보이는 위의 글을 쓴 쿠르노(1801-1877)는 19세기에 활동한 프랑스의 수학자이자 철학자입니다. 쿠르노는 이 장에서 우리가 공부할 과점 모형의 창안자이기도 합니다.

쿠르노는 최초의 수리경제학자라고 할 수 있습니다. 그는 19세기 후반 한계효용학파가 비로소 경제학에서 수리적인 도구들을 본격적으로 사용하기 이전에 이미 현대적인 미시경제이론의 기초를 놓은 사람입니다. 1838년에 발표한 저서[2]에서 이 책에서 우리가 공부한 대부분의 내용을 이미 체계적으로 제시했습니다. 그의 저서에서 빠진 내용이라면 효용 및 한계효용의 개념인데, 이 개념에 기초한 경제

1 Antoine Augustin Cournot, *Considérations sur la Marche des Idées et des Événements dans les Temps Modernes* (1872).

2 Antoine Augustin Cournot, *Recherches sur les Principes Mathématiques de la Théorie des Richesses* (1838).

이론을 완성한 한계효용학파의 발라스(Walras)가 거의 유일하게 영향을 인정한 선배(?)가 쿠르노입니다. 게임이론의 핵심인 내쉬균형의 개념 또한 쿠르노가 이미 사용했습니다. 시대를 앞서서 게임이론을 사용했던 쿠르노의 과점 모형이 이 장의 내용입니다.

게임이론을 사용한 전략적 모형이 이전의 경제모형과 다른 점은 바로 개별 경제주체들을 고립된 것으로 보지 않고 서로 얽혀 있는 상호작용을 모형의 분석에 반영한다는 것입니다. 위의 인용구를 보면 쿠르노는 평생 그런 관점에서 사고했던 사람인 것 같습니다.

21.1 과점

과점(oligopoly)에서 '과(oligo)'는 1보다는 크지만 심하게 크지는 않은 수를 지칭합니다. 즉 **과점**이란 소수($1 < n \ll \infty$)의 기업이 경쟁하는 시장구조입니다. 기업의 수가 소수로 유지되려면, 독점과 마찬가지로 진입장벽이 필요합니다.

과점은 완전경쟁이나 독점보다 현실적인 시장구조이지만, 현실은 복잡하기 때문에 모든 경우를 포괄할 수 있는 일반 모형은 존재하지 않습니다. 따라서, 현실의 시장을 잘 관찰한 후 그 시장에 맞는 모형을 그때 그때 상황에 맞추어 임시방편적(ad hoc)으로 만들어야 하는 어려움이 있습니다. 머리로 생각해보는 이론적 작업보다는 현장에서 관찰을 토대로 구성하는 실증연구가 뒷받침되어야 하는 것입니다.

하지만 그때그때 맞는 임시방편적(ad hoc)인 모형들만을 늘어놓는 것은 현실 이해와 평가에 장기적으로 도움이 되지 않기 때문에, 이론적인 틀을 체계적으로 세우는 것도 매우 중요합니다. 1970년대 이후 경제학에서는 게임이론을 본격적으로 활용하면서 과거의 임시방편적인 모형들을 게임이론의 틀로 새롭게 표현하고 해석하기 시작했고, 새로운 모형들도 등장하게 됩니다.

즉 이 장과 다음 장에서 공부할 과점 모형들은 실제로는 게임이론이 등장하기 전에 이미 창안된 것들이지만 우리는 그 후에 개발된 게임이론의 관점에서 이 모형들을 분류하고 이해하는 시도를 할 것입니다.

과점 및 불완전경쟁 모형의 분류

완전경쟁이나 독점은 극단적 모형이기 때문에 한 가지 종류밖에 없다고 하겠지만 과점은 여러 종류의 모형이 가능합니다. 어떤 기준을 갖고 파악해야 수월할 것입니다. 우선 재화의 성질에 따라 나눌 수 있습니다. (i) **동질적 제품** 모형과 (ii) **이질적 제품** 모형이 가능합니다. 과점 모형에서 **동질적 제품**(homogeneous product)이란 동일하기 때문에 시장에서 동일한 가격에 거래되는 것이 특징입니다. 즉 여러 기업의 제품들이 동일한 하나의 재화로 간주되므로 수요곡선이 1개입니다. 한편 **이질적 제품**(heterogenous product) 모형에서는 각 기업이 자사 제품에 대해 각자 가격을 매길 수 있고 각자 수요곡선을 가집니다. 재화의 이질성이 외생적으로 주어지는 것이 아니라, 각 기업의 선택하는 변수일 수도 있습니다. 이를 **제품 차별화**(product differentiation)라고 합니다.

기업의 **선택 변수**(**전략**)에 따른 분류도 가능합니다. 완전경쟁 및 독점 모형을 떠올려 보시면 기업의 주요 선택변수는 가격과 수량입니다. 완전경쟁에서는 수량만 택하고, 독점은 가격과 수량 중 하나를 택하면 나머지 하나는 수요곡선에 의해 결정되었습니다. 한편 과점 모형에서는 기업들이 가격을 택하는지, 수량을 택하는지에 따라 결과가 달라질 수 있습니다. 가격과 수량 외에도 광고, 연구개발, 생산가능 설비수준 등 다양한 변수가 가능합니다. 참고로 동질적 재화 시장에서는 가격을 선택변수로 두는 것에 큰 의미가 없습니다.

마지막으로 게임이론의 관점에서는 기업이 행동을 선택하는 시차도 중요합니다. 즉 (i) **동시행동**인지 (ii) **순차행동**인지에 따라 모형이 달라집니다.

이 장에서는 **동질적 제품** 모형만을 다룹니다. 또한 기업의 선택 변수는 수량과 가격으로 국한합니다. 따라서 표 21.1과 같이 총 4가지의 모형이 가능합니다.

표 21.1 동질적 제품 과점 모형의 종류

	동시행동	순차행동
수량	쿠르노 모형 (21.3절)	슈타켈베르크 모형 (21.2절)
가격	베르트랑 모형 (다음 장)	가격선도 모형

이 중에서 우리는 수량을 선택하는 모형에 집중할 예정입니다. 사실 동질적 제품에 대해서는 기업들이 가격을 독자적으로 선택한다는 것이 불가능하기 때문입니다. 먼저 2 절에서는 수량을 순차적으로 선택하는 **슈타켈베르크 모형**을, 그리고 3 절에서는 수량을 동시에 선택하는 **쿠르노 모형**을 공부합니다. 역사적으로는 쿠르노 모형이 먼저이지만, 이 순서가 좀 더 공부하기에 수월하다고 생각됩니다.

한편 가격을 동시에 선택하는 모형은 **베르트랑 모형**이라고 불리는데 이는 다음 장에서 이질적 제품 모형을 논할 때 잠깐 소개하겠습니다. 가격의 동시 선택은 이질적 제품일 때 더 의미를 갖기 때문입니다. 가격을 순차적으로 택하는 모형 중에서 게임이론을 사용하는 것은 아닌 고전적 모형인 **가격선도 모형**은 마지막에 간략하게 언급만 하겠습니다.

21.2 슈타켈베르크 복점모형: 동질적 제품 수량의 순차 선택

이 모형의 이름은 슈타켈베르크(Heinrich Freiherr von Stackelberg, 1905-1946)라는 학자의 연구[3]에서 유래한 것입니다. 아래 4 절의 가격선도 모형에 대비해서 **수량선도 모형**(quantity leadership model)이라고 부르기도 합니다.

앞에서 예고한대로 판매되는 제품은 **동질적**이라고 가정합니다. 즉, 각 기업이 판매하는 제품들은 시장에서 모두 하나의 재화로 취급되어 동일한 시장가격을 받고 하나의 시장수요곡선 $P(Q)$를 따릅니다. 또한 각 판매자는 자신이 공급할 제품의 **수량**을 선택하는데, 그 선택은 **순차적**입니다. 즉 먼저 한 판매자가 수량을 선택하면 다른 판매자가 이를 관찰한 후 자신의 수량을 결정하는 방식입니다.

게임이론에서 공부했던 순차행동게임의 전개형을 사용해서 이 모형을 표현하고 **완전균형**을 도출하는 것이 목적입니다. 일반적인 경우를 분석하기보다는 구체적인 예를 직접 풀어보는 것이 도움이 될 것 같습니다.

판매자의 수가 2 개인 **복점**(duopoly)을 고려합니다. 복점을 잘 이해하면 기업의 수가 3 개 이상인 일반적 과점 모형도 어렵지 않게 이해할 수 있을 것입니다. 각

3 Stackelberg, *Marktform und Gleichgewicht* (1934)

판매자의 수량을 q_1, q_2라고 하면 시장공급량은 $Q = q_1 + q_2$입니다. 동질적 재화 가정에 따라 가격은 $P(Q)$가 됩니다. 전개형의 단계별 표시로는

슈타켈베르크 복점모형

(1단계) 판매자 1이 수량 q_1을 선택

(2단계) 판매자 2가 q_1을 관찰한 후 수량 q_2를 선택

(최종) 각 판매자의 보수는 이윤 $\pi_i(q_1, q_2) = P(Q)q_i - C(q_i)$

선형수요, 선형비용의 예

시장수요곡선이 $P(Q) = a - Q$입니다. 기울기가 -1입니다. 또한 두 판매자는 동일한 선형 비용함수 $C(q_i) = cq_i$를 갖습니다. 게임에 등장하는 주요 '상수'(외생변수)는 수요의 절편 a와 한계비용 c입니다.

완전균형 도출을 위한 역방향추론 : 2단계

역방향추론을 위해 2단계를 고려합니다. 즉 1단계에서 이미 어떤 수량 q_1이 판매자 1에 의해 선택되었다고 가정합니다. 이제 q_1을 관찰한 판매자 2가 자신의 보수(이윤)를 극대화하는 q_2를 선택할 차례입니다.

시장수요의 변수는 Q이지만, 판매자 2에게는 q_1의 값이 주어지므로 수요곡선이 q_2의 함수인 $P(q_2) = (a - q_1) - q_2$인 셈입니다. 판매자 2의 수입은 $R_2(q_2) = P(q_2)q_2 = [(a - q_1) - q_2]q_2$이고 한계수입은 R_2를 q_2로 미분한 $MR_2(q_2) = a - q_1 - 2q_2$입니다. 한계비용이 c이므로 판매자 2의 이윤극대화 조건은

$$a - q_1 - 2q_2 = c \quad [MR = MC]$$

이고 이를 풀면 판매자 2의 이윤극대화 수량은

(21.1) $$q_2^* = \frac{(a - q_1) - c}{2}$$

입니다. 식 (21.1)의 이윤극대화 수량 q_2^*는 q_1의 값이 무엇이냐에 따라 달라집니다.

실제 게임에 들어가면 2 단계에서 q_2는 알려진 상수 값이겠지만, 게임을 분석하는 시점에서는 q_1의 값을 아직 모릅니다. 따라서 q_2^*의 값도 q_1의 값이 무엇이냐에 따라 달라지는 q_1의 함수입니다.

다시 말해 q_2^*는 판매자 1의 선택 q_1에 대한 판매자 2의 **최선대응**인 것입니다. 게임이론이 정립되기 이전의 과점 모형에서는 쿠르노의 용어인 **반응함수**(reaction function)를 사용했었습니다. 이를 $r_2^*(\cdot)$라는 기호로 표시하겠습니다

(21.2) $$r_2^*(q_1) = \frac{(a - q_1) - c}{2}$$ [판매자 2의 반응함수]

<u>완전균형 도출을 위한 역방향추론 : 1 단계</u>

역방향추론에 따라 1 단계로 거슬러 올라옵니다. 2 단계에서 어떤 일이 일어날지를 알고 있습니다. 판매자 2 가 $r_2^*(q_1)$라는 '전략'에 따라 수량을 택할 것입니다.

판매자 1은 게임의 모든 정보를 알고 있으며, 판매자 2가 이윤 극대화를 추구한다는 것도 알고 있습니다. 즉 판매자 1도 판매자 2의 합리적 전략인 $r_2^*(q_1)$를 예상할 수 있습니다. 따라서 판매자 1은 자신의 수량 q_1을 선택할 때 나중에 2 단계에서 판매자 2가 사용할 $r_2^*(q_1)$라는 전략을 예상하고 이를 반영한 합리적 선택을 합니다. (이것이 전략적 사고입니다.) 또한 판매자 2가 최선대응을 하리라는 가정을 통해 믿을 수 없는 위협에는 넘어가지 않는 자세를 취합니다. 판매자 2가 자신의 2 단계 행동에 대해서 어떤 예고를 하더라도 그것이 $r_2^*(q_1)$과 다르다면 그것은 믿을 수 없습니다.

마치 판매자 2는 판매자 1에게 조정당하는 꼭두각시 같은 양상입니다. 판매자 1의 행동에 따라 행동이 달라지며 그것을 판매자 1이 꿰뚫어보고 있기 때문입니다.

판매자 1의 수입은

$$R_1(q_1) = P(Q)q_1 = (a - q_1 - q_2^*)q_1 = (a - q_1 - r_2^*(q_1))q_1$$

$$= \left(a - q_1 - \frac{a - q_1 - c}{2}\right)q_1 = \frac{a + c}{2}q_1 - \frac{1}{2}q_1^2$$

입니다. $Q = q_1 + q_2$에서 q_2의 자리에 $q_2^* = r_2^*(q_1)$을 대입했습니다. 한계수입은

$R_1(q_1)$을 q_1으로 미분한 $MR_1(q_1) = \frac{a+c}{2} - q_1$입니다. 판매자 1의 이윤극대화 조건은 한계비용인 c와 한계수입을 일치시켜서

$$\frac{a+c}{2} - q_1 - c = 0 \quad [MR = MC]$$

입니다. 조건을 만족하는 판매자 1의 수량은

(21.3) $$q_1^* = \frac{a-c}{2} \qquad \text{[판매자 1의 수량]}$$

입니다. 판매자 1이 q_1^*을 선택하면, 판매자 2는 반응함수에 따라

(21.4) $$q_2^* = r_2^*(q_1^*) = \frac{a-c}{4} \qquad \text{[판매자 2의 수량]}$$

를 선택합니다. 따라서 이 게임의 완전균형에서 두 경기자가 선택하는 수량은

(21.5) $$(q_1^*, q_2^*) = \left(\frac{a-c}{2}, \frac{a-c}{4}\right) \qquad \text{[슈타켈베르크 균형수량]}$$

입니다. 이를 슈타켈베르크 균형수량이라고 말합니다.[4] 주어진 수량으로부터 시장 공급량은 $Q^* = q_1^* + q_2^* = \frac{3}{4}(a-c)$이고 이때 시장가격은

(21.6) $$P = a - Q^* = \frac{a+3c}{4} \qquad \text{[슈타켈베르크 균형가격]}$$

입니다. 주요 내생변수인 가격과 수량에 슈타켈베르크를 뜻하는 S를 붙여서 아래와 같이 기록해두겠습니다.

선형수요, 선형비용 슈타켈베르크 복점의 균형:
시장가격 $P^S = \frac{1}{4}(a+3c)$, 시장거래량 $Q^S = \frac{3}{4}(a-c)$

4 게임이론의 관점에서 완전균형은 두 경기자의 전략을 명시해야 합니다. 판매자 1의 전략은 $q_1^* = \frac{a-c}{2}$이 맞지만, 판매자 2의 전략은 $q_2^* = \frac{a-c}{4}$가 아니라 반응함수 $r_2^*(q_1)$ 전체입니다.

흥미롭게도 판매자 1이 택하는 수량은 주어진 수요곡선 하에서 독점의 이윤극대화 양과 일치합니다. 판매자 2가 택하는 수량 또한 판매자 1의 수량을 제외하고 남은 시장수요에 대한 독점의 이윤극대화 양과 일치합니다. 하지만 이는 선형 수요곡선일 때만 성립하는 결과이므로 너무 의미를 부여할 필요는 없습니다.

도출된 균형의 모습을 좀 더 검토해봅시다. 우선 판매자 1의 수량이 판매자 2의 수량보다 2배나 됩니다.

$$q_1^* = \frac{a-c}{2} > \frac{a-c}{4} = q_2^*$$

각 판매자의 이윤을 계산해봅시다.

$$\pi_1(q_1^*, q_2^*) = (P^S - c)q_1^* = \left(\frac{a+3c}{4} - c\right) \cdot \frac{a-c}{2} = \frac{a-c}{4} \cdot \frac{a-c}{2} = \frac{1}{8}(a-c)^2$$

$$\pi_2(q_1^*, q_2^*) = (P^S - c)q_2^* = \left(\frac{a+3c}{4} - c\right) \cdot \frac{a-c}{4} = \frac{a-c}{4} \cdot \frac{a-c}{4} = \frac{1}{16}(a-c)^2$$

판매자 1의 이윤도 판매자 2의 2배입니다. 먼저 수량을 선택한 판매자 1에게 훨씬 유리합니다. 이를 **선발주자의 잇점**(first mover advantage)이라고 합니다.[5]

두 기업 모두 고정비용이 없고 한계비용이 상수이므로 생산자잉여는 이윤과 동일시할 수 있습니다. 즉 생산자잉여는 두 기업의 이윤의 합이고 소비자잉여 및 사회후생도 가격과 거래량을 사용해 계산할 수 있습니다.

(21.7) $$PS^S = \frac{3}{16}(a-c)^2$$ [슈타켈베르크 균형 생산자잉여]

(21.8) $$CS^S = \frac{1}{2}(a - P^S)Q^S = \frac{9}{32}(a-c)^2$$ [슈타켈베르크 균형 소비자잉여]

(21.9) $$SW^S = CS^S + PS^S = \frac{15}{32}(a-c)^2$$ [슈타켈베르크 균형 사회후생]

5 모든 게임에서 먼저 행동하는 선도자가 유리한 것은 아닙니다. 간단한 예로 순차적 가위바위보에서는 오히려 뒤에 택하는 사람이 유리합니다.

이상의 구체적 공식으로 얻어진 결과는 물론 우리가 가정한 선형수요 및 선형비용에 따른 것입니다. 다른 형태의 수요와 비용을 사용한다면 공식의 내용이 달라질 것입니다. 수요나 비용이 달라지더라도 모형의 풀이 방식은 마찬가지입니다. 역방향추론에 의해 후발주자의 최선대응을 함수로 먼저 도출하고 이를 선발주자의 이윤함수에 반영하여 선발주자의 균형 수량을 찾으면 됩니다.

슈타켈베르크 균형의 모습을 완전경쟁 및 독점과 비교하는 것은 다음 절에서 쿠르노 균형을 검토한 후에 해보겠습니다.

예 21.1

앞의 모형 풀이는 비교적 단순하고 기계적인 계산의 결과입니다. 직관적인 이해를 돕기 위해서 가상의 상황을 이야기로 제시합니다. 어느 마을 사람들은 아침마다 뒷산에 올라갑니다. 산에는 건강에 좋다고 알려진 약수터가 있는데, 물을 뜰 수 있는 두 개의 입구는 각각 A와 B라는 사람이 소유하고 있습니다. A와 B는 약수가 담긴 바가지를 마을 사람들에게 판매하는데, 바가지 1개의 제작비용은 10원입니다.

또한 마을 사람들의 약수 바가지에 대한 수요곡선은 $P(Q)=110-Q$입니다. 즉 최대 지불용의가격은 110원이고, 하루 최대 판매량은 110 바가지입니다. 값을 1원 내릴 때마다 판매량이 한 바가지씩 늘어납니다.

A와 B는 남들보다 일찍 새벽에 일어나 바가지를 챙겨서 산에 오릅니다. A씨가 좀 더 부지런해서 항상 먼저 약수터에 도착한 후 자고 있는 B씨에게 전화를 걸어 오늘은 바가지를 몇 개 가지고 올라왔는지 알려줍니다. (바가지 갯수에 대해 거짓말은 하지 않습니다.) 이제 잠이 깬 B씨는 자신도 바가지를 챙겨서 산에 올라가 A씨와 함께 바가지에 물을 담아놓고 마을 사람들을 기다립니다. A와 B가 약수를 담아놓은 바가지 수에 따라 그날 판매할 약수의 한 바가지 가격이 결정됩니다. 즉 그 양을 다 판매할 가격을 수요곡선 $P(Q)=110-Q$에서 결정하는 것입니다.

지금까지의 상황을 위의 슈타켈베르크 모형과 비교해보면, A와 B가 판매자 1, 2이고 한계비용은 $c=10$, 수요곡선의 절편 $a=110$입니다. 순차행동 구조는 A씨가 먼저 올라가서 전화를 하는 것으로 반영되어 있고, 약수터 입구를 두 사람이 소유하고 있으므로 진입장벽도 형성되어 있습니다.

이제 위에서 도출한 균형 값들에 $a=110$, $c=10$을 대입해보면 다음과 같은 상황이 예상됩니다: A씨는 $q_1^*=(110-10)/2=50$개의 바가지를 준비하고 이를 통보받은 B씨는 $q_2^*=(110-10)/4=25$개의 바가지를 준비합니다. 75 바가지를 판매할 수 있는 가격은 $P=110-75=35$원이고 이는 $P^S=\frac{a+3c}{4}=\frac{110+30}{4}=35$와도 일치합니다. A씨의 이윤은 $10000/8=1250$원이고 B씨의 이윤은 $10000/16=625$원입니다. 소비자잉여는 계산해보면 2812.5원이고 사회후생은 4687.5원입니다.

21.3 쿠르노 복점모형: 동질적 제품 수량의 동시 선택

이제 **쿠르노 모형** (Cournot model)을 알아봅니다. 역사적으로는 크르노 모형이 먼저 창안되었고 100 여년이 지난 후 그 변형으로 슈타켈베르크 모형이 논의되었습니다. 슈타켈베르크 모형과의 차이점은 수량을 순차적으로 선택하는 대신 **동시**에 선택한다는 것입니다.

이번에도 복점을 다루겠습니다. 역시 각 판매자가 동질적인 제품의 수량 q_1, q_2를 택하여 시장공급량이 $Q = q_1 + q_2$이면 시장가격은 수요곡선 $P(Q)$에 의해 결정됩니다. 동시행동 게임이므로 전략형으로 다음과 같이 표현가능합니다.

쿠르노 복점모형

- 경기자: 판매자 1, 판매자 2
- 전략집합: 판매자 1은 $q_1 \geq 0$을 선택, 판매자 2는 $q_2 \geq 0$을 선택
- 보수함수: 각 판매자의 이윤 즉 $\pi_i(q_1, q_2) = P(Q)q_i - C(q_i)$

동시행동 게임의 전략형이므로 내쉬균형을 찾는 것이 자연스럽습니다. 이번에도 앞 절과 마찬가지로 선형수요, 선형비용의 예를 검토하겠습니다.

선형수요, 선형비용의 예

앞에서와 똑같이 시장수요곡선이 $P(Q) = a - Q$이고, 두 판매자는 동일한 선형 비용함수 $C(q_i) = cq_i$를 갖습니다. 다만 이번에는 동시 선택을 가정하고 있고, 동시 선택의 의미는 서로 상대의 선택을 모르는 상태에서 선택한다는 것입니다.

<u>판매자 2의 최선대응</u>

먼저 판매자 2의 입장에서 판매자 1의 수량 q_1에 대한 **최선대응** 즉 **반응함수**를 도출해봅시다. 판매자 2는 q_1의 값을 모릅니다. 어쨌든 계획을 도출하기 위해서 임의의 수량 $\overline{q_1}$이라고 "가정" 합니다.

일단 이 가정을 하는 순간 슈타켈베르크 모형에서 이미 거쳤던 과정과 동일합니다. q_1이 무엇인지 모르더라도 q_1을 알게 되는 순간 바로 최적 대응을 도출할 수 있는

계획을 함수로 도출하는 것입니다.

$$q_2^* = r_2^*(\overline{q_1}) = \frac{a - \overline{q_1} - c}{2} \qquad (21.10) \quad \text{[판매자 2의 반응함수]}$$

즉, 판매자 2는 $r_2^*(\cdot)$라는 함수를 계획(전략)으로 갖고 '게임'이 시작되길 기다리고 있습니다.

판매자 1의 최선대응

이번에는 판매자 1의 입장을 봅시다. 슈타켈베르크 모형에서는 판매자 2의 $r_2^*(q_1)$를 미리 알고 이를 반영하여 수량을 선택했던 것과 달리, 이 모형에서는 판매자 1과 2가 동일한 입장입니다.

즉, 판매자 1도 판매자 2의 수량에 대해 임의의 $\overline{q_2}$라고 생각하고 계획을 짜야 합니다. 그런데 판매자 2의 입장과 완전히 대칭적이므로 판매자 1 또한

$$q_1^* = r_1^*(\overline{q_2}) = \frac{a - \overline{q_2} - c}{2} \qquad (21.11) \quad \text{[판매자 1의 반응함수]}$$

라는 반응함수를 계획으로 세운 후 '게임'에 임한다고 볼 수 있습니다.

쿠르노 균형 찾기

최선대응함수들을 도출했으므로 이를 사용해서 바로 내쉬균형을 알아낼 수 있지만, 일단 쿠르노가 1800년대에 생각했던 방식을 똑같이 따라가 보도록 하겠습니다. 쿠르노는 다음과 같이 설명했습니다.

먼저 판매자 1이 판매자 2에 대해 $\overline{q_2} = 0$라고 예상한다고 상상해봅시다. 그렇다면 그의 반응은 $q_1 = r_1^*(0) = \frac{1}{2}(a-c)$이 됩니다. (이는 주어진 시장에서의 독점 공급량과 일치합니다.) 그런데 판매자 1이 정말로 이렇게 생각하여 이 수량을 택하고, 판매자 2가 이 사실을 알고 있다면 그는 $q_2 = r_2^*(r_1^*(0)) = r_2^*\left(\frac{1}{2}(a-c)\right) = \frac{1}{4}(a-c)$를 택할 것입니다. (바로 슈타켈베르크 균형 수량입니다.)

앞 문단의 문제점은 애초에 판매자 1이 예상했던 $\overline{q_2}$이 틀렸다는 것입니다! 판매자 1은 $\overline{q_2} = 0$이라고 예상하고 행동하고 판매자 2는 이에 반응했는데 결과적으로 q_2는 0이 아니라 $\frac{1}{4}(a-c)$이었습니다.

만약 판매자 1이 이 가능성을 떠올릴 수 있다면 $\overline{q_2}$에 대한 예상을 수정해서 자신의 선택을 바꾸어야 합니다. 즉 $\overline{q_2} = \frac{1}{4}(a-c)$이라고 예상할 때 판매자 1의 선택은 $r_1^*\left(\frac{1}{4}(a-c)\right) = \frac{3}{8}(a-c)$이어야 합니다.

더 생 각 해 보 기

$q_1 = \frac{1}{2}(a-c)$과 $q_2 = \frac{1}{4}(a-c)$은 슈타켈베르크 균형입니다. 그렇다면 그냥 그 균형 값에 머무르면 되는 것 아닐까요? 왜 $\overline{q_2} = \frac{1}{4}(a-c)$에 대해서 판매자 1은 슈타켈베르크 균형과 다르게 행동할까요? 답은 물론 슈타켈베르크는 순차적 선택 상황이고, 여기서는 동시 선택 상황이라는 데에 있습니다. 선택이 순차적일 때는 판매자 1은 판매자 2의 선택을 정확하게 "예상"할 수는 있지만 어쨌든 선택 자체는 자신이 먼저 해야 합니다. 즉 슈타켈베르크 균형이 균형인 것은 선택이 판매자 1-판매자 2의 순서일 때 양측에게 모두 최선이기 때문입니다. 만약 $q_2 = \frac{1}{4}(a-c)$가 먼저 주어지거나 심지어 동시에 주어진다면, 판매자 1의 최선반응은 슈타켈베르크 균형과 다른 $q_1 = \frac{3}{8}(a-c)$입니다.슈타켈베르크 균형이 아닌 $q_1 = \frac{3}{8}(a-c)$을 선택하면 판매자 2 또한 슈타켈베르크 균형과 다른 선택을 하게 됩니다. 바로 다음에 계산합니다.

판매자 2 또한 여기까지 생각을 따라올 수 있습니다. 판매자 2가 $q_1 = \frac{3}{8}(a-c)$를 예상한다면, 그에 대한 반응은 $r_2^*\left(\frac{3}{8}(a-c)\right) = \frac{5}{16}(a-c)$가 됩니다. 판매자 1의 예상 $\overline{q_2} = \frac{1}{4}(a-c)$가 또 틀린 것이지요. 이 값들 역시 균형이 아닙니다. (균형이라면 두 경기자 모두 더 이상 예상을 수정하거나 행동을 고치지 않아야 합니다.)

언제까지 이런 계산을 계속 해야 할까요? 멈출 수는 있는 걸까요? 홈즈와 모리아티를 떠올리며 그냥 포기해야 하거나 운에 맡겨야 하는 걸까요?

두 경기자가 예상의 수정과 그에 따른 반응행동 변경을 더 이상 하지 않으려면, 서로의 선택에 대한 "예상"이 실제 "행동(반응)"과 일치해야 합니다. 이것이 쿠르노가 제안한 **쿠르노 균형**(Cournot equilibrium)입니다.

과연 그렇다면 우리의 예에서 쿠르노 균형은 있는 걸까요? 이해를 돕기 위해 그림을 통해 알아보겠습니다.

그림으로 보는 쿠르노 균형

그림 21.1(a)에는 두 판매자의 반응함수가 같은 평면 위에 그려져 있습니다. 판매자 1의 반응함수는

$$q_1 = r_1^*(q_2) = \frac{a - q_2 - c}{2}$$

인데 $q_2 = 0$일 때 $r_1^*(0) = \frac{1}{2}(a-c)$이므로 q_1의 축 절편이 $\frac{1}{2}(a-c)$입니다. 한편 $q_2 = a-c$일 때 $r_1^*(a-c) = 0$이 되므로 q_2축 절편은 $a-c$가 됩니다. 직관적으로 생각하면 판매자 2가 공급하지 않을 때 판매자 1은 독점의 수량 $\frac{1}{2}(a-c)$를 택하는 것이고, 판매자 2가 가능한 최대의 공급량 $(a-c)$를 택한다면 시장가격이 $P = a - Q = a - q_1 - q_2 = a - q_1 - (a-c) = c - q_1$이 되는 셈입니다. 판매자 1이 어떤 공급량을 택하는 순간 가격은 한계비용보다 낮아지게 되므로 그냥 사업을 포기하는 편이 낫습니다. 한편, 판매자 2의 반응함수는

$$q_2 = r_2^*(q_1) = \frac{a - q_1 - c}{2}$$

이니 똑같은 논리에 의해서 $q_1 = 0$일 때 독점 수량인 $\frac{1}{2}(a-c)$를 택해서 이것이 q_2축의 절편, $q_1 = a-c$일 때 공급을 포기해서 이것이 q_1축의 절편입니다.

그림 21.1 그림으로 쿠르노 균형 찾기

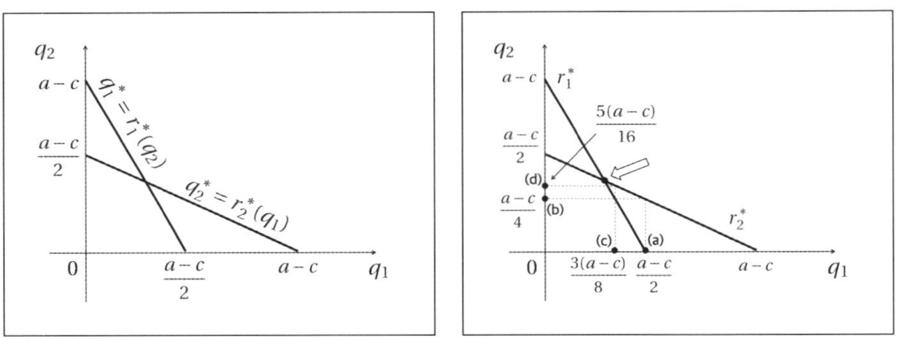

(a) 두 판매자의 반응함수

(b) 잘못된 예상의 수정 과정

그림 (b)에서는 앞에서 다양한 (잘못된) 예상을 거치던 과정을 짚어보았습니다. 먼저 $\overline{q_2} = 0$이라고 예상하면 판매자 1은 자신의 반응곡선 상에서 (a)점을 대응으로 삼습니다. 그런데 (a)에 대한 판매자 2의 대응은 그의 반응곡선과 만나는 높이인 (b)입니다. 마찬가지로 (b)에 대한 반응은 (c), (c)에 대한 반응은 (d)로 이어집니다. 그림을 보면 이 과정은 두 반응함수의 그래프가 만나는 점을 향해 접근해가고

있습니다.

만약 두 반응함수가 만나는 점을 두 판매자 중 하나가 택한다면 그에 대한 서로 간의 최선대응은 중복되어 더 이상 수정이 필요없는 상태가 됩니다. 이것이 쿠르노 균형입니다. 그림 21.2에는 이 점이

$$(q_1^C, q_2^C) = \left(\frac{1}{3}(a-c), \frac{1}{3}(a-c)\right)$$

인 것으로 표시되어 있습니다. 각자의 반응함수에 대입해봐도

$$r_1^*(q_2^C) = r_2^*(q_1^C) = \frac{1}{3}(a-c)$$

임을 확인할 수 있습니다.

그림 21.2 쿠르노 균형

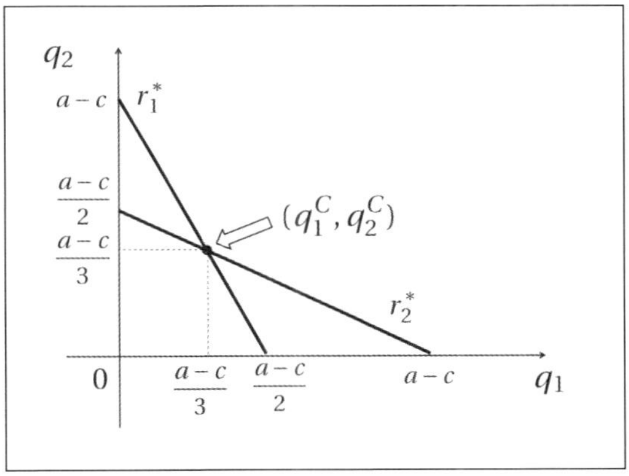

쿠르노 균형의 계산

두 반응함수가 만나는 점은 구체적으로 어떻게 알아낼 수 있을까요? 현재의 예에서는 반응함수가 둘 다 1차함수이므로 간단한 연립방정식의 풀이를 통해 구할 수 있습니다.

판매자 1이 q_1^C를 택할 것이라고 판매자 2가 예상한다면, 그에 대해 판매자 2는

$r_2^*(q_1^C)$를 택하는 것으로 반응할 것입니다. 그런 반응에 대한 판매자 1의 반응은 $r_1^*(r_2^*(q_1^C))$일 텐데 이 값이 애초에 예상되었던 q_1^C와 같다면 판매자 1의 행동에 대한 예상과 판매자 1의 실제 행동이 일치한 것입니다. 즉

$$r_1^*(r_2^*(q_1^C)) = q_1^C \qquad (21.12) \quad [\text{쿠르노 균형조건}]$$

를 풀면 q_1^C를 구할 수 있습니다.[6]

판매자 2의 행동에 대한 예상도 마찬가지 논리에 따라

$$r_2^*(r_1^*(q_2^C)) = q_2^C \qquad (21.13) \quad [\text{쿠르노 균형조건}]$$

가 균형조건입니다.

이 두 가지 균형조건은 각자의 선택에 대해 서로 최선 대응을 하고 있다는 점에서 내쉬균형의 개념과 일치합니다. (물론 쿠르노는 내쉬균형은 물론 '게임'이라는 수학적 개념도 알지 못했습니다.)

예제에 대해서 균형조건을 풀어봅시다. (21.12)의 좌변을 풀어보면

$$\frac{1}{2}\left(a - r_2^*(q_1^C) - c\right) = \frac{1}{2}\left(a - \frac{1}{2}(a - q_1^C - c) - c\right) = \frac{1}{4}(a + q_1^C - c)$$

이고 이 값을 우변의 q_1^C와 일치시키면

$$\frac{1}{4}(a + q_1^C - c) = q_1^C \quad \Longrightarrow \quad q_1^C = \frac{1}{3}(a - c)$$

가 됩니다. 이를 판매자 2의 반응함수에 대입하면 q_2^C도 (같은 값으로) 도출됩니다.

---

6 조금 더 자세하게 설명해보면 판매자 1의 선택에 대해 $\overline{q_1}$이라고 예상했을 때 판매자 1의 실제 행동은

$$\widehat{q_1} = r_1^*(r_2^*(\overline{q_1}))$$

입니다. 예상 $\overline{q_1}$과 실제 행동 $\widehat{q_1}$이 일치해야 균형입니다. 즉 $\overline{q_1} = \widehat{q_1}$이 균형조건입니다. 이 균형조건을 만족하는 값을 q_1^C라고 부르면 (21.12)가 됩니다.

더 생 각 해 보 기

쿠르노 균형의 (더 쉬운?) 계산

개념적으로는 위의 설명이 더 논리적이지만, 실제로 균형 값을 계산해내는 것은 아래의 방법이 더 쉬울 수도 있습니다.

반응함수를 도출하기 이전 단계에서 각 판매자의 한계수입을 계산한 적이 있습니다. 판매자 1의 수입은 $P(Q)q_1 = (a - q_1 - q_2)q_1$이므로 한계수입은 $MR_1 = a - q_2 - 2q_1$입니다. 이를 한계비용인 c와 일치시킨 것이 반응함수의 도출 바로 전 단계입니다.

$$a - q_2 - 2q_1 = c \tag{21.14}$$

마찬가지로 판매자 2의 수입은 $P(Q)q_2 = (a - q_1 - q_2)q_2$이고 한계수입은 $MR_2 = a - q_1 - 2q_2$이며 이를 한계비용 c와 일치시키면

$$a - q_1 - 2q_2 = c \tag{21.15}$$

입니다. 쿠르노 균형에서는 식 (21.14)와 (21.15)가 모두 성립해야 합니다. 즉 (q_1^C, q_2^C)는 다음 연립방정식의 해입니다. (미지수만 좌변에 남기고 상수들은 우변으로 옮겨 정리했습니다.)

$$\begin{aligned} 2q_1 + q_2 &= a - c \\ q_1 + 2q_2 &= a - c \end{aligned} \tag{21.16}$$

두 식 중 하나를 정리해서 다른 식에 대입하는 방식으로 쉽게 풀릴 연립방정식입니다. 혹시 행렬을 사용할 줄 안다면 다음과 같이 간단하게 풀립니다:

$$\begin{pmatrix} 2 & 1 \\ 1 & 2 \end{pmatrix}\begin{pmatrix} q_1 \\ q_2 \end{pmatrix} = \begin{pmatrix} a-c \\ a-c \end{pmatrix} \Longrightarrow \begin{pmatrix} q_1 \\ q_2 \end{pmatrix} = \begin{pmatrix} 2 & 1 \\ 1 & 2 \end{pmatrix}^{-1}\begin{pmatrix} a-c \\ a-c \end{pmatrix} = \begin{pmatrix} \frac{1}{3}(a-c) \\ \frac{1}{3}(a-c) \end{pmatrix}$$

쿠르노 균형은 복점에 대한 경제 모형이므로 (q_1^C, q_2^C)를 구하는 데서 끝나는 것이 아닙니다. 시장 공급량이 $Q^C = q_1^C + q_2^C = \frac{2}{3}(a-c)$이므로 시장균형 가격은 $P^C = a - Q^C = \frac{a+2c}{3}$입니다.

선형수요, 선형비용 쿠르노 복점 균형:
시장가격 $P^C = \frac{1}{3}(a+2c)$, 시장거래량 $Q^C = \frac{2}{3}(a-c)$

슈타켈베르크 균형에서와 마찬가지로 사회후생을 계산해봅시다. 판매자 이윤은

$\pi_1(q_1^C, q_2^C) = \pi_2(q_1^C, q_2^C) = (P^C - c)q_1^C = \frac{1}{9}(a-c)^2$이므로 이 둘을 합한 것이 생산자잉여입니다.

$$PS^C = \frac{2}{9}(a-c)^2 \qquad (21.17) \quad \text{[쿠르노 균형 생산자잉여]}$$

쿠르노 가격과 수량에서 소비자잉여는

$$CS^C = \frac{1}{2}(a-P^C)Q^C = \frac{2}{9}(a-c)^2 \qquad (21.18) \quad \text{[쿠르노 균형 소비자잉여]}$$

따라서 사회후생은 아래와 같습니다.

$$SW^C = CS^C + PS^C = \frac{4}{9}(a-c)^2 \qquad (21.19) \quad \text{[쿠르노 균형 사회후생]}$$

예 21.2

앞의 예 21.1에 이어서 약수터 판매자들을 생각해보면 이제 A씨와 B씨가 서로 상대가 몇 바가지를 준비해올지 모르는 상태에서 각자 바가지의 수량을 결정하는 상황입니다. (실제로 쿠르노도 좋은 샘물을 차지해서 이를 판매하는 기업들의 예를 사용해서 자신의 모형을 설명했습니다. 쿠르노는 물 판매의 한계비용을 0으로 놓고 풀었습니다.) 늦게 일어나는 B씨가 전화를 안 받는 것일 수도 있고, 더 이상 늦게 일어나지 않고 비슷한 시간에 약수터에 나가는 것일 수도 있습니다.

그렇다면 두 사람은 서로의 눈치를 보면서 자신에게 가장 유리한 바가지 수를 결정하려고 할 텐데, 쿠르노 균형의 논리를 따져보면 서로 쿠르노 수량을 택할 때 더 이상 신경쓸 필요 없이 그 상태를 유지할 수 있게 됩니다. 즉, $a = 110$, $c = 10$을 사용하면 두 사람 모두 $q_i^C = \frac{110-10}{3} = \frac{100}{3}$ 바가지를 준비하고, 그 결과 가격은 $P^C = 110 - \frac{200}{3} = \frac{130}{3}$이 됩니다.

21.4 예제를 통해 보는 과점 모형들

지금까지 판매자의 수가 2개인 복점모형을 공부했습니다. 판매자 수가 3개 이상인 과점에 대해 슈타켈베르크나 쿠르노 모형을 작성하고 푸는 일도 어렵지 않습니다. 이제 앞에서 사용하던 간단한 선형수요, 선형비용 가정을 유지하면서 3 개 이상의 경우를 예제 형식으로 다루어보겠습니다. 이 절 전체를 통틀어 시장수요는 $P(Q)=a-Q$ 이고 모든 판매자의 비용함수는 $C(q)=cq$ 라고 가정합니다.

슈타켈베르크 모형 : $n=3$

3 개의 판매자가 순차적으로 수량을 택하는 모형을 고려합니다. 순차적 수량 선택에도 몇 가지 가능성이 있습니다. 여기에서는 (1) 3 단계에 걸쳐서 각자 선택하는 경우와 (2) 1 단계의 선발주자(leader)가 있고 2 단계에서 나머지 두 판매자가 후발주자(follower)로 동시에 선택하는 경우를 다루겠습니다. 반대로 1 단계 선발주자가 2 개이고 2 단계 후발주자가 1 개인 경우도 가능할 것입니다.

예제 21.1

판매자 1, 2, 3이 각각 순서대로 q_1, q_2, q_3를 선택한다. 이전 단계의 수량 선택을 관찰할 수 있다. 시장수요는 $P(Q)=a-Q$, 각 판매자의 한계비용은 c이다. 게임의 완전균형을 도출하시오. 또한 동일한 구조에서 판매자의 수가 점점 늘어날 때 균형의 모습이 어떻게 될지를 논하시오.

풀이 게임의 전개형을 단계별 형식으로 쓰면 다음과 같습니다.

(1 단계) 판매자 1이 수량 q_1을 선택

(2 단계) 판매자 2가 q_1을 관찰한 후 수량 q_2를 선택

(3 단계) 판매자 3이 q_1과 q_2를 관찰한 후 수량 q_3를 선택

(최종) 각 판매자의 보수는 이윤 $\pi_i(q_1, q_2) = P(Q)q_i - C(q_i)$

역방향추론에 의해 3 단계부터 봅니다. 이미 q_1, q_2가 결정되었고 이를 관찰한 판매자 3 가 q_3를 택합니다. 이는 이미 앞에서 도출한 후발주자의 최선대응함수와 마찬가지 상황입니다. 달라진 점은 q_1을 상수로 받던 것에서, 이제 $q_1 + q_2$를 받는 것입니다. 즉,

$$q_3^* = r_3^*(q_1, q_2) = \frac{a-(q_1+q_2)-c}{2} \tag{21.20}$$

입니다. 이제 2 단계로 거슬러오면 판매자 2 는 q_1을 관찰했고 한편 3 간계에서 판매자 3 이 (21.20)의

r_3^*을 전략으로 사용할 것을 예상하고 있습니다. 따라서 판매자 2가 생각하는 시장 공급량은 $Q = q_1 + q_2 + q_3$ 중에서 q_1은 이미 결정된 값, q_3는 $r_3^*(q_1, q_2)$입니다. 이를 염두에 두고 자신의 q_2를 결정합니다. 따라서 수입은

$$P(Q)q_2 = (a - q_1 - q_2 - r_3^*)q_2 = \left(a - q_1 - q_2 - \frac{a - q_1 - q_2 - c}{2}\right)q_2 = \frac{1}{2}(a - q_1 - q_2 + c)q_2$$

이고 한계수입은

$$MR_2(q_2) = \frac{1}{2}(a - q_1 + c) - q_2$$

입니다. 한계수입을 한계비용 c와 일치시키면

(21.21) $$q_2^* = r_2(q_1) = \frac{a - q_1 - c}{2}$$

로 복점모형에서 판매자 2의 반응함수와 동일하게 나왔습니다.

이제 1단계로 거슬러올라갑니다. 판매자 1은 자신의 q_1 선택에 따라 판매자 2는 r_2^*, 판매자 3은 r_3^*를 선택할 것을 예상하고 있습니다. 따라서 그가 예상하는 시장가격은 (자신의 q_1 선택의 함수로) $P = a - q_1 - r_2^*(q_1) - r_3^*(q_1, r_2^*(q_1))$입니다. 따라서 수입은

$$P(Q)q_2 = \left(a - q_1 - \frac{a - q_1 - c}{2} - \frac{a - q_1 - \frac{a - q_1 - c}{2} - c}{2}\right)q_1 = \frac{1}{4}(a - q_1 + 3c)q_1$$

이고 한계수입은

$$MR_1(q_1) = \frac{1}{4}(a + 3c) - \frac{1}{2}q_1$$

이므로 한계비용 c와 일치시키면

(21.22) $$q_1^* = \frac{1}{2}(a - c)$$

가 됩니다. (이번에도 독점수량과 동일하군요.) 판매자 2와 3의 반응을 보면

(21.23) $$q_2^* = r_2^*(q_1^*) = \frac{1}{4}(a - c)$$

$$q_3^* = r_3^*(q_1^*, q_2^*) = \frac{1}{8}(a-c) \tag{21.24}$$

로 역시 앞 판매자가 완전경쟁 거래량 $(a-c)$의 절반을 공급하면 남은 양의 다시 절반을 공급하는 방식으로 이어집니다. 이 게임의 완전균형에서 각 판매자의 수량선택을 (21.22), (21.23), (21.24)로 도출했습니다. 이때 시장가격이나 사회후생도 쉽게 계산할 수 있을 것입니다.

한편 위의 논의를 연장해보면, 판매자의 수가 점점 커질 때 n번째 판매자의 선택 수량은

$$q_n^* = \frac{1}{2^n}(a-c)$$

가 될 거라고 추측할 수 있습니다. 그리고 n개 판매자가 순차적으로 수량을 선택하는 모형에서 시장전체 공급량은

$$Q^n = q_1^* + q_2^* + \cdots + q_n^* = \left(\frac{1}{2} + \frac{1}{4} + \cdots + \frac{1}{2^n}\right)(a-c)$$

가 되겠군요. 수학에서 무한급수를 공부하셨다면 $n \to \infty$일 때 $Q^n \to (a-c)$임을 알 수 있을 것입니다. 즉 이 모형에서 n이 무한히 커진다면 완전경쟁과 같은 결과가 나오게 될 것입니다.

마치 한 시장에서 새르운 기업들이 차례로 진입하는 것과 비슷한 상황입니다. 각 기업은 추후에 기업이 진입하리라는 것을 예상하고 각자 최선을 다해 이윤을 추구합니다. 주어진 선형수요, 선형비용 구조에서는 현재 자신에게 주어진 시장을 독점구조라고 생각하고 독점수량을 택하는 것이 답입니다.

그 결과 매우 많은 기업이 진입하게 된다면 시장의 모습은 완전경쟁과 비슷해집니다. 물론 초기에 진입한 기업들은 많은 수량을 생산하여 상대적으로 더 높은 이윤을 누리지만 매우 많은 기업이 진입하면 시장가격이 한계비용 수준으로 근접하기 때문에 이윤 또한 정상이윤으로 근접합니다.

이 예제는 현실의 시장에서 새로운 기업의 진입을 장려하는 것이 효율적인 시장 성과를 얻는 데에 도움이 될 것이라는 생각을 갖게 해줍니다. 이것이 현실에서 경쟁 도입을 중요한 정책적 목표로 삼는 근거 중 하나가 될 것입니다. 물론 우리 모형은 매우 단순하고 많은 가정을 품고 있으므로 함부로 현실에 바로 적용하면

안됩니다. 모형의 가정을 일부 변경할 경우 결론이 달라질 수 있습니다. 하지만 무한 진입을 허용하면 완전경쟁이 된다는 결론은 우리의 직관적인 기대와도 어느 정도 부응합니다.

다음의 예제는 다시 판매자가 3개이지만 그중 후발주자인 2개 판매자는 동시에 선택하는 상황입니다. 순차행동과 동시행동이 혼합된 경우라고 할 수 있겠지요.

예제 21.2

판매자 1이 q_1을 선택하고 나면, 이를 관찰한 판매자 2와 3이 동시에 q_2, q_3를 택한다. 게임의 완전균형을 도출하시오.

풀이 판매자가 3개이지만 2단계 게임입니다. 2단계에는 q_1이 이미 주어져 있습니다. 그렇다면 두 기업은 수요곡선 $P(Q) = a - Q$ 중에서 이미 q_1가 결정된 상태로, $P(Q) = (a - q_1) - q_2 - q_3$라는 시장수요를 놓고 쿠르노 경쟁을 하는 것과 마찬가지입니다. 2단계의 내쉬균형은 곧 쿠르노균형으로

(21.25) $$q_2^* = q_3^* = \frac{1}{3}(a - q_1 - c)$$

가 될 것입니다.

1단계로 거슬러올라오면 판매자 1은 이제 (21.25)를 예상하는 상태에서 이윤을 극대화합니다. 수입은 $P(Q)q_1 = (a - q_1 - q_2^* - q_3^*)q_1 = (a - q_1 - \frac{2}{3}(a - q_1 - c))q_1 = \frac{1}{3}(a + 2c - q_1)q_1$이고 한계수입은 $MR_1(q_1) = \frac{1}{3}(a + 2c) - \frac{2}{3}q_1$이므로 한계비용과 일치시키면

(21.26) $$q_1^* = \frac{1}{2}(a - c)$$

로 다시 독점처럼 행동하는 것으로 나오는군요. 이를 (21.25)에 다시 대입하면

(21.27) $$q_2^* = q_3^* = \frac{1}{6}(a - c)$$

가 도출됩니다. 후발주자끼리의 경쟁으로 몫이 더 작아졌습니다.

쿠르노 과점 모형: $n \geq 3$

이번에는 쿠르노 모형을 살펴봅니다. $n=3$인 경우를 보고 나서, n이 점점 커질 때 어떤 일이 생기는지를 알아보지요.

예제 21.3

판매자 1, 2, 3이 동시에 수량을 선택하는 쿠르노 모형의 균형을 도출하시오.

풀이 역방향추론으로 단계별로 풀면 되는 슈타켈베르크와 달리 쿠르노 모형은 각 판매자의 최선대응을 동시에 일치시켜야 하므로 연립방정식의 풀이가 필요합니다.

판매자 1의 입장을 먼저 생각해봅시다. $P(Q)=a-q_1-q_2-q_3$에서 q_2, q_3에 대해 어떤 예상을 한 상태에서 최선대응을 도출해야 합니다. 그래서 q_2, q_3를 일단 상수로 취급합니다. 그렇다면 수입은 $P(Q)q_1=(a-q_1-q_2-q_3)q_1$이고 한계수입은 $MR_1(q_1)=(a-q_2-q_3)-2q_1$이며 한계비용과 일치시킨 이윤극대화 조건은 $a-q_2-q_3-2q_1=c$입니다. 이를 정리하면

(21.28) $$2q_1+q_2+q_3=a-c$$ [판매자 1]

입니다. 판매자 2와 판매자 3에 대해서도 다음과 같은 조건이 필요합니다.

(21.29) $$q_1+2q_2+q_3=a-c$$ [판매자 2]

(21.30) $$q_1+q_2+2q_3=a-c$$ [판매자 3]

식 (21.28)부터 (21.30)까지를 묶으면 미지수가 3개(q_1, q_2, q_3)이고 식이 3개인 연립방정식입니다. 미지수를 차례로 소거하든지 행렬을 사용하면 풀 수 있습니다. 하지만 좀 더 쉽게 푸는 방법은 균형에서

(21.31) $$q_1^* = q_2^* = q_3^* = q^*$$ [대칭적 균형 가정]

라는 조건이 성립할 것이라고 "가정"해보는 것입니다. (당연하게 브일 수도 있지만 일반적으로는

성립하지 않을 수도 있으므로 가정입니다. 무인도에 떨어진 경제학자에 대한 농담에서 깡통따개가 있다고 일단 가정해보는 순간입니다.) 그렇다면 세 식 중 어느 것을 보든지

$$2q^* + q^* + q^* = 4q^* = a - c \Longrightarrow q^* = \frac{1}{4}(a - c)$$

를 얻습니다. 즉 판매자가 3개일 때 쿠르노균형은 이렇습니다.

(21.32) $$q_1^* = q_2^* = q_3^* = \frac{1}{4}(a - c)$$ [$n = 3$ 쿠르노]

마찬가지 방식으로 판매자의 수가 n일 때를 풀어보면

(21.33) $$q_1^* = \cdots = q_n^* = \frac{1}{n+1}(a - c)$$ [$n \geq 2$ 쿠르노]

일 것입니다. 심지어 이 식에는 $n = 1$(독점)을 대입해도 독점 수량이 나옵니다. 또한 n개 판매자 쿠르노 모형에서 시장 공급량을 계산하면

$$Q^n = q_1^* + \cdots q_n^* = \frac{n}{n+1}(a - c)$$

가 되어 n이 점점 커질 때 시장공급도 완전경쟁 수량인 $(a - c)$에 점점 가까와집니다. 또한 이때 시장가격은

$$P^n = a - Q^n = \frac{a + nc}{n + 1}$$

이므로 역시 n이 커지면 한계비용 c에 점점 가까와집니다. 슈타켈베르크 모형에서 판매자의 수를 늘렸을 때와 비슷합니다. 쿠르노 모형에서 판매자 수를 늘려주면 독점으로부터 완전경쟁의 모습을 향해 간다는 것은 애초에 쿠르노가 설명했던 중요한 결론입니다.

더 생 각 해 보 기

쿠르노균형에서의 러너지수

독점의 시장지배력 지표의 하나로 소개했던 러너지수를 계산해보겠습니다. 러너지수는 $L \equiv (P-MC)/P$이므로

$$L = \frac{P^n - c}{P^n} = \frac{a-c}{n+1} \times \frac{n+1}{a+nc} = \frac{a-c}{a+nc}$$

입니다. 독점에서는 러너지수가 수요의 가격탄력성의 절대값의 역수였습니다. 여기서는 어떤지 보기 위해서 쿠르노균형에서 가격탄력성을 계산해봅시다.

$$\varepsilon = \frac{dQ}{dP} \cdot \frac{P}{Q} = -1 \times \frac{(a+nc)/(n+1)}{n(a-c)/(n+1)} = -\frac{1}{n} \cdot \frac{a+nc}{a-c}$$

즉, 쿠르노균형에서는

$$L = \frac{1}{n} \cdot \frac{1}{|\varepsilon|}$$

이 성립합니다. 즉 $n=1$일 때는 독점과 같은 결과이고, n이 커질수록 러너지수의 값이 작아집니다. 역시 완전경쟁에 가까와진다는 직관적 이해와 일치합니다.

이 결과는 현실의 시장에서 가격과 비용 자료를 이용해서 러너지수를 계산한 후 이를 수요의 가격탄력성과 비교해 봄으로써 과점 상태에 대한 가늠을 할 수 있는 기준이 됩니다. 예컨대 4개 판매자가 활동하는 어떤 시장에서 러너지수의 값이 가격탄력성 절대값의 역수의 1/2 정도로 측정된다면, 기업의 수가 4개이지만 실제로는 마치 쿠르노 복점처럼 생각할 수 있다는 뜻입니다. 이 결과가 혹시 선형수요, 선형비용 때문에 나온 것은 아닌지 확인하기 위해서 좀 더 일반적인 쿠르노 모형의 풀이를 보겠습니다. 여기에서는 참고자료로 제시하므로 자세한 설명은 생략합니다.

시장수요가 $P(Q)$라는 함수로 주어지고, n개의 판매자가 동일한 $C(q)$라는 비용함수를 가졌다고 합시다. 이들이 동시에 수량을 택하는 쿠르노 모형에서 판매자 i의 수입은 $P(Q)q_i$이고, 한계수입은 $P(Q)+P'(Q)q_i$이므로 이윤극대화 조건은

$$(*) \qquad P(Q)+P'(Q)q_i = C'(Q)$$

입니다. 이 $(*)$식이 모든 $i=1,2,\ldots,n$에 대해서 성립합니다. 이 n개의 식을 한꺼번에 더해주면

$$(**) \qquad nP(Q)+P'(Q)\times\underbrace{(q_1+\cdots+q_n)}_{=Q} = nC'(Q)$$

따라서

$$n(P(Q)-C'(Q)) = -P'(Q)Q$$

가 되어

$$L = \frac{P-MC}{P} = -\frac{1}{n}P'(Q)\frac{Q}{P} = \frac{1}{n} \cdot \frac{1}{|\varepsilon|}$$

라는 결과는 선형수요나 선형비용과는 상관없이 성립합니다.

21.5 과점시장에 대한 논의

수량을 택하는 과점 모형에 대해 어느 정도 익숙해 졌을 것입니다. 이 모형들을 사용하여 과점시장에 대해 어떤 통찰력을 얻을 수 있는지 알아봅시다.

각 모형의 결과 비교 (선형수요, 선형비용의 경우)

수량을 선택하는 과점 모형인 슈타켈베르크와 쿠르노를 공부했습니다. 이 모형들이 가진 균형이 완전경쟁이나 독점과 비교하면 어떤지를 검토해볼 차례입니다. 결과를 먼저 표 21.2로 요약했습니다.

표 21.2 선형수요, 선형비용일 때 4가지 시장구조의 비교

모형	개별 수량	시장수량	시장가격	기업이윤	소비자잉여	사회후생
독점	$Q^m = \frac{a-c}{2}$	$Q^m = \frac{a-c}{2}$	$P^m = \frac{a+c}{2}$	$\frac{1}{4}(a-c)^2$	$\frac{1}{8}(a-c)^2$	$\frac{3}{8}(a-c)^2$
쿠르노 복점	$q_i^c = \frac{a-c}{3}$	$Q^c = \frac{2(a-c)}{3}$	$P^c = \frac{a+2c}{3}$	$\pi_i = \frac{1}{9}(a-c)^2$	$\frac{2}{9}(a-c)^2$	$\frac{4}{9}(a-c)^2$
슈타켈베르크 복점	$q_1^S = \frac{a-c}{2}$ $q_2^S = \frac{a-c}{4}$	$Q^S = \frac{3(a-c)}{4}$	$P^S = \frac{a+3c}{4}$	$\pi_1 = \frac{1}{8}(a-c)^2$ $\pi_2 = \frac{1}{16}(a-c)^2$	$\frac{9}{32}(a-c)^2$	$\frac{15}{32}(a-c)^2$
완전경쟁	$q_i^* = \frac{Q^*}{n}$	$Q^* = a-c$	$P^* = c$	0	$\frac{1}{2}(a-c)^2$	$\frac{1}{2}(a-c)^2$

이미 각 과점 모형에 대해서는 주요 결과들을 도출해놓았으므로 비교대상이 될 완전경쟁과 독점만 확인하면 되겠습니다. 역시 비교를 위해서 시장수요는 $P(Q) = a-Q$이고 각 기업의 한계비용이 c인 경우를 따져보겠습니다.

먼저 완전경쟁에서는 시장가격이 한계비용 수준이 될 것이므로 $P^* = c$이고 이때 시장공급은 $Q^* = a-P^* = a-c$입니다. (기업의 수가 몇 개인지 알아야 개별 기업의 공급량을 알 수 있는데, 시장의 성과를 판단하는 데에 있어서 개별 기업의 수량이나 이윤은 별로 중요하지 않습니다.) 기업은 정상이윤만을 갖기 때문에 소비자잉여가 곧 사회후생입니다.

(21.34)

$$SW^* = CS^* = \frac{1}{2}(a-P^*)Q^* = \frac{1}{2}(a-c)^2 \quad \text{[완전경쟁 사회후생, 소비자잉여]}$$

한편 독점이라면 $P(Q) = a-Q$라는 시장수요를 모두 차지하기 때문에, 수입

은 $R(Q) = (a - Q)Q$ 이고 한계수입은 $MR(Q) = a - 2Q$ 입니다. 이를 한계비용 c와 일치시키면 독점의 수량은 $Q^m = \frac{1}{2}(a - c)$ 이고 이때 가격은 $P^m = a - Q^m = \frac{1}{2}(a + c)$ 입니다. 독점의 이윤은 $\pi^m = (P^m - c)Q^m = \frac{1}{4}(a - c)^2$ 이고 소비자잉여는 $SW^m = \frac{1}{2}(a - P^m)Q^m = \frac{1}{8}(a - c)^2$ 입니다. 따라서 독점에서 사회후생은

$$SW^m = CS^m + \pi^m = \frac{3}{8}(a - c)^2 \qquad (21.35) \quad \text{[독점 사회후생]}$$

이상 얻은 결과들을 그림으로 보면 그림 21.3 입니다. 과점 모형은 $n = 2$인 복점만 포함했습니다. 특히 중요한 시장수량, 소비자잉여, 사회후생을 완전경쟁을 기준으로 보기 좋게 다시 정리한 것은 표 21.3 입니다.

그림 21.3 4가지 시장균형

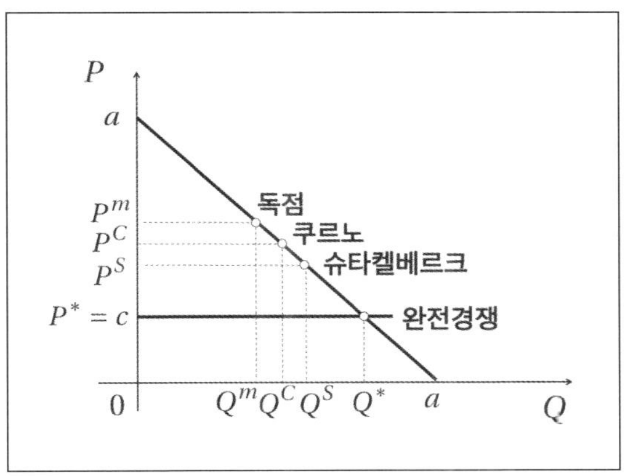

표 21.3 선형수요, 선형비용일 때 각 시장의 상대적 성과

모형	시장수량	소비자잉여	사회후생
독점	50	25	19
쿠르노 복점	67	44	89
슈타켈베르크 복점	75	56	94
완전경쟁	100	100	100

시장수량과 시장가격

시장의 거래수량을 비교해보면 완전경쟁일 때가 가장 크고 독점일 때가 가장 작으며, 두 과점 균형은 중간에 끼어 있습니다. 완전경쟁에 비교해서 독점에서는 50%만 거래가 일어나고, 쿠르노에서는 2/3 수준, 슈타켈베르크에서는 3/4 수준입니다.

가격은 거래량과 정확하게 반비례하기 때문에 완전경쟁에서 가장 낮고, 슈타켈베르크, 쿠르노, 독점의 순서로 높아집니다. 독점 가격은 소비자의 최대지불용의 a와 생산자의 한계비용 c을 반반씩 반영한 정확한 평균치에 해당되는 반면, 완전경쟁 가격에는 한계비용만이 반영됩니다. 쿠르노균형 가격에는 최대지불용의 a와 한계비용 c가 1:2의 비율로, 슈타켈베르크균형 가격에는 1:3의 비율로 반영됩니다.

소비자잉여와 사회후생

소비자잉여는 가격이 높고 거래량이 작으면 줄어듭니다. 따라서 독점에서 가장 작고, 완전경쟁에서 가장 큽니다. 비율로 보면 독점에서 소비자잉여는 완전경쟁의 25% 수준에 불과합니다. 과점에서는 완전경쟁의 약 절반 수준입니다.

생산자잉여(기업이윤)는 독점일 때 제일 크지만 소비자잉여의 감소를 만회할 수준이 되지 못하여, 독점에서 사회후생은 완전경쟁의 19% 수준에 불과합니다. 한편 과점시장에서는 생산자잉여까지를 감안하는 사회후생의 기준으로 볼 때 완전경쟁에 비해 효율성이 크게 떨어지지는 않습니다.

주의할 점 : 표로 정리한 시장구조별 비교는 특정한 선형수요곡선 및 선형비용함수 가정 하에서 도출된 것입니다. 수요와 비용에 다른 형태의 함수를 사용할 경우 세부적인 내용, 특히 표 21.3에 정리된 수치는 상당히 달라질 수 있습니다. (즉 이 표의 수치를 외우는 것은 무의미한 일입니다.) 여기서는 슈타켈베르크가 쿠르노에 비해 좀 더 완전경쟁에 가까운 것으로 나왔습니다. 항상 그렇지는 않습니다. 모형 설정에 따라 달라질 수 있습니다. 과점에서 사회후생의 크기가 완전경쟁의 90% 이상이라는 것 또한 선형수요 및 선형비용 가정에서 나온 결과입니다. 과점균형의 모습이 완전경쟁과 독점의 중간 어디쯤이라는 것은 대부분의 과점 모형에서 성립하는 결과입니다. 특히 쿠르노모형에서 판매자 수를 2, 3, 4...로 점점 늘려줄 경우 결과는 점점 완전경쟁과 비슷해집니다.

슈타켈베르크 모형에서 쿠르노 균형은 믿을 수 없는 내쉬균형

완전균형은 믿을 수 없는 위협을 제거한 내쉬균형입니다. 슈타켈베르크 모형을 풀 때 역방향추론을 사용했기 때문에 믿을 수 없는 위협은 제거되었고 완전균형을 얻었습니다. 하지만 순차행동 게임모형에서 어떤 것이 믿을 수 없는 위협을 포함한 내쉬균형인지를 아는 것은 모형을 이해하는 데에 많은 도움이 됩니다.

사실 슈타켈베르크 모형에서 각 판매자가 쿠르노 균형 수량을 택한다면 이것도 내쉬 균형입니다. (물론 완전균형은 아닙니다.) 선형수요, 선형비용 복점모형에서 슈타켈베르크 균형은 $(q_1^S, q_2^S) = ((a-c)/2, (a-c)/4)$였는데 만약 2 단계에 선택하는 판매자 2 가 슈타켈베르크 수량이 아닌 쿠르노 수량 즉 $q_2^C = (a-c)/3$를 선택한다면 어떻게 될까요 ? 판매자 2 가 판매자 1 에게 다음과 같이 선언을 합니다.

> "당신은 내가 $r_2^*(q_1) = (a - q_1 - c)/2$에 따라서 행동할 것이라고 예상하고 그래서 $q_1^S = (a-c)/2$를 선택하려고 하고 있다. 그런데 나는 $q_2^C = (a-c)/3$를 선택할 예정이니 알아서 선택을 잘 하시라."

만약 판매자 1 이 위와 같은 선언을 믿는다면, 그의 수입함수는 $P(Q)q_1 = (a - q_1 - q_2^C)q_1 = (a - q_1 - \frac{1}{3}(a-c))q_1$이 됩니다. 여기서 한계수입을 도출하고 한계비용과 일치시키면 판매자 1 의 최적 수량은 $q_1^C = (a-c)/3$이 됩니다. 굳이 계산해보지 않더라도, 만약 상대가 쿠르노 수량을 택할 것이라고 믿는다면 자신의 최선대응은 쿠르노 수량입니다.

하지만 저 선언은 믿을 수 없는 위협입니다. 만약 판매자 1 이 이 위협에 넘어가서 자신도 쿠르노 수량을 택해 버린다면 판매자 2 는 기꺼이 쿠르노 수량을 택할 것입니다. 그런 의미에서 믿을 수 없는 위협이 먹히기만 하면, 쿠르노 수량은 내쉬균형이 맞습니다. 하지만 판매자 1 이 이 위협을 무시하고 그냥 슈타켈베르크 수량인 $q_1^S = (a-c)/2$를 택한다면, 그리고 판매자 2 도 합리적이어서 이윤을 극대화하려고 한다면 결국 자신도 슈타켈베르크 수량인 $q_2^S = (a-c)/4$를 택하고 말 것입니다.

쿠르노 모형에서 담합의 가능성

쿠르노 모형에서 암묵적으로 가정한 것은 각 판매자가 독립적으로 자신만의 이윤을 추구한다는 것입니다. 상대도 그렇게 이윤을 추구한다는 것을 아는 상태에서 자신의 사적인 이익을 추구할 경우 얻어지는 것이 내쉬균형이자 쿠르노균형입니다.

만약 동시에 판매량을 선택하는 두 판매자가 **카르텔**을 형성하여 **담합**을 시도한다면 어떻게 될까요? 담합을 시도한다는 것은 두 판매자가 마치 하나의 회사인 것처럼 공동의 이익을 위해서 의사결정을 한다는 것입니다. 극단적으로는 두 판매자가 합병하여 하나의 회사를 이루었다고 생각하면 됩니다. 실제로는 각자 존재하고 있으므로, 하나의 독점기업이 두 개의 판매시설을 갖춘 경우에 해당됩니다.

두 판매자의 비용조건이 동일하다면 공동의 이윤을 극대화하는 방법은 독점수량을 절반씩 나누어서 공급하고 독점가격을 유지하면서, 독점 이윤을 절반씩 나누는 것입니다.[7] 즉 $P(Q) = a - Q$이고 두 판매자 모두 한계비용이 c인 경우라면 독점 수량인 $Q^m = (a-c)/2$를 각자 절반씩 공급하여 독점가격인 $P^m = (a+c)/2$를 유지하면서 독점 이윤의 절반인 $\pi^m/2 = (a+c)^2/8$을 받는 것이 담합 계획입니다.

그런데 두 판매자가 실제로 합병을 한 것도 아니고, 담합에 대해서도 단지 말로 약속만 서로 했다고 합시다. (현실에서는 말로라도 이런 합의는 불법입니다.) 판매자 1의 입장에서 판매자 2가 이 약속을 지켜서 $Q^m/2 = (a-c)/4$를 공급할 거라고 믿는다고 생각해보지요. 그렇다면 판매자 1에게 가장 유리한 선택은 반응함수에 따라

$$r_1^*(q_1) = \frac{a - \frac{Q^m}{2} - c}{2} = \frac{a - \frac{a-c}{4} - c}{2} = \frac{3}{8}(a-c) \neq \frac{1}{4}(a-c)$$

가 되어 약속을 지키지 않는 편이 더 유리합니다. 실제로 약속을 지키는 경우 받게 되는 독점이윤의 절반에 비해 약속을 깨고 위의 수량을 택한다면 시장가격은

7 만약 두 판매자의 비용함수가 서로 다르다면 조금 더 복잡해집니다. 이때는 두 판매자의 한계비용이 서로 일치하는 수준에서 각자의 공급량을 결정해야 합니다. 예를 들어 만약 판매자 1의 한계비용이 상수 c_1이고 판매자 2의 한계비용이 상수 c_2라면 두 판매자 중 한계비용이 더 낮은 쪽에서 모든 생산을 하고 다른 판매자는 생산을 중단하는 것이 공동의 이익에 부합합니다. 한편 판매자 1의 한계비용이 수량이 따라 증가하는 $MC_1(q) = 10q$이고 판매자 2의 한계비용도 수량에 따라 증가하는데 정확하게 그 두 배라면 즉 $MC_2(q) = 20q$라면, 합리적인 담함 수량 분배는 판매자 1과 판매자 2의 수량이 2:1이 되도록 하는 것입니다.

$P = a - \frac{3}{8}(a-c) - \frac{1}{4}(a-c) = \frac{3a+5c}{8}$이 되고 판매자 1의 이윤은

$$\pi(\frac{3}{8}(a-c), \frac{1}{4}(a-c)) = \left(\frac{3a+5c}{8} - c\right) \times \frac{3}{8}(a-c) = \frac{9}{64}(a-c)^2$$

가 되는데 이는 독점 이윤의 절반인 $\frac{1}{8}(a+c)^2$보다 큽니다.

게다가 자신은 굳이 배신하지 않을 것이라고 생각하더라도, 상대방이 합리적이라면 배신할 가능성이 높다는 것을 생각하면 애초에 쿠르노 균형을 찾는 논리에 의해 결국 쿠르노 결과로 갈 수 밖에 없습니다. 이 담합 시도의 상황은 게임이론에서 언급되었던 죄수의 딜레마와 매우 비슷합니다. 담합 약속을 지키는 것을 서로에 대한 '의리'라고 하고, 지키지 않고 사적인 이익을 추구하는 것을 '배신'이라고 한다면 죄수의 딜레마와 구조가 같고, 배신이 양 경기자 모두에게 지배전략입니다.

즉 쿠르노 모형에서 담합은 균형으로 유지될 수 없습니다. 하지만 죄수의 딜레마와 마찬가지로, 쿠르노 모형은 큰 한계가 있습니다. 쿠르노 균형은 두 판매자가 동시에 수량을 선택하되 *단 한 번* 이 게임을 하고 만다는 가정 하에 계산됩니다. 현실의 기업들은 단 한 번이 아니라 지속된 기간 동안 반복해서 상호작용합니다. 그런 상황이라면 다른 게임이 되고 따라서 균형도 달라질 수 있습니다.

더 생각해보기

가격선도 모형

이 장은 수량을 선택하는 모형에 집중했습니다. 동질적 제품의 가격을 동시에 선택하는 경우는 다음 장이 간략히 다룰 것입니다. 한편 동질적 제품에서 가격을 순차적으로 선택하는 경우에는 가격선도 모형(price leadership model) 혹은 경쟁적 주변부 모형(competitive fringe model)이라고 불리는 것이 있습니다. 가격을 선도하는 판매자가 1개 있고, '주변부'(fringe)라고 불리는 매우 많은 수의 소규모 판매자가 있습니다. 주변부 판마자의 특징은 '경쟁적'으로 행동한다는 것, 다시 말해서 가격수용자로 행동한다는 것입니다. 어떤 가격을 수용할까요? 가격 선도자가 매긴 가격을 수용합니다.

(1단계) 가격선도자가 가격 p를 선택

(2단계) 주변부 판매자들이 가격 p를 수용하고, 각자의 공급 수량을 선택

(최종) 가격선도자의 수요는 시장전체수요에서 주변부 공급량을 뺀 양이며 이에 따라 이윤이 계산됨, 주변부 판매자의 이윤은 가격과 자신의 공급량에 의해 결정됨

순차적 게임의 관점에서 2단계부터 역방향추론으로 풀 수 있을 것입니다.

연 습 문 제

문제 21.1 어떤 재화에 대한 시장수요의 가격탄력성이 -2로 일정하다. 이 재화를 생산할 수 있는 모든 기업들에게 한계비용은 10이고 고정비용은 0이다. 어느 기업이 생산하든 재화는 동질적이다.

(1) 이 재화를 독점 기업이 판매할 때, 이 재화의 이윤 극대화 가격은?

(2) 2개의 기업이 수량을 동시에 선택하는 쿠르노 경쟁시, 균형 시장가격은?

(3) 3개의 기업이 수량을 동시에 선택하는 쿠르노 경쟁시, 균형 시장가격은?

(4) 매우 많은 수의 기업이 완전경쟁 상황에서 이 재화를 판매한다면, 균형 시장가격은?

문제 21.2 시장수요곡선이 $P(Q)=100-Q$인 동질적인 재화 시장에 두 개의 기업이 있다. 기업 A의 한계비용함수는 $MC_A(q_A)=10q_A$, 기업 B의 한계비용함수는 $MC_B(q_B)=20q_B$이다.

(1) 쿠르노 모형에서 각 기업의 공급량을 도출하시오.

(2) 두 기업이 담합하여 독점기업처럼 공급하고자 할 경우, 각 기업의 공급량을 도출하시오.

(3) 앞의 (2)에서 고려한 담합이 (1)의 쿠르노 경쟁 상황에서는 왜 균형이 될 수 없는지 설명하시오.

문제 21.3 동질적 재화의 시장수요곡선이 $P(Q)=100-Q$이다. 기업 1의 한계비용함수는 $MC_1(q_1)=3q_1$, 기업 2의 한계비용함수는 $MC_2(q_2)=2q_2$이다.

(1) 두 기업이 동시에 수량을 택하는 쿠르노 모형에서 균형가격을 구하시오.

(2) 어떤 사람이 (1)의 기업 1과 2를 모두 사들여 하나의 회사로 합병했다. 새로운 회사는 두 개의 생산시설을 함께 이용하는 독점이다. 이윤을 극대화하는 가격을 구하시오.

(3) 쿠르노 균형에서 두 기업의 러너지수를 각각 계산하여 서로 비교하고, 두 기업의 러너지수를 적당한 기준을 만들어 평균한 후 (2)의 독점의 러너지수와 비교해보시오. 어떤 경제학적 결론을 얻는가?

문제 21.4 수요곡선이 $P=400-Q$이고 동일한 비용함수 $C(q)=q^2$를 가진 복점 시장이 있다.

(1) 두 기업이 쿠르노 경쟁을 할 경우 총판매량과 시장가격을 도출하시오.

(2) 두 기업이 각각 200/3씩 생산하여 시장가격 800/3을 유지하는 담합 전략을 취하고자 한다. 이 담합이 유지되기 어려운 이유를 설명하시오. 즉, 기업 1이 담합 전략에 따른 생산량을 택할 경우 기업 2가 택하는 생산량이 담합 전략과 다름을 보이시오.

(3) 두 기업이 슈타켈베르크 경쟁을 할 경우, 즉 기업 1이 먼저 생산량을 결정하고, 다음으로 이를 관찰한 기업 2가 생산량을 선택할 경우 총판매량, 시장가격은?

(4) 쿠르노 경쟁, 담합, 슈타켈베르크 경쟁의 3가지 경우에 대해 소비자잉여의 크기를 서로 비교하시오.

문제 21.5 수요곡선이 $P(Q)=100-Q$인 시장에서 두 기업이 동질적인 제품을 판매한다.

(1) 두 기업의 한계비용이 모두 0이고 동시에 판매량을 선택하는 쿠르노 경쟁을 할 경우 시장균형가격은?

(2) A의 한계비용이 0, B의 한계비용은 10이고, 쿠르노 경쟁을 할 경우, B의 생산량 q_B는?

(3) 기업의 한계비용이 모두 10이고, 기업 A가 판매량을 먼저 택한 후, 기업 B가 이를 관찰하여 자신의 생산량을 택하는 슈타켈베르크 경쟁에서 시장균형가격은?

문제 21.6 수요함수가 $Q = 1000 - P$인 시장에서 2개의 기업이 활동하고 있다.

A. 만약 두 기업 모두 한계비용이 MC = 100 이라면

(1) 쿠르노 균형에서 각각의 생산량과 시장 가격은?

(2) 두 기업 중 하나가 퇴출되고 독점이 된다면 독점생산량과 독점시장가격은?

(3) 동일한 기업들이 자유롭게 진입하여 완전경쟁 시장이 된다면 총 시장생산량와 시장가격은?

(4) 쿠르노 복점, 독점, 완전경쟁에 대해 각각 러너지수의 값을 계산하고 비교하시오.

B. 만약 기업 1의 한계비용 $MC_1 = 0$이고, 기업 2의 한계비용 $MC_2 = 200$이라면

(5) 쿠르노 균형에서 각각의 생산량과 시장 가격을 계산하고 (1)에서의 결과와 비교해보시오.

(6) 기업 1과 2가 합병하여 2개의 생산설비를 가진 독점이 되는 경우 생산량과 가격을 계산하시오.

문제 21.7 수요함수가 $Q = 200 - 2P$로 주어진 시장에 A와 B 두 기업이 영업하고 있다. 두 기업의 비용함수는 각각 $C_A(q_A) = 10q_A$, $C_B(q_B) = 25q_B$이다. 물론 시장판매량은 $Q = q_A + q_B$이다.

(1) 두 기업이 쿠르노 경쟁에 임할 경우, 즉 상대방의 생산량을 예상하고 그에 대한 최적 생산량을 동시에 결정하여 실행에 옮길 경우 균형 가격을 구하시오.

(2) B가 생산량을 결정하고, 이를 관찰한 A가 생산량을 결정하는 슈타켈베르크 경쟁에서 균형 가격은?

(3) 기업 B는 더 높은 한계비용을 가져서 비효율적이지만 먼저 선택할 기회가 있어 유리하다. 기업 A는 가능하다면 B에게 뇌물을 주는 한이 있더라도 먼저 움직일 기회를 포기하도록 만들고자 할 것이다. 사실 B는 먼저 움직이는 것보다, 먼저 움직일 수 있는 가능성만을 내비침으로써 더 큰 이익을 얻을 수 있다. 설명하시오.

문제 21.8 동질적인 재화를 생산하는 3개의 기업이 경쟁한다. 세 기업 모두 재화 생산의 한계비용은 0이며, 시장수요곡선은 $P = 300 - Q$로 주어져 있다. 기업 1은 세 기업 중 선도자(리더)로서 먼저 생산량 q_1을 결정하며, 이 생산량을 관찰한 기업 2와 기업 3은 동시에 자신들의 생산량 q_2와 q_3를 각각 결정한다.

(1) 기업 1의 생산량 q_1이 결정되고 나면 기업 2와 기업 3은 쿠르노 경쟁에 임하는 것과 마찬가지이며, 기업 1은 이 사실을 알고 있다. 균형 시장 가격은 얼마가 되겠는가?

(2) 기업 2와 기업 3이 합병하여 단일한 기업이 된다면, (1)과 비교하여 시장 가격이 어떻게 바뀌겠는가?

(3) 기업 2와 3이 서로 경쟁하는 (1)의 상황과 합병해서 단일한 기업이 되는 (2)의 상황 중에서 기업 1은 어느 쪽을 더 선호하는가? 왜 그런 결과가 성립하는지를 말로 설명해보시오.

과점 모형들:
(2) 이질적 제품

microeconomics

제22장

남이 해도 너만큼 잘했을 일이면 하지 말라.
남도 너만큼 잘했을 말이면 말하지 말라.
남도 썼을 글이면 쓰지 말라.
너 자신에게만 존재하는 것들에 충실하라.
그렇게 너 자신을 없어서는 안 될 존재로 만들라.
- 앙드레 지드, 『지상의 양식』[1]

튀어야 산다

앙드레 지드의 충고는 치열한 경쟁 사회를 살아가는 우리들에게 유익한 교훈을 담고 있습니다. 한편, 생산자모형으로부터 완전경쟁, 독점과 과점 모형에 이르기까지 우리가 공부했던 모형들에 등장하는 '기업'에게는 다소 낯설게 들릴 수 있는 이야기입니다. 지금까지 공부한 모형들에서 기업은 제 11 장에서 인용했던 포드의 말 "모든 소비자는 마음대로 원하는 색깔의 자동차를 살 수 있다. 그 색깔이 검은색이기만 하다면"에서처럼 통일되고 동질적인 제품만을 다루는 존재였기 때문입니다.

앞 장의 과점 모형들은 지금도 널리 사용되는 기초적인 경제 분석의 도구들입니다. 하지만 쿠르노 모형이나 슈타켈베르크 모형을 현실에 적용하고자 할 때 큰 한계점

1 André Gide, *Les Nourritures Terrestres* (1897).

하나는 그 모형들이 제품이 동질적이라는 가정을 중요하게 사용한다는 것입니다.[2] 이 가정은 중요한 역할을 했습니다. 제품이 동질적이기 때문에 시장수요곡선이 하나로 존재하고 모든 경쟁기업의 제품은 동일한 가격을 반드시 받게 되는데, 이 점이 쿠르노 모형이나 슈타켈베르크 모형의 답을 찾는 일에 중요한 역할을 하지요.

하지만 현실의 제품들은 동질적인 경우가 별로 없습니다. 기업들은 동질적인 제품조차 차별화를 위해 마케팅 비용을 들입니다. 광고를 통해 기업들은 자사의 제품이 뭔가 다르고 우월하다는 인식을 심어주기 위해서 노력합니다.

이 장에서는 동질적 제품 가정을 포기할 경우 어떤 식으로 모형을 만들 수 있는지를 알아봅니다. 이질적인, 차별화된 제품을 모형에서 구체적으로 표현하는 것은 매우 어렵습니다. 차별화는 다양하게 일어날 수 있으므로 일반적인 모형을 만드는 것 자체가 불가능해 보입니다. 따라서 이 장의 모형은 이질적인 제품이 있을 경우 어떤 식의 모형이 가능한지를 가볍게 알아보는 정도에서 그칠 것입니다.

22.1 시장을 보는 틀의 변화: '수량'에서 '품질과 다양성'으로

고전적 수량 경쟁의 틀

쿠르노 과점 모형은 이 책에서 게임이론의 틀로 해석하여 현대적인 전략적 모형의 범주에 포함시켰습니다. 하지만 실제로 쿠르노가 모형을 만들고 분석했던 1800년대 초반으로 돌아가보면, 사실 쿠르노 모형은 고전적 시장 모형의 완성이라고도 볼 수 있습니다. 쿠르노의 저서의 클라이맥스에 해당되는 부분은 쿠르노 과점 모형이 독점과 완전경쟁을 깔끔하게 연결해주는 중간 단계의 모형이라는 점을 수학적으로 증명하는 것이었습니다. 특히 쿠르노 과점 모형에서 경쟁기업의 수가 2개, 3개, 4개, ...로 점점 증가할 경우, 쿠르노 시장균형 공급량은 점점 증가하여 완전경쟁 수량에 도달하게 되고, 결국 경쟁 기업의 수가 많을수록 더 이상적인 시장에 가까와진다는 논리가 성립할 수 있습니다.

2 물론 동질적 제품 가정 외에도 그 모형들의 한계점들이 더 있습니다만 이 장에서는 동질적 제품 가정에 초점을 두겠습니다.

말하자면 독점, 쿠르노, 완전경쟁으로 이어지는 고전적 시장 모형은 '수량(quantity)'의 관점에서 시장 경쟁의 장점을 보여주는 틀이라고 할 수 있습니다. 기업의 수가 1개 밖에 없어서 경쟁이 존재하지 않는 독점은 공급량이 가장 적어서 가장 비효율적이고, 반대로 완전경쟁은 공급량이 가장 많으므로 실현 가능한 이익(즉, 사회후생 = 경제주체들의 잉여의 합)을 모두 거래로 실현시켰기 때문에 가장 효율적입니다. 기업의 수가 늘어날 때 시장은 점차 완전경쟁에 근접해 가고, 완전경쟁의 장기 균형에서는 모든 기업의 입장이 동등해지므로 이상적인 상태에 도달합니다. 따라서 바람직한 시장을 위한 정책 방향은 신규 기업의 진입과 경쟁을 장려하는 것입니다. 국내 시장뿐 아니라 세계 시장 또한 국가들이 서로 시장을 개방하여 자유롭게 교역하고 경쟁할 경우 세계 전체의 후생이 커진다고 볼 수 있습니다.

그런데 이상의 논의에는 한 가지 중요한 가정이 자리잡고 있습니다. 제품이 동질적(homogeneous)이라는 가정입니다. 완전경쟁 시장에서도, 쿠르노 과점경쟁 시장에서도 모든 기업들은 동질적인 제품을 판매하고 따라서 각 기업은 동질적인 제품의 공급 수량을 통해서 경쟁합니다. 근대 경제학이 자리 잡은 18~19세기 무렵의 산업 경제(industrial economy)를 이해하는 데에는 큰 무리가 없는 가정이며, 따라서 고전적 이론 틀은 충분히 적용 가능합니다.

하지만 현대 경제는 동일한 제품을 대량으로 생산하여 생산적 효율성을 달성하는 것뿐 아니라 같은 제품이더라도 차별화를 추구합니다. 제품의 '품질'(quality)을 달리 하거나, 품질이 같더라도 '다양성'(diversity)을 가진 제품들이 제공되고 있어서 단순히 수량만으로 비교할 수 없는 특징을 가집니다. 많은 수량의 재화를 소비하는 것도 중요하지만, 품질 높은 재화 혹은 다양한 제품들을 소비하는 것도 인류의 행복에 중요한 역할을 하는 것입니다.

제품차별화, 독점적경쟁

1930년대 챔벌린(Edward Chamberlin, 1899-1967)이 제품 차별화(product differentiation)라는 개념을 본격적으로 논의하기 시작했습니다. 챔벌린은 (i) 차별화된 제품에 기초하여 개별 기업은 모두 어느 정도의 독점력(우하향 수요곡선)을 가지지만 (ii) 잠재적으로 무한히 많은 기업들이 자유롭게 진입하고 퇴장하는 독점적 경쟁(monopolistic competition) 시장의 모형을 제안했습니다.

하지만 챔벌린의 논의에서 제품 차별화가 발생하는 과정이나, 독점적 경쟁의 균형이 발생/유지되는 과정 등에 대한 체계적인 모형을 수립하는 데는 한계가 있었기 때문에 20세기에도 주류 시장모형은 동질적 제품 가정에 기초한 고전적 모형들이었습니다. 아직까지도 독점적 경쟁에 대해서 고전적 시장모형 수준에서 일반적이고 체계적으로 코형 수립이 이루어지지는 못했습니다. 그럼에도 불구하고 제품 차별화의 중요성에 대한 인식은 더욱 높아져서, 적어도 차별화된 제품의 특징을 반영하는 단순한 모형들은 활발하게 연구되고 있습니다.

제품 차별화 개념 및 모형의 분류

제품 차별화는 '품질'과 '다양성'이라는 측면에서 서로 다른 방식으로 모형에 반영할 수 있습니다. 이를 수직차별화와 수평차별화라는 말로 구분합니다.

그림 22.1 제품차별화의 구분

(a) 수직차별화 (b) 수평차별화

수직차별화(vertical differentiation)란 판매되는 제품들 간의 어떤 차이에 대해서 모든 소비자들의 선호가 기본적으로 같은 방향을 가진다는 것입니다. 즉 소비자들은 모두 '땅'에 서서 수직으로 전시된 다양한 제품들을 쳐다보는데 누가 봐도 제일 높은 제품과 제일 낮은 제품이 무엇인지 동의한다는 것입니다. 가장 쉬운 예는 바로 제품의 품질(quality)입니다. 고품질 제품이라는 것은 어느 정도 객관적인 기준에 의해서 정의가 가능하고, 같은 조건(즉 가격)이라면 모든 소비자는 고품질 제품을 선호합니다. 그렇다면 시장에서는 서로 다른 품질의 제품이 판매될 경우 가격이 다르게 매겨질 것이고, 소비자들은 이제 품질에 대한 선호와 가격에 대한 민감도 사이에서 의사결정을 할 것입니다. 품질이 좋은 것은 누구나가 원하지만, 얼마의 비싼 가격을 감수하고서 고품질 제품을 쓸 것이냐는 사람들마다 다를 수 있습니다. 간단한 모형의 예를 22.4 절에서 보겠습니다.

수평차별화(horizontal differentiation)는 소비자들마다 각자 취향에 따라 선호하는 제품이 다를 수 있는 경우를 가리킵니다. 같은 '땅' 위에 소비자들과 제품이 위치해있고, 소비자들 중에서는 이쪽 제품을 좋아하는 사람, 저쪽 제품을 좋아하는 사람 다양할 수 있다는 것입니다. 수평 차별화의 대표적인 예는 제품의 '브랜드' 또는 '이미지' 같은 것입니다.

수평차별화 모형을 다시 분류할 수 있습니다. 먼저 소비자들마다 각자 자신이 생각하는 이상적인 이미지를 마음 속으로 가진 모형이 있습니다. 이때 소비자들은 시장에 나와 있는 실제 제품 중에서 가능한 한 자신의 이상적인 이미지와 일치하는 브랜드를 고르려고 할 것입니다. 또한 두 브랜드를 보여주면 둘 중 어느 것이 더 이상에 가까운지를 평가할 수 있을 것입니다. 이런 류의 모형의 대표적인 경우가 아래 22.3 절에서 공부할 호텔링 선형도시 모형입니다.

한편 소비자들이 특정한 이상적 이미지의 브랜드를 가진 것이 아니라, 시장에 제공되는 다양성 자체를 즐기는, 즉 브랜드의 수가 많고 제품의 종류가 다양한 것을 좋아하는 모형도 있습니다. 이 모형은 특정한 형태의 효용함수를 사용해서 소비자모형을 구성하게 되는데, 개념적으로 어렵지는 않지만 다소 복잡한 계산이 필요하므로 여기서 다루지는 않겠습니다.[3]

22.2 베르트랑 모형

먼저 다소 고전적인 모형을 검토하겠습니다. 앞 장에서 과점 모형의 가능성들을

3 딕싯-스티글리츠(Dixit-Stiglitz)의 독점적경쟁 모형, 혹은 이를 국제무역에 적용한 딕싯-스티글리츠-크루그만(Dixit-Stiglitz-Krugman) 교역 모형이 예입니다.

거론하면서 선택변수를 수량과 가격으로 나눈 적이 있습니다. 그리고 실제로는 수량을 선택하는 모형만 다루었습니다. 이는 앞 장에서 동질적 제품을 가정한 것이 큰 이유입니다. 동질적 제품인 경우 필연적으로 각 제품의 가격이 동일하기 때문에, 판매자들이 개별적으로 가격을 택한다는 것이 불가능합니다. 가격을 전략변수로 선택하는 과점 모형을 일반적으로 **베르트랑 모형**(Bertrand model)이라고 부릅니다. 쿠르노 모형과 유사한 방식으로 동시행동게임으로 만들어봅시다.

베르트랑 복점 모형

- 경기자 : 판매자 1, 판매자 2
- 전략집합 : 판매자 1은 가격 $p_1 \geq 0$을 선택하고, 판매자 2는 가격 $p_2 \geq 0$를 선택함
- 보수함수 : 각 판매자의 이윤

문제는 두 판매자가 각자 가격을 정할 때 이윤은 어떻게 되는가입니다. 동질적 제품과 이질적 제품의 경우로 나누어 간단하게 다루겠습니다.

베르트랑 복점 모형 : 동질적 제품

여러번 강조했다시피 동질적 제품일 경우 두 판매자가 서로 다른 가격을 매기는 것이 본질적으로는 불가능합니다. 어쨌든 따로 가격을 매긴다고 생각해봅시다. 그렇다면 각 판매자의 이윤은 어떻게 될까요?

베르트랑은 두 판매자의 가격이 동일하면 전체 수요의 절반씩을 가져가고, 가격이 서로 다르다면 높은 가격을 매긴 판매자에게는 수요가 0이 될 것으로 보았습니다. 즉 시장수요함수가 $Q = D(p)$이고 한계비용이 c일 때 판매자 1의 이윤함수는 이렇게 됩니다.

$$\pi_1(p_1; p_2) = \begin{cases} 0 & \text{if } p_1 > p_2 \\ \frac{1}{2}(p_1 - c)D(p_1) & \text{if } p_1 = p_2 \\ (p_1 - c)D(p_1) & \text{if } p_1 < p_2 \end{cases}$$

공식으로 쓰지 않더라도, 게임의 내쉬균형은 매우 쉽게 알아차릴 수 있습니다.

우선 내쉬균형에서 두 경기자는 같은 가격을 택할 것입니다. 만약 서로 다른 가격을 택한다면 높은 가격을 택한 경기자는 0의 이윤을 얻지만 상대보다 아주 조금 낮은 가격을 매긴다면 양(+)의 이윤이 확보되므로 균형일 수 없습니다. 한 경기자의 최선대응은 다른 경기자의 가격보다 조금 더 낮은 가격을 택하는 것입니다.

그런데 가격을 무한정 내릴 수는 없습니다. 만약 판매자 1이 $p_1 = c$를 택한다면 판매자 2도 $p_2 = c$를 택하는 것이 최선대응입니다. 가격을 더 낮추면 손실을 보기 때문이지요. 따라서 이 게임의 내쉬균형은 $(p_1, p_2) = (c, c)$입니다. 즉, 슈타켈베르크나 쿠르노와 달리, 판매자의 수가 2개만 되어도 완전경쟁과 마찬가지로 가격이 한계비용 수준으로 떨어진다는 것이 동질적 제품 베르트랑 모형의 결론입니다.[4]

더 생 각 해 보 기

베르트랑의 오해, 베르트랑에 대한 오해

베르트랑(Joseph Louis François Bertrand, 1822-1900)은 19세기 프랑스 수학자로, 1883년 발표한 서평에서 쿠르노 모형을 비판하고 대안적인 모형을 제시한 것으로 경제학에서 기억되고 있습니다. 하지만 베르트랑이 쿠르노를 오해한 점도 있고, 베르트랑의 서평이 오해된 부분도 있습니다.

이 서평은 원래 발라스(Walras)의 저서에 대한 것이었는데, 발라스가 쿠르노를 영감의 기원으로 인용해서 두 책을 함께 비평하게 된 것으로 보입니다. 베르트랑의 서평은 사실 그 내용보다는 잊혀졌던 쿠르노의 책을 세상에 알렸다는 점에서 더 의미를 갖는 것 같습니다. 쿠르노의 책은 출간 당시 경제학자들에게는 너무 수학적이어서 읽히지 못했고, 수학자들로부터도 흥미를 끌지 못했습니다. 베르트랑 또한 쿠르노의 수학적 명성은 인정하지만, 경제학에 추상적 수학 모형을 적용하려는 시도 자체에 대해 회의적인 태도를 보입니다.

베르트랑의 서평 중에서 쿠르노의 과점 모형을 비판한 부분은 다음과 같습니다. (조금 길지만 한국어 번역을 구하기 어려우므로 참고로 소개합니다. 두 가지 영어 번역본[Margaret Chevaillier, 출처: de Bornier, "The "Cournot-Bertrand Debate": A Historical Perspective," *History of Political Economy* (1992); James Friedman, 출처: Daughety (ed), *Cournot oligopoly* (1988)]을 참조해서 번역했습니다.)

> 문제가 있는 부분은 두 명의 사업자 간의 경쟁을 다루는 제7장이다. 두 사업자는 추가 진입에 대한 우려 없이 동일한 품질의 샘을 각자 관리하고 있다. 소비자로부터 최대한의 수입을 얻기 위해서 그들은 합병하거나 최소한 공통의 가격을 정하는 것이 서로에게 이익이 될 것이다. 하지만 쿠르노는 이 해결책을 거부한다. 쿠르노는 한 사업자가 소비자들을 유인하기 위해 가격을 낮출 것이고 상대 또한 소비자를 뺏기지

4 그런데 베르트랑은 이 모형에 해가 없다고 생각했습니다. 이후에 에지워스(Edgeworth)라는 학자가 생산설비의 용량이라는 개념을 도입하여 베르트랑 모형을 정식으로 풀게 됩니다.

않도록 대응하여 가격을 더 낮출 것이라고 가정한다. 가격 인하로부터 더 이상 얻을 것이 없을 때까지 이런 가격 경쟁이 계속된다는 것이다. 이 설명의 문제점은 가격이 어디까지 내려가야 하는지에 대한 하한이 없기 때문에 이런 가정 하에서는 답이 없다는 것이다. 어떤 공통의 가격을 채택했든지 한 사람이 혼자서 가격을 낮춘다면 모든 수요를 차지해 수입이 두 배가 될 것이다. 이렇게 명백한 문제점이 쿠르노의 공식에서 선뜻 드러나지 않은 것은, 그가 희한하게 부주의한 실수를 저질러서 수요곡선을 가격이 아닌 수량으로 해석하고 수량을 독립변수로 취급하면서, 한 사업자가 수량을 바꾸더라도 다른 사업자의 수량은 고정되어 있다고 가정한 때문이다.

베르트랑 비판의 요지는 두 명의 사업자에게는 담합을 시도하는 것이 더 유리한데 쿠르노가 이를 무시하고, 실수로 수량을 변수로 취급한 모형을 만들어서 잘못된 분석을 했다는 것입니다. 여기 적어도 두 가지 오해가 있습니다. 첫째, 쿠르노는 담합 가능성을 무시 하지 않았습니다. 둘째, 쿠르노가 수량을 택한 것은 실수가 아니었습니다.

첫째, 7장 초두에서 쿠르노는 만약 담합이 일어난다면 이미 5장에서 다룬 독점과 마찬가지이므로 담합 없이 독립적인 (게임이론 용어로는 비협력적인) 경우는 어떻게 될지 알아보자고 말합니다. 또한 과점 모형의 분석 후에는 왜 담합이 유지되기 어려운지도 설명합니다. (이 책의 제21장 말미에서 설명한 내용입니다.)

둘째, 쿠르노는 독점에 대해서 가격을 선택하는 모형을 제시했지만 복점 모형에서 수량으로 선택 변수를 변경하는데, 이것은 무심코 한 실수가 아니라 "분석의 편의를 위해서"라고 언급합니다. 지금의 우리는 독점 모형에서 가격으로 분석하든 수량으로 분석하든 차이가 없다는 것과, 동질적 제품 모형에서는 가격을 선택하는 것이 무의미하다는 것을 알고 있습니다. 쿠르노는 자세히 설명하지 않았을 뿐 이 점을 파악하고 있는 것으로 보입니다. (예컨대 쿠르노는 동질적 제품 가정을 명확하게 제시하고 강조합니다.)

게다가 베르트랑은 가격을 선택하는 모형을 제안했다기보다는 가격을 선택하는 모형에는 해가 없기 때문에 담합을 해로 보아야 한다고 주장한 것 같습니다. 그럼에도 가격선택 모형이 베르트랑 모형이라고 불리게 된 것은 이후 파레토(Pareto), 에지워스(Edgeworth) 등이 베르트랑의 서평을 (다소 잘못) 인용하면서인 것으로 추측됩니다. 어쨌든 가격을 선택하는 과점 모형을 베르트랑이라고 부르는 것이 관행이 되었습니다.

참고로 발라스의 책에 대한 베르트랑의 평은 더욱 비판적입니다. 발라스의 모형은 당시 수학으로는 다루기 힘든 수준으로 1950년대에 비로소 해결됩니다. 하지만 발라스의 구상은 현대 경제학의 기초가 되어 현재 주류 경제모형은 '발라스 모형(Walrasian model)'이라고 불립니다. 쿠르노의 분석은 여러분이 이 책에서 공부하는 미시경제이론에 그대로 반영되었을 뿐 아니라 심지어 게임이론의 씨앗까지 품은 것으로 평가됩니다.

쓸데 없이 수학을 경제학에 사용한다고 비판했던 베르트랑의 생각에 요즘도 많은 사람이 동의할 것 같은데, 여러분은 어떠신지요? 수리적 경제모형에 대한 태도야 개인의 자유지만, 비판은 정확한 이해에 기반해야 할 텐데 베르트랑 같은 전문 수학자도 실수를 저지른 것을 보면 경제모형을 제대로 이해하는 일이 상당히 까다로운 것 같습니다.

베르트랑 복점 모형: 이질적 제품

가격선택 모형이 동질적 제품 상황에는 애초에 잘 적용이 될 수 없는 것이라면, 이질적 제품에서 가격을 선택하는 모형은 의미가 있을까요? 이질적 제품시장에서

가격을 동시에 선택하는 게임도 베르트랑 모형이라고 부를 수 있습니다.[5]

베르트랑 모형의 구조 자체는 동질적 제품 때와 다를 바가 없습니다. 다만 이질적 제품 상황에서 서로 다른 가격을 매기면 그것이 어떻게 수요에 반영되고 각 판매자의 이윤함수에 영향을 주는지만 신경 쓰면 됩니다. 우선 이 모형에서는 시장수요곡선 $P(Q)$를 사용할 수 없습니다. 대신 각 판매자에게 개별적인 수요곡선 또는 수요함수가 주어져야 합니다. 그런데 각 판매자가 가격을 선택하는 형식으로 표현을 하고자 하므로, 가격이 독립변수인 수요함수를 쓰는 것이 더 편리할 것입니다.

그런데 수요함수를 $q_1 = D_1(p_1)$, $q_2 = D_2(p_2)$ 같은 식으로 쓰는 것도 답이 아닙니다. 이렇게 쓰면 서로 다른 시장에서 활동하는 기업들이 됩니다. 두 판매자가 차별화되었지만 같은 시장에서 팔리는 같은 제품을 판매한다면, 한 판매자가 매기는 가격이 다른 판매자의 제품에 대한 수요에도 영향을 주어야 합니다. 즉,

$$(22.1) \quad q_1 = D_1(p_1, p_2), \quad q_2 = D_2(p_1, p_2) \qquad \text{[차별화된 제품 수요함수]}$$

와 같은 모양이 되어야 할 것입니다. 자기 가격에 대해서 수요의 법칙이 성립한다면,

$$(22.2) \quad \frac{\partial D_1}{\partial p_1} < 0, \quad \frac{\partial D_2}{\partial p_2} < 0 \qquad \text{[수요의 법칙]}$$

가 성립해야겠지요. 한편 두 제품이 서로 대체재라면 타 제품 가격에 대해서는

$$(22.3) \quad \frac{\partial D_1}{\partial p_2} > 0, \quad \frac{\partial D_2}{\partial p_1} > 0 \qquad \text{[대체재 관계]}$$

가 성립할 것입니다. 만약 보완재 관계라면 (22.3)의 부등호들이 반대 방향일 것입니다. 이런 조건을 만족하는 수요함수들에서 도출되는 이윤함수를 보수로 지정하면 이질적 제품 베르트랑 모형을 만들 수 있습니다.

5 베르트랑은 실제 이런 경우를 논하지는 않았습니다. 게다가 오히려 쿠르노의 책에서 이미 이 경우와 유사한 논의가 담겨 있는 것은 아이러니입니다. 하지만 '가격선택 = 베르트랑'이라는 관행에 따라 베르트랑 모형이라고 지칭합니다.

그림 22.2 예 22.1 이질적 제품 베르트랑 복점

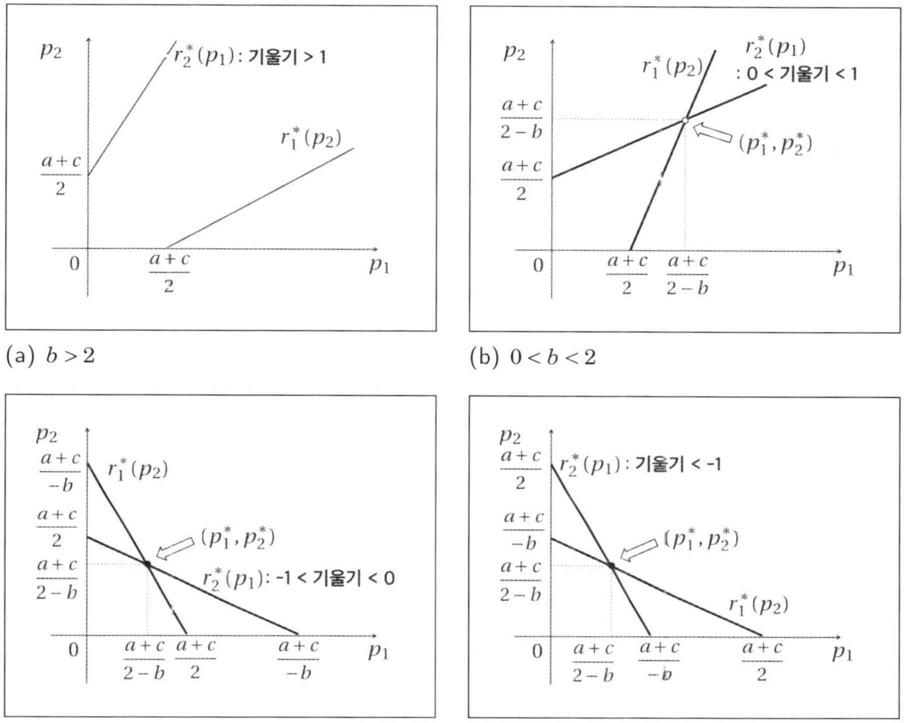

(a) $b>2$ (b) $0<b<2$ (c) $-1<b<0$ (d) $b<-1$

예 22.1

간단한 예는 다음과 같습니다.

$$q_1 = a - p_1 + bp_2, \quad q_2 = a - p_2 + bp_1 \tag{22.4}$$

한계비용이 c일 때 판매자 1의 이윤함수는

$$\pi_1(p_1, p_2) = (p_1 - c)(a - p_1 + bp_2) \tag{22.5}$$

가 됩니다. 이제 이윤을 극대화하는 가격 p_1을 찾아보면

$$\frac{\partial \pi_1}{\partial p_1} = a - p_1 + b_2 - (p_1 - c) = 0 \quad \Longrightarrow \quad p_1 = \frac{a + bp_2 + c}{2} = r_1^*(p_2)$$

와 같이 상대 가격에 대한 반응함수가 나옵니다. 판매자 2에 대해서도 마찬가지로 계산해서 반응함수를 얻습니다.

$$p_2 = \frac{a + bp_1 + c}{2} = r_2^*(p_1)$$

이 게임의 내쉬균형은 "반응함수를 두 번 겹쳐서 자신이 나오는 가격"을 찾으면 됩니다. 즉, $r_2^*(r_2^*(p_2^*)) = p_2^*$이고 $r_1^*(r_2^*(p_1^*)) = p_1^*$인 (p_1^*, p_2^*)를 찾습니다.

$$p_1^* = \frac{a + bp_2^* + c}{2} = \frac{a + b\frac{a + bp_1^* + c}{2} + c}{2} \quad \Longrightarrow \quad p_1^* = p_2^* = \frac{a + c}{2 - b}$$

가 내쉬균형 가격입니다. 이때 각 제품의 거래량은

$$q_1^* = q_2^* = a - \frac{a + c}{2 - b} + b\frac{a + c}{2 - b} = \frac{a(2 - b) - (a + c) + b(a + c)}{2 - b} = \frac{a + (b - 1)c}{2 - b}$$

가 됩니다. 이 모형의 외생변수들은 a, b, c입니다. a는 각 제품 수요의 최대 지불용의 및 최대 시장규모($p_1 = p_2 = 0$일 때의 수요량)라고 볼 수 있고, c는 한계비용입니다. 한편 새롭게 등장한 b는 교차가격계수로, 상대 판매자의 가격이 1단위 변할 때 내 제품 수요량이 얼마나 변하는지를 나타냅니다.

(1) 대체재인 경우 ($b > 0$)

먼저 교차가격 계수가 양수인 경우, 즉 타 제품 가격 인상이 내 제품 수요량의 인상으로 이어지는 대체재 상황을 생각해봅시다. 만약 $b \approx 0$이라면 가격과 거래량은 각자 독점인 경우와 비슷해집니다.

균형가격 공식에서 분모의 $2 - b$가 양수라야 의미있는 가격이 되므로 $b < 2$라는 조건이 필요할 것입니다. 즉 수요함수에서 자기가격의 계수가 -1인 상황에서 교차가격 계수가 2보다 크면 균형이 없습니다. 교차가격 효과가 지나치게 크다면, 그야말로 남의 가격에만 신경쓰다가 시장의 균형을 찾지 못하는 상황이 올 수 있을 것입니다. $b > 2$라서 의미 있는 균형이 존재하지 않는 상황이 그림 22.1(a)에 나와 있습니다. 두 판매자의 반응함수를 그림으로 나타내었는데, 판매자 2의 반응함수 기울기는 $\frac{1}{2}b$이므로 값이 1보다 큽니다. 한편 판매자 1의 반응함수 기울기도 1보다 큰데 축의 역할이 바뀌었으므로 그림에서는 1보다 작은 기울기로 그려지고 따라서 두 반응함수가 1사분면에서는 만나지 않습니다.

따라서 $0 < b < 2$라고 가정하면 그림 22.1(b)처럼 됩니다. 이번에는 두 반응함수의 기울기가 1보다 작고, 판매자 1의 반응함수는 역시 축의 역할이 바뀌었으므로 그림에서는 기울기가 1보다 커서 서로 만나는 점이

생깁니다. 이 균형의 특징은 독점가격인 $(a+c)/2$보다 가격이 더 높다는 것입니다. 예를 들어 $b=1$이면 $p_1^*=p_2^*=a+c$, $q_1^*=q_2^*=a$라는 결과가 나옵니다. (독점보다 가격이 2배이면서 거래량은 완전경쟁보다도 많습니다.) 교차가격 계수가 1이라면 자기가격 계수인 -1을 정확하게 상쇄합니다. 즉 내가 가격을 1단위 올릴 때 상대방도 1단위 올린다면 수요량이 가격에 아무런 영향을 받지 않고 유지된다는 뜻입니다. 두 판매자가 보조를 맞추어 수요량 손해를 보지 않으면서 가격을 올릴 수 있다는 뜻이지요.

두 제품이 대체재이기 때문에 교차가격 계수가 양수(+)인데 한 판매자가 가격을 올리면 자신의 수요량은 줄지만 그것이 다른 판매자에게는 오히려 수요량을 늘리는 이익으로 작용합니다. 말하자면 가격을 올리는 것은 자신에게는 불이익이지만 경쟁 상대에게는 이익이 되는 일종의 '이타적'인 행위입니다. 죄수의 딜레마와 달리 이 게임에서는 서로 이타적인 행위를 해서 공동의 이익이 커지는 것이 가능합니다. (좀 어려운 용어를 쓰자면, 이 게임에서 가격은 전략적 보완관계(strategic complements)입니다. 두 제품은 대체재인데, 그 때문에 내가 가격을 올리면 상대의 이윤이 커지고 그 결과 상대 또한 가격을 올려서 내 이윤도 커지게 할 수 있습니다. 바로 아래에 다루듯이 반대로 두 제품이 보완재라면 $(b<0)$ 가격은 전략적 대체관계(strategic substitutes)를 가집니다.)

(2) 보완재인 경우 $(b<0)$

그렇다면 이번에는 $b<0$인 경우 즉 한 제품 가격의 인상이 다른 제품 수요량의 감소로 이어지는 경우를 생각해봅시다. 이때 b의 절대값이 1보다 큰지 작은지에 따라 그림의 모양이 조금 바뀌기는 하지만 본질적으로 두 경우 모두 균형가격이 독점 수준보다는 낮아집니다. 그림 (c)와 (d)에 나와 있습니다. (두 경우의 차이점은 $|b|>1$인 (d)에서는 균형이 아닌 점에서 출발할 경우 균형을 찾아가지 못한다는 것입니다. 즉 균형이 안정적이지 못합니다. 이는 $b>1$일 때 균형이 존재하지 않는 것과 비슷하게, 교차가격 계수의 절대값이 지나치게 커서입니다.) 두 제품이 보완재라면, 한 판매자가 가격을 올릴 때 자신과 상대의 수요량이 함께 줄어듭니다.

22.3 호텔링 모형

앞서 본 이질적 제품 베르트랑 모형은 흥미롭기는 하지만, 왜 어떻게 $q_1=a-p_1+bp_2$라는 수요함수가 나왔는지 알 수 없다는 것이 한 가지 단점입니다. 두 제품 간의 대체성 또는 보완성을 임의로 가정해 b라는 교차가격 계수를 주었습니다. 이질적 제품을 모형에 제대로 포함시키려면 제품이 차별화되는 과정 자체를 다루어야 합니다. **호텔링 모형(Hotelling model)**은 대표적으로 단순한 수평차별화 모형으로, 판매자들이 자신의 제품을 어느 정도 차별화시킬지 그리고 차별화된 상태에서 가격은 어떻게 매길지를 선택하게 할 수 있는 모형입니다. 또한 과점시장 모형뿐 아니라 정치학의 투표 모형 등에서 활용되는 매우 흥미로운 모형입니다.

모형의 기본 설정

호텔링 모형은 미국의 통계학자 호텔링(Harold Hotelling, 1895-1973)이 1929년 논문에서 제시했습니다.[6] (여기에서 제시할 호텔링 모형은 가장 단순한 경우입니다.) 소비자들이 일직선 상에 놓여 있다고 상상하기 때문에 '선형도시(linear city)' 모형이라고도 부릅니다. 말하자면 시내 중심가의 대로(main street)나 바닷가를 따라 옆으로 길게 배치된 해수욕장을 떠올리면 될 것 같습니다.

선형 도시 위의 위치를 실수 구간 $[0,1]$로 나타냅니다. $x = 0$은 도시의 왼쪽 경계이고, $x = 1$은 오른쪽 경계입니다. (무한히 많은) 소비자들이 이 구간 위에 균등하게 분포되어 있다고 가정합니다. 각 소비자는 어떤 제품을 1개씩 구입합니다.

이 제품의 판매자는 $[0,1]$ 상의 적절한 곳에 자신의 판매 장소를 선택하여 설치합니다. 복점이라면 두 명의 판매자가 있습니다. 판매자들의 제품은 한 가지 측면을 제외하고는 동질적이어서, 각 소비자는 어느 판매자로부터 구입하든지 제품 자체로부터는 동일한 효용을 얻습니다.

판매자들의 제품이 서로 다른 단 한지 측면은 판매자의 "위치(location)"입니다. 특히 위치 x에 있는 소비자가 위치 y에 있는 판매자로부터 구입할 경우 그 거리 $|x-y|$에 비례하는 **교통비용**(transportation cost)을 지불해야 합니다. 단위 교통비용을 t라고 할 경우 지불하는 교통비용은 $t|x-y|$입니다.

교통비용이 바로 **차별화**(differentiation)의 정도를 나타냅니다. 문자 그대로 소비자가 사는 곳에서 가게까지 갔다 오는 데 드는 교통비일 수도 있습니다. 똑같은 물건을 팔지만, 집 앞에 위치한 가게에서 사는 것과 버스로 왕복 1시간이 걸리는 가게에서 사는 것은 다릅니다. 만약 가격이 동일하다면 당연히 집 앞에 있는 가게를 선호할 것입니다. 문자적인 교통비가 아니라, 좀 더 추상적인 의미에서 소비자가 원하는 제품의 특성과 판매자가 판매하는 실제 제품 사이의 괴리를 나타낼 수도

6 Hotelling, "Stability in competition," *Economic Journal* (1929)

그림 22.3 호텔링 모형의 기본 설정

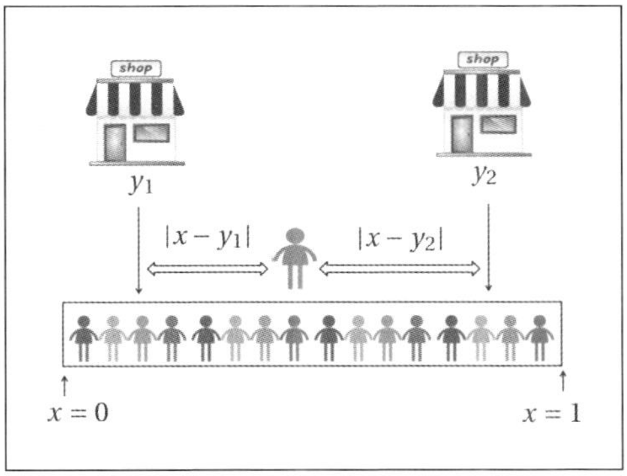

있습니다. 이때 각 소비자는 자신이 원하는 특성(도시에서의 '위치')에 가장 가까운 판매자로부터 구입하기 원할 것입니다.

각 판매자의 가격도 고려해야 합니다. 소비자 x는 y_1에 위치한 판매자 1로부터 구입할 때 $p_1 + t|x - y_1|$의 총 비용이 들고, y_2에 위치한 판매자 2로부터 구입할 때는 $p_2 + t|x - y_2|$의 총 비용이 들게 되므로, 총 비용을 비교해서 더 싼 쪽을 선택한다고 가정합니다. 제품 자체의 효용은 동일하므로 비용만 비교하면 됩니다.

혹은 제품 자체의 효용에서 총 비용을 뺀 '순 효용'을 비교하더라도 마찬가지입니다. (효용에서 비용을 뺀다면 준선형효용함수를 가정하는 셈입니다.) 즉 제품 자체의 효용을 v라고 할 때, 판매자 1에서 구입할 때의 순효용은 $v - p_1 - t|x - y_1|$이고 판매자 2에서 구입할 때의 순효용은 $v - p_2 - t|x - y_2|$입니다. 두 순효용을 비교해서 더 큰 쪽에서 구입할 것입니다.

호텔링 모형은 매우 단순하지만, 다양한 현상의 모형으로 유연하게 활용됩니다. 기본적으로 소비자는 비용이나 순효용을 비교해서 더 유리한 쪽을 선택하는 수동적인 존재로, 게임의 경기자는 아닙니다. 한편 2개 혹은 그 이상의 판매자들은 "위치"와 "가격"을 선택하는 경기자들입니다. 위치와 가격을 모두 선택하는 게임도 가능하고, 위치와 가격 중 하나만 선택하는 게임도 가능합니다. 동시행동과 순차행동도 가능합니다. 위치나 가격의 의미를 폭넓게 해석하여 응용할 수도 있습니다.

호텔링 모형 (1) 정치적 입장의 선택

가장 단순한 응용은 정치학의 선거 모형입니다. 이때 '소비자'는 투표권을 행사하는 유권자로 해석됩니다. 또한 선형도시 $[0, 1]$은 유권자들의 이념 또는 성향을 상징할 수 있습니다. 예를 들면, $x = 0$이면 극좌, $x = 1$이면 극우, $x = 1/2$이면 중도를 상징할 수 있겠지요.

예 22.2

유권자들이 $[0, 1]$ 상에 균등하게 분포되었다고 합시다. 후보를 내는 정당이 2개 있습니다. (시장의 복점 모형에 대응되는 것이, 투표에서는 양당제일 것입니다.) 두 정당은 하나의 이념적 위치를 선택하는데, 각 정당의 목표는 유권자로부터 (상대 당보다) 많은 표를 받는 것입니다. 즉 각 정당이 원래부터 가진 이념적 성향은 없습니다. 한편 각 유권자는 두 정당이 제시한 공약의 이념적 위치를 보고 자신의 위치(이념적 성향)에 조금이라도 더 가까운 정당에게 투표합니다. (이 모형에 '가격'은 없습니다.)

각 정당은 위치를 동시에 선택한다고 가정하고 동시행동게임의 내쉬균형을 찾아보겠습니다. 이 게임의 전략형은 다음과 같습니다.

- 경기자: 정당 1, 정당 2
- 전략집합: 각 정당의 위치 $y_1 \in [0, 1]$, $y_2 \in [0, 1]$
- 보수함수: 상대 당과의 표 차이, 즉 두 정당이 받은 표수를 v_1, v_2라 할 때, $u_1 = v_1 - v_2$, $u_2 = v_2 - v_1$

이 게임의 내쉬균형은 결론부터 말하자면 $(y_1, y_2) = (\frac{1}{2}, \frac{1}{2})$ 즉 두 정당 모두 중도적인 입장을 취하는 것입니다. 만약 상대가 $y = \frac{1}{2}$를 택할 경우, 나는 $y \neq \frac{1}{2}$인 어떤 점을 택하더라도 상대보다 적은 수의 표를 받게 됩니다. 따라서 최선대응은 동일한 $y = \frac{1}{2}$를 택해서 표를 절반씩 나눠 갖는 것입니다.

이 간단한 예는 선거에서 각 당들의 공약이 서로 비슷해지는 이유에 대한 한 가지 설명이 됩니다. 예에서는 정당 고유의 이념이 없다고 가정했지만, 고유의 이념이 있더라도 평소 우파 성향의 정당은 선거 시에 다소 좌파적인 공약을 제시하고, 반대로 좌파 성향의 정당은 다소 우파적인 공약을 제시하여 중도 유권자들의 표를

얻고자 노력하는 현상을 보여줍니다.

예에서는 유권자들의 이념 분포가 극좌로부터 극우까지 골고루 분포되어 있다고 가정했지만 현실은 물론 그렇지 않습니다. 만약 유권자들의 이념 분포가 균등하지 않다면 두 정당은 $y = \frac{1}{2}$를 택하는 대신, 중위 유권자(median voter)의 위치를 택할 것입니다. 여기서 중위 유권자란 이념의 인구 분포에서 중간의 위치를 차지하는 유권자를 말합니다. 즉, 중위 유권자 x_m은 전체 유권자들 중에서 $x > x_m$인 유권자들의 수와 $x < x_m$인 유권자들의 수가 동일한 유권자의 성향 x_m을 말합니다.

그림 22.4 유권자 이념분포가 균등하지 않은 경우의 예

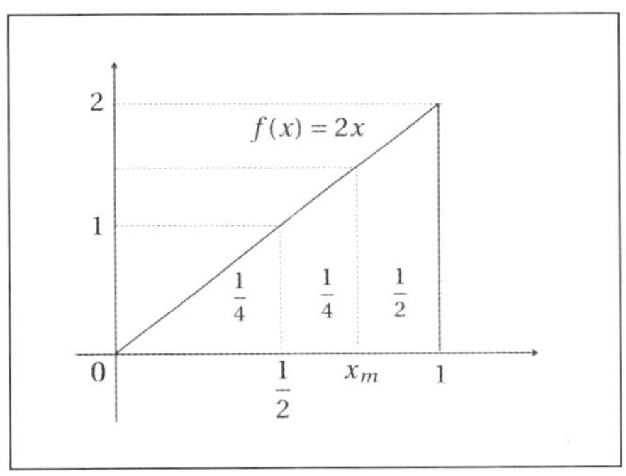

예컨대 우파 성향이 강한 사회라면, 선거 시 정당들은 중도우파의 위치를 택할 것입니다. 그림 22.4는 x라는 이념 위치의 유권자의 상대적 비중이 $f(x) = 2x$라는 함수[7]인 우편향 사회의 모습을 보여줍니다. 이때 좌파 성향의 인구 즉 $0 \le x \le \frac{1}{2}$인 인구는 전체 인구의 1/4에 불과합니다. 중도 유권자가 x_m의 위치라고 할 때 그 상대적 비중은 $2x_m$이고 따라서 $0 \le x \le x_m$인 유권자가 차지하는 비율은 $\frac{1}{2} \times x_m \times 2x_m = x_m^2 = \frac{1}{2}$이므로 $x_m = \frac{1}{\sqrt{2}} \approx 0.7$입니다. 따라서 이런 사회에서는 정당들이 0.7 정도의 이념 위치 즉 중도우파적인 위치를 보일 것입니다.

부연하자면, "유권자"들의 이념 분포보다는 "투표자"들의 이념 분포가 더 중요할 것입니다. 즉 실제 이념 분포는 균등하더라도 투표에 참여하는 비율이 차이가 난다

7 통계학의 용어로는 확률밀도함수입니다.

면, 정당들이 실제 신경 쓰는 것은 투표하는 유권자들 분포의 중위가 될 것입니다.

한편, "가격"은 없는 것으로 가정했는데, 정당들을 공약의 판매자로 본다면 가격이란 각 정당들이 선거 이후에 유권자들에게 전가하게 될 비용(공약의 실현을 위한 세금이라든지)으로 해석할 수 있을 것입니다. 하지만 정당들이 이념적 위치를 결정한 후 "가격"을 제시하도록 게임을 구성하더라도 결국 각 정당들이 택하는 균형가격은 0일 것입니다. 즉 일단 선거 국면에서는 정당들이 비용 문제는 그다지 거론하지 않겠지요.

간단한 모형에서는 유권자들의 분포를 단지 좌우만으로 나타내었지만, 더 복잡한 유권자 분포도 표현 가능합니다. 예컨대 좌우의 이념적 성향 이외에 세대별 정책이 존재한다면, 유권자들의 분포는 직사각형으로 나타낼 수 있을 것입니다. 가로변은 예전과 마찬가지로 [0,1]의 이념적 성향을 나타내고, 세로변은 연령을 나타낸 것이지요. 단, 이 경우 주의할 점은 연령과 관련된 **교통비용**이 어떤 성질을 가지는지입니다. 간단한 모형에서처럼 유권자의 연령과 정당이 제시하는 주요 정책의 대상 연령 사이의 단순 차로 포함을 시킨다면 예컨대 20대를 위한 정책을 제시하는 정당과 60대를 위한 정책을 제시하는 정당이 있을 때, 당연히 20대와 60대는 자신에게 유리한 쪽을 지지할 것입니다. 그렇다면 다른 세대는 어떨까요? 호텔링 모형을 적용하려면, (다른 조건이 동일한 경우) 예를 들어 30대는 20대 성향 정당을 지지하고, 50대는 60대 성향 정당을 지지한다고 가정해야 합니다.

그림 22.5 두 가지 차원을 가진 호텔링 모형

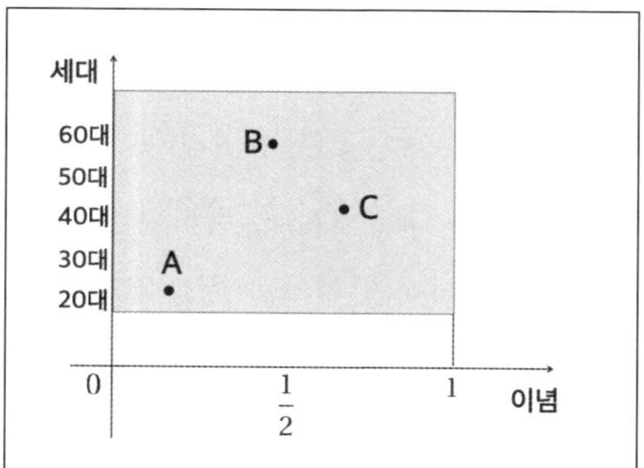

이념과 세대의 두 가지 차원에서 정책 위치의 설정이 가능하다면 가능한 정당의 성격도 좀 더 다양할 것입니다. 예컨대 그림 22.5의 점 A는 청년 세대 및 좌파적 정책을 지향하는 정당이고, B는 노년 세대 및 중도적 정책, C는 중년 세대 및 중도우파적 정책을 표방하는 정당입니다. (투표하는) 유권자들이 두 차원 사이에 어떻게 분포되어 있는지는 정당들이 택하는 위치에 영향을 줄 것입니다.

호텔링 모형 (2) 차별화된 재화의 가격 경쟁

이제 좀 더 친숙한 복점시장 상황으로 돌아와서, 2개의 판매자가 소비자들에게 동일한 제품을 다른 위치에서 판매하는 경우를 생각해봅시다. 일단 두 판매자의 위치가 각각 0과 1로 고정되어 있다고 합시다. (설명의 편의를 위해 판매자 0과 판매자 1로 부르겠습니다.) 두 판매자는 위치는 옮기지 못하는 상황에서 각자 가격을 결정하고, 소비자는 가격과 교통비용을 합한 총비용을 비교해서 자신에게 더 유리한 쪽에서 구입을 합니다.

예 22.3

다음과 같은 상황들이 이런 호텔링 모형을 적용해볼 만한 것들입니다.

(1) 바닷가를 따라 일렬로 늘어선 해수욕장에서 많은 사람들이 피서를 즐기고 있습니다. 해수욕장의 왼쪽 끝과 오른쪽 끝에 아이스크림 가게가 있습니다. 아이스크림을 사먹으려면 뜨거운 햇볕 아래로 가게까지 걸어가야 합니다. 각 사람은 양 가게의 아이스크림 가격과 거리를 고려해서 어느 가게로 갈지 혹은 심지어 아이스크림 먹기를 포기할지를 결정할 것입니다. 두 가게는 아이스크림 가격을 얼마로 책정할까요?

(2) 대표적인 개인용컴퓨터 운영체제로 MS의 윈도우즈 $(y=0)$와 애플의 OS-X$(y=1)$가 있습니다. (그 외에도 더 있지만 두 가지로 국한해서 봅시다.) 컴퓨터를 사용하는 사람들 중에서는 윈도우즈가 완벽하다고 생각하는 이 $(x=0)$부터 OS-X가 완벽하다고 생각하는 이 $(x=1)$까지 다양합니다. $x=\frac{1}{2}$인 사람은 어느 쪽이든 개의치 않고 가격이 더 싼 것을 원할 것입니다. 두 가지 운영체제 혹은 이 운영체제를 사용한 개인용컴퓨터의 가격은 어떻게 결정될까요?

(3) 휴대전화 커버를 판매하는 두 사업자가 있습니다. 이들이 판매하는 커버는 다른 면에서는 다 똑같고, 한쪽은 빨간색 $(y=0)$, 다른쪽은 보라색 $(y=1)$입니다. 각 소비자가 선호하는 커버 색깔은 빨간색부터 시작해서 무지개에 나타나는 다양한 색깔들 중 하나라고 합니다. 이런 경우를 호텔링 모형으로 만들 경우 조금 어색한 점은 있습니다. 예컨대 주황색이나 노란색을 선호하는 소비자는 가격이 동일하다면 빨간색을 택하고,

파란색이나 남색을 선호하는 소비자는 가격이 동일하다면 보라색을 택한다고 가정해야 합니다.

호텔링 모형을 적용하려면 두 제품에 대한 소비자들의 취향을 한 방향으로 정렬할 수 있어야 합니다. 다양한 색깔을 선호하는 소비자들이 있는 (3)의 경우를 호텔링 모형으로 나타내는 것은 어색합니다. 만약 판매되는 커버가 빨간색과 보라색 두 가지라면, 소비자들이 실제로 선호하는 색깔을 따지지 말고 다만 빨간색과 보라색 중 어느 쪽을 얼마나 더 강하게 원하는지(즉 지불용의)에 따라 정렬해야 할 것입니다.

판매자들이 제품에 매긴 가격이 p_0, p_1이라고 합시다. $x=0$인 소비자는 판매자 0으로부터 사면 비용이 p_0이고 판매자 1로부터 사면 p_1+t입니다. p_0이 심하게 비싸지 않다면 0에서 구입할 것입니다. 구체적으로 p_0가 p_1+t를 넘지 않는다면 0에서 구입합니다. 마찬가지로 $x=1$ 소비자는 $p_1 \le p_0+t$이면 1에서 구입합니다.

중간에 낀 소비자들 중에서 두 판매자 사이에 무차별한 소비자가 있습니다. 이를 "한계" 소비자라고 부를 수 있는데 그 위치를 $\hat{x}$라고 한다면

$$p_0 + t\hat{x} = p_1 + t(1-\hat{x})$$

가 성립하므로

$$\hat{x} = \frac{1}{2} + \frac{p_1 - p_0}{2t} = \frac{1}{2t}(t - p_0 + p_1) \tag{22.6}$$

이 됩니다. $p_1 > p_0$이면 $\hat{x} > \frac{1}{2}$입니다. 즉 오른쪽 가게의 가격이 더 높다면, 한계소비자의 위치는 중간보다 오른쪽으로 치우쳐 있습니다. 왼쪽 가게에 가는 소비자의 수가 절반을 넘어서 더 많은 것입니다. 반대로 $p_0 < p_1$이면 $\hat{x} < \frac{1}{2}$로 왼쪽 가게가 더 비싸므로 절반이 안 되는 소비자가 왼쪽 가게를 찾습니다.

그림 22.6(a)에 판매자가 $p_0 > p_1$의 가격들을 매길 때 소비자들의 순효용을 그림으로 표시했습니다. 양 제품의 효용은 v로 동일한데, 가격은 $p_0 > p_1$이므로 소비자 $x=0$은 가장 가까운 제품 0을 구입하지만 소비자 $x=1$보다는 순효용이 낮습니다. 만약 판매자 0이 독점이면 1에 위치한 소비자는 아예 구입을 포기했을 것입니다. 한계소비자 x_m은 어느 쪽에서 구입하든 무차별하므로 순효용을 나타내는 직선이 교차하는 곳에 있습니다. 중간점인 1/2보다는 왼쪽으로 치우져 있습니다.

그림 22.6 한계소비자의 위치 및 각 판매자의 수요

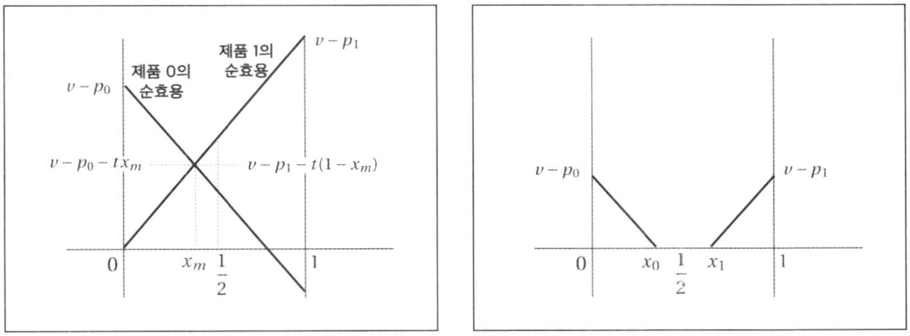

(a) v가 충분히 크고 p_i가 낮은 경우 (b) v가 작거나 p_i가 높은 경우

그림 (a)가 성립하려면 제품 자체로부터 소비자들이 얻는 효용 v가 충분히 크고 가격은 충분히 낮아야 합니다. 만약 v가 상당히 작거나 p_i가 지나치게 높은 경우 그림 (b) 같은 상황이 벌어질 수 있습니다. 이때 중간 부분에 있는 소비자들은 어느 편 가게로 가든지 순효용이 음수이므로 아예 구입을 포기합니다. 각 가게 근처에 있는 소비자들만 구입을 하게 되므로, 두 판매자는 서로 독립된 지역 독점(local monopoly)입니다. (참고로 $x_0=\frac{1}{t}(v-p_0)$, $x_1=\frac{1}{t}(v-p_1)$입니다.)

v가 충분히 크고 가격은 충분히 낮아서 그림 (a)와 같은 상황이라고 합시다. 그렇다면 소비자들 중에서 $0 \le x \le \hat{x}$인 소비자는 0에서 구입하고, 나머지 $\hat{x} \le x \le 1$의 소비자는 1에서 구입할 것입니다. ($\hat{x}$는 어느 쪽에서 구입하든 무차별합니다.) 따라서 판매자 0의 수요함수가 바로 $\hat{x}$이고 판매자 1의 수요함수는 $1-\hat{x}$라고 할 수 있습니다. 0과 1에 판매자의 위치가 고정된 상태에서 가격으로 경쟁하는 호텔링 모형을 전략형 게임으로 작성해보면 다음과 같습니다. (제품 생산의 한계비용은 c라고 가정했습니다.)

- 경기자: 판매자 0, 판매자 1
- 전략집합: 가격 p_0, p_1
- 보수함수: $\pi_0=(p_0-c)\hat{x}$, $\pi_1=(p_1-c)(1-\hat{x})$ [$\hat{x}$는 (22.6)을 보시오.]

식 (22.6)을 판매자 0의 제품에 대한 수요함수라고 해석하면 이는 상수항(절편), 음의 자기가격 계수, 양의 경쟁제품가격 계수를 가진 이질적 제품 복점 수요함수입니다. 수식을 좀 더 보기 좋게 만들기 위해서 선형도시 $[0,1]$에 사는 소비자들의 총 인구가 $2t$라고 하면 판매자 0의 수요함수는 $2t \times \hat{x} = t - p_0 + p_1$ 가 될 것입니다. 예 22.1의 이질적 제품 베르트랑 모형과 비교해보세요. 즉 위 모형의 내쉬균형을 구해보면, 예 22.1에서 보았던 것과 비슷한 형태가 나올 것입니다.

호텔링 모형 (3) 브랜드 설정 경쟁

이번에는 두 판매자의 위치가 미리 고정되지 않고 판매자의 전략변수로서 선택되는 경우를 생각해봅시다. (이것이 호텔링이 애초에 분석했던 모형입니다.) 이것을 **위치선정 게임** 혹은 **입지게임**(location game)이라고도 부릅니다. 가격이 어떤 수준으로 고정된 상태에서 위치 선정만 고려할 수도 있지만, 위치와 가격을 모두 결정하는 경우를 소개합니다. 다음의 순차행동 게임입니다.

(1단계) 두 판매자가 (1단계 내에서 동시에) 위치 y_0, y_1을 결정

(2단계) 서로 위치를 확인한 후 (2단계 내에서 동시에) 가격 p_0, p_1을 결정

(최종) 각 소비자는 $p_i + t|x - y_i|$를 비교하여 구매하여, 이에 따른 각 판매자 이윤이 보수

이 게임의 완전균형을 도출하려면[8] 역방향추론에 따라 먼저 2단계의 가격 균형을 도출합니다. 2단계는 위치가 고정된 상태에서 가격 경쟁하는 모형입니다. 단, 위치가 반드시 0, 1일 필요는 없고 임의의 위치마다 균형가격이 계산되어야 합니다. 여전히 한계소비자의 위치는 양 판매자의 사이에서 양측에 무차별하다는 조건으로 찾습니다. 한계소비자의 위치를 알면 수요함수를 얻고, 이를 사용해 균형을 계산합니다. 1단계로 거슬러 올라가면 각 위치에 따른 가격 균형을 예상할 수 있으며

8 호텔링이 이 모형을 분석할 때는 게임이나 완전균형의 개념이 아직 없던 시절이지만, 호텔링이 도출한 답은 완전균형이 맞습니다.

이를 반영해 이윤 극대화 위치를 선정합니다. 이것이 완전균형입니다.

호텔링은 이 모형에서 **최소 차별화**(minimum differentiation)의 **원리**를 도출했습니다. 즉 균형에서 두 판매자가 모두 1/2에 위치하여 사실상 제품 차별화가 일어나지 않는다는 결론을 내렸습니다. (투표 모형에서 중위 유권자의 위치를 추구한다는 결론과 비슷합니다.) 하지만 현실에는 제품 차별화가 분명 존재하므로 무언가 모형에 부족한 점이 있다고 볼 수 있겠지요. 이후 학자들은 모형의 설정이나 외생변수 값에 변화를 줄 경우 제품 차별화가 가능함을 보였습니다. 호텔링 모형의 틀은 다양한 상황을 분석하는 데에 지금도 많이 사용되고 있습니다.

22.4 수직차별화 모형

수직차별화 즉 제품에 대해 소비자들의 선호 방향이 일치하는 경우의 모형을 생각해보겠습니다. 제품의 "품질"을 q로 나타냅니다. 소비자들이 품질 q인 제품을 가격 p에 1단위 구입하는 경우 얻는 효용이 다음의 형태를 가진다고 합시다.

(22.7) $$U_\theta = v + \theta q - p$$ [품질에 대한 효용]

v는 제품으로부터 얻는 기본적인 효용을 나타내고, 거기에 품질 q가 높을수록 각 소비자의 효용은 더 높아집니다. 따라서 그에 대해 소비자들이 기꺼이 지불할 용의가 있는 가격 또한 높아집니다.

효용함수에서 품질 q의 앞에 붙어 있는 계수 θ는 소비자마다 서로 다른 값을 가지며, 각 소비자가 품질을 얼마나 중요하게 생각하는지를 나타냅니다. 즉 $\theta = 0$이라면 소비자가 이 제품에서 얻는 효용은 품질과 무관하게 $v - p$로, 이 소비자는 품질에 대해서 전혀 신경 쓰지 않는 사람입니다. θ가 높아질수록 품질이 높은 것을 더욱 중시합니다. θ의 값은 0과 1 사이에 균등하게 분포되어 있다고 가정합시다.

품질이 한 가지인 경우

독점기업이 정해진 품질 $\overline{q}$의 제품을 판매하려면 이윤극대화 가격은 무엇일까요? 순효용이 0보다 큰 소비자만 제품을 1단위씩 구매한다고 가정하면, 임의의 가격

p에 대해 구매와 비구매 사이에 무차별한 한계소비자는 $v+\theta_m\overline{q}-p=0$으로부터

$$\theta_m = \frac{p-v}{\overline{q}} \qquad (22.8) \quad \text{[한계소비자]}$$

라는 값을 갖습니다. 이 품질 민감도보다 더 높은 값을 가진 소비자들 즉 $\theta > \theta_m$인 소비자들이 구매합니다. 따라서 가격 p를 매기는 독점기업의 판매량(수요)은 $1-\theta_m$이고 수입은 판매량과 가격을 곱한 $p(1-\theta_m)$입니다. 한계비용이 0 이라면, 비용은 무시할 수 있고 수입만 극대화하면 됩니다. 이에 수입을 극대화하는 가격은 수입을 p로 미분하여 0 으로 놓으면 찾을 수 있습니다.

$$1-\theta_m - p\frac{d\theta_m}{dp} = 1 - \frac{p-v}{\overline{q}} - p \times \frac{1}{\overline{q}} = 0$$

$$p = \frac{1}{2}(v+\overline{q}) \qquad (22.9) \quad \text{[독점가격]}$$

품질이 두 가지인 경우

이번에는 각각 품질 q_H와 q_L인 제품을 판매하는 경우입니다. $q_H > q_L$로 q_H가 고품질 제품입니다. 고품질 가격이 p_H, 저품질 가격이 p_L일 때, 상식적으로 $p_H > p_L$일 것입니다. 소비자는 3 가지 중에서 효용이 가장 높은 것을 고릅니다.

(1) 고품질 제품을 구입하는 경우 효용 $v+\theta q_H - p_H$

(2) 저품질 제품을 구입하는 경우 효용 $v+\theta q_L - p_L$

(3) 아예 구입하지 않는 경우 효용 0

(2)와 (3) 사이에 무차별한 소비자 즉 저품질 제품을 마지막으로 구입하는 한계소비자는 $v+\theta_L q_L - p_L = 0$를 만족하는 θ_L 즉

$$\theta_L = \frac{p_L - v}{q_L} \qquad (22.10)$$

입니다. 만약 $0 < \theta_L < 1$이라면, $0 < \theta < \theta_L$인 소비자는 아예 구입하지 않습니다.[9] 한편 (1)과 (2) 사이에 무차별한 소비자 즉 고품질과 저품질 사이에 무차별한 소비자는 $v + \theta_H q_H - p_H = v + \theta_H q_L - p_L$ 즉

$$\theta_H = \frac{p_H - p_L}{q_H - q_L} \tag{22.11}$$

로 $\theta_L < \theta_H < 1$이라면 θ_L과 θ_H 사이의 소비자는 저품질 제품을, θ_H보다 θ가 큰 소비자는 고품질 제품을 구입합니다.

그림 22.7 품질에 따른 시장 분할

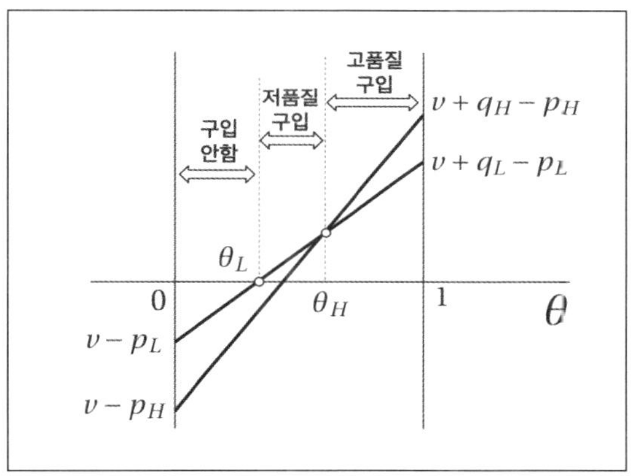

그림 22.7은 이렇게 소비자들이 세 가지 부류로 분할된 경우를 보여줍니다. 그림의 두 가지 직선은 각각 저품질 제품과 고품질 제품을 구입했을 각 소비자 θ가 얻는 순효용을 나타냅니다. $\theta = 0$인 소비자는 품질에 신경쓰지 않으므로, $v - p_L$ 및 $v - p_H$의 효용을 얻고 따라서 가격이 더 싼 저품질 제품을 선호합니다. 게다가 저품질 제품조차 양의 효용을 주지 못하므로 아예 구입을 포기합니다. 한편 $\theta_L < \theta < \theta_H$의 소비자들은 저품질 제품을 선호해서 구입하고, $\theta > \theta_H$의 소비자들은 고품질 제품을 선호해서 구입합니다. 그림과 같이 되려면, 우선 당연히

9 혹시 $\theta_L > 1$이라면 아무도 구입하지 않는 것이고, $\theta_L < 0$이라면 일단 모든 사람들이 저품질이든 고품질이든 구입은 합니다.

$p_L < p_H$(저품질 제품이 저렴함)이어야 하는 한편, $q_H - p_H > q_L - p_L$ 또는 $q_H - q_L > p_H - p_L$ 즉 가격대비 품질은 고품질 쪽이 좀 더 좋아야 합니다.

만약 $q_L - p_L > q_H - p_H$ 또는 $p_H - p_L > q_H - q_L$이 되어 저품질 쪽이 오히려 가격 대비 품질이 훌륭하다면 **그림** 22.8(a)처럼 아무도 고품질 제품은 사려하지 않을 것입니다. 한편 고품질 제품의 가격 대비 품질이 지나치게 좋으면, 즉 고품질 제품의 가격이 (저품질보다 비싸기는 하지만) 제법 싼 편이라면 **그림** 22.8(b)처럼 아무도 저품질 제품을 사지 않을 수 있습니다. 고품질과 저품질 사이의 품질 격차 및 가격 차이가 적당해서 **그림** 22.7과 같다면 독점기업 또는 두 복점 판매자는 (22.10), (22.11)을 활용해 이윤 극대화 가격을 선택할 것입니다. (한편 품질을 설정하는 과정 자체를 모형으로 분석하려면, 특정한 수준의 품질 제공을 위한 비용 함수를 모형에 포함시켜야 합니다. 직관적으로, 고품질일수록 비용이 더 들겠지요.)

그림 22.8 품질에 따른 시장분할이 성공적이지 못한 경우들

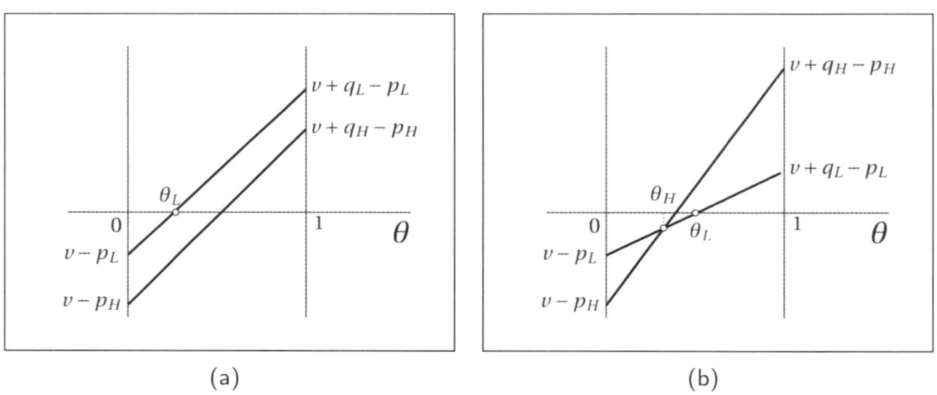

불확실성과 선택: 기대효용 모형

microeconomics

제23장

모든 것이 불확실한지는 확실하지 않다.

- 블레즈 파스칼, 『팡세』[1]

가치의 기대와 기대의 가치

현대 미시경제학에서 가장 까다롭고도 흥미로운 문제를 검토해보려고 합니다. '불확실성'을 어떻게 선택 모형에 반영시킬 것인가에 대한 고민입니다. 신중한 철학자로서 모든 가능성을 열어 놓은 파스칼의 태도에 따르면 모든 것이 불확실한지조차 확실치 않지만, 경제 행위에 있어서 불확실성의 중요성은 결코 무시할 수 없습니다. 지금까지 공부한 다양한 경제 모형을 조금이라도 현실적인 상황에 적용해보려면 현실의 세상은 정보가 부족하고 상황이 불확실하다는 것을 깨달을 수 있습니다.

파스칼은 인간의 존재와 종교적 신앙에 대한 질문을 철학적으로 고찰했을 뿐 아니라, 상금이 걸린 도박 게임에 대한 연구에서 확률적인 기대값의 개념을 고안한 수학자이기도 합니다. 이 장에서 우리가 공부할 **기대효용 모형**은 기존의 효용함수 모형에 확률 및 기대값의 개념이 결합된 것입니다.[2]

1 Blaise Pascal, *Pensées* (1669).

2 이 장과 다음 장의 논의를 따라가기 위해서는 확률과 기대값에 대한 기초 지식이 필요합니다. 필요한 부분을 간략하게 설명하겠지만 더 심도 있는 공부를 위해서는 기초 확률통계학 교재를 참고하는 것이 좋겠습니다.

확률통계학을 공부할 때 등장하는 한 예는 여러 가지 공이 담긴 항아리(urn)입니다. "빨간 공이 30개, 파란 공이 70개 담긴 항아리에 손을 휘저어 하나를 꺼낸다면 빨간 공이 나올 확률은 얼마인가?" 하는 식이지요. 왜 하필 항아리에서 공을 꺼내야 하는지 의문스럽다면, 어린 시절 문방구점 앞에 놓여 있던 사탕 판매기를 떠올려도 좋을 것 같습니다. 동전을 넣고 손잡이를 당기면서 과연 어떤 색깔의 사탕이 나올까 두근거려본 경험은 혹시 없는지요?

23.1 불확실성 하의 선택

지금까지 공부한 (고전적인) 경제 모형에서는 경제주체의 행동 하나가 반드시 단 하나의 결과로 이어졌고, 따라서 **행동**(action)과 그 행동의 **결과**(consequence)를 구분할 필요가 없었습니다. 예를 들어, 소비자모형을 공부할 때 우리는 만약 차도녀가 (홍차, 도넛) = (3, 6)이라는 꾸러미를 구입하는 행동을 선택한다면 당연히 그녀가 실제로 홍차 3잔과 도넛 6개를 소비하는 결과를 누리게 된다고 간주했습니다. 사탕 판매기의 예로 설명하자면, 고전적인 경제 모형은 하나의 사탕 판매기 안에는 모두 같은 색깔의 사탕만이 들어 있고, 서로 다른 색깔들을 담은 여러 개의 판매기 중에서 하나를 고르는 상황이라고 할 수 있습니다. 이때 하나의 판매기를 고르고 동전을 넣는다면 어떤 색깔의 사탕이 나올지 우리는 잘 알고 있습니다.

또한, 전략적인 게임에서는 한 경기자의 행동이 단 하나의 결과로 이어지지는 않고, 다른 경기자들의 행동까지를 알아야 결과를 알게 됩니다. 하지만 어쨌든 모든 경기자들이 각자 하나의 행동을 선택하고 그것이 모여서 하나의 전략모둠을 구성한다면, 하나의 전략모둠에는 단 하나의 결과가 대응되었습니다. 말하자면 친구들이 모여서 어느 색깔 사탕 판매기를 뽑을지 투표를 해서 결정하는 경우, 나 혼자서 색깔을 결정할 수는 없겠으나 어쨌든 친구들의 뜻이 하나로 모이면 무슨 색 사탕을 먹게 될지는 정확히 알 수 있습니다.

즉 고전적 경제 모형이나 전략적 게임 모형은 모두 행동과 결과 사이에 '확실성'(certainty)의 연계가 있었습니다. 한편, 이 장에서는 이제 확실성이 아니라 '불확실성'(uncertainty)이 지배하는 상황을 고려합니다. 무엇인가가 불확실하다는

그림 23.1 확실성 하의 선택모형들

(a) 고전적 모형 (b) 전략적 모형

것은 개념을 좀 더 명확히 할 필요가 있습니다. 어떤 상황이 확실하다는 것은 한 가지 방식 밖에 없지만, 확실하지 않은 것은 다양한 방식이 가능하니까요.

불확실성이란 하나의 행동이 단 하나의 결과로 이어지지 않고 여러 가지 서로 다른 결과 중의 하나로 이어질 수 있는 상황을 가리키는 것으로 정의하겠습니다. 다만 여기서 한 가지 중요한 단서를 덧붙이자면, 우리는 정확하게 어느 결과가 나올지는 모르더라도 나올 수 있는 결과들이 무엇 무엇인지는 그 가능성 자체는 모두 알고 있다고 가정하겠습니다.

가정 23.1 불확실한 상황이라 하더라도 하나의 행동으로부터 나올 수 있는 모든 가능한 결과들이 무엇인지는 알고 있다.

즉 하나의 사탕 판매기(행동)를 택할 때 우리는 정확하게 무슨 색의 사탕을 뽑게 될지는 손잡이를 당겨보기까지는 모르지만, 우리가 선택한 판매기 속에 무슨 색깔의 사탕들이 들어 있는지는 알고 있다고 가정합니다. 비록 내가 원했던 색깔의 사탕이 나오지 않아서 실망할 수는 있겠지만, 생각지도 않았던 색깔이 나오는 일은 없습니다. 판매기 안에 들어 있는 사탕의 색깔들의 종류는 모두 알고 있다고 가정합니다.

그림 23.2는 이상의 논의를 개념적으로 정리하고 있습니다. (a)는 확실성의 상황으로 하나의 행동이 정확하게 하나의 결과에 대응됩니다. 행동 하나가 하나의 사탕 판매기이고, 각 판매기에는 한 가지 색깔의 사탕만 들어 있습니다. 한편 (b)는

그림 23.2 확실성의 상황과 불확실성의 상황

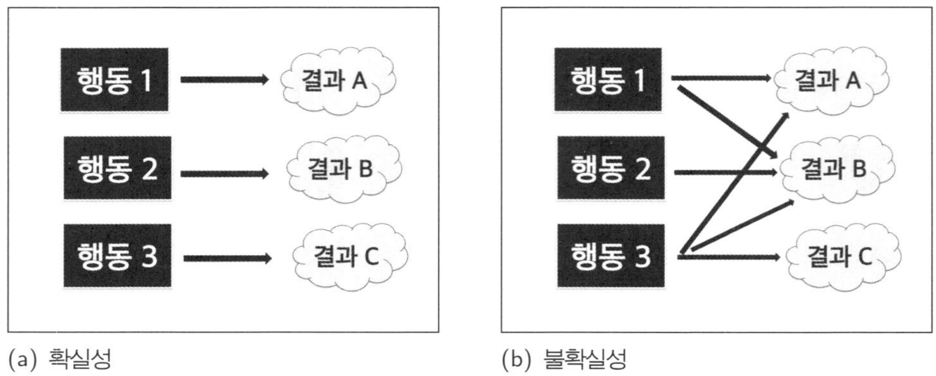

불확실성의 상황인데, 행동 1에서는 결과 A 또는 B가 나올 수 있고, 행동 2에서는 언제나 결과 B만 나오며, 행동 3에서는 결과 A, B, C가 모두 가능합니다. A(파랑), B(빨강), C(노랑)이라고 한다면 판매기 1에는 파랑과 빨강이 섞여 있고, 판매기 2에는 빨강 한 종류만, 판매기 3에는 파랑, 빨강, 노랑이 모두 섞여 있습니다. 모든 판매기들을 통틀어서 나올 수 있는 색깔은 총 3가지라는 점을 알고 있고, 각 판매기에서 나올 수 있는 색깔의 종류 또한 알고 있습니다. 각 행동(판매기)마다 나올 수 있는 결과(색깔)의 종류는 다를 수 있습니다. 일부 행동은 나올 수 있는 결과가 단 한 가지로 불확실성이 없습니다. (그림 23.1(b)에서 행동 2의 경우)

더 생 각 해 보 기

불확실성과 위험

확률을 계산하기 위해 필요한 정보는 사탕 판매기 안에 든 사탕의 총 수는 몇 개이고, 그중에서도 빨간 사탕은 몇 개이며 파란 사탕은 몇 개인지에 대한 것입니다. (물론 색깔들이 골고루 잘 섞여 있어야 할 것입니다.) 기초 확률통계학에서 우리는 만약 사탕이 모두 100개이고, 파랑이 30개, 빨강이 50개, 노랑이 20개라면 (그리고 사탕들이 골고루 잘 섞여 있다면) 한 번 뽑을 때 파랑이 나올 확률은 0.3, 빨강이 나올 확률 0.5, 노랑이 나올 확률이 0.2라고 말합니다.

만약 각 색깔 사탕의 갯수를 정확히 모른다면 어떻게 될까요? 물론 정확한 확률을 계산할 수 없습니다. 주어진 불확실한 상황에 대해서 확률을 (객관적으로) 계산할 수 있는지 없는지에 따라 상황을 구분한 학자도 있었습니다. 나이트(Frank Knight, 1885-1972)는 *Risk, Uncertainty, and Profit* (1921)에서 확률 계산이 가능한 상황을 위험(risk), 정확한 확률 계산이 불가능한 상황을 순수한 불확실성이라고 분류하고 두 상황에 근본적인 차이가 있다고 주장했습니다. 일부

문헌에서는 아직도 이 구분을 사용하기도 하지만, 현대 미시경제이론에서는 이같은 구분이 중요하지 않습니다.

확률 계산이 가능한 위험 상황의 대표적인 예로는 동전이나 주사위를 던져서 결과를 결정하는 도박 게임이 있고, 확률 계산이 불가능한 순수 불확실성 상황의 대표적인 예로는 경마(horserace)나 그 밖의 스포츠 경기가 있습니다. 정상적인 주사위라면 1에서 6 중 한 가지 숫자가 나올 확률은 1/6입니다. 따라서 주사위를 던져 나온 결과에 대한 도박을 건다면, 각 경우가 나올 확률을 쉽게 계산할 수 있습니다. 한편, 경마나 스포츠 경기의 결과에 대해서는 대체로 정확한 확률을 계산하기 어렵습니다. 예컨대 우리나라 국가대표 팀이 다른 나라의 대표팀과 축구 경기를 한다면, 우리나라 팀이 이길 확률에 대해서 우리나라 국민들이 생각하는 수치와 상대편 나라 국민들이 생각하는 수치에는 아마 차이가 있을 것입니다. 이때 어느 쪽이 생각하는 확률도 더 객관적이라고는 할 수 없습니다. 심지어 중립적인 입장에서 결과를 놓고 도박을 하는 사람이 있다 하더라도, 그 사람이 생각하는 확률 또한 객관적이지는 않습니다.

이 장에서 설명하는 기대효용 모형은 객관적인 확률이 주어진 위험 상황에 대한 것입니다. 그래서 앞으로 등장할 주요 개념은 '위험'에 대한 태도, '위험 기피', '위험'을 분산하는 방법 등입니다. 하지만 통계학적 의사결정이론 및 게임이론에서는 객관적인 확률이 있는 위험 상황과 그렇지 않은 불확실성 상황을 통합하는 이론의 틀이 만들어졌습니다. [Savage, *The Foundations of Statistics* (1954).] 즉 이제는 객관적인 확률이 주어지지 않는 불확실성 상황에도 기대효용 모형을 적용할 수 있다는 것이 알려져 있습니다. 따라서 이 책에서 위험과 불확실성을 엄격하게 구분하지 않겠습니다.

최근에는 이 장에서 설명하는 주관적 기대효용 모형에 대한 재검토가 활발하게 이루어지고 있는데, 이런 연구 분야를 보통 행동경제학(behavioral economics)이라고 부릅니다. 객관적 확률이든 주관적 확률이든, 아예 확률의 개념을 사용하지 않고 불확실한 상황을 분석하고자 하는 시도들이 있습니다. 관심있는 경제학도라면 모호성(ambiguity) 및 모호성 기피(ambiguity aversion)라는 주제어로 검색해보면 최신 연구 동향을 확인할 수 있을 것입니다.

불확실성(위험) 상황의 모형

지금까지 개괄적으로 소개한 틀에 대해 조금 더 구체적인 모형을 설정해봅시다. 먼저 주어진 상황에서 기대해볼 수 있는 모든 가능한 결과들을 묶어서 하나의 집합으로 표시합니다. 가정 23.1에 의해 그렇게 하는 것이 가능합니다. 모든 가능한 결과(consequence)들의 집합을 $\mathbb{C} = \{c_1, c_2, c_3, \ldots\}$라고 표기해보겠습니다.

여기서 하나의 결과 c_i는 무엇을 지칭하는 걸까요? 제2부에서 공부했던 소비자 모형에서라면 하나의 결과는 재화 꾸러미 (x_1, x_2)를 가리킬 수 있습니다. 예컨대 재화 1이 커피, 재화 2가 도넛이고, $c_1 = (1,0)$, $c_2 = (0,1)$, $c_3 = (1,1)$, $c_4 = (2,1)$ 등일 수 있겠습니다. 제2부의 소비자모형에서는 행동이 곧 결과로 이어지므로 c_i를 직접 선택했던 반면, 불확실성 모형에서는 하나의 행동을 택하면 c_1 또는 c_2 중 하나가 나올 수도 있고, 또 다른 행동을 택하면 c_2, c_3, c_4 중 하나가 나올 수도 있고, 또 어떤 행동을 택하면 c_2 하나만 나오는 경우도 있을 수 있습니다.

불확실성 모형에서 하나의 행동은 **복권**(lottery)이라는 개념으로 표현합니다. 여기서 복권을 가진 사람은 결과들의 집합 $\mathbb{C}$ 속의 결과들 중 일부를 상품으로 받을 수 있습니다. 특히 한 장의 복권에는 각 상품을 받을 수 있는 '확률'이 정확하게 표시되어 있어야 합니다.

예 23.1

차도녀 씨가 즐겨 찾는 커피도넛 전문점에서 단골 고객들을 위한 경품 행사를 합니다. 예컨대, '경품권'(복권)을 나눠주는 것이지요. 결과들의 집합, 즉 경품권으로 받을 수 있는 상품은 커피와 도넛으로 구성된 재화 꾸러미들인데 특히 $\mathbb{C} = \{c_0, c_1, c_2, c_3, c_4\}$ 로

$$c_0 = (0,0);\ c_1 = (1,0);\ c_2 = (0,1);\ c_3 = (1,1);\ c_4 = (2,1)$$

입니다. 즉 c_0은 아무것도 못 받는 경우('꽝')를 가리키고, c_1은 커피만 1잔, c_2는 도넛만 1상자, c_3은 커피 1잔과 도넛 1상자, 마지막으로 c_4는 커피 2잔과 도넛 1상자의 상품에 해당됩니다. 말하자면 c_4가 가장 좋은 1등상이고, c_3는 2등상, c_1과 c_2는 각각 행운상입니다.

손님들이 받을 수 있는 경품권에도 몇 가지 종류가 있습니다. 먼저 ℓ_1이라는 경품권은 c_0을 받을 확률이 50%이고 c_1를 받을 확률이 50%입니다. 말하자면 꽝이 나올 확률이 절반이고, 행운상인 커피 1잔을 받게 될 확률이 절반입니다. 아주 좋은 복권은 아니군요. 이 복권을 좀 더 간결하게 표현하자면 $\ell_1 = [(50\%, c_0), (50\%, c_1)]$라고 쓸 수 있을 것입니다.

한편 두 번째 경품권은 $\ell_2 = [(30\%, c_1), (30\%, c_2), (40\%, c_3)]$이라고 해보죠. 이 복권은 꽝은 절대로 나오지 않고, 커피 1잔을 받을 확률이 30%, 도넛 1상자를 받을 확률이 30%이고 커피 1잔과 도넛 1박스로 된 2등상을 받을 확률이 40%이니 상당히 괜찮네요.

마지막으로 또 다른 경품권은 $\ell_3 = [(90\%, c_0), (10\%, c_4)]$입니다. 이것은 꽝이 될 확률이 90%로 매우 높지만, 대신 1등상을 받을 확률이 10% 있습니다.

예 23.1에서와 같이 재화 꾸러미를 가능한 결과들(상품들)로 삼아서 이론을 전개할 수 있습니다. 하지만 앞으로 설명할 모형이 가장 많이 응용되는 경우는 받을 수 있는 '상품'이 실제로는 '현금'인 경우입니다. 이때 $\mathbb{C}$는 다양한 상금들의 집합이 됩니다. 여러 숫자들이 모인 벡터인 재화 꾸러미에 비해, 상금은 하나의 숫자이므로 모형을 통해 다루기도 더 편리합니다.

상금이 반드시 양수(+)일 필요는 없습니다. 만약 상금이 음수(−)라면 이는 '벌금' 또는 '손실액'을 나타낼 수 있습니다. 예컨대 $\mathbb{C} = \{-100, 0, 100\}$이라면 첫 번째 가능한 결과는 100원의 손실, 두 번째 가능한 결과는 0원 (변화 없음), 그리고 세 번째 가능한 결과는 100원의 이득일 것입니다. 따라서 상금과 관련해서 우리가 상상할 수 있는 모든 결과들이라면 결국 모든 숫자(실수)가 됩니다.

가정 23.2 발생가능한 결과는 '상금'으로, 가능한 결과들의 집합 $\mathbb{C}$는 곧 모든 실수들의 집합이다.

그렇다면 하나의 복권은 여러 가지 상금(또는 벌금)의 가능성에 대해 각각 당첨확률이 얼마인지를 표시하면 됩니다. 여기서 한 가지 중요한 가정을 할 텐데, 하나의 복권에서 당첨가능한 상금의 종류는 유한한 갯수라는 것입니다.

가정 23.3 하나의 복권에서 당첨될 수 있는 상금의 종류는 유한하며, 복권은 당첨가능한 각 상금의 당첨확률을 명시하고 있다. 즉,

$$\ell = [(p_1, w_1), (p_2, w_2), \ldots, (p_n, w_n)]$$

또는

$$\ell = [(p_1, p_2, \ldots, p_n)\ ;\ (w_1, w_2, \ldots, w_n)]$$

의 형태를 가진다. 여기서 p_i는 w_i가 당첨될 확률을 가리키므로 $0 \le p_i \le 1$이며, $p_1 + p_2 + \cdots + p_n = 1$이다.[3]

예 23.2

주사위를 던져서 홀수가 나오면 나온 숫자만큼 벌금을 내고, 짝수가 나오면 나온 숫자의 10배를 상금으로 받는 복권이 있다면, 이 복권은

$$\ell = \left[\left(\frac{1}{6}, -1\right), \left(\frac{1}{6}, 20\right), \left(\frac{1}{6}, -3\right), \left(\frac{1}{6}, 40\right), \left(\frac{1}{6}, -5\right), \left(\frac{1}{6}, 60\right)\right]$$

3 참고로 확률통계학의 거념을 사용해서 설명하자면, 하나의 복권은 n개의 숫자들이 나올 확률들을 나타내는 이산확률분포입니다.

또는

$$\ell = \left[\left(\frac{1}{6}, \dots, \frac{1}{6} \right) \ ; \ (-1, 20, -3, 40, -5, 60) \right]$$

라고 적을 수 있습니다. 물론 여기서 정상적인 주사위로 간주하여 각 눈이 나올 확률은 모두 동일하게 1/6이라고 보았습니다.

역시 확률론의 개념을 사용하자면 이 복권의 '기대 상금'은 상금들의 확률적 기대값으로 이를 $E[\ell]$이라고 적을 때

$$E[\ell] = \frac{1}{6} \times (-1) + \frac{1}{6} \times 20 + \frac{1}{6} \times (-3) + \frac{1}{6} \times 40 + \frac{1}{6} \times (-5) + \frac{1}{6} \times 60 = \frac{111}{6} = 18.5$$

입니다. 여기서 복권의 기대 상금의 의미를 주의해서 생각해볼 필요가 있습니다.

실제 이 복권 1장을 가지고 주사위를 1번 던져서 결과를 정한다면, 나올 수 있는 결과는 여섯 가지로, 1 또는 3 또는 5의 벌금을 내던가, 20 또는 40 또는 60의 상금을 받는 것입니다. 18.5라는 숫자가 실제 결과로 나올 수는 없습니다. 그렇다면 18.5의 의미는 무엇일까요?

하나의 해석은 이 복권에 대해서 주사위를 여러 번 던져서 매번 받게 되는 상금들을 모두 적은 다음에 이를 평균하는 것입니다. 예를 들어 주사위를 600번 던졌다면 각 눈이 대략 100번 정도씩 나올 것입니다. 그렇다면 1이 나온 100번의 경우로부터 −100의 벌금, 3이 나온 100번으로부터 −300의 벌금, 5가 나온 100번으로부터 −500의 벌금이 발생했을 것입니다. 한편 2가 나온 100번에서 2000의 상금, 4로부터 4000의 상금, 6으로부터 6000의 상금이 발생했습니다. 벌금과 상금을 모두 합하면 11100의 상금이 쌓였을 텐데 이를 주사위를 던진 횟수 600번으로 나누면 한 번 던질 때마다 '평균' 18.5의 상금을 받은 셈이 됩니다.

확률론을 공부해본 독자라면 확률분포의 종류에는 이산확률분포 외에 연속확률분포도 있다는 것을 알 것입니다. 예를 들어, 우리가 흔히 접하는 정규분포는 연속확률분포입니다. 우리가 공부하는 불확실성 선택 모형은 불확실성의 가능성을 가정 23.3에 의해 이산확률분포로만 제한하고 있습니다. 이 가정은 이런 모형을 처음 공부하는 경제학도를 위한 단순화입니다. 연속확률분포까지도 다룰 수 있지만 수학과 확률통계학의 지식이 추가로 필요하므로 생략합니다.

정리하자면, 우리의 불확실성 모형에서는 일단 일어날 수 있는 모든 결과들의 종류를 미리 다 알고 있다고 가정합니다 (가정 23.1). 특히 그 결과 자체는 복잡한 상품이라기보다는 그냥 상금의 금액이라고 봅니다 (가정 23.2). 불확실한 상황에서 선택의 대상이 되는 것은 복권들인데, 하나의 복권에는 유한한 종류의 상금들이 당첨 확률과 함께 명확하게 표시되어 있어야 합니다 (가정 23.3).

23.2 불확실성 모형의 효용함수: 기대효용

소비자모형에서는 재화 꾸러미에 대한 효용함수를 통해 선호를 표현했습니다. 꾸러미 (x_1,x_2)를 (y_1,y_2)보다 선호하면, $u(x_1,x_2) > u(y_1,y_2)$가 되게 효용 값을 부여했고, 이때 효용의 값은 서수적(ordinal)인 개념으로 순서만 중요하지 값 자체는 무의미하다고 강조했습니다.

복권에 대한 선호 / 효용함수

불확실성 모형에서는 선택 대안들이 복권들이므로 복권에 대한 효용함수를 고려합니다. 복권에서 나올 수 있는 당첨 상금들이 $(w_1,w_2,\ldots,w_n)$일 때 한 복권은 $\ell_1 = (p_1,p_2,\ldots,p_n)$이고 다른 복권이 $\ell_2 = (q_1,q_2,\ldots,q_n)$이며[4] 어떤 사람이 ℓ_1을 ℓ_2보다 선호한다면 $u(\ell_1) > u(\ell_2)$이 되도록 그 효용함수를 설정해주면 됩니다. 이 효용함수는 그 사람의 주관적인 취향을 나타내는 것이며, 만약 우리가 이 효용함수를 안다면 무차별곡선을 그릴 수 있고 소비자모형에서 공부했던 여러 가지 분석을 할 수 있습니다. 여기까지는 선택의 대상이 재화 꾸러미에서 복권으로 바뀐 것 말고는 소비자모형과 다를 바가 없습니다.

다만 소비자모형의 효용함수 $u(x_1,x_2)$에 들어가는 값 (x_1,x_2)는 재화소비량인 것에 비해, 불확실성 모형의 효용함수 $u(\ell)$에 들어가는 값 ℓ은 $(p_1,p_2,\ldots,p_n)$과 $(w_1,w_2,\ldots,w_n)$로 구성되고, 확률의 성질에 따라 $p_1+p_2+\cdots+p_n = 1$이 성립한다는 점이 특이합니다.

하나 더 생각해볼 점은, 단 하나의 상금이 100%로 나오는 것도 특별한 종류의 복권이라는 것입니다. 즉, w_1이 1의 확률로 나오는 복권은 $w_1 \equiv (1,0,0,\ldots,0)$이라고 할 수 있고, w_2가 1의 확률로 나오는 복권은 $w_2 \equiv (0,1,0,\ldots,0)$이라고 할 수

4 ℓ_1과 ℓ_2는 모두 n가지 종류의 상금이 있는 것으로 되어 있는데, 두 복권의 당첨 가능 금액의 갯수가 꼭 동일할 필요는 없습니다. ℓ_1은 1 또는 2의 상금을, ℓ_2는 1 또는 2 또는 3의 상금을 받을 수 있다면 $\ell_1 = (p_1,p_2)$이고 $\ell_2 = (q_1,q_2,q_3)$겠죠. 하지만 잠깐 생각해보면 ℓ_1에서 실제로는 나오지 않는 3도 당첨가능 금액으로 취급할 수 있습니다. 당첨확률을 0으로 놓으면 되는 것이죠. 즉, $\ell_1 = (p_1,p_2,0)$이면 됩니다. 서로 비교대상이 되는 두 개의 복권은 결국 동일한 갯수의 당첨가능 금액을 가지는 것으로 가정해도 괜찮습니다.

있습니다. 즉 한 가지 상금이 무조건 나오는 확실한 경우도 이론적으로는 복권으로 볼 수 있으므로 효용함수는 그런 경우에 대해서도 정의되어야 합니다. 즉 $u(w_1)$, $u(w_2)$,. . . , $u(w_n)$이 각각 정의되어야 합니다.

다시 말해 실제로 불확실한 복권뿐 아니라 확실한 현금을 받는 경우에 대해서도 선호 및 효용함수가 적용됩니다. 불확실한 복권에 대한 선호를 논하기에 앞서서 먼저 확실한 현금에 대한 선호의 경우에 간단한 가정을 하나 설정할 수 있습니다.

가정 23.4 확실한 상금은 높을수록 선호된다: $w_1 > w_2$이면 $u(w_1) > u(w_2)$

가정 23.4는 말하자면 확실한 상금이 경제재화라는 것입니다. 사람들은 높은 금액의 상금이나 낮은 금액의 벌금을 더 선호합니다. 안 그런 사람들도 있을지 모르겠지만 대부분의 사람들에게 타당한 가정이라고 생각됩니다.

이제 불확실성 모형의 효용함수를 만약 공식으로 쓴다면 $(p_1, p_2, \ldots, p_n)$ 및 $u(w_1)$, $u(w_2)$, . . . , $u(w_n)$들로 구성할 수 있을 것입니다.

예 23.3

구체적인 효용함수 공식들을 시험삼아 구성해보기 위해서 당첨가능한 상금이 단 두 가지뿐인 복권들만을 고려해보겠습니다. 즉, $\ell = [(p_1, w_1), (p_2, w_2)] = [(p_1, w_1), (1 - p_1, w_2)]$라는 형태를 갖는 복권들만을 고려합니다. 복권마다 w_1, w_2의 값은 서로 다를 수 있습니다. 예를 들어, $\ell_1 = [(p, 0), (1 - p, 50)]$, $\ell_2 = [(q, 100), (1 - q, -100)]$, $\ell_3 = [(r, 100), (1 - r, 50)]$ 등이 있을 수 있습니다.

각 복권에 대해서 $u(w_1)$, $u(w_2)$의 값이 무엇인지 정해져야 합니다. $w_1 > w_2$라면 $u(w_1) > u(w_2)$가 되도록 적당한 값을 주면 됩니다. 복권 $\ell = [(p, w_1), (1 - p, w_2)]$를 고려한다면 $u(\ell)$의 공식은 p와 $u(w_1)$, $u(w_2)$를 적절하게 구성한 것이 될 것입니다. 다음은 엄밀한 이론적 배경에서 나온 것은 아니고 시험삼아 이런 저런 가능성을 생각해본 것입니다.

좀 더 구체적으로 특정한 두 개의 복권을 생각해보겠습니다. $\ell_1 = [(p, 0), (1 - p, 50)]$과 $\ell_2 = [(q, 100), (1 - q, -100)]$이 있습니다. ℓ_1은 p의 확률로 꽝, $1 - p$의 확률로 50의 상금이 나오고 ℓ_2는 q의 확률로 100을 받는 대신 $1 - q$의 확률로는 오히려 100의 벌금을 내야 하는 복권입니다. 확률 p와 q의 크기에 따라 두 복권 사이의 선호가 달라질 것입니다. p가 매우 크다면 ℓ_1은 거의 꽝인 복권이고, p가 매우 작다면 거의 확실히 50의 상금을 주는 복권입니다. 한편, q가 매우 크다면 ℓ_2는 거의 확실히 100의 상금을 주는 복권이지만, q가 매우 작다면 ℓ_2는 거의 확실히 100의 벌금을 내야 하는 복권입니다.

(1) 매우 비관적인 태도를 가진 사람이라면 어떤 복권이 주어지든지 각 상금의 확률에는 아예 신경 쓰지 않고, 두 가지 가능한 결과 중 더 나쁜 쪽, 즉 최악의 결과를 중심으로 의사결정을 할 수 있습니다. 즉 ℓ_1, ℓ_2에 대해서 잘 되는 경우의 상금인 50이나 100에는 신경 쓰지 않고, 잘못 되는 경우의 결과(ℓ_1이면 0, ℓ_2이면 -100)에만 신경을 쓰는 거죠. 이런 사람이라면 ℓ_1을 ℓ_2보다 선호할 것입니다. ℓ_1은 잘못 되어도 본전이지만, ℓ_2는 잘못 되면 100의 벌금이니까요. 이 사람의 효용함수는 $\ell = [(p, w_1), (1-p, w_2)]$라는 복권에 대해서

(비관적 태도) $$u(\ell) = \min\{u(w_1), u(w_2)\}$$

라고 쓸 수 있을 것입니다 수학적으로는 소비자모형에서 공부했던 완전보완재 선호(레온티에프 효용함수)와 비슷한 형태입니다. 이 효용함수의 공식에는 복권에 들어 있는 확률 p가 아예 등장하지 않습니다. 위에서 든 특정한 복권에 예에 대해서 $u(\ell_1) > u(\ell_2)$임을 쉽게 확인할 수 있습니다.

(2) 반대로 매우 낙관적인 태도를 가진 사람은, 역시 각 상금의 확률은 신경 쓰지 않고, 두 결과 중 더 좋은 쪽, 즉 최상의 결과를 중심으로 의사결정합니다. ℓ_1에서 꽝인 경우는 무시하고 제일 잘 되었을 때가 50의 상금이고, ℓ_2에서는 -100의 경우는 무시하고 제일 잘 되었을 때가 100의 상금이므로 ℓ_2를 더 선호합니다. 이 사람의 효용함수는 $\ell = [(p, w_1), (1-p, w_2)]$라는 복권이 주어지면

(낙관적 태도) $$u(\ell) = \max\{u(w_1), u(w_2)\}$$

라고 쓸 수 있습니다. 위의 경우와 비슷한데 min 대신에 max가 들어 있습니다.

(3) 공식을 쓰기 시작한 김에, 소비자모형에서 가장 자주 다루었던 콥-더글라스 형태도 생각해볼 수 있습니다. $\ell = [(p, w_1), (1-p, w_2)]$라는 복권에 대해서

$$u(\ell) = [u(w_1)]^{\alpha}[u(w_2)]^{\beta}$$

와 같은 형태로 말이죠. α, β라는 지수는 임의로 줄 수도 있겠지만 이왕이면 복권에 주어진 확률을 사용해서

(콥-더글라스 (?)) $$u(\ell) = [u(w_1)]^{p}[u(w_2)]^{1-p}$$

와 같이 써봐도 되지 않을까요? 이런 효용함수라면 한 복권에서 나올 수 있는 최악의 경우와 최상의 경우의 상금에도 신경 쓰고, 각각의 당첨확률에도 신경을 쓰는 것입니다. 구체적인 복권 예인 ℓ_1과 ℓ_2에 대해서는 p, q의 값과 $u(0), u(50), u(-100), u(100)$의 값들을 알아야 실제로 어느 쪽이 선호되는지 계산해볼 수 있습니다.

(4) 소비자모형에서 보았던 효용함수 공식의 예들을 생각해보면 완전보완재와 콥-더글라스가 나왔으므로

완전대체재의 경우, 즉 선형함수 형태도 고려해볼 수 있습니다. $\ell = [(p, w_1), (1-p, w_2)]$라는 복권에 대해서

$$u(\ell) = au(w_1) + bu(w_2)$$

같은 형태 말이죠. 여기서 a, b라는 상수의 값은 소비자모형에서는 두 가지 경우의 대체율을 나타내게 되는데, 여기서는 복권에 들어 있는 확률 정보를 활용하여

(완전대체재 (?)) $$u(\ell) = pu(w_1) + (1-p)u(w_2)$$

라고 써볼 수 있을 것입니다. 해석을 해보자면, 이 효용함수는 복권에서 받을 수 있는 상금들 각각의 효용을 당첨확률을 가중치로 하여 평균하고 있습니다. 예컨대 만약 $u(w_1) > u(w_2)$라면 p가 클수록 그 복권을 더 선호할 것입니다.

이상은 시험삼아 가능성들을 검토해본 것에 불과합니다. 실제로 이 분야의 경제학 분석에서 위의 콥-더글라스 함수 같은 형태가 사용되는 일은 흔치 않습니다. 비관적 태도나 낙관적 태도에 해당되는 함수는 간혹 사용되기도 합니다. 그리고 표준적인 불확실성 모형에서 가장 자주 사용되는 효용함수 형태는 네 번째 '완전대체재 (?)'라고 이름 붙인 경우입니다.

위의 예 23.3에서는 가능한 상금이 단 2가지인 경우에 대해 몇 가지 가능한 효용함수의 공식 형태를 검토해보았습니다. 그중 네 번째로 소개한 형태가 실제로 표준 모형에서 널리 사용되는 '기대효용 모형'에 해당됩니다.[5]

기대효용

기대효용의 개념 및 기대효용 모형에 대한 이론을 잘 이해하기 위해서는 확률적 기대값(expected value)이라는 개념을 알아야만 합니다. 이 기대값의 개념에 대해서는 예 23.2에서 '기대 상금'이라는 예를 들어 언급한 적이 있습니다. $(w_1, w_2, \ldots, w_n)$라는 n가지 종류가 당첨될 확률이 $(p_1, p_2, \ldots, p_n)$일 때 이 상금

---

5 참고로 $u(\ell) = pu(w_1) + (1-p)u(w_2)$라는 효용함수를 $u(w_1)$과 $u(w_2)$ 사이의 완전대체 관계로 파악한다면, 이때 $u(w_1)$과 $u(w_2)$ 사이의 '한계대체율'은

$$\frac{p}{1-p}$$

가 됩니다. 이는 도박에서 배당률이라고 부르는 개념과 관련이 됩니다.

의 기대값은 확률을 가중치로 하여 상금의 가중평균을 계산한 것입니다. 기대값은 주로 영문자 **E**를 사용해서 나타냅니다. 즉 $\ell = [(p_1, w_1), \ldots, (p_n, w_n)]$라는 복권의 상금의 기대값, 즉 기대상금(expected prize)은

$$E[\ell] = p_1w_1 + p_2w_2 + \cdots + p_nx_n \tag{23.1}$$ [기대상금]

입니다. 기대상금의 해석 또한 예 23.3에서 제시했었습니다. 동일한 복권을 여러 차례 반복해서 시도했을 때 받는 평균적인 상금이라는 것입니다.

따라서 기대효용(expected utility)의 개념 또한 확률적 기대값을 사용해서 쉽게 정의할 수 있습니다. 하나의 복권이 주어질 때 각 상금의 기대값을 바로 계산하는 것이 아니라, 각 상금으로부터 받는 효용의 기대값을 계산한 것입니다. 즉 $\ell = [(p_1, w_1), \ldots, (p_n, w_n)]$라는 복권이 있고, 각 상금에 대해 $u(w_1), u(w_2), \ldots, u(w_n)$이라는 효용들을 부여할 수 있다면, 이 복권의 기대효용은

$$p_1u(w_1) + p_2u(w_2) + \cdots + p_nu(x_n) \tag{23.2}$$ [기대효용]

으로 정의됩니다. 이는 앞의 예제 23.3에서 '완전대체재(?)'와 유사한 형태의 효용함수라고 제시했던 것을 상금의 종류가 n개일 때로 확장한 것에 해당됩니다.

기대효용이론(expected utility theory, EUT)은 복권에 대한 사람들의 선호를 기대효용으로 계산할 수 있다고 주장하는 이론입니다. 다시 말해서, ℓ이라는 복권이 있을 때 그 효용 $u(\ell)$은 복권으로부터 얻을 수 있는 다양한 효용들의 기대값 $E[u(\ell)]$이라고 주장하는 이론이 기대효용이론입니다.

기대효용이론: $u(\ell) = E[u(\ell)]$

기대효용이론이 맞다면, 우리는 복권 $\ell = [(p_1, w_1), \ldots, (p_n, w_n)]$의 효용을

$$u(\ell) = E[u(\ell)] = p_1u(w_1) + + \cdots + p_nu(w_n) \tag{23.3}$$

에 의해 계산할 수 있습니다.

더 생 각 해 보 기

기대효용이론의 선구자: (1) 베르눌리

기대효용 아니 심지어 '효용'이라는 개념 자체를 최초로 사용한 사람은 스위스인 다니엘 베르눌리(Daniel Bernoulli, 1700-1782)라고 할 수 있습니다. 베르눌리 가문은 1600-1700년대에 유명한 수학자와 과학자를 여럿 배출한 집안입니다. 다니엘 베르눌리는 사촌인 니콜라스 베르눌리가 제안했다고 알려진 문제의 해법을 담은 논문을 1738년 러시아 상트 페테르부르크 학술원을 통해 출간했습니다. 이 문제를 상트 페테르부르크의 역설(St Petersburg Paradox)라고 부르게 되었습니다.이 역설이란 간단히 말해서 '왜 사람들은 도박 게임에 기대 상금보다 더 낮은 가치를 부여할까?'라는 것입니다. 상금 1원에서 출발하여 동전을 던져서 앞면이 나올 때마다 상금이 2배가 되고 뒷면이 나오는 순간 끝나는 도박이 있다고 합시다. 그렇다면 이 도박의 기대상금은 무한대입니다. 즉

첫 번째 뒷면이 나와서 1원을 받을 확률 $1/2$

첫 번째 앞면이 나온 후 두 번째 뒷면이 나와서 2원을 받을 확률 $1/2 \times 1/2$

앞면이 두 번 나오고 세 번째에 뒷면이 나와서 2^2원을 받을 확률 $1/2 \times 1/2 \times 1/2$

…

n번 앞면이 나오고 $n+1$번째에 뒷면이 나와서 2^n원을 받을 확률 $(1/2)^{n+1}$

이므로 기대상금은

$$E = \frac{1}{2} \times 1 + \left(\frac{1}{2}\right)^2 \times 2 + \left(\frac{1}{2}\right)^3 \times 2^2 + \cdots + \left(\frac{1}{2}\right)^{n+1} \times 2^n + \cdots = \frac{1}{2} + \frac{1}{2} + \frac{1}{2} + \cdots = \infty$$

입니다. 말하자면 확률적인 관점에서 이 도박의 '가치'는 무한대라는 것입니다. 자 이제 역설은 이것입니다. 여러분은 확률적인 가치 무한대인 이 도박에 참여할 기회를 얻기 위해서 얼마의 입장료를 내시겠습니까? 예를 들어 100만 원을 내고 이 게임을 해보실 생각이 있으신가요? 100만 원은 큰 돈이지만 이 게임에서 확률적으로 딸 수 있는 상금은 무한대입니다. 남는 장사 아닌가요? 대부분의 사람들이 무한대는커녕 상당히 적은 금액을 내고서도 이 게임을 할 마음이 별로 없다는 역설을 설명하기 위해서 다니엘 베르눌리는 효용이라는 개념을 제시합니다. (실제 '효용(utility)'이라는 표현을 쓴 것은 아니고 '도덕적 가치(moral value)'라고 했습니다. 여기서 '도덕적(moral)'이라는 말은 보통 생각하는 윤리, 도덕의 개념보다는 각 인간의 '주관적인'이라는 뜻이 더 강합니다.) 베르눌리는 사람들은 상금이 증가할 때 상금에 대한 주관적 평가('효용')는 그것에 정비례하지 않고 좀 더 천천히 증가한다고 말합니다. 구체적으로는 금액의 로그함수로 증가한다고 가정했습니다. 즉 상금이 w일 때, 현금 w의 효용이 $\ln w$라고 가정한 것입니다. 베르눌리의 설명으로는 사람들은 도박의 기대가치인 무한대가 아니라, 상금의 기대효용을 입장료로 내려고 할 것이며 그 값은 무한대가 아니라는 것이었습니다. 베르눌리의 설명은 다음 장에서 설명할 위험기피 개념의 기반이 됩니다.

기대효용이론의 선구자: (2) 폰 노이만과 모르겐슈테른

1738년 베르눌리의 설명은 로그함수라는 특수한 효용함수 형태를 '심증에 비추어' 가정한 것으로 한계가 많이 있지만 크게 시대를 앞서간 것은 분명합니다. 효용함수와 기대효용의 개념이 논리적으로 엄밀하게 수립된 것은 그로부터 약 300년이 지난 1947년에 이르러서입니다. 게임이론을 공부할 때 소개한 것처럼, 폰노이만과 모르겐슈테른은 1944년에 게임이론을 세상에 소개했습니다. [John von Neumann, Oskar Morgenstern, *Theory of Games and Economic*

Behavior (1944)] 경기자들이 게임으로부터 얻는 결과를 '보수(payoff)'라는 개념으로 정의했는데, 경기자들이 혼합전략 즉 확률적인 전략을 사용하는 경우 기대보수(expected payoff)를 계산하는 것으로 가정했습니다.

그런데 보수라는 개념을 경제학에서 사용하는 효용과 비교하여 볼 때, 기대보스를 사용하는 것이 논리적으로 문제 있는 것은 아닌지 의문이 제기되었습니다. 당시 경제학에서는 효용 개념의 기수성의 문제를 인식하고 철저하게 서수적인 효용 개념을 사용한 소비자이론을 완성해가고 있었기 때문입니다. (우리가 제 2 부에서 공부했던 내용입니다.) 이에 대해 폰노이만과 모르겐슈테른은 1947 년에 책의 제 2 판을 펴내면서 부록으로 기대효용이론의 논리적 근거를 제시했습니다.

즉 불확실성을 포함하는 복권들에 대한 선호가 어떤 조건을 충족하면 이를 기대효용이론을 만족하는 효용함수로 표현할 수 있는지를 수학적으로 증명한 것입니다. 기대효용이론을 만족하는 효용함수를 가리켜 폰노이만 모르겐슈테른 효용함수라고 부르게 되었습니다. 폰노이만 모르겐슈테른 효용함수는 우리가 제 2 부에서 공부했던 서수적 효용함수와 달리 기수성을 가집니다. 자세한 내용은 우리 논의의 범위를 벗어나지만 다음 절에서 기본적인 아이디어를 설명하겠습니다.

23.3 기대효용함수: 작성법과 기수성

폰 노이만과 모르겐슈테른이 수학적으로 정립한 기대효용이론을 자세하게 다루지는 않겠습니다. 어떤 논리가 사용되는지를 간단한 상황을 통해 설명해보겠습니다.

기대효용함수 구성의 예: 성적에 대한 효용함수

한 과목에서 받을 수 있는 성적이 A, B 또는 C의 3가지라고 해봅시다. 학생들은 A를 가장 선호하고, C를 가장 싫어한다고 가정할 수 있을 것입니다. 즉 학생들의 성적에 대한 효용함수를 구성한다면 (기대효용함수이던, 아니던 간에)

$$u(A) > u(B) > u(C)$$

라고 가정할 수 있습니다.

단순히 세 가지 성적에 대한 선호를 효용함수로 나타내는 것이면 위 부등식을 만족하는 임의의 값을 주면 됩니다. $u(A) = 100$, $u(B) = 90$, $u(C) = 80$이라고 해도 되고, 혹은 $u(A) = 1$, $u(B) = 0$, $u(C) = -1$이라고 해도 괜찮습니다. 이같은 효용함수의 성질을 서수성(ordinality)이라고 불렀습니다. 효용함수의 값 자체가 중요한 것이 아니고, 여러 대안들에 부여된 효용 값의 '순서'가 중요하다는 거죠.

하지만 불확실성이 도입된다면 A, B, C가 나올 수 있는 '복권'들에 대한 선호를 추가로 규정해 주어야 합니다. 예를 들어, 여러분은 A, B, C를 받을 확률이 각각 1/3로 예상되는 과목과, A를 받을 확률 40%, B를 받을 확률 20%, C를 받을 확률 40%인 과목이 있다면 어느 쪽이 더 좋아 보이는지요? (과목 자체에 대한 취향은 무시하고, 순전히 과목에서 받을 수 있는 불확실한 성적을 기준으로 말입니다.) 이는 당첨 상금을 A, B, C로 하는 복권들을 비교하는 선호에 해당됩니다. 이 선호는 물론 각 사람의 주관적 취향에 따른 것으로 각 사람이 알아서 결정할 일입니다.

만약 기대효용이론을 따르는 사람이 있다면 그 사람의 효용함수는 다음과 같은 방법으로 결정할 수 있습니다. (여러분 스스로의 효용함수를 한번 구성해보시기 바랍니다.) 먼저 가장 좋은 경우인 $u(A)$와 가장 나쁜 경우인 $u(C)$에 대해서는 $u(A) > u(C)$가 되도록 아무 값이나 적당히 주어도 됩니다. 예를 들어서,

$$(*) \qquad u(A) \equiv 1, \quad u(C) \equiv 0$$

이라고 가정해봅시다. 기대효용함수는 $\ell = [(p_1, A), (p_2, B), (p_3, C)]$에 대해서 $u(\ell) = p_1 u(A) + p_2 u(B) + p_3 u(C)$를 만족해야 하는데, 이미 $u(A) = 1$, $u(C) = 0$이라고 했으므로 $u(B)$만 결정하면 효용함수 전체가 결정이 됩니다. 그런데 $u(B)$의 값은 위의 서수적 효용함수와 달리 아무렇게나 정할 수는 없습니다.

$u(B)$를 결정하기 위해서는 다음의 질문을 스스로에게 (혹은 효용함수를 찾아주고자 하는 사람에게) 던집니다:

기대효용함수 구성을 위한 질문들:

(1) B를 확실히 받는 경우와 $\ell_{0.5} = [(50\%, A), (50\%, C)]$를 비교하시오. 어느 쪽이 더 좋은가요? 만약 B를 확실히 받는 것이 더 좋다면 (2a)로, $\ell_{0.5}$이 더 좋다면 (2b)로 진행하시오. 만약 상관 없다면 $p^* = 0.5$입니다.

(2a) 안전한 B를 더 좋아하는군요. 그렇다면 A를 받은 확률을 좀 더 높여줄 수 있습니다. $\ell_p = [(p, A), (1-p, C)]$에서 p가 0.5보다 높은 어떤 수준까지 올라간다면 확실히 B를 받는 것과 무차별하게 되나요? 그렇게 되는 숫자

$p^* > 0.5$를 답으로 적으십시오.

(2b) 50% 확률로 A를 받을 수 있다면 C를 받을 위험을 무릅쓰더라도 애매한 B보다는 선호하는군요. 그렇다면 A를 받을 확률을 조금 낮추겠습니다. $\ell_p = [(p, A), (1-p, C)]$에서 p가 0.5보다 낮은 어떤 수준까지 떨어진다면 확실히 B를 받는 것과 무차별하게 되나요? 그렇게 되는 숫자 $p^* < 0.5$를 답으로 적으십시오.

답하기 쉬운 질문은 아니지만, 충분한 시간을 두고 생각한 후에 결국은 위의 질문에 답을 할 수 있었다고 가정합시다. 각 사람은 (1)에서 $p^* = 0.5$가 되던지, 아니면 (2a)의 경우로 가던지, (2b)의 경우로 가서 결국 어떤 $0 < p^* < 1$라는 숫자를 답으로 내어 놓게 될 것입니다. (2a)로 간 사람은 $p^* > 0.5$이고 (2b)로 간 사람은 $p^* < 0.5$입니다. 이제

$$u(B) \equiv p^*$$

라고 정하면 기대효용함수가 완성됩니다. 그 이유는 다음의 식이 성립하기 때문입니다. 질문을 통해서 확실한 B와 $\ell_{p^*} = [(p^*, A), (1-p^*, C)]$가 무차별하게 되는 p^*의 값을 찾았습니다. 즉, $u(B) = u(\ell_{p^*})$입니다. 그런데 기대효용이론에 따르자면

$$u(\ell_{p^*}) = p^* u(A) + (1-p^*) u(C) = p^* \times 1 + (1-p^*) \times 0 = p^*$$

입니다. 여기서 (*)에서 가정한 $u(A) = 1$, $u(C) = 0$을 사용했습니다. $u(B) = u(\ell_{p^*})$이므로 결국 $u(B) = p^*$가 나와야 합니다.

이와 같이, $u(A) = 1 > u(B) = p^* > u(C) = 0$이라고 설정하면, 이제 어떤 복권 $\ell = [(p_1, A), (p_2, B), (p_3, C)]$이 주어지든지, 그 효용은 기대효용 공식을 사용해 $u(\ell) = p_1 u(A) + p_2 u(B) + p_3 u(C) = p_1 + p_2 p^*$로 계산할 수 있습니다.

만약 나올 수 있는 성적이 A, B, C 외에 더 있다면, 그 성적에 대해서도 위의 '질문들'을 던져서 효용 값을 정해주면 됩니다. 예컨대 B^+라는 성적이 추가된다고 해봅시다. 그렇다면 질문들을 통해 $u(B^+) = u(\ell_q)$가 되게 하는 $\ell_q = [(q, A), (1-q, C)]$를 찾아냅니다. (물론 q의 값은 p^*보다는 높아야 할 것입니다.)

더 생 각 해 보 기

기대효용함수의 기수성

위의 계산에서 $u(A)=1$, $u(C)=0$이라는 $(*)$의 가정은 사실 임의로 설정한 것입니다. 굳이 이 값들을 고집할 필요는 없습니다. 만약 이 값들을 바꾸어 준다면 새로운 형태의 효용함수를 얻습니다. 하지만 그 효용함수는 여전히 동일한 사람의 동일한 선호를 나타낼 것입니다. 예컨대, 이번에는

$$(**) \qquad u(A)\equiv 100, \quad u(C)\equiv 0$$

이라고 해보겠습니다. 앞에서 '질문들'을 통해 도출한 p^*의 값에는 변화가 없습니다. 그 '질문들'을 할 때는 $u(A), u(C)$의 값을 사용하지 않았기 때문입니다.

하지만 $(**)$의 가정을 사용한다면, $u(B)$의 값이 달라집니다. 이번에는

$$u(B)=u(\ell_{p^*})=p^*u(A)+(1-p^*)u(C)=p^*\times 100+(1-p^*)\times 0=100p^*$$

가 됩니다. 이 값을 사용하더라도 $u(A)=100>u(B)=100p^*>u(C)=0$은 여전히 성립하므로 서수적 관계에는 변화가 없습니다.

좀 더 일반적으로 특정한 숫자를 부여하지 말고 아예 다음과 같이 기호를 사용해서

$$(***) \qquad u(A)\equiv a, \quad u(C)\equiv c$$

라고 해봅시다. 물론 $a>c$라고 가정합니다. 그렇다면 이제 $u(B)$의 값은

$$(23.4) \qquad u(B)=u(\ell_{p^*})=p^*u(A)+(1-p^*)u(C)=(a-c)p^*+c$$

가 됩니다. 이 식 (23.4)는 성적에 대한 기대효용함수에서 언제나 성립하는 식입니다. 이때 a,c의 값은 $a>c$이기만 하다면 어떤 수를 설정하든 상관없습니다.

기호를 조금만 다시 바꿔서, $\alpha\equiv a-c$, $\gamma\equiv c$라고 해본다면 B의 효용은

$$u(B)=\alpha p^*+\gamma$$

입니다. 이때 $\alpha>0$인 어떤 수도 상관없고, γ는 부호조차 상관없습니다.

예 23.4

어떤 학생이 $p^* = 0.7$이라고 합시다. 즉, 이 학생은 (i) B를 확실히 받는 것과, (ii) 70% 확률로 A를 받거나 나머지 30%의 확률로 C를 받는 것 사이에 무차별합니다. 이 학생의 효용함수는 표 23.1에 나오는 모든 경우가 다 가능합니다.

표 23.1 $p^* = 0.7$인 학생의 성적에 대한 효용함수로 가능한 경우들

	(1) u_1	(2) u_2	(3) u_3	(4) u_4
$u(A)$	1	100	1	180
$u(B)$	0.7	70	0.4	135.6
$u(C)$	0	0	−1	32
$u(\ell)$	$p_1 + 0.7p_2$	$100p_1 + 70p_2$	$p_1 + 0.4p_2 - p_3$	$180p_1 + 135.6p_2 + 32p_3$
참고	u_1	$100u_1$	$2u_1 - 1$	$148u_1 + 32$

단, $\ell = [(p_1, A), (p_2, B), (p_3, C)]$

(1) 이미 처음에 설정해서 살펴보았던 경우입니다. 최상의 경우인 $u(A)$의 값을 1로 하고 최악의 경우인 $u(C)$의 값을 0으로 했을 때, 기대효용의 성질에 따라서 $u(B)$는 그것과 무차별하게 느껴지는 복권 $\ell_{p^*} = [(p^*, A), (1-p^*, C)]$에서 A가 나올 확률 p^*로 설정해주면 됩니다. 이렇게 만든 효용함수를 기준으로 삼아서 u_1이라고 이름 붙이고 다른 경우들과 비교해보도록 하겠습니다.

(2) 두 번째는 $u(A) = 100$으로 늘려보았습니다. 여전히 $u(C) = 0$입니다. 최악의 상태의 기준점은 여전히 0인 상태에서, 최악과 최상 사이의 거리가 100으로 늘어났습니다. 이때 $u(B) = 70$이 됩니다. 이 계산 또한 본문에서 방금 해보았습니다. 표는 일반적인 $\ell = [(p_1, A), (p_2, B), (p_3, C)]$의 기대효용도 계산했는데 이는

$$u(\ell) = E[u(\ell)] = p_1 u(A) + p_2 u(B) + p_3 u(C) = p_1 \times 100 + p_2 \times 70 + p_3 \times 0$$

에 의해 계산된 것입니다. 특이한 점은 이렇게 구성된 효용함수를 u_2라고 표기할 때, 이 함수가 앞의 기준함수인 u_1에 100을 곱한 것과 동일하다는 사실입니다.

$$u_2 = 100p_1 + 70p_2 = 100(p_1 + 0.7p_2) = 100u_1$$

(3) 이번에는 $u(A)$는 그냥 1로 두고, 대신 최악의 경우인 $u(C)$의 값을 0이 아닌 −1로 정해보았습니다.

그렇다면 이제 $u(B)$의 값은

$$u(B) = p^* u(A) + (1 - p^*)u(C) = 0.7 \times 1 + 0.3 \times (-1) = 0.4$$

가 됩니다. 따라서 일반적인 복권의 효용은

$$u(\ell) = p_1 \times 1 + p_2 \times 0.4 + p_3 \times (-1) = p_1 + 0.4p_2 - p_3$$

이 되는데, 확률이라서 $p_1 + p_2 + p_3 = 1$이므로 $p_3 = 1 - p_1 - p_2$를 대입하면

$$u(\ell) = p_1 + 0.4p_2 - (1 - p_1 - p_2) = 2p_1 + 1.4p_2 - 1$$

이 됩니다. 이 효용함수를 u_3라고 표기하면

$$u_3 = 2p_1 + 1.4p_2 - 1 = 2(p_1 + 0.7p_2) - 1 = 2u_1 - 1$$

의 관계식이 성립합니다.

(4) 마지막으로 이번에는 $u(A)$와 $u(C)$의 값을 특이하게도 각각 180과 32로 설정해보았습니다. (재미삼아 붙여본 값이긴 하지만 아무 근거가 없지는 않습니다. 온도를 화씨(Farehnheit)단위로 표시할 때 물이 끓는 온도는 180도, 물이 어는 온도는 32도입니다.) 그렇다면 이제 $u(B)$는

$$u(B) = p^* u(A) + (1 - p^*)u(C) = 0.7 \times 180 + 0.3 \times 32 = 135.6$$

이 되고, 이를 사용하면 일반적인 복권의 효용은

$$u(\ell) = p_1 u(A) + p_2 u(B) + p_3 u(C) = 180p_1 + 135.6p_2 + 32p_3$$

입니다. 마찬가지로 이 함수를 u_4라고 부르고 $p_3 = 1 - p_1 - p_2$를 식에 대입하면

$$u_4 = 180p_1 + 135.6p_2 + 32(1 - p_1 - p_2) = 148p_1 + 103.6p_2 + 32 = 148(p_1 + 0.7p_2) + 32 = 148u_1 + 32$$

가 됩니다.

위에서 검토한 u_1, u_2, u_3, u_4는 모두 동일한 복권 선호를 나타내는 동일한 사람의 효용함수들입니다. 즉 이 사람은 확실한 B를 받는 것과, 70% A 또는 30% C를 받는 것 사이에 무차별하며, 모든 복권을 기대효용에

따라 평가하는 사람입니다. 이 경우들은 모두 원래의 기준 효용함수인 u_1어다가 적당한 양의 상수를 곱하고 임의의 상수를 더하거나 빼어준 것임을 알 수 있습니다.

예 23.4가 알려주는 사실은 복권에 대한 기대효용 함수를 구성하여 u_1이라는 함수 형태를 얻었다면 이 함수를 $\alpha u_1 + \gamma$(단, $\alpha > 0$)라는 새로운 형태로 변형하더라도 여전히 같은 선호를 나타낸다는 것입니다. 사실 이는 모든 종류의 과학적인 측정 단위에 대해 적용되는 성질입니다.

예를 들어, 사물의 길이나 거리를 측정한다고 해보죠. 여러분은 센티미터나 미터 같은 단위에 익숙할 것입니다. 그런데 다른 나라에 가보면 피트라든지 야드, 혹은 마일 같은 단위를 사용하기도 합니다. 예를 들면 1마일은 약 1.6킬로미터입니다.

측정의 '단위'라고 하는 것은 사실 임의적으로 정한 것입니다. 우리나라에서 사용하는 미터라는 것은 우리가 1미터라고 인식하는 바로 그 길이를 기준으로 사용하기로 한 것이고, 다른 나라에서 사용하는 단위는 또 다른 길이를 기준으로 사용하는 것이죠. 한국 사람들은 1미터 또는 1센티미터라는 길이를 어릴 때부터 접해왔으므로 미터 단위의 길이나 거리를 들으면 대략 어느 정도인지를 바로 떠올리지만, 피트나 마일로 말을 하면 어려움을 겪습니다. 하지만 거꾸로 마일을 주로 사용하는 사람은 미터 단위의 수치를 얼른 이해하지 못합니다. 어쨌든 1마일과 약 1.6킬로미터는 서로 다른 수치로 나타나지만 실제로는 같은 거리를 나타냅니다.

조금 더 재미있는 경우는 온도입니다. 우리나라는 섭씨(Celcius) 기준을 사용합니다. 물이 어는 상태를 0도, 물이 끓는 상태를 100도로 정한 것입니다. 한편 다른 나라에서 사용하는 화씨(Farenheit) 기준은 물이 어는 상태를 32도, 물이 끓는 상태를 180도라고 정해두었습니다. 물이 어는 상태를 A, 물이 끓는 상태를 C라고 한다면, 예 23.4의 (2)에 나온 u_2는 말하자면 섭씨 온도 표기법을 사용한 셈이고, (4)에 나온 u_4는 말하자면 화씨 온도 표기법을 사용한 셈입니다. 서로 다른 숫자가 나오더라도 결국은 같은 온도를 가리키는 것입니다 (3)에 나온 u_3도 (실제로는 사용되지 않지만) 우리가 새롭게 고안해서 사용할 수도 있는 온도 측정 방식입니다.

온도 측정 방식을 보면 2개의 기준점을 잡고 그 나머지를 계산해내는 것임을 알 수 있습니다. 효용의 관점에서 말하자면 '최악'의 상황을 몇 홍으로 표시할 것인지를 정하고, 다음으로 '최상'의 상황을 몇 홍으로 표시할 것인지 (혹은 최상과 최악 사이의 거리를 몇 홍으로 표시할 것인지)를 정하면 나머지 (불확실) 상황들의 효용이 결정됩니다. 여기서 '최악', '최상'이 실제로 생각할 수 있는 최악, 최상일 필요는 없습니다. 그냥 서로 다른 두 개의 상황을 정해주면 됩니다. (온도에서도 섭씨 0도 미만의 온도도 있고, 섭씨 100도를 초과하는 온도도 있지요.)

이와 같이 어떤 대상을 과학적으로 측정함에 있어서 측정 단위 값이 순서를 지킬 뿐 아니라(서수성), 기준점 2개를 임의로 잡아 표현할 수 있다는 성질을 가리켜서 **기수성**(基數性, cardinality)이 있다고 말합니다. 서수성과 기수성이라는 용어는 모두 친숙하지는 않을 텐데, 서수에서 '서'는 순서(order)를 뜻하고 기수에서 '기'는 기준점[6]을 뜻한다고 이해하면 되겠습니다.

즉, 서수적인 효용(ordinal utility)은 대안들에 대한 선호를 나타낼 때 순서만을 알려줄 수 있고 따라서 순서가 변하지 않는 한 효용함수의 형태를 바꾸어주더라도 동일한 선호를 나타냅니다. 한편, 기수적인 효용(cardinal utility)은 (당연히 순서도 나타낼 뿐 아니라) 기준을 정해준다면 그 기준에 맞추어 일정 단위에 의해 표현이 가능합니다. 앞의 예에서 보았듯이 기준을 변경한다면 효용의 값에 변화가 올 수는 있으나, 기준을 마음대로 변경할 수 있는 것은 아니고 특정한 규칙에 따라 변경할 수 있습니다. 특정한 규칙이란 두 대안의 효용 값을 정해주는 것이라고 생각하면 됩니다. 그 결과로 어떤 기수적 효용함수가 주어지면, 그 함수에 양수를 곱하거나 임의의 수를 더하는 것은 동일한 선호를 나타냅니다. 즉,

> $u(\ell)$가 복권 ℓ에 대한 기수적 효용함수라면, $\alpha u(\ell)+\gamma$ (단, $\alpha > 0$)도 동일한 선호를 나타내는 기수적 효용함수이다.

예 23.5

$p^* = 0.7$인 학생의 성적에 대한 기수적 효용함수를 계속 논의합니다. 앞의 예에서 표 23.1에 제시된 4

6 기수에 해당되는 영어는 cardinal인데 예를 들면 카톨릭교에서 추기경을 지칭하는 용어이기도 하고 어원으로는 '기준'을 뜻합니다.

가지 기대효용함수는 모두 동일한 선호를 나타낸다고 설명했습니다. 예를 들어, 다음과 같은 성적 복권들을 고려해보겠습니다. (여러분은 어느 쪽이 더 좋아보이나요?)

$$\begin{aligned} \ell_1 &= [(0, A), (0.7, B), (0.3, C)] \\ \ell_2 &= [(0.5, A), (0.5, C)] \\ \ell_3 &= [(0.2, A), (0.5, B), (0.3, C)] \end{aligned}$$

표 23.2 $p^* = 0.7$인 학생의 성적에 대한 기대효용함수의 기수성

	(1) u_1	(2) u_2	(3) u_3	(4) u_4
$u(\ell_1)$	0.49	49	−0.02	104.52
$u(\ell_2)$	0.5	50	0	106
$u(\ell_3)$	0.55	55	0.1	113.4

앞의 예에서 도출했던 $p^* = 0.7$인 학생의 기대효용함수들을 사용해서 두 복권을 평가해보면 표 23.2와 같습니다. 네 효용함수 모두 (당연히) 동일한 평가를 내리는데, $u(\ell_1) < u(\ell_2) < u(\ell_3)$의 순서입니다. 겨우 3 가지의 복권에 대한 선호 순서를 보인 것이지만, 어떤 식으로 생긴 복권이더라도 선호는 위 네 가지 효용함수가 모두 동일합니다.

예 23.6

기수성과 서수성의 차이를 명확하게 하기 위해서 이번에는 $p^* = 0.7$인 학생의 성적에 대한 기대효용이 될 수 없는 효용함수를 보겠습니다. 즉 u_1의 효용함수를 기수적이 아닌 방식으로 변형한다면 선호가 바뀔 수도 있음을 보이겠습니다. 표 23.3에 역시 네 가지의 효용함수가 설정되어 있습니다. 각 효용함수가 설정된 방식은 다음과 같습니다. 먼저 (1) v_1은 표 23.1의 기준 효용함수인 u_1을 가져와서 각각의 값을 제곱해 준 것입니다. 즉, $v_1 = (u_1)^2$입니다. 따라서 $v_1(A) = (u_1(A))^2 = 1^2 = 1$이고 $v_1(B) = (u_1(B))^2 = (0.7)^2 = 0.49$입니다. 제곱이라는 변형은 앞에서 소개한 기수적 변형은 아닙니다.

한편 v_2는 기준 함수 u_1의 제곱근을 취한 것입니다. 즉 $v_2 = \sqrt{u_1}$으로, $v_2(A) = \sqrt{u_1(A)} = \sqrt{1} = 1$이고 $v_2(B) = \sqrt{u_1(B)} = \sqrt{0.7} \approx 0.837$입니다. v_3은 좀 특이한 방식으로 u_1을 변형했습니다. 먼저 $u_1(A)$에 100을 곱하고 다음에 1을 더했습니다. 즉, $v_3(A) = 100u_1(A) + 1 = 101$입니다. 한편, B와 C의 경우에는 100을 곱한 후에 각각 5를 더했습니다. 즉 $v_3(B) = 100u_1(B) + 5 = 75$, $v_3(C) = 100u_1(C) + 5 = 5$입니다.

표 23.3 $p^* = 0.7$인 학생의 성적에 대한 효용함수가 될 수 없는 경우들

	(1) v_1	(2) v_2	(3) v_3	(4) v_4
$v(A)$	1	1	101	1
$v(B)$	0.49	$\sqrt{0.7}$	75	0
$v(C)$	0	0	5	0
$v(\ell_1)$	0.343	0.586	53	0
$v(\ell_2)$	0.5	0.5	59.2	0.5
$v(\ell_3)$	0.445	0.618	54	0.2

표 23.3의 위쪽 절반을 보시면, v_1, v_2, v_3는 모두 A, B, C라는 확실한 대안들에 대해서는 u_1과 동일한 순서를 보입니다. 즉, 이들은 기준 함수 u_1과 서수적으로는 동일한 효용함수입니다.

한편, v_4는 앞에서 시험삼아 검토한 데서 언급했던 콥-더글라스 형태를 사용해본 것입니다. 즉, B와 $\ell = [(0.7, A), (0.3, C)]$가 무차별하므로

$$v_4(B) = u_1(A)^{0.7} \times u_1(C)^{0.3} = 1^{0.7} \times 0^{0.3} = 0$$

으로 계산이 되었습니다. 이때 $v(B) = v(C)$가 되어 이 함수는 애초 기준 함수와 서수적으로도 동일하지 않음을 알 수 있습니다. 표 23.3의 아래쪽에는 앞의 예에 이어서, 3가지 복권 ℓ_1, ℓ_2, ℓ_3의 기대효용을 계산해보았습니다. 앞의 예에서 기수적으로 동등한 효용함수들은 모두 $u(\ell_1) < u(\ell_2) < u(\ell_3)$였습니다. 하지만 표를 보면

$$v_1(\ell_1) < v_1(\ell_3) < v_1(\ell_2)$$

$$v_2(\ell_2) < v_2(\ell_1) < v_2(\ell_3)$$

$$v_3(\ell_2) < v_3(\ell_1) < v_3(\ell_3)$$

$$v_4(\ell_1) < v_4(\ell_3) < v_4(\ell_2)$$

로 세 가지 복권들에 대한 선호가 뒤죽박죽이며, 특히 앞 예에서 본 u의 선호와는 모두 다릅니다. 이는 이 네 가지 변형은 기수성을 따르지 않는 변형, 즉 기준점 2개를 고정시켜 변화시키지 않은 것이기 때문입니다.

예제 23.1

받을 수 있는 문자 성적이 A, B, C, F 중 하나이고 각 문자는 다음처럼 점수로 환산된다: $A = 100$, $B = 81$, $C = 64$, $F = 0$

높은 점수를 선호하는 '미경이'의 효용함수를 구성하고자 한다. 미경이의 성적에 대한 선호는 기대효용 이론을 만족한다. $u(A) = 10$, $u(F) = 0$이라고 기준을 정한다.

(1) 'A 를 p의 확률로 받고 F 를 $1-p$의 확률로 받는 불확실한' 상황과 'B를 확실히 받는' 상황 사이에 무차별하다면 $u(B)$는 어떤 값을 가지는지 설명하시오.

(2) 문자의 환산점수를 g라고 할 때 '미경이'의 효용함수를 $u(g) = \sqrt{g}$라고 쓸 수 있다면, 문항 (1)의 확률 p는 얼마인가?

(3) $u(g) = \sqrt{g}$일 때 'C를 확실히 받는' 상황을 'B를 q의 확률로 받고 F를 $1-q$의 확률로 받는 불확실한' 상황보다 더 선호한다면, 확률 q의 값은 어떤 범위의 값인지 알아내시오.

풀이 (1) 기대효용이론에 따라

$$u(B) = pu(A) + (1-p)u(F) = p \times 10 + (1-p) \times 0 = 10p$$

(2) 주어진 미경이의 효용함수를 이용하면 문제에 주어진 것과 같이 $u(A) = 10$, $u(F) = 0$이고 불확실한 상황의 기대효용은 $10p$입니다. 한편, $u(B) = \sqrt{81} = 9$이므로 $10p = 9$에서 $p = 0.9$이면 됩니다.

(3) $u(C) = \sqrt{64} = 8$입니다. 주어진 불확실한 상황의 기대효용은 $qu(B) + (1-q)u(F) = 9q$이고 $8 > 9q$가 성립해야 하므로, $0 \le q < 8/9$입니다.

연습문제

문제 23.1 가능한 결과들의 집합 $\mathbb{C}$가 사과(x_1)와 귤(x_2) 소비량들로 주어졌다. $u(x_1, x_2) = \sqrt{x_1 + x_2}$로 기대효용 이론을 따르는 사람이 복권 $\ell = [(1,1), p; (0,0), 1-p]$과 확실한 $(1,0)$의 사이에서 무차별하다면, 복권 ℓ에 포함된 (1, 1)의 확률 p의 값이 무엇인지 설명하시오.

문제 23.2 다음과 같은 복권이 있다:

$\ell = [(1\%, 100$만 원$); (50\%, 1$만 원$); (49\%,$ 상금 없음$)]$

(1) 복권의 기대 상금은 얼마인가?

(2) 다음 효용함수들은 복권의 기대효용을 얼마로 평가하는가? (w = 1만 원 단위 금액)

(a) $u_1(w) = \sqrt{w}$, (b) $u_2(w) = w$, (c) $u_3(w) = w^2$

(3) 앞 (2)의 각 효용함수를 가진 사람들이 기대효용이론을 따른다면 복권 ℓ의 값이 얼마 이상일 때 판매하는가?

문제 23.3 문제 23.2의 효용함수 (a), (b), (c)를 가진 세 사람과 아래 두 복권을 고려한다:

$$\ell_1 = [(1\%, 100\text{만 원}); (50\%, 1\text{만 원}); (49\%, \text{상금 없음})]$$

$$\ell_2 = [(1\%, 2500\text{만 원}); (99\%, \text{상금 없음})]$$

(1) 이 사람들이 기대효용이론을 따른다면 이들은 ℓ_1과 ℓ_2 중 어떤 복권을 선호하는가?

(2) 이 사람들이 기대효용이론을 따르지 않고, 본문의 '비관적 태도'를 취한다면 어떤 복권을 선호하는가? 비관적 태도란 복권 $\ell = [(p_1, w_1), (p_2, w_2), \ldots, (p_n, w_n)]$에 대해

$$u(\ell) = \min\{u(w_1), u(w_2), \ldots, u(w_n)\}$$

에 따라 복권을 평가하는 것을 말한다.

위험기피, 보험과 분산투자: 기대효용 모형 응용

microeconomics

제24장

폭넓은 분산투자는 투자자들이 자기가 뭘 하고 있는지 모르는 때에만 필요하다.
- 워렌 버핏

계란을 한 바구니에 담지 말라

'계란을 한 바구니에 담지 말라'라는 말은 출처를 알기 힘들 정도로 잘 알려진 격언입니다. 위험이 따르는 투자를 할 때는 한 군데 몰지 말고 분산시켜야 한다는 의미를 담고 있습니다. 한편 투자의 귀재로 알려진 워렌 버핏 씨가 하신 말씀을 보면 분산투자 따위는 뭘 잘 모르는 사람이 하는 방식이라는데요. 누가 맞는 걸까요?

지난 장에서는 **불확실성**이라는 개념을 선택 모형에 어떻게 포함시킬 수 있는지 알아보았습니다. 우선 불확실성은 확률 개념을 사용해 일종의 복권으로 표현할 수 있었습니다. 또한 이를 선택 모형에 포함시키는 한 가지 방식으로 **기대효용 모형**을 공부했습니다. 기대효용 모형이 유일한 불확실성 하의 선택 모형은 아닙니다. 최근의 실험경제학 혹은 행동경제학의 연구는 기대효용 모형의 약점을 잘 드러내고 있습니다. 그럼에도 불구하고 기대효용 모형은 위험에 대한 대비나 위험이 따르는 투자에 대한 분석에서 중요한 기초 모형입니다.

이 장에서는 **위험기피**의 개념을 소개하고, 위험기피 성향이 가정된 기대효용 모형에서 합리적 선택은 **분산투자**로 이어진다는 점을 알아보겠습니다. 물론 모든 사람이 꼭 위험기피적인 것도 아니고, 기대효용 모형이 현실과 부합하는 모형이 아닐 수도 있기 때문에 분산투자가 언제나 합리적이라고 볼 수는 없습니다. 분산투자가 어떤 상황에서 왜 합리적인 방법인지 그 논리를 살펴보는 것이 이 장의 목적이라 하겠습니다.

24.1 위험에 대한 태도: 위험기피

위험에 대해 사람들이 가지는 태도는 다양할 수 있습니다. 신중한 성격을 가진 사람이라면 대개 위험한 상황을 싫어할 것이지만, 오히려 위험을 즐기는 사람도 있습니다. 어떤 사람은 위험한 상황에 대해 중립적인 태도를 가질 수도 있습니다. 여기서 중립적인 태도란 위험을 싫어하는 것도 아니고 그렇다고 즐기는 것도 아닌 것을 말합니다. 위험에 대해 중립적이라는 말의 의미가 선뜻 다가오지 않을 수 있으므로 앞 장에서 논의하던 성적의 예를 이어받아 설명해보겠습니다.

위험에 대한 태도의 예: 성적에 대한 기대효용함수

한 과목에서 받을 수 있는 성적이 A, B 또는 C의 3가지이며, 학생들은 A를 가장 선호하고, C를 가장 싫어합니다. 즉 성적에 대한 효용함수를 구성한다면 (기대효용함수이던, 아니던 간에) $u(A) > u(B) > u(C)$가 성립해야 합니다.

기대효용 이론을 따르는 선호를 가진 학생이 있다면, 그 효용함수는 앞 장에서 설명한 방법을 통해 설정할 수 있습니다. 즉, 먼저 가장 높은 값인 $u(A)$와 가장 낮은 값인 $u(C)$에 적당한 수치를 부여합니다. $u(A) = 1$, $u(C) = 0$이라고 해보죠. 기대효용함수는 $\ell = [(p_1, A), (p_2, B), (p_3, C)]$라는 복권 형태의 불확실한 성적에 대해서 $u(\ell) = p_1 u(A) + p_2 u(B) + p_3 u(C)$를 만족해야 하는데, 이미 $u(A) = 1$, $u(C) = 0$이라고 했으므로 $u(B)$만 결정하면 효용함수 전체가 결정이 됩니다. $u(B)$를 결정하기 위해서 다음 질문을 던집니다:

질문:

확실한 B와 $\ell_{0.5} = [(50\%, A), (50\%, C)]$를 비교할 때, 어느 쪽이 더 좋은가?

예 24.1

(1) 이 질문을 던졌더니 학생 1이 어느 쪽이든 상관없다고 답을 했습니다. 즉 확실히 B를 받을 때의 효용인 $u(B)$와 $\ell_{0.5}$의 효용인 $u(\ell_{0.5}) = 0.5u(A) + 0.5u(C)$가 동일하다고 합니다. 그렇다면 $u(B) = 0.5u(A) + 0.5u(C) = 0.5 \times 1 + 0.5 \times 0 = 0.5$가 됩니다. 다시 말해 이 학생의 효용함수는 (확실한 성적에 대해서) 다음과 같습니다:

$$u_1(C) = 0, \quad u_1(B) = 0.5, \quad u_1(A) = 1$$

최상의 A와 최악의 C 사이에 낀 중간인 B에 대해서 이 학생은 A와 C의 정확하게 중간인 효용 값을 부여합니다. C로부터 B로 성적이 한 단계 올라갈 때 효용의 증가분과 B로부터 A로 성적이 한 단계 올라갈 때 효용 증가분이 모두 0.5입니다:

$$u_1(B) - u_1(C) = u_1(A) - u_1(B) = 0.5$$

가로축을 성적, 세로축을 효용으로 하는 평면에 효용함수를 점으로 찍는다면 그림 24.1(a)처럼 직선 형태가 될 것입니다.

(2) 학생 2는 $p > 0.5$의 답, 예컨대 $p = 0.7$를 내놓았습니다. 그렇다면 이번에는

$$u_2(C) = 0, \quad u_2(B) = 0.7, \quad u_2(A) = 1$$

이 효용함수이고, 성적이 한 단계씩 올라갈 때 효용 증가분이 같지 않습니다.

$$u_2(B) - u_2(C) = 0.7 > u_2(A) - u_2(B) = 0.3$$

더 낮은 C에서 성적이 증가할 때의 효용 증가분이 더 큽니다. 그림으로 그린다면 그림 24.1(b)처럼 기울기가 점점 감소하는 (오목한) 형태가 될 것입니다.

(3) 학생 3은 $p < 0.5$의 답을 냈습니다. 예컨대 $p = 0.3$이었습니다. 이번에는

$$u_3(C) = 0, \quad u_3(B) = 0.3, \quad u_3(A) = 1$$

$$u_3(B) - u_3(C) = 0.3 < u_3(A) - u_3(B) = 0.7$$

이 되어 성적 상승에 따른 효용 증가분이 점점 커집니다. 그림 24.1(c)입니다.

예 24.1의 학생 1, 2, 3의 불확실한 성적에 대한 태도를 다시 보면, 먼저 학생 1은 좋은 A와 나쁜 C를 반반씩 받는 위험한 성적과, 무난한 B를 확실히 받는 안전한 성적 사이에서 무차별합니다. B에서 A로 올라가는 행운의 가능성("upside")과 B에서 C로 떨어지는 불행의 가능성("downside")에 대해서 똑같이 평가하기 때문에 그렇습니다. 이 경우를 **위험중립적**(risk neutral)이라고 부릅니다.

학생 2는 중간의 무난한 성적인 B를 기준으로 행운의 가능성(A)에 대해 부여하는 효용증가 $\Delta u_2 = 0.3$에 비해서 불행의 가능성에 부여하는 효용감소 $\Delta u_2 = 0.7$가 더 큽니다. 따라서 이 학생은 반반 확률의 위험한 성적을 받는 것보다는, 그냥 무난한 성적을 확실하게 받는 것을 더 좋아합니다. 이 경우를 **위험기피적**(risk averse)이라고 부릅니다.

마지막으로 학생 3은 **위험애호적**(risk loving)인 경우입니다. 무난한 성적을 확실히 받는 것보다는, 일부 불행의 가능성을 포함하더라도 행운을 얻을 수 있는 도박을 기꺼이 하려고 합니다. 이는 불행으로 잃는 효용보다 행운에서 얻는 효용이 더 크기 때문입니다.

위험기피 = "기대상금의 (확실한) 효용 > (불확실한) 상금의 기대효용"

어떤 사람이 위험을 기피한다는 것은 같은 값(기대상금)이라면 위험하지 않은, 더 확실한 것을 선호한다는 의미입니다. 즉 어떤 복권 ℓ이 주어질 때 이 불확실한 복권을 갖는 것보다는 복권의 기대상금 $E[\ell]$을 확실하게 받는 편을 더 선호합니다. 수식으로 쓰자면 불확실성을 가진 복권 ℓ에 대해서

$$u(E[\ell]) > E[u(\ell)] \tag{24.1}$$ [위험기피]

가 성립하면 위험기피적이라고 말할 수 있습니다.

예 24.2

50%의 당첨확률로 100억 원의 상금을 주는 복권이 있다고 합시다. 이 복권의 기대상금은 $0.5 \times 100 + 0.5 \times 0 = 50$억 원입니다. 그림 24.2에서 이 기대상금을 확실히 받는 경우의 효용은 $u(50) = 70$입니다. 반면

그림 24.1 예 24.1

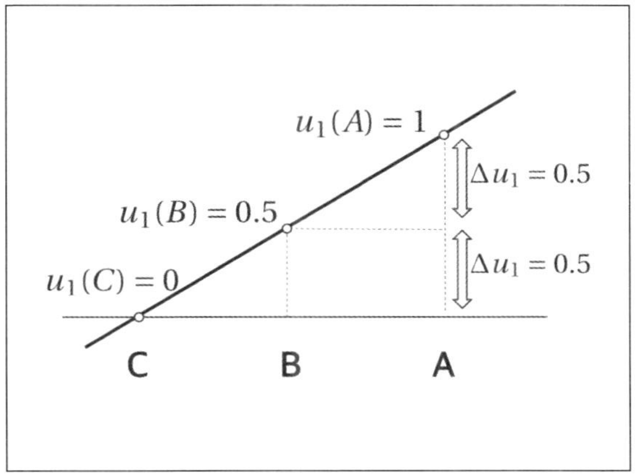

(a) 학생 1 $p = 0.5$ (“위험중립적”)

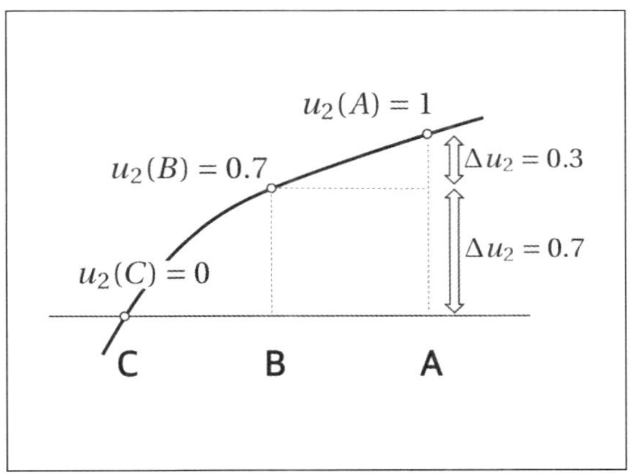

(b) 학생 2 $p = 0.7$ (“위험기피적”)

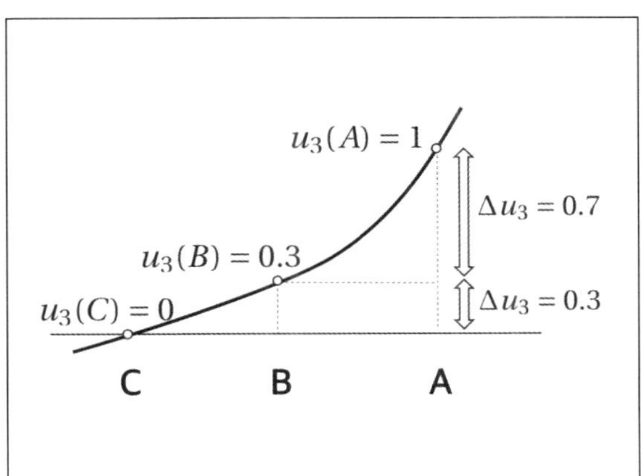

(c) 학생 3 $p = 0.3$ (“위험애호적”)

불확실한 복권을 받는다면 이 복권의 기대효용은

$$E[u(\ell)] = 0.5 \times u(100) + 0.5 \times u(0) = 0.5 \times 100 = 50$$

입니다. 즉 기대상금의 확실한 효용이 불확실한 상금의 기대효용보다 높은 것이지요. 그림 24.2의 사람은 위험기피적입니다.

그림 24.2 예 24.2 위험기피 = "기대상금의 효용 > 상금의 기대효용"

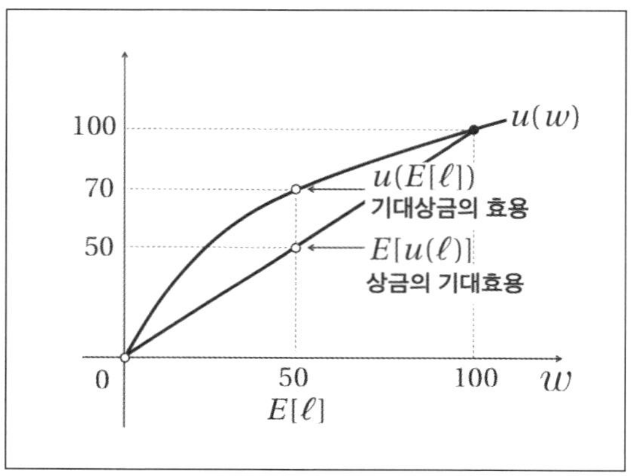

위험기피를 정의한 것과 비슷한 방식으로 다른 태도도 정의할 수 있습니다. 식 (24.1)에서 부등호가 반대 방향으로 성립하면 위험애호적, 등호가 성립하면 위험중립적입니다.

(24.2) $$u(E[\ell]) < E[u(\ell)]$$ [위험애호]

(24.3) $$u(E[\ell]) = E[u(\ell)]$$ [위험중립]

위험기피 = 공정한 도박을 거절

복권이나 도박의 성질로 **공정성**(fairness)이라는 개념이 있습니다. 여기서 공정성은 소득 분배의 평등 같은 것을 말하는 것은 아닙니다. 단지 불확실성이 개입된 어떤 '게임'의 입장료가 기대상금에 맞추어서 적절하게 매겨져 있는지를 말합니다. 다시 말해 **공정한 도박**(fair gamble)이란 도박에 참가하기 위해 지불하는 입장료가 정확하게 기대상금인 경우를 말합니다. 예를 들어 복권의 가격을 정확하게 복권의 기대상금만큼 매긴다면 그것은 공정한 복권입니다. 즉 복권 ℓ의 가격을 $E[\ell]$만큼 받는다면 이는 공정한 도박입니다.

공정한 도박이라 하더라도 단 한 번 혹은 기껏해야 몇 번 정도 도박에 참여하는 개인들은 이익을 볼 수도 있고 손해를 볼 수도 있습니다. 복권 1장을 사서 1등에 당첨되면 가격으로 지불한 금액보다 훨씬 큰 상금을 받게 되는 행운이 따릅니다. 한편 복권 여러 장을 사더라도 모두 '꽝'이 나와서 복권 가격만 날릴 수도 있지요.

하지만 도박을 주최한 이는 그것이 공정한 도박이었다면 0의 기대 이윤을 벌게 됩니다. 복권을 사는 사람이 충분히 많을 경우, 복권 상금으로 지급해야 하는 금액이 복권 가격으로 걷어들인 수입으로 거의 정확하게 충당이 됩니다. 주최자에게 0의 기대 이윤, 완전경쟁 모형의 용어로는 정상 이윤을 벌게 해주는 도박이 공정한 도박입니다.[1]

위험기피적인 사람은 복권의 기대상금 $E[\ell]$을 불확실한 복권 ℓ보다 더 높이 평가합니다. 기대상금을 지불하고 복권을 구입하라고 권한다면, 기대상금을 그냥 갖고 있는 편이 더 효용이 높기 때문에 거절할 것입니다. 즉 위험기피적인 사람은 공정한 도박을 거절하는 사람입니다. 위험중립적이라면 $u(E[\ell]) = E[u(\ell)]$이므로

1 로토(lotto)의 경우에는 참여자들이 자신만의 숫자를 적어내도록 되어 있어서 당첨자가 없을 수도 있고, 당첨되더라도 받게 되는 금액은 다른 참여자들이 적은 숫자에 따라 달라지는 전략적 게임의 성격을 가집니다. 로토를 제외한 일반적인 복권은 일정 수의 복권에 번호를 붙여 판매하고 추첨해서 당첨자를 결정하기 때문에 이 책에서 사용하고 있는 복권 개념과 일치합니다. 다만 복권의 발행과 관리 등에서 추가 비용이 들고, 발행한 복권이 다 안 팔릴 가능성도 있으며, 대개 판매수입에 비해서 지급하는 상금이 더 적습니다. 즉 복권을 구입하는 사람들에게 공정하지 않은 불공정 도박입니다. 국가가 복권 사업을 운영하는 경우, 불공정 도박의 성격을 이용해서 초과 이윤을 낸 후 그 이윤을 다른 일에 쓰기 위한 목적이 있습니다. 예전에 인기 있던 주택복권은 주택 건설을 위한 자금으로, 올림픽 복권은 올림픽 개최를 위한 자금으로 사용되었지요.

지불해야 하는 기대상금에 대한 효용과 그 대가로 받는 복권으로부터 받는 기대효용이 동일하므로, 공정한 도박 참가에 대해서 무차별합니다. 한편 위험애호적이면 $u(E[\ell]) < E[u(\ell)]$이어서 기대상금을 확실히 갖고 있는 것에 비해서 위험한 도박에 참여하는 쪽을 선호합니다. 심지어 복권이 다소 불공정하여 자신에게 불리하더라도 참여할 수 있습니다.

위험에 대한 태도와 공정한 도박

- 위험기피 : 공정한 도박에 참여하는 것을 거절
- 위험중립 : 공정한 도박에 참여하는 것과 참여하지 않는 것 사이에 무차별
- 위험애호 : 공정한 도박은 당연히 참여하며, 일부 불공정하게 불리한 도박에도 참여할 의사가 있음

위험기피 = 한계효용의 체감

위험기피적인 태도를 이해하는 핵심은 바로 한계효용의 체감에 있습니다. 성적의 예에서 위험기피적인 학생 2는 C에서 B로 상승할 때의 추가 효용에 비해서, B에서 A로 상승할 때의 추가 효용이 더 적었습니다. 효용함수를 그림으로 그려보면 그림 24.1(b)처럼 기울기가 점차 완만해지는 형태입니다. 이는 가로축에 주어지는 보상이 점점 증가할 때 그로부터 발생하는 효용 증가(= 한계효용)의 크기가 점점 작아진다는 것입니다. 다시 말해서 한계효용이 체감하는 효용함수는 위험기피적인 태도를 나타냅니다.

예 24.3

예 24.2의 상황을 다시 봅시다. 즉 50%의 당첨확률로 100억 원의 상금을 주는 복권이 있고 이에 대해 그림 24.3처럼 기울기가 점차 완만해지는 효용함수를 가진 사람이 있습니다. 이 사람이 위험기피적임은 이미 앞에서 보았습니다.

이 사람이 위험기피적이 될 수밖에 없는 이유를 보기 위해서, 기대상금인 50억을 현재 확실히 갖고 있는 상황을 상상해봅시다. 그렇다면 현재 이 사람은 효용곡선 위의 점 A에서 효용 70을 누립니다. 이 사람에게서 현재의 50억 원을 뺏는 대신 위의 복권을 제시한다면, 복권으로부터 현재보다 더 나아질 수 있는 행운의 측면

(upside)은 점 B로 이동할 가능성입니다. 이 행운의 효용가치는 30에 해당됩니다.

대신 복권으로부터 현재보다 상황이 나빠질 불행의 측면(downside)는 점 C로 이동할 가능성입니다. 이 불행의 효용가치는 무려 70입니다. 똑같이 50% 확률의 불행과 행운이지만, 불행이 닥칠 때 잃는 효용이 훨씬 큽니다. 이는 상금에 대해 부여하는 한계효용이 체감하기 때문입니다. 돈이 하나도 없는 점 C에서 50억 원인 B로 올라갈 때 증가하는 효용에 비해서, 이미 50억 원이 있는 상태에서 추가로 또 50억 원이 생기는 경우 이때 효용 증가분은 아까보다는 줄어드는 것이 한계효용 체감인 선호의 특징입니다. 괜히 위험한 복권을 택하느니 그냥 안전한 현금을 가지고 있는 편이 이 사람에게는 더 좋습니다.

그림 24.3 예 24.3 위험기피와 한계효용체감

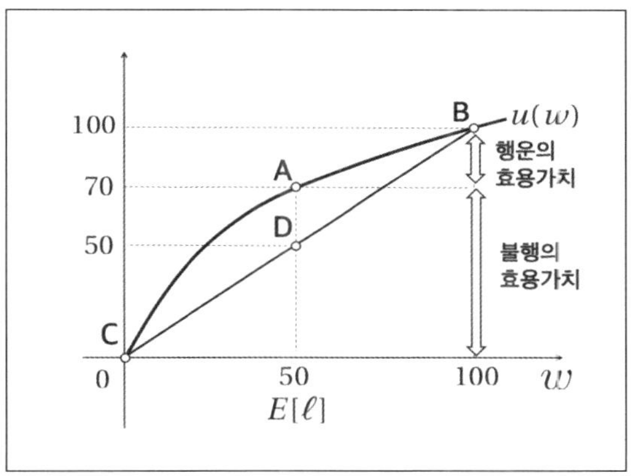

위험중립적인 사람의 효용함수 그래프는 그림 24.3에서 점 B와 C를 연결하는 직선이 될 것입니다. 그렇다면 이 사람이 확실한 기대상금 50억 원에 부여하는 효용과 불확실한 복권에 부여하는 기대효용은 모두 점 D의 50으로 일치합니다. 그 이유는 이 사람의 한계효용이 체감하지 않고 불변이어서, 행운의 효용가치와 불행의 효용가치가 일치하기 때문에 도박을 하든 안하든 상관없게 느끼는 것입니다.

위험애호적인 사람의 효용함수 그래프는 기울기가 점점 가팔라지는 모습, 즉 한계효용이 체증하는 성질을 가질 것입니다. 그는 상금이 커질수록 같은 금액의 증가에 대해서 더욱 높은 효용을 부여합니다. 따라서 약간의 불행 가능성보다는 행운의 가능성에 더 큰 효용가치를 부여하고 따라서 도박을 안전한 현금보다 선호합니다.

더 생 각 해 보 기

상트 페테르부르크 역설과 베르눌리의 해법

앞 장에서 소개한 상트 페테르부르크 역설에 대한 이야기를 방금 공부한 개념들을 사용해 다시 표현할 수 있습니다. 역설이 제시하는 게임은 기대상금이 무한대(∞)입니다. 따라서 입장료가 무한대이면 공정합니다. 하지만 대부분의 사람들은 이 공정한 도박을 원하지 않습니다. 베르눌리에 따르자면 그 이유는 사람들의 효용함수가 한계효용이 체감하는 형태(위험기피적)이기 때문입니다. 그 도박에서 2^{50}(천조가 넘는 수)원도 딸 가능성이 있지만 그 확률은 앞면이 50번 연속 나온 후 뒷면이 1번 나와야 하므로 2^{51}분의 1 밖에 되지 않습니다. 좀 더 현실적인 상금은 2^{30}(10억 원 정도)인데 이를 받으려면 30번 앞면이 연속으로 나와야 하고 그 확률은 20억분의 1 정도입니다. 상금이 1000원보다 작을 확률이 $1-(1/2)^{11} = 2047/2048 \approx 99.95\%$입니다.

현금환산가치(확실성 등가)와 위험프리미엄

여기서 조금 어려운 용어를 소개하려고 합니다. 개념적으로는 어렵지 않습니다. 위험기피를 포함하는 응용 모형에서 중요한 역할을 하는 개념들입니다.

첫 번째는 복권의 **현금환산가치**(certainty equivalent, CE)[2] 입니다. 불확실한 복권과 동일한 기대효용을 갖는 (확실한) 현금의 액수를 말합니다. 수식으로

(24.4) $$u(v) = E[u(\ell)]$$ [현금환산가치 v]

를 만족하는 값 v를 ℓ의 현금환산가치라고 합니다.

$CE[\ell]$이라는 기호를 쓰면

$$u(CE[\ell]) = E[u(\ell)]$$

가 되겠습니다. 그림 24.4는 앞의 예에서 보던 것과 같은 상황인데, 현금환산가치를 찾는 방법은 복권의 기대효용을 나타내는 점 D와 같은 높이를 갖는 효용곡선 상의 점을 찾는 것입니다. 그림에서는 점 E이고 이 점에 대응되는 현금의 금액은 20

2 영어 표현을 직역하면 확실성 등가입니다. 우리 말로 뜻의 전달이 약한 듯하여 좀 더 직관적인 용어를 만들었습니다.

억 원입니다. 즉 이 사람은 50% 확률로 100억 원의 상금을 받을 수 있는 복권과, 20억 원의 현금을 동일하게 생각합니다. 이 사람에게 불확실한 복권의 가치를 현금으로 환산하면 20억 원인 것이지요.

그림 24.4 현금환산가치와 위험프리미엄

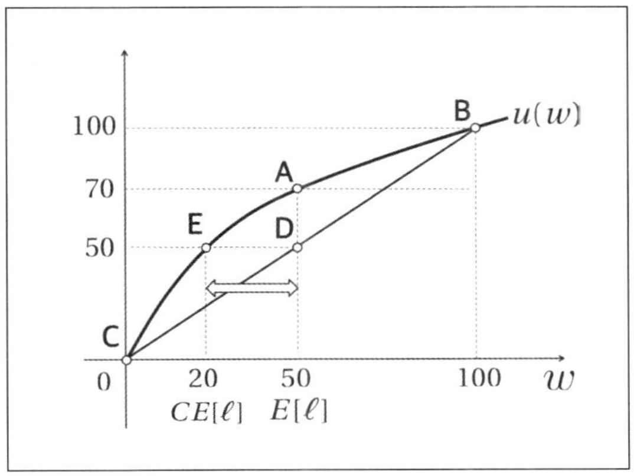

위험프리미엄 (risk premium)은 복권의 기대상금과 현금환산가치 사이의 차이입니다.

(24.5) $$RP[\ell]=E[\ell]-CE[\ell]$$ [위험프리미엄]

그림 24.4에서 주어진 복권에 대한 위험프리미엄은 기대상금인 50억 원과 현금환산가치인 20억 원 사이의 차이인 30억 원입니다.

위험프리미엄은 위험기피적인 사람이 주어진 위험을 피하기 위해서 기꺼이 지불할 용의가 있는 '웃돈(프리미엄)' 즉 공정한 가격에 얹어주는 가격을 말합니다. 그림 속의 사람이 이 복권을 현재 갖고 있다면 이 사람은 복권의 공정한 가격인 50억 원 중에서 자신이 30억 원을 포기하고 단지 20억 원만 받으면 남에게 이 복권을 넘길 용의가 있습니다. 이 개념은 다음 절에서 공부할 보험상품의 가격(프리미엄)을 결정하는 기초가 됩니다.

지금까지 위험기피에 대해 알아본 것을 요약하면 다음과 같습니다.

위험기피적인 태도

- 불확실한 복권보다는 복권의 기대상금을 확실히 받는 것을 더 선호한다
- 공정한 도박을 거절한다
- 상금에 대한 한계효용이 체감한다
- 복권의 현금환산가치가 기대상금보다 더 낮다
- 복권에 대해 위험프리미엄을 부여한다

24.2 위험에 대한 대응 전략 (1) 보험

위험 상황을 설명하면서 주로 복권, 도박 등 사행성을 조장하는 듯한 예들을 들어 왔습니다만, 이런 개념들은 우리의 삶과 매우 밀접하게 연관되어 있습니다. 우리의 삶 속에서 언제 어떤 식으로라도 불행한 사태를 맞을 수 있다는 점을 생각하면, 우리의 삶 자체가 태어나면서부터 손에 쥔 복권이라고 할 수 있습니다. 삶에서 발생할 수 있는 불행한 사태들 중 금전적인 손해에 대해 우리가 대응으로 삼을 수 있는 것이 **보험**(insurance)입니다. 쉽게 말하자면 보험은 우리가 타고난 '삶의 복권'을 보험회사에 넘기는 대신 좀 더 확실한 금액을 보장받는 교환거래입니다.

보험을 구매하려는 사람이 걱정하는 어떤 불행한 사태가 일어날 확률이 p라고 합시다. 이 불행한 사태란 질병일 수도 있고 사고일 수도 있습니다. 편의상 이 사태는 명확하게 정의되고 그 확률도 객관적으로 알려져 있다고 가정합니다. 또한 이 사태가 발생했을 때 발생하는 금전적 손해가 L이라고 합시다. 이 사람의 기본 재산이 w라면, 이 사람이 직면한 '복권'은 바로 다음 상황입니다:

(24.6) $$\ell = [(p, w-L), (1-p, w)]$$ [보험구입 이전 상태]

사태가 p의 확률로 일어나면 이 사람의 재산은 $w-L$이 되고, $1-p$의 확률로 다행히 아무 일 없으면 재산은 w입니다. 확률적으로 기대되는 재산은

(24.7) $$E[\ell] = p(w-L) + (1-p)w = w - pL$$ [보험구입 이전 재산]

입니다. 이제 보험상품을 구입하려고 합니다. 구조는 다음과 같습니다.

- 보험료 (insurance premium)는 고객이 보험회사에 납부하는 금액입니다. 이 금액은 사태 발생 여부와 상관없이 무조건 냅니다. π로 표시합니다.
- 보험금 (insurance payment)은 특정한 조건이 충족될 때 보험회사가 고객에게 지급하는 금액입니다. 지급조건은 물론 보험의 대상이 되는 '사태'가 발생했을 때를 말합니다. Π로 표시합니다.

따라서 보험상품에 가입하면 고객의 상태는 다음과 같이 변합니다.

	확률	재산 상태
사태가 발생하는 경우	p	$w-L-\pi+\Pi$
사태가 발생하지 않는 경우	$1-p$	$w-\pi$

사태 발생 없이 무사한 경우 재산은 납부한 보험료만큼 감소합니다. 하지만 사태가 발생하는 경우 손해 L 을 보험회사로부터 받는 보험금 Π로 회복할 수 있습니다. 보험구입 이후 이 사람의 상황은 다음의 새로운 '복권' 입니다.

(24.8) $\ell' = [(p, w-L-\pi+\Pi), (1-p, w-\pi)]$ [보험구입 이후 상황]

보험구입 이후 기대 재산은 다음과 같습니다.

(24.9)

$$E[\ell'] = p(w-L-\pi+\Pi)+(1-p)(w-\pi) = w-\pi-pL+p\Pi$$ [보험구입 이후 재산]

위험기피적인 사람은 공정한 보험에 가입한다

위험기피적인 사람은 공정한 도박에는 참여하지 않는다는 것을 이미 보았습니다. 공정한 도박과 비슷한 방식으로 **공정한 보험** (fair insurance)을 정의할 수 있습니다. 공정한 보험이란 보험료와 (기대)보험금이 일치하는 상품을 말합니다.

(24.10) $\pi = p\Pi$ [공정한 보험]

보험을 판매하는 보험회사의 입장에서 공정한 보험을 충분히 많은 고객들에게 판매한다면 (그리고 각 고객이 '사태'를 겪을 확률이 서로 독립적이라면) 기대되는 이윤은 0 입니다. 보험회사는 모든 고객들로부터 π의 수입을 벌어들이는 반면, 고객들 중에서 p만큼의 사람들에게 사태가 발생하면 그들에게 보험금 Π를 지급합니다. 따라서 $\pi = p\Pi$이면 보험회사의 기대이윤은 0 입니다.

식 (24.9)의 보험구입 이후 재산에 공정한 보험 조건을 대입하면 $E[\ell'] = w - pL$로 보험구입 이전의 기대 재산과 동일함을 할 수 있습니다. 공정한 보험을 구입할 때 확률적 기대치로 볼 때 고객의 재산에는 변동이 없습니다. 그렇다면 무엇이 달라졌을까요?

공정한 보험이라면 보험료 π는 보험금 Π에 사태 발생확률 $p < 1$를 곱한 것이므로, 보험료가 보험금보다 적은 금액입니다($\pi < \Pi$). 즉 사태 발생시에는 보험을 가입하지 않은 상황보다는 보험금과 보험료의 차액 $\Pi - \pi$만큼 재산이 늘어납니다. 따라서 공정한 보험을 구입한 고객의 재산 상태를 정리해보면

	보험구입 이전	(공정한) 보험구입 이후	비교
사태 발생	$w - L$	$w - L + (\Pi - \pi)$	$(\Pi - \pi)$만큼 증가
사태 발생 않음	w	$w - \pi$	π만큼 감소
기대재산	$w - pL$	$w - pL$	변화 없음

가 되어 기대 재산에는 변동이 없지만, 사태 발생 여부에 따른 재산의 변동폭은 감소함을 알 수 있습니다. 그렇다면 위험기피적인 고객의 경우 공정한 보험 구입 이후의 기대효용이 증가합니다. 그림 24.5에 설명이 나와 있습니다. 보험구입 이전의 상황은 A 또는 B가 나오는 복권에 직면한 것으로 기대상금이 $E[\ell]$라고 할 때 기대효용은 점 C의 높이입니다.

공정한 보험에 가입하는 경우 아무 일 없을 때의 재산은 B′로 감소하지만 대신 사태 발생시 재산은 A′로 늘어납니다. 보험가입 이후 기대효용은 점 C′의 높이인 $E[u(\ell')]$이고 그림에서 보듯이 이전보다 높아졌습니다.[3]

3 $E[\ell]$의 위치가 $w - L$과 w의 중간쯤인 것으로 보아 사태발생 확률 p가 0.5쯤임을 알 수 있습니다. 정확한 확률 값을 모르더라도 간단한 도형 비례의 원리에 따라, $w - L$에서 $E[\ell]$ 거리와 $E[\ell]$에서 w 거리의 비율은 AC와 BC의 비율과 같아야 하므로 기대상금 위치에서

그림 24.5 위험기피적인 고객과 공정한 보험

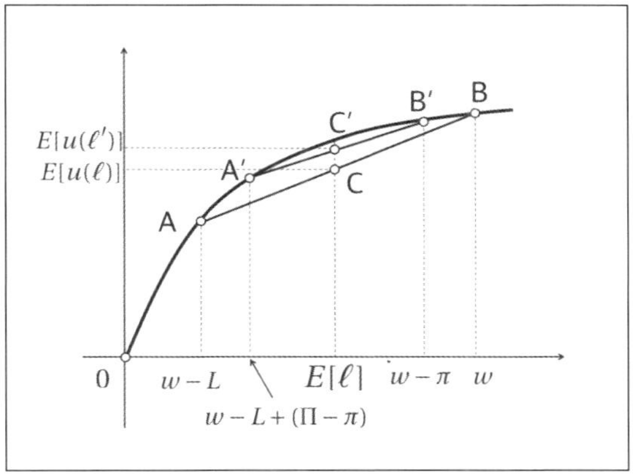

예 24.4

어떤 사람의 재산이 $w=1$억 원인데, $p=50\%$ 확률로 $L=8$천만 원의 손해가 발생해서 $w-L=2$천만 원으로 떨어질 가능성이 있습니다. 이 사람의 재산은 확률적 기대치로 볼 때 $E[\ell]=6$천만 원입니다.

손해에 대비한 보험상품이 다음과 같이 설계되었습니다. 손해 발생시 손해액을 전부 보상해줍니다. 즉, $\Pi=L=8$천만 원입니다. 공정한 보험이 되려면 보험료는 $p\Pi=0.5\times 8=4$천만 원이어야 합니다. 이 상품에 가입하면, 아무 일이 없을 때는 재산 1억 원 중 4천만 원의 보험료를 내서 6천만 원이 남고, 손해가 나는 경우 2천만 원에 보험금 8천만 원을 받지만 보험료 4천만 원도 내야 하므로 결과적으로 6천만 원이 남습니다. 즉, 손해가 발생하든 안하든 6천만 원의 재산을 보장받는 것입니다. 이 6천만 원은 원래 기대소득입니다. 다시 말해서 $\Pi=L$로 손해액을 전부 보상해주면서 $\pi=p\Pi$로 공정한 보험료가 책정된 경우, 소비자는 기대소득 $E[\ell]$을 위험없이 보장받는 것입니다. 그림에서 $u(A)=50$, $u(B)=100$이므로 두 값의 평균인 기대효용은 점 C에서

$$u(C)=0.5u(A)+0.5u(B)=75$$

입니다. 6천만 원을 확실히 받을 경우의 효용은 C′로 C보다 높은 80의 값을 가집니다. 위험기피적인 이 사람은 불확실한 6천만 원보다는 확실한 6천만 원을 좋아하므로, 공정한 보험에 기꺼이 가입합니다.

수직으로 올린 선과 선분 AB가 만나는 C에서 기대효용이 결정됩니다. 또한 보험가입 이후의 기대상금은 $E[\ell']=E[\ell]$로 예전과 동일하므로 기대효용도 마찬가지로 같은 수직선 위에서 점 C′로 찾을 수 있습니다.

그림 24.6 예 24.4 공정한 전액보상 보험

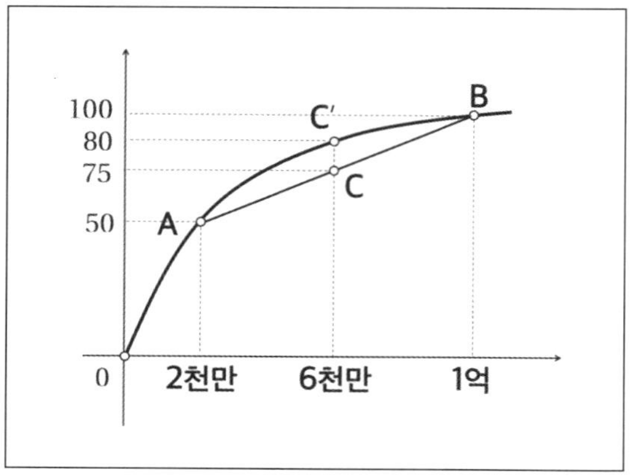

위험기피적인 사람은 공정하지 않은 보험에도 가입할 수 있다

위험기피적인 사람은 공정한 도박을 하지 않고 따라서 당연히 (자신에게 불리한) 불공정한 도박도 하지 않습니다. 한편 위험애호적인 사람은 공정한 도박은 당연히 할뿐 아니라, 불공정한 도박도 심하게 불리하지 않다면 합니다.

한편 보험의 경우 정반대가 됩니다. 즉 위험애호적인 사람은 공정한 보험 따위에는 가입하지 않습니다. (그림을 그려서 이 사실을 증명해보세요.) 자신에게 불리한 보험이라면 말할 것도 없겠지요. 하지만 위험기피적인 사람은 공정한 보험에 가입할뿐 아니라, 조금 불리한 불공정한 보험도 가입할 의사가 있습니다. 위험을 기피하기 위해서이죠. 여기서 불공정한 보험은 보험료가 기대보험금보다 더 높은 경우 즉 $\pi > p\Pi$를 말합니다.

그렇다면 어느 정도 불리함을 감수하면서 보험에 가입할까요? 여기에 **현금환산가치** 및 **위험프리미엄**의 개념이 사용됩니다. 앞의 예를 이어서 보겠습니다.

예 24.5

앞 예의 상황을 계속 봅니다. 이번에는 공정한 보험 대신 소비자에게 좀 불리한 보험을 고려합니다. 손해가 발생했을 때 손해액을 전부 보험금으로 보상해주는 것은 마찬가지입니다. 즉 여전히 $\Pi = L = 8$천만 원입니다.

하지만 이제 보험료 π가 공정한 수준인 4천만 원보다 2천만 원 더 비싼 6천만 원입니다. 손해가 없을 경우에는 1억 원에서 보험료를 내고 4천만 원이 남을 것이고, 손해가 났을 경우에는 2천만 원에서 8천만 원 보상을 받고 보험료 6천만 원을 내니 또 4천만 원이 남습니다.

즉 공정한 보험에서는 원래 기대재산인 6천만 원을 보장해주었는데, 이번 보험에서는 2천만 원이 모자라는 4천만 원밖에 보장해주지 않습니다. 그림 24.7을 보면 그럼에도 불구하고 소비자는 이 보험의 가입을 고려할 것입니다. 보험가입 이전의 기대효용과 보험가입 이후의 (확실한) 효용이 동일하기 때문입니다. 즉, 이 불공정 보험에서 보장해주는 4천만 원은 바로 이 소비자가 현재 상태를 평가하는 현금환산가치(CE)이고, 공정보험료에 웃돈으로 얹은 2천만 원은 이 사람이 위험에 부여하는 위험프리미엄(RP)입니다.

만약 보험료가 6천만 원보다 조금 더 싸다면 이 사람은 당연히 가입할 것입니다. 한편 6천만 원보다 비싸지면 이제는 가입하지 않을 것입니다. 즉, 위험기피적 소비자가 감당할 최대의 보험료는 공정보험료에 그의 위험프리미엄을 더한 액수입니다.

그림 24.7 예 24.5 불공정한 전액보상보험

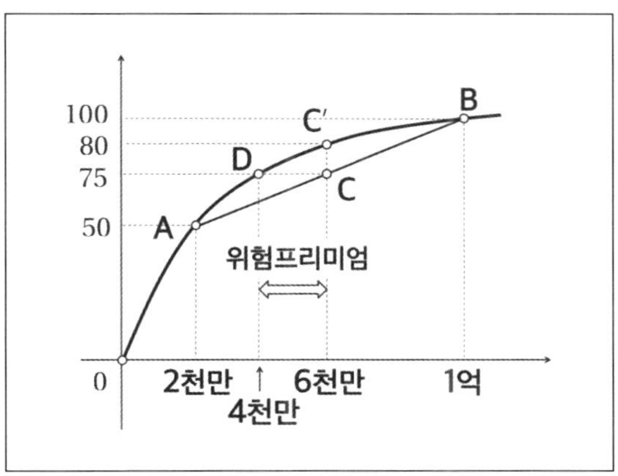

더 생 각 해 보 기

보험에 대한 몇 가지 이야기들 (재태크 기본 교실?)

보험의 기본 구조 및 위험기피적 소비자가 보험을 구입하는 원리를 간단한 모형을 통해 소개했습니다. 보험시장은 현실 경제에서도 상당히 중요하고, 우리가 개인적으로 살면서도 이런 저런 보험에 가입할 일도 있는데 여기서 다룬 모형은 현실에 직접 적용하기에는 무리가 있습니다. 그럼에도 불구하고 보험의 잠재적 고객 입장에서 몇 가지 시사점은 있습니다.

- 보험은 금전적인 손해만 보상해줄 수 있습니다. 보험을 가입했다는 사실이 "마음의 안정과 평화"를 줄 수는 있겠지만 보험 자체가 줄 수 있는 것은 돈뿐이므로 가입 여부 결정은 금전적인 관점에서 냉정할 필요가 있습니다.
- 따라서 자신의 삶에서 중요한 금전적 손해 가능성에 대해 보험 가입을 고려해야 합니다. 예컨대 운전을 하지 않는 사람이 운전자보험에 가입하는 것은 어리석겠지요. 마찬가지로 부양가족이 없는 사람이 생명보험에 가입하는 것도 큰 의미는 없습니다. 생명보험은 (당사자가 보험금을 받을 수 없으므로) 그 사람이 사망하고 나서 가족들의 소득원이 끊어지는 경우에 대비한 것입니다. 상당수 보험상품이 (예를 들면 어린이보험 같은 경우에도) 생명보험을 기반으로 설계되어 있기 때문에 주의할 필요가 있습니다. 생명보험 다음으로 중요한 것은 암을 포함한 주요 질병에 대비한 보험이겠지요. 이때도 자신이 위험에 노출되어 있는 질병을 위주로 고민해 가입하는 것이 좋을 것입니다.
- 보험료는 위험을 기피하고 일정한 수준의 소득이나 재산을 보장받기 위해서 지불하는 가격입니다. 보험에 가입한다면 아무 일도 안 생겼을 때 보험료를 아까와하지 않는 게 좋습니다. 특히 보험만기 후 돌려받는 환급금에 너무 관심갖지 않는 것이 좋습니다. 환급금은 보험회사가 갖고 있다가 그냥 돌려주는 것인데 저축은 은행에서 하면 됩니다. 환급금 안 받는 대신 지금 내는 보험료가 싼 게 차라리 더 나은 것이죠.
- 보험이 가치를 갖는 근본적인 이유는 소득이나 재산의 '변동폭'을 줄여주어 위험을 낮추기 때문입니다. 좀 더 일반적으로 (위험기피적인 사람의) 합리적인 돈 관리 원칙은 금액이 들쑥날쑥하지 않게 변동폭을 줄이는 것, 즉 '평준화(smoothing)'입니다. 기대수명이 길어지면서 은퇴 후에 대한 대비도 중요해지고 있습니다. 미리 저축한 돈으로 은퇴 후 일정하게 받는 연금도 보험과 비슷한 역할을 합니다. 사고가 나는 경우와 안 나는 경우 사이의 재산 변동폭을 줄이는 것이 보험이라면, 돈 버는 시절과 은퇴 이후 시절 사이의 재산 변동폭을 줄이는 것이 연금입니다.
- 여러분의 인생 여정을 놓고 나름 설계를 해볼 필요가 있겠지요. 부모님으로부터 도움받는 가능성을 배제하고, 대학생 시절부터 은퇴 후까지 스스로 힘으로 안전하게 살고자 한다고 합시다. 괜찮은 직장을 잡아서 중년까지는 점차 소득이 오를 것으로 기대가 된다면, 그 이전의 더 젊은 시절에는 조금 과감하게 부채를 지더라도 자신의 미래를 위한 준비에 투자하고 또 현재를 즐기는 것도 나쁜 생각이 아닙니다. 직장 생활이 어느 정도 궤도에 오른다면 주요 보험과 연금을 가입해서 만일의 경우 및 은퇴 후를 대비하는 것도 기본입니다. 무조건 소득을 평준화하는 것이 목표일 수는 없고, 충분히 예상할 수 있는 주요 지출항목(진학, 결혼, 주택 등등)을 반영해야합니다.

보험 모형의 주요 가정들

우리가 공부한 간단한 보험 모형에서 주목해야 하는 가정이 몇 가지 있습니다.

가정 24.1 사태의 발생 확률 p는 소비자에게 외생변수이다.

위의 모형에서 기대재산을 계산할 때나 기대효용을 계산할 때 우리는 p를 고정된 상수로 취급했습니다. 하지만 보험과 관련된 상황에서 많은 경우에는 사태가 발생할 확률 p가 소비자의 행동에 따라 달라질 수 있습니다. 자동차 사고가 날 확률은 소비자가 평소에 차를 잘 관리하고 운전할 때 조심하는지에 따라 달라집니다. 질병에 걸릴 확률도 소비자가 건강관리를 어떻게 하는지, 술담배를 멀리 하고 규칙적으로 운동을 하는지에 따라 달라집니다.

이렇게 사태 발생 확률 p가 소비자의 행동에 따라 달라지는 내생변수라면 (보험회사의 입장에서) 보험상품의 설계에 심각한 문제가 발생합니다. 소비자가 불행한 사태가 발생하지 않도록 평소에 노력하는 행위에는 나름의 비용이 듭니다. 보험에 가입하지 않았다면, 합리적 소비자는 스스로를 위해서 알아서 최선의 예방 노력을 할 것입니다. 하지만 보험에 가입한 후에는, 예전보다는 예방 노력을 줄이는 것이 (소비자의 입장에서) 합리적입니다.

특히 손해 금액을 모두 보상해주는 보험상품이 있다면 (그것이 공정하든 아니든 간에) 보험가입 고객의 최종 재산이 고정됩니다. 즉 사고가 나지 않으면 $w-\pi$이고, 사고가 나면 $w-L-\pi+\Pi$에서 $\Pi=L$이므로 역시 $w-\pi$가 보장됩니다. 사고 예방 노력이 e이고 사고 확률은 $p(e)$, 예방 노력에 드는 비용이 $C(e)$라면 전액보상 보험에 가입한 소비자의 기대효용은

$$p(e)u(w-L)+(1-p(e))u(w-L)-C(e)=u(w-L)-C(e)$$

이 되는데, 노력 e를 아무리 많이 한들 비용만 들지 최종재산에 영향이 없습니다. 따라서 $e=0$를 택하는 것이 (소비자에게) 합리적입니다.

그런데 사고 시에 보상을 해주어야 하는 보험회사 입장에서는 난처한 일이지요.

그래서 보험회사는 이런 현상을 가리켜서 보험 고객이 제시하는 **도덕적위해**(**모럴 해저드**, moral hazard)라고 부릅니다. (‘모럴 해저드’를 보통 ‘도덕적 해이’라고 번역하는데 이것은 문제가 많은 번역입니다.[4]) 학문적으로 **도덕적위해** 상황이려면 소비자의 노력 e를 보험회사가 관찰할 수 없거나, 관찰하더라도 객관적으로 증명할 수 없어야 합니다. 만약 나중에라도 노력 여부를 검증해서 보험금 지급을 거부할 수 있다면 소비자도 알아서 노력을 하게 될테니 문제가 없습니다.

현실에서 이런 도덕적위해를 극복하기 위해서 보험회사는 다양한 조치를 취합니다. 소비자의 예방 노력을 장려하기 위해서 다양한 캠페인도 벌이고[5] 객관적으로 검증가능한 노력 행위에 대해서는 보상도 합니다. 자동차를 정기적으로 수리하도록 상품권을 지급하고, 차에 에어백이나 블랙박스 같은 안전장치를 달면 보험료를 깎아주기도 하고, 자동차 주행거리에 따라서 보험료를 변동시키기도 합니다. (주행거리가 짧을수록 사고 위험은 줄어들지요.)

좀 더 의미있는 조치는 손해의 전액을 보상하지 않는 것입니다. 고객의 ‘자기 부담금’이라는 것이 있어서, 사고에 대해 보험금을 받고자 할 경우 적어도 일부 금액은 소비자가 직접 부담하도록 합니다. 심지어 자기 부담금 비율을 높이면 보험료를 깎아줍니다. 자기 부담이 높을수록 소비자는 사고 예방을 위해서 노력을 하게 되니까요. 국가가 운영하는 건강보험에서도 소액의 진료비는 소비자가 직접 부담하도록 해야, 별 거 아닌 일로 병원에 가는 일을 막을 수 있습니다.[6]

가정 24.2 보험회사는 개별 고객의 사태의 발생 확률 p를 관찰할 수 있다.

이것도 심각한 가정입니다. 개별 고객이 아니라 집단적인 혹은 평균적인 사고 발생 확률을 아는 것은 그리 어려운 일이 아닙니다. 실제로 보험회사는 이런 통계를

---

4 hazard라는 단어에는 ‘해이’라는 뜻이 없습니다. 이 단어의 뜻은 ‘매우 주의해야 하는 위험한 것’에 가깝습니다. 보험회사 입장에서 고객들이 최선의 노력을 하지 않는 것이 아쉽다고 느낄 수는 있지만 이것은 보험회사가 감수하고 조심해야 하는 것이지, 소비자에게 노력에 대한 도덕적 의무가 있는 것은 아닙니다. 또한 moral이라는 단어도 협소하게는 윤리, 도덕을 뜻하지만 좀 더 넓게는 각 사람마다 다른 주관적 가치를 의미할 수도 있습니다. (베르눌리가 효용을 도덕적 가치(moral value)라고 부른 것처럼)

5 보험회사들이 만드는 공익광고는 단지 회사 이미지 관리를 위한 것만은 아닙니다

6 국가 건강보험의 자기 부담금을 대신 보장해주는 민간 보험을 판매하려는 시도가 한 때 있었습니다. 소비자 개인의 입장에서는 반갑겠지만, 사회적으로는 우려가 되는 시도입니다. 민간 보험회사가 국민들을 부추겨서 국가의 건강보험 재정을 ‘도덕적위해’에 빠뜨리려는 것이니까요.

수집하고 분석하는 일에 많은 노력을 기울입니다. 만약 소비자들이 모든 평균과 비슷한 사고 발생 확률을 가진다면 큰 문제가 아니지만, 실제로는 사람들은 다양하고 각자 개별적인 상황에 따라서 사고 발생 확률이 각자 다를 수 있습니다.

문제는, 보험회사가 고객들의 개별적인 차이를 무시하고 평균적 확률치에 의존해서 상품을 설계한다면 **불량선발**(adverse selection)의 가능성이 있다는 것입니다. (이번에도 널리 쓰이는 번역어인 '역선택'은 문제가 있습니다.[7]) 불량선발이란 보험회사가 원하는 좋은 종류의 고객(즉 사고 확률이 낮은 고객)은 오지 않고, 기피하고 싶은 나쁜 종류의 고객(사고 확률이 높은 고객)이 주로 가입하러 몰려온다는 것입니다. (나쁜 화폐가 좋은 화폐를 몰아낸다는 그레샴의 법칙과도 비슷한 상황입니다.)

보험회사가 이 문제를 해결하는 방식도 다양합니다. 우선 최대한 법적으로, 정서적으로 허용이 되는 수준에서 고객 집단을 세분화하여 사고 확률을 각각 측정하고 그에 맞춘 보험료를 부과합니다. 예를 들면, 성별, 연령별, 지역별로 보험료가 달라집니다. 또한 고객 스스로가 먼저 자신의 사고 확률에 대한 정보를 밝힐 수 있도록 유인을 제공합니다. 특히 사고확률이 낮은 좋은 고객들에게 그런 유인이 제대로 제공되어야 합니다. 이런 내용을 다루는 모형을 다루기 위해서는, 이 책에서 소개한 것보다 좀 더 깊이 있게 게임이론과 정보경제학을 공부할 필요가 있습니다.[8]

한편 민간 보험회사가 개별적으로 해결하기 곤란할 정도로 불량선발 문제가 심각한 경우, 국가는 법적으로 참여를 강제하거나 아예 직접 보험업무를 담당하는 **사회보험**(social insurance)의 형태를 취할 수도 있습니다. 자동차 소유자에게 의무적으로 자동차보험을 가입하게 하는 것이 전자라면, 국민건강보험 같은 경우는 후자입니다. 실업보험이나 퇴직연금도 비슷한 이유에서 반강제적으로 시행됩니다.

도덕적위해와 불량선발의 문제는 보험업에만 국한되는 문제가 아닙니다. 비슷한 상황이 우리 주변의 다양한 분야에서 폭넓게 발견됩니다. 노동시장에서의 고용과

---

7 selection은 적극적이고 의도적인 선택(choice)과는 조금 다른 의미를 가집니다. 보험회사는 가만히 있는데 회사로 몰려오는 고객들이 마치 누군가가 미리 선발된듯 제시되는 것이죠. adverse도 단순히 반대 방향(역)이라기보다는 '반갑지 않은', '달갑지 않은', '불리한'의 의미입니다.

8 불완비정보 및 신호보내기 게임, 선별, 자기(self)선발 등에 대한 공부가 필요합니다.

작업 관리, 신용시장에서의 부채 계약과 신용할당 등이 대표적 예입니다. 이런 내용 역시 미시경제이론의 심화 분야인 정보경제학에서 다루어집니다.

24.3 위험에 대한 대응 전략 (2) 분산투자

위험을 기피하는 태도가 보험으로 연결되는 것은 당연해 보입니다. 그렇다면 주식과 같은 위험한 자산에 대한 투자는 도박과 비슷하다고 할 수 있는데 위험애호적인 사람들만 참여하는 것일까요? 이 절에서는 위험기피적인 사람이 위험한 투자에 참여할 때는 어떤 식으로 행동하는지를 알아보겠습니다.

보험은 자신이 이미 갖고 있는 복권을 확실하게 보장된 대안으로 교환하는 행위입니다. 반대로 위험자산 투자는 현재 확실하게 보장된 안전자산(현금)을 포기하는 대신 더 큰 수익의 가능성을 기대하며 복권을 구입하는 행위입니다. 투자하는 개인의 입장에서 볼 때는 위험자산 투자나 복권을 구입하는 것이나 도박에 참여하는 것 사이에 별 차이가 없습니다.

위험기피적이어도 투자할 수 있다

위험기피적인 사람은 공정한 도박에 참여하지 않는다는 것을 보았습니다. 따라서 투자의 경우에도, '공정한 투자'는 참여하지 않을 것입니다. 공정한 투자라는 것은 투자로부터 기대되는 수익이 투자한 금액과 일치하는 것, 즉 순수익의 기대치가 0인 투자를 말합니다.

위험기피적인 사람이 위험한 투자를 결코 안 하는 것은 아닙니다. 자신에게 유리하도록 불공정한 투자, 즉 기대 수익이 투자 금액보다 커서 순수익의 기대치가 0보다 큰 경우에는 투자할 수도 있습니다. 간단한 예제를 통해 알아보겠습니다.

예제 24.1

투자를 고민 중인 신중해 학생의 효용함수가 그림 24.8과 같다. 학생은 100만 원을 갖고 있으며, '이화전자' 주식에 40만 원을 투자할 수 있다.

(1) 회사가 추진 중인 신제품 프로젝트의 성공 가능성이 50%이다. 성공 시 회사 주식의 값은 2배가 되고, 실패할 경우 회사가 망해 주식 가치는 0이 될 것으로 예상된다. 학생은 이 주식에 투자할까?

(2) 이화전자가 추진 중인 프로젝트의 성공 가능성이 몇 % 이상이면 신중해 학생이 투자할까?

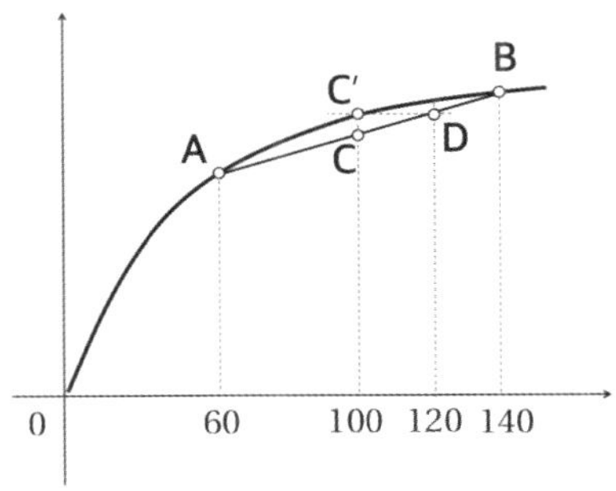

그림 24.8 예 24.6

풀이 (1) 투자하지 않으면 현재 가진 100만 원에 대응되는 효용은 점 C′입니다. 한편 40만 원을 이화전자 주식에 투자할 경우, 만약 성공하면 40만 원이 2배인 80만 원이 되고 투자하지 않은 잔금 60만 원과 합해 최종 자금은 140만 원이 됩니다. 즉 점 B에 도달합니다. 하지만 실패하면 40만 원은 날리고 잔금 60만 원만 갖게 되어 점 A가 됩니다. 두 경우의 확률이 각각 50%이므로 투자시 기대되는 잔금은 투자 이전과 마찬가지인 100만 원입니다. 즉 이 투자기회는 공정합니다. 투자시 학생의 기대효용은 점 A와 점 B 사이의 중간점인 C입니다. 투자하지 않을 때인 C′보다 기대효용이 낮습니다. 따라서 투자하지 않습니다. 위험기피적인 사람은 (겨우) 공정한 투자에는 참여하지 않습니다.

(2) 투자하기 이전의 현재 상태인 C′과 효용이 같은 점을 A와 B를 연결한 선분 위에서 찾으면 D입니다. 즉 투자 후 기대되는 금액이 점 D에 대응되는 120만 원이면 투자하는 것과 하지 않는 것 사이에 무차별합니다. 성공확률이 p일 때 기대되는 금액은 $140p+60(1-p)=80p+60$이고 이 값이 120이 되려면 $p=\frac{3}{4}$입니다. 즉 프로젝트의 성공확률이 적어도 75%이거나 그 이상이면 투자해서 현재보다 낮지 않은 기대효용을 얻을 수 있습니다. 위험기피적인 사람도 기대수익이 충분히 높으면 위험 자산에 투자합니다.

독립적인 자산들에 분산투자하면 기대효용이 더욱 상승

위험기피적인 사람은 동일한 기대수익이면 위험이 낮은 것을 선호합니다. 위험을 낮추는 한 방법은 '헤징(hedging)', 성공 가능성이 서로 반대인 주식들을 섞는 것입니다. A가 성공하면 B가 실패하고, 반대로 B가 성공하면 A가 실패할 것으로 예상되는 경우 A와 B에 섞어 투자하면 '위험'은 제거할 수 있습니다.

문제는 항상 둘 중 하나는 성공하고 하나는 실패하므로, 수익도 별로 없다는 것이지요. 옛날 이야기에 나막신 장수인 아들과 짚신 장수인 아들을 둔 어머니가 비가 와도 걱정, 비가 안 와도 걱정하는 것이 있죠. 두 아들의 장사 전망이 날씨에 따라 정확하게 서로 반대되기 때문에 늘 하나는 잘 되고 하나는 잘 안 되어서 언제나 중간을 확실히 가는 것입니다.

확률통계학 개념을 사용하자면 위험 자산은 각자 성공과 실패의 확률을 가진 확률변수인데, 이들의 성공 가능성이 음(–)의 상관관계를 가진다면 위험(수입의 변동폭)은 감소합니다. 하지만 위험기피적 투자자의 목표는 단지 위험을 감소시키는 것이 아니라, 수익을 높이 내는 것입니다. 같은 위험이면 기대 수익이 높게, 같은 수익이면 위험을 낮게 만드는 방법이 없을까요?

한 가지 방법이 투자의 **분산**(diversification)입니다. **분산투자**란 음의 상관관계를 갖는 것이 아니라, 성공 가능성이 서로 **독립적**(independent)인 위험자산 여러 개에 동시에 투자하는 것을 말합니다. 그렇게 하는 것이 왜 위험을 낮추는지 역시 예제로 알아보겠습니다.

예제 24.2

앞의 신중해 학생이 전문가를 만났다. 전문가는 '이화전자'의 프로젝트 성공가능성이 75%라고 진단했다. 여전히 신중해 학생이 투자를 망설이자, 이번에는 '이화전자'와는 전혀 다른 업종의 회사인 '화이예술'에 대해 소개해주었다. 화이예술도 신개념 상품을 준비 중이며, 역시 성공 가능성이 75%이고 성공시 주가가 2배, 실패시 0이 된다고 한다. 즉 이화전자 주식과 화이예술 주식은 사실상 동일하다. 전문가는 두 회사의 성공 여부는 서로 상관관계가 전혀 없다고 강조했다. 전문가는 신중해 학생의 투자 자금 40만 원을 20만 원은 이화전자에, 20만 원은 화이예술에 투자하라고 권유했다. (전문가의 성공 가능성 진단이 옳다는 가정 하에) 신중해 학생은 이 권유를 받아들이는 것이 옳은가?

풀이 전문가의 예상이 옳다는 가정 하에, 두 회사의 주식이 각각 성공하거나 실패하는 가능성을 보면 모두 4가지의 경우가 있습니다. 두 주식의 성공과 실패는 서로 독립적이므로 각 경우가 일어날 확률은 다음과 같이 계산됩니다. 20만 원씩을 나누어 두 주식에 투자할 경우 얻게 되는 수익은

		"화이예술" 성공 $p = 3/4$	"화이예술" 실패 $1-p = 1/4$
"이화전자"	성공 $p = 3/4$	$p^2 = 9/16$	$p(1-p) = 3/16$
	실패 $1-p = 1/4$	$p(1-p) = 3/16$	$(1-p)^2 = 1/16$

(i) 둘 다 성공하면, 투자하지 않은 돈 60 + 투자한 돈의 2배 80 = 140

(ii) 이화전자만 성공하면, 투자하지 않은 돈 60 + 40 (이화전자 투자금 2배) + 0 (화이예술 실패) = 100

(iii) 화이예술만 성공하면, 투자하지 않은 돈 60 + 0 (이화전자 실패) + 0 (화이예술 투자금 2배) = 100

(iv) 둘 다 실패하면, 투자하지 않은 돈 60

이 됩니다. 이화전자에만 투자했다면 성공시 140, 실패시 60이므로 위의 (i)과 (iv)가 3/4, 1/4의 확률로 발생합니다. 두 주식에 절반씩 섞어 투자하는 경우, (i)의 확률과 (iv)의 확률이 줄어들고 대신 (ii)와 (iii)의 가능성이 생깁니다. (ii)와 (iii)은 결과적으로는 동일한 기대수익을 줍니다(원금 100만 원을 회복). 기대수익의 관점에서만 보면 달라진 것이 없습니다. 최상의 경우와 최악의 경우의 확률을 각각 낮추는 대신 원금을 유지하는 중간 경우가 생겼습니다.

이화전자에만 투자했을 때의 기대효용은

$$\frac{3}{4}u(140) + \frac{1}{4}u(60) \tag{24.11}$$ [단일투자]

인데 이화전자와 화이예술에 분산투자할 대 기대효용은

$$\frac{9}{16}u(140) + \frac{6}{16}u(100) + \frac{1}{16}u(60) \tag{24.12}$$ [분산투자]

입니다. 구체적인 계산을 위해서 $u(60) = 80$, $u(140) = 120$이라고 허봅시다. 그림 24.9 입니다. 이화전자 주식 하나에만 투자하는 경우의 기대효용인 점 D의 높이는 식 (24.11)에 이 값들을 대입해서

$$\frac{3}{4} \times 120 + \frac{1}{4} \times 80 = 110 \tag{24.13}$$ [단일투자]

입니다. 그런데 그림에서 점 C′와 D의 높이가 같습니다. C′점의 높이가 $u(100)$이므로 $u(100) = 110$인 것입니다. 이 값을 (24.12)에 대입하면

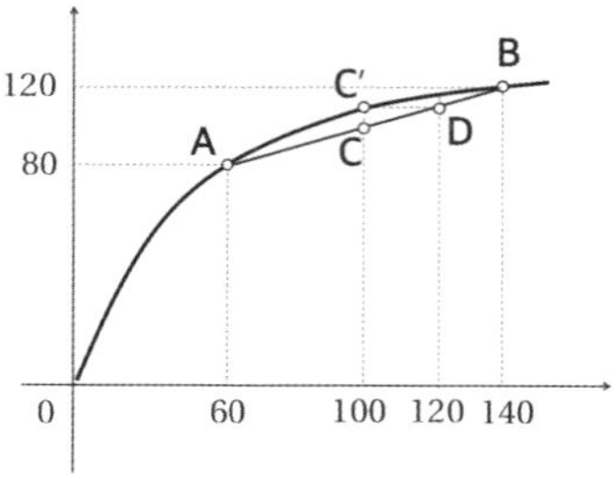

그림 24.9 예 24.2

$$\frac{9}{16} \times 120 + \frac{6}{16} \times 110 + \frac{1}{16} \times 80 = 113\frac{3}{4} \quad (24.14) \quad \text{[분산투자]}$$

로 단일투자 시보다 기대효용이 높습니다. 투자하는 것이 합리적입니다.

더 생 각 해 보 기

분산투자의 기대효용을 그림 상에서 어떻게 찾을 수 있을까요? 단일투자 시의 기대효용은 그림 24.10(a)입니다. 신중해 학생의 효용함수 중에서 관련 부분을 떼어 확대했습니다. 이화전자에만 투자해서 성공하면 점 B의 $u(140)$이고, 실패하면 점 A의 $u(60)$입니다. 성공가능성이 $p = 3/4$이므로 점 A와 점 B의 높이를 가중평균하되 A에 1, B에 3의 가중치를 둡니다. 그림에서 A와 B 사이의 선분을 4등분한 후 B쪽으로 가깝게 3:1로 나누면 됩니다. 이 점의 위치가 D입니다. C'과 높이가 같아서 이 투자에 대해서는 무차별합니다.

분산투자시 기대효용을 찾는 첫 단계가 (b)입니다. 두 주식 중 하나인 이화전자가 성공했다고 해봅시다. 이때 화이예술도 성공하면 점 B를 얻고, 화이예술이 실패하면 점 C'을 얻습니다. 이 가능성은 3:1이므로 역시 B와 C' 사이를 3:1로 나눈 점 D_1이 이때의 기대효용입니다. 만약 이화전자가 실패했다면, 화이예술의 성공 여부에 따라 C' 또는 A를 얻게 됩니다. 3:1의 상대적 확률로 이때 기대효용을 구하면 D_2입니다.

(c)를 보면 D_1이 나오기 위해 이화전자가 성공했어야 하고, D_2가 나오려면 이화전자가 실패했어야 하는데 가능성이 3:1입니다. 즉 D_1과 D_2를 3:1 비율로 나눈 점 E가 최종 기대효용입니다. 점 E는 C'보다 높습니다. 분산투자로 기대효용이 상승했습니다.

그림 24.10 그림에서 찾는 분산투자의 기대효용

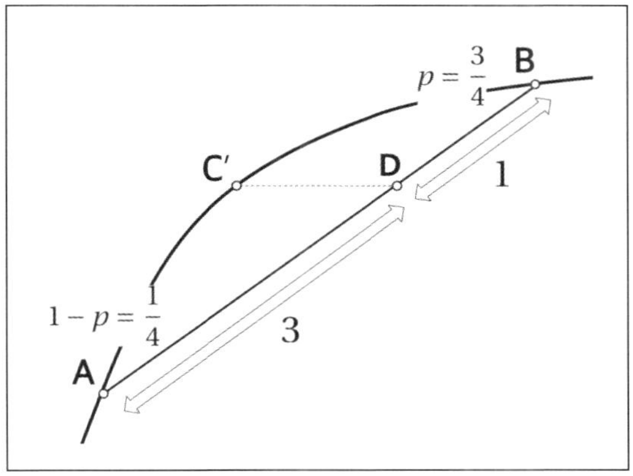

(a) D = 단일투자의 기대효용

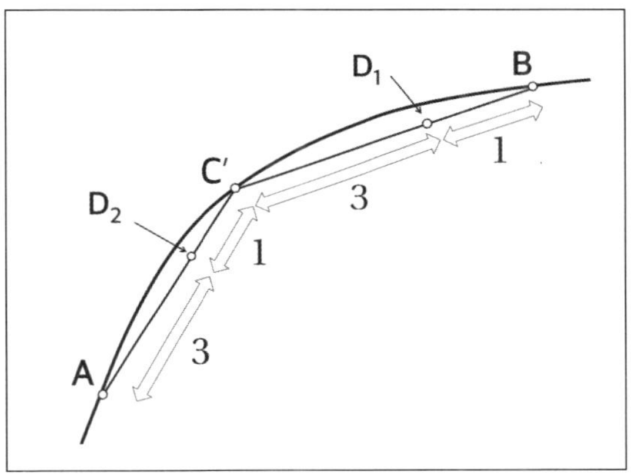

(b) D_1 = 한 주식 성공, D_2 = 한 주식 실패시 기대효용

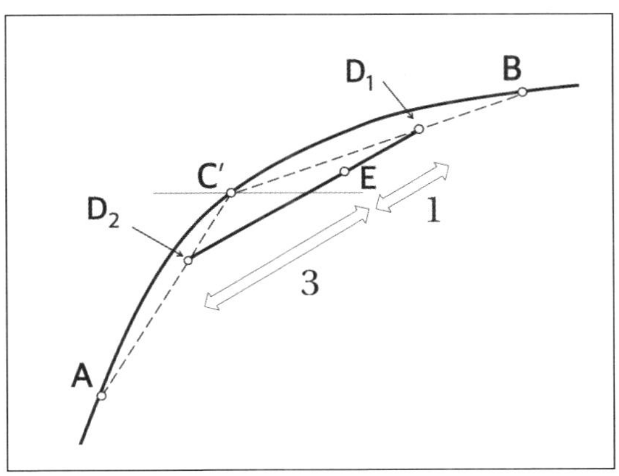

(c) E = 분산투자의 기대효용

연습문제

아래 등장하는 사람들은 모두 기대효용이론에 따른 선호를 가진다고 가정합니다.

문제 24.1 효용함수가 $U(w)=\sqrt{w}$인 사람이 가진 돈이 0원이다. (w는 1만 원 단위의 금액) 당첨확률 50%에 상금 100만 원인 복권에 대해 이 사람의 현금환산 가치는 얼마인지 설명하고, 그가 이 복권에 부여하는 위험 프리미엄을 계산하시오.

문제 24.2 성적 A, B, C, F의 환산점수(g)가 A = 100, B = 81, C = 64, F = 0이다. '경수'와 '미경이'는 높은 점수를 선호하며, 두 사람 다 $u(A)=10$, $u(F)=0$이다. 경수는 위험중립적이고, 미경이의 효용함수는 $u(g)=\sqrt{g}$이다.

(1) 미경이는 현재 A의 확률 1/3, B의 확률 1/3, C의 확률 1/3이라고 생각한다. 이 상황에 미경이가 평가하는 위험 프리미엄을 환산점수로 표현하면 몇 점인가?

(2) 만약 경수가 같은 상황이었다면 경수의 위험 프리미엄은 몇 점이겠는가?

문제 24.3 $U(w)=\sqrt{w}$의 효용함수를 가진 사람의 이 사람의 연봉이 9천만 원($w=9$)이다. (w는 1천만 원 단위의 소득) 하지만 1/2의 확률로 해고당할 가능성이 있다. 해고시 퇴직금 등 소득은 1천만 원이다. 즉 해고시 손해는 $L=8$이다.

(1) 현 상태에서 이 사람의 기대소득과 기대효용을 계산하시오.

(2) 절대 해고하지 않는 조건으로 좀 더 낮은 연봉을 제시하는 다른 회사가 있다면, 이 사람은 그 연봉이 얼마 이상일 때 다른 회사로 이직하겠는가?

(3) 어쩔 수 없이 현재 회사에 근무해야 하는 상황이다. 다만 실업에 대비한 보험 상품이 출시되었다. 이 상품은 일정한 소득을 보장하며, 보험시장이 완전경쟁이어서 공정한 보험료가 책정되었다. 보험가입시 이 사람이 얻는 효용은 얼마인가?

문제 24.4 가능한 결과들이 사과와 귤의 소비량들이다. 사과의 양을 x_1, 귤의 양을 x_2라고 할 때 효용함수가 $u(x_1,x_2)=\sqrt{x_1+x_2}$이면, 복권 $\ell=[(1,1),0.5;(0,0),0.5]$에 대해 현금환산 가치(CE)를 도출하고 그 의미를 설명하시오.

문제 24.5 나홀로 양은 해외 배낭여행을 가려고 한다. 나 양은 가능한 한 오래 여행을 하고 싶어하며 효용함수는 여행기간이 y일일 때 $u(y)=\sqrt{y}$이다.

(1) A 여행사에서 $y=16$일 후 귀국하는 왕복편을 판매한다. 예약 후 추첨을 통해 $y=64$일로 일정을 변경할 수 있으며 이 이벤트 당첨 확률은 75%이다. 이 여행사에서 비행기 표를 살 경우 나 양의 기대 여행기간과 기대 효용을 계산하시오.

(2) B 여행사에서는 같은 가격에 $y = 45$일후 귀국을 100% 보장하는 표를 팔고 있다. 나 양은 (1)의 A 상품과 비교할 때 B 여행사의 상품에 관심을 가질 것인가?

(3) 한편, 나 양을 위해 A 여행사는 해외 현지의 한국식당과 제휴해서 아래와 같은 보험 형식의 아르바이트를 제공할 수 있다고 알려왔다. 나 양이 아래의 계약을 받아들이는 것과 (1)에 제시된 A 여행사 표를 구입하는 것 사이에 무차별하게 되는 a, b의 값을 구하시오.

현지 한국식당이 제안하는 아르바이트 계약

- A 여행사 비행기 표를 구입한 후 64일로 일정 변경에 당첨될 경우, 총 64일의 여행기간 중 a일을 이 식당에서 무료 봉사한다. 나 양은 실제로는 예정대로 64일째에 귀국하지만, 효용함수에 포함되는 '여행기간'은 $y = 64 - a$이다.
- 이벤트에 당첨되지 않아서 16일 귀국 표를 받게 되는 경우, 이 식당에서 b일 후로 귀국을 연기할 수 있는 다른 비행기 표를 무료로 구해준다. 식당에서 일할 필요도 없다. 즉, 이 경우 나 양은 $y = 16 + b$일째에 여행을 마치고 귀국한다.
- 식당은 두 경우에 동일한 여행일수를 보장한다. 즉 $64 - a = 16 + b$이다.

미시경제이론 강의를 마치며

흰 토끼는 안경을 꺼내어 썼다. "어디부터 시작할까요 폐하?"
"시작 부분에서 시작하거라," 왕은 근엄하게 대답했다.
"그리고 계속 읽다가 끝부분에 도착하거든 그때 멈추어라."
- 루이스 캐럴, 『이상한 나라의 앨리스』[1]

어느덧 한 학기 분량의 미시경제이론 강의를 마무리할 때가 되었습니다. 경제학의 첫 과목인 **경제원론**이 경제학이라는 대저택의 정원에서 분위기를 둘러보고 저택 안내도를 읽어본 정도라면, 이 책에서 다룬 **미시경제이론**은 저택의 문을 열고 들어와 로비에서 집 전체를 떠받친 기둥의 아름다운 장식도 살펴보고, 화려한 서재나 거실도 구경하고 심지어 만찬을 준비하는 주방의 모습도 들여다본 정도라 하겠습니다. 여기까지 보고 돌아가더라도 구경 잘 했다고 할 수 있지만 이 저택을 제대로 알았다고 하기는 어렵습니다. 이 집에서 살기 위해 살펴보는 것이라면, 구석구석 만져도 보고 2층 침실도 들어가봐야겠지요.

모형에 기초한 분석의 한계

강의를 시작하며 '모형'이라는 것을 강조했었습니다. 가장 정밀하고 가장 현실을 잘 반영한 지도는 그리고자 하는 대상을 100% 그대로 재현한 것일 텐데, 그것이 가장 좋은 지도는 아닙니다. 예컨대, 서울 지도라고 서울 전체에다가 커다란 천을 덮은 다음에 모든 길과 건물, 산과 지형들이 다 나오도록 본을 뜨면 어떨까요? 매우 '현실적'이지만 제작 비용만 많이 들고 아무 짝에도 쓸모 없는 물건일 것입니다. 게다가 길이 새로 나거나 건물이 하나 없어지거나 세월이 흘러 지형이 변하기라도 하면, 그때마다 고쳐야 할 것입니다.[2]

1 Charles Lutwidge Dodgson (필명 Lewis Carroll), *Alice's Adventures in Wonderland* (1865).

2 보르헤스라는 작가의 「기억의 천재 푸네스」라는 단편소설이 있는데요. (소설의 주제와는 상관없을 수도 있지만 여기 억지로 끌고 오자면) 푸네스라는 사람은 어느 날부터 기억력이 너무 좋아져서 모든 것을 다 기억하는 거에요. 그래서 어제 일어난 일을 모조리 기억하느라 오늘

모형이나 이론이라는 것은 무조건 현실을 그대로 재현하기보다는, 현실을 상당 수준으로 '왜곡'할 때 쓸모가 있습니다. 우리가 공부한 미시경제이론은 모두 모형에 의한 이론적 설명입니다. 보기에 따라서는 신기하게 간단한 설명을 제공하는 마술 같을 수도 있고, 뻔한 내용을 공연히 복잡한 그래프나 수식으로 설명하는 현학적인 내용처럼 보일 수도 있습니다.

모형을 공부함에 있어서 중요한 것은, 첫째 그것이 현실과 상당히 다를 수 있다는 것을 기억하고, 둘째 어떤 점에서 현실과 다를 수 있는지를 주의 깊게 살펴보고, 셋째 우리가 신봉해야 할 절대 진리가 아니라 필요에 따라 사용할 유용한 도구라는 것을 아는 것입니다.

"행복한 개인, 공평한 사회"

경제학의 철학적, 사상적 기초는 '자유로운 개인의 행복 추구'에 대한 긍정이라고 생각합니다. 경제학의 중요한 메시지 하나는 개인들이 자유롭게 자신의 행복을 추구하더라도 사회가 혼란에 빠지지 않고 모두 조화롭게 살 수 있는 방법이 있을 수 있다는 것이지요. 이런 이상적인 상황은 모두가 동등하게 대접받기 때문에 기초적인 의미에서 '공평한 사회'일 수 있습니다. 미시경제이론은 다른 경제학 공부의 기초가 되는 모형과 분석 도구를 공부한 과목이기도 하지만, 사회에 대한 관점도 제시합니다. 이 관점은 비록 하나의 편협한 시각이지만, 세상을 아예 보지 않는 것보다는 색안경이라도 끼고서 세상을 바라보면서 그것을 이해하고 바꾸어보려고 노력하는 것이 가치 있는 일이 아닐까요?

여러분이 처음 미시경제학을 공부하러 왔을 때는 여기저기 얼룩드 묻어 있고 나름의 무늬와 색깔이 다양하게 든 안경들을 쓰고 오셨습니다. 공부를 하면서 조금씩 얼룩을 닦아내어 어느 순간 갑자기 세상이 환하게 보이는 경험을 혹시 했는지 모르겠습니다. 사실 얼룩을 닦아내어 깨끗하고 투명한 안경알을 만든 것이 아니라, 경제학의 인식의 틀을 덧칠하여 채색된 안경을 여러분은 쓰게 되었습니다.

하루를 다 보내는 거죠. 그럼 내일은 어제 일을 기억하느라 보낸 오늘 하루를 다시 기억하면서 보내겠지요. 그런데 이런 기억력은 뭐에다 쓰겠습니까? 창조적 삶을 위해서는 적당히 잊어버릴 줄도 알아야 하는 거지요.

이 안경을 통해 세상을 보는 법을 어느 정도 깨친 사람이라면 처음과는 조금 다른 새로운 세상을 볼 것입니다.

현실에서 우리가 쓰는 안경은 낡거나 불편하거나 싫증이 나면 벗어버릴 수 있지요. 그러나 어쩌면 불행하게도 경제학이 씌워주는 안경은 마치 각인된 것처럼 벗어버리기 쉽지 않은 것 같습니다. 한번 세상을 개인의 인센티브와 선택, 제약과 선호, 경쟁과 균형의 관점에서 바라보기 시작하면, 예전에는 몰랐던 사회의 냉혹한 작동 원리가 원치 않는데도 보일 수 있습니다. 그러나 기억해야 할 것은 어쨌든 **안경은 안경**이고, 세상을 보고 행동해야 하는 것은 **그 누구도 아닌 우리 자신**이라는 점입니다.

멋진 인용구로 책을 마무리해보려고 했는데 하나를 고르기가 어렵군요.[3] 어느 것이 마음에 드시나요? 어느 것이 적당한 결론일까요?

> "인류의 정치적 문제란 어떻게 다음의 세 가지를 얻을 것인가이다:
> 경제의 효율성, 사회의 정의, 개인의 자유."
> - 존 메이너드 케인스

> "유토피아를 포함하지 않은 세계지도는 쳐다볼 가치도 없다.
> 인류가 늘 향해 가고 있는 유일한 목표를 빠뜨린 것이기 때문이다."
> - 오스카 와일드

> "나의 가장 소중한 야망은 내가 가르친 학생들 중에서
> 머리는 냉철하지만 마음은 따뜻한,
> 자신의 최선의 능력을 바쳐 주변의 사회적 고통을 해결하기 위해 노력하는,
> 세련되고도 고귀한 삶을 위한 모든 수단을 강구해보기 전까지는 만족하지 않는
> 그런 사람이 되어 세상에 나가는 이들이 많아지는 것이다."
> - 알프레드 마셜

3 John Maynard Keynes, *Essays in Persuasion* (1931), Oscar Wilde, *The Soul of Man Under Socialism* (1895), Alfred Marshall, *The Present Position of Economics* (1883).

주요 기호 및 영어 약어 목록

ε_i 재화 i 수요의 가격탄력성, $\frac{\partial x_i}{\partial p_i} \cdot \frac{p_i}{x_i}$

ε_{ij} 재화 i 수요의 (가격 j에 대한) 교차 가격탄력성, $\frac{\partial x_i}{\partial p_j} \cdot \frac{p_j}{x_i}$

η_i 재화 i 수요의 소득탄력성, $\frac{\partial x_i}{\partial m} \cdot \frac{m}{x_i}$

m 예산, 소득

p_i 재화 i의 가격

q 재화의 양 (개별 기업)

Q 재화의 양 (시장 전체)

s_i 재화 i에 대한 지출이 총 예산에서 차지하는 비중, $\frac{p_i x_i}{m}$

w_i 요소 i의 가격

x_i 재화 i의 양

z_i 요소 i의 양

AC 평균비용 (average cost)

AFC 평균고정비용 (average fixed cost)

AP 평균생산 (average product)

AVC 평균가변비용 (average variable cost)

CE 현금환산가치 (certainty equivalent)

CRS 규모수익불변 (constant returns to scale)

CS 소비자잉여 (consumer surplus)

DRS 규모수익감소 (decreasing returns to scale)

ICC 소득소비곡선 (income consumption curve)

IRS 규모수익증가 (increasing returns to scale)

FC 고정비용 (fixed cost)

LAC 장기평균비용 (long-run average cost)

LS 장기공급 (long-run supply)

MC 한계비용 (marginal cost)

MP 한계생산 (marginal product)

MR 한계수입 (marginal revenues)

MRS 한계대체율 (marginal rate of substitution)

MRTS 한계기술대체율 (marginal rate of technical substitution)

MU 한계효용 (marginal utility)

PCC 가격소비곡선 (price consumption curve)

PS 생산자잉여 (producer surplus)

RP 위험프리미엄 (risk premium)

SAC 단기평균비용 (short-run average cost)

SMC 단기한계비용 (short-run marginal cost)

SW 사회후생 (social welfare)

VC 가변비용 (variable cost)

찾아보기

[ㅎ]

미시경제이론 강의

펴낸날 1판 1쇄 2015년 3월 11일
2쇄 2018년 8월 30일
지은이 김성현
펴낸이 김헌민
펴낸곳 이화여자대학교출판문화원
주소 서울특별시 서대문구 이화여대길 52(우 03760)
등록 1954년 7월 6일 제9-61호
전화 02) 3277-2965(편집), 02) 362-6076(마케팅)
팩스 02) 312-4312
전자우편 press@ewha.ac.kr
홈페이지 www.ewhapress.com
책임편집 민지영
찍은곳 (주)현문자현

ISBN 979-11-85909-23-3 93320

값 32,000원

이 도서의 국립중앙도서관 출판예정도서목록(CIP)은 서지정보유통지원시스템 홈페이지(http://seoji.nl.go.kr)와
국가자료공동목록시스템(http://www.nl.go.kr/kolisnet)에서 이용하실 수 있습니다.
(CIP제어번호 : CIP2015005327)